诗经字疏

上

林明◇著

安徽师范大学出版社
ANHUI NORMAL UNIVERSITY PRESS
·芜湖·

图书在版编目(CIP)数据

诗经字疏 / 林明著. -- 芜湖 : 安徽师范大学出版社, 2025. 1. -- ISBN 978-7-5676-6324-4

Ⅰ. H121

中国国家版本馆CIP数据核字第20243RT142号

诗经字疏　　林　明◎著

SHIJING ZISHU

责任编辑:李克非　张德宝

责任校对:胡志恒

装帧设计:张德宝

责任印制:桑国磊

出版发行:安徽师范大学出版社

芜湖市北京中路2号安徽师范大学赭山校区

网　　址:http://www.ahnupress.com/

发 行 部:0553-3883578　5910327　5910310(传真)

印　　刷:安徽联众印刷有限公司

版　　次:2025年1月第1版

印　　次:2025年1月第1次印刷

规　　格:787 mm ×1092 mm　1/16

印　　张:53.75

字　　数:1050千字

书　　号:978-7-5676-6324-4

定　　价:239.00元(全二册)

写在前面

余读《诗经》，常查字书，查得多了，便生出许多疑问和感慨：诸多字书，回答这样解的居多，至于为什么这样解，鲜有作答；或有者，含糊其辞，尤其有些字义，诸多典本，你引我，我引你，翻了半日，仍难得其解。由此翻来查去，总觉不能解渴，于是突发奇想，自己写一本书，于是就有了《诗经字疏》。

《诗经字疏》是一本字书，旨在疏通字理，诠释字义。笔者不云“词义”，除了上古多一字一词外，还因为通篇均以“字”为单位解析，包括对《诗经》中出现的双音词乃至多音节词，也是从解析单个字义入手，故曰“字义”。所列汉字均取自《诗经》（上海古籍出版社1980年版高亨《诗经今注》），故名《诗经字疏》。

汉字是表意文字，以形表义是其最基本的特征之一。从以形表义的意义上说，古人造字之初，一形表示的多为一事或一物。例如“日、月、牛、羊”（象形）；“上、下、本、术”（指事）；“休、信、武、蛊”（会意）……这些汉字，见其形而识其义，正是这种“以形表义”的特征，给了汉字以强大的生命力，也为汉字的传承和发展奠定了坚实的基础。

汉字是象形文字，每个汉字都是对相应事物的描述，而任何事物都有着多重属性，正是事物的多重属性，为汉字的引申义提供了引申的可能，从而产生一字多义。在某一汉字表示某一事物意义的基础上，由这些事物的属性引申出其它意义，是一字多义的根本原因。

原始汉字一字一义，随着语言的发展，一字多义成为汉字的普遍现象，多义是由字本义的引申造成的。人们根据某一汉字所表现的某一事物（字本义）的属性加以引申，就出现了汉字的引申义。在实际使用中，由某种属性（引申义）的某种特征还可以再加以引申。例如“哀”字本义为“服丧”。由服丧的情绪属性引申出义项“悲伤”，由“悲伤”可以有多种因素引发引申为义项“痛苦、悲愤”。再如：“阿”，本义为“土附石之山”，原为特指，后本义消失，但由此而引申的不少义项均流传至今。如由特指引申成泛指“山”，由“山”引申出“山岗、山中、山旁”等，以此类推……引申方式的层级现象，极大地丰富了汉字的内涵。

本书所有字义项的罗列，均取自《诗经》中的意义，并不代表这个字现今所有的流通意义。也许某个字，在别处还有别的意义，但是，《诗经》中没有出现，所以本书暂不罗列。

形声字的出现，为汉字乃至汉语言的发展提供了广阔的空间。

古人造字，决不随手拈来，所以所谓形声字，其声符也应该多表义，即形声兼会意。如：妣，女形比声。其实“妣”可作声符的字很多，像“比、匕、必、币、敝、畀、毕”等等。用“比”而不用其它，是因为“比”有“亲密无间在一起”的意思，表现了人与人之间的情感；再如“必”作声符组成的字：飶，由“食”和“必”组成，意思是“食香之标准”；駜，由“马”和“必”组成，意思是“马肥壮之标准”，用“必”作声符，皆因“必”有“标准”之义。

《诗经字疏》，意在从源头对部分汉字进行解说。但由于某些汉字佐证缺失，看似在研究，倒不如说是对某些汉字的猜想。笔者将其成文的目的，就是想为后来者提供一条寻求字本义的思路。

本书共收集《诗经》中用字2729个（不含异体字），为方便辨识，全部选用当前通行的简化汉字列出，其中的繁体或异体字，在字后的括号内罗列。由于篇幅的关系，字义不能全数举例，只用数字表示。例“白”字条，在“白色”义项后以“此种用法有23（风9；雅12；颂2）处”表述，其中括号内文字表示“国风”中有9处；“大小雅”中有12处；“颂”中有2处。书中所列汉字，多音字按音序以读音靠前者排列，例：阿（音ā、ē）以‘ā’音列；贲（音bēn、fèn）以“bēn”音列，其它亦然。多音一次性列出，文中皆不注音。

由于手头资料有限，所选古字形不能有考必列，挂一漏万之处，还请谅解。

所有罗列汉字，不求全考证，也不同现有之说辨析，只求疏理，许多汉字造字之理纯属笔者一孔之见，故不能成典，此不谓字典之故，仅作自家及有识之士参考、赏玩。

林　明

2022年10月于芜湖

汉语拼音索引

说　　明

一、本索引收入《诗经字疏》所析全部单字简化字，有繁体字和异体字的加括号，字后注明本书正文页码。

二、本索引按汉语拼音字母（今音）顺序排列，并按阴、阳、上、去四声分类。一字多音的，按字母顺序首音列出，其余发音列在首音之后。

dǎn

dàn

dàng

dāo

dǎo

dào

de

dé

dēng

dī

dí

dǐ

dì

dì

diān

diǎn

diàn

J

jì

jiā

jiǎ

jià

jiān

jiǎn

jiàn

jiāng

jiàng

jiāo

K

L

M

N

Q

S

A

阿　音【ā、ē】

古形【小篆】

“阿”由“阜（阝）”和“可”组成。《说文·阜部》：“阜，大陆山无石也。”《说文·可部》：“可，肯也。”“肯”古作“肎”。《说文·肉部》：“肎，骨间肉，肎肎箸也。”意思是说“肎（肯）指的是骨间肉，紧紧粘附在骨头上”。因此，“可”有“肉粘附在骨间”之意，同“阜”组合表示“土粘附在石上”。由此可知，“阿”的本义应为“土附石之山地”，看似土丘，实为土下有石之地。

释义：“阿”在《诗经》中使用11处，无迭用。

1.土丘。此种用法有3（风1；雅2）处，如：“陟彼阿丘”（《鄘风·载驰》）；“有卷者阿”（《大雅·卷阿》）。

2.山冈、山旁、山中。由整体变为局部引申，此种用法有4（风1；雅3）处，如：“考槃在阿”（《卫风·考槃》）；“在彼中阿”（《小雅·菁菁者莪》）。

3.柔美。由“土丘”远望之线条柔和引申，此种用法有3（雅3）处，如：“隰桑有阿”3句（《小雅·隰桑》）。

4.借作“抲”，掌管。此种用法有1处：“实维阿衡”（《商颂·长发》）。

哀　音【āi】

古形【金小篆】

“哀”，小篆写作“”字样，由金文“”变体而来，都是由“衣”和“口”组成。《说文·口部》：“哀，闵也。”所谓“闵”，《说文·门部》：“闵，弔者在门也。”《段注》：“闵，引申为凡痛惜之辞，俗作悯。”又《人部》：“弔，问终也。”《段注》：“问终，谓有死丧而问之也。”从上述注释中，“哀”的本义可以理解成对逝者的“怜惜、吊唁”。中国古代相传人死后其亲属要在一定时间内改变通常的服饰，以此为逝去的亲人服丧。这种礼俗叫丧服制度。

从金文“（哀）”看，是一个宽大的“衣”字包裹着一个“口”字，明显就是为了突出“衣”的宽大和重要。由此看来，“哀”字的本义就是表达为逝去亲人服丧这种形式，至于“怜惜、吊唁”等，都是“哀”的引申义。高明先生在《古文字类编》中，将“哀”字归于“衣”类，应该是“哀”的最初意义所属。

释义：“哀”在《诗经》中使用26处28次，2处迭用。

1.悲伤。由服丧所表现出来的情绪引申。此种用法有12（风3；雅9）处14次，2处迭用，如：“哀我人斯”3句（《豳风·破斧》）；“莫知我哀”（《小雅·采薇》）；“哀哀父母”2句（《小雅·蓼莪》）（迭用表达悲伤至极）。

2.怜惜、可怜。由服丧的悲伤情绪引申出对人的怜悯。此种用法有11（雅11）处，如：“哀此鳏寡”（《小雅·鸿雁》）。

3.痛苦、悲愤。由对人怜悯的情绪引

申。此种用法有3（雅3）处，如："哀哉为犹"（《小雅·小旻》）。

蔼(藹)　音【ǎi】

古形【小篆】

《说文·言部》："藹，臣尽力之美。"从字形看"藹"由"艹""讠"和"曷"组成。"艹"经传多作"艸"字。《说文·艸部》："艸，百芔也，从二屮。"又"屮，草木初生也，像丨出形有枝茎也，古文或以为艸字。"故"艸"为草本植物之总称，显柔弱之貌；而"屮"，则为初生之木本植物，有坚挺之状。两"屮"言其密；一"屮"言其疏。"讠"多作"言"字，《说文·言部》："直言曰言，论难曰语。"徐锴《说文系传》："凡言者谓直言，无所指引借譬也。"即"说得直白"谓"言"。《说文·曰部》："曷，何也。"即"负荷，有担当"。三个部件，可以分别组成两组字：一是"艹（草）"和"谒"。"谒"，《说文·言部》："谒，白也。"《广韵》："白，告也。"即"告诉"的意思；二是"言"和"葛"。"葛"，《说文·艸部》："葛，絺绤草也。"许慎说"藹""从言从葛"就是这一组字的组合。

"蔼"字在《诗经》中只出现于《大雅·卷阿》。

《大雅·卷阿》是为周成王而作，应成诗于那个时代。在此之前还没有发现见诸文字的古籍中有"蔼"字，且"蔼蔼"迭用更不可考。故《尔雅·释训》收录的"蔼蔼济济、蔼蔼萋萋"中两迭用的"蔼"字，当源于《诗经》。作者解释前两个"蔼"，谓之"止也"；后两个则谓之"臣尽力也"。许慎的解释应该取自此说。

何为"止"?《说文·止部》云："下基也，像草木出有址，故以止为足。"即"根基"为"止"。

从《大雅·卷阿》"蔼蔼王多吉士"句看，"蔼蔼"是个形容词。根据《尔雅》的解释，后人包括许慎在内都承袭了"臣尽力"之说，认为"蔼蔼"形容的是"吉士"。

然而，周成王时代，到底有多少"蔼蔼"之"吉士"（即尽力之臣），已不可考。后句的"蔼蔼"之"吉人"，更是不得而知。倒是周成王本人，在历史上曾经给我们留下过浓墨重彩的一笔：周成王姓姬名诵，是武王姬发的儿子，西周王朝的第二位君主，在位22年。史载周成王幼年继位时，有一天，和与自己感情非常好的小弟弟叔虞在宫中的一棵梧桐树下一块儿玩耍，忽然，一阵秋风吹来，梧桐树上的叶子纷纷飘落。风过后，地上留下了许多梧桐叶。成王一时兴起，便从地上捡起一片梧桐叶，用小刀切成一个"圭"，并随手将它送给了叔虞，以玩笑的语气对他说："我要封给你一块土地，喏，你先把这个拿去吧！"说完后就把这事当作孩子间的玩闹给忘了。后来在辅臣周公旦的提醒下，迅速决定将叔虞册封于唐地。这就是历史上有名的"桐叶封唐"的故事。这个故事说明成王从小就有一种言不过脑的性格和一言九鼎的品质。周成王为政期间，大封诸侯，加强宗法统治权力，对内推行周公"以德慎罚"的主张，务从节俭，用以缓和阶级矛盾；对外不断攻伐淮夷，用武力控制东方少数民族地区，取得了很大胜利。另外还命令周公制礼作乐，规划各项规章制度，奠定了西周王朝的基础。成王时期，社会安定，人民和睦，歌颂太平盛世之声不绝于耳。周成王与其子周康王统治期间，社会安定、百姓和睦、“刑措四十余年不用”，被誉为“成康之治”，成为中国历史上的一代治世。

众所周知，《大雅·卷阿》一诗是对周成王歌功颂德之作，尽管称颂中带有劝诫，但仍以褒扬为主。联系上文所述，可见成王是一个“言”之“直白守信”、如“草”之“温和柔情”、且有“担当（曷）”之人。俗话说：“得道多助”，如此“蔼蔼”之王，自然“多吉士”“多吉人”。

“蔼蔼”，成王之道也。“蔼”后来的意思都是在此意义上的引申。

释义：“蔼”在《诗经》中使用2处4次，均选用。

特指“成王之道”，即成王所具备的品质。此种用法有2（雅2）处，均选用：“蔼蔼王多吉士”“蔼蔼王多吉人”（《大雅·卷阿》）。

艾　音【ài】

古形【小篆】

《说文·艸部》：“艾，冰台也。”《急就篇》注云：“艾，一名冰台；一名医草。”何谓冰台？《博物志》云：“削冰令圆，举以向日，以艾承其形得火，故号冰台。”看来，所谓冰台，是古人的一种取火方式，仅仅同艾有关。如“艾”义实为冰台，也应该是“艾”之引申义。

从字形看，“艾”由“艹”和“乂”组成。《说文·丿部》：“乂，芟艸也。”又《艸部》：“芟，刈草也，从艸从殳。”陆宗达《说文解字通论》：“（芟）虽与除草有关，但非‘绝其根本’之义。”同文引郑玄《周礼注》说：“以钩镰追地，芟之也。”“殳”古代谓之兵器，同“艹”组合，可理解为割草工具。由割草工具引申为“割草”。“芟”“乂”在这种意义上一致，故而“乂”可谓“斩草不除根”。在那种农耕经济时代，“斩草除根”是最基本的常识，而“乂”和“艸”结合在一起，会“斩而留根之草”之义，可知此草是有用之草，或为“医草”，留根可待来年再生。

释义：“艾”在《诗经》中使用8处，无迭用。

1.斩而留根之（医）草。此种用法有1处：“彼采艾兮”（《王风·采葛》）。

2.护。由古人认为“艾”能护身辟邪引申。此种用法有2（雅2）处，如：“保艾尔后”（《小雅·南山有台》）。

3.止、尽。由“艾”之地面部分茎叶收割完状引申。此种用法有1处：“夜未艾”（《小雅·庭燎》）。

4.有条理。由收割后的艾草茬整齐状引申。此种用法有1处：“或肃或艾”（《小雅·小旻》）。

5.长久。由艾年年复生引申。此种用法有1处：“俾尔耆而艾”（《鲁颂·閟宫》）。

6.辅佐。由义项“护”引申。此种用法有1处：“朕未有艾”（《周颂·访落》)。

7.借作“刈”，一种收割工具，形似剪刀。此种用法有1处：“奄观铚艾”(《周颂·臣工》)。

爱(愛)　音【ài】

古形【金小篆】

《说文·夊部》：“爱，行皃。”意思是“行走的样子”。从金文字形看，高明先生《古文字类编》中收录的战国中山王方壶上的“爱”字，写成“”字样，明显比大篆“爱”在右下方多了一笔。这个字样，大概就是“爱”之较为远古的字样了。

许慎在《说文解字》中把“爱(愛)”字归为形声字。顾建平先生在《汉字图解字典》中，将“爱(愛)”归为会意字，说“爱”字“金文形体像人捧着心表示爱”。

释义：“爱”在《诗经》中使用7处，无迭用。

1.隐蔽。此种用法有1处：“爱而不见”(《邶风·静女》)。

2.爱惜、吝惜。此种用法有4(风3；雅1)处：“岂敢爱之”3句(《郑风·将仲子》)；“靡爱斯牲”(《大雅·云汉》)。

3.爱慕、可惜。由“爱惜、吝惜”引申。此种用法有2(雅2)处，如：“心乎爱矣”(《小雅·隰桑》)。

僾(㤅)　音【ài】

古形【小篆】

“僾”，古作“㤅”。《康熙字典·心部》引《字汇》云：“㤅，古僾字。”既是古今字，意义也应该相通。徐锴《说文系传》：“向风而行，则气㤅吃也。故从㤅从口，气壅则㤅也。”因“㤅”又“从口”，有“呛风”的意思，所以“从人”的“僾”也就有了这个意思。

释义：“僾”在《诗经》中使用1处，无迭用。

呛风。“亦孔之僾”(《大雅·桑柔》)。

隘　音【ài】

古形【金小篆】

“隘”由“阝”和“益”组成。“阝”，小篆写作“”，像连绵的山地之形；“益”或是“嗌”字省写，本指咽喉，有狭长义，同“阝”组合表示山地中的一条狭长的通道。

释义：“隘”在《诗经》中使用1处，无迭用。

狭窄、狭小。此种用法有1处：“诞寘之隘巷”(《大雅·生民》)。

安　音【ān】

古形【甲金小篆】

《说文·宀部》：“安，静也，从女在宀下。”从甲、金文字形看，“宀”是“房屋”的简单图形。《说文·宀部》：“宀，交覆深屋也，象形。”《段注》：“安，竫也。”王力先生的《同源字典》说：“在安静的意义上，‘静、竫’实同一词。”

《说文·青部》：“静，审也。”又“审，悉也。”又“悉，详尽也，从心从采。”又“采，辨别也。”由此可以看出，以心悟理曰“静”。“静”即无声。《说文·立部》：“竫，亭安也。”“亭”者，人所安定也。故“不动”为“竫”。由此可知，“安”有两层意思：一是指声音的相对消失，即“静”；二是指动作行为的相对停止，即“竫”。

其实“静”也好，“竫”也好，都应该是“安”字成形以后的引申义。那么，“安”字的本义到底是什么呢？

中国古代尤其是母系氏族社会，妇女的地位是很高的。当时的居住方式有两个特点：一是游牧性，二是从妻居。从妻居就是男子到女方家去定居生活。比较游牧生活，从妻而居就来得更舒适、更安定。从妻居以后，就有家，于是一切都变得“安”起来。

清阮元《经籍籑诂》所列“安”之“定、静、止、徐、平、善”等意思，都是“从宀从女”即“从妻居”以后的生活状态而引申出来的。“安”最初表现的是古人的一种价值观，即有房屋、有女人才有家，有家才为“安”。

“从妻而居”是“安”的本义。

释义：“安”在《诗经》中使用17处18次，1处迭用。

1.安定、舒适、安逸。由“从妻而居”以后的生活状态引申，专指居所安定。此种用法有13（风2；雅10；颂1）处，如：“安且吉兮”（《唐风·无衣》）；“其究安宅”（《小雅·鸿雁》）；“寝成孔安”（《商颂·殷武》）。

2.缓、慢。由定居后行动受到一定限制引申。此种用法有3（雅3）处4次，1处迭用（迭用后形容从容、舒缓的样子），如：“尔之安行”（《小雅·何人斯》）；“攸馘安安”（《大雅·皇矣》）。

3.借为“何”。此种用法有1处：“我辰安在”（《小雅·小弁》）。

岸　音【àn】

古形【金小篆】

《说文·屵部》：“水厓而高者曰岸，从屵干声。”《说文·厂部》：“厓，山边也。”“屵”者，清王筠《说文句读》云：“疑屵即厂之增字。厂，有籀文‘厈’，从干声，干即葛之平声也。”《说文·厂部》：“厂，山石之厓巖，人可居。‘厈’籀文从干。”古文“岸、厈”叠韵，故义可通。可知，“岸”中之“干”，也应为平声。

王力先生《同源字典》引《易经·渐卦》“鸿渐于干。”释文引郑玄注：“干，水傍。”由此可知，“岸”之本义应为“水边之峭崖”且“从屵从干，干亦声。”

释义：“岸”在《诗经》中使用4处，无迭用。

1.水边之峭崖。此种用法有1处：“高岸为谷”（《小雅·十月之交》）。

2.水边干地。由义项“山崖”无水引申。此种用法有1处：“淇则有岸”（《卫风·氓》）。

3.有利的位置。由“岸”有利于施展引申。此种用法有1处：“诞先登于岸”（《大雅·皇矣》）。

4.借作“讼”，与“狱”义同。此种

用法有1处："宜岸宜狱"（《小雅·小宛》）。

按　音【àn】

古形【小篆】

《说文·手部》："按，下也。"所谓"下"，《段注》云："以手抑之使下也。"《广雅·释诂》："按，止也。"以此可知，"以手、抑之、使止"就是"按"。其实，"按"由"手"和"安"（"安"有"止"的意思）组成，字形本身就表达了这样一种意思。

释义："按"在《诗经》中使用1处，无迭用。

抑制、遏止。由"以手使止"意义扩大引申。此种用法有1处："以按徂旅"（《大雅·皇矣》）。

卬　音【áng、yǎng】

古形【小篆】

"卬"，小篆写作""，由"（匕）"和"（卩）"组成。《说文·匕部》："匕，相与比叙也。"意思是"一起比较而排列次序"，就像我们今天说的整队，由反向的"人"字表示；"卩"，甲骨文写作"、"。罗振玉《增订殷虚书契考释》说其"像跽（即长跪）形。"由此可知，"卬"是由两个相向的"人"字组成，其中一跪一立。跪着的人要想看清立着的人，必须抬头。《说文·匕部》："卬，望，欲有所及也。""卬"即指抬头仰望，希望达到那种整齐列队的境界。因此"仰"是"卬"的本义。古时"卬""昂"通用，中国上古帝王、诸侯国君主自称"昂"，（改称"孤""寡"是春秋晚期和战国时期的事，秦始皇之后始称"朕"。）所以"卬"又有了第一人称代词的作用，后来一般民间男子也自称"卬"，但当表示事物所有关系时也用"我"。

释义："卬"在《诗经》中使用10处11次，1处迭用。

1. 抬头仰望。此种用法有4（雅4）处，如："瞻卬昊天"句（《大雅·云汉》）。

2. 借作"我"，同"昂"。此种用法有5（风3；雅2）处，如："人涉卬否"2句（《邶风·匏有苦叶》）；"卬烘于煁"（《小雅·白华》）。

3. 迭用表示气宇轩昂。由男子相貌伟岸引申，此种用法有1处，迭用："颙颙卬卬"（《大雅·卷阿》）。

敖　音【áo、ào】

古形【金　小篆】

《说文·出部》："敖，游也。从出从放。"又"放，逐也。从攴方声。"

清阮元《经籍纂诂》引《礼记·曲礼上》"敖不可长"释文引王肃："敖谓逸游也。"看来，"敖"会的是"游山逛水"之意。

"敖"，金文写作"敖"字样，由"（出）""（方）"和"（攴）"三部分组成。《说文·出部》："出，达也。"即"到达"的意思。又"方，併船也。象两舟省总头形。"即"像两条船合并，两个船头捆扎在一起的样子"。又《攴部》：“攴，小击也。”意即“轻微地敲打一下”。

释义：“敖”在《诗经》中使用9处10次，1处迭用。

1.远游。此种用法有3（风2；雅1）处，如：“以敖以游”（《邶风·柏舟》）；“嘉宾式燕以敖”（《小雅·鹿鸣》）。

2.出位。由出游时位置不定引申。此种用法有1处：“右招我由敖”（《王风·君子阳阳》）。

3.傲。此种用法有4（风2；雅1；颂1）处，1处迭用，如：“硕人敖敖”（《卫风·硕人》）（迭用形容身材伟岸高傲）；“彼交匪敖”（《小雅·桑扈》）；“不吴不敖”（《周颂·丝衣》）。

4.借作山名。此种用法有1处：“搏兽于敖”（《小雅·车攻》）。

嗷(嗸)　音【áo】

古形【金小篆】

“嗷”由“口”和“敖”组成。《说文·口部》：“嗷，众口愁也。从口敖声。”何谓“众口愁”？《段注》云：“《董仲舒传》：‘嚻嚻苦不足。’《食货志》：‘天下謷謷。’《陈汤传》：‘熬熬苦之。’皆同音假借字也。”即“嗷”“嚻”“熬”皆同音假借，意思都是一样的。又云：“此字（指‘嗷’字）五经文字《玉篇》《广韵》经典释文皆下‘口’上‘敖’，本（源自）《说文》也。今《说文》作‘嗷’，后人所妄改。”不过，不管是“口”在左，还是“口”在下，“嗷（嗸）”之意思应该还是一样的。作为“众口愁”意思的“嗷（嗸）”“嚻”和“熬”这几个字，到底谁假借谁，不得而知。

从字形上看，“嚻”字部首为“㗊”，《说文·㗊部》：“㗊，众口也。”从这个意义上讲，“嗷”应该是“嚻”的假借。综上，“嗷”的本义是“众口愁”。

释义：“嗷”在《诗经》中使用1处，迭用。

1.哀伤的声音。由本义引申，形容人的声音状态。《诗经》中无此用法。

2.大雁发出的声音。由人的声音状态引申。此种用法有1处，迭用：“哀鸣嗷嗷”（《小雅·鸿雁》）（迭用形容叫声之惨）。

翱(翺)　音【áo】

古形【小篆】

“翱”由“皋”和“羽”组成。“皋”，《说文·夲部》：“气皋白之进也。”意思是“白色的雾气急速升腾”。（从‘皋’之字形看，下面是个‘夲’字。‘夲’，《说文》谓之‘进趣也。’《段注》：‘趣者，疾也。’‘进趣’即‘前进得很快’。）《说文·羽部》：“羽，鸟长毛也。象形。”即鸟翅膀上的长毛，像一对长满羽毛的翅膀形状。“皋”和“羽”组合表示“鸟儿展翅像云气一样快速升腾”，即“快速高飞”。

释义：“翱”在《诗经》中使用6处，无迭用。

远行。由鸟儿高飞远行引申。此种用法有6（风6）处，如：“河上乎翱翔”（《郑风·清人》）。

奥(奧) 音【ào】

古形【小篆】

“奥”，许慎放在“宀”部。《说文·宀部》：“奥，宛也，室之西南隅。”即屋中靠西南角的房间。在中国的居住文化里，西南角的房间一般都是母亲居住，子女都不允许占用。《礼记·曲礼》中就有“为人子者，居不主奥”的说法。所以“奥”有“室之西南隅”的意思。

释义：“奥”在《诗经》中使用4处，无迭用。

1.温暖。此种用法1处：“日月方奥”（《小雅·小明》）。

2.弯曲处、角落。此种用法有3（风3）处，如：“瞻彼淇奥”3句（《卫风·淇奥》）。

B

八　音【bā】

古形【金八小篆八】

《说文·八部》:“八，别也。像分别相背之形。”许慎认为是象形字。王筠《说文释例》:“此像人意中之形，非像人目中之形也。”即“八”的字形只可意会，不同于我们看到的“日、月”等象形字。徐锴《说文系传》说“八”是“数之八，两两相偶背之，是别也。”《易经》有言:“阴阳生太极，太极生两仪，两仪生四象，四象生八卦。”阴、阳有别，最后生八卦。也许就是古人的这一认识，表示“分别”的“八”字后来被借作了数字“八”。高鸿缙在《中国字例》中说:“八之本意为分，取假象分背之形……后世借用为数目八、九之八，久而不返，乃加‘刀’为意符作‘分’。”“分开”是“八”的本义。作为数字、序数等都是借用后产生的意义。

释义:“八”在《诗经》中使用12处，无迭用。

1.借作数字八。此种用法有6处（雅5；颂1），如:“陈馈八簋”（《小雅·伐木》）;“八鸾鸧鸧”（《商颂·烈祖》）

2.借作序数八。此种用法有6处（风6），如:“八月萑苇”（《豳风·七月》）

豝　音【bā】

古形【小篆豝】

《说文·豕部》:“豝，牝豕也。从豕，巴声。一曰:一岁，能相把拿也。”意思是说:“‘豝’是母猪的意思，从豕巴声。还有一说是能够把握牵引的一岁的猪。”从字形看，“豝”由“豕”和“巴”组成。“豕”甲骨文写成“豕”字样，金文写成“豕”，均像猪形:长吻、大腹、四蹄、有尾。本义是“猪”;“巴”，甲骨文写成“巴”，金文写作“巴”字样，像一个人徒手攀爬时蜷曲之状。古代徒手攀爬高山石岩的人很多，巴人就是指的这一类人。石岩上的巴人看上去很小，所以“豕”和“巴”组合表示“小猪”，我们现在还有方言称小狗为“巴狗”，小猪为“巴猪”。

释义:“豝”在《诗经》中使用2处，无迭用。

小猪。此种用法有2（风1;雅1）处:“壹发五豝”（《召南·驺虞》）;“发彼小豝”（《小雅·吉日》）。

拔　音【bá】

古形【小篆拔】

“拔”由“扌（手）”和“犮”组成。“犮”，小篆写成“犮”字样。《说文·犬部》:“犮，走犬皃。从犬而丿之。曳其足，则剌犮也。”意思是说:“犮，狗走动的样子。由‘犬’字加‘丿’，表示用绳索绑狗腿用力拖，狗就挣扎着（向前）走。”《说文·手部》:“拔，擢也。”又:“擢，引也。”何谓“引”?《说文·弓部》:“引，开弓也，从弓丨”同时引徐锴言“像引弓之形”。《段注》:

“此引而上行之丨也，为会意；丨也像矢形。”开弓射飞禽一般箭头朝上指向空中，“丨”就像一支搭在弦上待发的箭。

从字形看，“拔”字同“引”字的意思一点关联都没有。如果一定要说“像引弓之形”，也只是借用了“引”的部分意义，即“丨”表示的箭头朝上待发，加上“犮”的“用力拉”，可知“拔”的本义是“用力向上提拉”。

释义：“拔”在《诗经》中使用3处，无迭用。

1.除去。由提拉的结果可以去除物体引申。此种用法有2（雅2）处，如：“柞棫拔矣”（《大雅·绵》）。

2.待发之箭。借用“引”意思而来，此种用法有1处：“舍拔则获”（《秦风·驷驖》）。

茇　音【bá】

古形【小篆】

“茇”由“艹”和“犮”组成。“犮”有“用力提拉”的意思。《说文·艸部》：“茇，草根也。从草，犮声。春草根枯，引之而发土为拔，故谓之茇。”王力先生《同源字典》说“茇、拔”在“草舍、草止”的意义上实同一词。同文引《周礼·夏官大司马》“中夏教茇舍”句注：“茇舍，草止之也。军有草止之法。”所谓“草止”，即“草止之法”，就是“拔”，即“除草”的意思。贾思勰《齐民要术·种谷篇》中“区中草生，茇之。”用的就是“茇”的本义。“草根、草舍”等都是后来的引申义。

释义：“茇”在《诗经》中使用1处，无迭用。

1.草根。由草除去露出根部引申。《诗经》中无此用法。

2.草舍。由除去的草可以用来盖茅舍引申，“中夏教茇舍”就是这个意思。《诗经》中无此用法。

3.住所。由茅舍可以住人引申。此种用法有1处：“召伯所茇”（《召南·甘棠》）。

軷　音【bá】

古形【小篆】

《说文·车部》：“軷，出，将有事于道，必先告其神，立坛四通，树茅以依神，为軷。”《礼记·曾子问》中有一段记载，孔子告诫曾子，根据当时的礼制，凡出行，必先祭道，即“道而出”。唐·孔颖达《礼记正义》：“经言道而出，明诸侯将行，为祖祭道神而后出行。”

释义：“軷”在《诗经》中使用1处，无迭用。

祭路神。此种用法有1处：“取羝以軷”（《大雅·生民》）。

跋　音【bá】

古形【小篆】

“跋”由“足”和“犮”组成。《说文·足部》：“足，人之足也，在下。”即“‘足’是人体下肢的总称，在人体的下部。”“犮”有“用力提拉”的意思。王力先生《同源字典》引毛诗传曰：“草行曰跋，水行曰涉。”只有泥泞的草地（即沼泽地）行走起来要“用力提足”。

以此可知，“跋”的本义应该是“在泥泞的草地行走”

释义：“跋”在《诗经》中使用3处，无迭用。

1.爬山。由爬山同样需要用力提足引申。此种用法有1处：“大夫跋涉”（《鄘风·载驰》）。

2.障碍。由行走不轻松引申。此种用法有2（风2）处，如：“狼跋其胡”（《豳风·狼跋》）。

魃 音【bá】

古形【小篆】

“魃”是古代神话传说中的精怪，所以为“鬼”部。《说文·鬼部》：“魃，旱鬼也。从鬼，犮声。《周礼》有赤魃氏，除墙物之物也。”（《段注》解释“物”是“精物鬼物”之“物”。）根据许慎的解释。“魃”有两个意思，一是“能制造旱灾的鬼”；二是“主管清除墙中、屋内精怪鬼物的官”。

《山海经》中记载的雨神称为应龙，与应龙对应的是旱神，称女魃，亦称旱魃。

古时人们对自然界的认识模糊，常常将一些自然现象归于鬼神支配。比如干旱，就认为是“魃”在作怪，所以称她为“旱鬼”。当然“魃”有时也能做一些好事，比如可以把屋中墙内的潮气吸干，使之不生虫、菌，保护人们的身体健康，所以人们又封了她一个“主管清除墙中、屋内精怪鬼物的官”。

其实，不管“魃”有多少身份，她有一个重要的特点，就是能够发出极强的光和热，消散潮湿。“犮”有“用力提拉”的意思，所以用作声符。

释义：“魃”在《诗经》中使用1处，无迭用。

制造旱灾之鬼。此种用法有1处：“旱魃为虐”（《大雅·云汉》）。

白 音【bái】

古形【甲金小篆】

“白”甲骨文写作“”，金文写作“”。根据字形，说法很多：有人说“”是一个大拇指的形象，中间的符号就表示指甲盖上白色的部分；有人解释说“白”像一粒米，“白色”就是米的颜色；汉字隶定以后，有人又根据隶定字形解释，说“白”是个会意字，从丿，从日。“丿”意为“不”，写在“日”的左上角，表示“在前的不算（日出前的天色不算）”，转义为“开始（从日出开始）”。“日”指太阳。“丿”与“日”联合起来表示“从日出开始（到日落前）的天色”……

“白”字表示的是一种颜色，如果根据字形，让人一看就明白“白色”的具象，那把“白”看成是个大拇指还比较靠谱：从甲骨文“”字看，外圈很像一个拇指的简单图形，中间的一笔表示指甲上白色的部分，仿佛告诉我们那就是白色。不过指甲上出现白色斑点，是一种病态，不是一个很普遍的现象。

说是“一粒米”的样子，也值得商榷。因为在“白”字出现的同时，“米”字也出现了。甲骨文的“米”写成“”字样，像米粒琐碎纵横之状，当时是诸

多谷物去壳以后籽实的统称。这些谷物去壳后，颜色并不全是白色。况且造字人取“⺌”中的一点拿来放大，然后告诉大家这是“θ”字且表示白色，是不能使人信服的。

至于隶定以后根据字形分析的“从日出开始（到日落前）的天色”的意义，并非“白”字形所要表达的本义。

《说文·白部》：“白，西方色也。阴用事物色白。”这句话的意思是说：“白”字代表西方的颜色。吊丧办事时物品都要换上白色，以祈愿灵魂安详归西。

按阴阳五行之说，古人认为西方属金，白金谓之银，“白”即这种颜色。

释义：“白”在《诗经》中使用23处，无迭用。

白色。此种用法有23（风9；雅12；颂2）处，如：“白露未已”（《秦风·蒹葭》）；“有豕白蹢”（《小雅·渐渐之石》）；“白鸟翯翯”（《大雅·灵台》）；“白牡骍刚”（《鲁颂·閟宫》）。

百 音【bǎi】

古形【甲 金 篆 】

《说文·自部》：“百，十十也。”“百”由“一”和“白”组成，《说文》将其放在“自”部，疑“百”为古文“自”之误。

据载，古人计时采用“刻”为单位，早在黄帝时代就有“漏箭计刻”。他们把一昼夜平均分成100刻，从日出开始计刻，到下一个日出时，正好计满100刻。这种计时方法，称为“百刻制”。由于“百刻制”的起点在一个白天开始之时，终点在另一个白天开始之前，而“白”引申义又有“白天”的意思，因此就用“白”字创造了“百”字，表示“一昼夜的刻度”。

释义：“百”在《诗经》中使用70处，无迭用。

1.数字百。由一昼夜的刻度数引申，此种用法有11（风7；雅4）处，如：“百两御之”（《召南·鹊巢》）；“胡取禾三百廛兮”（《魏风·伐檀》）；“三百维群”（《小雅·无羊》）。

2.（言其多）很多、众多。由“百”数字很大引申。此种用法有55（风12；雅31；颂12）处，如：“百尔君子”（《邶风·雄雉》）；“受天百禄”（《小雅·天保》）；“百辟其刑之”（《周颂·烈文》）。

3.在合成词中有“很多”的意思，但字义不显。此种用法有4（风2；雅2）处，如：“百岁之后”2句（《唐风·葛生》）（百岁指去世）；“群黎百姓”（《小雅·天保》）（百姓指民众）。

柏 音【bǎi、bó】

古形【小篆 】

柏，由“木”和“白”组成，《说文·木部》：“柏，鞠也。”鞠，《尔雅》作“椈”。《说文》中未有“椈”字。或许是柏树可以结出直径8-12mm圆球形、暗褐色的果实，很像当时的“鞠（一种皮革制成的球）”，所以以此代之也未可知。不过从“以形表义”的特点看，“椈”作为正字是有道理的。

《段注》：“柏，释木曰椈……郑曰，

椈，柏也，按：椈者鞠之俗。”这就是说，“椈”是“鞠”的常用写法，“椈”就是“柏”的意思。

李时珍著《本草纲目》引魏子才《六书精蕴》云：“万木皆向阳，而柏独西指，盖阴木而有贞德者，故字从白。白者，西方也。”（《说文》认为“白”是西方色。）

综上可知，“柏”即柏树，也称“椈”。《本草纲目》描述“其树耸直，其皮薄，其肌腻。其花细琐，其实成，状如小铃，霜后四裂，中有数子，大如麦粒，芬香可爱”。

释义：“柏”在《诗经》中使用7处，无迭用。

1. 柏树。此种用法有3（雅2；颂1）处，如：“施于松柏”（《小雅·頍弁》）；“新甫之柏”（《鲁颂·閟宫》）。

2. 像柏树。（一般有喻词引领）。由柏树“贞德”之品质引申。此种用法有1处：“如松柏之茂”（《小雅·天保》）。

3. 柏木。由柏树可以被砍伐制成木材引申。此种用法有3（风3）处，如：“泛彼柏舟”（《邶风·柏舟》）。

伯　音【bǎi、bó】

古形【甲 金 小篆 】

“伯”由“亻（人）”和“白”组成。“人”表示“伯”是对人的一种称呼；“伯”字属于白字族。在白字族里，“白”一般都是声符兼义符，其义都与“纯净”“空无一物”之义有关。如“皙”“珀”“帕”等等。“伯”的本义是“（上面）没有兄长的男子”。《说文·人部》：“伯，长也。”徐灏《段注笺》：“伯，兄弟之长也。”即兄弟中的老大。现在一般称呼比父亲年长一些的男子也为“伯”，是“伯”的引申义。

释义：“伯”在《诗经》中使用47处，无迭用。

1. 兄弟之长。此种用法有8（风5；雅3）处，如：“遂及伯姊”（《邶风·泉水》）；“家伯维宰”（《小雅·十月之交》）（有释为“父”，古有长兄为父之说，此疑为无父之长兄）。

2. 借为人名，仍表明兄弟之长。此种用法有29（风4；雅24；颂1）处，如：“召伯所茇”（《召南·甘棠》）；“郇伯劳之”（《曹风·下泉》）；“自大伯王季”（《大雅·皇矣》）；“侯主侯伯”（《周颂·载芟》）。

3. 丈夫。由古代女子对丈夫的称呼引申，似现代称“哥哥、大哥”。此种用法有5（风5）处，如：“伯兮朅兮”（《卫风·伯兮》）。

4. 诸侯之长。由兄弟之长引申。此种用法有4（风3；雅1）处，如：“叔兮伯兮”3句（《邶风·旄丘》）；“因以其伯”（《大雅·韩奕》）。

5. 马之长（马祖）。由人之长引申。（马祖是传说中的马神，名天驷，是一匹能够翱翔天际的天马，每天的工作是接送月亮，它的高速行空的本领在民间传说中出神入化。由于它的作用和贡献，天驷被封为马神。）此种用法有1处：“既伯既祷”（《小雅·吉日》）。

败(敗)　音【bài】

古形【甲 金 小篆 】

从甲骨文字形看，“败”有两种写法：一种认为是“贝”加“攴”，“贝”在古代是一种钱币，“攴”像拿着硬器敲击的样子，“”中的“贝”明显被敲击成了两半；一种认为是“鼎”加“攴”，表示拿着硬器敲击大鼎。

《说文·攴部》：“败，毁也。从攴、贝。”从甲骨文字形看，从“贝”之“败”，“贝”已毁；从“鼎”之“败”，鼎还完好，是欲毁。

安子介先生说：“（败）字的原意是‘可毁灭的’。”

毁“贝”很容易，毁“鼎”好像有点不可思议。其实，鼎是由远古时期人们的食具演变而来的。在还没有发明青铜器之前，人们使用的一般是由黏土烧制的陶鼎，很容易被敲碎。再者，“贝”是最早的流通货币，人们没有理由毁了它；而情绪上来，毁了食具“鼎”倒是常有的事，这也符合“败”字所表达的情绪因素。因此，从这个意义上说，“败”字应该“从鼎、攴”。从“贝”只是汉字演化过程中的笔误。

释义：“败”在《诗经》中使用4处，无迭用。

1.欲毁坏。此种用法有1处：“勿翦勿败”（《召南·甘棠》）。

2.残害。由“欲毁坏”的行为状态引申。此种用法有1处：“贪人败类”（《大雅·桑柔》）。

3.腐烂、毁坏。由“欲毁坏”的行为结果引申。此种用法有2（雅2）处，如：“无沦胥以败”（《小雅·小旻》）。

拜 音【bài】

古形【金 小篆 】

拜是古人日常生活中常见的一种传统礼节。古代的拜有九种之多，即所谓“九拜”。《周礼·春官·大祝》：“辨九拜，一曰稽首，二曰顿首，三曰空首，四曰振动，五曰吉拜，六曰凶拜，七曰奇拜，八曰褒拜，九曰肃拜。”九拜中，前四种是日常生活中的交往礼节，后五种只有特殊情况才使用。

九拜，除了“拜”的对象不同，在形式上，都是大同小异。但不管拜的对象如何，不管身体其他部位的动作如何，有一个动作却是共同的，即头必须落地或即将落地，否则就无法完成“拜”礼。所以《说文·手部》云：“拜，首至地也。”金文中的“”字，右边放大了头部，像一个人拱手屈背垂头的样子，也表达的是这种意思。

跪地拱手叩头，就是“拜”。所以“拜”字左边是个“手”，右边是“首至地”之形。

释义：“拜”在《诗经》中使用3处，无迭用。

1.跪地拱手叩头。此种用法有2（雅2）处：“虎拜稽首”2句（《大雅·江汉》）。

2.攀折。由“拜”的弯折状态引申。此种用法有1处：“勿剪勿拜”（《召南·甘棠》）。

粺(稗) 音【bài】

古形【小篆 】

《说文·米部》："粺，毇也。"又《殳部》："毇，米一斛舂为八斗也。"由此可知，"粺"是经过加工的"米"。

古时"米"的概念，同我们今天说的稻米的概念不同，是谷类植物去壳后子实的统称。古代有"五谷"之说，但南北有区别。北方的五谷指"麻、黍、稷、麦、菽"；南方的五谷指"稻、黍、稷、麦、菽"，两者的区别是：前者有麻无稻，后者有稻无麻。古代经济文化中心在黄河流域，稻的主要产地在南方，而北方种稻有限，所以"五谷"中最初无稻。由此可知，"粺"之"米"义，非"稻米"之"米"，应该是经过加工的五谷"细粮"之义。"粺"字右边的"卑"字，小篆写成""字样，像手持器具在"臼"中作业的样子，无疑在加工谷物。至于通"粺"的"稗"字，是古人在"谷"中有了"稻"之后，为那些同"稻"一同生长在田间的似"禾"之杂草而发明的新字，以区别"粺"罢了。

释义："粺"在《诗经》中使用1处，无迭用。

细粮。此种用法有1处："彼疏斯粺"（《大雅·召旻》）。

颁（頒） 音【bān】

古形【小篆】

《说文·页部》："颁，大头也。从页，分声。一曰：鬢也。"古时表示"大头"意思的字有很多，像"硕""颙""䪻""顝""願"等等，《说文》都解释成"大头"。既然都表示脑袋大，为什么不用同一个字来表示呢？看来古人也知道人的脑袋之所以大，是因为各有各的特点，或者说各自都有形成的原因的。

从"颁"字看，还有另一说，叫"鬢也"。何谓"鬢"？《说文·髟部》："鬢，颊发也。"所谓"颊发"，《段注》云："谓发之在面旁者也。"《释名·释形体》云："在颊耳旁曰髯，随口动摇……其上连发曰鬢。"这就是说，络腮胡子长得连接到耳旁，称之为"髯"；头发长长拖垂到耳边叫"鬢"。古人认为身体发肤受之父母，不常理发，如果再不擅打理，头发蓬松，两鬓垂长，远远看去，显得脑袋很大，是不足为怪的。

综上，"颁"的本义应该为"鬓发"。后来的"颁布"等意思都由"鬓发分开"这个意思引申而来。

释义："颁"在《诗经》中使用1处，无迭用。

两鬓有发。此种用法有1处："有颁其首"（《小雅·鱼藻》）。

阪（坂、岅） 音【bǎn】

古形【小篆】

《说文·阜部》："坡者曰阪，一曰泽障，一曰山胁也。"在许慎看来，"阪"有三个意思：一是"坡地"；二是"泽障"即"水边天然的堤障"；三是"山胁"即"山腰小道"。如果我们把三个意思连起来，得到的是这样一种场景：水边的坡地形成了一道屏障，人工在山腰开凿了一条小道。

《诗经》中"阪"字只在《郑风》、《秦风》和《小雅》中出现，而这些诗均出在今天的陕西、甘肃一带。陕西地形崎岖不平，地貌主要以高原、山地为主，甘肃更是一个多山的地方。因此，河流被坡地阻隔的现象随处可见。作为向外交流重要通道的河流，人们在其岸边的坡地上开凿道路，是不难理解的。

其实，从“阪”之字形看，由“阜”“厂”和“又（手）”组成。“阜”，甲骨文写作“阝”，像绵延的山坡；“厂”，甲骨文写作“厂”，《说文》说其是“山石之厓岩”，即山边岩石突出覆盖处，人可走动的地方。从“厂”字里面的“又（手）”看，这个地方不是自然形成的，而是人工开凿的。综合三部分，“阪”字最初表达的就是“人工在水边山腰处开凿的可供走动的便道”，即“山腰小道”亦即“山胁”也。

释义：“阪”在《诗经》中使用5处，无迭用。

1.山坡。由小道在坡上引申。此种用法有4（风3；雅1）处，如：“茹藘在阪”（《郑风·东门之墠》）“伐木于阪”（《小雅·伐木》）。

2.山腰。由小道在山腰引申。此种用法有1处：“瞻彼阪田”（《小雅·正月》）。

板　音【bǎn】

古形【小篆版】

“板”由“木”和“反”组成，“反”有“人工”的意思。人工制成的木片就叫“板”。“板”是“版”的今字。因“版”字后来成为宫室器具的专用文字，被民间广泛应用之后多用于工具性的板材及所属事物，所以人们又造了一个“板”字来泛指一般的板材和形容木讷的人或事物。

释义：“板”在《诗经》中使用2处3次，1处迭用。

1.木板。此种用法有1处：“在其板屋”（《秦风·小戎》）。

2.反常。本来宫室用“版”字，现在用“板”，且迭用，于是有了“反常”的意思。此种用法有1处2次：“上帝板板”（《大雅·板》）。

版　音【bǎn】

古形【甲片小篆版】

“版”，甲骨文写作“片”，像两块木板相对捆扎在一起的样子。古时建造房屋一般多为土墙。据记载，原始社会的时候我国黄河流域一代就已经出现夯土墙和木结构的房屋了。夯土墙一般是用木板作模，即用两块同样宽大的木板，对夹成空心状，“片”就表示这种样子，然后在里面填黏土，用杵夯实。这样一层一层叠上去，就成了土墙。《说文·片部》：“版，判也。”即被剖开的（木板）。《段注》曰：“凡施于宫室器用者皆曰版。”看来“版”字后来被皇室专用于器具。

释义：“版”在《诗经》中使用1处，无迭用。

筑墙的木制器具。此种用法有1处：“缩版以载”（《大雅·绵》）。

昄　音【bǎn】

古形【小篆昄】

“畈”由“日”和“反”组成。“反”有“返回”的意思，疑“畈”之初义为镜面或水面等物体平面反射的日光。后人释“畈”为“大”，多引《朱传》“畈章，大明也。”《说文·日部》：“畈，大也。”也应该是沿用了这种解释。

释义：“畈”在《诗经》中使用1处，无迭用。

通“版”，版图。此种用法有1处：“尔土宇畈章”（《大雅·卷阿》）。

伴 音【bàn、pàn】

古形【小篆】

《说文·人部》：“伴，大貌。”《说文》中由“人”为部首表示“大”的字还有“俟”“倜”“俣”“俺”等等。这些字的意思如何区别，其实从“伴”的字形上就可以看出来。“伴”，由“人”和“半”组成。“人”为部首，表示这个字的意思与“人”有关。“半”，由“八”和“牛”组成，“八”是“分”的意思。《说文·八部》：“半，物中分也。从八从牛。牛为物大，可以分也。”意思是说“‘半’是物体从中对分（即各为二分之一）、从八从牛。因为牛是大的动物，可以分割。”也就是说，“半”的意思就是“把牛对半分解”。

在古代饮食习惯中，牛、羊是最贵族化的肉食。《礼记·王制》：“诸侯无故不杀牛，大夫无故不杀羊，士无故不杀犬豕，庶人无故不食珍。”这里的“故”，指的就是祭祀。看来，只有祭祀才能宰牛，然后才能食肉。牛在古代中国人的心目中是具有灵性的动物，可以通神，因此，在重大的祭祀仪式上一般都要选用牛，这样才显得庄重肃穆。古代祭祀所用的牛，在颜色、体态方面都有严格的规定，不是随便拉来一头就可以作献祭用的。祭祀所用的牛除了毛色要纯、身体没有缺陷以外，最重要的还是体态高大健壮。《礼记·曲礼》：“凡祭宗庙之礼，牛曰一元大武。”即祭祀用的牛要求脑袋壮硕，身体高大威武。就是“半（半）”的样子。上面的“八”就像个壮硕的脑袋。

“伴”，《段注》引《大学》注“胖”，就表示人“体貌壮硕”的意思，即许慎所说是“大貌”。

释义：“伴”在《诗经》中使用1处，无迭用。

体貌壮硕。此种用法有1处：“伴奂尔游矣”（《大雅·卷阿》）。

邦 音【bāng】

古形【甲金小篆】

“邦”，甲骨文写作“”，上面是个“丰”字，下面是个“田”字，合在一起表示庄稼在田里苗壮生长。金文写作“”，表示庄稼苗壮生长的“丰”字放到了左边，右边成了“邑”字。《说文·邑部》：“邦，国也。”中国古代实行分封制，即天子为维护自己的统治，将土地分给亲属或功臣，所封之地称为诸侯国，同时赋予诸侯国权力和义务。分封始于上古时期，《史记》中“诸侯咸尊轩辕为天子”、（黄帝）“置左右大监，监于万国”就是对早期分封制度的描述。随着

时间的推移，分封制度也在不断发展，从“邑”“邦”“国”三个字的字形上，或多或少可以看出这种制度的发展轨迹。“邑”和“邦”一样，许慎解释为“国也”。《说文·邑部》：“邑，国也。”由“口”和“卪”组成。“口”表示划一块地方；“卪”，《说文》解释为“瑞信”，即信验凭证，并解释说“守国者用玉卪，守都鄙者用角卪，守山邦者用虎卪，土邦者用人卪，泽邦者用龙卪……”可以看出，这是最初的分封，只要划一块地方，无论大小，给你一个守卫的凭证即完事。“邦”却不同，从“”可以看出，已经有了真正意义上的土地，人们可以在这块封地上种植庄稼，自给自足。“国”繁体写作“國”，是在“邦”的意义上的一种强化和发展。《说文·口部》：“國，邦也。从口从或。”“國”中的“或”字从“戈”，说明真正意义上的“國”，不仅有明确的边界来划分势力范围，而且有了武器和军队。正因为诸侯国的不断崛起，所以秦始皇费了九牛二虎之力实现大统一以后，废除了分封制。

综上所述，“邦”的“国”之意思，是介于“邑”和“国”之间的封地。

释义：“邦”在《诗经》中使用49处，无迭用。

1.封地（国）。此种用法有47（风5；雅33；颂9）处，如：“邦之媛也”（《鄘风·君子偕老》）；“邦国若否”（《大雅·烝民》）；“无封靡于尔邦”（《周颂·烈文》）。

2.边境。由封地都有疆界引申。此种用法有2（雅1；颂1）处：“帝作邦作对”（《大雅·皇矣》）；“邦畿千里”（《商颂·玄鸟》）。

傍 音【bàng、páng】

古形【小篆】

“傍”由“人”和“旁”组成。《说文·人部》：“傍，近也。”“人”字旁边的“旁”字就表示靠得很近。

释义：“傍”在《诗经》中使用1处两次，迭用。

靠近。迭用说明很近很近，表示紧急。此种用法有1处2次：“王事傍傍”（《小雅·北山》）。

包 音【bāo】

古形【小篆】

“包”，小篆写作“”。《说文·勹部》：“包，像人怀妊，巳在中，像子未成形也。”从字形看，像一个母体中的胎儿，中间的部分像胎体，外面包裹着一层胎衣。

释义：“包”在《诗经》中使用1处，无迭用。

包裹。由胎体被胎衣包裹引申。此种用法有1处：“白茅包之”（《召南·野有死麇》）。

苞 音【bāo】

古形【小篆】

《说文·艸部》：“苞，草也，南阳以为麤履。”意思是说，“苞”是一种草，南阳人认为可以用来编织草鞋。何谓“麤履”？《说文·麤部》解释“麤”字是

“鹿行走时跳跃很远的样子”，用三个“鹿”字会意。用“麤”来形容“履”，表示一种编织得很粗疏的草鞋。

“苞草”是一种什么草？《段注》引《曲礼》“苞履不如公门”注曰：“苞，藨也。”“藨草”属种类很多，是一种喜生于潮湿多水之地的野草，常常于沟边塘边、山谷溪畔或沼泽地成片地生长。匍匐根状茎，秆散生，高20—100cm，顶端有小穗，大多叶边有锯齿。“苞履”是古人居丧时穿的草鞋，用这种带有锯齿的草编织很粗疏的鞋表示孝心，应该是可以理解的。这或是一种居丧时临时包在脚上的草，所以由“艹”和“包”组成。

古代南阳在现在的河南省境内，疑因地处伏牛山以南而得名，早在七八千年前，那里的先民们以辛勤劳动和聪明智慧在这片土地上创造了灿烂的历史文明。周代天子非常重视这片富庶的土地，曾分封了申、吕、谢、郦、蓼、曾、鄀、许等诸侯国。春秋时期南阳已成为全国八大都会之一。因此居丧穿“苞履”（即“麤履”）也就很自然地成为一种文化现象了。不过，“麤履”是“苞”的一种引申义，本义是“苞草”。“麤履”是“苞草”编织的鞋。

1999年8月，国务院批准了一种草为国家Ⅱ类保护植物，一般生长在海拔2300—3400m的干旱河谷灌丛边缘或亚高山草甸上。其分布仅局限于四川西部和西藏东南部的狭小地区，叫“芒苞草”。古代南阳临近川陕，且紧靠伏牛山，“苞”或指这种草也未可知。

释义：“苞”在《诗经》中使用15处，无迭用。

1.苞草。此种用法有1处：“苞有三蘖”（《商颂·长发》）。

2.丛生、茂盛。由苞草长势引申。此种用法有13（风8；雅5）处，如：“集于苞栩”（《唐风·鸨羽》）；“集于苞杞”（《小雅·四牡》）。

3.牢固。由苞草之根不易拔除引申。此种用法有1处：“如山之苞”（《大雅·常武》）。

褒　音【bāo】

古形【小篆】

古诸侯国里有一个“褒国”。据有文字的记载，汉中最早政权是褒国。褒国是我国进入奴隶制社会后第一个王朝“夏后”所封的同姓诸侯国。因佐理大禹治水，不辞劳苦，任劳任怨，历经十余载，终于完成了大禹治理洪水，拯救华夏子孙于水深火热之际。因有褒氏辅佐大禹治水有功，被分封到今天汉中市以北，建立了诸侯王国。享国时间悠久，历经夏、商、周三朝，褒国的末代国君叫褒珦。作为功臣受到分封，所以“褒”后来又有了“褒奖”的意思。

《说文·衣部》：“褒，衣博裾。”即“宽大的衣襟”应该是后来的引申义。

释义：“褒”在《诗经》中使用1处，无迭用。

借为国名（褒国，今陕西汉中一带）。此种用法有1处：“褒姒威之”（《小雅·正月》）（褒姒，姓姒，褒国人，周幽王姬宫湦第二任王后，太子姬伯服的生母，周平王姬宜臼的后母）。

薄　音【báo、bó】

古形【小篆】

《说文·艸部》:“薄，林薄也，一曰蠶薄。从艸溥声。”《段注》:“林木相迫不可入曰薄，引申凡相迫皆曰薄。”从“薄”之字形看，从“艸”，所以此处的“林木”当为荆棘状的草本植物。“薄”下面的“溥”字有“广大”的意思。因此，“薄”的意思应该是“大片的荆棘交互生长”。引申“凡相迫皆曰薄”。“蠶薄”是一种编织的养蚕工具，是“薄”的引申用法。据《方言》云:“薄，宋魏陈楚江淮之间谓之苗（qū），或谓之麴，自關而西（大约今天的陕西、甘肃一带）谓之薄。”

释义:“薄”在《诗经》中使用31处32次，1处迭用。

1.（有清洁功效的）草。由“大片的荆棘交互生长”缩小引申。此种用法有2（风2）处，如:“薄污我私”（《周南·葛覃》）。

2.喧闹（声音交错）。由“大片的荆棘交互生长”交错状引申。此种用法有21（风9；雅3；颂9）处，1处迭用，如:“薄言往愬”（《邶风·柏舟》）（此谓逆耳之言）；“载驱薄薄”（《齐风·载驱》）；“薄言采芑”2句（《小雅·采芑》）；“薄言震之”（《周颂·时迈》）。

3.杂乱（心情不定）。由本义之交错状引申。此种用法有2（雅2）处，如:“薄言观者”（《小雅·采绿》）。

4.混乱。由本义之交错状引申。此种用法有3（雅3）处，如:“薄伐西戎”（《小雅·出车》）。

5.厚度小。由蠶薄厚度小引申。此种用法有3（风1；雅2）处，如:“薄送我畿”（《邶风·谷风》）（此言薄情）；“如履薄冰”（《小雅·小旻》）。

剥(剝)　音【báo、bō】

古形【甲　金　小篆】

“剥”古体作“⼘刂”，由“卜”和“刂（刀）”组成，本义应该是“将占卜的结果用刀刻录下来”。后来写作“剝”，由“彔”和“刀”组成，“彔”字上部由正反两个“7”互交表示构成太极阴阳二气，“气”即为天空；中间的“一”表示地，底部是一个“水”字，整个字形表示天、地、水造化万物。字形由“⼘刂”到“剝”是对占卜内容的一种客观表达，也反映了古人对天、地、人、物和谐共生的思想理念。

《周易》六十四卦中第二十三卦叫“剥卦”，从卦形看，上九之下的五阴为中间开裂之象。

“剝”“剥”通作“剥”，应该是隶变以后的事，其意义也就保留了两字的原始意义。后来的诸多派生意义，都应该是两字原始意义上的引申。

释义:“剥”在《诗经》中使用3处，无迭用。

割裂（剖开）。由剥卦开裂之象（动作化）引申。此种用法有2（雅2）处，如:“或剥或亨”（《小雅·楚茨》）。

2.通“击”。此种用法有1处:“八月剥枣”（《豳风·七月》）。

宝(寶、寳)　音【bǎo】

古形【甲金小篆】

“宝”，甲骨文写成“”，由“宀（像屋形，代表家）、贝（两个）、玉”三部分组成，后来将其中一个“贝”写成了“缶”。《说文 · 宀部》：“寶，珍也，从宀从玉从贝，缶声。”“贝”是古时的货币。古人认为“玉”和“贝”都是珍贵的东西，都是家中（宀）的宝，同现代人“宝”的观念略有差别。

释义：“宝”在《诗经》中使用2处，无迭用。

家中珍贵之物。此种用法有2（雅2）处，如：“稼穑维宝”（《大雅 • 桑柔》）。

保　音【bǎo】

古形【甲金小篆】

“保”由“人”和“呆”组成。从金文“”字看，右边的“”像一个举手蹬足的小儿。《说文 · 人部》：“保，养也。”金文中有一体写作“”，其中的“人”脚朝前，手向后托抱着一个小儿，像“人背负小孩”状，所以唐兰的《殷虚文字记》说：“负子于背谓之保，引申之则负者为保，更引申之则有保养之义。”可知“养育”是“保”的引申义。

释义：“保”在《诗经》中使用30处，无迭用。

1. 护（守护、庇护）。由背儿要用手护住引申。此种用法有27（雅15；颂12）处，如：“保艾尔后”（《小雅 • 南山有台》）；“以保我后生”（《商颂 • 殷武》）。

2. 安抚。由护儿有安抚之意引申。此种用法有1处：“无射亦保”（《大雅 • 思齐》）。

3. 安享、安闲。由受护人感觉舒适引申。此种用法有2（风1；雅1）处：“他人是保”（《唐风 • 山有枢》）；“王舒保作”（《大雅 • 常武》）。

鸨(鴇)　音【bǎo】

古形【小篆】

《说文 · 鸟部》：“鸨，鸟也。”“鸨”是鸟类的一种，比雁略大，背上有黄褐色和黑色斑纹，不善于飞，而善于走，能涉水。明朱权在《丹丘先生曲论》中说：“鸨似雁而大，无后趾，虎文。喜淫而无厌，诸鸟求之即就。”所以人们又称此鸟为“淫鸟”。从“鸨”之字形看，左边由“匕”和“十”组成。元代周伯琦的《六书正伪》中说左上半的“匕”是“比之省也。从十，十，相比”。这个解释是一种避讳，说白了，匕是雌性生殖器的符号，十是雄性的符号，“匕”加“十”也就是交配的意思。随意交配是“鸨”的特点。

释义：“鸨”在《诗经》中使用4处，无迭用。

1. 鸨鸟。此种用法有3（风3）处，如：“肃肃鸨羽”（《唐风 • 鸨羽》）。

2. 杂色。由“鸨”的毛色（或杂交性）引申。此种用法有1处，形容马的毛色杂：“叔于田，乘乘鸨。”（《郑风 • 大叔于田》）。

饱(飽)　音【bǎo】

古形【甲小篆】

甲骨文字形“”像一个人捧着食器在进食，小篆则更形象地表示这个人已经吃进了不少食物，肚子胀得如“包”。《说文·食部》：“饱，猒也。”“猒”有“厌、足”的意思，《广韵·巧韵》：“饱，食多也。”吃多了，吃足了，实在吃不下了，再吃就厌食了，就是“饱”。

释义：“饱”在《诗经》中使用5处，无迭用。

食多。此种用法有5（风1；雅3；颂1）处，如：“今也每食不饱”（《秦风·权舆》）；“既醉既饱”（《小雅·楚茨》）；“既醉既饱”（《周颂·执竞》）。

报(報)　音【bào】

古形【金小篆】

《说文·〓部》：“报，当罪人也。”即“判决罪人”。治人之罪，一般要将案情以及断案结果向上级机关报告，所以“报”又引申出报告、告知等意思。向上级报告，一般要回复一个批文，由这种属性又引申出“回复、回答”“用行动回答别人的善行或恶行”等意思。

释义：“报”在《诗经》中使用17处，无迭用。

1.回复、回答、用行动回复别人的善行或恶行。此种用法有16（风9；雅7）处，如：“报我不述”（《邶风·日月》）；“欲报之德”（《小雅·蓼莪》）。

2.交织。由“报”有来有往，往来交错喻交织成章。此种用法有1处：“不成报章”（《小雅·大东》）。

抱(褢)　音【bào】

古形【小篆】

“抱”，古又作“褢”。《说文·衣部》：“褢，褢（懷）也。”徐铉曰：“今俗作抱。”可知“褢”“抱”为同一字。“褢”者，将婴儿用衣服裹起来放在怀里，这里忽略了手的作用。民间写“抱”就比较直接：“把婴儿包起来双手搂住”就叫“抱”。

释义：“抱”在《诗经》中使用3处，无迭用。

双手搂住物体。由双手搂住婴儿的动作状态引申。此种用法有3（风2；雅1）处，如：“抱衾与裯”（《召南·小星》）；“亦既抱子”（《大雅·抑》）。

暴(㬥)　音【bào、pù】

古形【小篆】

“暴”，古文作“㬥”，由“日”“出”“収”和“米”四个部分组成。《段注》曰“㬥”谓“日出而竦手举米晒之，合四字会意。”意思就是“恭恭敬敬地双手捧着米到太阳底下去晒”。《说文·日部》：“㬥，晞也。”即本义为“晒米”。

古形还有一个从“夲”的“暴”字和“㬥”形似，隶变以后都作“暴”。《段注》云：㬥，引申为表㬥、㬥露之义，“与夲部暴义别。凡暴疾、暴虐、暴虎等皆夲部字也，而今隶一之。”

《说文·夲部》："暴，疾有所趣也。""趣"，《段注》云："当作趋。""疾有所趣"即"快速而走"的意思。"暴"属"夲"部，《说文·夲部》："夲，进趣也。从大，从十。大、十，犹兼十人也。"也就是说，这种行进的力量，仿佛集中了数十人的能量，可见威力之大。"疾行"是"暴"之本义。

释义："暴"在《诗经》中使用6处，主要是"暴"之用法，无迭用。

1. 猛烈、急骤。由疾行之力量状态引申。此种用法有1处："终风且暴"（《邶风·终风》）。

2. 搏击。此种用法有2（风1；雅1）处："襢裼暴虎"（《郑风·大叔于田》）；"不敢暴虎"（《小雅·小旻》）。

3. 欺凌、残暴。此种用法有2（风1；雅1）处："至于暴矣"（《卫风·氓》）；"乱是用暴"（《小雅·巧言》）。

4. 借为人名。此种用法有1处："维暴之云"（《小雅·何人斯》）。

豹　音【bào】

古形【甲 小篆 】

"豹"，甲骨文写作" "，像一只豹子的简单图形。《说文·豸部》："豹，似虎，圜文。从豸，勺声。""豹"是兽类的一种，像虎，但比虎小，身上长着圆形的黑色花纹。人们通常称之为"豹子"。

释义："豹"在《诗经》中使用4处，无迭用。

豹子的毛皮。由豹子身体的局部引申。此种用法有4（风3；雅1）处，如："羔裘豹饰"（《郑风·羔裘》）；"赤豹黄罴"（《大雅·韩奕》）。

陂　音【bēi、pō】

古形【小篆 】

《说文·阜部》："陂，阪也。一曰：沱也。""阪"由"阝"和"皮"组成。"阝"，小篆写作"阜"，像连绵的山地；"皮"或是"坡"字省写，有"坡地"的意思，同"阝"组合表示山边的坡地。"沱"与"池"同，《段注》云："陂得训池者，陂言其外之障，池言其中所蓄之水。"由此可知，"陂"之本义应为"山脚或水边的坡地"。

释义："陂"在《诗经》中使用3处，无迭用。

山脚水边的坡地。此种用法有3处，如："彼泽之陂"3句（《陈风·泽陂》）。

卑　音【bēi】

古形【金 小篆 】

"卑"，金文写作" "，由"甲（甲）"和"（左手）"组成。（有写"右手"，如" "，小篆保留了左手之" "。）《说文·𠂇部》："卑，贱也；执事也。"

《礼记·玉藻》："君若赐之爵，则越席再拜稽首受。登席，祭之，饮卒爵而俟。"意思是说：臣子侍饮于君，君若赐之饮酒，臣子就应离开坐席，向国君行再拜稽首之礼，恭恭敬敬接过酒杯，然后回到自己的坐席，先祭酒，再干杯。

从金文字形看，无论是“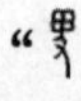”还是“”，都像是举杯拜首之状，表示谦卑。这是古代的一种礼节，表示地位低下。

古代大臣上朝，都要手执符节（一种记事板）。符节一般都执在左手，所以《说文》将“卑”归于“ナ”部。“贱也、执事也”应该是“卑”的引申义。

安子介先生在《解开汉字之谜》中说“卑”是“表示左手拿着一把有柄的装酒容器。斟酒的人为了对客人表示敬意并便于服侍，应站在正确的一边，处于这样位置的人必然是个下人。”也不失是一种解释。

释义：“卑”在《诗经》中使用2处，无迭用。

泛指低下。此种用法有2（雅2）处：“谓山盖卑”（《小雅·正月》）；“履之卑兮”（《小雅·白华》）。

悲　音【bēi】

古形【小篆】

《说文·心部》：“悲，痛也。”《说文》中，“惛”“悽”“恫”“恻”“惜”“愍”“慇”等字都解释为“痛”，都有“哀伤、痛心”的意思。那么，“悲”应该是一种怎样的痛呢？从字形看，“悲”由“非”和“心”组成。《说文·非部》：“非，违也。从飞下翅，取其相背。”徐灏《段注笺》：“从飞下翅，谓取飞（繁体作飛）字之下体而为此篆耳。”钟鼎文作“”，正合“从飞下翅”之语。凡鸟飞，翅必相背，故因之为违背之称。由此可知，“悲”是一种违背（）内心（心）愿望而产生的哀痛。

释义：“悲”在《诗经》中使用11处，无迭用。

哀伤、痛心。此种用法有11（风5；雅6）处，如：“无使我心悲兮”（《豳风·九罭》）；“我心伤悲”（《小雅·四牡》）。

背　音【bēi、bèi】

古形【小篆】

“背”由“北”和“月（肉）”组成。“北”是“二人相背”的意思，字形像两个人背（肉体）相靠。“背”就指两人相靠着的那部分。《说文·肉部》：“背，脊也。”《段注》“脊，背吕也。然则脊者，背之一端，背不止于脊。”由此可知，“脊”只是“背”的一部分，“背”是人连接脊柱的那部分。后来人们把把重物放在背后驮着就称“背（bēi）”。

释义：“背”在《诗经》中使用8处，无迭用。

1. 人的后背（即人连接脊柱的那部分）。此种用法有2（雅1；颂1）处：“黄耇台背”（《大雅·行苇》）；“黄发台背”（《鲁颂·閟宫》）。

2. 背叛。由“北”之相背之义引申。此种用法有5（雅5）处，如：“噂沓背憎”（《小雅·十月之交》）。

3. 借为“錇”（古背、錇通用），小瓦盆。此种用法有1处：“言树之背”（《卫风·伯兮》）。

北　音【běi】

古形【甲金小篆】

“北”，甲骨文写作“”，古今字形变化不大，像两个不敢正面交锋的人相背而逃。《说文 · 北部》：“北，乖也。从二人相背。”古人将二人相随谓“从”；相对谓“比”；相转谓“化”；相背则谓“北”。“北”即古“背”字，有“违背、背离”的意思。唐兰《释四方之名》云：“北由二人相背，引申而有二义：一为人体之背，一为北方。”徐灏云：“古者宫室皆南向，故以所背为北。”“北方”之义，是“北”（即“背”）的引申义。有了“背”字之后，“背”就专用于人体之“背”，而“北”则用来专指与方位有关的事物。

释义：“北”在《诗经》中使用22处，无迭用。

北面、北方。由“违背、背离”（同“南方”）相背引申。此种用法有22（风7；雅15）处，如：“北风其喈”（《邶风 • 北风》）；“陟彼北山”（《小雅 • 杕杜》）。

贝(貝)　音【bèi】

古形【甲　金　小篆　】

甲骨文“”像一个贝类的外形。《说文 · 贝部》：“贝，海介虫也。居陆名猋，在水名蛹。象形。古者货贝而宝龟，周而有泉，至秦废贝行钱。”用今天的话说，“贝”是海介虫，《段注》：“介虫之生于海者”谓海介虫，即一种海里生长的带有甲壳的软体动物。在陆地上有人称之为“猋”，水里的称之为“蛹”。“贝”像贝壳之形。古时候人们将“贝”的壳作为货币而视龟甲为宝贝。到了周代有“泉”为货币，但“贝”仍流通；到了秦代才废除“贝”而通行钱了。

“贝”的本义是“海介虫”即“海里生长的带有甲壳的软体动物”。

释义：“贝”在《诗经》中使用2处，无迭用。

贝币。由海介虫之壳用于货币引申。此种用法有2（雅1；颂1）处：“成是贝锦”（《小雅 • 巷伯》）；“贝胄朱綅”（《鲁颂 • 閟宫》）。

备(備、俻)　音【bèi】

古形【甲　金　小篆　】

“备”繁体写作“備”，甲骨文作“”，像器具里装满了箭的样子。古代士兵出征打仗，都身背一个装箭的器具（箭囊），里面装满了箭，说明已经装备好了。到了金文，加了个“人”字，写作“”，意义更加明确，表示整装待发。《说文 · 人部》：“備，慎也。”应该是“整装待发”状态的意义引申。

释义：“备”在《诗经》中使用6处，无迭用。

准备、完备。由整装完毕引申。此种用法有6（雅4；颂2）处，如：“礼仪既备”（《小雅 • 楚茨》）；“既备乃奏，箫管备举”（《周颂 • 有瞽》）。

倍　音【bèi】

古形【小篆　】

《说文 · 人部》：“倍，反也。”又“音，相与语，唾而不受也。从、从否。”或从豆从欠。“欠”是“哈欠”的意思，人打哈欠的过程都是先往体内深吸气。说话都是口出气，“欠”是吸气，即反其气，亦即反对之声。

古代君臣上朝，都要商讨一些宫廷大事，这件事一提出来，就遭到大臣们一片反对之声，这就是“倍”。即“人的一片反对之声”。《段注》：“以反者覆也，覆之则有二面，故二之曰倍。”这里的“覆”可以理解成“等数量重复”而非正反两面之重复。

释义：“倍”在《诗经》中使用1处，无迭用。

等数量重复。由反对之声重复出现引申。此种用法有1处：“如贾三倍”（《大雅·瞻卬》）。

悖 音【bèi】

古形【小篆】

《公羊传·文公十四年》：“孛者何？彗星也。”古人把彗星分成四种，《开元占经》引战国时期天文学家石申夫言：“凡彗星有四名：一名孛星、二名拂星、三名扫星、四名彗星。”这四种彗星，形状各异，但如果一旦在空中出现，古人认为人间就必有灾祸。因此，无论哪种彗星的出现，天下就会出现兵起、谋主、弑君等一些大逆不道的动乱。

“孛”，小篆写作“”。汉末文颖注《汉书》曰：“孛，光芒短，其光四出。”从小篆字形看，上面的部分像彗星拖着的尾光，下面圆润光亮，中间还包孕着一个不知想干什么的“子”字。《唐开元占经》引董仲舒曰：“谓之孛者，言其暗昧不明之貌也。”或许是对包孕着“子”字部分的一种注释。也就是说，“孛星”的出现，暗示着可能要出现一些动乱，但具体会有哪些行动，还未可知。

“悖”从“心（忄）”，表示“心存悖乱之念”。

释义：“悖”在《诗经》中使用1处，无迭用。

悖乱（导致颠沛之苦）。此种用法有1处：“复俾我悖”（《大雅·桑柔》）。

被 音【bèi】

古形【小篆】

“被”由“衤（衣）”和“皮”组成。“皮”指包裹着物体表层的部分。同“衤（衣）”组合指的就是人睡觉时覆盖在人身体表层的如衣物体，俗称被子。古人把“被子”分成两类，一类为“被”，《说文·衣部》：“被，寝衣，长一身有半。”即小一点的被子，可以视作夹被；一类为“衾”，即大被子，可以视作棉被。现在一般都统称为“被子”。

释义：“被”在《诗经》中使用3处，无迭用。

1. 覆盖。由被子的作用引申。此种用法有1处：“天被尔禄”（《大雅·既醉》）。

2. 同“彼”，指代（她）。此种用法有2（风2）处，如：“被之僮僮”（《召南·采蘩》）。

奔(犇) 音【bēn、bèn】

古形【金 小篆】

“奔”，金文写作“”，上面是一个

“夭（ ）”，像人疾行时摆动双臂的样子；下面是三个“止”，“止”是“趾”的本字，像脚趾形，表示与行走有关。《说文·夭部》：“奔，走也。”三个“止”即三只脚，代表多人。“ ”表示大败在即，首领带着将士们一道逃跑。“犇”是“奔（bēn）”的异体字。

释义：“奔”在《诗经》中使用6处8次，2处迭用。

疾行、跑动。由逃跑时跑动的状态引申。此种用法有6（风3；雅2；颂1）处8次，如：“鹑之奔奔”2句（《鄘风·鹑之奔奔》）（迭用言在地面跳跃跑动速度之快）；“鹿斯之奔”（《小雅·小弁》）；“骏奔走在庙”（《周颂·清庙》）。

贲 音【bēn、fèn】

古形【金 小篆 】

“贲”由“卉”（花卉）和“贝”组成。《说文·贝部》：“贲，饰也。”古人喜欢用贝类作为饰品佩挂在胸前，妇女则喜欢把金属打制成花草、动物等模样戴在头上作为饰品。所以安子介先生解释“贲”的意思为“似‘卉’盛开，似‘贝’诱人”，即“装饰很美”。

释义：“贲”在《诗经》中使用2处，无迭用。

1. 美丽的装饰。此种用法有1处：“贲然来思”（《小雅·白驹》）。

2. 借为“鼖”（一种大鼓）。此种用法有1处：“贲鼓维镛”（《大雅·灵台》）。

本 音【běn】

古形【金 小篆 】

“本”，金文、小篆都是由“木（树木之形）”和下面添加一个符号组成。《说文·木部》：“木下曰本。从木，一在其下。”意思是说“树的下面”叫“本”，也就是“木”字下面那一个符号所在的地方，即“树根”。古文有将“本”写作“ ”，从这个字形可以看出，树木在地面以下赖以生存的基础部分俗称根都叫“本”。

释义：“本”在《诗经》中使用2处，无迭用。

1. 树根。此种用法有1处：“本实先拨”（《大雅·荡》）。

2. 族系之根。由树之根本引申。此种用法有1处：“本支百世”（《大雅·文王》）。

崩 音【bēng】

古形【金 小篆 】

《说文·山部》：“崩，山坏也。”就是山体坏败的意思。“崩”，金文写作“ ”，没有“山”部，就是一个山体崩裂滑坡的样子。“崩”，有的古文写作“ ”，从“阜”，“阜”表示“土山”。这种山一般遇到暴雨天容易产生泥石流导致山体滑坡。“崩”表示的就是“山体滑坡”。

释义：“崩”在《诗经》中使用4处，无迭用。

1. 山体滑坡。此种用法有1处：“山

冢崒崩”（《小雅·十月之交》）。

2. 崩溃、毁坏。由山体滑坡的状态引申。此种用法有3（雅2；颂1）处，如：“不骞不崩”（《小雅·无羊》）（此处“不崩”言不会出现大面积病倒的情况）；“不亏不崩”（《鲁颂·閟宫》）。

祊　音【bēng、fāng】

古形【甲口小篆】

“祊”，甲骨文写作“口”，是一个四四方方的形状，后用“方”字代替。“祊”是古代祭祀的地方，所以是“示”部。《说文·示部》：“祊，门内祭，先祖所以彷徨。”即在门内祭祀先祖，因为那是他们生前彷徨来往的地方。

释义：“祊”在《诗经》中使用1处，无迭用。

门内祭祀先祖的地方。此种用法有1处：“祝祭于祊”（《小雅·楚茨》）。

菶　音【běng】

古形【小篆】

“菶”由“艹”和“奉”组成。“奉”有高度到顶部、极限的意思。《说文·艸部》：“菶，草盛。”草木的高度到了极限，一定是非常茂盛的。

释义：“菶”在《诗经》中使用1处，迭用。

草木茂盛。此种用法有1处（迭用言草木之多，非常茂盛）：“菶菶萋萋”（《大雅·卷阿》）。

琫　音【běng】

古形【小篆】

“琫”由“玉”和“奉”组成，“奉”有“高度到顶部、极限”的意思，《说文·玉部》：“琫，佩刀上饰。天子以玉，诸侯以金。”古人佩刀，喜欢在刀鞘上端近口处做一些装饰，天子一般用玉做采莲，诸侯则用金属。天子佩刀之饰就叫“琫”。

释义：“琫”在《诗经》中使用2处，无迭用。

佩刀鞘上近口处的饰物。此种用法有2（雅2）处，如：“鞞琫容刀”（《大雅·公刘》）。

唪　音【běng、fěng】

古形【小篆】

“唪”由“口”和“奉”组成。“奉”，金文作“”，像双手恭敬地捧着一物，本义就是“恭敬地捧着”。众多僧侣手捧经文齐声诵读叫“唪”，即“诵经”。《说文·口部》云“唪”为“大笑”。

释义：“唪”在《诗经》中使用1处2次，迭用。

同“菶”，植物茂盛。“唪唪”迭用，言果实累累之状。（可视为由人数众多引申）此种用法有1处：“瓜瓞唪唪”（《大雅·生民》）。

楅　音【bī、fú】

古形【小篆】

“榀”由“木”和“畐”组成。“畐”在古代有“逼迫、强迫”的意思，《说文·木部》：“榀，以木有所逼束也。”意思是用木头对某物有所逼迫和约束。后人引《诗经》证用木横系在牛角上，以防止其伤人，《段注》云：“泛云‘以木有所逼束’，则不专谓施与牛者，引《诗》，特其一证耳。”可知《说文》所云“以木有所逼束”只是泛指。

释义：“榀”在《诗经》中使用1处，无迭用。

用木头对牛有所逼迫和约束（把横木绑缚在牛角上）。由“以木有所逼束”特指引申。此种用法有1处：“夏而榀衡”（《鲁颂·閟宫》）。

匕 音【bǐ】

古形【甲 金 小篆 】

“匕”是古代的一种食器，曲柄浅斗，（有别于深斗的“勺”），形状像现在的羹匙，分饭匕、牲匕、疏匕、挑匕四种。从甲、金文字形看，很像一把浅斗的小勺子。“匕”字一个连笔表示勺斗和勺柄，“、”表示勺中之物。后来人们制造了一种如匕的凶器，又称作“匕首”。

释义：“匕”在《诗经》中使用1处，无迭用。

浅斗小勺。此种用法有1处：“有捄棘匕”（《小雅·大东》）。

比 音【bǐ】

古形【甲 金 小篆 】

“比”从古字形看，像两个人并列在一起。《说文·比部》：“比，密也。二人为从，反从为比。”意思是说“比”是“亲密”的意思。古人造字，二人相随谓“从”，相背谓“北”。二人除了相随、相背以外，还可以相对，这就是“比”，表示两个人紧靠在一起。

释义：“比”在《诗经》中使用8处，无迭用。

1.亲近、亲密、亲和。由二人紧靠之状引申。此种用法有5（风2；雅3）处，如：“胡不比焉”2句（《唐风·杕杜》）；“克顺克比”（《大雅·皇矣》）。

2.比照、比配。由两人镜面状态引申。此种用法有2（风1；雅1）处：“比予于毒”（《邶风·谷风》）；“比物四骊”（《小雅·六月》）。

3.密集。由“亲近，亲密”引申形容事物。此种用法有1处：“其比如栉”（《周颂·良耜》）。

妣 音【bǐ】

古形【甲 金 小篆 】

“妣”，甲骨文写作“ ”，刘兴隆《新编甲骨文字典》析像人作揖或匍匐在地之侧面图形，可知是一个地位低下之人。金文写作“ ”，即今天的“妣”之形，由“女”和“比”组成。《尔雅·释亲》云：“父为考，母为妣。”从“妣”之字形看，“比”像两个亲密无间的人紧靠在一起，犹如亲密无间的父母，那两个人中的“女”，便是母亲。可见成为人母后，这个女人的地位便有所提升。

《说文·女部》：“妣，殁母也。”即“已逝的母亲”，应该是后来的引申义。

释义：“妣”在《诗经》中使用3处，无迭用。

已逝的母亲或母辈先人。此种用法有3（雅1；颂2）处，如：“似续妣祖”（《小雅·斯干》）；“烝畀祖妣”（《周颂·丰年》）。

彼　音【bǐ】

古形【小篆】

“彼”由“彳”和“皮”组成。“皮”，《说文·皮部》：“剥取兽革者谓之皮。”《段注》：“剥，裂也。谓使革与肉分裂也。云革者，析言则去毛曰革，统言则不别也。云革者，谓其人也。”由此可知，“皮”的意思就是“剥取兽皮的人”（“革”有去毛取皮的意思）。古人狩猎，打到猎物，一般都剥取兽皮，肉拿来食用，皮则用来衣物。久而久之，就有了一种为野兽去毛取皮的职业，这就是“皮”。

“彳”，金文写作“彳”，是“行（行）”字的左半边。“行”很像街道的十字路口，“彳”和“皮”组合，意思是“那边路口剥取兽皮的人”，大概是指开了个剥取兽皮的专业作坊之人。后来由特指引申为泛指。

释义：“彼”在《诗经》中使用303处，无迭用。

1. 借为指示代词（指人），有“他、他们”的意思。（或可视为由特指“剥取兽皮”之人引申为泛指。）此种用法有109（风53；雅48；颂8）处，如：“寘彼周行”（《周南·卷耳》）；“召彼仆夫”（《小雅·出车》）；“挞彼殷武”（《商颂·殷武》）。

2. 借为指示代词（指物），有“那、那些”的意思。（或可视为由泛指人引申为泛指物。）此种用法有194（风73；雅109；颂12）处，如：“陟彼崔嵬”（《周南·卷耳》）；“驾彼四骆”（《小雅·四牡》）；“如彼飞虫”（《大雅·桑柔》）；“保彼东方”（《鲁颂·閟宫》）。

俾　音【bǐ】

古形【小篆】

“俾”由“亻（人）”和“卑”组成。“卑”有“地位低下”的意思，同“亻（人）”组合，意思是“地位低下之人”。古时的仆人、跟班、随从等人，都被视为地位低下之人。所以《尔雅·释诂》云：“俾，从也。”意思是跟班、随从之人。因为这些人过去都是被人支配、使唤的人，所以“俾”还有一个“使”即“被使唤”的引申义。由于随从一般都受人支配，所以在“使”的意义上又引申出“派遣、命令”或“促使、致使”改变行为、状态等意思。《说文·人部》：“俾，益也……一曰：俾，门侍人。”其中的“门侍人”应为“俾”之本义，而“（增）益”之“俾”非“门侍人”之“俾”。

释义：“俾”在《诗经》中使用48处，无迭用。

使（派遣、命令、促使、致使）。由随从一般都受人支使引申。此种用法有48（风2；雅36；颂10）处，如：“俾无訧兮”（《邶风·绿衣》）；“俾尔戬谷”（《小雅·天保》）；“俾尔昌而大”（《鲁颂·閟宫》）。

鞞　音【bǐ】

古形【金小篆】

《说文·革部》：“鞞，刀室也。”所谓刀室，就是“刀鞘”的意思。“鞞”由“革”和“卑”组成。“革”表示这种刀鞘是一种皮革制品；“卑”有“低下”的意思，表示这种刀鞘质量粗糙。两个字合在一起表示“皮制的、质量粗糙的刀箭套”，俗称刀鞘。

释义：“鞞”在《诗经》中使用2处，无迭用。

刀鞘。此种用法有2（雅2）处，如：“鞞琫容刀”（《大雅·公刘》）。

必　音【bì】

古形【金小篆】

《说文·八部》：“必，分极也。”《段注》解释“分极”云：“‘极’犹‘准’也……立表为分判之准，故云分极。”《段注》的解释有“判断位置标志”的意思。

从字形看，“必”由“八”和“弋”组成。“八”是“分别”的意思；“弋”，甲骨文写作“”，金文写作“”。《齐民要术·种桑》：“正二月中，以钩弋压下枝，令着地。”意思是二月中旬，用一个带钩的小木桩，把桑条钩压住固定在地上。“”就像那个小木桩。金文更形象，木桩的下半部直接插到了地里。把桑枝条挨着小木桩插进土里，然后分别把土上的部分固定在木桩的钩叉上，就是“必”。这是一种种植技术，叫“扦插”。由于这种技术有一定的操作标准，不可随意更改，所以后来就有了“必须、必然、一定要”等引申义。

释义：“必”在《诗经》中使用9处，无迭用。

必须、一定要。由扦插技术要遵照一定的操作标准引申。此种用法有9（风8；雅1）处，如：“必有与也”（《邶风·旄丘》）；“必恭敬止”（《小雅·小弁》）。

苾　音【bì】

古形【小篆】

《说文·艸部》：“苾，馨香也。”这种香，是一种草的香味，所以“苾”为“艸”部。古西域有一种草，名叫“苾刍”，其味馨香。在梵语中苾刍又用来比喻佛家弟子，为受具足戒者之通称。所谓受具足戒，指的是佛教弟子受持的戒律，即对这些出家弟子行为做出的一些必须严格遵守的规定。“必”有“必须”的意思，或许这就是“苾”字下面用“必”的原因。

释义：“苾”在《诗经》中使用2处3次，1处迭用。

馨香。此种用法有2（雅2）处3次，如：“苾苾芬芬”（此处迭用表示香气浓郁）（《小雅·信南山》）。

怭（佖）　音【bì】

古形【小篆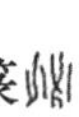】

"怭"，清代王先谦著《诗三家义集疏》作"佖"。《说文·人部》："佖，威仪也。从人，必声。《诗》曰：'威仪佖佖。'"为了说明"佖"字的意思是"威仪"，许慎特别用《诗经》中的"威仪佖佖"一句来举例。如果"佖"的意思是"威仪"的话，那么"威仪佖佖"就不好解释。

《小雅·宾之初筵》："宾之初筵，温温其恭。其未醉止，威仪反反。曰既醉止，威仪幡幡。舍其坐迁，屡舞仙仙。其未醉止，威仪抑抑。曰既醉止，威仪怭怭。是曰既醉，不知其秩。"说的是幽王设宴，宾客刚入席时"温温其恭"；还没醉时"威仪反反""威仪抑抑"；醉了的时候"威仪幡幡""威仪怭怭"，最后是"不知其秩"。其间的"反反、抑抑"和"幡幡、怭怭"都是形容宾客"威仪"（言行举止）的，并非"威仪"之义的重复，否则，那些宾客开始时的一本正经到醉酒以后的胡作非为、丑态百出就无法反映出来。

从"佖"之字形看，由"人"和"必"组成，"必"有"必须、一定要"的意思，同"人"组合表示"人应该做的"，即"温温其恭""反反、抑抑"。这些都要靠人的言行举止表现出来。然而这些人醉酒以后言行举止已经违背了"人应该做的"准则。诗作者将"佖"（人之准则）写成"怭"（把人之准则放在心里不表现出来），恰恰是对这些人醉酒后轻薄之状的绝妙讽刺。

释义："怭"在《诗经》中使用1处2次，迭用。

轻薄之状。此种用法有1处2次，迭用形容轻薄之甚："威仪怭怭"（《小雅·宾之初筵》）。

泌　音【bì、mì】

古形【小篆 𣲏】

"泌"由"氵（水）"和"必"组成。《说文·水部》："泌，侠流也。"《段注》："侠流者，轻快之流，如侠士然。""泌"与水有关，所以为"氵（水）"部。"必"字形如"扦插"（参见"必"条）之状，一般扦插是压迫之力将枝条插进地里，水流遇到狭窄之处，同样会产生一种压迫感，加快流水的速度，所以《玉篇》作"狭流"，即从狭隘之处急流而去。"水轻快地流淌"就是"泌"。

释义："泌"在《诗经》中使用1处，无迭用。

水轻快地流淌。此种用法有1处："泌之洋洋"（《陈风·衡门》）。

珌(琕)　音【bì】

古形【小篆 珌】

古人佩刀剑都喜欢在刀鞘、剑鞘上镶上一些装饰品。这些装饰不仅为了好看，还是身份地位的象征，所以一定要装（"必"就有这个意思）。《说文·玉部》："珌，佩刀下饰。天子以玉。"刀鞘上镶玉，一般都是天子所为。

释义："珌"在《诗经》中使用1处，无迭用。

天子剑鞘上的玉饰。此种用法有1处："鞞琫有珌"（《小雅·瞻彼洛矣》)。

毖 音【bì】

古形【小篆𣧢】

“毖”由“比”和“必”组成。“比”有“比照”的意思；“必”有“一定的标准”的意思，两个字合在一起就是“比照一定的标准行事”，即谨慎行事。《说文·比部》：“毖，慎也。”说的就是这个意思。

释义：“毖”在《诗经》中使用3处，无迭用。

1. 谨慎。此种用法有2（雅1；颂1）处：“为谋为毖”（《大雅·桑柔》）；“予其惩，而毖后患”（《周颂·小毖》）。

2. 通“泌”，水流貌。此种用法有1处：“毖彼泉水”（《邶风·泉水》）。

閟 音【bì】

古形【小篆閟】

“閟”由“門（门）”和“必”组成。“必”有“标准、准则”的意思，是神圣不可更改的。“必”在“門（门）”里，表示屋内的事物也是神圣的。

释义：“閟”在《诗经》中使用2处，无迭用。

1. 神圣。此种用法有1处：“閟宫有侐”（《鲁颂·閟宫》）。

2. 静止、止息。由屋内事物静止不动引申。此种用法有1处：“我思不閟”（《鄘风·载驰》）。

飶 音【bì】

古形【小篆飶】

“飶”，指食物的香气。《说文·食部》：“飶，食之香也。从食，必声。”“飶”用“必”做声符，还有“这种香气一定是食物的香气”的意思。因为“必”有“一定”的意思。

释义：“飶”在《诗经》中使用1处，无迭用。

食物的香气。此种用法有1处：“有飶其香”（《周颂·载芟》）。

駜 音【bì】

古形【甲𩡧小篆駜】

《说文·马部》：“駜，马饱也。”徐灏《段注笺》：“马饱即肥彊也。”即壮实强健的马曰“駜”。“必”有“标准”之义，所以“駜”是一种在当时视为标准型的马。

释义：“駜”在《诗经》中使用9处，无迭用。

健壮的马（标准型马）。此种用法有9（颂9）处，如：“有駜有駜，駜彼乘黄”（《鲁颂·有駜》）。

毕(畢) 音【bì】

古形【甲𠦒金畢小篆畢】

“毕”，繁体作“畢”。《说文·𠦒部》：“畢，田罔也。”意思是田猎之网，即古人制作的一种捕猎鸟兽的带有手柄和网兜的工具。甲骨文“𠦒”表示的就

是这种工具的简单图形：上面是网、下面是手柄、中间的一横是人手的变体，表示正在捕猎。后来上面的部分金文写成了“田”字，表示这种网一般都在田间地头用来捕猎偷吃庄稼的鸟雀（有时也用来捕鼠等）。捕鸟是为了保护庄稼，一般都是要把田间的鸟捕完赶尽才可收工。所以“毕”又有了“完成、完结”等引申义。

毕，还是二十八星宿之一的名称，是西方白虎七宿的第五宿，包括八颗星，因为形状像网兜，所以古人将其命名为“毕”。

释义：“毕”在《诗经》中使用3处，无迭用。

1. 用网捕猎。此种用法有1处：“毕之罗之”（《小雅·鸳鸯》）。

2. 借用为星宿名。此种用法有2（雅2）处，如：“有捄天毕”（《小雅·大东》）。

畀　音【bì】

古形【甲 金 小篆 】

《说文·丌部》：“畀，相付与之，约在阁上也。”意思是说：畀，把东西交付给别人，字形像把东西捆绑好放在搁板上的样子。

从甲、金文字形看，“畀”很像一支带有镞头的箭的形状。甲骨卜辞中有：“ （拜雨，燹畀雨）。”大概意思就是：拜雨仪式以后，高祖燹畀雨。从句义上看，“畀”好像应该解释成“赐予、给予”即“降了”雨，但是从两个“雨”字看，前一个写成“”，而后一个写成“”。这个“雨”字绝不是古人的笔误，而是想告诉我们求来的雨或者说高祖赐予的雨比想象中的要大。现在我们有“急雨如箭”的说法，“畀雨”就是这种“如箭的急雨”。由于释句的原因“畀”在“燹畀雨”中被误解为“赐予、给予”了。

释义：“畀”在《诗经》中使用8处，无迭用。

赐予、给予、交付。约定俗成的义项。此种用法有8（风1；雅5；颂2）处，如：“何以畀之”（《鄘风·干旄》）；“畀我尸宾”（《小雅·信南山》）；“烝畀祖妣”（《周颂·丰年》）。

闭（閉）　音【bì】

古形【甲 金 小篆 】

金文字形“”像两扇门和一个门闩，表示把门闩插上就是关闭。《说文·门部》：“闭，阖门也。”意思是把门关上就是“闭”。

释义：“闭”在《诗经》中使用1处，无迭用。

借作“柲”，矫正弓的工具。（清王先谦著《诗三家义集疏》云：“《齐》闭作柲。《鲁》作𩋿。”）此种用法有1处：“竹闭绲縢”（《秦风·小戎》）。

敝　音【bì】

古形【小篆 】

“敝”由“㡀”和“攴”组成。“㡀”小篆写成“”，《说文·㡀部》：“㡀，败衣也。”意思是破旧的衣服。“攴”，甲骨文写作“”，金文作“”，像手持物之状。徐灏《段注笺》云：“疑本象（字形）手有所执持之形。故凡举手作事之义，皆从之。”“敝”的本义就有“举手做事”之义，《礼记·郊特牲礼》中孔子曰：“吾未之闻也，冠而敝之可也。”意思是说：孔子说：“我从来没有听说过细布冠有绫。细布冠在第一次加冠戴过之后，就可以弃而不用了。”这句中的“敝”就有“舍弃、丢弃”的意思。后来“敝”有“破败、破旧”义，应该是从“㡀”之字形引申而来的。破旧的东西就要丢弃，这是“敝”的本义。

释义：“敝”在《诗经》中使用6处，无迭用。

破旧。由丢弃破旧的东西引申。此种用法有6（风6）处，如：“敝，予又改为兮”（《郑风·缁衣》）。

蔽　音【bì】

古形【小篆】

《说文·艸部》：“蔽，蔽蔽，小艸也。”《段注》：“也，当作皃。”可知“小艸也”即指“小草的样子”，所以是“艸”部。成片的小草密密层层，相互交织，远远望去犹如一层厚厚的绒毯。“敝”有“破败”的意思，破旧的布起毛，尤其是破处，其状似草，在这个意义上，“蔽”用“敝”做声符。因“敝（破旧的布）”还可以用来遮盖物体，所以“蔽”后来又有“遮盖、遮挡”等意思。

释义：“蔽”在《诗经》中使用4处，无迭用。

树叶交织生长的样子（茂盛）。由小草生长状引申。此种用法有4（风3；雅1）处，如：“蔽芾甘棠”3句（《召南·甘棠》）；“蔽芾其樗”（《小雅·我行其野》）。

觱　音【bì】

古形【小篆】

古时打仗，军旅中常常使用一种用兽角做成的信号，即号角，又称角。由于号角发声高亢凌厉，在战场上用于发号施令或振气壮威。后来角也用于帝王出行时的仪仗。史料记载，角是东汉时由边地少数民族传入中原的。“觱”字由“咸”和“角”组成，会“全都（咸）使用的号角”之义。随着号角被广泛使用，制作材料也改用轻易获得的竹木、皮革、铜角、螺角等，其型号也长短大小有别，以适应不同需要。

“觱”，许慎作“滭”，《说文·仌部》：“滭，风寒也。”

释义：“觱”在《诗经》中使用3处，无迭用。

1. 猛烈涌动。由号角的功力大引申。此种用法有2（雅2）处，如：“觱沸槛泉”（《小雅·采菽》）。

2. 或同“滭”，刺骨寒风。此种用法有1处：“一之日觱发（今本‘滭泼’作‘觱发’）”（《豳风·七月》）。

奰（贔）　音【bì】

古形【小篆】

从小篆字形看，“奰”由三个“大”

字和三个横写的“目”字组成。《说文·大部》：“奰，壮大也，从三大三目……一曰迫也。”人双眼睁大不是受惊就是发怒，现在是三目大睁，有失态的意思，显然是在发怒（许慎释义为“壮大”，是从“三大”而来）。人发怒，是为了把自己的意思强加给别人，所以“奰”又有了“迫”之引申义。

释义：“奰”在《诗经》中使用1处，无迭用。

愤怒。此种用法有1处：“内奰于中国”（《大雅·荡》）

辟　音【bì、pì】

古形【甲金小篆】

“辟”，甲骨文由“”和“”组成，“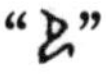”像人曲膝而跪的样子。“”像古代行酷刑用的一种刀具。字形本义指施加刑罚。（“辟”，金文写作“”，左边像个人，中间像个石块，右边像个刀具。三部分合起来或可以理解成一个人拿着刀具在加工一块石头的样子。）《说文·辟部》：“辟，法也。”即法律、法度，应该是“辟”的引申义。

释义：“辟”在《诗经》中使用28处，无迭用。

1.法律、法度。由施加刑罚是一种法律行为引申。此种用法有2（雅1；颂1）处：“辟言不信”（《小雅·雨无正》）；“百辟其刑之”（《周颂·烈文》）。

2.贵族、君王。由法度过去都是掌握在贵族、君王手中引申。此种用法有17（雅11；颂6）处，如：“百辟为宪”（《小雅·桑扈》）；“岁事来辟”（《商颂·殷武》）。

3.彰明。由法律、法度都要公示于民引申。此种用法有1处：“辟尔为德”（《大雅·抑》）。

4.通“擗”，拍胸。此种用法有1处：“寤辟有摽”（《邶风·柏舟》）。

5.通“躄”，足跛。此种用法有1处：“宛然左辟”（《魏风·葛屦》）。

6.通“僻”，邪恶。此种用法有3（雅3）处，如：“民之多辟”（《大雅·板》）。

7.通“闢”，开发、开辟。此种用法有3（雅3）处：“日辟国百里”（《大雅·召旻》）。

璧　音【bì】

古形【金小篆】

“璧”由“辟”和“玉”组成。“玉”表示“璧”是一种玉器；“辟”，甲骨文写作“”，左边像个“人”，右边像个刀具（一说为“古代行酷刑的刀具”）。从金文字形“”看，中间还有一个石块，三部分合起来像一个人拿着刀具在加工一块石头的样子。“辟”和“玉”组合，表示“经过人加工的玉器”。《说文·玉部》：“璧，瑞玉圜也。”即瑞玉也，圜也。是指古代作印信凭证的玉，样子平圆而正中有孔。其实这只是“璧”的一种。

释义：“璧”在《诗经》中使用2处，无迭用。

经过加工的玉器。此种用法有2（风1；雅1）处：“如圭如璧”（《卫风·淇奥》）；“圭璧既卒”（《大雅·云汉》）。

韠 音【bì】

古形【小篆韠】

《说文·韦部》:“韠,韍也。”“韍”即“市”字,古称蔽膝,即古代一种遮蔽在身前的服饰。《段注》引郑玄注《礼》云:“古者佃渔而食之,衣其皮。先知蔽前,后知蔽后。后王易之以布帛。而独存其蔽前者,不忘本也。”这段话的意思是说,古时候的人捕鱼把鱼肉吃了,把鱼皮一块块拼接起来遮在身上(类似现在的围裙)。起初只知道遮在前面,后来知道把后面也遮起来。后来王公贵族做蔽膝嫌用鱼皮拼接麻烦,改用布帛。并且只保留了在前面遮蔽的习惯,以示不忘老祖宗的规矩。

“韠”由“韦”和“畢”组成。晋代吕忱《字林》:“韦,柔皮也。”最初的蔽膝是用柔软的鱼皮做的,所以“韠”是“韦”部。“畢”金文写成“畢”字样,很像拼接好了的蔽膝,且鱼皮上的网格状,也很像“畢”。

释义:“韠”在《诗经》中使用1处,无迭用。

蔽膝。此种用法有1处:“庶见素韠兮”(《桧风·素冠》)。

笾(籩) 音【biān】

古形【小篆籩】

《说文·竹部》:“笾,竹豆也。”古代祭祀或宴会时用来装食物的盛器,木制的为“豆”,竹制的为“笾”。《周礼·天官冢宰第一》中有笾人一说,即掌管笾食之人,或可视为在一边等候进献食物之人。不过应先有“笾”字,后有“笾人”,“笾”取“边”为声符,或因装在“笾”中之食非为主食,先要等候在一边也未可知。

释义:“笾”在《诗经》中使用8处,无迭用。

竹制盛器。此种用法有8(风1;雅6;颂1)处,如:“笾豆有践”(《豳风·伐柯》);“傧尔笾豆”(《小雅·常棣》);“笾豆大房”(《鲁颂·閟宫》)。

贬(貶) 音【biǎn】

古形【小篆貶】

“贬”由“贝”和“乏”组成。“乏”字形从“丿”从“之”。“丿”为否定性质的特殊符号(笔画发音“撇”),读为“不”;“之”意为“到”“达”,引申为“足”“够”。“丿”与“之”联合起来表示“不到”“不达”或“不足”“不够”。“贝”同“乏”组合,有“价值低下、减损”的意思。

释义:“贬”在《诗经》中使用1处,无迭用。

(地位)低下。由价值低下引申。此种用法有1处:“我位孔贬”(《大雅·召旻》)。

扁 音【biǎn、piān】

古形【小篆扁】

《说文·册部》:“扁,署也。从户册。户册者,署门户之文也。”意思是题署在门户(户)上的文字(册),有门头上匾额的意思。

释义："扁"在《诗经》中使用1处，无迭用。

扁平（厚度薄）的物体。由匾额扁平状引申。此种用法有1处："有扁斯石"（《小雅·白华》）。

褊　音【biǎn】

古形【小篆】

"褊"由"衤（衣）"和"扁"组成。"扁"有"扁平（厚度薄）"的意思。一般扁平的物体从侧面看，边框都很狭窄。《说文·衣部》："褊，衣小也。"意思是"衣服中窄小的部位"。

释义："褊"在《诗经》中使用1处，无迭用。

狭小。由衣服窄小部位引申。此种用法有1处："维是褊心"（《魏风·葛屦》）。

遍(徧)　音【biàn】

古形【小篆】

"遍"由"辶"和"扁"组成，"辶"有行走的意思。"遍"，《说文》作"徧"，《说文·彳部》："徧，匝（帀）也。""帀"有"环绕一周"的意思，"扁"指"匾额"，边框正好环绕一周，所以"遍"用"扁"做声符，取其"环绕一周"之义。"绕行一周"就是"遍"。

释义："遍（徧）"在《诗经》中使用3处，无迭用。

普遍、到处。由绕行一周没有落下每一处引申。此种用法有3（风2；雅1）处，如："室人交遍摧我"（《邶风·北门》）；"遍为尔德"（《小雅·天保》）。

弁　音【biàn、pán】

古形【金小篆】

古时男子年满二十加冠称"弁"，以示成年，所以金文"弁"写作""，象双手举冠之状。后来引申为"冠"即"帽子"，为男子穿礼服时所戴。古时吉礼之服用冕，一般礼服用弁。弁主要有爵弁、皮弁。爵弁据说是没有上延的冕，颜色似雀头赤而微黑，用于祭祀。皮弁用白鹿皮做成，类似今日瓜皮帽，鹿皮各个缝合处缀有一行行闪光的玉石，用于田猎战伐。

释义："弁"在《诗经》中使用9处，无迭用。

1. 加冠（成年之礼）。此种用法有1处："突而弁兮"（《齐风·甫田》）。

2. 帽子。由加冠引申。此种用法有7（风2；雅4；颂1）处，如："会弁如星"（《卫风·淇奥》）；"有頍者弁"3句（《小雅·頍弁》）；"载弁俅俅"（《周颂·丝衣》）。

3. 借为"翻"，鸟快乐地翻飞状。此种用法有1处："弁彼鸴斯"（《小雅·小弁》）。

摽　音【biāo、biào】

古形【小篆】

"摽"由"扌（手）"和"票"组成。《说文·手部》："摽，击也。从手票声。""票"，《说文》作"㶾（音biāo）"，义为“火飞也”即“火势猛烈，火星迸飞”。同“手”组合成“摽”，有“猛烈敲打”的意思。

释义：“摽”在《诗经》中使用4处，无迭用。

猛烈敲打。此种用法有4（风4）处，如：“寤辟有摽”（《邶风·柏舟》）。

滮 音【biāo】

古形【小篆】

“滮”由“氵（水）”和“彪”组成。“彪”，《说文·虎部》：“彪，虎文也。从虎，彡象其文也。”意思是“彪”指老虎身上的花纹，“彡”就像那花纹的样子。

“滮”又作“淲”。《说文·水部》：“淲，水流皃”即“水流的样子”。这种样子应该是流淌着的水从水面看，像老虎身上的纹路，故曰“滮”。

释义：“滮”在《诗经》中使用1处，无迭用。

水流的样子（似虎纹）。此种用法有1处：“滮池北流”（《小雅·白華》）（滮池，又称冰池、圣女泉，古河名，在今陕西西安市西北）。

麃 音【biāo、páo】

古形【金小篆】

鹿与中国古代人生活关系密切，在古代人的日常生活甚至社会政治活动中占有非常重要的地位。《康熙字典》收集的以鹿为部首的字就有一百二十多个，还有不少从鹿的字不在鹿部。《说文·鹿部》：“鹿，兽也。像头、角、四足之形。”凡有此像之兽的字古人都归为鹿部。《尔雅·释兽》：“大麃，牛尾、一角。”《汉书·郊祀志上》：“后二年，郊雍，获一角兽，若麃然。”颜师古注：“麃，鹿属也，形似獐，牛尾，一角。”

由上可知，“麃”为一种鹿属长有牛尾的独角兽。

“麃”金文写作“”，上面是个“鹿”形，下面是个“火”，后来变体为“灬”，就像“燕”“魚”下面的“灬”表示尾巴一样，“麃”下的“灬”或表示兽的“牛尾”。

释义：“麃”在《诗经》中使用2处3次，1处迭用。

1. 勇武貌（迭用）。由兽的性状引申，此种用法有1处：“驷介麃麃”（《郑风·清人》）。

2. 借为“穮”即“穂”。此种用法有1处：“绵绵其麃”（《周颂·载芟》）。

儦 音【biāo】

古形【小篆】

麃似獐，獐跑动轻盈急促，“麃”同“亻（人）”组合，形容人急促行走状。“儦儦”迭用，形容人人均行走急促。

释义：“儦”在《诗经》中使用2处4次，均迭用。

1. 人急促行走状。此种用法有1处，迭用：“行人儦儦”（《齐风·载驱》）。

2. 动物急速跑动状。由人行走状引申。此种用法有1处，迭用：“儦儦俟俟”（《小雅·吉日》）。

镳(鑣)　音【biāo】

古形【小篆】

“鑣”由“金”和“麃”组成。《说文·金部》：“鑣，马銜也。从金，麃声。”即“鑣”指的是马嚼子两旁的铁具。王筠《说文句读》释“马銜”为“马勒旁铁也”。又《说文释例》云：“（《说文》）革部：‘勒，马头络銜也。’然则勒以革为之，所以系鑣；鑣与銜皆以金为之，鑣在口旁，銜在口中。三物一体，故通其名。”可知勒、銜、鑣实为三物，鑣为口旁之物，銜为口中之物，均以金属（主要是铁）制之，二物以勒连接成一体，所以可以互训。古时的鑣也有铜或骨角制的（丧事以木），所以《说文》说“鑣或从角”。

“鑣”为何以“麃”作声符，或因麃、马均为四蹄之兽？或疑为古人训“麃”之器？

释义：“镳”在《诗经》中使用2处3次，1处迭用。

1. 马嚼子。此种用法有1处：“輶车鸾镳”（《秦风·驷驖》）。

2. 威武勇猛（一说借为“飘飘”）。麃有勇武貌之义，马銜镳而行显得威武勇猛。此种用法有1处2次，迭用：“朱幩镳镳”（《卫风·硕人》）。

瀌　音【biāo】

古形【小篆】

“瀌”由“氵（水）”和“麃”组成。“麃”是一种动物，跑动时轻盈急促，同“氵（水）”组合表示雨水急促落下。《说文·水部》：“瀌，雨雪瀌瀌。”形容雨雪下得很大且急促。

释义：“瀌”在《诗经》中使用1处2次，迭用。

雨雪大且急促。此种用法有1处2次：“雨雪瀌瀌”（《小雅·角弓》）。

鳖(鱉、鼈)　音【biē】

古形【小篆】

“鳖”，《说文》作“鼈”，从“黽”（像蛙形），表示“鼈”像蛙一样生活在水中。“鼈”是一种水陆都可以生存的爬行动物，也叫团鱼、甲鱼。《说文·黽部》：“鼈，甲蟲也（即甲鱼）。从黽，敝声。”明李时珍在《本草纲目》中说：“鳖行蹩，故谓之鳖。”“蹩”有“跛”的意思，“鳖行蹩”是说“鳖爬行起来非常缓慢，像跛足一样”，所以称之为“鳖”。“敝”是“蹩”的省声符号，兼有“跛脚”的意思。“鼈”作“鳖”，从鱼，突出了“鳖”在水中生活的习性。

释义：“鳖”在《诗经》中使用2处，无迭用。

甲鱼。此种用法有2（雅2）处，如：“炰鳖脍鲤”（《小雅·六月》）。

宾(賓)　音【bīn、bìn】

古形【甲　金　小篆】

“宾”，甲骨文写作“”，“”指房屋，和“（人）”合在一起表示家中的客人。有的甲骨文写作“”，在“”字头上加了一笔，表示这个人的特殊身

份（有说是主人迎接之状），下面的“ㄓ”（止）”为足形，刘兴隆《新编甲骨文字典》曰：“足（ㄓ）指向屋，示屋中人为外来之宾客。”金文有将“宾”写作“![]”，在下面加了个“贝”字，表示这个人是带着财礼来做客的。

释义：“宾”在《诗经》中使用21处，无迭用。

带着礼品上门拜访的人（宾客）。此种用法有21（雅21）处，如：“我有嘉宾”（《小雅·鹿鸣》）；“序宾以贤”（《大雅·行苇》）。

滨(濱) 音【bīn】

古形【小篆 】

“滨”由“氵（水）”和“宾”组成。《广雅·释丘》：“滨，厓也。”就是“水边”的意思。“宾”是宾客，宾客到来，就在身边，“滨”就借用了这个意思，表示“水”的旁边。

释义：“滨”在《诗经》中使用2处，无迭用。

1. 水边。此种用法有1处：“南涧之滨”（《召南·采蘋》）。

2. 边界。古人一般以水为界，国土到水边为止。此种用法有1处：“率土之滨”（《小雅·北山》）。

傧(儐) 音【bīn】

古形【小篆 】

《说文·人部》：“傧，导也。”意思是“接引宾客的人”。这种人一般都走在客人的身边，为客人引路，所以“傧”由“亻（人）”和“宾（客人）”组成。

释义：“傧”在《诗经》中使用1处，无迭用。

陈列。由傧一般都是同客人一道行走，成排列状引申。此种用法有1处：“傧尔笾豆”（《小雅·常棣》）。

豳(邠) 音【bīn】

古形【小篆 】

“豳”，《说文》作“邠”。《说文·邑部》：“邠，周太王国。在右扶风美阳。从邑分声。豳，美阳亭即豳也。民俗以夜市有豳山。从山从豩。阙。”这段话的意思是：“邠，指的是周太王（古公亶父）的诸侯国，在扶风东南的美阳县一带。豳，美阳亭就叫豳亭。（当时）百姓的习俗是在豳山开夜市。豳由山、豩会意，为何以此会意，未考。”

相传周太王因不堪戎狄侵扰，率族人迁徙到岐山下的周原，并改变了游牧民族的风俗，建筑城邑房屋，设立官吏，把民众分成邑落定居下来，建立了诸侯国。这种做法或是“邠”字的由来。

至于“豳”字，由“山”和“豩”组成。“山”或因豳地多山之故；“豩”甲骨文写作“豩”，像猪相追逐的样子，或因当时居民已经开始普遍圈养猪也未可知。

有史料记载，豳地，北魏置南豳州，西魏去南字为豳州，唐明皇以字类幽，开元中改为邠。

释义：“豳”在《诗经》中使用2处，无迭用。

豳地。此种用法有2（雅2）处，如：

"𦉈居允荒"（《大雅·公刘》）。

冰 音【bīng】

古形【金 小篆 】

"冰"，金文写作"仌"（也有作""）。《说文·仌部》："仌，冻也。像水凝之形。"古人用"巜"表示波涛汹涌，"仌"是"巜"的一半，表示水凝滞不动。金文的另一种写法""是由"水"和"仌"组成，更能表达这种意思。所以《说文·仌部》："冰（音níng），水坚也。"意思是水凝结成了坚冰。

释义："冰"在《诗经》中使用5处，无迭用。

冰（水因冷凝结成的固体）。此种用法有5（风2；雅3）处，如："迨冰未泮"（《邶风·匏有苦叶》）；"如履薄冰"（《小雅·小旻》）。

兵 音【bīng】

古形【甲 金 小篆 】

"兵"，甲骨文写作""，金文作""，像双手持"斤（斧子）"。《说文·廾部》："兵，械也。""械"即武器。

刘兴隆先生《新编甲骨文字典》举卜辞"贞，出兵若"（即'出兵顺利'）一句中之"兵"，指的是作战部队。这应该是"兵"较早的用法，指的是手持武器的人而不是武器。

古文"兵"又写作""，由"人、廾、干（武器）"三部分组成。张舜徽先生在《说文解字约注》中说："造文之初，兵字从廾持斤，此非指人而何？况兵字古文已从人、廾、干，意更明显。"

"兵"意为武器，是"兵"的引申义。

释义："兵"在《诗经》中使用3处，无迭用。

1. 士兵、部队（持武器的人）。此种用法有1处："踊跃用兵"（《邶风·击鼓》）。

2. 武器。由人持的兵器引申。此种用法有2（风1；雅1）处："修我甲兵"（《秦风·无衣》）；"弓矢戎兵"（《大雅·抑》）。

掤 音【bīng】

古形【小篆 】

《说文·手部》："掤，所以覆矢也。"意思是"用来遮覆箭筒的盖子"。"掤"字右边的"朋"小篆写作""，像很多箭放在一个箭筒中，箭筒的上部已经打开，显然是被右边的"手（扌）"打开的。"掤"指的就是被打开的那个部件。"朋"写作"朋"，应该是隶变以后的笔误。

释义："掤"在《诗经》中使用1处，无迭用。

箭筒盖。此种用法有1处："抑释掤忌"（《郑风·大叔于田》）。

秉 音【bǐng】

古形【甲 金 小篆 】

《说文·又部》："秉，禾束也。"即"一把禾"的意思。《尔雅·释诂》云："秉，执也。"就是拿着的意思。"秉"，甲骨文写作“”，左边是个“禾”字，右边是个“又”字，表示“手”，两部分合起来像“手”持“禾”的样子，《说文》和《尔雅》正好分解了字形所表达的“手持一把禾”的原始意义。

释义：“秉”在《诗经》中使用14处，无迭用。

1.成捆禾把。由字形表达的部分意义分裂。此种用法有1处：“彼有遗秉”（《小雅·大田》）。

2.拿、持。由“手持禾”引申。此种用法有4（风2；雅1；颂1）处：“右手秉翟”（《邶风·简兮》）；“秉畀炎火”（《小雅·大田》）；“有虔秉钺”（《商颂·长发》）。

3.执掌、存、持。由执持具体事物引申。此种用法有9（风1；雅7；颂1）处，如：“秉心塞渊”（《鄘风·定之方中》）；“秉国之均”（《小雅·节南山》）；“秉文之德”（《周颂·清庙》）。

怲 音【bǐng】

古形【小篆】

“怲”由“忄（心）”和“丙”组成，表示是一种心理活动。“丙”，《说文》谓之“从一入冂”。《说文·冂部》：“冂，邑外谓之郊，郊外谓之野，野外谓之林，林外谓之冂。像远界也。”即像远方的边界。“丙”同“心”组合，有“心隔得很远”的意思。

释义：“怲”在《诗经》中使用1处2次，迭用。

心隔得很远。此种用法有1处：“忧心怲怲”（《小雅·頍弁》）（此处迭用言‘担心心隔得很远很远’即担心是不是很生分了）。

柄 音【bǐng】

古形【小篆】

《说文·木部》：“柄，柯也。”所谓“柯”，即“斧头的把”。《段注》：“柄之本义专谓斧柯，引申为凡柄之称。”“柄”由“木”和“丙”组成。“木”表示柄一般都是木质的；“丙”有“远处、结尾”等意思，表示“柄”是器物的尾部。

释义：“柄”在《诗经》中使用1处，无迭用。

器（物）的把儿、尾部。由特指引申为泛指。此种用法有1处：“西柄之揭”（《小雅·大东》）

并(竝、幷) 音【bìng】

古形【甲 金 小篆】

“并”，刘兴隆先生《新编甲骨文字典》收录有两种字形：一为“”，像二人相连，有合并之义；一为“”，像二人并列之形，从文义分析，当与“”同。两种字形隶变以后写作“并、竝”，以致“并”有两个初始义：一是“合并”，即两事物连为一体；一是“并列”，即两事物未连成一体。

“并”读“bīng”声，专用于今山西太原市别称。

释义：“并”在《诗经》中使用7处，无迭用。

1.合并、连接。此种用法有3（风3）处，如：“并驱从两狼兮”（《齐风·

还》)。

2.并列、一道。此种用法有3(风2;雅1)处,如:“并坐鼓簧”(《秦风·车邻》);“并受其福”(《小雅·宾之初筵》)。

3.牵连。由合并连接引申,此种用法有1处:“并其臣仆”(《小雅·正月》)。

拨(撥) 音【bō】

古形【小篆】

“拨”,繁体作“撥”。《说文·手部》:“撥,治也。”“治”是“治理”的意思。所谓“治理”,就是着手处理事情,所以“拨(撥)”是“手(扌)”部。右边的“發”是“引弓射箭”的意思,引弓射箭是为了射中目标。“按照一定的目标来进行治理”是“拨”的本义。

释义:“拨”在《诗经》中使用2处,无迭用。

1.治理。此种用法有1处:“玄王桓拨”(《商颂·长发》)。

2.用手(或棍棒)推动或挑动。由治理要用手引申。《诗经》中无此用法。

3.断裂。由“推动或挑动”结果引申。此种用法有1处:“本实先拨。”(《大雅·荡》)。

波 音【bō】

古形【小篆】

“波”由“氵(水)”和“皮”组成,“皮”有“表层、表面”的意思。《说文·水部》:“波,水涌流也。”即“水面汹涌起伏流动”的样子。

释义:“波”在《诗经》中使用1处,无迭用。

水面汹涌起伏流动。此种用法有1处:“烝涉波矣”(《小雅·渐渐之石》)。

播 音【bō】

古形【小篆】

“播”由“扌(手)”和“番”组成。“番”,《说文·采部》:“兽足谓之番。”“播”就是在土地上挖出如兽足般距离均等的小坑,然后用手把种子均匀地布撒进去,即人们常说的“播种”。

释义:“播”在《诗经》中使用5处,无迭用。

撒种。此种用法有5(风1;雅1;颂3)处,如:“其始播百谷”(《豳风·七月》);“播厥百谷”(《小雅·大田》);“播厥百谷”(《周颂·良耜》)。

博 音【bó】

古形【金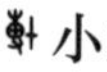小篆】

“博”由“十”和“尃”组成。“十”从字形看像十字路口,有四面八方之意,“尃”,金文写作“”,上面的“”像田地里长着的健壮的新苗,与下面的“(寸,表示“手”)”合起来表示“在田里仔细布设新苗,以取得最佳生长效果。”《说文·寸部》:“尃,布也。”就是这个意思。四面八方都精心布设就是“博”。《说文·十部》:“博,大,通也。”这就是说,“博”不仅表示范围广(大),且内容丰富(通达)。

释义：“博”在《诗经》中使用1处，无迭用。

大且通。此种用法有1处：“戎车孔博”（《鲁颂·泮水》）。

搏 音【bó】

古形【金 小篆 】

“搏”，金文由“（甫）”“（手）”和“（戈）”组成。“甫”有“健壮的新苗”的意思，后来引申为年轻男子的美称。男子手持戈，无疑是要上战场和敌人拼杀，“搏”就表示这个意思。《说文·手部》：“搏，索持也。”即“捆绑俘虏”是“搏”之结果，应该是“搏”的引申义。

释义：“搏”在《诗经》中使用1处，无迭用。

拼杀、打斗。此种用法有1处：“搏兽于敖”（《小雅·车攻》）。

镈 音【bó】

古形【小篆】

《说文·金部》：“镈，镈鳞也，钟上横木上金华也。一曰：田器。”从《说文》的分析中，可知“镈”有两个意思：一是指悬钟的横木上用金涂饰的花纹，二是指种田的农具。

从字形看，金文中就有“镈”字，由“金”和“尃”组成。“尃”有“精心布设”之义。在金文出现的年代，什么样的金属器需要精心布设？那就是编钟。

编钟是中国古代汉族大型打击乐器，兴起于西周，盛于春秋战国直至秦汉，用青铜铸成。最初的编钟一般是由大小3枚组合起来的，春秋末期到战国时期的编钟数目就逐渐增多了，有9枚一组的和13枚一组的。大小不同的扁圆钟要按照音调高低的次序精心排列起来，悬挂在一个巨大的钟架上，用丁字形的木锤和长形的棒分别敲打，能发出不同的乐音。因为每个钟的音调不同，按照音谱敲打，可以演奏出美妙的乐曲。最初的“镈”或许指的就是这种乐器。

横木上涂金再挂上金属钟，稍稍摩擦就会使涂抹的花纹脱落消失。至于指种田的农具（现在一般认为是“锄”）应该是后来的引申义。

释义：“镈”在《诗经》中使用2处，无迭用。

农具（锄）。由锄头形似扁钟平面图形且金属做成引申。此种用法有2（颂2）处，如：“庤乃钱镈”（《周颂·臣工》）。

驳（駁） 音【bó】

古形【甲 小篆 】

《说文·马部》：“驳，马色不纯。从马爻声。”徐铉校定时认为“爻非声，疑像驳纹”。“驳”由“马”和“爻”组成，《说文·爻部》：“爻，交也。”指的应该是马身上颜色交错的纹路。“马色不纯”是“驳”的字形意义。

后人大多“驳”“駮”通用，疑为“駮兽”身上色纹所误（参见“駮”条）。

释义：“驳”在《诗经》中使用1处，无迭用。

毛色杂。此种用法有1处：“皇驳其

马”（《豳风·东山》）。

駮 音【bó】

古形【小篆駮】

《说文·马部》：“駮，兽，如马，倨牙，食虎豹。”意思是说，駮是一种兽，样子像马，长着锯齿般的牙齿，能吃老虎和豹子。“駮”由“马”和“交”组成，其中的“交”字，就像駮马牙齿交合之状。

据《山海经》记载：在中曲山中有一种野兽，形状像普通的马却长着白身子和黑尾巴，一只角，有着老虎的牙齿和爪子，发出的声音如同击鼓的响声，能吃老虎和豹子，饲养它可以避战争。“駮”就指的是这种似马非马的野兽。

“駮”又借为木名。宋沈括《梦溪补笔谈·辩证》：“梓榆，南人谓之朴，齐鲁间人谓之驳马。驳马，即梓榆也。”《康熙字典》引三国时吴国陆玑疏云：“駮马，梓榆也。其树皮青白駮犖，遥视似駮马，故谓之駮马。”因梓榆色纹与駮马相似而在方言中被借用。

释义：“駮”在《诗经》中使用1处，无迭用。

借为木名，梓榆之属。因树皮之色纹与駮马相似而借用。此种用法有1处：“隰有六駮”（《秦风·晨风》）。

襮 音【bó】

古形【小篆襮】

《说文·衣部》：“襮，黼领也。”意思是“绣有黑白相间花纹的衣领。”《段注》：“白与黑相次文谓之黼。黼领，刺黼文于领也。”这种黼纹都绣在衣领外，所以“襮”由“衣”和“暴”组成。“暴”有“显露”的意思。

释义：“襮”在《诗经》中使用1处，无迭用。

绣有花纹的衣领。此种用法有1处：“素衣朱襮”（《唐风·扬之水》）。

簸 音【bǒ、bò】

古形【小篆簸】

《说文·竹部》：“簸，扬米去糠也。”就是用一种竹制的扁平盛具，把舂好的稻米放进去，不停地颠扬，直到风把稻米的皮壳吹净为止。这是一个用竹制工具来去除稻米皮壳的劳动过程，所以“簸”由“竹”“其”“皮”三部分组成。后来这种工具人们称之为“簸箕”。

释义：“簸”在《诗经》中使用2处，无迭用。

扬米去糠。此种用法有2（雅2）处，如：“或簸或蹂”（《大雅·生民》）。

卜 音【bo、bǔ】

古形【甲卜金卜小篆卜】

《说文·卜部》：“卜，灼剥龟也，像炙龟之形。一曰：像龟兆之形。”古人凡事喜欢占卜问疑难。占卜一般是把龟甲放到火中去烤，“卜”字的一竖表示龟甲，一横像正在烧烤的火，所以说“卜”像“炙龟之形”。灼烤之后，龟甲上出现很多裂纹，占卜之人就以裂纹辨吉凶。所以“卜”又有“龟兆之形”一说。其实，“灼剥龟（即火烧使龟甲裂）”到现裂纹再辨吉凶是占卜的全过程，“卜”字形所表现的只是其中的一个重要环节，即“灸龟”。从“灸龟”的目的看，占卜才是“卜”的初始意义。《说文》所列的两种说法是占卜过程中的两个环节，可视为过程和结果，实为一义。

释义：“卜”在《诗经》中使用7处，无迭用。

1. 占卜。此种用法有5（风2；雅3）处，如：“卜云其吉”（《鄘风·定之方中》）；“握粟出卜”（《小雅·小宛》）。

2. 给予、赐予。由卜像由神赐予引申。此种用法有2（雅2）处，如：“卜尔百福”（《小雅·楚茨》）。

补(補)　音【bǔ】

古形【小篆 】

《说文·衣部》：“补，完衣也。”清桂馥《说文解字义证》：“修破谓之补。”把衣服的破处修理好叫“补”，后来引申为把残破的东西加上材料修理完整也叫“补”。

“补”，繁体写作“補”，由“衣”和“甫”组成，“甫”像“田地里长着健壮的新苗”。田地里经过整理的新苗都是一行行一列列排列得十分齐整，“甫”同“衣”组合表示缝补的针脚要像新苗那样排列整齐，补好以后同破损以前没什么两样，即《说文》说的“完衣”。

释义：“补”在《诗经》中使用1处，无迭用。

把衣服的破处修理好。此种用法有1处：“维仲山甫补之”（《大雅·烝民》）（注：此处看似补衣，实为补政之缺失）。

不　音【bù、fǒu】

古形【甲 金 小篆 】

对“不”的字理分析，历来有诸多分歧。

刘兴隆《新编甲骨文字典》：“‘不（ 、 ）’从一从 或 ， 像植物发育期之根部，一像地平，表示 受一阻不得生出之义。典籍不、丕、否通用……卜辞作副词。”这就是说，从字形看，“不”表“植物受阻不得出生”之义，此当视为“不”之字形正解。因此义不常用，且行文简便，所以在典籍中因形或义相近或相通故同“丕、否”等通用表示“大”或否定，或作副词使用。

《郑笺》在释“鄂不韡韡”时说：“承华者鄂也，‘不’当作‘柎’。”所谓“柎”，原专指钟鼓架下装饰的足，引申为花的足。或因为“ （不）”从字形看上去很像连着足的花朵，在汉字还不甚发达的年代，古人借用“不”表示“柎”，即“承华”之足，也是有可能的。

《说文·不部》：“不，鸟飞上翔不下来也。从一，一犹天也，象形。”从甲骨文字形看，“ （不）”确实有点像鸟展翅向上飞翔的样子。《尔雅·释鸟》：“隹其，鳺鴀。”“鳺鴀”又名“夫不（音fǒu）”，俗称火斑鸠，飞行甚快，警惕性极高，喜欢栖息于高大的枯枝上，人们很难接近。许慎说的“飞上翔不下来”之鸟，或许说的就是夫不。

古人认为“一犹天”，“不”上有“一”，下似鸟形，故误读为“鸟飞上翔不下来”。

作为副词，“不”字在实际使用中除了表示否定（通“否”），还有“无、没有”等义，一般都由植物根部“没有”出土引申而来。

释义：“不”在《诗经》中使用624处，无迭用。

1.表示无、没有或否定。由植物的根没有出土或由于外力阻挡不让出土引申。此种用法有621（风226；雅349；颂46）处，如：“求之不得”（《周南·关雎》）；“不我遐弃”（《周南·汝坟》）；“不能蓺稷黍”（《唐风·鸨羽》）；“视民不恌”（《小雅·鹿鸣》）；“遐不眉寿”（《小雅·南山有台》）；“其丽不亿”（《大雅·文王》）；“不尚有旧”（《大雅·召旻》）；“于穆不已”（《周颂·维天之命》）；“于乎，前王不忘”（《周颂·烈文》）。

2.花萼的足。由形似字形借用，此种用法有1处：“鄂不韡韡。”（《小雅·常棣》）。

3.大（通“丕”）。由字形相似借用，此种用法有2（颂2）处：“不显不承”（《周颂·清庙》）（注：《毛郑诗考证》：“古字丕通作不。”《经义述闻》：“不显不承，即丕显丕承。……古人属辞，各从其类，丕显丕承连文，俱是盛大之义。”）。

布　音【bù】

古形【金小篆】

“布”，金文由“（父）”和“（巾）”组成。“父”即“父亲”，表示成年男子。《说文·巾部》：“巾，佩巾也。从冂，丨像系也。”意思是“巾”指的是佩带的巾帛，从巾形的冂，丨像系佩的绳索。

远古时期，从事劳动的成年男子衣不遮体，仅以一块麻织品勉强遮蔽下体，“布”描绘的就是这种状况，表示“成年男子的衣着”。

《说文·巾部》：“布，枲织也。”即“麻织品”，是取了“布”中的“巾”之义。《段注》：“古者无今之木棉布，但有麻布及葛布而已。引申之，凡散之曰布，取义于可卷舒也。”即引申为可供制衣的材料。

释义：“布”在《诗经》中使用1处，无迭用。

可供制衣的材料。由成年男子衣着意义缩小引申。此种用法有1处：“抱布贸丝”（《卫风·氓》）。

步　音【bù】

古形【甲金小篆】

《说文·步部》：“步，行也。”刘熙《释名》：“徐行曰步。”由此可知，“步”最初指的就是人常态的行走。从甲骨文字形看，写成两个前后排列的脚印，以此表现双足一左一右前后而动，表示的就是一种步行的形态。

释义：“步”在《诗经》中使用3处，无迭用。

运行、命运。由人行走在路上引申。此种用法有3（雅3）处，如：“天步艰难”（《小雅·白华》）；“国步斯频”（《大雅·桑柔》）。

C

偲 音【cāi、sī】

古形【小篆】

“偲”由“亻（人）”和“思”组成。“思”小篆写作“”，上面像大脑，下面是个“心”，人善于用心思考就是“偲”，表示有才（一说“思”为“腮”省，义为“腮帮丰满”）。“人”和“思”组合表示“长着络腮胡须的美男子”，男子能力强、多才，所以《说文·人部》云：“偲，强力也。”

释义：“偲”在《诗经》中使用1处，无迭用。

有才。此种用法有1处：“兹人美且偲”（《齐风·卢令》）。

才 音【cái】

古形【甲 金 小篆】

《说文·才部》：“才，艸木之初也。从丨上贯一，将生枝叶；一，地也。”意思是“才”指的是“初生的草木”。从甲骨文“”字形看，由“丨”向上面贯穿“一”组成。“一”表示地面，地面下面的部分表示草木的根部；上面的部分则表示抽出地面的嫩芽，即将生出枝叶。

释义：“才”在《诗经》中使用1处，无迭用。

才干、才能。由草木长大可以成材引申。此种用法有1处：“思马斯才”（《鲁颂·駉》）。

采 音【cǎi】

古形【甲 金 小篆】

《说文·木部》：“采，捋取也。从木，从爪。”徐灏《段注笺》：“木成华实，人所采取，故从木从爪。”从甲骨文“（采）”字看，像一只手（“”）在长满果实的树木（“”）上采摘的样子。从树木上摘取果实，就是“采”。也可视为从一切植物上摘取。

释义：“采”在《诗经》中使用61处70次，9处迭用。

1. 摘取。此种用法有52（风27；雅22；颂3）处，如：“左右采之”（《周南·关雎》）；“采蘩祁祁”（《小雅·出车》）；“薄采其茅”（《鲁颂·泮水》）。

2. 摘取（迭用表示动作连续）。此种用法有7（风7）处14次，均迭用，如：“采采卷耳”（《周南·卷耳》）；“采采芣苡”6句（《周南·芣苡》）。

3. 茂盛。由迭用表示果实多引申，此种用法有1处2次：“蒹葭采采”（《秦风·蒹葭》）。

4. 借作“彩”，华美。此种用法有1处2次：“采采衣服”（《曹风·蜉蝣》）。

菜 音【cài】

古形【小篆】

“菜”由“艹（草）”和“采”组成，“艹（草）”指草本植物。“采”有采摘义，同“艹”组合表示可供采摘的草本植物。《说文·艸部》：“菜，艸之可食者。”由此可知，可供采摘食用的草本植物谓之“菜”。

释义：“菜”在《诗经》中使用3处，无迭用。

可供食用的草本植物。此种用法有3（风3）处，如：“参差荇菜”3句（《周南·关雎》）。

参　音【cān、cēn、shēn】

古形【金小篆】

在中国古代，天文学家为观察、研究日、月、星辰运行情况，将天空中的星星划分成二十八个星区（又称二十八星宿），用来说明日、月、星辰运行所到的位置。“参”就是其中的一宿，参宿主要由七颗恒星和无数大小不一的行星组成，整个星云看上去就像一个正在开弓射箭的猎手，所以又叫猎户星座。

“参”，金文写作“”，很像一个猎户星座的简单图形。因为表示猎户的腰带上有三颗排列紧密的星，所以“参”在古代同“叁”（“三”的大写）。

安子介先生在《解开汉字之谜》中有这样一段表述：“传统上对此‘参’字的解释是完全谬误的。如果我们能同意所有的人都有自我中心的观点，那么马上就可以得到这个字的解释。‘自私+自私+自私’（注：‘参’繁体写作‘參’，上部为三个‘厶（私）’。）和企图吸引‘人’的眼光（彡）相结合，结论就是‘参与或参加’。”这也不失为一种说法。

释义：“参”在《诗经》中使用4处，无迭用。

1. 特指猎户星座（音shēn）。此种用法有1处：“维参与昴。”（《召南·小星》）。

2. 高低不齐（音cēn）。由猎户头部和腋窝处三颗星排列高低不同而来，属于字形的局部引申，一般和“差”连用。此种用法有3（风3）处，如：“参差荇菜”3句（《周南·关雎》）。

骖(驂)　音【cān】

古形【小篆】

“骖”由“马”和“参”组成，《说文·马部》：“驾三马也。”“参”有“三”的意思，所以“骖”用“参”做声符。古代驾车，一般套三马，一马在前，两马稍后在两侧，就叫“参”；后来有套四马的，并行驾车，两侧的马也称“参”。

释义：“骖”在《诗经》中使用6处，无迭用。

1. 三马驾车。此种用法有1处：“载骖载驷”（《小雅·采菽》）。

2. 车驾两侧之马。此种用法有5（风4；雅1）处，如：“两骖如舞”（《郑风·大叔于田》）；“两骖不猗”（《小雅·车攻》）。

餐(湌、飡)　音【cān】

古形【金小篆】

“餐”金文写作“”，上面像一只手揭开盛器的盖子，下面是个“食”字，表示“人用食”。《说文·食部》：“餐，吞也。”意即吞咽食物。“餐”之异体字为“湌”，“水”部，或有吞咽之意。

释义：“餐”在《诗经》中使用2处2

次，无迭用。

人用食。此种用法有2（风2）处，如：“使我不能餐兮”（《郑风·狡童》）。

残(殘) 音【cán】

古形【小篆】

“残”由“歹（歺）”和“戋（戔）”组成。”其中“戔”由二“戈”组成，有伤害的意思；“歹”即“歺”，《说文·歺部》：“歺，列骨之残也。”意思是分解骨肉后的残骨，表示伤害后的程度。二戈分解骨肉，无疑是一种手段残忍的伤害。《说文·歺部》：“残，贼也。”又《戈部》：“贼，败也。”徐锴《说文系传》：“败犹害也。”即“贼”也有“伤害”的意思，但这种伤害程度应该低于“残”。

释义：“残”在《诗经》中使用1处，无迭用。

伤害。此用法有1处：“废为残贼”（《小雅·四月》）。

蚕(蠶) 音【cán】

古形【小篆】

“蚕”，繁体作“蠶”，由“朁”和“䖵”组成。《说文·䖵部》：“䖵，蟲之总名也。”即“䖵”是蟲类的总称。清桂馥《说文义证》：“凡从䖵者，皆小蟲。”“蠶”从“䖵”，是一种小昆虫。“朁”是“簪”的省写。“簪”是古代人们用来绾住头发的一种细长微曲的饰品，样子有点像蚕，所以“蠶”用“朁”作声符。

蚕是一种能吐丝的昆虫，蚕丝可以织成绸缎。宋元时代“蠶”俗作“蚕”，由“天”和“虫”组成，或表示是上天所赐之虫。

释义：“蚕”在《诗经》中使用2处，无迭用。

1.蚕。此用法有1处：“蚕月条桑”（《豳风·七月》）（夏历三月，养蚕的月份，故曰蚕月）。

2.蚕丝。由蚕吐丝引申。此种用法有1处：“休其蚕织。”（《大雅·瞻卬》）。

惨 音【cǎn】

古形【小篆】

“惨”由“忄（心）”和“参”组成。“参”有“三个私心”的意思，本来已经够乱的了，再加一“忄（心）”，可见心情有多烦乱。《说文·心部》：“惨，毒也。”即“毒害”的意思，或是后来的引申义。

释义：“惨”在《诗经》中使用5处9次，4处迭用。

1.心情烦乱不安。此种用法有3（风1；雅2）处5次，2处迭用，如：“劳心惨兮”（《陈风·月出》）；“我心惨惨”（《大雅·抑》）。

2.害怕、痛苦。由心情烦乱不安导致的结果引申，此种用法有2（雅2）处4次，如：“或惨惨畏咎”（《小雅·北山》）。

憯 音【cǎn】

古形【小篆】

“憯”由“忄（心）”和“朁”组成。“朁”，金文写作“”，上面是两个“旡”，像两个人大张着口说话遮住了下面的“日”字，有人言可以遮天蔽日的意思。《说文·心部》：“憯，痛也。”“朁”和“心”组合，有人言可畏，令人忧伤、心痛的意思。

“憯”古通“惨”，多用作“惨”后，“憯”又借作副词。

释义：“憯”在《诗经》中使用5处6次，1处迭用。

1. 悲痛、忧伤。此种用法有1处2次：“憯憯日瘁”（《小雅·雨无正》）。

2. 借作副词，曾、乃。此种用法有4（雅4）处，如：“憯莫惩嗟”（《小雅·节南山》；“憯不知其故”（《大雅·云汉》）。

粲　音【càn】

古形【金 小篆 】

“粲”由“歺”“又”和“米”组成。“歺”的本义是分解骨肉后的残骨，在这里有“杂质、杂污”的意思，“又”是“手”，合在一起表示“手除杂质”。《说文·米部》：“稻重一秙，为粟二十斗，为米十斗，曰毇；为米六斗太半斗，曰粲。”意思是说，稻子重一担，合粟二十斗，舂成米十斗，叫糙米；舂成米六斗又大半斗，叫粲米。“粲”就是一舂再舂，剔除了所有杂质以后的精米。

释义：“粲”在《诗经》中使用9处10次，1处迭用。

1. 鲜明、美好。由精米的品质引申，此种用法有6（风4；雅2）处，1处迭用，如：“三英粲兮”（《郑风·羔裘》）；“粲粲衣服”（《小雅·大东》）。

2. 同“餐”，意为饮食。此种用法有3（风3）处，如：“予授子之粲兮”3句（《郑风·缁衣》）。

仓(倉)　音【cāng】

古形【甲 小篆 】

“仓”，甲骨文写作“”，像一个古代收藏谷物的建筑物的简单图形。上面是仓顶，中间有一扇门，下面是进出的口，三部分合起来表示粮仓。《说文·倉部》：“倉，谷藏也。倉黄取而藏之，故谓之倉。从食省，口像倉形。”意思是说“仓是收藏谷物的地方。谷物成熟颜色苍黄之时收藏它，所以叫作倉。‘倉’字上部像‘食’的省略写法，‘口’像倉的形状。”也可视为一说。

释义：“仓”在《诗经》中使用7处，无迭用。

1. 收藏谷物的建筑物。此种用法有3（雅3）处，如：“我仓既盈”（《小雅·楚茨》）；“乃积乃仓”（《大雅·公刘》）。

2. 同“鸧”，仓庚。（即黄莺）鸟名。此种用法有3（风2；雅1）处，如：“有鸣仓庚”（《豳风·七月》）；“仓庚喈喈”（《小雅·出东》）。

3. 同“怆”，悲伤。此种用法有1处：“仓兄填兮”（《大雅·桑柔》）。

苍(蒼)　音【cāng】

古形【小篆 】

“苍”由“艹（草）”和“仓”组成。“仓”是储藏粮食的地方。古时的粮仓多为圆形土墙，上面的仓顶一般用草铺成。《说文·艸部》：“苍，草色也。”“苍”在“仓”的上面加了个“艹（草）”字，指的就是仓盖上草的颜色。由于刚铺盖的草和年久的草色有变化，所以“苍”多指青色或灰白色。

释义：“苍”在《诗经》中使用14处15次，1处选用。

青色、灰白色。此种用法有14（风11；雅3）处，1处选用，如：“悠悠苍天”（《王风·黍离》）；“蒹葭苍苍”（《秦风·蒹葭》）；“以念穹苍”（《大雅·桑柔》）。

鸧(鶬) 音【cāng】

古形【小篆】

“鸧”即鸧鸹，又叫麋鸹，是一种鸟的名字。《康熙字典》引《正字通》云：“鸧大如鹤，青苍色，亦有灰色者，长颈高脚，顶无丹，两颊红。关西呼鸹鹿，山东呼鸧鸹，南人呼为鸧鸡，江人呼为麦鸡。”或许其喜欢落脚仓廪，又因其色同仓廪顶色，所以“鸧”用“仓”作声符。

释义：“鸧”在《诗经》中使用2处3次，1处选用。

或因鸟声清脆借为象声词。此种用法有2（颂2）处，1处选用，如：“八鸾鸧鸧”（《商颂·烈祖》）。

玱(瑲) 音【cāng、qiāng】

古形【小篆】

“玱”由“王（玉）”和“仓”组成。“玉”指玉石；“仓”音“cāng”，表示一种声音。“玱”指的就是玉石敲击碰撞发出的一种声音。

释义：“玱”在《诗经》中使用2处3次，1处选用。

玉石敲击发出的一种声音。此种用法有2（雅2）处3次，如：“有玱葱珩”（《小雅·采芑》）。

藏 音【cáng、zàng】

古形【小篆】

“藏”由“艹（草）”“戕”“臣”三部分组成。《说文·戈部》“戕，槍也。他国臣来弑君曰戕。”“戕”同“艹”“臣”组合，可会“他国臣子隐匿在草丛中准备杀害国君”之意。《说文·艸部》：“藏，匿也。”并注：“《汉书》通用‘臧’字，从‘艸’后人所加。”由此可知，“藏”的本字是“臧”，“藏”“臧”通。安子介先生在《解开汉字之谜》中将“臧”分成三部分：“‘爿’（情况或床），‘戈’（武器）和‘臣’（归顺）”，由此在分析“藏”时这样写道：“弯下身体（臣），收拾了武器（戈），放在草（艹）堆中或床（爿）底下。”或可视为一说。

释义：“藏”在《诗经》中使用3处，无选用。

积蓄、收藏。由人及物引申。此种用法有3（雅3）处，如：“亶侯多藏”（《小雅·十月之交》）；“中心藏之”（《小雅·隰桑》）（此句言将喜爱之人藏于心中）。

曹 音【cáo】

古形【甲金小篆】

《说文·曰部》：“曹，狱之两曹也。在廷东……治事者。”即“曹”指的是打官司时两个站在法庭东边的人，他们是管理打官司的，就相当于现在的法警。从字形看，“曹”，甲骨文写作“”，上面两个“东”字并排站立，像两个站立的人；下面是个“口（有写“曰”字），表示正在打官司（打官司要说话，“口”或“曰”都和说话有关）。两个“东”站立在“口（曰）”上，表示管着打官司的人呢。

释义：“曹”在《诗经》中使用1处，无迭用。

伙伴。由两个管理打官司的人是同事关系引申。此种用法有1处：“乃造其曹”（《大雅·公刘》）。

漕 音【cáo】

古形【小篆】

“漕”由“氵（水）”和“曹”组成。“曹”指官府之人。《说文·水部》：“漕，水转谷也。”水运官粮即谓“漕”。

释义：“漕”在《诗经》中使用3处，无迭用。

借作邑名。此种用法有3（风3）处，如：“土国城漕”（《邶风·击鼓》）。

草 音【cǎo】

古形【小篆】

说到“草”字，我们就会立刻想到地面上那些青青的小草。《说文·艸部》中“草”字分列了两处：一是“艸，百芔也。”指的是所有的草本植物；二是“草（音zào），草斗，栎实也。一曰：象斗子。”指的是一种植物的果实。两种解释好像同我们今天理解的“草”的意思都无关。（此“草”中之“早”或为“皁”字之误。）

《说文·屮部》：“屮，草木初生也。”这个字和“草”似乎沾点边，然而，随着时间的流失，“屮”有一部分就变成了木，还不是单纯意义上的草。

作为大自然可能赋予人类的最重要的景观之一，人们觉得作为果实的“草”字，更能够表述实际意义上的“草”：春日照射（日），大地裂开（十），小草钻出地面（艹）。所以《说文》在“草”字条下注曰：“今俗以此为艸木之艸，别作皁字为黑色之皁（注：即栎实之‘草’字）。”这是人们认识自然的结果。“草”字由“艹”和“早”组成，还可以理解成“最早生成的植物”。

释义：“草”在《诗经》中使用15处16次，1处迭用。

1. 青草或泛指一切草本植物。此种用法有14（风4；雅10）处，如：“焉得谖草”（《卫风·伯兮》）；“在彼丰草”（《小雅·湛露》）；“草不溃茂”（《大雅·召旻》）。

2. 忧伤貌。由某些草本植物的状态引申。此种用法有1处，迭用：“劳人草草”（《小雅·巷伯》）。

懆　音【cǎo、sāo、sào】

古形【小篆】

“懆”由“忄（心）”和“喿”组成。“忄（心）”表示心情；“喿”下面是个“木”字，表示树，上面是个“品”，表示“众多在上”，一棵树（木）上出现众多（品）状况，就是“喿”。《说文·心部》：“懆，愁不安也。”心中有众多烦乱不解的事，就会表现出忧愁不安的样子，这就是“懆”。

释义：“懆”在《诗经》中使用1处2次，选用。

忧愁不安的样子。此种用法有1处，选用：“念子懆懆”（《小雅·白华》）。

侧(側)　音【cè】

古形【小篆】

“侧”最早只有字意但无字形，卜辞“楚伯迄今秋来斯，于王（周王）其则”中的“则”字，就相当于“侧”。

“则”为“鼎”部，“鼎”有“至高无上”的意思，恰如周王的至高无上，人立周王一侧，就像立在鼎旁，故曰“于王其则”。后来或是用得多了，为减轻“则”字的负担，人们在“则”字的旁边加了个“亻（人）”，写作“侧”，表示“旁边、一旁”等意思。

释义：“侧”在《诗经》中使用9处，无选用。

1.旁边、一旁。此种用法有7（风5；雅2）处，如：“在南山之侧”（《召南·殷其雷》）；“止于丘侧”（《小雅·绵蛮》）。

2.倾斜。由倒向一边引申。此种用法有2（雅2）处：“侧弁之俄”（《小雅·宾之初筵》）；“时无背无侧”（《大雅·荡》）。

测(測)　音【cè】

古形【小篆】

“测”由“氵（水）”和“则”组成。《说文·水部》：“测，深所至也。”意思是指测量水的深度。

“则”是刻在鼎上的法规条文，法规条文可以用来衡量人的品行，所以人们就用“测”来表示度量水的深度。

释义：“测”在《诗经》中使用1处，无选用。

泛指测度、测量。由度量水深引申。此种用法有1处：“不测不克”（《大雅·常武》）。

畟　音【cè、jì】

古形【小篆】

“畟”由“田”“人（儿）”“夊”组成。

“夊”，小篆写作“夊”，《说文·夊部》：“夊，行迟曳夊夊，像人两胫有所躧也。”意思是“夊表示行路迟缓、摇曳，像人两腿上有所拖拽的样子。”“夊”和“田”“人”合起来，就是人在田里耕作的状态，即耕犁翻土、迟缓前进的样子。《说文·夊部》：“畟，治稼畟畟进也。”说的就是这个意思。

释义：“畟”在《诗经》中使用1处2

次，1处迭用。

耕犁翻土前进貌。此种用法有1处，迭用：“畟畟良耜”（《周颂·良耜》）。

曾　音【céng、zēng】

古形【甲金小篆】

“曾”，甲骨文由“八”和“田”组成。“八”，《段注》在“曾”字条中注曰：“像气之分散。”“田（囧）”是古“囱”字，《说文·囱部》：“囱，在墙曰牖，在屋曰囱。”意思是“在墙壁上的叫牖（窗户），在屋顶上的叫囱”。“囱”就相当于我们现在所说的天窗。“囧”，外面像一个木框，里面“像木交疏之形（吴承志《窗牖考》）”，像一个天窗的简单图形。人们开天窗是为了通风透气，所以“囧”字上面用“八”来表示。后来或许发现天窗除了通风透气以外还能够接收阳光，所以又在下面加了个“日”，就有了现在的“曾”字。“曾”用作指中间隔两代的亲属，或许因为古时四世同堂几乎是不可能的事，曾祖犹如“曾”字上“八”一样气已散去，但精神还像“曾”下“日”一样光泽着亲人。

安子介《解开汉字之谜》：“‘曾céng’字被认为是‘甑zèng’（古代一种做饭的瓦器）字的简化形。‘曾’字的含义是底部能产生蒸汽的‘蒸汽发生器’，中间是‘一个放置谷物的容器’，上部是‘蒸汽’的形态。由于古代蒸饭的用具是有层次性的，人们产生了世代也有层次的观念。因此，祖父的父亲被叫做‘曾祖父’，孙子的儿子被叫做‘曾孙’。”尽管甲骨文时代有否类似蒸笼的器物或者蒸饭的行为有待考证，但也可视为一说。

释义：“曾”在《诗经》中使用22处，无迭用。

1. 中间隔两代的亲属。此种用法有11（雅10；颂1）处，如：“曾孙田之”（《小雅·信南山》）；“曾孙笃之”（《周颂·维天之命》）。

2. 用作副词，加强语气，或可理解成“乃”“竟、竟然”“简直”等。此种用法有11（风2；雅9）处，如：“曾不崇朝”（《卫风·河广》）；“曾是不意”（《小雅·正月》）；“曾不知其玷”（《大雅·召旻》）。

差　音【chā、chà、chāi、cī】

古形【金小篆】

“差”，金文由“𠂹”和“𠂇”组成。“𠂹”，后人一般认为是“羊”字，安子介在《解开汉字之谜》中说其“为一废字，原意为‘幼枝的不平衡生长’”，此说当为“𠂹”字形之正解：像树之枝条长短不齐貌。《说文·𠂹部》：“𠂹，草木华叶𠂹，象形。”此指花叶下垂高下不齐。从这个意义上说，可视“𠂹、𠂹”为同一字。修剪长短不齐的枝条，习惯上是用左手先抓住枝条，然后整修，所以表示枝条的下面加了一个“𠂇（左）”字。

“差”在长短不齐这个意义上常和“参”结合使用，二者的区别在于：“参”表示横向的高低不同；“差”表示纵向的长短不一。

释义：“差”在《诗经》中使用6处，

无选用。

1. 长短高低不齐。由“”形引申。此种用法有4（风4）处，如：“参差荇菜”（《周南·关雎》）；“差池其羽”（《邶风·燕燕》）。

2. 选择。由修剪枝条要有选择引申。此种用法有2（风1；雅1）处：“谷旦于差”（《陈风·东门之枌》）；“既差我马”（《小雅·吉日》）。

苴　音【chá、jū】

古形【小篆】

“苴”由“艹（草）”和“且”组成。“艹”表示“苴”是一种草本植物；“且”，小篆写作“且”，上面像个物体（果实），下面的“一”表示地面。“苴”指的就是地面上能够生长果实的草本植物。“且”还有一说认为甲骨文写作“且”，像男性生殖器官的简单图形。男性具有强大、力量的特征，所以“且”字族一般都与“加力、加强”之义有关，所以“苴”的本义是“加力草”，或相当于现在的兴奋剂。

《说文·艸部》：“苴，履中草。”义即可做“鞋垫之草”。《段注》：“且，薦（即‘垫’）也。此（即‘苴’字）形声包会意。”

“苴”是一种现在称作“青麻”的一年生草本植物，可开花结果、根可入药、茎皮可供编织麻袋、床席、鞋垫等生产、生活用品。

释义：“苴”在《诗经》中使用2处，无选用。

1. 青麻。此种用法有1处：“九月叔苴”（《豳风·七月》）。

2. 枯草。由麻干枯状态引申。此种用法有1处：“如彼栖苴”（《大雅·召旻》）。

柴　音【chái】

古形【小篆】

“柴”的上部是个“此”字，“此”有“就餐”的意思。“柴”是一种可以烧就美食的树木，所以由“此”和“木”组成。

释义：“柴”在《诗经》中使用1处，无选用。

通“胔（音zì）”，堆积的禽兽。此种用法有1处：“助我举柴”（《小雅·车攻》）。

豺　音【chái】

古形【小篆】

“豺”由“豸”和“才”组成。“豸”，甲骨文写作“”，像张大嘴巴露出利牙的野兽之形。《说文·豸部》：“豺，狼属，狗声。”因为能发出狗声，所以又叫豺狗。“才”有敏捷的之意，同“豸”组合表示豺是一种能发出狗声，像狼一样凶残而且行动十分敏捷的野兽。

释义：“豺”在《诗经》中使用2处，无选用。

豺狼。此种用法有2（雅2）处，如：“投畀豺虎”（《小雅·巷伯》）。

瘥　音【chài、cuó】

古形【小篆】

“瘥”由“疒”和“差”组成。“疒（音nè）”，甲骨文写作“”像一个盗汗（）的病人（）躺在床（）上；有的甲骨文写作“”，像一个孕妇（）躺在床（）上；有的甲骨文就直接写成“”，省去了“”；表示人躺在床上。“疒”是“病”的初文，原来只指病人或孕妇，后来人们发现病的症状和种类很多，就用“疒”做了部首，并根据种类或症状在“疒”中添加部件造出了一批新字。“差”有修剪之意，同“疒”组合就有“有病需要治疗”的意思。有病通过治疗可以痊愈，所以《说文·疒部》云：“瘥，瘉也。”“病愈”是“瘥”的引申义。

释义：“瘥（音cuó）”在《诗经》中使用1处，无迭用。

疫病。此种用法有1处：“天方荐瘥”（《小雅·节南山》）。

虿(蠆)　音【chài】

古形【金　小篆　】

《说文·虫部》：“虿，毒虫也。”“虿”，金文写作“”，像一个虫子的形状：上面是头部，伸出一对长而粗的形似蟹螯的角须；中间是身子，下面拖着一条长长的尾巴。“虿”是一种有毒的虫子，清王筠《说文句读》引《通俗文》：“长尾为虿，短尾为蝎。”“虿”就是长尾蝎的形状。

据传商纣王时期，有一次纣王和妲己在鹿台上欢宴，并命令妃嫔宫女裸体唱歌跳舞，已故姜后宫中侍女七十二人，掩面流泪，不肯裸体歌舞。妲己说：“这是她们怨恨大王杀了姜后，听说私下打算作乱，以谋杀大王。应当对她们施以严刑。”于是建议纣王挖一个方圆数百步，深高五丈的大坑，将蛇蝎蜂虿之类毒虫放入坑内，再将这些宫女推进去让这些毒虫叮咬。纣王听后大喜，立刻照妲己的话做了，这就是后来人们称作的虿盆之刑。

“蠆（虿）”写成“萬、虫”组合，是由“虿盆之刑”而来，非“虿”之本形。

释义：“虿”在《诗经》中使用1处，无迭用。

蝎。此种用法有1处：“卷发如虿”（《小雅·都人士》）（注：比喻妇女发卷似蠍尾）。

梴　音【chān、yán】

古形【小篆　】

《说文·木部》：“梴，长木也。”

“梴”由“木”和“延”组成，“木”指树木。“延”，《说文·廴部》：“延，长行也。”《段注》曰：“本义训长行，引申则专训长。”可知“延”有“长”的意思，同“木”组合表示长木。

释义：“梴”在《诗经》中使用1处，无迭用。

长木。此种用法有1处：“松桷有梴”（《商颂·殷武》）。

掺　音【chān】

古形【小篆　】

“掺”，《康熙字典》：“取也，一曰执也。”“扌”即“手”，表示用手执、握；“参”有“参与”的意思，一方执握，另一方参与配合就是“掺”。

释义：“掺”在《诗经》中使用3处，1处迭用。

1. 执、握（拉住）。此种用法有2（风2）处，如：“掺执子之袪兮”（《郑风·遵大路》）。

2. 纤美。由执握女子之手感觉引申。此种用法有1处，迭用：“掺掺女手”（《魏风·葛屦》）。

襜　音【chān】

古形【小篆】

“襜”由“衤”和“詹”组成。“衤”即“衣”字，甲骨文写作“”，小篆写作“”，像一件上身的小衣。《说文·衣部》：“襜，衣蔽前。”意思是系在衣服前面的围裙。

古时女子一般都是在家主事，就是俗称的“男主外，女主内”。一般劳动家庭的妇女衣服没有贵族女子的那样宽大，裙也没有那么长，为了劳动方便，在裙外还要系一条围裙，就是“襜”。古代有一官职叫“詹事”，主要掌管皇后或太子家中之事。“詹”有“多言”义，表示詹事事无巨细都要管。“衤”和“詹”组合也有穿这种围裙的人一般都“掌管家事”的意思（或言女子掌事絮絮叨叨言多）。

释义：“襜”在《诗经》中使用1处，无迭用。

围裙。此种用法有1处：“不盈一襜”（《小雅·采绿》）。

谗(讒)　音【chán】

古形【小篆】

“讒（谗）”由“言”和“毚”组成。“言”是“说话”，《说文·言部》：“谗，谮也。”意思是“说别人的坏话”。“毚”有狡猾的意思，同“言”组合表示说坏话的人一般都是狡诈之人。

释义：“谗”在《诗经》中使用7处，无迭用。

坏话、说别人坏话。此种用法有7（雅7）处，如：“谗言其兴”（《小雅·沔水》）；“谗口嚣嚣”（《小雅·十月之交》）。

廛　音【chán】

古形【小篆】

《说文·广部》：“廛，一亩半，一家之居。从广、里、八、土。”《段注》：“古者在野曰庐，在邑曰里，各二亩半。”“廛”即“城邑一家居住之地”，据《说文》，地占一亩半，而《段注》则说“二亩半”。然无论占地多少，不影响字形意义。“廛”从广、里、八、土，《段注》：“里者居也，‘八土’犹分土也。”“广里八土”会“分土建房居住”之意。

释义：“廛”在《诗经》中使用1处，无迭用。

通“缠”，义相当于“束、捆”。此种用法有1处：“胡取禾三百廛兮”（《魏风·伐檀》）。

毚 音【chán】

古形【小篆】

“毚”由“㲋”和“兔”组成。“㲋”，传说中的一种似兔，但足如鹿的小兽。“兔”，甲骨文写作“ ”，《说文·兔部》：“兔，兽名，像踞，后其尾形。”意思是：兔是一种小兽的名字，字形像兔蹲坐的样子，后面是它的尾巴的形状。俗话说：狡兔三窟，所以“毚”有“狡猾”的意思。从字形看，“㲋”又像两只兔身重叠而腿尾并列之状，加上下面一“兔”，“毚”有三“兔”，是一兔三身之状，应狡兔三窟之说，或许是正解。

释义：“毚”在《诗经》中使用1处，无迭用。

狡猾。此种用法有1处：“跃跃毚兔”（《小雅·巧言》）

啴(嘽) 音【chǎn、tān】

古形【小篆】

“啴”由“口”和“单”组成。《说文·口部》：“啴，喘息也。一曰：喜也。”“啴”应该指口中发出的似“单”音的喘息声。或喜悦时发出的似“单”音的声音。

释义：“啴”在《诗经》中使用5处10次，5处迭用。

1.喘息声。此种用法有1处2次（迭用表示多口发声）：“啴啴骆马”（《小雅·四牡》）。

2.其它似“啴”之声。由口发声引申为其它事物发声。此种用法有4（雅4）处8次，均迭用（表示声势浩大），如：“戎车啴啴”（《小雅·采芑》）。

幝 音【chǎn】

古形【小篆】

《说文·巾部》：“幝，车弊貌。”意思是“车破旧的样子”。“幝”从“巾”，《说文·巾部》：“巾，佩巾也。”指的是古时人们佩在身前巾帛，作用相当于现在的手帕、毛巾之类的纺织品。“單”，甲骨文写作“ ”，金文写作“ ”，高明《新编甲骨文字典》上说“像猎叉，为了锋利，头部戴上或缚以尖锐之物”。一开始“單”可能只是狩猎工具，但随着字形的发展，可以看出“單”的作用在逐渐变化：从开始的狩猎工具（單）变成了作战武器，而且后来成为车载作战武器（单）。

“巾”和“單”组成“幝”，意思是“战车像擦拭脏物的布帛”一样破烂不堪，不堪一击。

释义：“幝”在《诗经》中使用1处，迭用。

破旧（迭用形容破旧的样子）。此种用法有1处，迭用：“檀车幝幝”（《小雅·杕杜》）。

昌 音【chāng】

古形【甲 金 小篆 】

“昌”由“日”和“曰”组成，“日”有“白天、阳光”的意思；“曰”有“说话”的意思。说话阳光是一件很美好的

事情，所以《说文·日部》说：“昌，美言也。”意即美好的言辞。

释义：“昌”在《诗经》中使用8处，无迭用。

1.美好、健壮。由言辞美好引申。此种用法有3（风3）处，如：“子之昌兮”（《郑风·丰》）。

2.兴旺、兴盛。由言辞美好能彰显一派繁荣引申。此种用法有5（风1；颂4）处，如：“朝既昌矣”（《齐风·鸡鸣》）；“克昌厥后”（《周颂·雝》）；“俾尔炽而昌”（《鲁颂·閟宫》）。

倡 音【chāng、chàng】

古形【金小篆】

《说文·人部》：“倡，乐也。”即指的是歌舞娱乐人。古时谓歌舞人为倡(chāng)，歌舞为倡（chàng），因都与人有关，所以“倡”为“人”部。“昌”有“美好”的意思，表示“倡”（歌舞）是一种美好的娱乐活动。

释义：“倡”在《诗经》中使用2处，无迭用。

歌唱、歌舞。由歌舞人的作为引申。此种用法有2（风2）处，如：“倡，予和女”（《郑风·萚兮》）。

肠(腸) 音【cháng】

古形【小篆】

“腸（肠）”由“月”和“昜”组成。“月”即“肉”字，甲骨文写作“ꝡ”，像一块肉的形状，表示人或动物的软组织的字一般用它作部首；“昜”或是“肠”的简单图形。有说“昜”是“阳”的初文，有明显意，肠子弯曲而长，特征明显，所以“肠”用“昜”做声符。

“肠”是人和高等动物消化和吸收的主要器官之一。

释义：“肠”在《诗经》中使用1处，无迭用。

借指心肠（心地）。此种用法有1处：“自有肺肠”（《大雅·桑柔》）。

尝(嘗、甞) 音【cháng】

古形【小篆】

“尝”，小篆写作“”，由“尚”和“旨”组成。“尚”有“增加”的意思；“旨”指“美味”。《说文·旨部》：“尝，口味旨也。”即口试其味曰“尝”。

古人秋收一般以新谷献给祖先，名为秋祭。在祖先的牌位前摆上（增加）供品（美味），就叫“尝”。“口试其味”应该是后来的引申义。

释义：“尝”在《诗经》中使用8处，无迭用。

1.秋祭名。此种用法有5（雅2；颂3）处，如：“禴祠烝尝”（《小雅·天保》）；“秋而载尝”（《鲁颂·閟宫》）

2.口试其味。此种用法有3（风1；雅2）处，如：“父母何尝”（《唐风·鸨羽》）；“酌言尝之”（《小雅·瓠叶》）。

长(長) 音【cháng、zhǎng】

古形【甲金小篆】

从甲骨文字形看，“长（長）”像一

个长发飘逸的老人，本义表示“年长”。《说文·长部》：“长，久远也。”即“长久、长远”，应该是“长”字的引申义。

释义：“长”在《诗经》中使用13处，无迭用。

1. 年长。此种用法有2（雅2）处，如：“长子维行”（《大雅·大明》）。

2. 长（指空间距离大或时间距离久）。由年长者头发的长度引申。此种用法有（风3；雅3；颂）9处，如：“言之长也”（《鄘风·墙有茨》）；“不长夏以革”（《大雅·皇矣》）；“长发其祥”（《商颂·长发》）。

3. 增长、扩张。由年长是因为年龄不断增长引申。此种用法有2（雅2）处，如：“乱是用长”（《小雅·巧言》）。

苌(萇) 音【cháng】

古形【小篆】

长指长楚，是一种藤本植物，枝条柔软，一般在低矮潮湿的地方生长。因藤长所以“苌”由“艹”和“长”组成。苌楚，后人认为又名羊桃、猕猴桃。

释义：“苌”在《诗经》中使用3处，无迭用。

苌楚（一种藤本植物）。此种用法有3（风3）处，如：“隰有苌楚”3句（《桧风·隰有苌楚》）。

常 音【cháng】

古形【小篆】

“常”由“尚”和“巾”组成。“尚”有“增加”的意思；“巾”与布有关，一般指布裙。“尚”和“巾”组合，表示添加在外面的布裙。《说文·巾部》：“常，下裙也。”即下身的围裙。古人穿衣经常都要在下身系上一条围裙，所以“常”后来又引申有“经常、正常”等意。

释义：“常”在《诗经》中使用12处，无迭用。

1. 下身的围裙。此种用法有1处：“载是常服”（《小雅·六月》）（注：此处指一种绘有日月图案似围裙的旗）。

2. 经常、正常或长久、无变化。由穿围裙习以为常引申。此种用法有6（风1；雅4；颂1）处，如：“曷其有常”（《唐风·鸨羽》）；“则维其常”（《小雅·十月之交》）；“鲁邦是常”（《鲁颂·閟宫》）。

3. 常规、制度。由经常、没有变化引申。此种用法有1处：“陈常于时夏”（《周颂·思文》）。

4. 借作地名。此种用法有1处：“居常与许”（《鲁颂·閟宫》）。

5. 借为棠（木名）。此种用法有2（雅2）处，如：“维常之华”（《小雅·采薇》）。

6. 通“尚”，有“尊崇”的意思。此种用法有1处：“曰商是常。”（《商颂·殷武》）。

裳 音【cháng、shang】

古形【金小篆】

“裳”由“尚”和“衣”组成。“衣”指遮蔽身体的服装，“尚”有“崇尚”之意，同“衣”组合或表示古人比较崇尚的服装。古代上谓“衣”，下谓“裳”，后总称衣服或衣裳。“裳”，《说文》作“常”，义和“裳”相近。《说文·巾部》：“常，下裙也……常或从衣。”裳即是裙。裙字从衣从君。君指“夫君、君长”，所以裙在古代专指男子日常穿着的下衣。“尚”又有“摊开、展开”的意思。“尚”与“衣”组合表示“展开的（下）衣”，即遮蔽下体的衣裙，是裙的一种，后来引申为男女穿着的衣裙。

释义：“裳”在《诗经》中使用23处26次，3处迭用。

1.遮蔽下体的衣裳、衣裙。此种用法有17（风16；雅1）处，如：“绿衣黄裳”（《邶风·绿衣》）；“载衣之裳”（《小雅·斯干》）。

2.车围子。由车围似裙引申。此种用法有1处：“渐车帷裳”（《卫风·氓》）。

3.穿（裳）。由词性转换（名—动）引申。此种用法有2（风2）处：“裳锦褧裳”2句（《郑风·丰》）。

4.迭用犹“堂堂”，形容鲜明美盛，或因由衣裳华美引申。此种用法有3（雅3）处，均迭用：“裳裳者华”3句（《小雅·裳裳者华》）。

场(場、塲)　音【cháng、chǎng】

古形【金　小篆　】

“场（場）”由“土”和“昜”组成。“土”表示平地；“昜”是“陽（阳）”的本字，表示阳光可以照晒到的地方。“土”和“昜”组合，就表示露天的平坦的空地。既然露天有一块场地，就可能有很多用处，所以《说文·土部》说：“场，祭神道也。一曰：田不耕。一曰：治谷田也。”即这块平地可以用来祭祖神，可以不耕种（举行集会），还可以用来整治或晾晒谷物。当然，除此之外，还应该有其它的用途。

释义：“场”在《诗经》中使用6处，无迭用。

露天平坦的空地。此种用法有6（风3；雅3）处，如：“町畽鹿场”（《豳风·东山》）；“率场啄粟”（《小雅·小宛》）。

鲿(鱨)　音【cháng】

古形【小篆　】

“鲿”由“鱼”和“尝”组成。“鱼”，甲骨文写作“　”，像一条鱼的简单图形，表示“鲿”是鱼类的一种；“尝”有“味道鲜美”的意思，可知鲿是一种味道鲜美的鱼。鲿，古书上称之为黄颊鱼，头似燕，大口，平腹，细鳞，黄色。

释义：“鲿”在《诗经》中使用2处，无迭用。

鱼名。此种用法有2处：“鱼丽于罶，鲿鲨”（《小雅·鱼丽》）；“鲦鲿鰋鲤。”（《周颂·潜》）。

鬯　音【chàng】

古形【甲　金　小篆　】

从字形看，“鬯”字甲骨文“　”很像一个酒杯形的盛器，里面装满了饮品。“鬯”内的小点表示酒糟，仿佛在告诉我们这种饮品是酒。《说文·鬯部》：“鬯，以秬釀郁艸，芬芳攸服，以降神也。”意思是说“鬯是用郁金香草和黑黍酿制而成的一种用来祭祀的香酒（或饮品）”。

释义：“鬯”在《诗经》中使用2处，无迭用。

1. 一种香酒（或饮品）。此种用法有1处：“秬鬯一卣”（《大雅·江汉》）。

2. 通“韔”，盛弓的袋子。此种用法有1处：“抑鬯弓忌”（《郑风·大叔于田》）。

畅(暢、畼)　音【chàng】

古形【小篆 】

“畅（暢）”由“申”和“易”组成。“申”有“重复”的意思，由此又可引申为“繁衍”；“易”是太阳，有“阳光普照”的意思。“畅”就表示“在阳光普照下自然地繁衍生长”。

“畅”古字写作“畼”，《说文·田部》：“畼，不生也。”此处的不生，近代吴曾祺先生曾解释说：“因草木之畼……而五谷不生。”

释义：“畅”在《诗经》中使用1处，无迭用。

顺畅生长。此种用法有1处：“文茵畅毂”（《秦风·小戎》）。

韔(韔)　音【chàng】

古形【小篆 】

“韔”由“韦”和“長”组成。“韦”，甲骨文写作“ ”，高明《新编甲骨文字典》认为古“韦”“衞”为同一字，今人一般就甲骨文分析认为其中间的方框像城邑，上下两部分像两脚正在向相反的方向行走，有“违背”的意思，是“违”的本字，本义是“背离”，后来借作指“去毛熟治的兽皮”。《说文·韦部》：“韔，弓衣也。”古人狩猎，喜欢把猎获的野兽皮毛从肉骨上剥离下来，然后制成皮革用具，“韔”就是一种用皮革制成的装弓箭的袋子，即“弓衣”。或许这种袋子因为细长的缘故，所以用“長”做声符。

释义：“韔”在《诗经》中使用3处，无迭用。

1. 装弓箭的袋子。此种用法有2（风2）处，如：“虎韔镂膺，交韔二弓”（《秦风·小戎》）。

2. 收弓箭入袋。由袋可以装弓箭引申。此种用法有1处：“言韔其弓”（《小雅·采绿》）。

弨　音【chāo】

古形【金 小篆 】

“弨”由“弓”和“召”组成。“弓”是一种武器；“召”有“呼唤”之意。“弓”和“召”组合有“弓箭按照人的意志在运动”的意思。《说文·弓部》：“弨，弓反也。”意思是将拉满的弓放松，使箭射出，让弓弦重新变直。

释义：“弨”在《诗经》中使用3处，无迭用。

放松弓弦。此种用法有3（雅3）处：“彤弓弨兮”3句（《小雅·彤弓》）。

巢　音【cháo】

古形【金 小篆 】

从金文字体看，“（巢）”像树上搭着一个鸟窝，随着字体的演变，写成了“巢”，由“巛”和“果”组成。“巛”是鸟窝的简单图形；“果”本义指树上的果实，在这里可以理解成鸟窝里的鸟蛋。“巢”的本义就是“鸟高筑在树上的用于下蛋孵蛋的窝”。

释义：“巢”在《诗经》中使用4处，无迭用。

鸟搭的窝。此种用法有4（风4）处：“维鹊有巢”3句（《召南·鹊巢》）；“防有鹊巢（《陈风·防有鹊巢》）。

朝　音【cháo、zhāo】

古形【甲　金　小篆】

《说文·倝部》：“朝，旦也。”意即“早晨”。从甲骨文字形看，“”像“日”在草莽之中同“月”相望，所要表达的就是太阳刚刚升起而月亮还尚未隐没即“早晨”的意思。古代臣子一般在早晨拜见君主，所以“朝”又有了朝见、朝拜等引申义；拜见君主的地方一般都是帝王受朝议事的地方，所以“朝”又引申为“朝廷、朝代”等意思。

释义：“朝”在《诗经》中使用27处，无迭用。

1.早晨。此种用法有19（风5；雅13；颂1）处，如：“朝隮于西”（《鄘风·蝃蝀》）；“以永今朝”（《小雅·白驹》）；“温恭朝夕”（《商颂·那》）。

2.朝见、上朝。由早晨为上朝的时间引申。此种用法有5（风2；雅3）处，如：“翟茀以朝”（《卫风·硕人》）；“朝宗于海”（《小雅·沔水》）。

3.朝廷、朝代。由朝见的地点或时间（年代）引申。此种用法有3（风2；雅1）处：“朝既盈矣”“朝既昌矣”（《齐风·鸡鸣》）；“不皇朝矣”（《小雅·渐渐之石》）（注：其中‘朝代’之意也可看作由朝廷所代表的政权更替引申）。

车(車)　音【chē、jū】

古形【甲　金　小篆】

从甲骨文“（车）”的字形看，就是一辆古时人们出行时代步工具的简单图形，车厢、车辕、车轮俱全，十分形象。《说文·车部》：“车，舆轮之总名。夏后时奚仲所造。”意思是说：车是车厢（舆）、车轮等部件构成的一个整体物件，总称为“车”，传说是夏后时代一个叫奚仲的人发明的。

释义：“车”在《诗经》中使用61处，无迭用。

一种代步工具（后来也用作战争）。此种用法有61（风20；雅35；颂6）处，如：“王姬之车”（《召南·何彼襛矣》）；“戎车既驾”（《小雅·采薇》）；“戎车孔博”（《鲁颂·泮水》）。

坼　音【chè】

古形【小篆】

“坼”由“土”和“斥”组成。“土”指“土地”。“斥”古字作“㡿”，《说文·广部》：“㡿，郤屋也。”又《说文·邑部》：“郤，晋大夫叔虎邑也。”可见“㡿（斥）”至少在东汉之前专指晋大夫叔虎城邑里的房屋。

史料记载：叔虎是春秋时期晋国的公族子弟，在晋献公征伐翟人的战斗中，他奋勇当先，带领晋军攻破翟人营垒，打败了翟人。事后，晋献公把郤邑封给他，以示嘉奖。晋献公为国君的时候，叔虎的儿子冀芮接替父亲而为大夫。晋献公逝世后，在拥立国君的问题上，曾密谋焚毁晋文公所住宫室，以便杀了晋文公。不料谋划被人揭发，冀芮只好亡命出逃。《康熙字典》说“㡿”有“逐也，远也”之意可能就和上述事件有关。

“逐也，远也”有“分离”之意。“土”和“斥（㡿）”组合，有“土地分离”的意思，所以《说文·土部》曰：“坼，裂也。”即“土地裂开（分离）”。

释义：“坼”在《诗经》中使用1处，无迭用。

土地裂开。此种用法有1处：“不坼不副”（《大雅·生民》）。

彻(徹)　音【chè】

古形【甲 金 小篆 】

“彻（徹）”，甲骨文由一个“ ”和“又（手）”组成。“ ”是“鬲（一种像鼎状的烹饪食具）”的简单图形。“鬲”和“又（手）”组合，表示“把食具拿走”，后来金文把“又”写作“攴（手持物状）”，或许是因为食具温度比较高，手借助物体（就像今天借助隔热布）把食具拿走。“徹”到了小篆增加了“彳”字，“彳”有“小步行走”的意思，这就使“徹”表达的“把食具拿走”的意思更加合理了。《说文·攴部》：“徹，通也。”应该是“徹”的引申义。

释义：“彻”在《诗经》中使用8处，无迭用。

1.把食具拿走。此种用法有1处：“废彻不迟”（《小雅·楚茨》）。

2.收拾、整治。由收拾食具引申。此种用法有4（雅4）处，如：“彻田为粮”（《大雅·公刘》）。

3.道、规律。由餐后立刻收拾食具成常规引申。此种用法有1处：“天命不彻”（《小雅·十月之交》）。

4.剥离、拆毁。由用手使物体离开原处引申。此种用法有2（风1；雅1）处：“彻彼桑土”（《豳风·鸱鸮》）；“彻我墙屋”（《小雅·十月之交》）。

琛　音【chēn】

古形【金 小篆 】

“琛”由“玉”和“罙”组成。“玉”即“美石”，是一种人称宝石的石头。“罙”，安子介《解开汉字之谜》：“‘罙’为非字，也是经隶变而来。它的小篆字形为‘ ’，原意是‘烟囱’，它不仅取洞‘穴’为其组成之一部，而且还表现出弯曲出来的火。由此生出‘难以触及’的含义……当与‘玉’字结合而成‘琛’字，就表示‘珍贵’，即‘难以触及或到手的玉’。”

释义：“琛”在《诗经》中使用1处，无迭用。

宝石。此种用法有1处：“来献其琛”（《鲁颂·泮水》）。

臣　音【chén】

古形【甲 金 小篆 】

“臣”，甲骨文写作“”，像人被俘受捆绑后伏于地，侧头竖目之形（人直立时为横目），本意是“战俘”。古时战俘一般都充作奴隶，后来侍奉君主的官员们一般都自称奴才，所以“臣”又为高官所用。《说文·臣部》：“臣，牵也。事君也。”意思是说“臣是受到牵制的，是侍奉君王的人”，不过这应该是后来的引申义。杨树达《臣牵解》一文中说：“臣之所以受义于奇牵者，盖臣本俘虏之称。”

释义：“臣”在《诗经》中使用6处，无迭用。

1. 奴隶、奴仆。由战俘的去向引申。此种用法有1处：“并其臣仆”（《小雅·正月》）。

2. 封建官员。由侍奉君王的官员自称引申。此种用法有5（雅3；颂2）处，如：“莫非王臣”（《小雅·北山》）；“嗟嗟臣工”（《周颂·臣工》）。

尘(塵)　音【chén】

古形【甲小篆】

繁体的“塵（尘）”字由“鹿”和“土”组成。《说文·麤部》：“塵，鹿行扬土也。”许慎的“塵”上有三个“鹿”字，表示群鹿，意思是一大群鹿急速行走扬起的土就是“塵”。因为“塵”土细小，又因为其它动物成群奔跑也能扬起“塵”，所以后来用“尘”来代替。《尔雅·释诂》解释：“尘，久也。”或因为细小的尘土扬起来后再落地需要很长时间缘故。

释义：“尘”在《诗经》中使用3处，无迭用。

尘土。此种用法有3（雅3）处，如：“维尘冥冥”（《小雅·无将大车》）。

辰　音【chén】

古形【甲金小篆】

《说文·辰部》：“辰，震也。三月，阳气动，雷电振，民农时也。”从这段话里，可以看出许慎认为“辰”是“震动”的意思。接着又解释道：“每当三月，阳气发动，雷电震动，正是农民耕种的时令。”看来，这里的“震动”，应该指的是春雷“震动”。从甲骨文字形看，“”很像一个农人田耕的犁头的形状（有说像用大贝壳做成的用来除草的农具，即蚌镰），以此来表示“农人开始耕种”。由此看来，春雷震动只是一种天象，并非“辰”的字形意义，“农人开始耕种”才是“辰”所要表达的原始意义。

后来人们把“日月星辰”组合在一起来表示天地合一，“辰”又有了“时运”等意思。

释义：“辰”在《诗经》中使用7处，无迭用。

1. 按时、及时。由春雷一动人们就及时耕种引申。此种用法有3（风1；雅2）处，如：“不能辰夜”（《齐风·东方未明》）；“远犹辰告”（《大雅·抑》）。

2. 时运。由天时影响人运思想引申。此种用法有2（雅2）处：“我辰安在”（《小雅·小弁》）；“我生不辰”（《大雅·桑柔》）。

3. 通“慎”，大兽。此种用法有2

（风2）处，如：“奉时辰牡，辰牡孔硕”（《秦风·驷驖》）。

沉(沈)　音【chén】

古形【甲　金　小篆　】

“沉”，古作“沈”，甲骨文写作“　”，高明《新编甲骨文字典》说“像沉牛羊于水中之形”。古人祭祀，有用牲法，也有将牛羊投入水中。“将牛没入水中”就是“沉（即‘沈’）”。

释义：“沉”在《诗经》中使用1处，无迭用。

物体没入水中。由牛没入水中引申。此种用法有1处：“载沉载浮”（《小雅·菁菁者莪》）。

忱　音【chén】

古形【小篆　】

“忱”由“忄（心）”和“冘”组成。“心”，甲骨文写作“　”，像心脏的简单图形；“冘”，《说文·冂部》：“冘，淫淫，行貌。从人出冂。”意思是“‘冘’是行走的样子，由‘人’走出远界的‘冂’会意。”朋友走远了，心还随着他，就是“忱”，足见待朋友的诚意，所以《说文·心部》说：“忱，诚也。”安子介《解开汉字之谜》：“忱，真诚的情感（内‘心’‘沉’浸于……；‘冘’代‘沉’）”也可视为一说。

释义：“忱”在《诗经》中使用1处，无迭用。

真心诚意（相信）。此种用法有1处：“天难忱斯”（《大雅·大明》）。

陈(陳)　音【chén】

古形【小篆　】

“陈”由“阝（阜）”和“东”组成。“阝（阜）”有“土山、土坡”的意思；“东”有“万物动生之方（即‘日出之方’）”的意思。《说文·阜部》：“陈，宛丘，舜后妫满之所封。”意思是说“陈”是一个古国名，周武王时期的诸侯国，是舜的后裔妫满分封的地方，其国都坐落在四方高中央低的山丘之地，故名“宛丘”。据考，陈国，在今河南省（也在周朝都城）的东部。

释义：“陈”在《诗经》中使用8处，无迭用。

1. 宛丘（陈国）。此种用法有1处：“平陈与宋”（《邶风·击鼓》）。

2. 旧的。或因陈国乃商朝旧国引申。此种用法有1处：“我取其陈”（《小雅·甫田》）。

3. （由堂下至院门的）通道。此种用法有1处：“胡逝我陈”（《小雅·何人斯》）。

4. 通“阵”，陈列、陈设。此种用法有3（雅3）处，如：“陈馈八簋”（《小雅·伐木》）；“左右陈行”（《大雅·常武》）。

5. 宣示。由“陈列”即展示引申。此种用法有1处：“陈常于时夏”（《周颂·思文》）。

6. 通“申”，一再、重复。此种用法有1处：“陈锡哉周”（《大雅·文王》）。

晨　音【chén】

古形【金小篆】

“晨”由“日”和“辰”组成。“辰”有“耕种”之时的意思，上面加个“日”字，可以理解成“一天中开始耕种之时”，即拂晓、清早的意思。《说文》“晨”上为“臼”，“臼”表示双手操作。“臼”“辰”组合有“日出而作”之意。

释义：“晨”在《诗经》中使用2处，无迭用。

1. 拂晓、清早。此种用法有1处：“夜乡晨”（《小雅·庭燎》）

2. 借作鸟名，（晨风）即鹞鹰。此种用法有1处：“鴥彼晨风”（《秦风·晨风》）。

谌(諶)　音【chén、shèn】

古形【金小篆】

“谌”由“讠（言）”和“甚”组成。“甚”，《说文·甘部》：“甚，尤安乐也。”即“异常安乐”，由此引申为“极、好”，同“言”组合表达“极好的语言”。《说文·言部》：“谌，诚、谛也。”“诚”表示“言有信”；“谛”有“审察”的意思，“诚谛”就是“有审察地相信（他的）话”，即“不轻易相信那些美好的语言”。在“相信”这一义项上，“谌”古时同“忱”，不同的是，“忱”是无需审察的相信。

释义：“谌”在《诗经》中使用1处，无迭用。

（不轻易）相信。此种用法有1处：“其命匪谌”（《大雅·荡》）。

疢　音【chèn】

古形【小篆】

“疢”由“疒”和“火”组成。“疒”表示疾病，和“火”组合，表示这是一种上火的病。所以《说文·疒部》说：“疢，热病也。”《段注》云：“其字从火，故知为热病。”

释义：“疢”在《诗经》中使用1处，无迭用。

热病。此种用法有1处：“疢如疾首”（《小雅·小弁》）。

柽　音【chēng】

古形【小篆】

“柽”由“木”和“圣”组成。“柽”是一种柳树，所以是“木”部；“圣”有“极高智慧和道德”之意，所以“柽”又有“观音柳”之称。柽柳属柽柳科，落叶乔木、灌木，老枝红色，叶像鳞片，嫩叶用药，枝条可编筐。花淡红色，有时一年开花三次，结蒴果。全树耐碱抗旱，适于造防沙林，亦称“三春柳”“红柳”，多分布于河北、辽宁、青海等地。

释义：“柽”在《诗经》中使用1处，无迭用。

树名。此种用法有1处：“其柽其椐”（《大雅·皇矣》）。

赪(赬、䞓)　音【chēng】

古形【小篆】

“赪”由“赤”和“贞”组成。“赤”有“红色”的意思；“贞”，甲骨文由“卜”和“鼎（后改为‘贝’）”组成，“鼎”本是食器，这里表示火具，“贞”表示用火具占卜。郑玄注“《周礼·春官·天府》‘季冬，陈玉，以贞来岁之媺（美）恶’”句中“贞”字时说：“问事之正曰贞”。可知“贞”有“正”意，这正是对红色所表达的“吉祥、喜气、热情、正义”等意思的一种肯定。

释义：“赪”在《诗经》中使用1处，无迭用。

红色（吉祥色）。此种用法有1处：“鲂鱼赪尾”（《周南·汝坟》）。

称(稱)　音【chēng、chèng】

古形【小篆】

繁体“稱（称）”由“禾”和“爯”组成。“禾”有“谷物”的意思；“爯”，甲骨文写作“”，像手抓物之状，《说文·冓部》：“爯，并举也（即‘一手举起两样东西’）。”李孝定《甲骨文字集释》：“（）像以手挈物之形，自有举意，但不能确言所挈何物耳。”“爯”和“禾”组合，可视为“手举谷物”。有说“（爯）”像“手抓鱼笼反复捕鱼”，表示“顺心如意”。从这个意义上说，“稱”也可以理解为“手抓谷物和鱼笼（食无忧）”，所以“顺心如意”。

释义：“称”在《诗经》中使用2处，无迭用。

1.托举、举起。由手举谷物引申为托举其它物体。此种用法有1处：“称彼兕觥”（《豳风·七月》）。

2.适合。由生活的顺心如意引申。此种用法有1处：“不称其服”（《曹风·候人》）。

成　音【chéng】

古形【甲　金　小篆】

中国古代历史上把男女成年叫“成丁”，尤其是青年男子跨入成年阶段经历的仪式叫“成丁礼”。成丁礼一般要行“冠礼”，就是戴上冠帽，表示已经成人。已成年的男子有服徭役的义务。所以甲骨文“成”字就是由“（冠帽）”“（丁）”和“（戈即武器）”三部分组成，表示这是一个已经行过冠礼，有服役义务的成年男子。

释义：“成”在《诗经》中使用43处，无迭用。

1.成年男子。此种用法有2（雅2）处，如：“虽无老成人”（《大雅·荡》）。

2.生成、形成、组成。由人的生成引申为事物生成，此种用法有8（风1；雅5；颂）处，如：“与子成说”（《邶风·击鼓》）；“谁秉国成”（《小雅·节南山》）（注：指国家形成后的权柄）；“昊天有成命”（《周颂·昊天有成命》）。

3.完成、成功、成就。由成人后可以有所作为引申，此种用法有26（风3；雅18；颂5）处，如：“福履成之”（《周南·樛木》）；“既成我服”（《小雅·六月》）；“肇禋，迄用有成”（《周颂·维清》）。

4.借为人名，多指周成王。此种用法有6（雅2;）处，如：“成王之孚”2句

（《大雅·下武》）；“成王不敢康”（《周颂·昊天有成命》）。

5.通“城”。此种用法有1处：“虞芮质厥成”（《大雅·绵》）。

诚(誠)　音【chéng】

古形【小篆】

“诚”由“言”和“成”组成。“言”有“说话”的意思；“成”有“成年”的意思。《说文·言部》：“诚，信也。”作为一个成人，就应该做到言而有信。

释义：“诚”在《诗经》中使用1处，无迭用。

真心、诚心。由言而有信是发自内心引申。此种用法有1处：“谢于诚归”（《大雅·崧高》）。

城　音【chéng】

古形【金小篆】

金文“（城）”字左边像一堵城墙，右边是个“成”。古代的城墙多为土坯垒成，所以后来写成“土”部；“成”指成年男子，有服役的义务。“土”和“成”组合，表示以土垒成的有成年男子把守的地方，实际上指自卫的设施（即城墙）。《说文·土部》：“城，以盛民也。”意思是“用以百姓居住的地方”，这应该是“城”的另一个作用（百姓聚集居住地即都城）。

释义：“城”在《诗经》中使用15处，无迭用。

1.城墙、都城。此种用法有9（风4；雅5）处，如：“俟我于城隅”（《邶风·静女》）；“筑城伊減”（《大雅·文王有声》）。

2.筑城。由城墙需要建筑引申。此种用法有4（风1；雅3）处，如：“土国城漕”（《邶风·击鼓》）；“城彼朔方”（《小雅·出车》）。

3.国家、国都。由都城一般都是国家政权所在地引申。此种用法有2（雅2）处，如：“哲夫成城，哲妇倾城”（《大雅·瞻卬》）。

盛　音【chéng、shèng】

古形【小篆】

“盛”由“成”和“皿”组成。“成”有“成熟、完成”的意思；“皿”，甲骨文写作“”，像一个盛装食物的器具。“盛”就是把已经成熟的食物盛装在器具里。《说文·皿部》：“盛，黍稷在器中以祀者也。”古人祭祀，一般都把成熟的黍稷用器具装好放在供桌上，“黍稷（装）在器中（用）以祀”就是“盛”。

释义：“盛”在《诗经》中使用2处，无迭用。

（泛指以器）装物品。由装祀用黍稷引申。此种用法有2处：“于以盛之”（《召南·采蘋》）；“卬盛于豆”（《大雅·生民》）。

承　音【chéng】

古形【甲金小篆】

“承”，甲骨文和金文都像双手捧举一个人的形状。《说文·手部》：“承，奉也。受也。”即有“侍奉（长辈）”“捧

着”“承受”的意思。

释义：“承”在《诗经》中使用9处，无迭用。

1.（对尊长的）侍奉、捧着、承受。此种用法有3处：“无不尔或承”（《小雅·天保》）；“万民靡不承”（《大雅·抑》）；“大糦是承”（《商颂·玄鸟》）。

2.继承。由对尊长的承受引申。此种用法有4处：“不承权舆”2句（《秦风·权舆》）；“不显不承”（《周颂·清庙》）；“龙旗承祀”（《鲁颂·閟宫》）。

3.捧着。由字形捧举引申为泛指。此种用法有1处：“承筐是将”（《小雅·鹿鸣》）。

4.担当、抵挡。由可以承受引申。此种用法有1处：“则莫我敢承”（《鲁颂·閟宫》）。

乘　音【chéng、shèng】

古形【甲 金 小篆 】

从甲骨文字形看，“（乘）”像一个人骑坐在树杈上。刘兴隆《新编甲骨文字典》：“，像人在木顶，示升、登之义。”“乘”，古或又作“椉”，《说文·桀部》：“椉，覆也。”意即“压覆”。李孝定《甲骨文字集释》云：“乘之本义为升为登，引申为加其上。许（《说文》）训覆也，与‘加其上’同意。”

释义：“乘”在《诗经》中使用28处，无迭用。

1.加其上（乘坐交通工具或牲畜）。由登高引申。此种用法有11（风8；雅3）处，如：“乘彼垝垣”（《卫风·氓》）；“乘其四骐”（《小雅·采芑》）。

2.借为量词，一车四马为一乘（疑“乘”之字形似乘车之形，故借用）。此种用法有17（风6；雅6；颂5）处，如：“路车乘黄”（《秦风·渭阳》）；“元戎十乘”（《小雅·六月》）；“公车千乘”（《鲁颂·閟宫》）。

程　音【chéng】

古形【小篆 】

“程”由“禾”和“呈”组成。“禾”指谷类植物；“呈”有“准确、公平”的意思，“禾”“呈”组合即表示准确、公平地称量谷物。《说文·禾部》：“程，品也。”《段注》：“品者，众庶也。因众庶而立之法，则斯谓之程品。”由此可知，《说文》所谓“程品”，即指为衡量众多事物而确立的标准、规矩。此可视为“准确、公平称量谷物”的引申义。

释义：“程”在《诗经》中使用2处，无迭用。

1.程品。由称量谷物之法引申。《诗经》中无此用法。

2.效法、遵守。由程品之法应遵守引申。此种用法有1处：“匪先民是程”（《小雅·小旻》）。

3.借作邑名。此种用法有1处：“命程伯休父”（《大雅·常武》）。

酲　音【chéng】

古形【金 小篆 】

“酲”由“酉”和“呈”组成。“酉”，甲骨文写作“”，像一个盛酒的器皿；“呈”有“准确、公平”的意思。

“酲”就表示酒喝多少会准确地呈现出来。这是一句劝辞，委婉地表达了“酒大伤身，会坐下病”的意思。《说文·酉部》：“酲，病酒也。”即因醉酒而病。

释义：“酲”在《诗经》中使用1处，无迭用。

醉酒而病。此种用法有1处：“忧心如酲”（《小雅·节南山》）。

惩(懲)　音【chéng】

古形【小篆】

“懲（惩）”由“徵”和“心”组成。“徵”，《说文·壬部》：“徵，召也。从微省，壬为徵。”即“徵”由“微”和“壬”组成。“微”，《说文·彳部》：“隐行也。”意思是不公开的行动或行为；“壬”，《说文·壬部》：“善也。”“微、壬、心”组合成“懲”，即表示用一种不公开的方式劝人从善的攻心之法（召回善心之法）。

释义：“惩”在《诗经》中使用7处，无迭用。

1. 劝善之法（制止）。此种用法有4（雅3；颂1）处，如：“宁莫之惩”（《小雅·沔水》）“荆舒是惩”（《鲁颂·閟宫》）。

2. 悔改。由制止的效果引申。此种用法有3（雅2；颂1）处，如：“不惩其心”（《小雅·节南山》）；“予其惩，而毖后患”（《周颂·小毖》）。

骋(騁)　音【chěng】

古形【小篆】

“骋”由“马”和“甹”组成。“马”，甲骨文写作“”，像一匹马的简单图形；“甹”，《说文·丂部》：“甹，亟词也。”即表示快疾、急切意义的词。“马”“甹”组合成“骋”，表示马快速地奔跑。

释义：“骋”在《诗经》中使用1处，无迭用。

马快速奔跑。此种用法有1处：“蹙蹙靡所骋”（《小雅·节南山》）。

蚩　音【chī】

古形【甲　金　小篆】

从字形看，“蚩”，甲骨文写作“”，由“”和“”两部分组成。“”像一只脚型；“”像一条身体细，头部呈三角的长虫。有的甲骨文将“蚩”写成了“”，在“”的旁边加了个“彳（彳）”，表示行走。人在荒地行走，脚最容易碰到的长虫就是蛇。所以刘兴隆《新编甲骨文字典》说“蚩”像“蛇啮（咬）足之形”“卜辞意如害”，即“伤害”之意。

释义：“蚩”在《诗经》中使用1处2次，1处迭用。

借为嗤，犹嘻。此种用法有1处，迭用：“氓之蚩蚩”（《卫风·氓》）。

絺　音【chī】

古形【小篆】

“絺”由“糸（纟）”和“希”组成。“糸”，甲骨文写作“”，金文写作“”，像一束丝成编织之状；“希”由

“㐅”和“巾”组成，“㐅”像网孔之形，“巾”是一种编织物。“糸”“㐅”“巾”组合成“絺”，表示一种精心编织的织物。

“絺”这种织物，远古时期就有，一般用来做衣服遮体。据《史记·五帝本纪》记载，远在尧舜时期，就有“尧赐舜絺衣”之说，据考证，“絺衣”是一种葛布衣。葛布，是一种传统布料，是用一种多年生的蔓草（葛）茎的纤维编织而成，俗称“夏布”，质地细薄，一般用来制衣，魏晋以后也多用制巾。

释义：“絺”在《诗经》中使用3处，无迭用。

细葛布。此种用法有3（风3）处，如：“为絺为绤”（《周南·葛覃》）。

鸱(鴟)　音【chī】

古形【小篆雖】

“鸱”，小篆从“隹”，籀文从“鸟”。罗振玉《增订殷墟书契考释》：“隹、鸟古本一字，笔画有繁简耳。”从甲骨文字形看，“隹”写作“[illegible]”，“鸟”写作“[illegible]”，都为鸟形，不过二者又有区别。《说文·隹部》：“隹，鸟之短尾总名也。”又《鸟部》：“鸟，长尾禽总名也。”由此可见，短尾鸟一般曰“隹”，且多为一些猛禽，后随着汉字的演变，一些“隹”部的字，写成了“鸟”部，“鸱”就是一例。“鸱”由“氐”和“鸟（《说文》从‘隹’）”组成。“氐”，《说文·氐部》：“氐，至也。从氏下箸一。一，地也。”意思是说“‘氐’是‘抵达’的意思，由‘氏’下附着‘一’会意，‘一’表示地”。

“鸱”在古籍中一般指鹞鹰。《段注》：“（鸱）今江苏俗呼鹞鹰，盘旋空中，攫鸡子食之。”可知鹞鹰捕食一般先盘旋空中，瞅准了地面上的鸡子，猛地俯冲下来到地面（氐），抓取食物而食之。

释义：“鸱”在《诗经》中使用3处，无迭用。

1. 鹞鹰。此种用法有1处：“为枭为鸱”（《大雅·瞻卬》）。

2. 借指鸱鸮（猫头鹰）。此种用法有2（风2）处，如：“鸱鸮鸱鸮”（《豳风·鸱鸮》）。

池　音【chí】

古形【小篆池】

“池”由“氵（水）”和“也”组成。“也”有“地”的意思，同“水”组合表示“地面上积满水的洼地”，故《康熙字典》引《广韵》云：“停水曰池”，即俗称的“水塘”。

释义：“池”在《诗经》中使用8处，无迭用。

1. 水塘。此种用法有7（风3；雅4）处，如：“东门之池”（《陈风·东门之池》）；“滮池北流”（《小雅·白华》）（滮池，古水名，在今西安市西北）。

2. 借作参差（差池）：不齐。此种用法有1处：“差池其羽”（《邶风·燕燕》）。

驰(馳)　音【chí】

古形【小篆馳】

“驰”由“马”和“也”组成。“也”有“地”“盘曲的蛇”等意思，同“马”组合表达一种“马在地面上处于一种无法控制的像蛇一样（行走）弯曲自如的状态”。《说文·马部》：“驰，大驱也。”《段注》：“（大驱）驰亦驱也，较大而疾耳。”即急速行走。

释义：“驰”在《诗经》中使用9处，无迭用。

疾行。此种用法有9（风2；雅7）处，如：“载驰载驱”（《鄘风·载驰》）；“不失其驰”（《小雅·车攻》）。

迟(遲、遟)　音【chí】

古形【小篆】

“迟”繁体又作“遲”，由“辵（辶）”和“犀”组成。《说文·辵部》：“辵，乍行乍止也。”即走走停停的意思；“犀（牛）”是一种行走非常缓慢的动物。“辵（辶）”和“犀”组合就表示行动缓慢。

释义：“迟”在《诗经》中使用11处16次，5处迭用。

1.缓慢。此种用法有9（风3；雅5；颂1）处14次，5处迭用，表示缓慢的样子，如：“行道迟迟”（《邶风·谷风》）；“周道倭迟”（《小雅·四牡》）；“昭假迟迟”（《商颂·长发》）。

2.晚、延误，由行动缓慢延误引申。此种用法有2（颂2）处，如：“弥月不迟”（《鲁颂·閟宫》）。

踟　音【chí】

古形【小篆】

“踟”，小篆作“（歭）”。《说文·止部》：“歭，躇也。”此为双声字，歭即歭躇，毛诗写作“踟蹰”。从字形看，“歭”由“止”和“寺”组成，有“止于寺前，不再前行”的意思。看来想做一件什么事情，走着走着突然又犹豫了。“歭躇（踟蹰）”就表示“犹豫不前”（同见“蹰”条）。“歭”作“踟”，也可以理解成“止步”想着往哪儿走。

释义：“踟”在《诗经》中使用1处，无迭用。

（踟蹰）犹豫不前。此种用法有1处：“搔首踟蹰”（《邶风·静女》）。

篪(箎、竾)　音【chí】

古形【小篆】

“篪”，由“竹”和“虒”组成，“虒”是传说中的一种兽，样子像虎但有角，能在水中行走。北魏郦道元《水经注》：“（君山）东北对编山，山多篪竹。”可知“篪”的本义应为竹名。尽管此竹已不可考，但从字形看，形状很可能如传说中的虒角。“篪”，《说文》作“䶵”，从“龠”。《说文·龠部》：“乐之竹管，三孔，以和众声也。”由此可知，“篪”后来多用作竹管乐器，本义就逐渐消失了。

释义：“篪”在《诗经》中使用2处，无迭用。

一种竹管乐器。由其材料制成乐器

引申。此种用法有2（雅2）处："仲氏吹篪"（《小雅·何人斯》）；"如埙如篪"（《大雅·板》）。

坻 音【chí、dǐ】

古形【小篆】

"坻"由"土"和"氐"组成。"氐"，《说文·氐部》："氐。至也。从氐下箸一。一，地也。"意思是说"'氐'是'抵达'的意思，由'氐'下附着'一'会意，'一'表示地"。"氐"和"土"组合成"坻"，表示"抵达有土地的地方"。《尔雅·释水》："水中可居者曰洲，小洲曰陼，小陼曰沚，小沚曰坻。人所为为潏。"意思是说：江（河）水中间可以住人的地块称"洲"，小洲称"陼"，次之称"沚"，再次称"坻"，人工堆砌的称为"潏"。水抵达自然形成的河中非常小的地块就叫"坻"。

释义："坻"在《诗经》中使用1处，无迭用。

水中的小地块。此种用法有1处："宛在水中坻"（《秦风·蒹葭》）。

尺 音【chǐ】

古形【小篆】

"尺"由"尸"和"乙"组成。"尸"相当于人体，"乙"像人可以弯曲的手臂。《说文·尺部》："尺，十寸也。人手却十分动脉为寸口。十寸为尺。尺，所以指尺规矩事也。"意思是说：尺，十寸。人手（臂）后退十分，到动脉之处，就是寸口（这段距离有十寸）。十寸是一尺。尺，是用来标明方圆一类事物的标准。

释义："尺"在《诗经》中使用1处，无迭用。

度量（尺寸）。由名词动用引申。此种用法有1处："是寻是尺"（《鲁颂·閟宫》）。

齿 音【chǐ】

古形【甲 金 小篆】

"齿"，甲骨文字形像口腔里的上下两排牙齿，到了金文加了一个声符"止"。古人对牙齿有明确的区别：齿指门齿，即前面的上下两排门牙；牙指的是口腔后部的槽牙。因此后来的声符"止"又可以理解为"齿"仅指口张开露出来的那部分牙。口语中牙、齿一般通用。

释义："齿"在《诗经》中使用4处，无迭用。

牙齿。此种用法有4（风2；颂2）处，如："相鼠有齿"（《鄘风·相鼠》）；"黄发儿齿"（《鲁颂·閟宫》）。

侈 音【chǐ】

古形【小篆】

"侈"由"亻（人）"和"多"组成。"多"有"重复"之意。"亻（人）""重复（多）"使用同一资源是一种浪费，就是"侈"。

释义："侈"在《诗经》中使用1处，无迭用。

大、张大。由数量之多引申。此种

用法有1处："哆兮侈兮"（《小雅·巷伯》）。

哆　音【chǐ、duō】

古形【金 小篆 】

"哆"由"口"和"多"组成。《说文·口部》："哆，张口也。"从字形看，"哆"右边的"多"字有"重复"的意思，口重复应该是一张一合，似是咀嚼食物。《说文》说的"张口"，只是咀嚼食物过程中口的一半形态，应该是"咀嚼"的引申义。"哆"后来同"嗦"组合成"哆嗦"，也因为"口"重复（多）抖动的缘故。

释义："哆"在《诗经》中使用1处，无迭用。

张口。由咀嚼过程中口的部分形态引申。此种用法有1处："哆兮侈兮"（《小雅·巷伯》）。

耻(恥)　音【chǐ】

古形【金 小篆 】

古文字形"恥（耻）"由"耳"和"心"组成（篆书" "承续金文字形。隶变以后误将" （心）"写成" （止）"）。"耳"表示"耳听批评"；"心"表示"内心羞愧"。在古人看来，耳和心都是人体的敏感器官，能明辨是非。

释义："耻"在《诗经》中使用2处，无迭用。

（心感）耻辱。此种用法有2（雅2）处，如："维罍之耻"（《小雅·蓼莪》）。

扡　音【chǐ】

古形【小篆 】

元·熊忠《古今韵会举要》："《说文》引《诗》汉五经本作'杝'，今文《毛诗》陆德明所定作'扡'，音异字异而义实同。"可知"扡""杝"本为一字。后人析"杝"，义多为"随其理"，即随着木柴的纹理。《说文·木部》："杝，落也。"《段注》认为"落、杝、篱"三字同，"篱"即"离"字。随着"杝"定为"扡"，就有了"随着纹理剖开"的意思。从"杝"之字形看，由"木"和"也"组成。"也"，金文写作" "，《说文·乁部》："也，女阴也。"" （也）"字古字形或和木之年轮纹理相似，故有"纹理"之说，"杝"即"木之纹理"。今文《毛诗》将"杝"定作"扡"，应从"析薪扡矣"而来，即析薪用手，故为"扌（手）"部。然"扡"解释成"随着纹理剖开"，从全诗看，意义似有重复之嫌。故还其本字"杝"的"木之纹理"之义为妥。

释义："扡"在《诗经》中使用1处，无迭用。

木之纹理。此种用法有1处："析薪扡矣"（《小雅·小弁》）。

赤　音【chì】

古形【甲 金 小篆 】

"赤"，甲骨文写作" "，有认为上为"大（人）"，下为"火"，人放在火

上烤，烤得红通通的颜色就是“赤”。此说似悖常理。《说文·赤部》：“烾（赤），古文从炎土。”

我国的制陶技术可以追溯到新石器时代，古有“神农耕而作陶”的传说。制作陶器，首先是淘洗陶土，再制作陶坯，最后一道工序就是用火烧制陶坯，这是制陶的关键环节，“烾”表示的就是这个环节，代表制陶。“烾”作“赤”，是省略了一个“火”字的写法，表示“用火烧土坯”即制作陶器。

释义：“赤”在《诗经》中使用7处，无迭用。

赤色（比朱红稍暗的颜色，泛指红色）。由陶器烧制成品后的颜色引申。此种用法有7（风3；雅4）处，如：“莫赤匪狐”（《邶风·北风》）；“赤芾金舄”（《小雅·车攻》）。

饬(飭)　音【chì】

古形【小篆飭】

“饬”由“食（饣）”“人”和“力”组成。“食”指的是“粮食”。《说文·力部》：“饬，致坚也。”所谓“致坚”，就是“通过人力整治使之坚牢”。

俗话说“民以食为天”，休整队伍，想要其坚牢，光靠人力、命令还不够，还要以“食”为保障。行政命令加之物质保障，是修整队伍的必备要素，这就是“饬”要告诉我们的道理。

释义：“饬”在《诗经》中使用1处，无迭用。

修整。此种用法有1处：“戎车既饬”（《小雅·六月》）。

敕(勅、勑)　音【chì】

古形【小篆敕】

《说文·攴部》：“敕，戒也。臿地曰敕。”即在地里插上一块木牌叫“敕”，以示告诫。后来“敕”多用于帝王的诏书、告诫。诏书一般是卷成一束，由宣诏人展开宣读。诏书上的内容被视为圣旨，不容违背。从“敕”之字形看，“束”像捆扎的物体；“攵”，小篆写作“攴”，像手持物体作敲击状，表示命令。所以“敕”由“束”和“攵”组成。

释义：“敕”在《诗经》中使用1处，无迭用。

告诫、整饬。此种用法有1处：“既匡既敕”（《小雅·楚茨》）。

炽(熾)　音【chì】

古形【小篆熾】

“熾（炽）”由“火”和“戠”组成。“戠”由“音”和“戈”组成，“音”指古代军阵操练时发出的声音，“戈”指拿着武器参加操练的军士。“火”与“戠”组合，表示“夜晚打着火炬进行军阵操练”。《说文·火部》：“熾，盛也。”即（火）旺盛，应该是“熾”的引申义。“熾”作“炽”，也可看作“只见火把的操练”。

释义：“炽”在《诗经》中使用1处，无迭用。

盛大、旺盛。由操练场面引申。此种用法有1处：“玁狁孔炽”（《小雅·六月》）。

饎(糦) 音【chì、xī】

古形【小篆】

饎和糦可以视作两个字。

《说文·食部》："饎，酒食也。"《段注》："酒食者，可喜之物也，故其字从食喜。"从字形看，"饎"由"食"和"喜"组成。"食"指酒食，"喜"有喜好、快乐的意思，组合在一起表示食可使人快乐。

"糦"指古代大祭时供奉的酒食。从字形看，"糦"由"米"和"喜"组成。"米"指酒食；"喜"有"喜庆、吉庆"的意思，古大祭前都要选择吉日，斋戒沐浴，"喜"同"米"组合或表示吉庆之酒食。在祭祀之"酒食"这个意义上，"糦"和"饎"是一样的。

释义："饎"在《诗经》中使用3处，无迭用。

酒食。此种用法有3（雅2；颂1）处，如："吉蠲为饎"（《小雅·天保》）；"可以餴饎"（《大雅·泂酌》）；"大糦是承"（《商颂·玄鸟》）。

冲(沖、衝) 音【chōng、chòng】

古形【小篆】

"冲"疑是"沖"和"衝"两字合并后的简化字。"沖"金文写作" "，像（泉）水在河中喷涌摇曳流动状。《说文·水部》："沖，涌摇也。"说的就是这个意思。

"衝"由"行"和"重"组成。"行"即"行走"；"重"有"重叠"之意。《说文·行部》："衝，通道也。"意思是四通八达（畅通）的道路，也就是可供行走的交叉（重叠）路口，即十字路口。古"衝"字由"行"和"童"组成，孩童走路从来都不是四平八稳的，总是猛打猛冲，因此，又可视为形容幼童行路之状。

释义："冲"在《诗经》中使用5处7次，2处迭用。

1.（衝）冲锋陷阵。由道路畅通可以猛打猛冲引申。此种用法有3（雅3）处，如："临冲茀茀"（《大雅·皇矣》）。

2.（迭用）形容闪光的样子。由喷涌的水在阳光照耀下闪光的样子引申。此种用法有1处2次："鞗革冲冲"（《小雅·蓼萧》）。

3. 借作声音。此种用法有1处2次："二之日凿冰冲冲"（《豳风·七月》）。

充 音【chōng】

古形【小篆】

从小篆字形看，" "的上部是一个倒写的" （子）"字（像一个刚出生的婴儿状），下面是一个"儿（人）"字，组合在一起表示"把婴儿养育成人"。《说文·儿（人）部》："充，长也，高也。"表达的就是使婴儿长大、长高的意思。

释义："充"在《诗经》中使用7处，无迭用。

1. 填满、装满。由养育婴儿要满足其需要引申。此种用法有6（风5；雅1）处，如："褎如充耳"（《邶风·旄丘》）；"充耳琇实"（《小雅·都人士》）（充耳：古代贵族冠冕两旁以丝悬玉或象牙，下垂至耳，用以塞耳避听，叫做充耳）。

2.借作人名。此种用法有1处：“不见子充”（《郑风·山有扶苏》）。

忡　音【chōng】

古形【小篆】

“忡”由“忄（心）”和“中”组成。《说文·心部》：“忡，忧也。”意思是“忧虑、忧愁”。安子介《解开汉字之谜》：“忡，正悬挂在一个人‘心’的‘中’间。”说明“忧愁”的样子是由人的心中生成发出的。

释义：“忡”在《诗经》中使用3处5次，2处迭用。

忧愁、（迭用）表示忧虑不安的样子。此种用法有3（风2；雅1）处5次，如：“忧心有忡”（《邶风·击鼓》）；“忧心忡忡”（《小雅·出车》）。

舂　音【chōng】

古形【甲金小篆】

从古字形看，“舂”，甲骨文写作“”，像双手持杵捣向臼中。“臼”，小篆写作“”，形状像一个舂米的器具。《说文·臼部》：“臼，舂也。古者掘地为臼，其后穿木石。象形。中，米也。”意思是说：臼是舂米的器具，古时候人们在地上掘个坎为臼，后来挖穿木头或石头作臼，“U”像臼形，中间表示米。

舂米就是把打下的谷子放到一种器具（臼）里，用杵反复去捣，将谷子的壳去掉。壳即米糠，去掉壳的谷子便是米。《说文·臼部》：“舂，捣粟也。”即在臼中舂捣谷物。

释义：“舂”在《诗经》中使用1处，无迭用。

舂捣谷物。此种用法有1处：“或舂或揄”（《大雅·生民》）。

虫（蟲）　音【chóng】

古形【甲金小篆】

“虫”，甲骨文写作“”，像头尖身长的爬行动物，即“蛇”的本字，后本义消失。小篆的“虫”字作“蟲”，由三条“虫”字组成。《说文·蟲部》：“蟲，有足谓之蟲，无足谓之豸。”即指动物的总名。

《段注》：“蟲者，蠉动之总名。”王筠《说文释例》：“小蟲多类聚，故三之以象其多。”后三虫简化为一虫，意义缩小，多指昆虫纲动物。

释义：“虫”在《诗经》中使用6处7次，1处迭用。

1.动物。此种用法有1处：“肇允彼桃虫”（《周颂·小毖》）。

2.昆虫。由动物意义缩小引申。此种用法有4（风2；雅2）处，如：“虫飞薨薨”（《齐风·鸡鸣》）；“喓喓草虫”（《小雅·出车》）。

3.通“爞”，爞爞，热气熏蒸貌。此种用法有1处2次：“蕴隆虫虫”（《大雅·云汉》）。

崇　音【chóng】

古形【小篆】

“崇”由“山”和“宗”组成。“山”，甲骨文写作“”，像山形。“宗”有“先人（辈分高）”之义，同“山”组合表示像山一样高大（有说山高大）。《说文·山部》：“崇，嵬高也。”意即“高大而不平凡”。

释义：“崇”在《诗经》中使用10处，无迭用。

1. 高大（而不平凡）。此种用法有1处：“其崇如墉”（《周颂·良耜》）。

2. 尊敬。由高大而不平凡的品质理应受到尊重引申。此种用法有1处：“维王其崇之”（《周颂·烈文》）。

3. 积累、增多。由高大而不平凡的品质靠平时的累积引申。此种用法有1处：“福禄来崇”（《大雅·凫鹥》）。

4. 终了。由高大到不可超越引申。此种用法有2（风2）处，如：“崇朝其雨”（《鄘风·蝃蝀》）。

5. 借为国（邑）名。此种用法有4（雅4）处，如：“崇墉仡仡”（《大雅·皇矣》）。

6. 乐架上锯齿状物体（可视为借用，也可理解为“不平”的引申用法）。此种用法有1处：“崇牙树羽”（《周颂·有瞽》）。

重　音【chóng、zhòng】

古形【金小篆】

“重”，金文由“人”和“東”组成。“東”，甲骨文写作“”，像一个装满东西，两头扎紧的口袋。人背着装满东西的口袋就是“重”，本义表示分量大。或因这种繁重的劳动经常重复进行，所以“重（音chóng）”又有了“重复”等意思。《说文·重部》：“重，厚也。”厚由叠加而成，或又由此而生“重叠、重复”之意。

释义：“重”在《诗经》中使用9处，无迭用。

1. 双、两。由重复之义引申。此种用法有6（风5；颂1）处，如：“倚重较兮”（《卫风·淇奥》）；“二矛重弓”（《鲁颂·閟宫》）。

2. 劳累、痛苦。由重复劳动引申。此种用法有1处：“只自重兮”（《小雅·无将大车》）。

3. 通穜，先种后熟的农作物（一说借作谷名，疑似秫，即今称高粱）。此种用法有2（风1；颂1）处：“黍稷重穋”（《豳风·七月》）；“黍稷重穋”（《鲁颂·閟宫》）。

抽　音【chōu】

古形【小篆】

“抽”由“扌（手）”和“由”组成。“由”有“自、从”的意思。用手从事物中取出就是“抽”。《说文·手部》：“抽，引也。”即拉引。

释义：“抽”在《诗经》中使用2处，无迭用。

拉引、拔、除。此种用法有2（风1；雅1）处：“左旋右抽”（《郑风·清人》）；“言抽其棘”（《小雅·楚茨》）。

瘳　音【chōu、lù】

古形【小篆】

"瘳"由"疒"和"翏"组成。"疒"表示疾病。"翏"有鸟儿飞走的意思（《说文·羽部》："翏，高飞也。"）。"疒"和"翏"组合，表示疾病飞走了即病好了。

释义："瘳"在《诗经》中使用2处，无迭用。

病愈、病好了。此种用法有2（风1；雅1）处："云胡不瘳"（《郑风·风雨》）；"靡有夷瘳"（《大雅·瞻卬》）。

仇(讎)　音【chóu qiú】

古形【小篆】

"仇"和"讎"古为两个字。

"仇"由"亻（人）"和"九"组成。《说文·九部》："九，阳之变也。"清饶炯《部首订》："夫九为老阳，乃数之终，凡数穷则变。"可知古人视"九"为最大的数字（个位数），有长久意，再大则变。同"人"组合表示伴侣，有长久陪伴的意思。伴侣也有爱、怨之分，佳偶曰妃，怨偶曰仇之说。

故有"讎"由"讠（言）"和"雔"组成。《说文·雔部》："雔，双鸟也。"双鸟对言就是"讎"，表示应答。后"讎"简化为"仇"，意也通"仇"。

释义："仇（讎）"在《诗经》中使用8处9次，1处迭用。

1. 伴侣。此种用法有3（风1；雅2）处，如："公侯好仇"（《周南·兔罝》）；"宾载手仇"（《小雅·宾之初筵》）。

2. 对答。此种用法有1处："无言不仇"（《大雅·抑》）。

3. 敌人。由"怨偶为仇"引申。此种用法有3（风2；雅1）处："反以我为仇"（《邶风·谷风》）；"大邦为仇"（《小雅·采芑》）。

4. 通"执"，迭用表示"缓缓"。此种用法有1处："执我仇仇"（《小雅·正月》）。

绸(綢)　音【chóu】

古形【金小篆】

"绸"由"糸"和"周"组成。"糸"，小篆写成"糸"，《说文·糸部》："糸，细丝也。像束丝之形。"所谓束丝，如字形所示，即多根细丝缠绕在一起。所以"糸"有"缠绕"的意思。"周"有"环绕"意，同"系"合在一起表示"捆束、缠绕"。

释义："绸"在《诗经》中使用5处，无迭用。

1. 捆束、缠绕。此种用法有4处（风4），如："绸缪牖户"（《豳风·鸱鸮》）。

2. 致密。由系丝多而密引申。此种用法有1处："绸直如发"（《小雅·都人士》）。

裯　音【chóu】

古形【小篆】

"裯"由"衤（衣）"和"周"组成。"衣"为"蔽体"之物，"周"有"遍、全"的意思。"裯"，《康熙字典》引《類篇》曰："被也"。"衣"和"周"组合，就指的是这种能遮蔽全身的床上之物。

释义：“裯”在《诗经》中使用1处，无迭用。

被。此种用法有1处：“抱衾与裯”（《召南·小星》）。

酬（醻、酧） 音【chóu】

古形【金小篆】

“酬”由“酉”和“州”组成。“酉”，甲骨文写作“”，郭沫若在《甲骨文字研究》中说“乃壶尊之象”。《说文·酉部》：“酉，就也。八月，黍成，可为酎酒。”因此，“酉”之字形，可视为酒器，在“酬”中指“酒”。“州”为“水中（边）可居之地”。远古人类防御洪水灭顶之灾的唯一办法是居住在台地、高地上，用水需要肩扛手抬，很不方便。后来发明了筑城技术，就下到低地，靠近河流居住，这种可以居住的地方就叫“州”，是为了就近取用河水。有了“州”，人们就可以不限量地用水。

“酉”和“州”组合，表示可以不限量饮酒，即开怀畅饮。

释义：“酬”在《诗经》中使用6处，无迭用。

1. 开怀畅饮（酒）。此种用法有4（雅4）处，如：“一朝酬之”（《小雅·彤弓》）。

2. 回敬、回报。由劝酒有来有往引申。此种用法有2（雅2）处，如：“如相酬矣”（《小雅·节南山》）。

丑（醜、䰩） 音【chǒu】

古形【甲金小篆】

“丑”，繁体作“醜”，由“酉”和“鬼”组成。“酉”金文像个酒器之形，从“酉”的字多与酒有关，同“鬼”组合有“酒鬼”之意。一个人成了酒鬼，做出来的事情多使人生厌，所以《说文·鬼部》云：“醜，可恶也。”

在古代，“醜”和“丑”是两个字，意义各不相同，除作地支和时辰用“丑”以外，都不能写作“丑”。现在“醜”字简化为“丑”，字形通用。

释义：“丑”在《诗经》中使用10处，无迭用。

可恶、可恶之人。此种用法有10（风2；雅7；颂1）处，如：“言之丑也”（《鄘风·墙有茨》）；“执讯获丑”（《小雅·出车》）；“屈此群丑”（《鲁颂·泮水》）。

臭 音【chòu、xiù】

古形【小篆】

“臭”由“自”和“犬”组成。“自”，甲骨文写作“”，像鼻子的简单图形，本意就是“鼻子”。“犬”，甲骨文写作“”，像狗形。狗鼻子特别灵，“臭”就表示闻气味（后来写作“嗅”）。《说文·犬部》：“臭，禽走，臭而知其迹者，犬也。”意思就是说“狗能辨识出禽兽走后留下的气味”。

释义：“臭”在《诗经》中使用2处，无迭用。

气味。由本义缩小引申。此种用法有2（雅2）处，如：“无声无臭”（《大雅·文王》）。

出 音【chū】

古形【甲 金 小篆 】

“出”由“止”和“凵”组成。“止”像脚形，“凵”像洞口。上古人多为穴居，从甲骨文“出（出）”的字形看，很像一只脚迈出洞口的样子。《说文·出部》：“出，进也。像艸木益滋，上出达也。”许慎将“出”解释成“艸木向上长进”。近代李孝定《甲骨文字集释》在释“出”时说：“古人有穴居者，故从止从凵，而以止之向背别出入也。”或可视为“出”之字形正解。

释义：“出”在《诗经》中使用46处，无迭用。

1.（人）出来、出行。此种用法有23（风7；雅16）处，如：“驾言出游”（《邶风·泉水》）；“覆出为恶”（《小雅·雨无正》）。

2.（物）出现、出动。由人出外引申。此种用法有15（风9；雅6）处，如：“出自东方”（《邶风·日月》）；“出自幽谷”（《小雅·伐木》）。

3.说出、流出。由人外出引申。此种用法有8（雅8）处，如：“匪舌是出”（《小雅·雨无正》）。

初 音【chū】

古形【金 小篆 】

“初”由“衤（衣）”和“刀”组成，表示做衣服由裁剪开始。《说文·刀部》：“初，始也。从刀从衣。裁衣之始也。”其中“始”意由“裁衣之始”引申而来。

释义：“初”在《诗经》中使用11处，无迭用。

开始、开头。由裁衣之始引申。此种用法有11（风3；雅8）处，如：“我生之初”3句（《王风·有兔爰爰》）；“二月初吉”（《小雅·小明》）（初吉：指农历每月初一至初七、八日；有说初一至初十，又称朔日）。

樗 音【chū】

古形【小篆 】

“樗”又作“樗”，由“木”和“雩”组成。《说文·虍部》：“雩，哮雩也。”意即老虎发威作恶伤人前的吼叫声。“雩”和“木”组合，表示这是一种不招人喜欢的树。《说文·木部》：“樗，木也。”《玉篇》称其为“恶木”。

“樗”是一种树的名称，形似椿。因其叶臭，故又名臭椿。

释义：“樗”在《诗经》中使用2处，无迭用。

树名。此种用法有2（风1；雅1）处：“采荼薪樗”（《豳风·七月》）；“蔽芾其樗”（《小雅·我行其野》）。

刍(芻) 音【chú】

古形【甲 小篆 】

从甲骨文字形看，“ （芻）”像手割草包束之形。《说文·艸部》：“芻，刈艸也。像包束艸之形。”字形本义是割草。

释义：“刍”在《诗经》中使用3处，

无迭用。

1.割草（人）。此种用法有1处："询于刍荛"（《大雅·板》）。

2.（喂牲口的）草。由割下的草用来喂牲口引申。此种用法有2（风1；雅1）处："绸缪束刍"（《唐风·绸缪》）；"生刍一束"（《小雅·白驹》）。

除　音【chú】

古形【小篆除】

"除"由"阝（阜）"和"余"组成。"阜"指又高又平的土坡。《说文·阜部》："除，殿陛也。从阜，余声。"即"除"有"宫殿台阶"的意思。朱骏声《说文通训定声》曰："阶级（台阶）如山石之高下，故从阜。""余"，《说文·八部》："余，语之舒也。"即是一个表示语气舒缓的助词，没有实义，可视为多余的。同"阜"组合，表示"建造台阶的附加或多余部分"（如为方便施工而修筑的临时性土石阶或剩余的土石垃圾等），这些附加或杂物，在台阶修筑好以后都是要清理干净的，所以"除"又有"清除、去除"等引申义。

释义："除"在《诗经》中使用4处，无迭用。

1.去除。由台阶建好后清理杂物引申。此种用法有3（风1；雅2）处，如："日月其除"（《唐风·蟋蟀》）；"日月方除"（《小雅·小明》）。

2.给予、赐予。由去旧迎新引申。此种用法有1处："何福不除"（《小雅·天保》）。

篨　音【chú】

古形【小篆篨】

"篨"由"竹"和"除"组成。《说文·竹部》："篨，籧篨也。"所谓"籧篨"，《说文》谓之"粗竹席也"。所以"篨"为"竹"部。这种竹席，多不用在常规之处。《晋书·皇甫谧传》："以籧篨裹尸，麻约二头，置尸床上。"又《隋书·刑法志》："（齐文帝）尝幸金凤台受佛戒，多召死囚，编籧篨为翅，命之飞下，谓之放生。坠皆致死，帝视之为欢笑。"前者裹尸，后者处死囚犯均以籧篨为之。"除"有"去掉"的意思，同"竹"组合有"同这种竹席为伴的将会是被除掉"的意思。

释义："篨"在《诗经》中使用2处，无迭用。

（籧篨）粗竹席。此种用法有2（风2）处："籧篨不鲜""籧篨不殄"（《邶风·新台》）。

蹰　音【chú】

古形【小篆躇】

"蹰"，小篆作"躇（躇）"。《说文·足部》："躇，峙躇，不前也。"朱骏声《说文通训定声》："按：峙躇，双声连语。犹豫、从容、徘徊、踯躅之皃。"毛诗写作"踟蹰"。从字形看，"躇"由"足"和"屠"组成，"屠"有"宰杀、杀戮"的意思。"杀戮"之前"驻足"先想一想就是"躇"。所以"峙躇（踟蹰）"有"犹豫不前"的意思（同见

‘踟’条）。“躕”作“蹰”，由“足”和“厨”组成。“厨”是加工食品的地方，古代加工食品又叫“烹饪”，是古代社会中最为复杂的技术性劳动之一，这种技术主要是“父子传承”或“师徒传承”，非一般人可以学得的，所以“蹰”也可以理解成停“足”厨前。

释义：“蹰”在《诗经》中使用1处，无迭用。

（踟蹰）犹豫不前。此种用法有1处：“搔首踟蹰”（《邶风·静女》）。

楚(楚)　音【chǔ】

古形【甲 金 小篆 】

《说文·林部》：“楚，丛木。一名荆也。”意思是“楚”是一种丛生的树木，另一个名称叫荆树。从“楚”的甲骨文字形看，上面是个“ （林，即丛生的树木）”，下面像“ （足）”，合在一起表示“丛生能阻挡脚行走的树木”，意思是丛生的灌木，又叫荆，即俗称的“荆条”。

释义：“楚”在《诗经》中使用18处20次，2处迭用。

1. 丛生的灌木（荆）。此种用法有6（风6）处，如：“言刈其楚”（《周南·汉广》）。

2. 行列清晰。由荆丛生状引申。此种用法有1处：“笾豆有楚”（《小雅·宾之初筵》）。

3. 叠用形容状态。此种用法有2（风1；雅1）处4次，如：“衣裳楚楚”（《曹风·蜉蝣》）（形容鲜明整洁）；“楚楚者茨”（《小雅·楚茨》）（形容植物丛生）。

4. 借用似荆的植物（苌楚：杨桃树）。此种用法有3（风3）处：“隰有苌楚”3句（《桧风·隰有苌楚》）。

5. 借作地名、国名。此种用法有6（风4；颂2）处，如：“作于楚宫（《鄘风·定之方中》）；“奋伐荆楚”（《商颂·殷武》）。

处(處、處)　音【chǔ、chù】

古形【金 小篆 】

从金文字形看，“ ”像一个人头戴帽子坐在一张凳子（几）上，看样子是出外回家在休息。《说文·几部》：“处，止也。得几而止。”止息是字形本义。

释义：“处”在《诗经》中使用24处25次，1处迭用。

1. 止息。此种用法有2（雅2）处：“公尸来燕来处”（《大雅·凫鹥》）；“不留不处”（《大雅·常武》）。

2. 居住、住所。由止息之地适合居住引申。此种用法有18（风9；雅9）处，1处迭用，如：“莫敢遑处”（《召南·殷其雷》）；“是以有誉处兮”（《小雅·裳裳者华》）；“于时处处”（《大雅·公刘》）（迭用指许多人居住）。

3. 相伴、相处。由同住之人互相陪伴引申。此种用法有4（风1；雅3）处，如：“逝不古处”（《邶风·日月》）；“不可与处”（《小雅·黄鸟》）。

俶　音【chù】

古形【小篆 】

“俶”由“亻（人）”和“叔”组成。其中“叔”由“尗”和“又（手）”组成，“尗”，《说文·尗部》说其是“豆也。（字形）象尗豆生之形也。”（徐锴《系传》：豆性引蔓，故从丨；有歧枝，非从上下之上也。故曰象尗生形。小象根也。）同“又（手）”组合成“叔”，有“拾豆”之义。“拾豆”本为善举。“叔”同“人”组合即有“善人”之义。善良是生命里最原始的部分，人总是带着厚道、关怀体贴的善心来到世上的，即常言所云“人之初，性本善”，由此“俶”又引申为开始

释义：“俶”在《诗经》中使用5处，无迭用。

1. 善良、厚道。此种用法有1处：“令终有俶”（《大雅·既醉》）。

2. 开始。由人之善良为初始本性引申。此种用法有4（雅1；颂3）处，如：“俶载南亩”（《小雅·大田》）（此言起土，种地之始。下同）；“俶载南亩”（《周颂·载芟》）。

畜　音【chù、xù】

古形【甲 金 小篆 】

从甲骨文字形看，“ ”的上部像绳子，下部像田地，田地中间的小点代表小草。古人田猎，获得禽兽，吃不完的，用绳子系养在田间就是“畜”。这是人类开始圈养的标志。古人所说的畜，多指马、牛、羊、豕、犬、鸡等六畜。

释义：“畜”在《诗经》中使用5处，无迭用。

泛指养、养育。由圈养禽兽引申。此种用法有5（风1；雅4）处，如：“畜我不卒”（《邶风·日月》）；“以畜万邦”（《小雅·节南山》）。

川　音【chuān】

古形【甲 金 小篆 】

从甲骨文字形看，“川”像河流的简单图形，中间的是水流，两边是河岸。《说文·川部》：“川，贯穿通流水也。”即能贯穿通流水的地方就是“川”，一般多指山地水道。

释义：“川”在《诗经》中使用8处，无迭用。

水流通过的地方（河流、水道）。此种用法有8（雅7；颂1）处，如：“如川之方至”（《小雅·天保》）；“锡之山川”（《鲁颂·閟宫》）。

穿　音【chuān】

古形【小篆 】

“穿”由“穴”和“牙”组成。“穴”有“地洞”的意思；“牙”是“牙齿”，这里指野兽的犬齿。“穴”和“牙”组合成“穿”，表示“野兽用犬齿挖掘洞穴”，有“凿通、穿透”的意思。

释义：“穿”在《诗经》中使用2处，无迭用。

凿通、穿透。此种用法有2（风2）处，如：“何以穿我墉”（《召南·行露》）。

遄　音【chuán】

古形【金 小篆 】

“遄”由“辶”和“耑”组成。“辶”表示行走，“耑”，金文写作“”，《说文·耑部》：“耑，物初生之题也。上像生形，下像其根也。”意思是“耑”指的是初生植物的顶部，字形上面部分像其生长的形状，下面像植物的根。初生植物顶部的嫩芽生长速度是很快的，所以“耑”和“辶”组合成“遄”就有“快、迅速”行走的意思。

释义：“遄”在《诗经》中使用6处，无迭用。

快、迅速。此种用法有6（风2；雅）处，如：“遄臻于卫”（《邶风·泉水》）；“乱庶遄已”（《小雅·巧言》）。

串　音【chuàn、guàn】

古形【小篆】

从字形看，“串”是用“丨”把两个东西串在一起，使其贯连起来，本义就是“连贯”。

释义：“串”在《诗经》中使用1处，无迭用。

借为族名，此种用法有1处：“串夷载路”（《大雅·皇矣》）（串guàn夷即混夷，亦即犬戎）。

床(牀)　音【chuáng】

古形【小篆】

在古代，床是供人坐卧的器具，与今天只用作睡卧的床不同。《说文·木部》：“床，安身之坐者。”安身，指使身体安稳的意思。从小篆字形看，“牀”字由“爿”和“木”组成。“爿”像一个坐卧的器具，“木”表示这个器具用木制成。

释义：“床”在《诗经》中使用3处，无迭用。

（坐）卧具。此种用法有3（风1；雅2）处，如：“入我床下”（《豳风·七月》）；“载寝之床”（《小雅·斯干》）。

吹　音【chuī】

古形【甲金小篆】

“吹”由“口”和“欠”组成。“口”表示张口，“欠”，甲骨文写作“”，像一个人跪坐着张嘴打哈欠。《说文·口部》：“吹，嘘也。”撮起嘴唇吐气就是“吹”。打哈欠的过程是先吸气再吐气，所以吹前应该先吸足气然后再吐气。

释义：“吹”在《诗经》中使用7处，无迭用。

1. 吹（奏）。此种用法有4（雅4）处，如：“鼓瑟吹笙”（《小雅·鹿鸣》）。

2. 吹拂。由人吹引申。此种用法有3（风3）处，如：“吹彼棘心”（《邶风·凯风》）。

垂　音【chuí】

古形【金小篆】

“垂”由“土”和“𠂹”组成，“土”表示土地；“𠂹”像土地上长出草木花叶下垂的样子。本义就是下垂。《说文·土部》：“垂，远边也。”意思是遥远的边界。古时戍边，人们常在边境上栽种植

物，“花叶下垂”，是边境上的一道风景，“远边”是“垂”的引申义。

释义：“垂”在《诗经》中使用5处，无迭用。

下垂、垂挂。此种用法有5（风3；雅2）处，如：“垂带悸兮”（《卫风·芄兰》）；“垂带而厉”（《小雅·都人士》）。

春　音【chūn】

古形【甲 金 小篆 】

从甲骨文“ （春）”字形看，左边上下是草，中间是日，右边是个“屯”字。“屯”，金文写作“ ”，像植物种子生根发芽。阳光明媚、草木发芽是春天的标志，所以《说文·艸部》云：“春，推也。”即“春天是推出万物”的季节。

释义：“春”在《诗经》中使用7处，无迭用。

1. 春季（四季之始）、春天。此种用法有6（风3；雅1；颂2）处，如：“春日载阳”（《豳风·七月》）；“春日迟迟”（《小雅·出车》）；“维莫之春”（《周颂·臣工》）。

2. 春情。由春天容易萌发异样情感（或春天给人以温馨）引申。此种用法有1处：“有女怀春”（《召南·野有死麋》）。

纯　音【chún】

古形【金 小篆 】

“纯”由“糸”和“屯”组成。“糸”小篆写成“ ”，像缠绕的丝；“屯”，金文写作“ ”，像植物生根发芽，同“糸”组合成“纯”，表示这是一种原生态的捆扎打包在一起的丝。《说文·糸部》：“纯，丝也。”指的应该就是这种丝，有说是蚕丝。

释义：“纯”在《诗经》中使用7处，无迭用。

1. 捆扎。由丝捆扎打包状引申。此种用法有1处：“白茅纯束”（《召南·野有死麇》）。

2. 大。由打包后之体积或原生态之品质无可比拟引申。此种用法有6（雅2；颂4）处，如：“纯嘏尔常矣”（《大雅·卷阿》）；“文王之德之纯”（《周颂·维天之命》）。

犉　音【chún、rún】

古形【小篆 】

“犉”由“牛”和“享”组成。“牛”，甲骨文写作“ ”，像牛头之简单图形，表示“犉”是一头牛。“享”，小篆写作“ ”，《说文·亯部》：“亯（享），献也。”古人祭祀祖先或鬼神，总要在供桌上敬献一些牛羊肉等熟食，供鬼神、先人享用，所以“享”字小篆还有一种写法“ ”，即在“亯”字下面加个“羊”字，表示羊也可以做祭品。

古人祭祀用牛非常讲究，除了毛色统一、犄角周正、身体没有任何损伤外，还要求体型高大。“犉”指的应该就是这种牛。

释义：“犉”在《诗经》中使用2处，无迭用。

（达到用作祭祀要求的）牛。此种用

法有2（雅1；颂1）处：“九十其犉”（《小雅·无羊》）；“杀时犉牡”（《周颂·良耜》）。

鹑(鶉) 音【chún】

古形【小篆】

鹑，鹌鹑的简称，古称羽毛无斑者为鹌，有斑者为鹑。后混称为鹌鹑。欧洲、亚洲和非洲的一种迁徙性雉类猎鸟，约18厘米长，上部棕黑色而有皮黄斑点，喉部呈黑白二色，腹部呈白色。目前，野生鹌鹑是省级保护动物。

“鹑”由“享”和“鸟”组成。“享”有祭祀食品可以享用的意思。鸟虽然不属祭品，但可以食用。“鹑”就表示可以享用的鸟。

释义：“鹑”在《诗经》中使用4处，无迭用。

1. 鹌鹑。此种用法有3（风3）处，如：“胡瞻尔庭有县鹑兮”（《魏风·伐檀》）。

2. 通“鷻”，猛禽名，即雕。此种用法有1处：“匪鹑匪鸢”（《小雅·四月》）。

錞(镦) 音【chún】

古形【金小篆】

“錞”又称錞于，古代一种军乐器。字形左边是个“金”，表示这是一种金属（铜制）乐器，古籍记载其形如圆筒，上大下小，顶上多作虎形钮，可以悬挂，以物击之而鸣。常与鼓配合，用于战争中指挥进退。“錞”字右边的“享”，金文写作“”，就疑似这种乐器的简单图形。

释义：“錞”在《诗经》中使用1处，无迭用。

依附、依附物。由战争进退依附錞鼓指挥引申。此种用法有1处：“厹矛鋈錞”（《秦风·小戎》）。（注：錞为依附在矛戟柄下端的平底金属套。）

漘 音【chún】

古形【小篆】

“漘”由“氵（水）”和“脣”组成。《说文·肉部》：“脣，口耑也。”“口耑”即口的边缘，就是我们今天所说的“嘴唇”。“脣”和“水”组合成“漘”，表示水的边缘，即水边。

释义：“漘”在《诗经》中使用2处，无迭用。

河边、水边。此种用法有2（风2）处：“在河之漘”（《王风·葛藟》）；“置之河之漘兮”（《魏风·伐檀》）。

蠢 音【chǔn】

古形【小篆】

“蠢”由“春”和两个“虫”组成。《说文·䖵部》：“蠢，蟲动也。”春天到了，虫儿纷纷结束冬眠，开始出来活动进食，那种慢慢蠕动的样子，就是“蠢”。

释义：“蠢”在《诗经》中使用1处，无迭用。

虫蠕动貌。此种用法有1处：“蠢尔蛮荆”（《小雅·采芑》）。

绰(綽、繛)　音【chuò】

古形【金 小篆 】

“绰”，《说文》作“繛”，由“素”和“卓”组成。《说文·素部》：“素，白致缯也。”意思是“素”指的是白色而又细密的丝织品，在这里表示丝绸服饰(汉字演变“绰”归为“纟”部，也有丝织品的意思)。“卓”有“高大”的意思，“素”和“卓”组合，表示宽大的丝绸服饰，这种服饰有点像现在常见的婚纱。

释义：“绰”在《诗经》中使用2处3次，1处迭用。

1. 宽绰的样子。此种用法有1处，迭用：“绰绰有裕”（《小雅·角弓》）。

2. 舒缓。由服饰宽大轻柔引申，此种用法有1处：“宽兮绰兮”（《卫风·淇奥》）。

啜　音【chuò】

古形【小篆 】

“啜”由“口”和“叕”组成。《说文·叕部》：“叕，缀联也。象形。”即“叕”是个象形字，像物体收缩连接在一起的样子。“口”收缩就是“啜”。

释义：“啜”在《诗经》中使用1处，无迭用。

抽噎（人哭泣抽噎时要口鼻收缩）。此种用法有1处：“啜其泣矣”（《王风·中谷有蓷》）。

惙　音【chuò】

古形【小篆 】

“惙”由“忄（心）”和“叕”组成。“叕”有收紧相连的意思。“心”收紧（担忧）就是“惙”。

释义：“惙”在《诗经》中使用1处2次，迭用。

担忧。迭用表示忧虑不安貌。此种用法有1处2次：“忧心惙惙”（《召南·草虫》）。

玼　音【cī、cǐ】

古形【小篆 】

“玼”由“玉”和“此”组成。“玉”是一种“美石”，“此”有“人停止”的意思。一块玉石，吸引人驻足观赏，就是“玼”。“玼”用来形容玉之颜色鲜亮。

释义：“玼”在《诗经》中使用2处，无迭用。

玉色鲜亮。此种用法有2（风2）处，如：“玼兮玼兮”（《鄘风·君子偕老》）。

祠　音【cí】

古形【金 小篆 】

“祠”由“示”和“司”组成。“示”表示“祠”与“祖先、神灵”有关；“司”，甲骨文写作“ ”，由一个人和“口”组成，表示人开口说话。《说文·示部》：“春祭曰祠。品物少，多文词。”意思是：（周代）春天祭祀先祖或神灵叫祠，因为这种祭祀供奉的物品少而仪式文词（司）多。后来人们把族人供奉和祭祀祖先或先贤的场所也称作“祠”，即我们常说的祠堂。祠堂除了用于供奉和祭祀祖先以外，各房子孙平时有办理婚、丧、寿、喜等事时，便利用这些宽广的祠堂作为活动之用。另外，族亲们有时为了商议族内的重要事务，也利用祠堂作为会聚场所。所以“祠”右边的“司”又可以理解为用口发布命令。

释义：“祠”在《诗经》中使用1处，无迭用。

春祭。此种用法有1处：“禴祠烝尝”（《小雅·天保》）。

茨 音【cí】

古形【小篆 】

《说文·艸部》：“茨，以茅草盖屋。”古时盖屋，一般屋顶都铺以茅草，所以“茨”为“艸（草）部”，“次”有“次第”意，表示盖屋顶的茅草应顺次铺设。“茨”的本义就是指“用茅草盖屋顶”。

释义：“茨”在《诗经》中使用6处，无迭用。

1.依次堆积。由屋顶茅草铺设之状引申。此种用法有2（雅2）处：“如茨如梁”（《小雅·甫田》）。

2.借作草名。此种用法有4（风3；雅1）处：“墙有茨”3句（《鄘风·墙有茨》）；“楚楚者茨”（《小雅·楚茨》）。

辞(辭) 音【cí】

古形【金 小篆 】

金文“ ”由“ （𤔔）”和“ （司）”组成。《说文·𠬪部》：“𤔔，治也。幺子相乱，𠬪治之也。”意思是“小儿们相争斗，用两手分别治理他们”。

杨树达《集微居小学述林·释𤔔》：“糸古文作 ，𤔔字所从之幺，乃古文糸之省作。”“冖位幺字之中，盖像用器收丝之形。”又“𤔔从爪从又者，人以一手持丝，又一手持互（收丝之器）以收之，丝易乱，以互收之，则有条不紊，故字训治理也。”此训更接近字形意义。无论治人还是治丝，“𤔔”有治理的意思。徐灏《段注笺》：“（𤔔）都有乱义，亦有治义。就其体言，则乱也；言其用，则治也。”《说文·司部》：“司，臣司事于外者。”即在外办事的官员。“𤔔”与“司”组合，即有官员治（乱）争之义。（《说文》的“𤔔”训治理小儿之争，疑循此义而来。）

“辞”的金文字形呈多样化，有作“ ”，有作“ ”。从字件看，分别有“ （𤔔，表示理清乱丝）”“ （司，表示司法）”“ （言，表示诉讼）”“ （辛，表示庭审用刑）”。小篆“ （辞）”综合了两款金文字形，《说文·辛部》：“辞，讼也。”造字本义就指“打官司的文辞”。

释义：“辞”在《诗经》中使用2处，无迭用。

重要文辞。由诉讼文辞的性质引申。此种用法有2（雅2）处：“辞之辑矣”“辞之怿矣”（《大雅·板》）（注：此指王朝政令之辞）。

雌 音【cí】

古形【小篆 】

“雌”由“此”和“隹”组成。

“隹”，金文写作“”，像一只小鸟的形状，本义就是（短尾）鸟的总名。“此”有“止息”义，母鸟产卵、孵卵、育雏止息在鸟巢中的时间比公鸟多，“此”和“隹”组合成“雌”，就表示“母鸟”。

释义：“雌”在《诗经》中使用3处，无迭用。

（母）鸟。此种用法有3（雅3）处，如：“以雌以雄”（《小雅·无羊》）。

此 音【cǐ】

古形【甲 金 小篆 】

“此”由“止”和“匕”组成。“止”有停止、止息的意思。“匕”，从古字形看，像个直立的人。《说文·此部》：“此，止也。从止从匕。匕，相比次也。”所谓相比次，即相并列。足相并列，有停步的意思。“此”就表示人停息不前。

释义：“此”在《诗经》中使用85处，无迭用。

这、这（里、个、些等）。由人指示停息之处引申。此种用法有85（风21；雅61；颂3）处，如：“得此戚施”（《邶风·新台》）；“饮此湑矣”（《小雅·伐木》）；“无此疆尔界”（《周颂·思文》）。

佌 音【cǐ】

古形【小篆 】

“佌”由“人”和“此”组成。“此”有人停息不前的意思，旁边加个“人”字，着重强调人的止息。人停止不动，光等着饭来张口、衣来伸手，就是“佌”。一个不劳而获的人，行为非常卑微、渺小，是应该受到鄙夷的，所以《尔雅·释训》云：“佌佌，小也。”“佌”古又作“伵”，右边是个“囟”字。“囟”，甲骨文写作“”，《段注》云：“囟其字，像小儿脑不合也。”《说文·人部》：“伵，小貌。”即小人的样子。

释义：“佌”在《诗经》中使用1处2次，1处迭用。

卑微、渺小（迭用表示非常渺小）。此种用法有1处2次：“佌佌彼有屋”（《小雅·正月》）。

泚 音【cǐ】

古形【小篆 】

“泚”由“氵（水）”和“此”组成。“此”从距离上讲，离自身很近，“泚”表示离自己身边很近的水。水离自己很近，看起来一定很清澈透明。《说文·水部》：“泚，清也。”指的就是清澈的水。

释义：“泚”在《诗经》中使用1处，无迭用。

清澈的（水）。此种用法有1处：“新台有泚”（《邶风·新台》）。

刺 音【cì】

古形【小篆 】

“刺”由“朿”和“刂（刀）”组成。“朿”，甲骨文写作“”，像树木上长出许多尖锐的刺。《说文·刀部》：“刺，直伤也。”古人杀伤人一般用尖锐的刀，“刺”在“朿”的右边加了一个

"刀"字，表示用像刺一样尖锐的刀杀伤人。后来"刺"也代替了"朿（树木上的刺）"。

释义："刺"在《诗经》中使用1处，无迭用。

讽刺（用语言伤人）。由刀伤人引申。此种用法有1处："是以为刺"（《魏风·葛屦》）。

佽 音【cì】

古形【小篆】

"佽"由"亻（人）"和"次"组成。《说文·欠部》："次，不前，不精也。"所谓不前，徐锴《说文系传》云："是次于上也。"朱骏声《说文通训定声》说其形"疑本为茨（）之古文，象茅盖屋（顶）次第之形。此字从欠，本训当为叙词也。""次"训叙词，或由字形而来，或由"不前不精"而来，由此引申为"次第、顺次"。"次"和"人"组合，就表示人有次第。

释义："佽"在《诗经》中使用3处，无迭用。

1. 次第。此种用法有1处："决拾既佽"（《小雅·车攻》）。

2. 帮助。由人有次第就有了道德准则和行为规范引申。此种用法有2（风2）处："胡不佽焉"2句（《唐风·杕杜》）。

葱(蔥) 音【cōng】

古形【小篆】

"葱"由"艹（草）"和"怱"组成。"葱"是一种草本植物，所以是草部。"怱"通"聪"，有通明的意思，"葱"的叶子外直内空，上下通透，用"怱"表示比较贴切。《说文·艸部》："葱，菜也。""葱"是一种多年生草本植物，叶圆筒状，中空，茎叶有香辣味，是常用的蔬菜或调味品，兼作药用。

释义："葱"在《诗经》中使用1处，无迭用。

绿色。由葱的颜色引申，此种用法有1处："有玱葱珩"（《小雅·采芑》）。

聪(聰) 音【cōng】

古形【小篆】

"聪"，繁体作"聰"，由"耳""囱"和"心"组成。"耳"，金文写作""，像一只耳朵的简单图形，表示听力；"囱"，金文写作""，像屋顶上通透的天窗。二者同"心"组合成"聰"，表示听闻到的事物能够通达到心脑然后再作出反应，说明这个人很聪明。"聰"写作"聪"，由"耳"和"总"组成，"总"有聚合的意思，可以理解成"聪"是对聚合在耳中的声音产生感觉和反应。

释义："聪"在《诗经》中使用3处，无迭用。

1. 聪明。此种用法有2（雅1；颂1）处："祈父！亶不聪"（《小雅·祈父》）；"不聪敬止"（《周颂·敬之》）。

2. 听。由"聪"之意义缩小引申。此种用法有1处："尚寐无聪"（《王风·有兔爰爰》）。

枞(樅)　音【cōng、zōng】

古形【金小篆】

枞是一种常绿乔木，茎高大，树皮暗红褐色，不规则块状开裂，一般呈分布状丛生，木材可制器具，也可做建筑材料，又称冷杉。“枞”由“木”和“从”组成。“从（從）”有相随的意思，同“木”组合表现了“枞”一棵一棵相随生长（即丛生）的状态。

释义：“枞”在《诗经》中使用1处，无迭用。

崇牙（古时悬挂钟磬的木架上所刻的锯齿状花纹）。疑由形似枞树皮状引申。此种用法有1处：“虡业维枞”（《大雅·灵台》）。

从(從)　音【cóng、zòng】

古形【甲金小篆】

甲骨文“（从）”字像两个人一前一后。《说文·人部》：“从，相听也。”意思是相听从；又“從，随行也。”意思是跟随行走（“從”由“辵”和“从”组成，“辵”同行走有关，加上从即表示一前一后行走，即随行。）后来两字并成一字，“从”就有了“听从、随行”等意思。

释义：“从”在《诗经》中使用46处，无迭用。

1.听从、顺从。此种用法有6（风2；雅2；颂2）处，如：“苟亦无从”（《唐风·采苓》）；“谋臧不从”（《小雅·小旻》）；“莫不率从”2句（《鲁颂·閟宫》）。

2.随行、跟随。此种用法有26（风17；雅8；颂1）处，如：“从孙子仲”（《邶风·击鼓》）；“二人从行”（《小雅·何人斯》）；“诸娣从之”（《大雅·韩奕》）；“从公于迈”（《鲁颂·泮水》）。

3.追逐、追随。由跟随人转而追逐事物引申。此种用法有13（风5；雅8）处，如：“并驱从两狼兮”（《齐风·还》）；“从其群丑”（《小雅·吉日》）；“女虽湛乐从”（《大雅·抑》）。

4.通“纵”（南北为纵）。此种用法有1处：“衡从其亩”（《齐风·南山》）。

徂(退)　音【cú】

古形【小篆】

“徂”由“辵”和“且”组成。“辵”和行走有关；“且”为“俎”之古文，“俎”字是由半个肉字放在“且”之上会意。徐中舒《甲骨文字典》：“古置肉于俎上祭祀先祖，故称先祖为且。”“且”，甲骨文写作“且”，像一个供祭祀用的先祖的神位。“辵”和“且”组合，表示祭祀时主祭走到神位的意思。

释义：“徂”在《诗经》中使用25处，无迭用。

1.走到神位。此种用法有1处：“孝孙徂位”（《小雅·楚茨》）。

2.到达。由到达神位引申为到达其它地方。此种用法有4（雅2；颂2）处，如：“侵阮徂共”（《大雅·皇矣》）；“自堂徂基”（《周颂·丝衣》）。

3.去、往。由行走过程引申。此种用

法有16（风5；雅9；颂2）处，如："自我徂尔"（《卫风·氓》）；"以居徂向"（《小雅·十月之交》）；"我徂维求定"（《周颂·赉》）。

4.开始。由行走起始状态引申。此种用法有1处："六月徂暑"（《小雅·四月》）。

5.通殂，死去。此种用法有1处："彼徂矣，岐有夷之行"（《周颂·天作》）。

6.通驵，骏马。此种用法有1处："思马斯徂"（《鲁颂·駉》）。

7.借作山名，徂徕（山），在今山东泰安东南。此种用法有1处："徂徕之松"（《鲁颂·閟宫》）。

蹙(蹴) 音【cù】

古形【金 小篆 】

"蹙"由"戚"和"足"组成。"戚"表示的是古代一种斧子系列，代表并肩作战的兄弟氏族。同"足"组合表示战斗即将打响（即斧子已经快到足前），可见情况非常紧迫。

释义："蹙"在《诗经》中使用3处，1处迭用。

1.紧迫、急促。此种用法有2（雅2）处，1处迭用，如："蹙蹙靡所骋"（《小雅·节南山》）（迭用表示急促不得施展）。

2.收缩、缩小。由战斗结果引申。此种用法有1处："今也日蹙国百里"（《大雅·召旻》）。

爨 音【cuàn】

古形【小篆 】

《说文·爨部》："爨，齐谓之炊爨。臼像持甑，冂为灶口，廾推林内火。"意思是说，爨，齐人称炊为爨，从字形看，上部像双手持甑；中间的冂像灶口；下面像双手向灶膛里推柴烧火。整个字形表达的就是正在烧火做饭的意思。

释义："爨"在《诗经》中使用1处，无迭用。

炊事。此种用法有1处："执爨踖踖"（《小雅·楚茨》）。

崔 音【cuī】

古形【小篆 】

"崔"由"山"和"隹"组成。"隹"，甲骨文写作" "，像喙利翼长的猛禽，因飞行极快和善于袭击，常常被猎人饲养为捕猎助手。

"崔"多用于姓氏。崔姓出自西周时期的齐国，是西周初周武王分封的重要诸侯国之一，开国君主是吕尚。吕尚本来姓姜，因为他的先祖被封于吕（今河南省南阳），从其封姓，故称为吕尚。吕尚的儿子丁公汲，是齐国的第二代国君，他的嫡子叫季子，本来应该继承君位，但却让位给弟弟叔乙，而自己则住到食采地崔（由于该地多山且有类似猛禽的鸟，故名崔）邑，后来以邑为氏，就是崔氏。从先秦到西汉直至宋，崔姓一直是名门望族，公卿将侯辈出，或许是崔地高山猛禽的地情特征和崔氏的显耀，

由“崔”组成的词语都有了“高大、高俊”的意思。

释义：“崔”在《诗经》中使用3处，1处迭用。

高大、高俊。此种用法有3（风2；雅1）处，1处迭用，如：“陟彼崔嵬”（《周南·卷耳》）；“维山崔嵬”（《小雅·谷风》）。

摧　音【cuī】

古形【小篆】

“摧”由“扌（手）”和“崔”组成。“崔”有高大的意思，《说文·手部》：“摧，挤也。”“挤”即用力推之。手推高大厚重之物谓之“摧”。

释义：“摧”在《诗经》中使用4处，无迭用。

1. 受挫。由被摧对象受到冲击引申。此种用法由1处：“先祖于摧”（《大雅·云汉》）。

2. 讽刺，打击。由用力而为用语言引申。此种用法有1处：“室人交遍摧我”（《邶风·北门》）。

3. 通“莝”，铡草（喂马）。此种用法有2（雅2）处：“摧之秣之”“秣之摧之”（《小雅·鸳鸯》）。

漼　音【cuī、cuǐ】

古形【小篆】

“漼”由“氵（水）”和“崔”组成。“崔”有高大的山的意思。高山（崔）上的积水（氵）就是“漼”。

释义：“漼”在《诗经》中使用1处，无迭用。

高山之积水（深水）。此种用法有1处：“有漼者渊”（《小雅·小弁》）。

萃　音【cuì】

古形【小篆】

“萃”由“艹（草）”和“卒”组成。“卒”，甲骨文写作“”，像古代奴隶著有标记的号衣。古代奴隶，大多是聚集在一起劳作。《说文·艸部》：“萃，草貌。”朱骏声《说文通训定声》认为“草貌”当“训为草聚貌。”即草（艹）聚集在一起（卒），就是“萃”。

释义：“萃”在《诗经》中使用1处，无迭用。

聚集。由像草一样聚集引申。此种用法有1处：“有鸮萃止”（《陈风·墓门》）。

崒　音【cuì、zú】

古形【小篆】

“崒”由“山”和“卒”组成。“卒”有“聚集”的意思。山聚集在一起就是“崒”，本义是高峻的群山。

释义：“崒”在《诗经》中使用1处，无迭用。

借为猝，突然；一说借为碎。此种用法有1处：“山冢崒崩”（《小雅·十月之交》）。

瘁　音【cuì】

古形【小篆】

"瘁"由"疒（病）"和"卒"组成。"疒"，小篆写作"　"，像一张病床，表示生病；"卒"表示奴隶。一般奴隶劳作都是无休止的，常常处于极端疲劳状态。因过度劳累病倒或呈现病态的样子就是"瘁"。

释义："瘁"在《诗经》中使用6处，无迭用。

病、憔悴。此种用法有6（雅6）处，如："仆夫况瘁"（《小雅·出车》）；"邦国殄瘁"（《大雅·瞻卬》）。

毳　音【cuì】

古形【小篆　】

"毳"由三个"毛"字组成，表示毛很密集。《说文·毳部》："毳，兽细毛也。"即"毳"指鸟兽的细毛。

释义："毳"在《诗经》中使用2处，无迭用。

细毛。此种用法有2（风2）处，如："毳衣如菼"（《王风·大车》）。

存　音【cún】

古形【金　小篆　】

"存"，由"才"和"子"组成。"才"有草木初生的意思；"子"，甲骨文写作"　"，像初生婴儿状。安子介《解开汉字之谜》："（'才'字）的全部意思是'有成长的可能和希望'……""（'才'和'子'合并为'存'）意思是为了连续世系，必须保障'子'的生长。"其实，初生的草木和婴儿都需要呵护才能健康长大，保障、呵护是"存"的字形意义。《说文·子部》："存，恤问也。"应该是"保障、呵护"过程中的局部行为，是"存"的引申义。

释义："存"在《诗经》中使用1处，无迭用。

存在、保存。由初生草木和婴儿虽然微小，但都客观存在引申。此种用法有1处："匪我思存"（《郑风·出其东门》）。

忖　音【cǔn】

古形【小篆　】

"忖"由"忄（心）"和"寸"组成。"寸"，金文写作"　"，像一只手，手腕部位加了一点，那一点告诉我们，这个部位就是寸口。"寸"的本义是"寸口"。后来"寸"引申为度量单位，同"忄'心'"组合成"忖"，表示用"心"度量即"揣度、思量"。

释义："忖"在《诗经》中使用1处，无迭用。

揣度、思量。此种用法有1处："予忖度之"（《小雅·巧言》）。

瑳　音【cuō】

古形【小篆　】

"瑳"由"王（玉）"和"差"组成。"差"有长短不齐之意，引申为欠缺、不够标准。"瑳"就表示品质有欠缺的玉。"瑳"古同"磋"，从部首看，也可以印证"瑳"是一块还没有打磨成功的玉石。《说文·玉部》："瑳，玉色鲜白。"此义或从"瑳"之色泽引申而来。

释义：“瑳”在《诗经》中使用3处，无迭用。

（品质有欠缺的）玉。此种用法有3（风3）处，如：“瑳兮瑳兮”（《鄘风·君子偕老》）。

磋　音【cuō】

古形【小篆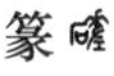】

“磋”由“石”和“差”组成。“石”指石头，“差”是“搓”的省略，有搓磨的意思。“磋”即表示“打磨石料”。

据考证，大约距今一万年前，中国就进入了新石器时代。开始制造和使用磨制石器，是新石器时代的重要特征之一。而“打磨石料”的“磋”字，尽管当时还没有造出，但反映的就是这一时代特征。

《尔雅·释器》中“木谓之刻，骨谓之切，象谓之磋，玉谓之琢，石谓之磨”之句，是打磨内容丰富、汉语言高度发展以后之谓。后人释“磋”为“以石搓磨象牙”即从“象谓之磋”而来。高亨《诗经今注》“如切如磋”中之“磋”用的是“瑳”字。由“磋”到“瑳”，反映的是古时由石到玉的打磨过程，这或许就是“磋”“瑳”通用的原因所在。

释义：“磋”在《诗经》中使用1处，无迭用。

搓磨。此种用法有1处：“如切如磋”（《卫风·淇奥》）。

撮　音【cuō、zuǒ】

古形【小篆】

“撮”由“扌（手）”和“最”组成。“最”，小篆写作“”，由“冃”和“取”组成，“冃”像小儿头上戴的便帽，在“最”中表示“小儿”；“取”即表示取物。小儿取物一般都是不顾及其他的，想什么就拿什么，这就是“最”。物取得多了，“最”就有了“聚合”义。

古人一般都喜欢用布带或绸带将自己的头发扎成结。用手（扌）将头发聚合（最）起来就是“撮”。

释义：“撮”在《诗经》中使用1处，无迭用。

束发成结。此种用法有1处：“台笠缁撮”（《小雅·都人士》）。

错(錯)　音【cuò】

古形【小篆】

“错”由“钅（金）”和“昔”组成。“金”指金属（或硬质物体）；“昔”有“过去”的意思。“错”即表示“可以涂抹、刻画使人能够产生过去记忆的金属工具”，相当于现在的刻刀、锉刀一类的东西。《说文·金部》：“错，金涂也。”可理解为“用金属（工具）涂画”，应该是“错”的引申义。

释义：“错”在《诗经》中使用7处，无迭用。

1.刻、涂工具。此种用法有1处：“可以为错”（《小雅·鹤鸣》）。

2.涂抹（花纹）。由工具的作用引申。此种用法有3（雅3）处，如：“约軧错衡”（《小雅·采芑》）；“约軧错衡”（《商颂·烈祖》）。

3.杂、乱。由涂抹的花纹状态引申。此种用法有3（风2；雅1）处：“翘翘错薪”2句（《周南·汉广》）；“献酬交错”（《小雅·楚茨》）。

D

达(達)　音【dá】

古形【甲　金　小篆　】

“达”，甲骨文写作“”，由“（彳，大道）”和“（大，人）”组成，合在一起表示人来人往，可以畅行无阻。

“達”和“达”本来是两个字。“達”由“辶（辵）”和“羍”组成。羊子初生称“羍”，同“辶（辵）”组合表示小羊顺利出生。传说姜嫄生后稷非常顺利，不像一般人那样难产，所以后人说其如達，意即像小羊一样顺利出生。后“達”和“达”并为一字，就有了可以畅行和顺利出生两重原始意义。

释义：“达”在《诗经》中使用6处，无迭用。

1.（像小羊一样）顺利出生。此种用法有1处：“先生如达”（《大雅·生民》）。

2.畅行、通达。此种用法有（颂2）2处：“受小国是达，受大国是达”（《商颂·长发》）。

3.（幼苗）生出地面。由小羊出生引申。此种用法有2（颂2）处，如：“驿驿其达”（《周颂·载芟》）。

4.借为“跶”，跳跃。此种用法有1处：“挑兮达兮”（《郑风·子衿》）。

怛　音【dá】

古形【金　小篆　】

“怛”由“忄（心）”和“旦”组成。“旦”像“日”出“一（地平线）”，有天刚刚放亮的意思。《说文·心部》：“怛，憯（痛苦）也。”又“悬（怛字异体），或从心在旦下。”“心”在“旦”下，说明心情幽暗。

释义：“怛”在《诗经》中使用2处3次，1处迭用。

痛苦、忧伤。此种用法有2（风2）处，1处迭用：“劳心怛怛”（《齐风·甫田》）（迭用形容忧伤不安貌）。

荅(苔)　音【dá】

古形【金　小篆　】

“荅”，又作“苔”。《说文·艸部》：“荅，小尗也。”《说文·尗部》：“尗，豆也。像尗豆生之形也。”“尗”是个象形字，像菽豆生长的样子。菽豆属于草本植物，所以“荅”为“艸”部，下面的“合”或表示豆荚是闭合状的。安子介《解开汉字之谜》：“有位词源学家认为‘合’字是有‘回答或答复’含义的原字。自从‘合’字被用以指‘合并’、‘合作’、‘适合’、‘合意’意思时起，就另创了‘答’字。可能它起源于这样的观念，即‘竹’子是坚固耐久的物质，即使被裂成两半，这两半仍能很好地相互拼合，所以‘答’是一个肯定行动。”“答”的“应答”之意，或由此而来。

李时珍《本草纲目·兽部》记有一物名“鲊答”，简称“答”。此物生于走兽及牛马诸畜肝胆之间，硬如石。据元末明初陶宗仪（九成）《辍耕录》记载，蒙古人祷雨，惟以净水一盆，浸石子（答）数枚，淘漉玩弄，密持咒语，良久辄雨。因此石有有求必答之妙，或“应答”之意由此而来也未可知。

释义：“答”在《诗经》中使用1处，无迭用。

拒绝（否定答复）。由应答有多种可能引申。此种用法有1处：“听言则答”（《小雅·雨无正》）。

大 音【dà、dài、tài】

古形【甲 金 小篆 】

“大”，甲骨文写作“ ”，像一个张开双臂的人，表示是一个成年的大人。最早应为区别于小儿“ （子）”并胫之状以示“大”意。《说文·大部》：“大，天大，地大，人亦大。”故由此又派生出除形状之外的天、地可以发挥的能量、作用等巨大的意思。

释义：“大”在《诗经》中使用95处，无迭用。

1. 成年人。此种用法有1处：“小大稽首”（《小雅·楚茨》）。

2. 尊称，“大夫”多为官职之称。由小儿对成人之尊引申。此种用法有15（风3；雅11；颂1）处，如：“大夫跋涉”（《鄘风·载驰》）；“大师皇父”（《大雅·常武》）；“宜大夫庶士”（《鲁颂·閟宫》）。

3. 与“小”相对，指面积、体积、容量、数量等的广阔、高厚、众多或范围程度的广、深。由“天大，地大，人亦大”之观念引申。此种用法有68（风13；雅43；颂12）处，如：“大无信也”（《鄘风·蝃蝀》）；“其大有颙”（《小雅·六月》）；“思齐大任”（《大雅·思齐》）；“是用大介”（《周颂·酌》）。

4. 同“太”。此种用法有11（雅8；颂3）处，如：“至于大原”（《小雅·六月》）；“大王荒之”（《周颂·天作》）。

逮 音【dǎi、dài】

古形【金 小篆 】

“逮”，古同“隶”。章太炎《小学答问》：“隶逮亦本一字，古文当祇作隶。”“隶”，小篆写作“ ”，像手捉住一条尾巴。《说文·隶部》：“隶，及也。从又从尾省。”即手（又）握住尾巴，捕获到了。后来加了个“辵（辶）”，表示追上去捕获的意思。

释义：“逮”在《诗经》中使用1处，无迭用。

到达。由追踪到目标引申。此种用法有1处：“荓云不逮”（《大雅·桑柔》）。

代 音【dài】

古形【小篆 】

“代”由“人（亻）”和“弋”组成。安子介《解开汉字之谜》：“‘弋’表示‘一支可以收回的箭’。一个有活动能力，并能再被召回的人，当然是位代表。实际上，‘代表’是‘代’字的真实意义。”《说文·人部》：“代，更也。”“更换、更替”应该是“代”字的引申义。

释义：“代”在《诗经》中使用2处，

无迭用。

（有能力）施予。由“代表”的能力引申。此种用法有2（雅2）处，如：“力民代食”（《大雅·桑柔》）。

迨　音【dài】

古形【金　小篆　】

“迨”由“辵（辶）”和“台”组成，安子介先生认为，“台”字是经过隶变形成的，它的原形是“　”。“台”字的含义很多，其中有一个意思是“到达”。“台”和“辶”组合成“迨”，就表示已经赶到。《尔雅·释言》：“迨，及也。”就是“赶上、趁着”的意思。“迨”，《说文》作“隶”，意为“及也”。

释义：“迨”在《诗经》中使用6处，无迭用。

赶上、趁着。此种用法有6（风5；雅1）处，如：“迨其吉兮”（《召南·摽有梅》）；“迨我暇矣”（《小雅·伐木》）。

带　音【dài】

古形【甲　金　小篆　】

“带”由“卅”“冖”和“巾”三部分组成，“卅”像束扎之状，“冖”指的是束扎在腰上。古人穿衣，一般要在腰间扎一衣带，前面佩有一条长巾。《说文·巾部》：“带，绅也。男子鞶带，妇人带丝，像系佩之形。佩必有巾，从巾。”意思是说，“带”指的是宽大的衣带。男子佩皮革的衣带，妇人以丝为带。“卅”像系佩的样子。佩一定有巾，所以从巾。“带”是古人的一种常见装束。

释义：“带”在《诗经》中使用7处，无迭用。

古人的一种装束（衣带）。此种用法有7（风5；雅2）处，如：“垂带悸兮”2句（《卫风·芄兰》）；“垂带而厉”（《小雅·都人士》）。

殆　音【dài】

古形【金　小篆　】

“殆”由“歹（歺）”和“台”组成。“歺”，甲骨文写作“　”，《说文·歺部》：“歺，列骨之残也。”像人的“残骨”之形；“台”有到达、相及的意思。来到遍地都有人的残骨的地方，不免会产生一种恐惧感、危机感，殆即表达这种意思。

释义：“殆”在《诗经》中使用5处，无迭用。

1.恐惧感、危机感。此种用法有1处：“殆及公子同归”（《豳风·七月》）。

2.危机、危险。由危机感引申。此种用法有3（雅3）处，如：“无小人殆”（《小雅·节南山》）。

3.通“怠”，懈怠。此种用法有1处：“受命不殆”（《商颂·玄鸟》）。

怠　音【dài】

古形【金　小篆　】

“怠”由“台”和“心”组成。“台”是“怡”的本字，有“愉悦”的意思，同“心”组合，表示心中老是想着安逸，

所以《说文·心部》说：“怠，慢也。”即行动上有所散漫、松懈。

释义：“怠”在《诗经》中使用2处，无迭用。

散漫、松懈。此种用法有2（雅1；颂1）处：“无俾大怠”（《小雅·宾之初筵》）；“不敢怠遑”（《商颂·殷武》）。

丹 音【dān】

古形【甲金小篆】

《说文·丹部》：“丹，巴越之赤石也。像采丹井，一像丹形。”《段注》：“巴郡、南越皆出丹沙。”丹沙是一种大红色的天然矿石，俗称“朱砂”，多产于四川、广西、云南、贵州等地。即“巴越”之地。从甲骨文“丹”字形看，外框像采丹井，内中的“、”表示丹沙。

释义：“丹”在《诗经》中使用1处，无迭用。

丹砂（朱砂）。此种用法有1处，如：“颜如渥丹”（《秦风·终南》）。

耽 音【dān】

古形【小篆】

《说文·耳部》：“耽，耳大垂也。”即“耽”表示的是“耳朵大而下垂”之状。《淮南子·地形训》有“夸父耽耳”的说法，说的是夸父两耳很大，垂在肩上。从“耽”的小篆字形看，由“（耳）”和“冘”组成，“冘”像一个人，头部两边拖出了两笔，为了说明这两笔像人垂肩的耳朵，就在旁边加了一个“耳”字，组成了“耽”。

一说“冘”是“沈”的省写，是“沉”的本字，同“耳”组成“耽”表示沉迷于（耳听）靡靡之音。

释义：“耽”在《诗经》中使用3处，无迭用。

借为媅，玩乐（或可解为本字：沉迷于靡靡之音）。此种用法有3（风3）处，如：“无与士耽”（《卫风·氓》）。

单(單) 音【dān、shàn】

古形【甲金小篆】

“单”，甲骨文写作“丫”，像古代一种狩猎工具的样子。徐中舒先生《甲骨文字典》：“此字初形应像捕兽之干（即带叉的木棍），作丫形，后于两歧之端缚石块成单形，更于歧下缚于绳索，使之牢固，遂成单形。”这种工具后来用于战争，又成了打仗的武器。

高亨《诗经今注》中说：“古代军队中的一种车子，用它载旗帜。军队中若干人组成一个单位，有一辆单车，载一面旗帜，这就叫做一单。”或因车形似“单”，故“单”又有了计量单位之义。

释义：“单”在《诗经》中使用3处，无迭用。

1.朴实、厚道。由狩猎工具简单、朴实引申。此种用法有2（雅1；颂1）处，如：“俾尔单厚”（《小雅·天保》）；“单厥心，肆其靖之”（《周颂·昊天有成命》）

2.计量单位。由古代军队建制引申。此种用法有1处：“其军三单”（《大雅·公刘》）。

瘅　音【dān、dàn】

古形【小篆瘅】

《说文·疒部》："瘅，劳病也。"王筠《说文句读》："凡《诗》《书》言瘅，未有真是疾病者也。"从"瘅"字形看，由"疒"和"单"组成。"单"有单薄之意，同"疒"组合表示因身形单薄而显现出一种病态。一说因疲劳而出现的病态，或由《说文》"劳病"而来。

释义："瘅"在《诗经》中使用1处，无迭用。

病。由日久成疾或因劳作而显病态引申。此种用法有1处："下民卒瘅"（《大雅·板》）。

亶　音【dǎn、dàn】

古形【小篆亶】

"亶"由"亩"和"旦"组成。"亩"，小篆写作"亩"（本义仓廪），上面是个"入"，下面的"回"像个收藏物品的房屋，中间的口表示房屋的窗户；"旦"，小篆写作"旦"，上面像个物体，下面的"一"，表示器具下的地。《说文·亩部》："亶，多谷也。"义即仓廪之中谷物丰厚。《段注》："亶之本义为多谷，故其字从亩。引申之义为厚也、信也、诚也。"

"亶"又借作人名，上古有亶父，史称周太公，是周族的杰出领袖、周文王的祖父。古公亶父因戎狄威逼，率领族人由豳迁到岐山下的周原（今陕西岐山北），推行"务耕织、行地宜"的农业发展政策，实现了"行者有资，居者有畜积，民赖其庆"的局面，周族逐渐强盛，加之周太公积德行义，使得"国人皆戴之"，从而奠定了周人礼教、文化和灭商的基础。"亶"的"厚、诚、信、真"等义，或从周太公之品质引申而来。

释义："亶"在《诗经》中使用7处，无迭用。

1. 多谷。此种用法有1处："亶侯多藏"（《小雅·十月之交》）。

2. 真、诚、信。由太公之德引申。此种用法有4（雅4）处，如："亶其然乎"（《小雅·常棣》）；"不实于亶"（《大雅·板》）。

3. 借作人名。此种用法有2（雅2）处："古公亶父"2句（《大雅·绵》）。

旦　音【dàn】

古形【甲旦金旦小篆旦】

"旦"由"日"和"一"组成。"日"即太阳，"一"像地平线，组合起来表示太阳刚刚从地平线上升起。《说文·日部》："旦，明也。从日见一上。一，地也。""明"就是"天明、天亮"的意思。

释义："旦"在《诗经》中使用7处8次，1处迭用。

1. 早晨、天明。此种用法有4（风3；雅1）处，如："旭日始旦"（《邶风·匏有苦叶》）；"昊天曰旦"（《大雅·板》）。

2. 一天、日子。由天明是一天的开始引申。此种用法有2（风2）处，如："谷旦于逝"（《陈风·东门之枌》）。

3. 清楚、明白。由"明"能看清引

申。此种用法有1处2次："信誓旦旦"（《卫风·氓》）（迭用表示极其清楚明白，显得很诚恳的样子）。

诞 音【dàn】

古形【小篆】

"诞"由"讠（言）"和"延"组成。"言"有说话的意思，"延"有延长之意，组合在一起表示言语延长即说话口气大。据汉代东方朔撰《神异经》记载："西南荒中出讹兽，其状若菟，人面能言，常欺人，言东而西，言恶而善。其肉美，食之，言不真矣。"这种讹兽就叫"诞"，传说能说人话，但喜欢骗人，人吃了它的肉也不会说真话了。所以我们今天还把那些不实之词（大话）称作"荒诞之言"。

《说文·言部》："诞，词诞也。"即"言语荒诞"的意思。

释义："诞"在《诗经》中使用10处，无迭用。

1.长、阔。由言语延长引申。此种用法有1处："何诞之节兮"（《邶风·旄丘》）。

2.发语词（有助说话口气的意思）。此种用法有9（雅9）处，如："诞先登于岸"（《大雅·皇矣》）。

萏 音【dàn】

古形【金 小篆】

"萏"又作"藺"，《说文·艸部》："藺，菡萏。芙蓉，华未发为菡萏，已发为芙蓉。"意思是"藺"即"菡萏"，又称"芙蓉"，区别在于花含苞未放叫菡萏，已经开发叫芙蓉。从"萏"字形看，由"艸"和"臽"组成。"艸"指"菡萏"属草本植物，"臽"，甲骨文写作"　"，像人在坑中，同"艸"组合表示花蕾含苞未放之状。菡萏为荷花的别称。

释义："萏"在《诗经》中使用1处，无迭用。

菡萏（荷花的别称）。此种用法有1处："有蒲菡萏"（《陈风·泽陂》）。

惮(憚) 音【dàn】

古形【金 小篆】

《说文·心部》："惮，忌难也。一曰：难也。""难"指的是畏惧。从字形看，"惮"由"忄（心）"和"单"组成，"单"有"孤单"之义，同"心"组合，表示人孤单无助，心中难免会感到害怕。

释义："惮"在《诗经》中使用6处，无迭用。

1.畏惧、害怕。此种用法有3处，如："岂敢惮行"2句（《小雅·绵蛮》）；"我心惮暑"（《大雅·云汉》）。

2.通"瘅"，劳苦。此种用法有3处，如："哀我惮人"2句（《小雅·大东》）；"惮我不暇"（《小雅·小明》）。

髧 音【dàn】

古形【小篆】

"髧"由"髟"和"冘"组成。"髟"，金文写作"　"，像人长发飘飘的样子；"冘"，由"人"和"冖"组成，

“冖”像是人头上的遮盖物，“髟”和“冘”组合在一起，表示人的头发很长，遮盖住了脑袋。

释义：“髧”在《诗经》中使用2处，无迭用。

头发下垂（的样子）。此种用法有2处：“髧彼两髦”2句（《鄘风·柏舟》）。

僤　音【dàn】

古形【小篆】

“僤”由“亻（人）”和“單”组成，“單”有“独、单一”等意思，“人孤独”应该是“僤”要表达的字形意义。孤独之人多怪癖，往往会有许多奇怪的言行举止让人费解。

释义：“僤”在《诗经》中使用1处，无迭用。

奇怪。由孤独之人的怪癖引申。此种用法有1处：“逢天僤怒”（《大雅·桑柔》）。

惔　音【dàn、tán】

古形【小篆】

“惔”由“忄（心）”和“炎”组成。“炎”是两个“火”字，表示烧的火很大。心如火烧就是“惔”。

释义：“惔”在《诗经》中使用1处，无迭用。

（心如）火烧。此种用法有1处：“如惔如焚”（《大雅·云汉》）。

荡（蕩）　音【dàng】

古形【金小篆】

“荡”由“艹（草）”和“汤”组成。“草”表示“草群、草地”；“汤”，《说文·水部》：“汤，热水也。”意思是（烧开的）水。有草有水的地方就叫“荡”。“荡”有两个特征：一是有大片的草群；二是有大片的水域。

草群被风一吹会摆动，烧开的水（汤）会上下翻滚，所以“荡”又有动荡的意思。

释义：“荡”在《诗经》中使用7处8次，1处迭用。

1.平坦。由草群看上去很平缓引申。此种用法有6（风6）处，如：“鲁道有荡”2句（《齐风·南山》）。

2.恣意妄为，迭用形容恣意任性的样子。由“汤”烧开恣意滚动的样子（动荡）引申。此种用法有1处2次：“荡荡上帝”（《大雅·荡》）。

刀　音【dāo】

古形【甲金小篆】

从刀的甲骨文图形可以看出，刀为象形字，很像有长柄的带着锋利刀刃的一种工具，指代有锋刃的切割器具。

《说文·刀部》：“刀，兵也。”意思是指兵器，但在商代，刀很少用作武器，更多用作刑具或者工具，一般小型的就是工具用刀。刀在劳动中的用途比较广泛，如农业中用于收割的镰刀、刈刀等，畜牧业中用于宰杀、割肉、剔骨的尖刀，

手工业中用的就更多了，砍、削、割、剖都离不开刀，家庭劳动中刀的用途也不少，如厨间、女红等，《管子·海王篇》说“一女必有一针一刀，若其事立”，可见刀是家庭必备之物，所以甲骨文中从刀旁的字很多。刀在后世是常规武器，常随身佩戴以为防身用。

释义：“刀”在《诗经》中使用3处，无迭用。

1. 刀具。此种用法有2（雅2）处：“执其鸾刀”（《小雅·信南山》）；“鞞琫容刀”（《大雅·公刘》）。

2. 通舠，小船（或因该小船形似刀而通）。此种用法有1处：“曾不容刀”（《卫风·河广》）。

忉　音【dāo】

古形【小篆】

“忉”由“忄（心）”和“刀”组成，心旁有刀，表示心忧如刀割。

释义：“忉”在《诗经》中使用3处6次，3处迭用。

心如刀割（的样子）。此种用法有3（风3）处，均迭用，如：“劳心忉忉”（《齐风·甫田》）。

捣(擣、擣)　音【dǎo】

古形【金　小篆】

“捣”，最初写作“擣”，由“扌（手）”和“壽”组成。《说文·手部》：“擣，手推也。”即手推着杵（向臼中之物击打），所以是“扌（手）”部。“壽”金文写作“”，像一个老人弯腰驼背之状，犹如捣物人之形状。后来“擣”写作“捣”，右边是个“岛”字。“岛”是海平面突出水面的陆地，疑似臼中被捣之物隆起，状如岛。

释义：“捣”在《诗经》中使用1处，无迭用。

手持杵击打臼中之物，即舂。此种用法有1处：“惄焉如捣”（《小雅·小弁》）

倒　音【dǎo、dào】

古形【金　小篆】

“倒”由“亻（人）”和“到”组成。“到”有到达的意思，从“到”中的“至”字看，甲骨文写作“至”，像一物头冲下触及土（地）状，由此产生“倒”字有两层意思：一是“竖立的（人）躺倒在地”；二是头冲下颠倒过来，即位置上下翻转。

释义：“倒”在《诗经》中使用5处，无迭用。

位置翻转（颠倒）。此种用法有5（风5）处，如：“颠倒思予”（《陈风·墓门》）。

蹈　音【dǎo】

古形【金　小篆】

“蹈”由“足”和“舀”组成。“舀”像手（爪）捣“臼”，“足”与“舀”组合表示“足像手捣臼那样向下击打（地面）”。《说文·足部》：“蹈，践也。”即“蹈”是“践踏”的意思。

释义：“蹈”在《诗经》中使用2处，

无迭用。

践踏。此种用法有2（雅2）处："上帝甚蹈"2句（《小雅·菀柳》）。

祷(禱)　音【dǎo】

古形【金 小篆 】

"祷"由"示"和"寿"组成。"示"，甲骨文写作" "，很像一个祭拜神灵或祖先时用的供桌，后在上面加上一笔表示祭品；"寿"有"时间长"的意思。《说文·示部》："祷，告事求福也。"长时间立（或跪）于供桌前向祖先、神灵祷告而祈求幸福，就是"祷"，也叫祈祷。

释义："祷"在《诗经》中使用1处，无迭用。

祈祷。此种用法有1处："既伯既祷"（《小雅·吉日》）。

到　音【dào】

古形【金 小篆 】

"到"，金文写作" "，左边是个"至"，右边像个"人"字。"到"字右边写成"刂（刀）"，或是隶变之误。《说文·刀部》："到，至也。"容庚先生在《金文编》中说："到从人，《说文》从刀，殆传写之讹。""至"，甲骨文写作" "，像一物及地之状，同"人"组合，就表示人"到达"。

释义："到"在《诗经》中使用1处，无迭用。

到达。此种用法有1处："靡国不到"（《大雅·韩奕》）。

盗(盜)　音【dào】

古形【甲 金 小篆 】

"盗"，小篆写成" "，上面的" "，由"氵（水）"和" "组成，"欠"像一个人大张着口，旁边的口水（都流成了河），组合在一起表示这个人有了贪欲。"盗"字甲骨文" "的下面是个" （舟）"，隶变以后" （贪欲）"误作"次"，" （舟）"误作"皿"。一个人对别人的财物有了贪欲（ ），乘船过河越界（ ）将其窃为己有，这就是"盗"。

释义："盗"在《诗经》中使用3处，无迭用。

1. 偷窃。此种用法有1处："职盗为寇"（《大雅·桑柔》）。

2. 谗佞小人。由盗贼之人品引申。此种用法有2（雅2）处，如："盗言孔甘"（《小雅·巧言》）。

悼　音【dào】

古形【金 小篆 】

"悼"由"忄（心）"和"卓"组成。"卓"，甲骨文写作" "，上面是个" （人）"，下面的" "像个捕捉的网具。《说文·匕部》："卓，高也。"此意或因"卓"上之人已遥不可及而来。"卓"同"忄（心）"组合成"悼"表示心中追念亡故（遥不可及）之人。

释义："悼"在《诗经》中使用3处，无迭用。

悲伤。由追念亡故之人产生的情绪引申。此种用法有3（风3）处，如：“中心是悼”（《邶风·终风》）。

道　音【dào】

古形【金　小篆　】

“道”，钟鼎文写作“　”，由“人”和“行”组成，“行”像四通八达的道路之形，所以“道”有道路的意思，中间的“　（人）”字表示可供人行走。到了金文，“道”写成了“　”，中间的“　（人）”字变成了“　（首）”加“　（止，行走）”字，“首”代表观察、思考、选择，加上“　”表示通过观察思考有选择地行走。有的金文将“道”，在原有的基础上添加了“　（手）”或“　（说）”，表示拉住迷路者的手引路且进行讲解帮助弄清方向。“道”到这时候，就有了“導”的意思。

在道家思想中，“道”代表自然规律。

释义：“道”在《诗经》中使用32处，无迭用。

1.路、道路。此种用法有29（风17；雅11；颂1）处，如：“道之云远”（《邶风·雄雉》）；“周道倭迟”（《小雅·四牡》）；“顺彼长道”（《鲁颂·泮水》）。

2.方法。由道路能够通达引申。此种用法有1处：“有相之道”（《大雅·生民》）。

3.说。由“导”要用语言引申。此种用法有2（风2）处，如：“不可道也”（《鄘风·墙有茨》）。

稻　音【dào】

古形【甲　金　小篆　】

《说文·禾部》：“稻，稌也。”意即稻谷的通称，指的是一种谷类植物，子实叫稻谷，去壳以后就是米。从甲骨文字形看，“稻”写作“　”，由“　”和“　”组成，“　”像臼中舂米；“　”像用簸箕（　）扬糠（　），整个字形表现的是去壳成米的过程。金文写成了“　（稻）”，在旁边加了一个“禾”字，是为了表示“稻”的所属类别。

释义：“稻”在《诗经》中使用5处，无迭用。

稻米。此种用法有5（风2；雅2；颂1）处，如：“不能蓺稻粱”（《唐风·鸨羽》）；“浸彼稻田”（《小雅·白华》）；“有稻有秬”（《鲁颂·閟宫》）。

翿　音【dào】

古形【小篆　】

《说文·羽部》：“翿，翳也。所以舞也。”又“翳，华盖也。”执华盖所以舞者谓翿。“翿”，又称“羽葆幢”，古时一种葬礼仪仗：送葬人手执长木杆（幢），杆上以鸟羽聚于柄头如华丽的盖头（羽葆），且行且舞。或因“寿”用于人死后的挽词，所以“翿”由“寿”和“羽”组成，意思为故人（寿）执华盖（羽）且舞。

释义：“翿”在《诗经》中使用2处，无迭用。

舞具。由舞者道具引申。此种用法有2（风2）处，如："左执翿，右招我由敖"（《王风·君子阳阳》）。

的 音【de、dí】

古形【金 小篆 】

"的"由"白"和"勺"组成。"白"指"白天、空白（空间）"，"勺"像勺中有一物，表示"专取一物"或"专注一物"。"白"和"勺"组合在一起表示"大白天在广阔空间里专注于一物"即确定目标。"的"字后来多借作助词、副词。

释义："的"在《诗经》中使用1处，无迭用。

目标。由确定的目标引申。此种用法有1处："发彼有的"（《小雅·宾之初筵》）。

得 音【dé、děi】

古形【甲 金 小篆 】

"得"，甲骨文写作" "，由" （行进）"" （贝，原始货币）"和" （手）"组成，合在一起表示"行走中拾得货币"，本义就是"获得财富"。

释义："得"在《诗经》中使用15处，无迭用。

得到、获得。由"获得财富"泛指引申。此种用法有15（风11；雅）处，如："求之不得"（《周南·关雎》）；"谋是用不得于道"（《小雅·小旻》）。

德 音【dé】

古形【甲 金 小篆 】

"德"，甲骨文写作" "，由" （四通八达的大道，表示行走）"和" （直，表示不犹豫、不偏向）"组成，合在一起表达大道直行的意思。有说"德"由"彳（行走）""十（交叉的直线）""目（眼睛，表示辨别方向）""一（表示始终）"和"心（表示良心准则）"组成，合在一起有在十字路口要辨清方向，有始有终按照良心的准则去行走的意思，即"符合人们共同生活及行为的准则和规范，品行，品质"这应该是"德"泛化以后的引申义。《说文·彳部》："德，升也。"依德而行才能不断提升自己。"升"又是"德"泛化以后的引申义。

释义："德"在《诗经》中使用72处，无迭用。

1.（符合人们共同生活及行为准则和规范的）品行，品质等。由本义泛化引申。此种用法有57（风4；雅44；颂9）处，如："德音无良"（《邶风·日月》）；"民之失德"（《小雅·伐木》）；"既饱以德"（《大雅·既醉》）（有说为"食"之误）；"秉文之德"（《周颂·清庙》）。

2.（回报）恩惠、恩德。名词动用。此种用法有3（风1；雅2）处："莫我肯德"（《魏风·硕鼠》）；"忘我大德"（《小雅·谷风》）；"无德不报"（《大雅·抑》）。

3.善、美好。由德行美好引申。此种

用法有12（风4；雅8）处，如：“德音莫违”（《邶风·谷风》）；“德音孔昭”（《小雅·鹿鸣》）；“德音秩秩”（《大雅·假乐》）。

登　音【dēng】

古形【甲　金　小篆　】

“登”，甲骨文写作“　”，由“　（双脚）”、“　（一种盛器）”和“　（双手）”三部分组成，合在一起表示双手捧着装供品的盛器拾级走上祭台。

释义：“登”在《诗经》中使用5处6次，1处迭用。

1. 上、升。由本义泛化引申。此种用法有2（雅2）处，如：“诞先登于岸”（《大雅·皇矣》）。

2. 盛器。由字形局部引申。此种用法有1处：“于豆于登。”（《大雅·生民》）。

3. 成、定。由“登”之结果引申。此种用法有1处：“登是南邦”（《大雅·崧高》）。

4.（迭用）借作象声词，表示捣土声。此种用法有1处，迭用：“筑之登登”（《大雅·绵》）。

羝　音【dī】

古形【金　小篆　】

《说文·羊部》：“羝，牡羊也。”《说文·牛部》：“牡，畜父也。”从“牡”之字形看，甲骨文写作“　”，右边的“　”一般被视为雄性生殖器，所以“牡”指公牛；“　”指公羊。不过从“畜父”看，这里的公牛、公羊等，应该是指达到育龄期的公畜。

“羝”，金文写作“　”，右边“　”上似有个“人”。在农村，有一种职业人，专门牵着发情期的种公畜（猪、马、牛、羊等）上门为牲畜配种，看来，“羝”应该是一头被人牵着要去配种的种公羊。公羊配种，应该有母羊配合，所以有释“羝”为“母羊”也就不奇怪了。

释义：“羝”在《诗经》中使用1处，无迭用。

公羊。此种用法有1处：“取羝以軷。”（《大雅·生民》）。

狄　音【dí】

古形【甲　金　小篆　】

“狄”，金文写作“　”，由“大，（表示人）”和“犭，（表示猎犬）”组成，合在一起表示猎人带着猎犬打猎。今天写成“狄”，将其中表示人的“大”写作“火”，或是传写之误。

中国古代北方有少数牧猎民族，人们也称之为狄。

释义：“狄”在《诗经》中使用3处，无迭用。

1. 族名。由族人以牧猎为生引申。此种用法有2（雅1；颂1）处：“舍尔介狄”（《大雅·瞻卬》）；“戎狄是膺”（《鲁颂·閟宫》）。

2. 借作剔，剪除。此种用法有1处：“狄彼东南”（《鲁颂·泮水》）。

迪　音【dí】

古形【金　小篆　】

“迪”由“由”和“辵（辶）”组成，“辵”有行走的意思；“由”，甲骨文写作“”，像将油滴入器皿之状，本义就是将油滴入器皿之中，作为介词后有“从、起始”的意思，同“辵”组合表示开始行进。

释义：“迪”在《诗经》中使用1处，无迭用。

进用。由行进之人可以为我使用引申。此种用法有1处：“弗求弗迪”（《大雅·桑柔》）。

涤(滌) 音【dí】

古形【金 小篆 】

“涤”，金文写作“”，左边是“（水）”，右边像人手拿木制器具在敲击的样子，合在一起表示洗涤，就像现在人们在河边洗衣服要用棒槌敲击一样。《说文·水部》：“涤，洒也。”意思就是清洗（器物）。

释义：“涤”在《诗经》中使用2处3次，1处迭用。

1. 洗涤、清洗。此种用法有1处：“十月涤场”（《豳风·七月》）。

2. 被清洗，迭用形容山川光秃无草木的样子。由比喻引用引申。此种用法有1处2次：“涤涤山川”（《大雅·云汉》）。

蹢 音【dí】

古形【小篆 】

“蹢”由“足”和“啇”组成。“啇”有树根的意思。《说文·足部》：“蹢，住足也。”脚像树根一样停住不动就是“蹢”。

释义：“蹢”在《诗经》中使用1处，无迭用。

同“蹄”，马、牛、猪等有角质保护物的脚。此种用法有1处：“有豕白蹢”（《小雅·渐渐之石》）。

鬄(髢) 音【dí】

古形【小篆 】

“鬄”由“髟”和“易”组成。“髟”，金文写作“”，像人长发飘飘的样子，“易”有替换的意思，合在一起表示替换的长发，所以《说文·髟部》说：“鬄，髲也。”“髲”即假发。有把“鬄”写作“髢”，下面是个“也”字，或表示本来是个光头，也（套个假发）扮成长发飘飘的样子。

释义：“鬄”在《诗经》中使用1处，无迭用。

假发。此种用法有1处：“不屑鬄也”（《鄘风·君子偕老》）。

氐 音【dǐ】

古形【金 小篆 】

《说文·氐部》：“氐，至也。从氏下箸一。一，地也。”“氐”，甲骨文写作“”，像人弯腰向下伸长手臂，“氐”小篆写作“”，下面是“一”表示地面，人弯腰用手触碰到地面就是“氐”。（有说‘氐’字像树根，下面的‘、’或‘一’表示根部所在，所以‘氐’有根本的意思。）

释义：“氐”在《诗经》中使用1处，无迭用。

借指部族名。此种用法有1处：“自彼氐羌”（《商颂·殷武》）。

砥　音【dǐ】

古形【金 小篆 】

“砥”由“石”和“氐”组成，“氐”有“地面、底部”的意思。人类进入石器时代，使用的石刀也需要磨砺，在磨砺石刀时，磨石位于下部，石刀位于其上，所以磨石又称“下石”“底石”。位于底部的石头（磨刀石）就叫“砥”。

释义：“砥”在《诗经》中使用1处，无迭用。

磨刀石。此种用法有1处：“周道如砥”（《小雅·大东》）。

地　音【dì】

古形【金 小篆 】

“地”，金文写作“ ”，有点像“坠”字，由“ ”“ ”“ ”“ ”和“ ”组成。中国远古时代的山民有一种抛葬的习俗，人死后，包裹起来，抛于山崖或深坑。“ （阜）”表示用于抛葬的山崖；“ （倒写的‘人’）”表示死者；“ （人被捆绑状）”表示包裹；“ （又）”表示抓持抛掷；“ ”表示深坑。至今在客家方言中，仍称“墓”为“地”，扫墓谓之告地。小篆的“ ”字由“土”和“也”组成。“也”，甲骨文写作“ ”，像蛇之形，小篆中的“也”写作“ ”，非蛇形之“也”，像女阴之形。《说文·土部》：“地，元气初分，轻清阳为天，重浊阴为地。万物所陈列也。”意思是“地”是可以承载万物的物体。“也”属阴，担负繁衍人类的重任，同“土”组合，还表达了“地”不仅可以承载万物，还可以让人类繁衍生息。抛葬只是其中的一种功用。

释义：“地”在《诗经》中使用2处，无迭用。

大地、地面。此种用法有2（雅2）处，如：“载寝之地”（《小雅·斯干》）.

杕　音【dì、duó】

古形【甲 金 小篆 】

“杕”由“木”和“大”组成。《说文·木部》：“杕，树貌。”《段注》：“树当作特，字之误也。”从《段注》看，《说文》所云“树貌”中的“树”字，应为“特”字，可以理解为“特别、特殊”。其实“杕”中的“大”字，就包含了这个意思，特别高大的树就是“杕”。

释义：“杕”在《诗经》中使用6处，无迭用。

（树木）孤立貌。由在一片树林中有一株特别高大引申。此种用法有6（风4；雅2）处，如：“有杕之杜”2句（《唐风·杕杜》）；“有杕之杜”2句（《小雅·杕杜》）。

弟　音【dì】

古形【甲 金 小篆 】

“弟”是“第”之本字，甲骨文写作“”，“”像一个木柄武器，“”像绳索一圈圈渐次缠绕在木柄上，本义是渐次缠绕木柄。《说文 · 弟部》：“弟，韦束之次第也。”意思是用革缕束物（一圈一圈或从上往下或从下往上）所表现出来的次第。这或是“弟（第）”的引申义。

释义：“弟”在《诗经》中使用54处，无迭用。

1.次第。由缠绕状引申。《诗经》中无此用法。

2.弟弟（指同父母或只同父，只同母或同族同辈而年龄比自己小的男子。也指亲戚中同辈而年纪比自己小的男子和称呼年纪跟自己差不多的男子。）由兄弟之间有次第引申。此种用法有35（风15；雅20）处，如：“亦有兄弟”（《邶风 · 柏舟》）；“兄弟无远”（《小雅 · 伐木》）；“戚戚兄弟”（《大雅 · 行苇》）。

3.同“悌”，有平易近人之义。此种用法有19（风1；雅18）处，如：“齐子岂弟”（《齐风 · 载驱》）；“孔燕岂弟”（《小雅 · 蓼萧》）。

帝 音【dì】

古形【甲 金 小篆 】

“帝”，甲骨文写作“”，由“”“一”和“∇”组成，“”是树，“一”指的是树上架设的物体，“∇”表示把物体用枝条等缠绕系束固定在树上。这是人类从穴居走向巢居的典型标志。在树杈上构筑巢居就是“帝”。

传说巢居的发明者为有巢氏，据《韩非子 · 五蠹》记载：“上古之世，人民少而禽兽众，人民不胜禽兽虫蛇。有圣人作，构木为巢以避群害，而民悦之，使王（即成为部落酋长）天下，号曰有巢氏。”有巢氏被推选为部落酋长后，为大家办了许多好事，名声很快传遍中华大地。各部落的人都认为他德高望重，有圣王的才能，一致推选他为总首领，尊称他为“巢皇”。古时给予万物生机的谓之皇；因其生育之功的谓之帝，二者都是万物、生灵的主宰。

《说文 · 上部》：“帝，谛也，王天下之号也。”所以后来人们把统治天下万物和生灵的人称作“帝”。诸如天上的上帝、人间的皇帝等。

释义：“帝”在《诗经》中使用43处，无迭用。

天帝。由“巢皇”王天下引申。此种用法有43（风1；雅31；颂11）处，如：“胡然而帝也”（《鄘风 · 君子偕老》）；“有皇上帝”（《小雅 · 正月》）；“上帝是皇”（《周颂 · 执竞》）。

娣 音【dì】

古形【金 小篆 】

“娣”由“女”和“弟”组成。比哥小的男子称弟，比姐小的女子谓娣，即女弟。古代称同夫之妾谓娣，这里的“娣”排除了年龄的大小，表示的是迎娶的先后顺序。

释义：“娣”在《诗经》中使用1处，无迭用。

同夫之妾。此种用法有1处：“诸娣从之”（《大雅 · 韩奕》）。

棣 音【dì】

古形【金 小篆 】

“棣”由“木”和“隶”组成。“隶”，金文写作“ ”，像一只手（ ）捉住了动物的尾巴（ ），本义应该是“捉住野兽”，后来引申为被捉住的俘虏使其劳动，即奴隶之“隶”。“隶”字还有一种写法作“隸”，左边加了一个“柰”，“柰”是一种果木，所以“隶”字又有一说为“从事采摘果子工作的奴隶”。

“棣”是一种可供采摘果实的树木，安子介先生在《解开汉字之谜》中说：“（棣是）一种树，其果实簇生在一起，似兄弟般。”所以“棣”又引申为“兄弟”。

释义：“棣”在《诗经》中使用4处5次，1处迭用。

1. 一种果树。此种用法有3（风2；雅1）处，如：“山有苞棣”（《秦风·晨风》）；“常棣之华”（《小雅·常棣》）。

2.（迭用）形容雍容娴雅貌。或由树貌引申。此种用法有1处2次：“威仪棣棣”（《邶风·柏舟》）。

蝃(蝷) 音【dì】

古形【小篆 】

“蝃”古同“蝷”，《说文·虫部》：“蝷，蝃蝀，虹也。”（参见“蝀”）从“蝷”之字形看，由“虫”和“带”组成，且“蝃”字左边的“叕”，金文写作“ ”，呈交织状，两个字（蝷、蝃）互为补充，或可理解为虹就像虫吐出的丝一样编织在一起的彩带。

释义：“蝃”在《诗经》中使用1处，无迭用。

蝃蝀（虹）。此种用法有1处：“蝃蝀在东”（《鄘风·蝃蝀》）。

瘨 音【diān】

古形【小篆 】

《说文·疒部》：“瘨，病也。”从字形看，“瘨”由“疒”和“真”组成，合在一起或可理解成“瘨”是一种真实存在的疾病。

有说“瘨”是传抄过程中“疽”之误。“疽”指的是人身体上长的一种毒疮，字形由“疒”和“且”组成。“且”古同“俎（切肉的砧板）”，表示疽是一种容易切除的毒疮。

释义：“瘨”在《诗经》中使用2处，无迭用。

害。由病为害引申。此种用法有2（雅2）处，如：“瘨我饥馑”（《大雅·召旻》）。

颠 音【diān】

古形【金 小篆 】

“颠”由“真”和“页”组成，“真”繁体作“眞”，由“匕（人）”“目（眼睛）”“丌（仙人登天所乘之坐具）”组成，合在一起表示亲眼所见仙人升天，即眼见才为真。“页”，金文写作“ ”，夸大了人的头部，同“真”组合表示头部接近天的地方，即头顶。

一说“真”是“蹎”的省略，“蹎”有“仆倒”的意思，同“页”组合表示跌倒以头着地。此说于后来“颠”的引申义似有不符。

释义：“颠”在《诗经》中使用9处，无迭用。

头顶。此种用法有9（风7）处，如：“及尔颠覆”（《邶风·谷风》）；“颠覆厥德”（《大雅·抑》）。

巅　音【diān】

古形【小篆 】

“巅”由“山”和“颠”组成，“颠”有“顶”的意思，同“山”组合表示“山顶”。“巅”在《诗经》中有写作“颠”，解为“（山）顶”，可视作“颠”的引申义。

释义：“巅”在《诗经》中使用1处，无迭用。

山顶。此种用法有1处：“首阳之巅”（《唐风·采苓》）。

典　音【diǎn】

古形【甲 金 小篆 】

“典”，甲骨文写作“ ”，上面是个“ （册）”，代表的是权威古籍；下面是个“ ”，像双手恭恭敬敬捧着古籍。《说文·丌部》：“典，五帝之书也。”所谓五帝，《孔子家语·五帝德》中将“黄帝、颛顼、尧、舜、禹”视为五帝。五帝之书，即谓之典。后来人们把五帝时代及以后的权威古籍，也称作典。

释义：“典”在《诗经》中使用3处，无迭用。

法则、典范。由典籍供后人效法引申。此种用法有3（雅1；颂2）处，如：“尚有典刑”（《大雅·荡》）；“文王之典”（《周颂·维清》）。

电(電)　音【diàn】

古形【甲 金 小篆 】

古人对电的认识，是从雷电及摩擦起电现象开始的。甲骨文中的“电”写作“ （‘申’的本字）”，像神秘而令人惊恐的霹雳并朝各个方向开裂伸展的闪电之状。《淮南子·坠形训》认为“阴阳相搏为雷，激扬为电”。明代刘基说得更为明确：“雷者，天气郁激而发也．阳气困于阴，必迫，迫极而迸，迸而声为雷，光为电。”阴阳相搏产生的光即为“电”。电一般是伴随着雷雨而来，所以又写作“電”。

释义：“电”在《诗经》中使用1处，无迭用。

闪电。此种用法有1处：“烨烨震电”（《小雅·十月之交》）。

甸　音【diàn】

古形【金 小篆 】

“甸”，金文写作“ ”，像一农夫在田中耕作。《说文·田部》：“甸，天子五百里地。”经天子治理的可耕作的大片田地就是“甸”。篆文“ ”将金文的“ ”误写成“ （勹）”，成了现在的“甸”字。

释义：“甸”在《诗经》中使用2处，

无迭用。

治理。由可耕作的大片土地因天子治理而来引申。此种用法有2（雅2）处："维禹甸之"（《小雅·信南山》）；"维禹甸之"（《大雅·韩奕》）。

玷　音【diàn】

古形【金小篆】

"玷"由"王"和"占"组成。"王"表示"玉"，"占"指占卜，古人占卜一般是将龟甲放在火中灼烤。玉如果也这样烟熏火燎一定会有烟斑或裂纹，"玷"就是这个意思。另"占"有占领的意思，"玷"或可理解成玉被污物占领了。

"玷"古写作"刮"，《说文·刀部》："刮，缺也。""有缺失"应该是"玷"之本义。

释义："玷"在《诗经》中使用3处，无迭用。

有缺失。此种用法有3（雅3）处，如："白圭之玷"（《大雅·抑》）。

奠　音【diàn】

古形【甲金小篆】

《说文·丌部》："奠，置祭也。"置祭，即摆放酒食祭拜。

古人建房，都要在新建筑开工前的地基上摆酒食祭奉地神与祖先，以求居所安定幸福。

从字形看，"奠"，甲骨文写作"豆"由"一"和"酋"组成。"一"代表地面，"酋"像酒坛。摆放酒食祭拜就是"奠"。

释义："奠"在《诗经》中使用3处，无迭用。

1. 摆放祭品（奠基之礼）。此种用法有2（风1；雅1）处："于以奠之"（《召南·采蘋》）；"上下奠瘗"（《大雅·云汉》）。

2. 放置。由特指奠基之礼泛化引申。此种用法有1处："洗爵奠斝"（《大雅·行苇》）。

殿　音【diàn】

古形【金小篆】

《说文·殳部》："殿，击声也。从殳，屍声。"《段注》云："此（殿）字本义未见，假借为宫殿字。又假借为军后曰殿。"

"殿"由"尸""共"和"殳"组成。安子介先生《解开汉字之谜》曰："我们可以把它（殿）看成'有许多（共）人照顾和用长武器（殳）保卫着的一所房子（尸）'。"

根据安子介先生的思路，或可这样理解：这是一座陈列着共同（共）祖先灵位（尸），有人守护或祭祀时击乐（殳）的大房子即祠堂。

因祠堂很大，所以后来引申为宫殿之"殿"。又因"殿""屍（臀）"同声，"臀"为人体后部，所以又借为殿后之"殿"。

释义："殿"在《诗经》中使用2处，无迭用。

1. 镇守、镇抚。由祠堂、宫殿等需要守护引申。此种用法有1处："殿天子之邦"（《小雅·采菽》）。

2. 呻吟。由击声引申。此种用法有1处：“民之方殿屎”（《大雅·板》）。

簟　音【diàn】

古形【金小篆】

《康熙字典》引《南越志》博罗县東洲足簟竹铭曰：“簟竹既大，薄且空中，节长一丈，其长如松。”可知“簟”为竹名。

“簟”由“竹”和“覃”组成。李时珍在《本草纲目》中说：“簟可延展，故字从竹、覃。”（“覃”有“延长”的意思。）

《说文·竹部》：“簟，竹席也。”应为“簟”之引申义，可以理解为用簟竹编织的一种宽大的竹席。

释义：“簟”在《诗经》中使用4处，无迭用。

（一种宽大的）竹席。由簟竹编织引申。此种用法有4（风1；雅3）处：“簟茀朱鞹”（《齐风·载驱》）；“簟茀鱼服”（《小雅·采芑》）；“簟茀错衡”（《大雅·韩奕》）。

驔　音【diàn】

古形【小篆】

《说文·马部》：“驔，骊马黄脊。”即“深黑色、黄脊梁的马”。高亨《诗经今注》中“驔之名疑出于鱏。《玉篇》：‘鱏，鲔也。’陆疏：‘鲔，似鳣而青黑。’盖鲔鱼颈上有鳍，黄色。驔的毛色似鱏，所以名驔”之注释或可视为一说。

“驔”由“马”和“覃”组成。“覃”有“延长”的意思。从“鱏”之字形看，右边也是个“覃”。鱏即鲔，即俗称的金枪鱼，在食用鱼中以体大而著称。“马”和“覃”组合，或因马身长体壮而曰“驔”。

释义：“驔”在《诗经》中使用1处，无迭用。

身长体壮的马。此种用法有1处：“有驔有鱼”（《鲁颂·駉》）。

吊(弔)　音【diào】

古形【甲金小篆】

“吊”，甲骨文由“（丝、绳）”、“（向上缠绕、绑缚）”和“（人）”三部分组成，表示将人捆绑悬挂空中。因此，“吊”的字形本义应为“用绳索将人（或自行）悬在空中绞死”。

“弔”，通常被视为“吊”的异体字。安子介《解开汉字之谜》在解释“引”之后说：“如果‘引’字中右边的一竖被移至‘弓’字的中间，就成了‘弔’字，意义完全不同，成为‘悲悼’、‘吊唁’。这（弔）是一个隶变，由小篆的‘’（一人和一弓）演变而来。当时人死后埋葬尚无棺木，只用草席。因而子孙须要站在尸体旁，‘手持弓箭’保护他，对付野兽和鸟类来侵食。它（弔）的意思当时是‘对死者表示敬意’，由此发展为‘悲悼’，然后引申出‘吊唁’的意义。”

“吊”和“弔”或为两字，后并为一字。

释义：“吊”在《诗经》中使用5处，无迭用。

1. 悲伤。由亲人逝去心中悲伤引申。

此种用法有1处："中心吊兮"（《桧风·匪风》）。

2.善。由亲人逝去护卫尽孝是善举引申。此种用法有3（雅3）处："不吊昊天"2句（《小雅·节南山》）；"不吊不祥"（《大雅·瞻卬》）。

3.到。由前去吊唁引申。此种用法有1处："神之吊矣"（《小雅·天保》）。

钓(釣) 音【diào】

古形【小篆】

"钓"由"金"和"勺"组成，"勺"像一（金属的）小勾勾着一物之状。《说文·金部》："钓，钩鱼也。""钓"本义专指钓鱼。钓鱼人钓到鱼之后，一般喜欢用一种勺状的抄网把鱼捞起来，所以"勺"也可看作抄网。

释义："钓"在《诗经》中使用4处，无迭用。

钓鱼。此种用法有4（风2；雅2）处，如："以钓于淇"（《卫风·竹竿》）；"其钓维何"（《小雅·采绿》）

调(調) 音【diào、tiáo】

古形【金小篆】

《说文·言部》："调，和也。"从字形看，"调"由"言"和"周"组成。"言"指语言；"周"有"周全"的意思，同"言"组合原表示用周全的言辞使之和合，后将搭配均匀，配合适当使之和合均谓"调"。

释义："调"在《诗经》中使用2处，无迭用。

1.调和。此种用法有1处："弓矢既调"（《小雅·车攻》）。

2.通"朝"，早晨。此种用法有1处："惄如调饥"（《周南·汝坟》）。

迭 音【dié】

古形【金小篆】

"迭"是一个很有意思的字，由"辶（辵）"和"失"组成。"辵"，《说文·辵部》："辵，乍行乍止也。"意思是走走停停；"失"，安子介《解开汉字之谜》："它的含义在几个衍生字中是'怕丢了'或'怕不见'。""走走停停"的状态是一直往前连续不断地走；"怕丢了"的结果是可能丢了或可能还存在。因此，从"辵"中我们可以有"连续不断"的理解；从"失去"又可以理解为"更替"。

《说文·辵部》："迭，更迭也……一曰达。"其中"更迭（即更易替代）"多于从"失"上理解；"达（即通达）"更多地从"辵"上理解。

释义："迭"在《诗经》中使用1处，无迭用。

更迭。此种用法有1处："胡迭而微"（《邶风·柏舟》）。

垤 音【dié】

古形【金小篆】

"垤"由"土"和"至"组成。"土"有土堆的意思，"至"，刘兴隆《新编甲骨文字典》："（至），''像倒矢，'一'像地平，矢落地上，以示至义。"同"土"组合，表示地面上只能供箭头

插入的一小堆土。小土堆就是“垤”。

释义：“垤”在《诗经》中使用1处，无迭用。

小土堆。此种用法有1处：“鹳鸣于垤”（《豳风·东山》）。

瓞 音【dié】

古形【金 小篆 】

“瓞”由“瓜”和“失”组成。“瓜”指一种植物的果实，“失”有“改变常态”的意思。《说文·瓜部》：“瓞，瓝也。”瓝，指小瓜，即一种失去常态的瓜。

释义：“瓞”在《诗经》中使用2处，无迭用。

小瓜。此种用法有2（雅2）处，如：“绵绵瓜瓞”（《大雅·绵》）。

耋 音【dié】

古形【甲 金 小篆 】

“耋”由“老”和“至”组成。“老”有“年纪大”的意思，“至”有“到达”的意思，组合在一起就表示人已经到了年纪大的时候了。《说文·老部》：“年八十曰耋。”过去人们把年龄达到八十岁的人才叫“耋”，即耄耋之人。

释义：“耋”在《诗经》中使用1处，无迭用。

（七八十岁的）老人。此种用法有1处：“逝者其耋”（《秦风·车邻》）。

叠(疊) 音【dié】

古形【金 小篆 】

“疊（叠）”由三个“日（后写作‘又’）”和“宜”组成。三个“日”代表星群，表示众多；“宜”字甲骨文写作“ ”，由“ （且，平均分割）”和“ （两块肉）”组成，合在一起表示祭祖杀牲，平分肉食。“晶”和“宜”组合成“叠”，表示平分的肉很多，堆积在一起。

释义：“叠”在《诗经》中使用1处，无迭用。

通“慴”，恐惧。此种用法有1处：“莫不震叠”（《周颂·时迈》）。

丁 音【dīng】

古形【甲 金 小篆 】

“丁”是“钉”的本字，古时的钉子一般都是竹木楔子，即竹钉或木钉。甲骨文“丁”像俯视的钉头之形；金文和小篆的“ ”则像侧视的钉子形状。“丁”的本义就是“钉子”。

古人称持斧开凿的人为“父”，称带着满筐刀具的人为“匠”，称从事建筑劳役者为“丁”。“丁”或许是因为从事建筑劳役者经常要敲打竹木楔子的缘故。

释义：“丁”在《诗经》中使用5处7次，2处迭用。

1.当、逢。由钉子可以使物体连接引申。此种用法有1处：“宁丁我梗”（《大雅·云汉》）。

2.迭用表示敲击之声。此种用法有2（风1；雅1）处4次：“椓之丁丁”（《周南·兔罝》）；“伐木丁丁”（《小雅·伐木》）。

3.借为人称谓。此种用法有2（颂2）

处："武丁孙子"2句（《商颂·玄鸟》）。

町 音【dīng、tǐng】

古形【金 小篆 】

《说文·田部》："町，田践处曰町。"王筠《说文句读》："田畔必有畦埒，为人所践，特以其不方正，不能名曰径术，故别名之曰町。"由此可知，"町"即"田践处"，即供人所践行的田间畦埒(俗称田埂)。

从田埂纵横连接看，呈"丁"形状，所以"町"由"田"和"丁"组成。

"田践处"还可以理解成田间被人或兽践踏出来的一条路。

释义："町"在《诗经》中使用1处，无迭用。

人、兽践踏的路。此种用法有1处："町畽鹿场"（《豳风·东山》）。

鼎 音【dǐng】

古形【甲 金 小篆 】

"鼎"，甲骨文写作" "，像有 (足)、有 (提耳)的青铜容器之状。《说文·鼎部》："鼎，三足两耳，和五味之宝器也。"

传说当年大禹收集九州贡献的金属，在荆山底下铸成了鼎，有了鼎，禹出入山林、江河、湖泽，妖魔鬼怪都要避开他，借助鼎，禹还十分和谐地接受上天的恩赐，所以说鼎是宝器。

鼎不仅是一种食物容器，还是一种煮具，盛行于商周时期，最早用于皇宫祭祀时熬制美食。因为它是宝器，所以鼎后来被视为立国的重器，成为政权的象征。

释义："鼎"在《诗经》中使用1处，无迭用。

容器、煮具。此种用法有1处："鼐鼎及鼒"（《周颂·丝衣》）。

定 音【dìng】

古形【甲 金 小篆 】

《说文·宀部》："定，安也。""安"即"安定"，从字形看，甲骨文写作" "，" "像一个屋子，" "是"足"，驻足在家就是"定"。

远古时期，为了生存，人们总是外出远行去觅食或打仗，成天劳累奔波，回归家园才能驻足歇息，身心都感觉踏实安定。

释义："定"在《诗经》中使用23处，无迭用。

1.停止、安定。此种用法有18（风4；雅12；颂2）处，如："胡能有定"4句（《邶风·日月》）；"天保定尔"3句（《小雅·天保》）；"邦靡有定"（《大雅·瞻卬》）；"克定厥家"（《周颂·桓》）。

2.决定、确定。由停止、安定即不动不变引申。此种用法有3（雅2；颂1）处，如："文定厥祥"（《大雅·大明》）；"耆定尔功"（《周颂·武》）。

3.借为顶。此种用法有1处："麟之定"（《周南·麟之趾》）。

4.借作星名（又叫营室）。此种用法有1处："定之方中"（《鄘风·定之方中》）。

东(東)　音【dōng】

古形【甲 金 小篆 】

《说文·东部》：“東，动也。官溥说，从日在木中。”官溥其人，似不可考，据《段注》在释“昷”字时说：“官溥者，博访通人之一也。”即当时的一个学识渊博通达之人。（我们现在接触到的东汉许慎的《说文解字》，多为五代时期南唐学者徐锴所辑，或文中的官溥说，皆为徐锴所引，此处‘从日在木中’一句疑为西晋学者虞溥所云。）“从日在木中”，《段注》云：“木，榑木也。日在木中曰東，在木上曰杲，在木下曰杳。”其中的杲指日行木上，天已大亮；杳指日行木下，天色昏暗。榑木，传说是一种神木，即榑桑，是日出之处。从“東”之字形看，也像太阳刚刚出现在树木之间。于是人们把太阳升起的方向称为“东”。许慎的“动也”，应该是“东”的引申义。一说“ （東）”像一个竹木编的笼子，也像装满物品的口袋，两头用绳子扎住。为“橐”的初文。古人称男子肩扛的行囊为“ （東）”，称女子手提的行囊为“ （西）”。

释义：“东”在《诗经》中使用55处，无迭用。

1. 东方。此种用法有53（风36；雅13；颂4）处，如：“三五在东”（《召南·小星》）；“东有甫草”（《小雅·车攻》）；“城彼东方”（《大雅·烝民》）；“狄彼东南”（《鲁颂·泮水》）（东南，特指淮夷）。

2. 借为地名。此种用法有2（雅2）处：“小东大东”（《小雅·大东》）。

冬　音【dōng】

古形【甲 金 小篆 】

《说文·仌部》：“冬，四时尽也。从仌从夂。夂，古文终字。”所谓“四时尽”，即春夏秋冬四个时节的尽头就是“冬”。《玉篇》：“冬，寒水结也。”从甲骨文字形看，“ （冬）”像冰凌之状（有说像一条绳索两头打上了结，表示冬是一年四季的终结之季）。水结成冰是冬季的主要特征。

释义：“冬”在《诗经》中使用6处，无迭用。

冬季、冬天。此种用法有6（风5；雅1）处，如：“亦以御冬”（《邶风·谷风》）；“冬日烈烈”（《小雅·四月》）。

蝀　音【dōng】

古形【小篆 】

《说文·虫部》：“蝀，螮蝀也。从虫東声。”螮蝀，也叫蝃蝀，即虹。《说文·虫部》：“虹，螮蝀也。状似虫。”因螮蝀（虹）样子弯曲像虫，所以“蝀”属“虫”部，又或因虹常见于东方，所以用“東”作声符。

释义：“蝀”在《诗经》中使用1处，无迭用。

蝃蝀（虹）。此种用法有1处：“蝃蝀在东”（《鄘风·蝃蝀》）。

动(動) 音【dòng】

古形【金 小篆 】

“动”，金文写作“”，由“”和“”组成。古代战争的俘虏，不是简单的处死，而是用锥子刺瞎其一只眼睛，然后强迫他们做奴隶，“”就像一个被刺瞎一只眼睛的奴隶；“”表示一个负重的人，合在一起表示负重劳动。《说文·力部》：“动，作也。”负重劳作就是“动”。因为“动”要用力，所以后来写作“動”。

释义：“动”在《诗经》中使用2处，无迭用。

跳动、摇动。由“动”要移位引申。此种用法有2（风1；颂1）处：“五月斯螽动股”（《豳风·七月》）；“不震不动”（《商颂·长发》）。

恫 音【dòng、tōng】

古形【金 小篆 】

“恫”由“忄（心）”和“同”组成。《说文·心部》：“恫，痛也。一曰：呻吟也。”从字形看，痛和呻吟或非两个意思，疑字形所表达的心里伤痛（痛），在其他方面也同步表现出来（呻吟）就是“恫”。

释义：“恫”在《诗经》中使用2处，无迭用。

悲伤、伤痛。此种用法有2（雅2）处：“神罔时恫”（《大雅·思齐》）。

都 音【dōu、dū】

古形【金 小篆 】

“都”由“者”和“阝（邑）”组成，“阝（邑）”表示城邑；“者”字上面是个“耂”，由“土”和“丿”组成，表示“不土”，义为“不耕土（田）”，下面是个“日”，代表每日、日子，每天不耕田就是“者”。“者”同“阝”组合，就表示这个城邑里住的都是不耕田的人。

中国虽然自古以农立国，农业户占压倒多数，但一向存在非农户，例如屠户、猎户、渔家、商家、石匠、木匠、皮匠、丝绸专业户、造纸专业户、颜料专业户等。这些具有专业技能的全天从事非农劳作的家庭，就是"者"，一般都聚集在都城。

释义：“都”在《诗经》中使用10处，无迭用。

1.（非农业劳动人群聚集居住的）城邑、都城。此种用法有8（风1；雅6；颂1）处，如：“在浚之都”（《鄘风·干旄》）；“作都于向”（《小雅·十月之交》）；“设都于禹之绩”（《商颂·殷武》）。

2.文雅。由都城里的人文明程度高一点引申。此种用法有1处：“洵美且都”（《郑风·有女同车》）。

3.借作人名。此种用法有1处：“不见子都”（《郑风·山有扶苏》）。

斗 音【dǒu、dòu】

古形【甲 金 小篆 】

“斗”，甲骨文写作“⺘”，像一个有手柄（十）的大勺子（コ），手柄的“十”是“⺄（又）”的简略写法，表示勺子下面是一个可以手握的长柄。《说文·斗部》：“斗，十升也。象形，有柄。”这里的斗，应该是计量单位，许慎是用计量的方法说明了“斗”的大小。

释义：“斗”在《诗经》中使用3处，无迭用。

1.长柄勺子。此种用法有1处：“酌以大斗”（《大雅·行苇》）。

2.借作星名，由北斗七星排列状如有柄的勺子而来。此种用法有2（雅2）处：“维北有斗”2句（《小雅·大东》）。

豆 音【dòu】

古形【甲 金 小篆 】

甲骨文的“豆（豆）”像一个高脚的盛器（豆）加两“一”组成。盛器里面的“一”表示食物，上面的“一”表示盖子。《说文·豆部》：“豆，古食肉器也。”盛装食肉的器皿就是“豆”。

释义：“豆”在《诗经》中使用11处，无迭用。

食器。此种用法有11（风1；雅9；颂1）处，如：“笾豆有践”（《豳风·伐柯》）；“傧尔笾豆”（《小雅·常棣》）；“笾豆大房”（《鲁颂·閟宫》）。

阇 音【dū】

古形【小篆 】

“阇”由“门”和“者”组成。从事非农业劳动的人称“者”，“门”内有“者”，表示这是城邑的门。《尔雅·释宫》：“阇谓之台。”城门上的台就称“阇”。

释义：“闍”在《诗经》中使用1处，无迭用。

城门上的台。此种用法有1处：“出其闉阇”（《郑风·出其东门》）。

毒 音【dú】

古形【小篆 】

《说文·屮部》：“毒，厚也。害人之草，往往而生。从屮，从毐。”意思是说：毒是一种厚涩苦烈的、害人的草，野地里到处都生长着。从字形看，“毒”由“屮”和“毐”组成，“屮”指的是初生的草（木）；“毐”的上部是个“士”，下面是个“毋”，《说文·毋部》：“毐，人无行也。”意即没有好品行的人曰“毐”，同“屮”组合表示没有好品行的草，即毒草。

释义：“毒”在《诗经》中使用3处，无迭用。

1.害人之物（毒物）。由可以害人（泛指）引申。此种用法有1处：“比予于毒”（《邶风·谷风》）。

2.伤害、苦难。由毒物给人带来伤害引申。此种用法有2（雅2）处：“其毒大苦”（《小雅·小明》）；“宁为荼毒”（《大雅·桑柔》）。

独(獨) 音【dú】

古形【金 小篆 】

“独”，繁体写作“獨”，由“犭

（犬）”和“蜀”组成。犬好独处（食），不喜群居，所以《说文·犬部》云：“独，犬相得而斗也。”即相遇就打斗。“蜀”，安子介先生在《解开汉字之谜》中说：“蜀字是指一种软虫，它们专门咬啮一种叫作蜀葵植物的叶子，而蜀葵的颜色则似混浊水色。这种软虫有个特点，即在将该株植物所有种（叶）子吃光之前，不会离开。”在解释“独”字时，又说：“似狗（犬）或‘蜀’葵软虫，都坚持单个儿吃。”

据《山海经·北山经》记载，在“北嚣之山……有兽焉，其状如虎，而白身犬首，马尾彘鬣，名曰独狢。”古人或就是用此形态独一之犬首兽和喜好独食之蜀葵虫组合，来表示“单一的，无呼应的，孤立的”等意思。

释义：“独”在《诗经》中使用24处，无迭用。

单一的，无呼应的，孤立的（单独、孤独、独自）。此种用法有24（风10；雅13）处，如：“我独南行”（《邶风·击鼓》）；“哀此茕独”（《小雅·正月》）；“无独斯畏”（《大雅·板》）。

读(讀)　音【dú】

古形【小篆】

“读”，繁体写作“讀”，由“言”和“賣”组成。《说文·言部》：“讀，诵书也。”诵书，就是出声朗读诗书经文，所以“讀”为“言”部。“賣”是“牘”省写，表示木简（在纸张没发明之前，诗书经文一般都刻写在木条上，称为木简），借指诗书经文。

释义：“读”在《诗经》中使用2处，无迭用。

宣扬。由诵读可以起到宣传效果引申。此种用法有2（风2）处，如：“不可读也”（《鄘风·墙有茨》）。

笃(篤)　音【dǔ】

古形【金　小篆】

“笃”由“竹”和“马”组成。为了使马不能嚼路边的野草，从而乱跑，人们常常给马嘴套上透气的笼套，以此降低草料对马的诱惑，提高马的警觉与专注，以便更好地为主人服务。过去的笼套一般是用竹编织而成的，所以“笃”属“竹”部。《说文·竹部》：“笃，马行顿迟。”马被套上笼套，就老实多了，行动也变得温顺迟缓了。

释义：“笃”在《诗经》中使用12处，无迭用。

1.忠厚、温顺。由上了笼套后的马转变引申。此种用法有8（风1；雅6；颂1）处，如：“硕大且笃”（《唐风·椒聊》）；“笃公刘”句（《大雅·公刘》）；“曾孙笃之”（《周颂·维天之命》）。

2.厚、重。由笃行累积引申。此种用法有4（雅4）处，如：“笃生武王”（《大雅·大明》）。

堵　音【dǔ】

古形【金　小篆】

《说文·土部》：“堵，垣也。五版为一堵。”垣，即墙。古时的墙多为土墙，所以“堵”为“土”，“者”表示住在城内的人，所以这里的墙指城墙。古时筑墙多为板筑法，即按照土墙长度和宽度的要求，先在土墙两侧及两端设立木板，并用绳索捆扎牢固。然后再往木板空槽中填土，并用木夯夯实夯牢。筑好一层（即一版），木板如法上移，再筑第二层（版）、第三层（版）……，五版称为一堵（即五层板的高度为堵的高度）。堵是墙面的计量单位。

“堵”有金文写作“”，由“（御敌的城郭）”“（逆，表示外敌）”和“（城门）”三部分组成，表示“关闭城门，阻止外敌入城。”所以“堵”后来又有了“阻挡、阻塞”等意思。

释义：“堵”在《诗经》中使用3处，无迭用。

一面墙。此种用法有3（雅3）处，如：“筑室百堵”（《小雅·斯干》）；“百堵皆兴”（《大雅·绵》）。

杜　音【dù】

古形【甲　金　小篆　】

古代陕西长安地区生长一种杜梨枝，是神农氏中一支氏族所擅长栽培的树，当时已经成为该氏族的社树，即神树。这支氏族崇拜杜梨树为氏族的原始图腾，以杜命氏族名，以杜命居地名，建立城堡后称杜城，最终形成国和姓。

“杜”由“木”和“土”组成。杜城地靠沣水，“杜”有“阻挡、阻止”的意思，从字形看，甲骨文写作“”，左边“”像个土墩，右边是个“（木）”，有“土木并用”（治理沣水，筑堤阻挡洪水）之意。或因此木和土并用给族人免除洪水之灾得名成为氏族图腾，又或因有此树而得姓和国名。

释义：“杜”在《诗经》中使用6处，无迭用。

借作树名。此种用法有6（风4；雅2）处，如：“有杕之杜”2句（《唐风·有杕之杜》）；“有杕之杜”2句（《小雅·杕杜》）。

度　音【dù、duó】

古形【小篆　】

“（度）”由“”和“”组成，“”是“庶”的上半部，表示石块（“庶”金文写作“”，“”疑为篆文对金文“庶”的上半部“（石）”的误写）；“”表示用手测量。建筑施工前计算、测量（石料）就是“度”。

释义：“度”在《诗经》中使用13处，无迭用。

1.测量。由特指测量石料为泛指引申。此种用法有2（雅2）处，如：“度其鲜原”（《大雅·皇矣》）。

2.投、填入。或因石料测量好即投入施工引申。此种用法有1处：“度之薨薨”（《大雅·绵》）。

3.衡量、推测、揣度。由测量具体事物为抽象引申。此种用法有4（雅4）处，如：“周爰咨度”（《小雅·皇皇者华》）；“不可度思”（《大雅·抑》）。

4.限度、法度。由物体测量数量、范围有一定界限引申。此种用法有4（风2；雅2）处，如：“美无度”2句（《魏风·汾沮洳》）；“礼仪卒度”（《小雅·楚茨》）；“谨尔侯度”（《大雅·抑》）。

5. 居住、度过。或因施工完毕建筑物可供人居住引申。此种用法有1处：“爰究爰度”（《大雅·皇矣》）。

6. 借为“剫”，判。此种用法有1处：“是断是度”（《鲁颂·閟宫》）。

斁 音【dù、yì】

古形【小篆斁】

“斁”由“睪”和“攵（攴）”组成。《说文·夲部》云：“睪，目视也。”意思是“伺察”，从“睪”字看，上面是个横“目”，下面是个“夲（使人惊骇的刑具）”；“攵”，小篆写作“攴”，像手持器械之状，同“睪”组合，或有“监察行刑”的意思。

释义：“斁”在《诗经》中使用7处，无迭用。

1. 败、坏。由受刑之人多为坏人（或行动失败）引申。此种用法有2（雅1；颂1）处：“耗斁下土”（《大雅·云汉》）；“徒御无斁”（《鲁颂·泮水》）。

2. 厌恶。由败坏之人令人生厌引申。此种用法有4（风1；雅1；颂2）处，如：“服之无斁”（《周南·葛覃》）；“古之人无斁”（《大雅·思齐》）；“思无斁”（《鲁颂·駉》）。

3. 通“绎”，盛大。此种用法有1处：“庸鼓有斁”（《商颂·那》）。

锻(鍛) 音【duàn】

古形【小篆鍛】

“锻”由“钅（金）”和“段”组成。“段”，金文写作“段”，像手持捶击石之状。古“段”“锻”通用，只不过从字形看，“段”字的来历应该与石器时代开采石料、打磨石器有关；“锻”是在“段”字的基础上加了个“金”，应该出现在人类社会进入青铜器和铁器时代以后。《说文·金部》：“锻，小冶也。”清朱骏声《说文通训定声》：“熔铸金为冶，以金入火，焠而椎之为小冶。”将金属加热后锤打定型就是“锻”。

释义：“锻”在《诗经》中使用1处，无迭用。

通“段”，大块坚硬的捶石。此种用法有1处：“取厉取锻”（《大雅·公刘》）。

断(斷) 音【duàn】

古形【金斷小篆斷】

“断”，金文写作“斷”，由“㡭”和“斤”组成，“㡭”是古“绝”字，字形像丝、绳一类的物体被截成了两段；“斤”是古“斤”字，表示刀、斧一类的利器。《说文·斤部》：“断，截也。”用利器将物体截开就是“断”。

释义：“断”在《诗经》中使用3处，无迭用。

折断、截断。此种用法有3（风1；颂2）处，如：“八月断壶”（《豳风·七月》）；“是断是度”（《鲁颂·閟宫》）。

对(對) 音【duì】

古形【甲對金對小篆對】

“对”，甲骨文写作“對”，由“丵”

和“”组成。

一说“”像一把两端带刃且一端刃上有齿的长柄大刀，这种大刀是军中最高统帅所使用的武器；“”是手，组合在一起表示统帅手持大刀与敌首相对峙。

刘兴隆先生《新编甲骨文字典》中“对”字有两种字形：一是“”（“对”字手在中），像以手持镫；二是“”（“对”字手在上），都像以手拨镫。因黑夜无光，点灯以当明。这里的“镫”应为“燈”，指的是过去用于照明的小油灯。

《说文 · 丵部》：“（对），譍无方也。从丵从口从寸。（对）或从士。汉文帝以为责对而为言多非诚对，故去其口，以从士也。”许慎在这里也列了两个篆体“对”，一是从口的“（对）”，意思是“回答问题不拘泥方法”；二是从士的“（对）”，因汉文帝认为在被责问的情况下回答问题，多半都是不诚实的，（希望能够得到诚实回答）所以去掉“口”而改作“士”。

李孝定在《甲骨文字集释》中将“（对）”释为“像以手持丵树之形，其下也从土。”“其意当同标识之物，旨在明显示人。”“丵”指丛生的草，用手高举之以作标识示人就是“对”。

“持刀对峙”“点灯当明”“应答无方”“丵丵示人”等意思都是前人根据字形分析得出的结论。

汉字是表意文字，尤其是甲骨文中的象形、会意字，都是对具体存在事物的一种真实描述。从目前的考古看，甲骨文最早出现在商代，在此之前已经出现了用青铜器制作兵器刀具，且刀具的形状奇形怪状，但像“（对）”中“”这样的刀具既为军中统帅所用且作为汉字部件，应该非常常见，却未见记载，或为误释。历史上有文字记载的灯具始于黄帝时期，但仅仅是传说，目前发现成型的灯具是出现在春秋时期陶制的类似盛食器的豆油灯，形状或像“”状，但在“对”字发明之后（前或有，但目前还未发现），说“对”有“点灯当明”之义或有望文生义之嫌。至于“应答无方”，应为“对”字意义引申以后对篆体字形的分解释义。相比之下，李孝定先生的“丵丵示人”或可视为“对”之较为远古的义项。

释义：“对”在《诗经》中使用7处，无迭用。

1.（疆界的）标识。由丵丵为标识引申。此种用法有2（雅1；颂1）处：“帝作邦作对”（《大雅 • 皇矣》）；“裒时之对”（《周颂 • 般》）。

2. 安定。由疆界确定，国家稳定引申。此种用法有1处：“以对于天下”（《大雅 • 皇矣》）。

3. 应对、报答。由疆界两国相对引申。此种用法有4（雅3；颂1）处，如：“流言以对”（《大雅 • 荡》）；“对越在天”（《周颂 • 清庙》）。

兑 音【duì】

古形【甲 金 小篆 】

“兑”字古今字形变化不大，都是由“八（分开）”“口”和“儿（人）”三部分组成，合在一起表示人开口笑。《说文 · 儿部》：“兑，说（喜悦）也。”“开口笑”是“兑”的较为原始的意义。笑可以使人身心愉悦，笑可以便于人与人的沟通，在物质交换的年代，笑可以使物质兑换更顺畅，“愉悦、通达、兑换”等意思，应该都是“兑”之功能所产生的引申义。

释义：“兑”在《诗经》中使用2处，无迭用。

通达。由“兑”更便于沟通引申。此种用法有2（雅2）处，如：“行道兑矣”（《大雅·绵》）。

祋　音【duì】

古形【小篆】

《说文·殳部》：“祋，殳也。从殳示声。或说城郭市里，高县（悬）羊皮，有不当入而欲入者，暂下以惊牛马，曰祋。故从示殳。”“祋”由“示”和“殳”组成。“示”有“警示”的意思，“殳”，甲骨文写作“”，像一长柄锤状的打击器物，一般用积竹制成，有八棱，长一丈二尺，战时树立在兵车上，拿它作先锋，起到一种警示和震慑敌人的作用。

作为一种武器，《说文》将“祋”放在“殳”部，然作为一种“县（悬）羊皮、惊牛马”或震慑敌人的警示器物，“祋”应该“从示殳”。

释义：“祋”在《诗经》中使用1处，无迭用。

打击器物、武器。此种用法有1处：“何戈与祋”（《曹风·候人》）。

怼（懟）　音【duì】

古形【小篆】

“怼”由“对”和“心”组成。“对”有“相持”的意思。《说文·心部》：“怼，怨也。”《广雅·释诂》：“怼，恨也。”心中有抵触，相持不下，产生怨恨，就是“怼”。

释义：“怼”在《诗经》中使用1处，无迭用。

怨恨。此种用法有1处：“强御多怼”（《大雅·荡》）。

敦　音【dūn】

古形【甲金小篆】

“敦”，甲骨文写作“”，金文写作“”，小篆沿袭金文的写法作“”，隶变以后一直到楷书定型为“敦”。其实，从以形表意的规律看，“敦”应该是两字合一。

一是甲骨文“”，上像一个盛器，下面是个羊头，或想表达把羊头装在盛器里祭拜祖先神灵，“敦”就是一个表示盛器的字，抑或作为食器可随意盛放多种食物，所以后来一般解释为盛放黍、稷、稻、粱等作物的食器。

二是金文的“”，像手拿器械逼迫羊往盛器（有说宗庙）里去，用以祭祀。这才应该是“敦”，有“督促、逼迫”的意思。

释义：“敦”在《诗经》中使用9处，无迭用。

1. 敦促、逼迫、击打。此种用法有3（风1；雅1；颂1）处：“王事敦我”（《邶风·北门》）；“铺敦淮濆”（《大雅·常武》）；“敦商之旅”（《鲁颂·閟宫》）。

2. 团（圆）。由“敦”之器形呈团圆状引申。此种用法有3（风2；雅1）处，如：“敦彼独宿”（《豳风·东山》）；“敦彼行苇”（《大雅·行苇》）。

3. 画饰。由“敦”上雕刻有纹饰引申。此种用法有3（雅2；颂1）处，如：“敦弓既句”（《大雅·行苇》）；“敦琢其旅”（《周颂·有客》）。

蹲 音【dūn】

古形【金 小篆 】

“蹲”由“足”和“尊”组成。《说文·足部》：“蹲，踞也。”踞，就是“坐”的意思。清王筠《说文句读》：“（唐）玄应引《字林》：‘踞谓垂足实坐也，蹲犹虚坐也。’”意思是说，“踞”和“蹲”都有“坐”的意思，踞指“垂足实坐”，蹲是“虚坐”即靠双足支撑呈坐状。无论实坐还是虚坐，都与足有关，所以“蹲”为“足”部。“尊”，甲骨文写作“”，像手捧酒器，同“足”组合成“蹲”，有“坐下品酒”的意思。

“蹲”在方言中音“cún”，有腿脚猛然落地的意思。

释义：“蹲”在《诗经》中使用1处2次，迭用。

蹲（cún）（古代一种和“足”有关的）舞姿。由“蹲”和足有关引申。此种用法有1处，迭用：“蹲蹲舞我”（《小雅·伐木》）。

盾 音【dùn】

古形【甲金 小篆 】

古时打仗，多用长矛和刀箭，为了挡住敌人的进攻，战士们制作了一种硬牌，作战时士兵一手持硬牌保护身体，一手持兵器打击敌人，这种硬牌就叫盾，多用金属制成。甲骨文“盾”写作“”，就是盾的简单图形。

释义：“盾”在《诗经》中使用1处，无迭用。

一种抵御进攻，保护身体的硬牌。此种用法有1处：“龙盾之合”（《秦风·小戎》）。

顿（頓） 音【dùn】

古形【金 小篆 】

“顿”由“屯”和“页（头）”组成。“屯”表示“向下扎根”，有“向下”的意思。《说文·页部》：“顿，下首也。”头（向下）叩地，就是“顿”。

释义：“顿”在《诗经》中使用1处，无迭用。

借作地名（或因此丘多为叩首拜别之处而得名）。此种用法有1处：“至于顿丘”（《卫风·氓》）。

遁（遯） 音【dùn】

古形【金 小篆 】

“遁”由“辵（辶）”和“盾”组成，“辶”和行走有关。《说文·辵部》：“遁，迁也。一曰，逃也。”或因战斗中的士兵有了盾可进可退，打了败仗便于撤退逃跑，所以“遁”用“盾”做声符。逃离、离去就是遁。

释义：“遁”在《诗经》中使用2处，无迭用。

逃离、离去。此种用法有2（雅2）处：“勉尔遁思”（《小雅·白驹》）；“宁俾我遁”（《大雅·云汉》）。

多 音【duō】

古形【甲 金 小篆 】

“多”，甲骨文写作“ ”，像两块堆积在一起的肉。原始人类物品都是均分，尤其是肉食，一人只获一份。《说文·多部》：“多。重也。”重复获肉，数量大了，就是多。

释义：“多”在《诗经》中使用49处，无迭用。

数量大。此种用法有49（风8；雅29；颂12）处，如：“谓行多露”（《召南·行露》）；“俾尔多益”（《小雅·天保》）；“济济多士”（《周颂·清庙》）。

掇 音【duō】

古形【金 小篆 】

《说文·手部》：“掇。拾取也。”从字形看，“掇”，金文写作“ ”，由“ （手）”和“ ”组成。“ ”像一堆散落交织在一起的物体，用手将散落交织的物体归拾在一起，就是“掇”。

释义：“掇”在《诗经》中使用1处，无迭用。

拾取。此种用法有1处：“薄言掇之”（《周南·芣苡》）。

夺(奪) 音【duó、dǔ】

古形【金 小篆 】

“奪（夺）”，金文写作“ ”，上面是“ （衣）”；中间是“ （抓住的小鸟）”；下面是“ （手）”。远古时代，人和自然十分和谐，鸟对人类的警惕性很低，人们很容易用衣服在野外就可以捕捉到小鸟。《说文·奞部》：“手持隹失之也。”抓住了一只小鸟，又被下面的另一只手抢去了，就是夺。

释义：“夺”在《诗经》中使用1处，无迭用。

抢、强取。由抢夺小鸟引申。此种用法有1处：“女覆夺之”（《大雅·瞻卬》）。

嶞 音【duò】

古形【小篆 】

《说文·山部》：“嶞，山之墮墮者。”《段注》：“墮墮，狭长之貌。”狭长的山就叫嶞。

山东威海一带有嶞崮山，据民国《牟平县志·地理志》记载：“（嶞崮山）山势自无极山迤逦东行十余里，峰峦起伏，为牟、海之界，到此巍然突起，高耸海上，东揖槎山，西拱乳山，海舟之所瞩目也。旁多小峰，而此崮雄杰，实为之魁，故名。”从字义上说，嶞：山形狭长，迤逦东行十余里，登在山顶，有垂落之感；崮：巍然突起，四周陡峭、山顶较平。把嶞和崮结合起来了，符合嶞崮山一带的地形。“嶞”由“隋”和

“山”组成。“隋”，古同“堕”，有垂落的意思。

释义：“嶞”在《诗经》中使用1处，无迭用。

狭长的山。此种用法有1处：“嶞山乔岳”（《周颂·般》）。

E

讹(訛、譌)　音【é】

古形【小篆】

“讹”由“讠（言）”和“化”组成，“化”有变化的意思，和“言”组合表示变化了的语言。“讹”又作“譌”，《说文·言部》：“譌，譌言也。”所谓讹言，指的是虚假之言。

释义：“讹”在《诗经》中使用5处，无迭用。

1. 虚假之言。此种用法有3（雅3）处，如：“民之讹言”（《小雅·沔水》）。

2. 改变。由语言有改变引申。此种用法有1处：“式讹尔心”（《小雅·节南山》）。

3. 通吪，动。此种用法有1处：“或寝或讹”（《小雅·无羊》）。

吪　音【é、huā】

古形【小篆】

“吪”由“口”和“化”组成，“化”有“变化”的意思。《说文·口部》：“吪，动也。”口动了，有了变化，就是“吪”。

释义：“吪”在《诗经》中使用2处，无迭用。

变动、变化。由口的变动引申。此种用法有2（风2）处，如：“四国是吪”（《豳风·破斧》）。

俄　音【é】

古形【金小篆】

《说文·人部》：“俄，行顷也。”“行顷”是指行进的时候头（或身子）倾斜着。从字形看，“俄”由“亻（人）”和“我”组成，“我”，甲骨文写作“”，像一种有许多利齿的武器。或因这种武器上有许多利齿，且分量很重，所以拿着它行进的时候人的头（或身子）要倾斜一点，以防伤着自身。

释义：“俄”在《诗经》中使用1处，无迭用。

倾斜。由人的行进状态引申。此种用法有1处：“侧弁之俄”（《小雅·宾之初筵》）。

莪　音【é】

古形【金小篆】

莪是一种蒿类的多年生草本植物，一般生于水边，叶似针状，嫩叶可食用，根茎能入药。从字形看，“莪”由“艹（草）”和“我”组成。“我”，甲骨文写作“”，像一种有许多利齿的武器，或因这种利齿同“我”字端部相似且读音相近，所以“莪”用“我”做声符。

释义：“莪”在《诗经》中使用7处，无迭用。

莪蒿。此种用法有7（雅7）处，如：“菁菁者莪”3句（《小雅·菁菁者莪》）。

峨（峩） 音【é】

古形【小篆 】

《说文·山部》：“峨，嵯峨也。”所谓嵯峨，即形容山势高峻，也指坎坷不平。从“峨”之字形看，由“山”和“我”组成。“我”，甲骨文写作“ ”，像一种有许多利齿的武器，或因坎坷不平的山势和利齿相似，且读音相近，所以“峨”用“我”做声符。（有说“我”是“哦”的本字，拟惊叹之声。）山势高峻令人惊叹，或可视为一说。

释义：“峨”在《诗经》中使用1处2次，迭用。

庄严。由山势的高峻、森严引申。此种用法有1处，迭用：“奉璋峨峨”（《大雅·棫朴》）。

蛾 音【é】

古形【小篆 】

“蛾”由“虫”和“我”组成。“我”甲骨文写作“ ”，像一种有许多利齿的武器，“蛾”是一种像蝴蝶一样的昆虫，或因双翅收拢于尾部后相似于武器的利齿，所以用“我”做声符。（有说“我”是“哦”的本字，拟惊叹之声。）一种令人惊叹的艳丽小虫，或可视为一说。

释义：“蛾”在《诗经》中使用1处，无迭用。

像蛾状。由蛾的形状引申。此种用法有1处：“螓首蛾眉”（《卫风·硕人》）。

厄 音【è】

古形【小篆 】

“厄”由“厂”和“卩”组成。“厂”像石岩；“卩”，小篆写作“ ”，像一个人蜷曲着身子，一个人蜷曲着身子被紧压在山岩下，就是“厄”。孙悟空被佛祖压在五指山下五百年不得脱身或可称作“厄”。

“厄”，《说文》作“戹”，《说文·户部》：“戹，隘也。从户乙声。”此处之“乙”，《段注》：“此从甲乙之乙，取乙乙难出之意也。”“厄”表示的是狭小到难得脱身之意。

释义：“厄”在《诗经》中使用1处，无迭用。

通轭，架在马颈上其形略如人字的马具（或为使马不易脱身的马具）。此种用法有1处：“鞗革金厄”（《大雅·韩奕》）。

咢 音【è】

古形【金 小篆 】

“咢”，小篆写作“ ”，由“吅”和“屰”组成，“吅（两个口）”，表示口多；“屰（屰）”是“逆”字，有反向的意思。《说文·吅部》：“咢，譁讼也。”众多的口，各自说着不同（屰）的意见，就是“咢”。

释义：“咢”在《诗经》中使用1处，无迭用。

唱而无曲调（同主唱唱法不同）。由

说词不同引申。此种用法有1处："或歌或咢"（《大雅·行苇》）。

恶(惡)　音【è、wù】

古形【金 小篆 】

"恶"由"亚"和"心"组成。"亚"有较差的意思，一个人心情差，对某些事物排斥、厌弃就是"恶"。《说文·心部》："恶，过也。"《康熙字典》引《通论》云："有心而恶谓之恶，无心而恶谓之过。"有心之恶（坏事）也好、无心之过也罢，都是"恶"的引申义，由排斥、厌恶的对象引申。

释义："恶"在《诗经》中使用6处，无迭用。

厌恶、憎恶。此种用法有6（风1；雅4；颂1）处，如："无我恶兮"（《郑风·遵大路》）；"方茂尔恶"（《小雅·节南山》）；"在彼无恶"（《周颂·振鹭》）。

鄂　音【è】

古形【金 小篆 】

"鄂"是湖北省的简称，从字形看，由"咢"和"邑（阝）"组成。"邑"是城邑；"咢"有反向的意思。古代江汉（鄂）地区盛产鳄鱼，或因鳄鱼是一种不为人食反食人的动物，所以人们把这一地区称作鄂。中国古代曾有楚国的熊红，唐朝的李瑶、李湛、李润，后唐的李从厚，南唐的李景达，宋朝的岳飞、赵曦，金国的完颜斡烈等多人被封为鄂王。抑或这些人或封于鄂地，或因意见常常相左于权势而被封为鄂王也未可知。

释义："鄂"在《诗经》中使用1处，无迭用。

借为萼，即花托。"鄂不韡韡"（《小雅·常棣》）。

遏　音【è】

古形【金 小篆 】

《说文·辵部》："遏，微止也。"《国语·晋语》韦昭注："微，蔽也。微止，谓遮而止之。"意思是："微止"就是挡住不让前行。从字形看，"遏"由"曷"和"辶"组成。"辶"和行走有关；"曷"疑为"喝"字省写，有呵斥的意思。一个人正在行走，被人大声喝住阻止前行就是"遏"。

释义："遏"在《诗经》中使用7处，无迭用。

阻止、制止。此种用法有7（雅6；颂1）处，如："无遏尔躬"（《大雅·文王》）；"胜殷遏刘"（《周颂·武》）。

恩　音【ēn】

古形【金 小篆 】

民间常说知恩图报，首先要知，知才有恩，不知即无从谈恩。

从"恩"之字形看，由"因"和"心"组成。"因"，是一个"大（成人）"在"口"内，安子介先生在《解开汉字之谜》中说："当一个成人（大）被关在一个小的空间里，他决不会始终消极，因为他已经长大，再不是尚未启蒙的小孩，一定会做一些事情，取得脱

身，这就是‘原因’……”又云：“‘心’中知道其原‘因’”即是“恩”。

一说“因”甲骨文写作“”，朱骏声《说文通训定声》引江永说：“像茵褥之形，中像缝线纹理。”

综上两说，“恩”或可理解为一个躺在茵褥（舒适床垫）上的人心中知道了其受此恩惠的原因。抑或还可理解为用心为别人安排舒适的环境。

释义：“恩”在《诗经》中使用1处，无迭用。

爱。由心中有爱才会施恩引申。此种用法有1处：“恩斯勤斯”（《豳风·鸱鸮》）。

儿(兒)　音【ér、rén】

古形【甲　金　小篆　】

“儿”，小篆写作“”，《说文·儿部》：“儿，孺子也。从人，像小儿头囟未合。”意思是说，儿指婴儿，下面是个“人”形，上面像个囟门还没有闭合的脑袋。古代称女婴为婴，男婴为儿，婴儿最重要的特点就是脑袋顶上的囟门没有闭合，摸上去软软的，所以“儿”字表示脑袋的部分没有封口。“小儿头囟未合”是对小篆字形的分析。从甲骨文“”之字形看，有说上部像只长出两颗门牙的嘴巴，有小儿长牙换齿的年龄特征。《诗经》中有“黄发儿齿”句，从文献的时间上看，“儿”较早形容牙齿，故可视为一说。

释义：“儿”在《诗经》中使用1处，无迭用。

似婴儿。由事物同幼小婴儿相似引申。此种用法有1处：“黄发儿齿”（《鲁颂·閟宫》）。

而　音【ér】

古形【甲　金　小篆　】

从甲骨文字形看，“（而）”像人口（一）下长满胡须（）的样子。《说文·而部》：“而，颊毛也。像毛之形。”“而”表示的就是人面颊和下巴上的毛（俗称络腮胡须）。

释义：“而”在《诗经》中使用57处，无迭用。

1. 借作代词，你、你的。此种用法有6（风3；雅3）处，如：“惠而好我”（《邶风·北风》）；“而月斯征”（《小雅·小宛》）；“予岂不知而作”（《大雅·桑柔》）。

2. 借作连词。此种用法有35（风10；雅15；颂10）处，如：“胡迭而微”（《邶风·柏舟》）；“而多为恤”（《小雅·杕杜》）；“谁夙知而莫成”（《大雅·抑》）；“予其惩，而毖后患。”（《周颂·小毖》）。

3. 借作语气词。此种用法有13（风13）处，如：“尚之以琼英乎而”（《齐风·著》）。

4. 同“如”，像。此种用法有3（风2；雅1）处，如：“胡然而天也”（《鄘风·君子偕老》）；“垂带而厉”（《小雅·都人士》）。

尔(爾)　音【ěr】

古形【甲　金　小篆　】

“尔”，甲骨文写作“”，像多箭齐发的弓弩。弩的出现应该在商周时代，春秋时期已经成为一种常见的兵器在使用了。多箭齐发的弓弩未见有考，但三国时期出现的“以铁为矢，矢长八寸，一弩十矢俱发”元戎弩，史载就是诸葛亮在前代可一次发射多支弩箭即连弩的基础上，设计制作的。“（尔）”或就是这种连弩的简单图形。“尔”后来借作人称代词，古汉字中的人称来源，体现了古人的自我中心意识：脸部的正中央为“自”（鼻子，第一人称），脸部的下边为“而”（颌须，第二人称），身体的最下端为“之”（脚板，第三人称）；同样，威猛的武器为“我”（大戊，第一人称），而只用于短程击发的弓弩为“尔”（连弩，第二人称）。

一说“爾（尔）”字形采用“冂、㸚”会意，表示孔格交织，有窗格花纹的意思，存疑。

释义：“尔”在《诗经》中使用206处，无迭用。

1. 借作人称代词，有“你、你们、你的、你们的”等意思。此种用法有202（风26；雅157；颂19）处，如：“宜尔子孙”（《周南·螽斯》）；“乐尔妻帑”（《小雅·常棣》）；“舍尔介狄”（《大雅·瞻卬》）；“无封靡于尔邦”（《周颂·烈文》）。

2. 借作语气助词。此种用法有2（风2）处，如：“宵尔索绹”（《豳风·七月》）。

3. 借为薾，花盛貌。此种用法有1处：“彼尔维何”（《小雅·采薇》）。

4. 通“迩”，近。此种用法有1处：“莫远具尔”（《大雅·行苇》）。

耳 音【ěr】

古形【甲金小篆】

“耳”，甲骨文写作“”，像一只耳朵的简单图形。《说文·耳部》：“耳，主听也。”意思是“耳朵是主管听觉的器官”，俗称耳朵。随着科学的发展，研究证明耳朵不仅主管听觉，还是平衡感觉的器官。

释义：“耳”在《诗经》中使用11处12次，1处迭用。

1. 耳朵。此种用法有9（风5；雅4）处，如：“褎如充耳”（《邶风·旄丘》）；“其耳湿湿”（《小雅·无羊》）；“言提其耳”（《大雅·抑》）。

2. 借作（似耳状）野菜名。由菜状似耳引申。此种用法有1处：“采采卷耳”（《周南·卷耳》）。

3. 迭用形容华美貌。由古人喜欢装饰耳朵引申。此种用法有1处，迭用：“六辔耳耳”（《鲁颂·閟宫》）。

迩(邇) 音【ěr】

古形【金小篆】

“迩”由“辵（辶）”和“尔”组成。“辶”和行进有关；“尔”指连弩，即一种可以排发的弓弩。《说文·辵部》：“迩，近也。”连弩排发（尔），给人有逼近（辶）的感觉，就是“迩”。

释义：“迩”在《诗经》中使用7处，无迭用。

1. 近。此种用法有5（风3；雅2）处，如：“父母孔迩”（《周南·汝坟》）；“柔远能迩”（《大雅·民劳》）。

2. 浅。由长度转为深度引申。《诗经》中无此用法。

3. 浅薄、肤浅。由具象向抽象引申。此种用法有2（雅2）处，如：“维迩言是争”（《小雅·小旻》）。

二　音【èr】

古形【甲二金二小篆二】

《说文·二部》：“二，地之数也。从偶一。”汉字里，“一”是个特殊的指事字，既代表最为简单的起源，也代表最为丰富的浑沌整体；“二”也是特殊指事字，表示天地两极。古人认为“道立于一，一生二，二生三，三生万物”。就是说，混沌太初的存在整体是“一”；然后由太初混沌的“一”，分出天地“二”极；天地二极之间，又生出人这第“三”部分；天地人三者，衍化出宇宙万物。“二”的上下两横代表天地，表示由混沌分出的天地两极。

释义：“二”在《诗经》中使用18处，无迭用。

（由两笔之形）借作数词、序数词，二、第二。此种用法有18（风10；雅6；颂2）处，如：“二子乘舟”（《邶风·二子乘舟》）；“二之日凿冰冲冲”（《豳风·七月》）（豳历一之日为夏历11月，二之日为12月）；“有怀二人”（《小雅·小宛》）；“二矛重弓”（《鲁颂·閟宫》）。

贰　音【èr】

古形【金小篆】

“贰”由“贝”和“弍”组成。“贝”是古代的一种货币；“弍”是古文“二”。《说文·贝部》：“贰，副、益也。”“益”是增益，即额外收入。额外的、次要（弍）的收入（贝）就是“贰”。“副”指处于次要职位，是“贰”的引申义。

一说“贰”金文写作“贰”，由“戊（戊，战刀）”“贝（疑为‘鼎’的误写，代表国家政权）”和“二（分裂、分割）”组成，表示用武力分割国家政权。从古文应用的情况看，此说似为正解。

释义：“贰”在《诗经》中使用3处，无迭用。

不一样、不一致。由背叛之心引申。此种用法有（风1；雅1；颂1）3处：“士贰其行”（《卫风·氓》）；“无贰尔心”（《大雅·大明》）；“无贰无虞”（《鲁颂·閟宫》）。

F

发(發、髮) 音【fā、fà】

古形【甲 金 小篆 】

“發”和“髮”古时是两个字，后来都简化写作“发”。

“發”，甲骨文写作“ ”，“ ”像双脚，“ ”像一个人手持标枪。双脚助跑、手持标枪准备投向目标就是“發”。后来金文写作“ ”，加了个“ （弓）”字，表示用弓弹射标枪（射箭），这是武器进步的表现。

“髮”，金文写作“ ”，由“ ”和“ ”组成。“ （犮）”是“跋”的本字，有拔腿奔跑的意思；“ ”像人首上有长毛。拔腿奔跑，头上飘起的长毛就是“髮”。

释义：“发”在《诗经》中使用28处31次，3处迭用。

1.把箭射出去、射箭。“發”的本义，此种用法有6（风3；雅3）处，如：“壹发五豵”（《召南・驺虞》）；“发彼小豝”（《小雅・吉日》）。

2.头发。“髮”的本义，此种用法有7（风1；雅4；颂2）处，如：“鬒发如云”（《鄘风・君子偕老》）；“绸直如发”（《小雅・都人士》）；“黄发儿齿”（《鲁颂・閟宫》）。

3.拨弄。由弓箭发射拨弓引申。此种用法有2（风1；雅1）处：“毋发我笱”（《邶风・谷风》）；“无发我笱”（《小雅・小弁》）

4.出发、启动、开启、生发等。由箭射出的过程及状态引申。此种用法有10（风3；雅4；颂3）处：“齐子发夕”（《齐风・载驱》）；“发言盈庭”（《小雅・小旻》）；“四方爰发”（《大雅・烝民》）；“遂视既发”（《商颂・长发》）。

5.迭用形容鱼尾甩动貌，由跑动中长发飘动状引申。此种用法有1处2次：“鳣鲔发发”（《卫风・硕人》）。

6.迭用形容风声，由箭射出过程中的声音引申。此种用法有2（雅2）处4次，如：“飘风发发”（《小雅・四月》）。

7.借为䥽，苇席。此种用法有1处：“履我发兮”（《齐风・东方之日》）。

伐 音【fá】

古形【甲 金 小篆 】

“伐”由“亻（人）”和“戈”组成。“戈”，甲骨文写作“ ”，像古代的一种兵器，长柄、横刃。《说文・人部》：“伐，击也。从人持戈。”人持戈就是为了在战场上“击杀”敌人。

释义：“伐”在《诗经》中使用32处，无迭用。

1.击杀、讨伐。此种用法有11（雅9；颂2）处，如：“薄伐西戎”（《小雅・出车》）；“既伐于崇”（《大雅・文王有声》）；“奋伐荆楚”（《商颂・殷武》）。

2.砍伐。由砍人转而砍物引申。此种用法有15（风10；雅5）处，如：“伐其条肄”（《周南・汝坟》）；“伐木丁丁”

（《小雅·伐木》）；“会伐平林”（《大雅·生民》）。

3.敲击、弹。由砍伐如敲击状引申。此种用法有4（风1；雅3）处，如：“爰伐琴瑟”（《鄘风·定之方中》）；“鼓钟伐鼛”（《小雅·鼓钟》）。

4.损害。由砍伐对物体有伤害引申。此种用法有1处：“是谓伐德”（《小雅·宾之初筵》）。

5．通瞂，盾。此种用法有1处：“蒙伐有苑”（《秦风·小戎》）。

茷　音【fá】

古形【小篆】

“茷”由“艹（草）”和“伐”组成。《说文·艸部》：“茷，草叶多。”或因草叶繁多影响人们正常生活，需要经常砍伐清理，所以“茷”用“伐”做声符。

释义：“茷”在《诗经》中使用1处2次，迭用。

迭用表示旌旗多、严整在风中飘动。由草叶多、齐整引申。此种用法有1处，迭用：“其旗茷茷”（《鲁颂·泮水》）。

番　音【fān】

古形【金　小篆】

《说文·釆部》：“兽足谓之番。”“番”，由“釆”和“田”组成，安子介先生《解开汉字之谜》：“在小篆中，该字（番）上部‘釆’字指兽爪，下部‘田’字是指兽掌。”

释义：“番”在《诗经》中使用2处3次，1处迭用。

1.迭用形容勇武貌。或因兽的威猛引申。此种用法有1处，迭用：“申伯番番”（《大雅·崧高》）。

2.借作人名。此种用法有1处：“番维司徒”（《小雅·十月之交》）。

蕃　音【fān】

古形【金　小篆】

“蕃”由“艹（草）”和“番”组成，“番”是兽足之形。《说文·艸部》：“蕃，草茂也。”草叶（艹）茂盛，盖住了满地的兽足（番），就是“蕃”。

释义：“蕃”在《诗经》中使用3处，无迭用。

1.繁盛。由草叶繁茂而泛指事物繁盛众多引申。此种用法有2（风2）处，如：“蕃衍盈升”（《唐风·椒聊》）。

2.通藩，屏障。此种用法有1处：“四国于蕃”（《大雅·崧高》）。

幡　音【fān】

古形【金　小篆】

《说文·巾部》：“幡，书儿拭觚布也。”意即幡指的是古时儿童学习写字时擦拭写字木简的布。因为是布，所以“幡”为“巾”部；“番”表示兽足印，或因擦拭木简后布上留有印迹，所以用“番”做声符。

一说“幡”是一种竖直悬挂的长幅旗帜，其实本字应该是“旛”，由“㫃”和“番”组成。“㫃”，甲骨文写作“[illegible]”，像飘扬的旗帜，或因旗上印有图案（兽

图腾），所以用“番”做声符。

“旛”多通用作“幡”。

释义：“幡”在《诗经》中使用3处6次，3处迭用。

通“旛”，旗帜飘动。迭用犹“翩翩”，翻动的样子。此种用法有3（雅3）处，均迭用，如：“幡幡瓠叶”（《小雅·瓠叶》）。

藩 音【fān】

古形【金 小篆 】

“藩”是源自中国封建制度的地方分权概念，一般指属国属地或分封的土地。

从字形看，“藩”由“艹（草）”“氵（水）”和“番”组成。安子介《解开汉字之谜》说“藩”是“被‘草’地和‘水’隔开的‘外国疆域’”。“番”指兽足，在这里可以理解成人烟稀少。这也反映了当时人们对藩地的认识水平。

《说文·艸部》：“藩，屏也。”应该是“藩”的引申义。

释义：“藩”在《诗经》中使用1处，无迭用。

屏障。由水、草隔开之地引申。此种用法有1处：“价人维藩”（《大雅·板》）。

凡 音【fán】

古形【甲 金 小篆 】

“凡”，甲骨文写作“ ”，像铸造器物之模具的简单图形，本义就是铸造器物的模具。《说文·二部》：“凡，最括也。”即“积聚而总括”的意思，是由模具可以铸造所有想铸造的器形引申而来的。

释义：“凡”在《诗经》中使用7处，无迭用。

所有的（表示概括）。由模具可以铸造所有想铸造器形引申。此种用法有7（风1；雅6）处，如：“凡民有丧”（《邶风·谷风》）；“凡今之人”（《小雅·常棣》）；“凡周之士”（《大雅·文王》）。

樊 音【fán】

古形【金 小篆 】

“樊”，金文写作“ ”，上面的“ ”像藤蔓或竹木枝条交织状，下面的“ ”像一双手。古时的人为了保护自己的家院，常常用竹木枝条或藤蔓编织成一道护栏，又称篱笆，现在也常见于我国北方农村。“樊”就表示编织篱笆。

释义：“樊”在《诗经》中使用2处，无迭用。

1. 编篱笆。此种用法有1处：“折柳樊圃”（《齐风·东方未明》）。

2. 篱笆。由编织的成品引申。此种用法有1处：“营营青蝇，止于樊”（《小雅·青蝇》）。

燔 音【fán】

古形【金 小篆 】

《说文·火部》：“燔，爇也。”又“爇，烧也。”从字形看，“燔”由“火”和“番”组成，“番”指“兽足”，表示肉，火烧肉就是“燔”。

古人用火烧肉方法很多，用泥包食

物放火中煨叫炮；将肉直接挂在火焰上熏烤叫炙；将带毛的肉直接投入火中烧熟叫燔。

释义：“燔”在《诗经》中使用7处，无迭用。

烧肉。此种用法有7（雅7）处，如：“或燔或炙”（《小雅·楚茨》）；“燔炙芬芬”（《大雅·凫鹥》）。

繁(緐)　音【fán】

古形【金　小篆　】

“繁”金文写作“”，由“”和“”组成。“”字下部是个“母”，表示育龄妇女，上部三笔表示饰物，合起来像妇女头上有饰物；“”像一束发丝。妇女头上的饰物多（如发丝），就是“繁”。

“繁”古作“緐”，《说文·糸部》：“繁，马髦饰也。”把“繁”释为马头鬣毛上的装饰物，或可视为一说。

释义：“繁”在《诗经》中使用3处，无迭用。

多、繁茂。由特指为泛指引申。此种用法有3（雅2；颂1）处，如：“正月繁霜”（《小雅·正月》）；“既庶既繁”（《大雅·公刘》）；“介以繁祉”（《周颂·雝》）。

蘩　音【fán】

古形【金　小篆　】

蘩一般称为白蒿，属菊科，一至二年生草本植物，嫩苗可以食用。

从字形看，“蘩”由“艹（草）”和“繁”组成。“繁”有“多”的意思，同“草”组合表示蘩是一种多处可见且长势繁茂的草本植物。

释义：“蘩”在《诗经》中使用4处，无迭用。

白蒿。此种用法有4（风3；雅1）处，如：“采蘩祁祁”（《豳风·七月》）；“采蘩祁祁”（《小雅·出车》）。

反　音【fǎn】

古形【甲　金　小篆　】

《说文·又部》：“反，覆也。从又，厂反形。”“厂反形”意思是“厂”像物体翻转的样子。从甲、金文字形看，“反（反）”由“厂”和“”组成，“”表示“手”。用手把物体翻转过来，就是“反”。

释义：“反”在《诗经》中使用18处20次，2处迭用。

1. 翻转、颠倒。此种用法有2（风1；雅1）处：“辗转反侧”（《周南·关雎》）；“以极反侧”（《小雅·何人斯》）。

2. 相反（与“正”相对）。由动词转化为形容词引申，有颠覆、欺骗、违背常规等意思。此种用法有5（风2；雅3）处，如：“不思其反”（《卫风·氓》）；“畏此反覆”（《小雅·小明》）；“无俾正反”（《大雅·民劳》）。

3. 借作副词，反而。此种用法有6（风1；雅5）处，如：“反以我为仇”（《邶风·谷风》）；“不醉反耻”（《小雅·宾之初筵》）；“反予来赫”（《大雅·桑柔》）。

4.同“返”，返回、回到原地。此种用法有3（风2；颂1）处，如：“不能旋反”（《鄘风·载驰》）；“福禄来反”（《周颂·执竞》）。

5.借为辨，迭用表示有节而有序貌。此种用法有2（雅1；颂1）处，均迭用：“威仪反反”（《小雅·宾之初筵》）；“威仪反反”（《周颂·执竞》）。

泛(汎) 音【fàn】

古形【金 小篆 】

“泛”由“氵（水）”和“乏”组成。“乏”有“缺少”的意思，表示缺少控制。《说文·水部》：“泛，浮也。”不受控制在水上漂流，就是“泛”。

释义：“泛”在《诗经》中使用8处12次，4处迭用。

漂流（迭用形容漂浮的样子）。此种用法有8（风6；雅2）处12次，4处迭用，如：“泛彼柏舟”（《鄘风·柏舟》）；“泛泛杨舟”（《小雅·采菽》）。

方 音【fāng】

古形【甲 金 小篆 】

《说文·方部》：“方，并船也。像两舟省、总头形。”“方”字，甲骨文中就有。据考，先秦时期，人们的水上交通工具也仅仅是一些竹筏、木筏等以自然物制成的浮具，且多见于沿海地区，所以这里的船应为“筏”，把两个筏绑在一起，以保持其在水中的稳定性，就是“方”。“方”之古字就像两个船（筏）头用绳索总缆在一起的形状。

一说“方”，甲骨文写作“ ”，“ ”像剔发刺字的犯人；“ ”像犯人锁颈的枷械，合在一起表示被披枷流放的罪人。此“方”应为“放”的初文，非“并船”之“方”。

释义：“方”在《诗经》中使用111处，无迭用。

1.筏子。此种用法有4（风4）处，如：“方之舟之”（《邶风·谷风》）。

2.占据、地方、方向。由筏子占有空间引申。此种用法有63（风15；雅41；颂7）处，如：“出自东方”（《邶风·日月》）；“四方是维”（《小雅·节南山》）；“以受方国”（《大雅·大明》）；“四方其训之”（《周颂·烈文》）。

3.并、方、大。由筏子并在一起之形引申。此种用法有6（雅3；颂3）处，如：“既方既皂”（《小雅·大田》）；“方命厥后”（《商颂·玄鸟》）。

4.借作副词，有刚、才、正等意思。此种用法有27（风6；雅20；颂1）处，如：“日之方中”（《邶风·简兮》）；“如川之方至”（《小雅·天保》）；“方苞方体”（《大雅·行苇》）；“有娀方将”（《商颂·长发》）。

5.借作地名。此种用法有1处：“侵镐及方”（《小雅·六月》）。

6.借作人名。此种用法有10（雅10）处，如：“方叔元老”（《小雅·采芑》）。

防 音【fáng】

古形【金 小篆 】

《说文·阜部》：“防，隄也。”“隄”

即“堤坝”。从字形看，“防”由“阝（阜）”和“方”组成。“阜”的本义是“土山”；“方”指两条并行的船，同“阜”组合有“垒起土坝阻止来自敌人水路的侵袭”的意思。

释义：“防”在《诗经》中使用2处，无迭用。

1. 阻止、抵挡。，此种用法有1处：“百夫之防”（《秦风·黄鸟》）.

2. 借为枋，木名。此种用法有1处：“防有鹊巢”（《陈风·防有鹊巢》）.

房 音【fáng】

古形【小篆】

《说文·户部》：“房，室在旁也。”“房”由“户”和“方”组成。古代“户”指单扇门的屋子；“方”有“邦”义，即指城邦、城邑。城邑大门进去左右两旁开有单扇门的屋子就叫“房”，相当于现在的门卫室。“房”用于民间多指四合院或普通民居正室左右两边的厢房。现在一般将住人或放东西的建筑物统称“房”。

释义：“房”在《诗经》中使用2处，无迭用。

1. 房屋。此种用法有1处：“右招我由房”（《王风·君子阳阳》）。

2. 木格盛器。由可存放东西引申。此种用法有1处：“笾豆大房”（《鲁颂·閟宫》）。

鲂 音【fáng】

古形【金小篆】

“鲂”由“鱼”和“方”组成。鲂是一种生活在淡水中的鱼类，形似鳊鱼，因顶鳍高耸、头尖尾长，从侧面看近似三角形（方）而得名。

释义：“鲂”在《诗经》中使用9处，无迭用。

鱼名。此种用法有9（风5；雅4）处，如：“鲂鱼赪尾”（《周南·汝坟》）；“鱼丽于罶，鲂鳢”（《小雅·鱼丽》）。

访(訪) 音【fǎng】

古形【小篆】

“访”由“讠（言）”和“方”组成。《说文·言部》：“泛谋曰访。”“访”即广泛征求意见。“方”有“城邦”的意思，代表国家。国君（方）与臣子面谈（言）或派出使节同另一国高官面谈皆为“访”。

释义：“访”在《诗经》中使用1处，无迭用。

访谈。此种用法有1处：“访予落止”（《周颂·访落》）。

飞(飛) 音【fēi】

古形【金小篆】

《说文·飛部》：“飞，鸟翥（向上飞）也。象形。”从字形看，“飞”，金文写作“”，像鸟儿张开双翅向上飞腾的样子。

释义：“飞”在《诗经》中使用38处，无迭用。

1. 鸟飞翔。此种用法有37（风11；

雅22；颂4）处，如：“燕燕于飞”（《邶风·燕燕》）；“载飞载下”（《小雅·四牡》）；“鸢飞戾天”（《大雅·旱麓》）；“振鹭于飞”（《周颂·振鹭》）。

2. 东西在空中飘扬。由鸟在空中飞引申。此种用法有1处：“首如飞蓬”（《卫风·伯兮》）。

非 音【fēi】

古形【甲 金 小篆 】

“非”，甲骨文写作“卝”，像两个相背（北）的人头上各加一横，表示两人思想相背。《说文·非部》：“非，违也。”观念冲突、相互排斥就是“非”。

释义：“非”在《诗经》中使用3处，无迭用。

1. 错误。由违背正确的事物引申。此种用法有1处：“无非无仪”（《小雅·斯干》）

2. 不是。由排斥“是”引申。此种用法有2（雅2）处：“莫非王臣”（《小雅·北山》）

菲 音【fēi、fěi】

古形【金 小篆 】

“菲”是一种芜菁类草本植物，植物的根茎称地瓜，可食用。或因虽为草本植物，但可食用不是草而是根茎，所以字形由“艹（草）”和“非（不是）”组成。

释义：“菲”在《诗经》中使用1处，无迭用。

地瓜。此种用法有1处：“采葑采菲”（《邶风·谷风》）。

霏(霏) 音【fēi】

古形【金 小篆 】

“霏”，古文写作“霏”，由“雨”和“飛（飞）”组成。“雨”指水汽，“飞”有飞舞的意思。水汽飞舞就是“霏”。“霏”是“霏”的简化写法。

释义：“霏”在《诗经》中使用2处3次，1处迭用。

（雨雪）飘舞。此种用法有2（风1；雅1）处，1处迭用：“雨雪其霏”（《邶风·北风》）；“雨雪霏霏”（《小雅·采薇》）。

騑 音【fēi】

古形【小篆 】

“騑”疑为“騛”字的简体，由“馬（马）”和“飛（飞）”组成，表示马在奔跑。

释义：“騑”在《诗经》中使用3处6次，3处迭用。

马奔跑不停。此种用法有3（雅3）处，均迭用，如：“四牡騑騑”（《小雅·车辖》）。

斐 音【fēi、fěi】

古形【小篆 】

据考，商代“ 父辛鼎”中有“ ”字，《古文字诂林》引石志廉、杨桂荣先生语：“此字像人首上插两只羽毛之状，作从非从人之形，可隶定作𡗝或𢌿，实

即斐之初文……此铭所指即头饰羽毛象征有文彩华饰的人。”

“斐”由“非”和“文”组成，“非”是羽毛头饰的变体，“文”有“花纹、纹理”的意思，合在一起表示有文彩华饰的人。

释义：“斐”在《诗经》中使用1处，无迭用。

花纹错杂貌。由纹饰繁杂引申。此种用法有1处：“萋兮斐兮”（《小雅·巷伯》）。

肥 音【féi】

古形【小篆 】

《说文·肉部》：“肥，多肉也。”从字形看，小篆写作“ ”由“ （肉）”和“ （‘人’字变体）”组成，表示多肉的人（一般指人脂肪多）。

释义：“肥”在《诗经》中使用3处，无迭用。

1.（动物）多肉。由人体多肉引申。此种用法有2（雅2）处，如：“既有肥牡”（《小雅·伐木》）。

2.借作水名（或因此水营养丰富而得名）。此种用法有1处：“我思肥泉”（《邶风·泉水》）。

腓 音【féi】

古形【金 小篆 】

人体中腿部有两根骨，一根叫胫骨干，坚硬挺直，在它的后面还有一根比较脆软，叫胫腓骨，两根骨合称胫腓骨。《说文·肉部》：“腓，胫腨也。”现在一般解释是胫骨后的肉，俗称腿肚子。然从字形看，“腓”由“月（肉）”和“非”组成，“非”有“不是”的意思，疑因不是肉或同肉有区别而作“腓”。

释义：“腓”在《诗经》中使用3处，无迭用。

1.遮蔽、庇护。由腓骨在骨干后面的位置引申。此种用法有2（雅2）处，如：“小人所腓”（《小雅·采薇》）。

2.枯萎。由腓骨没有骨干硬挺引申。此种用法有1处：“百卉具腓”（《小雅·四月》）。

匪 音【fěi】

古形【金 小篆 】

“匪”，金文写作“ ”，由“ （竹，掩盖物）”“ （刀，凶器）”和“ （非）”组成，合在一起表示用树枝竹叶等掩盖凶器，伺机做一些非法的事情。这实际上就是土匪的勾当。

释义：“匪”在《诗经》中使用98处，无迭用。

1.通“非”，有不、不是、没有等意思。此种用法有75（风19；雅49；颂7）处，如：“我心匪石”（《邶风·柏舟》）；“匪言勿言，匪由勿语”（《小雅·宾之初筵》）（有不对即错误之义）；“匪棘其欲”（《大雅·文王有声》）；“天命匪解”（《周颂·桓》）。

2.通“彼”，有这、那的意思。此种用法有17（风8；雅9）处，如：“如匪浣衣”（《邶风·柏舟》）；“如匪行迈”（《小雅·小旻》）。

3.通“斐”，有文采的样子。此种用法

法有5（风5）处，如：“有匪君子”（《卫风·淇奥》）。

4. 通“诽”，诽谤。此种用法有1处：“虽曰匪予”（《大雅·桑柔》）。

芾 音【fèi、fú】

古形【小篆 】

“芾”实际是两个字的合体。一是由“艹（草）”和“𣎵”组成；一是由“艹（草）”和“巿”组成。《说文·𣎵部》：“𣎵，草木盛𣎵𣎵然。”《段注》：“𣎵𣎵者，枝叶茂盛、因风疏散之貌。”“巿（音fú）”，《说文·巾部》：“巿，韠也。上古衣蔽前而已，巿以象之。”就是俗称的古代官服上的蔽膝，即类似于衣服前面的围裙，不过比围裙窄且长。

两个字合并成“芾”，同时保留了上面两个意思。

释义：“芾”在《诗经》中使用9处，无迭用。

1. 草木茂盛貌。此种用法有4（风3；雅1）处，如：“蔽芾甘棠”（《召南·甘棠》）；“蔽芾其樗”（《小雅·我行其野》）。

2. 通“巿”，蔽膝。此种用法有5（风1；雅4）处，如：“三百赤芾”（《曹风·候人》）；“朱芾斯皇”（《小雅·采芑》）。

吠 音【fèi】

古形【甲 金 小篆 】

“吠”由“口”和“犬”组成。“犬”，甲骨文写作“ ”，像一条狗的简单图形。《说文·口部》：“吠，犬鸣也。”狗张口叫就是“吠”。

释义：“吠”在《诗经》中使用1处，无迭用。

狗叫。此种用法有1处：“无使尨也吠”（《召南·野有死麕》）。

肺 音【fèi】

古形【金 小篆 】

“肺”由“月（肉）”和“巿”组成。“月（肉）”甲骨文写作“ ”，像一块肉形，表示肺是一种肉体器官；“巿”字本义是“蔽膝”，即像围腰一样的片状服饰。人体中像围腰一样的片状器官就是“肺”。

一说“巿”是篆文“𣎵”的误写，像在剥离纤维植物的皮，“肺”表示有分离功能的器官，它能够从血液中分离出二氧化碳和氧气，从而吸收氧气呼出二氧化碳。

释义：“肺”在《诗经》中使用1处，无迭用。

一种人体器官。此种用法有一处：“自有肺肠”（《大雅·桑柔》）。

废（癈） 音【fèi】

古形【小篆 】

《说文·广部》：“废，屋顿也。”屋顿，就是房屋倒塌的意思。

从字形看，“废”由“广”和“发”组成。“广”像高耸的房屋的样子，“发”，有开弓发射之意，表示战争。战争使高大的房屋倒塌，就是“废”。

释义：“废”在《诗经》中使用3处，无迭用。

1. 撤去、除去。由倒塌的废墟需要清除引申。此种用法有1处：“废彻不迟”（《小雅·楚茨》）。

2. 废弃、背弃。由清除的东西丢弃不用引申。此种用法有1处：“无废朕命”（《大雅·韩奕》）。

3. 大。由字形中的“广（高大的房屋）”引申。此种用法有1处：“废为残贼”（《小雅·四月》）。

沸 音【fèi】

古形【金 小篆 】

“沸”由“氵（水）”和“弗”组成，“弗”有“非常态”的意思。《说文·水部》：“沸，滭沸滥泉也。”即“涌动的泉水”。

从字形看，籀文的沸写作“ ”，其中“ ”像袅袅的水汽，“ ”是一种大鼎锅，“ ”表示非常态，合在一起表示水在锅里被加热到一定程度后翻腾汽化，即水被煮开的状态。《说文》说的“涌动的水”应该是“沸”的引申义。

释义：“沸”在《诗经》中使用4处，无迭用。

水涌动的样子。由烧开的水翻滚的状态引申。此种用法有4（雅4）处，如：“百川沸腾”（《小雅·十月之交》）；“觱沸槛泉”（《大雅·瞻卬》）。

芬 音【fēn】

古形【金 小篆 】

“芬”由“艹（草）”和“分”组成，“分”有“分散、分布”的意思。《说文·艸部》：“芬，草初生，其香分布。”初生植物幼苗的清香四处分布散发出去就是“芬”。

释义：“芬”在《诗经》中使用3处5次，2处迭用。

香气四散（迭用表示香气浓郁）。此种用法有3（雅3）处5次，2处迭用，如：“苾芬孝祀”（《小雅·楚茨》）；“燔炙芬芬”（《大雅·凫鹥》）。

雰 音【fēn】

古形【小篆 】

“雰”由“雨”和“分”组成。“雨”指雨雪；“分”有“四散分布”的意思，雨雪四散，纷纷飘落下来就是“雰”。

“雰”，《说文》放在“气”部，写作“氛”，作“祥瑞的云气”解，或可视作“雰”指雨雪飘落的同时还夹杂着雾气。

释义：“雰”在《诗经》中使用1处2次，迭用。

雨雪纷纷飘落。此种用法有1处，迭用：“雨雪雰雰”（《小雅·信南山》）。

餴 音【fēn】

古形【小篆 】

“餴”，又作“饙”。《说文·食部》：“餴，滫饭也。”如今北方蒸饭，先将米下锅煮开，然后捞出再蒸，这一过程叫“滫饭”，即“餴”。

从字形看，“餴”由“食”和“奔”

组成。“食”指米食，“奔”有多人跑的意思，合在一起或表示蒸饭时有大量的水汽跑出来（“饙”中的“贲”也有蒸汽“冲”出来的意思）。

释义：“饙”在《诗经》中使用1处，无迭用。

蒸饭。此种用法有1处：“可以饙饎”（《大雅·泂酌》）。

坟(墳)　音【fén】

古形【金　小篆　】

《说文·土部》：“坟，墓也。”尽管现在统称坟墓，但坟和墓有区别，“坟”一般指埋葬死人地面上隆起的土堆，墓则指地下的部分。从字形看，“坟”，繁体作“墳”，由“土”和“賁”组成。“土”表示土堆，“賁”，由“卉”和“貝”组成，安子介先生在《解开汉字之谜》中说“賁”字“似‘卉’盛开，似‘贝’诱人”，或因人们吊唁死者喜欢在坟头摆上鲜（纸）花和纸钱所以“墳”用“賁”作声符。

释义：“坟”在《诗经》中使用3处，无迭用。

1.坟堆。此种用法有1处：“牂羊坟首”（《小雅·苕之华》）（羊首与坟堆比较，此处“坟”字多释“大”）。

2.水边。由坟一般都靠水边引申（有说借为濆）。此种用法有2（风2）处，如：“遵彼汝坟”（《周南·汝坟》）。

汾　音【fén】

古形【小篆　】

“汾”由“氵（水）”和“分”组成。“汾”指汾河，是黄河的第二大支流，在山西省中部，全长七百多公里。《说文·水部》：“汾，水，出太原晋阳山，西南入河。”汾河源自山西太原的晋阳山，向西南方向流入黄河。

“汾”泛指水（氵）的支（分）流。

释义：“汾”在《诗经》中使用4处，无迭用。

汾河。此种用法有4（风3；雅1）处，如：“彼汾沮洳”（《魏风·汾沮洳》）；“汾王之甥”（《大雅·韩奕》）。

枌　音【fén】

古形【小篆　】

《说文·木部》：“枌，榆也。”枌，俗称白榆，榆树的一种。从字形看，由“木”和“分”组成。或因树干多有（分）散生皮孔之特点，所以用“分”作声符。

释义：“枌”在《诗经》中使用1处，无迭用。

白榆。此种用法有1处：“东门之枌”（《陈风·东门之枌》）。

濆　音【fén、pēn】

古形【小篆　】

《说文·水部》：“濆，水厓也。从水贲声。”“水厓”即水岸之地，亦即水边高地。

“濆”由“氵（水）”和“贲”组成。“濆”用“贲”作声符，或和姓氏有关。

据传贲姓源出有十一支之多，其中有一支源自嬴姓，出自春秋时期秦国，属于以先祖名字为氏。据史籍《风俗通》记载，该支贲氏出自苗氏源于秦国的王族后裔贲父。据史籍《史记·秦本纪》记载："非子居犬丘，好马及畜，善养息之。""非子"即"秦非子"，周朝诸侯国秦国开国君主。秦非子之后中有一个叫嬴父的大夫，其封地在贲（今甘肃天水党川燕子关牧马滩），故称贲父。

贲地，古代以养马著称，骏马奔腾称贲。据史籍《秦州志》记载："秦州东南一百里，四道岭有嬴非子繁息战马故址。"牧马滩多沟壑滩地，峰耸林森，沃土草丰，山花烂漫，碧水淙淙，是牧马养息的理想场所。

"濆"训水厓，即水边可供牧畜之地。《说文》中"涘、汻、氿、漘"等均解释为"水厓"，其声符或均有说道。

释义："濆"在《诗经》中使用1处，无迭用。

水边高地（水边大片可供牧畜之地）。此种用法有1处："铺敦淮濆"（《大雅·常武》）。

焚 音【fén】

古形【甲 金 小篆 】

"焚"由"林"和"火"组成，金文有作" "，由"棥"和"火"组成。"林"有山林的意思；"棥"，金文写作" "像山林中树枝、藤蔓交织状。（野）火烧山林，就是"焚"。

《说文·火部》："焚，烧田也。"王筠《说文句读》解"烧田"："谓烧宿草以田猎也。"意思是将山林中阻挡人行走的树枝藤蔓点火烧干净以助田猎。

释义："焚"在《诗经》中使用1处，无迭用。

火烧山林。此种用法有1处："如惔如焚"（《大雅·云汉》）（言像火烧山林般炙热）。

蕡 音【fén】

古形【小篆 】

"蕡"由"艹（草）"和"賁"组成。《礼记·内则》有"菽、麦、蕡、稻、黍、粱"的记载，其中的"蕡"指"大麻子"，即"萞麻"。萞麻属草本植物，所以"蕡"为"艹（草部）"；"賁"有"大"义，萞麻的子实多而大，所以用"蕡"表示。

释义："蕡"在《诗经》中使用1处，无迭用。

（果实）多而大。由萞麻子实多而大引申。此种用法有1处："有蕡其实"（《周南·桃夭》）。

幩 音【fén】

古形【小篆 】

"幩"由"巾"和"賁"组成。"賁"有"冲、冒"的意思。《说文·巾部》："幩，马缠镳扇汗也。""幩"指的就是马喘气时随气体飞舞的马嘴边丝绸巾带，作用就是为马扇汗。

释义："幩"在《诗经》中使用1处，无迭用。

缠在马口两旁的绸带。此种用法有1

处：“朱幩镳镳”（《卫风·硕人》）。

奋(奮)　音【fèn】

古形【金 小篆 】

“奋”，繁体作“奮”，金文作“ ”，由“ ”“ ”和“ ”三部分组成。“ ”像鸟雀之形；“ ”指田野，“ ”在其上表示鸟儿在田上飞；远古时代天人无界，鸟雀多且不惧人类，所以容易徒手捕捉，“ ”上面的“ ”表示衣物一类的捕鸟工具。三部分合在一起表示捕获田间的鸟雀。

《说文·奞部》：“奋，翬也。”鸟被罩住，一定会用尽全力拼搏，“翬”即“大飞”，是鸟儿被捕获时的状态，应该是“奋”的引申义。

释义：“奋”在《诗经》中使用3处，无迭用。

用尽全力（施展、发挥）。由鸟被捕获时的状态引申。此种用法有3（风1；雅1；颂1）处：“不能奋飞”（《邶风·柏舟》）；“王奋厥武”（《大雅·常武》）；“奋伐荆楚”（《商颂·殷武》）。

丰(豐)　音【fēng】

古形【甲 金 小篆 】

“丰”，甲骨文写作“ ”，由“ ”和“ ”组成。“ ”指枝叶茂盛的植物；“ ”表示肥沃的土地。在肥沃的土地上长出的枝叶茂盛的植物，就是“丰”。

“丰”到了金文写作“ ”，像一个盛器“ ”里装满了“ ”，字形的变化反映了古人认识的提高：枝叶茂盛的植物能够装满盛器为我所用才谓“丰”。

释义：“丰”在《诗经》中使用12处，无迭用。

1.枝叶（果实）茂盛、充盈。此种用法有6（雅3；颂3）处，如：“在彼丰草”（《小雅·湛露》）；“丰年多黍多稌”（《周颂·丰年》）。

2.容貌丰满。由枝叶茂盛状引申。此种用法有1处：“子之丰兮”（《郑风·丰》）。

3.借为地名。丰地，在今陕西西安西北沣水以西，或因物产丰富而得名。此种用法有5（雅5）处，如：“作邑于丰”（《大雅·文王有声》）。

风(風)　音【fēng】

古形【甲 小篆 】

甲骨文中的“风”写作“ ”，像一只大鸟的图形，其实就是“凤”，传说凤扇动翅膀能使云气流动，所以有的篆文将“风”写作“ ”，由“ （‘凤’的省写）”“ （云）”和“ （流动的气）”组成，表示风是凤扇动翅膀后流动的云气。

《说文》将“风”写作“ ”，由“ （‘凤’的省写）”和“ （虫）”组成，有“风动虫生”之义。楷书繁体的“風”应从此形而来。

释义：“风”在《诗经》中使用33处，无迭用。

1.风（由空气流动引起的一种自然现象）。此种用法有31（风18雅13；雅）处，如：“凄其以风”（《邶风·绿衣》）；“风雨攸除”（《小雅·斯干》）；“飘风自南”（《大雅·卷阿》）。

2.流行（曲调）。由风四处流动引申。此种用法有1处：“其风肆好”（《大雅·崧高》）。

3.通“讽”，讽刺。此种用法有1处：“或山入风议”（《小雅·北山》）。

封 音【fēng】

古形【甲 金 小篆 】

“丰”是“封”的本字，甲骨文写作“ ”，“ ”像枝叶茂盛的植物，“ ”表示肥沃的土地。《说文·土部》：“爵诸侯之土也。”古代君王按照爵位等级把土地划分给诸侯，人们能在这块土地上耕作，使土地肥沃、粮食充盈，就是“封”。

释义：“封”在《诗经》中使用2处，无迭用。

分封、封地。此种用法有2（颂2）处，如：“无封靡于尔邦”（《周颂·烈文》）。

葑 音【fēng】

古形【小篆 】

《说文·艸部》：“葑，须从也。”须从为菜名。朱骏声《说文通训定声》：“葑字亦作蘴，作菘。须从之合音为菘。”葑又称芜菁或蔓菁。类似于大头菜一类的植物，需要肥沃的土壤种植。

从字形看，“葑”由“艹（草）”和“封”组成。“艹（草）”表示“葑”是一种草本植物；“封”的本字是“丰”，甲骨文写作“ ”，像在肥沃的土地上长势旺盛的植物。

释义：“葑”在《诗经》中使用4处，无迭用。

菜名。此种用法有4（风4）处，如：“采葑采菲”（《邶风·谷风》）。

蜂 音【fēng】

古形【金 小篆 】

“蜂”由“虫”和“夆”组成。“夆”古通“锋”。《说文·䖵部》：“蜂，飞虫蜇人者。”“蜂”是一种飞虫，《说文》将其放在“䖵”部，表示蜂是群居群飞的小虫，或因其尾部锋利能蜇人，所以用“夆”作声符。

释义：“蜂”在《诗经》中使用1处，无迭用。

虫名。此种用法有1处：“莫予荓蜂”（《周颂·小毖》）。

冯(馮) 音【féng、píng】

古形【金 小篆 】

“冯”由“冫”和“马”组成。“冫”古文写作“仌”，《说文·仌部》：“仌，冻也，像水凝之形。”意即像水凝结成冰的样子。马凭借冰层通过河（湖）面，就是“冯”。《说文·马部》：“冯，马行疾也。”马在结满冰层的和（湖）面上行走，为避免踩踏，速度自然要快一点。“马行疾”应该是“冯”的引申义。

一说原有一支以牧马为生活方式的氏族，一直活跃在北方沿河地区，以马和冰为其氏族的原始图腾，并作为族名和族徽。他们居住的地方称作“冯”，并

在驻地四周筑起围墙，称作冯邑，最终建立了冯国，国人以“冯”为姓。

释义：“冯”在《诗经》中使用3处4次，1处迭用。

1. 马踏冰（过河）。此种用法有1处：“不敢冯河”（《小雅·小旻》）。

2. 凭借、依靠。由马过河凭借湖面上的冰层引申。此种用法有1处：“有冯有翼”（《大雅·卷阿》）。

3. 同“凴（音píng）”，借作象声词，迭用形容削锼的声音。此种用法有1处2次：“削屡冯冯。”（《大雅·绵》）。

逢 音【féng、péng】

古形【金 小篆 】

《说文·辵部》：“逢，遇也。”从字形看，“逢”由“辶（辵）”和“夆”组成。“辶”同行走有关；“夆”有“停止”的意思，表示驻足。双方在行进中相遇，驻足寒暄，就是“逢”。

释义：“逢”在《诗经》中使用6处7次，1处迭用。

1. 相遇。此种用法有5（风4；雅1）处，如：“逢彼之怒”（《邶风·柏舟》）；“逢天僤怒”（《大雅·桑柔》）。

2. 借作象声词，“逢逢（音péng）”表示鼓声。此种用法有1处，迭用：“鼍鼓逢逢”（《大雅·灵台》）。

缝 音【féng、fèng】

古形【小篆 】

“缝”由“糸”和“逢”组成。“糸”，甲骨文写作“ ”，像丝、线绞合状；“逢”有“相遇”的意思。《说文·糸部》：“缝，以针紩衣也。”用针线将两块布帛联结，使之相遇，就是“缝”。

释义：“缝”在《诗经》中使用2处，无迭用。

缝制、缝合。此种用法有2（风2）处：“可以缝裳”（《魏风·葛屦》）

凤(凰) 音【fèng】

古形【甲 金 小篆 】

凤凰是中国神话传说中的百鸟之王，雄性叫凤，雌性称凰。从字形看，甲骨文写作“ ”；金文写作“ ”，像一只多姿多彩的大鸟形状。在远古图腾时代，凤凰被视为神鸟而受到崇拜，同时也以此比喻有圣德之人。凤凰是原始社会人们想象中的瑞鸟，它的形象是人们经过对其原始形象的增饰逐渐演化而来的。

释义：“凤”在《诗经》中使用3处，无迭用。

雄性凤凰。此种用法有3（雅3）处，如：“凤凰鸣矣”（《大雅·卷阿》）。

奉 音【fèng】

古形【金 小篆 】

古人开种，一般都要祭拜土神，以求丰收。从字形看，“奉”，金文写作“ ”，上面的“ ”像茂盛的植物，下面的“ ”像一双手，双手恭恭敬敬地举着丰盛的植物，向神祭拜，就是“奉”。《说文·収部》：“奉，承也。”“承”有“承续、收受”的意思，是“奉”的目的。所以我们现在所说的“奉承”，是一定盼着回报的。

释义：“奉”在《诗经》中使用3处，无迭用。

恭敬捧举、敬献。此种用法有3（风1；雅2）处，如：“奉时辰牡”（《秦风·驷驖》）；“奉璋峨峨”（《大雅·棫朴》）。

佛　音【fó、fú】

古形【小篆】

“佛”一般认为是一个外来词的音译，梵语的“佛陀”是对佛教创始人释迦牟尼的简称，也是佛教徒对修行圆满人的称呼。“佛”由“亻（人）”和“弗”组成。“弗”是“佛”的省写，有“相似、相仿”的意思。《说文·人部》：“佛，见不审也。”所谓“见不审”，即看到却看不清楚的意思。“亻（人）”和“弗（佛）”组合成“佛”，表示“佛”是与人相仿，却是一般人的境界都达不到其高度（见不审）的人。

释义：“佛”在《诗经》中使用1处，无迭用。

通“弼”，大。此种用法有1处：“佛时仔肩”（《周颂·敬之》）。

紑　音【fóu】

古形【小篆】

“紑”，由“糸（丝）”和“不”组成。“糸”表示丝织品；“不”，甲骨文写作“不”，像花蕊下垂之形。丝织品如花蕊般鲜亮，就是“紑”。《说文·丝部》：“紑，白鲜衣貌。”并引《诗·周颂·丝衣》“素（今本作“丝”）衣其紑”句作证。《段注》云：“周颂作丝衣，丝衣乃篇名，素恐讹字。此谓士爵弁园衣纁裳，非白衣也。本义谓白鲜，引申之为凡新衣之称。”

《丝衣》一诗是周王每年一次举行养老之宴所唱的乐歌，贵族士爵人人都穿着白色的丧服参加宴会确不合适，“紑”解释成色泽鲜亮的新衣应该是恰当的。

释义：“紑”在《诗经》中使用1处，无迭用。

色泽鲜亮。此种用法有1处：“丝衣其紑”（《周颂·丝衣》）。

缶　音【fǒu】

古形【甲　金　小篆】

从甲骨文字形看，“缶”由“午”和“凵”组成。“午”像个杵；“凵”像个泥池，合在一起表示用杵棒捣泥制陶。《说文·缶部》：“缶，瓦器。所以盛酒浆。秦人鼓之以节歌。象形。”用以盛酒浆的瓦器，是制陶使之成形后的引申义。秦人以之为敲击乐器，更是瓦器之后的引申义。

释义：“缶”在《诗经》中使用1处，无迭用。

瓦器。由捣泥制作成品引申。此种用法有1处：“坎其击缶”（《陈风·宛丘》）。

否　音【fǒu、pǐ】

古形【金　小篆】

“否”由“不”和“口”组成。“不”

有“反对、拒绝”的意思；“口”表示吐口水、唾弃。《说文·口部》：“否，不也。”“不”就是不赞同、不认可。“否”在《诗经》实际使用中，除一些特殊使用外，一般没有实义，多同前（或后）词并用而产生相反的意义。

释义：“否”在《诗经》中使用9处，无迭用。

不（反义相对）。此种用法有9（风3；雅6）处：“害浣害否”（《周南·葛覃》）；“人涉卬否”（《邶风·匏有苦叶》）（同“涉”相对）；“或圣或否”（《小雅·小旻》）（同“圣”相对）；“否难知也”（《小雅·何人斯》）（同“知”相对，强化难知）；“尝其旨否”（《小雅·甫田》）（同“旨”相对）；“或醉或否”（《小雅·宾之初筵》）（同“醉”相对）；“未知臧否”（《大雅·抑》）（同“臧”相对）；“邦国若否”（《大雅·烝民》）（同“若”相对）。

夫　音【fū、fú】

古形【甲　金　小篆　】

古人认为须发为父母所赐，不可剪除，所以一般男子也多留长发，到了十五六岁便开始束发，并用发簪固定，二十岁加冠。束发、加冠为男子的成年仪式，表示已经成年。“夫”由“大”和“一”组成。“大”，甲骨文写作“　”，像一个张开手臂的人形，“一”在头部代表发簪，表示这是个已经束发、加冠的成年人了。

释义：“夫”在《诗经》中使用42处，无迭用。

成年男子（或由成年男子担当的职位）。此种用法有42（风14；雅26；颂2）处，如：“大夫夙退”（《卫风·硕人》）；“駪駪征夫”（《小雅·皇皇者华》）；“老夫灌灌”（《大雅·板》）；“率时农夫”（《周颂·噫嘻》）。

肤(膚)　音【fū】

古形【甲　金　小篆　】

古人称动物剔除了皮肤、油脂的纤维组织为“肌”，称皮、肤、肌、脂合一的动物纤维组织为肉。“肤（膚）”，金文写作“　”，由“　”和“　”组成。“　”像一个兽头；“　”指一种煮具，合在一起表示用虎豹等猛兽熬成的膏脂。

现在的中医称身体表面与外界直接接触的薄软组织为“皮”，称皮下那部分像虎豹等猛兽可以熬出膏脂的脂肪层为“肤”。

释义：“肤”在《诗经》中使用5处，无迭用。

1.人（或动物）的皮下脂肪层。此种用法有3（风3）处，如：“公孙硕肤”（《豳风·狼跋》）（硕肤，或言公孙脂肪多，是个大胖子）。

2.大、美。或因多脂之人显得高大、壮美引申。此种用法有2（雅2）处：“以奏肤公”（《小雅·六月》）；“殷士肤敏”（《大雅·文王》）。

敷　音【fū】

古形【甲　金　小篆　】

“敷”，甲骨文写作“　”，由“甫”

和“又”组成。“甫”像苗圃；“又”像手。用手将幼苗在苗圃中铺开播种就是“敷”。“敷”，小篆写作“（敷）”，由“甫（苗圃）”“方”和“攵（，手持器械）”组成，或想表达“手持器械在方形的苗圃中播种幼苗”的意思。

释义：“敷”在《诗经》中使用7处，无迭用。

1.普遍、广泛。由播种要普遍铺开引申。此种用法有5（雅2；颂3）处，如：“敷于下土”（《小雅·小旻》）；“罔敷求先王”（《大雅·抑》）；“敷时绎思”（《周颂·赉》）。

2.施行、治理。由种植幼苗需要治理引申。此种用法有2（颂2）处，如：“敷政优优”（《商颂·长发》）。

弗　音【fú】

古形【甲　金　小篆　】

“弗”，甲骨文写作“弗”，“”像枪、矛、箭等古代战斗武器；“”像绳索，合在一起像将武器捆扎起来，表示休战。刘兴隆先生《新编甲骨文字典》说“弗”：“卜辞作副词，表示否定。”或因有“休战、不打仗”之意，所以“弗”用作副词时有“不”之意思。

一说甲骨文字形“弗”字中间像两根不平直之物，上以绳索束缚之，使之平直。其实从字形看，或为编织草或藤竹器皿之状。

释义：“弗”在《诗经》中使用30处31次，1处迭用。

1.借作否定副词、不。或可视作由休战不打仗引申。此种用法有28（风14；雅14）处，如：“瞻望弗及”（《邶风·燕燕》）；“微我弗顾”（《小雅·伐木》）；“弗求弗迪”（《大雅·桑柔》）。

2.借作象声词，迭用表示风急急貌。此种用法有1处，迭用：“飘风弗弗”（《小雅·蓼莪》）。

3.通“祓”，用祭祀来除去灾难。此种用法有1处：“以弗无子”（《大雅·生民》）。

伏　音【fú】

古形【甲　金　小篆　】

“伏”，甲骨文写作“”，像一个人面朝下蜷曲着，金文写作“”，像一个人带着一条狗。《说文·人部》：“伏，司也。”古人狩猎，带着猎狗，趴卧隐蔽，伺机出击猎物就是“伏”。

释义：“伏”在《诗经》中使用4处，无迭用。

1.趴着、卧着。由伏的状态引申。此种用法有3（风1；雅2）处：“辗转伏枕”（《陈风·泽陂》）；“潜虽伏矣”（《小雅·正月》）；“麀鹿攸伏”（《大雅·灵台》）。

2.隐藏。由伏是为了隐蔽引申。此种用法有1处：“既伏其辜”（《小雅·雨无正》）。

凫(鳧)　音【fú】

古形【甲　金　小篆　】

“凫”由“鸟”和“几（shū）”组成。《说文·几部》：“几，鸟之短羽飞几几也。”甲骨文“几”写作“”，像一个

伏地之人。短羽且伏地（或水）而飞的鸟就是“凫”。“凫”，今一般认为是野鸭，短羽，像鸟，飞不高。

释义：“凫”在《诗经》中使用7处，无迭用。

1. 野鸭。此种用法有6（风1；雅5）处，如：“弋凫与雁”（《郑风·女曰鸡鸣》）；“凫鹥在亹”（《大雅·凫鹥》）。

2. 借作山名，在今山东邹城西南，据《邹县地理志》载：（此山）“群峰衔，络绎不绝，远望若水上之凫。”故得名凫山。此种用法有1处：“保有凫绎”（《鲁颂·閟宫》）。

扶　音【fú】

古形【甲 金 小篆 】

“扶”，甲骨文写作“”，像两个人手牵着手的样子，有的甲骨文写作“”，省略了一个人，用一笔突出手的辅助作用，意在表示一个健康的人在用手搀扶着一个柔弱的人。《说文·手部》：“扶，左也。”辅佐、帮助就是“扶”。

释义：“扶”在《诗经》中使用1处，无迭用。

借作树名。扶苏，又名朴樕，一种不成材的小树。此种用法有1处：“山有扶苏”（《郑风·山有扶苏》）。

芣　音【fú】

古形【小篆 】

“芣”由“艹（草）”和“不”组成。“不”，古通“柎”，有“花足”之义，从字形看，“不”，甲骨文写作“”，像发育的植物之根部，或因形似花足，所以通“柎”。芣苡，俗称车前草，是一种多年生草本植物，此草须根多，根茎粗短，或似“”，所以用“不”做声符。

释义：“芣”在《诗经》中使用6处，无迭用。

芣（苡），车前草。此种用法有6（风6）处，如：“采采芣苡”（《周南·芣苡》）。

孚　音【fú】

古形【甲 金 小篆 】

“孚”由“爪”和“子”组成。《说文·爪部》：“孚，卵孚也。”《段注》：“卵化曰孚。”“孚”或“孵”的本字。从字形看，“子”为禽之卵，禽类孵卵，喜欢用爪将其拢于身下，所以“子”在“爪”下。徐锴《说文系传》：“鸟之乳卵，皆如其期，不失信也。”“孚”释为“信”或由此而来。

一说“孚”为“俘”的本字，俘虏需要管理，“孚”有“治”义抑或由此而来。

释义：“孚”在《诗经》中使用3处，无迭用。

1. 信。由禽孵卵如约其期引申。此种用法有1处：“万邦作孚”（《大雅·文王》）。

2. 治。由俘虏需要治理引申。此种用法有2（雅2）处，如：“成王之孚”（《大雅·下武》）。

拂　音【fú】

古形【小篆 】

“拂”有“扌（手）”和“弗”组成。“弗”有否定的意思，挥手表示否定就是“拂”。

释义：“拂”在《诗经》中使用1处，无迭用。

（挥手表示）否定、拒绝。此种用法有1处：“四方以无拂”（《大雅·皇矣》）。

茀 音【fú】

古形【小篆】

“茀”由“艹（草）”和“弗”组成。“弗”有将散乱的器械捆扎起来的意思。《说文·艸部》：“道多艸，不可行。”道路上的草多而杂乱，阻塞通行，就是“茀”。

释义：“茀”在《诗经》中使用7处8次，1处迭用。

1.车蔽（古代妇女乘车不露于世，车之前后设障以自隐蔽）。由茀用草或藤、竹编织而成引申。此种用法有4（风2；雅2）处，如：“翟茀以朝”（《卫风·硕人》）；“簟茀鱼服”（《小雅·采芑》）；“簟茀错衡”（《大雅·韩奕》）。

2.收拾、拔除。由“弗”有收拾武器引申。此种用法有1处：“茀厥丰草”（《大雅·生民》）。

3.迭用表示强盛貌。由草木多而茂盛引申。此种用法有1处2次：“临冲茀茀”（《大雅·皇矣》）。

4.通“福”。此种用法有1处：“茀禄尔康矣”（《大雅·卷阿》）。

服 音【fú】

古形【甲 金 小篆】

刘兴隆《新编甲骨文字典》中对“服”有两个解释：一是同“𠬝”，甲骨文写作“”，像以手抓住一跪地之人形。另在“服”条下释曰：“本奴仆奉盘服事之义。”

“服”，甲骨文写作“”由“”和“”组成，从现在常见的意义看，“征服、制服”等义当来源于“”，即制服俘虏之状；而“臣服、服侍”等义，则由被制服之人“”奉盘（）之状而来。（“”有说为“舟”，刘兴隆《新编甲骨文字典》：“从舟与初文无关，余亦牵强。”）

“服”有衣服义，安子介《解开汉字之谜》：“也有考据学家认为‘𠬝’是‘皮’字的转化。加上了‘月’字，因此具有‘衣服’、‘制服’、‘服装’、‘着在身上’的意思。”或者，从一开始，此“服”就非彼“服”，后人传抄而误为一字也未可知。

释义：“服”在《诗经》中使用31处，无迭用。

1.衣服、服装（着在身上之物）。此种用法有9（风4；雅5）处，如：“象服是宜”（《鄘风·君子偕老》）；“载是常服”（《小雅·六月》）。

2.穿。由衣服要穿引申（名词动用）。此种用法有4（风2；雅2）处，如：“服之无斁”（《周南·葛覃》）；“服其命服”（《小雅·采芑》）；“常服黼冔”（《大雅·文王》）。

3. 亲近、贴近。由衣服贴近身体引申。此种用法有3（风3）处，如：“两服齐首”（《郑风·大叔于田》）（此两处之“服”指服马。周代的车只有一个辕，称辀。辀的左右各套两匹马，共四匹马，两旁贴近辀的马称服马）。

4. 借为“箙”，箭袋。此种用法有2（雅2）处，如：“簟茀鱼服”（《小雅·采芑》）（此处或可视为“服”之理解成服饰即服装上或配在服装外的饰品）。

5. 驾驭（征服、制服）。此种用法有3（风2；雅1）处，如：“巷无服马”（《郑风·叔于田》）；“不以服箱。”（《小雅·大东》）。

6. 服从、臣服。由被制服后的状态引申。此种用法有4（雅3；颂1）处，如：“无思不服”（《大雅·文王有声》）；“淮夷攸服”（《鲁颂·泮水》）。

7. 事、从事、职事。由臣服后的行为结果引申。此种用法有6（雅5；颂1）处，如：“共武之服”（《小雅·六月》）；“昭哉嗣服”（《大雅·下武》）；“亦服尔耕”（《周颂·噫嘻》）。

浮 音【fú】

古形【金 小篆 】

“浮”由“氵（水）”和“孚”组成。“孚”甲骨文写作“ ”，像禽类扒蛋（子）孵卵的样子。《说文·水部》：“浮，泛也。”禽类在水面漂游之状（似孵卵）就是“浮”。

释义：“浮”在《诗经》中使用4处7次，3处迭用。

1.（物体）漂浮。由特指为泛指引申。此种用法有2（雅2）处3次，1处迭用：“载沉载浮”（《小雅·菁菁者莪》）；“江汉浮浮”（《大雅·江汉》）（江水流动时水汽翻腾貌）。

2. 漂浮、升腾。由在空中飘浮引申。此种用法有2（雅2）处4次，均迭用：“雨雪浮浮”（《小雅·角弓》）；“烝之浮浮”（《大雅·生民》）。

匐 音【fú】

古形【金 小篆 】

“匐”由“勹”和“畐”组成。“勹”，甲骨文写作“ ”，像人躬身伏地之形；“畐”有逼迫之意，同“勹”组合有情势所迫而躬身伏地的意思。“匐”多同“匍”连用，“匍”中的“甫”有“大”义（见“甫”条）。“大”像人身体展开的样子，匍匐就是人伏地身体一躬一展而形成的爬行之状。

释义：“匐”在《诗经》中使用2处，无迭用。

爬行。此种用法有2（风1；雅1）处：“匍匐救之”（《邶风·谷风》）；“诞实匍匐”（《大雅·生民》）。

绋 音【fú】

古形【小篆 】

“绋”由“纟（丝）”和“弗”组成。“弗”，甲骨文写作“ ”，像整理捆扎散乱的物件（武器）。《说文·糸部》：“绋，乱系也。”散乱（待整理）的丝麻，就是“绋”。

释义：“绋”在《诗经》中使用1处，

无迭用。

绳索。由乱糸搓成绳索引申。此种用法有1处：“绋纚维之。”（《小雅·采菽》）。

葍 音【fú】

古形【小篆】

“葍”由“艹（草）”和“畐”组成。

葍是一种多年生的蔓草。又名“小旋花”“面根藤儿”，田野间到处都有，地下茎可蒸食。“畐”有“满”的意思，这种满田间都有的草就叫“葍”。

《说文》“葍”“蕌”互注，“蕌”由“艹（草）”和“富”组成，“富”有“多、富有”的意思，所以“葍”“蕌”可以互注。

释义：“葍”在《诗经》中使用1处，无迭用。

草名。此种用法有1处：“言采其葍”（《小雅·我行其野》）。

幅 音【fú】

古形【小篆】

“幅”由“巾”和“畐”组成。“巾”同布有关；“畐”有“满”义，表示宽大。《说文·巾部》：“幅，布帛广也。”布帛宽大就是“幅”。

一说“畐”是“福”的省略，表示祭祀祈福。“幅”指的是祭祀祈福时写上字或咒符的大布条。从这个意义上说“布帛广”或是这种布条状态的引申义。

释义：“幅”在《诗经》中使用2处，无迭用。

1. 布帛宽（长）。此种用法有1处：“邪幅在下”（《小雅·采菽》）（此指又宽又长的裹腿布）。

2.（面积）宽大。由布帛宽大引申。此种用法有1处：“幅陨既长”（《商颂·长发》）。

罦 音【fú】

古形【小篆】

“罦”由“罒”和“孚”组成。“孚”有禽类卵孵之状，从小篆字形看，“罦”像一张大网罩住了“孚”，“罒”是“网”字的变体。

“罦”指的就是一种装设机关的网，能自动掩捕鸟兽，因张设在两辕间，所以又称覆车网。

释义：“罦”在《诗经》中使用1处，无迭用。

一种能捕鸟兽的网。此种用法有1处：“雉离于罦”（《王风·有兔爰爰》）。

辐 音【fú】

古形【小篆】

“辐”由“车”和“畐”组成。“畐”是“副”的省略写法，有“辅助”的意思。《说文·车部》：“辐，轮轑也。”意思是车轮中连接车毂和车辋、均匀分布的木条。即轮毂与轮圈之间放射状排列的支柱圈，连接轮毂和轮圈，起辅助、支撑轮圈的作用木条。

释义：“辐”在《诗经》中使用2处，

无迭用。

1.轮辏。此种用法有1处："坎坎伐辐兮"（《魏风·伐檀》）。

2.同"輹"，车厢下面钩住车轴的木头，形似伏兔。此种用法有1处："员于尔辐"（《小雅·正月》）。

蜉 音【fú】

古形【小篆】

"蜉"常和"蝣"组合使用，蜉蝣是一种最原始的有翅小昆虫，成虫前呈卵状，在水里活一至三年，成虫后寿命很短，仅能存活一天，产卵即死。

"蜉"由"虫"和"孚"组成。"孚"像禽类孵卵之状，"蜉"用"孚"作声符，或为了突出这种小虫更多的是以卵状存活的特点。

释义："蜉"在《诗经》中使用3处，无迭用。

蜉蝣。此种用法有3（风3）处，如："蜉蝣掘阅"（《曹风·蜉蝣》）。

福 音【fú】

古形【甲　金　小篆】

甲骨文的"福"字写作""，右边上面像个酒坛，下面是一双手，表示"用美酒拜祭神灵，祈求富足安康"。

《说文·示部》："福，祐也。""（神灵）降福保佑"应该是"福"的引申义。

释义："福"在《诗经》中使用53处，无迭用。

1.幸福、福气。由祈求结果引申。此种用法有51（风3；雅37；颂11）处，如："福履绥之"（《周南·樛木》）；"诒尔多福"（《小雅·天保》）；"福禄攸降"（《大雅·旱麓》）；"锡兹祉福"（《周颂·烈文》）。

2.赐福、祐护。有祈求结果引申。此种用法有1处："亦其福女"（《鲁颂·閟宫》）。

3.同"副"，辅佐。此种用法有1处："封建厥福"（《商颂·殷武》）。

黻 音【fú】

古形【金　小篆】

古人制衣，尤其是一些礼服，总要在衣服上绣上花纹。《说文·黹部》："黻，黑与青相次文。"意思是缝纫时在衣服上绣的黑色与青色相间为序的花纹。

从字形看，"黻"由"黹"和"犮"组成。"黹"，甲骨文写作""，金文写作""，像针线上下相对纹路；"犮"有提拉的意思，表示的是缝纫时提拉针线的动作。

释义："黻"在《诗经》中使用1处，无迭用。

古代礼服上黑与青相间的花纹。此种用法有1处："黻衣绣裳。"（《秦风·终南》）。

甫 音【fǔ】

古形【甲　金　小篆】

"甫"，甲骨文写作""，像田土上生长的单株花草。它和"苗"不同，"苗"，小篆文写作""，像田地里生长的成片的花草，所以有的甲骨文将"甫"

写作“”，下面是一个陶盆，强调了“甫”是精心培植的花草。因此，“甫”的意思可以理解成盆栽花草。后来，人们或将有一定农艺水平的男子称作“甫”。《说文 · 用部》：“甫，男子美称也。”应该是“甫”的引申义。

释义：“甫”在《诗经》中使用25处26次，1处迭用。

1. 男子美称（一般加在名下）。由称有农艺的男子引申。此种用法有16（雅16）处，如：“文武吉甫”（《小雅·六月》）；“吉甫作诵”（《大雅·崧高》）。

2. 大。或由男子伟岸高大引申。此种用法有4（风2；雅2）处5次，1处迭用，如：“无田甫田”（《齐风·甫田》）；“倬彼甫田”（《小雅·甫田》）；“鲂鱮甫甫”（《大雅·韩奕》）（迭用表示多而大）。

3. 借作国名、山名、泽名。此种用法有5（风1；雅3；颂1）处，如：“不与我戍甫”（《王风·扬之水》）；“东有甫草”（《小雅·车攻》）；“生甫及申”（《大雅·崧高》）；“新甫之柏”（《鲁颂·閟宫》）。

拊　音【fǔ】

古形【金 小篆 】

《说文 · 手部》：“拊，揗也。”《段注》：“揗者，摩也。”摩即抚摩。从字形看，“拊”，金文写作“”，像两手在人身上抚摩的样子。

释义：“拊”在《诗经》中使用1处，无迭用。

同“抚”，抚养。此种用法有1处：“拊我畜我”（《小雅·蓼莪》）。

斧　音【fǔ】

古形【甲 金 小篆 】

斧是一种带有手柄的砍削工具，多用来砍木头，古代亦用来作兵器，又称斧头。

“斧”，甲骨文写作“”，是“父”的本字，像手持（）石斧之类的工具（）。有的甲骨文写作“”，明确了这是一种长手柄（）的工具。有的金文将“斧”写成“”，这就是我们今天看到的斧头的图形。

“”应该是“斧”字中“斤”字的初文。“（父）”“（斤）”合文，反映了人类使用生产工具的进步。或也保留了铁、石工具混用的时代痕迹。

释义：“斧”在《诗经》中使用7处，无迭用。

斧头。此种用法有7（风7）处，如：“匪斧不克”（《齐风·南山》）。

釜(鬴)　音【fǔ】

古形【金 小篆 】

“釜”，《说文》作“鬴”。《说文 · 鬲部》：“鬴，鍑属……鬴或从金父声（即‘釜’）。”“鍑”即鍑锅。从字形看，“鬴”由“鬲”和“甫”组成。“鬲”，甲骨文写作“”像开口、器颈、器腹、三足之器，到了金文写作“”，在原有的基础上加了一个盖。这实际上就是一口锅的简单图形。“甫”有“大”义，同

“鬲”组合成“䥯”，表示大锅。

西汉杨雄《方言》：“自关而西，或谓之釜，或谓之鍑。”故“釜”“鍑”可以互注。

释义：“釜”在《诗经》中使用2处，无迭用。

大锅。此种用法有2（风2）处，如：“溉之釜鬵”（《桧风·匪风》）。

辅　音【fǔ】

古形【金　小篆　】

“辅”，由“车”和“甫”组成。“甫”是男子的美称，有壮实直挺的意思。古代车旁用以增强轮辐载重支力的两条坚实的直木就叫“辅”。《说文·车部》：“辅，人颊车也。”即人紧贴着车，或因古时主人乘车出游，侍者随车伺候而引申。

一解“人颊车”之“车”指“牙车”，即人的牙下骨；“颊”为“口旁肌（面颊）”，颊之牙车为辅，也可视为一说。但从“辅”字使用中看，此意鲜见。

释义：“辅”在《诗经》中使用3处，无迭用。

1车旁直木。此种用法有2（雅2）处，如：“无弃尔辅”（《小雅·正月》）（此处比喻辅佐君王的贤人）。

2.辅佐。由直木起辅助作用引申。此种用法有1处：“为周室辅”（《鲁颂·閟宫》）。

脯　音【fǔ、pú】

古形【金　小篆　】

“脯”由“月（肉）”和“甫”组成。“甫”是对男子的美称，有“健、美”的意思，同“月（肉）”组合，表示美味的肉。古人喜欢把猎获的鹿、兔一类的动物肉制作成肉干，不仅便于保存且味道鲜美，这种肉干就叫“脯”。

有说“甫”是“辅”的省略，同“月（肉）”组合表示辅助肉食品，或可视为一说。

释义：“脯”在《诗经》中使用1处，无迭用。

肉干（美味肉食品）。此种用法有1处：“尔肴伊脯”（《大雅·凫鹥》）。

黼　音【fǔ】

古形【金　小篆　】

“黼”由“黹”和“甫”组成。“黹”金文写作“　”，像缝纫状；“甫”是男子的美称，有“美”的意思。《说文·黹部》：“黼，白与黑相次文。”黼、黻都表示衣服上的纹路，二者不同的是“黻”指的是衣服纹路形状对称，而“黼”则指衣服纹路颜色黑白相间。

释义：“黼”在《诗经》中使用2处，无迭用。

衣服上黑白相间的纹路（或绣有黑白相间纹路的衣服）。此种用法有2（雅2）处：“玄衮及黼”（《小雅·采菽》）；“常服黼冔”（《大雅·文王》）。

父　音【fù】

古形【甲　金　小篆　】

“父”，甲骨文写作“　”，是“斧”

的初文，像一个人手里拿着一柄石斧状。古人女子持家，男子出外狩猎、砍伐。劳动者理应受到敬重，所以后来人们把应受到敬重的男子都称作“父”。《说文·又部》：“父，矩也，家长，率教者。”“父”多用于“父亲”之义，或由此释义而来。

释义：“父”在《诗经》中使用52处，无迭用。

1. 受敬重的男子、同宗男性长辈、父亲。由劳动者是受到敬重的人引申。此种用法有38（风18；雅9；颂1）处，如：“父母孔迩”（《周南·汝坟》）；“忧我父母”（《小雅·北山》）；“父母先祖”（《大雅·云汉》）；“王曰叔父”（《鲁颂·閟宫》）。

2. 借作官称、人名（此处也可视为受敬重的人）。此种用法有14（雅14）处，如：“皇父孔圣”（《小雅·十月之交》）；“命程伯休父”（《大雅·常武》）。

负(負) 音【fù】

古形【金 小篆 】

“负”，金文写作“ ”，由“ （人）”和“ （贝）”组成。“贝”是远古时代的货币，在此表示货物；“ ”被大“ ”遮挡了身体，表示背着一个很大、很重的货物。人驮货物而行，就是“负”。

释义：“负”在《诗经》中使用3处，无迭用。

驮（重物）。此种用法有3（雅3）处，如：“或负其糇”（《小雅·无羊》）；“是任是负”（《大雅·生民》）。

妇(婦) 音【fù】

古形【甲 金 小篆 】

“妇”，繁体作“婦”，由“女”和“帚”组成。“帚”即“扫帚”。古代女子成年以后嫁人，一般主内，“女”子持“帚”，即表示已经成年嫁人，在家中承担一些扫地等家务劳动。《说文·女部》：“妇，服也。从女持帚洒扫也。”“服”是“服侍”的意思，说“妇”是服侍男人的女人，这是古代对女子家庭地位的歧视。

释义：“妇”在《诗经》中使用18处，无迭用。

成年（或已出嫁）女子。此种用法有18（风4；雅12；颂2）处，如：“三岁为妇”（《卫风·氓》）；“君妇莫莫”（《小雅·楚茨》）；“妇无公事”（《大雅·瞻卬》）（此处之‘妇’指褒姒）；“妇子宁止”（《周颂·良耜》）。

附 音【fù】

古形【金 小篆 】

“附”，由“阝（阜）”和“付”组成。“阜”为土山，在此表示土地；“付”有“付出、交付”的意思。有的金文将“附”写作“ ”，由“ （付）”和“ （臣）”组成，表达了“交出土地，俯首称臣”即“归附”的意思。

释义：“附”在《诗经》中使用4处，无迭用。

1. 归附。此种用法有1处：“予曰有疏附”（《大雅·绵》）。

2. 沾著。由人之归附引申为物体附着。此种用法有1处："如涂涂附"（《小雅·角弓》）。

3. 同"拊"，安抚（或可视为归附客体行为引申）。此种用法有1处："是致是附"（《大雅·皇矣》）。

4. 借为郛（即郭），外城。此种用法有1处："土田附庸"（《鲁颂·閟宫》）。

阜 音【fù】

古形【甲金小篆】

"阜"，甲骨文写作""，像一个拾级而上的小坡状。《说文·阜部》："阜，大陆也。山无石者，象形。"无石之山上的土坡，就是"阜"。

释义："阜"在《诗经》中使用10处，无迭用。

1. 山丘、土山。由坡在土山引申。此种用法有4（风1；雅3）处，如："趯趯阜螽"（《召南·草虫》）；"如山如阜"（《小雅·天保》）。

2. 肥大、旺盛。或因山丘大、草木旺盛引申。此种用法有6（风3；雅3）处，如："火烈具阜"（《郑风·大叔于田》）；"四牡孔阜"（《小雅·车攻》）。

复(復) 音【fù】

古形【甲金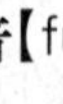小篆】

"复"，《说文》作"復"。《说文·彳部》："復，往来也。"从字形看，甲骨文写作""，上面的""，像古代城邑两头各有出口；下面的"（止）"表示行走。"復"是在"复"的基础上加了个"彳"，表示小步行走。往而复来（即返回）就是"复"。

释义："复"在《诗经》中使用14处，无迭用。

1. 返、返回。此种用法有10（风4；雅6）处，如："不见复关"（《卫风·氓》）；"复我邦族"（《小雅·黄鸟》）；"复降在原"（《大雅·公刘》）。

2. 收回、收复。由去而复返引申。此种用法有1处："复周公之宇"（《鲁颂·閟宫》）。

3. 借为覆，盖、庇护。此种用法有2（雅2）处："顾我复我"（《小雅·蓼莪》）；"是顾是复"（《大雅·桑柔》）。

4. 借为"复"，地洞。（古人称向下打洞为穴，向旁打洞为"复"。）此种用法有1处："陶复陶冗"（《大雅·绵》）。

副 音【fù】

古形【小篆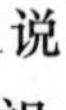】

"副"，籀文写作""，是由两个"畐"和"刀"组成。《说文·刀部》："副，判也。"用刀劈开称"判"。《周礼》有"副辜祭"之说，意思是"剖开分裂牲口的肢体来祭祀。"古人祭祀，一般选用体格健壮的牲口，"畐"有"满"义，表示丰满、健壮，用刀剖开体格健壮的动物，就是"副"。古时王后和诸侯夫人编发作假髻，即将长发盘于头顶或脑后，然后用一横簪别在头上。或因这种盘发方式显得头发丰满，且中间插了一支横簪，很像字形""，所以人们把这种盘发也称为副。

释义："副"在《诗经》中使用2处，

无迭用。

1. 剖开、劈开。此种用法有1处：“不拆不副”（《大雅·生民》）。

2. 假髻（古代贵族妇女头饰）。由盘发方式似“”引申。此种用法有1处：“副笄六珈”（《鄘风·君子偕老》）。

赋(賦)　音【fù】

古形【金　小篆　】

“赋”由“贝”和“武”组成。“贝”表示钱财。《说文·贝部》：“赋，敛也。”用武力（或不正当的理由和手段）收敛钱财就是“赋”，这个字表达了人们对过重赋税的一种反感。

释义：“赋”在《诗经》中使用2处，无迭用。

通“敷”，颁布。此种用法有2（雅2）处，如：“赋政于外”（《大雅·烝民》）。

傅　音【fù】

古形【金　小篆　】

“傅”由“亻（人）”和“尃”组成。《说文·寸部》：“尃，布也。”“布”可以理解成摆放。“尃”上的“甫”，有盆栽花草的意思。“尃”指的是摆放、展示盆栽花草，同“亻（人）”组合，即表示园艺师一类的人，由此引申为可传授技艺或知识（即师傅、老师）的人。古代贵族子弟都有私人教师负责其青少年时代的教育，等到长大成人继承了父职，其私人教师便会转化为丞相、幕僚，由此“傅”又有了“辅助、辅佐”等引申义。

释义：“傅”在《诗经》中使用3处，无迭用。

1. 师傅、教师。由可传授技艺或知识引申。《诗经》中无此用法。

2. 辅助、辅佐。由身份转化引申。《诗经》中无此用法。

3. 接近、到达。由辅助之人近距离辅佐引申。此种用法有2（雅2）处：“亦傅于天”（《小雅·菀柳》）；“亦傅于天”（《大雅·卷阿》）。

4. 借作官名。此种用法有1处：“王命傅御”（《大雅·崧高》）（傅御，周王保傅之官）。

富　音【fù】

古形【小篆　】

“富”由“宀”和“畐”组成。“宀”指“场所、房屋”，“畐”有“满”的意思。《说文·宀部》：“富，备也。一曰，厚也。”家中财物满满，齐备、丰厚就是“富”。

释义：“富”在《诗经》中使用6处，无迭用。

1. 财物丰厚。此种用法有4（雅3；颂1）处，如：“哿矣富人”（《小雅·正月》）；“维昔之富不如时”（《大雅·召旻》）；“俾尔寿而富”（《鲁颂·閟宫》）。

2. 通“愊”，愤怒（一说厉害）。此种用法有1处：“壹醉日富”（《小雅·小宛》）。

3. 同“福”（或可视为“富”本义），赐福。此种用法有1处：“何神不富”

（《大雅·瞻卬》）。

腹 音【fù】

古形【甲 金 小篆 】

“腹”，甲骨文写作“ ”，上面的“ ”像个挺着肚子的人；下面的“ ”像城邑中有众多的出入口，合在一起表示人体中部众多器官相连的部位——腹部。

释义：“腹”在《诗经》中使用2处，无迭用。

1. 腹部。此种用法有1处：“公侯腹心”（《周南·兔罝》）。

2. 抱。由抱要贴近人体腹部引申。此种用法有1处：“出入腹我”（《小雅·蓼莪》）。

覆 音【fù】

古形【金 小篆 】

《说文·襾部》：“覆，覂也。一曰：盖也。”又“覂，反覆也。”张舜徽先生在《说文解字约注》中说：“覆者盖也，凡在物上者谓之盖，若易而处下，则所谓反覆也。”

从字形看，金文“覆”写作“ ”，上面的“ ”像个罩盖；下面是个“復”，有“小步往返”之义，表示罩盖可以反转，于是“覆”同时就有了“ ”在上谓盖，在下谓“反转（盖）”两个意思。

释义：“覆”在《诗经》中使用14处，无迭用。

1. 盖。此种用法有1处：“鸟覆翼之”（《大雅·生民》）

2. 反、反转、翻转。由盖翻转在下引申。此种用法有13（风1；雅12）处，如：“及尔颠覆”（《邶风·谷风》）；“覆怨其正”（《小雅·节南山》）；“女覆说之”（《大雅·瞻卬》）。

G

改　音【gǎi】

古形【甲 金 小篆 】

“改”，甲骨文写作“”，“”像手持棍棒；“”像一个蜷缩一团的孩子；旁边的几点像是眼泪，组合在一起表示的可能就是训导犯错的孩子，以期纠正其错误。

释义：“改”在《诗经》中使用5处，无迭用。

1.（行为）改正。由经训导行为得到纠正引申。《诗经》中无此用法。

2.改变、变化。由特指行为得到纠正为泛指引申。此种用法有5（风4；雅1）处，如：“敝予又改为兮”（《郑风·缁衣》）；“其容不改”（《小雅·都人士》）。

盖(蓋)　音【gài】

古形【金 小篆 】

“盖”，金文写作“”，上面的“”像一个护罩；下面是个“（器具）”，合在一起表示器皿的护罩。后来写作“”，在上面加了个“”头，强调“盖”以茅草为材料。这就有了名词表示器皿护罩的“盖”和动词用茅草遮蔽屋顶的“盖”两个意思，并一直沿用至今。

释义：“盖”在《诗经》中使用7处，无迭用。

同“盍”，何，何不。此种用法有7（风2；雅5）处，如：“盖亦勿思”（《魏风·园有桃》）；“盖云归哉”（《小雅·黍苗》）。

溉　音【gài】

古形【金 小篆 】

“溉”由“氵（水）”和“既”组成。“既”为“概”的省写，有“使平”的意思。《说文·水部》：“水出东海桑渎覆甑山，东北入海。一曰：灌注也。”

从许慎的注释看，“溉”有两个意思：一是水名；二是灌注。

溉水，在今山东潍坊一带，距今潍坊市东南四十余里。潍坊境内共有大小河流18条，分布属于潍河、白浪河、虞河三大水系，多数河流为雨源型季节性河流，旱季河床干涸，一到雨季，主河道暴涨，河水倒流，如注一般涌入支河，溉水或以此得名。亦因水注之状，“溉”即有了“灌注”之义。

给稻田注水之状，曰“灌注”，即“溉”。“溉”有“注水（氵）刚平（既）地表，不可过量”的意思。

释义：“溉”在《诗经》中使用2处，无迭用。

1.洗、洗涤。由注水可以冲刷洗涤引申。此种用法有1处：“溉之釜鬵”（《桧风·匪风》）。

2.通“概”，一种盛酒的器具。此种用法有1处：“可以濯溉。”（《大雅·泂酌》）。

甘　音【gān】

古形【甲 金 小篆 】

“甘”，甲骨文写作“ ”，由“口”和“一（舌头在口中间）”组成，像口中舌动，表示用口舌品尝美味。《说文·口部》：“甘，美也。”（用口舌）品尝美味，就是“甘”。

释义：“甘”在《诗经》中使用9处，无迭用。

1.美味（甜）。由食物味美引申。此种用法有6（风4；雅2）处，如：“蔽芾甘棠”（《召南·甘棠》）（甘棠为木名，或因果实甜美而得名）；“甘瓠累之”（《小雅·南有嘉鱼》）。

2.美好、情愿。由味道美好引申为事物美好。此种用法有3（风2；雅1）处，如：“甘心首疾”（《卫风·伯兮》）；“盗言孔甘”（《小雅·巧言》）。

竿　音【gān】

古形【小篆 】

“竿”由“竹”和“干”组成。“干”有“事物主体”的意思，同“竹”组合表示竹子的主体部分。《说文·竹部》：“竿，竹梃也。”即竹子挺直的部分，即竹子主干。

释义：“竿”在《诗经》中使用1处，无迭用。

钓鱼竿。由钓竿用竹制成引申。此种用法有1处：“籊籊竹竿”（《卫风·竹竿》）。

敢　音【gǎn】

古形【甲 金 小篆 】

“敢”，甲骨文写作“ ”，由“ （手）”“ （叉）”和“ （野猪）”三部分组成，合在一起表示徒手持叉迎击猛兽。展示了一个狩猎者的勇敢举动。《说文·𠬪部》：“敢，进取也。”勇于进取就是“敢”。

释义：“敢”在《诗经》中使用34处，无迭用。

勇于、不怕。此种用法有34（风10；雅17；颂）处，如：“莫之敢指”（《鄘风·蝃蝀》）；“岂敢定居”（《小雅·采薇》）；“敢距大邦”（《大雅·皇矣》）；“不敢怠遑”（《商颂·殷武》）。

感　音【gǎn】

古形【金 小篆 】

《说文·心部》：“感，动人心也。”从字形看，“感”由“咸”和“心”组成。“咸”有“全、都”的意思。心完全被触动就是“感”。

释义：“感”在《诗经》中使用1处，无迭用。

心完全被触动。此种用法有1处：“无感我帨兮”（《召南·野有死麕》）。

干(榦)　音【gàn】

古形【甲 金 小篆 】

现在的“干”字，意思由“干”“幹”“榦”“乾”等字义合并而来。

"干"，甲骨文写作""，像一个带叉的木棍，指的是上古狩猎作战既可进攻，又能防身的原始武器，有"盾"的作用，故"干"有"盾"义。

"幹"由"倝"和"干"组成。"倝"即"朝"，有"早晨"的意思；"干"是狩猎器械，合在一起表示日出而作，狩猎干活。

"榦"，金文写作""，由""和""组成。""像一面旗插在山崖上，下面的""即插旗的旗杆。合在一起表示"作为旗杆的树杆"。

"乾"，籀文中间上部是"朝"的省略，表示日出；中间下部是个"火"，表示日照如火；两边的像水汽蒸发之状。合在一起表示日照如火，水汽蒸发。

释义："干"在《诗经》中使用13处，无迭用。

1.盾牌（"干"之本义）。此种用法有5（风1；雅3；颂1）处，如："公侯干城"（《周南·兔罝》）；"师干之试"（《小雅·采芑》）；"干戈戚扬"（《大雅·公刘》）；"载戢干戈"（《周颂·时迈》）。

2.旗杆（"榦"之本义）。此种用法有3（风3）处，如："孑孑干旄"（《鄘风·干旄》）。

3.安、安宁。由旗帜插上领地引申。此种用法有1处："干（榦）不庭方"（《大雅·韩奕》）。

4.求。由干活引申。此种用法有1处："干禄岂弟"（《大雅·旱麓》）。

5. 河岸（干地）（"乾"之本义）。此种用法有1处："寘之河之干兮"（《魏风·伐檀》）。

6.通"涧"（或可视为"乾"之引申义，即未被日照晒干的山沟湿地）。此种用法有1处："秩秩斯干"（《小雅·斯干》）。

7.借作地名。此种用法有1处："出宿于干"（《邶风·泉水》）。

冈(岡)　音【gāng】

古形【金 小篆 】

"冈"，繁体作"岡"。

古文"岡""崗""剛"为同一字，"岡"是"剛"的简体字；而"崗"是"岡"的异体字。几个字中都有一个"网"字作为部件。"网"既是声旁也是形旁，表示捕猎工具。

"刚"，甲骨文有"、、、"等多种字形结构，其中的字件包括"（网，捕杀）"、"（刀，砍杀）"、"（矢，射杀）"、"（幸，锁押）"、"（钺斧，劈杀）"，这些部件分别组合都表达远古祖先行猎或作战的果敢、勇毅。例如""字，由"（网，猎具）"、"（刀，猎具或兵器）"和"（矢，猎具或兵器）"三部分组成，表示手持刀箭和捕网，在行猎或征战中强悍无畏。

简体金文"（岡）"省去了"（刀）"将""省略成""。篆文""又误将金文字形中似"山"而实为"戉（钺）"的""写成"（山）"，并因"山"而有了"岡"。

《尔雅·释山》："山脊，冈。""山脊"之义或从此而来。故《说文·山部》或有了"岡，山骨也"之说。

后人造“崗”，或是为了区别于“剛”。

释义：“冈”在《诗经》中使用10处，无迭用。

山脊。此种用法有10（风2；雅7；颂1）处，如：“陟彼高冈”（《周南·卷耳》）；“如冈如陵”（《小雅·天保》）；“如冈如陵”（《鲁颂·閟宫》）。

刚(剛)　音【gāng】

古形【甲 金 小篆 】

（参见‘冈’条）

释义：“刚”在《诗经》中使用6处，无迭用。

强悍、坚硬。此种用法有6（雅4；颂2）处，如：“薇亦刚止”（《小雅·采薇》）；“刚亦不吐”（《大雅·烝民》）；“白牡骍刚”（《鲁颂·閟宫》）。

纲(綱)　音【gāng】

古形【小篆 】

“纲”，小篆写作“ ”，右边是个“网”，左边像个系网的绳子。《说文·系部》：“纲，维纮绳也。”提拉网的总绳就是“纲”。

释义：“纲”在《诗经》中使用4处，无迭用。

法度。由法度为治理总纲引申。此种用法有4（雅4）处，如：“纲纪四方”（《大雅·棫朴》）。

皋(臯)　音【gāo、háo】

古形【金 小篆 】

“皋”的异体字作“臯”，上面是个“自”字。“自”是“鼻”的缩写，鼻子是人面部凸起的器官（高地）。“臯”字下面是个“夲（tāo）”，古同“本”。“本”指草木之根，同“自（白）”组合表示可使草木生根的高地。

朱骏声《说文通训定声》：“臯，此字当训泽边地也。从白。白者，日未出时，初生微光也。圹野得日光最早，故从白，从本声。”

释义：“皋”在《诗经》中使用6处7次，1处迭用。

1.沼泽地。由泽边之地引申。此种用法有2（雅2）处，如：“鹤鸣于九皋”（《小雅·鹤鸣》）。

2.城外之门（周代城、宫外门都叫皋门）。或因城外之门边多沼泽地引申。此种用法有2（雅2）处，如：“皋门有伉”（《大雅·绵》）。

3.通“譹”，迭用“皋皋”即“譹譹”，欺诳。此种用法有1处2次，迭用：“皋皋訿訿”（《大雅·召旻》）。

4.借作人名。皋陶（或因住在泽边而得名），相传是尧舜时代掌管刑狱的官。此种用法有1处：“淑问如皋陶”（《鲁颂·泮水》）。

高　音【gāo】

古形【甲 金 小篆 】

《说文·高部》：“高，崇也。象台观高之形。”从字形看，“ （高）”像楼阁层叠的形状：上部像斜顶的屋宇，下部为楼台，中间的“口”像进出楼台的

门。用楼阁的高耸来表示崇高之意而与低、卑相对，是“高”的本义。

释义：“高”在《诗经》中使用16处17次，1处迭用。

1.高、崇高。此种用法有15（风1；雅10；颂4）处16次，1处迭用，如：“陟彼高冈”（《周南·卷耳》）；“高岸为谷”（《小雅·十月之交》）；“崧高维岳”（《大雅·崧高》）；“天作高山”（《周颂·天作》）。

2.高明。由距离大引申为程度深。此种用法有1处：“高朗令终”（《大雅·既醉》）。

羔 音【gāo】

古形【甲 金 小篆 】

“羔”由“羊”和“灬（火）”组成。《说文·羊部》：“羔，羊子也。”徐灏《段注箋》：“疑羔之本义为羊炙，故从火。小羊味美，为炙尤宜，因之羊子谓之羔。”

从字形看，有的甲骨文将羔写作“ ”，像“ （羊）”在“ （火）”上烘烤。因为小羊肉嫩、味美，常常用以烘烤。“羔”由此而引申为“羊子（小羊）”。

释义：“羔”在《诗经》中使用13处，无迭用。

小羊。由烤羊多用小羊引申。此种用法有13（风13）处，如：“羔裘晏兮”（《郑风·羔裘》）。

膏 音【gāo】

古形【甲 金 小篆 】

“膏”由“高”和“月（肉）”组成。“高”有“上面、表面”的意思；“月（肉）”指“肥肉”，合在一起表示“熬肥肉时，浮起在肉汤表面的油脂”。《说文·肉部》：“膏，肥也。”“肥”指肥肉，即含有油脂的肉。朱骏声《说文通训定声》：“凝者曰脂，释者曰膏。”“膏”一般指已经溶化的动物油脂。

释义：“膏”在《诗经》中使用4处，无迭用。

1.脂肪、油脂。此种用法有2（风2）处，如：“岂无膏沐”（《卫风·伯兮》）（用于护发的油脂）。

2.润泽。由油脂可以滋润物体引申。此种用法有2（风1；雅1）处：“阴雨膏之”（《曹风·下泉》）；“阴雨膏之”（《小雅·黍苗》）。

櫜 音【gāo】

古形【小篆 】

“櫜、橐、囊、櫜、槖”五个字均表示“口袋”，但字形不同读音各异。从字形看，“櫜”，甲骨文写作“ ”，像两端扎绳的袋（囊）；甲骨文“ （櫜）”和“ （囊）”表示袋（囊）中装有“缶”或“玉”。后来小篆又衍生出表示专供车上用的“櫜（櫜）”和两端无底的“ （槖）”。

《说文·櫜部》：“櫜，车上大櫜。”意思是“战车上盛物的大袋子”。

释义：“櫜”在《诗经》中使用1处，无迭用。

将兵器收于袋中。由袋子可以装兵

器引申（名词动用）。此种用法有1处："受言櫜之"（《小雅·彤弓》）。

鼛 音【gāo】

古形【小篆鼛】

"鼛"由"鼓"和"咎"组成。"咎"有"灾祸、过失"等意思。

古人设鼓，各有功用。据《周礼·地官·鼓人》记载："鼓人掌教六鼓、四金之音声，以节声乐，以和军旅，以正田役。教为鼓而辨其声用。以雷鼓鼓神祀，以灵鼓鼓社祭，以路鼓鼓鬼享，以鼖鼓鼓军事，以鼛鼓鼓役事，以晋鼓鼓金奏。"凡役事，就击鼛鼓。所谓"役事"，即劳役之事。《周礼·地官·乡师》："既役，则受州里之役要，以考司空之辟，以逆其役事。"可知役事不仅是统治者的硬性摊派之事，且事中还要受到监督。

或因役事在百姓看来就是一场灾祸（咎），所以因役事所击之鼓即称之为"鼛"。

《说文·鼓部》："鼛，大鼓也。"即古代有役事用来召集人的一种大鼓。

释义："鼛"在《诗经》中使用2处，无迭用。

大鼓。此种用法有2（雅2）处："鼓钟伐鼛"（《小雅·鼓钟》）；"鼛鼓弗胜"（《大雅·绵》）。

杲 音【gǎo】

古形【甲杲金杲小篆杲】

"杲"，由"日"和"木"组成。《说文·木部》："杲，明也。从日在木上。"太阳（日）升到木（树）上，天已经（明）亮了，就是"杲"。

释义："杲"在《诗经》中使用1处2次，迭用。

明亮（迭用表示大亮）。此种用法有1处2次，迭用："杲杲出日"（《卫风·伯兮》）。

缟 音【gǎo】

古形【小篆縞】

"缟"由"糸"和"高"组成，指的是纺织品的颜色，一般认为表示本色、素色。或因素色显得淡雅、高贵，所以用"高"做声符。

释义："缟"在《诗经》中使用2处，无迭用。

本色、素色。此种用法有2（风2）处，如："缟衣茹藘"（《郑风·出其东门》）。

镐(鎬) 音【gǎo、hào】

古形【金鎬小篆鎬】

《说文·金部》："镐，温器也。从金，高声。武王所都，在长安西上林苑中，字亦如此。"以此可知，"镐"有两个意思，一指"温器"；二表周武王都城，即镐京（在今西安市西南）。

在许慎的《说文解字》中，所列"镐、鏖、铫、鐎"等字，均为"温器"。多种温器，功用应该各异，虽都由金属制成，器形则各不相同。《广韵·豪韵》："鏖，铜瓮（坛罐状铜器）。"《中华大字典》："铫，一种大口，有柄、有流的烹煮器。"《广韵·宵韵》："鐎，刁斗也。温器，三足而有柄。"

从字形看，"高"，金文写作""，像楼阁层叠之形，作为温器的"镐"，器形或如""，所以用"高"作声符。

作为都城的镐京之"镐"，或可视为"有金属之器（金）、有亭台楼阁（高）"之地。不过，清吴大澂《愙斋集古录释文剩稿》说："镐京之'镐'不当从金，今从茻，像草木茂盛之意，正与豐京之'豐'同义也。"故《段注》云："武王都镐，本无正字，偶用镐字为之耳。"由此看来，镐京之"镐"，或为信手拈来也未可知。

释义："镐"在《诗经》中使用7处，无迭用。

1. 西周京城（镐京，在今陕西西安市西）。此种用法有5（雅5）处，如："王在在镐"（《小雅·鱼藻》）；"宅是镐京"（《大雅·文王有声》）。

2. 通鄗，地名。此种用法有2（雅2）处，如："侵镐及方"（《小雅·六月》）。

告　音【gào】

古形【甲金小篆】

"告"是"祰"的本字，"告"由"牛"和"口"组成。古人祭祀、求福，要宰杀牛羊作为贡品，同时用口祈祷求福。献牛（）祝祷（口）就是"告"。

释义："告"在《诗经》中使用22处，无迭用。

1. 告诉、诉说、诏诰。由祝祷要说话（语言）引申。此种用法有21（风7；雅14）处，如："何以告之"（《鄘风·干旄》）；"不敢告劳"（《小雅·十月之交》）；"其告维何"（《大雅·既醉》）。

2. 通"鞫"，穷究、穷治。此种用法有1处："不告于讻"（《鲁颂·泮水》）。

戈　音【gē】

古形【甲金小篆】

戈是古代的一种兵器。《说文·戈部》："戈，平头戟也。"从字形看，"戈"，甲骨文写作""，像一种长柄勾刃兵器之形。

戈是中国古代战场上的主要武器，一般由青铜制成，盛行于商至战国时期，秦以后逐渐消失。其突出部分名援，援上下皆有刃，用以横击和钩杀、勾割或啄刺敌人，因此，古代又叫做勾兵或称啄兵。

释义："戈"在《诗经》中使用4处，无迭用。

一种兵器。此种用法有4（风2；雅1；颂1）处，如："修我戈矛"（《秦风·无衣》）；"干戈戚扬"（《大雅·公刘》）；"载戢干戈"（《周颂·时迈》）。

仡　音【gē、yì】

古形【金小篆】

"仡"由"亻（人）"和"乞"组成。"乞"，甲骨文写作""，小篆写作""，均为今之"气"字。《说文·人部》："仡，勇壮也。从人气声。"可知"仡"中之"乞"，即为"气"字。人之

有气势，就是“仡”。

释义：“仡”在《诗经》中使用1处2次，迭用。

同屹屹，高耸貌。由人的勇武气势引申。此种用法有1处，迭用：“崇墉仡仡”（《大雅·皇矣》）。

歌(謌)　音【gē】

古形【小篆】

《集韵·歌韵》：“歌，古作可。”“可”是“歌”的本字。

“可”，甲骨文写作“”，由“”和“”组成。“”像竽、笙一类的簧管乐器，同口组合表示在竽、笙等乐器的伴奏下开口歌唱。

古人认为“诗言志，歌永（咏）言（《尚书·尧典》）”，所以异体的“歌”写作“謌”。且唱有曲调为“歌”，无调则为“谣”。

释义：“歌”在《诗经》中使用14处，无迭用。

歌曲、歌唱（唱有曲调）。此种用法有14（风5；雅9）处，如：“独寐寤歌”（《卫风·考盘》）；“是用作歌”（《小雅·四牡》）；“既作尔歌”（《大雅·桑柔》）。

革　音【gé】

古形【金小篆】

《说文·革部》：“革，兽皮治去其毛，革更之。像古文革之形。”从字形看，“革”，金文写作“”，由“（‘克’的变体）”和“（双手）”组成，“克”有制服的意思，同“”组合表示兽类被制服后人们用手剥皮去毛，然后进行美化处理。“革”字表达的是制革过程。“”或可看做兽形，“”在中间表示正在剥皮去毛状。

释义：“革”在《诗经》中使用7处，无迭用。

1. 皮板、皮革制品。由制作成品引申。此种用法有6（风1；雅4；颂1）处，如：“羔羊之革”（《召南·羔羊》）；“鞗革冲冲”（《小雅·蓼萧》）；“不长夏以革”（《大雅·皇矣》）；“鞗革有鸧”（《周颂·载见》）。

2. 通“翱”，翅膀。此种用法有1处：“如鸟斯革”（《小雅·斯干》）。

阁(閣)　音【gé】

古形【小篆】

《说文·门部》：“阁，所以止扉也。”古时的门，没有铰链和门吸，只是在上下安上门臼代替铰链用以门的开合，为防止开启的门又自动关上，人们在门扇两旁放上木桩，以防止门自合。这种起到门吸作用的木桩就称“阁”。

从字形看，“阁”由“门”和“各”组成，“各”就有“阻止行进”的意思。

释义：“阁”在《诗经》中使用1处2次，迭用。

牢固（迭用表示且有条理）。由木桩牢固引申。此种用法有1处，迭用：“约之阁阁”（《小雅·斯干》）。

格　音【gé】

古形【甲金小篆】

刘兴隆《新编甲骨文字典》：“‘各’为落、格、敋、挌之初文。”“各”有“行进、阻止（参见‘各’条）”的意思，同“木”组合成“格”，或有持木制器械行进的意思。《说文·木部》：“格，木长貌。”或由木制器械的长度引申。

释义：“格”在《诗经》中使用2处，无迭用。

至、到来（行进至目标）。此种用法有2（雅2）处：“神保是格”（《小雅·楚茨》）；“神之格思”（《大雅·抑》）。

韐　音【gé】

古形【金 小篆 】

“韐”由“韋（韦）”和“合”组成。“韦”指去毛加工成的裘皮；“合”有“遮闭”的意思。《仪礼·士丧礼》：“设韐带，搢笏。”韐带又称韎韐缁带，即蔽膝上的皮带，这里指古代丧服上的韨（蔽膝），一般染成赤黄色。

释义：“韐”在《诗经》中使用1处，无迭用。

古代丧服上的韨。此种用法有1处：“韎韐有奭”（《小雅·瞻彼洛矣》）。

葛　音【gé、gě】

古形【金 小篆 】

“葛”是一种多年生草本植物，纤维可以织布，块根可以食用。其字形由“艹（草）”和“曷”组成。

安子介先生在《解开汉字之谜》中认为，“曷”字的古字形“曷”（由“曰”和“丐”组成）表达的是“乞‘丐’开口说话（曰）”，因为乞丐是一个耗尽了他所最需要的东西的人，所以“曷”有‘耗尽’的意思。而“在‘曷’字的衍生字中，可说无例外地均具‘耗尽’或‘尽耗’的含义。”如“褐”，有“粗糙的布或衣”的意思，表示“别的衣服全耗尽了=最后一件衣服”。“葛”，是“一种多年生藤本植物（用以做粗衣的草；‘曷’代‘褐’）”，表达的是别的布全耗尽了，以此为做衣服的材料。

《说文·艸部》：“葛，絺绤草也。”即一种可以编织葛布的草，细编为絺，粗编为绤。

释义：“葛”在《诗经》中使用16处，无迭用。

1.葛草。此种用法有13（风12；雅1）处，如：“葛之覃兮”（《周南·葛覃》）；“莫莫葛藟”（《大雅·旱麓》）

2.葛布。由葛草可以织布引申。此种用法有3（风2；雅1）处，如：“葛屦五两”（《齐风·南山》）；“纠纠葛屦”（《小雅·大东》）。

各　音【gè】

古形【甲 金 小篆 】

“各”，甲骨文写作“ ”，由“ ”“ ”和“ ”组成。“ ”表示城邑；“ （彳）”表示向城邑进军；“ （止）”表示阻止。一方攻城，另一方组织力量阻止就是“各”。后来金文写作“ ”，省略了“ （彳）”。

《说文·口部》：“各，异词，从口夊。夊者，有行而止之，不相听也。”意思是说，“各”是表示不同个体的词，由“口夂”会意，夂的意思是表示有人行走而又有人使之停止，彼此谁也不听谁的。“有行而止之”应该是“各”的本义，而“异词”则是由行止双方的不同表现派生出来的引申义。

释义：“各”在《诗经》中使用5处，无迭用。

每人、各自（不同的个体）。由行止双方的不同表现引申。此种用法有5（风1；雅4）处，如：“亦各有行”（《鄘风·载驰》）；“各敬尔身”（《小雅·雨无正》）；“民各有心”（《大雅·抑》）。

庚　音【gēng】

古形【甲庚金庚小篆庚】

“庚”，甲骨文写作“庚”，刘兴隆《新编甲骨文字典》说其字形“像双手执干或杈形”。一说其字形由“□”和“□”组成，“□”像倒写的人（表示逆向），“□”像一个簸箕，合在一起表示“逆风扬箕”。“双手持干”或是扬晒谷物，“逆风扬箕”则为了筛去谷物中的糙壳，表现的都是秋收时的忙活景象。

《说文·庚部》：“庚，位西方，像秋时万物庚庚有实也。”古人把世间万物看成由金、木、水、火、土构成，其中金主管西方与秋季，西方是代表秋天的方位，因为“庚”字表现的是秋天收获时农忙的景象，所以庚又可以引申代表西方。

释义：“庚”在《诗经》中使用5处，无迭用。

1. 借作星名（长庚，金星）。此种用法有1处：“西有長庚”（《小雅·大东》）。

2. 借作地支名（十二地支排“己”后）。此种用法有1处：“吉日庚午”（《小雅·吉日》）。

3. 借作鸟名（仓庚，黄莺）。此种用法有3（风2；雅1）处，如：“有鸣仓庚”（《豳风·七月》）；“仓庚喈喈”（《小雅·出车》）。

耕　音【gēng】

古形【小篆耕】

战国楚简上有“□”字，或是“耕”字初文。“□”像一犁插入田中，表示的是春耕时农人用犁翻土。从现在的字形看，“耕”由“耒”和“井”组成，“耒”是一种农用工具；“井”表示井田（井田是把耕地划分为多块一定面积的方田，周围有经界，中间有水沟，阡陌纵横，像一个井字。中国古代实行井田制，规定一切土地属于国家所有。井田制是中国古代社会的土地国有制度，出现于商朝，到西周时已发展很成熟）。

《说文·耒部》：“耕，犁也。”农人在井田中犁地松土，为播种做准备，就是“耕”。

释义：“耕”在《诗经》中使用2处，无迭用。

犁地。此种用法有2（颂2）处，如：“其耕泽泽”（《周颂·载芟》）。

羹（鬻）　音【gēng】

古形【小篆鬻】

“羹”由“羔（小羊）”和“美”组成。古人肉食一般多羊肉，用“羔”制成的美味就叫“羹”。“羹”或作“鬻”。《说文·䰜部》：“鬻，五味盉羹也。”“羹”的本义指的是一种以羊肉为主料熬成的五味浓汤。后来人们把用其他食材熬成的美味浓汤也叫羹。

释义：“羹”在《诗经》中使用3处，无迭用。

泛指美味浓汤。由羹汤味美汁浓引申。此种用法有3（雅1；颂2）处，如：“如沸如羹”（《大雅·荡》）；“毛炰胾羹”（《鲁颂·閟宫》）。

耿　音【gěng】

古形【金小篆】

“耿”由“耳”和“火”组成。“火”表示上火、发热。人上火，心情烦躁、耳朵发热就是“耿”。

释义：“耿”在《诗经》中使用1处2次，迭用。

心烦耳热（迭用表示心情很烦躁）。此种用法有1处2次，迭用：“耿耿不寐”（《邶风·柏舟》）。

梗　音【gěng】

古形【小篆】

“梗”由“木”和“更”组成，“木”代表植物的枝条；“更”有“改换、更替”的意思。植物的枝条上一般都有肿结，这种肿结交替而生，每隔一段都有一个。枝条（木）上的这种更替而生的肿结就是“梗”。

释义：“梗”在《诗经》中使用1处，无迭用。

病、害。由肿结看似病态引申。此种用法有1处：“至今为梗”（《大雅·桑柔》）。

工　音【gōng】

古形【甲金小篆】

甲骨文“工”字写作“”，像工具形。古“工”“巨”同字，“（巨）”，像人手持“工”状。《说文·工部》：“工，巧饰也。像人有规矩也。”持有（规矩等）工具的能工巧匠即为“工”。

“工”是古代对从事各种技艺的劳动者的总称。或因在当时的农耕时代，这些能工巧匠多为权贵招募，为官家服务，故古代“工”又有“官”义。

释义：“工”在《诗经》中使用3处，无迭用。

官。由“工”多为官家服务引申。此种用法有3（雅2；颂1）处，如：“工祝致告”（《小雅·楚茨》）；“嗟嗟臣工”（《周颂·臣工》）。

弓　音【gōng】

古形【甲金小篆】

“弓”，甲骨文写作“”，像一个弯拱（）上绷着一根丝弦（），上面还有一个挂钩（）。合起来像一张古代战弓的形状。《说文·弓部》：“弓，以近穷远。”这里说的是弓的功能，即可以以近射远的作战武器。

释义：“弓”在《诗经》中使用17

处，无迭用。

一种用来以近射远的武器。此种用法有17（风2；雅12；颂3）处，如："交韔二弓"（《秦风·小戎》）；"彤弓弨兮"（《小雅·彤弓》）；"弓矢斯张"（《大雅·公刘》）；"载櫜弓矢"（《周颂·时迈》）。

公 音【gōng】

古形【甲 金 小篆 】

"公"由"八"和"厶"组成。"八"有"分、相背"之义，同"厶（私）"组合表示与"厶（私）"相背，即公正无私。有的甲骨文将"公"写作" "，下面的" "是"共"的省略，表示"集体拥有"。《说文·八部》："公，平分也。"" "和" "组合就表示公平分配集体拥有的财物。

"公"在周代又借为爵位名，后代相沿，多作为王以下的最高爵号。

释义："公"在《诗经》中使用97处，无迭用。

1. 可以公平分配的集体财物。此种用法有1处："献豜于公"（《豳风·七月》）。

2. 公爵、对君王或先祖的尊称。借用，由其精神或名望等可以供大家分享引申。此种用法有64（风30；雅21；颂13）处，如："公侯腹心"（《周南·兔罝》）；"尔公尔侯"（《小雅·白驹》）；"群公先正"（《大雅·江汉》）；"烈文辟公"（《周颂·烈文》）。

3. 公家（公共之地、办公之地）。由地方归集体所有引申。此种用法有15（风7；雅1；颂7）处，如："夙夜在公"（《召南·采蘩》）；"雨我公田"（《小雅·大田》）；"敬尔在公"（《周颂·臣工》）。

4. 借作官名、人名。此种用法有13（风3；雅10）处，如："殊异乎公族"（《魏风·汾沮洳》）；"笃公刘"（《大雅·公刘》）。

5. 同"工、功"，工作、功业。此种用法有4（雅4）处，如："矇瞍奏公"（《大雅·灵台》）。

功 音【gōng】

古形【小篆 】

"功"由"工"和"力"组成，"工"指工作，同"力"组合表示努力工作。《说文·力部》："功，以劳定国也。"努力工作即可以成就大业，"定国（建立和稳定国家）"应该是"功"的引申义。

释义："功"在《诗经》中使用13处，无迭用。

1. 事情、工程。由工作对象引申。此种用法有4（风2；雅2）处，如："载缵武功"（《豳风·七月》）；"肃肃谢功"（《小雅·黍苗》）；"申伯之功"（《大雅·崧高》）。

2. 成功、功绩。由努力工作结果引申。此种用法有6（雅2；颂4）处，如："世执其功"（《大雅·崧高》）；"念兹戎功"（《周颂·烈文》）。

3. 技能、本领。由工作需要技能引申。此种用法有3（雅2；颂1）处："献尔发功"（《小雅·宾之初筵》）；"有此武功"（《大雅·文王有声》）；"在泮献功”（《鲁颂·泮水》）。

攻 音【gōng】

古形【金小篆】

“攻”由“工”和“攵”组成。“工”表示一种器械（类似云梯的攀城器械）；“攵”，金文写作“”，像手持器械敲击状，组合在一起表示“手持器械攀梯夺寨拔城”。《说文·攵部》：“攻，击也。”用武力打击就是“攻”。

释义：“攻”在《诗经》中使用3处，无迭用。

1.整治、建造。由整治、建造需要使用器械引申。此种用法有2（雅2）处：“可以攻玉”（《小雅·鹤鸣》）；“庶民攻之”（《大雅·灵台》）。

2.坚固。由攻击对象顽强、牢固引申。此种用法有1处：“我车既攻”（《小雅·车攻》）。

肱 音【gōng】

古形【甲小篆】

“厷”是“肱”的本字。《说文·又部》：“厷，臂上也。”臂上即人臂膀的上部，现在一般认为是人体手臂由肘到肩的部分。

从字形看，“厷”，甲骨文写作“”，在手（）臂下方加了一个半圆“”，强调手臂上鼓起的肌肉。后来人们又在“厷”的旁边加了一个“月（肉）”，表示“肱”是肉体的一部分。

释义：“肱”在《诗经》中使用1处，无迭用。

手臂。此种用法有1处：“麾之以肱”（《小雅·无羊》）。

宫 音【gōng】

古形【甲金小篆】

“宫”，甲骨文写作“”，像一个开着多个窗口的大型建筑物。《说文·宀部》：“宫，室也。”在古代，“宫”一般多指封建帝王的住所或宗庙等大型建筑物。

释义：“宫”在《诗经》中使用12处，无迭用。

宫室、宗庙。此种用法有12（风7；雅3；颂2）处，如：“公侯之宫”（《召南·采蘩》）；“鼓钟于宫”（《小雅·白华》）；“雍雍在宫”（《大雅·思齐》）；“既作泮宫”（《鲁颂·泮水》）。

恭 音【gōng】

古形【金小篆】

“恭”由“共”和“⺗（心）”组成。“共”，金文写作“”，是“供”的本字，像双手捧物向神灵供奉之状。向神灵供奉应该虔诚，“共”同“心”组合，表示这种虔诚发自内心。《说文·心部》：“恭，肃也。”发自内心的肃敬就是“恭”。

释义：“恭”在《诗经》中使用7处，无迭用。

敬、肃敬、谦逊有礼。此种用法有7（雅6；颂1）处，如：“温温恭人”（《小雅·小宛》）；“密人不恭”（《大雅·皇矣》）；“温恭朝夕”（《商颂·那》）。

躬 音【gōng】

古形【金 小篆 】

“躬”由“身”和“弓”组成。“弓”是一种弯曲状的古代兵器。《说文·身部》：“躬，身也。”身体像弓一样呈弯曲状，就是“躬”。“躬”是一种自谦的表达。

释义：“躬”在《诗经》中使用11处，无迭用。

身体、自身。此种用法有11（风3；雅8）处，如：“我躬不阅”（《邶风·谷风》）；“弗躬弗亲”（《小雅·节南山》）；“无遏尔躬”（《大雅·文王》）。

觥(觵) 音【gōng】

古形【金 小篆 】

“觥”是中国古代用兽角制成的一种盛酒器，后来也有用木或铜制的。

古有“觥筹交错”的成语，其中的“筹”指的是用来助酒兴的筹码，上写“自饮一杯”“酒未干者一杯”“隔桌者一杯”等字样，抽中者按字样要求饮尽杯中酒。

从字形看，“觥”由“角”和“光”组成。“角”指兽角；“光”或有“饮尽”之意。“觥”又作“觵”，或因有“觵”为黄色。

释义：“觥”在《诗经》中使用4处，无迭用。

古代酒器。此种用法有4（风2；雅1；颂1）处，如：“我姑酌彼兕觥”（《周南·卷耳》）；“兕觥其觩”（《小雅·桑扈》）；“兕觥其觩”（《周颂·丝衣》）。

巩(鞏) 音【gǒng】

古形【金 小篆 】

“巩”，金文写作“ ”，由“ ”和“ ”组成，“ ”表示工具；“ ”像手握物体，用器具给物体加固就是“鞏（巩）”。《说文·革部》：“鞏（巩），以韦束也。”“韦”指经过加工的兽皮，用皮革捆扎物体谓“鞏（巩）”。

释义：“巩”在《诗经》中使用1处，无迭用。

约束、控制。由捆扎的物体受到约束引申。此种用法有1处：“无不克巩”（《大雅·瞻卬》）。

共 音【gòng】

古形【甲 金 小篆 】

“共”，甲骨文写作“ ”，像两手捧持同一物向上托举之状，《说文·共部》：“共，同也。”意思是“共”表示“共同（施力）”。或因古人祭祀两手托举祭物，所以，“共”又可视为古“供”字，有“供奉”之义。张舜徽先生《说文解字约注》：“今湖湘间谓两人共持物而向上举，曰拱上去，当以此为本字。”

释义：“共”在《诗经》中使用14处，无迭用。

1.同。此种用法有2（雅2）处：“共武之服”（《小雅·六月》）。

2.供奉（古“供”字）。此种用法有5（雅3；颂2）处，如：“靖共尔位”

（《小雅·小明》）；“受小共大共”（《商颂·长发》）。

3.恭敬。由供奉心存敬意引申。此种用法有4（雅4）处，如：“匪其止共”（《小雅·巧言》）。

4.执掌。由“拱”要紧执其物引申。此种用法有2（雅2）处，如：“克共明刑”（《大雅·抑》）。

5.借为国名，在今甘肃泾川北。此种用法有1处：“侵阮徂共”（《大雅·皇矣》）。

钩(鉤) 音【gōu】

古形【小篆】

“钩”，古写作“鉤”，由“金”和“句”组成。“句”，俗作“勾”，有弯曲之意，同“金”组合表示呈弯曲之状的金属器。“钩”在古代表示一种金属兵器，形似剑而曲。

释义：“钩”在《诗经》中使用4处，无迭用。

1.古兵器。此种用法有1处：“以尔钩援”（《大雅·皇矣》）

2.钩膺。一种套在马颈上的带饰。由钩呈弯曲状引申。此种用法有3（雅3）处，如：“钩膺鞗革”（《小雅·采芑》）；“钩膺濯濯”（《大雅·崧高》）

枸 音【gǒu】

古形【金小篆】

“枸”为木名，即枳枸。字形由“木”和“句”组成。“句”同“勾”，有“弯曲”之意。因其果实呈弯曲状，所以“枸”俗又称拐枣。

释义：“枸”在《诗经》中使用1处，无迭用。

枳枸。此种用法有1处：“南山有枸”（《小雅·南山有台》）。

笱 音【gǒu】

古形【小篆】

笱是一种捉鱼的器具，编竹成筒形，口有倒刺如勾（钩），鱼入即不能出，现在叫竹笼或须笼。从字形看，“笱”由“竹”和“句”组成，“句”同“勾”，有“弯曲”之意。《说文·竹部》：“笱，曲竹捕鱼笱也。”曲竹，即笼口如钩的倒刺。

释义：“笱”在《诗经》中使用5处，无迭用。

捕鱼的竹笼。此种用法有5（风4；雅1）处，如：“毋发我笱”（《邶风·谷风》）；“无发我笱”（《小雅·小弁》）。

苟(茍) 音【gǒu】

古形【甲金小篆】

“苟”和“茍”古为两个字，疑在传抄过程中并为一字。

“苟”由“艸”和“句”组成，“句”同“勾”，有“弯曲”之意。《说文·艸部》“苟，草也。”或非草名，而仅形容草弯曲之状态。

“茍”从“羊”。《说文·茍部》：“茍，自急敕也。（茍之小篆字形）从羊省，从包省，从口。‘口’犹慎言也。从羊，羊与義、善、美同意。”所谓“自

急敕”，或为劝诫之辞，意思是（其人）亟须自我警戒：要口慎言，且从义、从善、从美。

安子介先生在《解开汉字之谜》中说：“‘苟（应为茍，下同）’字有‘做事不郑重’意思……根据许多词源学家的看法，‘苟（茍）’字就是古代的‘敬’字。作者的看法：由于‘敬’字右边的‘攵’被丢掉了，苟（茍）字的意思应失去敬意，而被降级，就变成了‘不受尊敬或缺乏自尊’，引申为‘假定’，那才合逻辑。”

释义：“苟（茍）”在《诗经》中使用8处，无迭用。

1.不受尊敬或缺乏自尊。此种用法有1处：“无曰苟矣”（《大雅·抑》）（此处或可理解成‘茍’字，即如弯草卑躬之状）。

2.或、假定。疑由不受尊敬或可自敕引申。此种用法有7（风7）处，如：“苟无饥渴”（《王风·君子于役》）。

耇 音【gǒu】

古形【金 小篆 】

“耇”，古同“耉”，由“老”和“句”组成。“句”同“勾”，有“弯曲”之意，同“老”组合有“年纪大了弯腰曲背”的意思。《说文·老部》“耇，老人面冻黎（梨）若垢”说的是高寿老人的面色状态；朱骏声《说文通训定声》“老人背伛偻也”则从字形上解释了“耇”字。

释义：“耇”在《诗经》中使用4处，无迭用。

（高寿）老人。此种用法有4（雅3；颂1）处，如：“遐不黄耇”（《小雅·南山有台》）；“黄耇台背”（《大雅·行苇》）；“黄耇无疆”（《商颂·烈祖》）。

垢 音【gòu】

古形【金 小篆 】

“垢”由“土”和“后”组成。“后”疑指古代君王的后宫，同“土”组合意在表示后宫如脏土之乱象，故“垢”有“污秽、邪恶、耻辱”等意思。《说文·土部》：“垢，浊也。”即对“垢”作了比较明确的解释。一个“垢”字，或表达了封建君主时代士人对后宫乱象敢怒不敢言的心态。

释义：“垢”在《诗经》中使用1处，无迭用。

污浊。此种用法有1处：“征以中垢”（《大雅·桑柔》）（此句之“中垢”，或和《鄘风·墙有茨》中的“中冓（之言）”有异曲同工之妙）。

冓 音【gòu】

古形【甲 金 小篆 】

“冓”，甲骨文写作“ ”，像上下两条鱼嘴对嘴相交的样子。

刘兴隆《新编甲骨文字典》：“ （冓）像两鱼相遇，二鱼头碰一处，以示遘遇之义。《说文》分作遘、冓两个其义不同之字，从卜辞文例分析，遘、冓一字也。”

古有两条鱼嘴对嘴会产出小鱼来的说法，从这个意义上说，“遘”从“辵”，更多地强调相遇；而从“（冓）”之字形看，则更多地强调相交、交媾。

《说文·冓部》：“冓，交积材也。像对交之形。”材料的交架，或为“構（构）”之古字。

释义：“冓”在《诗经》中使用3处，无迭用。

污垢。由私自交媾有污礼制引申。此种用法有3（风3）处，如：“中冓之言”（《鄘风·墙有茨》）。

构(構) 音【gòu】

古形【金小篆】

《说文·木部》：“构，盖也。”所谓“盖”，即架构房屋。从字形看，“构”，繁体作“構”，由“木”和“冓”组成。“冓”，甲骨文写作“”，《说文》说其“像对交之形”。将木材有序交架，就是“构”。

释义：“构”在《诗经》中使用2处，无迭用。

1. 借为“遘”，遭遇。此种用法有1处：“我日构祸”（《小雅·四月》）。

2. 同“诟”，骂。此种用法有1处：“构我二人”（《小雅·青蝇》）。

雊 音【gòu】

古形【小篆】

《说文·隹部》：“雊，雄雉鸣也。雷始动，雉鸣而雊其颈。”意思是说：雊指的是雄性野鸡叫。每年春雷始动，雄雉即勾着脖子鸣叫，意在求偶。从字形看，“雊”由“句”和“隹”组成，野鸡从“隹”，“句”同“勾”，有“弯曲”意，组合在一起表示野鸡弯曲着脖子鸣叫。

释义：“雊”在《诗经》中使用1处，无迭用。

（野鸡）叫。此种用法有1处：“雉之朝雊”（《小雅·小弁》）。

媾 音【gòu】

古形【金小篆】

“媾”由“女”和“冓”组成。“冓”甲骨文写作“”，像上下两条鱼嘴对嘴相交的样子。《说文·女部》：“媾，重婚也。”同女子交互为婚姻，亲上结亲即为“媾”。

释义：“媾”在《诗经》中使用1处，无迭用。

结亲、婚姻。此种用法有1处：“不遂其媾”（《曹风·候人》）。

觏(覯) 音【gòu】

古形【金小篆】

《说文·见部》：“觏，遇见也。”从字形看，“觏”由“冓”和“见”组成、“冓”，甲骨文写作“”，像两条鱼相遇相交，同“见”组合，则着重强调遇见。

释义：“觏”在《诗经》中使用14处，无迭用。

看见、遇见。此种用法有14（风6；雅8）处，如：“觏闵既多”（《邶风·柏舟》）；“我觏之子”（《小雅·裳裳者华》）；“莫予云觏”（《大雅·抑》）。

姑 音【gū】

古形【金 小篆 】

“姑”由“女”和“古”组成。“古”表示老的、时间长的。同“女”组合有“年长女性”的意思。《说文·女部》：“姑，夫母也。”即丈夫的母亲，现在一般我们把父亲的姊妹也称作姑。

释义：“姑”在《诗经》中使用3处，无迭用。

1.夫母或父亲的姊妹。此种用法有1处：“问我诸姑”（《邶风·泉水》）。

2.借作副词，姑且、暂且。此种用法有2（风2）处，如：“我姑酌彼兕觥”（《周南·卷耳》）。

罛 音【gū】

古形【小篆 】

“罛”小篆写作“ ”，上面是个“ （网）”。《说文·网部》：“罛，鱼罟也。”即渔网。其实“网”的本义就是鱼网，《说文·网部》：“网，庖犧所结绳，以渔。”即网是指上古庖犧氏结绳编织的用以捕鱼的工具。“罛”字下面的“瓜”，或是网中鱼、虾之类的变体。

释义：“罛”在《诗经》中使用1处，无迭用。

捕鱼工具。此种用法有1处：“施罛濊濊”（《卫风·硕人》）。

辜 音【gū】

古形【金 小篆 】

“辜”现在写成“古”和“辛”的合体，从籀文“ （辜）”字看，右边的“ ”像“古”字，实为一把大砍刀。疑“辜”中之“古”，应为“ ”字传抄之误。下面的“辛”字，有受刑的意思。《说文·辛部》：“辜，辠（罪）也。”犯罪之人，受砍头之刑，就是“辜”。

释义：“辜”在《诗经》中使用7处，无迭用。

罪、犯法。此种用法有7（雅7）处，如：“民之无辜”（《小雅·正月》）；“何辜今之人”（《大雅·云汉》）。

酤 音【gū】

古形【金 小篆 】

“酤”由“酉”和“古”组成。“酉”金文写作“ ”，像一个装酒的坛子里面装着酒；“古”表示时间长，合在一起表示酒要长时间才能酿成。《说文·酉部》：“酤，一宿酒也。一曰：买酒也。”“一宿酒”或是酒的文化意义，而买来的酒当为“酤”之字形意义。

释义：“酤”在《诗经》中使用2处，无迭用。

酒。此种用法有2（雅1；颂1）处：“无酒酤我”（《小雅·伐木》）；“既载清酤”（《商颂·烈祖》）。

呱 音【gū】

古形【金 小篆 】

“呱”是一个象声词。声音一般从口中发出，所以为“口”部。声符“瓜”，一说声音似圆瓜滚来滚去发个不停；一

说“呱”为小儿哭声，“瓜”则形容新生婴儿像圆瓜似的肉团。此二说均似牵强。或因造字灵感来自藤蔓下瓜田里小动物口中发出的声音，故以“瓜”为声符。《说文·口部》：“呱，小儿嗁（啼）声。”或为“呱”的引申义。

释义：“呱”在《诗经》中使用1处，无迭用。

婴儿啼哭声。由婴儿啼哭声犹如静静夜幕下瓜田里小动物的叫声一样洪亮引申。此种用法有1处：“后稷呱矣”（《大雅·生民》）。

毂(轂)　音【gū、gǔ】

古形【金 小篆 】

“毂”，金文写作“ ”，由“车”和“㱿”组成。《汉字源流字典》：“㱿也兼表空壳之意。”《说文·车部》：“毂，辐所凑也。”“毂”指的就是车轮中心用以穿轴承辐圆形空壳状的部分。

释义：“毂”在《诗经》中使用1处，无迭用。

车轮中心用以穿轴承辐圆形空壳状的部分。此种用法有1处：“文茵畅毂”（《秦风·小戎》）。

古　音【gǔ】

古形【甲 金 小篆 】

《说文·古部》：“古，故也。从十口，识前言者也。”意思是说，“古”指年代久远的，字形由“十”和“口”，会意，表示众口相传，记识前代的言语和故事。十世相传的人或事物，年代一定很久远，就是“古”。

释义：“古”在《诗经》中使用12处，无迭用。

从前、过去的、年代久远的（人或事物）。此种用法有12（风3；雅5；颂4）处，如：“我思古人”（《邶风·绿衣》）；“自古有年”（《小雅·甫田》）；“古训是式”（《大雅·烝民》）；“振古如兹”（《周颂·载芟》）。

谷(穀)　音【gǔ】

古形【甲 金 小篆 】

“谷”和“穀”从字形意义上看，原来应该是两个字。

“谷”，甲骨文写作“ ”，由“ ”和“ ”组成。“ ”是“ （水）”的变形；“ ”指出口、通道，合在一起表示可以使水能够从山坡两侧向下流淌的通道。《说文·谷部》：“谷，泉出通川为谷。”即山中泉水可以通达川流的地方称为谷。

“穀”，金文写作“ ”，由“ （禾）”和“ （表示口可食）”组成，合在一起表示可食的禾类。《说文·禾部》：“穀，百谷之总名。”或因作为农作物的“穀”过去多产于河谷，因此后来人们多假借同音的“谷”代替“穀”。

释义：“谷”在《诗经》中使用39处，无迭用。

1.山谷、河谷。此种用法有15（风6；雅9）处，如：“施于中谷”（《周南·葛覃》）；“出自幽谷”（《小雅·伐木》）；“进退维谷”（《大雅·桑柔》）。

2.良善、吉。或由山涧水流通达引申。此种用法有13（风2；雅11）处，如："谷旦于差"（《陈风·东门之枌》）；"不我肯谷"（《小雅·黄鸟》）；"不胥以谷"（《大雅·桑柔》）。

3.（穀）谷子、粮食。此种用法有7（风1；雅3；颂3）处，如："其始播百谷"（《豳风·七月》）；"薿薿方有谷"（《小雅·正月》）；"播厥百谷"（《周颂·噫嘻》）。

4.禄、俸禄。由粮食即为财富引申。此种用法有2（雅1；颂1）处："俾尔戬谷"（《小雅·天保》）；"君子有谷"（《鲁颂·有駜》）。

5.养育、活着。由粮食可以养育生命引申，此种用法有2（风1；雅1）处："谷则异室"（《王风·大车》）；"以谷我士女"（《小雅·甫田》）。

股 音【gǔ】

古形【小篆】

"股"由"月（肉）"和"殳"组成。《说文·肉部》："股，髀也。"髀指大腿，大腿是肉体的一部分，所以"股"为"肉"部；"殳"表示器械。大人教训孩子常常使用器械鞭打臀部，"股"就是指那个能够接受鞭打的部位。

释义："股"在《诗经》中使用2处，无迭用。

1.特指人的臀部、大腿。此种用法有1处："赤芾在股"（《小雅·采菽》）。

2.尾巴。由特指到泛指动物臀部。此种用法有1处："五月斯螽动股"（《豳风·七月》）。

罟 音【gǔ】

古形【金 小篆】

罟是一种古老的渔猎工具。从字形看，"罟"由"罒"和"古"组成。从小篆字形"罟（罟）"字看，上面的"罒"像一张网，《说文·网部》："罟，网也。"《易·系辞下》："（包牺氏）作结绳而为网罟，以佃以渔。"或因"罟"制作年代久远，故用"古"作声符。

释义："罟"在《诗经》中使用3处，无迭用。

收捕、法网。由渔网的功效引申。此种用法有3（雅3）处，如："畏此罪罟"（《小雅·小明》）；"天降罪罟"（《大雅·召旻》）。

羖 音【gǔ】

古形【小篆】

《尔雅·释畜》："夏羊牡羭牝羖。"所谓"夏羊"，《段注》云"谓黑羊"，其中的"牡羭牝羖"，清代考证家程瑶田在《通艺录》中认为，应是"牝羭牡羖"之误。《说文·羊部》："羖，夏羊牡曰羖。"意思是"黑色的公羊称之羖"。

从字形看，"羖"由"羊"和"殳"组成。"殳"是一种器械，同"羊"组合表示经器械处理过的羊，即受到阉割的羊。或因被阉割的都是公羊，所以"羖"多指公羊。至于黑羊白羊，应与字形所表达的意义无关。

释义："羖"在《诗经》中使用1处，无迭用。

公羊。此种用法有1处："俾出童羖"（《小雅·宾之初筵》）。

鼓 音【gǔ】

古形【甲 金 小篆 】

鼓是一种圆柱形、中空、两头蒙皮的打击乐器。

"鼓"，甲骨文写作" "，像一个架上的鼓形（ ）上有多只手在敲击的样子。有的甲骨文在旁边加了个" （攴）"，表示手持器械（鼓槌）敲击。

释义："鼓"在《诗经》中使用46处，无迭用。

鼓、击鼓。此种用法有46（风8；雅30；颂8）处，如："击鼓其镗"（《邶风·击鼓》）；"鼓瑟鼓琴"（《小雅·鹿鸣》）；"鼛鼓弗胜"（《大雅·绵》）；"庸鼓有斁"（《商颂·那》）。

榖 音【gǔ】

古形【小篆 】

《说文·木部》："榖，楮也。"楮即楮木，树皮可制纸，古人多以其树皮制作冥币（即焚化祭供先人的纸钱），故认为楮为恶木、不祥之木。字形由"木"和"㱿"组成，"㱿"表示空壳，或强调树皮。

释义："榖"在《诗经》中使用2处，无迭用。

楮树、恶木。此种用法有2（雅2）处，如："其下维榖"（《小雅·鹤鸣》）。

嘏 音【gǔ、jiǎ】

古形【金 小篆 】

"嘏"，金文又作" "，与"叚"同字。从字形看，" "由" "" "和" "三部分组成。" "像石崖；" "像石崖上的一只手；" "是石崖下面的一只手，组合在一起表示石崖上的手拉住石崖下的手，即崖下的人借助崖上人之力攀登石崖，所以《说文·又部》："叚，借也。"即借力之义。

"嘏"在古代有"祭祀致福"之义，即借助祭祀之力使主人多福，所以"嘏"又有了"福"的意思。

释义："嘏"在《诗经》中使用4处，无迭用。

福。由借祭祀之力祈福引申。此种用法有4（雅2；颂2）处，如："锡尔纯嘏"（《小雅·宾之初筵》）；"纯嘏尔常矣"（《大雅·卷阿》）；"俾缉熙于纯嘏"（《周颂·载见》）（一说借为固，坚固。或可视为"福"的一种）。

瞽 音【gǔ】

古形【金 小篆 】

"瞽"由"鼓"和"目"组成。《说文·目部》："瞽，目但有眹也。"《段注》："但有眹者，才有缝而已。"所谓"才有缝"，即没有见物功能，亦即目失明。古代多以盲者为乐师，或因"鼓"是一种乐器，所以"瞽"以"鼓"作声符。

释义："瞽"在《诗经》中使用2处，无迭用。

乐师、乐官。由古代多以盲人为乐师引申。此种用法有2（颂2）处，如："有瞽有瞽"（《周颂·有瞽》）

盬　音【gǔ】

古形【小篆】

《说文·鹽部》："盬，河东鹽池。袤（长）五十一里，广（宽）七里，周围一百一十六里。从鹽省，古声。"河东鹽池，指的是今山西省西南部介于解县、安邑之间的盐池，世称解池。解池出产的解盐最为著名。从"鹽（盐）"字形看，小篆写作""，由""和""组成。""（監）"指监察、查看；""指池中晶体即盐粒，组合起来表示盐的制作过程观察是一项必不可少的重要环节。或因河东盐池即解池年代比较久远（人为开发生产始于金代），所以"盬"字用"古"作声符。

释义："盬"在《诗经》中使用12处，无迭用。

休止、停息。或因盐成品后所有制盐工作过程即可停止而引申。此种用法有12（风3；雅9）处，如："王事靡盬"（《唐风·鸨羽》）；"王事靡盬"（《小雅·四牡》）。

固　音【gù】

古形【金小篆】

《说文·口部》："固，四塞也。从口，古声。""四塞"即"四面阻塞"，"口"就表示这个意思。《小尔雅·广诂》："固，久也。"疑"固"之"久远"意思或从声符"古"中而来。

一说"固"金文作""，由""（盾甲）"和""（捆束、缠绕）"组成，表示对盾甲进行某种加强使之牢固。此说或为"固"之本义，"久"则是牢固基础上的引申义。

释义："固"在《诗经》中使用3处，无迭用。

1.坚固、牢固，此种用法有2（雅2）处："亦孔之固"（《小雅·天保》）；"受命既固"（《大雅·皇矣》）。

2.坚定、坚持。由坚固可以持久引申。此种用法有1处："式固尔犹"（《鲁颂·泮水》）。

故　音【gù】

古形【金小篆】

"故"由"古"和"支（攵）"组成。"古"即作古，表示已经死亡的意思；"支"，金文写作""，像手持器械击打状。《说文·支部》："故，使为之也。"意思是说：这个人的死亡（古）是有原因（支）的。《段注》："（使为之）今俗云缘故是也。凡'为之'必有'使之'者，'使之而为之'，则成故事也。"

释义："故"在《诗经》中使用11处，无迭用。

1.原因、缘故。此种用法有8（风3；雅5）处，如："微君之故"（《邶风·式微》）；"玁狁之故"（《小雅·采薇》）；"憯不知其故"（《大雅·云汉》）

2.死去的、过去的（人）。由"使而

为之”成故事引申。此种用法有3（风2；雅1）处，如：“不寁故也”（《郑风·遵大路》）；“召彼故老”（《小雅·正月》）。

顾(顧)　音【gù】

古形【金　小篆　】

“顾”，繁体作“顧”，由“雇”和“頁（页）”组成。“雇”，由“户”和“隹”组成，《说文·隹部》：“隹，鸟之短尾总名也。”短尾之鸟，一般为猛禽。农耕渔猎时代，“隹”入庄“户”绝不是为了供人观赏，而是帮工，诸如用于渔猎的鱼鹰、猎隼等。它们在捕猎时，总喜欢不停地转动脖子，四处查看，所以人们在“雇”字右边又加了一个表示脖子转动的“页”字，用“顧”表示猎鸟的工作状态。《说文·页部》：“顧，环视也。”说的就是这种状态。

释义：“顾”在《诗经》中使用20处，无迭用。

1.回头看、看。由特指到泛指引申。此种用法有8（风4；雅4）处，如：“顾我则笑”（《邶风·终风》）；“睠睠怀顾”（《小雅·小明》）；“乃眷西顾”（《大雅·皇矣》）。

2.用心养护、照看、顾及。由目击转向行为所及引申。此种用法有11（风3；雅6；颂2）处，如：“宁不我顾”（《邶风·日月》）；“微我弗顾”（《小雅·伐木》）；“是顾是复”（《大雅·桑柔》）；“顾予烝尝”（《商颂·那》）

3.借为部落名。顾，夏的同盟部落，己姓，在今河南范县东南，后为商汤所灭。此种用法有1处：“韦顾既伐”（《商颂·长发》）。

瓜　音【guā】

古形【金　小篆　】

“瓜”，金文写作“　”，像藤蔓分叉处悬结一球（或椭圆）形果实。由于果实的形状不易辨认，所以为了表示"瓜"，就连带把瓜蔓也画了出来。《说文·瓜部》：“瓜，㼌也。”“㼌”，当为“蓏”字，《段注》曰：“在木曰果，在地曰蓏。”同样是球（椭圆）形果实，长在树上的称为“果”；长在藤蔓躺在地上的才叫“蓏”。“瓜”是“㼌”和“蓏”的本字，加上“艹”头表示瓜的植物属性，“蓏”下面两“瓜”强调一藤多果实。

释义：“瓜”在《诗经》中使用6处，无迭用。

蔓生植物所结的球形或椭圆形果实。此种用法有6（风3；雅3）处，如：“投我以木瓜”（《卫风·木瓜》）（木瓜为蔷薇科植物果实，俗称瓜）；“疆场有瓜”（《小雅·信南山》）；“瓜瓞唪唪”（《大雅·生民》）。

骓(騧)　音【guā】

古形【籀文　小篆　】

《说文·马部》：“騧，黄马，黑喙。”骓意即身黄嘴黑的马。《段注》：“（尔雅）释兽曰：‘白马黑唇駩，黑喙騧。’如尔雅之文，（騧）则是白马黑喙（嘴）也。”近代藏书家丁福保《说文解字诂林》：“籀文騧（　）从　。”《说文·鬲部》："秦名土釜曰䰛。"所谓"土釜"，相当于现在所说的陶制的锅。

从字形看，籀文"（騧）"由"馬（马）"和"䰛"组成。古代陶制的锅（䰛），或形似马嘴，使用过的锅底呈黑色，"䰛"同"马"组合，表示黑嘴马。至于黄马还是白马，或由于淡黄色马看上去同白马颜色差别不大的原因，导致古籍中有说"騧"为"黄马"，有说为"白马"也未可知。

释义："騧"在《诗经》中使用1处，无迭用。

淡黄色黑嘴马。此种用法有1处："䯄骊是骖"（《秦风·小戎》）。

寡 音【guǎ】

古形【金 小篆 】

"寡"，金文写作""，由"（表示房屋）"和"（像一个人举目张望之形）"组成，合在一起表示独居空房，四顾无伴。古代因丧夫或丧妻而独居之人都叫"寡"。

释义："寡"在《诗经》中使用6处，无迭用。

1.（因丧夫或丧妻）独居之人。此种用法有4（雅4）处，如："哀此鳏寡"（《小雅·鸿雁》）；"不侮矜寡"（《大雅·烝民》）。

2.君王自称。由古代君王因高高在上导致精神上孤独引申。此种用法有（风1；雅1）2处："以勖寡人"（《邶风·燕燕》）；"刑于寡妻"（《大雅·思齐》）。

关(関、關) 音【guān】

古形【金 小篆 】

"关"，金文写作""，由""和""组成。""表示过去大户人家的屋门，两扇象形；""是两个"又"字的简写，即双手，合在一起表示用双手将敞开的两扇门合上，阻止进出。有的金文将"关"写作""，用""代替""，表示将一根门栓""穿插进左右两扇门上的栓孔""。《说文·门部》"关，以木横持门户也。"意思是用木条横着支撑门扇，即关门上栓。

"関"是"關"的异体字，后通简写作"关"。

释义："关"在《诗经》中使用5处6次，1处迭用。

1.关口、关卡。由关门上栓能够阻挡通行引申。此种用法有3（风3）处，如："以望复关"（《卫风·氓》）（一说"复关"暗指人名）。

2.借作象声词。此种用法有2（风1；雅1）处3次："关关雎鸠"（《周南·关雎》）（鸟鸣声）；"间关车之辖兮"（《小雅·车辖》）（车轴转动声）。

观(觀) 音【guān、guàn】

古形【甲 金 小篆 】

"雚"是"观（觀）"的本字。"雚"金文写作""，由"（眉羽）""（大眼）"和"（猛禽，甲骨文更像一只鸟形）"组成。合在一起表示

“猛禽瞪大眼睛察看”。安子介先生《解开汉字之谜》：“独立地看‘雚’，读者可能会同意说它像一只栖息于树上的有高冠毛的鸟，望着远处。事实上，它是‘鹳鸟’的缩略，所以含有此（高处察看）意。”后加“见”字强调猛禽在高处“无所不见”的洞察力。

释义：“观”在《诗经》中使用14处，无迭用。

看、察看。由特指到泛指引申。此种用法有14（风5；雅6；颂3）处，如：“降观于桑”（《鄘风·定之方中》）；“言观其旗”（《小雅·庭燎》）；“监观四方”（《大雅·皇矣》）；“奄观铚艾”（《周颂·臣工》）。

冠 音【guān、guàn】

古形【金 小篆 】

“冠”由“冖”“元”和“寸（手）”三部分组成，“冖”金文写作“∩”，像帽子；“元”金文写作“ ”，表示人的脑袋；“寸”，金文写作“ ”像人手（“、”指示手腕部），合在一起表示人用手把帽子往头上戴。《说文·冖部》：“冠，絭也。所以絭发，弁冕（帽子）之总名也。”古人戴帽，一般先将长头发扎好用簪子插上，然后再裹上布巾。故徐灏《段注笺》云：“古之冠者，以笄（簪子）贯发而巾覆之，故曰所以絭发。”

释义：“冠”在《诗经》中使用2处，无迭用。

帽子。由动作的对象（动词名用）引申。此种用法有2（风2）处，如：“冠緌双止”（《齐风·南山》）。

倌 音【guān】

古形【金 小篆 】

《说文·人部》：“倌，小臣也。”意即地位低下的小官。

“倌”最初指的是主管驾车的小臣，由“人”和“官”组合，表示是被派去管理牲口的（小官）人。

释义：“倌”在《诗经》中使用1处，无迭用。

地位低下的小官。此种用法有1处：“命彼倌人”（《鄘风·定之方中》）

鳏 音【guān】

古形【金 小篆 】

《说文·鱼部》：“鳏，鱼也。”鳏鱼，也叫鳡鱼，是古代生长在黄河中下游一带的大型淡水鱼，据说被捕获后会默默流泪。从字形看，“鳏”金文写作“ ”，由“ （眼睛流泪状）”和“ （鱼形）”组成，表示这是一条被捕获后的“鳏”。

《本草纲目·鳞部·鳡鱼》：“鳡，敢也。……其性独行，故曰鳏。”或因鳏之性好独行，故后来人们将老而无妻的独行男人称作鳏夫（此后才有了鳏寡之分），而非因鳏夫而有鳏鱼。

释义：“鳏”在《诗经》中使用2处，无迭用。

1. 一种大鱼。此种用法有1处：“其鱼鲂鳏”（《齐风·敝笱》）。

2. 借作“鳏夫”（老而无妻的男子）。此种用法有1处：“哀此鳏寡”（《小雅·

鸿雁》）。

莞 音【guān、guǎn】

古形【小篆】

《说文·艸部》："莞，草也，可以作席。"意思是说"莞"是一种可以编织席子的草。

"莞"，俗名水葱，多生于沼泽地、沟渠、池畔、湖畔浅水中。从字形看，楚简写作""，上下为"艸"，中间部分像莞生长的地块。"莞"由"艹"和"完"组成，其中的"完"字，应该是""的变体。

释义："莞"在《诗经》中使用1处，无迭用。

莞草。此种用法有1处："下莞上簟"（《小雅·斯干》）。

馆(館) 音【guǎn】

古形【金 小篆】

《说文·食部》："馆，客舍也。"即馆指接待宾客的房舍。从字形看，"馆"，金文写作""，由""和""组成。《周礼·遗人》："五十里有市，市有候馆，候馆有积（以待宾客）。"古时的馆，多为官办，""像官印形，表示官府；""即食物，表示馆为接待宾客所用，可供食宿。

释义："馆"在《诗经》中使用4处，无迭用。

接待宾客的官舍。此种用法有4（风3；雅1）处，如："适子之馆兮"（《郑风·缁衣》）；"于豳斯馆"（《大雅·公刘》）。

痯 音【guǎn】

古形【小篆】

《尔雅·释训》："痯，病也。"晋·郭璞注曰："（此为）贤人失志怀忧病也。"说白了就相当于现在所说的抑郁症。"痯"有一个异体字为"瘽"，由"疒"和"雚"组成。"雚"金文写作""，像猛禽瞪着一双大眼睛在察看的样子，同"疒"组合，表示有了病症，精神状态不是很好了。

释义："痯"在《诗经》中使用1处2次，迭用。

病态。此种用法有1处2次，迭用："四牡痯痯"（《小雅·杕杜》）（迭用表示过度疲劳状）。

管 音【guǎn】

古形【小篆】

《说文·竹部》："管，如篪，六孔。""篪"是一种古代竹管乐器，"管"就是一种像"篪"的六孔竹管乐器（也有玉管）。从字形看，"管"由"竹"和"官"组成。"官"，金文写作""，像官印，也有写作""，疑似加了个管帽，代表官府（所以后来"管"又有"管理"义），同"竹"组合表示"管"是一种官家使用的竹制乐器。

释义："管"在《诗经》中使用5处6次，1处迭用。

1.六孔竹管乐器。此种用法有4（风2；颂2）处，如："彤管有炜"（《邶风·静女》）；“箫管备举”（《周颂·有瞽》）。

2.器乐声、声音。由管可发声引申，迭用表示声音嘈杂。此种用法有1处2次，迭用：“靡圣管管”（《大雅·板》）。

丱　音【guàn】

古形【金】

“丱”，金文写作“”，像古代儿童头上束了两只上翘小辫子，后来写作“丬”，去掉人形，只保留了两条上翘的小辫。汉字隶变以后写成了“丱”。

释义：“丱”在《诗经》中使用1处，无迭用。

古代儿童束的两只上翘的小辫。此种用法有1处：“总角丱兮”（《齐风·甫田》）。

贯(貫)　音【guàn】

古形【甲 金 小篆】

“毌”是“贯”的本字，甲骨文写作“毌”，像一根绳子穿过方孔的物品（钱币），有的金文把“毌”写作“”，表示绳子穿过的不是一个，而是一串。后来在“毌”字下面加了个“贝（古代钱币）”，明确了绳子穿过的就是钱币。《说文·贝部》：“贯，钱贝之贯。”即一串用绳穿起来的钱（贝）币。古人把方孔金属钱币穿在绳子上，每一千个称为一贯。

释义：“贯”在《诗经》中使用5处，无迭用。

1.养育、饲养。由钱币可以提供生活资料引申。此种用法有3（风3）处，如：“三岁贯女”3句（《魏风·硕鼠》）。

2.穿连、穿透。由钱币串联状引申。此种用法有2（风1；雅1）处：“射则贯兮”（《齐风·猗嗟》）；“及尔如贯”（《小雅·何人斯》）。

灌　音【guàn】

古形【金 小篆】

“灌”由“氵（水）”和“雚”组成。“雚”是“罐”的省写，“雚”，金文写作“”，像一只瞪大眼睛的猛禽，“罐”表示一种禽状的陶罐（安子介先生说“罐”是一种有大口似鹳鸟的壶）。“氵（水）”和“雚（罐）”组合表示用罐子注水。这种壶注水，缓慢、量少。《说文·水部》：“灌，水。出庐江雩娄，北入淮。”灌水，源出河南省商城县南，东北经固始县西南曰曲河，北合史河流入淮水。或因此处之水形似“罐”而得名。

释义：“灌”在《诗经》中使用3处4次，1处迭用。

1.灌（木）。一种丛生少水的植物。此种用法有2（风1；雅1）处：“集于灌木”（《周南·葛覃》）；“其灌其栵”（《大雅·皇矣》）。

2.“灌灌”，迭用借作“款款”，表示情意恳切的样子。此种用法有1处2次：“老夫灌灌”（《大雅·板》）。

鸛　音【guàn】

古形【小篆】

“鹳”由“雚”和“鸟”组成，从金文字形看，“ （雚）”像一只瞪大双眼的猛禽，同“鸟”组合，表示这就是一只鸟。鹳鸟，羽毛灰白色或黑色，嘴长而直，形似白鹤，生活在江、湖、池沼的近旁，一般捕食鱼虾等。

释义：“鹳”在《诗经》中使用1处，无迭用。

鹳鸟。此种用法有1处：“鹳鸣于垤”（《豳风·东山》）。

光　音【guāng】

古形【甲 金 小篆 】

“光”，甲骨文写作“ ”，上面的“ ”像一个火把；下面的“ ”像一个蹲跪着的人，组合在一起表示古代奴隶跪举火把，提供照明。《说文·火部》：“光，明也。”火把可以发出光亮，其它如太阳、电等都可以发出光亮。后来人们把能发出光亮，使人感到明亮、可以看见物体的东西都叫光。

释义：“光”在《诗经》中使用12处，无迭用。

1.光明、光亮。此种用法有4（风1；雅2；颂1）处，如：“月出之光”（《齐风·鸡鸣》）；“庭燎之光”（《小雅·庭燎》）；“休有烈光”（《周颂·载见》）。

2.光彩、光荣、风光。由事物吸人眼球引申。此种用法有8（雅6；颂2）处，如：“为龙为光”（《小雅·蓼萧》）；“不显其光”（《大雅·大明》）“学有缉熙于光明”（《周颂·敬之》）。

洸　音【guāng】

古形【小篆 】

《说文·水部》：“洸，水涌光也。”从字形看，“洸”由“氵”和“光”组成，表示涌动的江水（氵）发出粼粼波光（光）。

释义：“洸”在《诗经》中使用2处3次，1处迭用。

凶悍、威武。由江水汹涌引申。此种用法有2（风1；雅1）处3次，1处迭用：“有洸有溃”（《邶风·谷风》）；“武夫洸洸”（《大雅·江汉》）。

广（廣）　音【guǎng、yǎn】

古形【甲 金 小篆 】

“广”和“廣”原来是两个字。

《说文·广部》：“广（yǎn），因广（山崖）为屋，像对刺高屋之形。”指的是山崖边建成的房屋，高大且有屋脊。

“廣”，甲骨文写作“ ”，由“ ”和“ ”组成。“ （即‘广’）”表示房屋（场地）；“ ”像一支箭穿过靶心，表示射箭。由此看来，“廣”在“广”的基础上更强调了房屋的作用，即“廣”是用作兵士练箭的场地。

练兵场地，建筑空间一定是开阔的，“广”和“廣”合二为一，就都有了“开阔”“高大”等意思。

释义：“广”在《诗经》中使用8处，无迭用。

1.开阔、高大。此种用法有7（风5；雅1；颂1）处，如：“汉之广矣”（《周南·汉广》);“四牡修广”(《小雅·六月》);“于荐广牡”(《周颂·雝》)。

2.扩大。由词性变化引申。此种用法有1处:“克广德心”(《鲁颂·泮水》)。

归(歸、埽) 音【guī】

古形【甲金小篆】

从字形看,“歸”由“𠂤”“止”和“帚”组成。“𠂤”表示土堆;“止”有“足”的意思;“帚”是“婦(妇)”的省写,表示已婚妇女。古代嫁出去的女子,轻易是不准回娘家的(止),只有成天在家持帚洒扫庭院(帚),相夫教子,想家的时候,也只能站在高坡(𠂤)上,朝着家乡的方向望一望,以解思乡之苦,这或是“歸”给我们描述的一幅嫁女思乡图。籀文的“归”字写作“埽”,直接表达的或是“禁足(止)持帚”之意,嫁女的境遇更是悲凉。

《说文·止部》:“歸,女嫁也。”意即女子出嫁。

释义:“归”在《诗经》中使用92处,无迭用。

1.女子出嫁。此种用法有18(风18)处,如:“士如归妻”(《邶风·匏有苦叶》)。

2.回、返回。由有去就有回引申。此种用法有67(风35;雅31;颂1)处,如:“言告言归”(《周南·葛覃》);“岂不怀归”(《小雅·四牡》);“以归肇祀”(《大雅·生民》);“醉言归”(《鲁颂·有駜》)。

3.归依、归附、聚集。由返回的结果引申。此种用法有6(风3;雅3)处,如:“于我归处”(《曹风·蜉蝣》);“奚其适归”(《小雅·四月》);“民之攸归”(《大雅·泂酌》)。

4.借作“馈”,馈赠。此种用法有1处:“自牧归荑”(《邶风·静女》)。

圭(珪) 音【guī】

古形【金小篆】

“圭”,金文写作“圭”,像一根柱条(丨)上有几道刻纹(三),表示圭表。

圭表是远古时代的一种测时设备。最早的圭表是人们在平整的土地上立一直竿(叫表),然后测其影长确定时间,所以又叫土圭。后来人们为了计时方便,又在正南正北方向平放着一条测定表影长度的刻板(圭)。圭表是古代最早的测时仪器。古代帝王或诸侯在举行典礼时手里常拿着一块刻有花纹的玉制板条,《说文·土部》:“圭,瑞玉也。”即用作身份凭证的玉,指的就是这种玉条,因形似圭,故称圭。

释义:“圭”在《诗经》中使用8处,无迭用。

用作身份凭证的玉条。由形似圭引申。此种用法有8(风1;雅7)处,如:“如圭如璧”(《卫风·淇奥》);“如圭如璋”(《大雅·卷阿》)。

龟(龜) 音【guī】

古形【甲金小篆】

龟是爬行动物的一科,腹背都有硬甲,头尾和脚能缩入甲中,耐饥渴,寿命很长,龟甲可入药,古人又用以占卜,亦用作货币。“龟”，甲骨文写作“ ”，像龟的侧立图形。

释义：“龟”在《诗经》中使用5处，无选用。

1. 龟、龟甲。此种用法有4（雅3；颂1）处，如：“我龟既厌”（《小雅·小旻》）；“爰契我龟”（《大雅·绵》）；“元龟象齿”（《鲁颂·泮水》）。

2. 借作山名，龟山，在今山东新泰西南四十里（或因山形似龟而借用）。此种用法有1处：“奄有龟蒙”（《鲁颂·閟宫》）。

瑰　音【guī】

古形【小篆 】

“瑰”由“王（玉）”和“鬼”组成。“鬼”指谁也没见过的神、怪，同“王（玉）”组合在一起表示美得难以形容的神奇玉石。

释义：“瑰”在《诗经》中使用1处，无选用。

玉石。此种用法有1处：“琼瑰玉佩”（《秦风·渭阳》）。

氿　音【guǐ】

古形【小篆 】

“氿”，小篆写作“ ”，左边是“ （水）”，右边像一个人一侧拖着一条长臂（非数之‘九’），后来写作“九”，应该是传抄中的笔误，同“水”组合表示水从一侧流出。《尔雅》曰：“水醮（尽头）曰氿。”朱骏声《说文通训定声》：“古人造字以纪数，起于一，极于九，皆指事也。”《尔雅》将“氿”释为“水醮”，应是“氿”中“九”字误读。《说文·水部》：“氿，水厓枯土也。”或是承续了这一说法。

“氿”读作“jiǔ”是“酒”字简化又作废后民间保留的读法。

释义：“氿”在《诗经》中使用1处，无选用。

水从一侧流出。此种用法有1处：“有洌氿泉”（《小雅·大东》）。

轨(軌)　音【guǐ】

古形【金 小篆 】

“轨”由“车”和“九”组成。“九”，金文写作“ ”，像人伸手着力状。古代战车没有动力，靠马力或手工驱动，车轴两头马或人工的着力点就是“轨”。轨带动轮子前行，由此引申出“车辙”等意思。

释义：“轨”在《诗经》中使用1处，无选用。

车轴的两头。此种用法有1处：“济盈不濡轨”（《邶风·匏有苦叶》）。

诡(詭)　音【guǐ】

古形【小篆 】

《说文·言部》：“诡，责也。”从字形看，“诡”由“讠（言）”和“危”组成。“危”有“高、险恶”的意思，同“言”组合表示恶言责难。

释义：“诡”在《诗经》中使用5处，无选用。

同“恑”，狡诈。此种用法有5（雅

5）处，如：“无纵诡随”（《大雅·民劳》）。

垝(陒)　音【guǐ】

古形【小篆】

《说文·土部》：“垝，毁垣也。”“垝”由“土”和“危”组成。“危”有“危险”的意思，同“土”组合表示（已经）发生过危险的土堆，即（已经）倒塌（或毁坏）的土墙。

释义：“垝”在《诗经》中使用1处，无迭用。

毁坏的（土墙）。此种用法有1处：“乘彼垝垣”（《卫风·氓》）。

鬼　音【guǐ】

古形【甲　金　小篆】

古人认为人死后有灵魂，称之为“鬼”。鬼是什么样子，谁也没有见过，只是在祭祀中，有巫师头戴恐怖的面具，人们根据装神弄鬼的巫师模样，造了一个“鬼”字。甲骨文的“鬼”，写作“”，像一个人头上戴着面具的样子。《说文·鬼部》：“鬼，人所归为鬼。从人，像鬼头。鬼阴气贼害，从厶。”意思是说，人到最后归宿（死后）就成了鬼。字形用“人”作部首，（上面）像鬼的头；鬼的阴寒之气会伤害到人，所以旁边又加了一个“厶（私）”字（人有私会伤害别人，所以“厶”有害人的意思）。

释义：“鬼”在《诗经》中使用2处，无迭用。

1. 古人认为人死后的灵魂。此种用法有1处：“为鬼为蜮”（《小雅·何人斯》）。

2. 借指部落。此种用法有1处：“覃及鬼方”（《大雅·荡》）（殷周时称远在北方的猃狁族为鬼方）。

簋　音【guǐ】

古形【甲　金　小篆】

簋是古代的一种食器，器形为圈足，两耳（也有四耳），方座，带盖。一般用青铜或陶制成。从字形看，“簋”，甲骨文写作“”，像一个簋的器形，为了明确簋是食器，有的甲骨文写成了“”，像手持勺从食器中取食之形。“簋”字到小篆写成了“簋”，或因为后来有了竹制簋的缘故。

释义：“簋”在《诗经》中使用3处，无迭用。

古代食器。此种用法有3（风1；雅2）处，如：“于我乎每食四簋”（《秦风·权舆》）；“陈馈八簋”（《小雅·伐木》）。

桧(檜)　音【guì、huì】

古形【小篆】

桧为常绿乔木，木材桃红色，有香气，可作建筑材料，亦称“刺柏”。《说文·木部》：“桧，柏叶松身。”从字形看，“桧”由“木”和“会”组成。“会”有“聚合”的意思，同“木”组合表示聚合了“柏（叶像柏）”和“松（干枝如松）”两种特点的树。

释义：“桧”在《诗经》中使用1处，无迭用。

桧木。此种用法有1处：“桧楫松舟”（《卫风·竹竿》）。

衮(袞) 音【gǔn】

古形【金 小篆 】

“衮”，金文写作“ ”，由“ （衣）”和“ （公）”组成。封建制度的最高爵位为“ （公）”，同“ （衣）”组合表示王公侯爵穿的衣服。“衮”一般是古代帝王、公侯祭祀时穿的绣有龙图案的礼服。

释义：“衮”在《诗经》中使用5处，无迭用。

1. 古代王公侯爵穿的绣有龙图案的礼服。此种用法有4（风2；雅2）处，如：“衮衣绣裳”（《豳风·九罭》）；“玄衮及黼”（《小雅·采菽》）；“玄衮赤舄”（《大雅·韩奕》）。

2. 王、天子。或由天子穿“衮”衣引申。此种用法有1处：“衮职有阙”（《大雅·烝民》）（或可视为比喻天子）。

绲(緄) 音【gǔn】

古形【金 小篆 】

“绲”由“纟（编织）”和“昆”组成。“昆”，金文写作“ ”，像一群人（ ）在日光（ ）下劳作，同“纟”组合，或表示一群人在日光下编织。《说文·糸部》：“绲，织带也。”意即编织带子。《玉篇·系部》：“绲，织成章也。”意即编织成了的带子（绳）。二者的区别在于前者表述的是劳作过程而后者表述的是劳作的结果。

释义：“绲”在《诗经》中使用1处，无迭用。

编织带子（或带子、绳）。此种用法有1处：“竹闭绲縢”《秦风·小戎》）。

过(過) 音【guō、guò】

古形【金 小篆 】

“过”繁体写作“過”，由“辶（辵）”和“咼”组成。“辵”有行走之意；“咼”是“渦”的省略，意即“旋涡”，同“辵”组合有“走出旋涡”之义。古人认为旋涡是没有人能够逃过的由天而降的灾难，安子介先生在《解开汉字之谜》中说：“一个‘旋涡’在距离外，就意味着读渡过难关。”故《说文·辵部》云：“过，度也。”“度”即度过、走出。

释义：“过”在《诗经》中使用4处，无迭用。

1. 走出、离开。此种用法有2（风2）处，如：“不我过”（《召南·江有汜》）。

2. 过失、错误。由同目标有一定距离引申，此种用法有1处：“永矢弗过”（《卫风·考盘》）。

3. 借作涧名（过涧：源出旬邑县北，西南流至邠县东入泾水）。此种用法有1处：“溯其过涧”（《大雅·公刘》）。

国(國) 音【guó】

古形【金 小篆 】

“国（國）”由“囗”和“或”组成。“或”由“口”“戈”和“一”组成，《说文·戈部》：“或，邦也。从口，从戈，以守一。一，地也。”“或”，就是古“國”字，字形表示的是需要持“戈（武器）”守护的一片土地，后来人们在“或”字外面加了一个“囗”字，表达的是一片更广阔的疆域。

释义：“国”在《诗经》中使用69处，无迭用。

1. 国家、国土、国都。此种用法有67（风13；雅45；颂9）处，如：“土国城漕”（《邶风·击鼓》）；“以定王国”（《小雅·六月》）；“王国克生”（《大雅·文王》）；“邦国是有”（《鲁颂·閟宫》）。

2. 借作人名。此种用法有2（风2）处，如：“彼留子国”2句（《王风·丘中有麻》）。

馘(聝) 音【guó】

古形【金小篆】

中国古代一直流行以首记爵，也就是说战场上一个士兵杀死敌军，要将敌人首级砍下，绑在身上，战争结束之后，便可以拿去邀功请赏了。“馘”表达的就是这个意思。“馘”由“首”和“或”组成，“或”表示持戈（武器）守土的士兵，在战斗中取下敌人的首级就是“馘”。“馘”，《说文》放在“耳部”，《说文·耳部》“聝，军战断耳也。”或因取下首级挂在腰间影响继续作战，而用截鼻、断耳等办法统计战果应该更加便于战斗力的发挥。所以“聝”从“耳”。

释义：“馘”在《诗经》中使用2处，无迭用。

军战中割取敌人的耳朵（首级）。此种用法有2（雅1；颂1）处：“攸馘安安”（《大雅·皇矣》）；“在泮献馘。”（《鲁颂·泮水》）。

果 音【guǒ】

古形【甲金小篆】

“果”由“田”和“木”组成，“木”指树，“田”表示树上的果实。甲骨文“果”写作“”，像树上结满了果实之形。《说文·木部》：“果，木实也。”意即树木的果实。

释义：“果”在《诗经》中使用1处，无迭用。

（树木）果实。此种用法有1处：“果赢之实”（《豳风·东山》）。

蜾 音【guǒ】

古形【金小篆】

蜾蠃是一种青黑色的细腰寄生蜂，常用泥土在墙上或树枝上做窝，捕螟蛉以喂幼虫，古人误以为蜾蠃养螟蛉为子，故把螟蛉或螟蛉子作为养子的代称。“蜾”为“虫”部，同“果”组合或因为这是一种寄生在果木上的虫类。

释义：“蜾”在《诗经》中使用1处，无迭用。

蜾蠃。此种用法有1处：“蜾蠃负之”（《小雅·小宛》）。

裹 音【guǒ】

古形【小篆】

“裹”由“衣”和“果”组成。“衣”表示布帛、衣服；“果”表示“成熟的果实”或“成熟的身体”，“果”在“衣”内表示用布帛把成熟的果实包起来或用衣服把成熟的身体遮蔽起来。

释义：“裹”在《诗经》中使用1处，无迭用。

包、遮蔽。此种用法有1处：“乃裹糇粮”（《大雅·公刘》）。

H

还(還)　音【hái、huán】

古形【甲　金　小篆　】

“还”，繁体作“還”，甲骨文写作“　”，由“　”、“　”和“　”三部分组成。“　”是“行”字，表示行走、行进；“　”像一个戴枷的人犯；“　”像人的眉眼，表示张望，组合在一起表示被发配的人犯对家乡眷念回望。金文的“　”字少了甲骨文中的“　（人犯）”字，用“　（睘，环视）”来强调所有远行之人的“眷念回望”。《说文 · 辵部》：“还，复也。”“去了又回”应该是“还”的引申义。

释义：“还”在《诗经》中使用17处，无迭用。

1. 回、返回。由去了又回引申。此种用法有15（风8；雅7）处，如：“薄言还归”（《召南 · 采蘩》）；“薄言还归”（《小雅 · 出车》）；“申伯还南”（《大雅 · 崧高》）。

2. 掉转过来。由返回要掉转方向引申。此种用法有1处：“还车言迈”（《风 · 泉水》）。

3. 敏捷。由回家的状态引申。此种用法有1处：“子之还兮”（《齐风 · 还》）。

海　音【hǎi】

古形【金文　小篆　】

海又称为大海，现在一般认为是与"大洋"相连接的大面积咸水区域，即大洋边缘的附属部分。通常大型内陆盐湖、没有与海洋连通的大型咸水湖泊不是"海"。《说文 · 水部》：“海，天池也。以纳百川者。”意思是说：海指的是可以容纳百川的天然大池。从字形看，“海”金文写作“　”，由“　（水）”和“　（母）”组成，表示海是万川之母。

释义：“海”在《诗经》中使用7处，无迭用。

大海。此种用法有7（雅2；颂5）处，如：“朝宗于海”（《小雅 · 沔水》）；“至于南海”（《大雅 · 江汉》）；“至于海邦”（《鲁颂 · 閟宫》）。

醢　音【hǎi】

古形【金　小篆　】

《说文 · 酉部》：“醢，肉酱也。”从字形看，“醢”，籀文写作“　”，小篆写作“　”，由“酉”“又”“口（籀文写作‘　（肉）’）”和“皿”组成，合在一起表示“用手（又）将肉（口）放入器皿（皿）中然后用酒（酉）调和”成肉酱。据《吕氏春秋 · 恃君览 · 行论》记载：“昔者纣为无道，杀梅伯而醢之，杀鬼侯而脯之，以礼诸侯於庙。”此处之“醢”，指古代一种酷刑。“醢”有“酷刑”之意，应该是借用。

释义：“醢”在《诗经》中使用1处，无迭用。

肉酱。此种用法有1处：“醓醢以荐”

（《大雅·行苇》）

害 音【hài】

古形【金 小篆 】

《说文·宀部》："害，伤也。从宀，从口。宀、口，言从家起也。"意思是说：害是伤害的意思，字形由"宀、口"会意，表示伤害之言（口）一般是从家中（宀）发起。从字形看，"害"，金文写作" "，像在人舌头（ ）中间加一横（ ），表示隔断舌头，应为"割"字初文。古人为了消灭口供或证词，抓捕并割去人犯用以说话的舌头就是"害"。如果说《说文》说的伤害是指言语伤害别人的话，那受到伤害则更接近字形所表达的意思。

释义："害"在《诗经》中使用12处，无迭用。

1.损害、祸害、灾害。泛指或由受伤害的程度引申。此种用法有10（风2；雅6；颂2）处，如："不瑕有害"（《邶风·泉水》）；"我独何害"（《小雅·蓼莪》）；"无菑无害"（《大雅·生民》）；"无灾无害"（《鲁颂·閟宫》）。

2.通曷，何。此种用法有2（风2）处，如："害澣害否"（《周南·葛覃》）。

函 音【hán】

古形【甲 金 小篆 】

"函"，甲骨文写作" "，像带有系扣的箭筒（ ）里装有箭支（ ）。箭袋是"函"的字形意义。后来人们把包裹物件的东西也称作"函"。"函"，现在一般解释为机关、部门或私人之间的来往文件、信件（公函、信函），或因为皆有封皮包裹的缘故。《说文·马部》："函，舌也。"《段注》说"舌"为"口里肉也。"或因舌为口中含而不咽之肉，故通"含"。

释义："函"在《诗经》中使用2处，无迭用。

通含。此种用法有2（颂2）处："实函斯活"（《周颂·载芟》）；"实函斯活"（《周颂·良耜》）。

涵 音【hán】

古形【金 小篆 】

"涵"由"氵（水）"和"函"组成。"函"甲骨文写作" "，像装有箭支的箭筒，同"水"组合表示同样可以装水。《说文·水部》："涵，水泽多也。"能够容纳水流就是"涵"。

释义："涵"在《诗经》中使用1处，无迭用。

容纳（水流）。此种用法有1处："僭始既涵"（《小雅·巧言》）。

韩(韓) 音【hán】

古形【金 小篆 】

《说文·韦部》："韩，井垣也。"所谓井垣，清王筠《说文释例》："（井垣）司马彪谓之井栏是也，今犹呼为井栏木，以木为框，周匝于井，防人之陷也。"从

字形看，“韩”，小篆写作“”，由“倝”和“韋”组成。“韋”本指围绕用的软皮条；“倝”有明亮之义，组合在一起表示在明镜般的水井四周围上一圈软皮条作为井栏，以防止人们意外陷落井中。水井做成木护栏，或是后来的事。或因韩地多水井，所以后来韩又借作国名，国人并以韩为姓。

释义：“韩”在《诗经》中使用13处，无迭用。

借为国名、姓。此种用法有13（雅13）处，如：“韩侯受命”（《大雅·韩奕》）。

寒 音【hán】

古形【甲 金 小篆 】

“寒”，甲骨文写作“”，由“（人体）”“（草堆）”和“（床铺）”组成，合在一起表示一个人睡在铺满草蓐的床上。金文写作“”，由“（表示卧房）”“（草蓐）”“（人）”“（夜晚）”和“（仌，即冰的变体）”组成，在甲骨文的基础上强调了夜晚天气的寒冷。《说文·宀部》：“寒，冻也。从人在宀下，以茻（草蓐）薦覆之，下有仌。”气候冷得冻人，就是寒。

释义：“寒”在《诗经》中使用3处，无迭用。

寒冷。此种用法有3（风1；雅2）处，如：“爰有寒泉”（《邶风·凯风》）；“载离寒暑”（《小雅·小明》）；“诞寘之寒冰”（《大雅·生民》）。

罕 音【hǎn】

古形【小篆 】

“罕”，小篆写作“”，由“”和“”组成。“”像一张“网”；“”像网上安装的一个长柄。《说文·网部》：“罕，网也。”罕指的就是捕鸟用的长柄小网。《玉篇·网部》：“罕，稀疏也。”或因此网稀有，抑或捕鸟不多，所以“罕”有了稀有、少有等引申义。

释义：“罕”在《诗经》中使用1处，无迭用。

稀有、少有。由物稀有引申。此种用法有1处：“叔发罕忌”（《郑风·大叔于田》）。

汉(漢) 音【hàn】

古形【小篆 】

“汉”，繁体作“漢”，由“氵（水）”和“𦰩”组成。“𦰩”，金文写作“”，张世超先生《金文形义通解》中说“金文中此字多与‘黄’相淆”，“漢”字之“𦰩”，或为“黄”之误。

古籍中的“汉”，一般多指汉水。汉水也称汉江，发源于陕西省汉中市，全长1532公里，流域涉及鄂、陕、豫、川、渝、甘6省市的20个地（市）区、78个县（市），在武汉市汇入长江。古时曾与长江、黄河、淮河一道并称“江河淮汉”。“大汉民族”“汉文化”“汉学”“汉语”这些名称，都是因为有了汉朝才定型的，而汉朝得名于汉江，发祥于汉中。

刘邦登上皇帝宝座，便以其发迹之地来命名这个新建立的王朝。汉水也同时成为了人们心目中神圣的河流。

《说文》中列“滶”为古文“汉”字。朱骏声《说文通训定声》：“（滶）从水、从或、从大会意。城中大水也。”《段注》：“或者，今之国字也。”由此或可认为，“滶（汉水）”也会“大国之水”之义。

释义：“汉”在《诗经》中使用12处，无迭用。

1. 汉水。此种用法有9（风4；雅5）处，如：“汉有游女”（《周南·汉广》）；“滔滔江汉”（《小雅·四月》）；“江汉之浒”（《大雅·江汉》）。

2. 银河。由汉水的神圣引申。此种用法有3（雅3）处，如：“维天有汉”（《小雅·大东》）；“倬彼云汉”（《大雅·棫朴》）。

旱 音【hàn】

古形【金 小篆 】

“旱”由“日”和“干”组成，“日”指太阳，同“干”组合表示土地都被太阳晒干了。《说文·日部》：“旱，不雨也。”成天大太阳，长久不下雨就是“旱”。

释义：“旱”在《诗经》中使用10处，无迭用。

1. 久晴不雨。此种用法有9（雅9）处，如：“旱魃为虐”（《大雅·云汉》）。

2. 借作山名（在今陕西南部），此种用法有1处：“瞻彼旱麓”（《大雅·旱麓》）。

菡 音【hàn】

古形【金 小篆 】

《说文·艸部》：“菡，菡萏。”菡萏指荷花的骨朵。从字形看，“菡”由“艹（表示草本植物）”和“函”组成。“函”，甲骨文写作“ ”，像装有箭支的箭袋，在“菡”中表示包有莲蓬的荷花骨朵。菡萏为荷花的别称。

释义：“菡”在《诗经》中使用1处，无迭用。

荷花。此种用法有1处：“有蒲菡萏”（《陈风·泽陂》）。

暵 音【hàn】

古形【小篆 】

“暵”由“日”和“𦰩”组成。“𦰩”，一般认为是“堇”的变体，通“勤”。“勤”有劳作之意。《说文·日部》：“暵，干也。耕暴田曰暵。”把要耕作的田土深翻在日光下暴晒使干就是“暵”。

释义：“暵”在《诗经》中使用3处，无迭用。

耕暴田土使干。此种用法有3（风3）处，如：“暵其湿矣”（《王风·中谷有蓷》）。

熯 音【hàn、rǎn】

古形【甲 金 小篆 】

“熯”由“火”和“堇”组成，甲骨文写作“”，“火”在“堇”下。安子介先生《解开汉字之谜》：“‘堇’是非字，实际是从‘堇’和‘土’两字隶变来的，而‘堇’字又是来自‘黄’和‘火’两字合并而成。因此，它表示‘粘土’或‘陶土’即不易耕作的土地。”把土（堇）放在火上烤，其结果可想而知。故《说文·火部》云：“熯，干貌。”

释义：“熯”在《诗经》中使用1处，无迭用。

通“戁”，敬惧。“我孔熯矣”（《小雅·楚茨》）。或可视为由因火生惧引申。

翰 音【hàn】

古形【金 小篆 】

“翰”由“倝”和“羽”组成。“倝”有“日始出”之意，初升的太阳是红色的，同“羽”组合表示红色羽毛。《说文·羽部》：“翰，天鸡赤羽也。”天鸡，一般认为即指锦鸡或山鸡，锦鸡赤色（高高扬起的尾羽）羽毛就称“翰”。《汉字源流字典》列“翰”之石鼓文为“”，从“飛（飞）、从倝”，会高飞之意。

释义：“翰”在《诗经》中使用9处，无迭用。

1.高飞。由天鸡可以高飞（或由“”而来）引申。此种用法有3（雅3）处，如：“翰飞戾天”（《小雅·小宛》）；“如飞如翰”（《大雅·常武》）。

2.通“干”，栋梁、辅翼。此种用法有6（雅6）处，如：“之屏之翰”（《小雅·桑扈》）；“大宗维翰”（《大雅·板》）。

杭 音【háng】

古形【金 小篆 】

“杭”由“木”和“亢”组成。“亢”本指管状物，引申指圆柱物体。“木”与“亢”组合表示用树干并联起来扎成类似木筏的水上交通工具。

释义：“杭”在《诗经》中使用1处，无迭用。

渡河。由水上交通工具可以帮助渡河引申、此种用法有1处：“一苇杭之”（《卫风·河广》）。

颃(頏) 音【háng】

古形【金 小篆 】

“颃”由“亢”和“页”组成。“亢”指人颈；“页”像人的头部，同亢组合强调人颈。（“亢”是“颃”的本字）。《说文·页部》：“亢（颃），人颈也。从大省，像颈脉形。”“亢（颃）”指人颈，亢的小篆字形像人颈动脉的形状。“颃”现在一般解释为喉咙。

“颃”同“颉”连用表示鸟上下飞动。

释义：“颃”在《诗经》中使用1处，无迭用。

同“颉”连用表示上下飞。或因喉结可以上下滑动引申。此种用法有1处：“颉之颃之”（《邶风·燕燕》）。

蒿 音【hāo】

古形【甲 金 小篆 】

《陆佃·诗疏》：“蒿，草之高者。”意即蒿是一种个头比较高的草本植物。从字形看，“蒿”就由“艹（草）”和“高”组成。蒿是一种二年生草本植物，叶如丝状，有特殊的气味，开黄绿色小花，可入药。蒿一般也称青蒿、香蒿。

释义：“蒿”在《诗经》中使用2处，无迭用。

一种个头比较高的草本植物。此种用法有2（雅2）处，如：“食野之蒿”（《小雅·鹿鸣》）。

薅 音【hāo】

古形【甲 金 小篆 】

“蓐”是“薅”的初文，甲骨文写作“[illegible]”，由“艸（草）”“丙（辰）”和“㐅（又）”三部分组成。“辰”像古代一种用蚌壳磨制的农具（蚌镰）；“又”表示“手”，三部分组合在一起像手持蚌镰除草。《说文·艸部》：“薅，拔去田草也。”除去田间的杂草，应该是“薅（蓐）”的字形意义。《说文》在“蓐”条中释为“陈草复生”，其实此意更像是“薅”。“薅”是在“蓐”字基础上加了个“女”，同“辰”组合成“娠”，“娠”有孕育之意，同“艹（草）”“又（手）”组合或有“除草未尽，来年又生”之意。

释义：“薅”在《诗经》中使用1处，无迭用。

除草。此种用法有1处：“其镈斯赵，以薅荼蓼”（《周颂·良耜》）。

号(號) 音【háo、hào】

古形【金 小篆 】

“号”由“口”和“丂”组成，“丂”像气欲输出（丂）而碍于“一”，即想输出的气受到了阻碍，表示出气（声）很困难。《说文·号部》：“号，痛声也。从口在丂上。”冲破阻隔由口发出的号啕之声（大哭、大叫）就称“号”。“號”一般认为是“号”的繁体（或可视为两个字），“號”由“号”和“虎”组成，或可理解为“被虎撕咬时发出的惨烈叫声”称为“號”。

释义：“号”在《诗经》中使用5处，无迭用。

嚎啕大哭、大声叫喊。此种用法有5（风1；雅4）处，如：“谁之永号”（《魏风·硕鼠》）；“维号斯言”（《小雅·正月》）；“式号式呼”（《大雅·荡》）。

好 音【hǎo、hào】

古形【甲 金 小篆 】

“好”由“女”和“子”组成。《说文·女部》：“好，美也。”女子貌美即为“好”。一说“好”可视为婴儿靠着女子，两形会意美好。古人认为女子生儿育女，使家族兴旺乃为美好。

释义：“好”在《诗经》中使用45处46次，1处迭用。

1. 女子貌美。此种用法有2（风2）

处，如："好人服之"（《魏风·葛屦》）。

2.美、佳、善。由女子貌美引申。此种用法有17（风8；雅8；颂1）处18次，1处迭用，如："载好其音"（《邶风·凯风》）；"骄人好好"（《小雅·巷伯》）（迭用形容意气风发的样子）；"其风肆好"（《大雅·崧高》）；"怀我好音"（《鲁颂·泮水》）。

3.爱、爱好、喜好。由美好的东西惹人爱引申。此种用法有17（风10；雅7）处，如："惠而好我"（《邶风·北风》）；"人之好我"（《小雅·鹿鸣》）；"好是懿德"（《大雅·烝民》）。

4.友好、相好。由爱产生情感引申。此种用法有9（风6；雅3）处，如："逝不相好"（《邶风·日月》）；"妻子好合"（《小雅·常棣》）。

昊(昦) 音【hào】

古形【金小篆】

"昊"，《说文》作"昦"，由"日"和"夰"组成。《说文·夰部》："夰，放也。从大而八分也。"大而放散到四面八方就是"夰"，同"日"组合表示太阳（日）存在的地方就是"昦"。《说文·夰部》："昦，春为昦天，元气昦昦。"春天之所以称作"昦天"，清承培元在《说文引经证例》中说："郑康成曰：'春气博施，故言广大。'""昦"写作"昊"，由"日"和"天"组成，更通俗直接表现了"昊"的广大。

释义："昊"在《诗经》中使用28处，无迭用。

皇天、上帝。由古人认为皇天、上帝可以博施天下引申。此种用法有28（雅26；颂2）处，如："昊天罔极"（《小雅·蓼莪》）；"藐藐昊天"（《大雅·瞻卬》）；"昊天其子之"（《周颂·时迈》）。

耗 音【hào】

古形【金小篆】

"耗"，小篆写作""，由"（禾）"和""组成。"毛"有"小、（货币）贬值"的意思，同"禾"组合表示收成有减损。

释义："耗"在《诗经》中使用1处，无迭用。

减损。此种用法有1处："耗斁下土"（《大雅·云汉》）。

浩 音【hào】

古形【金小篆】

"浩"由"氵（水）"和"告"组成，"告"有"告知"的意思，同"氵（水）"组合有"事先告诉你水来了"，表示水势很大，水还没有到响声已经传过来了。

释义："浩"在《诗经》中使用1处2次，迭用。

广大、众多。由特指水势盛大到泛指引申。此种用法有1处，迭用："浩浩昊天"（《小雅·雨无正》）。

皓　音【hào】

古形【金　小篆　】

《说文·日部》:“皓，日出貌。”所谓日出貌，《段注》云:“谓光明之貌也。天下唯洁白者最光明，故引申为凡白之称，又改其字从白作皓也。”“皓”，本作“皜”，由“白”和“高”组成，有“高挂（的太阳）是洁白的”意思;《说文》作“晧”，表示“太阳告诉我们（洁白的样子）”。后来改作“皓”，取“皜”之“白”“晧”之“告（告知）”组合，其实也就综合了前两个字的意思，即“太阳告诉我们，高挂在天空的时候是洁白的”。

释义:“皓”在《诗经》中使用2处3次，1处迭用。

洁白（的样子）。此种用法有2（风2）处3次，1处迭用，如:“白石皓皓”（《唐风·扬之水》）。

禾　音【hé】

古形【甲　金　小篆　】

“禾”，金文写作“　”，像已经成熟的谷类植物垂穗的样子。《说文·禾部》:“禾，嘉谷也，二月始生，八月而孰（熟），得时之中，故谓之禾。”意思是说，禾是美好的谷子，每年二月开始发芽生长，到八月即可成熟，由于其生长期处四季之中，得中和之气，所以称为禾。

释义:“禾”在《诗经》中使用7处，无迭用。

谷类植物的总名。此种用法有7（风5;雅2）处，如:“禾麻菽麦”（《豳风·七月》）;“禾易长亩”（《小雅·甫田》）;“禾役穟穟”（《大雅·生民》）。

和(龢)　音【hé、hè、huò】

古形【甲　金　小篆　】

“和”和视为异体字的“龢”疑为两个字。

“和”由“口”和“禾”组成。“禾”甲骨文写作“　”，像成熟的（可食用）谷类垂穗之状，同“口”组合表示“口”食粮。俗话说，民以食为天，谷类垂穗，说明风调雨顺;人可饱食（“禾”入“口”），心情即可顺爽。《说文·口部》:“和，相譍也。”“应和”应非“和”之字形本义。

“龢”，由“龠”和“禾”组成。“龠”被视为一种像排箫编管状乐器，所以甲骨文写作“　”，像排箫编管之状。据考，最早的古龠发源于吹火管，属单管多音孔乐器，黄帝时期，还出现了以天然植物材料制作的苇龠。或因其状像单株成熟之谷（禾），所以“龠”旁又加了个“禾”，用以记录“龠”的发展历史，同时也说明龠应有单管、排管之分。《说文·龠部》:“龢，调也。”“音调和谐”或是“龠”参与和声演奏时的引申义。

“和”“龢”通作“和”，即同时保留了“和”的“和顺”“龢”的“管乐器”等原始意义，并在此基础上得以引申。

释义：“和”在《诗经》中使用12处，无迭用。

1.和顺。“和”字本义。此种用法有2（雅1；颂1）处：“终和且平”（《小雅·伐木》）；“既和且平”（《商颂·那》）。

2.排管（或单管）乐器。“龢”字本义，《诗经》中无此用法。

3.附和、和谐。由乐器声和谐引申。此种用法有8（风1；雅5；颂2）处，如：“倡予和女”（《郑风·萚兮》）；“和乐且湛”（《小雅·鹿鸣》）；“肃雍和鸣”（《周颂·有瞽》）。

4.醇和、调和。由和声的状态和给人的感觉引申。此种用法有2（雅1；颂1）处：“酒既和旨”（《小雅·宾之初筵》）；“亦有和羹”（《商颂·烈祖》）。

合　音【hé】

古形【甲　金　小篆　】

“合”，甲骨文写作“　”，上面的“　”像盖子；下面的“　”像器皿。组合在一起像器物相扣合之形。

释义：“合”在《诗经》中使用3处，无迭用。

连接、和合、匹配。由器物相合状态引申。此种用法有3（风1；雅2）处：“龙盾之合”（《秦风·小戎》）；“妻子好合”（《小雅·常棣》）；“天作之合”（《大雅·大明》）。

何　音【hé】

古形【甲　金　小篆　】

“何”，甲骨文写作“　”，像一个人肩扛戈（器械）状。《说文·人部》：“何，儋也。”“儋”即“担”字，肩挑重物就是“儋（担）”，即“何”。

释义：“何”在《诗经》中使用138处，无迭用。

1.扛、担。此种用法有1处：“何戈与祋”（《曹风·候人》）。

2.承受、蒙受。由肩负重引申。此种用法有3（颂3）处，如：“百禄是何”（《商颂·玄鸟》），

3.借为疑问代词，相当于“什么”“哪里”“何时”“如何”“怎样”等。此种用法有134（风68；雅64；颂2）处，如：“云何吁矣”（《周南·卷耳》）；“何福不除”（《小雅·天保》）；“诞我祀如何”（《大雅·生民》）；“如何新畬”（《周颂·臣工》）。

河　音【hé】

古形【甲　金　小篆　】

“河”，甲骨文写作“　”，由“　”和“　”组成。“　”像水流之状；“　”“像枝柯之形（李孝定《甲骨文字集释》）”，组合在一起表示有水流且有枝杈的谓之“河”。《说文·水部》：“河，水。出敦煌塞外昆仑山，发原注（渤）海。”这里指的是黄河。

释义：“河”在《诗经》中使用27处，无迭用。

河、黄河。此种用法有27（风22；雅2；颂3）处，如：“在河之洲”（《周

南·关雎》）；“不敢冯河”（《小雅·小旻》）；“及河乔岳”（《周颂·时迈》）。

荷 音【hé】

古形【金 小篆 】

荷又称莲，属多年水生宿根草本植物，其地下茎称藕，能食用，叶入药，莲子为上乘补品，花可供观赏。是我国十大名花之一。从字形看，“荷”由“艹（草）”和“何”组成。“艹”表示“荷”属草本植物，“何”，甲骨文写作“ ”，像人担物之状。或因嫩嫩的叶柄撑托着庞大的荷叶，像人承载重物之状，所以“荷”用“何”作声符。

释义：“荷”在《诗经》中使用2处，无迭用。

莲荷。此种用法有2（风2）处，如：“有蒲与荷”（《陈风·泽陂》）。

核 音【hé、hú】

古形【金 小篆 】

“核”由“木”和“亥”组成。“木”表示树木，“亥”，甲骨文写作“ ”，《汉字字源》：“甲骨文和金文‘亥’字由‘下’、‘人’、一短横和一短竖构成。前两个字符合在一起表示祖先传下的后代，加在‘下’字旁的一短横表示在祖先传宗接代过程中，有外姓旁人加入，一短竖是指事符号，它表示字义就在外姓成为祖先上。整个字的意思是自己祖先之中有收养的外姓孩子，由此产生收养的孩子的含义。”“亥”同“木”组合或表示“树木的孩子”。

“核”现在一般解释为树木果实中坚硬并包含果仁的部分。

释义：“核”在《诗经》中使用1处，无迭用。

果品。由果核是果品的一部分引申。此种用法有1处：“淆核维旅。”（《小雅·宾之初筵》）。

曷 音【hé】

古形【金 小篆 】

李学勤先生在其主编的《字源》中说：“（曷字）结构方式不明，目前还不能依据所见古文字材料确认并清楚地说明其初文形式。”

从目前已成型的“曷”字看，字形由“曰”和“匃”组成，“曰”表示说话；“匃”有求乞之意，合在一起或表示用话语求乞。

《说文·曰部》：“曷，何也。”此处之“何”，应非“担何”之“何（荷）”，而应为“谁何”之“何”。“曷”或因话语不清，不知所云而引申为“何”义。

释义：“曷”在《诗经》中使用25处，无迭用。

1.何。由话语不清，不知所云引申。此种用法有24（风18；雅6）处，如：“曷维其亡”（《邶风·绿衣》）；“曷云能谷”（《小雅·四月》）；“曷惠其宁”（《大雅·云汉》）（言何时）。

2.借为“遏”，遏制。此种用法有1处：“则莫我敢曷”（《商颂·长发》）。

貉 音【hé、mò】

古形【金小篆】

貉也叫“狸”，外形像狐狸，皮毛很珍贵，是上好的制裘原料。

李时珍曰：“按俗云：貉与獾同穴各处，故字从各。”

从字形看，“貉”由“豸”和“各”组成。“豸”，金文写作“”，像一兽形；“各”有“各自”的意思，同“豸”组合或表示似狸非狸（各有特点）、与獾同穴却各睡异处的野兽。

一说“各”有“入侵”义，同“豸”组合表示“善于偷盗家禽家畜的野兽”，存疑。

释义：“貉”在《诗经》中使用1处，无迭用。

一种野兽名。此种用法有1处：“一之日于貉”（《豳风·七月》）。

翯 音【hè】

古形【小篆】

“翯”，由“羽”和“高”组成。“高”有“等级、程度都在别人之上”的意思。《说文·羽部》：“翯，鸟白肥泽貌。”“羽”同“高”组合就表示这种鸟的羽毛较一般鸟更洁白且有光泽。

释义：“翯”在《诗经》中使用1处2次，迭用。

洁白有光泽。此种用法有1处，迭用：“白鸟翯翯”（《大雅·灵台》）。

贺 音【hè】

古形【金小篆】

《说文·贝部》：“贺，以礼相奉庆也。”从字形看，“贺”由“加”和“贝”组成。“贝”是古钱币，指财物，同“加”组合表示“增加财物”。带着礼品（财物）向人表示庆祝就是“贺”。

释义：“贺”在《诗经》中使用1处，无迭用。

向人奉礼，以示庆祝。此种用法有1处：“四方来贺”（《大雅·下武》）。

赫 音【hè】

古形【金小篆】

“赫”由两个“赤”字组成。“赤”，甲骨文写作“”，上面是个“大”，下面是火苗的形状，合在一起表示大火且色红。《说文·赤部》：“赫，火赤貌。”一个“赤”色显红，“赫（两个‘赤’）”则红显得更为鲜亮。

释义：“赫”在《诗经》中使用20处32次，12处迭用。

1.鲜红、鲜亮。此种用法有3（风3）处，如：“赫如渥赭”（《邶风·简兮》）。

2.显示、显耀、显赫。由熊熊赤火态势引申。此种用法有16（雅13；颂3）处28次，如：“赫赫南仲”（《小雅·出车》）；“临下有赫”（《大雅·皇矣》）；“赫赫姜嫄”（《鲁颂·閟宫》）。

3.威吓。由大火让人生畏引申。此种

用法有1处：“反予来赫”（《大雅·桑柔》）。

熇 音【hè】

古形【小篆熇】

“熇”由“火”和“高”组成，“高”有“在一般标准以上”的意思，同“火”组合表示这不是一般的火。《说文·火部》：“熇，火热也。”火势猛烈，炽热，就是“熇”。

释义：“熇”在《诗经》中使用1处2次，迭用。

火势猛烈炽热。此种用法有1处，迭用：“多将熇熇”（《大雅·板》）。

褐 音【hè】

古形【金 小篆 】

“褐”由“衤（衣）”和“曷”组成。“曷”或为“葛（一种纤维可以织布的植物名）”的省写，同“衣”组合表示粗布衣服。

释义：“褐”在《诗经》中使用1处，无迭用。

粗布短衣。此种用法有1处：“无衣无褐”（《豳风·七月》）。

鹤(鶴) 音【hè】

古形【小篆 】

“鹤”由“隺”和“鸟”组成。“隺”有飞得高的意思，同“鸟”组合表示这是一种可以飞得很高的鸟。

一说“鹤”古通“隺”，甲骨文写作“”，很像这一类鸟的样子。《说文·鸟部》：“鹤，鸣九皋，声闻于天。”在沼泽地鸣叫，声音可以上达云霄的鸟就是鹤。“隺”在“鹤”中或又有声高的意思。鹤是鹤科鸟类的通称，是一些美丽而优雅的大型涉禽。鹤在中国文化中有着崇高的地位，特别是丹顶鹤，是长寿、吉祥和高雅的象征，常被与神仙联系起来，又称为“仙鹤”。

释义：“鹤”在《诗经》中使用3处，无迭用。

鹤（鸟）。此种用法有3（雅3）处，如：“有鹤在林”（《小雅·白华》）。

壑(叡) 音【hè】

古形【金 小篆 】

《说文·𣦼部》：“叡（壑），沟也。”从字形看，“叡”由“𣦼（穿凿）”和“谷（山谷）”组成，合在一起表示深挖沟道，后来在下面加了个“土”字，表示掘土挖沟。

释义：“壑”在《诗经》中使用1处，无迭用。

掘土挖沟（挖掘城壕）。此种用法有1处：“实墉实壑”（《大雅·韩奕》）。

黑 音【hēi】

古形【金 小篆 】

金文“黑”写作“”，下面像燃着火的灶台；上面像方形口的烟囱；中间的小点表示飞扬的火灰。《说文·黑部》：

“黑，火所熏之色也。”烟囱里被火长年熏成的颜色就是“黑”色。

释义：“黑”在《诗经》中使用2处，无迭用。

黑色。此种用法有2（风1；雅1）处：“莫黑匪乌”（《邶风·北风》）；“以其骍黑”（《小雅·大田》）。

亨　音【hēng】

古形【金小篆】

“亨”古同“烹”，《说文》作“亯（即古‘享’字）”，小篆写作“”，像宗庙之形，一说像“豆（盛器）”上有盖的肉碗。《说文·亯部》：“亯，献也。（字形上）从高省，（下）曰像进孰（熟）食形。《孝经》曰：‘祭则鬼亯（享用）之。’”宗庙为祭享之所，或因进献给鬼神享用的熟食需要事先烹饪加工，所以“亯”后来又分化成“享”和“亨（烹）”。安子介先生在《解开汉字之谜》中说：“古时，‘享’、‘亨’、‘烹’三个字曾经是一个字，其形如‘’……在隶变时，它们的字形因用途不同而分歧了。”

释义：“亨”在《诗经》中使用4处，无迭用。

同“烹”，烹饪。此种用法有4（风2；雅2）处：“谁能亨鱼”（《桧风·匪风》）；“七月亨葵及菽”（《豳风·七月》）；“或剥或亨”（《小雅·楚茨》）；“采之亨之”（《小雅·瓠叶》）。

哼　音【hēng】

古形【金小篆】

“哼”很像一个单纯的形声字。但从字形看，金文写作“”，左边是个“口”，右边的“”或像一个鼻子的简单图形，“哼”中的“亨”字，或是传抄中的笔误。人难受痛苦，从鼻子里发出的声音就是“哼”。

释义：“哼”在《诗经》中使用1处2次，迭用。

病态的样子。由人病态引申为事物不在常态。此种用法有1处2次，迭用：“大车哼哼”（《王风·大车》）（音tūn，车行颠簸貌，即路不平，车走一顿一顿的样子）。

恒(恆)　音【héng】

古形【甲金小篆】

甲骨文“恒”写作“”，由“二”和“月（《说文》释‘舟’）”组成。“二”代表天和地；月指月亮，合起来表示月亮永远悬于天地之间，寓永恒之意。《说文·二部》：“恒，常也。从心从舟，在二之间上下。心以舟施，恒也。”“恒”由心、舟在天地之间上下往返会意，思念之心靠舟运转，经久不衰就是“恒”。

释义：“恒”在《诗经》中使用5处，无迭用。

1.常、久。此种用法有3（雅3）处，如：“如月之恒”（《小雅·天保》）。

2.通“亙”，遍、满。此种用法有2

（雅2）处，如："恒之秬秠"（《大雅·生民》）。

珩 音【héng】

古形【小篆 璜】

《说文·玉部》："珩，佩上玉也。所以节行止也。""上玉"指的是一组玉佩中横在最上面的玉器。从字形看，"珩"由"玉"和"行"组成，"行"有"行步"的意思，配上一组玉饰，用以节制佩玉者行为举止的（上玉），就叫"珩"。

释义："珩"在《诗经》中使用1处，无迭用。

一组玉佩中横在最上面的玉器。此种用法有1处："有玱葱珩"（《小雅·采芑》）。

衡 音【héng】

古形【金 衡 小篆 衡】

《说文·角部》："衡，牛触，横大木其角。"意思是说，衡指的是牛好举角抵触，绑一根长长的横木在其角上（以防伤人）。从字形看，古文"衡"写作"奧"，由"角"和"大（表示长横木）"组成，后来或因"牛触"是在行进过程中的行为，所以后来又加了个"行"做声符，写成"衡"。

释义："衡"在《诗经》中使用7处，无迭用。

1.横木。由特指牛角上的横木为泛指引申。此种用法有4（雅2；颂2）处，如："约軧错衡"（《小雅·采芑》）；"簟茀错衡"（《大雅·韩奕》）；"约軧错衡"（《商颂·烈祖》）。

2.横。由横木的摆放同地面平行引申。此种用法有2（风2）处，如："衡从其亩"（《齐风·南山》）。

3.秤。由秤杆似横木引申。此种用法有1处："实维阿衡"（《商颂·长发》）。

烘 音【hōng】

古形【小篆 烘】

"烘"由"火"和"共"组成。"共"有"一同、一起"的意思，同"火"组合表示伴在火旁。不直接和火接触，借助火的热度，使潮湿的物体变干就是"烘"。"共"，甲骨文写作"从"，像双手捧物之状，同"火"组合或又可视为手持湿物在火旁使干。《说文·火部》："烘，燎也。"或是因火而产生的引申义。

释义："烘"在《诗经》中使用1处，无迭用。

烧。因火引申。此种用法有1处："卬烘于煁"（《小雅·白华》）。

薨 音【hōng】

古形【金 薨 小篆 薨】

"薨"由"𦾔（'瞢'省）"和"死"组成。"死"，小篆写作"𣦵"，左边像一具遗骸，右边像一个人在凭吊，合起来表示死亡；"𦾔（瞢）"有"目不明"的意思，同"死"组合表示人死瞑目。《说文·死部》："薨，公侯殚也。"《礼记·曲礼》"天子死曰崩，诸侯曰薨。大夫曰

卒，士曰不禄，庶人曰死。”古代称诸侯或大官死为“薨”。

释义：“薨”在《诗经》中使用3处6次，3处迭用。

迭用借作象声词。此种用法有3（风2；雅1）处：“螽斯羽，薨薨兮”（《周南·螽斯》）（言虫群飞的声音）；“度之薨薨”（《大雅·绵》）（言填土声）。

弘 音【hóng】

古形【甲 金 小篆 】

《说文·弓部》：“弘，弓声也。”从字形看，“弘”，甲骨文写作“”，像一张弓上有一斜画，斜画像一个颤音符号，表示满弓发射箭后弓弦震动发出的响声。弓弦的震动声就是“弘”。

释义：“弘”在《诗经》中使用3处，无迭用。

大。或由弓弦震动声音响亮，传播面大引申。此种用法有3（雅3）处，如：“丧乱弘多”（《小雅·节南山》）；“职兄斯弘”（《大雅·召旻》）。

虹 音【hóng】

古形【甲 金 小篆 】

“虹”，甲骨文写作“”，就是虹的简单图形，像一条弯弯的长虫。到了金文加了一个“工”字做声符，或是为了区别“虫”。“虹”字籀文写作“”，由“虫”和“电（两片云碰撞之状）”组成。《说文·虫部》：“虹，螮蝀也。状似虫。”风雨雷电之后，天空出现的状似大虫的彩带就是虹，又称螮蝀。

释义：“虹”在《诗经》中使用1处，无迭用。

通“讧”，惑乱。此种用法有1处：“实虹小子”（《大雅·抑》）。

洪 音【hóng】

古形【小篆 】

“洪”由“氵（水）”和“共”组成，“共”有“并、同”的意思。《说文·水部》：“洪，洚水也。”又“洚，水不遵道。”水不遵道，多条水流并（共）为一处就是“洪”，即水势很大。

释义：“洪”在《诗经》中使用1处，无迭用。

洪水。此种用法有1处：“洪水芒芒”（《商颂·长发》）。

鸿（鴻） 音【hóng】

古形【金 小篆 】

“鳿”是“鸿”的初文，甲骨文写作“”，由“工（工）”和“（鸟）”组成，“工”即“巨”字，表示大。《说文·鸟部》：“琟（鳿），鸟肥大琟琟也。”鸟儿大而肥壮的样子就是“鳿”，即“鸿”。一说“鸿”由“江”和“鸟”组合表示可以越过大江大川的大型飞禽。

释义：“鸿”在《诗经》中使用6处，无迭用。

大而肥壮的鸟。此种用法有6（风3；雅3）处，如：“鸿则离之”（《邶风·新台》）；“鸿雁于飞”（《小雅·鸿雁》）。

鞃 音【hóng】

古形【小篆鞃】

《说文·革部》："鞃，车轼也。"所谓车轼，指古代车厢前面用做扶手的横木，其形如半框，有三面，供人在车子颠簸时抓扶或凭倚之用。王筠《说文句读》曰："以去毛之皮，施于轼之中央，持车使牢固也。"从字形看，"鞃"由"革"和"弘"组成。"革"是"去毛之皮"，"弘"像拉开弹射之弓，或半框横木用革包裹后似弓，所以"鞃"用"弘"作声符。

释义："鞃"在《诗经》中使用1处，无迭用。

车轼。此种用法有1处："鞹鞃浅幭"（《大雅·韩奕》）。

讧(訌) 音【hòng】

古形【金訌小篆訌】

《说文·言部》："讧，讉也。"意即溃乱。从字形看，"讧"由"讠(言)"和"工"组成。"工"有"规矩"的意思，同"言"组合或表示"言语冲突坏了规矩"。唐孔颖达："以'讧'字从言，故知'讧'者是争讼相陷人之言。由争讼相陷，故至溃败。"由此可知，"溃乱、溃败"应该是"争讼相陷"而导致的后果，是"讧"的引申义。

释义："讧"在《诗经》中使用1处，无迭用。

言语冲突（争讼相陷）。此种用法有1处："蟊贼内讧"（《大雅·召旻》）。

侯 音【hóu、hòu】

古形【甲侯金侯小篆侯】

"侯"，甲、金文写作"侯"，像一支箭射向箭靶，本义就是箭靶。小篆的"侯"写作"侯"在甲、金文的基础上加了个"人"，表示箭为人所射。古代有"射侯"之礼，凡能射中侯的就是了不起的男子，所以"侯"又引申为有本事的人。

释义："侯"在《诗经》中使用56处，无迭用。

1.箭靶。此种用法有2（风1；雅1）处："终日射侯"（《齐风·猗嗟》）；"大侯既抗"（《小雅·宾之初筵》）。

2.爵位名称。由建功立业有本事而被封侯引申。此种用法有35（风11；雅15；颂9）处，如："公侯干城"（《周南·兔罝》）；"尔公尔侯"（《小雅·白驹》）；"侯文王孙子"（《大雅·文王》）（言使之侯）；"明明鲁侯"（《鲁颂·泮水》）。

3.美。或由侯爵人俊美引申。此种用法有1处："洵直且侯"（《郑风·羔裘》）。

4.借作发语词，与惟维同。此种用法有15（雅9；颂6）处，如："侯谁在矣"（《小雅·六月》）；"侯作侯祝"（《大雅·荡》）；"侯主侯伯"（《周颂·载芟》）。

5.借作副词，相当于唯有、乃。此种用法有3（雅3）处，如："维予侯兴"

（《大雅·大明》）。

喉 音【hóu】

古形【金 小篆 】

“喉”由“口”和“侯”组成。“口”表示喉是口中连接咽和气管的部分；“侯”是箭靶，俗有一剑封喉之说，或因“喉”是战场上箭可击中的人体要害部位，所以“喉”用“侯”作声符。《说文·口部》：“喉，咽也。”即指俗称的喉咙。

一说“侯”指古代地方诸侯。“口”与“侯”联合起来表示在国家政治生活中，各地的诸侯所发出的声音（即给帝王的意见或建议）。

释义：“喉”在《诗经》中使用1处，无迭用。

喉咙。此种用法有1处：“王之喉舌”（《大雅·烝民》）（喉舌：代言人之意）。

鍭 音【hóu】

古形【小篆 】

《说文·金部》：“鍭，矢。金鏃翦羽谓之鍭。”意思是说：鍭就是箭。金属制的箭头、整齐的箭羽称作鍭。从字形看，“鍭”由“金”和“侯”组成。“侯”，金文写作“ ”，像一支箭射向箭靶，同“金”组合表示这是一支金属头的箭。

释义：“鍭”在《诗经》中使用3处，无迭用。

古代用于打猎的一种箭。此种用法有3（雅3）处，如：“四鍭如树”（《大雅·行苇》）。

餱(糇) 音【hóu】

古形【小篆 】

《说文·食部》：“餱，干食也。”从字形看，“餱”由“食”和“侯”组成，“侯”指地方上的诸侯，同“食”组合或表示地方诸侯外出或率军出征时随身携带的食品。“餱”今作“糇”，意为“干粮”。

释义：“餱”在《诗经》中使用3处，无迭用。

干粮。此种用法有3（雅3）处，如：“干餱以愆”（《小雅·伐木》）；“乃裹餱粮”（《大雅·公刘》）。

后(後) 音【hòu】

古形【甲 金 小篆 】

“后”和“後”最初应该是两个字。

《说文·后部》：“后，继体君也。像人之形。施令以告四方，故厂之。从一口，发号者，君后也。”意思是说：“后”表示继承王位的君王。“厂”像人形。君王发布命令来告知四方，所以用“厂”字来表示发布命令牵动四方的意思。由“一”和“口”会意，表示发布命令的只是君王一人。武汉大学文学院教授万献初先生在《说文解字十二讲》中说：“司是以手（ ）遮口（ ）发号施令（甲骨文‘司’写作‘ ’），将‘司’字形右翻为‘后’， —后，表发号施令者，即君后。（后）甲骨文或为妇人产子形，与‘毓（毓）’同字，母系氏族的首领为‘后’，有‘君主’之义……进入父系社会，‘后’也可指男性之尊者，如后土、后稷等。”

《说文·彳部》：“後，迟也。”从字形看，“後”，甲骨文写作“”，像脚上绑个绳索状，后来加了个“彳”，表示行走。行走之时，脚上被人绑了个绳索，行动肯定迟缓，落在别人后边。简化合并后的“后”字，同时保留了两个字的意义。

释义：“后”在《诗经》中使用45处，无迭用。

1. 君王、尊者。“后”的本义，此种用法有19（雅10；颂9）处，如：“三后在天”（《大雅·下武》）；“思文后稷”（《周颂·思文》）。

2. 后人、后代。“后”的引申义，由先人育之引申。此种用法有6（雅3；颂3）处，如：“保艾尔后”（《小雅·南山有台》）；“允王维后”（《周颂·时迈》）。

3. 动作迟缓。“後”的本义，《诗经》中无此用法。

4. 时间、空间、次序等靠后。“後”的引申义，由动作迟缓引申。此种用法有20（风8；雅11；颂1）处，如：“其后也悔”（《召南·江有汜》）；“不自我后”（《小雅·正月》）；“予曰有先后”（《大雅·绵》）；“予其惩，而毖后患”（《周颂·小毖》）。

厚 音【hòu】

古形【甲 金 小篆 】

“厚”，甲骨文写作“”，王本兴先生在《甲骨文读本》中说：“像傍山崖而建造的城垣之形，可会垣墉厚之意。”《说文·㫗部》：“㫗，厚也。从反亯。”“亯”有“烹”之意，反写即表示反复烹煮，即香味浓厚。又“厚，山陵之厚也。”清王筠《说文句读》：“亯是饮食之亯，厚则山陵之厚，各有专义也。”无论是山陵之厚还是垣墉之厚，指的应该都是物体从底面到顶部的距离大，有看起来显得厚重之意。

释义：“厚”在《诗经》中使用4处，无迭用。

厚重。此种用法有4（雅4）处，如：“俾尔单厚”（《小雅·天保》）；“亦孔之厚矣”（《大雅·卷阿》）。

逅 音【hòu】

古形【小篆 】

“逅”由“辶”和“后”组成。“后”有“君王”的意思，同“辶”组合有行走路上相遇尊人如君的意思。“逅”常同“邂”连用，邂逅的意思就是没有约定，偶然相遇，让人有遇见尊人如君的感觉，但不久又会分离（邂）。

释义：“逅”在《诗经》中使用4处，无迭用。

同“邂”连用，邂逅：不期而遇。此种用法有4（风4）处，如：“见此邂逅”（《唐风·绸缪》）。

候　音【hòu】

古形【小篆】

“候”由“侯”和一小竖组成。“侯”表示向靶子射箭，安子介先生在《解开汉字之谜》中说：“只有为数不多的一些汉字在‘亻’与其右边组成部分之间有一小竖，像‘候’字一样。它们是从古汉语流传下来的残余笔划。”有说这一小竖表示的是一段时间。箭射出后要去查看，看箭靶子需要一段时间，“候”由此产生等待、看望等意思。

释义：“候”在《诗经》中使用1处，无迭用。

看守。由短时看望变长期看守引申。此种用法有1处：“彼候人兮”（《曹风·候人》）（言看守边境和道路的小吏）。

乎　音【hū】

古形【甲金小篆】

“乎”是“呼”的本字，甲骨文写作“”，下面的符号表示舒气；上面的三个短点表示气流上扬。整个字形像呼叫气流无阻挡而极力上扬之状。本义就是“呼叫”。

释义：“乎”在《诗经》中使用54处，无迭用。

1. 借为介词，相当于“于”。此种用法有3（风3）处，如：“俟我乎巷兮”（《郑风·丰》）。

2. 借为语气助词。此种用法有51（风38；雅8；颂5）处，如：“于嗟乎驺虞”（《召南·驺虞》）；“亶其然乎”（《小雅·常棣》）；“人尚乎由行”（《大雅·荡》）；“於乎悠哉”（《周颂·访落》）。

呼　音【hū】

古形【甲金小篆】

“乎”是“呼”的本字，甲骨文写作“”，下面的符号表示舒气；上面的三个短点表示气流上扬。整个字形像呼叫气流无阻挡而极力上扬之状。本义就是“呼叫”。后来加了个“口”字，表示呼叫是由口中发出。

释义：“呼”在《诗经》中使用1处，无迭用。

呼叫。此种用法有1处：“式号式呼”（《大雅·荡》）。

忽　音【hū】

古形【金小篆】

《说文·心部》：“忽，忘也。”从字形看，“忽”由“勿”和“心”组成，“勿”有“不”的意思，同“心”组合表示“不放在心上”。不把事物放在心上，忘却了也是必然的。

释义：“忽”在《诗经》中使用1处，无迭用。

灭绝。由忘却而忽略懈怠导致灭绝引申。此种用法有1处：“是绝是忽”（《大雅·皇矣》）。

幠 音【hū】

古形【小篆】

“幠”由“巾”和“無”组成。“巾”指的是可以包裹、覆盖物品的小块纺织品；“無”是“舞”的初文，甲骨文写作“夾”，像一个人张大手臂持物舞蹈的样子，同“巾”组合表示“巾”之大。《说文·巾部》：“幠，覆也。”意思是可以用来覆盖（大件）物件的纺织品。

释义：“幠”在《诗经》中使用2处，无迭用。

1. 大。由大巾引申。此种用法由1处：“乱如此幠”（《小雅·巧言》）。

2. 糊涂。由覆盖被蒙蔽引申。此种用法有1处：“昊天泰幠”（《小雅·巧言》）。

狐 音【hú】

古形【小篆】

狐，通称狐狸，食肉目犬科动物，哺乳动物额一种，形状略像狼，在野生状态下主要以一些小型动物为食，有时也采食一些植物。狐皮可做衣服。

“狐”由“犭（犬）”和“瓜”组成。“犭”表示“狐”是犬科动物；“瓜”是“孤”的省写，李时珍曰：“《埤雅》云：狐，孤也。狐性疑，疑则不可以合类，故其字从孤省。”“犭”和“瓜（孤）”组合，表示狐是一种喜好孤独、不合群的犬科动物。

释义：“狐”在《诗经》中使用12处，无迭用。

狐狸。此种用法有12（风10；雅2）处，如：“狐裘蒙戎”（《邶风·旄丘》）；“狐裘黄黄”（《小雅·都人士》）。

胡(鬍) 音【hú】

古形【金 小篆】

“胡”由“十”、“口”和“月（肉）”组成。“十”像相交之状，同“口”组合表示食物入口后可以对其进行贮存的器官，有点类似于鸟的嗉子，右边的“月（肉）”表示“胡”是肉体的一部分。《说文·肉部》：“胡，牛顄垂也。”牛下巴处的那块垂肉就叫“胡”。其实除了牛，一般兽类都有，所以“胡”多指兽颈下的垂肉。或因这块垂肉部位多长毛，所以人们又造了一个“鬍”字表示胡须。后来汉字简化通称“胡”。古代我们称游牧民族为胡人，或因“胡”在古匈奴人眼里是天之骄子的意思，自称强胡，中原人根据其自称而称之，又或因他们中的男人大多长着大胡子的缘故。

释义：“胡”在《诗经》中使用60处，无迭用。

1. 下巴下的长毛（胡须）。由颈下垂肉多长毛引申。此种用法有2（风2）处，如：“狼跋其胡”（《豳风·狼跋》）。

2. 大、寿。或因白发苍髯多长寿引申。此种用法有3（雅1；颂2）处，如：“胡臭亶时”（《大雅·生民》）；“胡考之宁”（《周颂·载芟》）。

3. 借作疑问代词，有“什么、怎么、为什么”等意思。此种用法有55（风31；雅24）处，如：“胡迭而微”（《邶风·柏舟》）；“胡不旆旆”（《小雅·出车》）；“胡斯畏忌”（《大雅·桑柔》）。

壶(壺) 音【hú】

古形【甲 金 小篆 】

《说文·壶部》：“壶，昆吾圆器也。”壶是一种别名称作昆吾的圆形器皿。从字形看，“壶”，甲骨文写作“ ”，像一把酒壶的样子：上端有尖形的壶盖，中间是圆圆的壶身，下面是壶底。有的甲骨文写作“ ”，多有两耳，便于提拿。

释义：“壶”在《诗经》中使用2处，无迭用。

1. 酒壶。此种用法有1处：“清酒百壶”（《大雅·韩奕》）。

2. 通“瓠”，葫芦之类。此种用法有1处：“八月断壶”（《豳风·七月》）。

瓠 音【hú、hù】

古形【金 小篆 】

“瓠”由“夸”和“瓜”组成。“瓜”，金文写作“ ”，像藤蔓上结有瓜果之状；“夸”有虚空、夸大等意思，同“瓜”组合表示大而虚空的果实，如葫芦、冬瓜等。

释义：“瓠”在《诗经》中使用3处，无迭用。

葫芦、冬瓜等。此种用法有3（风1；雅2）处：“齿如瓠犀”（《卫风·硕人》）；“甘瓠累之”（《小雅·南有嘉魚》）；“幡幡瓠叶”（《小雅·瓠叶》）。

鹄(鵠) 音【hú】

古形【金 小篆 】

鹄，鸟名，指鸿鹄，俗称天鹅。“鹄”字由“告”和“鸟”组成。“告”有告知的意思。李时珍《本草纲目》：“师旷《禽经》云：‘鹄鸣，故谓之鹄’。”鹄喜好大声鸣叫，像在告知大家，“告”同“鸟”组合表示这是一种喜欢大声鸣叫的鸟。

释义：“鹄”在《诗经》中使用1处，无迭用。

借作地名。此种用法有1处：“从子于鹄”（《唐风·扬之水》）。

虎 音【hǔ】

古形【甲 金 小篆 】

“虎”，甲骨文写作“ ”，像以虎牙、虎纹为特征的老虎的形状。虎为大型猫科哺乳动物，毛黄褐色，有黑色条纹，性凶猛，力大。骨和血及内脏均可入药，通称“老虎”，《说文·虎部》：“虎，山兽之君。”意即虎是山中野兽的君长。

释义：“虎”在《诗经》中使用17处，无迭用。

1. 老虎。此种用法有8（风2；雅6）处，如：“有力如虎”（《邶风·简兮》）；“不敢暴虎”（《小雅·小旻》）；“阚如虓虎”（《大雅·常武》）。

2. 虎皮。由整体到局部引申。此种用法有1处："虎韔镂膺"（《秦风·小戎》）。

3. 如虎。比喻引申。此种用法有2（雅1；颂1）处："进厥虎臣"（《大雅·常武》）；"矫矫虎臣"（《鲁颂·泮水》）（虎臣：如虎之臣，言作战勇猛）。

4. 借作人名。此种用法有6（风2；雅4）处："子车鍼虎"（《秦风·黄鸟》）（据考鍼虎为秦国大夫）"王命召虎"（《大雅·江汉》）（召伯名虎）。

浒(滸) 音【hǔ、xǔ】

古形【小篆滸】

"浒"，《说文》作"汻"，《说文·水部》："汻，水厓也。"意即"水边"。《尔雅·释水》："滸为浒。""滸"由"氵（水）"和"隹"组成，"隹"，甲骨文写作"隹"，像鸟的形状，表示滸水两岸鸟多。"浒"由"氵（水）"和"许"组成。"许"有"声音多、嘈杂"的意思，或表示岸边鸟多，声音杂，同"氵（水）"组合表示水边。《尔雅·释丘》："岸上浒。"（"许"有"稍许"之意）《康熙字典》："疏：岸上平地去水稍远者名浒。"一说"浒"中之"许"有称许义，表示水边之地或肥沃易耕种，或美景足观赏，皆令人称许。

释义："浒"在《诗经》中使用3处，无迭用。

水边。此种用法有3（风1；雅2）处，如："在河之浒"（《王风·葛藟》）；"率西水浒"（《大雅·绵》）。

户 音【hù】

古形【甲户金户小篆户】

《说文·户部》："户，护也。半门曰户。象形。"意思是说：户是保护室内的门，门一半叫户，像门的形状。繁体的"门"写作"門"，甲骨文写作"門"，像两扇对开的保护房屋内室的大门，"門"字的一半即单扇门是"户"，即"户"。

释义："户"在《诗经》中使用6处，无迭用。

1. 门。此种用法有5（风4；雅1）处，如："三星在户"（《唐风·绸缪》）；"西南其户"（《小雅·斯干》）。

2. 鸟窝的入口。由屋门引申。此种用法有1处："绸缪牖户"（《豳风·鸱鸮》）。

岵 音【hù】

古形【小篆岵】

《说文·山部》："岵，山有草木也。""岵"由"山"和"古"组成，"古"有过去年代的事，不在当下的意思，同"山"组合或表示山上的草木过去曾经存在，现在没有了。《尔雅·释山》："多草木岵，无草木峐。"《说文》承续的是这种说法，或因传抄之误。

释义："岵"在《诗经》中使用1处，无迭用。

无草木的山。此种用法有1处："陟彼岵兮"（《魏风·陟岵》）。

怙　音【hù】

古形【金　小篆　】

“怙”由“忄（心）”和“古”组成。古指往昔，古人尊古，重视过往的经验和已经逝去的祖先，认为这些都是他们生存所依靠的。“古”同“忄（心）”组合表示心中感到有依靠。《说文·心部》：“怙，恃也。”意即依赖、依靠。在“依赖、依靠”这个意义上，“怙”和“恃”是一样的，然从“怙”和“恃”后来又用作父母的代称（通常“怙”指父亲，“恃”指母亲）上看，“恃”或更偏重情感上的依赖。

释义：“怙”在《诗经》中使用2处，无迭用。

依赖、依靠。此种用法有2（风1；雅1）处：“父母何怙”（《唐风·鸨羽》）；“无父何怙”（《小雅·蓼莪》）。

祜　音【hù】

古形【金　小篆　】

《说文·示部》：“祜，上讳。”徐铉注：“此汉安帝名也。福也。”意思是说：祜是汉安帝刘祜的名讳，（祜）是福的意思。从字形看，“祜”由“示”和“古”组成，“示”像神主之形；“古”表祖先之义，合在一起表示神祖护佑，有福。

释义：“祜”在《诗经》中使用8处，无迭用。

神祖护佑、有福。此种用法有8（雅5；颂3）处，如：“受天之祜”（《小雅·信南山》）；“以笃于周祜”（《大雅·皇矣》）；“思皇多祜”（《周颂·载见》）。

扈　音【hù】

古形【金　小篆　】

《说文·邑部》：“扈，夏后同姓所封，战於甘者。在鄠，有扈谷、甘亭。”意思是说：扈是夏后氏同姓诸侯（有扈氏）的封地，是（与夏启）战於甘地的部落，在鄠（今陕西户县），这里有扈谷、甘亭。从字形看，“扈”由“户”和“邑”组成。“户”表示单扇门；“邑”指封地，同“户”组合或表示此邑只有一个通道（门）进出。

释义：“扈”在《诗经》中使用3处，无迭用。

借作鸟名，桑扈，又名青雀。此种用法有3（雅3）处：“交交桑扈”（《小雅·小宛》）。

华(華)　音【huā、huá、huà】

古形【甲　金　小篆　】

“华”，繁体作“華”，甲骨文写作“”，像一棵树上开满花枝（　）的样子。金文将甲骨文字形中的“木”写成“”，同时加“于（竽）”写成“”，或表示用花枝装饰乐器。后来有的篆文将“”字上面加“艸”，写成了“（華）”字样。有甲骨文将“華”写作“”，像盆栽之花。刘兴隆《新编甲骨文字典》说其“像一株盛开之花形，或从口，为壇或盆，（不过）壇盆有无皆華也。”《说文·華部》：“华，荣也。”即草木开花的意思。

释义：“华”在《诗经》中使用17处，无迭用。

1.（草木）开花。此种用法有1处：“黍稷方华”（《小雅·出车》）。

2.花。由开出的花引申（动词名用）。此种用法有15（风6；雅9）处，如：“灼灼其华”（《周南·桃夭》）；“皇皇者华”（《小雅·皇皇者华》）。

3.光华。由花开鲜艳夺目、光彩照人引申。此种用法有1处：“尚之以琼华乎而”（《齐风·著》）。

话(話)　音【huà】

古形【小篆】

“话”由“讠（言）”和“舌”组成。“言”指语言，“舌”表示“舌头”，说话舌头要动，“舌”和“言”组合表示“舌”动而出“言”。“话”即为“说、讨论”。

《说文·言部》：“话，合会善言也。”从小篆字形看，“话”写作“”，由“言”和“”组成，“”有塞口义，同“言”组合告诫人们假话、恶话不能出。所以“话”又被定义为“说出来的能表达思想感情的声音，亦指把这种声音记录下来的文字”。

释义：“话”在《诗经》中使用3处，无迭用。

舌动而出言。此种用法有3（雅3）处，如：“出话不然”（《大雅·板》）。

怀(懷)　音【huái】

古形【金 小篆】

《说文·心部》：“怀，念思也。”从字形看，“怀”，金文写作“”，由“衣（衣）”和“（眔）”组成，“”，像横“目（）”落泪（）之状，被“（衣）”包裹表示落泪不被人所见，后来加了个“忄（心）”字，写成“懷”，以示不能忘怀（想起来就落泪）的“思念”。

释义：“怀”在《诗经》中使用39处，无迭用。

1.思、想、思念。此种用法有28（风13；雅15）处，如：“我之怀矣”（《邶风·雄雉》）；“岂不怀归”（《小雅·四牡》）；“予怀明德”（《大雅·皇矣》）。

2.悲伤、伤心。由思念的情绪引申。此种用法有5（风2；雅3）处，如：“愿言则怀”（《邶风·终风》）；“兄弟孔怀”（《小雅·常棣》）。

3.来、回来。或由思念的结果引申。此种用法有2（风1；雅1）处：“曷又怀止”（《齐风·南山》）；“聿怀多福”（《大雅·大明》）。

4.怀抱。或由“怀”的位置引申。此种用法有2（雅1；颂1）处：“寘予于怀”（《小雅·谷风》）；“怀柔百神”（《周颂·时迈》）。

5.借为馈，赠送。此种用法有2（风1；颂1）处：“怀之好音”（《桧风·匪风》）；“怀我好音”（《鲁颂·泮水》）。

淮 音【huái】

古形【甲 金 小篆 】

“淮”由“氵（水）”和“隹”组成。“隹”金文写作“ ”，像鸟形，同“水”组合或表示河水清澈、两岸鸟多的河流。《说文·水部》：“淮，水。”即淮为水名。淮水，今称淮河，发源于我国河南省桐柏山，流经安徽、江苏两省入洪泽湖。

释义：“淮”在《诗经》中使用14处，无迭用。

淮水或淮河一带。此种用法有14（雅8；颂6）处，如：“淮水汤汤”（《小雅·鼓钟》）；“淮夷来铺”（《大雅·江汉》）；“截彼淮浦”（《大雅·常武》）；“淮夷蛮貊”（《鲁颂·閟宫》）。

坏(壞) 音【huài】

古形【小篆 】

“坏”，繁体作“壞”，由“土”和“褱”组成。“土”表示土松易倒塌毁坏（金文‘坏’写作‘ ’，是‘坯’的初形，即未烧制的土坯，易碎）；“褱”金文写作“ ”，像泪洒衣襟之形，同“土”组合表示土墙倒塌、毁坏令人伤心。《说文·土部》：“坏，败也。”并列“坏”之籀文为“ ”，字形从“攴”，像手持械敲击之状。《段注》：“败者，毁也。毁坏字皆为自毁自坏。”

释义：“坏”在《诗经》中使用2处，无迭用。

1. 倒塌、毁坏。此种用法有1处：“无俾城坏”（《大雅·板》）。

2. 借为“瘣”，病。此种用法有1处：“譬彼坏木”（《小雅·小弁》）。

貆(狟) 音【huān、huán】

古形【小篆 】

《说文·豸部》：“貆，貉之类。”貉是犬科非常古老的物种，被认为是类似犬科祖先的物种。体型短而肥壮介于浣熊和狗之间，小于犬、狐。体色乌棕。吻部白色；四肢短呈黑色；尾巴粗短。脸部有一块黑色的“海盗似的面罩”。“貆”由“豸”和“亘”组成。“豸”，金文写作“ ”，像一只小兽的形状；“亘”，金文写作“ ”，像回旋之纹，同“豸”组合或表示脸部有黑色斑纹的兽。

释义：“貆”在《诗经》中使用1处，无迭用。

兽名。此种用法有1处：“胡瞻尔庭有县貆兮”（《魏风·伐檀》）。

环(環) 音【huán】

古形【甲 金 小篆 】

《说文·玉部》：“环，璧也。肉好若一谓之环。”意思是说，环，指的是玉璧，边宽与璧孔的直径相等的才叫环。从字形看，“环”，金文写作“ ”，由“ （眼睛）”“ （衣）”和“○（圆形器物）”组成，合在一起表示一个人正睁大眼睛欣赏自己胸前（衣物上）圆形器物。后来人们又在“ ”字旁边加了个“王（玉）”字，表示那个圆形器物是玉璧。

释义：“环”在《诗经》中使用2处，无迭用。

圆形器物（玉璧）。此种用法有2（风2）处，如：“游环胁驱”（《秦风·小戎》）。

桓 音【huán】

古形【金 小篆 】

“桓”，小篆写作“ ”，由“ （木）”和“ ”组成。“ ”有回环纹饰之状，隶变写作“亘（非gèn）”，同“木”组合表示刻有纹路的木柱子。《说文·木部》：“桓，亭邮表也。”即“桓”指古代一种立在驿站旁用作路标（或立在官署等建筑物旁作标志）刻有纹路的木柱子，后来又称“华表”。

释义：“桓”在《诗经》中使用3处5次，2处迭用。

威武。由华表威武的气势引申。此种用法有3（颂3）处5次，2处迭用，如：“桓桓武王”（《周颂·桓》）。

嬛 音【huán、xuān】

古形【小篆 】

“嬛”，小篆写作“ ”由“女（女）”和“ （瞏）”组成。“瞏”意“目惊视”即紧张注视，有“紧”的意思。《说文·女部》：“嬛，材紧也。”承培元《引经证例》：“材紧，谓材密緻也，是慧巧之称。”由此可知，“嬛（xuān）”应该是形容女子聪慧灵巧。嬛（qióng），或为“睘”之误。“睘”，古同“茕”，有“孤独”之义。

释义：“嬛”在《诗经》中使用1处2次，迭用。

（嬛qióng）同“茕”，孤独貌。此种用法有1处2次，迭用：“嬛嬛在疚”（《周颂·闵予小子》）。

睆 音【huàn】

古形【小篆 】

《广韵》：“睆，大目也。”从字形看，“睆”由“目”和“完”组成。“目”指眼睛，“完”有“完美”的意思，同“目”组合表示眼睛完美，大而明亮。

释义：“睆”在《诗经》中使用3处，无迭用。

明亮、好看、浑圆。由眼睛完美状态引申。此种用法有3（风1；雅2）处，如：“睍睆黄鸟”（《邶风·凯风》）；“睆彼牵牛”（《小雅·大东》）（形容星光明亮）。

奂 音【huàn】

古形【金 小篆 】

“奂”，金文写作“ ”，上面的“ ”像人在高大的建筑物顶上；下面的“ ”像双手，合起来表示“建造高大的居室”。《说文·廾部》：“奂，取奂也。一曰：大也。”换取，说明“奂”古或通“换”；“大”或是“奂”的初始意义。

释义：“奂”在《诗经》中使用1处，

无迭用。

通“涣”，悠闲、涣散。此种用法有1处：“伴奂尔游矣”（《大雅·卷阿》）。

涣　音【huàn】

古形【小篆】

《玉篇·水部》：“涣，水盛貌。”从字形看，“涣”由“氵（水）”和“奂”组成，“奂”有“大”意，同“水”组合表示“水流大”。《说文·水部》：“涣，流散也。”水流一大，必然流散。“流散”应该是“涣”的引申义。

释义：“涣”在《诗经》中使用2处3次，1处迭用。

1. 水流大。此种用法有1处2次，迭用：“方涣涣兮”（《郑风·溱洧》）。

2. 分散。由因水大而流散引申。此种用法有1处：“继犹判涣”（《周颂·访落》）。

患　音【huàn】

古形【小篆】

《说文·心部》：“患，忧也。”忧就是忧虑、担心。从字形看，“患”由“串”和“心”组成，“串”，金文写作“”，像把多个同类物体穿在一起的样子，同“心”组合表示把这些穿起来的东西悬挂在心上（一说“串”有“穿过”义，同“心”组合表示心为所穿），即担心。

释义：“患”在《诗经》中使用1处，无迭用。

灾祸。由担忧的负面结果引申。此种用法有1处：“予其惩，而毖后患”（《周颂·小毖》）。

澣(浣)　音【huàn】

古形【小篆】

“澣”《说文》作“”。《说文·水部》：“，濯衣垢也。”意思是洗涤衣服上的污垢。

有两个异体字，分别为“澣”和“浣”。

“澣”由“氵（水）”、“倝”和“干”组成。“倝”有初升太阳的意思，同“水”“干”组合在一起或有趁着早上有太阳赶紧洗衣服以便晒干。“浣”由“氵（水）”和“完”组成，其中“完”小篆写作“”，像屋中有个人。古有男主外、女主内之说，“完”同“氵”组合或有主内之人负责洒扫、洗涤之意。

“”由“水”“倝”和“土、火（赤）”组成，最初或有“湿（水）土”被“太阳（倝）”晒干或“火”烘干之意。或因洗衣要使干，所以“”“澣”“浣”合为一字，正体为“浣”，取义为需要使干的“濯衣垢也”。

释义：“澣”在《诗经》中使用3处，无迭用。

洗涤（衣物）。此种用法有3（风3）处，如：“如匪澣衣”（《邶风·柏舟》）。

荒　音【huāng】

古形【金小篆】

《说文·艸部》："荒，芜也。"又"芜，薉也。""薉"即"穢"，本义指荒芜、杂草多。从字形看，"荒"由"艸"和"巟"组成。"巟"为古"荒"字，《说文·川部》："巟，水广也。"如此广大之水地，应为沼泽之地，后加"艸"表示长满野草的沼泽地，即无人治理的荒芜之地。

释义："荒"在《诗经》中使用11处，无迭用。

1.荒芜。此种用法有2（雅2）处，如："具赘卒荒"（《大雅·桑柔》）。

2.掩盖、覆盖。由草多掩盖了沼泽地引申。此种用法有3（风1；颂2）处，如："葛藟荒之"（《周南·樛木》）；"遂荒徐宅"（《鲁颂·閟宫》）。

3.荒淫。由沼泽地污秽引申。此种用法有4（风3；雅1）处，如："好乐无荒"（《唐风·蟋蟀》）；"荒湛于酒"（《大雅·抑》）。

4.开垦、开辟（荒地）。由词性转换（形—动）引申。此种用法有2（雅1；颂1）处："豳居允荒"（《大雅·公刘》）；"大王荒之"（《周颂·天作》）。

皇　音【huáng】

古形【甲金小篆】

"皇"，甲骨文写作""，像一火炬光焰上腾之形，是"煌"的初文，有光明、明亮之义。有的甲骨文将""写作""，在旁边加了个"王"字，"王"者，国君也，即一国之最高领袖。学会使用火，是早期人类对大自然的第一个征服，因此，掌控着使用或制造火的人为最高领袖也是很自然的事情。

释义："皇"在《诗经》中使用44处48次，4处迭用。

1.鲜明、光明。此种用法有2（雅2）处4次，2处迭用："皇皇者华"（《小雅·皇皇者华》）；"穆穆皇皇"（《大雅·假乐》）。

2.君王、上天。由掌控、制造火的人引申。此种用法有12（雅2；颂10）处，如："思皇多士"（《大雅·文王》）；"继序其皇之"（《周颂·烈文》）。

3.美、美好。由光明带来了美好生活引申。此种用法有1处："于皇来牟"（《周颂·臣工》）。

4.大、伟大、辉煌。在前几个义项的基础上的赞美引申。此种用法有15（雅10；颂5）处16次，1处迭用，如："朱芾斯皇"（《小雅·采芑》）；"皇矣上帝"（《大雅·皇矣》）；"于皇武王"（《周颂·武》）。

5.借作人称。此种用法有4（雅4）处，如："皇父孔圣"（《小雅·十月之交》）；"大师皇父"（《大雅·常武》）。

6.同"惶"，惶恐。此种用法有1处："四国是皇"（《豳风·破斧》）。

7.同"遑"，暇。此种用法有4（雅3；颂1）处5次，如："不皇朝矣"（《小雅·渐渐之石》）；"烝烝皇皇"（《鲁颂·泮水》）（遑遑，匆忙的样子）。

8.同"徨"，彷徨。此种用法有2（雅2）处，如："先祖是皇"（《小雅·楚茨》）。

9. 同“蝗”，蝗（色）。此种用法有2（风1；颂1）处：“皇驳其马”（《豳风·东山》）；“有驈有皇”（《鲁颂·駉》）。

10. 借作涧名。此种用法有1处：“夹其皇涧”（《大雅·公刘》）。

凰　音【huáng】

古形【金小篆】

“凰”本作“皇”，《山海经·南山经》：“又东五百里曰丹穴之山……有鸟焉，其状如鸡，五彩而文，名曰凤皇。”所谓“凤皇”，即凤凰，同麒麟一样，是雌雄合称，雄为凤，雌为凰。凤凰是中国神话传说中的百鸟之王，因“皇”本指人中的王者，所以借而代指鸟中之王者。后来在“皇”的外围加上“风”字框，或受“凤”字同化，抑或表示“跟随鸟王的大批鸟群”。

在远古图腾时代凤凰被视为神鸟而受到崇拜，同时也以此比喻有圣德之人。它是原始社会人们想像中的瑞鸟，凤凰的形象是人们经过对其原始形象的增饰逐渐演化而来的。

释义：“凰”在《诗经》中使用3处，无迭用。

雌性凤凰。此种用法有3（雅3）处，如：“凤凰鸣矣”（《大雅·卷阿》）。

喤　音【huáng】

古形【小篆】

《说文·口部》：“喤，小儿声。”又“啾，小儿声也。”《段注》：“啾谓小儿小声，喤谓小儿大声。”从字形看，“喤”由“口”和“皇”组成，“皇”有“大”义，同口组合表示大声（啼哭）。

释义：“喤”在《诗经》中使用3处6次，3处迭用。

1. 大声（啼哭）。此种用法有1处2次，迭用：“其泣喤喤”（《小雅·斯干》）。

2. 声音洪亮。由小儿啼哭声音洪亮引申。此种用法有2（颂2）处4次，2处迭用，如：“钟鼓喤喤”（《周颂·执竞》）。

遑　音【huáng】

古形【小篆】

“遑”由“辶”和“皇”组成，“皇”有“大”义，同“辶”组合表示大步行走。一说“皇”是“惶”的省写，同“辶”组合表示人遇到急迫的事心中会不安，《说文·辵部》“遑，急也”或为此说。

释义：“遑”在《诗经》中使用16处，无迭用。

1. 急迫、大步行走。此种用法有1处：“征夫遑止”（《小雅·杕杜》）。

2. 空闲、闲暇。由“急迫”反义引申。此种用法有13（风3；雅9；颂1）处，如：“莫敢或遑”（《召南·殷其雷》）；“不遑将母”（《小雅·四牡》）；“不敢怠遑”（《商颂·殷武》）。

3. 何空、何暇。在“空闲、闲暇”基础上疑问引申。此种用法有2（风1；雅1）处：“遑恤我后”（《邶风·谷风》）；

“遑恤我后”（《小雅·小弁》）。

煌 音【huáng】

古形【金 小篆 】

“皇”是“煌”的本字，甲骨文写作“ ”，像点着的灯形，下面是灯盏，上面是火光。后来加了个“火”字，强调火光明亮。《说文·火部》：“煌，辉也。”明亮、辉煌是“煌”的字形初始意义。

释义：“煌”在《诗经》中使用2处4次，2处迭用。

明亮、辉煌。此种用法有2（风1；雅1）处4次，迭用：“明星煌煌”（《陈风·东门之杨》）；“檀车煌煌”（《大雅·大明》）。

黄 音【huáng】

古形【甲 金 小篆 】

《说文·黄部》：“黄，地之色也。”从字形看，“黄”，甲骨文写作“ ”，由“ （站立的人）”和“口”组成，“口”像一块黄色的玉，挂在立人胸前。“黄”为“璜”的本字，本义为“环形佩玉”，或因佩玉为黄色，所以“黄”又引申为“黄色”即“地之色”（有说借用）。为使其意更能辨识，所以后来一般定义为“像金子或像向日葵花的颜色”。

释义：“黄”在《诗经》中使用39处40次，1处迭用。

1. 黄色。此种用法有38（风13；雅20；颂5）处，如：“绿衣黄裳”（《邶风·绿衣》）；“遐不黄耇”（《小雅·南山有台》）；“黄流在中”（《大雅·旱麓》）；“有骊有黄”（《鲁颂·駉》）。

2. 借为煌，煌煌，明亮貌。此种用法有1处2次，迭用：“狐裘黄黄”（《小雅·都人士》）。

簧 音【huáng】

古形【金 小篆 】

《说文·竹部》：“簧，笙中簧也。”清王筠《说文句读》：“簧者，笙管之中金薄鍱也。”所谓“金薄鍱”，指的是薄薄的金属叶片，古时一般安装在笙、竽一类的竹管乐器中（后通指乐器中用以发声的薄片），用以吹奏振动发声。或因薄片用以竹管乐器，且薄片呈金黄色，所以“簧”由“竹”和“簧”组成，表示竹管乐器中金黄色薄片。

释义：“簧”在《诗经》中使用4处，无迭用。

1. 乐器中用以发声的薄片。此种用法有1处：“巧言如簧”（《小雅·巧言》）（言花言巧语比簧振动发出的乐声还好听）。

2. 乐器名。由簧是乐器中的重要部件引申。此种用法有3（风2；雅1）处，如：“并坐鼓簧”（《秦风·车邻》）；“承筐是将”（《小雅·鹿鸣》）。

虺 音【huī】

古形【甲 金 小篆 】

“虺”，甲骨文写作“ ”，像头呈三角形的一种毒蛇，金文写作“ ”，在旁

边加了一个“兀”字。“兀”有“突兀”的意思，表示这种蛇的头和一般的蛇头不同。

释义：“虺”在《诗经》中使用5处6次，1处迭用。

1. 一种毒蛇。此种用法有3（雅3）处，如：“胡为虺蜴”（《小雅·正月》）。

2. 同“隤”构成复音词“虺隤”，指疲惫。或可视为因蛇绵软弯曲引申。此种用法有1处：“我马虺隤”（《周南·卷耳》）。

3. 借作象声词。此种用法有1处2次，迭用：“虺虺其雷”（《邶风·终风》）。

辉(煇) 音【huī】

古形【小篆】

“煇”现作“辉”，由“光”和“军”组成。安子介先生《解开汉字之谜》：“（‘辉’表示）‘光’集中起来像一支‘军’队，但同时又扩散出去。”《说文·火部》：“煇（辉），光也。”《段注》：“析言之则煇、光有别。朝旦为煇，日中为光。”“辉”或为军队凌晨集结，兵士群举火把之光。

释义：“辉”在《诗经》中使用1处，无迭用。

光辉。此种用法有1处：“庭燎有辉”（《小雅·庭燎》）。

翚(翬) 音【huī】

古形【小篆】

《尔雅·释鸟》：“伊洛而南，素质五采皆备成章，曰翚。”从字形看，“翚”由“羽”和“军”组成。“军”或为“辉”省，有光彩的意思，同“羽”组合表示有着光彩羽毛的鸟，现在一般认为是锦鸡。

释义：“翚”在《诗经》中使用1处，无迭用。

锦鸡。此种用法有1处：“如翚斯飞”（《小雅·斯干》）

麾 音【huī】

古形【金小篆】

“麾”，《说文》作“摩”，《说文·手部》：“摩，旌旗，所以指麾也。”从字形看，“摩”由“靡”和“手”组成。在冷兵器时代，古人为了有效指挥大兵团作战，发明了旗帜这种指挥作战工具，“摩”有“倒下”的意思，同“手”组合表示指挥人手持（原本竖着的）旗帜指向哪里，将士们就冲向何方。指挥战斗的旗帜就是“摩”，即“麾”。

释义：“麾”在《诗经》中使用1处，无迭用。

指挥。由名词动用引申。此种用法有1处：“麾之以肱”（《小雅·无羊》）。

徽 音【huī】

古形【金小篆】

“徽”，籀文写作“”，由“（长发之人）”和“”组成，像一个人手持

“（簪或发插一类饰品）”和“（丝织的发绳）”正在打理头发。窦文宇先生《汉字字源》：“由此产生头巾的含义。各家族头巾的颜色和式样不同，由此产生家族标志的引申义，再引申表示标志，再引申有美好的含义。”

释义：“徽”在《诗经》中使用2处，无迭用。

美好。由头饰装扮使人美引申。此种用法有2（雅2）处：“君子有徽猷”（《小雅·角弓》）；“大姒嗣徽音”（《大雅·思齐》）。

回(囬)　音【huí】

古形【金　小篆　】

《说文·口部》“回，转也。”从字形看，“回”，金文写作“”，像回旋运转的样子。

释义：“回”在《诗经》中使用10处，无迭用。

1. 转、还（回原处）。此种用法有3（雅3）处，如：“谋犹回遹”（《小雅·小旻》）；“昭回于天”（《大雅·云汉》）。

2. 回遹的省略写法，可视为转回邪僻。此种用法有7（雅6；颂1）处，如：“其德不回”（《小雅·鼓钟》）；“厥德不回”（《大雅·大明》）；“其德不回”（《鲁颂·閟宫》）。

洄　音【huí】

古形【金　小篆　】

《说文·水部》：“洄，溯洄也。”“洄”由“氵（水）”和“回”组成。“回”，金文写作“”，像回旋运转的样子，同“水”组合表示水逆流（回旋）而上。

释义：“洄”在《诗经》中使用3处，无迭用。

水回旋而上。此种用法有3（风3）处，如：“溯洄从之”（《秦风·蒹葭》）。

悔　音【huǐ】

古形【金　小篆　】

《说文·心部》：“悔，悔恨也。”王筠《说文句读》：“恨者，怨人之词；悔者，自怨之词，故必连言之。”从字形看，“悔”由“忄（心）”和“每”组成，“每”有“时常”的意思，同“心”组合表示“时常因自己的过失而在心中自怨”。

释义：“悔”在《诗经》中使用7处，无迭用。

1. 自怨。此种用法有3（风3）处，如：“悔予不将兮”（《郑风·丰》）。

2. 恨。由怨及他人引申。此种用法有1处：“宜无悔怒”（《大雅·云汉》）。

3. 过失。由因过而悔引申。此种用法有3（雅3）处，如：“其德靡悔”（《大雅·皇矣》）。

毁　音【huǐ】

古形【金　小篆　】

“毁”，金文写作“”，由“（臼，一说鸟巢）”、“（壬，站立之人）”和“（殳，手持器械）”组成。合起来表示“手持器械破坏臼（或鸟巢）”，由此产生毁坏之意。《说文·土部》：“毁，缺也。”“破缺”之意应是词性转化（动—形）引申义。

释义：“毁”在《诗经》中使用1处，无迭用。

毁坏（鸟巢）。此种用法有1处：“无毁我室”（《豳风·鸱鸮》）。

燬 音【huǐ】

古形【小篆】

“燬”，由“火”和“毁”组成。“毁”有“毁坏”的意思，同“火”组合表示“因大火焚烧而毁坏”。

释义：“燬”在《诗经》中使用2处，无迭用。

火急。由词性转化（名—形）引申，此种用法有2（风2）处，如：“王室如燬”（《周南·汝坟》）。

卉 音【huì】

古形【金 小篆】

《说文·艸部》：“卉，草之总名也。”从字形看，“卉”由“屮”和“艸”组成，“屮”为草木初生之状，同“艸”合起来表示对草的总称。“卉”也可看作由三个“屮”组成，三“屮（草）”组合，会百草之意。

释义：“卉”在《诗经》中使用4处，无迭用。

草之总称。此种用法有4（雅4）处，如：“卉木萋萋”（《小雅·出车》）。

会(會) 音【huì、kuài】

古形【金 小篆】

《说文·会部》：“会，合也。”所谓“合”，就是“会合、聚合”。从字形看，“会”，繁体作“會”，金文写作“”，万献初先生在《说文解字十二讲》中说“像器底、身、盖三者相合，用表一切会合。”

释义：“会”在《诗经》中使用7处，无迭用。

1. 聚合、相会。此种用法有5（风1；雅4）处，如：“会且归矣”（《齐风·鸡鸣》）；“会言近止”（《小雅·杕杜》）；“会伐平林”（《大雅·生民》）（言巧遇）。

2. 借为“璯”，缀玉于冠。此种用法有1处：“会弁如星”（《卫风·淇奥》）。

3. 同“旝”，礮（古时的一种石炮）。此种用法有1处：“其会如林”（《大雅·大明》）。

荟(薈) 音【huì】

古形【小篆】

《说文·艸部》：“荟，草多貌。”从字形看，“荟”由“艹（草）”和“会”组成。“会”有聚集的意思，同“草”组合表示“草很多，聚集在一起”。

释义：“荟”在《诗经》中使用1处，

无迭用。

（云雾）弥漫。由草多聚集引申。此种用法有1处：“荟兮蔚兮”（《曹风·候人》）。

哕(噦)　音【huì】

古形【小篆】

《说文·口部》：“哕（噦），气啎也。”所谓“气啎”，指的是口中之气逆向上冲而出声，即俗称的干呕。一般有物无声谓之吐，有声无物谓之哕，有物有声谓之呕。从字形看，“哕”由“口”和“岁”组成，“岁”疑为“秽”省，有“污浊”之意，同“口”组合或表示吐出胸中污浊之气。

释义：“哕”在《诗经》中使用3处6次，3处迭用。

1. 借作象声词，迭用形容舒缓而有节奏的铃声。此种用法有2（雅1；颂1）处4次，2处迭用：“鸾声哕哕”（《小雅·庭燎》）；“鸾声哕哕”（《鲁颂·泮水》）。

2. 借用形容宽敞明亮的样子。此种用法有1处2次，迭用：“哕哕其冥”（《小雅·斯干》）。

翙(翽)　音【huì】

古形【小篆】

《说文·羽部》：“翙，飞声也。”从字形看，“翙”由“岁”和“羽”组成，“羽”指“振羽”，“岁”疑为纯音符，同“羽”组合或表示“鸟儿振羽高飞时口中发出的‘岁岁’之音”。（本“岁岁”即可，加“羽”明确鸟鸣声）。

释义：“翙”在《诗经》中使用2处4次，2处迭用。

鸟飞声。此种用法有2（雅2）处4次，如：“翙翙其羽”（《大雅·卷阿》）。

诲(誨)　音【huì】

古形【金　小篆】

《说文·言部》：“诲，晓教也。”用语言教导让其明白即是“诲”。从字形看，“诲”由“讠（言）”和“每”组成。“每”为“毓”字省写，有“稚苗嫩草”的意思，喻指孩子，同“言”组合表示教导孩子。一说“每”为“晦”省写，有“不明”的意思。《段注》：“晓之以破其晦，是曰诲。”用语言教导明白了就是“诲”。

释义：“诲”在《诗经》中使用7处，无迭用。

教导。此种用法有7（雅7）处，如：“教诲尔子”（《小雅·小宛》）；“诲尔谆谆”（《大雅·抑》）。

晦　音【huì】

古形【金　小篆】

《说文·日部》：“月尽也。”清桂馥《说文义证》（引杨慎说）：“晦，月之三十日也。”

“晦”由“日”和“每”组成。“每”有“每一个”的意思，同“日”组合表示“每月的这一天”即“（农历）月之三十”。因为（农历）三十是次月初一的前一天，即新月的前一天，月亮随太阳同升落，晚上就看不到月亮（月尽）了会很黑，所以“晦”又有“黑暗”的意思。

释义：“晦”在《诗经》中使用3处，无迭用。

黑夜、黑暗。由月尽无光引申。此种用法有3（风1；雅1；颂1）处：“风雨如晦”（《郑风·风雨》）；“靡明靡晦”（《大雅·荡》）；“遵养时晦”（《周颂·酌》）。

贿(賄)　音【huì】

古形【金小篆】

《说文·贝部》：“贿，财也。”从字形看，“贿”由“贝”和“有”组成。“贝”指钱财；“有”，金文写作“”，像手持肉，同“贝”组合表示有钱（贝）有物（手持肉）。

释义：“贿”在《诗经》中使用1处，无迭用。

财物。此种用法有1处：“以我贿迁”（《卫风·氓》）。

惠　音【huì】

古形【金小篆】

“惠”由“叀”和“心”组成。“叀”，金文写作“”，一说为古代一种收丝的器具：上边像分开的麻纰，中间像缠绕的麻绳，下边像个坠子，合起来像收丝之形，同“心”组合或细心收丝。一说“”像幼小的植物，同“心”组合表示表示需要谨慎而用心地栽培。《说文·叀部》：“惠，仁也。”无论是“细心收丝”还是“用心栽培”，表现的都是人们对事物、他人的一种专注、谨慎的品质，表达的是一种仁爱之心。

释义：“惠”在《诗经》中使用25处，无迭用。

1.仁慈、仁爱。此种用法有11（风5；雅5；颂1）处，如：“惠而好我”（《邶风·北风》）；“昊天不惠”（《小雅·节南山》）；“维此惠君”（《大雅·桑柔》）；“骏惠我文王”（《周颂·维天之命》）。

2.爱、爱抚、恩赐、顺。由词性转化（形—动）引申。此种用法有14（风2；雅11；颂1）处，如：“终温且惠”（《邶风·燕燕》）；“惠于宗公”（《大雅·思齐》）；“惠我无疆”（《周颂·烈文》）。

喙　音【huì】

古形【金小篆】

“喙”由“口”和“彖”组成。“彖”，甲骨文写作“”，金文写作“”，谷衍奎先生《汉字源流字典》：“甲骨文中都像宰杀后悬挂的猪牲形。金文将头扭转，以突出宰杀后的情状。”“彖”同“口”组合或为了突出猪牲被悬挂的部位，即猪牲之嘴。“喙”后来或多被借指鸟类之嘴。

释义：“喙”在《诗经》中使用1处，无迭用。

借为瘃，《康熙字典》引《玉篇》："（瘃）困极也。"此种用法有1处："维其喙矣"（《大雅·绵》）。

嘒 音【huì】

古形【小篆】

《说文·口部》："嘒，小声也。"从字形看，"嘒"由"口"和"彗"组成。《说文·又部》："彗，扫竹也。"从小篆字形看，"彗"写作"彗"，像手持"丰丰"之形，徐灏《段注笺》："丰丰盖像竹篲之形。"由此可见，所谓"扫竹"，即指手持"丰丰（两把竹制的扫帚）"。天空中有一种很小的行星，拖着一条长长的尾巴，看起来很像扫帚，所以古人称之为彗星。彗星很小，"口"能发声，同"彗"组成"嘒"表示声音小。

释义："嘒"在《诗经》中使用6处9次，3处迭用。

1.微小。由声小泛指形小引申。此种用法有3（风2；雅1）处，如："嘒彼小星"（《召南·小星》）；"有嘒其星"（《大雅·云汉》）。

2.迭用借作象声词。此种用法有3（雅2；颂1）处6次，如："鸾声嘒嘒"（《小雅·采菽》）；"嘒嘒管声"（《商颂·那》）。

濊 音【huì】

古形【小篆】

"濊"由"氵（水）"和"歲"组成。"歲"疑为纯音符，同"水"组合或表示水流淌时发出的"歲歲"之声。"濊"古同"秽（穢）"，字形或为"氵（水）"和"歲（'穢'字省写）"组合。"穢"有"污浊"之义，同"水"组合表示"（被污浊挡住视线而不见底的）深水"。

释义："濊"在《诗经》中使用1处2次，迭用。

深水施网声。此种用法有1处，迭用："施罛濊濊"（《卫风·硕人》）（音"huòhuò"或为方言之故，抑或施网入深水实为"huò"之声）。

昏 音【hūn】

古形【甲 金 小篆】

《说文·日部》："昏，日冥也。"从字形看，"昏"由"氏"和"日"组成。"氏"有地平面的意思，同"日"上下组合表示"太阳落到地平线以下"，天色昏暗。

释义："昏"在《诗经》中使用12处，无迭用。

1.混乱、糊涂。由天色昏暗引申为行为混乱不清。此种用法有2（雅2）处："彼昏不知"（《小雅·小宛》）；"昏椓靡共"（《大雅·召旻》）

2.婚姻（男女结为夫妻）。借喻引申（古妻称夫为姻，夫称妻为昏，后写为"婚"）。此种用法有10（风6；雅4）处，如："宴尔新昏"（《邶风·谷风》）；"昏姻之故"（《小雅·我行其野》）。

惛 音【hūn、mèn】

古形【小篆】

《说文·心部》：“惛，不憭（明白）也。”从字形看，“惛”由“忄（心）”和“昏”组成。“昏”有“昏暗”的意思，同“心”组合表示“心里想不明白而烦闷”。

释义：“惛”在《诗经》中使用1处，无迭用。

喧扰。由烦闷导致失态引申。此种用法有1处：“以谨惛怓。”（《大雅·民劳》）。

混 音【hún、hùn】

古形【小篆】

《说文·水部》：“混，丰流也。”从字形看，“混”由“氵（水）”和“昆”组成。“昆”有“众多、同”等意思，同“水”组合有“众多水流同流一处”的意思，即“水流盛大（丰流）”。

释义：“混”在《诗经》中使用1处，无迭用。

借为族名，同“昆”。此种用法有1处：“混夷駾矣”（《大雅·绵》）（混夷，古族名。又作昆夷、串夷、畎夷、犬夷等，即犬戎。相传殷周时，混夷很强，是殷周西边的劲敌）。

佸 音【huó】

古形【小篆】

《说文·人部》：“佸，会也。”从字形看，“佸”由“亻（人）”和“舌”组成（小篆“佸（ ）”由“亻”和“昏”组成，“昏”写作“舌”应为隶变之误）。“舌”疑为“括”的省写，“括”有“聚拢”之义，同“人”组合表示人相会。

释义：“佸”在《诗经》中使用1处，无迭用。

相会。此种用法有1处：“曷其有佸”（《王风·君子于役》）。

活 音【huó】

古形【小篆】

“活”由“氵（水）”和“舌”组成。安子介先生《解开汉字之谜》：“活字是一个非常非常有用的汉字。它表示‘舌’在‘氵（水）’中。很少人知道舌头是全日浸泡在水（唾液）中，应用它说话、食物，是动得最灵活的器官之一。”“食物”包括了吃饭和喝水，而水是人得以生存的最重要的条件。所以“活”表达的就是“生存、有生命的、能生长”

一说“活”小篆写作“ ”，由“水”和“昏”组成（“昏”作“舌”疑为隶变之误）。“昏”音“guō”，或为纯音符，同“水”组合表示水流时发出的“昏昏”之声。（本“昏昏”即可，加“水”明确水流声。）

释义：“活”在《诗经》中使用4处5次，1处迭用。

1.流水声（由“昏”组成的“活”）。此种用法有1处2次，迭用：“北流活活”

（《卫风·硕人》）

2. 生存、成活（由“舌”组成的“活”）。此种用法有3（风1；颂2）处，如：“不我活兮”（《邶风·击鼓》）；“实函斯活”（《周颂·载芟》）

火 音【huǒ】

古形【甲 金 小篆 】

“火”，甲骨文写作“ ”像物体燃烧时跳动的火焰。《说文·火部》：“火，毁也。南方之行，炎而上。”燃烧并能毁坏物质的就叫“火”。“火”在五行中表南方，南方炎热，热生火，火光盛而上行，就像“ （火）”字形。

释义：“火”在《诗经》中使用8处，无迭用。

1. 燃烧物质时发出的光和焰。此种用法有5（风3；雅1；颂1）处，如：“火烈具扬”（《郑风·大叔于田》）；“秉畀炎火”（《小雅·大田》）；“如火烈烈”（《商颂·长发》）。

2. 借作星名。此种用法有3（风3）处，如：“七月流火”（《豳风·七月》）。

或 音【huò、yù】

古形【甲 金 小篆 】

《说文·戈部》：“或，邦也。”从字形看，“或”，甲骨文写作“ ”，由“口”和“戈（戈）”组成。“口”指城郭；“戈”是武器（代表军队）；后来加了个“一”表示疆界，合起来应表示“持戈守卫城池”。“邦国”应为“或”的引申义。

释义：“或”在《诗经》中使用62处，无迭用。

1. 借作代词，有的、有的人。此种用法有61（风2；雅58；颂1）处，如：“或敢侮予”（《豳风·鸱鸮》）；“无不尔或承”（《小雅·天保》）（或可视作助词，无实义）；“或簸或蹂”（《大雅·生民》）；“或来瞻女”（《周颂·良耜》）。

2. 借作连词，或者。此种用法有1处：“或佐之史”（《小雅·宾之初筵》）。

获(獲、穫) 音【huò】

古形【小篆 】

“蒦”应该是“获”的初文，甲骨文写作“ ”，像手抓住了一只要飞走的鸟儿。甲骨文中有“获鹿”“获豕”“获兔”“获雉”等狩猎时代的描述，“蒦”就是“获雉”的场景，意为捕获一只鸟儿，后来在“蒦”字的旁边加了一个“犭（犬）”写成“獲”，表示捕获禽兽。人类进入农耕时代，赖以生存的食物范围扩大，人们又在“蒦”字的旁边加了一个“禾”字，表示收获庄稼。汉字简化后，“獲”“穫”都写成了“获”。本义为获得食物。《说文·犬部》：“獲，猎所获也。”是“獲”之本义；《说文·禾部》：“穫，刈谷也。”是“穫”的引申义，庄稼成熟后需要收割。

释义：“获”在《诗经》中使用19处，无迭用。

1. 收获（食物）。此种用法有9（风2；雅5；颂2）处，如："十月获稻"（《豳风·七月》）；"遇犬获之"（《小雅·巧言》）；"时亦弋获"（《大雅·桑柔》）；"载获济济"（《周颂·载芟》）。

2. 得、获得。由特指到泛指引申。此种用法有8（风2；雅5；颂1）处，如："实获我心"（《邶风·绿衣》）；"执讯获丑"（《小雅·出车》）（言俘获）；"其政不获"（《大雅·皇矣》）；"淮夷卒获"（《鲁颂·泮水》）（有被获即被击败之义）。

3. 借为"矱"，规矩。此种用法有1处："笑语卒获"（《小雅·楚茨》）。

4. 借为泽名。此种用法有1处："整居焦获"（《小雅·六月》）（焦获，泽名，在今陕西泾阳县西北）。

祸(禍) 音【huò】

古形【金 小篆 】

《说文·示部》："祸，害也，神不福也。"从字形看，"祸"由"示"和"呙"组成。"示"指祖先神灵；"呙"是"涡"的省写，有"漩涡"的意思，同"示"组合表示"祖先、神灵欲陷子孙于漩涡"。灾难来了，连祖先神灵都不护佑(福)，就是"祸"。

释义："祸"在《诗经》中使用4处，无迭用。

灾难。此种用法有4（雅3；颂1）处，如："谁为此祸"（《小雅·何人斯》）；"具祸以烬"（《大雅·桑柔》）；"勿予祸适"（《商颂·殷武》）。

濩 音【huò】

古形【甲 小篆 】

《说文·水部》："濩，雨流霤下。"从甲骨文字形"（濩）"看，由"水"和"隹（鸟）"组成，像雨水从鸟身上淋下的样子。"濩"有"雨水从屋檐滴落下来的样子"或从此形而来。

"濩"又有"煮"义。从小篆字形看，"（濩）"由"水""隹（鸟）""艹（草）"和"又（手）"组成，或有"以手持柴草煮鸟"之意。

释义："濩"在《诗经》中使用1处，无迭用。

煮（由小篆字形会意）。此种用法有1处："是刈是濩"（《周南·葛覃》）。

藿 音【huò】

古形【金 小篆 】

李时珍《本草纲目》中记载有一种草叫"荨麻"，俗称"藿麻"。从字形看，"藿"由"艹（草）"和"霍"组成。"霍"由"雨"和"隹"组成，"隹（鸟，古有'两隹''三隹'，表示群鸟）"，同"雨"组合或表示雨水充足、群鸟出没。"霍"同"艹（草）"组合或表示"雨水充足、常有群鸟出没其间的草本植物"。据说每年到了秋霜以后，特别是籽实累累的冬春时节，荨麻（藿麻）茎叶里的苦涩味大部分消失以后，牛马驼羊都竞相采食其叶。《说文·艸部》："藿，尗之少也。"现在一般的解释是"豆类植物鲜

嫩的叶子”，指的或是这类叶子。

释义：“藿”在《诗经》中使用1处，无迭用。

豆叶。由整体到局部引申。此种用法有1处：“食我场藿”（《小雅·白驹》）。

J

击(擊) 音【jī】

古形【金 小篆 】

“击”，繁体写作“擊”，由“軎（车轴部件）”“殳（一种武器）”和“手”组成。《说文·手部》：“击，攴也。”手持器械敲打“軎”就是“击”。

释义：“击”在《诗经》中使用4处，无迭用。

敲、打。此种用法有4（风3；雅1）处，如：“击鼓其镗”（《邶风·击鼓》）；“琴瑟击鼓”（《小雅·甫田》）。

饥(饑) 音【jī】

古形【小篆 】

“饥”，繁体作“饑”，《说文·食部》：“谷不熟为饥。”从字形看，“饑（饥）”由“食”和“幾”组成，“幾”由“细微”的意思，同“食”组合表示“腹中食物很少（细微）”，感觉饥饿，或因“谷不熟（粮食歉收）”造成的。

释义：“饥”在《诗经》中使用11处，无迭用。

粮食歉收、饥饿。此种用法有11（风4；雅7）处，如：“惄如调饥”（《周南·汝坟》）；“载饥载渴”（《小雅·采薇》）；“瘨我饥馑”（《大雅·召旻》）。

鸡(鷄、雞) 音【jī】

古形【甲 金 小篆 】

《说文·隹部》：“鸡，知时畜也。”甲骨文的“鸡”字，写作“ ”，很像一只鸟的形状。驯养以后知道报时（即公鸡清晨打鸣）。“鸡”字小篆从“隹”，籀文从“鸟”，都与“奚”字组合，“奚”有“被役使”的意思，表示“鸡”是一种被人类畜养的“鸟”。

释义：“鸡”在《诗经》中使用9处，无迭用。

1. 鸡，一种家禽。此种用法有8（风8）处，如：“鸡栖于桀”（《王风·君子于役》）。

2. 借作虫名，莎鸡，俗名纺织娘。此种用法有1处：“六月莎鸡振羽”（《豳風·七月》）。

积(積) 音【jī】

古形【小篆 】

“积”，繁体写作“積”，由“禾”和“责”组成。“禾”指“禾谷”；“责”，甲骨文写作“ ”，上面是个“ （朿）”，下面是个“贝（贝）”，合起来像用尖木刺物之状，同“禾”组合或表示用木叉挑禾。《说文·禾部》：“积，聚也。”每年禾谷收完之后，留下的禾秸，农人都要捆扎好堆积起来留作冬用，“积”或表示用木叉挑捆扎好的禾秸往垛上堆积。

释义：“积”在《诗经》中使用3处，无迭用。

堆积、积聚。此种用法有3（雅1；

颂2）处，如：“乃积乃仓”（《大雅·公刘》）；“积之栗栗”（《周颂·良耜》）。

笄　音【jī】

古形【金 小篆 】

《说文·竹部》：“笄，簪也。”“笄”字初文写作“”，就像两个发簪之形，后来写成“笄”，从竹，或因那时的簪用竹制成。笄，古代中国女子用以装饰发耳的一种簪子，用来插住挽起的头发，或插住帽子。

释义：“笄”在《诗经》中使用1处，无迭用。

簪子。此种用法有1处：“副笄六珈”（《鄘风·君子偕老》）。

姬　音【jī】

古形【甲 金 小篆 】

“姬”由“女”和“𦣝”组成。“𦣝”或为“筐”字省写，“筐”是一种密齿的梳头用具，即篦子，同“女”组合表示“梳妆的女子”。因梳妆而美，所以“姬”又是古代对女子的美称。《说文·女部》：“姬，黄帝居姬水，以为姓。”或常有女子在此处蘸水梳发，故曰姬水。黄帝一族在水边居住，故以此水名为姓。

释义：“姬”在《诗经》中使用5处，无迭用。

（梳妆的）女子、对女子的美称。此种用法有5（风5）处，如：“王姬之车”（《召南·何彼襛矣》）（王姬指周王的女儿）。

基　音【jī】

古形【甲 金 小篆 】

《说文·土部》：“基，墙始也。”古人砌墙，先在地上挖一条深沟，然后填石或者填土夯实，这就是所谓的“墙始”，又称地基或墙基。从字形看，“基”，甲骨文写作“”，像一沟槽中填有物（土），上面有一锤形物正在夯实之状。“”后来写成“基”，由“其”和“土”组成。“其”，甲骨文写作“”，像簸箕的形状，簸箕一般用荆条一道一道编织而成，同“土”组合或表示夯实的墙基从剖面看一层一层的样子似簸箕的编织状。

释义：“基”在《诗经》中使用5处，无迭用。

1.地基、墙基。此种用法有2（雅1；颂1）处：“止基乃理”（《大雅·公刘》）；“自堂徂基”（《周颂·丝衣》）。

2.根本、开始。由地基是墙之根始引申。此种用法有3（雅2；颂1）处，如：“邦家之基”（《小雅·南山有台》）；“维德之基”（《大雅·抑》）；“夙夜基命宥密”（《周颂·昊天有成命》）。

缉(緝)　音【jī】

古形【金 小篆 】

《说文·糸部》：“缉，绩也。”又“绩，缉也。”“缉”“绩”互注，都有“绩麻”之义。然在实际应用中，两个字的意思又截然不同。“缉”常和“缉拿、缉捕”连在一起。从字形看，“缉”由

“糸”和“咠”组成。“糸”为“凡糸之属”，如“丝、线、绫、绳、绑”等等均从“糸”；“咠”由“口”和“耳”组成，或可视为“口附耳窃窃私语”。安子介先生《解开汉字之谜》中谈到“耳”字时说：“我们可以设想出这样一个图形，即嘴（口）与耳朵（耳）紧挨一起。有这样一个非字‘咠’，它是四个字的组成部分，但意思则为‘紧捆或连结在一起’，如：缉，捉拿、捉住（用绳索紧捆起）。”“糸”和“咠”组合或表示“用绳索紧捆起”即“捉拿、捉住”。

释义：“缉”在《诗经》中使用7处8次，1处迭用。

1. 追寻、走动。由缉拿人犯需要走动找寻引申。此种用法有6（雅2；颂4）处，如：“于缉熙敬止”（《大雅·文王》）；“维清缉熙”（《周颂·维清》）。

2. 同“咠”，附耳私语。此种用法有1处，迭用：“缉缉翩翩”（《小雅·巷伯》）。

跻　音【jī】

古形【金 小篆 】

《说文·足部》：“跻，登也。”意即“攀登、爬升”。从字形看，“跻”由“足”和“齐”组成。“齐”有“平齐”之义，同“足”组合或表示攀登爬升之时足应和攀登之地平齐方为“跻”。

释义：“跻”在《诗经》中使用4处，无迭用。

1. 攀登、爬升。此种用法有3（风2；雅1）处，如：“道阻且跻”（《秦风·蒹葭》）；“君子攸跻”（《小雅·斯干》）。

2. 升、上进。由攀登可不断上升引申。此种用法有1处：“圣敬日跻”（《商颂·长发》）。

稽　音【jī、qǐ】

古形【金 小篆 】

“稽”由“禾”“尤”和“旨”三部分组成。“禾”指谷穗下垂的禾苗；“尤”本义指赘疣，即手上呈弯曲状的第六指；“旨”指封建时代帝王的命令即常说的圣旨。三部分合起来或表示接听帝王圣旨的时候身体像弯曲的第六指、头要像下垂的禾穗。“稽”是古代的一种礼节：跪下，拱手然后头手至地。

释义：“稽”在《诗经》中使用3处，无迭用。

磕（头），古代的一种礼节。此种用法有3（雅3）处，如：“小大稽首”（《小雅·楚茨》）；“虎拜稽首”（《大雅·江汉》）。

畿　音【jī】

古形【金 小篆 】

《说文·田部》：“畿，天子千里地也。”意即国家的千里疆域。从字形看，“畿”，小篆写作“”，由“（田，疆域）”“（戈，代表持有武器的军队）”和“（像边界拉起的网状障碍物）”，合起来表示“国家疆域有军队守卫的地方”即“边境”。

释义：“畿”在《诗经》中使用2处，无迭用。

1. 边境。此种用法有1处：“邦畿千

里”（《商颂·玄鸟》）。

2. 门坎。由国的边境到家的门限引申。此种用法有1处：“薄送我畿”（《邶风·谷风》）。

隮　音【jī】

古形【石鼓文　小篆　】

“隮”，《康熙字典》引《玉篇》云：“气也，升也。”从字形看，“隮”由“阝（阜）”和“齊（齐）”组成。“阜”指“土山”；“齐”有“平齐”之义，合在一起或表示“（云气）在土山顶（平齐之处）升腾”。清郑珍云：“古跻字本从足，俗别从阜（阝），今《诗》《书》皆作隮。”在“升、高”这个意义上，“跻”“隮”或为一字。

释义：“隮”在《诗经》中使用2处，无迭用。

升腾。此种用法有2（风2）处：“南山朝隮”（《曹风·候人》）（言“云雾升腾”。一曰借为霋，云行貌）。

箕　音【jī】

古形【甲　金　小篆　】

“箕”由“竹”和“其”组成。“其”，甲、金文都写作“　”，其实就是“箕”字初文，像一个簸箕形，上部像箕舌，左右下部像边框，中间的交叉线条像编织的纹理，后来同“竹”组合表示簸箕是竹条（也有用荆条）编织而成。

释义：“箕”在《诗经》中使用3处，无迭用。

借作星宿名。此种用法有3（雅3）处，如：“维南有箕”（《小雅·大东》）（箕，星宿名，中国神话中的二十八宿之一。每年11月23日至12月7日，南部天空有四颗［恒］）星，组成图形似簸箕，故借“箕”命名）。

几(幾)　音【jī、jǐ】

古形【金　小篆　】

“几”和“幾”是两个字，后来简化合并为一个字。

《说文·几部》：“几，踞几也。”意即蹲踞的几案。从字形看，金文写作“　”，像一个矮小的桌子。

“幾”由“𢆶”和“戍”组成。“𢆶”有细微之义；“戍”指兵事，二者组合或指发现细微兵情。故《说文·𢆶部》云：“幾，微也。殆也。”“殆”表示危机之感。

汉字简化合并成“几”以后，同时保留了两个字形意义。

释义：“几”在《诗经》中使用14处15次，1处迭用。

1. 矮小的桌子。“几”字的本义，此种用法有3（雅3）处，如：“俾筵俾几”（《大雅·公刘》）。

2. 弯曲貌。或由“几”字形弯曲貌引申。此种用法有1处，迭用：“赤舄几几”（《豳风·狼跋》）。

3. 借作不定数次或询问数量多少的疑问词，有“一些”“差不多”“多少”等意思。此种用法有8（风1；雅6；颂1）处，如：“未几见兮”（《齐风·甫田》）；“式食庶几”（《小雅·车辖》）；“庶几夙夜”（《周颂·振鹭》）。

4. 危、危险。“幾”字的本义，此种用法有1处：“维其几矣”（《大雅·瞻卬》）。

5. 通“期”，日期。此种用法有1处：“如几如式”（《小雅·楚茨》）。

绩(績)　音【jī、jì】

古形【小篆】

《说文·糸部》：“绩，缉也。”从字形看，“绩”由“糸”和“责”组成。“责”有“求”义，同“糸”组合有力求把麻捻搓成均匀的绳线。

释义：“绩”在《诗经》中使用4处，无迭用。

1. 捻搓、编织。此种用法有2（风2）处，如：“不绩其麻”（《陈风·东门之枌》）。

2. 成绩、功绩。由麻捻绳而成引申。此种用法有2（雅1；颂1）处：“维禹之绩”（《大雅·文王有声》）；“设都于禹之绩”（《商颂·殷武》）（一说借为“蹟”，同“迹”）。

及　音【jí】

古形【甲　金　小篆】

《说文·又部》：“及，逮也。”从字形看，甲骨文写作“”，像一个人赶上来用手抓住了前面的人，表示“赶上、抓住”。

释义：“及”在《诗经》中使用48处，无迭用。

1. 到、到达、触及。由追赶到前面的人引申。此种用法有11（风4；雅4；颂3）处，如：“瞻望弗及”（《邶风·燕燕》）；“遂及我私”（《小雅·大田》）；“每怀靡及”（《大雅·烝民》）；“万亿及秭”（《周颂·丰年》）。

2. 借作连词，有“跟、与、和、并”等意。由追上即并行引申。此种用法有37（风9；雅23；颂5）处，如：“维筐及筥”（《召南·采蘋》）；“侵镐及方”（《小雅·六月》）；“乃及王季”（《大雅·大明》）；“及河乔岳”（《周颂·时迈》）。

吉　音【jí】

古形【甲　金　小篆】

“吉”甲骨文写作“”（有作“”“”“”等），因构形各异，所以甲骨文释义大致有二：一是像兵器置于器中，表示把兵器放入器中不用，以减少战争，使人民没有危难，从而带来和平吉祥；二是上士、下口，代表男女结合之喜庆吉利（此说似牵强）。刘兴隆《新编甲骨文字典》：“（上士下口说）或以所从之、、等为牡器，果然如此的话，所从之（王）又作何解？吴其昌曰：‘皆象一斧一碪之形。’吴说可信。道理是，所从之为之讹省，乃无柄之斧，、为斧之侧面，是垫具。斧头所劈之物当为吉祥之物，牛、羊是也。此即从斧在碪（砧）上之本义。”“碪”即“砧”字，即剁、切东西是垫在底下的器具，俗称砧板一类的东西。牛羊为祭祀之物，故曰吉祥。

《说文·口部》：“吉，善也。”此说

从“士”“口”组合解。《说文·士部》：“士，事也。”又“孔子曰：‘推十合一为士’。”所谓“推十合一”，即能够从众多的事物中推演归纳出一个简要道理来。综上两说，可知明事理、会办事的人称“士”，同“口”组合，即为“士之言”，即良善之言。“良善”或为“吉”之正解。

释义：“吉”在《诗经》中使用16处，无迭用。

1. 良善。此种用法有5（风2；雅3）处，如：“安且吉兮”（《唐风·无衣》）；“吉蠲为饎”（《小雅·天保》）；“蔼蔼王多吉人”（《大雅·卷阿》）。

2. 美好、吉祥。由良善可以带来美好吉祥引申。此种用法有6（风2；雅4）处，如：“迨其吉兮”（《召南·摽有梅》）；“吉日庚午”（《小雅·吉日》）。

3. 借作人名。此种用法有4（雅4）处，如：“吉甫燕喜”（《小雅·六月》）；“吉甫作诵”（《大雅·崧高》）。

4. 同姞，姓。此种用法有1处：“谓之尹吉”（《小雅·都人士》）。

极(極) 音【jí】

古形【小篆】

“极”繁体作“極”，由“木”和“亟”组成。“亟”，甲骨文写作“”，像人顶天立地之状，同“木”组合或表示“高大之木”，如此顶天立地之木，一定会是栋梁之材，所以《说文·木部》云：“極，栋也。”即屋脊之梁栋，居中最高之木。

“极”和“極”古或为两个字，《说文·木部》：“极，驴上负也。”意思是驴背上负载物品的木架。后来汉字简化，两字合并为一字，但在居中最高这个意义上，两个字的意思应该是一致的。

释义：“极”在《诗经》中使用20处，无迭用。

1. 至、达到、终点、极致（极端）。由顶天之木达到天顶引申。此种用法有9（风3；雅6）处，如：“谁因谁极”（《鄘风·载驰》）；“畏不能极”（《小雅·绵蛮》）；“骏极于天”（《大雅·崧高》）。

2. 标准、准则。由以天地之间为标准引申（一说借为“则”）。此种用法有11（风2；雅7；颂2）处，如：“士也罔极”（《卫风·氓》）；“昊天罔极”（《小雅·蓼莪》）；“王国来极”（《大雅·江汉》）；“四方之极”（《商颂·殷武》）。

即 音【jí】

古形【甲金小篆】

“即”，甲骨文写作“”，金文写作“”，左边都像一个盛食物的器具里装满了食物；右边像一个人。《说文·皀部》：“即，即食也。”意思是“人正在吃饭”。

释义：“即”在《诗经》中使用7处，无迭用。

1. 靠近（到……来）。由特指进食到泛指接近引申。此种用法有6（风2；雅4）处，如：“来即我谋”（《卫风·氓》）；“不即我谋”（《小雅·十月之交》）；“芮鞫之即”（《大雅·公刘》）。

2. 借为“笫”，席子。此种用法有1处：“履我即兮”（《齐风·东方之日》)。

佶 音【jí】

古形【小篆】

《说文·人部》:“佶,正也。”从字形看,“佶”由“亻(人)”和“吉”组成,“吉”有“吉祥”之义,同“人”组合或表示“人有福(吉祥)相。”即五官端正、体格健壮。亦即所谓“正”也。

释义:“佶”在《诗经》中使用2处,无迭用。

借指动物健壮。此种用法有2(雅2)处,如:“既佶且闲”(《小雅·六月》)。

急 音【jí】

古形【小篆】

“急”由“及”和“心”组成。“及”,小篆写成“”,后写作“刍”或为隶变之误。“及”有“追捕”之义,同“心”组合或表示被追之人心里紧张。

释义:“急”在《诗经》中使用2处,无迭用。

紧急、紧张。此种用法有2(雅2)处,如:“兄弟急难”(《小雅·常棣》)。

姞 音【jí】

古形【金小篆】

《集韵》:“姞,谨也。”从字形看,“姞”由“女”和“吉”组成,“吉”有吉祥的意思,古有“红颜祸水”之说,“吉”和“女”组合或表示“谨慎贤惠之女”方为吉祥之女。

又《说文·女部》:“姞,黄帝之后百鲦姓,后稷妃家也。”意思是“姞”是黄帝族后裔百鲦的姓氏,后稷正妻的娘家姓。母系氏族姓从女,或因此女谨慎贤惠,故以“姞”为姓。

释义:“姞”在《诗经》中使用2处,无迭用。

借为姓。此种用法有2(雅2)处,如:“韩姞燕誉”(《大雅·韩奕》)。

疾 音【jí】

古形【甲金小篆】

“疾”,甲骨文写作“”,像人腋下中箭之形。《说文·疒部》:“疾,病也。”“疾”由“疒(病)”和“矢”组成,“矢”是箭,同“疒(病)”组合或表示“箭伤之病”。

释义:“疾”在《诗经》中使用11处,无迭用。

1.病、病态。此种用法有8(雅8)处,如:“昊天疾威”(《小雅·雨无正》);“肆戎疾不殄”(《大雅·思齐》)。

2.痛、戕害。由病会痛且引发伤害引申。此种用法有2(风1;雅1)处:“甘心首疾”(《卫风·伯兮》);“蟊贼蟊疾”(《大雅·瞻卬》)。

3.通“嫉”,妒恨。此种用法有1处:“无言不疾”(《小雅·雨无正》)。

棘 音【jí】

古形【金小篆】

《说文·朿部》:“棘，小枣丛生者。”从字形看，“棘”，小篆写作“”，像带刺的枝条挨在一起的树，本义指的就是枝条丛生且多刺的小枣树，又是有刺草木的统称。

释义：“棘”在《诗经》中使用22处，无迭用。

1.小枣树。此种用法有12（风9；雅3）处，如：“吹彼棘薪”（《邶风·凯风》）；“在彼杞棘”（《小雅·湛露》）。

2.刺。由枣树有刺引申。此种用法有2（雅2）处，如：“如矢斯棘”（《小雅·斯干》）。

3.瘦。由树枝的干细身形引申。此种用法有1处：“棘人栾栾兮”（《桧风·素冠》）。

4.同“急”，紧急、紧张。此种用法有7（雅7）处，如：“玁狁孔棘”（《小雅·采薇》）；“孔棘我圉”（《大雅·桑柔》）。

戢 音【jí】

古形【小篆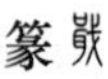】

《说文·戈部》:“戢，藏兵也。”从字形看，“戢”由“咠”和“戈”组成。“咠”由“口”和“耳”组成，像附耳私语之状，有“不张扬、收敛”的意思，同“戈”组合表示“收藏兵器”。

释义：“戢”在《诗经》中使用4处，无迭用。

1.收藏兵器。此种用法有1处：“载戢干戈”（《周颂·时迈》）。

2.收藏、收敛。由收藏兵器引申。此种用法有2（雅2）处，如：“戢其左翼”（《小雅·鸳鸯》）。

3.借为“濈”，和睦。此种用法有1处：“不戢不难”（《小雅·桑扈》）。

集 音【jí】

古形【甲金小篆】

“集”又作“雧”，由“雥（zá）”和“木”组成。“雥”由三个“隹”组成，表示鸟多。《说文·雥部》:“雧（集），群鸟在木上也。”“木”指“树”，“雥”和“木”组合，表示群鸟聚集在树上。

释义：“集”在《诗经》中使用21处，无迭用。

1.群鸟聚集（树上）。此种用法有15（风4；雅10；颂1）处，如：“集于灌木”（《周南·葛覃》）；“集于苞栩”（《小雅·四牡》）；“亦集爰止”（《大雅·卷阿》）；“集于泮林”（《鲁颂·泮水》）。

2.落。由鸟落于木引申。此种用法有3（雅2；颂1）处：“先集维霰”（《小雅·頍弁》）；“有命既集”（《大雅·大明》）；“予又集于蓼”（《周颂·小毖》）。

3.成功、成就。或由（人）聚集能成事引申。此种用法有3（雅3）处，如：“是用不集”（《小雅·小旻》）。

楫 音【jí】

古形【小篆】

《说文·木部》:“楫，舟棹也。”“舟棹”泛指船桨。《韵会》:“短曰楫，长曰

棹。”

从字形看，“楫”由“木”和“咠”组成。“咠”，小篆写成“”，有一种楚简写成“”，或因这些字形有点像在水中荡来荡去的短柄船桨，所以“楫”由“木”和“咠”组成，表示小舟上使用的木制短桨。“咠”字又像“嘴（口）与耳朵（耳）紧挨一起（安子介先生《解开汉字之谜》）”。从这个意义上说，“咠”和“木”组成“楫”，或想表示桨是船密不可分的一部分。

释义：“楫”在《诗经》中使用2处，无选用。

1. 船桨。此种用法有1处：“桧楫松舟”（《卫风·竹竿》）。

2. 划船。由桨的作用引申。此种用法有1处：“烝徒楫之”（《大雅·棫朴》）。

辑　音【jí】

古形【小篆】

《说文·车部》：“辑，车和辑也。”从字形看，“辑”由“车”和“咠”组成。“咠”字像“嘴（口）与耳朵（耳）紧挨一起（安子介先生《解开汉字之谜》）”。从这个意义上说，和“木”组成“楫”，或想表示车是众多材料组合而成，必须把它们相安、协调、紧密组合在一起，这就是“辑”。

释义：“辑”在《诗经》中使用3处，无选用。

1. 成。由车组合而成引申。此种用法有1处：“思辑用光”（《大雅·公刘》）。

2. 和、缓和谐调。由车和辑引申。此种用法有2（雅2）处，如：“辞之辑矣”（《大雅·板》）。

踖　音【jí】

古形【小篆】

《说文·足部》：“踖，长胫行也。”“胫”意为“小腿”，泛指腿。蒲松龄《促织》：“方首，长胫，意似良。”此中长胫意即长腿。从字形看，“踖”由“足”和“昔”组成。“昔”，甲骨文写作“”，下像洪水波涛之形，上面是个“日”，合起来表示“发洪水的日子”，会远古洪水成灾之意，同“足”组合或表示长胫（长腿形如“”）似洪水奔腾般快捷地行走。

释义：“踖”在《诗经》中使用1处2次，选用。

快捷麻利状。由行走快捷到泛指动作麻利引申。此种用法有1处，选用：“执爨踖踖”（《小雅·楚茨》）。

濈　音【jí】

古形【小篆】

《说文·水部》：“濈，和也。”从字形看，“濈”由“氵（水）”和“戢”组成。“戢”有收藏兵器的意思，兵器收藏起来说明没有战争，同“氵（水）”组合表示世界如水之温和、平静，人们也变得安详、和睦。

释义：“濈”在《诗经》中使用1处2次，选用。

聚而和。此种用法有1处，选用：“其角濈濈”（《小雅·无羊》）（《段注》：传曰：“聚其角而息，濈濈然也。”

按：毛意言角之多，盖言聚而和也）。

蹐　音【jí】

古形【小篆】

《康熙字典》引《传》曰“蹐，絫足也。”所谓絫足，就是把脚掌收紧龚起来。从字形看，“蹐”由“足”和“脊”组成。“脊”指人或动物背部突兀的骨头，同“足”组合或表示使脚背突兀（把脚掌收紧龚起来从脚背看是突兀的）。脚掌收紧会使脚的长度缩小，且走路小心翼翼，故《说文·足部》曰：“蹐，小步也。”

释义：“蹐”在《诗经》中使用1处，无迭用。

小步走路。此种用法有1处：“不敢不蹐”（《小雅·正月》）。

襋　音【jí】

古形【小篆】

《说文·衣部》：“襋，衣领也。”从字形看，“襋”由“衣”和“棘”组成。《段注》：“棘之言亟也。领为衣之亟者，故曰襋。”“亟”有“极点”即衣之最高处的意思，所以“襋”有一个异体字写成“衱”。从“棘”之字形看，像多刺植物之状，同“衣”组合或想表示摸着不太平滑的粗布之衣，存疑。

释义：“襋”在《诗经》中使用1处，无迭用。

缝衣领。由名词转动词引申。此种用法有1处：“要之襋之”（《魏风·葛屦》）。

籍（藉）　音【jí】

古形【小篆】

《说文·竹部》：“籍，簿书也。”从字形看，“籍”由“竹”和“耤”组成。“竹”代表古人用于书写的竹简；“耤”由“耒”和“昔”组成，“耒”甲骨文写作“”像手持农具农耕之状，“昔”有往昔之意，合在一起表示“往昔祖先农耕之地”，同“竹”组合有“记录祖先耕种之地的竹简”，即簿书，相当于现在的户口簿。

释义：“籍”在《诗经》中使用1处，无迭用。

征收赋税。由按籍收税引申。此种用法有1处：“实亩实籍”（《大雅·韩奕》）。

己　音【jǐ】

古形【甲　金　小篆】

《说文·己部》：“己承戊，像人腹。”从字形看，“己”小篆写成“”，像人侧面从下巴到胸脯的简单图形：上面像人的下巴和颈部；下面像人的胸脯。胸脯突出，表示向别人称自身，喜欢拍自己的胸脯。所谓“己承戊”，是说“己”又表示天干的第六位，排位承接在“戊”后面。

释义：“己”在《诗经》中使用1处，无迭用。

自己。此种用法有1处：“至于己斯亡”（《小雅·角弓》）。

济(濟) 音【jǐ jì】

古形【小篆】

《说文·水部》:“济，水。出常山房子赞皇山，东入泜。”意思是“济”指济水，从常山郡房子县赞皇山流出，向东流入泜水。从字形看，“济”有“氵（水）”和“齐”组成。“氵（水）”指河流，或因此河流经齐（古齐国）地，故以“齐”作声符。安子介《解开汉字之谜》:“‘济’是一条地下清水河流的名字，它在人们缺乏饮用水时解决了他们的困难。渡过一条蓝色河流，比之一条混浊的河流来得容易安全。”由此“济”又有了“渡河”之意。因渡河而生“很多人”义，即“似许多人在一条渡船上”

释义:“济”在《诗经》中使用14处24次，10处迭用。

1.水名。此种用法有3（风3）处，如:“济有深涉”（《邶风·匏有苦叶》）。

2.渡水。由此水渡之容易安全引申。此种用法有1处:“不能旋济”（《鄘风·载驰》）。

3.整齐、众多而齐整。由渡船之人多引申。此种用法有10（风1；雅6；颂3）处20次，均迭用，如:“四骊济济”（《齐风·载驱》）;“济济跄跄”（《小雅·楚茨》）;“济济多士”（《大雅·文王》）;“济济多士”（《周颂·清庙》）。

泲 音【jǐ】

古形【小篆】

“泲”由“氵（水）”和“𠂔”组成。“𠂔”有“制止”意，同“氵（水）”组合表示制止水中杂质，有“过滤”的意思。

释义:“泲”在《诗经》中使用1处，无迭用。

借作地名。“出宿于泲”（《邶风·泉水》）。

脊 音【jǐ】

古形【金 小篆】

《说文·𠦬部》:“脊，背吕也。”从字形看，“脊”字上部籀文写作“𠦬”，像几根肋骨相连的脊柱，小篆字形在下面加了个“月（肉）”字，意思是由肉包着的脊柱。“脊”指的是人或动物的脊柱。

释义:“脊”在《诗经》中使用3处，无迭用。

1.理、道理。由脊柱排列很有条理引申。此种用法有1处:“有伦有脊”（《小雅·正月》）。

2.借作鸟名。此种用法有2（雅2）处，如:“题彼脊令”（《小雅·小宛》）（脊令，即鹡鸰鸟）。

掎 音【jǐ】

古形【金 小篆】

《说文·手部》:“掎，偏引也。”意思是偏向一边牵引物体。从字形看，“掎”由“扌（手）”和“奇”组成。“奇”疑为“倚”字省写，有“依赖、支撑”的意思，同“手”组合或表示依赖手牵引物体。

释义：“掎”在《诗经》中使用1处，无迭用。

拉住、牵引。此种用法有1处：“伐木掎矣”（《小雅·小弁》）。

戟 音【jǐ】

古形【金小篆】

戟指我国独有的古代兵器，实际上是戈和矛的合成体。它既有直刃又有横刃，呈“十”字或“卜”字形，因此具有钩、啄、刺、割等多种用途，其杀伤能力胜过戈和矛。

从字形看，金文的“戟”写作“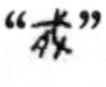”，就是“戈”和“（矛头形）”的合体。《说文·戈部》：“戟，有枝兵也。”意思是（横刃）像枝条斜出的兵器。

释义：“戟”在《诗经》中使用1处，无迭用。

古代的一种兵器。此种用法有1处：“修我矛戟”（《秦风·无衣》）。

伎 音【jì】

古形【金小篆】

《说文·人部》：“伎，与也。”《段注》：“与者，党与也。”从字形看，“伎”由“亻（人）”和“支”组成。“支”有分支之义，同“支”组合或表示同一分支之人，即意趣相投一类人为“伎”。古人把擅长歌舞之人也称作“伎”。

释义：“伎”在《诗经》中使用1处2次，迭用。

跳跃之状。由舞者跳动之状引申。此种用法有1处，迭用：“维足伎伎”（《小雅·小弁》）。

纪(紀) 音【jì】

古形【金小篆】

《说文·糸部》：“纪，丝别也。”意即丝缕的头绪。在这个意义上，“绪”应该与之同义。使用实践中，“纪”多用于“纪律、法纪”由此引申“治理”等。如此看来，造字者一开始或就将“绪”视为“丝缕之头绪”；将“纪”设为纷乱世事之头绪，且“纪”非“绪”之引申。“纪律、纲纪”都是可以让人自我约束的标尺，所以“纪”由“糸（头绪）”和“己（自身）”组成。

释义：“纪”在《诗经》中使用5处，无迭用。

1.纲纪、法纪。此种用法有4（雅4）处，如：“南国之纪”（《小雅·四月》）；“纲纪四方”（《大雅·棫朴》）。

2.借为“杞”，木名。此种用法有1处：“有纪有堂”（《秦风·终南》）。

忌 音【jì】

古形【金小篆】

《说文·心部》：“忌，憎恶也。”从字形看，“忌”由“己”和“心”组成。我们常说的忌恨，常常是表达嫉妒那些胜过自己的人，这种心怀嫉恨的人常常是一些以自我为中心的人，这是“忌”字中“己”所传达的意思，同“心”组合，表示“忌”是一种心理活动。“嫉妒、怨恨”或是“忌”较为确切的解释。

释义：“忌”在《诗经》中使用11处，无迭用。

1. 怨恨。此种用法有1处：“维予胥忌”（《大雅·瞻卬》）。

2. 顾忌。由心有忌恨而迟疑引申。此种用法有1处：“胡斯畏忌”（《大雅·桑柔》）。

3. 借作语气词，此种用法有9（风8；雅1）处，如：“抑罄弓忌”（《郑风·大叔于田》）；“往忌王舅”（《大雅·崧高》）。

季　音【jì】

古形【甲 金  小篆 】

《说文·子部》：“季，少称也。”从字形看，“季”由“禾”和“子”组成。“禾”是“稚”的省写，有“幼小”的意思，同“子”组合表示幼小的孩子。“季”是古人对年少者的称呼。

释义：“季”在《诗经》中使用8处，无迭用。

1. 年少。此种用法有4（风3；雅1）处，如：“有齐季女”（《召南·采蘋》）；“思娈季女逝兮”（《小雅·车舝》）。

2. 借作人名。此种用法有4（雅4）处，如：“维此王季”（《大雅·皇矣》）（王季，太王之子，文王之父）。

荠(薺)　音【jì、qí】

古形【金  小篆 】

“荠”是菜名，字形由“艹（草）”和“齐”组成。“艹”表示草本植物；“齐”或为“剂”字省写，有药剂的意思，同“艹”组合或表示“荠”是一种可以入药治病的草本植物。《说文》中“荠”同“茨”。《说文·艸部》：“荠，蒺藜也。”

释义：“荠”在《诗经》中使用1处，无迭用。

菜名。此种用法有1处：“其甘如荠”（《邶风·谷风》）。

既　音【jì】

古形【小篆 】

《说文·皀部》：“既，小食也。”徐灏《段注笺》：“小食易尽。”从字形看，“既”小篆写作“”，左边像一个盛食物的器具；右边是一个反写的“欠”字。古人认为气上行为“欠”（即哈欠），反“欠”就是气下行，即打饱嗝。一个人打饱嗝，显然是吃尽（多）了食物。

释义：“既”在《诗经》中使用219处，无迭用。

1. 尽。由食尽引申。此种用法有3（雅3）处，如：“毕来既升”（《小雅·无羊》）。

2. 借为连词，有“已经、既然”等意思（“已经”义或可视为“尽”义之引申）。此种用法有216（风38；雅158；颂20）处，如：“既见君子”（《周南·汝坟》）；“丧乱既平”（《小雅·常棣》）；“上帝既命”（《大雅·文王》）；“既醉既饱”（《周颂·执竞》）。

继(繼)　音【jì】

古形【金 小篆 】

《说文·糸部》："继，续也。"从字形看，"继"，金文写作" "，像两束丝似断又连的样子。安子介先生《解开汉字之谜》："丝线断了，再加丝，当然是再连接起来了。"断丝再接，就是"继"。

释义："继"在《诗经》中使用4处，无迭用。

延长、继承。有断丝再接引申。此种用法有4（雅1；颂3）处，如："继嗣我日"（《小雅·杕杜》）；"继序其皇之"（《周颂·烈文》）。

祭　音【jì】

古形【甲 金 小篆 】

"祭"是古人对祖先、神灵表达崇敬的一种仪式，也是对死者表示追念的一种方式。

《说文·示部》："祭，祭祀也。"从字形看，"祭"甲骨文写作" "由"肉（牲畜的肉）"和"又（手）"组成，金文写作" "，加了一个" （示，表示祭桌）"，合起来表示以手持肉祭祀（供奉）祖先和神灵。

释义："祭"在《诗经》中使用4处，无迭用。

祭祀。此种用法有4（风1；雅3）处，如："献羔祭韭"（《豳风·七月》）；"祝祭于祊"（《小雅·楚茨》）；"取萧祭脂"（《大雅·生民》）。

悸　音【jì】

古形【金 小篆 】

《说文·心部》："悸，心动也。"从字形看，"悸"由"忄（心）"和"季"组成。"季"有"最小的孩子"的意思，一般最年幼的孩子是父母最疼爱的，一有风吹草动父母即心动不已，同"心"组合或表示"最担心年幼孩子"。

释义："悸"在《诗经》中使用2处，无迭用。

心动。此种用法有2（风2）处，如："垂带悸兮"（《卫风·芄兰》）。

迹(蹟)　音【jì】

古形【金 小篆 】

《说文·辵部》："迹，步处也。"从字形看，金文写作" "，由"辵（行走）"和"朿"组成。"朿"金文写作" "像芒刺之形，同"辵"组合或表示行路时像刺扎一样留下印记。"迹"中的"亦"疑为" "字传抄之误。

释义："迹"在《诗经》中使用1处，无迭用。

道路。由行迹多而成路引申。此种用法有1处："念彼不迹"（《小雅·沔水》）（不迹，言不行正道）。

稷　音【jì】

古形【金 小篆 】

《说文·禾部》："稷，齋也。五谷之长。"意思是稷指粟米，五谷中它最先种植。稷是一种从古代就普遍种植的农作物。从字形看，“稷”由“禾”和“畟”组成。“畟”由“田”“人”和“夊”组成，“夊”小篆写作“夊”像人两腿上有所拖曳的样子，表示耕作，人在田里耕作是“畟”，同“禾”组合表示“稷”是人们耕作获得的禾谷，多指粟米。

释义：“稷”在《诗经》中使用27处，无迭用。

1. 粟米。此种用法有17（风6；雅8；颂3）处，如：“彼稷之实”（《王风·黍离》）；“黍稷方华”（《小雅·出车》）；“黍稷茂止”（《周颂·良耜》）。

2. 借为尊者之称。此种用法有9（雅5；颂4）处：“时维后稷”（《大雅·生民》）；“思文后稷”（《周颂·思文》）。

3. 通“亟”，迅速、快捷。此种用法有1处：“既齐既稷”（《小雅·楚茨》）。

穧 音【jì】

古形【小篆】

“穧”由“禾”和“齊（齐）”组成。“禾”指禾谷；“齊（齐）”有整齐的意思，同“禾”组合或表示割下来在田间摆放整齐还没来得及收（未捆扎）的禾谷。

释义：“穧”在《诗经》中使用1处，无迭用。

已割而未收的农作物。此种用法有1处：“此有不敛穧”（《小雅·大田》）。

偈 音【jì、jié】

古形【小篆】

“偈”由“亻（人）”和“曷”组成。“曷”或为“竭”字省写，有尽力之意，同“人”组合或表示人尽力奔跑。

释义：“偈”在《诗经》中使用1处，无迭用。

疾驰貌。由人快跑引申。此种用法有1处：“匪车偈兮”（《桧风·匪风》）。

塈 音【jì】

古形【小篆】

《说文·土部》：“塈，仰涂也。”《段注》：“仰涂，举首而涂之。”又“以草盖屋曰茨，涂塈茨者，涂其茨之下也，故必仰涂。”从字形看，“塈”由“土”和“既”组成。“土”指取土涂茨；“既”由“食尽”之义，同“土”组合或有“帮工之人吃饱喝足之后方作业”的意思。

释义：“塈”在《诗经》中使用4处，无迭用。

1. 取。由涂抹要取泥引申。此种用法有1处：“顷筐塈之”（《召南·摽有梅》）。

2. 借为“愍”，爱。此种用法有3（风1；雅2）处，如：“伊余来塈”（《邶风·谷风》）；“民之攸塈”（《大雅·假乐》）。

加 音【jiā】

古形【金 小篆】

《说文·力部》：“加，语相增加也。”从字形看，“加”由“力”和“口”组成，“力”指助力；“口”指出声说话，群口助力以增加说话的分量或音量，就是“加”。

释义：“加”在《诗经》中使用1处，无迭用。

增加。由增加说话分量或音量引申，此种用法有1处：“弋言加之”（《郑风·女曰鸡鸣》）（言箭加于鸟身，即射中）。

夹(夾)　音【jiā、jiá】

古形【甲 金 小篆 】

“夹”，甲骨文写作“ ”，像左右二人搀扶中间一人，古今字形变化不大，都是“大”字下边两个“人”字。《说文·大部》：“夹，持也。”意思是（左右）扶持。

释义：“夹”在《诗经》中使用1处，无迭用。

左右两边。由左右扶持引申。此种用法有1处：“夹其皇涧”（《大雅·公刘》）。

珈　音【jiā】

古形【金 小篆 】

“珈”指古代妇女的一种头饰。古人用头发编成假髻，称“副”；再用簪子把副别在头上，上加玉饰，称“珈”。“珈”由“王（玉）”和“加”组成。“加”有“增加”的意思，同“玉”组合就表示加在簪上的玉。珈数多少有表明身份的作用，如“六珈”为侯伯夫人所用。

释义：“珈”在《诗经》中使用1处，无迭用。

珈。此种用法有1处：“副笄六珈”（《鄘风·君子偕老》）。

家　音【jiā】

古形【甲 金 小篆 】

《说文·宀部》：“家，居也。”《段注》：“此篆本义乃豕之尻（居）也，引申假借以为人之尻（居）。”《段注》此说应从字形会意而来。从字形看，“家”由“宀”和“豕（猪）”组成。“宀”，小篆写作“ ”，像高深之屋形，且有屋脊。在甲骨文出现的时代（甲、金文就有“家”字），人类就为“豕（猪）”建造如此豪华之深屋，似不可能。据考证，在新石器时代（距今约八千到一万年），人类就开始驯化野猪，而养猪，豕作为一种食物储备为目的的。而几乎就在同时，一部分人就学会了建造房屋，“宀”和“豕”组成“家”或是会“有住房且家中有豕”之意，同时区别于游牧人家。

一说“豕”是“豭”的省写，表示突出雄性，存疑。

释义：“家”在《诗经》中使用32处，无迭用。

1.人居住之处、家庭、家业。此种用法有27（风9；雅13；颂5）处，如：“有践家室”（《郑风·东门之墠》）；“宜尔室家”（《小雅·常棣》）；“未有家室”（《大雅·绵》）；“遭家不造”（《周颂·闵予小子》）。

2.国家。由小家到大家引申。此种用法有5（雅4；颂1）处，如：“邦家之基”（《小雅·南山有台》）；“邦家之光”（《周颂·载芟》）。

葭　音【jiā】

古形【小篆】

《说文·艸部》：“葭，苇之未秀者。”从字形看，“葭”由“艹（草）”和“叚”组成，“艹（草）”表示草本植物，“叚”有“非原居地”之意，同“艹（草）”组合或表示这是一种种子可以随风传播的草本植物。

释义：“葭”在《诗经》中使用5处，无迭用。

芦苇。此种用法有5（风5）处，如：“蒹葭采采”（《秦风·蒹葭》）。

嘉　音【jiā】

古形【甲　金　小篆】

《说文·壴部》：“嘉，美也。”《段注》：“壴，陈乐也。故嘉从壴。”从字形看，“嘉”由“壴”和“加”组成。“加”有“增加”的意思，用击鼓奏乐来增加美好欢乐的气氛就是“嘉”。

释义：“嘉”在《诗经》中使用37处，无迭用。

1. 美、好、善。此种用法有33（风2；雅30；颂1）处，如：“其新孔嘉”（《豳风·东山》）；“我有嘉宾”（《小雅·鹿鸣》）；“文王嘉止”（《大雅·大明》）；“我有嘉客”（《商颂·那》）。

2. 夸奖、赞美。由美、好引申。此种用法有4（风2；雅2）处，如：“既不我嘉”（《鄘风·载驰》）；“嘉我未老”（《小雅·北山》）。

甲　音【jiǎ】

古形【甲　金　小篆】

《说文·甲部》：“甲，东方之孟，阳气萌动，从木戴孚甲之象。”意思是说：甲定位在东方，是五方之始。春天阳气萌动，（甲字形）象草木种子刚发芽顶戴种子甲壳的样子。从小篆字形看，“甲”写作“”，很像草木生芽后所戴的种皮裂开的形象。一说甲骨文的“甲”，写作“”，像动物身上起保护作用的硬壳，上面常有交错的纹路，后来在传抄过程中把中间的一竖拉长写成了现在的“甲”字。

释义：“甲”在《诗经》中使用2处，无迭用。

1. 铠甲。由可起保护作用的硬壳引申。此种用法有1处：“修我甲兵”（《秦风·无衣》）。

2. 借为“狎”，亲昵。此种用法有1处：“能不我甲”（《卫风·芄兰》）。

贾(賈)　音【jiǎ】

古形【金　小篆】

《说文·贝部》：“贾，贾市也。”《段注》：“市，买卖所之也。”从字形看，“贾”，籀文写作“”，上面像货柜状；下面是个“贝（钱）”，合起来表示用货柜里的货物换钱。从小篆字形看，“贾”上是个“襾”字，有“包裹”的意思，同“贝”合起来表示把货物打包给人家换钱。古有行商为“商”，坐商为“贾（音gǔ）”。在店铺里做买卖即为“贾”。

释义：“贾”在《诗经》中使用2处，无迭用。

做买卖、出卖货物。此种用法有2（风1；雅1）处：“贾用不售”（《邶风·谷风》）；“如贾三倍”（《大雅·瞻卬》）。

假　音【jiǎ、jià】

古形【金　小篆　】

“叚”是“假”的初文。《说文·又部》：“叚，借也。”以借来之物表示拥有，即为“叚”，后来加了个“亻（人）”字写作“假”，表示是人的行为。

释义：“假”在《诗经》中使用18处，无迭用。

1.借，不真实。此种用法有2（雅2）处，如：“假寐永叹”（《小雅·小弁》）（假寐：言不脱衣服坐着打盹）。

2.通“嘏”，有“告、福”等意思。此种用法有7（雅2；颂5）处，如：“昭假无赢”（《大雅·云汉》）；“既昭假尔”（《周颂·噫嘻》）。

3.通“瘕”，病害。此种用法有1处：“烈假不瑕”（《大雅·思齐》）。

4.借作“嘉”，美、好。此种用法有3（雅2；颂1）处，如：“假哉天命”（《大雅·文王》）；“假哉皇考”（《周颂·雝》）。

5.通“格”，来到。此种用法有4（颂4）处，如：“来假来飨”（《商颂·烈祖》）。

6.借为“胡”，何。此种用法有1处：“假以溢我”（《周颂·维天之命》）。

斝　音【jiǎ】

古形【甲　金　小篆　】

《说文·斗部》：“斝，玉爵也。夏曰醆，殷曰斝，周曰爵。”意思是说：斝指玉制的饮酒器，夏代称醆，殷商称斝，周代称爵。从字形看，“斝”，甲骨文写作“　”，像一个斗状的器皿。

释义：“斝”在《诗经》中使用1处，无迭用。

古代饮酒器。此种用法有1处：“洗爵奠斝”（《大雅·行苇》）。

价(價)　音【jià】

古形【小篆　】

“价（古音jiè）”由“亻（人）”和“介”组成。《说文·八部》：“介，画也。从八从人。人各有介。”意思是说，“介”指的是介画，由八、人会意，表示人各守自己的分界。同“亻（组合）”成“价”，表示这是个守本分的人，所以《说文·人部》曰：“价，善也。”即“价”指善人。“价（jiè）”和“價（jià）”古或为两个字。“價”由“亻（人）”和“贾”组成，表示商品价格由“商贾之人”所定。后来汉字简化，保留了“价”字，同时也保留了“价格”等义。

释义：“价”在《诗经》中使用1处，无迭用。

善。此种用法有1处：“价人维藩”（《大雅·板》）。

驾(駕) 音【jià】

古形【金 小篆 】

《说文 · 马部》:“驾，马在轭中。”意思是把马套在车轭中。车轭，指驾车时套在马脖子上的曲木。从字形看，“驾”由“加”和“马”组成，“加”有增加的意思，同“马”组合表示驾车时给马要增加（套上）车轭。

释义：“驾”在《诗经》中使用15处，无迭用。

驾驶（车、船）。由词性转换（形—动）引申。此种用法有15（风7；雅8）处，如：“驾言出游”（《邶风·泉水》）；“驾彼四骆”（《小雅·四牡》）。

嫁 音【jià】

古形【金 小篆 】

《说文 · 女部》:“嫁，女适人也。”从字形看，“嫁”由“女”和“家”组成，表达的是女子选择合适的男子结婚成家。《段注》:“自家而出谓之嫁。”说的是女子到男子家中结婚入住方为嫁。

释义：“嫁”在《诗经》中使用1处，无迭用。

结婚成家。此种用法有1处：“来嫁于周”（《大雅·大明》）。

稼 音【jià】

古形【甲 金 小篆 】

“稼”，甲骨文写作“ ”，像田里长着禾苗状。《说文 · 禾部》:“禾之秀实为稼，茎节为禾。一曰：稼，家事也。”所谓“家事”，指种植五谷之事。“民以食为天”，在那种农耕年代，种植五谷，是家中的头等大事。从字形看，“稼”由“禾”和“家”组成，“家”表示“家事”，同“禾”组合表示家中的头等大事就是种禾（五谷）。种禾才可能有“秀实”，谷物或是“稼”的引申义。

释义：“稼”在《诗经》中使用12处，无迭用。

1.种植五谷、农业劳动。此种用法有8（风3；雅3；颂2）处，如：“不稼不穑”（《魏风·伐檀》）；“好是稼穑”（《大雅·桑柔》）；“俾民稼穑”（《鲁颂·閟宫》）。

2.谷物、庄稼。由耕种结果引申。此种用法有4（风2；雅2）处，如：“我稼既同”（《豳风·七月》）；“大田多稼”（《小雅·大田》）。

歼(殲) 音【jiān】

古形【金 小篆 】

《说文 · 歺部》:“歼，微尽也。”从字形看，“歼”繁体写作“殲”，由“歹”和“韱”组成。“歹”有“死人”的意思；“韱”有细小的意思，合在一起有“细小的部分都杀灭了”，表示消灭杀尽敌人。（其实从“韱”字看，由“人人（许多人）”“戈（武器、杀戮）”和“韭（野菜）”组成，表示杀许多人像割韭菜一样。）

释义：“歼”在《诗经》中使用3处，无迭用。

消灭、杀尽。此种用法有3（风3）

处，如："歼我良人"（《秦风·黄鸟》）。

坚(堅) 音【jiān】

古形【金 小篆 】

《说文·土部》："坚，刚也。"从字形看，"坚"，繁体写作"堅"，由"臤"和"土"组成。"臤"有"坚固"的意思，同"土"组合表示坚硬的土。

释义："坚"在《诗经》中使用3处，无迭用。

坚硬、坚固。此种用法有3（雅3）处，如："既坚既好"（《小雅·大田》）；"敦弓既坚"（《大雅·行苇》）。

间(間、閒) 音【jiān、jiàn】

古形【金 小篆 】

《说文·门部》："间，隙也。"从字形看，"间"，金文写作""，由"（月）"和"（門）"组成，像月光从门缝中间照射进来，表示空隙。

释义："间"在《诗经》中使用4处，无迭用。

1. 中间、空隙。此种用法有2（风2）处，如："十亩之间兮"（《魏风·十亩之间》）。

2. 光线照射。此种用法有1处："间关车之辖兮"（《小雅·车辖》）（间关：或言车辖转动忽闪之状）。

3. 或同"监"，监管。此种用法有1处："皇以间之"（《周颂·桓》）。

肩 音【jiān】

古形【金 小篆 】

"肩"，金文写作""，左上方的""同"户"字无关，是传抄中的讹误，右下的"（肉）"表示"肩"是人肉体的一部分。《说文·肉部》："肩，髆也。"人体脖子旁边胳膊上边可以扛物的部分就是肩，俗称肩膀。

释义："肩"在《诗经》中使用2处，无迭用。

1. 担当（重任）。由肩能负重引申。此种用法有1处："佛时仔肩"（《周颂·敬之》）。

2. 通"猏（豜）"，大兽。此种用法有1处："并驱从两肩兮"（《齐风·还》）。

艰(艱) 音【jiān】

古形【金 小篆 】

《说文·堇部》："艰，土难治也。"从字形看，"艰"，繁体写作"艱"，由"堇"和"艮"组成。"堇"有"黏土"的意思，"艮"有"很"的意思，合在一起表示黏土很难耕治。

释义："艰"在《诗经》中使用6处，无迭用。

1. 艰难、困难。由土地耕治困难引申。此种用法有5（风2；雅3）处，如："莫知我艰"（《邶风·北门》）；"天步艰难"（《小雅·白华》）；"无有后艰"（《大雅·凫鹥》）。

2. 艰险、险恶。由困难程度加深引

申。此种用法有1处："其心孔艰"（《小雅·何人斯》）。

监(監)　音【jiān、jiàn】

古形【甲 金 小篆 】

"监"，甲骨文写作" "，左边是个" "，右边是个" "，整个字形像一个人跪坐在盆前，睁大眼睛对着盆里的水照看自己面容的样子。《说文·卧部》："监，临下也。"从上往下看就是"监"。

释义："监"在《诗经》中使用8处，无迭用。

1. 看、视、察。此种用法有7（雅5；颂2）处，如："何用不监"（《小雅·节南山》）；"天监在下"（《大雅·大明》）；"日监在兹"（《周颂·敬之》）。

2. 监察的人。由词性转化（动—名）引申。此种用法有1处："既立之监"（《小雅·宾之初筵》）。

蒹　音【jiān】

古形【小篆 】

《说文·艸部》："蒹，雚之未秀者。"意思是没有抽穗的雚（即"荻"）。荻是一种多年生草本植物，生在水边，叶子长形，似芦苇，秋天开紫花，茎可以编席箔。从字形看，"蒹"由"艹（草）"和"兼"组成。"兼"，小篆写成" "像手持两株垂禾（成熟的禾谷），同"艹（草）"组合或表示这是一种似禾（荻抽穗后状似垂禾）的植物。

释义："蒹"在《诗经》中使用3处，无迭用。

草名，又名荻。此种用法有3（风3）处，如："蒹葭采采"（《秦风·蒹葭》）。

蕑(蕳)　音【jiān】

古形【小篆 】

《康熙字典》引《传》曰："蕑，兰也。"兰即兰花，古时称之为兰蕙，常隐遁于人迹罕至的山涧幽谷，其花清新淡雅，独自芬芳，所以被人们称作"花中君子""空谷佳人"。从字形看，"蕑"由"艹（草）"和"间"组成。"间"疑为"涧"字省略，有山涧之意，同"艹（草）"组合或表示生长在山涧的草本植物。

释义："蕑"在《诗经》中使用2处，无迭用。

1. 兰花。此种用法有1处："方秉蕑兮"（《郑风·溱洧》）。

2. 借指莲（兰和莲在古人心目中都具君子之风）。此种用法有1处："有蒲与蕑"（《陈风·泽陂》）。

豜　音【jiān】

古形【小篆 】

《说文·豕部》："豜，三岁豕，肩相及者。"所谓"肩相及"，清王筠《说文句读》："谓及其母也。"从字形看，"豜"古又作"豣"，由"豕"和"肩"组成，"肩"或表示"肩及其母"，同"豕"组合表示已经长大的猪。"豜"一般泛指大猪或大兽。

释义："豜"在《诗经》中使用1处，

无迭用。

大猪、大兽。此种用法有1处："献豜于公"（《豳风·七月》）。

剪（翦） 音【jiǎn】

古形【金 小篆 】

"剪"由"前"和"刀"组成。"刀"表示剪是一种刀具；"前"有"不行而进"的意思，同"刀"组合表示"剪"是一种无须移动即可断口向前的刀具。

释义："剪"在《诗经》中使用4处，无迭用。

剪除、灭除。由词性转换（名—动）引申。此种用法有4（风3；颂1）处，如："勿剪勿拜"（《召南·甘棠》）；"实始剪商"（《鲁颂·閟宫》）。

简（簡） 音【jiǎn】

古形【金 小篆 】

"简"指古人用来写字的狭长竹片。《说文·竹部》："简，牒也。"朱骏声《说文通训定声》："竹（片）谓之简，木（片）谓之牒，亦谓之牍，亦谓之札。联之为编，编（用皮绳编联）之为册。"从字形看，"简"由"竹"和"间"组成，"间"有"间隙"的意思，同"竹"组合或表示"用皮绳编联成册以后有间隙的竹片"。"简"有释为鞭类兵器，或因此兵器形似简。"简"释为打击乐器云扬板，或因此板因竹片制成。

释义："简"在《诗经》中使用5处7次，2处迭用。

1. 简册。此种用法有1处："畏此简书"（《小雅·出车》）。

2. 鼓声。或因鼓也为打击乐器引申。此种用法有3（风2；颂1）处4次，1处迭用，如："简兮简兮"（《邶风·简兮》）；"奏鼓简简"（《商颂·那》）。

3. 大。或由"简"的"傲娇"之意引申。此种用法有1处2次，迭用："降福简简"（《周颂·执竞》）。

戬（戩） 音【jiǎn】

古形【金 小篆 】

《说文·戈部》："戬，灭也。"从字形看，"戬"由"晋"和"戈"组成。"戈"指武器，"晋"有"进"义，同"戈"组合表示"持戈行进"去剿灭敌人。"戬"和"歼（殲）"在"灭除"上是同义，都有持戈杀人的意思，只不过"戬"中之"戈"或为正义之戈，有灭恶之意。《说文》引《诗》"实始戬（今本作'剪'，见'剪条'）商"就是一例。

释义："戬"在《诗经》中使用1处，无迭用。

福。由除恶已尽，给人民带来福音引申。此种用法有1处："俾尔戬谷"（《小雅·天保》）。

见（見） 音【jiàn、xiàn】

古形【甲 金 小篆 】

《说文·见部》："见，视也。"从字形看，"见"甲骨文写作" "，上面像一个大眼睛；下面是一个跪坐之形的人，组合起来突出人的眼睛，像人目视之形，即睁大了眼睛看。

释义：“见”在《诗经》中使用65处，无迭用。

视、看见。此种用法有65（风38；雅25；颂2）处，如：“既见君子”（《周南·汝坟》）；“不见其身”（《小雅·何人斯》）；“载见辟王”（《周颂·载见》）。

饯(餞)　音【jiàn】

古形【金 小篆 】

《说文·食部》：“饯，送去也。”所谓“送去”，徐锴《说文系传》：“以酒食送也。”从字形看，“饯”由“饣（食）”和“戋”组成。“戋”有“少”的意思，同“饣（食）”组合表示少量酒食，非豪华大宴。

释义：“饯”在《诗经》中使用4处，无迭用。

设宴送行。此种用法有4（风2；雅2）处，如：“饮饯于祢”（《邶风·泉水》）；“王饯于郿”（《大雅·崧高》）。

建　音【jiàn】

古形【金 小篆 】

《说文·廴部》：“建，立朝律也。”从字形看，“建”由“廴”和“聿”组成，“廴”有“长行”的意思；“聿（即笔写文章）”可视为“律”，同“廴”组合或表示建立朝廷长久律法。

释义：“建”在《诗经》中使用4处，无迭用。

树立、建立。由朝廷律法建立引申。此种用法有4（雅2；颂2）处，如：“建彼旄矣”（《小雅·出车》）；“封建厥福”（《商颂·殷武》）。

荐(薦)　音【jiàn】

古形【小篆 】

“荐”和“薦”本是两个字，后来合二为一。《说文·廌部》：“薦，兽之所食草。”从字形看，“薦”，由“艹（草）”和“廌”组成。“廌”指獬廌，又称獬豸，是中国古代传说中的上古神兽，能辨是非曲直，“薦”即为此兽所食之草。《说文·艸部》：“荐，薦蓆也。”从“荐”中“存”字看，有“正从地下向上萌发的生命”之意，故清王筠在《说文句读》中说：“薦、荐皆为席下之草”。草席之义当为误读字形后的约定俗成。因獬廌能辨是非曲直，故“荐”引申为草席后，又称作纳善之座。

释义：“荐”在《诗经》中使用4处，无迭用。

1.草席、纳善之座。由误读字形引申。《诗经》中无此用法。

2.推荐、进献。由纳善进言引申。此种用法有2（雅1；颂1）处：“醓醢以荐”（《大雅·行苇》）；“于荐广牡”（《周颂·雝》）。

3.重复、再三。由进献不断引申。此种用法有2（雅2）处：“天方荐瘥”（《小雅·节南山》）；“饥馑荐臻”（《大雅·云汉》）。

俴　音【jiàn】

古形【小篆 】

《说文·人部》:“俴,浅也。”从字形看,“俴”由“亻(人)”和“戋”组成。“戋”有“少”的意思,同“人”组合或表示人缺少学识修养而变得浅薄。

释义:“俴”在《诗经》中使用2处,无迭用。

1. 浅。由人之浅薄而及物引申。此种用法有1处:“小戎俴收”(《秦风·小戎》)。

2. 不披甲。由“薄”似不穿或少穿衣引申。此种用法有1处:“俴驷孔群”(《秦风·小戎》)。

涧(澗) 音【jiàn】

古形【金小篆】

《说文·水部》:“涧,山夹水也。”从字形看,“涧”由“氵(水)”和“间”组成。“间”有中间的意思,水从两山中间的深沟里流出就是“涧”。

释义:“涧”在《诗经》中使用5处,无迭用。

1. 山夹之水流。此种用法有3(风3)处,如:“考盘在涧”(《卫风·考盘》)。

2. 借作涧名。此种用法有2(雅2)处,如:“夹其皇涧”(《大雅·公刘》)。

渐(漸) 音【jiàn】

古形【金小篆】

《说文·水部》:“渐,水。”渐水,源出今安徽黄山南麓,东流至浙江省杭州市东入海。南北朝后统称浙江,因江流曲折而得名。从字形看,“渐”由“氵(水)”和“斩”组成。“斩”疑为“慚”字省写,有“不直”之意,同“氵(水)”组合或表示曲折的江流。

释义:“渐”在《诗经》中使用3处5次,2处迭用。

1. 浸湿。由因水而湿引申。此种用法有1处:“渐车帷裳”(《卫风·氓》)

2. 通“巉”,巉巉,山石高峻貌。此种用法有2(雅2)处4次,2处迭用,如:“渐渐之石”(《小雅·渐渐之石》)。

谏 音【jiàn】

古形【金小篆】

《说文·言部》:“谏,证也。”从字形看,“谏”由“言”和“柬”组成,“柬”有“分类挑选”的意思,挑选正直的言辞进行规劝(或让对方选择正确的做法)就是“谏”。

释义:“谏”在《诗经》中使用3处,无迭用。

1. 规劝。此种用法有3(雅3)处,如:“是用大谏”(《大雅·板》)

践(踐) 音【jiàn】

古形【金小篆】

《说文·足部》:“践,履也。”履有踩踏的意思。“践”字战国竹简疑写作“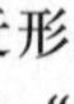”“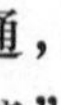”,或从彳、从行,同“足”义近形通,且“践”繁体作“踐”字右边的“戋”为多“戈”排列,由此组合,或表示多人持戈排列行走踩踏在通往战

场的路上。这有点像战士出征的场面。

释义：“践”在《诗经》中使用4处，无选用。

1.踩踏。此种用法有1处：“牛羊勿践履”（《大雅·行苇》）。

2.排列整齐。由列队行走引申。此种用法有3（风2；雅1）处：“有践家室”（《郑风·东门之墠》）；“笾豆有践”（《小雅·伐木》）。

鉴(鑑)　音【jiàn】

古形【金小篆】

“鉴”又作“鑑”，《说文·金部》：“鑑，大盆也。”所谓大盆，指的是盆状的盛水器，流行于春秋战国时期，初为陶质，春秋中期出现青铜器。徐灏《段注笺》：“鑑，古只作監，从皿以盛水。因其可以照形而监察生焉。”从“監”之字形看，由“卧”和“皿”组成。“卧”像人大目（“臣”为目之象形，非人臣之“臣”）低垂之像，古人以水为镜，以“皿”盛水“照形”即为“監”。后或因青铜器出现，即作“鑑”，汉字简化写成了“鉴”。

释义：“鉴”在《诗经》中使用3处，无选用。

1.镜子。由以水为镜引申。此种用法有1处：“我心匪鉴”（《邶风·柏舟》）。

2.对照、借鉴。由镜中人或事物可以比照引申。此种用法有2（雅2）处，如：“宜鉴于殷”（《大雅·文王》）。

槛(檻)　音【jiàn、kǎn】

古形【金小篆】

《说文·木部》：“槛，栊也。”王筠《说文句读》引《三蒼》：“栊，所以养禽兽阑槛也。”从字形看，“槛”由“木”和“监”组成。“监”有“监管”之意，同“木”组合表示木制的像栅栏一样笼状的用于豢养和监管禽兽的设施，古时的囚车也似槛。

释义：“槛”在《诗经》中使用3处4次，1处选用。

1.兽笼、囚笼。此种用法有1处2次：“大车槛槛”（《王风·大车》）（言乘车之人心如坐槛）。

2.借为“滥”，泛。此种用法有2（雅2）处：“觱沸槛泉”（《小雅·采菽》）；“觱沸槛泉”（《大雅·瞻卬》）。

僭　音【jiàn】

古形【小篆】

《说文·人部》：“僭，假也。”张舜徽先生《说文解字约注》：“古者谓下行上制曰僭。”“假”即假以上制。从字形看，“僭”由“人”和“朁”组成。“朁”金文写作“”，上像两动物之形且头部中间有穿透头廓顶线的一竖，同“人”组合或表示人想穿过头顶，即属下越过上级（或上制）而行事。

释义：“僭”在《诗经》中使用5处，无选用。

1.假、越礼、过错。此种用法有4（雅3；颂1）处，如：“以籥不僭”（《小雅·鼓钟》）；“覆谓我僭”（《大雅·抑》）；“不僭不滥”（《商颂·殷武》）。

2.通“谮”，谗。此种用法有1处：

“僭始既涵”（《小雅·巧言》）。

江　音【jiāng】

古形【金小篆】

《说文·水部》：“江，水。”江是水名，古就指长江。从字形看，“江”由“氵（水）”和“工”组成。“工”有工具的意思，同“水”组合表示这是一条需要工具才能渡过去的河流，不可能涉水而过。

释义：“江”在《诗经》中使用11处，无迭用。。

长江。此种用法有11（风6；雅5）处，如：“江之永矣”（《周南·汉广》）；“滔滔江汉”（《小雅·四月》）；“江汉之浒”（《大雅·江汉》）。

将(將)　音【jiāng、jiàng】

古形【金小篆】

“将”小篆写成“”，由“（桌案）”“（肉）”和“（手）”组成，合在一起表示“把肉放在桌案上”。甲骨文的“将”写作“”，像一大块肉放在案桌上，或因主人要请客的缘故，才用了这么一大块肉。

一说“”是模板的示意图，引申表示大木箱子，整个字的意思是用手往木箱子里装肉。又因为肉是出征将士的主要副食，所以又由此有了将帅之引申义。

由于对“将”之字形理解的说法很多，从而导致了“将”的本义说法不一。

释义：“将”在《诗经》中使用68处75次，7处迭用。

1.把肉放在桌案上或把肉装进箱子里。此种用法有2（雅2）处，如：“或肆或将”（《小雅·楚茨》）。

2.执行、出征。或由副食为将士出征引申。此种用法有4（雅4）处，如：“何人不将”（《小雅·何草不黄》）；“仲山甫将之”（《大雅·烝民》）。

3.扶、扶助。或由装箱之肉为士兵副食引申，此种用法有6（风1；雅4；颂1）处，如：“福履将之”（《周南·樛木》）；“无将大车”（《小雅·无将大车》）；“天不我将”（《大雅·桑柔》）；“将予就之”（《周颂·访落》）。

4.大、壮、美。或由案桌上肉形引申。此种用法有7（风1；雅4；颂2）处，如：“亦孔之将”（《豳风·破斧》）；“亦孔之将”（《小雅·正月》）；“尔肴既将”（《大雅·既醉》）；“有娀方将”（《商颂·长发》）。

5.奉、养、奉献、奉养。或由案桌之肉的用途引申。此种用法有9（雅4；颂5）处，如：“承筐是将”（《小雅·鹿鸣》）；“我将我享”（《周颂·我将》）。

6.请、请求。或由案桌之肉用途（请客）引申。此种用法有8（风7；雅1）处，如：“将子无怒”（《卫风·氓》）；“将伯助予”（《小雅·正月》）。

7.送。或由案桌之肉用途（送人）引申。此种用法有3（风3）处，如：“远于将之”（《邶风·燕燕》）。

8.要、正要。由案桌之肉即将派上用处引申。此种用法有20（风11；雅9）处，如：“方将万舞”（《邶风·简兮》）；“将恐将惧”（《小雅·谷风》）；

“多将熇熇”（《大雅·板》）。

9. 同“相”，互相。此种用法有1处：“伊其将谑”（《郑风·溱洧》）。

10. 同“旁”，旁边。此种用法有1处：“在渭之将”（《大雅·皇矣》）。

11. 同“锵锵”，象声词。此种用法有7（风2；雅3；颂2）处14次，均选用，如：“佩玉将将”（《秦风·终南》）；“鼓钟将将”（《小雅·鼓钟》）；“应门将将”（《大雅·绵》）；“磬莞将将”（《周颂·执竞》）。

姜　音【jiāng】

古形【甲 金 小篆 】

《说文·女部》：“姜，神农居姜水，以为姓。”意思是说，古神农氏居住在姜水一带，故“姜”为姓。从字形看，“姜”由“羊”和“女”组成，在母系氏族社会，一般姓随女，所以“姜”姓亦从“女”；上面的“羊”字，应同姜氏图腾有关（或表示开始驯养羊）。

姜水即岐水，在今陕西岐山县，此水或因为姜姓居住之地得名，而非“居姜水以为姓”。

释义：“姜”在《诗经》中使用9处，无选用。

姓。此种用法有9（风5；雅3；颂1）处，如：“美孟姜矣”（《鄘风·桑中》）；“爰及姜女”（《大雅·绵》）；“赫赫姜嫄”（《鲁颂·閟宫》）。

浆（漿）　音【jiāng、jiàng】

古形【金 小篆 】

《说文·水部》：“浆，酢浆也。”张舜徽先生《说文解字约注》：“盖浆亦以米为之，似酒者。其味必酢，所以止濈也。”可知“浆”指一种“以米为之”似酒非酒且味道浓厚的饮品。从字形看，“浆”繁体作“漿”，由“将”和“水”组成。“将”或为“酱”字省写，表示一种糊状的调味品，掺之以“水”而成“浆”。一说“浆”甲骨文写作“ ”，像案桌上放着一块肉（“将”字原型），上面的三点，表示切肉时溅出的血滴，本义指血浆，故从水、从将。

释义：“浆”在《诗经》中使用2处，无选用。

古指饮品。此种用法有2（雅2）处：“不以其浆”“不可以挹酒浆”（《小雅·大东》）。

疆　音【jiāng】

古形【金 小篆 】

“疆”，古作“畺”。《说文·畕部》：“畺，界也。”从字形看，“畺”由三横和两个“田”组成。三横当中的一横表示国与国之间的疆域中线，两边的两个“田”字表示各方划出的公共地界，最外边的两横则表示双方各自的边界，国与国的边界就是“畺”。后来加了个“弓”字，表示军队，“弓”字里面的“土”表示军队守卫着自己国家的疆土。

释义：“疆”在《诗经》中使用23处，无选用。

1. 国界、国土。此种用法有5（雅4；颂1）处，如：“侵自阮疆”（《大雅·皇矣》）；“外大国是疆”（《商颂·长发》）。

2.（划）田界、地界。由意义范围缩小引申。此种用法有6（雅5；颂1）处，如："我疆我理"（《小雅·信南山》）；"乃疆乃理"（《大雅·绵》）；"无此疆尔界"（《周颂·思文》）。

3.界限、止境。由疆界有限引申。此种用法有12（风1；雅6；颂5）处，如："万寿无疆"（《豳风·七月》）；"万寿无疆"（《小雅·天保》）；"受福无疆"（《大雅·假乐》）；"降福无疆"（《商颂·烈祖》）。

降　音【jiàng、xiáng】

古形【金 小篆 】

《说文·阝部》："降，下也。"《段注》："此下为自上而下。"即下降。从字形看，"降"，金文写作" "，罗振玉《增订殷虚书契考释》："（降）从阜，示山陵形； 像两足由上而下。"

释义："降"在《诗经》中使用40处，无迭用。

1.从上往下走、下降。此种用法有9（风1；雅4；颂4）处，如："降观于桑"（《鄘风·定之方中》）；"或降于阿"（《小雅·无羊》）；"文王陟降"（《大雅·文王》）；"降而生商"（《商颂·玄鸟》）。

2.放下。由下到底引申。此种用法有2（风1；雅1）处："我心则降"（《召南·草虫》）；"我心则降"（《小雅·出车》）。

3.降生。由下降引申。此种用法有1处："汤降不迟"（《商颂·长发》）。

4.降予。由词性转换引申。此种用法有28（雅18；颂10）处，如："降尔遐福"（《小雅·天保》）；"福禄攸降"（《大雅·旱麓》）；"降福简简"（《周颂·执竞》）。

强（彊）　音【jiàng、qiáng】

古形【金 小篆 】

"强"和"彊"古为两个字。

《说文·虫部》"强，蚚也。从虫弘声。 ，籀文强，从䖵，从彊。"蚚为米中小黑虫，"弘"有"大"的意思，此处或指"多"（如'岛'，指（水中）山之鸟多）。从籀文下两虫之"䖵"亦可知虫多。

《说文·弓部》："彊，弓有力也。"从字形看，"彊"由"弓"和"畺"组成，"畺"指边界（见'疆'条），同"弓"组合表示持弓把守，可谓强而有力。

"强""彊"合一，多有"彊"义，表示强而有力。

释义："强"在《诗经》中使用4处6次，2处迭用。

1.强悍。此种用法有1处："不畏强御"（《大雅·烝民》）。

2.同"臧"，男奴。此种用法有1处："侯彊侯以"（《周颂·载芟》）。

3.借为"翔"，翔翔，环飞。此种用法有2（风2）处4次，均迭用，如："鹊之强强"（《鄘风·鹑之奔奔》）。

交　音【jiāo】

古形【甲 金 小篆 】

《说文·交部》：“交，交胫也，从大，象交形。”从字形看，“交”，甲骨文写作“”，像人两腿相交之状。由此引申为“交付”“交互”“交遍”等意思。

释义：“交”在《诗经》中使用15处21次，6处迭用。

1.交互、交往、交替、交错。由腿交之形引申。此种用法有6（风1；雅5）处，如：“交韔二弓”（《秦风·小戎》）；“交相为愈”（《小雅·角弓》）。

2.交遍、普遍。由多重交互引申。此种用法有3（风2；雅1）处，如：“室人交遍摧我”（《邶风·北门》）；“交乱四国”（《小雅·青蝇》）。

3.借作象声词，交交，鸟叫声。此种用法有6（风3；雅3）处12次，均迭用，如：“交交黄鸟”（《秦风·黄鸟》）；“交交桑扈”（《小雅·小宛》）。

郊　音【jiāo】

古形【金　小篆　】

《说文·邑部》：“郊，距国百里为郊。”从字形看，“郊”由“交”和“阝（邑）”组成。“交”有“交接”的意思；“邑”表示城郭，同“交”组合表示同城邑交接之地，即城外之地。“距国百里”或为远郊。

释义：“郊”在《诗经》中使用6处，无迭用。

城外。此种用法有6（风4；雅2）处，如：“在浚之郊”（《鄘风·干旄》）；“于彼郊矣”（《小雅·出车》）；“自郊徂宫”（《大雅·云汉》）。

骄(驕)　音【jiāo】

古形【金　小篆　】

《说文·马部》：“骄，马高六尺为骄。”从字形看，“骄”由“马”和“乔”组成。“乔”有高大之意，同“马”组合或有高大健壮之马。《周礼·夏官·廋人》云：“马八尺以上为龙，七尺以上为騋，六尺以上为马。”六尺之马或为普通马群中之最。

释义：“骄”在《诗经》中使用8处9次，1处迭用。

1.高而壮的马。此种用法有1处：“四牡有骄”（《卫风·硕人》）。

2.骄傲。由马高即骄傲引申。此种用法有5（风1；雅4）处，如：“谓我士也骄”（《魏风·园有桃》）；“谓我宣骄”（《小雅·鸿雁》）。

3.借为“乔”，盛而高。此种用法有1处，迭用：“维莠骄骄”（《齐风·甫田》）。

4.借为“獢”。此种用法有1处：“载猃猲骄”（《秦风·驷驖》）（猲獢：短嘴犬）。

胶(膠)　音【jiāo】

古形【金　小篆　】

胶是一种用动物的皮或角熬制而成的粘性物质，后来也有植物分泌和人工合成的。《说文·肉部》：“胶，昵也。”即胶指一种粘性物质。从字形看，“胶”，繁体写作“膠”，由“月（肉）”和“翏”组成。“月（肉）”，指动物肉体的一部分；“翏”或为“醪”字省，有“浑浊”的意思，同“月（肉）”组合或有用肉皮熬成的浓浊的粘性物质就是“膠”。“胶”简化成“胶”，或表示可以粘接物体。

释义：“胶”在《诗经》中使用2处3次，1处迭用。

1. 牢固。由胶可粘接物体引申。此种用法有1处：“德音孔胶”（《小雅·隰桑》）。

2. 借作象声词，胶胶，鸡鸣声。此种用法有1处，迭用：“鸡鸣胶胶”（《郑风·风雨》）。

椒 音【jiāo】

古形【金小篆】

“椒”，本意是指花椒，芸香科植物，落叶灌木或小乔木，果实球形，暗红色，种子黑色，可供药用或调味。从字形看，“椒”，小篆写作“”，由“艸（植物）”和“尗”组成。“尗”是“豆”的通称，表示椒的果实形如豆，后来加了个“又（手）”字，表示用手摘取。“”写作“椒”从“木”，是人们认识上的升华，表示椒是木本植物。

释义：“椒”在《诗经》中使用6处，无迭用。

1. 花椒。此种用法有5（风5）处，如：“贻我握椒”（《陈风·东门之枌》）。

2. 香气。由花椒的香味引申。此种用法有1处：“有椒其馨”（《周颂·载芟》）。

焦 音【jiāo】

古形【金小篆】

《说文·火部》：“焦，火所伤也。”从字形看，“焦”由“隹”和“灬（火）”组成。“隹”，甲骨文写作“”，像一只鸟的形状，同“火”组合表示烈火正在烤鸟。

释义：“焦”在《诗经》中使用1处，无迭用。

借为泽名。此种用法有1处：“整居焦获”（《小雅·六月》）（焦获，泽名，在今陕西泾阳县西北）。

艽 音【jiāo、qiú】

古形【金小篆】

艽是一种多年生草本植物，其根可作中药，治风湿，以产于古秦国地区（今甘肃泾川一带）为最佳，故又称秦艽。《说文·艸部》：“艽，远荒也。”《段注》：“艽之言究也，穷也。”从字形看，“艽”由“艹（草）”和“九”组成。“九”或是“究”字省写，有“极致、极点”的意思，同“草”组合表示生长在极远荒地的草。远荒之意或由艽的生长之地引申而来。

释义：“艽”在《诗经》中使用1处，无迭用。

远荒之地。由艽的生长之地引申。此种用法有1处：“至于艽野”（《小雅·小明》）。

鷮　音【jiāo】

古形【小篆】

鷮，又称鷮雉，是野鸡的一种，尾长，可作装饰品，边走边叫，性勇健，善斗。《说文·鸟部》：“鷮，走鸣，长尾雉也。”从字形看，“鷮”由“喬”和“鸟”组成。“喬”疑为“骄（驕）”字省写，有“骄傲”的意思，同“鸟”组合表示这是一只骄勇善斗之鸟。

释义：“鷮”在《诗经》中使用1处，无迭用。

一种野鸡。此种用法有1处：“有集维鷮”（《小雅·车辖》）。

教　音【jiāo、jiào】

古形【金小篆】

《说文·攴部》：“教，上所施下所效也。从攴，从孝。”意思是说，教者施教，学者效之。即我们常说的教育、教训、教导。《段注》：“上施，故从攴；下效，故从孝。”从字形看，“教”由“孝”和“攴”组成。“孝”有顺从之意；“攴”有轻击之意，合在一起表示上有所施下有所效（顺）。“教”，有古文写作“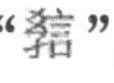”，由“孝”和“言”组成，表达的是上施以言传（言）为主，“教”从“攴”或表示教者光言传不能奏效，必要时还应施以小击。这或许就是后来的施教者常常使用戒尺、教鞭的缘由。

释义：“教”在《诗经》中使用10处，无迭用。

教育、教导、教训（即以言或行施教）。此种用法有10（雅9；颂1）处，如：“教诲尔子”（《小雅·小宛》）；“匪用为教”（《大雅·抑》）；“匪怒伊教”（《鲁颂·泮水》）。

矫(矯)　音【jiáo、jiǎo】

古形【金小篆】

《说文·矢部》：“矫，揉箭箝也。”意思是“矫”指的是一种能够把箭揉直的钳子。“箝”字从竹，是一种夹东西的竹制工具，像现在的镊子。从字形看，“矫”由“矢”和“乔”组成。“矢”指揉箭之工具；“乔”指石拱桥，有“弯曲”之意，同“矢”组合指可以把弯曲的箭揉直的工具。

释义：“矫”在《诗经》中使用1处2次，迭用。

力大勇武。或由使箝之人引申（用竹制工具揉直铁箭非勇武不能）。此种用法有1处2次，迭用：“矫矫虎臣”（《鲁颂·泮水》）。

角　音【jiǎo、jué】

古形【甲金小篆】

《说文·角部》：“角，兽角也。象形。”从字形看，“角”，甲骨文写作“”，很像一只兽类动物的犄角。

释义：“角”在《诗经》中使用10处，无迭用。

1.兽类动物之角。此种用法有6（风1；雅3；颂2）处，如：“麟之角”（《周南·麟之趾》）；“其角濈濈”（《小雅·无羊》）；“彼童而角”（《大雅·抑》）；

"有捄其角"（《周颂·良耜》）。

2. 似角之物。由角尖尖之状引申。此种用法有4（风4）处，如："谁谓雀无角"（《召南·行露》）。

佼 音【jiǎo】

古形【金 小篆 】

"佼"由"亻（人）"和"交"组成。"交"或为"姣"字省写，有"美好"的意思，同"人"组合表示人的形象美好。在古代，如"姣"指美女，则"佼"或指帅哥。《说文·人部》："佼，交也。"从字形看，"佼"中的"交"有"相交"之意，同"人"组合即表示与人交往。亦可视为一说。

释义："佼"在《诗经》中使用3处，无迭用。

壮美之人。此种用法有3（风3）处，如："佼人僚兮"（《陈风·月出》）。

狡 音【jiǎo】

古形【金 小篆 】

《说文·犬部》："狡，少狗也。"其实"狡"最初指传说中的动物。据《山海经·西山经》记载："有兽焉，其状如犬而豹文，其角如牛，其名曰狡，其音如吠犬，见则其国大穰。"从字形看，"狡"由"犭（犬）"和"交"组成。"交"有"交合"之意，同"犬"组合或表示"狡"是一种交合了犬、豹、牛等特征集一身的动物。少狗，或是后来人们对少壮的狗之称呼。

释义："狡"在《诗经》中使用3处，无迭用。

少壮。或由"狡"壮引申。此种用法有3（风3）处，如："彼狡童兮"（《郑风·狡童》）。

皎 音【jiǎo】

古形【金 小篆 】

《说文·白部》："皎，月之白也。"从字形看，"皎"由"白"和"交"组成。"交"有"相交"义，同"白"组合表示黑夜同月光相交合，更凸显月色的洁白明亮。

释义："皎"在《诗经》中使用5处9次，4处迭用。

1. 月色洁白明亮。此种用法有1处："月出皎兮"（《陈风·月出》）。

2. 洁白。由月色洁白明亮引申。此种用法有4（雅4）处8次，均迭用，如："皎皎白驹"（《小雅·白驹》）。

搅(攪) 音【jiǎo】

古形【金 小篆 】

《说文·手部》："搅，乱也。"从字形看，"搅"由"扌（手）"和"觉"组成。"觉"有睡眠的意思，用手去扰乱别人的睡眠就是"搅"。

释义："搅"在《诗经》中使用1处，无迭用。

扰乱。此种用法有1处："祇搅我心"（《小雅·何人斯》）。

皦 音【jiǎo】

古形【小篆 】

“皦”由“白”和“敫”组成。“白”表示光亮，“敫”由“白”“方”和“攵”组成。“白”指“空域”；“方”指“地方”；“攵”表示执行，三者联合起来表示“从一点扩展到广阔空间”，同“白”组合表示“白光放散”。此处之光有说或为烛照之光。在“白”这个意义上，古同“皎”。

释义：“皦”在《诗经》中使用1处，无迭用。

同“皎”，白。此种用法有1处：“有如皦日”（《王风·大车》）。

叫 音【jiào】

古形【金小篆】

《说文·口部》：“叫，呼也。”从字形看，“叫”由“口”和“丩”组成。“丩”疑为“纠”字省写，有“纠结”的意思，同“口”组合或表示“叫”是一种纠结或近乎绝望的呼号。

释义：“叫”在《诗经》中使用1处，无迭用。

呼叫。此种用法有1处：“或不知叫号”（《小雅·北山》）。

较(較) 音【jiào】

古形【小篆】

“较”指的是古代车厢两旁板上的横木，士大夫以上的乘车，“较”上还饰有曲铜钩。从字形看，“较”由“车”和“交”组成。“车”，金文写作“”，像古代车的形状；“交”有“交结”的意思，同“车”组合，表示车两旁的曲钩起着交结的作用。

释义：“较”在《诗经》中使用1处，无迭用。

车厢两旁板上的横木。此种用法有1处：“倚重较兮”（《卫风·淇奥》）。

觉(覺) 音【jiào、jué】

古形【金小篆】

《说文·见部》：“觉，寤也……一曰：发也。”睡醒为“寤”，人醒来即有知觉，故“发（发觉）”或为人寤后之感。从字形看，“觉”由“𭕄”和“见”组成。“𭕄”是“学”的省写，表示学习；“见”有“发见、见识”之义，同“𭕄”组合或表示通过学习长了不少见识而有所醒悟。从形表意上理解，“发”，或是字形本义，而“寤”或为引申义。

释义：“觉”在《诗经》中使用3处，无迭用。

1. 学有所悟、觉悟。此种用法有1处：“有觉德行”（《大雅·抑》）。

2. 睡醒。由人醒来有知觉如学有所悟引申。此种用法有1处：“尚寐无觉”（《王风·有兔爰爰》）。

3. 高大、正直。由觉悟之人行事正直引申。此种用法有1处：“有觉其楹”（《小雅·斯干》）。

阶(階) 音【jiē】

古形【金小篆】

《说文·阝部》：“阶，陛也。”又“陛，升高阶也。”从字形看，“阶”繁体作“階”，由“阝（阜）”和“皆”组成。“阝（阜）”指高平之地；“阶”有“许多、共同”的意思，同“阝”组合表示许多相同的并依次升高之地，即台阶、阶梯。

释义：“阶”在《诗经》中使用3处，无迭用。

根源、阶梯。由阶梯是通道引申。此种用法有3（雅3）处，如：“职为乱阶”（《小雅·巧言》）；“谁生厉阶”（《大雅·桑柔》）。

结(結)　音【jiē、jié】

古形【金 小篆 】

《说文·糸部》：“结，缔也。”徐灏《段注笺》：“凡以绳曲之为椎，谓之结。”俗称打结。从字形看，“结”由“糸”和“吉”组成。“吉”有“好”的意思。安子介先生《解开汉字之迷》说：“很好地似丝一样绕起着”就是“结”。

释义：“结”在《诗经》中使用5处，无迭用。

1. 打结。此种用法有3（风2；雅1）处：“亲结其缡”（《豳风·东山》）；“如或结之”（《小雅·正月》）。

2. 郁结。由心如结引申。此种用法有2（风1；雅1）处：“我心蕴结兮”（《桧风·素冠》）；“我心苑结”（《小雅·都人士》）。

皆　音【jiē】

古形【金 小篆 】

《说文·白部》：“皆，俱词也。”即表示统括的词，意思是“全、都”。从字形看，“皆”由“比”和“白”组成。“比”有“相从”之意；“白（《说文》曰：‘此亦自字也。’）”，金文的“皆”写作“”，下面是个“曰”字，像舌在口中之状，而非《说文》所说之“自”，写成今日之“白”，或为传抄之误。“曰”有言语之意，同“比”组合会言行并从即言行全都一致之意。

释义：“皆”在《诗经》中使用3处，无迭用。

全、都、普遍。此种用法有3（雅2；颂1）处：“百堵皆作”（《小雅·鸿雁》）；“百堵皆兴”（《大雅·绵》）；“降福孔皆”（《周颂·丰年》）。

揭　音【jiē】

古形【金 小篆 】

《说文·手部》：“揭，高举也。”从字形看，“揭”由“扌（手）”和“曷”组成。“手”表示持举；“曷”是“喝”字省写，有“呐喊”的意思，同“手”组合表示举旗呐喊。

释义：“揭”在《诗经》中使用4处5次，1处迭用。

1. 举、高举。此种用法有3（风1；雅2）处，如：“浅则揭”（《邶风·匏有苦叶》）；“颠沛之揭”（《大雅·荡》）（言拔举树根）。

2. 高，迭用表示高高貌。由举之而高引申。此种用法有1处，迭用：“葭菼揭揭”（《卫风·硕人》）。

喈　音【jiē】

古形【金小篆】

《说文·口部》：“喈，鸟鸣声。”从字形看，“喈”由“口”和“皆”组成。“口”指鸟叫；“皆”有“全”的意思，合在一起表示有好多鸟都在叫。另疑“皆”为“谐”字省写，有和谐的意思，同“口”组合或表示许多鸟在一起叫声很和谐动听。

释义：“喈”在《诗经》中使用7处13次，6处选用。

1. 鸟叫声（和谐）。此种用法有4（风2；雅2）处8次，均选用，如：“其鸣喈喈”（《周南·葛覃》）；“仓庚喈喈”（《小雅·出车》）。

2. 钟鼓、铃声（和谐）。由鸟叫声引申。此种用法有2（雅2）处4次，均选用：“鼓钟喈喈”（《小雅·鼓钟》）；“八鸾喈喈”（《大雅·烝民》）。

3. 借为湝，寒。此种用法有1处：“北风其喈”（《邶风·北风》）。

嗟　音【jiē】

古形【金小篆】

据《礼记·檀弓》记载：春秋时齐国发生饥荒，有人在路上施舍饮食，对一个饥饿的人说：“嗟，来食。”饥饿的人说，我就是不吃“嗟来之食”，终于不食而死。后“嗟来之食”泛指带有侮辱性的施舍，“嗟”字抑或源于此说。从字形看，“嗟”由“口”和“差”组成。“口”表示食物；“差”有不友好的意思，同“口”组合表示不友好的食物。《玉篇·口部》：“嗟，嗟叹也。”“嗟”原应为打招呼，后引申用作叹词，或因“嗟来之食”而叹世态炎凉、人情淡漠。

释义：“嗟”在《诗经》中使用33处36次，3处选用。

1. 招呼声。此种用法有3（风3）处，如：“父曰嗟”（《魏风·陟岵》）。

2. 用于句末语气词。此种用法有1处：“憯莫惩嗟”（《小雅·节南山》）。

3. 用于悲叹、叹息。此种用法有27（风20；雅4；颂3）处30次，3处选用，如：“嗟我怀人”（《周南·卷耳》）；“嗟我兄弟”（《小雅·沔水》）；“嗟嗟烈祖”（《商颂·烈祖》）。

4. 用作人名。此种用法有2（风2）处，如：“彼留子嗟”（《王风·丘中有麻》）。

湝　音【jiē】

古形【小篆】

《说文·水部》：“湝，水流湝湝也。”从字形看，“湝”由“氵（水）”和“皆”组成。“皆”有“全、都”的意思，同“水”组合表示水都在流动。

释义：“湝”在《诗经》中使用1处2次，选用。

水流动的样子。此种用法有1处，选用：“淮水湝湝”（《小雅·鼓钟》）。

孑　音【jié】

古形【金小篆】

《说文·子部》：“孑，无左臂也。”

徐灏《段注笺》：“戴氏侗曰：孑不过取一臂单孑之义，不当复分左右。”从字形看，金文“子”写作“”，像婴儿张举双臂的样子，“孑”写作“”，像“子”少了一条臂膀，即独臂。

释义：“孑”在《诗经》中使用4处7次，3处迭用。

1. 竖立（旗子）。由竖立之旗形如独臂引申。此种用法有3（风3）处6次，均迭用，如：“孑孑干旄”（《鄘风·干旄》）。

2. 孑遗。由遗留或为独一份引申。此种用法有1处：“靡有孑遗”（《大雅·云汉》）。

节(節) 音【jié】

古形【金小篆】

《说文·竹部》：“节，竹约也。”《段注》：“约，缠束也。竹节如缠束之状。”从字形看，“节”繁体写作“節”，由“竹”和“即”组成。“即”有就食的意思，人吃饭肚子就会变大，同“竹”组合或表示竹子变大的部分就是“节”。一说“节”甲骨文写作“”，像人跪坐之形，突出其膝关节部分。后借为“符节”（又称‘瑞信’，证明身份的信物），后加“竹”以为“竹节”。

释义：“节”在《诗经》中使用3处，无迭用。

1. 竹或植物茎上的节。此种用法有1处：“何诞之节兮”（《邶风·旄丘》）。

2. 段与段有连接的（山）。由竹节为竹分段状引申。此种用法有2（雅2）处，如：“节彼南山”（《小雅·节南山》）。

杰(傑) 音【jié】

古形【金小篆】

《说文·人部》：“杰，傲也。”徐锴《说文系传》：“才过万人也。”从字形看，“杰”，繁体作“傑”，由“亻（人）”和“桀”组成。“桀”有“高超”之义，同“人”组合表示才智出众之人。

释义：“杰”在《诗经》中使用1处，无迭用。

突出。由人出众引申。此种用法有1处：“有厌其杰”（《周颂·载芟》）。

拮 音【jié】

古形【金小篆】

“拮”由“扌（手）”和“吉”组成。“吉”疑为“结”字省写，有“打结”的意思，同手组合或表示手臂如打结一般不能自如伸曲。《说文·手部》：“拮，手口共有所作也。”从字形看，“拮”由“扌（手）”和“吉”组成，合在一起表示手口（“吉”下口）一同操作，亦可视为一说。

释义：“拮”在《诗经》中使用1处，无迭用。

手臂有病。此种用法有1处：“予手拮据”（《豳风·鸱鸮》）。

桀 音【jié】

古形【金小篆】

“桀”，金文写作“”，下面是个“木”，上面的“舛”字像两只反方向的

脚正踩枝登高之形，合在一起或表示“高超（会爬树）”之义。《说文 · 桀部》：“桀，磔也。从舛在木上。”“磔”的意思是分张肢体，或因由“舛”字形误读产生的引申义。

释义：“桀”在《诗经》中使用4处5次，1处迭用。

1.意同“杰”，高超（之人）。此种用法有1处：“邦之桀兮”（《卫风 · 伯兮》）。

2.高。由词性转化（动—形）引申。此种用法有1处，迭用：“维莠桀桀”（《齐风 · 甫田》）。

3.木架。由字形像木架引申。此种用法有1处：“鸡栖于桀”（《王风 · 君子于役》）。

4.借作人名。此种用法有1处：“昆吾夏桀”（《商颂 · 长发》）（夏桀，帝发之子，夏朝最后一位君主，是历史上有名的暴君）。

捷 音【jié】

古形【金 小篆 】

“捷”有“迅速、胜利”等意思。

安子介先生在《解开汉字之谜》中说：“‘捷’字的字形结构看来复杂，但如予以拆开，可见是由三部分组成：‘扌’、‘彐’和‘疋（有一些变形）’或者‘手（扌）’‘向前向后地（彐）’和‘脚（疋）’，表明‘运用手和脚’是迅速行动的先决条件，‘胜利’只不过是其结果。”《说文 · 手部》：“捷，猎也。军获得也。”“猎”，《段注》云：“谓如逐禽而得之也。”从字形看，“捷”由“扌（手）”和“疌”组成。“疌”金文写作“”，很像一个人在家用织布机上织布的样子。一般古时女子在家织布、操持家务，而男子在外耕猎，“疌”加上的这只“手”或表示男人的手，“捷”或表达的就是一幅男耕（猎）女织（布）的图景。如果是这样，倒是一个很有趣的成字现象，且“捷”谓“猎”也就说得通了（“疌”为女织；“捷”为男猎）。

释义：“捷”在《诗经》中使用3处5次，2处迭用。

1.行动迅速。此种用法有1处，迭用：“征夫捷捷”（《大雅 · 烝民》）。

2.胜利（捷报）。由行动迅速的结果引申。此种用法有1处：“一月三捷”（《小雅 · 采薇》）。

3.同“缉”，缉缉，口舌声。此种用法有1处，迭用：“捷捷幡幡”（《小雅 · 巷伯》）。

寁 音【jié、zǎn】

古形【小篆 】

《说文 · 宀部》：“寁，居之速也。”从字形看，“寁”由“宀”和“疌”组成。“宀”表示居家；《段注》：“止部：‘疌，疾也。’疌为凡速之词。”“疌”表示迅速，同“宀”组合表示从屋内迅速走出来。

释义：“寁”在《诗经》中使用2处，无迭用。

迅速（出屋）。此种用法有2（风2）处，如：“不寁好也”（《郑风 · 遵大路》）。

袺　音【jié】

古形【小篆】

《说文·衣部》:“袺，执衽谓之袺。”所谓“执衽”，即“提起衣襟”。从字形看，“袺”由“衤（衣）”和“吉”组成。“衣”指衣襟；“吉”，或为“拮”字省写，有“操作”之义，同“衣”组合表示撩起衣襟。

释义:“袺”在《诗经》中使用1处，无迭用。

撩起衣襟（兜东西）。此种用法有1处:“薄言袺之”(《周南·芣苡》)。

絜　音【jié】

古形【小篆】

《说文·糸部》:“絜，麻一耑也。”《段注》:“耑犹一束也。耑，头也，束之必齐其首。”从字形看，“絜”由“㓞”和“糸”组成。“糸”指束麻，“㓞”是古“契”字，甲骨文写作“”，表示用刀刻画，同“糸”组合表示用刀切割其束端使其齐。

释义:“絜”在《诗经》中使用1处，无迭用。

同“洁”，清洁。此种用法有1处:“絜尔牛羊”(《小雅·楚茨》)。

颉(頡)　音【jié、xié】

古形【金　小篆】

古有仓颉，相传是黄帝时期造字的左史官，见鸟兽的足迹受启发，分类别异，加以搜集、整理和使用，在汉字创造的过程中起了重要作用，被尊为“造字圣人”。《说文·页部》:“颉，直项也。”“项”指的是脖子后部。“直项”就是僵直着脖子后部。从字形看，“颉”字由“吉”和“页”组成。“页”，金文写作“”，像人头连脖子的图形；“吉”有“善”义，大凡有骨气的人多不愿低头，同“页”组合就表示“直项”，即不低头。仓颉之所以名“颉”，或因其有一聪明（好）的脑袋之故（因‘吉’又有美好之义）。

释义:“颉”在《诗经》中使用1处，无迭用。

僵直脖子后部。此种用法有1处:“颉之颃之”(《邶风·燕燕》)(言脑袋挺直向下)。

截　音【jié】

古形【金　小篆】

“截”，小篆写作“”，由“雀”和“戈”组成。《说文·戈部》:“𢧵，断也。”用“戈”把鸟雀砍成两段，就是“截”。“𢧵”写作“截”是隶变之误。

释义:“截”在《诗经》中使用4处，无迭用。

1. 攻取。由持戈断鸟引申。此种用法有1处:“截彼淮浦”(《大雅·常武》)。

2. 斩获。由断鸟有所获引申。此种用法有3（颂3）处，如:“有截其所”(《商颂·殷武》)。

竭　音【jié】

古形【金　小篆】

《说文·立部》："竭，负举也。"《段注》："凡手不能举者，负而举之。"即因物体很重，手举（揭）不动，尽全力用背背着立起来谓"竭"。从字形看，"竭"由"立"和"曷"组成。"立"表示站立；"曷"疑为"渴"字省写，有缺水、水尽的意思，同"立"组合表示用尽全力（背负重物）站起来。

释义："竭"在《诗经》中使用2处，无迭用。

尽、干涸。由力用尽引申。此种用法有2（雅2）处，如："池之竭矣"（《大雅·召旻》）。

解　音【jiě、xiè】

古形【金 小篆 】

《说文·角部》："解，判也。"从字形看，"解"，金文写作""，上面是个"（双手）"，下面像牛角，合在一起表示用手剖解牛角，小篆把手形换成了"刀"，由"刀""牛""角"组成"解"，意思没变。

释义："解"在《诗经》中使用6处，无迭用。

1.离开。由牛角被分开引申。此种用法有1处："天命匪解"（《周颂·桓》）。

2.通"懈"，怠惰、厌倦，此种用法有5（雅3；颂2）处，如："不解于位"（《大雅·假乐》）；"稼穑匪解"（《商颂·殷武》）。

介　音【jiè】

古形【甲 金 小篆 】

"介"，甲骨文写作""，中间像一个人，前胸后背各有两点。《广雅·释器》："介，铠也。"刘兴隆《新编甲骨文字典》："（）像一人浑身披甲，会英雄介士意。""介"，金文作""，《说文·八部》："介，画也，从八，从人。人各有介。"此说之"介"为"界画"。安子介先生在《解开汉字之谜》中说："关于'介'字的起源有几种学说……一种干扰进入到两（八）'人'中间，这自然意'位于两者之间'或'介入'。"从'介入'这个意义上说，铠甲和界画是相通的。史有"介兄、介子"之说，若"介兄"解为着铠甲（当兵）的兄弟，则"介子"当为兵之子。又古将介子视为庶子，为卑微之称，则"介"或为介于正、庶之间的一种地位低下之人亦未可知。

释义："介"在《诗经》中使用26处，无迭用。

1.甲、铠甲。此种用法有4（风3；雅1）处，如："驷介陶陶"（《郑风·清人》）；"舍尔介狄"（《大雅·瞻卬》）。

2.求、施予。由地位低下之人求祈引申（有求即有应，'施'意也由此引申）。此种用法有12（风1；雅8；颂3）处，如："以介眉寿"（《豳风·七月》）；"介尔景福"（《小雅·小明》）；"介尔昭明"（《大雅·既醉》）；"以介眉寿"（《周颂·载见》）。

3.大。或由披甲之人立大功、授高位引申。此种用法有6（雅6）处，如："报以介福"（《小雅·楚茨》）；"以其介圭"（《大雅·韩奕》）。

4.通"愒"，休息。此种用法有2

（雅2）处："攸介攸止"（《小雅·甫田》）；"攸介攸止"（《大雅·生民》）。

5.借为"吉"，善。此种用法有1处："是用大介"（《周颂·酌》）。

6.保介，官名。此种用法有1处："嗟嗟保介"（《周颂·臣工》）。

戒 音【jiè】

古形【甲 金 小篆 】

《说文·廾部》："戒，警也。"从字形看，"戒"，甲骨文写作" "，像双手持"戈"状。"戈"指武器，双手紧持武器，表示警戒。

释义："戒"在《诗经》中使用9处，无迭用。

1.警戒、防备、准备。此种用法有6（风1；雅5）处，如："戒其伤女"（《郑风·大叔于田》）；"岂不日戒"（《小雅·采薇》）；"用戒不虞"（《大雅·抑》）。

2.同"诫"，告诫。此种用法有3（雅2；颂1）处，如："戒我师旅"（《大雅·常武》）；"既戒既平"（《商颂·烈祖》）。

届 音【jiè】

古形【金 小篆 】

《说文·尸部》："届，行不便也。一曰：极也。"从字形看，"届"由"尸"和"凷"组成。"尸"表示身体；"凷"指土块。《仪礼·既夕礼》："居倚庐，寝苫枕块。"这是一种居父母丧的礼节，即父母丧后，孝子须夜晚铺草为席，以土块为枕，围着棺柩和衣而卧，为父母守孝。守孝的地方，又称"苫次"。据载嘉庆四年（1799年）正月，乾隆皇帝崩，嘉庆帝住于咸福宫守孝，下令不设床，仅铺白毡、灯草褥，以此宫为苫次。同年十月才移居养心殿。或因守孝期间不便做其他事，故"凷"同"尸"组合有"行不便"之意。《礼记·问丧》："居于倚庐，哀亲之在外也；寝苫枕块，哀亲之在土也。""届"中的"尸"字，或指守孝之人蜷曲而卧之身，然从"哀亲之在土"看，抑或指亲人之体已走到人生终点，故又生"极（到达终点）"义。从后来的字义发展看，"届"有"次、回"等义，同人一代一代更替或有关联。

释义："届"在《诗经》中使用6处，无迭用。

1.至、极。此种用法有5（雅5）处，如："君子如届"（《小雅·节南山》）；"靡有夷届"（《大雅·瞻卬》）。

2.同"殛"，诛杀。此种用法有1处："致天之届"（《鲁颂·閟宫》）。

界 音【jiè】

古形【金 小篆 】

《说文·田部》："界，境也。"从字形看，"界"由"田"和"介"组成。"介"有介于两者之间的意思，同"田"组合表示田地边和别人的土地接壤的地方。

释义："界"在《诗经》中使用1处，无迭用。

界线、边境。此种用法有1处："无此疆尔界"（《周颂·思文》）。

借 音【jiè】

古形【金 小篆 】

《说文 · 人部》：“借，假也。”意即非自己真实有的东西。从字形看，“借”由“亻（人）”和“昔”组成。“昔”表示干肉，肉有富余才会晒干保存，有富余才有可能为别人借，“借”就表示暂时使用别人富余的东西。一说“昔”为“鹊”省，“借”表示“鹊把所筑的巢让给鸠”，但和“人”部不符。

释义：“借”在《诗经》中使用2处，无迭用。

假借。此种用法有2（雅2）处，如：“借曰未知”（《大雅 • 抑》）

巾 音【jīn】

古形【甲 金 小篆 】

“巾”古今字形变化不大。《说文 · 巾部》：“巾，佩巾也。”从字形看，“巾”由“冂”和“丨”组成，“冂”像佩巾之形，“丨”像系起来的样子。原指古代妇女的佩巾，后泛指巾状的织物。

释义：“巾”在《诗经》中使用1处，无迭用。

佩巾。此种用法有1处：“缟衣綦巾”（《郑风 • 出其东门》）。

斤 音【jīn】

古形【甲 金 小篆 】

《说文 · 斤部》：“斤，斫木也。象形。”从字形看，“斤”，金文写作“ ”，《段注》：“横者像斧头，直者像柄，其下（旁）像所斫木。”“斤”，甲骨文写作“ ”，唐兰先生《古文字学导论》：“（斤）甲文像曲柄斧形。”“斤”指的是一种砍削木头的斧状工具。

释义：“斤”在《诗经》中使用1处2次，迭用。

明察貌。迭用犹如斧斧见木之内状引申。此种用法有1处，迭用：“斤斤其明”（《周颂 • 执竞》）。

今 音【jīn】

古形【甲 金 小篆 】

《说文 · 亼部》：“今，是时也。”从字形看，“今”由“亼”和“7”组成。“亼”是表示集合的字符；“7”是“及”字古文，有“到达”的意思，合在一起表示一个东西正在进入集合之中。“今”可以看作是时间正在进入集合之中的示意图。《段注》：“云是时者，如言目前，则目前为今。”

“今”，小篆写作“ ”，由“亼”和“7”组成。后人认为，“今”不是一个固定的概念。对昨天来说，现在是今天；对今天来说，明天又成为今天了。然而，从字形上看，“亼”是“三者相合”，“7”是古代的“及”字。那么，相合的是哪三者呢？传说远古时候，有燧人、伏羲、神农三个人，他们发明了人工取火、渔猎工具、农业和医药。这三个人，人们称之为“三皇”。“及”是“赶上”的意思。“赶上三皇治世”，就是“今”。“今”含有为当时那个时代歌功颂德的意思。

一说“今”是“含”字初文，字像

口中含着物品，后本义不存。

释义：“今”在《诗经》中使用38处，无迭用。

目前、现在。此种用法有38（风12雅23；颂3）处，如：“今女下民”（《豳风·鸱鸮》）；“凡今之人”（《小雅·常棣》）；“至今为梗”（《大雅·桑柔》）；“自今以始”（《鲁颂·駉之什·有駜》）。

金 音【jīn】

古形【金 小篆 】

“金”，金文写作“ ”，由“ ”和一个“ ”组成。“ ”像金属矿石；“ ”像一个冶炼的炉子，同“ ”组合表示通过冶炼而成的金属。《说文·金部》：“金，五色金也。黄为之长。”意思是说，金是白、青、赤、黑、黄五色金属的总称，而黄金是它们的代表。“金”，古多指铜，现在多指黄金。

释义：“金”在《诗经》中使用7处，无迭用。

金属、黄金。此种用法有7（风2；雅4；颂1）处，如：“如金如锡”（《卫风·淇奥》）；“毋金玉尔音”（《小雅·白驹》）；“金玉其相”（《大雅·棫朴》）；“大赂南金”（《鲁颂·泮水》）。

矜 音【jīn】

古形【金 小篆 】

《说文·矛部》：“矜，矛柄也。”从字形看，汉初马王堆汉墓帛书的“矜”写作“ ”，右边是个“令”字，有“当面授命”的意思，同“矛”组合或有听命于当面指挥的意思，所以一般认为这是一种仪仗矛，用于迎接贵宾等场合。所谓“矛柄”，或是突出柄仗的作用。矜作为仪仗矛，做工应该精致且装饰豪华，所以古时一般有权势的老人常常持有之，作拐杖使用。由此又引申出“鳏（老而无妻）”义。

释义：“矜”在《诗经》中使用8处9次，1处迭用。

1.古代衣服的交领。或由持仗人服饰引申。此种用法有1处：“青青子衿”（《郑风·子衿》）。

2.迭用表示坚持状。或由持仗人状态引申。此种用法有1处，迭用：“矜矜兢兢”（《小雅·无羊》）。

3.老而无妻（鳏）之人。由持拐杖之人引申。此种用法有1处：“不侮矜寡”（《大雅·烝民》）。

4.可怜、怜惜。由鳏寡之人引申。此种用法有4（雅4）处，如：“爰及矜人”（《小雅·鸿雁》）；“宁不我矜”（《大雅·桑柔》）。

5.危险。引申方式不详（《康熙字典》引《管子·法法篇》云：“彼矜者满也。”满招损，“危”或由此而来）。此种用法有1处：“居以凶矜”（《小雅·菀柳》）。

尽(盡) 音【jǐn、jìn】

古形【甲 金 小篆 】

《说文·皿部》：“尽，器中空也。”从字形看，“尽”繁体写作“盡”，甲骨文写作“ ”，像人手持一炊帚在擦拭器皿内壁之形，表示饮食已空正在擦洗食器。

释义："尽"在《诗经》中使用3处，无迭用。

用尽（心力）。由皿中食尽引申为心力用尽。此种用法有3（雅3）处，如："或尽瘁事国"（《小雅·北山》）

堇 音【jǐn】

古形【甲 金 小篆 】

"堇"，甲骨文写作" "，由" "和" "组成。" "像两臂交缚之人形；" "像火在燃烧，合在一起表示焚烧人、牲以祭神灵。后来" "写成"土"，或为传抄之误。因传抄从土，后"堇"又借为"黏土"。《说文·艸部》："堇，草也。"是借用。堇，又作堇葵，草本植物，其叶如细柳，可以蒸或煮吃。

释义："堇"在《诗经》中使用1处，无迭用。

借作草名。此种用法有1处："堇荼如饴"（《大雅·绵》）。

谨(謹) 音【jǐn】

古形【金 小篆 】

《说文·言部》："谨，慎也。"从字形看，"谨"由"言"和"堇"组成。"堇"有"祭祀神灵"之意，同"言"组合表示祭祀场合说话要慎重。

释义："谨"在《诗经》中使用6处，无迭用。

谨慎、小心。此种用法有6（雅6）处，如："以谨缱绻"（《大雅·民劳》）。

馑(饉) 音【jǐn】

古形【金 小篆 】

"馑"由"饣（食）"和"堇"组成。"堇"为"烧人牲而祭"，同"饣（食）"组合或有因荒年缺食而祭。古有"无谷曰饥，无菜曰馑"之说，连野菜都食完了，可知灾荒严重。《说文·食部》："馑，蔬不熟为馑。"此处的"不熟"，或有灾荒之年，青黄不接之意。

释义："馑"在《诗经》中使用3处，无迭用。

荒年。此种用法有3（雅3）处，如："降丧饥馑"（《小雅·雨无正》）；"饥馑荐臻"（《大雅·云汉》）。

锦(錦) 音【jǐn】

古形【金 小篆 】

《说文·帛部》："锦，襄邑织文。"意思是用五彩色织出花纹的布帛。从字形看，"锦"由"金"和"帛"组成。古时金指金属，有白、青、赤、黑、黄五色，此处之"金"指五色金属；"帛"指无纹彩布帛，合在一起表示织有五彩花纹的布帛。

释义："锦"在《诗经》中使用8处，无迭用。

有五彩花纹的（衣）。此种用法有8（风7；雅1）处，如："衣锦褧衣"（《卫风·硕人》）；"成是贝锦"（《小雅·巷伯》）。

进(進) 音【jìn】

古形【金 小篆 】

“进”，繁体写作“進”。《说文·辵部》：“进，登也。”从字形看，“進”由“辵（辶）”和“隹”组成。“辵（辶）”和行走有关；“隹”指鸟雀，同“辵（辶）”组合表示鸟行走。鸟儿行走脚只能前进或登高，不能后退，所以“进”就有了“前进登升”的意思。

释义：“进”在《诗经》中使用2处，无迭用。

前进。此种用法有2（雅2）处，如：“进退维谷”（《大雅·桑柔》）。

近 音【jìn】

古形【金 小篆 】

《说文·辵部》：“近，附也。”附即附近。从字形看，“近”由“辵（辶）”和“斤”组成。“辵（辶）”同行走有关；“斤”或为“圻”字省写，有“京畿（即天子直辖之地）”的意思，同“辶”组合表示走着去没多少路或用不了多长时间，就在附近的意思。

释义：“近”在《诗经》中使用5处，无迭用。

空间或时间距离短。此种用法有5（雅5）处，如：“会言近止”（《小雅·杕杜》）；“以近有德”（《大雅·民劳》）。

荩(藎) 音【jìn】

古形【金 小篆 】

《说文·艸部》：“荩，草也。”唐·颜师古云：“盖荩草治久咳，杀皮肤小虫。”从字形看，“荩”由“艹（草）”和“尽”组成。“艹（草）”指荩草；“尽”有“完”的意思，同“草”组合或表示这是一种可以杀灭（完）皮肤上小虫的草药。

释义：“荩”在《诗经》中使用1处，无迭用。

通“进”，进献。此种用法有1处：“王之荩臣”（《大雅·文王》）。

烬(燼) 音【jìn】

古形【金 小篆 】

《说文·火部》：“烬，火余也。”从字形看，“烬”由“火”和“尽”组成。“尽”有完了的意思，同“火”组合表示物体被火烧完了，只剩下灰烬。

释义：“烬”在《诗经》中使用1处，无迭用。

灰烬。此种用法有1处：“具祸以烬”（《大雅·桑柔》）。

浸 音【jìn】

古形【金 小篆 】

从现在的“浸”之字形看，由“氵（水）”和“㑴”组成。“㑴”或为“侵”字省写，有“进入内部”的意思，同“水”组合表示因浸泡使水进入到物体内部。“浸”，甲骨文写作“ ”，有疑为“寝”和“浸”的合体。《说文·水部》：“𣹛，水。”张舜徽先生《说文解字约注》

云："（㝴）隶省作浸，此水即今之洺河。"或因古洺河经常泛滥，将民居浸之水中而得名。

释义："浸"在《诗经》中使用5处，无迭用。

浸泡。此种用法有5（风3；雅2）处，如："浸彼苞蓍"（《曹风·下泉》）；"无浸获薪"（《小雅·大东》）。

墐　音【jìn】

古形【小篆】

"墐"，古同"堇"。《说文·土部》："墐，涂也。"从字形看，"墐"由"土"和"堇"组成。"堇"有黏土的意思，同"土"组合表示用泥土涂抹。

释义："墐"在《诗经》中使用2处，无迭用。

用泥抹或用土埋。此种用法有2（风1；雅1）处："塞向墐户"（《豳风·七月》）；"尚或墐之"（《小雅·小弁》）。

觐(覲)　音【jìn】

古形【金小篆】

《说文·见部》："覲，诸侯秋朝曰覲。"从字形看，"覲"由"堇"和"见"组成。"堇"或为"谨"字省写，有谨慎的意思，同"见"组合或表示诸侯朝见天子，不可大大咧咧，须谨慎小心，注重朝见礼节。

释义："觐"在《诗经》中使用2处，无迭用。

诸侯朝见天子。此种用法有2（雅2）处，如："入觐于王"（《大雅·韩奕》）

京　音【jīng】

古形【甲金小篆】

《说文·京部》："京，人所为绝高丘也。"从字形看，"京"，金文写作""，像一个人工修筑的高丘，疑又像在高高的土堆上还修了一个亭状的建筑。由于国都大多建在高地上，又或亭状的建筑多为京城所有，故"京"又引申为都城。

释义："京"在《诗经》中使用19处20，1处迭用。

1. 高丘。此种用法有3（风1；雅2）处："景山与京"（《鄘风·定之方中》）；"如坻如京"（《小雅·甫田》）；"依其在京"（《大雅·皇矣》）。

2. 都城。由国都大多建在高地上引申。此种用法有14（风3；雅11）处，如："念彼周京"（《曹风·下泉》）；"裸将于京"（《大雅·文王》）。

3. 王。由京城为王之住地引申。此种用法有1处："京室之妇"（《大雅·思齐》）。

4. 或借作"凉"，迭用表示忧愁无法解除的样子。此种用法有1处，迭用："忧心京京"（《小雅·正月》）。

惊(驚)　音【jīng】

古形【金小篆】

"惊"，繁体写作"驚"。《说文·马部》："驚，马骇也。"马突然受到刺激而行动失常就是"驚"。从字形看，"驚"由"敬"和"马"组成。"敬"有让人听话的意思，同"马"组合或表示马不听话了（这种否定组合的汉字有例，如“渴”表示缺水等）。“驚”用作马以外的动物或人受到惊吓简写作“惊”，或是纯形声字。

释义：“惊”在《诗经》中使用3处，无迭用。

1. 惊吓、惊动。此种用法有2（雅2）处：“震惊徐方”“徐方震惊”（《大雅·常武》）。

2. 通“警”，机警、警戒。此种用法有1处：“徒御不惊”（《小雅·车攻》）。

泾(涇)　音【jīng】

古形【金小篆】

《说文·水部》：“泾，水。出安定泾阳开头山，东南入渭。”从字形看，“泾”，繁体写作“涇”，由“氵(水)”和“巠”组成。“巠”，郭沫若先生在《金文丛考》中说：“余意巠盖经之初字也。观其字形……像织机之纵线形。”同“水”组合或有呈南北纵流之水意。从泾水看，其流东南入渭，而渭河，是一条呈东西走向横贯陕西省中部的河流，从观感上，泾水或有南北走向之形。

释义：“泾”在《诗经》中使用4处，无迭用。

泾水。此种用法有4（风1；雅3）处，如：“泾以渭浊”（《邶风·谷风》）；“至于泾阳”（《小雅·六月》）；“淠彼泾舟”（《大雅·棫朴》）。

经(經)　音【jīng】

古形【金小篆】

《说文·糸部》：“经，织也。”从字形看，“经”，繁体作“經”，由“糸”和“巠”组成。“巠”即古“经”字，金文写作“”，郭沫若先生《金文丛考》：“像织机之纵线形。”《段注》：“织之纵丝谓之经。”

经线的存在是织布的先决条件，纬线（横线）通过经线才能织成布，由此产生治理、经过等引申义。

释义：“经”在《诗经》中使用7处，无迭用。

经营、治理。由纬线通过经线织布引申。此种用法有7（雅7）处，如：“经营四方”（《小雅·何草不黄》）；“经始勿亟”（《大雅·灵台》）。

荆　音【jīng】

古形【金小篆】

荆是一种落叶灌木，叶有长柄，掌状分裂，开蓝紫色小花，枝条可编筐篮，古代常用其枝条做刑杖，属一年生的草本植物。从字形看，“荆”由“艹(草)”和“刑”组成。“刑”或指刑杖，同“草”组合表示可做刑杖的草本植物。《说文·艸部》：“荆，楚，木也。”说的是荆又叫楚，是一种灌木。后因古楚国建国于荆山一带，故楚又称荆。

释义：“荆”在《诗经》中使用6处，无迭用。

古楚国别称。由建国地引申。此种用法有6（雅2；颂4）处，如：“蛮荆来威”（《小雅·采芑》）；“维女荆楚”（《商颂·殷武》）。

菁　音【jīng】

古形【金 小篆 】

《说文·艸部》：“菁，韭华也。”从字形看，“菁”由“艹（草）”和“青”组成。“艹（草）”表示韭菜是草本植物；“青”疑为“精”字省写，有精华的意思，同“草”组合表示韭菜花是其精华部分。后引申一切草本植物之精华。

释义：“菁”在《诗经》中使用4处8次，1处迭用。

植物精华，迭用表示多、茂盛。由韭菜之精华引申。此种用法有4（风1；雅3）处8次，如：“其叶菁菁”（《唐风·杕杜》）；“菁菁者莪”（《小雅·菁菁者莪》）。

旌　音【jīng】

古形【金 小篆 】

《说文·㫃部》：“旌，游车载旌，析羽注旄首，所以精进士卒。”大意是说，旌指的是古代王者出游乘坐的木辂车上所插的旗子，旗杆的上端有鸟羽和牦牛尾做装饰，以此激励士卒锐意求进。从字形看，“旌”由“㫃”和“生”组成。“㫃”，甲骨文写作“ ”，很像一面迎风飘动旗帜的图形；“生”，金文写作“ ”，本像一株刚出土的嫩苗，在“旌”中或表示鸟羽或牛尾之形，而非“生”之本义，同“㫃”组合表示带有“生”这种装饰的旗帜。

释义：“旌”在《诗经》中使用2处，无迭用。

旌旗。此种用法有2（风1；雅1）处：“孑孑干旌”（《鄘风·干旄》）；“悠悠旆旌”（《小雅·车攻》）。

兢　音【jīng】

古形【金 小篆 】

《说文·兄部》：“兢，竞也。”从字形看，“兢”，金文写作“ ”，像两个人头顶重物并立之状。因头顶重物，不敢疏忽，所以有“小心谨慎”之意；又或二人并立，似在比赛，所以又有“比赛、二人争胜”义。

释义：“兢”在《诗经》中使用5处10次，无迭用。

1. 争胜。此种用法有1处2次，迭用：“矜矜兢兢”（《小雅·无羊》）。

2. 小心、谨慎。此种用法有4（雅4）处8次，均迭用，如：“战战兢兢”（《小雅·小旻》）；“兢兢业业”（《大雅·云汉》）。

景　音【jǐng】

古形【金 小篆 】

《说文·日部》：“景，光也。”从字形看，“景”由“日”和“京”组成。“京”指高丘，实为人造的亭状高台，同“日”组合表示太阳从高台上照射下来，于是就有了日影之说，即日光照射下亭台的影像。

释义：“景”在《诗经》中使用14处，无迭用。

1. 日光、日影。此种用法有1处：“既景乃冈”（《大雅·公刘》）。

2. 高、大。或同“京”，由台高影大引申。此种用法有12（风1；雅8；颂4）处，如：“景山与京”（《鄘风·定之方中》）；“介尔景福”（《小雅·小明》）；“景命有仆”（《大雅·既醉》）；“陟彼景山”（《商颂·殷武》）。

3. 借为“憬”，憧憬，表示远行的样子。此种用法有1处：“泛泛其景”（《邶风·二子乘舟》）。

憬　音【jǐng】

古形【金　小篆　】

《说文·心部》：“憬，觉悟也。”从字形看，“憬”由“心”和“景”组成。“景”有“光影”的意思，同“心”组合表示心中已经有了一片光影。因心中的光影离现实还有一段距离，所以“憬”引申为远行的样子。

释义：“憬”在《诗经》中使用1处，无迭用。

表示远行的样子。由心中的影像离现实有距离引申。此种用法有1处：“憬彼淮夷”（《鲁颂·泮水》）。

竞(競)　音【jìng】

古形【金　小篆　】

“竞”，繁体写作“競”。《说文·誩部》：“競，强语也。一曰：逐也。”意思是“競”表示语言强烈的争辩。还有一说是角逐的意思。从字形看，“競”从“誩”，两“言”相对，表示语言上的争论；“競”，金文写作“　”，像双人对立，又可视为形体上的相争。

释义：“竞”在《诗经》中使用9处，无迭用。

1. 争。此种用法有8（雅4；颂4）处，如：“职竞由人”（《小雅·十月之交》）；“无竞维人”（《大雅·抑》）；“不竞不絿”（《商颂·长发》）。

2. 借为勍，强。此种用法有1处：“执竞武王”（《周颂·执竞》）。

竟　音【jìng】

古形【甲　金　小篆　】

《说文·音部》：“竟，乐曲尽为竟。”从字形看，“竟”由“音”和“儿（人）”组成，“音”有乐曲的意思，同“儿（人）”组合表示人把乐曲演奏完了。一说“竟”甲骨文写作“　”，像“人”上有个“辛（古代刑刀）”，组合起来表示用刑刀在人（奴隶）头上刻记号，做完了这件事叫“竟”。无论从“音”从“辛”，“竟”都有完毕、终了的意思。

释义：“竟”在《诗经》中使用1处，无迭用。

终。由曲终引申。此种用法有1处：“谮始竟背”（《大雅·瞻卬》）。

敬　音【jìng】

古形【金　小篆　】

《说文·苟部》：“敬，肃也。”徐灏《段注笺》：“治事肃恭之意。”从字形看，“敬”由“苟”和“攴”组成。“苟”字自古说法不一，从甲骨文字形看，“苟”写作“　”，很像一个跪人背上背有一物。

《说文·苟部》：“苟，自急敕也。”“敕”有“告诫”的意思。古有“负荆请罪”之说，对别人犯了错误，自己认识到了，赶紧背上荆条登门请罪，或是“苟”字形所要表达的意思。古“苟”和“敬”通用，“敬”在“苟”的基础上加了一个“攴（小击）”，或表示“敬”是在别人的教育和劝导（攴）下完成的。无论“苟”或“敬”，对于自己都是警示、警戒；对于他人表达的都是一种恭敬、敬肃之心。

释义：“敬”在《诗经》中使用21处，无迭用。

1. 警戒、警惕、慎重。此种用法有10（雅4；颂6）处，如：“我友敬矣”（《小雅·沔水》）；“既敬既戒”（《大雅·常武》）；“敬尔在公”（《周颂·臣工》）。

2. 恭敬、敬肃、尊重。此种用法有11（雅9；颂2）处，如：“必恭敬止”（《小雅·小弁》）；“于缉熙敬止”（《大雅·文王》）；“敬明其德”（《鲁颂·泮水》）。

靖　音【jìng】

古形【金　小篆　】

《说文·立部》：“靖，立竫也。”从字形看，“靖”由“立”和“青”组成。“青”或为“静”字省写，有“安静”的意思。安静地伫立在那里就是“靖”。

释义：“靖”在《诗经》中使用8处，无迭用。

1. 平定、治理。由词性转换（形—动）引申。此种用法有5（雅3；颂2）处，如：“俾予靖之”（《小雅·菀柳》）；“日靖四方”（《周颂·我将》）。

2. 图谋。由平定图谋引申。此种用法有1处：“实靖夷我邦”（《大雅·召旻》）。

3. 同“敬”，敬谨。此种用法有2（雅2）处，如：“靖共尔位”（《小雅·小明》）。

静　音【jìng】

古形【金　小篆　】

《说文·青部》：“静，审也。”“审”有了解详尽周密的意思。《段注》：“采色详审得其宜谓之静。”换言之，色彩不闹腾即分布均匀得当曰“静”。从字形看，“静”由“青”和“争”组成。“青”是初生物之颜色；“争”，甲骨文写作“　”，像上下两只手双向持引，坚持不让，同“青”组合或表示不受外界干扰而坚持初生本色。

“静”之本义应为“色彩分布得当”即洁净。

释义：“静”在《诗经》中使用7处，无迭用。

1. 洁净、不闹腾。此种用法有3（风2；雅1）处，如：“静女其娈”（《邶风·静女》）；“笾豆静嘉”（《大雅·既醉》）。

2. 安静、平静。由不闹腾引申。此种用法有4（风4）处，如：“静言思之”（《邶风·柏舟》）。

坰　音【jiōng】

古形【小篆　】

《尔雅·释地》:“林外谓之坰。”从字形看，“坰”由“土”和“冋”组成。“冋”古同“冂”，像一个圈定城邑的边界之状（中间一“口”表示城邑)，同“土”组合表示城外之地。“坰”古作“冋、冂”。《说文·冂部》:“冂，邑外谓之郊，郊外谓之野，野外谓之林，林外谓之冂。”看来此城外之地离城邑还相当远。

释义:“坰”在《诗经》中使用4处，无迭用。

城外之地。此种用法有4（颂4）处，如:“在坰之野”（《鲁颂·駉》)。

駉 音【jiōng】

古形【小篆】

《说文·马部》:“駉，牧马苑也。”“苑”,《段注》:“所以养禽兽也。”从字形看，“駉”由“马”和“冋”组成。“冋”古同“冂”，像一个圈定城邑的边界之状（中间一“口”表示城邑)，同“马”组合表示圈养马的地方。

释义:“駉”在《诗经》中使用8处12次，4处迭用。

借作健壮的马。此种用法有8（颂8）处12次，4处迭用，如:“駉駉牡马”（《鲁颂·駉》)。

泂 音【jiǒng】

古形【小篆】

《尔雅·释诂》:“泂，远也。”从字形看，“泂”由“氵（水)”和“冋”组成。“冋”有“离城邑很远之地”的意思，同“氵（水)”组合或表示水从很远的地方流来或流到很远的地方去。《说文·水部》:“泂，沧也。”此意或从“泂”的异体字“洞”而来，“冫”有寒冷意。

释义:“泂”在《诗经》中使用3处，无迭用。

远。此种用法有3（雅3）处，如:“泂酌彼行潦”（《大雅·泂酌》)。

窘 音【jiǒng】

古形【金小篆】

《说文·穴部》:“窘，迫也。”从字形看，“窘”由“穴”和“君”组成。“穴”指洞穴；“君”表示有身份的人（君主、君王)。君王住惯了深宫大院，一旦陷落洞穴之中是为“窘”。故南唐·徐锴《说文系传》曰:“入于穴，穷迫也。”皆因洞穴局促狭隘而使人有穷困压迫之感。

释义:“窘”在《诗经》中使用1处，无迭用。

困。此种用法有1处:“又窘阴雨”（《小雅·正月》)。

颎(熲) 音【jiǒng】

古形【小篆】

“颎”由“匕”“火”和“页”组成。“页”，甲骨文写作“”，像人长了一个大脑袋，多指人脑袋。人的脑袋旁边有“匕”有“火”，这种感觉就是“颎”，故清马瑞辰《毛诗传笺通释》云:“颎，音

义与耿同。”“耿”有心烦耳热之意，或同“颎”字形表达之义一致。

《说文 · 火部》：“颎，火光也。”或为“炯”字本义，古“颎”“炯”同。

释义：“颎”在《诗经》中使用1处，无迭用。

心烦耳热。此种用法有1处：“不出于颎”（《小雅 • 无将大车》）。

褧　音【jiǒng】

古形【小篆】

《说文 · 衣部》：“褧，檾也。”即“褧”表示用麻纱做的单罩衣。从字形看，“褧”由“耿”和“衣”组成。“耿”由“耳”和“火”组成，耳旁有火，表示有光，故有“光亮”之义，同“衣”组合表示透有光亮的麻纱罩衣。古代女子出嫁时，多在锦衣外面穿上一件麻纱做的单罩衣，以蔽途中灰尘，称作褧。

释义：“褧”在《诗经》中使用5处，无迭用。

麻纱罩衣。此种用法有5（风5）处，如：“衣锦褧衣”（《卫风 • 硕人》）。

纠(糾)　音【jiū】

古形【金　小篆】

《说文 · 丩部》：“纠，绳三合也。”从字形看，“纠”由“糸”和“丩”组成。“糸”指丝绳；“丩”，甲骨文写作“”，像两物交合之状，同“糸”组合表示多股丝绳编织绞合在一起。

释义：“纠”在《诗经》中使用4处6次，2处迭用。

编织、绞合，迭用表示缠绕交错的样子。此种用法有4（风2；雅1；颂1）处6次，2处迭用，如：“舒窈纠兮”（《陈风 • 月出》）；“纠纠葛屦”（《小雅 • 大东》）；“其笠伊纠”（《周颂 • 良耜》）。

鸠(鳩)　音【jiū】

古形【金　小篆】

《说文 · 鸟部》：“鸠，鹘鸼也。”《尔雅 · 释鸟》：“鶌鸠，鹘鸼。”晋 · 郭璞注：“似山鹊而小，短尾，青黑色，多声。今江东亦呼为鹘鸼。”从字形看，“鸠”由“九”和“鸟”组成。“九”数大，表示多，同“鸟”组合或表示多声之鸟。其实“鸠”的种类也很多，据统计，鸠鸽科鸟类有41属309种之多。“九”或又表示“鸠”之种类繁多。

释义：“鸠”在《诗经》中使用10处，无迭用。

鸠属之鸟。此种用法有10（风9；雅1）处，如：“关关雎鸠”（《周南 • 关雎》）；“宛彼鸣鸠”（《小雅 • 小宛》）。

究　音【jiū、jiù】

古形【金　小篆】

《说文 · 穴部》：“究，穷也。”从字形看，“究”由“穴”和“九”组成，“穴”指洞穴；“九”是个位数中最大，有“最后、最终”的意思，同“穴”组合表示“洞穴的终点”，即到了洞穴的尽头。另从“九”字看，甲骨文写作“”，像人手臂弯节之形，同“穴”组合有手探洞穴之意。

释义："究"在《诗经》中使用7处8次，1处迭用。

1. 穷尽。此种用法有1处："靡届靡究"（《大雅·荡》）。

2. 研究、探求。此种用法有4（雅4）处，如："是究是图"（《小雅·常棣》）；"爰究爰度"（《大雅·皇矣》）。

3. 用作副词，究竟。此种用法有1处："其究安宅"（《小雅·鸿雁》）。

4. 同"仇"，迭用表示傲慢的样子。此种用法有1处，迭用："自我人究究"（《唐风·羔裘》）。

赳 音【jiū】

古形【金 小篆 】

《说文·走部》："赳，轻劲有才力也。"从字形看，"赳"由"走"和"丩"组成。"丩"，甲骨文写作" "，像两物交合之状，同"走"组合表示走路表现得既有才艺又有力量，疑似仪仗队伍走路的样子。

释义："赳"在《诗经》中使用3处6次，3处迭用。

走路有才力，迭用表示威武雄壮的样子。此种用法有3（风3）处6次，如："赳赳武夫"（《周南·兔罝》）。

樛 音【jiū、liáo】

古形【金 小篆 】

"樛"由"木"和"翏"组成。"翏"由"羽"和"㐱（稠发，表示多）"组成，有"多羽合并"之义。同"木"组合或有并生或藤缠之树的意思。从"樛"的异体字"朻"看，其中的"丩"就有相缠的意思。《说文·木部》："樛，下句曰樛。"意思是向下弯曲的树，却也并不影响此树并生或藤缠。

释义："樛"在《诗经》中使用3处，无迭用。

并生或藤缠之树。此种用法有3（风3）处，如："南有樛木"（《周南·樛木》）。

九 音【jiǔ】

古形【甲 金 小篆 】

《说文·九部》："九，阳之变也。像其屈曲究尽之形。"从字形看，"九"，金文写作" "，像人的一条臂膀之形，由"五指（略二指）""手掌""小臂""大臂"和"肩膀"等九个部分组成，或为"肘"之本字，在"究"字中像深入洞穴探究洞底之状。故许慎说"像其屈曲究尽之形"。因含有"九"之数，故后借为数之"九"。古人认为"九"为阳数（单数），且在个位数中最大（数穷），数穷则变（十位数），所以九为"阳之变"数。

释义："九"在《诗经》中使用14处，无迭用。

借为数词、序数词，有九（或虚数，言多）、第九等意思。此种用法有14（风8雅3；颂3）处，如："九月在户"（《豳风·七月》）；"九十其犉"（《小雅·无羊》）；"奄有九有"（《商颂·玄鸟》）。

久　音【jiǔ】

古形【金　小篆　】

“久”，金文写作“　”。《说文·久部》：“久，从后灸之。”杨树达先生《积微居小学述林》：“古人治病，燃艾灼体谓之灸，久即灸字初字也。字形从卧人，人病则卧床也。末画像以物灼体之形。”安子介先生《解开汉字之谜》：“（　）像一个梳长辫子的人，表示他有子孙。换句话说，他的寿命长，因此，‘久’字的意思是‘长期’。”“久”为“灸”之初文，即有“诊治”之义，从由“久”的衍生字看，“疚”为需要诊治的（长期）病痛；“柩”为治而不愈则入木棺；“玖”为需要治理之石……皆同“灸”义有关，或可视为此说可靠。有病求“灸”，不可能一蹴而就，需有一个长期的治疗过程，所以“久”就有了“时间长”这样一个引申义。

释义：“久”在《诗经》中使用3处，无迭用。

时间长。由灸疗法不能一蹴而就引申。此种用法有3（风1；雅2）处，如：“何其久也”（《邶风·旄丘》）；“我行永久”（《小雅·六月》）。

玖　音【jiǔ】

古形【金　小篆　】

《说文·玉部》：“玖，石之次玉黑色者。”从字形看，“玖”由“玉”和“久”组成，“久”是“灸”的初文，有“诊治”的意思，同“玉”组合表示需要通过整治才可以同玉媲美的石头。

释义：“玖”在《诗经》中使用2处，无迭用。

一种似玉的浅黑色石。此种用法有2（风2）处，如：“贻我佩玖”（《王风·丘中有麻》）。

韭　音【jiǔ】

古形【金　小篆　】

《说文·韭部》：“韭，菜名。一种而久者，故谓之韭。象形，在一之上。一，地也。”韭是菜名，因此菜一种下去就能长久生长，所以称之为韭。从字形看，像韭菜之形在“一”上，“一”表示地面。

释义：“韭”在《诗经》中使用1处，无迭用。

韭菜。此种用法有1处：“献羔祭韭”（《豳风·七月》）（言古人在四月初用小羊和韭菜祭寒神）。

酒　音【jiǔ】

古形【甲　金　小篆　】

“酒”，甲骨文同金文字形变化不大，都写作“　（酉）”，像一个古代的酒坛，里面装有酒。后在“酉”字旁边加了“氵（水）”，表示其中装的是一种液体饮料。《说文·酉部》：“酒，就也，所以就人性之善恶。”说的是酒是一种迁就之物，是用来迁就人之善恶的饮料。俗话说酒怡情、酒乱性，小酒怡情，喝多了则乱性情。

释义：“酒”在《诗经》中使用62

处，无迭用。

就人性善恶之饮品。此种用法有62（风7；雅49；颂6）处，如：“微我无酒”（《邶风·柏舟》）；“我有旨酒”（《小雅·鹿鸣》）；“清酒既载”（《大雅·旱麓》）；“在公饮酒”（《鲁颂·有駜》）。

捄　音【jiù、qiú】

古形【小篆】

“捄”由“扌（手）”和“求”组成。“求”一般认为是“裘”之本字，甲骨文早期多写作“”，长长弯弯之状，或为裘皮之形，后金文有写作“”，像裘制成衣之状，亦有写作“”，有说“衣中加‘手’表声”，或非是“手”，而是省略的裘毛。“捄”或许就是“”之变体，即“裘衣”，准确地说，应是“裘皮”。《说文·手部》：“捄，盛土于梩中也。一曰：擾也。《诗》曰：‘捄之陾陾。’”此中之“捄”，或是“锹”之借用之字。

释义：“捄”在《诗经》中使用4处，无迭用。

1.长而弯曲貌。由裘皮之状引申。此种用法有3（雅2；颂1）处，如：“有捄天毕”（《小雅·大東》）；“有捄其角”（《周颂·良耜》）。

2.借作“锹”，动用，铲土。此种用法有1处：“捄之陾陾”（《大雅·绵》）。

旧(舊)　音【jiù】

古形【甲　金　小篆】

“旧”，繁体写作“舊”。《说文·萑部》：“舊，雖舊，舊留也。”雖舊，即舊留鸟，一般认为是猫头鹰。从字形看，“舊”由“萑”和“臼”组成，“萑”就，金文写作“”，像长有两只大眼的鸥（雖）属之鸟（即猫头鹰）；“臼”，金文作“”，猫头鹰大多栖息于树上，部分种类栖息于岩石间和草地上，“”或为此类（如舊留鸟）之窝。传说古人捕捉猫头鹰时，先捡一旧鸟为诱饵，此或为借作新旧之旧之故。

释义：“旧”在《诗经》中使用7处，无迭用。

借作新旧之旧。此种用法有7（风1；雅6）处，如：“其旧如之何”（《豳风·东山》）；“不思旧姻”（《小雅·我行其野》）；“周虽旧邦”（《大雅·文王》）。

咎　音【jiù】

古形【金　小篆】

《说文·人部》：“咎，灾也。”从字形看，“咎”由“各”和“人”组成。“各”是“格”字省写，有“来到”之意，同“人”组合表示上天对人的罪过降下灾祸。

释义：“咎”在《诗经》中使用4处，无迭用。

1.灾祸。此种用法有2（风1；雅1）处：“体无咎言”（《卫风·氓》）；“或惨惨畏咎”（《小雅·北山》）。

2.过失、过错。由因过失而降灾引申。此种用法有2（雅2）处，如：“微我有咎”（《小雅·伐木》）。

疚　音【jiù】

古形【金小篆】

“疚”由“疒”和“久”组成。“疒”指病痛；“久”是“灸”字初文，有“诊治”的意思，同“疒”组合表示需要诊治的病痛。

释义：“疚”在《诗经》中使用7处，无迭用。

1. 病痛。此种用法有4（雅3；颂1）处，如：“忧心孔疚”（《小雅·采薇》）；“匪疚匪棘”（《大雅·江汉》）；“嬛嬛在疚”（《周颂·闵予小子》）。

2. 忧虑。由忧虑也属于一种病态，也需要治疗引申。此种用法有2（雅2）处：“使我心疚”（《小雅·大东》）；“疚哉冢宰”（《大雅·云汉》）。

3. 同“宄”，贫。此种用法有1处：“维今之疚不如兹”（《大雅·召旻》）。

救　音【jiù】

古形【金小篆】

《说文·攴部》：“救，止也。”从字形看，“救”由“求”和“攴”组成。“求”有“求助”之义；“攴”意“小击”，即用行动相助，同“求”组合成“救”表示应求助（或因情势需要相助时）以行动使事态发展停止。一说“求”是“裘”字省写，同“攴”组合表示在严寒天给人送去皮衣，似牵强。

释义：“救”在《诗经》中使用3处，无迭用。

止（挽救、帮助）。此种用法有3（风1；雅2）处，如：“匍匐救之”（《邶风·谷风》）；“不可救药”（《大雅·板》）。

厩(廐、廄)　音【jiù】

古形【金小篆】

“厩”，古作“廄”，由“广”和“㱿”组成。《说文·广部》：“廄，马舍也。”从字形看，“㱿”古同“簋”，有“食器”之意，本义指古代祭祀宾享时盛黍稷的器皿，后又用作杀牲以祭的方法，联系上文所指的食器，“㱿”或可视为牲口（马）之食器，即马槽，同“广”组合即可表示有马槽的广屋，即马棚。《说文·殳部》：“㱿，揉屈也。”意即使竹木柔曲，同“广”组合，或亦可视为揉屈竹木搭建的马棚。

释义：“厩”在《诗经》中使用2处，无迭用。

马棚。此种用法有2（雅2）处，如：“乘马在厩”（《小雅·鸳鸯》）。

就　音【jiù】

古形【金小篆】

《说文·京部》：“就，就高也。”从字形看，“就”由“京”和“尤”组成。“京”，甲骨文写作“”，像人造高亭之状；“尤”有“特异”之义，可谓高人，高人依附高处而居就是“就”。

释义：“就”在《诗经》中使用8处，无迭用。

走近、趋赴、寻求。由走向高地引申。此种用法有8（风2；雅4；颂2）

处，如：“就其浅矣”（《邶风·谷风》）；“言就尔宿”（《小雅·我行其野》）；“以就口食”（《大雅·生民》）；“将予就之”（《周颂·访落》）。

舅　音【jiù】

古形【金小篆】

《说文·男部》：“舅，母之兄弟为舅，妻之父为外舅。”从字形看，“舅”由“臼”和“男”组成。“臼”或是“舊”字省写，由“旧时”之义，同“男”组合或表示母亲旧时（即娘家）家里的男人。现在一般称母亲的兄弟为“舅”。安子介先生在《解开汉字之谜》中谈到“舅、甥”两个字时说：“两个字都是从女方角度去描述男方的血缘关系，第一个‘舅’字是‘有能力拿起石臼的男人’，而第二个‘甥’字是‘与生我者有血缘关系的男亲戚’，它们可能是在母系社会中创造出来的字。”

释义：“舅”在《诗经》中使用6处，无迭用。

母亲的兄弟。此种用法有6（风2；雅4）处，如：“我送舅氏”（《秦风·渭阳》）；“以速诸舅”（《小雅·伐木》）；“王之元舅”（《大雅·崧高》）。

匊　音【jū】

古形【金小篆】

《说文·勹部》：“在手曰匊。”《段注》：“米至散，两手兜之而聚。”从字形看，“匊”由“勹”和“米”组成。“勹”像包裹之状，同“米”组合表示把散状的米捧握在双手之中。

释义：“匊”在《诗经》中使用2处，无迭用。

双手捧握。此种用法有2（风1；雅1）处：“蕃衍盈匊”（《唐风·椒聊》）；“不盈一匊”（《小雅·采绿》）。

居　音【jū】

古形【金小篆】

《说文·尸部》：“居，蹲也。从尸古者，居从古。”《段注》：“足底着地而下其臀耸其膝曰蹲。”如此，“居从古”则无解。“蹲”或非字形本义。从字形看，“居”由“尸”和“古”组成。“尸”意为“（人）身体不动”；“古”指“古代”。“尸”与“古”组合表示“自古以来未曾挪动身体”，或指的是“土著”，即自古以来就住在本地的人。

释义：“居”在《诗经》中使用40处41次，1处迭用。

1.居住、住处。由自古居住引申。此种用法有26（风5；雅19；颂2）处，如：“爰居爰处”（《邶风·击鼓》）；“岂敢定居”（《小雅·采薇》）；“居岐之阳”（《大雅·皇矣》）；“居常与许”（《鲁颂·閟宫》）。

2.处于。由住地处于某地之中引申。此种用法有2（雅1；颂1）处：“居以凶矜”（《小雅·菀柳》）；“居国南乡”（《商颂·殷武》）。

3.占据、担任。由占用地方到担任职事引申。此种用法有2（风1；雅1）处：“职思其居”（《唐风·蟋蟀》）；“整居焦获”（《小雅·六月》）。

4. 安、享受。由有住处即可安定享受引申。此种用法有2（雅2）处，如："上帝居歆"（《大雅·生民》）。

5. 借为"倨"，倨傲。此种用法有2（风1；雅1）处3次，1处迭用："自我人居居"（《唐风·羔裘》）；"式居娄骄"（《小雅·角弓》）。

6. 借作"胡"，何。此种用法有1处："居然生子"（《大雅·生民》）。

7. 语气词。此种用法有5（风5）处："日居月诸"（《邶风·柏舟》）。

驹(駒)　音【jū】

古形【金 小篆 】

《说文·马部》："马二岁曰驹。"徐灏《段注笺》："驹虽为二岁马，浑言之则为儿马方壮之称。"从字形看，"驹"由"马"和"句"组成。"句"有勾曲之意，同"马"组合表示看上去背部不够挺直结实，身体还显得软曲的马，即称为马驹的幼马。马的生命年龄，大约是人的三分之一，一般马的寿命大约二十岁到三十岁。从出生开始，头十二个月算是仔马；在五岁以前，算是幼龄马；五至十六岁是中年马；十六岁以后算是老年马。如此看来，二岁马应该是进入青春期的马，所以现在的赛马，一般都挑二岁马。

释义："驹"在《诗经》中使用8处，无迭用。

二岁马。此种用法有8（风2；雅6）处，如："言秣其驹"（《周南·汉广》）；"老马反为驹"（《小雅·角弓》）（喻老人如小孩）。

砠　音【jū】

古形【小篆 】

《尔雅·释山》："土戴石为砠。"从字形看，"砠"由"石"和"且"组成。"且"有"垫物器具"之意，同"石"组合有土山垫着石的意思，即"土戴石之山"。

释义："砠"在《诗经》中使用1处，无迭用。

山中险阻之地。由土山中有大石阻隔引申。此种用法有1处："陟彼砠矣"（《周南·卷耳》）。

罝　音【jū】

古形【小篆 】

《说文·网部》："罝，兔网也。"从字形看，"罝"由"罒（网）"和"且"组成。"且"或为"阻"字省写，有"阻挡"的意思，同"网"组合表示能够阻挡兔子逃跑的网。

释义："罝"在《诗经》中使用3处，无迭用。

捕兔子的网。此种用法有3（风3）处，如："肃肃兔罝"（《周南·兔罝》）。

琚　音【jū】

古形【金 小篆 】

《说文·玉部》："琚，瓊琚。"即一种佩玉。从字形看，"琚"由"王（玉）"和"居"组成。"居"有"自古

就住在本地的人”的意思，同“玉”组合或表示“琚”是一种为本地出产的玉。

释义：“琚”在《诗经》中使用2处，无迭用。

一种佩玉。此种用法有2（风2）处，如：“佩玉琼琚”（《郑风·有女同车》）。

椐 音【jū】

古形【金**小篆****】**

《尔雅·释木》：“椐，樻。”郭璞注：“肿节，可以为杖。”椐树，又叫樻树，是一种满身结节的老树，老人常用其木做拐杖，故又有灵寿木之称。从字形看，“椐”由“木”和“居”组成。“居”有“自古生长于此”之意，同“木”组合或表示古老之木、寿木。

释义：“椐”在《诗经》中使用1处，无迭用。

树名。此种用法有1处：“其柽其椐”（《大雅·皇矣》）。

雎 音【jū】

古形【金**小篆****】**

“雎”又作“鴡”，然在词义上或略有区别：“鴡”从“鸟”，“雎”从“隹”，“隹”指鹰隼类之鸟，较之一般鸟更凶猛一点。《诗经》中唯有一处用此鸟比喻美好的爱情，皆因其雄雌均有固定配偶，古人称之为贞鸟之故。如此美好的爱情，用一只凶禽（隹）作喻，实乃大煞风景，故此种之鸟应作“鴡”为佳。“鴡”，俗称为鱼鹰，而在海滨、湖沼中，也栖息着一种鸟类——鸬鹚。鸬鹚有着高超的捕鱼本领，人们很早就开始驯养它们来捕鱼。鸬鹚捕鱼的时候，渔人在其喉部系上脖套，使其在嘴捕到鱼时不致吞咽下去，只能叼着鱼让渔人取出。人们也常习惯地称之为“鱼鹰”（或非彼鱼鹰）。鸬鹚不仅是捕鱼能手，还是美满婚姻的象征。结为伴侣的鸬鹚，从营巢孵卵到哺育幼雏，都是共同进行，相互关爱体贴。《诗经》中的“鴡”，或指的就是鸬鹚。从字形看，“鴡”由“且”组成，“鸟”指鸟类；“且”或是“阻”字省写，有“阻隔”之义，合在一起表示“喉部被套上阻隔之物的鸟”。

释义：“雎”在《诗经》中使用1处，无迭用。

一种水鸟。此种用法有1处：“关关雎鸠”（《周南·关雎》）。

鞠 音【jū】

古形【金**小篆****】**

《说文·革部》：“鞠，蹋鞠。”“蹋鞠”的意思是“蹋（踢）皮球”，类似于现在的踢足球。从字形看，“鞠”由“革”和“匊”组成。“鞠”是一种外包皮革（革）、内装米糠（匊）的球，所以字形本身就表达了这个意思。“蹋鞠”是“鞠”的动词化的用法。据史料记载，早在战国时期汉族民间就流行蹴鞠游戏，而金文有“鞠”，故“鞠”本义应该是“皮球”。又“革”指加工兽皮（即肉食）；“匊”像手捧米（粮食）之状，“鞠”字“养育”之意或由此而来，即合在一起表示用米饭和肉食养育下一代。

释义："鞠"在《诗经》中使用3处，无迭用。

1.养育。由字形意义另解而来。此种用法有1处："母兮鞠我"（《小雅·蓼莪》）。

2.通"鞫"穷尽、极。此种用法有2（风1；雅1）处："曷又鞠止"（《齐风·南山》）；"降此鞠讻"（《小雅·节南山》）。

鞫　音【jū】

古形【金 小篆 】

"鞫"，《说文》作"𥷚"。《说文·羍部》："鞫，穷理罪人也。从羍、从人、从言，竹声。"《段注》："（作'从羍人言'）会意。羍人言者，犯罪人之言也。""羍"指刑具，《说文·羍部》："羍，所以惊人也。"即惊人之刑具，"竹"或也指刑具，即一般的非惊人刑具。轻重刑具一起上（穷理），逼迫罪人招供即为"𥷚"，即"鞫"。

释义："鞫"在《诗经》中使用5处，无迭用。

1.穷困、穷尽。由穷尽手段审罪人引申。此种用法有4（风1；雅3）处，如："昔育恐育鞫"（《邶风·谷风》）；"鞫为茂草"（《小雅·小弁》）；"芮鞫之即"（《大雅·公刘》）（言水尽头）。

2.同"宄"，奸人。由审问对象引申。此种用法有1处："鞫人忮忒"（《大雅·瞻卬》）。

局　音【jú】

古形【金 小篆 】

"局"，秦简文写作"局"，由"尸"和"句"组成。"尸"表示（僵直的）身体；"句"有"弯曲"的意思，同"尸"组合表示弯曲身体。在北京方言里，有一个词叫"局气"，和它相对应的还有一个词叫"豪横"。"豪横"表示一个人行事横冲直撞，不乏豪气，其落点在"横（直）"，略带贬义；"局气"则形容此人说话办事有礼有面，不全依仗自己的性子来。凡事懂得张弛有度、曲折迂回，就是"局"。如果不懂得"句（曲）"，就如同僵"尸"，这就是"局"字给我们的启示。

释义："局"在《诗经》中使用2处，无迭用。

曲身、弯曲。此种用法有2（雅2）处，如："不敢不局"（《小雅·正月》）。

鶪　音【jú】

古形【小篆 】

《说文·鸟部》："鶪，伯劳也。"伯劳鸟，又称姑恶鸟、苦吻鸟等。《本草纲目》说其"夏鸣冬止，乃月令候时之鸟。"此鸟生性凶猛，素有"小猛禽"之称，故曹植《恶鸟论》云："鶪声嗅嗅，故以名之。感阴而动，残害之鸟也。"从字形看，由"狊"和"鸟"组成。"狊"疑为"阒"字省写，有寂静的意思，同"鸟"组合或表示这是一种冬天静声的鸟；抑或其叫声嗅嗅，"狊"为"嗅"而为"鶪"。

释义："鶪"在《诗经》中使用1处，

无迭用。

伯劳鸟。此种用法有1处："七月鸣鵙"（《豳风·七月》）。

沮　音【jǔ、jù】

古形【金　小篆　】

"沮"由"氵（水）"和"且"组成。"水"表示水流；"且"是"祖"字初文，甲骨文写作"　"，像土堆之形，同"水"组合或表示用土堆阻挡水流，故有"阻止"之意。《说文·水部》："沮，水。"或因此水因阻改流而得名。

释义："沮"在《诗经》中使用6处，无迭用。

1.止、阻止。此种用法有2（雅2）处："乱庶遄沮"（《小雅·巧言》）；"则不可沮"（《大雅·云汉》）。

2.水旁洼湿之地。由水因阻而积洼引申。此种用法有1处："彼汾沮洳"（《魏风·汾沮洳》）。

3.借作水名。此种用法有2（雅1；颂1）处："漆沮之从"（《小雅·吉日》）；"猗与漆沮"（《周颂·潜》）。

4.借为"徂"，往。此种用法有1处："自土沮漆"（《大雅·绵》）。

举(舉)　音【jǔ】

古形【甲　金　小篆　】

"举"，甲骨文写作"　"，像人头顶上举着一个小孩之形，金文写作"　"，像四手共举之形，故《说文·手部》云："举，对举也。"用手向上抬托，就是"举"。

释义："举"在《诗经》中使用8处，无迭用。

1.用手向上抬托。此种用法有7（风2；雅4；颂1）处，如："火烈具举"（《郑风·大叔于田》）；"助我举柴"（《小雅·车攻》）；"维仲山甫举之"（《大雅·烝民》）；"箫管备举"（《周颂·有瞽》）（言抬举乐器演奏）。

2.祭祀。由祭祀需举牲献祭引申。此种用法有1处："靡神不举"（《大雅·云汉》）。

筥　音【jǔ】

古形【小篆　】

《说文·竹部》："筥，篅也。"意即盛物的圆形竹器。从字形看，"筥"由"竹"和"吕"组成。"吕"，甲骨文写作"　"，像两块脊椎骨连接之形，同"竹"组合表示像脊骨之状的竹器，或是竹篓。

释义："筥"在《诗经》中使用3处，无迭用。

竹篓。此种用法有3（风1；雅1；颂1）处："维筐及筥"（《召南·采蘋》）；"筐之筥之"（《小雅·采菽》）；"载筐及莒"（《周颂·良耜》）。

楀　音【jǔ、yǔ】

古形【小篆　】

《说文·木部》："楀，木也。"从字形看，"楀"由"木"和"禹"组成。"禹"是虫名（参见"禹"条），同"木"组合或表示这是一种容易被虫侵蚀的树。

释义："楀"在《诗经》中使用1处，

无迭用。

借作姓。此种用法有1处："楀维师氏"（《小雅·十月之交》）。

踽 音【jǔ】

古形【金 小篆 】

《说文·足部》："踽，疏行貌。"意即独行无亲的样子。从字形看，"踽"由"足"和"禹"组成。"足"表示行走；"禹"，金文写作" "，像一条虫的样子，同"足"组合表示像一条虫样独自行走。本义是"孤独"。

释义："踽"在《诗经》中使用1处2次，迭用。

孤独貌。此种用法有1处2次，迭用，如："独行踽踽"（《唐风·杕杜》）。

句 音【jù】

古形【金 小篆 】

"句"由"口"和"丩"组成。"口"像一固定之物；"丩"像绳缠绕之状，同"口"组合表示绳缠绕在固定物上呈弯曲状。《说文·句部》："句，曲也。""弯曲"是其本义。

释义："句"在《诗经》中使用1处，无迭用。

弯曲。此种用法有1处："敦弓既句"（《大雅·行苇》）（弓弦拉满则曲）。

具 音【jù】

古形【甲 金 小篆 】

《说文·廾部》："具，共置也。"从字形看，"具"，甲骨文写作" "，金文写作" "，上面像个鼎，下面有一双手，合起来像两手举鼎（食具）之形。本义是准备食具。

释义："具"在《诗经》中使用17处，无迭用。

1.具备。此种用法有1处："尔牲则具"（《小雅·无羊》）。

2.同"俱"，有"全、都"等意思。此种用法有16（风3；雅13）处，如："火烈具举"（《郑风·大叔于田》）；"兄弟既具"（《小雅·常棣》）；"莫远具尔"（《大雅·行苇》）。

秬 音【jù】

古形【金 小篆 】

《说文·禾部》："秬，黑黍也。""秬"，俗称黑黍，谷类的一种，古人视为佳谷。《周礼注疏》卷十九中曾描述："王驾崩大肆，以秬"，意思是说，周朝时期的皇帝驾崩后，都会用秬（黑黍酿成的白酒）擦抹遗体，以此来保持体香跟防止腐烂。从字形看，"秬"由"禾"和"巨"组成。"巨"有"大"的意思，同"禾"组合表示这是一种有很大作用的谷类。"秬"，《说文》又作" "，古籍中鲜见。

释义："秬"在《诗经》中使用4处，无迭用。

黑黍。此种用法有4（雅3；颂1）处，如："恒之秬秠"（《大雅·生民》）；"有稻有秬"（《鲁颂·閟宫》）。

据(據) 音【jù】

古形【金 小篆 】

“据”和“據”是两个字，简化后只作“据”，兼顾了两个字的意思。《说文·手部》：“据，戟挶也。”意思是手像戟一样弯曲持握。从字形看，“据”由“扌（手）”和“居”组成。“居”有“居家”之义，同手组合或表示因手有病则无法扛起养家的重任。《说文·手部》：“據，杖持也。”从字形看，“據”由“扌（手）”和“豦”组成。“豦”像虎（虍）猪（豕）相斗之状，同“手”组合或表示虎猪相斗之时依靠一根手杖去制止（或救家养之猪）。

释义：“据”在《诗经》中使用2处，无迭用。

1. 手病不能曲伸。“据”之本义，此种用法有1处：“予手拮据”（《豳風·鸱鸮》）。

2. 依靠。“據”之本义，此种用法有1处：“不可以据”（《邶风·柏舟》）。

距 音【jù】

古形【金 小篆 】

《说文·足部》：“距，鸡距也。”所谓鸡距，指的是鸡（或鸟禽）爪中朝后叉去的那一趾。古人以这一趾为鸟禽的基准趾，在二十八星宿体系中以禽距为测量度数的基准点，这一点位上的星称为距星。从字形看，“距”，金文写作“ ”。“ ”像量具；“ ”表示禽掌；“ ”像爪趾，下面的一横指示基准点。由于“距”又是用于测量的基准点，所以后来又引申为距离。

释义：“距”在《诗经》中使用1处，无迭用。

同“拒”，抗拒。此种用法有1处：“敢距大邦”（《大雅·皇矣》）。

惧(懼) 音【jù】

古形【金 小篆 】

“惧”，繁体作“懼”，《说文·心部》：“懼，恐也。”从字形看，“懼”由“忄（心）”和“瞿”组成。“瞿”小篆写作“ ”，像一只鸟睁大双眼左顾右盼的样子，同“心”组合表示内心惊恐。

释义：“惧”在《诗经》中使用2处，无迭用。

惊恐。此种用法有2（雅2）处，如：“将恐将惧”（《小雅·谷风》）。

虡 音【jù】

古形【金 小篆 】

《说文·虍部》：“虡，钟鼓之柎也。”意思是悬挂钟鼓等乐器架的木柱子。从字形看，“虡”，金文写作“ ”，像架子两旁做工有致的木柱。“虡”由“虍”和“ ”组成，“虍”像虎纹，表示柱上刻有纹饰；“ ”像柱干和柱脚之形。

释义：“虡”在《诗经》中使用2处，无迭用。

悬挂钟鼓等乐器架两旁的木柱。此种用法有2（雅1；颂1）处：“虡业维枞”（《大雅·灵台》）；“设业设虡”（《周颂·有瞽》）。

窭　音【jù】

古形【金 小篆 】

“窭”字形从“穴”，《说文》放在“宀”部，或因笔误，抑或因“穴”“宀”义近之故。《说文·宀部》：“窭，无礼居也。”《段注》：“谓宫室不中礼。”意即形容室内狭窄简陋。从字形看，“窭”由“宀”和“娄”组成。“宀”表示“居室”；“娄”有“空”意，合在一起表示室内空空如也，家境十分贫寒。

释义：“窭”在《诗经》中使用1处，无迭用。

贫寒、困窘。此种用法有1处：“终窭且贫”（《邶风·北门》）。

屦　音【jù】

古形【金 小篆 】

《说文·尸部》：“屦，履也。”又“履，足所依也。”所谓足所依，即指鞋子。从字形看，“屦”由“尸”、“彳”和“娄”组成。“尸”为人体；“彳”表示“行路”；“娄”有“空”义，三部分组合在一起表示人行路时脚上穿着的镂空的鞋子。

释义：“屦”在《诗经》中使用2处，无迭用。

鞋子。此种用法有2（风2）处，如：“葛屦五两”（《齐风·南山》）。

鞙　音【juān】

古形【小篆 】

“鞙”由“革”和“肙”组成。“革”指皮革；“肙”有“小”的意思，同“革”组合表示小巧的皮革制品，原指用皮革做的马络头。《说文·革部》：“鞙，大车缚轭靼。”“靼”指的是皮带，这应该是“鞙”的引申义。

释义：“鞙”在《诗经》中使用1处2次，迭用。

同“琄”，琄琄，佩玉的样子。此种用法有1处，迭用：“鞙鞙佩璲”（《小雅·大东》）。

蠲　音【juān】

古形【金 小篆 】

《说文·虫部》：“蠲，马蠲也。”马蠲，又叫马陆，一种多足之虫，常年生活在阴暗潮湿的地方，昼伏夜出，吃草根和腐败的植物。从字形看，“蠲”由“益”和“蜀”组成。“益”通“溢”，有“多”义（又或此虫吃腐烂之植物，对植物生长有益）；“蜀”，甲骨文写作“ ”，像一条虫的形状，同“益”组合表示多足之虫。

释义：“蠲”在《诗经》中使用1处，无迭用。

洁。由马蠲能清洁腐败植物引申。此种用法有1处：“吉蠲为饎”（《小雅·天保》）（古人祭祀前一般先沐浴斋戒使身体清洁）。

卷　音【juǎn、juàn】

古形【金 小篆 】

《说文·卩部》：“卷，厀曲也。”清

王筠《说文句读》：“厀与卷盖内外相对。”厀曲，即与膝盖相对应的部分，亦即大小腿相连关节的后部。从字形看，“卷”由“龹”和“㔾”组成。“龹”表示屈曲；“㔾”，小篆写作“卩”，像跪坐之人，同“龹”组合表示膝盖弯曲之义。

释义：“卷”在《诗经》中使用6处，无迭用。

1.弯曲。由特指到泛指引申。此种用法有4（风1；雅3）处，如：“采采卷耳”（《周南·卷耳》）；“匪伊卷之”（《小雅·都人士》）；“有卷者阿”（《大雅·卷阿》）。

2.通“婘”，美好。此种用法有1处：“硕大且卷”（《陈风·泽陂》）。

3.同“捲”，弯曲成圆筒形。此种用法有1处：“不可卷也”（《邶风·柏舟》）。

悁 音【juàn】

古形【小篆】

《说文·心部》：“悁，忿也。”从字形看，“悁”由“忄（心）”和“肙”组成。“心”表示心胸；“肙”有“小”意，同“心”组合或表示“小心眼”即“心胸狭窄”。一个心胸狭窄的人遇事表现的不仅仅是“忿怒”，所以“悁”还有“忧愁、急躁”等意思。

释义：“悁”在《诗经》中使用1处，无迭用。

郁闷，迭用表示郁闷貌。由心胸狭窄之人遇事引发的情绪引申。此种用法有1处，迭用：“中心悁悁”（《陈风·泽陂》）。

眷(睠) 音【juàn】

古形【小篆】

《说文·目部》：“眷，顾也。”意即回头望。从字形看，“眷”由“龹”和“目”组成。从小篆字体看，“眷”字中间是“廾（一双手）”的形状，上部或是“羊”字变体，传抄中或将其合成了“龹”，其实像给羊接生之状。“眷”或就母羊在生产过程中回首探望小羊仔，由此“顾念”“爱恋”“亲属”等这些由“眷”派生的意义也就不难理解了。

释义：“眷”在《诗经》中使用3处4次，1处迭用。

回顾。此种用法有3（雅3）处4次，1处迭用，如：“眷言顾之”（《小雅·大东》）；“乃眷西顾”（《大雅·皇矣》）。

蹻 音【juē、qiāo】

古形【小篆】

《说文·足部》：“蹻，举足行高也。”从字形看，“蹻”由“足”和“喬”组成。“足”或表示马腿；“喬”有“高”意，合起来表示马在奔跑中突然抬高两前腿在空中行走嘶鸣的状态，由此表现出强壮勇武的样子。

释义：“蹻”在《诗经》中使用5处10次，5处迭用。

1.强壮勇武。由马的行为状态表现出的精神面貌引申。此种用法有4（雅1；颂3）处8次，均迭用，如：“四牡蹻蹻”（《大雅·崧高》）；“蹻蹻王之造”（《周颂·酌》）（言人勇武）。

2. 傲慢。贬义引申。此种用法有1处2次，选用：“小子蹻蹻”（《大雅·板》）。

决(決) 音【jué】

古形【金小篆】

“决”又作“決”。《说文·水部》：“決，行流也。”从字形看，“決”由“氵（水）”和“夬”组成。“夬”，小篆写作“”，上面像个射箭时的钩弦器，下面像只手，用手打开钩弦器，使箭射出就是“夬”，同“水”组合表示使水流通行。

释义：“决”在《诗经》中使用1处，无迭用。

通“抉”，古代射箭时套在右手大拇指上的骨制套子。此种用法有1处：“决拾既佽”（《小雅·车攻》）。

绝(絕) 音【jué】

古形【金小篆】

“绝”金文写作“”，像两股束丝被刀割成不连体的两段。故《说文·糸部》云：“绝，断丝也。从糸、从刀、从卩。”其中“从卩”，清孔广居《说文疑疑》：“绝从卩，会骨至卩而断意。”

释义：“绝”在《诗经》中使用2处，无迭用。

1. 灭绝。由断后再无可能复原引申。此种用法有1处：“是绝是忽”（《大雅·皇矣》）。

2. 极、最。由灭绝是极端做法引申。此种用法有1处：“终逾绝险”（《小雅·正月》）。

掘 音【jué】

古形【金小篆】

《说文·手部》：“掘，搰也。”从字形看，“掘”由“扌（手）”和“屈”组成。“屈”疑为“窟”字省写，有洞穴的意思，同“扌（手）”组合或表示掏挖洞穴。

释义：“掘”在《诗经》中使用1处，无迭用。

掏挖（洞穴）。此种用法有1处：“蜉蝣掘阅”（《曹风·蜉蝣》）。

桷 音【jué】

古形【金小篆】

《说文·木部》：“桷，榱也。”“榱”即椽子。所谓“椽子”，指的是放在檩上架着屋顶的木条。从字形看，“桷”由“木”和“角”组成。“角”有“棱角”的意思。椽子做成长方形，看着有棱有角的就称“桷”。

释义：“桷”在《诗经》中使用2处，无迭用。

方的椽子。此种用法有2（颂2）处，如：“松桷有舄”（《鲁颂·閟宫》）。

厥 音【jué】

古形【金小篆】

“厥”，金文写作“”，很像一门古代战争中发射石头的抛石器。故《说文·厂部》云：“厥，发石也。”“厥”写

成“ ”，由“厂”和“欮”组成。“厂”或是“厥”的变体；“欮”有憋气发力的意思，同“厥”组合或表达人工发射石块时的状态，以至于后来有了“突然昏倒”等引申义。

释义：“厥”在《诗经》中使用45处，无迭用。

借作代词或指示代词，有“他（们）的”、“其、那”等意思。此种用法有45（雅25；颂20）处，如：“播厥百谷”（《小雅·大田》）；“聿修厥德”（《大雅·文王》）；“将受厥明”（《周颂·臣工》）

蕨　音【jué】

古形【金 小篆 】

《说文·艸部》：“蕨，鳖也。”意思是“蕨是一种初生如鳖脚的山菜。”《本草纲目》引《埤雅》云：“蕨初生无叶，状如雀足之拳，又如人足之蹶，故谓之蕨。周秦曰蕨，齐鲁曰鳖，初生亦类鳖脚故也。其苗谓之蕨萁。”从字形看，“蕨”由“艹（艸）”和“厥”组成。“厥”或为“蹶”字省写，同“艹”组合表示状如“人足之蹶”的野菜。又因初生“类鳖脚”，故《说文》谓之“鳖”。

释义：“蕨”在《诗经》中使用2处，无迭用。

野菜名。此种用法有2（风1；雅1）处：“言采其蕨”（《召南·草虫》）；“山有蕨薇”（《小雅·四月》）。

爵　音【jué】

古形【甲 金 小篆 】

“爵”，甲骨文写作“ ”，像一个三足高脚的器皿，是古代的一种饮酒器，《礼记·礼器》：“贵者献以爵。”或因这种酒器一般在王公贵族中使用，所以后来君主给贵族以封号，以爵位代之。

释义：“爵”在《诗经》中使用7处，无迭用。

1. 古代一种酒器。此种用法有5（风1；雅4）处，如：“公言锡爵”（《邶风·简兮》）；“三爵不识”（《小雅·宾之初筵》）；“洗爵奠斝”（《大雅·行苇》）。

2. 爵位。或因此器一般由王公贵族使用引申。此种用法有2（雅2）处：“受爵不让”（《小雅·角弓》）；“诲尔序爵”（《大雅·桑柔》）。

臄　音【jué】

古形【小篆 】

“臄”，《说文》又作“谷”。《说文·谷部》：“谷，口上阿也。从口，上像其理……臄，或从肉，从豦。”所谓“口上阿”，指口内上颚卷曲的那部分肉，故从口，上面的部分像口中之肉的纹理。又“臄”由“月（肉）”和“豦”组成。“豦”像“虍（虎）”和“豕（猪）”的组合，加上“月（肉）”或表示猪碰到虎只能成为其口中之肉。尽管此肉和彼肉不同，但在表达“口中之肉”意义上则是一致的。

释义：“臄”在《诗经》中使用1处，无迭用。

口中之肉。此种用法有1处：“嘉肴

脾臄”（《大雅·行苇》）（此处之“臄”多解为“牛舌”，牛舌为牛口中之肉，为肴则是食者口中之肉。）

蹶 音【jué】

古形【金 小篆 】

《说文·足部》：“蹶，僵也。”从字形看，“蹶”由“足”和“厥”组成。“足”表示腿脚；“厥”，金文写作“ㄋ”，指古代战争中使用的投石器，或因投石器杆形直，故同“足”组合表示腿脚僵直。一说“厥”是投石器，因“足”碰石而易跌，所以“蹶”有“跌倒”之意。其实腿脚僵直而行走不便也易跌倒，“蹶”之“跌倒”义或由此而来。腿脚僵直，行走或跳跃姿态，故《说文》又云“蹶”“一曰：跳也。”

释义：“蹶”在《诗经》中使用7处8次，1处迭用。

1.跳跃行走，迭用表示急遽貌，引申为勤奋的样子。由因腿脚僵直而行走成跳跃状引申。此种用法有1处2次：“良士蹶蹶”（《唐风·蟋蟀》）。

2.变动、感动。或由僵直而动引申。此种用法有2（雅2）处，如：“文王蹶厥生”（《大雅·绵》）。

3.借作人姓、名。此种用法有4（雅4）处，如：“蹶维趣马”（《小雅·十月之交》）；“蹶父孔武”（《大雅·韩奕》）。

觼 音【jué】

古形【小篆 】

《说文·角部》：“觼，环之有舌者……觼或从金、矞。”“觼”指古代有舌的环器，用来系辔。“觼”字或体是“鐍”。“觼”构字不明，“鐍”由“金”和“矞”组成，“矞”有“彩云”义，同“金”组合或表示金属的环器在辔上排列起来犹如云彩。

释义：“觼”在《诗经》中使用1处，无迭用。

有舌的环。此种用法有1处：“鋈以觼軜”（《秦风·小戎》）。

军(軍) 音【jūn】

古形【金 小篆 】

中国古代打仗主要靠车战，驻扎时，用战车围起来形成营垒，以防敌人袭击。《说文·车部》：“军，圜围也。四千人为军。”从字形看，“军”，小篆写成“軍”，外圈是“包”字省写，有包围的意思；中间的“車”代表战车，用战车围成营垒就是“军”，古四千人为一个军的建制，所以“军”又有“武装部队”的意思。

释义：“军”在《诗经》中使用2处，无迭用。

军队。此种用法有2（风1；雅1）处：“中军作好”（《郑风·清人》）；“其军三单”（《大雅·公刘》）。

君 音【jūn】

古形【甲 金 小篆 】

《说文·口部》：“君，尊也。”即“君”指尊贵之人。从字形看，“君”由

“尹”和“口”组成，“尹”有“治理”之意，同“口”组合表示发号施令，治理国家之人。一般君王发令，一言九鼎，所以君多用于说话算话之人。

释义：“君”在《诗经》中使用198处，无迭用。

君王或有人君品德（说话算话）之人。此种用法有198（风58；雅139；颂1）处，如：“君子好逑”（《周南·关雎》）；“君子是则是效”（《小雅·鹿鸣》）；“君子有孝子”（《大雅·既醉》）；“君子有谷”（《鲁颂·有駜》）。

均　音【jūn】

古形【金 小篆 】

《说文·土部》：“均，平徧也。”从字形看，“均”由“土”和“匀”组成。“匀”有“平均”的意思。把“土”中高处削去，低处填平，使之普遍同样高低，呈现平整状就是“均”。

释义：“均”在《诗经》中使用4处，无迭用。

1.均匀、均衡、普遍。此种用法有3（雅3）处，如：“大夫不均”（《小雅·北山》）。

2.制陶器模子下面的圆盘。由该圆盘能使陶土分布均匀引申。此种用法有1处：“秉国之均”（《小雅·节南山》）。

钧　音【jūn】

古形【金 小篆 】

“钧”，金文写作“”，古即“（匀）”字，“匀”中的两点像金属原料，金文将其中的两点换成“金”字写作“”，以明确“金属”之意。“匀”到“”再到“钧（又作‘銞’）”，所表示的意义是一致的，指制作青铜器原料的重量单位。《说文·金部》：“钧，三十斤也。”古人以“十六两为斤，三十斤为钧，四钧为石”。

释义：“钧”在《诗经》中使用1处，无迭用。

通“均”，同样。此种用法有1处：“四鍭既钧”（《大雅·行苇》）。

麇（麕）　音【jūn】

古形【金 小篆 】

麇俗称獐子，属鹿科类动物，雄性腹部具麝香腺，可分泌麝香。从字形看，“麇”又作“麕”，由“鹿”和“囷”组成。“鹿”表示“麇”属鹿科动物；“囷”指圆形谷仓，有囤积的意思，同“鹿”组合或表示“麇”是一种可以集聚麝香的鹿科动物。

释义：“麇”在《诗经》中使用1处，无迭用。

动物名。此种用法有1处：“野有死麇”（《召南·野有死麇》）。

浚（濬）　音【jùn】

古形【金 小篆 】

“浚”又作“濬”。《说文·水部》：“浚，抒也。”《段注》：“抒者，挹（舀）也，取诸水中也。”从字形看，“浚”由“氵（水）”和“夋”组成，“夋”本义为大猩猩行走状：傲慢有力 且行走舒缓，同“水”组合或表示缓缓舀水之状。“濬”，《说文》又作“睿”。《说文·水部》：“睿，深通川也。”从字形看，“濬”由“氵（水）”和“睿”组成。“睿”有“深明、通达”的意思，同“水”组合表示深疏川流使其通畅。

释义：“浚”在《诗经》中使用6处，无迭用。

1. 深水（“濬”之本义）。此种用法有2（雅1；颂1）处：“莫浚匪泉”（《小雅·小弁》）；“浚哲维商”（《商颂·长发》）（一说借作“睿”，有“智慧”意）。

2. 借作邑名。此种用法有4（风4）处，如：“在浚之城”（《鄘风·干旄》）（浚，古卫国邑名，在今河南濮阳县南）。

骏(駿)　音【jùn】

古形【金 小篆 】

《说文·马部》：“骏，马之良才者。”从字形看，“骏”由“马”和“夋”组成。“夋”或为“俊”字省写，有才智过人的意思，同“马”组合表示品质超群的马，即良马、好马。

释义：“骏”在《诗经》中使用8处，无迭用。

1.（高）大、俊美、迅速。由良马的优点引申。此种用法有7（雅4；颂3）处，如：“不骏其德”（《小雅·雨无正》）；“骏命不易”（《大雅·文王》）；“骏奔走在庙”（《周颂·清庙》）。

2. 同“恂”，骏厖即恂蒙，庇护。此种用法有1处：“为下国骏厖”（《商颂·长发》）。

畯　音【jùn】

古形【小篆 】

《说文·田部》：“畯，农夫也。”《康熙字典》引《诗诂》云“《周礼》无田畯之职，盖六遂中邻、里、鄙、酂、县、遂之长，高者为大夫，卑者为士，通称为田畯。盖农田之俊也。”在周制中，京城外百里之外二百里之内（城郊农耕）分为六遂，每遂有遂人（即长官）掌其政令，其长官无论官职大小，都有管理土地和人民之责。从字形看，“畯”有由“田”和“夋”组成，“夋”或为“俊”字省写，有“才智出众”的意思，同“田”组合表示“管理田土的才智出众的人”。

释义：“畯”在《诗经》中使用3处，无迭用。

掌管农事的田官。此种用法有3（风1；雅2）处，如：“田畯至喜”（《豳风·七月》）；“田畯至喜”（《小雅·大田》）。

K

开(開) 音【kāi】

古形【小篆】

“开”，繁体作“開”。《说文 · 门部》：“開，张也。”从字形看，“開”由“門”和“开”组成。“門”，小篆写作“”，像两扇对开的关闭着的大门，古文“開”写作“”，像門后有一双手在抽门栓欲将其打开之状，汉字隶变将“”中的“”写作“开”，汉字简化或误作“开”。将门打开就是“開（开）”。

释义：“开”在《诗经》中使用2处，无迭用。

1. 打开（门）。此种用法有1处：“以开百室”（《周颂 · 良耜》）。

2. 开创。由特指到泛指引申。此种用法有1处：“克开厥后”（《周颂 · 武》）。

凯(凱) 音【kǎi】

古形【金 小篆】

“凯”又作“凱”由“豈”和“几”组成。“豈”是“壴”字变体，乐师持乐器列队的意思；“几”表示多个。古代军队得胜还朝，众人（几）列队击鼓奏乐（壴）以庆战功称作“凱”。《康熙字典》引《玉篇》曰：“凱，乐也。或作愷。”或因“凱”之氛围欢乐、祥和而分化为“愷”。

释义：“凯”在《诗经》中使用2处，无迭用。

和熙。由“凯”之欢乐祥和之氛围引申（或可视为借作“愷”）。此种用法有2（风2）处，如：“凯风自南”（《邶风 · 凯风》）（一说凯风即南风。凯，乐也。南风温暖，长养万物，使人喜欢，所以叫凯风）。

慨(嘅) 音【kǎi】

古形【金 小篆】

《说文 · 心部》：“慨，忼慨，壮士不得志也。”徐锴《说文系传》：“（慨）：内（心）自高亢愤激也。”从字形看，“慨”由“忄（心）”和“既”组成。“既”有“都、全”的意思，壮士不得志，内心整个都充满激愤就是“慨”。一说“既”有“毕食”之意，人吃饱喝足（既），心情（忄）愉悦，于是就生出许多感慨来，或可视为一说。

释义：“慨”在《诗经》中使用2处，无迭用。

内心激愤。此种用法有2（风2）处，如：“慨其叹矣”（《王风 · 中谷有蓷》）。

忾(愾) 音【kài】

古形【金 小篆】

《说文 · 心部》：“忾，大息也。”所谓大息，通俗地讲，就是叹气。从字形看，“忾”由“忄（心）”和“气”组成，心中不悦（忄）而叹气（气）就是“忾”。

释义：“忾”在《诗经》中使用3处，

无迭用。

叹息。此种用法有3（风3）处，如：“忾我寤叹”（《曹风·下泉》）。

堪 音【kān】

古形【金小篆】

《说文·土部》：“堪，地突也。”从字形看，“堪”由“土”和“甚”组成。“土”代表“地面、土地”；“甚”有“超过”的意思，同“土”组合表示地面突起的地方。

释义：“堪”在《诗经》中使用2处，无迭用。

能、经得起。由地面突厚，可以承载引申（又或“堪”同“龛”，由堪能承物引申）。此种用法有2（颂2）处，如：“未堪家多难”（《周颂·访落》）。

坎 音【kǎn】

古形【金小篆】

《说文·土部》：“坎，陷也。”从字形看，“坎”由“土”和“欠”组成。“欠”有“欠缺”的意思，同“土”组合表示地面欠缺之处，即低洼之地。

释义：“坎”在《诗经》中使用6处10次，4处迭用。

借作象声词（或因低洼之地亦可挖出，且挖地有声而引申）。此种用法有6（风5；雅1）处10次，4处迭用，如：“坎坎伐檀兮”（《魏风·伐檀》）（言伐木声）；“坎坎鼓我”（《小雅·伐木》）（言伐木声）。

衎 音【kàn】

古形【小篆】

《说文·行部》：“衎，行喜貌。”从字形看，“衎”由“行”和“干”组成。“干”，甲骨文写作“”，像古人狩猎、作战的工具，同“行”组合，或表示获得猎物或打了胜仗回来喜乐行走的样子。

释义：“衎”在《诗经》中使用3处，无迭用。

乐。由特指获猎返回行喜为泛指一切喜乐之事引申。此种用法有3（雅2；颂1）处，如：“烝衎烈祖”（《小雅·宾之初筵》）；“衎我烈祖”（《商颂·那》）。

阚(闞) 音【kàn】

古形【金小篆】

《说文·门部》：“阚，望也。”《段注》：“望者，出亡在外，望其还也。望有依门、依闾者，故从门。”从字形看，“阚”由“门”和“敢”组成。“门”指房门、里巷之门；“敢”，金文写作“”，像两手上下相叠张口之状，同“门”组合或表示两手相叠倚门盼望外出亲人归来，口中还念念有词。（‘敢’写作‘敢’或为隶变之误。）

释义：“阚”在《诗经》中使用1处，无迭用。

看（起来）。由特指为泛指引申。此种用法有1处：“阚如虓虎”（《大雅·常武》）。

康 音【kāng】

古形【甲 金 小篆 】

“康”是“穅”的本字，甲骨文写作“”，由“”和“”组成。“”即“庚”字，指一种古代脱谷的农具；“”像脱谷后的空壳，合在一起表示经脱谷而产生的空壳，故《说文·禾部》曰：“穅，谷皮也。”有谷皮即意味着有谷粮，民以食为天，有了粮食即可安居乐业，由此“康”又有了“丰年”“安乐”等引申义。一说“康”字本义为“和乐”。“”像一种乐器，“”像乐器发出的声音。后借康乐之康为穅皮之穅，并加“禾”以区别。

释义：“康”在《诗经》中使用14处，无迭用。

1.空。由谷皮为空壳引申。此种用法有1处：“酌彼康爵”（《小雅·宾之初筵》）。

2.丰、丰年。由多谷即多粮引申。此种用法有1处：“迄用康年”（《周颂·臣工》）。

3.安、安居、安乐。由多粮即安引申。此种用法有8（风3；雅3；颂2）处，如：“无已大康”（《唐风·蟋蟀》）；“匪居匪康”（《大雅·公刘》）；“自天降康”（《商颂·烈祖》）。

4.借指周康王。此种用法有2（颂2）处：“不显成康”（《周颂·执竞》）。

5.通“赓”，继续。此种用法有2（雅1；颂1）处：“不康禋祀”（《大雅·生民》）；“文王康之”（《周颂·天作》）。

伉 音【kàng】

古形【金 小篆 】

“伉”由“亻（人）”和“亢”组成。“亢”或为“抗”的省写，有“抵抗”的意思，同“人”组合表示“抵抗的人”即“抵御者、战士”。

释义：“伉”在《诗经》中使用1处，无迭用。

高大。由抵御者在人们心目中的形象引申。此种用法有1处：“皋门有伉”（《大雅·绵》）。

抗 音【kàng】

古形【金 小篆 】

“抗”由“扌（手）”和“亢”组成。《说文·亢部》：“亢，人颈也。从大省，像颈脉形。”“亢”本指颈项，多特指喉咙。同“手”组合或表示“手掐喉咙”。安子介先生《解开汉字之谜》在谈到“抵抗”一词时说：“用手抓住事物的根（抵），那一定是件重要的事情。用手卡住喉咙（抗），那更危险了。”“抗”或表示一种抵抗的方式。

释义：“抗”在《诗经》中使用1处，无迭用。

举、竖起。或由抵抗的状态引申。此种用法有1处：“大侯既抗”（《小雅·宾之初筵》）。

考 音【kǎo】

古形【甲 金 小篆 】

《说文·老部》:“考,老也。”从字形看,“考”由“耂”和“丂”组成。“耂”是“老”的省写,古字形像一个偻背老人扶杖而行之状;安子介先生《解开汉字之谜》:“‘丂’为一非字,它的意思是‘阻碍自由发挥’。因此(‘耂’和‘丂’组合成)‘考’字的含意为‘老一辈所作出的某种约束’。”

“考”一般多指有阅历和资历的老人或先人。

释义:“考”在《诗经》中使用27处,无迭用。

1.(有阅历和资历的)老人或先人。此种用法有20(风1;雅10;颂9)处,如:“寿考不忘”(《秦风·终南》);“在宗载考”(《小雅·湛露》)(言宫庙落成典礼中的‘考祭’。);“周王寿考”(《大雅·棫朴》);“假哉皇考”(《周颂·雝》)。

2.考问、考察。由老人因有资历考问引申。此种用法有2(雅2)处,如:“考卜维王”(《大雅·文王有声》)。

3.或通“拷”,敲、打。此种用法有4(风4)处,如:“考盘在涧”(《卫风·考盘》)。

4.借作“簋”,古代食器。此种用法有1处:“作召公考”(《大雅·江汉》)。

栲　音【kǎo】

古形【金 小篆 】

栲指一种常绿乔木,树高可达30米,其花单朵密生于花序轴上,壳斗通常呈圆球形或宽卵形,不规则瓣裂。子实大小年明显,一般每隔2—3年出现一次,11月份成熟,壳斗开裂,种子掉落或用竹竿敲落。字形“栲”由“木”和“考”组成,“考”有“敲”义,同“木”组合或表示“种子需要敲落之木”。“栲”,《说文》作“柅”,由“木”和“尻”组成。尻俗称屁股,或由此树之花壳斗瓣裂形似尻而来。《尔雅·释木》:“栲,山樗。”“樗”多用为谦词谓无用之才,“考”有“老”意,或因“老”而无用故“栲”以“考”作声符。

释义:“栲”在《诗经》中使用2处,无迭用。

木名。此种用法有2(风1;雅1)处:“山有栲”(《唐风·山有枢》);“南山有栲”(《小雅·南山有台》)。

柯　音【kē】

古形【金 小篆 】

“柯”由“木”和“可”组成。“可”有“可以”的意思,同“木”组合或表示可以做某种用途的木料。《说文·木部》:“柯,斧柄也。”可以做斧柄的木头就是“柯”。从金文字形“ (柯)”字看,左边的“ ”很像一个镶嵌在物体上的柄棍。

释义:“柯”在《诗经》中使用3处,无迭用。

斧柄。此种用法有3(风3)处,如:“伐柯如何”(《豳风·伐柯》)。

薖　音【kē】

古形【小篆 】

《说文·艸部》:“薖,艸也。”清桂

馥《说文义证》:“（薖）字或作萵，杜甫有种萵苣诗。”“萵苣”即“莴苣”，又称莴菜，是一种单生草本植物。宋·陶谷《清异录》记载：“呙国（西域国名）使者来汉，有人求得菜种，酬之甚厚，故因名千金菜，今萵苣也。”从字形看，或因此菜来自呙国，故称“莴”菜。

释义：“薖”在《诗经》中使用1处，无迭用。

独处。由萵苣单生引申。此种用法有1处：“硕人之薖”（《卫风·考盘》）（或言因独处而悠闲快乐）。

可　音【kě、kè】

古形【甲　金　小篆　】

《说文·可部》：“可，肯也。”从字形看，“可”由“口”和“㔾”组成。“㔾”是反写的“丂”字，桂馥《说文义证》：“反㔾者，气舒也。”口中发出舒适之词就是“可”，故朱骏声《说文通训定声》说“可”是“许词也”。

释义：“可”在《诗经》中使用81处，无迭用。

能、可以、肯许。此种用法有81（风48；雅33）处，如：“不可休息”（《周南·汉广》）；“不可弭忘”（《小雅·沔水》）；“不可救药”（《大雅·板》）。

渴　音【kě】

古形【金　小篆　】

《说文·水部》：“渴，尽也。”从字形看，“渴”由“氵（水）”和“曷”组成。“曷”或为“竭”字省写。《段注》：“渴、竭，古今字。古水竭字多用渴，今则用渴为潵（口干想喝）矣。”“竭”有“尽”的意思，（体内）水尽即口干想喝水即为“渴”。

释义：“渴”在《诗经》中使用4处，无迭用。

口干想喝水。此种用法有4（风1；雅3）处，如：“苟无饥渴”（《王风·君子于役》）；“匪饥匪渴”（《小雅·车辖》）。

克　音【kè】

古形【甲　金　小篆　】

《说文·克部》：“克，肩也。”从字形看，“克”，甲骨文写作“　”，像人肩负物之形。肩负重物而不言，即能胜任。一说“克”像人戴甲胄，表示攻打战胜之意，似牵强。人负重物而胜任，“战胜”之义或由这种持续不懈的精神引申而来。

释义：“克”在《诗经》中使用38处，无迭用。

1. 能、胜任。此种用法有32（风2；雅22；颂8）处，如：“匪斧不克”（《齐风·南山》）；“克壮其犹”（《小雅·采芑》）；“克配上帝”（《大雅·文王》）；“克配彼天”（《周颂·思文》）

2. 胜、战胜。由坚持负任引申。此种用法有5（雅4；颂1）处，如：“既克有定”（《小雅·正月》）；“如云不克”（《大雅·桑柔》）；“既克淮夷”（《鲁颂·泮水》）。

3. 同“剋”，掊克，聚敛剥削。此种

用法有1处："曾是掊克"（《大雅·荡》）。

恪(愙) 音【kè】

古形【金 小篆 】

"恪"又作"愙"，《说文·心部》："愙，敬也。"从字形看，"愙"由"客"和"心"组成。内心像对待宾客一样，恭敬、谨慎就是"愙"。"愙"写作"恪"或是简化的结果。

释义："恪"在《诗经》中使用1处，无迭用。

恭敬、谨慎。此种用法有1处："执事有恪"（《商颂·那》）。

客 音【kè】

古形【金 小篆 】

"客"由"宀"和"各"组成。"宀"表示房屋；"各"，甲骨文写作" "像脚在向目的地走去的示意图，同"宀"组合表示"客"是走入别人家房屋内的人。《说文·宀部》："客，寄也。""寄"指的是寄宿在别人家的客人。

释义："客"在《诗经》中使用10处，无迭用。

客人。此种用法有10（雅3；颂7）处，如："以御宾客"（《小雅·吉日》）；"我客戾止"（《周颂·振鹭》）。

肯(肎) 音【kěn】

古形【金 小篆 】

"肯"，古作"肎"，《说文·肉部》："肎，骨间肉，肎肎箸也。"意思是附着在骨头之间的肉。从字形看，"肎"由"冖"和"月（肉）"组成，"冖"像骨头，同"肉"组合表示肉粘附在骨头上。"肯"上有个"止"，同"月（肉）"组合或表示"肉止于骨"，也有附着之意。

释义："肯"在《诗经》中使用12处，无迭用。

借作助动词，有表示接受、同意等意思。此种用法有12（风6；雅6）处，如："惠然肯来"（《邶风·终风》）；"莫肯念乱"（《小雅·沔水》）。

空 音【kōng、kòng】

古形【金 小篆 】

《说文·穴部》："空，窍也。"意即没有任何东西的洞穴。从字形看，"空"由"穴"和"工"组成。"穴"指洞穴；"工"有筑捣之义，同"穴"组合表示人工使然的洞穴。

释义："空"在《诗经》中使用5处，无迭用。

1. 无物之空处。由洞穴无物引申。此种用法有3（雅3）处，如："在彼空谷"（《小雅·白驹》）；"有空大谷"（《大雅·桑柔》）。

2. 穷、穷困。由空无一物引申。此种用法有1处："不宜空我师"（《小雅·节南山》）。

3. 借作官名。此种用法有1处："乃召司空"（《大雅·绵》）。

孔 音【kǒng】

古形【金 小篆 】

《说文 · 乚部》:“孔，通也。”从字形看，“孔”金文写作“”，由“”和“”组成，像婴儿吮吸母乳之状。林义光先生《文源》:“（孔）本义当为乳穴，引申为凡穴之称，‘’像乳形，‘’就之，以明乳有孔也。”乳孔畅通，就是“孔”。

释义:“孔”在《诗经》中使用66处，无迭用。

借作程度副词，有“很、甚”等意思。此种用法有66（风11；雅48；颂7）处，如：“孔武有力”（《郑风 · 羔裘》）；“德音孔昭”（《小雅 · 鹿鸣》）；“威仪孔时”（《大雅 · 既醉》）；“降福孔皆”（《周颂 · 丰年》）。

恐　音【kǒng】

古形【金　小篆　】

《说文 · 心部》:“恐，惧也。”从字形看，“恐”，由“巩”和“心”组成。“巩”，金文写作“”，像人手握工具击打之状，同“心”组合或表示内心受到强烈撞击而惊恐害怕。“恐”，有金文写作“”，上面是个“工”字，抑或表示用工具击捣之义。

释义:“恐”在《诗经》中使用3处，无迭用。

害怕、畏惧。此种用法有3（风1；雅2）处，如：“昔育恐育鞫”（《邶风 · 谷风》）；“将恐将惧”（《小雅 · 谷风》）。

控　音【kòng】

古形【金　小篆　】

《说文 · 手部》:“控，引也。”拉开弓弦为“引”。从字形看，“控”由“扌（手）”和“空”组成。“空”有“穷尽”义，同“手”组合或想表达“手拉弓弦使其满（穷尽）”。

释义:“控”在《诗经》中使用2处，无迭用。

1. 控制。由引弓控弦引申。此种用法有1处：“抑磬控忌”（《郑风 · 大叔于田》）。

2. 控告。由控弦可有的放矢引申。此种用法有1处：“控于大邦”（《鄘风 · 载驰》）。

口　音【kǒu】

古形【甲　金　小篆　】

《说文 · 口部》:“口，人所以言食也。”从字形看，甲骨文、金文“口”字都写作“”，像人张开的嘴巴。后通指人和动物吃东西和发声的器官，俗称“嘴”。

释义:“口”在《诗经》中使用6处，无迭用。

人或动物饮食和发声的器官。此种用法有6（风1；雅5）处，如：“予口卒瘏”（《豳风 · 鸱鸮》）；“好言自口”（《小雅 · 正月》）；“以就口食”（《大雅 · 生民》）。

寇 音【kòu】

古形【金 小篆 】

“寇”由“宀”“元”和“支”组成。“宀”表示房屋；“元”，甲骨文写作“”，像人长着个大脑袋，突出指人头；“支”，甲骨文写作“支”，像手举器械敲击状。一个人手举着器械跑到别人屋内对着主人的脑袋敲击行凶就是“寇”。故《说文·支部》云：“寇，暴也。”意思是入室施暴。

释义：“寇”在《诗经》中使用7处，无迭用。

1. 暴行。此种用法有5（雅5）处，如：“式遏寇虐”（《大雅·民劳》）。

2. 盗寇。由入室施暴者的身份引申。此种用法有2（雅2）处，如：“职盗为寇”（《大雅·桑柔》）。

苦 音【kǔ】

古形【金 小篆 】

《说文·艸部》：“苦，大苦，苓也。”“苦”是一种野菜名，又名“苓”，《本草纲目》云：“此物嫩时可食，故以名之。”从字形看，“苦”由“艸”和“古”组成。“艸”表示“苦”为草本植物；“古”由“十”和“口”组成，有“众口”之意，同“艸”组合或表示这是一种众口可食的野菜。

释义：“苦”在《诗经》中使用7处，无迭用。

1. 野菜名。此种用法有2（风2）处，如：“采苦采苦”（《唐风·采苓》）。

2. 味苦。由苦菜味苦引申。此种用法有2（风2）处，如：“有敦瓜苦”（《豳风·东山》）。

3. 辛苦、痛苦。由劳累、疼痛犹如味苦难以忍受引申。此种用法有2（风1；雅1）处：“母氏劳苦”（《邶风·凯风》）；“其毒大苦”（《小雅·小明》）。

4. 借为“枯”，干枯。此种用法有1处：“匏有苦叶”（《邶风·匏有苦叶》）。

楛 音【kǔ】

古形【小篆 】

《说文·木部》：“楛，木也。”意即树木名。《康熙字典》：“又凡器物坚好曰功，滥恶曰楛。”或因恶能生苦，故用“苦”作声符。

释义：“楛”在《诗经》中使用1处，无迭用。

树名。此种用法有1处：“榛楛济济”（《大雅·旱麓》）。

夸 音【kuā】

古形【金 小篆 】

《说文·大部》：“夸，奢也。”《段注》：“奢者，张也。”张开两条大腿就是“夸”。从字形看，“夸”，金文写作“”，由“”和“”组成。“（大）”像一个人张开两条大腿之状；“（于）”《说文》训其本字为“於”，早期假借为动词，意思是“前往”，同“大”组合或表示“张开大腿前往某处”。

释义：“夸”在《诗经》中使用1处，

无迭用。

借为“誇”，说大话。此种用法有1处：“无为夸毗”（《大雅·板》）。

哙(噲) 音【kuài】

古形【金 小篆 】

《说文·口部》：“哙，咽也。”从字形看，“哙”由“口”和“会”组成。“会”有“聚合”之义，“口”聚合才能咽下去，所以“哙”由“会”作声符。

释义：“哙”在《诗经》中使用1处2次，迭用。

同“快”，由畅快、快意引申为宽明，迭用表示宽畅明亮。此种用法有1处，迭用：“哙哙其正”（《小雅·斯干》）。

脍(膾) 音【kuài】

古形【金 小篆 】

《说文·肉部》：“脍，细切肉也。”从字形看，“脍”由“月（肉）”和“会”组成。“会”有“聚合”的意思。众多切得很细的肉聚合在一起就是“脍”。

释义：“脍”在《诗经》中使用1处，无迭用。

细切肉。此种用法有1处：“炰鳖脍鲤”（《小雅·六月》）（此指细切鱼肉）。

宽(寬) 音【kuān】

古形【金 小篆 】

“宽”由“宀”和“萈”组成。“宀”，甲骨文写作“ ”，像有脊的深屋之形；“萈”，金文写作“ ”，像一种细角山羊之形。所谓“山羊”，《本草纲目》云：“羊之在原野者，故名。”“萈”在“宀”下，表示“羊在屋中”，一向喜好宽阔山野的羊可以安稳地在屋中生活，可想而知屋有多宽大，故《说文·宀部》：“宽，屋宽大也。”

释义：“宽”在《诗经》中使用2处，无迭用。

宽宏、宽大。由特指为泛指引申。此种用法有2（风2）处，如：“宽兮绰兮”（《卫风·淇奥》）。

迋 音【kuāng】

古形【小篆 】

《说文·辵部》：“迋，往也。”从字形看，“迋”由“辶”和“王”组成。“辶”同行走有关；“王”或是“往”字省写，甲骨文“往”写作“ ”，由“之（表示前行、投奔）”和“王（王、贤君）”组成，合在一起表示投奔贤君，同“辶”组合或也有“投奔贤君”之义，泛指前往。从这个意义上看，“迋”即是古“往”字。

释义：“迋”在《诗经》中使用1处，无迭用。

借为“诳”，欺骗。此种用法有1处：“人实迋女”（《郑风·扬之水》）。

匡 音【kuāng】

古形【金 小篆 】

“匡”，小篆写作“”，由“匚（匚）”和“㞷（㞷）”组成。《说文 · 匚部》：“匚，受物之器也。”又《之部》：“㞷，草木妄（胡乱）生也。”将胡乱生长的草木（㞷）加以矫正（匚或可视为矫正之器）或将凌乱的东西（㞷）装入器（匚）中即为“匡”。

释义：“匡”在《诗经》中使用2处，无迭用。

1. 端正、纠正。此种用法有1处：“既匡既敕”（《小雅 · 楚茨》）。

2. 帮助、救助。由帮助纠正引申。此种用法有1处：“以匡王国”（《小雅 · 六月》）。

筐　音【kuāng】

古形【金　小篆　】

“筐”由“竹”和“匡”组成。“匡”像装凌乱物体之器，同“竹”组合表示这是一种竹制的可以装凌乱物品的器具。在这个意义上，“匡”或为“筐”的古字。《说文 · 匚部》：“匡，饮器，筥也。”“饮器”，或为“饭器”。“匡”又称“筥”，王筠《说文句读》：“谓器方圆虽异而名亦通呼。筥者，簾之借字。竹部‘簾，饲牛筐也’。方曰筐，圆曰簾。方言即借筥为之。”饲牛的方形竹器即“筐”。

释义：“筐”在《诗经》中使用7处，无迭用。

方形竹器。此种用法有7（风4；雅2；颂1）处，如：“不盈顷筐”（《周南 · 卷耳》）；“承筐是将”（《小雅 · 鹿鸣》）；“载筐及莒”（《周颂 · 良耜》）。

狂　音【kuáng】

古形【甲　金　小篆　】

“狂”，甲骨文写作“”，由“”和“”组成。“”像一条狗的形状；“”是古“㞷”字，有“胡乱”之意，合在一起表示“狗胡乱奔跑”。《说文 · 犬部》：“狂，狾犬也。”“狾犬”意即疯狗。“狂”右边的“王”字，或为隶变之误。

释义：“狂”在《诗经》中使用9处，无迭用。

1. 疯狂、狂妄。由特指狗的行为为泛指引申。此种用法有8（风7；雅1）处，如：“众稚且狂”（《鄘风 · 载驰》）；“覆狂以喜”（《大雅 · 桑柔》）。

2. 通“尪”，瘠病。此种用法有1处：“俾民卒狂”（《大雅 · 桑柔》）。

旷（曠）　音【kuàng】

古形【金　小篆　】

“旷”由“日”和“广”组成。“日”指太阳，表示有光亮；“广”指面积、范围宽阔，同“日”组合表示光明开阔之地。

释义：“旷”在《诗经》中使用1处，无迭用。

光亮开阔之地。此种用法有1处：“率彼旷野”（《小雅 · 何草不黄》）。

况（況）　音【kuàng】

古形【甲　金　小篆　】

“况”又作“況”，《说文 · 水部》：“況，寒水也。”从字形看，“況”由“氵（水）”和“兄”组成。“兄”字构形不明，故有多种解释。《康熙字典》引《释名》曰：“兄，荒也。荒，大也。”或因大片荒地浸水之状况则为“況”，后又或因“寒水”之解而作“况”。

释义：“况”在《诗经》中使用3处，无迭用。

1. 情形、状况。由大片荒地浸水之状况引申。此种用法有2（雅2）处：“况也咏叹”（《小雅 · 常棣》）；“乱况斯削”（《大雅 · 桑柔》）。

2. 借作副词，表示程度加深。此种用法有1处：“仆夫况瘁”（《小雅 · 出车》）。

贶（貺） 音【kuàng】

古形【金 小篆 】

“贶”由“贝”和“兄”组成。“贝”指钱财、宝贝；“兄”有“兄长”的意思，同“贝”组合表示兄长给的宝贝。因是上给下，所以“贶”的本意表示赠、赐。

释义：“贶”在《诗经》中使用1处，无迭用。

通“皇”，美。“中心贶之”（《小雅 · 彤弓》）。

亏（虧） 音【kuī】

古形【金 小篆 】

“亏”，繁体写作“虧”，由“雐”和“亏”组成。“雐”有“善飞的鸟”的意思；“亏”由“一”和“丂”组成，“一”像“气之平之”，《说文 · 丂部》：“丂，气欲舒出，勹上碍于一也。”本来舒畅平直的气，在呼出时碰到阻隔，就是“丂”，其实也就是“亏”，《说文 · 亏部》：“亏，于也。像气之舒亏。”即气受阻而损。“亏”同“雐”组合表示鸟气受阻而损。

释义：“亏”在《诗经》中使用1处，无迭用。

缺损、毁坏。由特指气损到泛指事物受到损害引申。此种用法有1处：“不亏不崩”（《鲁颂 · 閟宫》）

逵 音【kuí】

古形【金 小篆 】

“逵”，《说文》作“馗”，《说文 · 辵部》：“馗，九达道也。似龟背，故谓之馗。馗，高也。”意思是说：馗表示多方通达的道路。好像乌龟背中间突出，可以向四下通达，所以叫作馗，馗表示高起突出的意思。从“逵”的字形看，由“辶”和“坴”组成。“辶”表示行走的道路；“坴”指高大而平整的土筑地基，同“辶”组合表示可以行走的大路，结合“馗”字，“逵”或可理解成四通八达的大道。

释义：“逵”在《诗经》中使用1处，无迭用。

（四通八达的）大道。此种用法有1处：“施于中逵”（《周南 · 兔罝》）。

揆 音【kuí】

古形【金 小篆 】

《说文·手部》：“揆，葵也。”《尔雅·释言》：“葵，揆也。揆，度也。”“度”即“度量”。从字形看，“揆”由“扌（手）”和“癸”组成。“癸”本有“估量”意，同“手”组合表示“揆”和动作有关。

释义：“揆”在《诗经》中使用1处，无迭用。

推测、揣度。此种用法有1处：“揆之以日”（《鄘风·定之方中》）。

葵 音【kuí】

古形【金 小篆 】

“葵”由“艸”和“癸”组成。“艸”表示草本植物；“癸”，金文写作“”，或像葵花之形，同“艸”组合或表示一种花盘像“癸”形有点类似向日葵状的植物。《说文·艸部》：“葵，菜也。”这里的“菜”指的或是一种可以食用的蔬菜，又名“冬葵”“冬寒菜”，一年生草本植物，果实扁圆形，种子、根、茎、叶均可入药。

释义：“葵”在《诗经》中使用3处，无迭用。

1. 冬葵。此种用法有1处：“七月亨葵及菽”（《豳风·七月》）。

2. 借为“揆”，审度。此种用法有2（雅2）处：“天子葵之”（《小雅·采菽》）；“则莫我敢葵”（《大雅·板》）。

骙(騤) 音【kuí】

古形【小篆 】

《说文·马部》：“骙，马行威仪也。”从字形看，“骙”由“马”和“癸”组成。“癸”有“测量”之意，同“马”组合表示马行走起来的步子像经过测量一样齐整、威仪，感觉有点像现在的仪仗队。

释义：“骙”在《诗经》中使用4处8次，4处迭用。

马行威仪。此种用法有4（雅4）处8次，如：“四牡骙骙”（《小雅·采薇》）；“四牡骙骙”（《大雅·烝民》）。

頍 音【kuǐ】

古形【小篆 】

“頍”由“支”和“页”组成。“支”有“撑持、竖起”的意思；“页”，甲骨文写作“”，突出表现了人上有一个大脑袋，本义是“头”，同“支”组合，表示头上撑持着什么。古代男子十五岁为成童之年，就要把头发束起来盘在头顶，到了二十岁行加冠礼，表示已成年。“頍”指的或是用以束发固冠的发饰。《说文·页部》：“頍，举头也。”张舜徽先生《说文解字约注》：“即俗称抬起头也。”或言束发固冠以后即可抬头做人。

释义：“頍”在《诗经》中使用3处，无迭用。

束发固冠的样子。此种用法有3（雅3）处，如：“有頍者弁”（《小雅·頍弁》）。

匮(匱)　音【kuì、guì】

古形【金小篆】

《说文·匚部》：“匮，匣也。”从字形看，“匮”由“匚”和“贵”组成。“匚”像一个盛放东西的器具；“贵”有“贵重”的意思，同“匚”组合表示盛放贵重东西的器具。“匣”一般指盛放贵重物品的小型器具，“匮”一般指盛放衣物的器具，又通“柜”。

释义：“匮”在《诗经》中使用1处，无迭用。

亏缺。“匮”的反义引申（或通“溃”）。此种用法有1处：“孝子不匮”（《大雅·既醉》）。

溃(潰)　音【kuì】

古形【金小篆】

《说文·水部》：“溃，漏也。”从字形看，“溃”由“氵（水）”和“贵”组成。“贵”疑为“遗”字省写，有“漏”的意思，同“水”组合或表示水从堤坝漏出，即决堤。

释义：“溃”在《诗经》中使用5处6次，1处迭用。

1. 崩溃、凶猛、混乱。由决堤之状态引申。此种用法有3（风1；雅2）处4次，1处迭用，如：“有洸有溃”（《邶风·谷风》）（言犹决堤凶猛之状）；“溃溃回遹”（《大雅·召旻》）。

2. 通“遂”，达到。此种用法有2（雅2）处：“是用不溃于成”（《小雅·小旻》）；“草不溃茂”（《大雅·召旻》）。

愧　音【kuì】

古形【金小篆】

“愧”又作“媿”，原属“女”部，后规范作“愧”。《说文·女部》：“媿（愧），惭也。”从字形看，“愧”由“忄（心）”和“鬼”组成，总觉得自己心中有“鬼”，羞于见人的状态就是“愧”。

释义：“愧”在《诗经》中使用2处，无迭用。

羞惭。此种用法有2（雅2）处：“不愧于人”（《小雅·何人斯》）；“尚不愧于屋漏”（《大雅·抑》）。

馈(饋)　音【kuì】

古形【金小篆】

“馈”由“食”和“贵”组成。“食”指“实物”；“贵”有“贵重”之意。《说文·食部》：“馈，饷也。”向别人赠送赖以生存（贵重）的食物就是“馈”。

释义：“馈”在《诗经》中使用1处，无迭用。

食物。由赠送之物引申。此种用法有1处：“陈馈八簋”（《小雅·伐木》）。

昆　音【kūn】

古形【金小篆】

“昆”由“日”和“比”组成。“日”指太阳；“比”，金文写作“”，像两个比肩站立的人，同“日”组合表示这两个人享受着同等的阳光。或因比肩之龄

又同受恩泽，故“昆”有“兄弟”的意思。

释义：“昆”在《诗经》中使用3处，无迭用。

1. 兄弟。此种用法有2（风2）处，如：“谓他人昆”（《王风·葛藟》）。

2. 借作部落名。此种用法有1处：“昆吾夏桀”（《商颂·长发》）（昆吾，夏的同盟部落，己姓）。

壸　音【kǔn】

古形【小篆】

《说文·口部》：“壸，宫中道。从口，像宫垣、道、上之形。”从字形看，“壸”，小篆写作“”字样，按照许慎的说法，应该是一幅古代宫中道路设计的平面图。

释义：“壸”在《诗经》中使用1处，无迭用。

宫中道路。此种用法有1处：“室家之壸”（《大雅·既醉》）。

括　音【kuò】

古形【金　小篆】

“括”，小篆写作“”，由“（扌）”和“（昏）”组成，“昏”写作“舌”或为隶变之误。“昏”有塞口义，含有束缚的意思，同“（手）”组合表示动手扎束。

释义：“括”在《诗经》中使用2处，无迭用。

1. 扎、束。《诗经》中无此用法。

2. 通“佸”，聚会、集合。此种用法有2（风1；雅1）处：“羊牛下括”（《王风·君子于役》）；“德音来括”（《小雅·车舝》）。

阔　音【kuò】

古形【金　小篆】

《说文·门部》：“阔，疏也。”从字形看，“阔”由“门”和“活”组成。“门”表示出门离去；“活”有流水之意，同“门”组合表示如流水般离去。“阔”训“疏”，疏还有“通”义，从这个意义上说“阔”或还包含着开门即通、开门即活的道理。

释义：“阔”在《诗经》中使用2处，无迭用。

离去、疏远。此种用法有2（风2）处，如：“死生契阔”（《邶风·击鼓》）。

廓　音【kuò】

古形【金　小篆】

“廓”由“广”和“郭”组成。“广”指面积范围宽阔；“郭”指外围的城墙，同“广”组合表示地域范围广大开阔。

释义：“廓”在《诗经》中使用1处，无迭用。

广大。此种用法有1处：“憎其式廓”（《大雅·皇矣》）。

鞹　音【kuò】

古形【小篆】

“鞹”由“革”和“郭”组成。

“革”，金文写作“”，像一张制作好的皮革；“郭”原指外围的城墙，这里指物体的外壳，表示兽皮，同“革”组合表示制作好的去毛的兽皮。

释义：“鞹”在《诗经》中使用2处，无迭用。

去毛的兽皮。此种用法有2（风；雅1）处：“簟茀朱鞹”（《齐风·载驱》）；“鞹鞃浅幭”（《大雅·韩奕》）。

L

刺 音【lá、là】

古形【金小篆】

“刺”由“束”和“刂（刀）”组成。“束”有“捆缚”的意思，同“刀”组合或表示用绳索缚刀。《说文·束部》：“刺，戾也。从束从刀。刀者，刺之也。”清王筠《说文句读》：“刀性坚强，虽束之，不能互相附属如薪也。”捆缚刀不像捆扎柴薪，因刀坚硬、锋利，可以拉开捆缚的绳索。用绳束刀，确实有点违背常理，故《段注》释“戾”为“违背之意”。

释义：“刺”在《诗经》中使用1处，无迭用。

指责、责罚。由字形表达的“捆缚”意引申。此种用法有1处：“天何以刺”（《大雅·瞻卬》）。

来(來) 音【lái】

古形【甲金小篆】

“来”，甲骨文写作“”，像一株长有麦穗的麦子，下像其根，上像麦穗芒束之形。“来”的本义指小麦，甲骨文中有写作“”，在字上端加一横突出指麦穗，隶变以后就成了现在的“来”字。《说文·来部》：“来，周所受瑞麦来麰。”或因“来”是由外族传入的优良品种，故后借为与“去、往”相对的“来去”之“来”，小麦之意的“来”用“麳”表示。

释义：“来”在《诗经》中使用99处，无迭用。

1. 小麦。此种用法有2（颂2）处，如：“贻我来牟”（《周颂·思文》）。

2. 借作由彼处到此处（或要做什么），同“往”相对之“来”。或由“来”是外来之物引申。此种用法有94（风19；雅61；颂14）处，如：“莫往莫来”（《邶风·终风》）；“将母来谂”（《小雅·四牡》）；“庶民子来”（《大雅·灵台》）；“福禄来反”（《周颂·执竞》）。

3. 借为“勑”，劳。此种用法有1处：“知子之来之”（《郑风·女曰鸡鸣》）（言献殷勤）。

4. 借为“赉”，赏赐、慰问。此种用法有1处：“职劳不来”（《小雅·大东》）。

5. 借作山名，此种用法有1处：“徂来之松”（《鲁颂·閟宫》）（徂来山，在今山东泰安东南约四十里。“来”或作“徕”）。

莱 音【lái】

古形【金小篆】

莱又名藜，是一种一年生草本植物，嫩苗可食，常见于田间、路边、荒地，为古代贫者常食的野菜。“莱”由“艹（草）”和“来”组成。“来”原指小麦，可食用，同“艹（草）”组合或表示“可食用的草本植物”；抑或表示似麦的野菜。

释义：“莱”在《诗经》中使用2处，

无迭用。

1.草名。此种用法有1处：“北山有莱”（《小雅·南山有台》）。

2.长满杂草的荒田。由“莱”生于荒地引申。此种用法有1处：“田卒污莱”（《小雅·十月之交》）。

騋 音【lái】

古形【小篆】

“騋”由“马”和“来”组成。“来”有外来之义，同“马”组合或表示“外邦引进之马。”《说文·马部》：“騋，马七尺为騋。”或因此外来之马高于七尺，故曰“騋”。

释义：“騋”在《诗经》中使用1处，无迭用。

高于七尺（高大健壮）之马。此种用法有1处：“騋牝三千”（《鄘风·定之方中》）（一说“騋”同“骘”，雄性马）。

赉(賚) 音【lài】

古形【金小篆】

《说文·贝部》：“赉，赐也。”从字形看，“赉”由“来”和“贝”组成，“来”有“外来”之义；“贝”指财物，同“来”组合表示“外来的财物”即别人赏赐的财物。

释义：“赉”在《诗经》中使用2处，无迭用。

赏赐、赠予。此种用法有2（雅1；颂1）处：“徂赉孝孙”（《小雅·楚茨》）；“赉我思成”（《商颂·烈祖》）。

兰(蘭) 音【lán】

古形【金小篆】

兰属一种常绿草本植物，丛生，叶子细长，一般春季开花，是我国著名的盆栽观赏植物。“兰”繁体写作“蘭”，由“艹（草）”和“闌”组成。“闌”指农家小院屋门前的栅栏，因兰清香脱俗，古人爱将其种在院内或栅栏边，“闌”同“艹（草）”组合就表示种在栅栏边供观赏的草本植物。“蘭”简化成“兰”，三横或表示栅栏，上面的两点或表示正在成长的兰草。

释义：“兰”在《诗经》中使用2处，无迭用。

一种花草。此种用法有2（风2）处，如：“芄兰之支”（《卫风·芄兰》）。

蓝(藍) 音【lán】

古形【金小篆】

《说文·艸部》：“蓝，染青草也。”即一种可以提制染料的草。古时民间用这种草提制染料，可以把布染成靛青色，即晴天天空的颜色。从字形看，“蓝”由“艹（草）”和“监”组成。“监”或是“褴”的省略写法，在“蓝”中或表示贫民的衣服颜色。（古“蓝”通“褴”，《左传·宣公十二年》：“筚路蓝缕，以启山林。”意思是说“驾着柴车，穿着破烂的衣裳，去开辟山林”。其中的“蓝缕”即“褴褛”。）

释义：“蓝”在《诗经》中使用1处，无迭用。

草名。此种用法有1处:“终朝采蓝”(《小雅·采绿》)。

烂(爛) 音【làn】

古形【金 小篆 】

“烂”，繁体写作“爛”，由“火”和“闌”组成。“火”指灯光、火光；“闌”表示栅栏。南宋词人辛弃疾曾留下名句“众里寻他千百度，蓦然回首，那人却在，灯火阑珊处。”虽然“爛”字发明在此词之前，但茫茫黑夜，从栅栏之处透出（农家小屋里的）零星火光，给人特别灿烂、明亮的感觉是一样的，这就是“爛”。

释义：“烂”在《诗经》中使用3处，无迭用。

光彩、明亮。此种用法有3（风2；雅1）处，如：“锦衾烂兮”（《唐风·葛生》）；“烂其盈门”（《大雅·韩奕》）。

滥(濫) 音【làn】

古形【金 小篆 】

《说文·水部》：“滥，泛也。”从字形看，“滥”由“氵（氵）”和“监”组成。“氵（水）”，甲骨文写作“ ”，像流水之形；“监”有自上往下注视义，同“水”组合表示水漫过（堤坝）往下流，即泛滥。

释义：“滥”在《诗经》中使用1处，无迭用。

泛滥。此种用法有1处：“不僭不滥”（《商颂·殷武》）。

狼 音【láng】

古形【甲 金 小篆 】

“狼”，甲骨文写作“ ”，右边是个“犬（犬）”，左边像个小动物的图形，“狼”由“犭（犬）”和“良”组成，或是传抄之误。狼是一种犬科动物，形状似狗（犬），性贪婪凶狠，一般以野生动物为食，也伤人畜，“ ”或就是一幅狼捕食野生小动物的图景。一说“良”字甲骨文写作“ ”，像大户人家门厅示意图（或同古“廊”字）：中间表示建筑物，上下表示院内和院外的道路，出了门厅就离开了家，故“良”有“离开”之义，“犭”和“良”组合表示“狼是从犬类中分离出去的动物”。古人虽已意识到了犬和狼的亲缘关系，但是恰恰把这种关系弄颠倒了，犬应该是人类圈养之后（狼）的变种。

释义：“狼”在《诗经》中使用3处，无迭用。

一种犬科动物。此种用法有3（风3）处，如：“狼疐其尾”（《豳风·狼跋》）。

稂 音【láng】

古形【金 小篆 】

稂指一种草，又名狼尾草。从字形看，“稂”由“禾”和“良”组成。“禾”指禾苗；“良”疑为“狼”字省写，同“禾”组合或表示“像狼残害小动物一样残害禾苗”之草。“稂”又作“蓈”。《说文·艸部》：“蓈，禾粟之穗生而不成者，谓之董蓈。”从“董蓈”两字看，去掉“艹”头为“童郎”，“郎”是成年男子之称，童郎即未成年，“禾粟之穗”未成年就表示未能成熟。“稂”“蓈”或为两字，若古实为一字，其“禾粟之穗生而不成者”意应由“害禾之草”引申而来。

释义：“稂”在《诗经》中使用2处，无迭用。

1.草名，又名狼尾草。此种用法有1处：“浸彼苞稂”（《曹风·下泉》）。

2.禾粟之穗生而不成。由受狼尾草之害引申。此种用法有1处：“不稂不莠”（《小雅·大田》）。

朗　音【lǎng】

古形【金小篆】

“朗”由“良”和“月”组成。“良”有“美好”的意思；“月”指月亮、月光，同“良”组合表示美好的月光。月色美好即指月光明亮。

释义：“朗”在《诗经》中使用1处，无迭用。

明、明亮。由特指到泛指引申。此种用法有1处：“高朗令终”（《大雅·既醉》）。

浪　音【làng】

古形【金小篆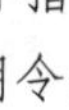】

“浪”由“氵（水）”和“良”组成。“氵（水）”指水波；“良”有“很”义，同“水”组合表示很大的水波。

释义：“浪”在《诗经》中使用1处，无迭用。

（人）放纵、卖弄风骚。由风浪无法控制引申。此种用法有1处：“谑浪笑敖”（《邶风·终风》）。

劳(勞)　音【láo】

古形【金小篆】

《说文·力部》：“劳，劇也。从力，熒省。熒，火烧冂，用力者劳。”意思是说：“劳”是“劇”（或为“勮”，有“特别尽力”）的意思，字形由“力”和“熒省”会意。熒表示火烧冂（“烧冂”，《段注》：“谓烧屋也。”）这种时候用力（救火）就叫“劳”。一说“劳”或为“从营省，言用力经营也。”（宋郑樵《通志·六书略》）无论哪种说法，“劳”都离不开尽力而为，要能吃得苦和累。

释义：“劳”在《诗经》中使用38处，无迭用。

1.劳苦、劳累。此种用法有18（风4；雅14）处，如：“母氏劳苦”（《邶风·凯风》）；“谓我劬劳”（《小雅·鸿雁》）；“民亦劳止”（《大雅·民劳》）。

2.忧愁、忧劳。由过度劳累引起情绪上的变化引申。此种用法有13（风9；雅4）处，如：“实劳我心”（《邶风·燕燕》）；“矜此劳人”（《小雅·巷伯》）（劳人犹忧人，即被谗之人。）

3.功劳。由劳之结果引申。此种用法有1处：“无弃尔劳”（《大雅·民劳》）。

4.慰劳。由功劳获得反馈引申。此种用法有5（风2；雅3）处，如：“莫我肯劳”（《魏风·硕鼠》）；“召伯劳之”（《小雅·黍苗》）；“神所劳矣”（《大雅·旱麓》）。

5. 借作“辽”，广阔。此种用法有1处：“维其劳矣”（《小雅·渐渐之石》）。

牢 音【láo】

古形【甲 金 小篆 】

“牢”由“宀”和“牛”组成。“宀”指“房屋”，同“牛”组合表示牛屋。《说文·宀部》：“牢，闲。养牛马圈也。”“闲”即“阑”，像栅栏一样围起来放养牛马（也指放养猪羊等牲畜）的地方就叫“牢”。

释义：“牢”在《诗经》中使用1处，无迭用。

养牛马猪羊等牲畜的圈。此种用法有1处：“执豕于牢”（《大雅·公刘》）。

老 音【lǎo】

古形【甲 金 小篆 】

“老”，甲骨文写作“ ”，上像披散的头发；下像一人驼背持杖状，整个一个老人扶杖之形。《说文·老部》：“老，考也。”“老”和“考”的甲骨文字形都像一位长发长者手执拐杖之形，本义都是指“年纪大”的人，区别或在于“考”多用于敬言；“老”则多用于俗语。古人六十曰耆，七十曰老，八十曰耋，九十曰耄。“考”则没这么多讲究，言寿、言先父曰考。

释义：“老”在《诗经》中使用14处，无迭用。

1. 年老、老年人。此种用法有13（风5；雅7；颂1）处，如：“与子偕老”（《邶风·击鼓》）；“方叔元老”（《小雅·采芑》）；“老夫灌灌”（《大雅·板》）；“永锡难老”（《鲁颂·泮水》）。

2. 衰老。由老年人的状态引申。此种用法有1处：“维忧用老”（《小雅·小弁》）。

乐(樂) 音【lè、yuè】

古形【甲 金 小篆 】

《说文·木部》：“乐，五声八音总名。”所谓五声，指的是古“宫、商、角、徵、羽”五音；八音，指的是丝、竹、金、石、匏、土、革、木等八类器乐之音。“乐”就是“音乐”的总称。从字形看，“乐”，繁体写作“樂”，由“𢆶”、“白”和“木”三部分组成。“𢆶”和“木”表示弦附于木上，像个弦乐器；“白”或表示弹拨器，由此发出的美妙的声音叫“乐”。

释义：“乐”在《诗经》中使用85处，无迭用。

1. 音乐、乐曲。此种用法有2（雅2）处，如：“乐具入奏”（《小雅·楚茨》）。

2. 快乐、喜欢、使……快乐。由音乐能使人愉悦引申。此种用法有82（风32；雅44；颂6）处，如：“钟鼓乐之”（《周南·关雎》）；“和乐且湛”（《小雅·鹿鸣》）；“于乐辟雍”（《大雅·灵台》）；“于胥乐兮”（《鲁颂·有駜》）。

3. 借为“疗”，治疗。此种用法有1处：“可以乐饥”（《陈风·衡門》）。

雷(靁) 音【léi】

古形【甲 金 小篆 】

“雷”是一种自然现象，指的是下雨时带有异性电的两块云相接，空中因放电而发出的强大的声音。甲骨文的“雷”字写作“”，“”像空中闪电之形，中间的四个点像雨点。后来中间的四个点先变为两个口，写成“”，又变成两个田，写成“”，或想表示闪电后发出的声响。后来几经变化到今天写成“雷”字样，表达的是下雨时天空发生的响动现象。

释义：“雷”在《诗经》中使用7处，无迭用。

特指“雷”这种自然现象。此种用法有7（风4；雅3）处，如：“虺虺其雷”（《邶风・终风》）；“如霆如雷”（《小雅・采芑》）。

罍 音【léi】

古形【小篆】

罍是古代一种盛酒的容器，小口、广肩、深腹、圈足、有盖，多用青铜或陶制成，器上多刻有云雷之纹。从字形看，“罍”，金文写作“”，像器上刻有云雷之纹；小篆写作“”，由“畾”和“缶”组成，“畾”为“雷”字省写，表示云畾，“缶”指器皿，同“畾”组合表示刻有云雷之纹的器皿。

“罍”字异体又作“櫑”，或因后来有木制之罍。

释义：“罍”在《诗经》中使用3处，无迭用。

古代盛酒器。此种用法有3（风1；雅2）处：“我姑酌彼金罍”（《周南・卷耳》）；“维罍之耻”（《小雅・蓼莪》）；“可以濯罍”（《大雅・泂酌》）

藟(櫐) 音【lěi】

古形【小篆】

藟的本义指藤蔓之类的植物。从字形看，“藟”由“艹（草）”和“畾”组成。“畾”是“雷”字省写，同“艹（草）”组合或表示交织在一起像雷云之状的草本植物。

释义：“藟”在《诗经》中使用7处，无迭用。

藤蔓。此种用法有7（风6；雅1）处，如：“葛藟萦之”（《周南・樛木》）；“莫莫葛藟”（《大雅・旱麓》）。

累(纍) 音【lěi、lèi】

古形【金 小篆 】

《说文・糸部》：“累，缀得理也。一曰：大索也。”这里的两个意思，或可视为一义。从字形看，“累”，繁体写作“纍”，由“畾”和“糸”组成。“糸”指“绳索”；“畾”或为“厽”字，有堆积之意，同“糸”组合或表示粗大的绳索（大索）有条不紊地堆积（缀得理）在那儿。

释义：“累”在《诗经》中使用2处，无迭用。

累赘。因堆积物而引申。此种用法有2（风1；雅1）处：“葛藟累之”（《周南·樛木》）；“甘瓠累之”（《小雅·南有嘉魚》）。

类(類) 音【lèi】

古形【金 小篆 】

《说文·犬部》：“类，种类相似，唯犬为甚。”从字形看，“类”，繁体写作“類”，由“犬”和“頪”组成。动物中，种类最多的当属“犬”，据统计，全球的犬科动物有13属36种，像狐狸、狼、豺、狗等都是犬属动物，所以“類”用“犬”做部首；“頪”有相似难以分清之意，同“犬”组合表示种类相似。汉字简化写成了“类”，由“米”和“犬”组成，“米”是“頪”字省写。

释义：“类”在《诗经》中使用7处，无迭用。

1. 种属相似（种类、同类）。此种用法有6（雅6）处，如：“克明克类”（《大雅·皇矣》）。

2. 通“禷”，祭天。此种用法有1处：“是类是祃”（《大雅·皇矣》）。

厘(釐) 音【lí】

古形【甲 金 小篆 】

“厘”，繁体作“釐”。“釐”字甲骨文写作“ ”，左边是个“来（麦）”；右边像手持物敲击之状，合起来表示收麦子，有“获麦足食、丰收喜庆”之意。

释义：“厘”在《诗经》中使用4处，无迭用。

通“赉”，赏赐。此种用法有4（雅3；颂1）处，如：“厘尔圭瓒”（《大雅·江汉》）；“王厘尔成”（《周颂·臣工》）。

狸(貍) 音【lí】

古形【金 小篆 】

“狸”又作“貍”，因是兽类，属犬科动物，故“犭”“豸”通用。《说文·豸部》：“貍，伏兽，似貙。”从字形看，“貍”由“豸”和“里”组成。“里”有“里面”的意思，同“豸”组合或表示喜欢藏匿洞里的小兽，有称野猫。

释义：“狸”在《诗经》中使用1处，无迭用。

兽名。此种用法有1处：“取彼狐狸”（《豳風·七月》）。

离(離) 音【lí】

古形【甲 金 小篆 】

“离”字繁体为“離”，甲骨文写作“ ”，下面像一长柄捕鸟器；上像一只鸟的样子，像被捉住，又像没入网。字形演变，表示捕鸟器的“ ”写成了“离”；上面的“ ”写成了“隹”，合起来就是“離”。从字形看，“離”字的本义应该是“捕鸟”。《说文·隹部》：“离黄，仓庚也。”《尔雅·释鸟》：“仓庚，鵹黄也。”“離”的黄鹂（黄莺）鸟之义，或由此而来。

释义：“离”在《诗经》中使用16处20次，4处迭用。

1. 捕捉、被捕捉（鸟）。此种用法有4（风4）处，如：“鸿则离之”（《邶风·新台》）。

2. 黄鹂鸟。由字形上被捕捉的鸟引申。此种用法有1处："流离之子"（《邶风·旄丘》）。

3. 距离、离开。由字形中鸟好像没入网，可以飞离引申。此种用法有4（风3；雅1）处，如："有女仳离"（《王风·中谷有蓷》）；"正大夫离居"（《小雅·雨无正》）。

4. 经过、经历，由鸟有一段被捕捉经历引申。此种用法有3（雅3）处，如："乱离瘼矣"（《小雅·四月》）。

5.《易·说卦》："离，为火、为日。""离"借作卦象迭用表示火旺，即繁茂貌。此种用法有4（风3；雅1）处8次，4处迭用，如："彼黍离离"（《王风·黍离》）；"其实离离"（《小雅·湛露》）。

骊(驪)　音【lí】

古形【甲金小篆】

《说文·马部》："骊，马深黑色。"从字形看，"骊"由"马"和"丽"组成。"丽"有"漂亮美好"的意思，同"马"组合表示漂亮的马。马一般以杂色为多，纯黑色的良马很少见，"骊"就指这种少见的纯黑色的良马。

释义："骊"在《诗经》中使用4处，无迭用。

黑色马。此种用法有4（风2；雅1；颂1）处，如："四骊济济"（《齐风·载驱》）；"比物四骊"（《小雅·六月》）；"有骊有黄"（《鲁颂·駉》）。

黎　音【lí】

古形【金小篆】

《说文·黍部》："黎，履黏也。"古人做鞋，多为布鞋，一般都是用一些零碎或旧的布料铺平，然后一层一层用浆糊粘起来，晾干了以后根据需要剪成鞋底样，再用麻线密密麻麻地纳结实，然后再上鞋面。所谓"履粘"，指的就是做鞋子时，用来粘那些布料的黍米糊糊。从字形看，"黎"由"黍"和"勿"组成。"黍"指的是"黍米糊糊"，"勿"是"利"的省写（古"利"字写作""），有顺利的意思，同"黍"组合表示"用黍米糊糊可以顺利地黏合做鞋材料"。

释义："黎"在《诗经》中使用3处，无迭用。

众、民众。或由众百姓多穿布鞋引申。此种用法有3（雅3）处，如："群黎百姓"（《小雅·天保》）；"民靡有黎"（《大雅·桑柔》）。

罹　音【lí】

古形【金小篆】

"罹"由"忄（心）""罒""隹"三部分组成。"罒"，金文写作""，像一张网；"隹"指鸟，三部分组合或表示"鸟儿被网罩住无法出逃心中很郁闷"，故《说文·网部》云："罹，心忧也。"

释义："罹"在《诗经》中使用4处，无迭用。

1. 心忧、忧患。此种用法有3（风1；雅2）处，如："逢此百罹"（《王风·有兔爰爰》）；"我独于罹"（《小雅·小弁》）。

2. 通"离"，附着。此种用法有1处：

“不罹于里”（《小雅·小弁》）。

缡(縭)　音【lí】

古形【金　小篆　】

《说文·糸部》：“縭，以丝介履也。”古人妇女做鞋，多喜欢用丝在鞋头绣上一些图案做装饰，用丝装饰鞋头就称“缡”。从字形看，“缡”由“糸”和“离”组成。“糸”表示丝；“离”或有可以“分离”即“本来并不需要”的意思，同“糸”组合表示本来可以要，但为了美观，用丝在鞋头上做的装饰。

释义：“缡”在《诗经》中使用1处，无迭用。

佩巾。或由妇女佩巾也用丝装饰引申。此种用法有1处：“亲结其缡”（《豳风·东山》）。

纚　音【lí、xǐ】

古形【小篆　】

《说文·糸部》：“纚，冠织也。”所谓“冠织”，即指古代用来束发的布帛。《段注》：“此纚盖织成缁帛，广二尺二寸，长袛六尺，不待剪裁，故曰冠织。”从字形看，“纚”由“糸”和“麗”组成。“糸”表示“布帛”；“麗”是“丽”的繁体，有“美观、漂亮”的意思，同“糸”组合或表示冠织后人变得成熟好看多了。

释义：“纚”在《诗经》中使用1处，无迭用。

系。由冠织要束发引申。此种用法有1处：“绋纚维之”（《小雅·采菽》）。

礼(禮)　音【lǐ】

古形【金　小篆　】

“礼”的古文是“豊”，甲骨文写作“　”，下像鼓形，上像两串玉，有敬神作礼之意。古人敬神行礼时常用到玉和鼓。孔子曾感慨曰：“礼云礼云，玉帛云乎哉；乐云乐云，钟鼓云乎哉。”（《论语·阳货篇》）正反映出古代礼仪活动就是以玉帛、钟鼓为代表物的。这就是所谓的击鼓奉玉成礼。后来人们在“豊”基础上加“示”写成了“禮”，突出了“禮”的敬神成分。《说文·示部》：“礼，履也，所以事神致福也。”履行祭神求福的仪礼就是“礼”。

释义：“礼”在《诗经》中使用10处，无迭用。

1. 仪礼、制度（礼仪规范）。此种用法有8（雅6；颂2）处，如：“礼则然矣”（《小雅·十月之交》）；“以洽百礼”（《周颂·丰年》）。

2. 礼貌。由礼仪制度泛化引申。此种用法有2（风2）处，如：“人而无礼”（《鄘风·相鼠》）。

李　音【lǐ】

古形【金　小篆　】

李为树名，属落叶小乔木，其果实称“李子”，熟时呈黄色或紫红色，可以食用。从字形看，“李”由“木”和“子”组成。“子”有果实的意思，同“木”组合表示可结果实的果木或果木上结出的果实。

释义：“李”在《诗经》中使用5处，无迭用。

李子树、李子。此种用法有5（风3；雅2）处，如：“丘中有李”（《王风·丘中有麻》）；“北山有李”（《小雅·南山有台》）；“报之以李”（《大雅·抑》）。

里(裏) 音【lǐ】

古形【金 小篆 】

“里”和“裏”原为两个字，“裏”又写作“裡”，由“衣”和“里”组成。“里”由“田”和“土”组成，以有土有田会人所聚集之地，因“土”在“田”外，又有区分界域之像。古有“五家为邻，五邻为里”之说，“里”在疆土之内，表示乡里。《说文·衣部》：“裏，衣内也。”“里”同“衣”组合就表示衣服的内层。汉字简化保留了“里”，同时也保留了两个字表示内里的意思。

释义：“里”在《诗经》中使用12处，无迭用。

1.衣服内层。“裏”之本义，此种用法有2（风1；雅1）处：“绿衣黄里”（《邶风·绿衣》）；“不罹于里”（《小雅·小弁》）（以里比母）。

2.乡里（邑）。“里”之本义，此种用法有2（风1；雅1）处：“无逾我里”（《郑风·将仲子》）（或言邑中宅院）；“于蹶之里”（《大雅·韩奕》）。

3.借作长度单位。由乡里田土可以丈量引申。此种用法有6（雅4；颂2）处，如：“于三十里”（《小雅·六月》）；“瞻言百里”（《大雅·桑柔》）；“邦畿千里”（《商颂·玄鸟》）。

4.通“悝”，忧愁。此种用法有2（雅2）处：“悠悠我里”（《小雅·十月之交》）；“云如何里”（《大雅·云汉》）。

理 音【lǐ】

古形【金 小篆 】

《说文·玉部》：“理，治玉也。”从字形看，“理”由“玉”和“里”组成。“里”有“里面”的意思，同“玉”组合表示玉是包裹在石头里面的，需要通过加工治理才能显现。

释义：“理”在《诗经》中使用4处，无迭用。

治理、修整。由特指到泛指引申。此种用法有4（雅4）处，如：“我疆我理”（《小雅·信南山》）；“乃疆乃理”（《大雅·绵》）。

鲤(鯉) 音【lǐ】

古形【金 小篆 】

鲤，又称鲤鱼，是一种喜欢生活在水底层的淡水鱼，身体侧扁，嘴边有长短触须各一对，肉可食。从字形看，“鲤”由“鱼”和“里”组成。“里”有“里层”的意思，同“鱼”组合表示这是一种“生活在水底（里）层的鱼”。

释义：“鲤”在《诗经》中使用4处，无迭用。

鲤鱼。此种用法有4（风1；雅2；颂1）处，如：“必河之鲤”（《陈风·衡门》）；“鲦鲿鰋鲤”（《周颂·潜》）。

醴　音【lǐ】

古形【金　小篆　】

“醴”由“酉”和“豊”组成。“酉”，甲骨文写作“”，像古代的酒坛里面装有物（酒），是“酒”的本字；“豊”表示祭祀敬神，同“酉”组合或表示祭祀敬神之酒，看来是好酒，有解甜酒。

释义：“醴”在《诗经》中使用4处，无迭用。

酒、甜酒。此种用法有4（雅2；颂2）处，如：“且以酌醴”（《小雅·吉日》）；“酒醴维醹”（《大雅·行苇》）；“为酒为醴”（《周颂·载芟》）。

鳢(鱧)　音【lǐ】

古形【金　小篆　】

鳢指鳢鱼，又名黑鱼、乌鳢，是一种淡水鱼，身体圆长，口大，牙尖，色黑有斑点，性凶猛，好捕食其它鱼类，其肉肥美，可食用。传说中的鳢是一种孝鱼：鳢产仔时便是形影不离的一夫一妻，从母鱼“临盆”到千万鱼仔护养，“夫妻二人”都是通力合作、从不分离，在小鱼逐渐长大即将离开鱼群自食其力之前，两条老鱼由于操劳过度而突然双目失明，失去了外出觅食能力，小鱼们就会聚拢过来主动献身父母口腹报答养育之恩。虽是传说，却也令人动容。从字形看，“鳢”由“鱼”和“豊”组成。“豊”表示祭祀敬神，古人祭祀用“牛羊猪”三牲，后来也有用“鸡鱼猪”的。据民国《藁城县志》记载，在河北藁城一带，过去在立夏日，就用黑鱼（即“鳢”）来祭雹神。“鱼”和“豊”组合，或表示这是一种用作祭神的鱼。

释义：“鳢”在《诗经》中使用1处，无迭用。

鳢鱼（黑鱼）。此种用法有1处：“鱼丽于罶，鲂鳢”（《小雅·鱼丽》）。

力　音【lì】

古形【甲　金　小篆　】

力指的是事物的效能，是一个看不见摸不着的东西。从字形看，甲骨文写作“”，很像一个古代耕田翻土的农具：上部为犁把，下部为耕地的犁头，即犁，古称耒耜。犁是用来耕作的，由此引申为“耕作、勤勉做事”等意思。皆因耕作、做事要出力且显能力，所以借用（或引申）为看不见摸不着的“力”。一说“九”和“力”说的都是胳膊上的那点事：“九”字金文写作“”，像人的一条臂膀之形，由“五指（略二指）”“手掌”“小臂”“大臂”和“肩膀”等九个部分组成；“力”字金文字形写作“”，像弯曲的胳膊中蕴含着力量。《说文·力部》：“力，筋也。”或是此说之源。

释义：“力”在《诗经》中使用9处，无迭用。

1. 耕作、勤勉做事。由犁是用来耕作的引申。此种用法有2（雅2）处，如：“力民代食”（《大雅·桑柔》）。

2. 借（或可视为引申）作力量、能力等。此种用法有7（风2；雅5）处，如：

“有力如虎”（《邶风·简兮》）；“亦不我力”（《小雅·正月》）；“女兴是力”（《大雅·荡》）。

厉(厲) 音【lì】

古形【金 小篆 】

“厉”是古“砺”字，繁体作“厲”。《说文·厂部》：“厲，旱石也。”意思是“厲”指质地粗硬的（磨刀）石。从字形看，“厲”由“厂”和“萬”组成。“厂”指山崖，表示粗硬的石头取自山崖；“萬”是“蠆”的省写，指蛇蝎一类很厉害的毒虫，同“厂”组合表示刀斧一类经此石磨砺后更厉害。“厉”用作“厉害”后，人们又在旁边加了个“石”专指磨刀石。

释义：“厉”在《诗经》中使用9处，无迭用。

1. 质地粗硬的磨物石。此种用法有1处：“取厉取锻”（《大雅·公刘》）。

2. 水边。或由字形有“厂（山崖）”引申。此种用法有1处：“在彼淇厉”（《卫风·有狐》）（一说借为“濑”，指河边水浅的地方）。

3. 厉害、祸患。由刀斧磨砺后产生的后果或字形中“蠆”厉害且能带来灾祸引申。此种用法有6（雅6）处，如：“垂带而厉”（《小雅·都人士》）（言垂带飘拂潇洒的样子）；“以谨丑厉”（《大雅·民劳》）。

4. 或通“沥（砅）”。此种用法有1处：“深则厉，浅则揭”（《邶风·匏有苦叶》）（言一点一点慢慢踩石头过河）。

立 音【lì】

古形【甲 金 小篆 】

《说文·立部》：“立，住也。从大立一之上。”意思是说，立是站住的意思，字形像一个“大”字站立在“一”的上面。从字形看，“立”，甲骨文写作“ ”，下面的“一”表示地面或站立之处；上面像一个人站立在那儿。“立”的本义就是“站住不动”即“站立”。

释义：“立”在《诗经》中使用11处，无迭用。

1. 站立。此种用法有1处：“伫立以泣”（《邶风·燕燕》）

2. 设立、建立。由人立之状引申。此种用法有9（雅8；颂1）处，如：“既立之监”（《小雅·宾之初筵》）；“天立厥配”（《大雅·皇矣》）；“帝立子生商”（《商颂·长发》）。

3. 成、使……安定。或由具象到抽象引申。此种用法有1处：“立我烝民”（《周颂·思文》）。

丽(麗) 音【lí、lì】

古形【金 小篆 】

汉·孔鲋《小尔雅·广言》：“丽，两也。”从字形看，“丽”，古文写作“ ”，像两只并行的长颈鹿，隶变以后写成了“丽”，或是因为明确这是长颈鹿的图形，人们后来又在下面加了一个“鹿”字，写成了“麗”。汉字简化又还原了“丽”字的写法。《说文·鹿部》：“麗，旅行也。”王筠《说文句读》言“旅”

“俗作侣”，“旅行”即“侣行”，意即结伴而行。因“丽”最初表示两只鹿并行，所以“两”或为其本义，又因梅花鹿好看，所以后来又引申为漂亮、美丽。

释义：“丽”在《诗经》中使用4处，无迭用。

1.用作数目。由表示“两”数引申。此种用法有1处：“其丽不亿”（《大雅·文王》）。

2.通“罹”，遭遇。此种用法有3（雅3）处，如：“鱼丽于罶”（《小雅·鱼丽》）。

利　音【lì】

古形【甲 金 小篆 】

《说文·刀部》：“利，銛也。”所谓“銛”，即锄、锹一类的农具。从字形看，“利”由“禾”和“刂（刀）”组合。“禾”指“庄稼”，同“刀”组合表示种庄稼的利器，本义应为“锋利”。《说文》引《易经》云：“利者，义之和也。”意思是说，利益是由于义的和谐。“利”的“利益”之义，或可视为一说。

释义：“利”在《诗经》中使用2处，无迭用。

利益、好处。由锋利的工具可以从农田中获得收益引申。此种用法有2（雅2）处：“伊寡妇之利”（《小雅·大田》）；“为民不利”（《大雅·桑柔》）。

戾　音【lì】

古形【金 小篆 】

《说文·犬部》：“戾，曲也。从犬出户下。”意思是说“戾”是“曲”的意思，字形像犬曲身挤出户（单扇门）外。古人建房一般留有狗洞，此狗不从狗洞出入，说明行为反常，或者性情暴烈。然一般狗之行为都能被主人喝止，所以《段注》云：“了戾、乖戾、很戾皆其义也。”所谓“乖戾”指犬行为乖张；“很戾”指其性情暴恶；“了戾”，则指主人到来即可喝止。徐锴《说文系传》：“犬善出卑户也。”张舜徽《说文约注》：“卑户，谓仅容犬身以通出入之小窦（洞）也。湖湘旧俗，凡造物，必于大门之旁穿壁为窦，以备门闭而犬得由是而出入焉。形似户而实非户也。犬出入其间，必曲其身，因谓之戾。”《段注》释义为“了戾、乖戾、很戾”，或由“犬出户下”谓“屈伸挤出门下”而来；“戾”之“善”义，或由“犬出卑户”即正常出入大门旁之窦（洞）而来。正是这种对字形的多重理解，导致了“戾”之一字多义。

释义：“戾”在《诗经》中使用15处，无迭用。

1善。此种用法有2（雅2）处：“亦是戾矣”（《小雅·采菽》）；“民之未戾”（《大雅·桑柔》）。

2.安定（了戾）。此种用法有2（雅2）处：“靡所止戾”（《小雅·雨无正》）；“以戾庶正”（《大雅·云汉》）。

3.罪、灾难（乖戾、很戾）。此种用法有2（雅2）处：“降此大戾”（《小雅·节南山》）；“亦维斯戾”（《大雅·抑》）。

4.至、到达。或由“戾”之行为因主人到来而被制止引申。此种用法有9（雅

4；颂5）处，如：“其飞戾天”（《小雅·采芑》）；“鸢飞戾天”（《大雅·旱麓》）；“我客戾止”（《周颂·振鹭》）。

栗(慄) 音【lì】

古形【甲 金 小篆 】

“栗”，小篆写作“ ”，《说文·卤部》：“㮚，木也。从木，其实下垂，故从卤……徐巡说，木至西方战栗。”从字形看，“㮚”由“卤（或‘西’）”和“木”组成。“卤”，像果实下垂之状，同“木”组合表示果实呈下垂之状的树或此树结的果实。或因有此木至西方战栗之说，“栗”又作“战栗”讲。因战栗是内心恐慌的表现，所以人们又加了个“心”旁表示“战慄”。汉字简化又通作“栗”。

释义：“栗”在《诗经》中使用12处13次，1处迭用。

1.栗树、栗子（实）。此种用法有5（风4；雅1）处，如：“东门之栗”（《郑风·东门之墠》）；“侯栗侯梅”（《小雅·四月》）。

2.谷粒饱满坚实如栗。由词性转换（名—形）引申。此种用法有1处：“实颖实栗”（《大雅·生民》）。

3.堆积。由栗子收获堆积引申。此种用法有2（风1；颂1）处3次，1次迭用：“烝在栗薪”（《豳风·东山》）；“积之栗栗”（《周颂·良耜》）（迭用形容数量众多）。

4.同“慄”，因恐惧而发抖。此种用法有3（风3）处，如：“惴惴其栗”（《秦风·黄鸟》）。

5.借为“溧”，寒气。此种用法有1处：“二之日栗烈”（《豳风·七月》）。

笠 音【lì】

古形【金 小篆 】

“笠”指的是用竹篾或棕皮编制的遮阳挡雨的帽子。从字形看，“笠”，金文写作“ ”，小篆写作“ ”，都像一个人站立在地，头上戴着一顶“竹”篾编成的帽子，俗称斗笠。后来人们又有用草编的，多称草帽。

释义：“笠”在《诗经》中使用3处，无迭用。

斗笠（草帽）。此种用法有3（雅2；颂1）处，如：“何蓑何笠”（《小雅·无羊》）；“其笠伊纠”（《周颂·良耜》）。

詈 音【lì】

古形【金 小篆 】

《说文·网部》：“詈，骂也。从网从言。网辠（同‘罪’）人。”从字形看，“詈”由“罒”和“言”组成。“罒”金文写作“ ”，像一张捕鱼的大网，有搜罗的意思，同“言”组合表示和人说话尽搜罗一些罪人的语言，即骂人。

释义：“詈”在《诗经》中使用1处，无迭用。

骂、责骂。此种用法有1处：“覆背善詈”（《大雅·桑柔》）。

涖(莅、蒞) 音【lì】

古形【小篆 】

“涖”，小篆作“ ”，由“立”和

"隶"组成。"立",如人站立之状;"隶"或为"逮"字省写,有"及、达到"之义,同"立"组合表示人已到来。"涖"由"氵(水)"和"位"组合或表示似水到位;"莅"由"艹"和"位"组成有"如草覆盖地面一般到来"("蒞"同理),可见这里的人,或非一般人,抑或非一人(到来)。

释义:"涖"在《诗经》中使用3处,无迭用。

到、来临。此种用法有3(雅3)处,如:"方叔涖止"(《小雅·采芑》)。

栎(櫟) 音【lì】

古形【甲 金 小篆 】

栎又称麻栎、橡,通称柞树,落叶乔木,叶子长椭圆形,结球形坚果,叶子可以喂蚕。栎树木材坚硬,可以制作家具,也可做建筑材料,树皮可以鞣皮还可以做燃料。从字形看,"栎"由"木"和"乐"组成。"木"表示树,或因栎树生长快,且用途广泛,人们乐意种植,所以用"乐"做声符。甲骨文的"栎"写作" ",左边像(栎)树上结满坚果状,或因隶变无法表达,就用形似的"樂"字代替,同右边的"木(木)"字组成了"櫟",后来汉字简化,就写成了"栎"。

释义:"栎"在《诗经》中使用1处,无迭用。

树名。此种用法有1处:"山有苞栎"(《秦风·晨风》)。

连(連) 音【lián】

古形【金 小篆 】

"连"由"辶"和"车"组成。"辶"和行走有关,同"车"组合表示人拉车行走。《说文·辵部》:"连,员连也。"所谓员连,《段注》作"负车","负车者人輓车而行,车在后如负也。"即像我们如今看到的人拉板车状。

释义:"连"在《诗经》中使用1处2次,1处迭用。

连接,迭用表示接连不断状。由负车人车连接在一起引申。此种用法有1处2次:"执讯连连"(《大雅·皇矣》)。

涟(漣) 音【lián】

古形【金 小篆 】

"涟"由"氵(水)"和"连"组成。"连"有"连接"的意思;"氵(水)"指水面波纹。水面波纹看起来都是连接不断的,"涟"就表示这种状态。

释义:"涟"在《诗经》中使用2处3次,1处迭用。

1. 水面波纹。此种用法有1处:"河水清且涟猗"(《魏风·伐檀》)。

2. 接连不断。由波纹连接不断引申。此种用法有1处,迭用:"泣涕涟涟"(《卫风·氓》)。

敛(斂) 音【liǎn】

古形【金 小篆 】

《说文·攴部》:"敛,收也。"从字

形看，“敛”由“佥”和“攴”组成。“佥”有“众多、全、都”的意思；“攴”有“小击”义，因此，这种“收”，从“佥”看，是大范围的；从“攴”看，是带有强制性的。大范围强制性收取就是“敛”。

释义：“敛”在《诗经》中使用2处，无迭用。

收敛。此种用法有2（雅2）处：“此有不敛穧”（《小雅·大田》）；“敛怨以为德”（《大雅·荡》）。

蔹(蘞) 音【liǎn】

古形【金 小篆 】

蔹是一种多年生蔓生草本植物（分白蔹、赤蔹等），叶子多而细，五月开花，七月结球形浆果，白蔹的根可供药用。“蔹”，《说文》作“莶”，《说文·艸部》：“莶，白莶也。”从字形看，“莶”由“艹”和“佥”组成，“艹”表示草本植物；“佥”有“众多”的意思，同“艹”或表示这是一种叶子很多的植物。

释义：“蔹”在《诗经》中使用2处，无迭用。

草名。此种用法有2（风2）处，如：“蔹蔓于域”（《唐风·葛生》）。

良 音【liáng】

古形【甲 金 小篆 】

从字形看，“良”，甲骨文写作“ ”，像过去农村用来风谷的风柜简单图形，表示粮食有收成。安子介先生在《解开汉字之谜》中说：“根据有些词源学家的看法，‘良’（好的）字起源于非字‘畐’（饱满的），后者本身又是由‘ ’（贮谷物的容器）转变而来。这个符号是两个字形的根：‘畐’和‘量’。”“良”或是指容器里装满了谷物，在“民以食为天”的年代，家中粮食充足，一定是一件美好的事情。《说文·畐部》：“良，善也。”应该是谷物丰满后的引申义。

释义：“良”在《诗经》中使用30处，无迭用。

美好、善。由因粮食充足（谷物丰满）而一切美好引申。此种用法有30（风19；雅10；颂1）处，如：“德音无良”（《邶风·日月》）；“每有良朋”（《小雅·常棣》）；“以谨无良”（《大雅·民劳》）；“畟畟良耜”（《周颂·良耜》）。

凉(涼) 音【liáng、liàng】

古形【金 小篆 】

“凉”，小篆写成“ ”，由“ （水）”和“ （京）”组成。“京”，从小篆字形看，像一个人工修筑的高丘，一般高处都比较凉爽，同“水”组合或表示高处（温度）似水，以此表达温度较低。后写作“凉”，“冫”做部首，使之寒凉之义更加明显。

释义：“凉”在《诗经》中使用4处，无迭用。

1.温度低。此种用法有1处：“北风其凉”（《邶风·北风》）。

2.薄、刻薄。由凉不暖人（即行事不合人心）引申。此种用法有1处：“职凉善背”（《大雅·桑柔》）。

3.借为“亮”，《尔雅·释诂》：“亮，右也。”即辅佐。此种用法有1处：“凉彼武王”（《大雅·大明》）。

4.借为“谅”即谅言，诚恳劝导。此种用法有1处：“凉曰不可”（《大雅·桑柔》）。

梁　音【liáng】

古形【金 小篆 】

“梁”，金文写作“ ”，左边是“水（河水）”，右边是“ （桥形）”，合在一起表示河上的桥；有的金文写作“ ”，在“ ”的基础上加了一个“木”，或表示河上是一座木桥。《说文·木部》：“梁，水桥也。”《段注》：“梁之字，用木跨水，则今之桥也。”

释义：“梁”在《诗经》中使用18处，无迭用。

1.桥梁、跨水（拦鱼）的堤坝。此种用法有16（风7；雅9）处，如：“在彼淇梁”（《卫风·有狐》）；“无逝我梁”（《小雅·小弁》）；“造舟为梁”（《大雅·大明》）（此指浮桥）

2.（车）梁。由物体隔空成梁引申。此种用法有1处：“五楘梁辀”（《秦风·小戎》）。

3.借作山名。此种用法有1处：“奕奕梁山”（《大雅·韩奕》）（梁山，在今河北省境内）。

粮(糧)　音【liáng】

古形【金 小篆 】

《说文·米部》：“粮，谷也。”所谓“谷”，就是粮食，是一切可以食用的谷类豆类的总称。从字形看，“粮”，繁体写作“糧”，由“米”和“量”组成。“量”有“计量”的意思，同“米”组合表示粮食是有计量食用的东西，不可胡乱糟蹋。后来简化写作“粮”，或可理解为“粮食是美好的食物”。

释义：“粮”在《诗经》中使用2处，无迭用。

粮食。此种用法有2（雅2）处，如：“彻田为粮”（《大雅·公刘》）。

粱　音【liáng】

古形【金 小篆 】

《说文·米部》：“粱，米名也。”粱是一种粮食作物的名称，俗称小米、谷子、黍，禾本科，须根粗大，秆粗壮，直立，高0.1–1米或更高。从字形看，“粱”由“ ”和“米”组成，“米”表示粮食作物；“ ”金文像水上桥梁之形，水上桥梁比水面要高出许多，所以有“高出”之义，同“米”组合或表示成熟以后的“粱”比一般的禾本科植物长得更高一些。

释义：“粱”在《诗经》中使用3处，无迭用。

一种粮食作物。此种用法有3（风1；雅2）处，如：“不能蓺稻粱”（《唐风·鸨羽》）；“无啄我粱”（《小雅·黄鸟》）。

两(兩、网)　音【liǎng】

古形【金 小篆 】

“网”是“两”初文，金文写作“ ”，像一辆双套马车上的轭平分一对马鞍之形，《说文·网部》：“网，再也。”含有“二”“双”等意思。

释义：“两”在《诗经》中使用16处，无迭用。

1. 双、成对、二。此种用法有12（风11；雅1）处，如：“髧彼两髦”（《鄘风·柏舟》）；“两骖不猗”（《小雅·车攻》）。

2. 借为“辆”。此种用法有4（风3；雅1）处，如：“百两成之”（《召南·鹊巢》）；“百两彭彭”（《大雅·韩奕》）。

谅(諒)　音【liàng】

古形【金 小篆 】

《说文·言部》：“谅，信也。”从字形看，“谅”由“讠（言）”和“京”组成。“言”表示说话，指人说话有诚信；“京”指高丘，有“高”的意思，同“言”组合表示说话有诚信是高尚的。

释义：“谅”在《诗经》中使用3处，无迭用。

1. 诚信、诚真。此种用法有1处：“谅不我知”（《小雅·何人斯》）。

2. 原谅。由诚真之人能宽恕待人（或能被人宽恕）引申。此种用法有2（风2）处，如：“不谅人只”（《鄘风·柏舟》）。

聊　音【liáo】

古形【金 小篆 】

《说文·耳部》：“聊，耳鸣也。”从字形看，“聊”由“耳”和“卯”组成。“卯”金文写作“ ”，或像两扇刚打开的门形，同“耳”组合，表示耳门打开（安子介先生在《解开汉字之谜》中理解“把耳朵只开放一点儿”），声音不断，即耳鸣之状。

释义：“聊”在《诗经》中使用10处，无迭用。

1. 借作副词“且、姑且”。此种用法有8（风8）处，如：“聊与子如一兮”（《桧风·素冠》）

2. 同“莍”，草木结成的一串串果实。此种用法有2（风2）处，如：“椒聊且”（《唐风·椒聊》）（闻一多《风诗类钞》：“草木实聚生成丛，古语叫做聊，今语叫作嘟噜。”）。

僚　音【liáo、liǎo】

古形【金 小篆 】

“僚”由“亻（人）”和“尞”组成。“尞”或为“寮”字省写，《说文·宀部》：“寮，穿也。”意即贯穿的长排房，《段注》：“《左传》曰：‘同官为寮’。”这里的“寮”不仅确认此房为宫廷里官员集中办公的场所，同时也说明“寮”“僚”相通。“尞”和“人”组合也表示同朝为官之人。

释义：“僚”在《诗经》中使用3处，无迭用。

1. 官、同在一起做官。此种用法有2（雅2）处：“百僚是试”（《小雅·大东》）；“及尔同僚”（《大雅·板》）。

2. 借为“缭”，束缚缠绕，即所谓的

五花大绑。此种用法有1处："佼人僚兮"（《陈风·月出》）。

潦 音【liáo、liào】

古形【小篆】

《说文·水部》："潦，雨水大貌。"从字形看，"潦"由"氵（水）"和"尞"组成，"尞"有"长、远"义，同"水"组合表示"大水流到远方"。

释义："潦"在《诗经》中使用4处，无迭用。

积水。由水大而淤积引申。此种用法有4（风1；雅3）处，如："于彼行潦"（《召南·采蘋》）；"泂酌彼行潦"（《大雅·泂酌》）。

燎 音【liáo、liào】

古形【金 小篆】

"燎"由"火"和"尞"组成。"尞"，甲骨文写作""，像烧柴冒火星之状，同"火"组合表示烧火。《说文·火部》："燎，放火也。"徐灏《段注笺》："燎之本义为烧草木。"

释义："燎"在《诗经》中使用6处，无迭用。

烧火或点火（炬）。此种用法有6（风1；雅5）处，如："佼人燎兮"（《陈风·月出》）；"燎之方扬"（《小雅·正月》）；"民所燎矣"（《大雅·旱麓》）。

膋 音【liáo】

古形【小篆】

"膋"，又作"膫"，《说文·肉部》："膫，牛肠脂也。"从字形看，"膋"由"𤇾"和"月（肉）"组成。"𤇾"或是"劳"字省写，表示牛是一种辛勤劳作的动物，同"月（肉）"组合表示牛肠上的脂肪。

释义："膋"在《诗经》中使用1处，无迭用。

牛脂肪（牛油）。此种用法有1处："取其血膋"（《小雅·信南山》）。

蓼 音【liǎo、lù】

古形【金 小篆】

"蓼"由"艹"和"翏"组成。"艹"表示草本植物；"翏"有"鸟高飞"之意，同"艹"组合表示高扬之草。"（李）时珍曰：蓼类皆高扬，故字从翏。""蓼"是一年生草本植物，叶披针形，花小，白色或浅红色，果实卵形、扁平，生长在水边或水中。其茎叶味辛辣，可用以调味，全草入药，亦称"水蓼"。"蓼"又是部分蓼科植物的泛称。

释义："蓼"在《诗经》中使用9处11次，1处迭用。

1. 蓼（或蓼类植物）。此种用法有7（雅4；颂3）处，如："蓼彼萧斯"（《小雅·蓼萧》）；"予又集于蓼"（《周颂·小毖》）。

2. 迭用形容长大貌。此种用法有2（雅2）处4次，如："蓼蓼者莪"（《小雅·蓼莪》）。

洌 音【liè】

古形【金 小篆】

"冽"由"冫"和"列"组成。"冫"甲骨文写作"仌"，是"冰"的本字；"列"或是"裂"字省写，有开裂的意思，同"冫"组合表示寒冷得可以冻裂泥土或瓦器。

释义："冽"在《诗经》中使用4处，无迭用。

寒冷。此种用法有4（风3；雅1）处，如："冽彼下泉"（《曹风·下泉》）；"有冽氿泉"（《小雅·大东》）。

烈 音【liè】

古形【金小篆】

《说文·火部》："烈，火猛也。"从字形看，"烈"由"列"和"灬（火）"组成。"列"有分解的意思，同"火"组合表示物体被火烧毁而分解，形容火势很猛烈。

释义："烈"在《诗经》中使用22处28次，6处迭用。

1. 火势很猛（烧、烤）。此种用法有5（风3；雅1；颂1）处6次，1处迭用，如："火烈具阜"（《郑风·大叔于田》）；"载燔载烈"（《大雅·生民》）；"如火烈烈"（《商颂·长发》）。

2. 猛、像火烧。由烈火之状态引申。此种用法有2（雅2）处3次，1处迭用："忧心烈烈"（《小雅·采薇》）；"烈假不瑕"（《大雅·思齐》）。

3. 高俊险阻、威武貌。由烈火凶猛引申。此种用法有3（雅2；颂1）处6次，均迭用，如："烈烈征师"（《小雅·黍苗》）；"相士烈烈"（《商颂·长发》）。

4. 光明、光辉。由猛火有光亮引申。此种用法有4（雅1；颂3）处，如："烝衎烈祖"（《小雅·宾之初筵》）；"烈文辟公"（《周颂·载见》）。

5. 功绩。由光辉来自于战功引申。此种用法有3（颂3）处，如："无竞维烈"（《周颂·执竞》）。

6. 借作"冽"，寒冷。此种用法有2（风1；雅1）处3次，1处迭用："二之日栗烈"（《豳风·七月》）；"冬日烈烈"（《小雅·四月》）。

7. 通"列"，列代。此种用法有3（颂3）处，如："嗟嗟烈祖"（《商颂·烈祖》）。

栵 音【liè】

古形【小篆】

《说文·木部》："栵，栭也。""栭"指"栭栗"，类属灌木，所以"栵"又指灌木丛生的小树。从字形看，"栵"由"木"和"列"组成。"列"有"列队、排列"的意思，同"木"组合表示呈排列（灌木丛生）之状的（小）树。

释义："栵"在《诗经》中使用1处，无迭用。

丛生的小树。此种用法有1处："其灌其栵"（《大雅·皇矣》）。

猎(獵) 音【liè】

古形【金小篆】

"猎"，繁体写作"獵"，由"犭（犬）"和"巤"组成。"巤"，甲骨文写作""，或像毛发伸展之状，同"犬"

组合表示猎犬捕获猎物时耳竖毛立的状态。《说文·犬部》:“猎,放猎逐禽也。”放猎犬追逐猎物(禽兽)就是“猎”,俗称打猎。

释义:“猎”在《诗经》中使用1处,无迭用。

打猎。此种用法有1处:“不狩不猎”(《魏风·伐檀》)。

林　音【lín】

古形【金 小篆 】

“林”由二“木”组成,表示树多。《说文·林部》:“林,平土有丛木曰林。”成片丛生的树木称为“林”。

释义:“林”在《诗经》中使用15处,无迭用。

1. 成片丛生的树木。此种用法有13(风6;雅6;颂1)处,如:“施于中林”(《周南·兔罝》);“瞻彼中林”(《小雅·正月》);“诞寘之平林”(《大雅·生民》);“集于泮林”(《鲁颂·泮水》)。

2. 盛多。由木多引申。此种用法有2(雅2)处:“有壬有林”(《小雅·宾之初筵》);“其会如林”(《大雅·大明》)。

邻(鄰)　音【lín】

古形【金 小篆 】

“邻”,繁体作“鄰”,由“粦”和“阝(邑)”组成。古“阝(邑)”表示行政区域,“邻”是邑中的居民组织(古有‘五家为一邻,五邻为一里’之说);“粦”是“磷”的本字,表示夜晚住家的灯火远看似磷火,“粦”下的“舛”字有相背意,即靠得很近,同“邑”组合或表示灯火靠得很近的人家即为“鄰”。

释义:“邻”在《诗经》中使用2处3次,1处迭用。

1. 邻居。此种用法有1处:“洽比其邻”(《小雅·正月》)。

2. 拟音借用,迭用表示车铃声。此种用法有1处,迭用:“有车邻邻”(《秦风·车邻》)(或通“铃”)。

临(臨)　音【lín、lìn】

古形【金 小篆 】

《说文·卧部》:“临,监临也。”从字形看,“临”,金文写作“ ”,像一个人睁大眼睛,俯身观看着地下的几个物件,表达的是“居上视下”的意思。

释义:“临”在《诗经》中使用15处,无迭用。

1. 监视、视察(居上视下)。此种用法有4(雅3;颂1)处,如:“上帝临女”(《大雅·大明》);“上帝临女”(《鲁颂·閟宫》)。

2. 下降、到来。由“临”有自上而下之义引申。此种用法有8(风4;雅4)处,如:“照临下土”(《邶风·日月》);“如临深渊”(《小雅·小旻》);“上帝不临”(《大雅·云汉》)。

3. 居高临下的(车)。由“临”有自上而下之义引申。此种用法有3(雅3)处,如:“与尔临冲”(《大雅·皇矣》)(临指临车,即古代一种攻城的战车,可以居高临下冲击)。

粼　音【lín】

古形【金　小篆　】

“粼”由“粦”和“巜”组成。“粦”是“磷”字省写，有“磷火”的意思；“巜”像流水，同“粦”组合表示河水清澈明净，水面看上去似有星星点点的磷光闪闪发亮。

释义：“粼”在《诗经》中使用1处2次，迭用。

水清澈貌。此种用法有1处2次，迭用：“白石粼粼”（《唐风·扬之水》）。

麟　音【lín】

古形【金　小篆　】

麟是古代传说中的一种动物，样子像鹿，全身有鳞甲，有尾。古代以其象征祥瑞，亦用来喻杰出的人物。从字形看，“麟”由“鹿”和“粦”组成。“鹿”表示“麟”是似鹿之兽；“粦”是“磷”字省写，指“麟”身上的鳞片似“磷”闪闪发亮，同“鹿”组合表示身上长有鳞甲似鹿之兽。

释义：“麟”在《诗经》中使用6处，无迭用。

兽名。此种用法有6（风6）处，如：“于嗟麟兮”（《周南·麟之趾》）。

廪　音【lǐn】

古形【金　小篆　】

“廪”古作“亩”，甲骨文写作“　”，很像一个贮存粮食的仓廪。后来增加了“广”和“禾”，表示“廪”是一个高大（广）的能够储存粮食（禾）的米仓（亩）。

释义：“廪”在《诗经》中使用1处，无迭用。

米仓。此种用法有1处：“亦有高廪”（《周颂·丰年》）

灵(靈)　音【líng】

古形【金　小篆　】

《说文·玉部》：“灵，灵巫。以玉示神。”从字形看，“灵”，繁体作“靈”，上面是个“雨”、中间三个“口”、下面是个“巫（《说文》为‘玉’）”。“雨”或表示祈雨成真；三个“口”表示祭台和供品；“巫（玉）”之持玉跳舞降神的巫师。三部分合起来表示的或是巫师祈雨降神的过程。安子介先生在《解开汉字之谜》中说：“‘靈’字是由三部分合成：‘雨’，‘三个口’和‘巫’。一种说法是：‘巫’师能呼风唤‘雨’，大致像许多‘口’中流出的水，这是由精灵、鬼怪、凡是人们能想象出来的东西作怪。由于有‘效应’才产生了‘有效’、‘灵验’、‘聪明’、‘快捷’等意义。至于怎么把‘灵’字用来作‘靈’字的简化体，则难于查考。然而这样假定：一种‘向后’（彐）的‘火’，没有反对的力量，带有神奇的效果，也许可以稍微解释该字的由来。”

释义：“灵”在《诗经》中使用6处，无迭用。

1. 巫（师）、神灵。此种用法有5（雅4；颂1）处，如：“王在灵沼”（《大雅·灵台》）；“濯濯厥灵”（《商颂·殷武》）。

2. 好。由神灵降雨是美好的征兆引申。此种用法有1处：“灵雨既零”（《鄘风·定之方中》）。

苓 音【líng】

古形【金 小篆 】

苓是药草名，茯苓、猪苓皆简称苓。茯苓是寄生于松树根下的一种菌类植物；猪苓是枫树苓，生于枫根下的一种植物，二者均可入药。从字形看，“苓”由“艹”和“令”组成。“艹”表示“苓”属草本植物；“令”或是“零”字省写，有“零落”的意思，同“艹”组合表示“苓”是一种零零落落生于树根下的草本植物。

释义：“苓”在《诗经》中使用3处，无迭用。

草名。此种用法有3（风3）处，如：“采苓采苓”（《唐风·采苓》）。

铃(鈴) 音【líng】

古形【金 小篆 】

《说文·金部》：“铃。令丁也。”徐灏《段注笺》：“（古谓）丁宁、（汉谓）令丁皆状其声。”从字形看，“铃”由“钅（金）”和“令”组成。“金”表示“铃”是一种金属器；“（丁）令”为拟音，同“钅（金）”组合表示可以发出“（丁）令”之声的金属器（又或‘令’有指令义，同‘钅’组合或又表示能发出指令（提示）之音的金属器）。朱骏声《说文通训定声》：“（铃）有柄有舌，似钟而小。”

释义：“铃”在《诗经》中使用1处，无迭用。

有柄有舌，似钟而小，可发出丁令之声的金属器。此种用法有1处：“和铃央央”（《周颂·载见》）。

蛉 音【líng】

古形【金 小篆 】

《说文·虫部》：“蛉，蜻蛉也。”《段注》：“今人作蜻蜓、蜻蜓。”从字形看，“蛉”由“虫”和“令”组成。“虫”表示“蛉”属于虫类；“令”有“美好”意思。蜻蜓六足四翼、细腰长尾，体态十分优美，且捕食小虫对农作物有益。“虫”和“令”组合表示这是一种美好的小虫。

释义：“蛉”在《诗经》中使用1处，无迭用。

借作虫名。此种用法有1处：“螟蛉有子”（《小雅·小宛》）。

零 音【líng】

古形【甲 金 小篆 】

《说文·雨部》：“零，余雨也。”所谓“余雨”，即徐徐降落的雨。从字形看，“零”，甲骨文写作“（或为‘灵’字初文）”像雨点从天上滴落之状。汉字传抄误写成了“零”。

释义：“零”在《诗经》中使用12处，无迭用。

1.（雨、露）降落。此种用法有11

（风7；雅4）处，如："灵雨既零"（《鄘风·定之方中》）；"零露浓浓"（《小雅·蓼萧》）。

2.（液体）下落。由雨水为液体引申。此种用法有1处："涕零如雨"（《小雅·小明》）。

凌 音【líng】

古形【金 小篆 】

《说文·仌部》："凌，仌出也。"承培元《引经证例》："仌出，如雪花六出之出，谓仌之凌角也。"从字形看，"凌"由"冫"和"夌"组成。"冫"即"冰"，指由水冻结而成的冰凌；"夌"有"超越"之义，同"冫"组合指冰凌超越液体（水）而成固体之状。

释义："凌"在《诗经》中使用1处，无迭用。

冰凌。此种用法有1处："三之日纳于凌阴"（《豳风·七月》）。

陵 音【líng】

古形【甲 金 小篆 】

《说文·𨸏部》："陵，大𨸏也，"从字形看，"陵"由"阝（𨸏）"和"夌"组成。"𨸏"指似山之无石土堆；"夌"有"超越、跨越"的意思，同"𨸏"组合表示"大土山"（甲骨文"[陵]"就像一个人在跨越大土山）。陵后来为"帝王的坟墓"专用，有"专用的升天通道（之处）"的意思。

释义："陵"在《诗经》中使用8处，无迭用。

大土山、土岭。此种用法有8（雅7；颂1）处，如："如冈如陵"（《小雅·天保》）；"我陵我阿"（《大雅·皇矣》）；"如冈如陵"（《鲁颂·閟宫》）。

领(領) 音【lǐng】

古形【金 小篆 】

《说文·页部》："领，项也。"又"项，头后也。""领"指的就是我们常说的脖子。从字形看，"领"由"令"和"页"组成。"令"即"命令"，有"支配、指挥"的意思；"页"与"首"同义，指脑袋，同"令"组合表示能够指挥脑袋灵活转动的就是"领"，即脖子。

释义："领"在《诗经》中使用3处，无迭用。

脖子。此种用法有3（风1；雅2）处，如："领如蝤蛴"（《卫风·硕人》）；"有莺其领"（《小雅·桑扈》）。

令 音【lìng】

古形【甲 金 小篆 】

《说文·卩部》："令，发号也。"从字形看，甲骨文的"令"写作" "，上面的" "像帐篷；下面的" "像跪坐持卩的人（古卩是官者身份的象征），合起来或表示一个持卩之人正跪坐在篷帐中发号施令。

释义："令"在《诗经》中使用25处26次，1处迭用。

1. 命令。此种用法有2（风2）处，如："寺人之令"（《秦风·车邻》）。

2. 美、好、善。或由德善之人方可掌

管一方且发号施令引申。此种用法有20（风1；雅18；颂1）处，如："我无令人"（《邶风·凯风》）；"令德寿岂"（《小雅·蓼萧》）；"令闻不已"（《大雅·文王》）；"令妻寿母"（《鲁颂·閟宫》）。

3.借作"铃"，环铃声。此种用法有1处2次，迭用："卢令令，其人美且仁"（《齐风·卢令》）。

4.借作鸟名，脊令即鹡鸰鸟。此种用法有2（雅2）处，如："脊令在原"（《小雅·常棣》）。

刘(劉)　音【liú】

古形【金小篆】

"刘"，繁体写作"劉"，由"卯""金"和"刂（刀）"三部分组成。"卯"表示剖开；"金"指金属；"刀"指刀斧之类的器械，三部分组合在一起表示用刀斧等金属类的器械砍杀。简体写作"刘"，或有用刀（刂）纹（文）身之义。

释义："刘"在《诗经》中使用8处，无迭用。

1.砍杀、杀戮。此种用法有1处："胜殷遏刘"（《周颂·武》）。

2.剥落、凋残。由砍杀结果引申。此种用法有1处："捋采其刘"（《大雅·桑柔》）。

3.借作人名（姓）。此种用法有（雅6）6处，如："笃公刘"（《大雅·公刘》）。

浏(瀏)　音【liú】

古形【金小篆】

《说文·水部》："浏，清流貌。"从字形看，"浏"由"氵（水）"和"刘"组成。"刘"有"砍杀剖分"的意思，或因剖分可以使事物内部结构更清晰，所以同"氵（水）"组合即表示水流清澈貌。

释义："浏"在《诗经》中使用1处，无迭用。

水流清澈貌。此种用法有1处："浏其清矣"（《郑风·溱洧》）。

留(畱)　音【liú】

古形【金小篆】

"留"又作"畱"，《说文·田部》："畱，止也。"从字形看，"畱"由"丣"和"田"组成。"丣"是古"酉"字，表示"酉时"即大概晚上七、八点钟的样子，同"田"组合，或表示这么晚了还在田中，或是准备在此留宿了。"畱"作"留"，由"卯（时）"和"田"组合，或可证明此人从"畱"到"留"应该在田中停留了一夜。

释义："留"在《诗经》中使用7处，无迭用。

1（田中）停留。此种用法有1处："不留不处"（《大雅·常武》）。

2.通"刘"，邑名。此种用法有6（风6）处，如："彼留之子"（《王风·丘中有麻》）。

流　音【liú】

古形【金小篆】

《说文·水部》："流，水行也。"从

字形看，“流”由“氵（水）”和“㐬”组成。安子介先生在《解开汉字之谜》中说：“（㐬）上部为一倒置的‘子’（𠫓）字，其下为生产过程中流出的羊水（川）。”像母体生产过程中胎儿和羊水一并流出之像。“㐬”和“氵（水）”组合表示液体（含水）流动。

释义：“流”在《诗经》中使用28处，无迭用。

1.（液体）流动。此种用法有20（风8；压缩12）处，如：“亦泛其流”（《邶风·柏舟》）；“沔彼流水”（《小雅·沔水》）；“观其流泉”（《大雅·公刘》）。

2.流动、流传。由特指液体流动为泛指事物流动。此种用法有6（风4；雅2）处，如：“左右流之”（《周南·关雎》）；“流言以对”（《大雅·荡》）。

3.借为“鎏”。此种用法有1处：“黄流在中”（《大雅·旱麓》）。

4.借作鸟名。此种用法有1处：“流离之子”（《邶风·旄丘》）（流离即黄鹂鸟）。

旒　音【liú】

古形【金 小篆 】

“旒”指古代旌旗下边或边缘上悬垂的装饰品。从字形看，“旒”由“㫃”和“㐬”组成。“㫃”指飘动的旌旗；“㐬”或为“疏”字省写，指梳齿样的条带装饰物，同“㫃”组合表示旌旗上的装饰物，后人们把王侯冠冕前后悬垂的玉串也称为“旒”。

释义：“旒”在《诗经》中使用1处，无迭用。

古代王侯冠冕前后悬垂的玉串。或由状态相似引申。此种用法有1处：“为下国缀旒”（《商颂·长发》）。

懰　音【liú、liǔ】

古形【小篆 】

“懰”由“忄（心）”和“劉（刘）”组成，“劉（刘）”有“杀戮”的意思，同“忄（心）”组合表示因有杀戮而伤心。

释义：“懰”在《诗经》中使用1处，无迭用。

悲伤、痛心。此种用法有1处：“佼人懰兮”（《陈风·月出》）（古本作“刘”，“忄”旁为后人所加，或因“佼人”被杀而表示痛心）。

骝(騮)　音【liú】

古形【金 小篆 】

“骝”由“马”和“留”组成。“留”是“榴”字省写，指石榴，同“马”组合或指毛色为石榴色的马。《说文·马部》：“骝，赤马黑毛尾也。”义即长有赤身黑鬃黑尾的马。

释义：“骝”在《诗经》中使用2处，无迭用。

赤身黑鬃黑尾马。此种用法有2（风1；颂1）处：“骐骝是中”（《秦风·小戎》）；“有骝有雒”（《鲁颂·駉》）。

柳　音【liǔ】

古形【甲 金 小篆 】

“柳”由“木”和“卯”组成。“卯”指卯月，一般每年农历的立春之日至惊蛰之日为一月即寅月；惊蛰至清明为二月卯月即人们常说的“早春二月”，柳树抽芽最早，也多在此前后。“卯”和“木”组合，就表示卯月发芽之树。《说文·木部》：“柳，小杨也。从木，丣声。丣，古文酉。”其中的“丣”，或为“卯”之误，因为从甲骨文“（柳）”字看，上面是个“木（木）”，下面的“卯”是不连笔的，就是个“卯”字。“柳”许慎谓之“小杨”，《段注》云：“杨之细茎小叶者曰柳。”《本草纲目》曰：“杨枝硬而扬起，故谓之杨；柳枝弱而垂流，故谓之柳。”即因垂流而声，非因“丣”而声。

释义：“柳”在《诗经》中使用5处，无迭用。

柳树。此种用法有5（风1；雅4）处，如：“折柳樊圃”（《齐风·东方未明》）；“杨柳依依”（《小雅·采薇》）。

罶　音【liǔ】

古形【小篆】

罶指的是捕鱼的竹篓子，鱼能进去，不能出来。从字形看，“罶”由“罒”和“留”组成。“罶”，小篆写作“”，上面的“罒”是“（网）”字变体，像一张网，表示捕鱼的竹篓；下面的“留”有停留的意思，“罒”和“留”组合表示可以把鱼留住的竹篓。

释义：“罶”在《诗经》中使用4处，无迭用。

1. 捕鱼的竹篓。此种用法有3（雅3）处，如：“鱼丽于罶”（《小雅·鱼丽》）。

2. 同“霤”，屋檐。此种用法有1处：“三星在罶”（《小雅·苕之华》）。

六　音【liù、lù】

古形【甲金小篆】

“六”，甲骨文写作“”，像一个结构简陋的棚屋之形，是“庐”的初文，本义应为草庐。《说文·六部》：“六，《易》之数。”《周易》借“六”为数，或因“庐”和“六”古音相近的缘故。

释义：“六”在《诗经》中使用22处，无迭用。

1. 借作数六、序数第六。此种用法有21（风7；雅13；颂1）处，如：“良马六之”（《鄘风·干旄》）；“维此六月”（《小雅·六月》）；“六师及之”（《大雅·棫朴》）；“六辔耳耳”（《鲁颂·閟宫》）。

2. 借作木名。此种用法有1处：“隰有六駮”（《秦风·晨风》）（“六駮”，梓榆之属，“駮”即驳字）。

龙（龍）　音【lóng】

古形【甲金小篆】

龙是神话传说中的神兽，古代先民把龙看成一种威力巨大的神异之物，身长，有鳞爪，能兴云降雨。《说文·龙部》：“龙，鳞虫之长。能幽、能明、能细、能巨、能短、能长；春分而登天，秋分而潜渊。”从字形看，甲骨文写作“”，像一条飞龙在天的形象。

释义："龙"在《诗经》中使用8处，无迭用。

1. 龙形纹。由词性转换（名形）引申。此种用法有4（风1；颂3）处："龙盾之合"（《秦风·小戎》）；"龙旗阳阳"（《周颂·载见》）。

2. 通"宠"，荣。此种用法有3（雅1；颂2）处，如："为龙为光"（《小雅·蓼萧》）；"我龙受之"（《周颂·酌》）。

3. 借为茏，水草名。此种用法有1处："隰有游龙"（《郑风·山有扶苏》）。

隆 音【lóng】

古形【甲 金 小篆 】

"隆"，甲骨文写作" "，上面是个" （日）"，表示日落之处；下面左边是个" （阜）"，表示土坡（山）；西面右边的" "同"阜"组合或为"降"字，有群山低落之义，三部分合起来表示群山落日之处，即山中央凸起的高峰为"隆"。

释义："隆"在《诗经》中使用1处，无迭用。

盛大。或由凸起的高峰显得高大引申。此种用法有1处："蕴隆虫虫"（《大雅·云汉》）。

娄(婁) 音【lóu】

古形【金 小篆 】

《说文·女部》："娄，空也。从毋中女，空之意也。"从字形看，"娄"繁体作"婁"，由"毋""中""女"三部分组成。"毋"有"没有"的意思；"中"表示"中间（或中年）"；"女"指"妇女"，合起来或表示中年妇女难以受孕，腹中空。

释义："娄"在《诗经》中使用3处，无迭用。

1. 借为"搂"，拉。此种用法有1处："弗曳弗娄"（《唐风·山有枢》）。

2. 借为"屡"，频。此种用法有2（雅1；颂1）处："式居娄骄"（《小雅·角弓》）；"绥万邦，娄丰年"（《周颂·桓》）。

蒌(蔞) 音【lóu】

古形【金 小篆 】

《说文·艸部》："蒌，草也。""蒌"多指蒌蒿草，是一种多年生草本植物，可用来烹煮鲜鱼除腥。从字形看，"蒌"由"艸"和"娄"组成。"娄"有"空"意，或因蒌草茎中空而以此作声符，同"艸"组合表示这是一种茎中空的草。

释义："蒌"在《诗经》中使用1处，无迭用。

草名。此种用法有1处："言刈其蒌"（《周南·汉广》）。

漏 音【lòu】

古形【金 小篆 】

"漏"由"氵（水）"、"尸"和"雨"组成。"尸"疑为"屋"字省写；"水"在"尸（屋）"外，"雨"在"尸（屋）"内，或表示雨水从屋顶滴漏到

屋内。

释义：“漏”在《诗经》中使用1处，无迭用。

漏光。由光也会从漏洞中进到屋内引申。此种用法有1处：“尚不愧于屋漏”（《大雅·抑》）（屋顶漏则见天光，暗中之事全现，喻神明监察）。

镂(鏤)　音【lòu】

古形【金　小篆　】

“镂”由“钅（金）”和“娄”组成。“金”表示金属器；“娄”有“空”意，同“金”组合表示将金属器雕空（或表示用金属器将物体雕空）。

释义：“镂”在《诗经》中使用2处，无迭用。

雕刻（雕刻而成的）。此种用法有2（风1；雅1）处：“虎韔镂膺”（《秦风·小戎》）；“钩膺镂钖”（《大雅·韩奕》）。

卢(盧)　音【lú】

古形【甲　金　小篆　】

“卢”，繁体写作“盧”，甲骨文写作“　”，由“　（虍）”和“　（鬲）”组成。“虍”是“虎”的省写；“鬲”字形像口圆、三足中空的器具，是一种中国古代煮饭用的炊器（相当于现在的锅），同“虍”组合表示用鬲锅熬煮虎骨（或兽肉）。《说文·皿部》：“卢，饭器也。”或指的就是可煮饭也可熬兽之骨肉的三足锅（鬲）。

释义：“卢”在《诗经》中使用3处，无迭用。

借作猎犬名。此种用法有3（风3）处，如：“卢重鋂”（《齐风·卢令》）。

庐(廬)　音【lú】

古形【金　小篆　】

“庐”繁体作“廬”，由“广”和“盧”组成。从金文字形看，“　（廬）”字的外围很像一个棚舍，写成“广”或是传抄之误；“盧”指饭器，即搭灶支锅之状，同“广（棚舍）”组合表示临时搭建的作为住家（支锅搭灶）的简陋棚舍。《说文·广部》：“庐，寄也。秋冬去，春夏居。”意思是农人在田间搭建的可以临时寄居的棚舍，春夏农忙寄居于此，秋冬农闲离去。因是临时寄居，所以搭建简陋，一般为草棚状，支起简单的锅灶即成。后来人们把简陋的房屋也称作“庐”。

释义：“庐”在《诗经》中使用2处，无迭用。

1. 简陋的棚舍。此种用法有1处：“中田有庐”（《小雅·信南山》）。

2. 寄居（临时住宿），由棚舍的作用引申。此种用法有1处：“于时庐旅”（《大雅·公刘》）。

虏(虜)　音【lǔ】

古形【金　小篆　】

《说文·毌部》：“虏，获也。”从字形看，“虏”，小篆作“　”，由“虍（虎）”“毌”和“力”组成。“虎”表示勇猛；“毌”，小篆写作“　”，像用绳索贯穿铜钱状；“力”表示奋力。三部分合起来，表示（战场上）勇猛杀敌，并奋力将俘获的敌人用绳索绑缚起来。

释义：“虏”在《诗经》中使用1处，无迭用。

俘获（俘虏）。此种用法有1处：“仍执丑虏”（《大雅·常武》）。

鲁(魯)　音【lǔ】

古形【甲 金 小篆 】

“鲁”，甲骨文作“ ”，刘兴隆先生在《新编甲骨文字典》中说：“像鱼在器皿之中，示（鱼肉）嘉美之义。”《说文·白部》：“鲁，钝词也。”《康熙字典》引《释名》：“鲁，鲁钝也。国多山水，民性朴鲁也。”“鲁”有“鲁钝”义，应是借用国名之后因民风朴实、爽直的引申义。

释义：“鲁”在《诗经》中使用19处，无迭用。

借作国（邑）名。此种用法有19（风6；颂13）处，如：“鲁道有荡”（《齐风·南山》）；“俾侯于鲁”（《鲁颂·閟宫》）。

陆(陸)　音【lù】

古形【甲 金 小篆 】

《说文·𨸏部》：“陆，高平也，从𨸏从坴。”从字形看，“陆”，繁体写作“陸”，由“𨸏”和“坴”组成。“𨸏”指的是大面积又高又平的土地；“坴”，《段注》云：“土部‘坴’下曰：‘土块坴坴也。’然则‘陸’从‘坴’者，谓其有土无石也。”“坴”和“𨸏”组合，或就是为了强化“𨸏”字无石之高平土地的意思。

释义：“陆”在《诗经》中使用2处，无迭用。

高平之地、陆地。此种用法有2（风2）处，如：“考盘在陆”（《卫风·考盘》）。

赂(賂)　音【lù】

古形【金 小篆 】

《说文·贝部》：“赂，遗也。”“遗”有“留下”的意思。《段注》：“以此遗彼为赂。”从字形看，“赂”由“贝”和“各”组成。“贝”表示财物；“各”有“进入”之义，同“贝”组合或表示以赠送为名留下一点财物（贝），使之有财物进入（各），这就是“赂”。（“各”还有“每个”的意思，“赂”或还指给每个相关之人）。

释义：“赂”在《诗经》中使用1处，无迭用。

赠送。此种用法有1处：“大赂南金。”（《鲁颂·泮水》）。

鹿　音【lù】

古形【甲 金 小篆 】

鹿是哺乳动物的一种，四肢细长，尾短。雄鹿头上有树枝状的角。毛多为棕褐色，有的有花斑或条纹。听觉和嗅觉都很灵敏。鹿的种类很多，常见的有梅花鹿、水鹿、白唇鹿、马鹿等。“鹿”，甲骨文写作“ ”，字形表现的就是一头鹿的完美图形：枝杈状的角、大大的眼睛、尖尖的嘴、轻盈的体态和奔跑中跳跃的四蹄。

释义："鹿"在《诗经》中使用11处，无迭用。

动物名。此种用法有11（风2；雅9）处，如："野有死鹿"（《召南·野有死麕》）；"呦呦鹿鸣"（《小雅·鹿鸣》）；"麀鹿噳噳"（《大雅·韩奕》）。

禄 音【lù】

古形【金 小篆 】

"禄"由"示"和"录"组成。"录"，金文写作" "，字形像一个布袋，上面一横表示袋口；"H"形像绳结；袋里装着湿物，水正渌下来，实际上是"渌"本字。或者后来"禄"同装钱的袋子很像，所以就有了"薪水"之说。安子介先生在《解开汉字之谜》中说："（'禄'指的是）为皇上服务而得到的收入（为神所录用的人）。"或因此"禄"从"示"。

释义："禄"在《诗经》中使用28处，无迭用。

福。由"禄"由神所赐引申。此种用法有28（雅24；颂4）处，如："受天百禄"（《小雅·天保》）；"福禄攸降"（《大雅·旱麓》）；"福禄来反"（《周颂·执竞》）。

路 音【lù】

古形【金 小篆 】

"路"由"足"和"各"组成。"各"字甲骨文写作" "，像脚（夂）走到门口（口）之状，同"足"组合表示可以使脚能够走到门口的就是"路"。《说文·足部》："路，道也。"意思是路指道路，即往来通行的地方。

释义："路"在《诗经》中使用12处，无迭用。

1. 道路、大路。此种用法有4处："遵大路兮"2句（《郑风·遵大路》）；"厥声载路"（《大雅·生民》）；"路寝孔硕"（《鲁颂·閟宫》）（路寝，正室。即大路上走的明媒正娶的）。

2. 借为"辂"，车。此种用法有7（风2；雅5）处，如："路车乘黄"（《秦风·渭阳》）；"彼路斯何"（《小雅·采薇》）；"乘马路车"（《大雅·韩奕》）（路车，贵族用的一种大车）。

3. 通"露"，败。此种用法有1处："串夷载路"（《大雅·皇矣》）。

穋(稑) 音【lù】

古形【小篆 】

《说文·禾部》："穋，疾熟也。"意思是种下去很快就能够成熟的谷物。从字形看，"穋"由"禾"和"翏"组成，"禾"指谷物；"翏"有"高飞"的意思，同"禾"组合或表示一种种下去即能飞快地生长的谷物。（一说'翏'有'合并'意，同'禾'组合表示一种粘性的谷物，即糯稻。）

释义："穋"在《诗经》中使用2处，无迭用。

谷名。此种用法有2（风1；颂1）处："黍稷重穋"（《豳风·七月》）；

“黍稷重穋”（《鲁颂·閟宫》）

鹭(鷺) 音【lù】

古形【金 小篆 】

鹭是鸟类的一科，翼大尾短，嘴直而尖，颈和腿很长，常见的有白鹭（又称鹭鸶）、苍鹭等。从字形看，“鹭”由“路”和“鸟”组成。“路”是“露”的省写，同“鸟”组合或表示鹭个高色白而显露易见。《本草纲目》引《禽经》云：“鹴飞则霜，鹭飞则露，其名以此。”鹭喜好一清早就飞往河溪、池塘忙着觅食，或因其披露（水）而飞，故名为“鹭”。

释义：“鹭”在《诗经》中使用7处，无迭用。

鸟名。此种用法有7（风2；颂5）处，如：“值其鹭羽”（《陈风·宛丘》）；“振鹭于飞”（《周颂·振鹭》）。

麓 音【lù】

古形【甲 金 小篆 】

“麓”由“林”和“鹿”组成。“林”指山脚下的山林，同“鹿”表示鹿生活的地点。因山脚有水有草，适合生存，遇敌害则上山躲进树林，是鹿群最理想的栖息之地。后引申为山脚之义。

释义：“麓”在《诗经》中使用1处，无迭用。

山脚。由鹿生活之地引申。此种用法有1处：“瞻彼旱麓”（《大雅·旱麓》）。

露 音【lù、lòu】

古形【金 小篆 】

露指的是靠近地面的水蒸气，夜间遇冷凝结成的小水珠。《说文·雨部》：“露，润泽也。”从字形看，“露”由“雨”和“路”组成。“雨”指雨水形成的水蒸气；“路”指路面，同“雨”组合表示由水汽凝结的小水珠。所谓“润泽”，应该是“露”的引申义。

释义：“露”在《诗经》中使用16处，无迭用。

1.露水。此种用法有15（风8；雅7）处，如：“胡为乎中露”（《邶风·式微》）；“湛湛露斯”（《小雅·湛露》）。

2.润泽。因露水滋润大地引申。此种用法有1处：“露彼菅茅”（《小雅·白华》）。

藘 音【lǘ】

古形【小篆 】

“藘”是一种草，茹藘即茹藘亦即茜草，其根可作绛红色染料。从字形看，“藘”由“艹（草）”和“盧”组成。“艹（草）”表示藘是草本植物；“盧”，《说文》称之为饭器，或相当于今之锅一类的器皿，同“艹”组合或表示可放锅里加热做成染料的草。

释义：“藘”在《诗经》中使用2处，无迭用。

草名。此种用法有2（风2）处，如：“茹藘在阪”（《郑风·东门之墠》）。

诗经字疏

下

林　明◇著

安徽师范大学出版社
ANHUI NORMAL UNIVERSITY PRESS
·芜湖·

捋 音【lǚ、luō】

古形【金 小篆 】

“捋”字初文当为“寽”。《说文·𠬪部》：“捋，五指持也。”从“𠬪”字解释为“物落，上下相扶付”看，“捋”远不止“五指持物”这么简单，故《段注》云：“凡今俗用五指持物引取之曰寽。”意思是用五指抓紧物体，向一方滑动为寽，后来在“寽”旁加了个“扌（手）”，即一手抓紧，一手寽，就使捋的动作更加合理了。

释义：“捋”在《诗经》中使用3处，无迭用。

握住物体向一方滑动取物。此种用法有3（风2；雅1）处，如：“薄言捋之”（《周南·芣苢》）；“捋采其刘”（《大雅·桑柔》）。

旅 音【lǚ】

古形【甲 金 小篆 】

“旅”，甲骨文写作“ ”，金文写作“旅”，都是一面旗下站立着两个人：“ ”像一面高高飘扬的军旗，旗下两个并排站立的“ ”表示众多的兵士。《说文·㫃部》：“旅，军之五百人为旅。”“旅”是一种建制，古代军队中五百人的单位称作旅。

释义：“旅”在《诗经》中使用18处，无迭用。

1.军队或军队中的建制单位。此种用法有9（雅7；颂2）处，如：“陈师鞠旅”（《小雅·采芑》）；“殷商之旅”（《大雅·大明》）；“裒荆之旅”（《商颂·殷武》）（此或言兵士）。

2.众多。由旅人数众多引申。此种用法有4（雅1；颂3）处，如：“止旅乃密”（《大雅·公刘》）；“旅楹有闲”（《商颂·殷武》）。

3.陈列。由兵士列队引申。此种用法有2（雅2）处：“淆核维旅”（《小雅·宾之初筵》）；“于时庐旅”（《大雅·公刘》）。

4.通“膂”。膂力，体力。此种用法有2（雅2）处：“旅力方刚”（《小雅·北山》）；“靡有旅力”（《大雅·桑柔》）。

5.同“莒”，国名。此种用法有1处：“以按徂旅”（《大雅·皇矣》）。

屡(屢) 音【lǚ】

古形【金 小篆 】

“屡”由“尸”和“娄”组成。“娄”或是“搂”字省写，有“重复、堆积”的意思；“尸”，安子介先生在《解开汉字之谜》中说：“在住处易重复；‘尸’代‘屋’。”“尸”和“娄（搂）”组合或表示在屋中重复堆积。

释义：“屡”在《诗经》中使用6处，无迭用。

1.重复、多次。此种用法有5（雅5）处，如：“屡顾尔仆”（《小雅·正月》）。

2.同“镂”，刻。此种用法有1处：“削屡冯冯”（《大雅·绵》）。

履 音【lǚ】

古形【金㞋小篆履】

《说文·尸部》："履，足所依也。从尸，从彳，从夂，舟像履形……𩑔，古文履从页从足。"所谓"足所依"，即指鞋子。从字形看，"履"由"尸（代表人）""彳（表示和行走有关）""夂（有从后往前的意思）"和"舟（像鞋子的形状）"，合起来表示鞋子。从古文"𩑔（履）"字看，由"舟（舟）""足（足）"和"页（页，表示人）"三部分组成，人足上像舟形的东西就是"履"。

释义："履"在《诗经》中使用14处，无迭用。

1.行走、踩踏。由足穿鞋可以行走踩踏引申。此种用法有10（风3；雅7）处，如："可以履霜"（《魏风·葛屦》）；"如履薄冰"（《小雅·小旻》）；"牛羊勿践履"（《大雅·行苇》）。

2.借为"禄"。此种用法有3（风3）处，如："福履成之"（《周南·樛木》）。

3.借为"礼"。此种用法有1处："率履不越"（《商颂·长发》）。

律 音【lǜ】

古形【金律小篆律】

《说文·彳部》："律，均布也。"所谓"均布"，指的是普遍施行的法则。从字形看，"律"，由"彳"和"聿"组成。"彳"，小篆写作"彳"，像人的下肢大腿、小腿和脚相连之形，表示"律"和人的行为有关；"聿"的本义指笔，同"彳"组合表示用笔记录下来的起约束作用的人的行为准则。

释义："律"在《诗经》中使用1处2次，迭用。

高峻。由法律是至高无上的准则引申。此种用法有1处2次，迭用："南山律律"（《小雅·蓼莪》）

虑(慮) 音【lǜ】

古形【金慮小篆慮】

《说文·思部》："虑，谋思也。"从字形看，"虑"，金文写作"慮"，由"吕（吕）"和"心（心）"组成。"吕"像脊骨相连之状，同"心"组合表示心中所思要连贯有条理。"慮"多认为是"虑"的繁体字，由"虍"和"思"组成，或因"虍（虎）"为山中之王，同"思"组合或表示为大王所考虑的都是一些国家大事。汉字简化，写成了"虑"。

释义："虑"在《诗经》中使用1处，无迭用。

考虑。此种用法有1处："弗虑弗图"（《小雅·雨无正》）

绿(綠) 音【lǜ】

古形【甲綠金綠小篆綠】

"绿"是草和树叶春夏时的颜色，也是染丝帛的一个色种。"绿"，甲骨文写作"綠"，"糸"像待染的束丝；"录"像沥渌颜色的布袋，合起来或表示用植物叶子榨汁做染料染丝。楚简的"绿"写作

“”，右边为“”，增加了“（山丘）”和“（水）”，表示水边山丘的颜色是绿色。

释义：“绿”在《诗经》中使用10处，无迭用。

1. 绿色。此种用法有6（风5；颂1）处，如：“绿兮衣兮”（《邶风·绿衣》）；“朱英绿縢”（《鲁颂·閟宫》）。

2. 通“菉”，草名。此种用法有4（风3；雅1）处，如：“绿竹猗猗”（《卫风·淇奥》）；“终朝采绿”（《小雅·采绿》）。

娈(孌) 音【luán】

古形【金 小篆 】

“娈”，繁体写作“孌”，由“䜌”和“女”组成。“䜌”是“戀（恋）”字省写，有“爱恋”的意思，同“女”组合表示“爱恋女子（一说女性爱恋女性）”。

释义：“娈”在《诗经》中使用6处，无迭用。

容貌好。因容貌好而生爱恋引申。此种用法有6（风5；雅1）处，如：“娈彼诸姬”（《邶风·泉水》）；“思娈季女逝兮”（《小雅·车舝》）。

栾(欒) 音【luán】

古形【金 小篆 】

“栾”繁体作“欒”，由“䜌”和“木”组成。“䜌”是“孿（孪）”字省写，表示两子相连的双胞胎，同“木”组合表示如双胞胎一样形似而左右对称的木器，即传统建筑的门拱两侧形似而对称的木制雕饰品。

释义：“栾”在《诗经》中使用1处2次，迭用。

瘦瘠貌。或因木材经雕削以后显得瘦瘠引申。此种用法有1处2次，迭用：“棘人栾栾兮”（《桧风·素冠》）

鸾(鸞) 音【luán】

古形【金 小篆 】

《说文·鸟部》：“鸾，亦神灵之精也。赤色，五彩，鸡形。鸣中五音，颂声作则至。”鸾是传说中凤凰一类的鸟，全身赤色，由五彩斑斓的花纹，身形像鸡；鸣叫起来符合五音，听到颂歌声起即刻飞至，是神派遣到人间的精灵之鸟。从字形看，“鸾”，繁体写作“鸞”，由“䜌”和“鳥”组成。“䜌”有“纷繁”意，同“鳥（鸟）”组合表示这是一种五彩缤纷之鸟。又或“䜌”是“孿（孪）”字省写，有双生相连之义，同“鸟”组合表示凤凰是一对不可分离的对鸟。

释义：“鸾”在《诗经》中使用12处，无迭用。

1. 凤凰。此种用法有1处：“执其鸾刀”（《小雅·信南山》）。

2. 同“銮”，车铃。此种用法有11（风1；雅8；颂2）处，如：“輶车鸾镳”（《秦风·驷驖》）；“鸾声将将”（《小雅·庭燎》）；“八鸾锵锵”（《大雅·韩奕》）；“鸾声哕哕”（《鲁颂·泮水》）。

乱(亂) 音【luàn】

古形【金 小篆 】

“乱”，金文写作“”，像上下两只手在整理一团乱丝。《说文 · 乙部》：“乱，治也。”意思是“整治（乱丝）”。

释义：“乱”在《诗经》中使用27处，无迭用。

1.没有秩序（混乱、祸乱、扰乱）。由丝的混乱引申。此种用法有26（风2；雅24）处，如：“以御乱兮”（《齐风·猗嗟》）；“丧乱既平”（《小雅·常棣》）；“兴迷乱于政”（《大雅·抑》）。

2.没有常规。由丝的混乱引申。此种用法有1处：“涉渭为乱”（《大雅·公刘》）（言横流而渡）。

略 音【lüè】

古形【金 小篆 】

《说文 · 田部》：“略，经略土地也。”从字形看，“略”由“田”和“各”组成。“田”指可以耕种的土地；“各”有“十字交叉”的意思，同“田”组合表示把田地画上十字格进行规划。

释义：“略”在《诗经》中使用1处，无迭用。

通“䂮”，锋利。此种用法有1处：“有略其耜”（《周颂·载芟》）。

沦(淪) 音【lún】

古形【金 小篆 】

《说文 · 水部》：“沦，小波为沦。”从字形看，“沦”，繁体写作“淪”，由“氵（水）”和“侖”组成。“侖”，金文写作“”，由“亼（聚集）”和“冊（像竹简有序编串之状）”组成，即将简册有序聚集在一起，同“氵（水）”组合表示水流动产生的波纹条理有序。

释义：“沦”在《诗经》中使用4处，无迭用。

1.漩涡。由漩涡也产生有序波纹引申。此种用法有1处：“河水清且沦猗”（《魏风·伐檀》）。

2.沉沦、沦丧。由漩涡可使沉没引申。此种用法有3（雅3）处，如：“沦胥以铺”（《小雅·雨无正》）；“无沦胥以亡”（《大雅·抑》）。

纶(綸) 音【lún】

古形【金 小篆 】

“纶”，繁体写作“綸”，由“糸”和“侖”组成。“侖”有“条理有序”的意思，同“糸（丝线）”组合表示使乱丝条理有序，意即整理丝线。《说文 · 糸部》：“纶，青丝绶也。”或因青丝绶带由丝织成，且文理条理井然，故有此引申义。

释义：“纶”在《诗经》中使用1处，无迭用。

整理丝线。此种用法有1处：“言纶之绳”（《小雅·采绿》）。

轮(輪) 音【lún】

古形【金 小篆 】

“轮”指安在车轴上可以转动使车行

进的圆形的东西。从字形看，“轮”有“车”和“仑（侖）”组成。“侖”有“条理、有序”义，同“车”组合表示车轮的车辐装置有条理。

释义：“轮”在《诗经》中使用1处，无迭用。

车轮。此种用法有1处：“坎坎伐轮兮”（《魏风·伐檀》）。

伦(倫)　音【lún】

古形【金　小篆　】

《说文·人部》：“伦，辈也。”从字形看，“伦”由“亻（人）”和“仑”组成。“仑”有“条理、次序”的意思，同“人”组合表示同宗同族之人长幼间的条理、顺序，即伦理之道。

释义：“伦”在《诗经》中使用1处，无迭用。

条理、道理。由伦理之道有条理引申。此种用法有1处：“有伦有脊”（《小雅·正月》）。

论(論)　音【lùn】

古形【金　小篆　】

《说文·言部》：“论，议也。”从字形看，“论”由“讠（言）”和“仑”组成。“言”表示说话、言论；“仑”有“条理、次序”的意思，同“言”组合表示说话、议论有条理，即能够有条理地分析事理。

释义：“论”在《诗经》中使用2处，无迭用。

排列有序。由说话有条理引申。此种用法有2（雅2）处，如：“于论鼓钟”（《大雅·灵台》）。

罗(羅)　音【luó】

古形【甲　金　小篆　】

“罗”，甲骨文写作“”，像一张网捉住了一只鸟。“罗”字繁体字写作“羅”，上面的“罒”表示网；下面左边是个“糸”字，表示网是由丝织成的；下面右边的“隹”指的就是被网捉住的鸟。《说文·网部》：“罗，以丝罟鸟也。”用丝编织的网捕鸟就是“罗”。

释义：“罗”在《诗经》中使用2处，无迭用。

网、捕鸟网。由词性转化（动—名）引申。此种用法有2（风1“雅1”）处：“雉离于罗”（《王风·有兔爰爰》）；“毕之罗之”（《小雅·鸳鸯》）。

萝(蘿)　音【luó】

古形【金　小篆　】

萝即女萝，是一种攀缘植物，常缘树而生，又名兔丝。从字形看，“萝”由“艹”和“罗”组成。“罗”有“网”意。或因“萝”攀缘之状似网，故用“罗”作声符。

释义：“萝”在《诗经》中使用2处，无迭用。

植物名。此种用法有2（雅2）处，如：“茑与女萝”（《小雅·頍弁》）。

蠃　音【luǒ】

古形【金　小篆　】

蜾蠃是一种青黑色的细腰寄生蜂，常用泥土在墙上或树枝上做窝，捕螟蛉以喂幼虫，古人误以为蜾蠃养螟蛉为子，故把螟蛉或螟蛉子作为养子的代称。“蠃”，金文写作“”，像蜾蠃振翅之形。

释义：“蠃”在《诗经》中使用1处，无迭用。

蜾蠃。此种用法有1处：“蜾蠃负之”（《小雅·小宛》）。

臝　音【luǒ】

古形【小篆】

《说文·衣部》：“，袒也。从衣𦝠声。或从果（即臝）。”从字义看，“臝”即“裸”字，从字形看，由“裸”由“衤（衣）”和“果”组成。“衣”或指花衣，同“果”组合表示花衣脱落后的果实。又“𦝠”，古文写作“”，是虒蝓（俗称螺）的象形。后人为区别将水生可食用的叫螺，生活在陆地不可食用的为蜗牛。抑或蜗牛无螺之包裹的硬壳，故“𦝠”有“无衣（外壳）”之义，“𦝠”同“果”组合即表示果无衣。

释义：“臝”在《诗经》中使用1处，无迭用。

借作植物名。此种用法有1处：“果臝之实”（《豳风·东山》）（果臝，一种攀援的植物，又名栝楼、瓜蒌）。

洛　音【luò】

古形【金　小篆】

“洛”由“氵（水）”和“各”组成。“水”指河流；“各”有“十字交叉”之义，同“水”组合表示十字交叉的河流。

释义：“洛”在《诗经》中使用3处，如，无迭用。

借作水名。此种用法有3（雅3）处：“瞻彼洛矣”（《小雅·瞻彼洛矣》）（洛水，又名北洛水，在今陕西北部，流入渭水，不是河南的洛水）。

落　音【luò】

古形【甲　金　小篆】

“落”初文作“零”，甲骨文写作“”，由“雨”和“各”组成。“各”有“到来”的意思，同“雨”组合表示雨水从天上到达地面。后来因花落、叶落都是从上往下降，所以人们在上面加了个“艹”头，把“雨”改成了“氵”，就有了现在的“落”字。

释义：“落”在《诗经》中使用3处，无迭用。

1. 往下降。此种用法有2（风2）处，如：“桑之未落”（《卫风·氓》）。

2. 借为“略”，谋略、策略。此种用法有1处：“访予落止”（《周颂·访落》）。

骆（駱）　音【luò】

古形【小篆】

骆，古书指的是一种黑尾黑鬃的白马。从字形看，“骆”由“马”和“各”组成。“各”有彼此不同义，同“马”组合表示骆这种马身体白而其鬃和尾巴却

同身体不同，是对比鲜明的黑色。

释义：“骆”在《诗经》中使用6处，无迭用。

黑尾黑鬃的白马。此种用法有6（雅5；颂1）处，如：“乘其四骆”（《小雅·裳裳者华》）；“有騂有骆”（《鲁颂·駉》）。

雒　音【luò】

古形【金小篆】

“雒”由“各”和“隹”组成。“各”字上部的“夂”像一只脚趾朝下的脚，有行走的意思，下部的“口”为居所之象，居室之口，也就是房子的门。“夂”和“口”组合表示“有人朝屋里走来”，表示进攻；“隹”指一种短尾的鸟，同“各”组合表示“雒”是一种进攻性很强的鸟。《说文·隹部》：“雒，鵋鵙。”鵋鵙又称鸺鹠，是一种羽毛棕褐有横斑，尾黑腿白，爪子锋利，凶暴而富有攻击性的鸟，俗称小猫头鹰。

释义：“雒”在《诗经》中使用1处，无迭用。

借作形容色纹。此种用法有1处：“有骝有雒”（《鲁颂·駉》）（古常用‘雒’形容黑身白鬃的马）。

M

麻　音【mā、má】

古形【金 小篆 】

《说文·广部》:“麻，与𣏟（pài）同，人所治，在屋下。”从字形看，“麻”由“广（表示屋檐，有写作‘厂’表示山崖）和“𣏟（pài）”组成。“𣏟（pài）”，小篆写作“ ”，像麻纤维密集之形，同“广（或‘厂’）”组合即表示人制作麻一般喜欢在屋檐或山崖旁晾晒。

释义:“麻”在《诗经》中使用7处，无迭用。

麻类植物或麻纤维。此种用法有7（风6；雅1）处，如:“麻衣如雪”（《曹风·蜉蝣》）;“麻麦幪幪”（《大雅·生民》）。

马(馬)　音【mǎ】

古形【甲 金 小篆 】

马是一种草食性家养动物。早在4000年前就被人类驯服。马在古代曾是农业生产、交通运输和军事等活动的主要动力。全世界马的品种约有200多个。“马”，甲骨文写作“ ”，很像一匹马昂头扬尾奋鬣展蹄侧面之形。

释义:“马”在《诗经》中使用50处，无迭用。

1.一种家畜。此种用法有48（风18；雅18；颂12）处，如:“我马玄黄”（《周南·卷耳》）;“萧萧马鸣”（《小雅·车攻》）;“来朝走马”（《大雅·绵》）;“思马斯徂”（《鲁颂·駉》）。

2.借作官名。趣马，主管豢养国王的马小官。此种用法有2（雅2）处:“蹶维趣马”（《小雅·十月之交》）;“趣马师氏”（《大雅·云汉》）。

祃(禡)　音【mà】

古形【小篆 】

祃，繁体字写作“禡”。《说文·示部》:“禡，师行所止，恐有慢其神，下而祀之曰禡。”意思是说:古时行军，到了驻扎的地方，耽心怠慢了那里的马神，于是举行祭礼叫禡。从字形看，“禡”由“示”和“马（馬）”组成。“示”指神事，同“马”组合表示祭祀马神。古代打仗多用车战，马的作用很大，所以要祭马神。

释义:“祃”在《诗经》中使用1处，无迭用。

祭马神。此种用法有1处:“是类是祃”（《大雅·皇矣》）。

霾　音【mái】

古形【甲 金 小篆 】

《说文·雨部》:“霾，风雨土也。”意思是风刮着土像下雨一样。“霾”是一种天气现象，一般指风沙天气，天色晦暗，即今人所说的沙尘暴。从字形看，“霾”由“雨”和“貍”组成。“雨”指风沙落尘如雨。古人认为风沙是猛兽的

吼声带来的，所以甲骨文的“霾”字写作“”，下面是一个兽类动物的形状，笔势演变写成了“貍”，同“雨”组合成“霾”，表示风沙是因兽吼而形成的。

释义：“霾”在《诗经》中使用1处，无迭用。

风刮着土像下雨一样。此种用法有1处：“终风且霾”（《邶风·终风》）。

迈(邁)　音【mài】

古形【金 小篆 】

“迈”由“辶”和“万”组成。“万”，繁体作“萬”，甲骨文写作“”，像一个蝎子的简单图形；“辶”和行走有关，同“万”组合表示蝎子在爬行。《说文·辵部》：“迈，远行也。”“远行”应该是“迈”的引申义。

释义：“迈”在《诗经》中使用16处17次，1处无迭用。

1.行走、远行。由特指蝎子爬行到泛指人行走引申。此种用法有13（风5；雅6；颂2）处，如：“还车言迈”（《邶风·泉水》）；“如彼行迈”（《小雅·雨无正》）；“周王于迈”（《大雅·棫朴》）；“从公于迈”（《鲁颂·泮水》）。

2.时光消失。由人行引申为时光行走。此种用法有1处：“日月其迈”（《唐风·蟋蟀》）。

3.同“怖”，不悦。迭用表示愤怒。此种用法有2（雅2）处3次，1处迭用：“后予迈焉”（《小雅·菀柳》）。

麦(麥)　音【mài】

古形【甲 金 小篆 】

“麦”，繁体写作“麥”，由“來（来）”和“夂”。“來（来）”，甲骨文写作“”，像一株已经抽穗的小麦之形，本义就指小麦；“夂”，金文写作“”，像一只朝下的脚形，古人认为小麦是上天所赐，故用“”表示到来之义，同“來”组合成“麥（麦）”，表示麦是上天所赐。现在我们所说的麦，包括“小麦”“大麦”“燕麦”等多种，是我国北方自古以来的重要粮食作物。

释义：“麦”在《诗经》中使用7处，无迭用。

麦、小麦。此种用法有7（风5；雅1；颂1）处，如：“爰采麦矣”（《鄘风·桑中》）；“麻麦幪幪”（《大雅·生民》）；“稙稚菽麦”（《鲁颂·閟宫》）。

霢　音【mài】

古形【小篆 】

“霢”又作“霡”，《说文·雨部》：“霡，霢霂，小雨也。”从字形看，“霢”由“雨”和“脉”组成。“脉”有脉脉含情的意思，同“雨”组合表示细雨绵柔。霢霂，均指小雨，但不同的是“霢”表达的应该是小雨的状态，而“霂”下是“沐”，应该表达的是对小雨如沐浴的感觉。

释义：“霡”在《诗经》中使用1处，无迭用。

小雨。此种用法有1处：“益之以霡霂”（《小雅·信南山》）。

蛮(蠻)　音【mán】

古形【金 小篆 】

“蛮”是中国古代对南方少数民族的泛称。《说文·虫部》:“蛮，南蛮，蛇种。”意思是蛮指南方的蛮族，是一个与蛇虫共居的种族。从字形看，“蛮”，繁体写作“蠻”，由“䜌”和“虫”组成。“虫”表示南方多虫蛇；“䜌”有纷乱义，古人认为南方民族民智未开而乱。“蠻”是古人对南方少数民族的贬称，也反映了古代中原人对南方少数民族的歧视。

释义:“蛮”在《诗经》中使用9处，无迭用。

1.古人对南方民族的贬称。此种用法有6（雅5；颂1）处，如:“蠢尔蛮荆”（《小雅·采芑》）；“用逷蛮方”（《大雅·抑》）；“淮夷蛮貊”（《鲁颂·閟宫》）。

2.借作鸟鸣声。此种用法有3（雅3）处，如:“绵蛮黄鸟”（《小雅·绵蛮》）。

璊　音【mán、mén】

古形【小篆 】

《说文·玉部》:“璊，玉䞓色也。”所谓“䞓色”即赤色。从字形看，“璊”由“玉”和“㒼”组成。“㒼”有“平匀”意，同“玉”组合或表示赤色平匀分布的玉石。

释义:“璊”在《诗经》中使用1处，无迭用。

借为“穈”，谷类一种。此种用法有1处:“毳衣如璊”（《王风·大车》）。

曼　音【màn】

古形【甲 金 小篆 】

《说文·又部》:“曼，引也。”王筠《说文句读》:“许君以字从又，遂说以引，谓引之使长也。”从字形看，“曼”，甲骨文写作“ ”，像上下两只手在扒拉中间的眼睛，或由此形故谓“引之使长”。

释义:“曼”在《诗经》中使用1处，无迭用。

长。由因引而使长引申。此种用法有1处:“孔曼且硕”（《鲁颂·閟宫》）。

蔓　音【màn、wàn】

古形【金 小篆 】

《说文·艸部》:“蔓，葛属。”从字形看，“蔓”由“艹（草）”和“曼”组成。“曼”有“长”义，同“艹（草）”组合表示像葛草一类长长的藤生植物。

释义:“蔓”在《诗经》中使用4处，无迭用。

蔓延。由蔓生植物的茎常附在其他物体上延引、生长引申。此种用法有4（风4）处，如:“野有蔓草”（《郑风·野有蔓草》）。

慢　音【màn】

古形【金 小篆 】

《说文·心部》:“慢，惰也。”所谓“惰”即指做事缓慢、懒散，一般用时很

长。从字形看，“慢”由“忄（心）”和“曼”组成。“曼”有“长”义，同“忄（心）”组合表示这种缓慢、懒散，用时很长是受心理支配的。

释义：“慢”在《诗经》中使用1处，无迭用。

缓慢。此种用法有1处：“叔马慢忌”（《郑风·大叔于田》）。

芒　音【máng】

古形【金　小篆　】

芒指的是草的尖端或是植物没有叶子的穗外部起自我保护作用的针刺。从字形看，“芒”由“艹（草）”和“亡”组成。“艹（草）”指草本植物，“亡”有“无、没有”的意思，同“草”组合表示植物尖端细微似有若无的部分。

释义：“芒”在《诗经》中使用2处4次，2处迭用。

同“茫”，迭用表示广大貌。此种用法有2（颂2）处4次，均迭用，如：“洪水芒芒”（《商颂·长发》）。

尨　音【máng、méng】

古形【小篆　】

“尨”由“犬”和“彡”组成。“犬”指狗；“彡”像毛多且长，同“犬”组合表示这是一只长毛狗。

释义：“尨”在《诗经》中使用1处，无迭用。

长毛狗。此种用法有1处：“无使尨也吠”（《召南·野有死麕》）。

氓　音【máng、méng】

古形【金　小篆　】

“氓”由“亡”和“民”组成。金文的“民”写作“　”，郭沫若《甲骨文字研究》：“（民）作一左目形，面有刃物以刺之。”古有刺瞎战俘一只眼睛充作奴隶的习俗，“民（民）”就是例证（后来‘民’一般指生活在社会底层的人）；“亡”有“没有、丧失”义，同“民”组合就表示失去土地的人。明杨慎《经说》：“氓从亡从民，流亡之民也。”古土著氏族、本地居民称“民”，而那些没有土地的外流人口、流亡之民则称作“氓”。

释义：“氓”在《诗经》中使用1处，无迭用。

（流亡之）民、农民。此种用法有1处：“氓之蚩蚩”（《卫风·氓》）。

厖　音【máng】

古形【小篆　】

“厖”由“厂”和“尨”组成。“厂”，金文写作“厂”，像山石形成的一种凹进去人可以居住的边岸；“尨”的本义指长毛大狗，占据了整个“厂”地，故《说文·厂部》云：“厖，石大也。”

释义：“厖”在《诗经》中使用1处，无迭用。

护。或由字形“尨”在“厂”下获得保护引申。此种用法有1处：“为下国骏厖”（《商颂·长发》）（骏厖：一说“骏”同“恂”，“厖”同“蒙”，骏厖即恂蒙，有“庇护”的意思）。

猫(貓)　音【māo】

古形【金 小篆 】

猫分多种，是鼠的天敌，各地都有畜养。“猫”繁体写作“貓”，由“豸”和“苗”组成。“豸”，金文写作“ ”，像一只小兽之形，表示猫为兽类；《释名》引李时珍云：“猫，苗、茅二音，其名自呼。”因猫自呼“苗苗”之音，故以“苗”为声符。一说因“鼠害苗而猫捕之，故字从苗。”(宋·陆佃)

释义：“猫”在《诗经》中使用1处，无迭用。

一种擅长捕鼠的小兽。此种用法有1处：“有猫有虎”（《大雅·韩奕》）。

毛　音【máo】

古形【金 小篆 】

“毛”，金文写作“ ”，《说文·毛部》：“毛，眉发之属及兽毛也。象形。”金文“毛”就像眉发或动物皮毛之形，一般通指动植物表皮上所生的丝状物。

释义：“毛”在《诗经》中使用4处，无迭用。

1.毛。此种用法有3（雅2；颂1）处：“以启其毛”（《小雅·信南山》）；“德輶如毛”（《大雅·烝民》）；“毛炰胾羹”（《鲁颂·閟宫》）。

2.表皮。由毛生在表皮之上引申。此种用法有1处：“不属于毛”（《小雅·小弁》）。

矛　音【máo】

古形【金 小篆 】

矛是古代用来刺杀敌人的进攻性武器，是战争中常用兵器。矛是一种纯粹的刺杀兵器。其构造简单，只有矛头、矛柄两部分。“矛”，金文写作“ ”，中间长长的像矛柄；上面是矛头。柄的一侧（或两侧）有耳，可以用绳子穿过，竖在兵车上面缚牢，故《说文·矛部》云：“矛，酋矛也。建于兵车，长二丈。象形（字）。”

释义：“矛”在《诗经》中使用7处，无迭用。

古代战争中常用的刺杀兵器。此种用法有7（风5；雅1；颂1）处，如：“二矛重英”（《郑风·清人》）；“相尔矛矣”（《小雅·节南山》）；“二矛重弓”（《鲁颂·閟宫》）。

茅　音【máo】

古形【金 小篆 】

茅是一种多年生草本植物，春季先开花，后生叶，花穗上密生白毛。其根茎可食，亦可入药。李时珍在《本草纲目》中说“茅叶如矛，故谓之茅。”从字形看，“茅”由“艹（草）”和“矛”组成。“艹（草）”表示“茅”属草本植物；“矛”指茅茎长、穗尖、形如矛，同“艹（草）”组合表示茎叶如矛的草本植物。

释义：“茅”在《诗经》中使用5处，无迭用。

草名。此种用法有5（风3；雅2）处，如："白茅包之"（《召南·野有死麇》）；"白茅束兮"（《小雅·白华》）。

2.借作地名。旄丘，古卫国一个前高后低的山丘。此种用法有1处："旄丘之葛兮"（《邶风·旄丘》）。

茆 音【máo】

古形【金小篆】

"茆"，又名莼菜，睡莲科，是一种多年生水生草本植物，嫩叶可供食用。从字形看，"茆"由"艹（草）"和"卯"组成。"艹（草）"表示"茆"是草本植物；"卯"为"柳"字省写（或因其叶似柳叶），同"艹"组合表示一种叶似柳叶的草本植物。

释义："茆"在《诗经》中使用1处，无迭用。

水草名。此种用法有1处："薄采其茆"（《鲁颂·泮水》）。

旄 音【máo、mào】

古形【金小篆】

《说文·㫃部》："旄，幢也。从㫃从毛。"意思是说"旄指像幡一类的旗帜，字形由㫃和毛会意。""旄"由"㫃"和"毛"组成，"㫃"指旗帜；"毛"指在旗杆上饰有牦牛（或其它兽类）的尾巴，因动物的尾巴多毛，故用"毛"表示。饰有牦牛尾巴的旗帜就是"旄"。

释义："旄"在《诗经》中使用4处，无迭用。

1.饰有牦牛尾巴的旗帜。此种用法有3（风1；雅2）处，如："孑孑干旄"（《鄘风·干旄》）；"建彼旄矣"（《小雅·出车》）。

芼 音【máo、mào】

古形【小篆】

芼本指可供食用的水草或野菜。从字形看，"芼"由"艹（草）"和"毛"组成。"毛"有"小"的意思，同"艹（草）"组合表示这种可食用的水草或野菜比常见的菜要小。《说文·艸部》："草覆蔓。"或因草多生而覆地蔓延，故应视为"芼"之引申义。

释义："芼"在《诗经》中使用1处，无迭用。

草覆蔓。由草多生而覆地蔓延引申。此种用法有1处："左右芼之"（《周南·关雎》）。

髦 音【máo】

古形【金小篆】

《说文·髟部》："髦，发也。"从字形看，"髦"由"髟"和"毛"组成，"髟"，金文写作""，字形突出表现老人长发飘飘的样子，在"髦"中表示头发下垂；"毛"指毛发。"髟""毛"二字都和头发有关。清徐灏《段注笺》："毛、髦相承增偏旁。人之毛发与眉毛、颊毛有异，故从毛加髟，专为髦发字。"古代称幼儿垂在前额的短头发为髦。

释义："髦"在《诗经》中使用6处，无迭用。

1.幼儿垂在前额的短头发。此种用法

有2（风2）处，如："髧彼两髦"（《鄘风·柏舟》）。

2. 英俊。或因有髦而显得英俊引申。此种用法有3（雅3）处，如："烝我髦士"（《小雅·甫田》）；"誉髦斯士"（《大雅·思齐》）。

3. 借作族名。髦指南方部族之一，或因该部族人喜欢留髦而得名。此种用法有1处："如蛮如髦"（《小雅·角弓》）。

蟊 音【máo】

古形【金 小篆 】

"蟊"是一种专吃禾根的害虫。从字形看，"蟊"由"矛"和"蚰"组成。"矛"是古代战场上一种用来刺杀敌人的进攻性武器；"蚰"是"虫"的总名，同"矛"组合表示这是一种杀伤力很强的虫。

释义："蟊"在《诗经》中使用5处，无迭用。

1. 一种专吃禾根的害虫。此种用法有4（雅4）处，如："及其蟊贼"（《小雅·大田》）；"蟊贼蟊疾"（《大雅·瞻卬》）。

2. 危害一方的人或组织。由"蟊"的危害性引申。此种用法有1处："蟊贼内讧"（《大雅·召旻》）（或比喻作恶的统治集团）。

卯 音【mǎo】

古形【甲 金 小篆 】

"卯"，甲骨文写作" "，像将一个物体从中间剖分的形状，本义就是"剖分"。《说文·卯部》："卯，冒也。二月万物冒地而出，像开门之形。故二月为天门。"意思是说，卯指阳气从地中冒出，此时正值（农历）二月，植物破土而出，两瓣嫩芽像开门之状，所以二月又称天门。"冒"实际上应该是"剖分"的引申义。

释义："卯"在《诗经》中使用1处，无迭用。

借为地支第四位。此种用法有1处："朔月辛卯"（《小雅·十月之交》）。

昴 音【mǎo】

古形【金 小篆 】

《说文·日部》："昴，白虎宿星。"昴为星名，属西方角宿，昴星团主要由七颗星组成。从字形看，"昴"由"日"和"卯"组成，"日"代表星辰；"卯"有"剖开"义，或因其排列呈对开之像，故用"卯"作声符。

释义："昴"在《诗经》中使用1处，无迭用。

星名。此种用法有1处："维参与昴"（《召南·小星》）。

茂 音【mào】

古形【金 小篆 】

《说文·艸部》："茂，草丰盛。"从字形看，"茂"由"艹（草）"和"戊"组成。"戊"有"扩张"的意思，同"艹（草）"组合表示草蔓延滋长。

释义："茂"在《诗经》中使用9处，无迭用。

1. 草木繁盛。此种用法有6（雅5；颂1）处，如：“如松茂矣”（《小雅·斯干》）；“种之黄茂”（《大雅·生民》）；“黍稷茂止”（《周颂·良耜》）。

2. 美好。由植物茂盛长势好引申。此种用法有2（风1；雅1）处：“子之茂兮”（《齐风·还》）；“德音是茂”（《小雅·南山有台》）。

3. 通“懋”，尽力。此种用法有1处：“方茂尔恶”（《小雅·节南山》）。

冒　音【mào、mò】

古形【金 小篆 】

“冒”是“帽”的初文，金文写作“（冃）”，像小儿戴帽子形状，帽子上两边有似羊角的装饰，有的则以其它动物头角为饰，是古代未成年人的帽子式样。古代成人戴“冠”，小儿则戴“冃”。“冒”的本义就指小儿头上戴的帽子。《说文·冃部》：“冒，冢而前也。从冃从目。”这里的“冃”字，或作“遮蔽、蒙覆”解。徐灏《段注笺》：“（冒）古冒字，冃之形略，故从目作冒，引申为冒之义，后为引申义所专，又从巾作帽，皆相承增偏旁也。”由此可知，“冃”“冒”乃为一字，“冃”写作“冒”皆因形略之故，而“冒”之“冢而前”之义实为引申义所专。

释义：“冒”在《诗经》中使用1处，无迭用。

遮蔽、覆盖。由遮蔽面目（或帽遮盖头）引申。此种用法有1处：“下土是冒”（《邶风·日月》）。

贸（貿）　音【mào】

古形【金 小篆 】

《说文·贝部》：“贸，易财也。”所谓易财，即交换财物。从字形看，“贸”由“卯”和“贝”组成。“卯”像两厢门扉打开状，有两相比合之义；“贝”表示财物，同“卯”组合表示财物交换要两相平等。

释义：“贸”在《诗经》中使用2处，无迭用。

交换（财物）。此种用法有2（风2）处，如：“抱布贸丝”（《卫风·氓》）。

耄　音【mào】

古形【金 小篆 】

“耄”由“老”和“毛”组成。“老”，甲骨文写作“”，像老人扶杖之形；“毛”指须发，同“老”组合表示须发皆长的老人。《礼记.曲礼》：“七十曰老；八十、九十曰耄。”古人称八、九十岁的老人为“耄”。

释义：“耄”在《诗经》中使用2处，无迭用。

1. 年老。此种用法有1处：“亦聿既耄”（《大雅·抑》）。

2. 昏聩。由因年老而反应迟钝引申。此种用法有1处：“匪我言耄”（《大雅·板》）。

没　音【méi、mò】

古形【金 小篆 】

"没"，小篆写作"[小篆]"由"[小篆]（水）""[小篆]（回，像水中的漩涡）"和"[小篆]（又，指手）"三部分组成，合在一起表示将手深入回旋的水中打捞物体。《说文·水部》："没，沉也。"《段注》："没者，全入于水。"人在水中沉没，只剩一只手在漩涡中挣扎或是"没"的正解。

释义："没"在《诗经》中使用1处，无迭用。

没有、尽。由沉没而消失不见引申。此种用法有1处："曷其没矣"（《小雅·渐渐之石》）（此处言终点、尽头）。

枚　音【méi】

古形【甲[甲骨文]金[金文]小篆[小篆]】

《说文·木部》："枚，干也，可为杖。"此处之"干"，或指可为杖之枝干，非树之主干。《段注》："攴（攵），小击也……杖可以击人者也，故取木、攴会意。""枚"由"木"和"攵"组成，"木"指树；"攵"，甲骨文写作"攴"，像手持器械敲击之状，同"木"组合或表示砍伐树的枝干作杖。

释义："枚"在《诗经》中使用4处5次，1处迭用。

枝条、枝干。此种用法有4（风2；雅1；颂1）处5次，如："伐其条枚"（《周南·汝坟》）；"施于条枚"（《大雅·旱麓》）；"实实枚枚"（《鲁颂·閟宫》）（迭用表示枝条细密）。

眉　音【méi】

古形【甲[甲骨文]金[金文]小篆[小篆]】

《说文·目部》："眉，目上毛也。"从字形看，"眉"，甲骨文写作"[甲骨文]"，下部像一只眼睛，上部像眼睛上长着眉毛的样子。古人认为眉毛长表示长寿，故有"眉寿"一词，即长寿的意思。

释义："眉"在《诗经》中使用8处，无迭用。

1.眉毛。此种用法有1处："螓首蛾眉"（《卫风·硕人》）。

2.眉寿（长寿）。由古人认为眉毛长表示长寿引申。此种用法有7（风1；雅1；颂）处，如："以介眉寿"（《豳风·七月》）；"遐不眉寿"（《小雅·南山有台》）；"绥我眉寿"（《周颂·雝》）。

郿　音【méi】

古形【小篆[小篆]】

"郿"指陕西郿县，位于关中平原西部，地处秦岭主峰太白山下，最早为西周部落发祥地之一，与今日邻县扶风共称"郃国"。公元794年，秦庄公在此筑邑，因地形似眉而取名"眉邑"。"郿"由"眉"和"阝（邑）"组成。"眉"指眉毛；"邑"有城市、都城的意思，同"眉"组合表示地形似眉的城邑。

释义："郿"在《诗经》中使用1处，无迭用。

古邑名。此种用法有1处："王饯于郿"（《大雅·崧高》）。

湄　音【méi】

古形【金[金文]小篆[小篆]】

《说文·水部》："湄，水草交为湄。"意思是水草交集的岸边称为湄。从字形看，"湄"由"氵（水）"和"眉"组成。"水"指水边；如果水像眼睛，水边交集的水草就恰似眉毛，"眉"和"水"组合，就表示水边。

释义："湄"在《诗经》中使用1处，无迭用。

水边。此种用法有1处："在水之湄"（《秦风·蒹葭》）。

梅 音【méi】

古形【金小篆】

梅字本义指楠树，又名枏（柟）。《说文·木部》："梅，枏也，可食。""梅"字后被借用为酸果的"楳"字，其本义遂废，"楳"则作为异体字并入了"梅"字。金文的"梅"字写作"某"，下方是个"木"字，表示和树木相关，上方是一个植物果实的形状，代表梅树上结出的酸梅果。"梅"由"木"和"每"组成，一说"梅"有生育义，同"木"组合表示这种树上结出的是孕妇喜欢吃的酸甜果子。

释义："梅"在《诗经》中使用7处，无迭用。

果树名。此种用法有7（风6；雅1）处，如："有条有梅"（《秦风·终南》）；"侯栗侯梅"（《小雅·四月》）。

媒 音【méi】

古形【金小篆】

《说文·女部》："媒，谋也，谋合二姓。"所谓"谋"即谋划。从字形看，"媒"由"女"和"某"组成。"某"是"谋"字省写，有谋划的意思，谋划使两个不同姓氏的男女结合就是"媒"。过去谋划这种事情的一般都是有一定阅历的女性（多称媒人），所以"媒"字为"女"部。

释义："媒"在《诗经》中使用3处，无迭用。

媒人。此种用法有3（风3）处，如："子无良媒"（《卫风·氓》）。

穈 音【méi】

古形【小篆】

"穈"，《尔雅》作"虋"。《说文·艸部》："虋，赤苗嘉谷也。"《段注》："赤苗白苗，谓禾茎有赤白之分，非谓粟。""虋"写作"穈"，由"麻"和"禾"组成，或谓"穈"茎似麻而实为禾谷。

释义："穈"在《诗经》中使用2处，无迭用。

谷的一种，因苗是红的，故又名赤粱粟。此种用法有2（雅2）处，如："维穈维芑"（《大雅·生民》）。

鋂 音【méi】

古形【小篆】

《说文·金部》："鋂，大琐也。一环贯二者。"《段注》："鋂，大环也。"依段玉裁说"琐"当为"环"字，或"一环贯二者（一大环连贯者两个小环）"就称"琐"，因段说也云"各本作琐"。从字形看，"鋂"由"金"和"每"组成。

"金"指"鋂"为金属器;"每",甲骨文写作"",是"母"的异体字,同"金"组合表示大环套小环呈母子之状的金属器。

释义:"鋂"在《诗经》中使用1处,无迭用。

大琐(环)。此种用法有1处:"卢重鋂"(《齐风·卢令》)。

每 音【měi】

古形【甲 金 小篆 】

"每"是"母"的异体字,甲骨文写作"",字形像一个跪坐着的女子,胸前画有双乳,头上插着饰物,表示这是一个正在哺乳期已经为母亲的成年女性。《说文·母部》:"每,艸盛上出也。"或是金文""小篆""字形上部表示笄饰形变体的误读。

释义:"每"在《诗经》中使用7处,无迭用。

借作副词,有"虽""常常"等意。此种用法有7(风3;雅4)处,如:"今也每食无余"(《秦风·权舆》);"每怀靡及"(《小雅·皇皇者华》);"每怀靡及"(《大雅·烝民》)。

美 音【měi】

古形【甲 金 小篆 】

"美",甲骨文写作"",字形像一个人头上戴着羊角或羽毛之类的饰物,打扮得十分美丽。《说文·羊部》:"美,甘也。"《段注》:"羊大则肥美。"此处说"美"从"羊",或是对字形头上饰物的误读,"甘美"或是"美"的引申义。

释义:"美"在《诗经》中使用40处,无迭用。

美人、美丽、美好。此种用法有40(风40)处,如:"彼美人兮"(《邶风·简兮》)。

浼 音【měi】

古形【金 小篆 】

《说文·水部》:"浼,汙也。"又"汙,薉也。"《段注》:"水云汙薉,皆谓其不洁清也。"不清洁的水即谓"浼"。从字形看,"浼"由"氵(水)"和"免"组成。"免"有"去除"的意思,同"水"组合或表示需要去除污泥的水,即污浊之水。

释义:"浼"在《诗经》中使用1处2次,迭用。

污浊之水。此种用法有1处,迭用表示河水污泥盛多:"河水浼浼"(《邶风·新台》)。

妹 音【mèi】

古形【甲 金 小篆 】

《说文·女部》:"妹,女弟也。"所谓女弟,即同父母女孩中比自己小的称妹。从字形看,"妹"由"女"和"未"组成。"女"指女孩;"未",《段注》云:"妹,昧也,字当从未。""昧"有"糊涂"之义,字从"未"或表示年少未开知,同"女"组合表示年少未开知的女孩,即少女。"女弟"应该是"妹"的引申义。

释义：“妹”在《诗经》中使用2处，无迭用。

1. 少女。此种用法有1处：“伣天之妹”（《大雅·大明》）。

2. 妹妹。由同父母中比自己小的女孩引申。此种用法有1处：“东宫之妹”（《卫风·硕人》）。

昧 音【mèi】

古形【金 小篆 】

“昧”由“日”和“未”组成。“日”指太阳、日光；“未”，甲骨文写作“ ”，像一棵枝繁叶茂的大树，从金文字形看，“昧”，写作“ ”，像日在树下之状，表示太阳还没有升起来，日光昏暗不明亮。（且‘未’有‘没有’的意思，同‘日’组合也可表示太阳还没有升起来。）

释义：“昧”在《诗经》中使用1处，无迭用。

（日光）昏暗不明亮。此种用法有1处：“士曰昧旦”（《郑风·女曰鸡鸣》）。

痗 音【mèi】

古形【缺】

“痗”由“疒”和“每”组成。“疒”表示“痗”是一种病态；“每”是“母”的异体字，甲骨文写作“ ”，像一个正值哺乳期的成年女子（母亲）。一般认为“痗”是因忧伤所致，或因母（或成年女子）思念亲人积忧成疾，所以用“每”作声符（有的异体字直接写‘母’）。

释义：“痗”在《诗经》中使用2处，无迭用。

忧病。此种用法有2（风1；雅1）处：“使我心痗”（《卫风·伯兮》）；“亦孔之痗”（《小雅·十月之交》）

寐 音【mèi】

古形【金 小篆 】

《说文·宀部》：“寐，卧也。”《段注》：“俗所谓睡着也。”朱骏声《说文通训定声》：“（睡）眠而无知曰寐。”从字形看，“寐”由“宀”“爿”和“未”三部分组成。“宀”指房屋；“爿”指床板；“未”，金文写作“ ”，像一棵长满枝叶的树。一个人像一棵无知觉的树一样躺在家里的床上就是“寐”，正常情况下应该是睡着了。

释义：“寐”在《诗经》中使用21处，无迭用。

睡、睡着。此种用法有21（风16；雅5）处，如：“寤寐思服”（《周南·关雎》）；“夙兴夜寐”（《小雅·小宛》）。

媚 音【mèi】

古形【金 小篆 】

“媚”由“女”和“眉”组成。“眉”，甲骨文写作“ ”，是眼睛和眉毛的组合图形，本义指眉毛，同“女”组合则表示长有漂亮眉眼的女子。《说文·女部》：“媚，悦也。”美得让人赏心悦目就是“媚”。

释义：“媚”在《诗经》中使用7处，无迭用。

1. 美好、可爱。此种用法有2（雅1；颂1）处：“思媚周姜”（《大雅·思齐》）；“思媚其妇”（《周颂·载芟》）。

2. 爱、亲爱。由美好而使人生爱引申。此种用法有5（风1；雅4）处，如：“公之媚子”（《秦风·驷驖》）；“媚兹一人”（《大雅·下武》）。

韎 音【mèi】

古形【小篆】

“韎”由“韋（韦）”和“未”组成。“韦”指去毛加工成的裘皮；“未”有“柔软”的意思，同“韋”组合表示“柔软的皮革”。韎是一种用来保护人体关节的特制皮革。

释义：“韎”在《诗经》中使用1处，无迭用。

皮革制品。此种用法有1处：“韎韐有奭”（《小雅·瞻彼洛矣》）（韎韐：古代祭服上用以蔽膝的韍，一般用茅蒐草染成赤黄色）。

门(門) 音【mén】

古形【甲金小篆】

“门”，繁体写作“門”，甲骨文写作“”，古今字形变化不大，都像两扇半开着门的样子。有些字形在门上还有一根长长的横木，十分形象。门一般指房屋垣墙等建筑物在出入通口处所设可开关转动的装置。古代门与户有别，一扇曰户，两扇曰门；又在堂室曰户，区域曰门。

释义：“门”在《诗经》中使用19处，无迭用。

门、门口。此种用法有19（风13；雅6）处，如：“出自北门”（《邶风·北门》）；“不入我门”（《小雅·何人斯》）。

扪(捫) 音【mén】

古形【金小篆】

《说文·手部》：“扪，抚持也。”从字形看，“扪”由“扌（手）”和“门”组成。“门”有“诀窍、门道”的意思，据《黄帝内经·素问·离合真邪论》记载：“帝曰：不足者补之，奈何？岐伯曰：必先扪而循之，切而散之……”其中的“扪”“切”指的都是中医的诊疗手法：“扪”即用手摸；“切”即用指按，这都是中医诊疗的诀窍。“门”同“扌（手）”组合或表示“扪”是一种诊疗手法。

释义：“扪”在《诗经》中使用1处，无迭用。

抚持。此种用法有1处：“莫扪朕舌”（《大雅·抑》）。

亹 音【mén】

古形【小篆】

《正字通》引徐铉曰：“《说文》无亹（或读为‘wěi’字），当作娓。”所谓“娓”，有“尾随、顺从”之意，“娓娓”常用作谈话不倦且有吸引力。

《晋书·音义上》：“亹（或读为‘mén’）者，水流夹山，岸若门。”意思是山峡中两岸相对如门之处。从字形

看，“亹”上部为“亠”，像（宗庙）高屋之顶；中间的“㒼”像两手捧物之状；下面的“亘”或是“宜”的异体，甲骨文写作“宜”，像古代祭祀盛放牛羊等祭品的礼器。三部分组合或表示手捧祭品进入庙堂，或因山峡中两岸相对如门之处似高大的庙堂之门，故以“亹”称之。

释义：“亹”在《诗经》中使用3处5次，2处迭用。

1. 借作形容山峡中两岸相对如门之处。此种用法有1处：“凫鹥在亹”（《大雅·凫鹥》）。

2. 借作“娓”，迭用表示不倦即勤勉貌。此种用法有2（雅2）处4次，均迭用，如：“亹亹文王”（《大雅·文王》）。

蒙　音【mēng、méng】

古形【甲 金 小篆 】

“蒙”，甲骨文写作“ ”，由“冂”和“ ”组成。“冂”像帽形或头巾布条形；“ ”像鸟形（有说像人形），组合起来表示鸟在雾中飞行，就像在鸟的头上盖上头巾，被遮住了眼睛。“蒙”的本义就是“遮盖”。

释义：“蒙”在《诗经》中使用6处，无迭用。

1. 覆盖。此种用法有3（风3）处，如：“蒙彼绉絺”（《鄘风·君子偕老》）。

2. 同“龙”。此种用法有1处：“狐裘蒙戎”（《邶风·旄丘》）（“蒙戎”同“龙茸”，蓬松）。

3. 同“庞”，庞大。此种用法有1处：“蒙伐有苑”（《秦风·小戎》）。

4. 借作山名，在今山东省蒙阴县南。此种用法有1处：“奄有龟蒙”（《鲁颂·閟宫》）。

幪　音【méng】

古形【小篆 】

《说文·巾部》：“幪，盖衣也。”从字形看，“幪”由“巾”和“蒙”组成。“蒙”有“遮盖”的意思，同“巾”组合表示覆盖物体的衣巾。古代称帐幕之类覆盖的东西，在旁遮蔽的叫帲，在上遮盖的称幪。

释义：“幪”在《诗经》中使用1处2次，迭用。

庄稼茂盛貌。由茂盛的庄稼连成一片似“幪”（比喻）引申。此种用法有1处2次，迭用：“麻麦幪幪”（《大雅·生民》）。

濛　音【méng】

古形【小篆 】

《说文·水部》：“濛，微雨也。”从字形看，“濛”由“氵（水）”和“蒙”组成。“氵（水）”指水汽；“蒙”有遮盖之义，同“氵（水）”组合表示水汽茫茫，遮蔽了眼前的一切。

“濛”古同“蒙”，后来或因为区别其它遮盖物而加“氵（水）”。

释义：“濛”在《诗经》中使用4处，无迭用。

水汽茫茫（微雨）。此种用法有4（风4）处，如：“零雨其濛”（《豳风·

东山》）。

矇　音【méng】

古形【小篆】

“矇”由“目”和“蒙”组成。“目”指眼睛；“蒙”有覆盖的意思，同“目”组合表示眼睛像被遮盖了一样，即指盲人。

释义：“矇”在《诗经》中使用1处，无迭用。

盲人。此种用法有1处：“矇瞍奏公”（《大雅·灵台》）。

饛　音【méng】

古形【小篆】

《说文·食部》：“饛，盛器满貌。”从字形看，“饛”由“食”和“蒙”组成。“食”指“饮食”；“蒙”有“覆盖”的意思。饮食覆盖着盛器就是“饛”。

释义：“饛”在《诗经》中使用1处，无迭用。

饮食满器貌。此种用法有1处：“有饛簋飧”（《小雅·大东》）。

虻(蝱)　音【méng】

古形【金　小篆】

虻是一种昆虫，有灰、黑、黄褐等色，胸部和腹部有花纹。雄的吸食植物的汁液和花蜜，雌的吸食牛、马等家畜或人的血液。“虻”，繁体作“蝱”。《说文·䖵部》：“蝱，齧（咬）人飞虫。”《段注》：“今人尚谓齧牛者为牛虻。”从字形看，“虻”由“虫”和“亡”组成。“虫”表示虻是一种昆虫；“亡”本作逃亡解，有匿而难见之义，同“虫”组合或表示钻入牛毛中不易寻见的小虫。

释义：“虻”在《诗经》中使用1处，无迭用。

借作草名，一种药草，今称贝母。此种用法有1处：“言采其虻”（《鄘风·载驰》）。

盟　音【méng】

古形【甲　金　小篆】

“盟”，甲骨文写作“　”，金文写作“　”，上面是个“　（明）”，有昭告神明的意思；下面是个“　（皿，有写作‘血’）”，表示在歃血入皿。组合起来表示古代缔约结盟时以皿饮血昭告神明。

释义：“盟”在《诗经》中使用1处，无迭用。

缔约结盟。此种用法有1处：“君子屡盟”（《小雅·巧言》）。

孟　音【mèng】

古形【金　小篆】

“孟”，金文写作“　”，像“　（子）”在“　（器皿，表示盆）”中。女子分娩骨盆有所变化，故分娩又称“临盆”。又或因刚出生的婴儿要放在盆中洗净，所以“孟”由“子”和“皿”组成。《说文·子部》：“孟，长也。”长子临盆曰孟。古有长子是家庭主要继承人的传统，一家之长更多的是要挑起家庭生活的重担，吃饭是赖以生存的首要

条件。“皿（像食器）”放在孩子面前，或表示这是一个要解决全家人吃饭问题的长子。

释义：“孟”在《诗经》中使用6处，无迭用。

1. 长子（女）。此种用法有5（风5）处，如：“美孟庸矣”（《鄘风·桑中》）。

2. 借作人名。此种用法有1处：“寺人孟子”（《小雅·巷伯》）（孟子，寺人的名字）。

梦(夢) 音【mèng】

古形【甲 金 小篆 】

梦通常指睡眠时身体内外各种刺激或残留在大脑里的外界刺激引起的景象活动。从字形看，“梦”，甲骨文写作“ ”，左边的“ ”即“爿”，指床；右边上部“ ”像人的眉眼；右边下部“ ”像卧床休息的人。三部分合起来表示人躺在床上闭目入眠后，伴随着下意识的活动而出现的眼皮跳动现象，以此说明人睡着以后在做梦。

释义：“梦”在《诗经》中使用7处9次，2处迭用。

1. 梦、做梦。此种用法有5（风1；雅4）处，如：“甘与子同梦”（《齐风·鸡鸣》）；“牧人乃梦”（《小雅·无羊》）。

2. 昏聩不明。由梦是在昏睡中发生引申。此种用法有2（雅2）处4次，均迭用：“视天梦梦”（《小雅·正月》）；“视尔梦梦”（《大雅·抑》）。

迷 音【mí】

古形【金 小篆 】

《说文·辵部》：“迷，或（迷惑）也。”从字形看，“迷”由“辶”和“米”组成。“辶”表示在道路上行走；“米”像道路四通八达之状（或非粮食之米字），同“辶”组合表示人在四通八达之处辨不清方向，容易迷惑。

释义：“迷”在《诗经》中使用3处，无迭用。

迷惑、迷乱。此种用法有3（雅3）处，如：“俾民不迷”（《小雅·节南山》）；“威仪卒迷”（《大雅·板》）。

麋 音【mí】

古形【甲 金 小篆 】

《说文·鹿部》：“麋，鹿属。”麋是鹿的一种，东汉班固云：“麋性淫迷。”从字形看，“麋”由“鹿”和“米”组成。“鹿”表示麋为鹿属；“米”或为“迷”字省写，有“迷惑”之义，同“鹿”组合或表示其性淫迷。

释义：“麋”在《诗经》中使用1处，无迭用。

通“湄”，水边。此种用法有1处：“居河之麋”（《小雅·巧言》）。

靡 音【mí、mǐ】

古形【金 小篆 】

“靡”由“麻”和“非”组成。“麻”有“麻木、丧失感觉”的意思；“非”的

字形本义是“相违背”，引申为“错误的”，同“麻”组合或表示违背常理的错误行为对某些人来说已经习以为常（麻木）了。奢侈浪费或是“靡”的本义。《尔雅·释言》：“靡，无也。”因奢侈浪费而使无，“无、没有”等应该是“靡”的引申义。

释义：“靡”在《诗经》中使用74处77次，3处迭用。

1.奢侈。此种用法有1处：“无封靡于尔邦”（《周颂·烈文》）。

2.无、没有。由因奢侈浪费而使无引申。此种用法有69（风10；雅56；颂3）处，如：“靡所与同”（《邶风·旄丘》）；“王事靡盬”（《小雅·四牡》）；“天命靡常”（《大雅·文王》）；“靡有不孝”（《鲁颂·泮水》）。

3.不。由“无、没有”否定引申。此种用法有1处：“昏椓靡共”（《大雅·召旻》）。

4.同“萎”，迭用形容步行迟缓。此种用法有3（风3）处6次，如：“行迈靡靡”（《王风·黍离》）。

沵(瀰)　音【mǐ】

古形【小篆】

《说文·水部》：“沵，满也。”从字形看，“沵”由“氵（水）”和“尔”组成。“尔”，繁体作“爾”，甲骨文写作“”，像三足的络丝架，上有锐头，中是器身，下有竖足。爾是古代一种纺织工具可以将杂乱的丝线有序且绷张在架子上，便于纺织。弓满为“弥”，即表示弓拉开犹如绷张在络丝架上的丝一样圆满，水满则为“沵”。又或因弓满为硬满，水满为柔满，故“沵”又有“柔软”之义。

释义：“沵”在《诗经》中使用1处2次，迭用。

柔软。由水柔满引申。此种用法有1处2次，迭用：“垂辔沵沵”（《齐风·载驱》）。

弭　音【mǐ】

古形【金小篆】

“弭”由“弓”和“耳”组成。“弓”表示弭是一种末端用骨、角镶嵌的弓；“耳”表示骨角像耳在脸的两侧一样装饰在弓的两端。《说文·弓部》：“弭，弓无缘，可以解辔纷者。”意思是说“弭指弓的末端不缠丝线而用骨角镶嵌，是可以用来解开马缰绳纷乱结巴的东西”。

释义：“弭”在《诗经》中使用2处，无迭用。

1.弓两端骨角装饰物。此种用法有1处：“象弭鱼服”（《小雅·采薇》）。

2.停止、止息。或由弓端可以解纷乱引申。此种用法有1处：“不可弭忘”（《小雅·沔水》）。

瀰(瀰)　音【mǐ】

古形【小篆】

“瀰”由“氵（水）”和“弥”组成。“弥”有“弓满”的意思，同“氵（水）”组合表示“水满”。一般认为“瀰”同“弥”，在“水满”的意义上，“瀰”或即“沵”字。

释义：“瀰”在《诗经》中使用2处3

次，1处迭用。

水满（水漫漫的样子）。此种用法有2（风2）处3次，1处迭用，如：“河水浼浼”（《邶风·新台》）。

密 音【mì】

古形【金小篆】

《说文·山部》：“密，山如堂者。”从字形看，“密”由“宓”和“山”组成。“宓”有“隐藏地”义，同“山”组合表示山中可供隐藏如堂室之地的小空间。

释义：“密”在《诗经》中使用3处，无迭用。

1.安定。由如此空地藏身可使人安定引申。此种用法有1处：“止旅乃密”（《大雅·公刘》）。

2.借作古国名。此种用法有1处：“密人不恭”（《大雅·皇矣》）（密，国名，在今甘肃灵台县西）。

3.同“勉”，努力。此种用法有1处：“夙夜基命宥密”（《周颂·昊天有成命》）。

绵(綿、緜) 音【mián】

古形【金小篆】

“绵”由“糸”和“帛”组成。“帛”指纺织品，同“糸”组合表示丝绵。“绵”，又作“緜”，《说文·系部》：“緜，联微也。”意即将细小的丝连续起来就是“緜”（“系”有相联系的意思）。

释义：“绵”在《诗经》中使用9处15次，6处迭用。

1.连绵不断。由丝绵连接的状态引申。此种用法有6（风3；雅2；颂1）处12次，6处迭用，如：“绵绵葛藟”（《王风·葛藟》）；“绵绵瓜瓞”（《大雅·绵》）；“绵绵其麃”（《周颂·载芟》）。

2.绵软。由丝绵的绵软状引申。此种用法有3（雅3）处，如：“绵蛮黄鸟”（《小雅·绵蛮》）。

沔 音【miǎn】

古形【金小篆】

《说文·水部》：“沔，水。出武都沮县东狼谷，东南入江。”意思是说：沔是水名，从武都郡沮县的东狼谷流出，向东南流入长江。从字形看，“沔”由“氵（水）”和“丏”组成。《段注》：“沔者，发源緬然之谓。”所谓“緬然”，意思是“遥远的样子”，《说文·丏部》：“丏，不见也。像壅蔽之形。”或因发源地遥远且东狼谷壅蔽不见，故“沔”用“丏”作声符。

释义：“沔”在《诗经》中使用2处，无迭用。

水名。此种用法有2（雅2）处，如：“沔彼流水”（《小雅·沔水》）（一说“沔”为流水满溢貌，或因沔水盛而言）。

黾(黽) 音【miǎn、mǐn】

古形【甲金小篆】

“黾”甲骨文写作“”，像蛙形，属蛙的一种，颈短无尾后足稍长而曲折，人称黾蛙。

释义：“黾”在《诗经》中使用4处，

无迭用。

勤勉、努力。或因蛙捉害虫勤勉引申。此种用法有4（风2；雅2）处：“黾勉同心”（《邶风·谷风》）；“黾勉从事”（《小雅·十月之交》）；“黾勉畏去”（《大雅·云汉》）。

勉 音【miǎn】

古形【金 小篆 】

安子介先生在《解开汉字之谜》中说：“勉字的意思是‘在困难的情况下做事’。”《说文·力部》：“勉，强也。”从字形看，“勉”由“免”和“力”组成。“免”有“去除”的意思，可理解为“没有”；“力”指发力，同“免”组合或表示明知有困难却仍然尽力去做。因此，这里的“强”表达的应该是一种做事的状态，即努力。

释义：“勉”在《诗经》中使用6处7次，1处迭用。

1. 努力。此种用法有5（风2；雅3）处6次，1处迭用，如：“黾勉求之”（《邶风·谷风》）；“黾勉从事”（《小雅·十月之交》）；“勉勉我王”（《大雅·棫朴》）。

2. 同“免”，打消。此种用法有1处：“勉尔遁思”（《小雅·白驹》）。

湎 音【miǎn】

古形【金 小篆 】

《说文·水部》：“湎，沉于酒也。”从字形看，“湎”由“氵（水）”和“面”组成，“氵（水）”指（酒）水；或因沉迷于酒之人面色多有变化，故以“面（面色）”作声符。

释义：“湎”在《诗经》中使用1处，无迭用。

沉迷（于酒）。此种用法有1处：“天不湎尔以酒”（《大雅·荡》）。

面 音【miàn】

古形【金 小篆 】

“面”由“一”、“自”和“口”组成。“自”金文写作“ ”，像鼻子之形；“一”表示鼻子附近的部分；“口”指外围。金文的“面”写作“ ”，像一张人脸。《说文·面部》：“面，颜前也。”意即颜额前部，俗称脸。

释义：“面”在《诗经》中使用2处，无迭用。

1. 脸、面。此种用法有1处：“有靦面目”（《小雅·何人斯》）。

2. 面对。由词性转化引申。此种用法有1处：“匪面命之”（《大雅·抑》）。

苗 音【miáo】

古形【金 小篆 】

《说文·艸部》：“苗，草生于田者。”从字形看，“苗”由“艹（草）”和“田”组成。田里（田）生长的形状像草（艹）的东西就是苗。苗指的就是初生的植物或没有秀穗的庄稼。

释义：“苗”在《诗经》中使用7处，无迭用。

1. 没有吐穗的庄稼。此种用法有6（风3；雅2；颂1）处，如：“彼稷之苗”

（《王风·黍离》）；“食我场苗”（《小雅·白驹》）；“厌厌其苗”（《周颂·载芟》）。

2. 借作夏猎。此种用法有1处：“之子于苗”（《小雅·车攻》）。

藐　音【miǎo】

古形【金 小篆 】

《尔雅·释草》：“藐，茈草。”因其花紫根紫，可以染紫，故又名紫草、紫丹等。茈草为多年生草本植物，同一般的草不同的是，其根富含紫色物质，茎通常有1—3条，直立，高有40—90厘米。从字形看，“藐”由“艹（草）”和“貌”组成。“貌”有“外形、样子”的意思，同“艹（草）”组合或表示“藐”是一种有着特殊状态（外形、样子）的草。

释义：“藐”在《诗经》中使用3处6次，3处迭用。

1. 美盛貌。由茈草的特殊状态引申。此种用法有1处2次：“既成藐藐”（《大雅·崧高》）。

2. 同“眇”，轻视。此种用法有1处2次：“听我藐藐”（《大雅·抑》）。

3. 通“邈”，高远貌。此种用法有1处2次：“藐藐昊天”（《大雅·瞻卬》）。

庙(廟)　音【miào】

古形【金 小篆 】

“庙”，繁体作“廟”，《说文·广部》：“廟，尊先祖貌也。”从字形看，“廟”由“广”和“朝”组成。“广”指高大的房屋，表示供奉祖先牌位的地方；“朝”有“朝奉、祭奠”意思。为祭奉而摆放先祖牌位的地方就是廟，即宗庙。《段注》：“宗庙者，先祖之尊貌也。古者庙以祀先祖，凡神不为庙也。”庙指供奉神的一般庙宇，是两汉以后的事。

释义：“庙”在《诗经》中使用7处，无迭用。

宗庙、庙宇。此种用法有7（雅4；颂3）处，如：“奕奕寝庙”（《小雅·巧言》）；“作庙翼翼”（《大雅·绵》）；“新庙奕奕”（《鲁颂·閟宫》）。

灭(滅)　音【miè】

古形【金 小篆 】

“灭”，繁体写作“滅”。《说文·水部》：“滅，损也。”从字形看，“滅”由“水”“火”和“戌（兵器，表示战争）”组成。水可淹没田庄，也能使生物尽绝；火能烧尽众物；兵戈可杀人兽鱼虫，战争能毁城市物种，三者组合表示损毁、消灭。从简体“灭”的字形看，“火”上一横或表示覆盖物，用这覆盖物将火源与空气隔绝，火也就熄灭了。

释义：“灭”在《诗经》中使用4处，无迭用。

熄火（灭）、消灭、灭亡。此种用法有4（雅4）处，如：“褒姒灭之”（《小雅·正月》）；“灭我立王”（《大雅·桑柔》）。

蔑　音【miè】

古形【甲 金 小篆 】

《说文·苜部》:“蔑，劳，目无精也。”从字形看，“蔑”由“苜”和“戍”组成。“苜”有“眼睛歪斜无神”的意思;“戍”指戍守人，同“苜”表示这个戍守人因过度疲劳，从眼神看着没有精神。

释义:“蔑”在《诗经》中使用2处，无迭用。

无、没有。由没有精神引申。此种用法有2（雅2）处，如:“国步蔑资”（《大雅·桑柔》）。

幭 音【miè】

古形【小篆】

“幭”指古代车前横木上的覆盖物。从字形看，“幭”由“巾”和“蔑”组成。“蔑”有“无精神”的意思，同“巾”组合或表示无精打采耷拉在车轼上的大巾。

释义:“幭”在《诗经》中使用1处，无迭用。

车轼上的覆盖物。此种用法有1处:“鞹鞃浅幭”（《大雅·韩奕》）。

民 音【mín】

古形【金小篆】

“民”，金文写作“”，像利器刺眼之状。古时打仗，奴隶主将俘获的战俘用利器刺瞎其左眼，然后强迫他们做奴隶。“民”就指那些被刺瞎左眼的奴隶。一说“民”由“尸”和“氏”组成，“尸”有“身体不动”的意思，引申为“不迁徙”，同“氏”组合表示不迁徙的族人，即本地常住人口。这或是奴隶社会以后对“民”的理解。《说文·民部》:“民，众萌也。”由此可知，“民”指的就是生活在社会底层，需要教化的民众。

释义:“民”在《诗经》中使用98处，无迭用。

奴隶、常人、百姓。此种用法有98（风2；雅89；颂7）处，如:“凡民有丧”（《邶风·谷风》）;“视民不恌”（《小雅·鹿鸣》）;“民之初生”（《大雅·绵》）;“立我烝民”（《周颂·思文》）。

旻 音【mín】

古形【小篆】

《说文·日部》:“旻，秋天也。”从字形看，“旻”由“日”和“文”组成。“日”指太阳;“文”是“闵（同‘悯’）”字省写，有忧愁、怜恤的意思，同“日”组合表示太阳忧愁、怜恤，则阳光柔弱，显现着秋日的怜悯天色。

释义:“旻”在《诗经》中使用2处，无迭用。

怜恤、仁慈（的）。由上天显现的怜悯秋色引申。此种用法有2（雅2）处:“旻天疾威”（《小雅·小旻》）;“旻天疾威”（《大雅·召旻》）（《说文》引《虞书》曰“仁闵覆下，则称旻天。”意即“上天仁慈，怜悯覆佑天下，所以称为旻天”）。

痻 音【mín】

古形【缺】

“痻”由“疒”和“昏”组成。“昏”

有“神志不清”的意思，同“疒”组合表示一种病态的精神恍惚不清。

释义：“痻”在《诗经》中使用1处，无迭用。

病、灾难。此种用法有1处：“多我觏痻”（《大雅·桑柔》）。

缗　音【mín】

古形【金　小篆　】

“缗”又作“緍”，由“糸”和“昏”组成。“糸”指丝绳；“昏”有“昏暗”的意思，同“糸”组合或指一种暗而无光的丝绳。《说文·糸部》：“緍，钓鱼缴（繳）也。”意即钓鱼用的丝绳。

释义：“缗”在《诗经》中使用2处，无迭用。

1. 钓鱼丝绳。此种用法有1处：“维丝伊缗”（《召南·何彼襛矣》）。

2. 按上丝线。由词性转化（名—动）引申。此种用法有1处：“言缗之丝”（《大雅·抑》）。

闵(閔)　音【mǐn】

古形【金　小篆　】

《说文·门部》：“闵，弔者在门也。”《段注》：“（闵）引申为凡痛惜之辞，俗作悯。”徐锴《说文系传》：“古文闵从思民。”古“闵”写作“𢞿”，由“民”和“思”组成。“民”指“人”；“思”即“忧思”，同“民”组合或表示登门吊唁的人忧思悲伤的状态，“闵”有了“痛惜”之义以后，或是“悯”字省写。

释义：“闵”在《诗经》中使用3处，无迭用。

忧思、怜恤。由登门吊唁的人忧思悲伤的状态引申。此种用法有3（风2；颂1）处，如：“觏闵既多”（《邶风·柏舟》）；“闵予小子”（《周颂·闵予小子》）。

泯　音【mǐn】

古形【金　小篆　】

《尔雅·释诂》：“泯，尽也。”又《说文·水部》：“泯，灭也。”如果说“灭”是一种行为的话，“尽”就是结果。“灭”和“尽”都应该是“泯”的初始意义。从字形看，“泯”由“氵（水）”和“民”组成。“氵（水）”或指洪水；“民”指庶民。在古代，洪水到来，庶民是抵挡不住的，洪水灭民则民尽或是“泯”要表达的意思。

释义：“泯”在《诗经》中使用1处，无迭用。

乱。由水灾过程混乱状态引申。此种用法有1处：“靡国不泯”（《大雅·桑柔》）。

敏　音【mǐn】

古形【甲　金　小篆　】

“敏”，甲骨文写作“　”，右边像人手，左边像一跪妇，合在一起像女子用手束发加簪、装扮头饰之形，表示女子束发、做事快速敏捷。一说“敏”字源于古代抢亲的习俗：“　”字形像外来的一只大手去抓一戴有头饰的女子形象。抢亲必须迅速、敏捷，而“敏”字的字形字义都具备这一条件。不管怎样，“敏”表达的是行动快速敏捷这一点上二者的理解是一样的。

释义：“敏”在《诗经》中使用4处，无迭用。

1. 快速敏捷。此种用法有3（雅3）处，如：“农夫克敏”（《小雅·甫田》）；“殷士肤敏”（《大雅·文王》）。

2. 通“拇”，足大指。此种用法有1处：“履帝武敏”（《大雅·生民》）。

名　音【míng】

古形【甲 金 小篆 】

《说文·口部》：“名，自命也。”从字形看，“名”由“夕”和“口”组成。“夕”表示晚上；“口”指用口呼唤。古人走夜路时，彼此看不见，自己呼叫自己的名字就是“名”。

释义：“名”在《诗经》中使用1处，无迭用。

借为“明”，面色明净。此种用法有1处：“猗嗟名兮”（《齐风·猗嗟》）。

明　音【míng】

古形【甲 金 小篆 】

“明”，金文写作“ ”，由“ （囧，表示窗牖）”和“ （月，月光）”组成。《说文·月部》：“明，照也。”月光照在窗牖上就是“明”。“明”字后来由“日”和“月”组成，或表示日、月均可发出光亮，可使物体变得清晰。

释义：“明”在《诗经》中使用43处49次，6处迭用。

1. 亮、明亮、光明。由光照使物体变清晰引申。此种用法有15（风6；雅6；颂3）处17次，2处迭用，如：“明星有烂”（《郑风·女曰鸡鸣》）；“明明上天”（《小雅·小明》）；“明明在下”（《大雅·大明》）；“明昭有周”（《周颂·时迈》）。

2. 明晰、洁净、完美。由光亮使物体明晰引申。此种用法有7（雅4；颂3）处8次，1处迭用，如：“以我齐明”（《小雅·甫田》）；“会朝清明”（《大雅·大明》）；“勉克明其德”（《鲁颂·泮水》）。

3. 明白、明确、明察。由词性转换（形—动）引申。此种用法有15（雅12；颂3）处17次，2处迭用，如：“克明克类”（《大雅·皇矣》）；“斤斤其明”（《周颂·执竞》）。

4. 借为“孟”，勉。此种用法有3（雅3）处4次，1处迭用，如：“祀事孔明”（《小雅·楚茨》）；“明明天子”（《大雅·江汉》）。

5. 借为“盟”，订立约信。此种用法有1处：“不可与明”（《小雅·黄鸟》）

6. 借为“氓”，农人。此种用法有1处：“将受厥明”（《周颂·臣工》）。

7. 借为星名。此种用法有1处：“东有启明”（《小雅·大东》）（‘启明’星即金星）。

鸣（鳴）　音【míng】

古形【甲 金 小篆 】

“鸣”由“口”和“鸟”组成。《说

文·鸟部》："鸣，鸟声也。"鸟开口发出的声音就称"鸣"。

释义："鸣"在《诗经》中使用28处，无迭用。

1. 鸟叫。此种用法有21（风13；雅8）处，如："鸡鸣不已"（《郑风·风雨》）；"哀鸣嗷嗷"（《小雅·鸿雁》）；"凤凰鸣矣"（《大雅·卷阿》）。

2. 虫或兽的叫声。由鸟开口发声引申。此种用法有6（风1；雅5）处，如："五月鸣蜩"（《豳风·七月》）；"呦呦鹿鸣"（《小雅·鹿鸣》）。

3. 发出响声。由鸟叫声引申为其它响声。此种用法有1处："肃雝和鸣"（《周颂·有瞽》）。

冥　音【míng】

古形【金小篆】

"冥"由"冖""日"和"六"组成。安子介先生在《解开汉字之迷》中说："'冖'为非字，意'不见或不让亮光进入'，而'六'之意为'6'。只须想像一下：在早上六点钟的时候，'日'尚未出来，在我们面前的情景是'昏暗'或'朦胧'一片。"《说文·冥部》："冥，幽也。从日，从六，冖声。日数十，十六日而月始亏幽也。"意思是说："冥是幽暗的意思，由'日'和'六'会意，'冖'表声。计算日期的规律以十天为一轮。每月十六日，月亮开始亏损而幽暗。"结合安先生之说，"冖"在"冥"中除表声外，或也有"不让亮光进入"之意。

释义："冥"在《诗经》中使用2处3次，1处迭用。

昏暗、朦胧。此种用法有2（雅2）处3次，1处迭用，如："哕哕其冥"（《小雅·斯干》）。

螟　音【míng】

古形【金小篆】

螟虫，即螟蛾的幼虫。《说文·虫部》："螟，虫，食谷叶者。"从字形看，"螟"由"虫"和"冥"组成。"冥"有"昏暗"的意思，同"虫"组合表示"螟"是一种躲在幽暗之处专食禾谷之心的害虫。

释义："螟"在《诗经》中使用2处，无迭用。

螟蛾的幼虫，一种专食禾心的害虫。此种用法有2（雅2）处，如："螟蛉有子"（《小雅·小宛》）（螟蛉：螟蛾的幼虫）。

命　音【mìng】

古形【甲金小篆】

甲骨文的"命"写作""，跟"令"是同一个字，像"（军帐）"中有一个"（跪坐之人）"正在发号施令之状，后来加了个"口"字，写作"命"。《说文·口部》："命，使也。"《段注》："令者，发号也，君事也，非君而口使之，是亦令也。故曰命者，天之令也。"按此说，非君发号谓之"令"；君王、天令则谓之"命"。

释义："命"在《诗经》中使用87处，无迭用。

1. 命令。此种用法有57（风2；雅40；颂15）处，如："我闻有命"（《唐风·扬之水》）；"王命南仲"（《小雅·出车》）；"帝命不时"（《大雅·文王》）；"昊天有成命"（《周颂·昊天有成命》）。

2. 命运、生命、天命。由词性转化（动—名）引申。此种用法有30（风4；雅18；颂8）处，如："不知命也"（《鄘风·蝃蝀》）；"天命不又"（《小雅·小宛》）；"永言配命"（《大雅·下武》）；"维天之命"（《周颂·维天之命》）。

谟(謨) 音【mó】

古形【金 小篆 】

《尔雅·释诂》："谟，谋也。"从字形看，"谟"由"讠（言）"和"莫"组成。"言"表示"说话"；"莫"或是"暮"字省写，表示"天色将晚"，有"黑暗"的意思，同"言"组合表示暗中商议，即"谋"。

释义："谟"在《诗经》中使用1处，无迭用。

谋。此种用法有1处："訏谟定命"（《大雅·抑》）。

磨 音【mó、mò】

古形【金 小篆 】

"磨"由"麻"和"石"组成。"麻"有"表面粗糙不平"意，同"石"组合表示打磨表面粗糙不平的石器。"磨"或作"䃺"，《说文·石部》："䃺，石磑也。"所谓"石磑"即"石磨"。《段注》"（䃺）今省作磨。引申之义为研磨。"若"磨"即"䃺"，则起始义或应为"磨"，因为从人类发展史上看，应先有"打磨"后有"石磨"。

释义："磨"在《诗经》中使用2处，无迭用。

打磨。此种用法有2（风1；雅1）处："如琢如磨"（《卫风·淇奥》）；"尚可磨也"（《大雅·抑》）。

沫 音【mò】

古形【金 小篆 】

"沫"由"氵（水）"和"末"组成。"氵（水）"指液体；"末"有"细碎"的意思，同"水"组合表示液体形成的细小碎泡。

释义："沫"在《诗经》中使用3处，无迭用。

借作邑名。此种用法有3（风3）处，如："沫之乡矣"（《鄘风·桑中》）（"沫"音mèi：春秋时期卫国邑名，即牧野，在今河南淇县南）。

莫 音【mò、mù】

古形【甲 金 小篆 】

"莫"，甲骨文写作" "，中间是个"日"字，上下两部分表示草丛，日落草丛即为"莫"，是"暮"的本字。《说文·茻部》："莫，日且冥也。"意即为傍晚，太阳落山的时候。

释义："莫"在《诗经》中使用87处90次，3处迭用。

1.（暮）晚、傍晚。此种用法有7

（风2；雅4；颂1）处，如：“不夙则莫”（《齐风·东方未明》）；“岁亦莫止”（《小雅·采薇》）；“方社不莫”（《大雅·云汉》）；“维莫之春”（《周颂·臣工》）。

2. 茂密。或由字形草能掩日引申。此种用法有2（风1；雅1）处4次，2处迭用：“维叶莫莫”（《周南·葛覃》）；“莫莫葛藟”（《大雅·旱麓》）。

3. 清静。或由日暮而静引申。此种用法有1处，迭用：“君妇莫莫”（《小雅·楚茨》）。

4. 借作草名。此种用法有1处：“言采其莫”（《魏风·汾沮洳》）。

5. 同“瘼”，病。此种用法有2（雅2）处，如：“求民之莫”（《大雅·皇矣》）。

6. 通“谟”，谋划。此种用法有1处：“圣人莫之”（《小雅·巧言》）。

7. 借作副词，有“不、无、没有”等意思，此种用法有72（风18；雅43；颂11）处，如：“莫敢或遑”（《召南·殷其雷》）；“莫如兄弟”（《小雅·常棣》）；“莫远具尔”（《大雅·行苇》）；“莫不震叠”（《周颂·时迈》）。

瘼　音【mò】

古形【金小篆】

《说文·疒部》：“瘼，病也。”从字形看，“瘼”由“疒”和“莫”组成。“疒”表示疾病；“莫”有“黄昏、傍晚”的意思，同“疒”组合或表示农人们结束一天的劳作，回到村里，聚集在谷场上聚会聊天时而得的一种传染病。

释义：“瘼”在《诗经》中使用2处，无迭用。

1. 一种传染病。此种用法有1处：“瘼此下民”（《大雅·桑柔》）。

2. 疾苦。由贫民得病无法医治而痛苦引申。此种用法有1处：“乱离瘼矣”（《小雅·四月》）。

秣　音【mò】

古形【金小篆】

《说文·禾部》：“秣，食马谷也。”从字形看，“秣”由“禾”和“末”组成。“禾”指禾秸；“末”有“细碎”的意思，同“禾”组合表示把禾秸弄碎了作为喂马的饲料。

释义：“秣”在《诗经》中使用4处，无迭用。

喂马。由词性转化（名—动）引申。此种用法有4（风2；雅2）处，如：“言秣其马”（《周南·汉广》）；“秣之摧之”（《小雅·鸳鸯》）。

貊　音【mò】

古形【金小篆】

“貊”由“豸”和“百”组成。“豸”是长脊骨猛兽的统称；“百”有“众多”之义，同“豸”组合或表示这类动物之多。《说文·豸部》：“貉（貊），北方豸种。”意思是北方与多种豸兽共处的种族，这或是借用之义。

释义：“貊”在《诗经》中使用3处，无迭用。

1. 借作部族、国名。此种用法有2

（雅1；颂1）处："其追其貊"（《大雅·韩奕》）；"淮夷蛮貊"（《鲁颂·閟宫》）。

2. 同"莫"，传播。此种用法有1处："貊其德音"（《大雅·皇矣》）。

牟　音【móu】

古形【金 小篆 】

"牟"由"厶"和"牛"组成。《说文·牛部》："牟，牛鸣也。从牛，像其声气从口出。""牟"指牛的叫声，字形上的"厶"符号金文作""，小篆作""，或表现牛由低到高的长鸣。

释义："牟"在《诗经》中使用2处，无迭用。

借指大麦。此种用法有2（颂2）处，如："于皇来牟"（《周颂·臣工》）（来牟，古时大小麦的统称）。

谋(謀)　音【móu】

古形【金 小篆 】

《说文·言部》："谋，虑难曰谋。"意思是"考虑事情的难易叫谋"。从字形看，"谋"由"讠（言）"和"某"组成，安子介先生在《解开汉字之谜》中说："在古时'某'字是指'梅子'。梅子是一种酸果实，中国古人认为酸味起源于'甜'味，因此'某'字是由'甘（甜）'字和'木（树）'字组成。同时，当妇女怀孕时，她常需要吃酸的果实，这样，酸果也被用以代表'妊娠开始'。"又"（谋）以'言'的形式为妊娠的开始"即（事情发生的初始阶段）计划、计策等，或较之更早的计议、商议。从"某"字看，又代表不定的人和事，同"言"组合或表示某些人聚在一起对即将要做的某事进行商议，对其中的一些难点进行分析、提出解决办法就是"谋"。一说"谋"又写作"呣"，由"母"和"口"组成，意同"诲"字。

释义："谋"在《诗经》中使用24处，无迭用。

1. 计议、商量。此种用法有12（风2；雅10）处，如："聊与之谋"（《邶风·泉水》）；"谋欲谮言"（《小雅·巷伯》）；"爰始爰谋"（《大雅·绵》）。

2. 计谋、计划。由词性转化（动—名）引申。此种用法有10（雅10）处，如："谋之不臧"（《小雅·小旻》）；"听用我谋"（《大雅·抑》）。

3. 谋士（智慧、聪明的人）。由词性转化（动—形）引申。此种用法有2（雅2）处，如："谋夫孔多"（《小雅·小旻》）。

缪(繆)　音【móu、miào】

古形【金 小篆 】

《说文·糸部》："缪，枲之十絜也。"《段注》："枲即麻也，十絜犹十束也。"十束麻缠绕在一起叫"缪"。从字形看，"缪"由"糸"和"翏"组成。"糸"指"麻"；"翏"有"合并、粘合"的意思，同"糸"组合表示十束麻合并在一起。

释义："缪"在《诗经》中使用4处，无迭用。

1. 缠绕。由麻缠绕引申。此种用法有3（风3）处，如："绸缪束薪"（《唐风·绸缪》）。

2. 制造。由缠绕即可成新作引申。此种用法有1处：“绸缪牖户”（《豳风·鸱鸮》）。

母　音【mǔ】

古形【甲　金　小篆　】

“母”，甲骨文写作“　”，像一个女子跪坐的侧面形象；金文写成“　”，从甲骨文的侧面变成了正面，且突出了胸前两个硕大的乳房，用以表示这是一个育龄妇女。《说文·女部》：“母，牧也。从女，像褱子形。一曰像乳子也。”意思是：母指的是像养牛人一样哺育子女的人。字形从女，像怀抱子女的样子。一说字形像给子女喂奶的样子。母指生养者，本义即“妈妈”。

释义：“母”在《诗经》中使用43处，无迭用。

母亲。此种用法有43（风23；雅18；颂2）处，如：“归宁父母”（《周南·葛覃》）；“不遑将母”（《小雅·四牡》）；“文王之母”（《大雅·思齐》）；“令妻寿母”（《鲁颂·閟宫》）。

牡　音【mǔ】

古形【甲　金　小篆　】

“牡”，甲骨文写作“　”由“牛（牛）”和“　（雄性动物生殖器）”组成，合在一起表示公牛。《康熙字典》引《传》云：“飞曰雌雄，走曰牝牡。”意思是说，动物的公母，飞禽称雌（母）雄（公），行走的兽畜称牝（母）牡（公）。后称所有行走的雄性兽畜均为“牡”，故《说文·牛部》云：“牡，畜父也。”

释义：“牡”在《诗经》中使用42处，无迭用。

1. 雄性牲畜、走兽。此种用法有41（风5雅28；颂8）处，如：“四牡有骄”（《卫风·硕人》）；“四牡騑騑”（《小雅·四牡》）；“骍牡既备”（《大雅·旱麓》）；“于荐广牡”（《周颂·雝》）。

2. 借指雄禽。此种用法有1处：“雉鸣求其牡”（《邶风·匏有苦叶》）。

亩(畝)　音【mǔ】

古形【金　小篆　】

“亩”，金文写作“　”，由“田（田）”和“　（每）”组成。“田”表示田园；“每”表示生育、繁殖，合在一起表示田园中经过开垦可供禾谷生育、繁殖的田地。一说“　（每）”字像一位头上别簪或头饰的育龄女子，以簪、头饰别在头顶表示农田中高出的部分，同“田”组合表示田垄。

释义：“亩”在《诗经》中使用17处，无迭用。

1. 田地、田垄。此种用法有14（风2；雅10；颂2）处，如：“衡从其亩”（《齐风·南山》）；“于此灾亩”（《小雅·采芑》）；“乃宣乃亩”（《大雅·绵》）；“俶载南亩”（《周颂·载芟》）

2. 借作量词。此种用法有2（风2）处：“十亩之间兮”（《魏风·十亩之间》）（《说文·田部》：“六尺为步，步百为亩。”古时计量宽六尺算一步，加上长百步为一亩。现今计量一亩等于六十平方丈）。

3. 疑借为“耨”，除去庄稼下的烂叶。此种用法有1处：“是获是亩”（《大雅·生民》）。

木　音【mù】

古形【甲 金 小篆 】

“木”，甲骨文写作“ ”，像一棵树的简单图形：上面两个分叉表示树枝；下面两个分叉表示树的根须；中间一竖表示树的主干。“木”的本义就是“树”。

释义：“木”在《诗经》中使用22处，无迭用。

1. 树。此种用法有22（风8；雅14）处，如：“南有乔木”（《周南·汉广》）；“伐木于阪”（《小雅·伐木》）；“荏染柔木”（《大雅·抑》）。

沐　音【mù】

古形【金 小篆 】

“沐”由“氵（水）”和“木”组成。“氵（水）”指液体；“木”指树，或表示这种液体从木中提取。《说文·水部》：“沐，濯发也。”所谓“濯发”，就是洗头发。或是“沐”的引申义。一说“氵（水）”表示用水洗头，同“木”组合或表示洗发的工具多用木制成。此说应由“濯发”而来。

释义：“沐”在《诗经》中使用2处，无迭用。

1. 洗头用的汁。此种用法有1处：“岂无膏沐”（《卫风·伯兮》）。

2. 洗头发。由词性转换（名—动）引申。此种用法有1处：“薄言归沐”（《小雅·采绿》）。

目　音【mù】

古形【甲 金 小篆 】

甲骨文、金文的“目”字都写成“ ”，都是像一只眼睛的样子：外边轮廓像眼眶，里面像瞳孔。《说文·目部》：“目，人眼。象形。”小篆将“目”写成“目”，将眼睛竖起来写了。

释义：“目”在《诗经》中使用4处，无迭用。

眼睛。此种用法有4（风3；雅1）处，如：“美目盼兮”（《卫风·硕人》）；“有靦面目”（《小雅·何人斯》）。

牧　音【mù】

古形【甲 金 小篆 】

“牧”由“牛”和“攵”组成。“攵”，金文写作“ ”，像手持器械之状，同“牛”组合表示手持器械（鞭、棍之类）赶牛。《说文·牛部》：“牧，养牛人也。”放养牛（牲畜）的人是“牧”的本义。

释义：“牧”在《诗经》中使用8处，无迭用。

1. 养牛人、放养牲畜的人。此种用法有3（雅3）处，如：“尔牧来思”（《小雅·无羊》）。

2. 牧场、郊外放牧之地。由放养之地引申。此种用法有2（风1；雅1）处：“自牧归荑”（《邶风·静女》）；“于彼牧矣”（《小雅·出车》）。

3. 借作地名。此种用法有3（雅2；颂1）处，如：“牧野洋洋”（《大雅·大明》）；“于牧之野”（《鲁颂·閟宫》）（牧野，在今河南淇县西南）。

墓 音【mù】

古形【金 小篆 】

墓是埋葬死人的地方。从字形看，“墓”由“莫”和“土”组成。“莫”，小篆写作“ ”，像日落草丛之状；“土”表示土埋死人，同“莫”组合或表示像日落草丛一样，人死了要入土。（一说“莫”指黄昏，同“土”组合表示黄昏时下葬）《说文·土部》：“墓，丘也。”又“丘，土之高也。”通俗地讲，墓即指坟墓。《段注》云：“此浑言之也。析言之，则墓为平处，坟为高处。”“墓”和“坟”都是埋葬死人的地方，古人掘塘穴葬棺木，盖土并推平称墓，堆土成丘则称坟。

释义：“墓”在《诗经》中使用2处，无迭用。

借作门名。此种用法有2（风2）处，如：“墓门有梅”（《陈风·墓门》）（墓门，陈国都城的一个门名）。

楘 音【mù】

古形【金 小篆 】

《说文·木部》：“楘，车历录束文也。”意思是“楘”指的是车辕上明显的束纹。古人驾车，喜欢用皮革将车辕紧紧包束，一方面是怕车辕断裂，同时也起到一种装饰作用。从字形看，“楘”由“敄”和“木”组成。“敄”有“强”的意思，同“木”组合或表示木制车辕上的束纹是皮革的强力所为。

释义：“楘”在《诗经》中使用1处，无迭用。

强力包束的车辕上的束纹。此种用法有1处：“五楘梁辀”（《秦风·小戎》）。

霂 音【mù】

古形【小篆 】

《尔雅·释天》：“小雨谓之霢霂。”从字形看，“霂”由“雨”和“沐”组成。“沐”有“洗头”的意思，同“雨”组合或表示仅能淋湿头的雨，即小雨。

释义：“霂”在《诗经》中使用1处，无迭用。

小雨。此种用法有1处：“益之以霢霂”（《小雅·信南山》）。

穆 音【mù】

古形【甲 金 小篆 】

“穆”，甲骨文写作“ ”，像禾谷抽穗下垂（一说像向日葵）之形。《说文·禾部》：“穆，禾也。”俗话说民以食为天，禾谷抽穗，预示着丰收，是一件非常美好的事，或“穆”的“美、美好”之义即由此引申而来；又或“穆”之右边部件“㣎”有“精美”义，由此也可引申出“美”之义。安子介先生在《解开汉字之谜》中说：“还有一个‘穆’字……它的意义是‘严肃的’、‘恭敬的’。通过结构来解释这个字，未免有些

间接，但走这条渠道，仍然能够使人对该字的意义有大致了解，即：禾：禾谷是协调的符号；白：纯洁又尊严；小：小而有人性；彡：眼睛对此有好感。由这样混合观念得出一张图片已和‘严肃’、‘恭敬’相差不远了。”

释义：“穆”在《诗经》中使用11处16次，5处迭用。

1. 美、和美；仪表美好而令人肃敬。或由字的部件意义引申。此种用法有8（雅5：颂5）处13次，如：“穆穆文王”（《大雅·文王》）；“于穆清庙”（《周颂·清庙》）。

2. 借作人名。此种用法有3（风3）处，如：“谁从穆公”（《秦风·黄鸟》）。

N

那 音【nà、nuó】

古形【金 小篆 】

“那”，金文写作“”，由“冉”和“阝（邑）”组成。“冉”像脸颊垂须状，或为“髯”的本字。《说文·邑部》：“那，西夷国。”意思是“那”指的是西方少数民族的诸侯国，或因该民族男子多胡须浓密所以用“冉”表示，“阝”即“邑”字，表示国都，同“冉”组合表示有胡须浓密特征的人组成的少数民族诸侯国。“西夷国”或指《史记·西南夷列传》中所称的“冉駹”，为西南的少数民族，今在四川省茂县一带。

释义：“那”在《诗经》中使用3处，无迭用。

1. 多。或由胡须浓密引申。此种用法有2（雅1；颂1）处：“受福不那”（《小雅·桑扈》）；“猗与那与”（《商颂·那》）（一说同“娜”，美盛的样子）。

2. 安闲。或由族人生活安闲引申。此种用法有1处：“有那其居”（《小雅·鱼藻》）。

纳(納) 音【nà】

古形【金 小篆 】

“纳”由“纟（丝）”和“内”组成。“内”有“内里”的意思，同“纟”组合表示丝被浸湿，水渗入丝内。《说文·糸部》：“纳，丝湿纳纳也。”丝被水浸湿是“纳”的本义。

释义：“纳”在《诗经》中使用3处，无迭用。

收进、接受。由丝接收水引申。此种用法有3（风2；雅1）处，如：“十月纳禾稼”（《豳风·七月》）；“出纳王命”（《大雅·烝民》）。

軜 音【nà】

古形【小篆 】

“軜”指骖马（古代驾在车前两侧的马）内侧的缰绳。从字形看，“軜”由“車”和“内”组成。“車”指驾车骖马的缰绳；“内”有“里面”的意思，合起来就表示骖马里面一侧的缰绳。

释义：“軜”在《诗经》中使用1处，无迭用。

骖马内侧的缰绳。此种用法有1处：“鋈以觼軜”（《秦风·小戎》）（一说“軜”当借为枘，意思是“橛柱”，或圆或方，似现在的钉子）。

乃(廼) 音【nǎi】

古形【甲 金 小篆 】

“乃”，甲骨文写作“”。刘兴隆先生在《新编甲骨文字典》中说：“（）疑像奶形，或是奶之初文。”所以有说“乃”指的就是女性的乳房。安子介先生在《解开汉字之谜》中说：“该字从‘’一个弯曲的标志变化而来，意思是‘不易表达启齿’。”这实际上可以看作是对《说文》中“乃，曳词之难也”的注释。

即便在现在，当着女性的面说奶，确实难以启齿（曳词之难），所以“乃”为“曳词之难”或是“女性乳房”的引申。一般认为“迺”是“乃”异体字。《尔雅·释诂》：“迺，乃也。”或可视为两字在某种意义上的互训。从字形看，“迺”，像圆底深腹之容器，本义指酒器。

释义：“乃”在《诗经》中使用49处，无迭用。

1.借作代词，有“你”“这（些）”等意思。此种用法有2（雅1；颂1）处：“既备乃事”（《小雅·大田》）；“庤乃钱镈”（《周颂·臣工》）。

2.借作副词，有“可是、于是、就、却、竟然、然后”等意思。此种用法有45（风6；雅37；颂2）处，如：“乃见狡童”（《郑风·山有扶苏》）；“乃安斯寝”（《小雅·斯干》）；“乃及王季”（《大雅·大明》）；“乃命鲁公”（《鲁颂·閟宫》）。

3.借作连词，有“如果”的意思。此种用法有2（雅2）处，如：“乃生女子”（《小雅·斯干》）。

鼐 音【nài】

古形【金 小篆 】

古周代天子用九鼎，诸侯用七鼎，大夫用五鼎，元士用三鼎，士用一鼎。平民百姓无权用鼎。这些鼎往往形制、花纹相似而大小不同，它们的尺寸依次递减，排列起来，就是所谓的鼐。“鼐”由“乃”和“鼎”组成。“乃”有“重复、再度”的意思；“鼎”，甲骨文写作“ ”，像有 （足）、有 （提耳）的青铜容器之状，是一种食物容器或煮具，盛行于商周时期，最早用于祭祀时熬制美食并被视为宝器，鼎后来被视为立国重器，成为政权的象征，同“乃”组合表示将鼎重复排列。《说文·鼎部》：“鼐，鼎之绝大者。”鼐表示“鼎中最大的”或是列鼎的引申义。

释义：“鼐”在《诗经》中使用1处，无迭用。

列鼎。此种用法有1处：“鼐鼎及鼒”（《周颂·丝衣》）（高亨《诗经今注》：“鼐，疑当作鼏，形似而误，盖覆也。”此或可视为一说）。

男 音【nán】

古形【甲 金 小篆 】

《说文·男部》：“男，丈夫（成年男子）也。从田、从力，言男用力于田也。”古代一般男子田猎，女子持家。“男”，甲骨文写作“ （ +田）”，金文写作“ （田+ ）”，都是由“田（田）”和一个符号组成，这个符号（ 或 ）是一种农具“耒”的简单图形，用耒在田间耕作的人就是“男”，即成年男子。将具有男性特征的人称作“男”，或是后来的事。

释义：“男”在《诗经》中使用3处，无迭用。

成年男子、男性。此种用法有3（雅3）处，如：“男子之祥”（《小雅·斯干》）；“则百斯男”（《大雅·思齐》）。

南 音【nán、nā】

古形【甲 金 小篆 】

“南”，甲骨文写作“ ”，金文写作“ ”，都像悬挂式钟镈一类的空心打击乐器：上像悬状结节的绳纽，下面像钟体。或因此种乐器来自于南方（如1957年河南信阳出土的第一套编钟、有南乐歌钟之称的湖北随州出土编钟均来自于周至春秋战国时期的南方），故“南”后来又被借作方位之词。

释义：“南”在《诗经》中使用72处，无迭用。

1. 一种打击乐器。此种用法有1处：“以雅以南”（《小雅·鼓钟》）。

2. 借作方位词，有南部、南方、向南等意思。此种用法有62（风18；雅38；颂6）处，如：“南有樛木”（《周南·樛木》）；“如南山之寿”（《小雅·天保》）；“自南自北”（《大雅·文王有声》）；“俶载南亩”（《周颂·良耜》）。

3. 借作人名。此种用法有7（风2；雅5）处，如：“从夏南”（《陈风·株林》）（夏南，指春秋时期陈国历史人物夏徵舒，字子南，故称夏南。）；“王命南仲”（《小雅·出车》）；“南仲大祖””（《大雅·常武》）（南仲，周宣王初年的军事统帅）。

4. 借作地名。此种用法有2（风2）处：“终南何有”（《秦风·终南》）（终南，秦国山名，在今陕西省境内）。

难（難） 音【nán、nàn】

古形【金 小篆 】

“难”，繁体写作“難”，由“𦰩”和“隹”组成。“隹”表示鸟；“𦰩”或为“嘆（叹）”字省写，有“叹息”的意思，同“隹”组合表示“鸟儿哀鸣（叹息）”。因受伤，或因被捉而无法逃脱都是可能导致鸟儿哀鸣的原因。

释义：“难”在《诗经》中使用14处，无迭用。

1. 灾难、降灾难。由鸟儿遭难引申。此种用法有6（雅4；颂2）处，如：“兄弟急难”（《小雅·常棣》）；“天之方难”（《大雅·板》）；“未堪家多难”（《周颂·访落》）。

2. 难于、不容易。由鸟儿遭难无法解除引申。此种用法有6（风1；雅4；颂1）处，如：“遇人之艰难矣”（《王风·中谷有蓷》）；“天步艰难”（《小雅·白华》）；“天难忱斯”（《大雅·大明》）；“永锡难老”（《鲁颂·泮水》）。

3. 通“戁”，敬。此种用法有1处：“不戢不难”（《小雅·桑扈》）。

4. 同“傩”，茂盛貌。此种用法有1处：“其叶有难”（《小雅·隰桑》）。

戁 音【nǎn】

古形【小篆 】

“戁”由“難（难）”和“心”组成。“难”指灾难，同“心”组合或表示因灾难而心里感到恐惧。

释义：“戁”在《诗经》中使用1处，无迭用。

恐惧。此种用法有1处：“不戁不竦”（《商颂·长发》）。

囊 音【nāng、náng】

古形【甲 金 小篆 】

“橐”，甲骨文写作“”，像一个布制的口袋，里面装着一些钱贝等物件，上面束住了口。《说文·橐部》：“囊，橐也。”“袋子”是“囊”的本义。

释义：“囊”在《诗经》中使用1处，无迭用。

袋子。此种用法有1处：“于橐于囊”（《大雅·公刘》）。

呶　音【náo、nǔ】

古形【金　小篆　】

“呶”由“口”和“奴”组成。“奴”或是一种拟音，同口组合或表示口中发出一种“náo náo nǔnǔ”毫无意义且让人讨厌的喧闹之声。

释义：“呶”在《诗经》中使用1处，无迭用。

喧闹之声。此种用法有1处：“载号载呶”（《小雅·宾之初筵》）。

怓　音【náo、niú】

古形【小篆　】

“怓”由“忄（心）”和“奴”组成。“奴”或是“怒”的省写，有“生气”的意思，同“忄（心）”组合或表示心中烦乱而生气。

释义：“怓”在《诗经》中使用1处，无迭用。

喧扰争吵。此种用法有1处：“以谨惛怓”（《大雅·民劳》）。

峱　音【náo】

古形【小篆　】

关于“峱”字，有一段“齐王猎猱”的故事：相传，春秋时期，青州西部淄河南岸的稷山附近，出现了一种形状奇怪的野兽，相貌狰狞，十分凶残，白天躲在山坳里，夜晚出来偷吃猪羊，糟践庄稼，闹得百姓不得安宁，他们上书请官府来打。在京城临淄的齐王知道后，便带上兵将亲自来剿杀怪兽。齐王在山顶上指挥，天黑前叫人埋伏在庄稼地里，约好发现怪兽点火为号，一齐出动，将怪兽一网打尽。天交三更时分，那群怪兽不知有埋伏，又出来祸害百姓。兵将们从四面包围过来，远的用箭射，近的用刀砍，杀了半天，怪兽都被消灭了。天明后，发现稷山的南边和北边各多了一座山。北边的一座像是牛的形状，后来人们就把它叫做“牛山”。稷山东边齐王指挥猎猱的那座山，后来人们就叫它“行围山”，南边的那座山和怪兽的形状差不多，马不像马，牛不像牛，虎不像虎，猴不像猴，样子很不好看。文人们便用一个“犭（犬）”，一个“丑”，一个“山”，造了这个“峱”字，从此，那座山就叫了峱山。

释义：“峱”在《诗经》中使用3处，无迭用。

借作山名。此种用法有3（风3）处，如：“遭我乎峱之间兮”（《齐风·还》）。

猱　音【náo】

古形【金　小篆　】

猱是古书上说的一种猿猴。从字形看，“猱”由“犭”和“柔”组成。“犭”表示猱和兽类有关；“柔”有“柔软”之义，同“犭”组合表示猱是一种肢体柔软、擅长攀缘的猴。

释义：“猱”在《诗经》中使用1处，无迭用。

猿猴。此种用法有1处：“毋教猱升木”（《小雅·角弓》）。

内　音【nèi、nà】

古形【甲　金　小篆　】

“内”由“冂（门）”和“人（入）”组成。“门”表示蒙盖；“入”表示进入，同“门”组合表示事物被蒙盖在里面。《说文·入部》：“内，入也。自外而入也。”林义光先生在《文源》中说：“门像屋形，入其中，为内像。”从外“进入屋内”应为“内”之本义。

释义：“内”在《诗经》中使用6处，无迭用。

1.内屋、内室。由词性转换（动—名）引申。此种用法有2（风1；雅1）处：“子有廷内”（《唐风·山有枢》）；“洒扫庭内”（《大雅·抑》）。

2.（在）内部。由特指为泛指引申。此种用法有3（雅3）处，如：“蟊贼内讧”（《大雅·召旻》）。

3.借作官名。此种用法有1处：“聚子内史”（《小雅·十月之交》）（内史：负责管理爵禄废置等政务的官）。

能　音【néng】

古形【甲　金　小篆　】

“能”，甲骨文写作“　”，像一兽形。《说文·能部》：“能，熊属。”意思是说“能”指的是熊一类的动物。后因“能兽坚中（体内骨节坚实），故称贤能；而强壮，称能杰也”（《说文》语），人们又用“熊”字代替，“能”就专指技能、能力了。

释义：“能”在《诗经》中使用30处，无迭用。

1.有能力做到、能够。由能兽坚中而强壮引申。此种用法有27（风15；雅12）处，如：“不能奋飞”（《邶风·柏舟》）；“哿矣能言”（《小雅·雨无正》）；“柔远能迩”（《大雅·民劳》）。

2.通“耐（奈）”，奈何、怎奈。此种用法有3（风3）处，如：“能不我慉”（《邶风·谷风》）。

泥　音【ní】

古形【金　小篆　】

泥是一种由土和水合成的物体。从字形看，“泥”由“氵（水）”和“尼”组成。“尼”或是“昵”字省写，有“亲近、亲和”的意思，同“水”组合表示水与土合成一种糨糊状的东西，总是和人的脚黏黏糊糊粘在一起。

释义：“泥”在《诗经》中使用3处5次，2处迭用。

1.泥，迭用表示烂泥沾濡貌。此种用

法有2（风1；雅1）处3次，1处迭用："胡为乎泥中"（《邶风·式微》）；"零露泥泥"（《小雅·蓼萧》）。

2. 借为"苨"，迭用表示枝叶茂盛。此种用法有1处，迭用："维叶泥泥"（《大雅·行苇》）。

薿　音【nǐ】

古形【小篆】

"薿"由"艹（草）"和"疑"组成。"疑"古通"拟（擬）"，有"测量"的意思，同"草"组合或表示草木长得很高，可以测量。《说文·艸部》："薿，茂也。"草木茂盛是"薿"字本义。

释义："薿"在《诗经》中使用1处2次，迭用。

草木茂盛。此种用法有1处，迭用："黍稷薿薿"（《小雅·甫田》）。

祢(禰)　音【nǐ、mí】

古形【金　小篆】

"祢"是指古代对已在宗庙中立牌位的亡父的称谓。从字形看，"祢"由"示"和"尔"组成。"尔"是指示代词，指代亡父；"示"甲骨文写作"丅"，像祖先神主（牌位）之形，同"尔"组合表示亡父的牌位。

释义："祢"在《诗经》中使用1处，无迭用。

借作地名。此种用法有1处："饮饯于祢"（《邶风·泉水》）（祢地，在春秋卫国境内）。

昵(暱)　音【nì】

古形【金　小篆】

"昵"又作"暱"，由"日"和"匿"组成。"匿"有"藏"的意思，一般人藏匿物品都同所藏物品离得不远，表示人们私下交往亲近，同"日"组合表示日日亲近。《说文·日部》："昵，日近也。""日日相亲近"是"昵"的本义。

释义："昵"在《诗经》中使用1处，无迭用。

亲热、亲近。此种用法有1处："无自昵焉"（《小雅·菀柳》）。

逆　音【nì】

古形【金　小篆】

《说文·辵部》："逆，迎也。"面对来人反方向行走就是"逆"。从字形看，"逆"由"屰"和"辶"组成。"屰"，金文作"屰"，像一个倒着的人，表示反方向；"辶"同行走有关，二者组合表示"倒行（反向行走）"。

释义："逆"在《诗经》中使用1处，无迭用。

方向相反（不顺）。此种用法有1处："孔淑不逆"（《鲁颂·泮水》）。

惄　音【nì】

古形【小篆】

"惄"甲骨文写作"　"由"　"和"　（心）"组成。"　"，王本兴先生在《甲骨文读本》中说："像手持臬（古代

测日影的标杆）而测日影之形，带点的表示由心中忧虑伤痛而颤抖。”“ ”同“心”组合就表示内心忧思伤痛。

释义：“惄”在《诗经》中使用2处，无迭用。

内心忧思伤痛。此种用法有2（风1；雅1）处：“惄如调饥”（《周南·汝坟》）；“惄焉如捣。”（《小雅·小弁》）。

溺　音【nì】

古形【甲 金 小篆 】

“溺”又作“休、休”，《说文·水部》：“休，没也。”其实“休”字像人在水下，更能表达人沉没水下的意思。《段注》：“此沉溺之本字也。今人多用溺水水名字为之。”《说文·水部》：“溺，水，自张掖删丹西至酒泉合黎，余波入流沙。”溺水指的是自张掖删丹西至酒泉合黎一段水道，或因此水水凶猛，经常淹死人，所以“溺”“休（休）”义通。从“溺”字形看，右边的人“弱”有“弱小”的意思，同“氵（水）”组合就有“因弱小在水中不能自胜而沉没”的意思。

释义：“溺”在《诗经》中使用1处，无迭用。

沉没。此种用法有1处：“载胥及溺。”（《大雅·桑柔》）。

年　音【nián】

古形【甲 金 小篆 】

“年”，甲骨文写作“ ”，金文写作“ ”，字形变化不大，都像是一位农人扛着收获的成熟的庄稼回家的情景。《说文·禾部》：“年，谷熟也。”五谷成熟就是年。

释义：“年”在《诗经》中使用23处，无迭用。

1.年成、年景（五谷成熟）。此种用法有7（雅4；颂3）处，如：“实维丰年”（《小雅·无羊》）；“祈年孔夙”（《大雅·云汉》）；“迄用康年”（《周颂·臣工》）。

2.年度，（时间单位，一年即地球绕太阳一周的时间）。由谷熟一个周期为一年引申，此种用法有16（风2；雅14雅）处，如：“胡不万年”（《曹风·鸤鸠》）；“寿考万年”（《小雅·信南山》）；“于万斯年”（《大雅·下武》）。

辇(輦)　音【niǎn】

古形【金 小篆 】

《说文·车部》：“辇，輓车也。从车，从扶在车前引之。”从字形看，“辇”由“扶（两个‘夫’字）”和“车”组成。“夫”指成年人，同“车”组合即表示由两个成年人在前面牵引的车。

释义：“辇”在《诗经》中使用1处，无迭用。

輓车。此种用法有1处：“我任我辇”（《小雅·黍苗》）。

念　音【niàn】

古形【甲 金 小篆 】

“念”，甲骨文写作“ ”，上面是个

“”像盒盖之形；下面是个“”，像人的心脏，二者组合表示心被盖住了，只能在默默地思念、惦记。《说文·心部》：“念，常思也。”“长久思念”是“念”的本义。

释义：“念”在《诗经》中使用27处，无迭用。

思念、惦记、想。此种用法有26（风8；雅16；颂2）处，如：“不念昔者”（《邶风·谷风》）；“莫肯念乱”（《小雅·沔水》）；“无念尔祖”（《大雅·文王》）；“念兹戎功”（《周颂·烈文》）。

鸟(鳥)　音【niǎo】

古形【甲金小篆】

“鸟”，甲骨文写作“”，很像一只昂首勾喙、威严蹲踞的鸟形，金文写作“”，具备了一般鸟的特征：尖尖的嘴、细细的爪和覆盖全身的羽毛。《说文·鸟部》：“鸟，长尾禽总名也。”意即长尾飞禽的总称。

释义：“鸟”在《诗经》中使用25处，无迭用。

鸟儿（飞禽的总称）。此种用法有25（风5；雅18；颂2）处，如：“黄鸟于飞”（《周南·葛覃》）；“织文鸟章”（《小雅·六月》）；“白鸟翯翯”（《大雅·灵台》）；“天命玄鸟”（《商颂·玄鸟》）（玄鸟即燕子）。

茑(蔦)　音【niǎo】

古形【金小篆】

茑是一种寄生于树木的攀援植物，夏秋开红色或白色花，果实黄色，形如小豆。《说文·艸部》：“茑，寄生也。”从字形看，“茑”由“艹（草）”和“鸟”组成。“鸟”或表示如鸟之寄生于树上一样，“茑”也寄生于树，同“草”组合表示这是一种寄生于树的草本植物。“茑”又写作“樢”，如《段注》所言：“（茑）艸属，故从艸；（樢）寓木，故从木。许独云寄生艸者，为其字之从艸也。”

释义：“茑”在《诗经》中使用2处，无迭用。

一种寄生于树的攀援植物。此种用法有2（雅2）处，如：“茑与女萝”（《小雅·頍弁》）。

孽　音【niè】

古形【金小篆】

古代婚姻制度允许一夫多妻，正妻之外称为妾，一般多为罪奴。妾所生的孩子称为孽子。《说文·子部》：“孽，庶子也。”意思是非正妻（妾）所生的孩子。从字形看，“孽”由“薛”和“子”组成。“子”指孩子；“薛”有“罪”义，同“子”组合表示孩子是有罪之妾所生。

释义：“孽”在《诗经》中使用2处3次，1处迭用。

1.妖艳貌。或由妾平时装扮引申。此种用法有1处，迭用：“庶姜孽孽”（《卫风·硕人》）。

2.灾难。由孽子容易给人带来灾祸引申。此种用法有1处：“下民之孽”（《小雅·十月之交》）。

蘖 音【niè】

古形【金 小篆 】

蘖树木砍去后从残存茎根上长出的新芽，泛指植物近根处长出的分枝。从字形看，“蘖”由“薛”和“木”组成。“木”指植物；“薛”是“孽”字省写，有“庶出”的意思，同“木”组合表示“木之庶出”即植物的分枝。

释义：“蘖”在《诗经》中使用1处，无迭用。

植物的分枝。此种用法有1处：“苞有三蘖”（《商颂·长发》）。

宁(寧) 音【níng、nìng、zhù】

古形【甲 金 小篆 】

“宁”，繁体写作“寧”，甲骨文写作“ ”，像房子中间放着一张桌子，桌上还放有盛着食物的器皿，表示丰衣足食、生活安定。后来在这个基础上又加了一个“心”字，写成了“寧”，“安心、安宁”应该是“宁”的本义。《说文·丂部》：“宁，愿词也。”或是“宁”的引申义。

释义：“宁”在《诗经》中使用39处，无迭用。

1. 安心、安宁。此种用法有18（雅15；颂3）处，如：“既安且宁”（《小雅·常棣》）；“文王以宁”（《大雅·文王》）；“胡考之宁”（《周颂·载芟》）。

2. 问安。由词性转换（形—动）引申。此种用法有1处：“归宁父母”（《周南·葛覃》）。

3. 愿词，有“宁可、宁愿”的意思。或由“问安”表达心愿引申。此种用法有2（雅2）处，如：“宁适不来”（《小雅·伐木》）。

4. 借作副词，有“乃、竟”等意思。此种用法有18（风4；雅14）处，如：“宁不我报”（《邶风·日月》）；“宁莫之惩”（《小雅·沔水》）；“宁为荼毒”（《大雅·桑柔》）。

凝 音【níng】

古形【金 小篆 】

“凝”，《说文》云：“俗冰从疑，（意）水坚也。”《广雅》曰：“凝，定也。”二者各有偏颇，如所言合一为“如水坚而定”或是“凝”字本义。因从字形看，“凝”由“冫（冰）”和“疑”组成。“冰”是水冻结而成的固体；“疑”有“止息”之义，同“冫（冰）”组合表示物体像水冻结成冰块一样静止不动。

释义：“凝”在《诗经》中使用1处，无迭用。

如水坚而定。此种用法有1处：“肤如凝脂”（《卫风·硕人》）。

牛 音【niú】

古形【甲 金 小篆 】

牛是反刍类哺乳动物，力量很大，趾端有蹄，头上长一对角。家养牛能耕田拉车，肉和奶可食，角、皮、骨均可作器物。《说文·牛部》：“牛，大牲也。”意即牛是一种体型庞大的牲畜。甲骨文“牛”写作“ ”，像牛头部的简单图形，

突出表现了其头部一双弯曲而粗长的角。

释义："牛"在《诗经》中使用11处，无迭用。

1.一种体型庞大的牲畜。此种用法有10（风2；雅6；颂2）处，如："羊牛下来"（《王风·君子于役》）；"尔牛来思"（《小雅·无羊》）；"牛羊腓字之"（《大雅·生民》）；"自羊徂牛"（《周颂·丝衣》）。

2.借作星名。此种用法有1处："睆彼牵牛"（《小雅·大东》）（牵牛：三颗星组成的星座名，又名河鼓星，俗名牛郎星，在银河南侧）。

狃　音【niǔ】

古形【金小篆】

"狃"，《康熙字典》引《玉篇》云："狐狸等兽迹也。"《尔雅·释兽》："阙泄，多狃。寓属。""阙泄"或为兽名；"多狃"指脚多趾；"寓属"即穴居之属（一说为寄居于树上的猿类动物）。又《尔雅·释言》："狃，复也。"从上述信息得知，"狃"或指的是似狐（或猿）一类的寓属兽类在地上行走时留下的一串多趾痕迹（脚印）。从字形看，"狃"由"犭"和"丑"组成。"犭"表示兽脚印；"丑"有"丑陋"之义，因"狃"多趾，故显丑陋，同"犭"组合表示多趾兽的脚印。

释义："狃"在《诗经》中使用1处，无迭用。

因袭、拘泥。由同样的脚印重复不变引申。此种用法有1处："叔将无狃"（《郑风·大叔于田》）。

杻　音【niǔ】

古形【小篆】

杻是古书上说的一种树。《朱熹集传》说其"叶似杏而尖，白色，皮正赤，其理多曲少直，材可为弓弩干者也。"从字形看，"杻"由"木"和"丑"组成。"丑"有"丑陋"的意思，同"木"组合或表示这是一种"其理多曲少直"，形态不好看的树。"杻"又作"杽"。《说文·木部》："杽，械也。"所谓"械"，指的是一种木制刑具，或是"杻"字引申义。

释义："杻"在《诗经》中使用2处，无迭用。

树名。此种用法有2（风1；雅1）处："隰有杻"（《唐风·山有枢》）；"北山有杻"（《小雅·南山有台》）。

农(農辳)　音【nóng】

古形【金小篆】

"农"，甲骨文写作""，上面是个"（林）"代表野外的植物；下面是个"（辰）"，像个农具，同"林"组合表示在野外从事农耕。

释义："农"在《诗经》中使用8处，无迭用。

1.从事农耕（的人）。此种用法有7（风2；雅4；颂1）处，如："食我农夫"（《豳风·七月》）；"食我农人"（《小雅·甫田》）；"率时农夫"（《周颂·噫嘻》）。

2.农村、农田。由农人耕作地引申。此种用法有1处："说于农郊"（《卫风·

硕人》）。

浓(濃)　音【nóng】

古形【金 小篆 】

《说文·水部》：“浓，露多也。”从字形看，“浓”由“氵（水）”和“农”组成。“水”指“露水”；“农”指田间的农作物，同“水”组合表示田间的农作物露水多。

释义：“浓”在《诗经》中使用1处2次，迭用。

迭用表示露水多的样子。此种用法有1处2次：“零露浓浓”（《小雅·蓼萧》）。

禯　音【nóng】

古形【小篆 】

“禯”由“衤（衣）”和“農”组成。“衣”指衣服；“農（农）”指农人。古时农人一般多为奴隶，由于受到章服制度的限制，一些优质的如丝绸等轻薄的服饰材料只有统治者才能选用，而农人奴隶只能穿一些厚重的粗制麻衣。故《说文·衣部》：“禯，衣厚皃。”《段注》：“引申为凡多厚之称。”“衣”和“農（农）”组合就表示农人的衣服显得厚重。

释义：“禯”在《诗经》中使用2处，无迭用。

繁密而茂盛。由衣厚重引申。此种用法有2（风2）处，如：“何彼禯矣”（《召南·何彼禯矣》）。

弄　音【nòng】

古形【金 小篆 】

《说文·廾部》：“弄，玩也。”从字形看，“弄”由“王（玉）”和“廾”组成。“廾”，金文写作“ ”，像人的一双手，同“玉”组合表示用手把玩玉器。

释义：“弄”在《诗经》中使用2处，无迭用。

玩耍。此种用法有2（雅2）处，如：“载弄之瓦”（《小雅·斯干》）。

怒　音【nù】

古形【金 小篆 】

“怒”由“奴”和“心”组成。金文的“怒”写作“ ”，上面是个“ （女）”字，有加了一只手（又）写成“奴”，表示这是一个为人使役的女子即奴隶（后“奴”不分男女）。《说文·心部》：“怒，恚也。”圭是一种玉器，种类繁多、形有大小、质分高低。古代帝王封侯一般按爵位赐圭，“圭”下加“心”表示恚者因自己的待遇心生不满而产生怨恨。“怒”也是这样，表示妾奴对主人的无情役使心生不满而怨恨。

释义：“怒”在《诗经》中使用13处，无迭用。

恨（生气、气愤）。由特指到泛指引申，此种用法有13（风3；雅9；颂1）处，如：“逢彼之怒”（《邶风·柏舟》）；“恶怒是违”（《小雅·节南山》）；“王赫斯怒”（《大雅·皇矣》）；“匪怒伊教”（《鲁颂·泮水》）。

虐　音【nüè】

古形【金　小篆　】

《说文·虍部》:“虐，残也。从虍，虎足反爪人也。”从字形看，“虐”，金文写作“　”，上面像虎头；下面像虍爪和一个人，合起来表示老虎用爪残害人。

释义:“虐”在《诗经》中使用10处，无迭用。

1.残暴、残害、祸害。此种用法有9(风1；雅8)处，如:“不为虐兮”(《卫风·淇奥》)；“念国之为虐”(《小雅·正月》)；“式遏寇虐”(《大雅·民劳》)。

2.通“谑”，戏谑。此种用法有1处:“覆用为虐”(《大雅·抑》)。

傩(儺)　音【nuó】

古形【金　小篆　】

傩的意思指人行走有节度。《说文·人部》:“傩，行人节也。”从字形看，“傩”由“亻(人)”和“难”组成。“难”有“困难、不容易”的意思，同“人”组合表示人要做到行动始终有节度不是一件容易的事。

释义:“傩”在《诗经》中使用4处，无迭用。

动有节奏、节度。此种用法有4(风4)处，如:“佩玉之傩”(《卫风·竹竿》)。

诺(諾)　音【nuò】

古形【金　小篆　】

《说文·言部》:“诺，应也。”意即“诺”为应答之声。从字形看，“诺”由“讠(言)”和“若”组成。“若”有“顺从”的意思，同“言”组合表示顺从他人意愿的应答。

释义:“诺”在《诗经》中使用1处，无迭用。

应答、顺从。此种用法有1处:“莫敢不诺”(《鲁颂·閟宫》)。

女　音【nǚ、rǔ】

古形【甲　金　小篆　】

“女”，甲骨文写作“　”，像一女子屈膝交手跪坐之形，有的甲骨文在“女”字头部加一横画写作“　”，以示其头饰，更显女性特征。“女”字本义指未出嫁的女子。

释义:“女”在《诗经》中使用102处，无迭用。

1.女子。此种用法有51(风37；雅14)处，如:“窈窕淑女”(《周南·关雎》)；“女心伤止”(《小雅·杕杜》)；“缵女维莘”(《大雅·大明》)。

2.嫩。或由年轻女子肌肤柔嫩引申。此种用法有1处:“猗彼女桑”(《豳风·七月》)。

3.通“汝”，有“你、你们”的意思。此种用法有47(风21；雅22；颂4)处，如:“女所治兮”(《邶风·绿衣》)；“既其女迁”(《小雅·巷伯》)；“上帝临女”(《大雅·大明》)；“或来瞻女”(《周颂·良耜》)。

4.借作星名。此种用法有1处:“跂

彼织女”（《小雅·大东》）。

5.借作植物名。此种用法有2（雅2）处，如：“茑与女萝”（《小雅·頍弁》）。

帑　音【nú】

古形【金小篆】

《说文·巾部》：“帑，金幣所藏也。”意即指贮藏钱财的府库。从字形看，“帑”由“奴”和“巾”组成。《段注》：“帑之言囊也。以幣帛所藏，故从巾。”“奴”疑为“孥”字省写，有“子女”的意思，同“巾”组合或表示贮藏钱财犹如人有子女即有了生活保障。

释义：“帑”在《诗经》中使用1处，无迭用。

通“孥”，子女。此种用法有1处：“乐尔妻帑”（《小雅·常棣》）。

O

沤(漚)　音【ōu、òu】

古形【金小篆】

“沤”，繁体作“漚”，由“氵（水）”和“區”组成。“區”像“匸（容器）”里装满“品（物品）”之状，同“水”组合表示把物品装在容器里用水浸泡。《说文·水部》：“沤，久渍也。”将物体放在容器中长久浸泡就是“沤”。

释义：“沤”在《诗经》中使用3处，无迭用。

长久浸泡。此种用法有3（风3）处，如：“可以沤麻”（《陈风·东门之池》）。

耦　音【ǒu】

古形【金小篆】

《说文·耒部》：“耦，耒广五寸为伐，二伐为耦。”意思是说，耒宽五寸叫伐，二伐称作耦。从字形看，“耦”由“耒”和“禺”组成。“耒”指手耕时期的一种农具；“禺”或为“偶”字省写，有“双”的意思，同“耒”组合表示可供双人耕作的农具。

释义：“耦”在《诗经》中使用2处，无迭用。

双人并肩耕作。由词性转换（名—动）引申。此种用法有2（颂2）处，如：“千耦其耘”（《周颂·载芟》）。

P

盘(槃、盤) 音【pán】

古形【金 小篆 】

《说文·皿部》:“盘,承槃也。”意即承受物体的盘子。从字形看,“盘”由“舟”和“皿”组成。“舟”指小船,同“皿”组合表示像小船似的器皿。

释义:“盘”在《诗经》中使用3处,无迭用。

承物的盘子。此种用法有3(风3)处,如:“考盘在陆”(《卫风·考盘》)。

判 音【pàn】

古形【金 小篆 】

“判”由“半”和“刂(刀)”组成。《尔雅·释诂》:“判,分也。”把一个整体用刀(刂)切分开(半)就是“判”。

释义:“判”在《诗经》中使用1处,无迭用。

分、分开。此种用法有1处:“继犹判涣”(《周颂·访落》)。

泮 音【pàn】

古形【金 小篆 】

“泮”由“氵(水)”和“半”组成。“半”或为“判”字省写,有“分”的意思,同“水”组合表示“水裂分”,这是冰(水的固体形态)溶解之初的一种特有现象。“冰解”或是“泮”的字形意义。一说古时诸侯所设的贵族学校叫泮宫,皆因其学宫前有一水池,状如半月形而得名。“泮”或表示的是学宫前的场景。据考,这种场景只有当时的鲁国有,别国没有。清戴震《毛郑诗考证》云:“鲁有泮水,作宫其上,故它国绝不闻有泮宫,独鲁有之。”

释义:“泮”在《诗经》中使用11处,无迭用。

1. 冰解。此种用法有1处:“迨冰未泮”(《邶风·匏有苦叶》)。

2. 古时学宫前的水池,状如半月形。此种用法有9(颂9)处,如:“思乐泮水”(《鲁颂·泮水》)。

3. 通“畔”,边。此种用法有1处:“隰则有泮。”(《卫风·氓》)。

畔 音【pàn】

古形【金 小篆 】

“畔”由“田”和“半”组成。“田”表示田地;“半”有“将整体分成两半”的意思。《说文·田部》:“畔,田界也。”分开田地的边界就是“畔”。

释义:“畔”在《诗经》中使用1处,无迭用。

通“盘”,畔援,盘桓。此种用法有1处:“无然畔援”(《大雅·皇矣》)。

袢 音【pàn、fán】

古形【金 小篆 】

“袢”，繁体作“襻”，由“衤（衣）”和“攀”组成。“攀”有“攀附、交结”的意思，同“衣”组合表示衣服上扣住纽扣的套，能使衣服两片交连在一起。后简化写作“袢”。一说“袢”为古汉字，意思是指塔吉克等民族所穿的对襟长袍。“袢”中的“半”字或表示这是一种两边对等（一半对一半）的衣服款式。《说文·衣部》：“袢，无色也。”所谓“无色”之衣，从“襻”之字形看，或可看作是“攀附（攀）”在肉体上的内衣。

释义：“袢”在《诗经》中使用1处，无迭用。

无色内衣。此种用法有1处：“是绁袢也”（《鄘风·君子偕老》）。

盼　音【pàn】

古形【金小篆】

“盼”由“目”和“分”组成。“目”指眼睛；“分”有“区分”的意思，同“目”组合表示眼睛黑白分明。

释义：“盼”在《诗经》中使用1处，无迭用。

眼睛黑白分明。此种用法有1处：“美目盼兮”（《卫风·硕人》）。

雱　音【pāng】

古形【甲金小篆】

“雱”由“雨”和“方”组成。“雨”指雨雪；“方”或是“旁”字省写，有“遍、广”的意思，同“雨”组合表示雨雪很大。

释义：“雱”在《诗经》中使用1处，无迭用。

雨雪盛貌。此种用法有1处：“雨雪其雱”（《邶风·北风》）。

滂　音【pāng】

古形【金小篆】

《说文·水部》：“滂，沛也。”徐锴《说文系传》：“（滂）水广及貌。”从字形看，“滂”由“氵（水）”和“旁”组成。“旁”有“广大”的意思，同“水”组合表示水大。“沛”为水名，或因其水宽阔而得名。

释义：“滂”在《诗经》中使用2处，无迭用。

雨（水）大。此种用法有2（风1；雅1）处：“涕泗滂沱”（《陈风·泽陂》）；“俾滂沱矣”（《小雅·渐渐之石》）。

旁　音【páng】

古形【甲金小篆】

“旁”，甲骨文写作“”，由“冃”和“方”组成。“冃”像田亩边界之形；“方”像农具，同“冃”组合表示在田间犁田耕作。《说文·上部》：“旁，溥也。”所谓“溥”，意即“广大”且有周遍的意思，表示犁田耕作应到边到角。一说“冃”为“凡”字，表示“所有、一切”；“方”即“方”字，表示“地方”，合在一起表示四面八方。其实两说殊途同归。

释义：“旁”在《诗经》中使用1处2次，迭用。

同“彭”，迭用表示马强壮有力貌。此种用法有1处，迭用：“驷介旁旁”（《郑风·清人》）。

庞(龐)　音【páng】

古形【甲金小篆】

“庞”由“广”和“龙”组成。“广”，甲骨文从“宀”，写作“”，像高屋之形，同“龙”组合或表示“龙屋”。龙虽是传说中的动物，但其体庞大，则是公认的。龙住的房屋，必然是高大的，故《说文·广部》曰：“庞，高屋也。”

释义：“庞”在《诗经》中使用1处2次，迭用。

高大，迭用表示高大强壮貌。由屋的高大引申。此种用法有1处，迭用：“四牡庞庞”（《小雅·车攻》）。

庖　音【páo】

古形【金小篆】

“庖”由“广”和“包”组成。“广”金文作“厂”，《说文·广部》：“广，因广为屋，像对刺高屋之形。”意思是“广指依傍岩岸建屋，像有屋脊的高大房屋之形”；“包”是“炮”字省写，指一种原始的烹饪方法，同“广”组合表示专门用来烹饪的房屋，即厨房。

释义：“庖”在《诗经》中使用1处，无迭用。

厨房。此种用法有1处：“大庖不盈”（《小雅·车攻》）。

炰　音【páo】

古形【小篆】

“炰”又作“缹”，由“缶”和“灬（火）”组成。“缶”指一种大肚小口的瓦器，将缶装上食物放在火上烧煮就是“缹”，即“炰”。“炰”字上面的“包”或表示食物装在瓦器中。

释义：“炰”在《诗经》中使用4处，无迭用。

1. 烧、烹煮。此种用法有2（雅1；颂1）处：“炰鳖鲜鱼”（《大雅·韩奕》）；“毛炰胾羹”（《鲁颂·閟宫》）。

2. 与“炮”同，用火烧肉。此种用法有1处：“炰鳖脍鲤”（《小雅·六月》）。

3. 同“咆”，“炰烋”即咆哮。此种用法有1处：“女炰烋于中国”（《大雅·荡》）。

袍　音【páo】

古形【金小篆】

袍是一种直腰身、过膝盖的中式外衣。《说文·衣部》：“袍，襺也。”意思是说“袍指的是一种有夹层，中装棉絮的长衣。”俗称棉袍。从字形看，“袍”由“衣”和“包”组成。“包”有“包裹”的意思，同“衣”组合表示夹层中包装着棉絮的长衣。（“包”还可理解成包裹全身。）

释义：“袍”在《诗经》中使用1处，无迭用。

长袍。此种用法有1处：“与子同袍”（《秦风·无衣》）。

匏 音【páo】

古形【小篆】

《说文·包部》："匏，瓠也。"从字形看，"匏"由"夸"和"包"组成。"包"，金文写作""，像胎胞状；"夸"疑为"瓠"字省写，意即"葫芦"，同"包"组合表示葫芦的形状像胎胞。（又或表示可以包藏物品的葫芦，即这种葫芦果实很大，晒干后对剖开来可作水瓢，用以盛物、舀水）。

释义："匏"在《诗经》中使用2处，无迭用。

葫芦。此种用法有2（风1；雅1）处："匏有苦叶"（《邶风·匏有苦叶》）；"酌之用匏"（《大雅·公刘》）。

炮 音【páo、pào】

古形【金 小篆】

"炮"由"火"和"包"组成。"包"有"包裹"的意思，同"火"组合表示一种烹饪方法，即用烂泥包裹食物放在火中烧烤。

释义："炮"在《诗经》中使用2处，无迭用。

用烂泥包裹食物置火中烧烤。此种用法有2（雅2）处，如："炮之燔之"（《小雅·瓠叶》）。

陪 音【péi】

古形【金 小篆】

《说文·阜部》："陪，重土也。""陪"由"阝（阜）"和"咅"组成。"阜"指土堆；"咅"或为"倍"字省写，有"增加"的意思，同"阜"组合表示土堆旁边还有重叠的土堆。一说"阜"指坟墓，同"咅"组合表示忠臣的陪葬坟。

释义："陪"在《诗经》中使用1处，无迭用。

辅佐。由土堆相重引申。此种用法有1处："以无陪无卿"（《大雅·荡》）。

沛 音【pèi】

古形【金 小篆】

"沛"由"氵（水）"和"市"组成。"市"是"芾"字省写，有"草木茂盛"的意思，同"水"组合表示"水盛"。《说文·水部》："沛，水。出辽东番汗塞外，西南入海。"或因此段水流盛大而得名。

释义："沛"在《诗经》中使用1处，无迭用。

借作"仆"，颠沛犹颠仆，倒下。此种用法有1处："颠沛之揭"（《大雅·荡》）。或可视为由水贴地横流引申。

淠 音【pèi、pì】

古形【金 小篆】

"淠"由"氵（水）""田"和"丌"三部分组成。"田"像一个竹木编制的格栅；"丌"像一个搁架；同"水"组合表示"淠"是一个要用搁架将格栅和水隔开的东西，即蒸架。《说文·水部》："淠，水（名）。"或因淠水常见一些如格

栅状的竹木筏而得名。

释义：“淠”在《诗经》中使用3处5次，2处迭用。

1. 舟（筏）行貌。由筏如格栅在水中引申。此种用法有1处：“淠彼泾舟”（《大雅·棫朴》）。

2. 同“旆”。此种用法有2（雅2）处4次，均迭用，如：“其旗淠淠”（《小雅·采菽》）。

佩 音【pèi】

古形【金 小篆 】

《说文·人部》：“佩，大带佩也。”即“佩”的本义指的是“系在衣带上的装饰品”。从字形看，“佩”由“亻（人）”“凡”和“巾”三部分组成。《段注》：“（凡）佩必系于大带（巾）。”同“人”组合表示“人所利用”。

释义：“佩”在《诗经》中使用16处，无迭用。

1. 系在衣带上的装饰品（佩玉）。此种用法有9（风8；雅1）处：“佩玉将将”（《郑风·有女同车》）；“鞙鞙佩璲”（《小雅·大东》）。

2. 佩戴。由词性转换（名—动）引申。此种用法有7（风7）处：“佩玉之傩”（《卫风·竹竿》）。

配 音【pèi】

古形【甲 金 小篆 】

《说文·酉部》：“配，酒色也。”清江藩《配酟二字解》：“当时酒有青色者，有黑色者，合二酒之色则谓之配。”从字形看，“配”，甲骨文写作“ ”，左边像个酒坛；右边像个跪人，合起来像一人跪坐在酒坛边调色之状。“调酒”是“配”的本义。或因调酒需要两色搭配，所以《段注》云：“后人（将配）借为妃字。”“配”即有了“婚配”等意思。

释义：“配”在《诗经》中使用7处，无迭用。

1. 匹配、配合。由用适当的标准调和引申。此种用法有6（雅5；颂1）处，如：“永言配命”（《大雅·下武》）；“克配彼天”（《周颂·思文》）。

2. 借作“妃”，配偶。此种用法有1处：“天立厥配”（《大雅·皇矣》）。

旆 音【pèi】

古形【金 小篆 】

“旆”由“㫃”和“市”组成。“㫃”，甲骨文写作“ ”，像一面迎风飘扬的旗帜；“市”或为“芾”字省写，有“草木茂盛”的意思，同“㫃”组合表示“旗盛多”。《说文·㫃部》：“游车载旆，析羽注旄首，所以精进士卒。”意思是说，古代王出游时乘坐的木辂车上载插旌旗，用剪下的鸟羽附箸在饰有旄牛尾的旗杆上端，是用来激励士卒精沛行进的一种旗帜。王出游旌旗不可能只有一面，或因旆形和作用独特，所以在使用中淡化了“旗盛多”的字形意义。

释义：“旆”在《诗经》中使用5处7次，2处迭用。

1. 旆旗。此种用法有4（雅3；颂1）处5次，1处迭用，如：“胡不旆旆”（《小雅·出车》）；“武王载旆”（《商颂·长发》)。

2.茂盛貌。由词性转换(名—形)引申。此种用法有1处,迭用:"荏菽旆旆"(《大雅·生民》)(言风吹旗动,犹言勃勃)。

辔(轡) 音【pèi】

古形【金 小篆 】

"辔"由两"纟""车"和"口"组成。"纟"指绳;"车"指驾车人;"口"指拉车的马,组合起来表示马口两边连接车(由驾车人牵引)的缰绳。

释义:"辔"在《诗经》中使用12处,无迭用。

马缰绳。此种用法有12(风5;雅雅6;颂1)处,如:"执辔如组"(《邶风·简兮》);"六辔如琴"(《小雅·车辖》);"六辔耳耳"(《鲁颂·閟宫》)。

芃 音【péng】

古形【小篆 】

《说文·艸部》:"芃,草盛也。"从字形看,"芃"由"艹(草)"和"凡"组成。"艹"指草木;"凡",《说文·二部》:"凡,最括也。"意即包括了所有的事物,有多的意思,同"草"组合表示草木盛多。

释义:"芃"在《诗经》中使用5处9次,4处迭用。

1.(草木)茂盛。此种用法有4(风2;雅2)处,均迭用,如:"芃芃其麦"(《鄘风·载驰》);"芃芃黍苗"(《小雅·黍苗》);"芃芃棫朴"(《大雅·棫朴》)。

2.兽毛蓬松貌。由草盛引申。此种用法有1处:"有芃者狐"(《小雅·何草不黄》)。

朋 音【péng】

古形【甲 金 小篆 】

"朋",甲骨文作" ",金文字形变化不大,像两串古代的货币。古时以贝壳为货币,五贝为一串,两串为一朋。后来借为朋友之"朋",有"为利益走在一起的人"的意思。小篆"朋"是用一器物把钱装在一起了,就像两串钱紧靠在一起的样子。这样的朋友大多是损友。《说文·人部》:"倗,辅也。""倗",甲骨文写作" ";金文写作" ",像一个人在保护财产之状,有"辅助"意思。容庚先生《金文编》云:"倗,金文以为倗友之倗。经典通作朋贝之朋,而专字废。"后来从"辅助"的意义上,"朋""倗"合为一字以后,"朋"又有了"益友"的意思。"朋"和"友"义近但不同义,同门为"朋",同志为"友(见"友"条)"。

释义:"朋"在《诗经》中使用12处,无迭用。

1.钱币计量单位。此种用法有1处:"锡我百朋"(《小雅·菁菁者莪》)。

2.伴侣、朋友。此种用法有9(雅8;颂1)处,如:"每有良朋"(《小雅·常棣》);"朋友攸摄"(《大雅·既醉》);"三寿作朋"(《鲁颂·閟宫》)。

3.比照。由"朋"为同门之人,相互可以比较引申。此种用法有1处:"硕大无朋”（《唐风·椒聊》）。

4. 双数（量），两樽、两壶等。由“朋”为两串引申。此种用法有1处：“朋酒斯饗”（《豳風·七月》）。

彭 音【péng】

古形【甲 金 小篆 】

“彭”，甲骨文写作“ ”，古今字形基本没什么变化，都是由“壴”和“彡”组成。“壴”像鼓形：中间像圆形的鼓面，上面是鼓的装饰物，下面表示鼓座。“彡”是借用了图画中的表声手法，表示鼓敲击时发出的声音。故《说文·壴部》云：“彭，鼓声也。”

释义：“彭”在《诗经》中使用8处15次，7处迭用。

1. 借作地名。此种用法有1处：“清人在彭”（《郑风·清人》）（彭，古郑国地名，在黄河边上）。

2. 同“騯”，马盛多。此种用法有5（雅4；颂1）处10次，均迭用，如：“出车彭彭”（《小雅·出车》）；“驷騵彭彭”（《大雅·大明》）；“以车彭彭”（《鲁颂·駉》）。

3. 由“騯”意特指“马盛多”引申为泛指众多。此种用法有2（风1；雅1）处4次，均迭用：“行人彭彭”（《齐风·载驱》）；“百两彭彭”（《大雅·韩奕》）。

蓬 音【péng】

古形【金 小篆 】

蓬是一种多年生草本植物，花白色，中心黄色，叶似柳叶，子实有毛，又称“飞蓬”。

“蓬”，籀文写作“ （莑）”，由“艹（草）”和“夆”组成。《段注》：“此籀文（夆）当作古文䖵部𧓍。”《说文·䖵部》：“𧓍，飞虫螫人者。”“𧓍”即古蜂字，指一种腹尾有刺、会蛰人的小飞虫。“夆（𧓍字省写）”同“草”组合或表示“蓬”是一种形似蜂（腹如柳叶）的草。

释义：“蓬”在《诗经》中使用3处4次，1处迭用。

草名。此种用法有3处4次，1处迭用，如：“彼茁者蓬”（《召南·驺虞》）；“首如飞蓬”（《卫风·伯兮》）；“其叶蓬蓬”（《小雅·采菽》）（迭用形容枝叶茂盛）。

伾 音【pī】

古形【小篆 】

“伾”由“亻（人）”和“丕”组成。“丕”或是“呸”字省写，表示吐口水以示鄙夷和唾弃，同“人”组合表示令人鄙夷和唾弃的人。《说文·人部》：“伾，有力也。”这里的“有力”，或指被人用力地吐口水。

释义：“伾”在《诗经》中使用1处2次，迭用。

同“駓”，马用力拉车疾走的样子。此种用法有1处2次，迭用：“以车伾伾”（《鲁颂·駉》）。

纰（紕） 音【pī】

古形【金 小篆 】

《说文 · 糸部》："纰，氐人𦆆也。"又"𦆆，西胡毳布也。"《段注》："毳者，兽细毛也。"西部少数民族（氐族人）用兽的细毛织成的布称作"纰"。从字形看，"纰"由"糸"和"比"组成。"糸"指丝线；"比"有"等列"之义，同"糸"组合表示这种用兽毛搓线编织成可以看清网格状的布。

释义："纰"在《诗经》中使用1处，无迭用。

绳带。由纰网格松散引申。此种用法有1处："素丝纰之"（《鄘风 · 干旄》）。

秠　音【pī】

古形【小篆】

《说文 · 禾部》："秠，一稃二米。"意思是说秠是一种一个谷壳里含有两粒米的谷物。从字形看，"秠"由"禾"和"丕"组成。"禾"表示谷物；"丕"或是"胚"字省写，有胚胎的意思。胚胎是卵细胞受精发育后形成的一种处于幼态的植物体，有很强的分裂能力。"禾"和"丕（胚）"组合或表示一种一个谷壳里分裂成两粒米的谷物。

释义："秠"在《诗经》中使用2处，无迭用。

黍的一种，一个谷里有两颗米。此种用法有2（雅2）处，如："维秬维秠"（《大雅 · 生民》）。

駓　音【pī】

古形【小篆】

"駓"由"马"和"丕"组成。"丕"或为"呸"字省写，有用力吐液之义，同"马"组合或有马用力奔跑的意思。《说文 · 马部》："駓，黄马白毛也。"从这个意义上说，"丕"又疑为"胚"字省写，有胚胎的意思。胚胎是一种精、卵结合体，同"马"组合或表示毛色交合，即有着黄、白杂乱相间毛色的马。

释义："駓"在《诗经》中使用1处，无迭用。

黄白杂毛马。此种用法有1处："有骓有駓"（《鲁颂 · 駉》）。

皮　音【pí】

古形【金　小篆】

"皮"，金文写作"　"，像一只手正在剥取一头死兽的皮的样子：上面是个"口"，表示兽的头；一竖表示兽的身体；右边半圆表示已经被剥开的皮；右下表示一只剥皮的手。《说文 · 皮部》："剥取兽革者谓之皮。""皮"的本义是"剥取兽皮"。

释义："皮"在《诗经》中使用3处，无迭用。

1. 动物表皮。由词性转换（动—名）引申。此种用法有2（风1；雅1）处："相鼠有皮"（《鄘风 · 相鼠》）；"献其貔皮"（《大雅 · 韩奕》）。

2. 皮袄。由皮之制品引申。此种用法有1处："羔羊之皮"（《召南 · 羔羊》）（指官吏穿的皮袄。周代人的皮袄是毛在外面，一望可见）。

毗 音【pí】

古形【金 小篆 】

“毗”又作“毘”《说文·囟部》：“毘，人脐也。从囟，囟，取气通也。”“囟”指“囟门”，取其通气的意思。脐带是胎儿连接母体以通其气的重要器官，故以“囟”表示，后由本义引申为“连接”。“毘”写作“毗”，由“田”和“比”组成。“比”是“从”字的反写，像两人相随，有“靠近、挨着”的意思，同“田”组合表示两块田界相连。

释义：“毗”在《诗经》中使用2处，无迭用。

1. 辅助。由相随、靠近（天子）引申。此种用法有1处：“天子是毗”（《小雅·节南山》）。

2. 借为“𩑶”，邪。此种用法有1处：“无为夸毗”（《大雅·板》）。

埤 音【pí、pì】

古形【金 小篆 】

《说文·土部》：“埤，增也。”从字形看，“埤”由“土”和“卑”组成。“卑”指“卑微”，有“低下”的意思，同“土”组合表示在低下之处添土筑墙，使其增高。

释义：“埤”在《诗经》中使用2处，无迭用。

增加、合并。此种用法有2（风2）处，如：“政事一埤益我”（《邶风·北门》）。

脾 音【pí】

古形【金 小篆 】

“脾”由“月（肉）”和“卑”组成。“肉”指肉体；“卑”有“低下”的意思，同“肉”组合表示“脾”是肉体的一部分（内脏之一），在胃的下面。《说文·肉部》：“脾，土脏也。”意思是说脾指属土的脏器，即脾脏。

释义：“脾”在《诗经》中使用1处，无迭用。

通“膍”，牛胃。此种用法有1处：“嘉肴脾臄”（《大雅·行苇》）。

罴(羆) 音【pí】

古形【金 小篆 】

罴是熊的一种，也叫棕熊、马熊或人熊，古称罴。毛棕褐色，能爬树游水。棕熊是陆地上体形第二大的食肉动物，在夏季进食之后，体重会增加一倍，成年棕熊可达600公斤，最大可以达到800公斤。罴属于国家二级保护动物。“罴”又作“羆”，由“罒（网）”和“熊”组成。“熊”，金文写作“𧱏”，像一头巨口利齿的猛兽之形，同“网”组合或表示用网才可捕捉的野兽。

释义：“罴”在《诗经》中使用4处，无迭用。

熊的一种。此种用法有4（雅4）处，如：“维熊维罴”（《小雅·斯干》）；“赤豹黄罴”（《大雅·韩奕》）。

膍 音【pí】

古形【小篆】

膍指牛胃，其中的瓣胃因壁厚且呈多片层叠状，故《说文·肉部》云：“膍，牛百叶也。”从字形看，“膍”由“月（肉）”和“”组成。“”即“毗”字，有“连接”的意思，同“肉”组合表示牛胃中的瓣胃，即多片层叠连接的肉体。（牛胃由瘤胃、网胃、瓣胃和皱胃四个部分组成）。

释义：“膍”在《诗经》中使用1处，无迭用。

厚。或因牛胃厚引申。此种用法有1处：“福禄膍之”（《小雅·采菽》）。

貔 音【pí】

古形【金小篆】

貔是传说中的一种野兽，形状有说像熊，有说像虎。从字形看，“貔”由“豸”和“”组成。“豸”，金文写作“”，很像一只长脊野兽（如虎）的形状；“”即“毗”字，有“连接”的意思，同“豸”组合或表示这种野兽的形状同熊或虎都有点相近。

释义：“貔”在《诗经》中使用1处，无迭用。

传说中的一种野兽。此种用法有1处：“献其貔皮”（《大雅·韩奕》）。

匹 音【pǐ】

古形【金小篆】

“匹”，金文写作“”，字形像在山崖旁晾晒布匹之状（一说像布匹折叠形）。《说文·匚部》：“匹，四丈也。”“匹”作为量词，或由晾晒布匹之长度引申。《段注》：“凡言匹夫、匹妇者，于一两成匹取意。”

释义：“匹”在《诗经》中使用2处，无迭用。

1. 辅佐大臣。由“一两成匹”引申。此种用法有1处：“率由群匹”（《大雅·假乐》）。

2. 借作“廟”，宗庙。此种用法有1处：“作丰伊匹”（《大雅·文王有声》）（此“匹”疑为“皃”字，因形近而误，“皃”为古“貌”字）。

仳 音【pǐ】

古形【金小篆】

“仳”由“亻（人）”和“比”组成。《说文·比部》：“比，密也。二人为从，反从为比。”“比”，小篆写作“”，从字形上看，像两个“人”字反过来写了。两个“人”字为“从”，有相随的意思，两个反写的“人”字虽然字形联系紧密，但在行为上就有要分离的意思了。《说文·人部》：“仳，别也。”“离别”是“仳”字本义。

释义：“仳”在《诗经》中使用3处，无迭用。

离别。此种用法有3（风3）处，如：“有女仳离”（《王风·中谷有蓷》）。

甓 音【pì】

古形【金小篆】

“甓”由“辟”和“瓦”组成。“辟”或是“壁”字省写，表示“墙壁、围墙”；“瓦”指瓦器，合在一起表示围墙上的大瓦。

释义：“甓”在《诗经》中使用1处，无迭用。

大瓦围墙。此种用法有1处：“中唐有甓”（《陈风·防有鹊巢》）（一说借为“䴙”，水鸟名）。

譬　音【pì】

古形【金小篆】

《说文·言部》：“譬，谕也。”所谓“谕”，即用别的事物来做比方。从字形看，“譬”由“辟”和“言”组成。“辟”有“透彻”义，同“言”组合表示“譬”是用比喻的方式让人透彻地了解。

释义：“譬”在《诗经》中使用3处，无迭用。

比喻、比方。此种用法有3（雅3）处，如：“譬彼坏木”（《小雅·小弁》）；“取譬不远”（《大雅·抑》）。

翩　音【piān】

古形【金小篆】

“翩”由“扁”和“羽”组成。“扁”有平直的意思；“羽”，金文写作“”，像鸟儿的一对翅膀，同“扁”组合表示鸟儿滑翔时的样子，即展开平直的翅膀，安静优美地飞翔。《说文·羽部》：“翩，疾飞也。”或因鸟滑翔时速度很快，故云“疾飞”。

释义：“翩”在《诗经》中使用7处11次，4处迭用。

1. 鸟疾飞的样子。此种用法有4（雅3；颂1）处7次，如：“翩翩者鵻”（《小雅·四牡》）；“翩彼飞鸮”（《鲁颂·泮水》）。

2. 移动。由鸟儿滑翔不停地移动引申。此种用法有1处：“旟旐有翩”（《大雅·桑柔》）。

3. 通“谝”，谝谝，花言巧语。此种用法有1处，迭用：“缉缉翩翩”（《小雅·巷伯》）。

4. 借为“偏”。此种用法有1处：“翩其反矣”（《小雅·角弓》）（此句言弓向反而弯曲的样子）。

嘌　音【piāo】

古形【金小篆】

“嘌”由“口”和“票”组成。“口”表示“嘌”同口有关；“票”又作“㶾”，有“火飞”之义，即物体在火所产生的气浪上漂浮飞动。《说文·口部》：“嘌，疾也。”“票”和“口”组合或表示喘息时口中吐出的气息如火的气浪一样急速。

释义：“嘌”在《诗经》中使用1处，无迭用。

借为“僄”，行走轻快的样子。此种用法有1处：“匪车嘌兮”（《桧风·匪风》）。或可视为由急速喘息引申为马跑得快，马快而车快。

漂　音【piāo、piào】

古形【金小篆】

《说文·水部》:“漂,浮也。”从字形看,“漂”由“氵(水)”和“票”组成。“票”又作“㶾”,有“火飞”之义,即物体在火所产生的气浪上漂浮飞动,同“水”组合,表示物体在水上浮动。

释义:“漂”在《诗经》中使用2处,无迭用。

同“飘”,随风而动。此种用法有2(风2)处,如:“风其漂女”(《郑风·萚兮》)。

拼(拚) 音【pīn】

古形【金小篆】

“拼”又作“拚”。《说文·手部》:“拚,拊手也。”所谓“拊手”,《段注》云:“谓两手相拍也。”从字形看,“拼”由“扌(手)”和“并”组成。“并”有合并的意思,同“手”组合表示两手相合(击)。

释义:“拼”在《诗经》中使用1处,无迭用。

通“翻”,上下飞翔。此种用法有1处:“拚飞维鸟”(《周颂·小毖》)。

贫(貧) 音【pín】

古形【金小篆】

“贫”由“分”和“贝”组成。“分”有“分散、划分”的意思;“贝”,甲骨文写作“”,像贝壳的形状,是古代用贝壳做的或贝形的货币,指财物,同“分”组合表示把钱财分拨出去。《说文·贝部》:“贫,财分少也。”财物因分散而减少,从而变得贫穷,是“贫”的本义。

释义:“贫”在《诗经》中使用2处,无迭用。

贫穷、缺少。此种用法有2(风2)处,如:“三岁食贫”(《卫风·氓》)。

频(頻) 音【pín】

古形【金小篆】

“频”由“步”和“页”组成。“步”表示行走;“页”,金文写作“”,像夸大了脑袋的人,表示“频”和头部有关,同“步”组合表达的意思说法很多,大多认为有“(人)一步一回头”之义。安子介先生在《解开汉字之谜》中说:“有关此字所见到的解释都不能令人满意。作者则认为当鸟行走时,其头部(页)总是随着‘步’伐一前一后地摆动。”鸟的这种动作不常见到,倒是常见鸡在行走时头部不时前后摆动(点头),尤其遇到紧急情况快行时,摆动的频率更高。“频”或表示鸡行走时一步一点头的样子。

释义:“频”在《诗经》中使用2处,无迭用。

1.动荡。由头部摆动引申。此种用法有1处:“国步斯频”(《大雅·桑柔》)。

2.通“濒”,水边。此种用法有1处:“不云自频”(《大雅·召旻》)。

嫔(嬪) 音【pín】

古形【金小篆】

“嫔”一般认为是古代对妇女的统称。《尔雅·释亲》:“嫔,妇也。”妇即指已出嫁的女子。中国古代婚姻制度是一夫一妻多妾制，从“嫔”之字形看，由“女”和“宾”组成，“宾”有宾客的意思，虽可得到尊重但始终不能代替主人。“宾”同“女”组合或有次于主人（正妻）的女子。《说文·女部》：“嫔，服也。”服侍丈夫和丈夫妻子的妇人叫嫔。

释义：“嫔”在《诗经》中使用1处，无迭用。

1. 已出嫁的妾女。《诗经》中无此用法。

2. 嫁。由词性转化（名—动）引申。此种用法有1处：“曰嫔于京”（《大雅·大明》）（或也表达了嫁于京的地位）。

牝　音【pìn】

古形【甲 金 小篆 】

《说文·牛部》：“牝，畜母也。”意思是“牝”指雌性的牲畜。从字形看，“牝”，甲骨文写作“ ”，左边是个“ （牲畜形）”；右边是个“ ”。刘兴隆《新编甲骨文字典》：“有人视‘ ’为雌性之标志，根据与牝相对之牡（牡）字分析，其论可信。”“牡（牡）”字右边的“ ”像雄性兽类之阳具，“ ”或可视为兽类雌性符号。郭沫若先生《甲骨文字研究》：“卜辞牡牝字无定形，牛羊犬豕马鹿均随类赋形，而不尽从牛作。”后人以牛作部首定形，或因《易经》上曾说过：“畜牝牛，吉。”

释义：“牝”在《诗经》中使用1处，无迭用。

雌性（马）。此种用法有1处：“騋牝三千”（《鄘风·定之方中》）。

聘　音【pìn】

古形【金 小篆 】

《说文·耳部》：“聘，访也。”徐锴《说文系传》：“聘，访问之以耳也。”从字形看，“聘”由“耳”“由”和“丂”组成。“耳”表示探访是要用耳朵；“由”有“顺随”意；“丂”同“考”，有“考试、考核”的意思，三部分组合表示“探问”。不过这种探问很像现在的招聘面试：即求职者顺随着（由）招聘人的问题（丂）作答，招聘人则根据听（耳）求职者的应答情况择优聘用。

释义：“聘”在《诗经》中使用1处，无迭用。

探问。此种用法有1处：“靡使归聘”（《小雅·采薇》）。

平　音【píng】

古形【金 小篆 】

《说文·亏部》：“平，语平舒也。从亏，从八。八，分也。”从字形看，“平”，小篆写作“ ”，由“亏”和“八”组成。《说文·亏部》：“亏，於也，像气之舒也。”意思是“亏”即“於”，古语中，“‘於’字是模仿减轻痛苦的声音（安子介《解开汉字之谜》），有“长出一口气”即“气之舒”之义；“八”表示平分，如果说“亏”是重重长长出气，气纵向平直的话，“平”则将气横向平分，表示语气平直舒展。

释义：“平”在《诗经》中使用17处18次，1处迭用。

1.平坦、平和、太平、公平。由语气的平直之状引申。此种用法有10（风1；雅7；颂2）处11次，如：“平陈与宋”（《邶风·击鼓》）；“终和且平”（《小雅·伐木》）；“会伐平林”（《大雅·生民》）；“既和且平”（《商颂·那》）。

2.平定、平整。由平的词性转化（形—动）引申。此种用法有5（雅5）处，如：“丧乱既平”（《小雅·常棣》）；“修之平之”（《大雅·皇矣》）。

3.借作人名。此种用法有2（风2）处，如：“平王之孙”（《召南·何彼襛矣》）。

苹(蘋)　音【píng】

古形【小篆】

“苹”繁体作“蘋”，指一种多年生水生草本植物，茎横卧在浅水的泥中，叶柄长，顶端集生四片小叶，全草可入药，古人常采而食之，又称“大萍”“田字草”。《说文·艸部》：“苹，蓱也，无根，浮水而生者。”所谓“蓱”，即浮萍。《本草纲目》说“萍有三种：大者名蘋；中者名荇；其小者，即水上浮萍也。”大萍、浮萍同属，均为水生草本植物。从字形看，“蘋”由“艹（草）”和“频”组成。“频”有并列的意思，同“草”组合或表示蘋是一种四叶并生浮于水面的草本植物，为苹之大者。

释义：“蘋”在《诗经》中使用2处，无迭用。

大萍、浮萍。此种用法有2（风1；雅1）处，如：“于以采苹”（《召南·采蘋》）；“食野之苹”（《小雅·鹿鸣》）。

荓　音【píng】

古形【小篆】

《说文·艸部》：“荓，马帚也。”《本草纲目》曰：“此即荔草，谓其可为马刷，故名。今河南北人呼为铁扫帚是矣。”“荓”指马扫帚草，又叫铁扫帚，因其可以制作马刷而得名。从字形看，“荓”由“艹（草）”和“并”组成。“并”有“合并”的意思，同“草”组合或表示这是一种割下来合并捆扎后制作马刷（扫帚）的草。

释义：“荓”在《诗经》中使用2处，无迭用。

1.马扫帚。由此草可制作马扫帚引申。《诗经》中无此用法。

2.劳作（出力）。由扫帚为劳动工具引申。此种用法有2（雅1；颂1）处：“荓云不逮”（《大雅·桑柔》）；“莫予荓蜂”（《周颂·小毖》）（有说借作“抨”，击）。

屏　音【píng】

古形【金　小篆】

“屏”由“尸”和“并”组成。“尸”是“屋”的省写；“并”有并列的意思，同“尸”组合表示多扇并列放在室内用来挡风或隔断视线的用具。《说文·尸部》：“屏，屏蔽也。”或是“屏”之功能的引申义。

释义：“屏”在《诗经》中使用4处，

无迭用。

屏障。由屏的功能引申。此种用法由4（雅4）处，如：“万邦之屏”（《小雅·桑扈》）；“大邦维屏”（《大雅·板》）

瓶(缾) 音【píng】

古形【金小篆】

“瓶”由“并”和“瓦”组成。“瓦”金文写作“”，像两片俯仰相承的瓦，表示瓦器；“并”有“合”义，同“瓦”组合或表示水入瓶中二者能合为一体。“瓶”又作“缾”，《说文·缶部》：“缾，瓮也。”“瓶”的本义指一种可以盛水的容器。

释义：“瓶”在《诗经》中使用1处，无迭用。

一种容器。此种用法有1处：“瓶之罄矣”（《小雅·蓼莪》）。

婆 音【pó】

古形【金小篆】

“婆”由“波”和“女”组成。“波”表示水波，同“女”组合或表示女子的肢体（舞姿）像水波一样柔软且流畅。（一说“波”有“风波”义；“女”指“已婚妇女”，同“波”组合表示制造家庭风波的女子，这或是后人对恶婆的一种解析。）

释义：“婆”在《诗经》中使用2处，无迭用。

舞貌。此种用法有2（风2）处，如：“婆娑其下”（《陈风·东门之枌》）。

破 音【pò】

古形【金小篆】

《说文·石部》：“破，石碎也。”石头碎裂称破。从字形看，“破”由“石”和“皮”组成。“皮”有“表皮”的意思，同“石”组合或表示石头碎裂从表皮就可以看出来。

释义：“破”在《诗经》中使用4处，无迭用。

毁坏、损伤。由石头碎裂损坏引申。此种用法有4（风3；雅1）处，如：“既破我斧”（《豳风·破斧》）；“舍矢如破”（《小雅·车攻》）。

掊 音【pǒu】

古形【金小篆】

《说文·手部》：“掊，把也。今盐官入水取盐为掊。”“把”即“杷”字，有“刨、挖”的意思，盐工在水中刨坑取盐就叫掊。从字形看，“掊”由“扌（手）”和“咅”组成。“咅”有“分开或合拢”的意思，同“手”组合或表示盐工用双手分开刨坑然后合拢取盐。

释义：“掊”在《诗经》中使用1处，无迭用。

聚敛。由双手合拢取盐引申。此种用法有1处：“曾是掊克”（《大雅·荡》）。

裒 音【póu】

古形【金小篆】

“裒”又作“褎”，由“衣”和“⿰彐呆”组成。《说文·衣部》：“褎，衣博裾。”《段注》：“博裾，谓大其褎也囊也。”从字形看，“⿰彐呆”的左边像手形，右边的“呆”或是“保”字省写，表示襁褓。用宽大的衣（襟）把孩子（呆）包裹起来用手搂着就是“裒”。

释义：“裒”在《诗经》中使用3处，无迭用。

1. 包括、聚集。由包裹孩子引申。此种用法有2（雅1；颂1）处：“原隰裒矣”（《小雅·常棣》）（言聚土成坟）；“裒时之对”（《周颂·般》）。

2. 通“俘”，俘虏。此种用法有1处：“裒荆之旅”（《商颂·殷武》）。

仆(僕)　音【pū、pú】

古形【甲 金 小篆 】

“仆”，繁体作“僕”，《说文·菐部》：“僕，给事者。”从字形看，“僕”，甲骨文写作“ ”，由“ （簸箕，劳动工具）”“ （刑具）”和“ （衣不遮体的人）”三部分组成，合起来表示一个衣不遮体戴着刑具的人（奴隶）在（别人的看管下）劳动，即受役使的奴隶。一说“菐”的本义为“外皮”，表示未开化，同“人”组合有“未受过教育的人”的意思。

释义：“仆”在《诗经》中使用7处，无迭用。

1. 奴隶、受役使的人。此种用法有5（风1；雅4）处，如：“我仆痡矣”（《周南·卷耳》）；“屡顾尔仆”（《小雅·正月》）。

2. 附随。由仆夫处于随从地位引申。此种用法有2（雅2）处，如：“景命有仆”（《大雅·既醉》）。

痡　音【pū】

古形【小篆 】

“痡”由“疒”和“甫”组成。“疒”即“病”字省写，指病痛；“甫”指菜地，同“疒”组合表示这种病痛与菜地有关。《说文·疒部》：“痡，病也。”孔颖达《毛诗正义》引孙炎曰：“痡，人疲不能行之病。”“痡”或指人在地间过度劳累而得的病。

释义：“痡”在《诗经》中使用1处，无迭用。

过度疲劳而病。此种用法有1处：“我仆痡矣”（《周南·卷耳》）。

铺(鋪)　音【pū、pù】

古形【金 小篆 】

《说文·金部》：“铺，箸门铺首也。”意思是“铺”指附着在门扇上衔着门环的兽面金属底座。从字形看，“铺”由“钅（金）”和“甫”组成。“金”指金属；“甫”有附着之意，同“金”组合表示附着在门扇上的金属底座。

释义：“铺”在《诗经》中使用3处，无迭用。

1. 通“痡”，病。此种用法有1处：“沦胥以铺”（《小雅·雨无正》）。

2. 借为“搏”，击、伐。此种用法有2（雅2）处，如：“淮夷来铺”（《大雅·江汉》）。

匍 音【pú】

古形【金 小篆 】

“匍”由“勹”和“甫”组成。“勹”，甲骨文像人拱身之状；“甫”有“菜地”的意思，同“勹”组合或表示拱身在地。“匍”一般同“匐”组成“匍匐”一词，“匐”是“伏地”的意思，《说文·勹部》：“匍，手行也。”伏于地（匐）、再拱身（匍），一匍一匐完成匍匐前进的动作。

释义：“匍”在《诗经》中使用2处，无迭用。

以手拱身。此种用法有2（风1；雅1）处：“匍匐救之”（《邶风·谷风》）；“诞实匍匐”（《大雅·生民》）。

蒲 音【pú】

古形【金 小篆 】

蒲常指一种多年生草本植物，生池沼中，高近两米。根茎长在泥里，可食。叶长而尖，可编席、制扇，夏天开黄色花，亦称香蒲。从字形看，“蒲”由“艹（草）”“氵（水）”和“甫”组成。“甫”指菜地，加“水”表示湿地（池沼），同“艹”组合或表示蒲是一种生长于湿地中的草本植物。

释义：“蒲”在《诗经》中使用6处，无迭用。

一种生长于湿地中的草本植物。此种用法有6（风4；雅2）处，如：“有蒲菡萏”（《陈风·泽陂》）；“依于其蒲”（《小雅·鱼藻》）；“维笋及蒲”（《大雅·韩奕》）。

圃 音【pǔ】

古形【金 小篆 】

“圃”由“囗”和“甫”组成。“囗”像四周拦挡起来的样子；“甫”指菜地，同“囗”组合表示把菜地四周拦挡起来，即菜园子。

释义：“圃”在《诗经》中使用2处，无迭用。

菜园子。此种用法有2（风2）处，如：“折柳樊圃”（《齐风·东方未明》）。

浦 音【pǔ】

古形【金 小篆 】

《说文·水部》：“浦，濒也。”又“濒，水厓。人所賓附频蹙不前而止。”《说文》中有不少如“漘、涘、湄”等字都训“水厓（水边）”，唯有“浦（濒）”作“水边”解又何以“人靠近则皱眉且停足不前”。从字形看，“浦”由“氵（水）”和“甫”组成。“甫”表示土地，同“水”组合表示临水之地或水中（沼泽）之地，由此可以想见，此水边或濒临悬崖，或临界沼泽。

释义：“浦”在《诗经》中使用2处，无迭用。

水边。此种用法有2（雅2）处，如：“率彼淮浦”（《大雅·常武》）。

朴(樸) 音【pǔ】

古形【金 小篆 】

“朴”又作“樸”。《说文·木部》：“樸，木素也。”意思是“樸”指未经过加工的木材。从字形看，“樸”由“木”和“菐”组成。“菐”有“外皮”“外层”的意思，表示未开化，同“木”组合表示未经过加工的木材。

释义：“朴”在《诗经》中使用2处，无迭用。

借作木名。此种用法有2（风1；雅1）处：“林有朴樕”（《召南·野有死麕》）；“芃芃棫朴”（《大雅·棫朴》）。

溥　音【pǔ】

古形【金小篆】

“溥”由“氵（水）”和“尃”组成。“尃”有“散布”义，同“水”组合表示四散布开。《说文·水部》：“溥，大也。”“面积广大”是“溥”字本义。

释义：“溥”在《诗经》中使用6处，无迭用。

1.（面积）广大、广阔。此种用法有4（雅3；颂1）处，如：“溥彼韩城”（《大雅·韩奕》）；“我受命溥将”（《商颂·烈祖》）。

2. 通“普”，普遍。此种用法有2（雅2）处：“溥天之下”（《小雅·北山》）；“溥斯害矣”（《大雅·召旻》）。

Q

七　音【qī】

古形【甲金小篆】

“七”，甲骨文写作“”，像一横（表示一个物体）被从中切断之形，或是“切”之本字，有“切割、切断”之意。《说文 · 七部》：“七，阳之正也。”或为借用之意。

释义：“七”在《诗经》中使用14处，无迭用。

借作（数、序数）七。此种用法有14（风12；雅2）处，如：“有子七人”（《邶风 • 凯风》）；“终日七襄”（《小雅 • 大东》）（七襄指织女星一天移位七次）。

妻　音【qī、qì】

古形【甲金小篆】

“妻”，甲骨文写作“”，左边像一个头发竖起的女子；右边像一只抓女子头发的手。字形反映的是远古抢女为妻的习俗。《说文 · 女部》：“妻，妇，与夫齐者也。从女、从屮、从又（手）。又，持事，妻职也。”意思是说，又称妇人，（不同的是）她是夫的配偶且地位相当。（字形）由“女”“屮”“又（手）”会意。“又”表示主事，这是妻的职责。古有男主外、女主内之说。尤在妻妾成群之家，主管家内之事即是男子配偶妻的职责。

释义：“妻”在《诗经》中使用13处，无迭用。

1.男子的配偶。此种用法有12（风6；雅5；颂1）处，如：“卫侯之妻”（《卫风 • 硕人》）；“妻子好合”（《小雅 • 常棣》）；“刑于寡妻”（《大雅 • 思齐》）；“令妻寿母”（《鲁颂 • 閟宫》）。

2.出嫁。由女子嫁人引申。此种用法有1处：“士如归妻”（《邶风 • 匏有苦叶》）（男子入赘到女家曰归妻）。

栖(棲)　音【qī、xī】

古形【金小篆】

“栖”字初文或为“西”。《说文 · 西部》：“西，鸟在巢上。”从字形看，“西”金文写作“”，像鸟在巢中之形。因鸟入巢休息多在日落西方即傍晚时分，所以又借指西方之“西”。后来或为减轻“西”字负担，人们又加“木（树）”成“栖”来表示鸟在树上的巢中休息。

“棲”由“木”加“妻”组成。或因妻为居家管事之人，如鸟在巢中，所以后来“棲”“栖”并为一字。

释义：“栖”在《诗经》中使用6处7次，1处迭用。

1.鸟在巢中。此种用法有2（风2）处，如：“鸡栖于埘”（《王风 • 君子于役》）。

2.休息。由鸟在巢中休息引申。此种用法有2（风1；雅1）处：“可以栖迟”（《陈风 • 衡门》）；“或栖迟偃仰”（《小雅 • 北山》）。

3.借为“淒”，多雨貌。此种用法有

1处："六月棲棲"（《小雅·六月》）。

4.借作"穧"，收割。此种用法有1处："如彼栖苴"（《大雅·召旻》）。

凄(淒) 音【qī】

古形【金 小篆 】

"凄"又作"淒"。《说文·水部》："淒，云雨起也。"《段注》："雨云（云雨），谓欲雨之云。"从字形看，"淒"由"氵（水）"和"妻"组成。"水"表示即将下雨的乌云；"妻"指抢女成亲，同"水"组合或表示欲雨时乌云在阴风中互相追逐如抢女时的场景。

释义："凄"在《诗经》中使用3处5次，2处迭用。

寒凉。由阴风起的感觉引申。此种用法有3（风2；雅1）处5次，2处迭用，如："凄其以风"（《邶风·绿衣》）；"秋日凄凄"（《小雅·四月》）。

萋 音【qī】

古形【金 小篆 】

《说文·艸部》："萋，草盛也。"从字形看，"萋"由"艹（草）"和"妻"组成。"妻"或是"凄"字省写，有寒凉之意，同"草"组合或表示此草之盛非明旺之盛，而是阴凉之盛。

释义："萋"在《诗经》中使用9处15次，6处迭用。

1.草盛。此种用法有7（风2；雅5）处13次，如："维叶萋萋"（《周南·葛覃》）；"卉木萋萋"（《小雅·出车》）；"菶菶萋萋"（《大雅·卷阿》）。

2.借为"緀"，绸缎上的花纹。此种用法有2处："萋兮斐兮"（《小雅·巷伯》）；"有萋有且"（《周颂·有客》）。

戚 音【qī】

古形【甲 金 小篆 】

《说文·戉部》："戚，戉也。"又"戉，斧也。"从字形看，"戚"，甲骨文写作" "，像一把斧头的简单图形。钺一类的战斧就是戚。王绍兰《段注订补》："戚刃蹙缩，异于戉刃开张，故戉大而戚小。"

释义："戚"在《诗经》中使用4处5次，1处迭用。

1.斧头、战斧。此种用法有1处："干戈戚扬"（《大雅·公刘》）。

2.忧苦。或因戚可带来战争使人忧苦引申。此种用法有1处："自诒伊戚"（《小雅·小明》）。

3.亲爱。由戚之联姻之意引申。此种用法有1处2次，迭用："戚戚兄弟"（《大雅·行苇》）（古代亲戚有内外之分，族内或血亲为亲；族外或姻亲为戚。这就使"戚"有了两层含义：一是为使外族臣服依靠武力或战争，戚就是战斧；二是通过和外族联姻以达到和平共处，戚就成了亲密相处的手段）。

4.借作蟾蜍名，比喻一种驼背病人。此种用法有1处："得此戚施"（《邶风·新台》）（戚施是蟾蜍的别名，因其四足据地，无颈，不能仰视，故以此比喻驼背病人）。

期　音【qī】

古形【金　小篆　】

《说文·月部》:“期，会也。”从字形看，“期”，金文写作“”，由“（‘箕’之本字）”和“（日）”组成。“箕”是一种装沙运土的工具；“日”表示时间。有的金文将“期”写作“”，由上下结构改成左右结构，且将表示时间的“日”字写成“（月）”，同“箕”组合或表示装沙运土工作以月为规定时间。《说文》所云“约会”或是“期”的引申义。

释义：“期”在《诗经》中使用15处，无迭用。

1.约定时间（期限）。此种用法有11（风6；雅4；颂1）处，如：“秋以为期”（《卫风·氓》）；“期逝不至”（《小雅·杕杜》）；“思无期”（《鲁颂·駉》）。

2.约会。由到期会合引申。此种用法有3（风3）处，如：“期我乎桑中”（《鄘风·桑中》）。

3.借作语气词（或同“其”）。此种用法有1处：“实维何期”（《小雅·頍弁》）。

僛　音【qī】

古形【小篆　】

“僛”由“亻（人）”和“欺”组成。“欺”有“蒙混”的意思，同“人”组合表示人的言语或动作非常人所为，有蒙混之嫌。《说文·人部》:“僛，醉舞貌。”意思是人醉酒以后舞姿不正常。

释义：“僛”在《诗经》中使用1处2次，迭用。

醉舞貌。此种用法有1处，迭用：“屡舞僛僛”（《小雅·宾之初筵》）。

漆　音【qī】

古形【金　小篆　】

“漆”由“氵（水）”和“桼”组成。《说文·桼部》:“桼，木汁。”《段注》:“木汁名桼，因名其木曰桼。今字作漆而桼废矣。”“桼”，小篆写作“”，字形像树上分泌液汁的样子，此树也因此而得名。“桼”同“水”组合成“漆”，《说文·水部》云:“漆，水（名）。”或因此水边多桼树而得名。后因“桼”废，以“漆”代之，所以“漆”既指水，又指树。漆是中国最古老的经济树种之一，籽可榨油，木材坚实，为天然涂料、油料和木材兼用树种。漆液是天然树脂涂料，素有“涂料之王”的美誉。

释义：“漆”在《诗经》中使用6处，无迭用。

1.树名（桼）。此种用法有3（风3）处，如:“阪有漆”（《秦风·车邻》）。

2.水名。此种用法有3（雅2；颂1）处:“漆沮之从”（《小雅·吉日》）；“自土沮漆”（《大雅·绵》）；“猗与漆沮”（《周颂·潜》）。

齐（齊）　音【qí】

古形【甲　金　小篆　】

“齐”，繁体作“齊”，《说文·亝

部》：“齊，禾麦吐穗上平也。”从字形看，“齐”，甲骨文写作“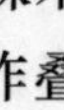”，像三株禾麦穗头长得平整的样子，之所以写作叠垒状，或是因为麦株的远近关系产生的视觉效果，故小篆字形下面多了两条线，一条表示地平线，一条或表示穗头平齐的高度线。《段注》对这两条线的解释是：“从二者，像地有高下也。禾麦随地之高下为高下，似不齐而实齐。参差其上者，盖明其不齐而齐也。”

释义：“齐”在《诗经》中使用21处，无迭用。

1. 整齐、一致。由特指变泛指引申。此种用法有3（风1；雅1；颂1）处，如：“两服齐首”（《郑风·大叔于田》）；“人之齐圣”（《小雅·小宛》）；“至于汤齐”（《商颂·长发》）。

2. 借为“齋”，祭祀时不喝酒、不吃荤，以示对神灵的敬意，因而“齋”又有“敬”意。此种用法有4（风1；雅3）处，如：“有齐季女”（《召南·采蘋》）；“既齐既稷”（《小雅·楚茨》）；“思齐大任”（《大雅·思齐》）。

3. 借作诸侯国名、姓。此种用法有14（风13；雅1）处，如：“齐侯之子”（《卫风·硕人》）；“仲山甫徂齐”（《大雅·烝民》）。

祁　音【qí】

古形【金小篆】

“祁”由“礻（示）”和“阝（邑）”组成。“示”或是“祈”字省写，有“祷告、请求”的意思；“邑”指城池，同“示”组合表示祭祀祈告之城，即古代为举行盛大祭祀活动而专门建造的城池。

释义：“祁”在《诗经》中使用7处13次，6处迭用。

大，迭用表示众多貌。由祭祀活动盛大引申。此种用法有7（风2；雅4；颂1）处13次，6处迭用，如：“被之祁祁”（《召南·采蘩》）；“采蘩祁祁”（《小雅·出车》）；“祁祁如云”（《大雅·韩奕》）；“来假祁祁”（《商颂·玄鸟》）。

岐　音【qí】

古形【金小篆】

“岐”由“山”和“支”组成。“支”有“分叉”的意思，同“山”组合表示像树木枝条分叉状的山地。《说文·山部》：“岐，周文王所封。”岐，古为周文王封国，因坐落岐山而得名。岐山，在今陕西省岐山县东北，因山有分支而名。

释义：“岐”在《诗经》中使用5处，无迭用。

1. 岐山。此种用法有4（雅2；颂2）处，如：“至于岐下”（《大雅·绵》）；“居岐之阳”（《鲁颂·閟宫》）。

2. 开始懂事，能分辨事物。由山之分支引申。此种用法有1处：“克岐克嶷”（《大雅·生民》）（段玉裁《小笺》：“岐者，山之两岐也，心之开明似之，古曰知意（能分辨事物）”）。

其　音【qí】

古形【甲金小篆】

“其”，甲骨文写作“”，像一只簸

箕的简单图形，是“箕”字的初文。徐灏《段注笺》：“其从丌声，因为语词所专，故加竹为箕。”“其”的本义指簸箕，后被借作代词、副词等专用语词，人们又在“其”字上面加个“竹”字，表示竹制的簸箕。

释义：“其”在《诗经》中使用542处，无迭用。

借作代词、助词、副词等，相当于“他（她、它）的”、“他（她、它）们的”、“那、那些”或表示揣测、拟议、委婉等语气。此种用法有542（风228；雅256；颂58）处，如：“其鸣喈喈”（《周南·葛覃》）；“亶其然乎”（《小雅·常棣》）；“其丽不亿”（《大雅·文王》）；“有实其积”（《周颂·载芟》）。

祈　音【qí】

古形【金 小篆 】

“祈”由“示”和“斤”组成。“示”指祖宗神灵；“斤”是一种类似斧的器械，可以凿破物体，同“示”组合或表示“求祖先神灵为自己凿破困境”。《说文·示部》：“祈，求福也。”为摆脱困境而求神就是“祈”。“斤”又或为“析”字省写，有“解析”的意思，同“示”组合或表示求神灵解析，给予帮助。

释义：“祈”在《诗经》中使用7处，无迭用。

1.祈求。此种用法有4（雅4）处，如：“以祈甘雨”（《小雅·甫田》）；“祈年孔夙”（《大雅·云汉》）

2.借作官名。此种用法有3（雅3）处：“祈父”3句（《小雅·祈父》）（祈父，官名，即司马，执掌甲兵，主管保卫边境的事务）。

俟（竢）　音【qí、sì】

古形【金 小篆 】

“俟”是“竢”的异体字，“竢”由“立”和“矣”组成。“立”有“站立”的意思；“矣”或为“逘”字省写，有“行进”的意思，同“立”组合表示站立等待行进中的人。《段注》云：“俟，大也。此俟之本义也。自经传假为竢字，而俟之本义废矣。立部曰：竢，待也。废竢而用俟，则竢俟为古今字矣。”“俟”的本义为“大”，因经传多用俟代竢之“等待”之意，故“俟”之本义消失；又因古来多用“俟”代“竢”，则“竢”字废。《说文·人部》：“俟，大也。”或因动物之长为“人矣”，故谓大。

释义：“俟”在《诗经》中使用8处9次，1处迭用。

1.等待。“竢”之本义，此种用法有7（风7）处，如：“俟我于城隅”（《邶风·静女》）。

2.行进貌。由行进中人引申。此种用法有1处，迭用：“儦儦俟俟”（《小雅·吉日》）。

疷　音【qí】

古形【小篆 】

《说文·疒部》：“疷，病也。”从字形看，“疷”由“疒”和“氐”组成。“疒”，甲骨文写作“ ”，像一个病人卧床之形；“氐”和“氐”同源，有“根柢”的意思，同“疒”组合表示根柢之病。“疷”有解“忧思之病”，积忧而成疾或是古人对病因探索的结果。

释义：“疷”在《诗经》中使用1处，无迭用。

忧病。此种用法有1处：“俾我疷兮”（《小雅·白华》）。

耆　音【qí】

古形【金小篆】

“耆”由“老（省）”和“旨”组成。“老”，甲骨文写作“”，像一个手持拐杖、长发飘逸的老人；“旨”有甘美之义，同“老”组合表示老人高寿是美好的福气。《说文·老部》：“耆，老也。”古人六十岁以上称耆；七十曰老。

释义：“耆”在《诗经》中使用3处，无迭用。

1. 老人。此种用法有1处：“俾尔耆而艾”（《鲁颂·閟宫》）。

2. 达到，成就。由高寿仍健在引申。此种用法有1处：“耆定尔功”（《周颂·武》）。

3. 同“稽”，考察。此种用法有1处：“上帝耆之”（《大雅·皇矣》）。

颀(頎)　音【qí】

古形【金小篆】

“颀”由“斤”和“页”组成。“页”指头，表示“颀”字与头部有关；“斤”或是“欣”字省写，有欣喜的意思，同“页”组合或指因高兴而引颈昂首。

释义：“颀”在《诗经》中使用2处，无迭用。

身长貌。由引颈昂首显得身材修长引申。此种用法有（风2）2处，如：“硕人其颀”（《卫风·硕人》）。

軝　音【qí】

古形【小篆】

軝指的是车毂末端部分。从字形看“軝”由“車（车）”和“氏”组成。“氏”和“氐”同源，有根柢的意思，同“车”组合表示“軝”在车的底部。

释义：“軝”在《诗经》中使用2处，无迭用。

车轱末端部分。此种用法有2（雅1；颂1）处：“约軝错衡”（《小雅·采芑》）；“约軝错衡”（《商颂·烈祖》）。

跂　音【qí】

古形【小篆】

《说文·足部》：“跂，足多指也。”从字形看，“跂”由“足”和“支”组成。“足”表示行走；“支”有“枝杈”即表示道路分叉，同“足”组合或有走岔路的意思。

释义：“跂”在《诗经》中使用3处，无迭用。

1. 分歧。由道路成分支状引申。此种用法有1处：“跂彼织女”（《小雅·大东》）（一说通“歧”）。

2. 通“企”，踮起脚尖。此种用法有2（风1；雅1）处：“跂予望之”（《卫风·河广》）；“如跂斯翼”（《小雅·斯干》）（一说疑借为“鳷”，鸟名）。

蛴(蠐) 音【qí】

古形【金小篆】

“蛴”，多指蛴螬，天牛的幼虫，黄白色，身长足短，呈圆筒形，状如蚕之幼虫。从字形看，“蛴”由“虫”和“齐”组成。“齐”有“整齐”的意思，同“虫”组合或表示“蛴”是一种体纹齐整的小虫。因蛴螬圆润白净，所以古人多用它比喻女子洁白丰润的颈项。

释义：“蛴”在《诗经》中使用1处，无迭用。

蛴螬，天牛的幼虫。此种用法有1处：“领如蝤蛴”（《卫风·硕人》）。

淇 音【qí】

古形【金小篆】

《说文·水部》：“淇，水。”淇即淇河，古卫国水名，源于今河南省辉县，向东流入黄河。明代魏大本作“隆虑山下水，冲突七盘隅”说的就是淇水。从字形看，“淇”由“氵（水）”和“其”组成。“其”是“箕”的本字，同“水”组合或表示淇水如箕倾出而奔涌呼啸、浩浩荡荡之状。

释义：“淇”在《诗经》中使用17处，无迭用。

淇水。此种用法有17（风17）处，如：“亦流于淇”（《邶风·泉水》）。

祺 音【qí】

古形【金小篆】

《说文·示部》：“祺，吉也。”从字形看，“祺”由“示”和“其”组成。“示”表示神灵；“其”或是“基”字省写，有“基本”的意思，同“示”组合或表示神灵给人们带来的最基本的东西就是“祺”。

释义：“祺”在《诗经》中使用1处，无迭用。

吉祥。此种用法有1处：“寿考维祺”（《大雅·行苇》）。

綦 音【qí】

古形【金小篆】

“綦”，金文写作“”，上面的“其”像一只鞋的形状；下面是“糸”指丝带，同“其”组合表示古人系鞋的带子。“綦”古又作“綥”，《说文·糸部》：“綥，帛苍艾色。”意思是丝织品呈苍绿像艾蒿一样的颜色。这或是“綦”的引申义。

释义：“綦”在《诗经》中使用1处，无迭用。

苍绿色。或由鞋带的颜色引申。此种用法有1处：“缟衣綦巾”（《郑风·出其东门》）。

旗(旂) 音【qí】

古形【甲金小篆】

“旗”，甲骨文写作“”，像树干上飞舞着飘带的形状。古人在树干上系着醒目的彩绸，标志领地或军队，同时用以感召军士。这或是旗的雏形。从金文字形“（旗）”字看，右边的彩带不

仅幅宽，而且带有纹饰。《说文·㫃部》：“旗，熊旗五（一说六）游，以象罚星，士卒以为期。”意思“旗”指画着熊图案且有五根飘带的军旗，用以象征罚星，同时士卒把军中飘起熊旗的时刻当做部队集合、公开刑罚的时间。古“旗、㫃、旂”为三字，其形状和作用大同小异，后用“旗”泛指旗帜。

释义：“旗”在《诗经》中使用11处，无迭用。

旗帜。此种用法有11（雅6；颂5）处，如：“旗旐央央”（《小雅·出车》）；“淑旂绥章”（《大雅·韩奕》）；“龙旂阳阳”（《周颂·载见》）。

骐(騏)　音【qí】

古形【金　小篆　】

《说文·马部》：“骐，马青骊，文如博綦也。”“青骊”即“青黑色”；“文如博綦”是说“花纹像棋盘”。从字形看，“骐”由“马”和“其”组成。“其”或是“棋”字省写，有“棋盘”的意思，同“马”组合表示“骐”是一种身体纹路如棋盘格子的马。

释义：“骐”在《诗经》中使用7处，无迭用。

1. 一种青黑色，身体纹路如棋盘格子的马。此种用法有6（风2；雅3；颂1）处，如：“骐骝是中”（《秦风·小戎》）；“四骐翼翼”（《小雅·采芑》）；“有骍有骐”（《鲁颂·駉》）。

2. 借为“綦”，青黑色的绸帛。此种用法有1处：“其弁伊骐”（《曹风·鸤鸠》）。

懠　音【qí】

古形【缺】

《尔雅·释言》：“懠，怒也。”从字形看，“懠”由“忄（心）”和“齊”组成。“齊”或是“穧”字省写，通“稽（積）”，有堆积之意，同“心”组合或表示心中积存有怨怒之气。《康熙字典》引《集韵》云：“懠疑犹猜疑也，或从赍。”“赍”有“带着”的意思，同“心”组合或表示心中带有某种疑虑或情绪，同“懠”意大同小异。“齊”“赍”或传抄之误。

释义：“懠”在《诗经》中使用1处，无迭用。

愤怒。“天之方懠”（《大雅·板》）。

锜(錡)　音【qí】

古形【小篆　】

“锜”由“钅（金）”和“奇”组成。“金”指金属器；“奇”有“奇怪”的意思，同“金”组合或表示奇怪的即非常态化的金属器。

释义：“锜”在《诗经》中使用2处，无迭用。

奇怪的金属器。此种用法有2（风2）处：“又缺我锜”（《豳风·破斧》）（锜指一种兵器，形如锹，两面有刃，长柄）。

芑　音【qǐ】

古形【金　小篆　】

芑指一种类似苦菜的草本植物。《说文·艸部》:"芑,白苗嘉谷也。"或因禾茎相似,又称长有白色茎的良种禾谷(白粱粟)为芑。从字形看,"芑"由"艹(草)"和"己"组成。"己"或是"异"字省写,有"不同"的意思,同"草"组合表示多种植物虽都称"芑",但各有区别。

释义:"芑"在《诗经》中使用5处,无迭用。

类似苦菜或白粱粟等一类植物。此种用法有5(雅5)处,如:"薄言采芑"(《小雅·采芑》);"恒之糜芑"(《大雅·生民》)。

屺 音【qǐ】

古形【金 小篆 】

《说文·山部》:"屺,山无草木也。"从字形看,"屺"由"山"和"己"组成。"己"或是"圯"字省写,有"桥"的意思。古时的桥一般由石垒砌而成,桥上多无草木。"己(圯)"同"山"组合,表示无草木之山。

释义:"屺"在《诗经》中使用1处,无迭用。

无草木的山。此种用法有1处:"陟彼屺兮"(《魏风·陟岵》)。

岂(豈) 音【qǐ】

古形【金 小篆 】

"岂"又作"豈",金文写作" ",下面像一面鼓,上面的" "像鼓上的饰物。《说文·豈部》:"豈,还师振旅乐也。"意思是"豈"指的是得胜归来用以提振军旅的乐曲。从这个意义上说," "倒有点像"彭"中的"彡",或表示敲鼓之声。

释义:"岂"在《诗经》中使用71处,无迭用。

1. 和乐。由词性转换(名—形)引申。此种用法有21(风1;雅20)处,如:"齐子岂弟"(《齐风·载驱》);"孔燕岂弟"(《小雅·蓼萧》);"干禄岂弟。"(《大雅·旱麓》)。

2. 借作副词,表示反诘,有"怎么、难道"等义。此种用法有49(风30;雅19)处,如:"岂不夙夜"(《召南·行露》);"岂不怀归"(《小雅·四牡》);"武王岂不仕"(《大雅·文王有声》)。

3. 借为"硙",坚固。此种用法有1处:"令德寿岂"(《小雅·蓼萧》)。

杞 音【qǐ】

古形【金 小篆 】

《说文·木部》:"杞,枸杞也。"枸杞,是人们对一种植物及其果实的统称。其果实可入药。从字形看,"杞"由"木"和"己"组成。"己"或是"纪"字省写,有系绑的意思,同"木"组合表示这是一种可将果枝捆扎成束晾干作药的植物。

释义:"杞"在《诗经》中使用7处,无迭用。

一种植物或其果实名。此种用法有7(风1;雅6)处,如:"无折我树杞"(《郑风·将仲子》);"集于苞杞"

（《小雅·四牡》）。

起　音【qǐ】

古形【金　小篆　】

《说文·走部》：“起，能立也。”《段注》：“起本发步之称。”从字形看，“起”由“走”和“巳”组成。“巳”，甲骨文作“　”，像小儿之形，同“走”组合，表示小儿开始走路。小孩学习走路，有一个从爬到坐到立最终开始迈步的过程，从坐或立到发步就是“起”。

释义：“起”在《诗经》中使用2处，无迭用。

站起、起来。由小儿学习发步过程引申。此种用法有2（雅2）处，如：“载起载行”（《小雅·沔水》）。

启(啟)　音【qǐ】

古形【甲　金　小篆　】

“启”又作“啟”，《说文·口部》：“启，开（开门）也。”又《攴部》：“啟，教（教化、开导）也。”从字形看，甲骨文写作“　”，由“　（‘户’和‘日’的重叠之形）”和“　（手）”组成，三者组合表示用手开门（户）让日光进来，“教化、开导”或是“啟（启）”的引申义。

释义：“启”在《诗经》中使用10处，无迭用。

1.开启、开辟、启动。由开门动作引申。此种用法有4（雅3；颂1）处，如：“以先启行”（《小雅·六月》）；“启之辟之”（《大雅·皇矣》）；“大启尔宇”（《鲁颂·閟宫》）。

2.分开、分离。由开使之分离引申。此种用法有1处：“以启其毛”（《小雅·信南山》）。

3.安宁。或由居于柴屋（户）而安引申。此种用法有4（雅4）处，如：“不遑启处”（《小雅·四牡》）。

4.借作星名。此种用法有1处：“东有启明”（《小雅·大东》）（启明，即金星，早晨出现在东方，叫“启明”；傍晚出现在西方，叫“长庚”，其实是同一颗星）。

迄　音【qì】

古形【金　小篆　】

《尔雅·释诂》：“迄，至也。”从字形看，“迄”由“辶（辵）”和“乞”组成。“辵”同行走有关；“乞”有“乞求（即希望得到）”之义，同“辵”组合，表示心中希望到达。

释义：“迄”在《诗经》中使用3处，无迭用。

1.至、到。此种用法有2（雅1；颂1）处：“以迄于今”（《大雅·生民》）；“迄用有成”（《周颂·维清》）。

2.通“乞”，给予。此种用法有1处：“迄用康年”（《周颂·臣工》）。

汔　音【qì】

古形【金　小篆　】

《说文·水部》：“汔，水涸也。”从字形看，“汔”由“氵（水）”和“乞”组成。“乞”有“乞讨”之意，同“水”

组合或表示接近干涸，希望能够获得水。

释义："汔"在《诗经》中使用5处，无迭用。

接近。由水接近干涸，希望获得引申。此种用法有5（雅5）处："汔可小安"（《大雅·民劳》）。

弃(棄)　音【qì】

古形【甲 金 小篆 】

"弃"，甲骨文写作" "，由" （带有羊水的孩子）"、" （箕一类的器具）"和" （双手）"三部分组成，合在一起表示将刚出生还沾有羊水的婴儿装在箕筐里用双手捧着丢到外面。《段注》："弃者，不孝子人所弃也。"抛弃逆子是"弃"字本义。

释义："弃"在《诗经》中使用8处，无迭用。

放弃、遗弃。由特指到泛指引申。此种用法有8（风2；雅6）处，如："犹来无弃"（《魏风·陟岵》）；"乃弃尔辅"（《小雅·正月》）；"无弃尔成"（《大雅·云汉》）。

泣　音【qì】

古形【金 小篆 】

《说文·水部》："泣，无声出涕曰泣。"从字形看，"泣"由"氵（水）"和"立"组成。"水"指泪水；"立"有站立之意，同"水"组合成"泣"或表示一个人站立在那儿默默地流着泪水。一说"泣"或为"沍"字之误，有闭塞的意思，待考。

释义："泣"在《诗经》中使用7处，无迭用。

无声出涕。此种用法有7（风5；雅2）处，如："泣涕涟涟"（《卫风·氓》）；"其泣喤喤"（《小雅·斯干》）。

亟　音【qì】

古形【金 小篆 】

《说文·二部》："亟，敏疾也。从人从口从又从二。二，天地也。"意思是说：亟的意思是敏疾，字形由人、口、又（手）、二组合会意，二字表示天地。朱骏声《说文通训定声》解释会意表达的意思是："人生天地间，手口并作，敏疾成事也。"《段注》："今人亟分入声（jí）、去声（qì）。入声（jí）之训急也；去（qì）之训数（屡次）也。古无是（jí、qì）分别也。"

关于"亟"字的解释历来很多，较为具有参考价值的还有以下几种：

1."二"象山隘之形，"亟"表示人在隘中被追赶发出惊呼。从又表示抓人，从口，像人惊呼的样子。

2."亟"字为形声字，金文从二、敬声，从训诂学的角度应该训为"勉"，有勉力的意思。

3."亟"是"极"的本字，人立于天地之间，上达于天，下达于地，后来引申为到达、至高无上等意思。

4."亟"是"殛"的本字，像人夹在两个夹板之中被拷问之形，表示诛杀之义。

5."亟"字象牧人拿着鞭子赶羊之形，赶羊动作要快，要利索，所以"亟"

有急忙的意思，训为“敏急”，敏是敏捷，急是急切。“二”像来回赶羊之形。

“亟”字的多种解释，或因古无读音分别之故。

释义：“亟”在《诗经》中使用6处，无迭用。

急。此种用法有6（风4；雅2）处，如：“既亟只且”（《邶风·北风》）；“尔之亟行”（《小雅·何人斯》）；“经始勿亟”（《大雅·灵台》）。

契　音【qì】

古形【金 小篆 】

《说文·大部》：“契，大约也。”所谓“大约”，可以理解为重要的约定。《周易·系辞》云：“上古结绳而治，后世圣人易之以书契。”远古的时候，人们是结绳记事，后来有圣人发明了文字，人们就把一些重要的事情用刀刻在龟甲或兽骨上。从字形看，“契”由“㓞”和“大”组成，“㓞”有“刻画”的意思；“大”指大事，即重要的事情，同“㓞”组合表示将重要的事情用刀刻画记录下来。

释义：“契”在《诗经》中使用3处4次，1处迭用。

1.用刀刻画记录重要的事情。此种用法有1处：“爰契我龟”（《大雅·绵》）。

2.愁苦。迭用或表示如阵阵刀刻而痛苦引申。此种用法有1处，迭用：“契契寤叹”（《小雅·大东》）。

3.合。或由重要约定可平息离乱引申。此种用法有1处：“死生契阔”（《邶风·击鼓》）。

愒　音【qì】

古形【小篆 】

“愒”由“忄（心）”和“曷”组成。“曷”或是“渴（歠）”字省写，有口干想喝水的意思，同“心”组合或表示心中急切（想喝水）。“愒”古同“憩”。《说文·心部》：“愒，息也。”或是“憩”之本义。

释义：“愒”在《诗经》中使用2处，无迭用。

同“憩”，休息。此种用法有2（雅2）处：“不尚愒焉”（《小雅·菀柳》）；“汔可小愒”（《大雅·民劳》）。

憩　音【qì】

古形【金 小篆 】

《尔雅·释诂》：“憩，息也。”从字形看，“憩”由“舌”和“息”组成。“舌”或是“甜”字省写，有“甜美”即舒舒服服的意思，同“息”组合或表示“舒舒服服地休息”。

释义：“憩”在《诗经》中使用1处，无迭用。

休息。此种用法有1处：“召伯所憩”（《召南·甘棠》）。

洽　音【qià】

古形【金 小篆 】

“洽”由“氵（水）”和“合”组成。“合”有“相合”的意思，同“水”组合或表示“与水相合”。《说文·水

部》："洽，沾也。"从字形看，"洽"所表现的不是一般的沾湿、浸润这么简单，或像鱼水一般的融合之状。谐和、融合应该是"洽"的字形意义。

释义："洽"在《诗经》中使用7处，无迭用。

1. 谐和、融洽。此种用法有3（雅3）处，如："洽比其邻"（《小雅·正月》）；"洽此四国"（《大雅·江汉》）。

2. 合。由特指与水相合为泛指引申。此种用法有3（雅1；颂2）处，如："以洽百礼"（《小雅·宾之初筵》）；"以洽百礼"（《周颂·丰年》）。

3. 借作水名。此种用法有1处："在洽之阳"（《大雅·大明》）（洽，古水名，现称金水河，源出陕西合阳县北，东南流入黄河）。

千 音【qiān】

古形【甲 金 小篆 】

《说文·十部》："千，十百也。"从字形看，"千"，甲骨文写作" "，由" （人）"中加一横表示。古人认为人寿百年为极点，故一人为百，在"人（人）"中加一短横，字形似十人，即十个百表示"千"之数。

释义："千"在《诗经》中使用13处，无迭用。

表示千之数、极多数。此种用法有13（风1；雅7；颂5）处，如："騋牝三千"（《鄘风·定之方中》）；"其车三千"（《小雅·采芑》）；"子孙千亿"（《大雅·假乐》）；"十千维耦"（《周颂·噫嘻》）。

迁（遷） 音【qiān】

古形【金 小篆 】

"迁"，繁体作"遷"，金文写作" "，由" （辵）"和" "组成。"辵"同行走有关；" "的上部像一鸟巢，或表示家居，下面是一双手像在搬动家居，同"辵"组合或有举家搬迁之意。《说文·辵部》："迁，登也。"即"迁"指登升。《尔雅·释诂》："迁，徙也。"意即"迁"指迁移。古时官员升登，多举家搬迁。因升而徙，故"迁（遷）"是迁移的字形意义。"遷"字有的金文写作" "，右边有个"邑"字，表示"城邑"，简化成"迁"，其中的"千"有"极多"的意思，表现了浩浩荡荡、整城搬迁的景象。

释义："迁"在《诗经》中使用8处，无迭用。

1. 迁移。此种用法有6（风1；雅4；颂1）处，如："以我贿迁"（《卫风·氓》）；"迁于乔木"（《小雅·伐木》）；"迁其私人"（《大雅·崧高》）；"是断是迁"（《商颂·殷武》）。

2. 登、迁升。由迁移的原因引申。此种用法有1处："帝迁明德"（《大雅·皇矣》）。

3. 去、抛弃。由迁移的结果引申。此种用法有1处："既其女迁"（《小雅·巷伯》）。

牵 音【qiān】

古形【金 小篆 】

《说文·牛部》："牵，引前也。从牛，像引牛之縻也。"意即"牵"指牵引向前。从字形看，"牵"，繁体写作"牽"由"玄"和"牛"组成，"玄"表示牵着牛鼻子的引绳，同"牛"组合表示拉着牛鼻子的引绳向前走。徐灏《段注笺》："牵从牛，当以挽牛为本义，引申为凡连贯之称。"

释义："牵"在《诗经》中使用1处，无迭用。

借作星名。此种用法有1处："睆彼牵牛"（《小雅·大东》）（牵牛，星名，即牛郎星）。

愆 音【qiān】

古形【金 小篆 】

《说文·心部》："愆，过也。""愆"由"衍"和"心"组成。"衍"有"扩展"的意思，同"心"组合或表示超过了心中的预期。

释义："愆"在《诗经》中使用6处，无迭用。

超越、过度（过失）。此种用法有6（风1；雅5）处，如："匪我愆期"（《卫风·氓》）；"干糇以愆"（《小雅·伐木》）；"不愆不忘"（《大雅·假乐》）。

骞(騫) 音【qiān】

古形【金 小篆 】

《说文·马部》："骞，马腹热也。"意思是说"骞"指马腹部因热病而出现的一种亏损低陷的症状。中医认为，一般热病多由风寒所致，从"骞"字形看，上部是"寒"字省写，同"马"组合或表示"骞"是马因受风寒而得的一种热症。

释义："骞"在《诗经》中使用2处，无迭用。

亏、损。由热病引起的马腹亏损低陷状引申。此种用法有2（雅2）处，如："不骞不崩"（《小雅·天保》）。

褰 音【qiān】

古形【金 小篆 】

《说文·衣部》："褰，绔也。"又"绔，胫衣也。"所谓"胫衣"，即指一种只有左、右裤管，而没有裤裆、裤腰的服饰用品。《段注》："（胫衣）今所谓套袴（裤）也。"从字形看，"褰"字上部是个省写的"寒"字，有寒冷的意思，同下部的"衣"字组合或表示"褰"是一种防寒的服饰用品。

释义："褰"在《诗经》中使用2处，无迭用。

或同"搴"，用手提起。此种用法有2（风2）处，如："褰裳涉洧"（《郑风·褰裳》）。

前 音【qián】

古形【甲 金 小篆 】

"前"，金文作" "，上面是个" （像足印，即'止'）"，下面是个" （像小船形，即'舟'）"。《说文·止部》："不行而进谓之歬（前）。从止在舟上。"意思是不行而进叫"歬（前）"，由"止"在"舟"上会意。

“前”，甲骨文写作“”，是在“前（歬）”的基础上加了个“（行）”字。“（行）”指行走。如果我们把“歬”理解成“止（足）在舟前”而不是“止（足）在舟上”的话，那同“（行）”组合就表示“足行舟行且足行舟前”。这种情形很像纤夫拉纤，“”或表达的就是这种意思。金文的“（前）”是甲骨文“（前）”的省略写法。《说文》中说的“不行而进”应该不是“前”字的本义。

释义：“前”在《诗经》中使用3处，无迭用。

前，同“后”相对。由足行舟前引申。此种用法有3（风2；颂1）处，如：“为王前驱”（《卫风·伯兮》）；“前王不忘”（《周颂·烈文》）。

虔 音【qián】

古形【金小篆】

《说文·虍部》：“虔，虎行貌。”从字形看，“虔”由“虍”和“文”组成。“虍”，金文写作“”，像老虎之形；“文”有“文雅”的意思，同“虍”组合或表示老虎那威猛且又不失文雅地踱步的样子。

释义：“虔”在《诗经》中使用3处，无迭用。

1.威猛如虎，由虎的威猛引申。此种用法有1处：“有虔秉钺”（《商颂·长发》）。

2.恭敬，或由对虎的敬畏引申。此种用法有1处：“虔共尔位”（《大雅·韩奕》）。

3.杀、削，或由虎对人有伤害引申。此种用法有1处：“方斫是虔”（《商颂·殷武》）（清马瑞辰《毛诗传笺通释》：“虔当读如虔刘之虔。”所谓“虔刘”，意“杀戮”）。

钱(錢) 音【qián】

古形【金小篆】

《说文·金部》：“钱，铫也。古田器。”意思是说，钱指的是古代锹一类的种田的农具。从字形看，“钱”由“钅（金）”和“戋”组成。“戋”有“小”的意思，同“金”组合表示“钱”是一种金属制的小农具（小铲子）。

释义：“钱”在《诗经》中使用1处，无迭用。

小铲子。此种用法有1处：“庤乃钱镈”（《周颂·臣工》）。

乾 音【qián】

古形【金小篆】

“乾”，籀文写作“”，中间上部的“”是“朝”的省略，表示日出；中间下部是个“火”，表示日照如火；两边的“”像水汽蒸发之状，合在一起表示日照如火，水汽蒸发。《说文·乙部》：“乾，上出也。”徐灏《段注笺》：“乾之本义谓草木出土乾乾然强健也，故从乙。”这里说的或是乾之引申义。

释义：“乾”在《诗经》中使用2处，无迭用。

同“干”，干枯。或可视为由水汽蒸发殆尽引申。此种用法有2（风；雅1）

处：“叹其乾矣”（《王风·中谷有蓷》）；“乾糇以愆”（《小雅·伐木》）。

潜(濳) 音【qián】

古形【金 小篆 】

“潜”又作“濳”，由“氵（水）”和“朁”组成。“朁”，金文写作“”，由两个“（欠）”和“（曰）”组成。“欠”有吸气的意思，两个“欠”或指大口吸气；“日（曰）”像口中吐气之状，同“水”组合表示大口吸气，然后在水中慢慢吐气。《说文·水部》：“潜，涉水也。”清朱骏声按：“没水以涉曰潜。”没入水中且在水下活动称之为潜。

释义：“潜”在《诗经》中使用5处，无迭用。

没入水中且在水下活动。此种用法有5（雅4；颂1）处，如：“鱼潜在渊”（《小雅·鹤鸣》）；“潜有多鱼”（《周颂·潜》）。

浅 音【qiǎn】

古形【金 小篆 】

《说文·水部》：“浅，不深也。”从字形看，“浅”由“氵（水）”和“戋”组成。“戋”有“少”的意思，同“水”组合表示水不深。

释义：“浅”在《诗经》中使用3处，无迭用。

1. 水不深。此种用法有2（风2）处，如：“就其浅矣”（《邶风·谷风》）。

2. 借为“虥”，浅毛虎。此种用法有1处：“鞹鞃浅幭”（《大雅·韩奕》）（浅幭，即用浅毛虎皮做的覆盖物）。

遣 音【qiǎn】

古形【甲 金 小篆 】

安子介先生《解开汉字之谜》：“此字（遣）源自古时强迫士兵入土坑活埋，为帝王殉葬的习俗。”从字形看，“遣”，甲骨文写作“”，由“（双手）”、“（土堆）”和“（土坑）”三部分组成，如果字源殉葬之说成立的话，那么“”可视为一双强制的手正在向坑（）里填土成堆（）。“遣”字小篆写成“”，在“遣”的基础上加了个“辶（行走）”，就是强调在填埋前的强行押运过程。《说文·辵部》：“遣，纵也。”这里的“遣”作“释放”解就是在“强行押运过程”意义上的引申。一说“”像弓形，“（双手）”在弓上表示放逐、发出下面的“”像口形，突出口发布命令，后加“辵”符表发送。如此说，“遣”已有发送之义，再加“辵”符意义不大，故此说存疑。

释义：“遣”在《诗经》中使用1处，无迭用。

派遣、送。由强行运送引申。此种用法有1处：“王遣申伯”（《大雅·崧高》）。

谴(譴) 音【qiǎn】

古形【金 小篆 】

《说文·言部》：“谴，谪问也。”从字形看，“谴”由“讠（言）”和“遣”组成。“遣”有“强制运送”的意思，同

“言”组合表示把不友好的语言送给对方。

释义：“谴”在《诗经》中使用1处，无迭用。

责备、责问。此种用法有1处：“畏此谴怒。”（《小雅·小明》）。

缱(繾) 音【qiǎn】

古形【金 小篆 】

“缱”由“纟（糸）”和“遣”组成。“糸”指丝或绳线；“遣”有派遣、使离开的意思，同“糸”组合或表示使丝结或线绳结离开。

释义：“缱”在《诗经》中使用1处，无迭用。

（如）线或绳结离开。此种用法有1处：“以谨缱绻”（《大雅·民劳》）（缱绻：“绻”表示情意缠绵，感情好得离不开，“缱绻”则用以形容小人反复无常之状）。

伣(俔) 音【qiàn】

古形【小篆 】

《说文·人部》：“伣，譬论也。一曰：间见。”所谓“间见”，即朱骏声《说文通训定声》所云：“于空隙中乍见之意。”从字形看，“伣”由“亻（人）”和“见”组成。“见”有看见的意思，同“人”组合即表示人之所见。或因后来人之所云并非人之所见，“伣”即有了比喻之说。

释义：“伣”在《诗经》中使用1处，无迭用。

比方、好比。由所云非所见引申。此种用法有1处：“伣天之妹”（《大雅·大明》）。

倩 音【qiàn、qìng】

古形【金 小篆 】

“倩”由“亻（人）”和“青”组成。“青”为春天草木初生之色，有美好的意思，同“人”组合表示青春美好之人。《说文》云：“东齐婿为之倩。”“倩”是古代对青年男子的美称。

释义：“倩”在《诗经》中使用1处，无迭用。

泛指姿容美好。由特指到泛指引申。此种用法有1处：“巧笑倩兮”（《卫风·硕人》）。

羌 音【qiāng】

古形【甲 金 小篆 】

“羌”是我国古代西部一个民族的名称。从字形看，“羌”，甲骨文写作“”，像一个人头上戴着羊角状的装饰物。这是羌族人的典型特征。

释义：“羌”在《诗经》中使用1处，无迭用。

西方部族。此种用法有1处：“自彼氐羌”（《商颂·殷武》）。

戕 音【qiāng】

古形【金 小篆 】

“戕”由“爿”和“戈”组成。“爿”的字形像劈开的木片；“戈”是古代一种

用以横击、钩杀的重要武器，同“爿”组合或表示把人像木头一样用武器劈开。《说文·戈部》：“戕，枪也。”《段注》：“枪者，歫也。歫谓相抵为害。《小雅》：‘曰子不戕。’传曰：‘戕，残也。’此戕之正义。”“残害”是“戕”的字形本义。

释义：“戕”在《诗经》中使用1处，无迭用。

残暴、残害。此种用法有1处：“曰予不戕”（《小雅·十月之交》）。

斨 音【qiāng】

古形【金 小篆 】

“斨”由“爿”和“斤”组成。“爿”像木片；“斤”，甲骨文写作“”，像一把曲柄的斧头，同“爿”组合表示这种斧头可以砍木成片。《说文·斤部》：“斨，方銎斧也。”意思是斨指柄孔为长方形的斧头。

释义：“斨”在《诗经》中使用2处，无迭用。

柄孔为长方形的斧子。此种用法有2（风2）处，如：“取彼斧斨”（《豳风·七月》）。

跄(蹌) 音【qiāng、qiàng】

古形【金 小篆 】

《说文·足部》：“跄，动也。”从字形看，“跄”由“足”和“仓”组成。“足”表示走动；“仓”指古代官名，同“足”组合表示官员走步需合礼节。一说“仓”指“粮仓”，同“足”组合表示背负粮袋入仓时的走步。无论是官员合乎礼节的走步还是背负沉重的粮袋入仓，步履都不会像平时走路那样轻松自如，而是表现出沉稳且有节奏的样子。

释义：“跄”在《诗经》中使用3处5次，2处迭用。

沉稳有节奏地走动。此种用法有3（风1；雅2）处5次，2处迭用：“巧趋跄兮”（《齐风·猗嗟》）；“济济跄跄”（《小雅·楚茨》）；“跄跄济济”（《大雅·公刘》）。

锵(镪) 音【qiāng】

古形【金 小篆 】

“锵”指金属器物撞击发出的声音。从字形看，“锵”由“钅（金）”和“将”组成。“金”指金属器；“将”是军队中的高级军官，同“金”组合表示这种金属器撞击的声响很（高）大。“锵”有时也写作“镪”，其中的“强”字也有“大”的意思。

释义：“锵”在《诗经》中使用2处4次，均迭用。

金属器撞击发出的声音。此种用法有2（雅2）处4次，均迭用，如：“八鸾锵锵”（《大雅·烝民》）。

墙(牆) 音【qiáng】

古形【金 小篆 】

“墙”又作“牆”，由“爿”和“啬”组成。《说文·啬部》：“牆，垣蔽也。”“爿”像木片状，古时的墙大多是用木片围成框，然后在框内填土夯实后拆去木框，如此一层一层垒上去成墙；“啬”，由“来（麦一类的谷物）”和“亩（仓廪）”组成。由土垒成的可以起蔽藏作用的就是墙。

释义：“墙”在《诗经》中使用6处，无迭用。

墙。此种用法有6（风4；雅2）处，如：“墙有茨”（《鄘风·墙有茨》）；“彻我墙屋”（《小雅·十月之交》）。

悄 音【qiāo】

古形【金小篆】

《说文·心部》：“悄，忧也。”从字形看，“悄”由“忄（心）”和“肖”组成。“心”指心情；“肖”有“细小”意，同“心”组合或表示心中情绪低落，多愁善感的人一般心胸都不开阔（心眼小）。

释义：“悄”在《诗经》中使用3处5次，2处迭用。

忧愁（的样子）。此种用法有3（风2；雅1）处5次，2处迭用，如：“劳心悄兮”（《陈风·月出》）；“忧心悄悄”（《小雅·出车》）。

乔(喬) 音【qiáo】

古形【金小篆】

“乔”，繁体作“喬”。《说文·夭部》：“喬，高而曲也。”从字形看，“喬”，金文写作“”，像高大的建筑物上有一弯曲状的饰物。小篆讹变为“”字形，故《说文》说其“从夭从高省”，即“夭”和“高”组合。“夭”本就有弯曲义，同“高”组合形容高而弯曲。

释义：“乔”在《诗经》中使用6处，无迭用。

1.高大。由字形主体高大引申。此种用法有5（风2；雅1；颂2）处，如：“南有乔木”（《周南·汉广》）；“迁于乔木”（《小雅·伐木》）；“嶞山乔岳”（《周颂·般》）。

2.借为“鷮”，野鸡的一种。此种用法有1处：“二矛重乔”（《郑风·清人》）。

荍 音【qiáo】

古形【小篆】

“荍”又名芘芣、锦葵，两年或多年生草本植物，夏季开花，花是白色或紫色。可供观赏，花、叶、茎均可入药。从字形看，“荍”由“艹（草）”和“收”组成。“收”从“攴（攵）”，为手持器械治事状，“丩”像两绳纠结，同“艹（草）”组合或表示“荍”是一种非手拔可采之草，而是需要用器械收割，用绳索捆扎的草本植物。

释义：“荍”在《诗经》中使用1处，无迭用。

草名。此种用法有1处：“视尔如荍”（《陈风·东门之枌》）。

樵 音【qiáo】

古形【金小篆】

《说文·木部》：“樵，散木也。”徐锴《说文系传》：“散木不入于用也。”桂馥《说文义证》：“既不入用，惟堪作薪焚烧耳。”从字形看，“樵”由“木”和

“焦”组成。“焦”指木柴烧火时的“火苗尖头”，同“木”组合表示“樵”是不能入用，只能用来烧火的散（柴）木。

释义：“樵”在《诗经》中使用1处，无迭用。

打柴。由词性转换（名—动）引申。此种用法有1处：“樵彼桑薪”（《小雅·白华》）。

谯(譙) 音【qiáo】

古形【金 小篆 】

“谯”由“讠（言）”和“焦”组成。“言”指言词；“焦”指“火苗尖头”，同“言”组合表示集中火力用言词进行攻击。《说文·言部》：“谯，嬈譊也。”以言词相责就是“谯”。

释义：“谯”在《诗经》中使用1处2次，迭用。

同“焦”，枯黄的样子。此种用法有1处，迭用：“予羽谯谯”（《豳风·鸱鸮》）。

巧 音【qiǎo】

古形【金 小篆 】

“巧”由“工”和“丂”组成。“工”表示工匠、工具；“丂”古通“考”，有“老”义，表示久经磨难，同“工”组合或指久经磨难的工匠，即现在所说的经验丰富、技术娴熟的老工匠。

释义：“巧”在《诗经》中使用5处，无迭用。

美好、灵敏、灵巧。由经验丰富、技术娴熟引申。此种用法有5（风3；雅2）处，如：“巧笑倩兮”（《卫风·硕人》）；“巧言如流”（《小雅·雨无正》）。

翘(翹) 音【qiào】

古形【金 小篆 】

“翘”由“尧”和“羽”组成。“羽”，金文写作“ ”，像鸟的羽毛状；“尧”有“高”意，同“羽”组合表示鸟身上高出的羽毛。《说文·羽部》：“翘，尾长毛也。”鸟尾部羽毛高高挺起的状态就是翘。

释义：“翘”在《诗经》中使用2处4次，均迭用。

高出貌。由特指鸟尾翘起状为泛指物体部分高出引申。此种用法有2（风2）处4次，均迭用，如：“翘翘错薪”（《周南·汉广》）。

切 音【qiē、qiè】

古形【甲 金 小篆 】

《说文·刀部》：“切。刌也。”“刌”即“切”，二字互注。从字形看，“切”，甲骨文写作“ （‘七’字本字）”，像用工具将木棍割断状，后“七”借作数目字以后，人们又加“刀”字成“切”，表示用刀切割。

释义：“切”在《诗经》中使用1处，无迭用。

用刀切割（或雕刻）。此种用法有1处：“如切如磋”（《卫风·淇奥》）。

且 音【qiě】

古形【甲 金 小篆 】

《说文·几部》：“且，薦也。”《段注》：“（且）古音俎，所以承藉进物者。”王筠《说文释例》：“且，盖古俎字。”以上三说，均把“且”作“俎”解，有“承藉进物”之器具的意思。“且”，甲骨文写作“ ”，刘兴隆《新编甲骨文字典》：“像宗庙中之灵牌，即神主是也。”又“卜辞用 （且）为 （祖），为祖之专字。 （且）与 （俎）不同， （俎）之本义为置 （肉）于且前，为俎之省文，与后世俎一字也。”由此可见，“ ”和“ ”当为两字，“ （且）”为“祖”之初文，义为宗庙中祖先之灵牌，而“ ”则是“俎”之初文，义为存放进物的器具。有说“且”像雄性生殖器，从对生命生殖崇拜这一点看，初民将祖先灵牌设计成可以繁衍后代的生殖器形状，应该是无可厚非的。

释义：“且”在《诗经》中使用86处，无迭用。

1. 借作连词、副词，相当于“又、而且、或者”“姑且”。此种用法有64（风34；雅26；颂4）处，如：“终温且惠”（《邶风·燕燕》）；“和乐且湛”（《小雅·鹿鸣》）；“柔惠且直”（《大雅·崧高》）；“孔曼且硕”（《鲁颂·閟宫》）。

2. 借作代词，有“此、这”等义。此种用法有2（颂2）处，如：“匪且有且”（《周颂·载芟》）。

3. 借作语气词，犹言也哉。此种用法有12（风11；雅1）处，如：“既亟只且”（《邶风·北风》）；“曰父母且”（《小雅·巧言》）。

4. 借为“徂”，往。此种用法有3（风3）处，如：“士曰既且”（《郑风·溱洧》）。

5. 借为“狙”，猕猴。此种用法有1处：“乃见狂且”（《郑风·山有扶苏》）。

6. 借为“琡”，玉名。此种用法有2（风2）处，如：“扬且之皙也”（《鄘风·君子偕老》）。

7. 或同“沮”，多。此种用法有2（雅1；颂1）处：“笾豆有且”（《大雅·韩奕》）；“有萋有且”（《周颂·有客》）。

朅 音【qiè】

古形【小篆 】

《说文·去部》：“朅，去也。”“去”即离开。从字形看，“朅”由“去”和“曷”组成。“曷”由“曰（盘问）”“人（哨兵）”和“亡（）流民”组成，合起来表示关卡值勤人员对外流人口进行盘问，是“喝”的本字，有“吆喝、呵斥”的意思，表现了值勤人员的凶猛、威武状，“曷”和“去”组合或想表达离去时的勇武状态。

释义：“朅”在《诗经》中使用2处，无迭用。

建武貌。此种用法有2（风2）处，如：“庶士有朅”（《卫风·硕人》）。

钦(欽) 音【qīn】

古形【金 小篆 】

"钦"有"封建时代皇帝亲自所做"的意思，所谓钦命、钦赐、钦差等即有此意。从字形看，"钦"由"钅（金）"和"欠"组成。"欠"有"欠缺、不足"的意思，安子介先生在《解开汉字之谜》中认为两部分组合表示"皇帝自己将别人看作金子（而）自己感到不足"，故谓之"钦"。也正因为有这种意思，"钦"就有了"恭敬、敬重"等引申义。

释义："钦"在《诗经》中使用2处4次，均迭用。

1. 忧思难忘。或由常感自己不足引申。此种用法有1处2次，迭用："忧心钦钦"（《秦风·晨风》）。

2. 钟声。或由宣读皇帝旨意常敲锣打鼓、吹号奏乐引申。此种用法有1处2次，迭用："鼓钟钦钦"（《小雅·鼓钟》）。

侵 音【qīn】

古形【金 小篆 】

"侵"由"亻（人）""帚（扫帚）"和"又（手）"组成。《说文·人部》："侵，渐进也。从人又（手）持帚。"意思是说：侵是渐进的意思，由人手持扫帚会意。像人手持扫帚清扫地面一样循序渐进就是"侵"。在字义色彩上，"侵"还有使用武力强行进入之意。

释义："侵"在《诗经》中使用3处，无迭用。

侵入。由持帚渐进为武力强行进入引申。此种用法有3（雅3）处，如："侵镐及方"（《小雅·六月》）；"侵自阮疆"（《大雅·皇矣》）。

綅 音【qīn】

古形【小篆 】

《说文·糸部》："綅，绛线也。"所谓绛线，即缝衣的线。从字形看，"綅"由"糸"和"㑴"组成。"系"指线；"㑴"或是"侵"的省写，有"渐进"的意思，同"糸"组合表示可以在衣物上渐进的线，即缝衣线。

释义："綅"在《诗经》中使用1处，无迭用。

（缝衣）线。此种用法有1处："贝胄朱綅"（《鲁颂·閟宫》）。

骎(駸) 音【qīn】

古形【小篆 】

《说文·马部》："骎，马行疾也。"从字形看，"骎"由"马"和"㑴"组成，"㑴"是"侵"字省写，有"渐进"的意思，同"马"组合表示马的行进速度。

释义："骎"在《诗经》中使用1处2次，迭用。

马行进，迭用表示马速行貌。此种用法有1处2次，迭用："载骤骎骎"（《小雅·四牡》）。

亲(親) 音【qīn】

古形【金 小篆 】

"亲"繁体作"親"。《说文·见部》："親，至也。"意思是親表示密切之至。按现在的理解就是有血缘或是夫妻关系的人即“亲”。从字形看，“親”由“亲(立加木)”和“見”组成。“見”有看见的意思，同“亲”组合或可以解释成“如立木（大树）在身边天天可以看得见”的人，即亲人。《说文》中还有一个音义相同的“寴”字，是在“親”的基础上加了个“宀（房屋）”，更是形象地指明了“亲人”指的是同一屋檐下每天立于身边可见的人。

释义：“亲”在《诗经》中使用4处，无迭用。

1.亲人、母亲。此种用法有1处：“亲结其缡”（《豳风·东山》）。

2.亲自。或由自身离自己更密至引申。此种用法有3（雅3）处，如：“弗躬弗亲”（《小雅·节南山》）；“亲迎于渭”（《大雅·大明》）。

衾 音【qīn】

古形【金 小篆 】

《说文·衣部》：“衾，大被。”《段注》：“寝衣为小被，则衾为大被也。”一说“衾”指尸体入殓时盖尸的东西。从字形看，“衾”由“今”和“衣”组成。“今”有“立刻、马上”的意思；“衣”指遮蔽人体的东西，同“今”组合或表示尸体入殓需要立刻盖上大被。“衾”有一个异体字“䘳”，就是由“大”和“衣”组成。

释义：“衾”在《诗经》中使用2处，无迭用。

被子、大被。此种用法有2（风2）处，如：“抱衾与裯”（《召南·小星》）。

芹 音【qín】

古形【金 小篆 】

《说文·艸部》：“芹，楚葵也。”意即芹指的是生长在楚地的一种葵菜。这是一种喜生于低湿洼地或水沟中的草本植物，又称水芹，可食用。从字形看，“芹”由“艹（草）”和“斤”组成。“艹（草）”表示“芹”是草本植物；“斤”是一种常用的砍伐工具，同“艹（草）”组合或表示芹是需要用工具采割的草本植物。

释义：“芹”在《诗经》中使用2处，无迭用。

芹菜。此种用法有2（雅1；颂1）处：“言采其芹”（《小雅·采菽》）；“薄采其芹”（《鲁颂·泮水》）。

覃(𩫖) 音【qín】

古形【金 小篆 】

“覃”繁体作“𩫖”。《说文·𣆪部》：“覃，长味也。”从字形看，“𩫖”由“卤”和“𣆪（厚）”组成。“卤”指一种浓味的浆汁；“厚”有厚重的意思，同“卤”组合表示这种有厚重之味的浆汁，进入口中其味经久不衰。如清徐灏《段注笺》所云：“此字从厚卤，即长味之义。”

释义：“覃”在《诗经》中使用5处，无迭用。

1.长、延长。由味留口中时间长久引申。此种用法有4（风2；雅2）处，如：“葛之覃兮”（《周南·葛覃》）（一说借为‘藤’，蔓）；“实覃实訏”（《大雅·

生民》)。

2. 通“剡”，锋利。此种用法有1处：“以我覃耜”（《小雅·大田》）。

芩 音【qín】

古形【金 小篆 】

《说文·艸部》：“芩，草也。”一般认为“芩”指黄芩，是一种有止血作用的草本植物，故又称止血草。从字形看，“芩”由“艹（草）”和“今”组成。“今”有“立刻、马上”的意思，同“艹（草）”组合或表示这是一种敷上可以很快止血的草本植物。

释义：“芩”在《诗经》中使用1处，无迭用。

草名。此种用法有1处：“食野之芩”（《小雅·鹿鸣》）。

琴 音【qín】

古形【金 小篆 】

“琴”又作“珡”，指一种古代拨弦乐器。金文写作“ （珡）”，像古琴的形状：拱形表示琴座；横线表示琴弦；中竖表示琴柱。《说文·珡部》：“珡，禁也。神农所作，洞越。练朱五弦，周加二弦，象形。”意思是说，珡是用（声音）来禁止淫邪、端正人心（的乐器），（传说）是神农氏发明制作的，（底座）有通达的出音孔，上面用朱红色的熟绢丝做成五根弦，周代又加了两根弦。这是一个象形字。

释义：“琴”在《诗经》中使用9处，无迭用。

一种古弦乐器。此种用法有9（风3；雅6）处，如：“琴瑟友之”（《周南·关雎》）；“鼓瑟鼓琴”（《小雅·鹿鸣》）。

勤 音【qín】

古形【金 小篆 】

《说文·力部》：“勤，劳也。”从字形看，“勤”由“堇”和“力”组成。“堇”指黏土；“力”，甲骨文写作“ ”，字形像一个翻土的农具，同“堇”组合或表示在黏土地里翻土，很辛劳。

释义：“勤”在《诗经》中使用2处，无迭用。

辛劳。此种用法有2（风1；颂1）处：“恩斯勤斯”（《豳风·鸱鸮》）；“文王既勤止”（《周颂·赉》）。

溱 音【qín】

古形【金 小篆 】

“溱”由“氵（水）”和“秦”组成。《康熙字典》引《释名》曰：“秦，津也。其地沃衍有津润也。”同“水”组合，或表示肥沃津润地之水。《说文·水部》：“溱，水出桂阳临武入汇。”“溱”作水名或是借用之义。

释义：“溱”在《诗经》中使用4处5次，1处迭用。

1. 茂盛，迭用表示茂盛众多的样子。有土地肥沃适合植物茂盛生长引申。此种用法有1处2次，迭用：“室家溱溱”（《小雅·无羊》）。

2. 借作水名。此种用法有3（风3）处，如：“褰裳涉溱”（《郑风·褰裳》）。

蠢 音【qín】

古形【金 小篆 】

蠢是古书上说的一种蝉，形体短小、头方有纹、身体绿色。从字形看，“蠢”由“虫”和“秦”组成。“秦”有土地肥沃而津润的意思，同“虫”组合或表示蠢是一种生长在肥沃湿地的昆虫。

释义：“蠢”在《诗经》中使用1处，无迭用。

虫名。此种用法有1处：“蠢首蛾眉”（《卫风·硕人》）。

寝(寑) 音【qǐn】

古形【甲 金 小篆 】

“寝”，又作“寑”。《说文·宀部》：“寑，卧也。”从字形看，“寑”由“宀”和“侵”组成。“宀”，甲骨文写作“ ”，像房屋之形；“侵”有“人持帚渐进清扫”义，远古床还没有被发明的时候，人们席地而坐，席地而卧。所以休息的地方，每天都要清扫一下保持整洁。"寑"字所表达的可能就是这类情形，同“宀”组合表示在屋内躺下。“寑”后来写作“寝”，多了一个表示床的“爿”字，使字义表达就更加明确了。

释义：“寝”在《诗经》中使用10处，无迭用。

1. 躺卧。此种用法有6（风1；雅5）处，如：“载寝载兴”（《秦风·小戎》）；“或寝或讹”（《小雅·无羊》）。

2. 躺卧的地方。由词性转换（动—名）引申。此种用法有4（雅2；颂2）处，如：“奕奕寝庙”（《小雅·巧言》）；“寝庙既成”（《大雅·崧高》）；“寝成孔安”（《商颂·殷武》）。

青 音【qīng】

古形【甲 金 小篆 】

青指的是产自矿井中一种矿石的颜色。古人将这种矿石开采出来，研磨成粉末，作为重要颜料使用。从字形看，“青”，甲骨文写作“ ”，由“ ”和“ ”组成。“ ”像草木初生状；“ ”指矿坑中的矿石，同“ ”组合表示这种可作颜料的矿石如初生的草木颜色。

释义：“青”在《诗经》中使用8处12次，4处迭用。

1. 初生草木的颜色。此种用法有7（风3；雅4）处10次，3处迭用，如：“青青子衿”（《郑风·子衿》）；“其叶青青”（《小雅·苕之华》）。

2. 借为“菁菁”，茂盛貌。此种用法有1处，迭用：“绿竹青青”（《卫风·淇奥》）。

清 音【qīng】

古形【金 小篆 】

《说文·水部》：“清，朗也。澄水之貌。”《段注》：“朗者明也。澄而后明，故云澄水之貌。”从字形看，“清”由“氵（水）”和“青”组成。“青”指初生草木之色，同“水”组合表示流水清澈且呈嫩草之纯青之色。

释义：“清”在《诗经》中使用23

处，无迭用。

1. 清澈、洁净。此种用法有11（风4；雅6；颂1）处，如："浏其清矣"（《郑风·溱洧》）；"载清载浊"（《小雅·四月》）；"清酒既载"（《大雅·旱麓》）；"既载清酤"（《商颂·烈祖》）

2. 清秀、清朗、清静、清明。由特指水（液体）清为泛指引申。此种用法有9（风5；雅2；颂2）处，如："美目清兮"（《齐风·猗嗟》）；"会朝清明"（《大雅·大明》）；"维清缉熙"（《周颂·维清》）。

3. 借作邑名。此种用法有3（风3）处，如："清人在轴"（《郑风·清人》）（清，郑国邑名，在今河南中牟县西）。

倾(傾) 音【qīng】

古形【金 小篆 】

"顷"是"倾"的本字，"顷"被借用作副词以后，人们又加了个"人"字作"倾"来代替"顷"，意思较"顷"有拓展。《说文·人部》："倾，仄也。"所谓"仄"，即偏斜。从字形看，"倾"由"亻（人）"和"顷"组成。"顷"有"头不正"的意思，同"人"组合表示同人有关的偏斜。

释义："倾"在《诗经》中使用2处，无迭用。

倒塌、死亡。由偏斜而倒下引申。此种用法有2（雅2）处，如："大命以倾"（《大雅·荡》）。

顷(頃) 音【qīng、qǐng】

古形【金 小篆 】

《说文·匕部》："顷，头不正也。"从字形看，"顷"由"匕"和"页"组成。"匕"有"比较"之义；"页"，甲骨文写作" "像人长个大头形，同"匕"组合表示头与头进行比较。《段注》："匕其头是不正也。"其头不正是两相比较的结果。

释义："顷"在《诗经》中使用2处，无迭用。

物体上部不正、斜。由特指人头为泛指物体上部倾斜。此种用法有2（风2）处，如："不盈顷筐"《周南·卷耳》）。

卿 音【qīng】

古形【甲 金 小篆 】

"卿"，一般认为是"饗"之本字。《说文·食部》："饗，乡人饮酒也。"从字形看，"饗"，甲骨文写作" "，金文作" "，均像人请酒对食之状。罗振玉《增订殷墟书契考释》："古公卿之卿、鄉党之鄉、饗食之饗，皆为一字，后世析而为三。"或因请酒对食之状多为官宦所为，所以分化出来的"卿"字，多作为官称在使用。（《说文·卯部》：'卿（有）六卿：（即）天官冢宰、地官司徒、春官宗伯、夏官司马、秋官司寇、冬官司空。'）

释义："卿"在《诗经》中使用5处，无迭用。

借作官称。此种用法有5（雅4；颂1）处，如："皇父卿士"（《小雅·十月之交》）；"百辟卿士"（《大雅·假乐》）；"降予卿士"（《商颂·长发》）。

情　音【qíng】

古形【金　小篆　】

《礼记·礼运》曰："何谓人情？喜怒哀惧爱恶欲，七者，弗学而能。"由外界事物所引起的喜、怒、爱、憎、哀、惧等心理状态就是情。"情"由"忄（心）"和"青"组成。"青"，金文写作"　"，上部的"　"像草木初生之状。《说文·心部》："情，人之阴气有欲者也。""心"同"青"组合或表示人心中的欲望如初生草木一样萌动。

释义："情"在《诗经》中使用1处，无迭用。

情意、情思。此种用法有1处："洵有情兮"（《陈风·宛丘》）。

庆(慶)　音【qìng】

古形【甲　金　小篆　】

"庆"，繁体写作"慶"。《说文·心部》："慶，行贺人也。从心从夊。"所谓"从心从夊"，《段注》："谓心所喜而行也。"从字形看，"慶"由"𢉖（省写的'鹿'字）""心"和"夊（行）"组成。亲戚朋友碰上喜事，自己心里也高兴（心），于是跑去（夊）祝贺。古代向人贺喜一般献上鹿皮（鹿）以表心意，这种礼节叫作"慶"。

释义："庆"在《诗经》中使用8处，无迭用。

1. 喜庆。由祝贺是因喜庆之事引申。此种用法有2（雅2）处："是以有庆矣"（《小雅·裳裳者华》）；"庆既令居"（《大雅·韩奕》）。

2. 福、善。由喜庆之事可带来福和善引申。此种用法有6（雅5；颂1）处，如："孝孙有庆"（《小雅·楚茨》）；"则笃其庆"（《大雅·皇矣》）；"孝孙有庆"（《鲁颂·閟宫》）。

磬　音【qìng】

古形【甲　金　小篆　】

磬指古代的一种打击乐器，用石或玉制成，板状，形似曲尺。从字形看，甲骨文写作"　（殸）"，左上部的"　"像一个用丝绳悬挂着的磬形（后来写作"声"，或表示可以发声）；右下方的"　"像手持小锤敲击状（后写作"殳"）。《说文·石部》："磬，乐石也。""殸"写作"磬"，表示这是一种敲击可以发出乐音的石器。

释义："磬"在《诗经》中使用5处，无迭用。

1. 古代一种打击乐器。此种用法有4（雅1；颂3）处，如："笙磬同音"（《小雅·鼓钟》）；"依我磬声"（《商颂·那》）。

2. 借为"劲"，力也。此种用法有1处："抑磬控忌"（《郑风·大叔于田》）。

罄　音【qìng】

古形【金　小篆　】

《说文·缶部》："罄，器中空也。"从字形看，"罄"由"殸"和"缶"组成。"殸"即"磬"，是一种敲击可以发

声的乐器；“缶”指一种瓦器，同“殸”组合表示“罄”这种瓦器是其中空尽，敲击可以发出共鸣声。

释义：“罄”在《诗经》中使用2处，无迭用。

空尽。此种用法有2（雅2）处，如：“瓶之罄矣”（《小雅·蓼莪》）。

邛 音【qióng】

古形【金 小篆 】

《说文·邑部》：“邛，邛地（《段注》纠正为‘邛成’）。”清王绍兰订补：“邛与成皆山名。尧葬邛山之阴、成山之阳。后于两山置县，因名邛成。”（帝尧葬于何处不作考）从字形看，“邛”由“工”和“阝（邑）”组成。“工”有精巧、精致的意思，同“邑”组合或表示“邛成”是一个精致的城邑。

释义：“邛”在《诗经》中使用4处，无迭用。

土丘。或由地名所处之地形引申。此种用法有2（风2）处，如：“邛有旨苕”（《陈风·防有鹊巢》）（据清朱骏声《说文通训定声》：“邛邱在（河南陈州淮宁）县北”）。

2. 借作“痛”，毛病。此种用法有2（雅2）处：“亦孔之邛”（《小雅·小旻》）。

穷(窮) 音【qióng】

古形【金 小篆 】

“穷”，繁体作“窮”，由“穴”和“躬”组成。“穴”表示洞穴；“躬”指躬身之状，同“穴”组合表示弯曲着身子在洞穴中（生活），可知其生活窘迫、困顿。“窮”简化作“穷”，还可以理解成缺乏财物，除了土屋（穴）和力气（力）外，什么也没有。《说文·穴部》：“窮，极也。”应该是“穷”的引申义。

释义：“穷”在《诗经》中使用1处，无迭用。

缺乏财物。此种用法有1处：“以我御穷”（《邶风·谷风》）。

茕(絭、惸) 音【qióng】

古形【金 小篆 】

《说文·卂部》：“茕，回疾也。”“茕”由“𠀃”和“卂”组成。“𠀃”或是“营”字省写。《说文·宫部》：“营，帀居也。”所谓“帀居”，《段注》云：“谓围绕而居。”“卂”有“疾飞”的意思，同“营”组合表示鸟儿在空中盘旋疾飞。“茕”是“絭”字简写，同“惸”。《康熙字典》云：“（茕）小雅今本作惸。”

释义：“茕”在《诗经》中使用2处3次，1处迭用。

1. 孤独。由盘旋疾飞多独鸟引申。此种用法有1处：“哀此茕独”（《小雅·正月》）。

2. 忧虑。由孤独而心中焦虑引申，迭用表示心中忐忑不安的样子。此种用法有1处2次，迭用：“忧心茕茕”（《小雅·正月》）。

穹 音【qióng】

古形【金 小篆 】

“穹”由“穴”和“弓”组成。“穴”指洞穴；“弓”，甲骨文写作“”，像一把弓的形状，同“穴”组合表示洞穴穴顶向上高高拱起成弓的形状。“穹”常常被用来代指天空，说明古人已经有了天空是弧形的概念（或者说已经感觉到地是球体）。《说文·穴部》：“穹，穷也。”这里的“穷”指“穷尽、极限”，联系到“穹”代指天空，古人或许早已了解到天空（宇宙）的浩瀚和博大也未可知。

释义：“穹”在《诗经》中使用3处，无迭用。

1. 天空。由天空浩瀚而成拱形引申。此种用法有1处：“以念穹苍”（《大雅·桑柔》）（穹苍，犹青天）。

2. 借为“烘”，用火烤。此种用法有2（风2）处，如：“穹窒熏鼠”（《豳风·七月》）。

琼(瓊)　音【qióng】

古形【金 小篆 】

“琼”繁体作“瓊”，由“王（玉）”和“敻”组成。“敻”有距离遥远的意思，同“玉”组合或可以理解成产自遥远地方的玉。《说文·玉部》：“瓊，赤玉也。”“琼”或可视为产自远方的赤色的玉。据安子介先生在《解开汉字之谜》中解释：“一块‘玉’曾吸引过许多（攵）‘人’的眼光（目），被藏在一小地方‘冖’，有一人（⺈）跪在上边，以示珍贵。”从字形看，“瓊”由“玉”和“敻”组成。“敻”的部件由“⺈”“冖”“目”和“攵”构成，同“玉”组合成“瓊”表示美玉。“琼”还作“璚”“瓗”。“璚”中的“矞”有祥瑞之色的意思；“瓗”中的“巂”由“崔（有石头的大山）”和“冏（光明）”组成，合起来或表示大山中明亮的石头。

从以上信息可知，琼（瓊）可以理解成从远处大山中采集来的被许多人视为珍贵的明亮的赤色石头，即美玉。

释义：“琼”在《诗经》中使用8处，无迭用。

美玉。此种用法有8（风8）处，如：“佩玉琼琚”（《郑风·有女同车》）。

睘　音【qióng】

古形【小篆 】

“睘”，小篆写作“”，由“（横‘目’表示眼睛）”和“（袁）”组成。《说文·目部》：“睘，目惊视也。”“袁”有“衣长大”的意思，同“目”组合或表示用惊讶的目光打量这长大之衣（或因多穿短衣，鲜见这种又长又大的衣服）。

释义：“睘”在《诗经》中使用1处2次，迭用。

同“茕”，独。迭用表示孤独无依貌。此种用法有1处，迭用：“独行睘睘”（《唐风·杕杜》）。

丘　音【qiū】

古形【甲 金 小篆 】

“丘”甲骨文写作“”，像地面上并立的两个小土峰。《说文·丘部》：“丘，土之高也，非人所为也。”地面上自然隆起的形似山状的土包就称作“丘”。

释义：“丘”在《诗经》中使用14处，无迭用。

土山。此种用法有14（风10；雅4）处，如：“陟彼阿丘”（《鄘风·载驰》）；“猗于亩丘”（《小雅·巷伯》）。

秋 音【qiū】

古形【甲 金 小篆 】

《说文·禾部》：“秋，禾谷熟也。”从字形看，“秋”繁体作“龝”，由“禾”和“龜（龟）”组成。古人在春耕前常烧灼龟甲以卜算秋天收成，到了秋收时节，谷物收成是否如龟卜预言的那样就实际见分晓了，这种形式叫龟验。“龟”就表示火烧龟甲（后来简化用‘火’代替）。“禾”表示春种秋熟的禾谷，同“火”组合表示通过烧灼龟甲卜算验证了的禾谷的收成。一说“秋”字甲骨文写作“”，由火上一蟋蟀构形。古人发现蟋蟀一般在秋天鸣叫且秋天收获谷物以后，要用火焚烧秸秆，顺便灭除害虫，故以“秋”为秋。此可视为一说。

释义：“秋”在《诗经》中使用5处，无迭用。

1.秋季。由秋为禾谷成熟之季节引申。此种用法有4（风1；雅1；颂2）处，如：“秋以为期”（《卫风·氓》）；“秋日凄凄”（《小雅·四月》）；“春秋匪解”（《鲁颂·閟宫》）。

2.年。由一年只有一秋引申。此种用法有1处：“如三秋兮”（《王风·采葛》）。

鹙(鶖) 音【qiū】

古形【小篆 】

鹙指古书上说的一种水鸟，头和颈上都没有毛，性贪恶，食鱼、蛇、鸟雏等，又名秃鹙。李时珍《本草纲目》云：“秃鹙，水鸟之大者。青苍色，长颈赤目，头项皆无毛，其项皮紅色，如鶴顶，其喙深黄色而扁直，长尺余。凡鸟至秋毛脱秃，此鸟头秃如秋毨（秋天换毛），如老人头童，及扶老之杖，故一名扶老。”从字形看，“鹙”由“秋”和“鸟”组成。“秋”指秋天毛脱秃，同“鸟”组合或表示这是一种至秋毛脱秃的鸟。

释义：“鹙”在《诗经》中使用1处，无迭用。

鸟名。此种用法有1处：“有鹙在梁”（《小雅·白华》）。

厹 音【qiú、róu】

古形【小篆 】

“厹”，古同“蹂”。《说文·厹部》：“厹，兽足蹂地也。象形。”《尔雅·释兽》：“狸、狐、貒、貈丑，其足蹯；其迹厹。”意思是说，狸、狐、貒、貈等兽类，它们的脚掌叫蹯，足迹称厹。从字形看，“厹”小篆作“”，或像兽足迹之形。

释义：“厹”在《诗经》中使用1处，无迭用。

借指矛的形状。此种用法有1处：“厹矛鋈錞”（《秦风·小戎》）（厹矛，又作酋矛，矛头三棱形，或如兽足迹之状）。

囚 音【qiú】

古形【金 小篆 】

《说文·囗部》：“囚，系也。从人在囗中。”所谓“系”，可理解成栓绑。从字形看，“囚”由“囗（围）”和“人”组成。“囗”像一个牢房，把人捆绑起来放入“囗（牢房）”里就是“囚”。

释义：“囚”在《诗经》中使用1处，无迭用。

囚犯（俘虏）。此种用法有1处：“在泮献囚”（《鲁颂·泮水》）。

求 音【qiú】

古形【甲 金 小篆 】

“求”是“裘”的本字，甲骨文写作“ ”，像一件带毛的兽皮上衣的样子。《康熙字典》引《增韵》曰“觅也、乞也”应该是“求”的借用义。为区别借用之“求”，后来人们又加“衣”专表裘衣。

释义：“求”在《诗经》中使用42处，无迭用。

1. 借表“觅、乞”即为达到目的而求取等义。此种用法有39（风17；雅16；颂6）处，如：“寤寐求之”（《周南·关雎》）；“兄弟求矣”（《小雅·常棣》）；“自求多福”（《大雅·文王》）；“我求懿德”（《周颂·时迈》）；“自求伊祜”（《鲁颂·泮水》）。

2. 同“逑”，聚。此种用法有1处：“万福来求”（《小雅·桑扈》）。

3. 同“捄”，法。此种用法有1处：“世德作求”（《大雅·下武》）（一说通“逑”，匹、配）。

4. 或同“纠”，与“讨”同义，讨伐。此种用法有1处：“淮夷来求”（《大雅·江汉》）。

俅 音【qiú】

古形【金 小篆 】

《说文·人部》：“俅，冠饰貌。”从字形看，“俅”由“亻（人）”和“求”组成。“求”是“裘”字初文，指皮衣，是人体服饰的一部分，在“俅”中或代指皮帽，同“人”组合表示冠饰。

释义：“俅”在《诗经》中使用1处2次，迭用。

冠饰。迭用形容冠饰美丽的样子。此种用法有1处，迭用：“载弁俅俅”（《周颂·丝衣》）（一说“俅俅”为“恭顺貌”，或因戴弁之人显得恭顺的样子，故言。弁：古代男子穿礼服时所戴的帽子）。

逑 音【qiú】

古形【金 小篆 】

《说文·辵部》：“逑，敛聚也。”从字形看，“逑”由“辶”和“求”组成。“辶”同行走有关；“求”有乞求之意，同“辶”组合或表示边走边求可聚合所求之财物，故谓“敛聚”。

释义：“逑”在《诗经》中使用2处，无迭用。

1. 敛聚、配偶。此种用法有1处：

“君子好逑”（《周南·关雎》）（配偶：或指走去追求可成聚合之人，符合“逑”之字形意义）。

2.借为“捄”，法。此种用法有1处：“以为民逑”（《大雅·民劳》）。

球 音【qiú】

古形【金 小篆 】

“球”指的是古代贵族崇尚追求的玉器，可用于手掌把玩健身之物。从字形看，“球”由“玉”和“求”组成。“玉”指美好的石头；“求”有“追求”的意思，同“玉”组合表示人所共求的玉品。《说文·玉部》：“球，玉声也。”这或是“球”字引申义。

释义：“球”在《诗经》中使用2处，无迭用。

圆玉。此种用法有2（颂2）处，如：“受小球大球”（《商颂·长发》）（一说通“捄”）。

裘 音【qiú】

古形【甲 金 小篆 】

“裘”，古作“求”，甲骨文写作“ ”。《说文·衣部》：“裘，皮衣也…一曰：象形，与衰同意。”“裘”指皮衣，有一种说法其字形同“𧘲（衰）”字是同一构形原则，很像蓑衣之形，故意也相同。不过古籍中的“裘”字多指皮衣。或因“裘（求）”字多借指寻求、乞求，所以后来人们在“求”字的基础上加了个“衣”字，专指裘衣。

释义：“裘”在《诗经》中使用15处，无迭用。

1.皮衣。此种用法有14（风13；雅1）处，如：“狐裘蒙戎”（《邶风·旄丘》）；“狐裘黄黄”（《小雅·都人士》）。

2.同“求”，谋求。“熊罴是裘”（《小雅·大东》）。

絿 音【qiú】

古形【小篆 】

清徐灏《段注笺》：“絿盖丝之纠结。”从字形看，“絿”由“糸”和“求”组成。“求”有“乞求”义，同“糸”组合或表示求乞之人如丝绳般纠缠。《说文·糸部》：“絿，急也。”或是“絿”的引申义。

释义：“絿”在《诗经》中使用1处，无迭用。

急躁。由因纠缠不休而使人急躁引申。此种用法有1处：“不竞不絿”（《商颂·长发》）。

觩 音【qiú】

古形【小篆 】

“觩”又作“觓”。《说文·角部》：“觓，角貌。”《康熙字典》引《集韵》：“觓，角曲貌。”从字形看，“觓”由“角”和“丩”组成。“角”指兽角；“丩”即“纠”，表示两弯曲物相交缠，同“角”组合表示兽角呈弯曲状。“觓”作“觩”，其中的“求”或是“球”字省写，表示球体，同“角”组合表示角如球体弧线状，也指角弯曲。

释义："觩"在《诗经》中使用3处，无迭用。

（兽）角弯曲状。此种用法有3（雅1；颂2）处，如："兕觥其觩"（《小雅·桑扈》）；"角弓其觩"（《鲁颂·泮水》）。

銶 音【qiú】

古形【缺】

"銶"，一般认为指古代木工用的一种凿子。从字形看，"銶"由"金"和"求"组成。"金"表示金属器；"求"或是"球"字省写，表示球状。从"觩"表示弯曲状（呈球体弧线形）的角看，"求"同"金"组合或表示弯曲状的金属体，即锋口呈半圆弧（弯曲）状的凿子。

释义："銶"在《诗经》中使用1处，无迭用。

同"酋"，酋矛。此种用法有1处："又缺我銶"（《豳风·破斧》）。

酋 音【qiú】

古形【金 小篆 】

《说文·酋部》："酋，绎酒也。从酉，水半见于上。"所谓"绎酒"，即久酿的酒；"水半"指"酋"字上面的两笔，古作"八"，像"氵（水）"字的一半。《段注》："绎酒，糟滓下湛，水半见于上，故像之。"从字形看，"酋"由"八"和"酉"组成。"酉"指酒，同"八"组合表示沉渣在下，酒水在上的久酿之酒。一说"酋"上的"八"有"分"的意思，同"酉"组合表示分酒，指古代掌管与酒有关工作、分酒给大家饮的人，即掌酒官（古称大酋）。这或是"酋"的借用义。

释义："酋"在《诗经》中使用1处，无迭用。

借为"猷"，谋划。此种用法有1处："似先公酋矣"（《大雅·卷阿》）。

遒 音【qiú】

古形【金 小篆 】

《说文·辵部》："遒，迫也。"从字形看，"遒"由"辶（辵）"和"酋"组成。"辶"同行走有关；"酋"指久酿的酒，同"辶"组合或表示酒的香气被陈年酿制的劲道逼迫（辶）出来。

释义："遒"在《诗经》中使用2处，无迭用。

1. 顺服。由强力进逼使之顺服引申。此种用法有1处："四国是遒"（《豳风·破斧》）。

2. 聚。由顺服而聚集引申。此种用法有1处："百禄是遒"（《商颂·长发》）。

蝤 音【qiú、yóu】

古形【金 小篆 】

《说文·虫部》："蝤，蝤蛴也。"蝤蛴，古书上指的是天牛的幼虫。从字形看，"蝤"由"虫"和"酋"组成，"虫"表示昆虫属；"酋"，金文写作"酋"，很像一只天牛的形状（'酉（酉）'像天牛的身子；表示分酒的'八'像天牛的两根触须），同"虫"组合或表示长大以后会变成"酋（酋）"形的昆虫。

释义："蛐"在《诗经》中使用1处，无迭用。

蛐蛴（天牛幼虫）。此种用法有1处："领如蛐蛴"（《卫风·硕人》）。

曲　音【qū、qǔ】

古形【甲　金　小篆　】

《说文·曲部》："曲，像器曲受物之形。"意思是"曲"像器物中间圆曲能够盛受物体的样子。从字形看，"曲"，甲骨文、金文都写作"　"，小篆写作"　"。字形像竹、柳编制的筐、篓等物的局部（小篆为整体）剖面的图形，表示弯曲。

释义："曲"在《诗经》中使用3处，无迭用。

弯曲。此种用法有3（风2；雅1）处，如："乱我心曲"（《秦风·小戎》）（指心窝处）；"予发曲局"（《小雅·采绿》）（指发卷乱）。

驱(驅)　音【qū】

古形【金　小篆　】

《说文·马部》："驱，马驰也。"从字形看，"驱"，古文又作"敺"，由"區"和"攴"组成。"區"像多种物品藏匿匚（藏物器具）之中，同"攴"组合有分别击打之义。古人驾乘（马）出行有明确规定：天子驾六、诸侯驾五、卿驾四、大夫驾三、士人驾二、庶人驾一。"敺"写作"驅（驅）"有"击打、驱赶马匹"之义，更好的体现了"驅"字本义，即赶车之人要不时分别击打马匹，使之快速奔跑。"驅"中的"區"或是"敺"字省写，后来简化作"驱"。

释义："驱"在《诗经》中使用14处，无迭用。

1.赶马、赶着车马疾行。此种用法有13（风8；雅5）处，如："驱马悠悠"（《鄘风·载驰》）；"载驰载驱"（《小雅·皇皇者华》）；"无敢驰驱"（《大雅·板》）。

2.借为"抠"，绳套或革套。此种用法有1处："游环胁驱"（《秦风·小戎》）。

屈　音【qū】

古形【金　小篆　】

屈字本义指赤身露体。远在旧石器时代，人类就有了羞耻感。早期的衣服只遮蔽裆部，即后人所说的遮羞布。因无遮羞布而露出生殖器官会感到屈辱。"屈"正是这一现象的说解。"屈"，金文写作"　"，由"　（尾）"和"　（出）"组成。《说文·尾部》："屈，无尾也。"人之尾应指挂在股后的装饰或蔽体之物，早期一般用禽兽皮毛制成，无尾即指股后无此遮体之物，同"出"组合或表示人体弯曲时因无遮蔽物而露出下体。

释义："屈"在《诗经》中使用1处，无迭用。

征服（使弯腰）。由"屈"要使身体弯曲引申。此种用法有1处："屈此群丑"（《鲁颂·泮水》）。

祛 音【qū】

古形【金 小篆 】

“祛”由“示”和“去”组成。“示”指神事；“去”有“去除”的意思，同“示”组合表示祈求神灵去除灾祸。

释义：“祛”在《诗经》中使用1处2次，迭用。

强健。或由神灵的力量强大引申。此种用法有1处，迭用：“以车祛祛”（《鲁颂·駉》）。

袪 音【qū】

古形【小篆 】

《说文·衣部》：“袪，衣袂也。”朱骏声《说文通训定声》：“（袪）析言之，则袖曰袂，袂口曰袪。”《段注》：“袂（衣袖）上下径二尺二寸，至袪（袖口）上下径尺二寸。”从字形看，“袪”由“衤（衣）”和“去”组成。“衣”表示“袪”是衣的一部分；“去”有去掉的意思，同“衣”组合或表示袂（衣袖）到袪（袖口）要去掉一部分尺寸。

释义：“袪”在《诗经》中使用2处，无迭用。

袖、袖口。此种用法有2（风2）处，如：“掺执子之袪兮”（《郑风·遵大路》）。

趋(趨) 音【qū】

古形【金 小篆 】

《说文·走部》：“趋，走也。”《段注》：“《释名》曰：‘徐行曰步，疾行曰趋，疾趋曰走。’此析言之，浑言不别也。”一般来说，“步、趋、走”都表示行进，如果细分，慢行叫步；跑步（疾行）叫趋；快跑叫走。《说文》“趋”“走”互注，是一般意义上的解释。从字形看，“趋”繁体作“趨”，由“走”和“芻”组成。“芻”后简化成“刍”，有“收割”之意，同“走”组合或表示庄稼成熟时要跑步去抢收。

释义：“趋”在《诗经》中使用2处，无迭用。

疾行。此种用法有2（风1；雅1）处：“巧趋跄兮”（《齐风·猗嗟》）；“畏不能趋”（《小雅·绵蛮》）。

劬 音【qú】

古形【金 小篆 】

《说文·力部》：“劬，劳也。”从字形看，“劬”由“句”和“力”组成。“句”有弯曲义；“力”指用力，同“句”组合或表示弯腰出力劳动很辛劳。

释义：“劬”在《诗经》中使用6处，无迭用。

勤劳、辛苦。此种用法有6（风1；雅5）处，如：“母氏劬劳”（《邶风·凯风》）；“生我劬劳”（《小雅·蓼莪》）

渠 音【qú】

古形【金 小篆 】

《说文·水部》：“渠，水所居。”清王筠《说文句读》：“河者，天生之。渠者，人凿之。”从字形看，“渠”或由

"氵(水)"和"榘"组成，即"榘"省"矢"加"氵"成"渠"字。"水"指水道；"榘"是"矩"字的异体，指测量工具，同"水"组合或表示经测量后开凿的人工水道。

释义："渠"在《诗经》中使用1处2次，迭用。

大，迭用表示大貌。或由渠比水沟大引申。此种用法有1处："於我乎夏屋渠渠"（《秦风·权舆》）。

瞿　音【qú】

古形【金 小篆 】

"瞿"，金文写作" "，下面的" (隹)"，像一种短尾鸟形；上面的" (眀)"像鸟儿睁着的一双大眼睛。《说文·瞿部》："瞿，鹰隼之视也。"鹰隼之视，似警、似恐、似怒，故南唐徐锴《说文系传》云："(瞿)惊视也。"

释义："瞿"在《诗经》中使用2处4次，2处迭用。

惊视、怒视。此种用法有2（风2）处，均迭用，如："良士瞿瞿"（《唐风·蟋蟀》）。

籧　音【qú】

古形【小篆 】

《说文·竹部》："籧，籧篨，粗竹席也。"从字形看，"籧"由"竹"和"遽"组成。"竹"指竹席；"遽"有仓促义，同"竹"组合，或表示仓促编制的竹席。《晋书·皇甫谧传》："以籧篨裹尸，麻约二头，置尸床上。"或因籧篨的这种特殊作用，所以才需要仓促编制。

释义："籧"在《诗经》中使用2处，无迭用。

借指一种病，俗称鸡胸。此种用法有2（风2）处，如："籧篨不殄"（《邶风·新台》）（《康熙字典》引《晋语》云："籧篨不可使俯。盖编席为困，如人之臃肿而不能俯，故以名之"）。

取　音【qǔ】

古形【甲 金 小篆 】

《说文·又部》："取，捕取也。"《周礼·夏官·大司马》："大兽公之，小禽私之，获者取左耳。"意思是说，狩猎捕获的大兽要交公，小禽可以自己留下。捕获的大兽需献上割下左耳（用作统计）。这种方法后来又被用作战事：在古代战争中，胜利者常把打败一方的俘虏或战死者的耳朵割下来用以记功。从字形看，"取"由"耳"和"又(手)"组成。"耳"指耳朵，同"又(手)"组合表示用手割取耳朵。

释义："取"在《诗经》中使用23处，无迭用。

1.得到、拿、采取。由因捕而获引申。此种用法有17（风6；雅11）处，如："取彼狐狸"（《豳风·七月》）；"取彼谮人"（《小雅·巷伯》）；"取譬不远"（《大雅·抑》）。

2.通"娶"。此种用法有6（风5；雅1）处，如："取妻如之何"（《齐风·南山》）；"韩侯取妻"（《大雅·韩奕》）。

去 音【qù】

古形【甲 金 小篆 】

《说文 · 去部》：“去，人相违也。”《段注》：“违，离也。人离故从大，大者人也。”从字形看，“去”，甲骨文写作“”，上面的“大（大）”像个人；下面的“”像古人所住洞穴的出口，同“大”组合表示人离开（洞口）。

释义：“去”在《诗经》中使用7处，无迭用。

1. 离去、离开。此种用法有5（风3；雅2）处，如：“逝将去女”（《魏风 · 硕鼠》）；“鸟鼠攸去”（《小雅 · 斯干》）；“鸟乃去矣”（《大雅 · 生民》）。

2. 去掉、除掉。由离开表示不存在引申。此种用法有1处：“去其螟螣”（《小雅 · 大田》）。

3. 借为“怯”，胆小。此种用法有1处：“黾勉畏去”（《大雅 · 云汉》）。

趣 音【qù】

古形【金 小篆 】

《说文 · 走部》：“趣，疾也。”所谓“疾”，就是“快跑”，这应该是“走”的本义。从字形看，“趣”由“走”和“取”组成。“取”有“取向”的意思，同“走”组合或表示快跑必有所取。

释义：“趣”在《诗经》中使用3处，无迭用。

1. 趋附。由趋向贬义引申。此种用法有1处：“左右趣之”（《大雅 · 棫朴》）

2. 借作官名。此种用法有2（雅2）处：“蹶维趣马”（《小雅 · 十月之交》）；“趣马师氏”（《大雅 · 云汉》）（趣马，官名，主管豢养国王的马匹）。

泉 音【quán】

古形【甲 金 小篆 】

泉一般指地下水源涌出地表的现象。《说文 · 泉部》：“泉，水源也。像水流出成川形。”这话有两层意思：一是泉指水的源头；二是字形“泉”字像从源头流出成为川流的水的样子。从字形看，“泉”，甲骨文写作“”，清徐灏《段注笺》：“（上面的‘’）像泉穴，下（‘’）像水流出形。”地下水从泉眼中流出成川状就是泉。

释义：“泉”在《诗经》中使用21处，无迭用。

1. 泉水。此种用法有18（风5；雅13）处，如：“爰有寒泉”（《邶风 · 凯风》）；“如彼泉流”（《小雅 · 小旻》）；“我泉我池”（《大雅 · 皇矣》）。

2. 借为水名。此种用法有3（风3）处，如：“泉源在左”（《卫风 · 竹竿》）。

拳 音【quán】

古形【金 小篆 】

《说文 · 手部》：“拳，手也。”朱骏声《说文通训定声》：“张之为掌，卷之为拳。”“拳”是手的一种展现形式。从字形看，“拳”由“龹”和“手”组成。“龹”或是“卷”的省写，有“卷曲”的意思，同“手”组合表示曲指卷握起来

的手。

释义：“拳”在《诗经》中使用1处，无迭用。

力。或由手握成拳出击更显有力引申。此种用法有1处：“无拳无勇”（《小雅·巧言》）。

鬈 音【quán】

古形【金 小篆 】

“鬈”由“髟”和“卷”组成。“髟”，金文写作“ ”，像人长发下垂的样子；“卷”有“卷曲”的意思，同“髟”组合表示长发下垂且卷曲。一般人的毛发都是垂直状，自然卷曲的毛发就显得比较出众入眼，故《说文·髟部》云：“鬈，发好也。”

释义：“鬈”在《诗经》中使用1处，无迭用。

头发美好。此种用法有1处：“其人美且鬈”（《齐风·卢令》）。

权(權) 音【quán】

古形【金 小篆 】

权字一般认为指衡器。从字形看，“权”繁体作“權”，有一种说法认为“權”中的“木”指古代木制的杆秤；“艹”头代表民众；双“口”指众多民众之口；“隹”有好的意思，组合起来或表示杆秤这种东西是被民众交口称赞的最公平的衡器。后来引申为能支配或指挥别人的力量（权力），指的是在众多的老百姓心里有杆秤，大家都说好，都赞成、都同意，即权力是一种被民众许可的力量。“權”简化作“权”，由“木”和“又（手）”组成。“木”表示杆秤；“又（手）”则表示手赶秤砣之状。

释义：“权”在《诗经》中使用2处，无迭用。

开始。或由权衡之始引申。此种用法有2（风2）处，如：“不承权舆”（《秦风·权舆》）。

犬 音【quǎn】

古形【甲 金 小篆 】

“犬”俗称狗，是一种很常见的犬科哺乳动物。犬是人类最早驯养的动物，也是饲养率最高的宠物。“犬”，甲骨文写作“ ”，很像一只向上卷着尾巴的狗。“犬”，古时特指大狗，后来犬、狗通名。

释义：“犬”在《诗经》中使用1处，无迭用。

狗。此种用法有1处：“遇犬获之”（《小雅·巧言》）。

绻(綣) 音【quǎn】

古形【金 小篆 】

“绻”由“糸”和“卷”组成。“糸”表示线、绳；“卷”有卷曲的意思，同“糸”组合表示线绳卷曲缠绕成结难以解开。

释义：“绻”在《诗经》中使用1处，无迭用。

（线、绳缠绕）固结不解。此种用法有1处：“以谨缱绻”（《大雅·民劳》）（比喻用法，形容情感缠绵，难以分舍）。

缺　音【quē】

古形【金 小篆 】

“缺”由“缶”和“夬”组成。“缶”指瓦（陶）器；“夬”，《说文·又部》：“夬，分决也。”同“缶”组合表示陶器分裂一部分出去了。《说文·缶部》：“缺，器破也。”陶器破损就是“缺”。

释义：“缺”在《诗经》中使用3处，无迭用。

破损。由特指到泛指物件破损引申。此种用法有3（风3）处，如：“又缺我斨”（《豳风·破斧》）。

阙(闕)　音【quē、què】

古形【金 小篆 】

《说文·门部》：“阙，门观也。”所谓“门观”，徐锴《说文系传》：“盖为二台于门外，人君作楼观于上，上员下方。以其阙然为道，谓之阙；以其上可远观，谓之观。”“阙”指的就是建在城门外的两座高台，两台之间谓“阙”；两台之上谓“观（门观）”。从字形看，“阙”由“门”和“欮”组成。“门”指城门；“欮”有气闭义，同“门”组合表示城门外两边垒砌的高耸，令人屏气仰视的高台。（“欮”又或是“撅”字省写，有挖掘义，同“门”组合表示城门外两旁撅土垒砌的高台）。

释义：“阙”在《诗经》中使用2处，无迭用。

1. 城门两边（供瞭望用）的高台。此种用法有1处：“在城阙兮”（《郑风·子衿》）。

2. 同“缺”，过失。此种用法有1处：“衮职有阙”（《大雅·烝民》）。或可视为两高台间之道犹如缺口之形）。

雀　音【què】

古形【甲 金 小篆 】

在上古，“雀”通常指麻雀，是一种体型小巧的圆头小鸟。《说文·隹部》：“雀，依人小鸟也。”《段注》：“今俗云麻雀者是也。”从字形看，“雀”由“小”和“隹”组成。“隹”的意思是鸟，同“小”组合表示小鸟。今“雀”也泛指小鸟。

释义：“雀”在《诗经》中使用1处，无迭用。

麻雀、小鸟。此种用法有1处：“谁谓雀无角”（《召南·行露》）。

阕(闋)　音【què】

古形【金 小篆 】

《说文·门部》：“阕，事已，闭门也。”清王筠《说文句读》：“闭门二字，后人以字从门增之也。”《说文》中的“闭门”两个字，本来没有，是人们根据字形意义后来加上的。从字形看，“阕”由“门”和“癸”组成。“门”指闭门；“癸”是天干的末位，有终了的意思，同“门”组合表示（祭）事结束而闭门。

释义：“阕”在《诗经》中使用1处，无迭用。

平息。由事情已结束而引申为已平息。此种用法有1处：“俾民心阕”（《小雅·节南山》)。

鹊(鵲) 音【què】

古形【金 小篆 】

鹊是一种背部羽毛黑褐色，肩、颈、腹部羽毛白色，尾巴长的鸟，停在枝头时尾巴经常上下翘动，叫声响亮。中国民间传说听见它的叫声将有喜事来临，故又称喜鹊。从字形看，“鹊”由“昔”和“鸟”组成。“昔”是“唶”字省写，表示一种叫声，又有赞叹之声的意思，同“鸟”组合或表示这是一种发出赞叹叫声的鸟。

释义：“鹊”在《诗经》中使用6处，无迭用。

鸟名。此种用法有6（风6）处，如：“维鹊有巢”（《召南·鹊巢》）。

囷 音【qūn】

古形【金 小篆 】

《说文·囗部》：“囷，廩之圆者。从禾在囗中。”从字形看，“囷”由“囗”和“禾”组成。“囗”，金文写成“○”，表示圆形的仓廪；“禾”指禾谷，同“囗”组合表示储藏五谷粮食的圆形仓廪。一般一囷粮有三千石（斛），一石为一百二十市斤。囷是中国民间传统的储粮圆仓，流行于全国各地，历史悠久，代代沿用。

释义：“囷”在《诗经》中使用1处，无迭用。

圆形粮仓。此种用法有1处：“胡取禾三百囷兮”（《魏风·伐檀》）。

群(羣) 音【qún】

古形【金 小篆 】

《说文·羊部》：“群，辈也。”所谓“辈”，《段注》云：“若军发车百辆为辈，此就字之从车言也。朋也、类也，此辈之通训也。”意思是说，就字形而言，“辈”指军中发车百辆（多车集聚）；从字义看，朋友、同类集聚是“辈”的通释。如此看来，“群”应指人之朋辈集聚，《说文》之所以将“群”放在羊部，皆如徐铉注曰：“羊性好群，故从羊。”从字形看，“群”由“君”和“羊”组成。“君”指人；“羊”指羊性好群，同“君”组合表示人如羊一样集聚。

释义：“群”在《诗经》中使用10处，无迭用。

1. 集聚成群、众多。此种用法有6（风1；雅4；颂1）处，如：“愠于群小”（《邶风·柏舟》）；“群黎百姓”（《小雅·天保》）；“率由群匹”（《大雅·假乐》）；“屈此群丑”（《鲁颂·泮水》）。

2. 马、羊等兽群。由特指人群到泛指兽群引申。此种用法有4（风1；雅3）处，如：“俴驷孔群”（《秦风·小戎》）；“三百维群”（《小雅·无羊》）。

R

然 音【rán】

古形【金 小篆 】

“然”是“燃”的本字，故《说文·火部》：“然，烧也。”“然”，金文写作“ ”，左上是个“ （肉）”形；左下为“ （火）”；右边像一条“ （狗）”形（小篆将其放在“火”上），组合在一起表示在火上烧烤狗肉。

释义：“然”在《诗经》中使用25处，无迭用。

1.借作代词，有“这样、那样”等意思。此种用法有11（风5；雅6）处，如：“终然允臧”（《鄘风·定之方中》）；“胡然厉矣”（《小雅·正月》）；“无然谑谑”（《大雅·板》）。

2.借作语助词，放在形容词词尾，表示“……的样子”。此种用法有6（风2；雅4）处，如：“惠然肯来”（《邶风·终风》）；“贲然来思”（《小雅·白驹》）。

3.借作副词，表示意想不到。此种用法有1处：“居然生子”（《大雅·生民》）。

4.借作应答之词，由此引申有“是、对”等意思。此种用法有7（风3；雅4）处，如：“苟亦无然”（《唐风·采苓》）；“民胥然矣”（《小雅·角弓》）；“出话不然”（《大雅·板》）。

染 音【rǎn】

古形【金 小篆 】

《说文·水部》：“染，以缯染为色。”意思是染指把帛布浸染着色。从字形看，“染”由“氵（水）”“九”和“木”组成。“木”指古染料多从植物中提取；“水”表示染料要配成液体；“九”表示多次，组合在一起表示将布帛放入液状（水）的染料（木）中多次（九）浸泡使之匀色。（《说文》中“染”由“水”和“杂”组成。“水”指染料；“杂”或可理解成“多种颜色”）。

释义：“染”在《诗经》中使用2处，无迭用。

柔。或由染后的布帛色泽柔和引申。此种用法有2（雅2）处：“荏染柔木”（《小雅·巧言》）；“荏染柔木”（《大雅·抑》）。

瀼 音【ráng、ràng】

古形【甲 金 小篆 】

《说文·水部》“瀼，露浓貌。”从字形看，“瀼”由“氵（水）”和“襄”组成。“水”指露水；“襄”，金文写作“ ”，左下是“ （土）”；右下是“ （攴，手持农具）”；从《说文》说“解衣耕谓之襄”看，中间的“ ”或像人解衣之状。手持农具（ ）在地里（ ）劳动热了，把衣服脱掉（ ）继续耕作就是“襄”，同“水”组合或表示露如汗水。

释义：“瀼”在《诗经》中使用2处4

次，均迭用。

露浓貌。此种用法有2（风1；雅1）处，均迭用："零露瀼瀼"（《郑风·野有蔓草》）；"零露瀼瀼"（《小雅·蓼萧》）。

穰　音【ráng、rǎng】

古形【金 小篆 】

《说文·禾部》："穰，黍梨已治者。"《段注》："已治谓已治去其箬皮也。"从字形看，"穰"由"禾"和"襄"组成。"禾"指禾谷；"襄"有"解衣"之意，同"禾"组合或表示脱去皮壳的禾谷。

释义："穰"在《诗经》中使用2处4次，均迭用。

或同"瀼"，盛多。此种用法有2（颂2）处4次，均迭用："降福穰穰"（《周颂·执竞》）。

攘　音【ràng】

古形【金 小篆 】

《说文·手部》："攘，推也。"《段注》："推，手使前也。"从字形看，"攘"由"扌（手）"和"襄"组成。"襄"指"解衣耕"，有"除去（衣物）"之意，同"扌"组合或表示用手向前排除。

释义："攘"在《诗经》中使用3处，无迭用。

1.推、排除。此种用法有1处："攘之剔之"（《大雅·皇矣》）。

2.同"让"。此种用法有1处："攘其左右"（《小雅·甫田》）。

3.犹"盗"，窃取。此种用法有1处："寇攘式内"（《大雅·荡》）。

让(讓)　音【ràng】

古形【金 小篆 】

"让"，繁体作"讓"。《欧文·言部》："让，相责让。"从字形看，"讓"由"言"和"襄"组成。"襄"或是"嚷"字省写，有责备的意思，同"言"组合表示用语言责备别人。

释义："让"在《诗经》中使用1处，无迭用。

谦让。或由责备不让反义引申。此种用法有1处："受爵不让"（《小雅·角弓》）。

荛(蕘)　音【ráo】

古形【金 小篆 】

《说文·艸部》："荛，薪也。"从字形看，"荛"由"艹（草）"和"尧"组成。"草"指草木；"尧"或是"烧"字省写，有燃烧的意思，同"艹"组合表示供烧火用的柴草。（一说古"荛"写作" "，左边是" （两个木字）"；右边是" （刀）"，组合在一起表示砍柴。）

释义："荛"在《诗经》中使用1处，无迭用。

砍柴人。由柴草由人砍回引申。此种用法有1处："询于刍荛"（《大雅·板》）。

热(熱)　音【rè】

古形【金 小篆 】

“热”，繁体作“熱”。从字形看，“熱”由“埶”和“灬（火）”组成。“埶”，金文写作“埶”，像人持苗入土状，有种植的意思，气温高植物才能生长得快，故下加“灬（火）”即表示温度不低。《说文·火部》：“熱，温也。”从字形看，“熱”从“火”、“温”从“水”，“熱”的温度比“温”应该要高。

释义：“热”在《诗经》中使用1处，无迭用。

温度高。此种用法有1处：“谁能执热”（《大雅·桑柔》）。

人 音【rén】

古形【甲亻金亻小篆亻】

人，一般定义为能制造、使用工具进行劳动并能运用语言进行交流的高等动物。《说文·人部》：“人，天地之性（生）最贵者也。”意即天地中最可宝贵的生物。从字形看，“人”，甲骨文写作“亻”，是一个直立的人侧面的简单图形：上部是头；中间是手臂和身子；下面是腿脚。

释义：“人”在《诗经》中使用267处，无迭用。

泛指人、人们；特指才人、贤人。此种用法有267（风129；雅133；颂5）处，如：“宜其家人”（《周南·桃夭》）；“其人如玉”（《小雅·白驹》）；“媚兹一人”（《大雅·下武》）；“命我众人”（《周颂·臣工》）。

壬 音【rén】

古形【甲工金工小篆壬】

“壬”至今还是一个有争议字。最早的甲骨文写作“工”，疑似古代织布机上承持经线的一种部件，即后来所说的“筘”。金文写作“工”，在原来的“壬”形中间加了一点，表示经线所在。也有认为甲骨文的“工”形用一竖连接两横，是一化为二的意思。妇女怀孕，一个变两个，加之金文再在竖画上加一笔，且竖画加粗，表示妇女怀孕后肚子变大，故《说文》云：“像人裹妊之形”。此外还有近代学者林义光先生认为“壬”即“巠”，是“经”字古文；郭沫若先生认为“壬”是“镵”字古文等。古有任人造车，故以任为姓之说，“任”中的“壬（壬）”字，应像大车的重要器件轮轴之形。壬为天干第九位是借用。

释义：“壬”在《诗经》中使用1处，无迭用。

大。或由车之作用大引申。此种用法有1处：“有壬有林”（《小雅·宾之初筵》）。

仁 音【rén】

古形【甲仁金仁小篆仁】

《说文·人部》：“仁，亲也。”徐铉注：“仁者兼爱。”“仁”的古文作“忎”，由“千”和“心”组成。徐灏《段注笺》：“千心为仁，即取博爱之意。”从字形看，“仁”由“人”和“二”组成。“人”指仁是人所为，同“二”组合表示人一要爱自己，二要爱别人。有博爱慈善之心即是“仁”。

释义：“仁”在《诗经》中使用2处，

无迭用。

仁爱、仁慈。此种用法有2（风2）处，如："洵美且仁"（《郑风·叔于田》）。

任　音【rén、rèn】

古形【甲 金 小篆 】

《说文·人部》："任，符也。""符"，徐锴《说文系传》作"保"，《段注》："（保）如今言保举是也。"古有任人造车，故以任为姓之说。从字形看，"任"由"亻（人）"和"壬"组成。"壬"，甲骨文写作"工"，或像大车轮轴之形，同"亻"组合表示人造之车。

释义："任"在《诗经》中使用6处，无迭用。

1. 担荷（保举）。由车轴是承载负荷的重要器件引申。此种用法有2（雅2）处："我任我辇"（《小雅·黍苗》）；"是任是负"（《大雅·生民》）。

2. 借为姓。此种用法有4（风1；雅3）处，如："仲氏任只"（《邶风·燕燕》）；"思齐大任"（《大雅·思齐》）。

忍　音【rěn】

古形【金 小篆 】

《说文·心部》："忍，能也。"清王筠《说文句读》："能读为耐。皇侃《论语》疏：'忍犹容耐也。'"人能够容耐的最大极限就是"忍"。从字形看，"忍"由"刃"和"心"组成。"刃"指刀最锋利的部分，同"心"组合或表示如刀刃割心都承受克制着，可知"忍"是一件非常残酷的事情。

释义："忍"在《诗经》中使用4处，无迭用。

内心克制、残忍。此种用法有4（雅4）处，如："维其忍之"（《小雅·小弁》）；"胡宁忍予"（《大雅·云汉》）。

荏　音【rěn】

古形【金 小篆 】

《说文·艸部》："荏，桂荏，苏。"意思是说，荏指味辛如桂的荏类植物，即白苏。"荏"又是大豆的古名。无论白苏或大豆，都属草本植物，故"荏"字从"艹（草）"；下面的"任"字，其中的"壬"或采用《说文》"像人裹妊"之说，同"艹（草）"组合或表示豆象子在荚中之形的草本植物。

释义："荏"在《诗经》中使用4处，无迭用。

1. 大豆（或白苏）。此种用法有2（雅2）处，如："荏菽旆旆"（《大雅·生民》）。

2. 柔弱。或由草本植物性柔弱引申。此种用法有2（雅2）处："荏染柔木"（《小雅·巧言》）；"荏染柔木"（《大雅·抑》）。

牣　音【rèn】

古形【小篆 】

《说文·牛部》："牣，满也。"从字形看，"牣"由"牜（牛）"和"刃"组成。"刃"指刀的锋利部分，有宰杀的意思，同"牛"组合表示宰杀耕牛。耕牛

是中国古代最重要的农业生产工具，如果杀了，会对农业生产造成重大影响，所以历来政府都禁止杀牛，唐代玄宗皇帝还曾亲自颁布过《禁屠杀马牛驴诏》。但如果不杀牛，牛的数量会无限制地增多，超出耕地所需的数量，变得充盈，又会给农人带来负担，白白浪费食物和养牛人的精力，在这种情况下，政府又规定了不允许私杀，可以在允许以后在官员到场的情况下宰杀。《说文》用“满”训“牣”，或指的就是牛数量因“满（充盈）”以后宰杀耕牛的行为。

释义：“牣”在《诗经》中使用1处，无迭用。

满（充盈）。由耕牛因充盈而宰杀引申。此种用法有1处：“于牣鱼跃”（《大雅·灵台》）。

仍　音【réng】

古形【金　小篆　】

《说文·人部》：“仍，因也。”所谓“因”，即“因循、依旧”的意思。从字形看，“仍”由“亻（人）”和“乃”组成。“乃”为承上启下之词，同“亻”组合表示因袭前人所为。一说“仍”之造字本义是指古代王孙贵族家庭在生母断乳后，雇佣乳母给孩子继续哺乳。如此之说，“仍”中的“人”字或指“雇佣的乳母”；“乃”是“奶”字省写，同“人”组合表示乳母像生母一样继续给孩子哺乳，也有因袭之意。

释义：“仍”在《诗经》中使用1处，无迭用。

依旧、依然。此种用法有1处：“仍执丑虏”（《大雅·常武》）。

陾　音【réng】

古形【小篆　】

“陾”由“阝（阜）”和“耎”组成。“阜”指土堆；“耎”同“软”，同“阜”组合或表示松软的土堆。《说文·阜部》：“陾，筑墙声也。”许慎将“陾”拟音作声，并特别用《诗经》句作注，或因本节“捄之陾陾，度之薨薨，筑之登登，削屡冯冯。百堵皆兴，鼛鼓弗胜”六句描述的是一个物声、人声混杂鼎沸的劳作场面，铲软土入筐（捄之陾）不知用什么词拟音，即以“陾”迭用表声，犹“捄之陾，陾陾”即“松软的土啊铲进筐里，发出‘陾陾’之声”。这或也是作者的本意。

释义：“陾”在《诗经》中使用1处2次，迭用。

借作装土声。此种用法有1处，迭用：“捄之陾陾”（《大雅·绵》）。

日　音【rì】

古形【甲　金　小篆　】

日指离地球最近的恒星，又称太阳。“日”，甲骨文写作“⊙”，字形由一个圈和中间的一点组成。圈表示太阳是个球体；中间的一点或表示太阳中间的黑子（有的中间无点，或忽略未计）。金文写作“⊖”，更接近太阳圆球形的样子了。《说文·日部》：“实也。太阳之精不亏。”光明盛实、没有圆缺变化、精亮永不枯竭就是太阳。

释义："日"在《诗经》中使用77处，无迭用。

1. 太阳。此种用法有20（风15；雅5）处，如："日居月诸"（《邶风·柏舟》）；"如日之升"（《小雅·天保》）。

2. 天（日子）、一天、每天。由太阳一天升落一次、每天如此引申。此种用法有57（风27；雅26；颂4）处，如："不日有曀"（《邶风·终风》）；"日用饮食"（《小雅·天保》）；"不日成之"（《大雅·灵台》）；"日靖四方"（《周颂·我将》）。

戎　音【róng】

古形【金小篆】

《说文·戈部》："戎，兵也。""戎"由"十"和"戈"组成。"十"字符号表示"甲"，意思是铠甲（一说'十'是'毌'字省写，模拟盾牌），属于打仗时防护身体的器具；"戈"，甲骨文写作""，像一种古代的兵器：长柄，上端有横刃，可以用来横击、钩持，属于进攻型武器，同"十"组合表示攻防皆备，是兵器的总称。

释义："戎"在《诗经》中使用24处，无迭用。

1. 兵器。此种用法有2（雅2）处，如："弓矢戎兵"（《大雅·抑》）。

2. 兵、兵车、兵事。由兵器引发的相关事、物引申。此种用法有9（风1；雅7；颂1）处，如："小戎俴收"（《秦风·小戎》）；"戎车既驾"（《小雅·采薇》）；"用戒戎作"（《大雅·抑》）；"戎车孔博"（《鲁颂·泮水》）。

3. 相助。由有兵力即可相助引申。此种用法有1处："烝也无戎"（《小雅·常棣》）。

4. 大。或由战事即大事引申。此种用法有4（雅3；颂1）处，如："戎丑攸行"（《大雅·绵》）（一说指昆夷）；"念兹戎功"（《周颂·烈文》）。

5. 借作部落名。此种用法有2（雅1；颂1）处："薄伐西戎。"（《小雅·出车》）；"戎狄是膺"（《鲁颂·閟宫》）。

6. 同"汝"，你、你的。此种用法有5（雅5）处，如："戎虽小子"（《大雅·民劳》）。

7. 同"绒"，织物表面起绒毛。此种用法有1处："狐裘蒙戎"（《邶风·旄丘》）。

容　音【róng】

古形【金小篆】

《说文·宀部》："容，盛也。从宀谷。"从字形看，"容"由"宀"和"谷"组成。"宀"，甲骨文写作""，像房屋（仓廪）之形；"谷"指谷物，同"宀"组合表示可以盛纳谷物。"从宀谷"，徐铉注曰："屋与谷皆可以盛受也。"这里的"谷"指山谷。无论"谷"为何解，"盛纳、盛受"是字形本义。

释义："容"在《诗经》中使用7处，无迭用。

1. 容纳。此种用法有4（风3；雅1）处，如："曾不容刀"（《卫风·河广》）；"鞞琫容刀"（《大雅·公刘》）。

2. 同"颂"，容貌、状态。此种用法有3（风1；雅1；颂1）处："谁适为容"

（《卫风·伯兮》）（言修饰容貌）；“其容不改”（《小雅·都人士》）；“亦有斯容”（《周颂·振鹭》）。

融　音【róng】

古形【金小篆】

《说文·鬲部》：“融，炊气上出也。”从字形看，“融”由“鬲”和“虫”组成。“鬲”是古代的一种炊具，金文写作“”，形状像鼎，下有三足中间空处用以烧柴；“虫（蟲）”指飞虫，同“鬲”组合表示有如昆虫飞在鬲烧煮时产生的水蒸气中，最后化为一体。可见炊气温度之高。

释义：“融”在《诗经》中使用1处，无迭用。

长远。或由袅袅炊气经久不散引申。此种用法有1处：“昭明有融”（《大雅·既醉》）。

柔　音【róu】

古形【金小篆】

《说文·木部》：“柔，木曲直也。”《段注》：“凡木曲者可直，直者可曲，曰柔。”从字形看，“柔”由“矛”和“木”组成。“矛”是古代一种长柄尖头的兵器；“木”，甲骨文写作“”，是树的象形，同“矛”组合表示树上新发的那些枝条，形状像矛，其性状则可随意曲、直，非常柔嫩。

释义：“柔”在《诗经》中使用17处，无迭用。

1.柔嫩、柔软。此种用法有9（风2；雅6；颂1）处，如：“手如柔荑”（《卫风·硕人》）；“薇亦柔止”（《小雅·采薇》）；“荏染柔木”（《大雅·抑》）；“不刚不柔”（《商颂·长发》）。

2.柔和。由柔弱而不显刚烈引申。此种用法有6（雅5；颂1）处，如：“旨酒思柔”（《小雅·桑扈》）；“无不柔嘉”（《大雅·抑》）；“旨酒思柔”（《周颂·丝衣》）。

3.安抚。或由柔可克刚引申。此种用法有2（雅1；颂1）处：“柔远能迩”（《大雅·民劳》）；“怀柔百神”（《周颂·时迈》）。

揉　音【róu】

古形【金小篆】

“揉”，古作“煣”。《说文·火部》：“煣，曲申木也。”意思是说“用火烘烤（火）使木条弯曲或伸直（柔）”。后“揉”由“扌（手）”和“柔”组成。“柔”有“柔软”的意思，同“手”组合可理解为用手（扌）轻轻地（柔）来回擦或搓。

释义：“揉”在《诗经》中使用1处，无迭用。

同“柔”，安抚。此种用法有1处：“揉此万邦”（《大雅·崧高》）。

蹂　音【róu】

古形【金小篆】

“蹂”由“足”和“柔”组成。“足”指脚；“柔”或是“揉”字省写，有用手擦搓的意思，同“足”组合表示用脚来

回擦搓。《说文》中的“蹂”或作“内”，小篆写作“”，像兽足蹂地之状。

释义：“蹂”在《诗经》中使用1处，无迭用。

通“揉”，用手揉搓。此种用法有1处：“或簸或蹂”（《大雅·生民》）。

如 音【rú】

古形【甲 金 小篆 】

《说文·女部》：“如，从随也。”《段注》：“（从随）即随从也。”又“随从必以口。从女者，女子，从人者也。”古有女子“未嫁从父、既嫁从夫、夫死从子”所谓三从之说。从字形看，“如”由“女”和“口”组成。“口”指说话，同“女”组合表示女子听命于人（父、夫、子）。

释义：“如”在《诗经》中使用251处，无迭用。

1. 像、如同。由照着说话的样子去做引申。此种用法有240（风98；雅134；颂8）处，如：“华如桃李”（《召南·何彼襛矣》）；“如鼓瑟琴”（《小雅·常棣》）；“先生如达”（《大雅·生民》）；“振古如兹”（《周颂·载芟》）。

2. 借作连词或代词。此种用法有11（风11）处，如：“有如皦日”（《王风·大车》）。

茹 音【rú】

古形【金 小篆 】

“茹”或指茹藘，俗称茜草。茜草的别名多达几十个，从一个侧面也说明了其作用和功效，尤其是止血化瘀的药用功效，堪称神奇。茜草是一种多年生攀援藤蔓植物，以前是农民用来喂猪的。《说文·艸部》：“茹，饲马也。”《玉篇》：“茹，饭牛也。”古人或也以茜草喂牛、马。从字形看，“茹”由“艸（草）”和“如”组成。“草”表示“茹”是一种草饲料；“如”有“及”的意思，同“艸”组合表示给牲畜喂食的一种草饲料。

释义：“茹”在《诗经》中使用7处，无迭用。

1. 茜草。此种用法有1处：“茹藘在阪”（《郑风·东门之墠》）。

2. 软弱、柔弱。由茜草性状引申。此种用法有1处：“玁狁匪茹”（《小雅·六月》）。

3. 请示、商度。或由因软弱无主意引申。此种用法有1处：“来咨来茹”（《周颂·臣工》）。

4. 喂食。由茜草可作饲料引申。《诗经》中无此用法。

5. 吃、揽。由揽食饲料引申。此种用法有3（风1；雅2）处，如：“不可以茹”（《邶风·柏舟》）；“柔亦不茹”（《大雅·烝民》）。

6. 疑借为“帤”，大巾。此种用法有1处：“缟衣茹藘”（《郑风·出其东门》）。

濡 音【rú】

古形【金 小篆 】

“濡”由“氵（水）”和“需”组成。“需”，金文写作“”，像一人形身上有水滴，同“水”组合表示人被雨水淋湿。《说文·水部》："濡，水。""濡"作水名应该是借用。

释义："濡"在《诗经》中使用5处，无迭用。

1.沾湿。此种用法有4（风3；雅1）处，如："济盈不濡轨"（《邶风·匏有苦叶》）；"六辔如濡"（《小雅·皇皇者华》）。

2.柔而有光泽。由雨点滴在衣服上的状态引申。此种用法有1处："羔裘如濡"（《郑风·羔裘》）。

孺　音【rú】

古形【金 小篆 】

《说文·子部》："孺，乳子也。"所谓"乳子"，张舜徽先生《说文解字约注》："犹今语所云乳臭之子也。"从字形看，"孺"由"子"和"需"组成。"子"指小儿；"需"，金文写作" "，像一个身上被雨淋湿的人，同"子"组合表示刚出生体湿还未干的小儿。

释义："孺"在《诗经》中使用1处，无迭用。

借为"愉"，快意。此种用法有1处："和乐且孺"（《小雅·常棣》）。或可视为由得子而愉引申。

醹　音【rú】

古形【小篆 】

《说文·酉部》："醹，厚酒也。"意思是醹指酒味醇厚。从字形看，"醹"由"酉"和"需"组成。"酉"指"酒"；"需"，金文写作" "，像人被雨淋湿，同"酉"组合表示酒味滋润（醇厚）。

释义："醹"在《诗经》中使用1处，无迭用。

酒味醇厚。此种用法有1处："酒醴维醹"（《大雅·行苇》）。

汝　音【rǔ】

古形【金 小篆 】

"汝"由"氵（水）"和"女"组成。"水"指河水、河川；"女"指女子，同"水"组合或表示有众多女子浣洗于河边。《说文·水部》："汝，水。"或因河边常多女子浣洗而得名。

释义："汝"在《诗经》中使用2处，无迭用。

借作水名。此种用法有2（风2）处，如："遵彼汝坟"（《周南·汝坟》）。

辱　音【rǔ】

古形【甲 金 小篆 】

"辱"，甲骨文写作" "，由" （辰）"和" （手）"组成。"辰"是"蜃"字的省略写法，指的是一种大蛤蜊，因外壳坚硬，先民们常用它的壳制成除草的农具（蚌镰），同"手"组合表示手持蚌镰除草。"辱"多认为是"蓐"字初文，义如"薅"。安子介先生在《解开汉字之谜》中说锄草等于"不把草当植物"，《说文·辰部》中所云"辱，耻也"或可理解成借指不把人当成人去羞辱。

释义："辱"在《诗经》中使用1处，无迭用。

借指羞辱（人）。此种用法有1处：“言之辱也”（《鄘风·墙有茨》）。

入　音【rù】

古形【甲∧金人小篆入】

“入”，甲骨文写作“∧”，像古人所居洞穴的入口形，表示可以进入之意。(一说像一把箭镞或刀锋等尖锐的利器，能射入或嵌入别的物体。)《说文·入部》：“入，内也。”意思是由外到内进入。

释义：“入”在《诗经》中使用20处，无迭用。

1. 进入。此种用法有19（风6；雅12；颂1）处，如：“我入自外”（《邶风·北门》）；“还而不入”（《小雅·何人斯》）；“既入于谢”（《大雅·崧高》）；“深入其阻”（《商颂·殷武》）。

2. 采纳、接受。由实体进入到言语接受引申。此种用法有1处：“不谏亦入”（《大雅·思齐》）。

洳　音【rù】

古形【金　小篆　】

“洳”，又作“⿰氵挐”。《说文·水部》：“⿰氵挐，渐湿也。”从字形看，“⿰氵挐”由“氵（水）”和“挐”组成。“挐”有“连绵、连续”的意思，同“水”组合或表示连绵（即大片）的湿地。从“洳”字形看，由“氵（水）”和“如”组成。“如”有“如同”的意思，同“水”组合有如同有水之义，也可表示湿地。

释义：“洳”在《诗经》中使用1处，无迭用。

湿地。此种用法有1处：“彼汾沮洳”（《魏风·汾沮洳》）。

阮　音【ruǎn】

古形【金阝小篆阮】

“阮”由“阝（阜）”和“元”组成。“阜”，金文写作“阝”，像一道道的土山；“元”，甲骨文写作“元”，表示人头即人体的最高处，同“阝”组合或表示土山最高处。《说文·阜部》：“阮，代郡五阮关也。”作为古关，或因此关隘建在土山高处而得名。五阮关，在今河北宣化。作为古国的“阮”，其都城或也建在土山之上。

释义：“阮”在《诗经》中使用2处，无迭用。

借作古国名。此种用法有2（雅1）处，如：“侵阮徂共”（《大雅·皇矣》）。

緌　音【ruí】

古形【小篆緌】

《说文·糸部》：“緌，系冠缨也。”意思是说“緌”指帽带结在下巴下面缨须状的下垂部分。从字形看，“緌”由“纟（丝绳）”和“委”组成。“纟”指帽带下端的丝绳；“委”有“曲”的意思，指弯曲打结，同“纟”组合表示帽带弯曲打结后丝绳下垂部分。

释义：“緌”在《诗经》中使用1处，无迭用。

帽带下垂部分。此种用法有1处：

“冠緌双止”（《齐风·南山》）。

芮　音【ruì】

古形【金小篆】

《说文·艸部》：“芮，芮芮，艸生貌。”《段注》：“（芮芮）柔细之状。”草初生时柔细的样子就是“芮”。从字形看，“芮”由“艹（草）”和“内”组成。“内”像入门之状，门外出一小头，其中大部分被蒙盖在门中，同“艹”组合表示小草刚刚出土之状。

释义：“芮”在《诗经》中使用2处，无迭用。

1. 借作国名。此种用法有1处：“虞芮质厥成”（《大雅·绵》）（芮：古国名。据考，古芮国不止一个，芮城、大荔、韩城澄城等均称芮。此或指大荔）。

2. 借指水名。此种用法有1处：“芮鞫之即”（《大雅·公刘》）。

若　音【ruò】

古形【甲金小篆】

“若”，甲骨文写作“”，刘兴隆《新编甲骨文字典》：“（字形）像女子跪着双手理发（之状），示顺、从之义。”女子理发使其顺，由顺及从，这或是“若”字最初字形意义。“‘若’在卜辞中多用作‘诺’，许诺、同意之义，与辞意合。”（刘兴隆语）从字形看，“若”中的“艹”为人之发；“𠂇”像理发之手，组合起来已经可以表“若”之初形“若”，“口”或后加，表示应答，即“诺”之本字，有顺应之答的意思。（一说‘若’中之‘右’就代表女性，字形有女娲执规之解，‘口’表示执规说话。）

释义：“若”在《诗经》中使用10处，无迭用。

1. 顺。此种用法有5（雅3；颂2）处，如：“曾孙是若”（《小雅·大田》）；“邦国若否”（《大雅·烝民》）；“万民是若”（《鲁颂·閟宫》）。

2. 借作连词，有“而、假如”等意思。此种用法有2（风1；雅1）处：“抑若扬兮”（《齐风·猗嗟》）；“若此无罪”（《小雅·雨无正》）。

3. 同“然”，犹“貌”样子。此种用法有3（风1；雅2）处，如：“其叶沃若”（《卫风·氓》）；“六辔沃若”（《小雅·皇皇者华》）。

S

洒(灑)　音【sǎ、xǐ】

古形【甲金小篆】

“洒”是“灑”字古文，今为“灑”的简体，曾分别表示两个字义。“洒”，甲骨文写作“”，由“（水）”和“（西，鸟巢形，表示日西落鸟归巢）”组成。《说文·水部》：“洒，涤也。”意思是洒表示洗涤。远古人类有过巢居的经验，雨水（）可以清扫洒涤巢穴（）是对自然的一种体验。《说文·水部》：“灑，汛也。”所谓“汛”，指向地面散水，是清扫的前奏，也有（洒水）清扫的意思。

释义：“洒”在《诗经》中使用5处，无迭用。

1. 洒水、洗涤。此种用法有4（风2；雅2）处，如：“洒扫穹窒”（《豳风·东山》）；“於粲洒扫”（《小雅·伐木》）；“洒扫庭内”（《大雅·抑》）。

2. 借为“铣”，金色有光泽。此种用法有1处：“新台有洒”（《邶风·新台》）。

塞　音【sāi、sè】

古形【金小篆】

“塞”甲骨文写作“”，上面的“”像房屋的墙上有缝隙（有说‘’是‘土’字省写）；下面的“”像一双手，合起来像用手堵塞缝隙，后加“土”成“塞”，表示用土塞。《说文·土部》：“塞，隔也。”“阻隔”是“塞”的目的，是引申义。

释义：“塞”在《诗经》中使用4处，无迭用。

1. 堵塞。此种用法用法1处：“塞向墐户”（《豳风·七月》）。

2. 实、诚实。由因堵而使实引申。此种用法有3（风2；雅1）处，如：“其心塞渊”（《邶风·燕燕》）；“王犹允塞”（《大雅·常武》）。

三　音【sān】

古形【甲金小篆】

“三”，甲骨文写作“”，用三横来表示二和四之间的整数名称。有人说其字形像用长短算筹（用来计数的竹签）平放在一起，表示数目字“三”，《说文》则用“天地人之道”来表示“三”数的包容和厚重。

释义：“三”在《诗经》中使用46处，无迭用。

数词。此种用法有46（风24；雅18；颂4）处，如：“三五在东”（《召南·小星》）；“于三十里”（《小雅·六月》）；“如贾三倍”（《大雅·瞻卬》）；“终三十里”（《周颂·噫嘻》）。

散　音【sǎn、sàn】

古形【甲金小篆】

“散”，甲骨文写作“”，像手持器械击向“（麻）”之形，使之松散。小篆写作“”，在“”的基础上加了一个“（肉）”字，所以《说文·肉部》云：“散，杂肉也。”义即碎杂的肉。

释义：“散”在《诗经》中使用1处，无迭用。

散漫。由肉散乱状引申为人行为散漫。此种用法有1处：“散无友纪”（《大雅·云汉》）。

桑　音【sāng】

古形【甲　金　小篆　】

桑是一种桑属的落叶乔木。树皮有浅裂，叶子椭圆形，是蚕的饲料，嫩枝的韧皮纤维可以造纸，果实可以吃，嫩枝、根的白皮、叶和果实均可入药。《说文·叒部》：“桑，蚕所食叶木。”其叶可供蚕食的树就是桑。从字形看，“桑”由“叒”和“木”组成。《说文·叒部》：“叒，日出东方汤谷，所登榑桑，叒木也。象形。”意思是说，太阳从东方的汤谷刚刚升起时登上的榑桑（扶桑）树，又称叒木。“叒”像桑之婀娜之形。扶桑，传说中的神树，“叒”同“木”组合表示人间如神木的树。

释义：“桑”在《诗经》中使用36处，无迭用。

1.桑树（叶）。此种用法有31（风22；雅8；颂1）处，如：“言采其桑”（《魏风·汾沮洳》）；“南山有桑”（《小雅·南山有台》）；“菀彼桑柔”（《大雅·桑柔》）；“食我桑葚”（《鲁颂·泮水》）。

2.采桑人。由词性转换（名—动）引申。此种用法有2（风2）处，如：“桑者闲闲兮”（《魏风·十亩之间》）。

3.借作鸟名。此种用法有3（雅3）处，如：“交交桑扈”（《小雅·小宛》）。

丧(喪)　音【sāng、sàng】

古形【金　小篆　】

“丧”，繁体作“喪”，甲骨文写作“”，像桑树形。古“桑”“喪”同音，且“桑”之古形有二口、三口、四口不等，像众口之形，可表众口喧哭，故以“桑”为“丧”。旧有“宅前不栽桑”之说，且以桑枝为标志（即今用纸幡）作亡灵招摇可证。后下加“亡”字以示“喪”为喧哭亡失之人。《说文·哭部》：“丧，亡也。从哭（非‘哭’字）从亡会意。”

释义：“丧”在《诗经》中使用15处，无迭用。

1.亡、死亡。此种用法有5（雅5）处，如：“死丧之威”（《小雅·常棣》）；“曰丧厥国”（《大雅·抑》）。

2.丧失、失去。由因死亡而失去引申。此种用法有3（风1；雅2）处，如：“爰丧其马”（《邶风·击鼓》）；“受禄无丧”（《大雅·皇矣》）。

3.凶祸、灾难。由因丧而谓凶、灾引申。此种用法有7（风1；雅6）处，如：“凡民有丧”（《邶风·谷风》）；“丧乱既平”（《小雅·常棣》）；“天笃降丧”（《大雅·召旻》）。

搔　音【sāo】

古形【金　小篆　】

《说文·手部》:“搔,括也。”“括”,《段注》作“刮”,即用硬器将物体表面的东西去掉。从字形看,“搔”由“扌(手)”和“蚤”组成。“蚤”是一种肉眼难见但粘上会让身体很痒的小虫,极易生于毛发之中。字形上部的“叉”金文作“”,像爪(抓痒),同下面的“虫”组合成“蚤”,就指这种让人抓痒的小虫。“蚤”同“扌”组合,就表示用手清除毛发中的蚤。过去有一种器物叫篦子,像梳子但比梳子硬且齿更密,用手持篦子篦头或可言“刮头”。

释义:“搔”在《诗经》中使用1处,无迭用。

刮(头)、用手挠头。此种用法有1处:“搔首踟蹰”(《邶风·静女》)。

慅 音【sāo、cǎo】

古形【小篆】

《说文·心部》:“慅,动也。”从字形看,“慅”由“忄(心)”和“蚤”组成。“蚤”是一种跳动极快的小虫,故又称跳蚤,同“忄”组合表示心像蚤一样跳动。

释义:“慅”在《诗经》中使用1处,无迭用。

烦恼。由因烦而动引申。此种用法有1处:“劳心慅兮”(《陈风·月出》)。

骚(騷) 音【sāo】

古形【金 小篆】

《说文·马部》:“骚,扰也。一曰:摩马也。”“骚”字从“马”,“摩马”应更贴近字形意义。《段注》:“摩马如今人之刷马。”从字形看,“骚”由“马”和“蚤”组成。“蚤”是一种肉眼难见但粘上会让身体很痒的小虫,极易生于毛发之中。字形上部的“叉”金文作“”,像爪(抓痒),同下面的“虫”组合成“蚤”,就指这种让人抓痒的小虫。“蚤”同“马”组合或表示为马清理体毛上的泥土和蚤。

释义:“骚”在《诗经》中使用1处,无迭用。

动。或由马因蚤身痒不停跳动引申。此种用法有1处:“徐方绎骚”(《大雅·常武》)。

扫(掃) 音【sǎo、sào】

古形【金 小篆】

“扫”,繁体作“埽”。《说文·土部》:“埽,弃也。”从字形看,“埽”由“土”和“帚”组成。“帚”指扫帚,同“土”组合表示用扫帚弃除尘土。“埽”写作“掃”可视作用手持扫帚打扫。简化后“扫”右边的“彐”是“帚”的简写。

释义:“扫”在《诗经》中使用5处,无迭用。

打扫、扫除。此种用法有5处,如:“不可扫也”(《鄘风·墙有茨》);“弗洒弗扫”(《唐风·山有枢》);“洒扫穹窒”(《豳风·东山》);“於粲洒扫”(《小雅·伐木》);“洒扫庭内”(《大雅·抑》)。

色　音【sè、shǎi】

古形【甲　金　小篆　】

《说文·色部》：“色，颜气也。”从字形看，“色”，甲骨文写作“　”，左边像一把刀；右边是一个跪坐在地的人，后来金文写作“　”，把刀移到了头上，表示这个人面对凶器面部显现的气色。色分“内色、外色、显色、表色、形色”五种应该是后来的事，最初的字形意义当为颜气，即面色。

释义：“色”在《诗经》中使用3处，无迭用。

面色。此种用法有3（雅2；颂1）处：“不大声以色”（《大雅·皇矣》）；“令仪令色”（《大雅·烝民》）；“载色载笑”（《鲁颂·泮水》）（此处具体指和颜悦色）。

瑟　音【sè】

古形【金　小篆　】

瑟是一种古拨弦乐器，传说为庖牺所作，形似古琴，通常有二十五弦，常与琴并称琴瑟。从字形看，古作“　”，像一架古瑟的形状：中间的“人”形表示瑟身；横线表示弦。“瑟”下的“必”字由“八”和“弋”组合。“八”有“分”义；“弋”即“杙”字，指小木桩，合起来或表演奏之像。

释义：“瑟”在《诗经》中使用15处，无迭用。

1.古代一种拨弦乐器。此种用法有13（风7；雅6）处，如：“爱伐琴瑟”（《鄘风·定之方中》）；“鼓瑟鼓琴”（《小雅·鼓钟》）。

2.物体上花纹一条一条的状态、众多貌。或由瑟的弦状引申。此种用法有2（雅2）处，如：“瑟彼玉瓒”（《大雅·旱麓》）。

穑　音【sè】

古形【金　小篆　】

《说文·禾部》：“穑。谷可收曰穑。”从字形看，“穑”由“禾”和“啬”组成。“禾”指禾谷；“啬”甲骨文写作“　”，上像垂熟的谷物之形，下像粮仓，有粮食收入谷仓之意，同“禾”组合表示收割谷物（‘啬’实为古‘穑’字）。

释义：“穑”在《诗经》中使用10处，无迭用。

收割谷物。此种用法有10（风3；雅5；颂2）处，如：“不稼不穑”（《魏风·伐檀》）；“曾孙之穑”（《小雅·信南山》）；“诞后稷之穑”（《大雅·生民》）（此处泛指农业生产）；“俾民稼穑”（《鲁颂·閟宫》）。

杀(殺)　音【shā】

古形【金　小篆　】

“杀”，繁体作“殺”。《说文·殳部》：“殺，戮也。”从字形看，“殺”由“杀”和“殳”组成。“杀”，甲骨文写作“　”，是“祟”的本字，有“灾祸”的意思；“殳”是古代一种武器，同“杀”组合或表示用武器杀戮是一种灾祸。

释义：“杀”在《诗经》中使用2处，

无迭用。

杀戮。此种用法有2（风1；颂1）处：“曰杀羔羊”（《豳风·七月》）；“杀时犉牡”（《周颂·良耜》）。

沙 音【shā】

古形【甲 金 小篆 】

“沙”，甲骨文写作“”，由诸多微小细粒组成，像沙形，金文写作“”，增加了“（水）”字，表示水边细小的碎粒。《说文·水部》：“沙，水散石也。”水边细微散碎的石粒就是“沙”。

释义：“沙”在《诗经》中使用1处，无迭用。

沙滩、沙地。此种用法有1处：“凫鹥在沙”（《大雅·凫鹥》）。

莎 音【shā】

古形【金 小篆 】

莎是草名，莎草是多年生草本植物，地下的块根称香附子，可入药。从字形看，“莎”由“艹（草）”和“沙”组成。“沙”指沙土，同“艹”组合或表示这是一种适合在砂壤土中生长的草本植物。

释义：“莎”在《诗经》中使用1处，无迭用。

借作虫名。此种用法有1处：“六月莎鸡振羽”（《豳风·七月》）（莎鸡，俗称纺织娘）。

鲨 音【shā】

古形【金 小篆 】

“鲨”指生活在溪涧的一种小鱼，又称鲨鮀。从字形看，“鲨”由“沙”和“鱼”组成。“沙”表示这种鱼在溪中常张口吹沙，同“鱼”组合表示能吹沙的鱼。鲨现在多指一种生活在海洋中的鱼，又叫鲨鱼或鲛，其性凶猛、行动敏捷，喜好捕食其他鱼类。

释义：“鲨”在《诗经》中使用1处，无迭用。

鲨鮀。此种用法有1处：“鱼丽于罶，鲿鲨”（《小雅·鱼丽》）。

酾（釃） 音【shāi】

古形【金 小篆 】

《说文·酉部》：“酾，下酒也。”从字形看，“酾”，繁体作“釃”，由“酉”和“麗”组成。“酉”指酒；“麗”或是“簏（古‘篩’）”字省写，有存粗去细即“过滤”之意，同“酉”组合表示过滤酒。

释义：“酾”在《诗经》中使用2处，无迭用。

过滤酒。此种用法有2（雅2）处，如：“酾酒有衍”（《小雅·伐木》）。

山 音【shān】

古形【甲 金 小篆 】

“山”，甲骨文写作“”，底下的一横表示地面，上面表示地面高耸的部分。《说文·山部》：“山，有石而高。”地面上由土石构成的高高隆起的部分就是山。

释义：“山”在《诗经》中使用73

处，无迭用。

1.山。此种用法有61（风19；雅36；颂6）处，如：“南山崔崔”（《齐风·南山》）；“陟彼北山”（《小雅·杕杜》）；“帝省其山”（《大雅·皇矣》）；“天作高山”（《周颂·天作》）。

2.借作人名。此种用法有12（雅12）处，如：“仲山甫永怀”（《大雅·烝民》）。

芟 音【shān】

古形【金小篆】

“芟”由“艹（草）”和“殳”组成。“殳”是古代的一种兵器，这里或指似殳的用具，同“草”组合表示用这种工具（殳）除草。

释义：“芟”在《诗经》中使用1处，无迭用。

除草。此种用法有1处：“载芟载柞”（《周颂·载芟》）。

煽 音【shān】

古形【甲金小篆】

“煽”由“火”和“扇”组成。“扇”是摇动生风的用具，同“火”组合表示用扇子扇风使火势变大。《说文·人部》：“傓（煽），炽盛也。”这或是“煽”的引申义。

释义：“煽”在《诗经》中使用1处，无迭用。

炽热。由火大而热引申。此种用法有1处：“艳妻煽方处”（《小雅·十月之交》）。

潸 音【shān】

古形【金小篆】

《说文·水部》：“潸，涕流貌。”从字形看，“潸”由“氵（水）”和“朁”组成。“水”指泪水；“朁”或是“散”字省写，有排遣、散发的意思，同“氵”组合表示泪水从眼中排出，即流泪貌。

释义：“潸”在《诗经》中使用1处，无迭用。

流泪貌。此种用法有1处：“潸焉出涕”（《小雅·大东》）。

汕 音【shàn】

古形【金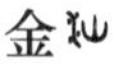小篆】

汕，古代指抄网一类的捕鱼用具。从字形看，“汕”由“氵（水）”和“山”组成。“水”指水流；“山”或指山口等一些水流狭窄地带，人们在此设栅捕鱼就称“汕”。另从“汕”字，右边的“山”看，甲骨文写作“”，又或像捕网之形。《说文·水部》：“汕，鱼游水貌。”或因水中有游鱼而设网捕之，由此引申为鱼游水貌。

释义：“汕”在《诗经》中使用1处2次，迭用。

鱼游水貌。由因水有游鱼而设网引申。此种用法有1处，迭用：“烝然汕汕”（《小雅·南有嘉鱼》）。

善 音【shàn】

古形【金小篆】

《说文·誩部》：“善，吉也。”从字形看，“善”，金文写作“”，由“（羊）”和“（二言）”组成。“羊”或是“祥”字省写，有吉祥的意思；“”指言语，同“羊”组合表示吉祥的言辞。

释义：“善”在《诗经》中使用8处，无迭用。

1. 善良、美好。由言辞吉祥美好引申。此种用法有3（风1；雅2）处，如：“母氏圣善”（《邶风·凯风》）；“终善且有”（《小雅·甫田》）；“善人载尸”（《大雅·板》）。

2. 或通“擅”，喜好、擅长。此种用法有5（风3；雅2）处，如：“女子善怀”（《鄘风·载驰》）；“覆背善詈”（《大雅·桑柔》）。

膳　音【shàn】

古形【金　小篆　】

《说文·肉部》：“膳，具食也。”《段注》：“具者，供置也，欲善其事也。”“具食”指的是准备饭食。西周有“善夫”一职，“善”或通“擅”，有“擅长”的意思，“善夫”即指擅长烹饪之事的人。到了东周时期，加“肉”旁作“膳”，或因肉为美味，“善”有“美好、喜爱”之义，同“肉”组合或表示膳食人们喜爱的美食。

释义：“膳”在《诗经》中使用2处，无迭用。

借作官名。此种用法有2（雅2）处：“仲允膳夫”（《小雅·十月之交》）；“膳夫左右”（《大雅·云汉》）（膳夫：官名，主管国王和后妃等的饮食）。

墠　音【shàn】

古形【小篆　】

《说文·土部》：“墠，野土也。”从字形看，“墠”由“土”和“單”组成。“單”有“用力、大力”之义，同“土”组合表示用大力整治过的平地。

释义：“墠”在《诗经》中使用1处，无迭用。

经过整治的平地。此种用法有1处：“东门之墠”（《郑风·东门之墠》）。

鳣(鱣)　音【shàn、zhān】

古形【小篆　】

“鳣”由“鱼”和“亶”组成。“亶”或是“檀”字省写，表示浅绛色，同“鱼”组合或表示一种浅绛色的鱼类。

释义：“鳣”在《诗经》中使用3处，无迭用。

鱼名。此种用法有3（风1；雅1；颂1）处：“鳣鲔发发”（《卫风·硕人》）；“匪鳣匪鲔”（《小雅·四月》）；“有鳣有鲔”（《周颂·潜》）。

伤(傷)　音【shāng】

古形【金　小篆　】

《说文·人部》：“伤，创也。”从字形看，“伤”，繁体作“傷”，左边是个“亻（人）”，右边是“煬”字省写，有“矢之所伤”的意思，同“亻”组合表示人被箭（矢）所射而受伤。

释义：“伤”在《诗经》中使用17

处，无迭用。

1.悲伤、忧思。由因创而令心中忧悲引申。此种用法有15（风5；雅10）处，如：“我心伤悲”（《召南·草虫》）；“我心伤悲”（《小雅·四牡》）。

2.借为“阳”，予、我。此种用法有1处：“伤如之何”（《陈风·泽陂》）。

商　音【shāng】

古形【甲 金 小篆 】

“商”，甲骨文写作“”，刘兴隆《新编甲骨文字典》说其“像酒具之形，口、颈、足皆明。”关于“商”字，历来说法很多，或因其甲骨文字形多样且解读不一而致。古有禹铸九鼎之说，先秦左丘明《王孙满对楚子》云：“桀有昏德，鼎迁于商，载祀六百。”意思是说，因夏桀昏乱，九鼎迁于商，成就了商朝六百年基业。如此看来，“商”或就是鼎之形，且酒具也仿其形而制。

释义：“商”在《诗经》中使用22处，无迭用。

借作部族名、国名。此种用法有22（雅13；颂9）处，如：“商之孙子”（《大雅·文王》）；“敦商之旅”（《鲁颂·閟宫》）。

上　音【shǎng、shàng】

古形【甲 金 小篆 】

《说文·丄部》：“上，高也。”从字形看，“上”，甲骨文写作“”、金文作“”，变化不大，都是上下两笔，下面的一笔略长，表示基点；上面的一笔略短，用于表示高于基点的事物。

释义：“上”在《诗经》中使用51处，无迭用。

1.高出、上面。此种用法有43（风10；雅27；颂6）处，如：“在前上处”（《邶风·简兮》）；“明明上天”（《小雅·小明》）；“文王在上”（《大雅·文王》）；“上帝是皇”（《周颂·执竞》）。

2.前，在前。或由上位领先在前引申。此种用法有1处：“两服上襄”（《郑风·大叔于田》）。

3.上升、进入。由词性转换（形—动）引申。此种用法有4（风3；颂1）处，如：“下上其音”（《邶风·燕燕》）；“绍庭上下”（《周颂·访落》）。

4.同“尚”，表示祈使。此种用法有3（风3）处，如：“上慎旃哉”（《魏风·陟岵》）。

尚　音【shàng】

古形【甲 金 小篆 】

《说文·八部》：“尚，增也；庶几也。”清徐灏《段注笺》：“尚之言上也，加也。曾犹重也，亦加也，故训为曾。”“曾”即“增加”。从字形看，“尚”由“向”和“八”组成。“向”，甲骨文写作“”，像开有窗户的房屋之形；“八”，甲骨文写作“)(”，像气流分散向上之状，同“向”组合或表示打开窗户让气流分散于屋顶之上。

释义：“尚”在《诗经》中使用22处，无迭用。

1.加、增加。此种用法有5（风3；雅2）处，如：“尚之以琼英乎而”（《齐风·著》）；“不尚有旧”（《大雅·召旻》）。

2. 庶几，表示希望。此种用法有5（风3；雅2）处，如：“尚寐无讹”、（《王风·有兔爰爰》）；“尚可载也”（《小雅·大东》）；“尚可磨也”（《大雅·抑》）。

3. 借作副词，有“犹、尚且”等意思。此种用法有11（风3；雅8）处，如：“我生之初尚无为”（《王风·有兔爰爰》）；“不尚愒焉”（《小雅·菀柳》）；“尚不愧于屋漏”（《大雅·抑》）。

4. 借作名号。此种用法有1处：“维师尚父”（《大雅·大明》）（尚父，姜子牙的号）。

蛸 音【shāo、xiāo】

古形【金 小篆 】

“蛸”指蟏蛸，一种蜘蛛。身体细长，脚很长，多在室内墙壁间结网，通称喜蛛或蟢子。从字形看，“蛸”由“虫”和“肖”组成。“肖”有细小的意思，同“虫”组合表示体形细小的虫。

释义：“蛸”在《诗经》中使用1处，无迭用。

虫名。此种用法有1处：“蟏蛸在户”（《豳风·东山》）。

勺 音【sháo】

古形【金 小篆 】

勺，金文写作“ ”，像一只汤勺之形，其中的一点表示勺中之物。诗中的“勺”指芍药，多年生草本植物，其花瓣呈倒卵形，花盘为浅杯状，或因形似勺，故名“勺”药。后人在字上加“艹（草）”，表示芍药是草本植物。

释义：“勺”在《诗经》中使用2处，无迭用。

芍药。此种用法有2（风2）处，如：“赠之以勺药”（《郑风·溱洧》）。

苕 音【sháo、tiáo】

古形【金 小篆 】

苕，古书上指凌霄花，一年或二年生草本植物。《说文·艸部》：“苕，草也。”从字形看，“苕”由“艹（草）”和“召”组成。“召”有“召唤”的意思，同“草”组合或表示草是春天最先头的植物，由它们召唤其它植物发芽生枝。现代人将凌霄花用来赞美母爱，认为其花语中象征着慈母之爱。因此，“苕”中之“召”，还可以视为母亲的召唤。

释义：“苕”在《诗经》中使用3处，无迭用。

（苕）草。此种用法有3（风1；雅2）处，如：“邛有旨苕”（《陈风·防有鹊巢》）；“苕之华”（《小雅·苕之华》）。

少 音【shǎo、shào】

古形【甲 金 小篆 】

“少”甲骨文写作“ ”，像细小的沙粒之形（或为‘沙’字初文）。《说文·小部》：“少，不多也。”《段注》：“不多则小，故古少、小互训通用。”数

量不多是“少”的字形意义。

释义：“少”在《诗经》中使用1处，无迭用。

（数量）不多。此种用法有1处：“受侮不少”（《邶风·柏舟》）。

绍(紹) 音【shào】

古形【金 小篆 】

《说文·糸部》：“绍，继也……一曰：绍，紧纠也。”“绍”由“糸”和“召”组成。“绍”有紧纠之义，所谓“紧纠”，《段注》：“紧者，缠丝急也；纠者，三合绳也。”“糸”或就表示用丝绳紧紧缠绕；“召”有“召唤”之义，同“糸”组合或表示因故召唤其他人来继续缠绕之。

释义：“绍”在《诗经》中使用4处，无迭用。

1. 继续。此种用法有3（雅2；颂1）处，如：“弗念厥绍”（《大雅·抑》）；“绍庭上下”（《周颂·访落》）（一说借为“昭”，告）。

2. 借指身形美妙。或由紧纠之物的形态苗条而借用。此种用法有1处：“舒夭绍兮”（《陈风·月出》）。

舌 音【shé】

古形【甲 金 小篆 】

“舌”，甲骨文写作“ ”，像（蛇）舌出于口之状，本义就指舌头。《说文·舌部》：“舌，在口，所以言也、别味也。从干、从口。”这里说的是“舌”的两个重要功能：一是所以言（在人指用来说话；在动物则指用以发声）；二是能够用来辨别滋味。所谓从干，《段注》：“干，犯也。言犯口而出之；食犯口而入之。”且不言“舌”是否从干（甲、金文都是舌形），即便后来多认为从干，除了有触犯之义以外，或应还有主干、重要器官之义。

释义：“舌”在《诗经》中使用5处，无迭用。

1. 舌头。此种用法有4（雅4）处，如：“匪舌是出”（《小雅·雨无正》）；“妇有长舌”（《大雅·瞻卬》）。

2. 借指星象。此种用法有1处：“载翕其舌”（《小雅·大东》）。

折 音【shé、zhé】

古形【甲 金 小篆 】

“折”由“扌（手）”和“斤”组成。“斤”，金文写作“ ”，像古代砍木之斧，同“扌（手）”组合表示用手掰、斧砍使其断。“折”，又作“㪿”。《说文·斤部》：“㪿，断也。”许慎采用谭长说（见《说文》），谓“㪿”从艸（草）在仌（冰）中，（因）仌寒，故（草被冻裂而）折。无论冰寒、手掰、斧砍，使其断是“折”之本义。

释义：“折”在《诗经》中使用4处，无迭用。

断。此种用法有4（风4）处，如：“无折我树檀”（《郑风·将仲子》）。

蛇 音【shé、yí】

古形【甲 金 小篆 】

蛇是一种爬行类动物，身体圆而细长，有鳞，没有四肢。蛇的种类很多，多吃青蛙等小动物，大蛇也能吞食大的兽类。“蛇”，甲骨文写作“”，上方是尖形的蛇头；下面是弯曲的蛇身，就是古代的“它”字，指的就是蛇这种动物。后来“它”假借为“其它”之“它”，人们又在其旁边加了一个“虫”字，专表示蛇这种动物。

释义：“蛇”在《诗经》中使用9处10次，1处迭用。

1.蛇。此种用法有2（雅2）处，如：“维虺维蛇”（《小雅·斯干》）。

2.蜿蜒曲折状（同“委”连用）。由蛇游动的状态引申。此种用法有6（风6）处，如：“委蛇委蛇”（《召南·羔羊》）。

3.借为“訑”，欺。此种用法有1处，迭用：“蛇蛇硕言”（《小雅·巧言》）。

舍　音【shě、shè】

古形【金小篆】

《说文·亼部》：“舍，市居曰舍。”所谓“市居”，或指我们今天所说的旅店。从字形看，“舍”由“亼（屋顶）”、“屮（梁柱）”和“囗（垣墙）”组成。“屮”为草木初生之像，作为梁柱，仅有一根，看起来这是一家条件很简陋的旅舍。一说“舍”由“人”和“舌”组成。“舌”指说话，同“人”组合表示八方旅客汇聚，说话声音嘈杂。从一个侧面也说明了这是一个大通铺似的客舍。“舍”作离去讲同“捨”，后两字并为一字都作“舍”。

释义：“舍”在《诗经》中使用15处，无迭用。

1.休息、停止。由舍可供休息引申。此种用法有1处：“亦不遑舍”（《小雅·何人斯》）。

2.同“捨”。舍弃、放弃。（或可视为由旅店条件太差而放弃引申）此种用法有11（风7；雅4）处，如：“舍命不渝”（《郑风·羔裘》）；“舍彼有罪”（《小雅·雨无正》）；“舍尔介狄”（《大雅·瞻卬》）。

3.借指发箭、射箭。或因箭离（舍弃）弓而借用。此种用法有3（风1；雅2）处，如：“舍拔则获”（《秦风·驷驖》）；“舍矢如破。”（《小雅·车攻》）；“舍矢既均”（《大雅·行苇》）。

设(設)　音【shè】

古形【金小篆】

《说文·言部》：“设，施陈也。”所谓“施陈”，即（组织）布列陈设。从字形看，“设”由“讠（言）”和“殳”组成。“言”宣传、安排；“殳”是古代的一种兵器，表示进行强制调配，故朱骏声《说文通训定声》云：“言以口使，殳以手使”，二者组合，以保证“设”之到位。

释义：“设”在《诗经》中使用11处，无迭用。

设置、陈列。此种用法有11（风1；雅8；颂2）处，如：“鱼网之设”（《邶风·新台》）；“设此旐矣”（《小雅·出车》）；“肆筵设席”（《大雅·行苇》）；“设业设虡”（《周颂·有瞽》）。

社　音【shè】

古形【金　小篆　】

“社”由“示”和“土”组成。“示”，甲骨文写作“　”，像一个祭祀用的祭台，表示神灵之位；“土”指土地神，同“示”组合表示土地神或祭祀土地神的地方。

释义：“社”在《诗经》中使用2处，无迭用。

土地神。此种用法有2（雅2）处：“以社以方”（《小雅·甫田》）；“方社不莫”（《大雅·云汉》）（祭土神。或可视为由名词动用引申）。

射　音【shè】

古形【甲　金　小篆　】

“射”，甲骨文写作“　”，像箭在弦上待发之状。“射”，古写作“䠶”，由“身”和“矢”组成。“矢”表示箭，《说文·矢部》：“䠶，弓弩发于身而终于远也。”弓弩从射手身旁发出而射中远处的目标就是“射”。甲骨文的“　”是“射”的起始状态，右边的“寸”表示手拉弓弦。

释义：“射”在《诗经》中使用10处，无迭用。

1.射箭。此种用法有6（风4；雅2）处，如：“叔善射忌”（《郑风·大叔于田》）；“射夫既同”（《小雅·车攻》）。

2.通“斁”，厌、厌倦。此种用法有4（雅3；颂1）处，如：“好尔无射”（《小雅·车辖》）；“无射亦保”（《大雅·思齐》）；“无射于人斯”（《周颂·清庙》）。

涉　音【shè】

古形【甲　金　小篆　】

《说文·水部》：“涉，徒行厉水也。”所谓“厉”，《段注》：“或砅字也。砅本履石渡水之称。”“徒行厉水”的意思就是踩着石头过河。从字形看，“涉”由“氵（水）”和“步”组成。“步”指步行，同“水”组合就表示徒步过河。从金文看，“涉”写作“　”，像一只脚趾在水这边，一只脚趾在水另一边，表示步行正在过水流。

释义：“涉”在《诗经》中使用9处，无迭用。

1.渡水、徒步渡水。此种用法有8（风6；雅2）处，如：“大夫跋涉”（《鄘风·载驰》）；“烝涉波矣”（《小雅·渐渐之石》）；“涉渭为乱”（《大雅·公刘》）。

2.渡口。由可以让人渡水（渡水起点处）引申。此种用法有1处：“济有深涉”（《邶风·匏有苦叶》）。

摄(攝)　音【shè】

古形【金　小篆　】

《说文·手部》：“摄，引持也。”所谓“引持”，《段注》：“谓引进而持之也。”从字形看，“摄”，繁体写作“攝”，由“扌（手）”和“聶”组成。“手”表示用手牵拽；“聶”是附耳低语，表示彼此接近，同“手”组合有提起（引进而

持）的意思。

释义：“摄”在《诗经》中使用2处，无迭用。

辅佐、帮助。或由因近而可助引申。此种用法有2（雅2）处，如：“朋友攸摄”（《大雅·既醉》）。

韘(弽)　音【shè】

古形【小篆韘】

《说文·韦部》：“韘，射决也。所以拘弦，以像骨，韦系，著右巨指。”意思是说，韘指的是射箭用的决。（这是一种）用来钩弦的器具，一般用象骨制成，用熟牛皮作纽带，附着在右手大拇指上。此物就是现在我们看到的扳指，古代用以射箭，现在多做装饰。从字形看，“韘”由“韦”和“枼”组成。“韦”表示熟牛皮，《段注》：“用韦为系，著在巨指，故字从韦”；“枼”指树叶，或表示扳指像树叶卷成的筒状物，同“韦”组合表示用熟牛皮系在大拇指上的扳指。

释义：“韘”在《诗经》中使用2处，无迭用。

扳指。此种用法有2（风2）处，如：“虽则佩韘”（《卫风·芄兰》）。

谁(誰)　音【shéi、shuí】

古形【金誰小篆誰】

《说文·言部》：“谁，何也。”《段注》校正为“谁何也，三字为句”。从字形看，“谁”由“讠（言）”和“隹”组成。“言”指语言；“隹”指鸟，组合在一起或想表示一种听其声未见其人时的疑惑：什么人？在说什么呢？“谁”在句中多作为疑问代词出现，有“什么人、哪一个”等意思。

释义：“谁”在《诗经》中使用50处，无迭用。

1. 什么人、哪一个。此种用法有49（风32；雅17）处，如：“谁谓荼苦”（《邶风·谷风》）；“侯谁在矣”（《小雅·六月》）；“谁能执热”（《大雅·桑柔》）。

2. 借为“畴”，以往、从前。此种用法有1处：“谁昔然矣”（《陈风·墓门》）。

申　音【shēn】

古形【甲申金申小篆申】

“申”是“电”的本字，甲骨文写作“申”，像闪电时云层中出现的曲折的电光状。《说文·申部》：“申，神也。”古人以为闪电是神的显现，故常以“申”来称呼神，后加“示”为“神”，加“雨”为“電（电）”，“申”则以其重复曲折之状表示“一再、重复”等意思。

释义：“申”在《诗经》中使用20处，无迭用。

1. 重复。此种用法有2（雅1；颂1）处：“福禄申之”（《小雅·采菽》）；“申锡无疆”（《商颂·烈祖》）。

2. 借作国名、姓。此种用法有17（风1；雅16）处，如：“不与我戍申”（《王风·扬之水》）；“申伯还南”（《大雅·崧高》）。

3. 或同“伸”，引而长之。此种用法有1处：“自天申之”（《大雅·假乐》）。

身 音【shēn】

古形【甲 金 小篆 】

“身”，甲骨文写作“ ”，像整个人的身躯侧面图形，其中突出了腹部，以显示这是一名孕妇。《说文 · 身部》：“身，躳也。像人之身。”这或是“身”之引申义。

释义：“身”在《诗经》中使用9处，无迭用。

1. 有孕之身。此种用法有1处：“大任有身”（《大雅·大明》）。

2. 身体、自身。由特指到泛指引申。此种用法有8（风4；雅3；颂1）处，如：“淑慎其身”（《邶风·燕燕》）；“各敬尔身”（《小雅·雨无正》）；“以保其身”（《大雅·烝民》）；“以明保其身”（《周颂·访落》）。

诜(詵) 音【shēn】

古形【金 小篆 】

《说文 · 言部》：“诜，致言也。”从字形看，“诜”由“讠（言）”和“先”组成。“言”指说话；“先”有首先的意思，同“言”组合表示首先发言。

释义：“诜”在《诗经》中使用1处2次，迭用。

先说话，迭用表示说话的人多故有“众多”之意。此种用法有1处，迭用：“螽斯羽，诜诜兮。”（《周南·螽斯》）。

莘 音【shēn、xīn】

古形【金 小篆 】

“莘”由“艹（草）”和“辛”组成。“辛”有“辛辣”之意，同“艹（草）”组合或表示这是一种味极辛的草本植物。“莘”或指“细莘”，多年生草本植物，根细、枝长而味辛，可全草入药。

释义：“莘”在《诗经》中使用2处，无迭用。

1. 长。或因细莘枝长引申。此种用法有1处：“有莘其尾”（《小雅·鱼藻》）。

2. 借作国名。此种用法有1处：“缵女维莘”（《大雅·大明》）（莘，古国名）。

甡 音【shēn】

古形【小篆 】

“甡”由两个“生”字组成。“生”指生命、生物，《说文 · 生部》：“甡，众生并立之貌。”众多生物聚集并立，就是“甡”。

释义：“甡”在《诗经》中使用1处2次，迭用。

众生并立（迭用表示众多）。此种用法有1处：“甡甡其鹿”（《大雅·桑柔》）。

深 音【shēn】

古形【甲 金 小篆 】

“深”，甲骨文写作“ （罙）”，像一只手伸到器皿中探测深度之状，后加“氵（水）”写作“深”，表示水从表面到底部的距离大。《说文 · 水部》：“深，

水。”“深”作水名是借用。

释义：“深”在《诗经》中使用6处，无迭用。

水深。此种用法有6（风3；雅2；颂1）处，如：“深则厉”（《邶风·匏有苦叶》）；“深谷为陵”（《小雅·十月之交》）；“维其深矣”（《大雅·瞻卬》）；“深入其阻”（《商颂·殷武》）（此处可视作“罙”）。

駪　音【shēn】

古形【小篆】

“駪”由“馬（马）”和“先”组成。“先”有争先之义，同“马”组合有“马争先恐后奔跑”的意思。《说文·马部》：“駪，马众多貌。”多马争先，故云众多。此或是引申说法。

释义：“駪”在《诗经》中使用1处2次，迭用。

疾跑，迭用表示急急忙忙。由马争先奔跑状引申。此种用法有1处，迭用：“駪駪征夫”（《小雅·皇皇者华》）。

神　音【shén】

古形【金　小篆】

“申”是“神”的本字，甲骨文写作“”，像闪电时云层中出现的曲折的电光之状。古人以为闪电是神的显现，故常以“申”来称呼神，后加“示”为“神”。“示”，甲骨文写作“”，像个祭祀的神台。《说文·示部》：“神，天神，引出万物者也。”存在于天上，可以引发出万事万物的就是神。

释义：“神”在《诗经》中使用22处，无迭用。

1. 天上的神灵。此种用法有21（雅20；颂1）处，如：“神之听之”（《小雅·伐木》）；“神所劳矣”（《大雅·旱麓》）；“怀柔百神”（《周颂·时迈》）。

2. 灵验、神通。由凡人具有异乎寻常神力引申。此种用法有1处：“田祖有神”（《小雅·大田》）。

矧　音【shěn】

古形【金　小篆】

“矧”由“矢”和“引”组成。“矢”指箭；“引”有引发之义，同“矢”组合或表示引弓射箭疾直且不可止。“矧”又作“矤”，《说文·矢部》：“矤，况也，词也……从矢，取词之所之，如矢也。”意思是说“矤”作“况且”讲，是虚词，从矢是取其词意疾直，一往而不可止，像离弦的箭。“况”或为借用，“离弦之箭”当为本义。

释义：“矧”在《诗经》中使用3处，无迭用。

借作连词：何况、况且。此种用法有3（雅3）处，如：“矧伊人矣”（《小雅·伐木》）；“矧可射思”（《大雅·抑》）。

谂（諗）　音【shěn】

古形【金　小篆】

《说文·言部》：“谂，深谏也。”从字形看，“谂”由“讠（言）”和“念”组成。“言”指语言；“念”有“念叨”

之义，同“言”组合表示成天在耳边念叨那些话，即深度劝谏。

释义：“谂”在《诗经》中使用1处，无迭用。

通“念”，思念。此种用法有1处：“将母来谂”（《小雅·四牡》）。

甚 音【shèn】

古形【金小篆】

《说文·甘部》：“甚，尤安乐也。从甘，从匹耦。”从字形看，“甚”由“甘”和“匹”组成。“甘”有甜美、美好的意思；“匹”指匹耦，即配偶，同“甘”组合表示男女欢情，特别甜美、安乐。

释义：“甚”在《诗经》中使用10处，无迭用。

1. 厉害、严重。由事态特别引申。此种用法有7（雅7）处，如：“亦已大甚”（《小雅·巷伯》）；“旱既大甚”（《大雅·云汉》）。

2. 借作副词，有“很、非常”等意思。此种用法有3（风1；雅2）处，如：“其人甚远”（《郑风·东门之墠》）；“上帝甚蹈”（《小雅·菀柳》）。

葚(黮) 音【shèn】

古形【金小篆】

“葚”即桑葚，指桑树结的果实。从字形看，“葚”由“艹（草）”和“甚”组成。“艹”指桑树（实为木本，误为草本）；“甚”由“甘（甜）”和“匹（相当）”组成，同“艹”组合表示桑葚是一种相当甜的果实。

释义：“葚”在《诗经》中使用2处，无迭用。

桑树的果实。此种用法有2（风1；颂1）处：“无食桑葚”（《卫风·氓》）；“食我桑葚”（《鲁颂·泮水》）。

慎 音【shèn】

古形【金小篆】

《说文·心部》：“慎，谨也。”从字形看，“慎”由“忄（心）”和“真”组成。“心”指内心；“真”，《段注》云：“未有不诚而能谨者，故其字从真。”“真”和“心”组合或表示怀揣一颗诚心认真对待。古文“慎”写作“昚”。徐锴《说文系传·通论》：“古文屮、火、日为慎。屮，艸也；日暵（干枯）之下有火，故当慎之也。”此说之“昚”，犹今之小心火烛。

释义：“慎”在《诗经》中使用14处，无迭用。

诚、谨（小心谨慎）。此种用法有14（风4；雅9；颂1）处，如：“淑慎其身”（《邶风·燕燕》）；“慎尔优游”（《小雅·白驹》）；“敬慎威仪”（《大雅·民劳》）；“敬慎威仪”（《鲁颂·泮水》）。

升 音【shēng】

古形【甲金小篆】

“升”，甲骨文写作“”，像古代一种带手柄的量器。本义指量器，后来多用作容量单位。《说文·斗部》：“升，十龠也。”所谓“十龠”，清桂馥《说文义证》：“当为二十龠，《广雅》：‘龠二为

合，合十位升’。”其中的“龠”“合”都是计量单位，二龠为一合，十合为一升，十升为一斗。

释义：“升”在《诗经》中使用7处，无迭用。

1.量器、计量单位。此种用法有1处：“蕃衍盈升”（《唐风·椒聊》）。

2.同“昇”，登上、由低往高移动。此种用法有6（风1；雅5）处，如：“升彼虚矣”（《鄘风·定之方中》）；“如日之升”（《小雅·天保》）；“其香始升”（《大雅·生民》）。

生　音【shēng】

古形【甲 金 小篆 】

“生”，甲骨文写作“ ”，像草木初生出土之状，下面的一横表示土地，土地上面的部分像刚刚出土的草木嫩芽。《说文·生部》：“生，进也。”所谓“进”，或言不仅出生，且处于生长状态。

释义：“生”在《诗经》中使用54处，无迭用。

1.草木生长。此种用法有6（风4；雅2）处，如：“葛生蒙棘”（《唐风·葛生》）；“生我百谷”（《小雅·信南山》）；“梧桐生矣”（《大雅·卷阿》）。

2.诞生、生育、发生。由特指草木到泛指人或事物初生引申。此种用法有41（风7；雅30；颂4）处，如：“既生既育”（《邶风·谷风》）；“父母生我”（《小雅·正月》）；“天生烝民”（《大雅·荡》）；“是生后稷”（《鲁颂·閟宫》）。

3.活、活着。由出生即活引申。此种用法有3（风1；雅2）处：“死生契阔”（《邶风·击鼓》）；“鲜民之生”（《小雅·蓼莪》）；“我生靡乐”（《大雅·抑》）。

4.新鲜。由初生草木新鲜引申。此种用法有1处：“生刍一束”（《小雅·白驹》）。

5.借作语助词称呼人。此种用法有2（雅2）处，如：“不求友生”（《小雅·伐木》）。

6.同“性”，天性。此种用法有1处：“文王蹶厥生”（《大雅·绵》）。

牲　音【shēng】

古形【金 小篆 】

《说文·牛部》：“牲，牛完全。”古时祭祀，用牛（也有用羊）以祭，牛完全即指用完整的牛用以祭祀。《段注》：“（牲）引申为凡畜之称。”从字形看，“牲”由“牛”和“生”组成。“牛”用作部首后统指畜类，同“生”组合表示畜类所生。

释义：“牲”在《诗经》中使用2处，无迭用。

供祭祀用的牛等牲畜。此种用法有2（雅2）处：“尔牲则具”（《小雅·无羊》）；“靡爱斯牲”（《大雅·云汉》）。

笙　音【shēng】

古形【金 小篆 】

笙是汉民族古老的簧管乐器。《说文·竹部》：“笙，十三簧，像凤之身也。笙，正月之音，物生，故谓之笙。”意思是说，笙一般用十三根长短不同的竹管

制成，形状像风的身躯。笙因为是正月之音，这时正是万物生长之时，所以称作笙。从字形看，“笙”中的“竹”表示竹制；“生”即指万物生长时的正月之音。“笙”是否为万物生长之时所吹奏的正月之音还有待考证，不过从其形状看，并拢的竹管像贯地而生的丛林状，“笙”字或由此会意。

释义：“笙”在《诗经》中使用4处，无迭用。

乐器名。此种用法有4（雅4）处，如：“吹笙鼓簧”（《小雅·鹿鸣》）。

声(聲) 音【shēng】

古形【甲金小篆】

《说文·耳部》：“声，音也。”从字形看，“声”，甲骨文写作“”，像一只手拿着小锤敲击乐器（磬）、下面一张口像在唱歌、中间有一只耳朵在听，整个字形表达的或是可供耳听的乐音。小篆的“声”写作“”，由“殸”和“耳”组成。“殸”是“磬”字省写，是发声之器，“耳”是听觉器官，同“磬”组合表示耳可听到的磬声。

释义：“声”在《诗经》中使用22处，无迭用。

1.乐音、声音。此种用法有19（风1；雅13；颂5）处，如：“苍蝇之声”（《齐风·鸡鸣》）；“有闻无声”（《小雅·车攻》）；“无声无臭”（《大雅·文王》）；“喤喤厥声”（《周颂·有瞽》）。

2.名声、声望。由名声可以像声音一样传播引申。此种用法有3（雅2；颂1）处，如：“文王有声”（《大雅·文王有声》）；“赫赫厥声”（《商颂·殷武》）。

甥 音【shēng】

古形【金小篆】

甥即外甥，一般指姐妹的儿子。《说文·男部》：“甥，谓我舅者，吾谓之甥也。”意思是说，叫我舅舅的人，我叫他为外甥。从字形看，“甥”由“生”和“男”组成。“生”指姐姐或妹妹所生；“男”指男孩子，同“生”组合表示姐姐或妹妹生的男孩子称“甥”。

释义：“甥”在《诗经》中使用3处，无迭用。

外甥。此种用法有2（风1；雅2）处：“展我甥兮”（《齐风·猗嗟》）（一说借指妹婿）；“兄弟甥舅”（《小雅·頍弁》）；“汾王之甥”（《大雅·韩奕》）。

绳(繩) 音【shéng】

古形【金小篆】

《说文·糸部》：“绳，索也。”清王筠《说文句读》：“颜（师古）注《急就篇》：‘麻丝曰绳，草谓之索。’许以索释绳，浑言之。”从字形看，“绳”由“糸”和“黾”组成。“糸”表示绳用麻丝编织；“黾”有努力义，表示绳较粗而有力，同“糸”组合表示用麻丝编织而成的绳子。

释义：“绳”在《诗经》中使用5处7次，2处迭用。

1.绳子。此种用法有2（雅2）处：“言纶之绳。”（《小雅·采绿》）；“其绳则直”（《大雅·绵》）。

2.继续。由编织绳索可续引申。此种用法有1处："绳其祖武"（《大雅·下武》）。

3.绳绳，迭用表示众多。此种用法有2（风1；雅1）处4次："宜尔子孙绳绳兮"（《周南·螽斯》）；"子孙绳绳"（《大雅·抑》）。

省　音【shěng、xǐng】

古形【金 小篆 】

《说文·眉部》："省，视也。从眉省，从屮。"《说文》中所说的"省"字由省写的"眉"和"屮"组成。"屮"表示草木初生。农人种植，禾谷初生，必每每视之，其时或凝眉认真察看，就是"省"。"巡视、察看"是"省"的字形意义。

释义："省"在《诗经》中使用2处，无迭用。

巡视、察看。此种用法有2（雅2）处："帝省其山"（《大雅·皇矣》）。

圣(聖)　音【shèng】

古形【甲 金 小篆 】

"圣"，甲骨文写作" "，像一个侧立的人长着大耳和大口之形，字形突出了人的耳和口，以示口有言咏、耳得感知。《说文·耳部》："圣，通也。"所谓"通"，即口慧耳顺，融会贯通。后称具有最高智慧和道德的人为圣人。

释义："圣"在《诗经》中使用9处，无迭用。

通达、智慧、圣明。此种用法有9（风1；雅7；颂1）处，如："母氏圣善"（《邶风·凯风》）；"圣人莫之"（《小雅·巧言》）；"靡圣管管"（《大雅·板》）；"圣敬日跻"（《商颂·长发》）。

胜(勝)　音【shèng】

古形【甲 金 小篆 】

"胜"，繁体写作"勝"，由"朕"和"力"组成。安子介先生在《解开汉字之谜》中说："'朕'是一个已被废弃的字，它的图形古意是'船体两块厚板间的缝隙'，这表明了'胶合'或'紧密合作'。"同"力"组合或是强调力量的紧密合作才是胜利基础。《说文·力部》："胜，任也。"《段注》："凡能举之、能克之皆曰胜。"聚合力量举之、克之就是"胜"，即胜任、胜利。

释义："胜"在《诗经》中使用4处，无迭用。

胜任、胜利。此种用法有4（雅2；颂2）处，如："靡人弗胜"（《小雅·正月》）；"鼛鼓弗胜"（《大雅·绵》）；"胜殷遏刘"（《周颂·武》）。

尸　音【shī】

古形【甲 金 小篆 】

《说文·尸部》："尸，陈也。像卧之形。"从字形看，"尸"，甲骨文写作" "，像侧身人形。清王筠《说文句读》："（尸）当作' '，横陈之人也。"古人祭祀，一般用晚辈代表先祖受祭。这个代替先祖受祭的活人就称作"尸"。徐灏《段注笺》："尸本人卧之称，因人

死而长卧不起，亦谓之尸。”我们现在所说的“尸体”，是“尸”之引申义。

释义：“尸”在《诗经》中使用17处，无迭用。

1. 古代祭祀时代替祖先受祭的活人（横陈之人）。此种用法有14（雅14）处，如：“畀我尸宾”（《小雅·信南山》）；“公尸嘉告”（《大雅·既醉》）。

2. 主祭、主管。由“尸”祭中的主导引申。此种用法有2（风1；雅1）处：“谁其尸之”（《召南·采蘋》）；“有母之尸饔”（《小雅·祈父》）。

3. 如尸之人。由词性转换（名—形）引申。此种用法有1处：“善人载尸”（《大雅·板》）（言人像没有灵魂的死尸，不敢说、不敢做）。

失　音【shī】

古形【金 小篆 】

“失”，金文写作“ ”，左边像一只手，右下侧面像从手中掉落的物品。《说文·手部》：“失，纵也。”本有，因放手而掉落就是“失”，故《段注》云：“在手而逸去为失。”

释义：“失”在《诗经》中使用2处，无迭用。

放弃、丧失。此种用法有2（雅2）处，如：“不失其驰”（《小雅·车攻》）。

师(師)　音【shī】

古形【甲𠂤金 小篆 】

“师”最早指军队，驻军多在小山上，所以甲骨文以“𠂤（‘𠂤’即‘堆’）”为“师”。金文写作“ (師)”，在右边加了个“帀”，有“环绕一周”的意思，表示众多（人）集聚。《说文·帀部》：“二千五百人为师。”军队集聚达到二千五百人即为一个师的建制。安子介《解开汉字之谜》：“在古代，贵族是居住在岗丘或小山上。保护他们的士兵就也在该处守卫，因此就有了‘𠂤’的记号。另一记号‘帀’意为‘集中’或‘集中三方面的力量对向另一方’。因而该符号被认为代表‘军队’、‘部队’，以后又变成‘师团’。在一个有许多人聚集的地方，一定会有一两个在某种行当或艺术方面有熟练技巧能干的人。它的意思后来就被引申为‘有某种技术的人’。‘师傅’，‘教师’，‘榜样’也就很自然再引申而得。”古有周文王打猎时巧遇姜太公最终立其为师所谓“文师”之说，其中的“师”字，其义或由此引申而来。

释义：“师”在《诗经》中使用31处，无迭用。

1. 师，古代军队建制单位。此种用法有4（雅4）处，如：“我师我旅”（《小雅·黍苗》）；“整我六师”（《大雅·常武》）。

2. 军队。由建制属于作战（军人）部队引申。此种用法有11（风3；雅6；颂2）处，如：“王于兴师”（《秦风·无衣》）；“陈师鞠旅”（《小雅·采芑》）；“王师之所”（《大雅·常武》）；“于铄王师”（《周颂·酌》）。

3. 众、民众。由军队军士由民众组成引申。此种用法有5（雅5）处，如：“不宜空我师”（《小雅·节南山》）；“殷之未丧师”（《大雅·文王》）。

4.借作官名、地名。此种用法有11（风2；雅9）处，如：“言告师氏”（《周南·葛覃》）；“尹氏大师”（《小雅·节南山》）；“京师之野”（《大雅·公刘》）。

诗(詩) 音【shī】

古形【金 小篆 】

《说文·言部》：“诗，志也。”意思是说“诗”是一种用言语表达心志的文学体裁。从字形看，“诗”由“言”和“寺”组成。“言”指诗歌（即可歌咏或朗诵的韵文）；“寺”指朝廷、官府，同“言”组合表示（民间的）诗可以让官府了解到施政的得失。

释义：“诗”在《诗经》中使用3处，无迭用。

诗歌（用以言志的文学作品）。此种用法有3（雅3）处，如：“作为此诗”（《小雅·巷伯》）；“矢诗不多”（《大雅·卷阿》）。

鸤(鳲) 音【shī】

古形【缺】

“鸤”指鸤鸠，古书上指布谷鸟。“鸤”由“尸”和“鸟”组成。古有“鸤鸠之养七子，朝从上下，莫从下上，平均如一”即“鸤鸠之仁”之说，“尸”有平陈之像，或言鸤鸠哺育群雏能平均如一；同“鸟”组合或表示“鸤鸠”是一种“仁慈均平”之鸟。

释义：“鸤”在《诗经》中使用4处，无迭用。

鸤鸠。此种用法有4（风4）处，如：“鸤鸠在桑”（《曹风·鸤鸠》）。

施 音【shī】

古形【金 小篆 】

“施”，一说甲骨文写作“”，这或是“敀（攺、攺）”字初文，《说文·攴部》：“敀，敷也。”“敀”意通“施”，或非“”（施）”字。一说甲骨文写作“”，像旗上吊尸之状，因有“陈尸曰施”（《国语·晋语三》注）之说，故认为“施”之本义为“祭旗”。旗上吊尸之说恐无从考证。《说文·㫃部》：“施，旗貌。”从字形看，“施”由“㫃”和“也”组成。“施”从“㫃”，当是正解；“也”，金文写作“”，像蛇形，安子介先生《解开汉字之谜》：“‘也’指似蛇尾部有拖的行动。”古代旗帜多有飘带或穗子，“也”或指这些像蛇尾的东西，同“㫃”组合或表示旗帜随风展开飘动，连同飘带和穗子一同摇曳的样子。

释义：“施”在《诗经》中使用13处14次，1处迭用。

1.设置。或由旗帜布点安插引申。此种用法有4（风3；雅1）处，如：“施于中林”（《周南·兔罝》）；“载施之行”（《小雅·大东》）。

2.延续、蔓延。或由行进中的旗帜引申，此种用法有9（风5；雅4）处10次，1处迭用，如：“得此戚施”（《邶风·新台》）；“施于松上”（《小雅·頍弁》）；“施于孙子”（《大雅·皇矣》）。

湿（濕） 音【shī】

古形【甲 金 小篆 】

“湿”，繁体作“溼”，甲骨文写作“ ”，由“水（水）”、“一（晾竿）”和“丝（丝）”组成，合在一起表示晾晒时麻丝往下滴水。金文写作“ ”，在下面加了个“土”字，表示滴水使“土”受到的浸润状态就是“湿”，即“潮湿”。“湿”繁体也作“濕”，或表示浸湿的麻丝（氵、丝）需要太阳（日）晒干或用火（灬）烘干。

释义：“湿”在《诗经》中使用2处3次，1处迭用。

1.借为“㬤”，干。此种用法有1处：“暵其湿矣”（《王风·中谷有蓷》）

2.迭用借指牛耳动貌。此种用法有1处，迭用：“其耳湿湿？”（《小雅·无羊》）（牛反刍时耳动貌）。

蓍 音【shī】

古形【金 小篆 】

《说文·艸部》：“蓍，蒿属。生十岁，百茎。”“蓍”是一种蒿类的草本植物。从字形看，“蓍”由“艹（草）”和“耆”组成。“耆”有年老的意思，从“生十岁，（一株）百茎”看，“蓍”是一种繁殖能力很强的草本植物。

释义：“蓍”在《诗经》中使用1处，无迭用。

草名。此种用法有1处：“浸彼苞蓍”（《曹风·下泉》）。

十 音【shí】

古形【甲 金 小篆 】

“十”是数名，九加一的和即谓十。甲骨文用数目不同的横画表示“一”“二”“三”等数目，用竖画“ ”表示“十”，金文写作“ ”，开始在竖画中间加一小圆点，像借绳记事之结，后来逐渐拉长成了现在的“十”字。《说文·十部》：“十，数之具也。”因“数至十复反为一（于省吾《甲骨文字释林》）”，所以这里的“具”可以理解为“具结、顶点”。

释义：“十”在《诗经》中使用17处，无迭用。

数、序数。此种用法有17（风8；雅6；颂3）处，如：“十月滌场”（《豳风·七月》）；“于三十里”（《小雅·六月》）；“龙旂十乘”（《商颂·玄鸟》）。

石 音【shí、dàn】

古形【金 小篆 】

《说文·石部》：“石，山石也。在厂之下；口，象形。”“石”指山石，金文写作“ ”。“厂”像山崖，“ ”像山崖下那些大小、方圆不一的石头之形。

释义：“石”在《诗经》中使用10处，无迭用。

山石、石头。此种用法有10（风4；雅6）处，如：“白石凿凿”（《唐风·扬之水》）；“渐渐之石”（《小雅·渐渐之石》）。

时(時)　音【shí】

古形【甲　金　小篆　】

《说文·日部》:“时，四时也。”所谓“四时”，《段注》:“本春、夏、秋、冬之称。引申之为凡岁、月、日、刻之用。”从字形看，“时”，甲骨文写作“旹”，上面是个“㞢（之，行走）”；下面是个“日（太阳）”，组合在一起即表示“时”，即时光、光阴。“时”字的本义或可以表示包括年、季、月、日、时刻等所有太阳走过的时光。

释义:“时”在《诗经》中使用44处，无迭用。

1. 时代、时日、时刻。此种用法有5（雅2；颂3）处，如:“维其时矣”（《小雅·鱼丽》）；“时亦弋获”（《大雅·桑柔》）；“时迈其邦”（《周颂·时迈》）。

2. 通“是”，善、正确；这、这样；于是。此种用法有37（风1；雅23；颂13）处，如:“奉时辰牡”（《秦风·驷驖》）；“以奏尔时”（《小雅·宾之初筵》）；“帝命不时”（《大雅·文王》）；“于时保之”（《周颂·我将》）。

3. 通“跱”，止。此种用法有1处:“曰止曰时”（《大雅·绵》）。

4. 同“司”，管辖。此种用法有1处:“因时百蛮”（《大雅·韩奕》）。

埘(塒)　音【shí】

古形【金　小篆　】

“埘”，繁体写作“埘”，《说文·土部》“鸡栖垣为塒。”意思是说，土墙边鸡栖息的洞称塒。从字形看，“塒”由“土”和“時”组成。古时墙体一般都是土垒成，“土”指墙垣边的土洞；“時”通“跱”，有“止息、停止”的意思，同“土”组合表示土墙边供鸡休息的洞，即鸡窝。

释义:“埘”在《诗经》中使用1处，无迭用。

鸡窝。此种用法有1处:“鸡栖于埘”（《王风·君子于役》）。

识(識)　音【shí、zhì】

古形【金　小篆　】

“识”，繁体写作“識”，由“言”和“戠”组成。“戠”古有军队操演之义，右边的“戈”指参加操演的武器；左边的“音”指操演是教官发出的声音。“戠”和“言”组合或表示“用语言组织演练的阵型”。《说文·言部》:“识，常也。一曰:知也。”可辨识的旗帜谓“常”，或指演练时组织指挥的旗帜。“识”一解为“知”，或指演练时教官知晓阵型如何变化及操演细节。

释义:“识”在《诗经》中使用3处，无迭用。

知道、能辨识。此种用法有3（雅3）处，如:“三爵不识”（《小雅·宾之初筵》）；“君子是识”（《大雅·瞻卬》）。

实(實)　音【shí】

古形【金　小篆　】

《说文·宀部》:“实，富也。”“实”，繁体写作“實”，金文作“　”，由“宀

（房屋）”、“ （田地）”和“ （钱财）”组成，合在一起表示家里有田有钱，很富足。后写作“實”，由“宀”和“贯”组成，或想表示家财满贯的意思。“富裕”是“实”的字形意义。

释义：“实”在《诗经》中使用65处66次，1处迭用。

1.果实、种子。或由果实为财富的一部分引申。此种用法有15（风10；雅2；颂3）处，如：“有蕡其实”（《周南·桃夭》）；“有睆其实”（《小雅·杕杜》）；“实函斯活”（《周颂·良耜》）。

2.实在、坚实、硕大。或由果实成熟之状态引申。此种用法有4（雅3；颂1）处5次，1处迭用，如：“充耳琇实”（《小雅·都人士》）；“不实于亶”（《大雅·板》）；“实实枚枚”（《鲁颂·閟宫》）。

3.借作副词（一说通“寔”），表示“实在是”。此种用法有46（风13；雅27；颂6）处，如：“实获我心”（《邶风·绿衣》）；“实维丰年”（《小雅·无羊》）；“实颖实栗”（《大雅·生民》）；“实右序有周”（《周颂·时迈》）。

拾　音【shí】

古形【金 小篆 】

《说文·手部》：“拾，掇也。”所谓“掇”，意思是捡取。从字形看，“拾”由“扌（手）”和“合”组成。“合”有“凑合”的意思，同“手”组合表示从地下捡取东西手要和物体凑合在一起。“拾”有时作大写数目“十”。

释义：“拾”在《诗经》中使用1处，无迭用。

借指古代射箭时套在左臂上的皮制护袖。或可视为由护袖同手臂凑合在一起引申。此种用法有1处：“决拾既佽”（《小雅·车攻》）。

食　音【shí、sì】

古形【甲 金 小篆 】

“食”，甲骨文写作“ ”，像一个装满了食物（谷粒）的器皿，旁边的两点或表示溢出的谷粒，上面的部分像器皿的盖子。《说文·食部》：“食，一米也……或说：亼皀也。”从字形看，“食”由“亼”和“皀”组成。“亼”有“集聚”之义；“皀”本义为“稻谷的香气”，这里或指谷粒，即食物。集聚起来的一盒食物是“食”的字形意义。一说“食”字上面表示盒盖的部分像大张的口，这或是为“食”之“吃”意寻求形意的附会之说。

释义：“食”在《诗经》中使用52处，无迭用。

1.食物、粮食。此种用法有9（风1；雅8）处，如：“子有酒食”（《唐风·山有枢》）；“日用饮食”（《小雅·天保》）；“力民代食”、（《大雅·桑柔》）。

2.吃、吃饭、供养、给……吃。由词性转换（名—动）引申。此种用法有40（风24；雅15；颂1）处，如：“无食我黍”（《魏风·硕鼠》）；“食野之芩”（《小雅·鹿鸣》）；“食之饮之”（《大雅·公刘》）；“食我桑葚”（《鲁颂·泮水》）。

3. 同“蚀”，日蚀月蚀。此种用法有3（雅3）处，如：“此日而食”（《小雅·十月之交》）。

湜 音【shí】

古形【小篆𣸈】

《说文·水部》：“湜，水清底见（见底）也。”从字形看，“湜”由“氵（水）”和“是”组成。“水”指清澈之水；“是”有确定的意思，同“水”组合表示这确确实实是清澈之水。

释义：“湜”在《诗经》中使用1处，无迭用。

水清澈貌。此种用法有1处，迭用：“湜湜其沚”（《邶风·谷风》）。

寔 音【shí】

古形【小篆𡩵】

《说文·宀部》：“寔，止也。”又“此，止也。”“寔”训为“止”即有“此”义。《段注》训“寔”为“正”，有“正在实施”之义。从字形看，“寔”由“宀”和“是”组成。“宀”，小篆写作“宀”，像交相覆盖的深屋之形，可表示“家、屋”；“是”作为动词表示存在，同“宀”组合或表示某事物正存在于此（屋中）或某事物此时正在发生。从这个意义上说，“正”和“止”的意思应该是相通的，只不过“止”表达的是事物的状态，而“正”则修饰这种状态。

释义：“寔”在《诗经》中使用2处，无迭用。

此、正（是）。此种用法有2（风2）处，如：“寔命不同”（《召南·小星》）。

史 音【shǐ】

古形【甲𠂇金𠭘小篆𠀁】

“史”，甲骨文写作“𠂇”，像手持旗之状。《说文·史部》：“史，记事者也。从又（手）持中。”氏族社会，凡遇到大事，必先立旗建中，“史”就像手执大旗之状，以此集结民众。一旦立旗建中，即表示族中必有某大事。商代把立旗建中视为大事，又视此类为历史；从事此事者皆为官吏，所以古“事、史、吏”同字。《说文》说“史”为记事者，即记录历史之人。即官吏之名。现多称记事者记录之大事为“史”。从字形看，“史”由“中（旗）”和“又（手）”组成，或还可理解成记事要用笔，持笔要用手，所以下面是个“手”。不过这只手除了握笔记事以外，还把持一个“中”字。这个“中”字或有两个含义：其一，上下贯通，即所记录的事要连贯，不能脱节；其二，正直，即不能抱有记录人的观点甚至昧着良心说话，这才是“史”。

释义：“史”在《诗经》中使用2处，无迭用。

记事者、官名。此种用法有2（雅2）处，如：“聚子内史”（《小雅·十月之交》）。

矢 音【shǐ】

古形【甲𠂒金𠂒小篆𠂒】

“矢”，甲骨文写作“𠂒”，像一支箭

的形状：上面是箭头，中间是箭杆，下面是箭尾。《说文·矢部》："矢，弓弩矢也。"箭是历史最悠久的武器之一，最早起源于新石器时代，甲骨文中的"矢"，同今天的箭除了材质不同，形状基本没有区别。

释义："矢"在《诗经》中使用22处，无迭用。

1. 箭。此种用法有12（风1；雅9；颂2）处，如："四矢反兮"（《齐风·猗嗟》）；"既挟我矢"（《小雅·吉日》）；"舍矢既均"（《大雅·行苇》）；"载櫜弓矢"（《周颂·时迈》）。

2. 施、陈。有发矢即词性转换（名—动）引申。此种用法有4（雅4）处，如："无矢我陵"（《大雅·皇矣》）。

3. 借为"誓"，发誓。此种用法有6（风5；雅1）处，如："永矢弗告"（《卫风·考盘》）；"矢于牧野"（《大雅·大明》）。

豕　音【shǐ】

古形【甲 金 小篆 】

"豕"甲骨文写作" "，像长着长嘴、大腹、四蹄、竖尾的猪的简单图形。《说文·豕部》："豕，彘也。竭其尾，故谓之豕。"意思是说，豕就是彘（猪），因为其发起怒来喜欢直竖着它的尾巴，所以称之为"豕"。

释义："豕"在《诗经》中使用2处，无迭用。

猪。此种用法有2（雅2）处："有豕白蹢"（《小雅·渐渐之石》）；"执豕于牢"（《大雅·公刘》）。

使　音【shǐ】

古形【甲 金 小篆 】

"使"，甲骨文写作" "，是"吏"字的初文。氏族社会，凡遇到大事，必先立旗建中，" "就像手执大旗之状，以此集结民众。一旦立旗建中，即表示族中必有某大事。商代把立旗建中视为大事，又视此类为历史；从事此事者皆为官吏，所以古"事、史、吏"同字，并同音假借作使用之"使"。《说文·人部》："使，令也。"意即在立旗建中中发号使令之人。

释义："使"在《诗经》中使用15处，无迭用。

让、命令、差遣、使用。由词性转换（名—动）引申。此种用法有15（风7；雅8）处，如："无使君劳"（《卫风·硕人》）；"靡使归聘"（《小雅·采薇》）；"明命使赋"（《大雅·烝民》）。

始　音【shǐ】

古形【金 小篆 】

《说文·女部》："始，女之初。"从字形看，"始"由"女"和"台"组成。关于"始"字的构成，历来有两种说法：一是"台"是"怡"字省写，同"女"组合有高兴之义。此说同"最初"之义相差甚远，且引申之线索不清。如按因刚刚怀孕，心中高兴而引申为"最初、开始"义，似牵强；二是万民均由"女"所出，有最初、开始之义。按此说法，"台"或可视为"胎"之省写，同"女"

组合表示人之初始是从女子怀胎开始的，故“女之初”应为“人之初”。

释义：“始”在《诗经》中使用11处，无迭用。

1.最初、开始。由特指女子怀胎为泛指。此种用法有9（风2；雅5；颂2）处，如：“旭日始旦”（《邶风·匏有苦叶》）；“僭始既涵”（《小雅·巧言》）；“爰始爰谋”（《大雅·绵》）；“自今以始”（《鲁颂·有駜》）。

2.借为“治”，治理。此种用法有2（雅2）处，如：“经始灵台”（《大雅·灵台》）。

屎 音【shǐ】

古形【甲 金 小篆 】

“屎”，甲骨文写作“ ”，左边像一个人，右下方有五个点，像人正在排便之状。“屎”，《说文》又作“菡”，上边是“艹（草）”，下边像“胃”形，或指牲畜吃的草料通过胃消化吸收以后排出的粪便。《玉篇·艸部》：“菡，粪。俗为屎。”人或动物排出的粪便，俗称屎。“屎”字初文“ ”，也可视为“拉屎”。

释义：“屎”在《诗经》中使用1处，无迭用。

呻吟。或由排便困难时的发声引申。此种用法有1处：“民之方殿屎”（《大雅·板》）。

士 音【shì】

古形【金 小篆 】

《说文·士部》：“士，事也。数始于一，终于十。”从字形看，“士”由“十”和“一”组成。“一”是数之始；“十”是数之终，合在一起表示办事有始有终的人。一说“士”字古形像雄性生殖器。故多指男性。

释义：“士”在《诗经》中使用51处，无迭用。

1.男士的通称（或男性臣子、兵士）。此种用法有50（风23；雅20；颂7）处，如：“求我庶士”（《召南·摽有梅》）；“偕偕士子”（《小雅·北山》）；“髦士攸宜”（《大雅·棫朴》）；“济济多士”（《周颂·清庙》）。

2.从事。由词性转换（名—动）引申。此种用法有1处：“勿士行枚”（《豳风·东山》）。

氏 音【shì、zhī】

古形【金 小篆 】

“氏”是上古时期表示同姓贵族的几个分支的称号。邑名、官名、祖父的谥号和字都可以作为氏，且只有贵族有氏，平民无氏。汉魏以后姓也称氏，姓、氏混用。“氏”，甲骨文写作“ ”，像一根木杆上面有样子怪诞的龙蛇状图腾，这或是一个宗族的标志。安子介先生《解开汉字之谜》：“它（氏）是由图形‘ ’变来，原意同‘氏’，也是‘根’。”“氏”字本义为宗族之根底。

释义：“氏”在《诗经》中使用15处，无迭用。

1.根柢、姓氏、官称。此种用法有2（雅2）处：“尹氏大师”（《小雅·节南山》）；“王谓尹氏”（《大雅·常武》）。

2.借作助词。此种用法有13（风7；雅6）处，如：“仲氏任只”（《邶风·燕燕》）；“仲氏吹篪”（《小雅·何人斯》）；“趣马师氏”（《大雅·云汉》）。

示　音【shì】

古形【甲金小篆】

“示”，甲骨文写作“”，很像一个古代人们在祭祀天地神灵时用的祭台。上面放着祭品。下面的一竖表示支撑祭台的脚。

释义：“示”在《诗经》中使用3处，无迭用。

显示、表示。或由祭祀时人们用语言祈祷表示诉求引申。此种用法有3（雅2；颂1）处：“示我周行”（《小雅·鹿鸣》）；“言示之事”（《大雅·抑》）；“示我显德行”（《周颂·敬之》）。

世　音【shì】

古形【金小篆】

《说文·𠦜部》：“世，三十年为一世。从𠦜（卅）而曳长也。”意思是说，世，三十年为一世，字形由𠦜（卅）字延长它的末笔会意。徐灏《段注笺》：“三十年为一世，世者父子相继之称。”“𠦜（卅）”表“三十年”，用“一”曳长之线连接，表示父子相继。一说金文的“世（世）”字形像几片相连的树叶，因为年年枯叶飘零、新叶萌发，犹如人世更替，所以用以比喻。此说或可信。

释义：“世”在《诗经》中使用8处，无迭用。

1.如枝叶更替父子相继、世代相承。此种用法有6（雅6）处，如：“世执其功”（《大雅·崧高》）。

2.世代、一生。由单支一代所处年代引申。此种用法有2（雅1；颂1）处：“在夏后之世”（《大雅·荡》）；“永世克孝”（《周颂·闵予小子》）。

仕　音【shì】

古形【金小篆】

《说文·人部》：“仕，学也。”徐灏《段注笺》：“宀部，‘宧，仕也。’此云‘仕，学也，’是仕宧皆学习之义。学职事为宧。”从字形看，“仕”由“亻（人）”和“士”组成。“人”指学习之人；“士”指“做职事”的意思，同“人”组合或表示学习做职事之人。古有“学而优则仕”之说，即学优之人方可做官。现在看来，做官之人当品学兼优。

释义：“仕”在《诗经》中使用5处，无迭用。

1.做官、任职。此种用法有3（雅3）处，如：“则无膴仕”（《小雅·节南山》）。

2.察、考察。由做官事前要审察引申。此种用法有2（雅2）处：“弗问弗仕”（《小雅·节南山》）；“武王岂不仕”（《大雅·文王有声》）。

市　音【shì】

古形【金小篆】

《说文·冂部》：“市，买卖所之也。”从字形看，“市”，金文写作“”，上面

是个“㞢（之，表示前往）”；下面是个“兮（兮，表示声音嘈杂）”，人们常去（之）集中买卖货物（声音嘈杂）的固定场所就是“市”。

释义：“市”在《诗经》中使用1处，无迭用。

市场、集市。此种用法有1处：“市也婆娑”（《陈风·东门之枌》）。

式　音【shì】

古形【金 小篆 】

《说文·工部：“式，法也。”从字形看，“式”由“工”和“弋”组成。“弋”指木桩，同“工”组合或表示工程之前工匠用木桩打样，即“法”定规格，以保证后续工序不走样。

释义：“式”在《诗经》中使用52处，无迭用。

1. 样式、榜样、法则。此种用法有7（雅5；颂2）处，如：“如几如式”（《小雅·楚茨》）；“下土之式”（《大雅·下武》）；“帝命式于九围”（《商颂·长发》）。

2. 合法使用、用。由词性转换（名—动）引申。此种用法有4（雅4）处，如：“不闻亦式”（《大雅·思齐》）。

3. 借作助词，句首为发语，句中相当于“乃”。此种用法有41（风4；雅35；颂2）处，如：“式微式微”（《邶风·式微》）；“式礼莫愆”（《小雅·楚茨》）；“作为式谷”（《大雅·桑柔》）；“式固尔犹”（《鲁颂·泮水》）。

试(試)　音【shì】

古形【金 小篆 】

“试”繁体作“試”，由“言”和“式”组成。“言”指语言，表示答问；“式”即“范式”，同“言”组合或表示按一定的范式来回答问题，相当于现在的考试。《说文·言部》：“试，用也。”应该是考试以后确定能否任用的结果，是“试”的引申义。

释义：“试”在《诗经》中使用4处，无迭用。

用、任用。由考试结果引申。此种用法有4（雅3；颂1）处，如：“百僚是试”（《小雅·大东》）；“寿胥与试”（《鲁颂·閟宫》）（试或言比试）。

似(佀)　音【shì、sì】

古形【金 小篆 】

“似”，又作“佀”。《说文·人部》：“佀，像也。”从字形看，“佀”由“人”和“㠯（后隶变作‘以’）”组成。“㠯（以）”，《段注》：“谓人意已坚实见诸施行也。”人之意志同践行相像就是“似”。

释义：“似”在《诗经》中使用6处，无迭用。

1. 相像。此种用法有1处：“式谷似之”（《小雅·小宛》）。

2. 通“嗣”，继、继承。此种用法有5（雅4；颂1）处，如：“似续妣祖”（《小雅·斯干》）；“召公是似”（《大雅·江汉》）；“以似以续”（《周颂·良耜》）。

事 音【shì】

古形【甲 金 小篆 】

《说文·史部》：“事，职也。”古“事、史、吏”同字。从字形看，“事”，甲骨文写作“ ”。氏族社会，凡遇到大事，必先立旗建中，“史”就像手执大旗之状，以此集结民众。一旦立旗建中，即表示族中必有某大事。商代把立旗建中视为大事，操持此大事者，方为“事”，即职事、从事之义。

释义：“事”在《诗经》中使用43处，无迭用。

1. 职事、从事。此种用法有2（雅2）处，如：“既备乃事”（《小雅·大田》）。

2. 事情、职位（务）。由词性转换（动—名）引申。此种用法有37（风8；雅27；颂2）处，如：“公侯之事”（《召南·采蘩》）；“王事靡盬”（《小雅·四牡》）；“周爰执事”（《大雅·绵》）；“执事有恪”（《商颂·那》）。

3. 同“侍”，侍奉。此种用法有3（雅3）处，如：“昭事上帝”（《大雅·大明》）。

4. 同“司”，此种用法有1处：“择三有事”（《小雅·十月之交》）（有事即有司。三有司当指司徒、司马、司空，均为官称）。

饰(飾) 音【shì】

古形【金 小篆 】

《说文·巾部》：“饰，㕞也。”所谓“㕞”，意同“刷”，字形像“又（手）”持“巾”在“尸（‘屋’字省写）”下，表示人出门前在屋内收拾个人卫生。“饰”是将“㕞”中的“又”换成了“食”字，或有“饰”后看上去秀食可餐的意思，即如《段注》所云：“凡物去其尘垢，即所以增其光彩。”一说“饰”由“飤”繁衍而来。“飤”，甲骨文写作“ ”，像“人”在“食”旁，表示以食饲人。“饰”则是在人下加一“巾”字，表示收拾事物。此说或可信。

释义：“饰”在《诗经》中使用1处，无迭用。

饰（装饰）。此种用法有1处：“羔裘豹饰”（《郑风·羔裘》）。

视(視) 音【shì】

古形【甲 金 小篆 】

“视”繁体作“視”，由“示”和“見”组成。“見”，甲骨文写作“ ”，像人睁大眼睛看物之状，同“示”组合表示“视”非泛泛之看，因“示”同神事有关，故《说文·见部》：“视，瞻也。”所谓“瞻”，其中还含有崇敬和仰慕的意思。

释义：“视”在《诗经》中使用15处，无迭用。

1. 看、察看。此种用法有14（风4；雅9；颂1）处，如：“视尔不臧”（《鄘风·载驰》）；“视天梦梦”（《小雅·正月》）；“视尔友君子”（《大雅·抑》）；“遂视既发”（《商颂·长发》）。

2. 通“示”，显示、表示。此种用法有1处：“视民不恌”（《小雅·鹿鸣》）。

是 音【shì】

古形【金 小篆 】

“是”字最早的字形构意不明，故说法颇多：有说“是”乃“匙”之本字；有说“是”像有矢箸之；有说“是”本为虫类等等。《说文·是部》：“是，直也。从日正。”“是”训“直”，是当前的主流解释。从字形看，“是”由“日”和“正”组成。“日”指太阳；“正”有直射的意思，同“日”组合表示太阳（当头）直射。

释义：“是”在《诗经》中使用147处，无迭用。

1. 正确、对的。由日照不偏斜引申。此种用法有2（风2）处：“彼人是哉”2句（《魏风·园有桃》）。

2. 借作代词（这、这个、这样）、指示代词（复指前置宾语）。此种用法有93（风17；雅56；颂20）处，如：“下土是冒”（《邶风·日月》）；“承筐是将”（《小雅·鹿鸣》）；“宅是镐京”（《大雅·文王有声》）；“上帝是皇”（《周颂·执竞》）。

3. 借作连词，于是、乃；其中“是以”“是用”可作“因此”讲。此种用法有52（风4；雅39；颂9）处，如：“是刈是濩”（《周南·葛覃》）；“是用作歌”（《小雅·四牡》）；“是用大谏”（《大雅·板》）；“是断是迁”（《商颂·殷武》）。

适（適） 音【shì】

古形【金 小篆 】

“适”，又作“適”。《说文·辵部》：“適，之也。”从字形看，“適”由“辶（辵）”和“啇”组成，“辶”同行走有关；“啇”本指根据历史惯例确立太子，有目标（人物）之义，同“辶”组合即表示往目标方向走。正如《段注》释“之”云：“此不曰往而曰之，许（慎）意盖以之与往稍别。逝、徂、往自发动言之，適自所到（目标）言之。”“适”和“適”古为两个字，“适”有行如舌之义，表示切合、舒服，后并为一字，承载了两个字的意义。

释义：“适”在《诗经》中使用20处，无迭用。

1. 往。此种用法有15（风9；雅6）处，如：“适彼乐郊”（《魏风·硕鼠》）；“宁适不来”（《小雅·伐木》）。

2. 适合。（适）此种用法有1处：“适我愿兮”（《郑风·野有蔓草》）。

3. 悦、喜欢。或因适合舒服而喜欢引申。此种用法有1处：“谁适为容”（《卫风·伯兮》）。

4. 借为“擿（掷）”，投掷。此种用法有1处：“王事适我”（《邶风·北门》）。

5. 通“嫡”，封建宗法制度下指正妻或正妻之子。此种用法有1处：“天位殷适”（《大雅·大明》）。

6. 借为“谪”，谴责。此种用法有1处：“勿予祸适”（《商颂·殷武》）。

恃 音【shì】

古形【金 小篆 】

《说文·心部》:“怙,恃也。”意即依赖、依靠。从字形看,“恃”由“忄(心)”和“寺”组成。“寺”古代多指官府,同“心”组合或有心中想着有官府可以依靠。在“依赖、依靠”这个意义上,“怙”和“恃”是一样的,然从“怙”和“恃”后来又用作父母的代称(通常“怙”指父亲,“恃”指母亲)上看,“恃”或更偏重情感上的依赖。

释义:“恃”在《诗经》中使用1处,无迭用。

依靠、依赖。此种用法有1处:“无母何恃”(《小雅·蓼莪》)。

峙 音【shì、zhì】

古形【金 小篆 】

“峙”由“山”和“寺”组成。“寺”指古代的官署,同“山”组合或表示官署这种建筑物如山的直立和高耸。

释义:“峙”在《诗经》中使用1处,无迭用。

通“庤”,储、积。此种用法有1处:“以峙其粻”(《大雅·崧高》)。

室 音【shì】

古形【甲 金 小篆 】

《说文·宀部》:“室,实也。从宀从至。至,所止也。”《段注》:“以叠韵为训,古者前堂后室。”古人房屋的内部,前叫堂,堂后用墙隔开,后部中央叫室,室的东西两侧称房。古有“登堂入室”之说,一般友人登堂,家人入室。室多为卧房,是家人居住寝卧的地方。从字形看,“室”由“宀”和“至”组成。“宀”,甲骨文写作“宀”,像房屋之形;“至”有“所以止息”之义,同“宀”组合表示房屋中供人休息睡觉之处,即“室”。

释义:“室”在《诗经》中使用43处,无迭用。

1.内室,寝卧的地方。此种用法有4(风4)处,如:“妇叹于室”(《豳风·东山》)。

2.房屋、宫(王)室、家人。由特指到泛指引申。此种用法有35(风15;雅17;颂3)处,如:“宜其室家”(《周南·桃夭》);“筑室百堵”(《小雅·斯干》);“未有家室”(《大雅·绵》);“百室盈止”(《周颂·良耜》)。

3.坟墓。由故去的人寝卧之处引申。此种用法有1处:“归于其室”(《唐风·葛生》)。

4.鸟巢。鸟儿栖息之处引申。此种用法有3(风3)处:“无毁我室”(《豳风·鸱鸮》)。

逝 音【shì】

古形【金 小篆 】

《说文·辵部》:“逝,往也。”汉·扬雄《方言》:“逝、徂、適,往也。逝,秦晋语也。徂,齐语也。適,宋鲁语也。”同是“往”意,“逝”为秦晋方言。从字形看,“逝”由“辶(辵)”和“折”组成。“辶”和行走、去往有关;“折”有“断”义,同“辶”组合表示去往而不回。这或是后来引申为“过去、死亡”的原因。

释义：“逝”在《诗经》中使用22处，无迭用。

1.往。此种用法有15（风7；雅8）处，如：“毋逝我梁”《邶风·谷风》）；“无逝我梁”（《小雅·小弁》）；“逝彼百泉”（《大雅·公刘》）。

2.通“誓”，发誓。此种用法有3（风3）处，如：“逝将去女”（《魏风·硕鼠》）。

3.借作连词，与“乃”同义。此种用法有1处：“期逝不至”（《小雅·杕杜》）。

4.借作发语词，犹“斯”。此种用法有3（风2；雅1）处：“逝不古处”（《邶风·日月》）；“逝不以濯”（《大雅·桑柔》）。

释 音【shì】

古形【金小篆】

“释”，繁体作“釋”。《说文·釆部》：“釋，解也。”从字形看，“釋”由“釆（音：biàn）”和“睪”组成。“釆”有“分辨”之义；“睪”值目视，同“釆”组合表示通过眼睛观察来分辨事物。

释义：“释”在《诗经》中使用2处，无迭用。

解下。由分辨事物引申为分离实物。此种用法有2（风1；雅1）处：“抑释掤忌”（《郑风·大叔于田》）；“释之叟叟”（《大雅·生民》）（此指用水淘米，分离米中脏物）。

嗜 音【shì】

古形【金小篆】

《说文·口部》：“嗜，嗜欲，喜之也。”《段注》：“经传多假耆为嗜。”从字形看，“嗜”由“口”和“耆”组成。“口”表示和嘴巴、食欲有关；“耆”是老年之义，同“口”组合表示一直到年老都习惯于一种喜好而食。

释义：“嗜”在《诗经》中使用2（雅2）处，无迭用。

特别喜好。此种用法有2处，如：“神嗜飲食”（《小雅·楚茨》）。

筮 音【shì】

古形【金小篆】

《说文·竹部》：“筮，《易》卦用蓍也。”意思是说“筮”指的是《易经》占卦用的蓍草。从字形看，“筮”由“竹”和“巫”组成。“竹”指竹签，表示草木；“巫”即巫师，指占卦之人，同“竹”组合表示占卦之人所用的蓍草（相当于现在的竹签）。

释义：“筮”在《诗经》中使用2处，无迭用。

占卦。由词性转换（名—动）引申。此种用法有2（风1；雅1）处：“尔卜尔筮”（《卫风·氓》）；“卜筮偕止”（《小雅·杕杜》）。

誓 音【shì】

古形【金小篆】

“誓”，金文写作“”，由“”（屮，表示生命）”“”（言，承诺）”和“”（同‘氏’，抵）”三部分组成。合在一起表示伸手触地（抵），承诺以生命为代价（屮）向天地发咒（言）。“”写作“誓”，或是隶变的结果。《说文·言部》：“誓，约束也。”义即用以约束自己行为的诺言。

释义：“誓”在《诗经》中使用1处，无迭用。

用以约束自己行为的诺言。此种用法有1处：“信誓旦旦”（《卫风·氓》）。

奭　音【shì】

古形【小篆】

《说文·皕部》：“奭，盛也。”从字形看，“奭”由“大”和“皕”组成。“皕”义“二百”，指数多，同“大”组合表示“盛大”。

释义：“奭”在《诗经》中使用2处，无迭用。

借作“赫”，赤（红）色。此种用法有2（雅2）处：“路车有奭”（《小雅·采芑》）；“韎韐有奭”（《小雅·瞻彼洛矣》）。

噬　音【shì】

古形【金小篆】

“噬”由“口”和“筮”组成。“筮”有用蓍草占卦之义，一般占卦用蓍草，多去其根叶而取其茎，同“口”组合或表示用口撕咬而取之，故《说文·口部》云：“噬，啗也，喙也。”“啗”指咬食；“喙”表示喘息。又《齿部》：“齧，噬也。”“齧”义为“咬”，《说文》用“噬”训“齧”，可见二者同义。“噬”非食而仅为撕咬，或因撕咬困难，所以喘息。

释义：“噬”在《诗经》中使用2处，无迭用。

借作发语词，犹“斯”。此种用法有2（风2）处，如：“噬肯适我”（《唐风·有杕之杜》）。

螫　音【shì、zhē】

古形【金小篆】

《说文·虫部》：“螫，虫行毒也。”从字形看，“螫”由“赦”和“虫”组成。“赦”有“置”义；“虫”指毒虫，同“赦”组合或表示毒虫在人体放置毒液，即“虫行毒”，俗称毒虫咬刺人。

释义：“螫”在《诗经》中使用1处，无迭用。

毒虫咬刺人。此种用法有1处：“自求辛螫”（《周颂·小毖》）。

收　音【shōu】

古形【金小篆】

《说文·攴部》：“收，捕也。”从字形看，“收”由“丩”和“攴”组成。“丩”，甲骨文写作“”，像绳索纠结之状；“攴”，甲骨文写作“”，像用器物治事之状，同“丩”组合成“收”，表示逮捕人犯，先用器物击倒，然后用绳索捆绑起来。

释义：“收”在《诗经》中使用4处，无迭用。

1. 逮捕（人犯）。此种用法有1处："女反收之"（《大雅·瞻卬》）。

2. 收敛、集聚、接受。由接收人犯入监引申。此种用法有3（风1；雅1；颂1）处，如："小戎俴收"（《秦风·小戎》）；"罪罟不收"（《大雅·瞻卬》）；"我其收之"（《周颂·维天之命》）。

手 音【shǒu】

古形【金 小篆 】

《说文·手部》："手，拳。"《段注》："今人舒之为手，卷之为拳。其实一也。"从字形看，"手"，金文写作" "，像舒展开手的简单图形。无论"手"或"拳"都是一个意思，指的都是人体上肢前端能拿东西的部分。

释义："手"在《诗经》中使用15处，无迭用。

人体上肢前端能拿东西的部分。此种用法有15（风13；雅2）处，如："执子之手"（《邶风·击鼓》）；"宾载手仇"（《小雅·宾之初筵》）（此或指对手）；"匪手携之"（《大雅·抑》）。

守 音【shǒu】

古形【金 小篆 】

"守"由"宀"和"寸"组成。"宀"指房屋（安子介先生在《解开汉字之谜》中解释成遮蔽物）；"寸"或是"衬"字省写，有"协助、相帮"的意思，同"宀"组合或指在别人家做帮助别人的事，起到守护、保护的作用。《说文·宀部》："守，守官也。从宀从寸。""守"中之"寸"，当"法度"讲。所谓"守官"或是"官守"，即指衙门中官员的值守，或可视为"守"之一说。

释义："守"在《诗经》中使用1处，无迭用。

守护、保。此种用法有1处："俾守我王"（《小雅·十月之交》）。

首 音【shǒu】

古形【甲 金 小篆 】

"首"，甲骨文写作" "，是一个头部的形状，但从字形看，不太像人类的头，而更像是兽类的头。金文写作" "只用一只眼睛和额上的头发来表示头部。或因" "太像兽首，所以后来人们又造"百""页"等表示头，以区别兽首。

释义："首"在《诗经》中使用18处，无迭用。

1. 头。此种用法有15（风5；雅10）处，如："搔首踟蹰"（《邶风·静女》）；"疢如疾首"（《小雅·小弁》）；"虎拜稽首"（《大雅·江汉》）。

2. 借作山名。此种用法有3（风3）处，如："首阳之巅"（《唐风·采苓》）（首阳：山名，在今山西省永济南）。

寿(壽) 音【shòu】

古形【金 小篆 】

"寿"，甲骨文写作" "，" "是" "的一半，省写，表示无限延伸；两个" "像肉形，借指身体，同" "组合表示肉身长久延续。金文" "是在" "字的基础上加了个" "（'老'

省）”，表示生命长久，活到老年。《说文·老部》：“寿，久也。”生命长久是“寿”字的初始意义。

释义：“寿”在《诗经》中使用31处，无迭用。

寿命、长寿。此种用法有31（风3；雅17；颂11）处，如：“寿考不忘”（《秦风·终南》）；“万寿无疆”（《小雅·天保》）；“周王寿考”（《大雅·棫朴》）；“绥我眉寿”（《周颂·雝》）。

受　音【shòu】

古形【甲　金　小篆　】

“受”，甲骨文写作“　”，像一只手（上面）把盘子（有说‘舟’）交到另（下面）一个人手里。从两只手的动作看，“受”最初表达两层意思：一是表示给予（授）；二是表示接受（受）。《广雅·释诂》：“受，得也。”是“受”的第二层意思，后另造一字“授”表示给予，即《说文》所云：“相付也。”

“受”字上下为手似乎没有疑议，中间的部分有说为“舟”，如果此说成立，或有两种可能：一是二人交接渡船；二是撑船之人左右手交替撑杆。两种情况都可产生交付（授）和接受之义。

释义：“受”在《诗经》中使用43处，无迭用。

接受、遭受。此种用法有43（风2；雅28；颂13）处，如：“舒懮受兮”（《陈风·月出》）；“受天百禄”（《小雅·天保》）；“既受帝祉”（《大雅·皇矣》）；“嗣武受之”（《周颂·武》）。

授　音【shòu】

古形【甲　金　小篆　】

《说文·手部》：“授，予也。”“受”是“授”的本字，甲骨文写作“　”，像两只手在交接盘之状，表示一手给予、一手接受。后“受”专表接受之义，人们又在其左边加一“扌”作“授”，专表“给予”之义。《段注》：“予者，推予也，（受）像相予之形。”又“（加‘扌’表示）手付之令其受也，故从手从受。”“给予令其接受”是“授”的本义。

释义：“授”在《诗经》中使用8处，无迭用。

给予、交付。此种用法有8（风5；雅2；颂1）处，如：“九月授衣”（《豳风·七月》）；“或授之几”（《大雅·行苇》）；“言授之縶”（《周颂·有客》）。

狩　音【shòu】

古形【金　小篆　】

《说文·犬部》：“狩，犬田也。”所谓“犬田”，即用狗田猎，其本义就是捕猎野兽。古有“兽”字，甲骨文作“　”，就是“　（一种捕猎工具）”加一“犬（犬，或为兽）”形，表示打猎（捕捉野兽）。《段注》：“《释天》曰：‘冬猎为狩。’又《释天》曰：‘火田为狩。’许（慎）不称冬猎而称火田者，火田必于冬。”所谓“火田”，或冬猎在田中烧火撵兽而猎之。从字形看，“狩”由“犭（犬）”和“守”组成。“犬”是捕猎的助手，表示冬猎；“守”有守候的意思，同“犬”组合或表示冬猎火田时，捕猎者守候在一旁等待猎物出来。

释义：“狩”在《诗经》中使用7处，无迭用。

冬猎、打猎。此种用法有7（风5；雅2）处，如：“从公于狩”（《秦风·驷驖》）；“驾言行狩”（《小雅·车攻》）。

售 音【shòu】

古形【金 小篆 】

《说文·口部》：“售，卖去手也。”所谓“卖去手”即谓“卖出手”。从字形看，“售”由“雔”和“口”组成。“雔”由两个“隹”组成，“隹”指“鸟”，双鸟表示鸟多，或也指货多可以售卖，同“口”组合表示买卖双方就价格、数量等事宜协商一致成交。

释义：“售”在《诗经》中使用1处，无迭用。

卖出。此种用法有1处：“贾用不售”（《邶风·谷风》）。

兽(獸) 音【shòu】

古形【甲 金 小篆 】

兽是四足哺乳动物的总称，多指野兽。从字形看，“兽”，甲骨文写作“ ”，左边像一个捕兽的工具；右边像一头兽形（有说猎犬），本义是“狩猎”，即猎兽活动，后来用作本义时作“狩”，而被狩猎的对象作“獸”。后简化为“兽”。

释义：“兽”在《诗经》中使用2处，无迭用。

野兽。此种用法有2（雅2）处：“搏兽于敖”（《小雅·车攻》）。

殳 音【shū】

古形【甲 金 小篆 】

殳是古代的一种兵器，甲骨文字形写作“ ”，像手持兵器之状。《说文·殳部》：“殳，以杸殊人也。”意思是说，殳是一种用以隔离人的武器。据《周礼》介绍：殳用积竹制成，八条棱，长一丈二尺，树立在兵车上，车上的先锋拿着它在前面驰驱开道。

释义：“殳”在《诗经》中使用1处，无迭用。

兵器名。此种用法有1处：“伯也执殳”（《卫风·伯兮》）。

书(書) 音【shū】

古形【金 小篆 】

“书”，繁体写作“書”。《说文·聿部》：“書，箸也。”所谓“箸”，即写箸在竹帛上。从字形看，“書”由“聿”和“曰”组成，“聿”，甲骨文写作“ ”，罗振玉先生《增订殷墟書契考释》：“此像手持笔形”；“曰”有说话的意思，同“聿”组合表示用笔把要说的话写在竹帛（古多用竹帛代纸）上。

释义：“书”在《诗经》中使用1处，无迭用。

书写。此种用法有1处：“畏此简书”（《小雅·出车》）。

纾(紓)　音【shū】

古形【金 小篆 】

《说文·糸部》：“纾，缓也。”从字形看，“纾”由“糸”和“予”组成。“糸”金文作“ ”，像丝交织状，表示一团乱丝；“予”有给予义，一团乱丝，给予缓解就是“纾”。“纾”的本义就是“缓解”。

释义：“纾”在《诗经》中使用1处，无迭用。

缓解。此种用法有1处：“彼交匪纾”（《小雅·采菽》）。

枢(樞)　音【shū】

古形【金 小篆 】

《说文·木部》：“枢，户枢也。”所谓户枢，指的是门上的转轴。旧时的门轴多用木制成。从字形看，“枢”由“木”和“区”组成。“木”指的是木制转轴；“区”有“隐藏”义，同“木”组合表示门轴是指藏插在门臼凹陷之处的部分。

释义：“枢”在《诗经》中使用1处，无迭用。

借作木名。“山有枢”（《唐风·山有枢》）。

叔　音【shū】

古形【金 小篆 】

《说文·又部》“叔，拾也。”“拾”意思是“拾取、收拾”。从字形看，“叔”，金文作“ ”。郭沫若先生在《两周金文辞大系考释》中说：“以金文字形而言，实乃从又（手）持弋（木杙）以掘芋也。”古汝南地方收芋头称叔。“叔”字本义或为手持弋掘芋而拾之。后“叔”又借作对人（一般为年少男子）的称谓：一是称父亲的弟弟（或因芋小）；二是称一般男子（或因男子多从事田间耕作）；三是称贵族年轻男子（或因其位在‘上’且年‘小’需要‘又（手）’扶持）。

释义：“叔”在《诗经》中使用35处，无迭用。

1. 拾取、收拾。此种用法有1处：“九月叔苴”（《豳風·七月》）。

2. 借作对人的称谓。此种用法有34（风23；雅10；颂1）处，如：“叔兮伯兮”（《邶风·旄丘》）；“方叔莅止”（《小雅·采芑》）；“王曰叔父”（《鲁颂·閟宫》）。

菽　音【shū】

古形【金 小篆 】

“菽”，原作“尗”。《说文·尗部》：“尗，豆也。像尗豆生之形也。”“尗”，金文写作“ ”，像豆类植物的嫩芽破土而出之状。朱骏声《说文通训定声》：“（菽）古谓之尗，汉谓之豆，今字作菽。菽者，豆之总名。”

释义：“菽”在《诗经》中使用9处，无迭用。

豆类总称。此种用法有9（风2；雅雅6；颂1）处，如：“禾麻菽麦”（《豳风·七月》）；“中原有菽”（《小雅·小宛》）；“蓺之荏菽”（《大雅·生民》）；

“植稚菽麦”（《鲁颂·閟宫》）。

淑　音【shū】

古形【金小篆】

《说文·水部》：“淑，清湛也。”“湛”有沉没之义，所谓清湛，意思是清澈得能见到水下的东西。从字形看，“淑”由“氵（水）”和“叔”组成。“叔”指“芋头”，同“水”组合或表示水清澈得能见到沉底的芋头。因“叔”又表示年幼，这是一个美好的年龄段，所以同“水”组合又引申作“清纯、美好”。

释义：“淑”在《诗经》中使用22处，无迭用。

美好、善良。由年幼如水清纯引申。此种用法有22（风14；雅6；颂2）处，如：“窈窕淑女”（《周南·关雎》）；“淑人君子”（《小雅·鼓钟》）；“淑慎尔止”（《大雅·抑》）；“孔淑不逆”（《鲁颂·泮水》）。

姝　音【shū】

古形【金小篆】

《说文·女部》：“姝，好也。”《段注》：“姝，美色也。”从字形看，“姝”由“女”和“朱”组成。“朱”为红色，同“女”组合或表示女子面色红润，自然色美、自然美好也。

释义：“姝”在《诗经》中使用6处，无迭用。

（女色）美好。此种用法有6（风6）处，如：“静女其姝”（《邶风·静女》）。

殊　音【shū】

古形【金小篆】

《说文·歺部》：“殊，死也。”《段注》：“凡汉诏云殊死者，皆谓死罪也。死罪者首身分离，故云殊死。”所谓“殊死”，即指斩首而死。从字形看，“殊”由“歺（隶变作‘歹’）”和“朱”组成。“歺”有残骨义，指把人斩首杀死；“朱”指红色，同“歺”组合表示把人斩首后（红色）鲜血淋漓。

释义：“殊”在《诗经》中使用3处，无迭用。

借作副词，表示“很、甚”。此种用法有3（风3）处，如：“殊异乎公路”（《魏风·汾沮洳》）。

舒　音【shū】

古形【金小篆】

《说文·予部》：“舒，伸也。”从字形看，“舒”由“舍”和“予”组成。“舍”有“释、放”的意思；“予”指给予，同“舍”组合表示将其放松打开。

释义：“舒”在《诗经》中使用8处，无迭用。

1.舒缓、从容。或由伸展的动作缓慢引申。此种用法有7（风4；雅3）处，如：“舒夭绍兮”（《陈风·月出》）；“不舒究之”（《小雅·小弁》）；“王舒保作”（《大雅·常武》）。

2.借作国名。此种用法有1处：“荆舒是惩”（《鲁颂·閟宫》）。

疏　音【shū】

古形【金小篆】

“疏”由“疋”和“㐬”组成。“疋”像足；《说文·𠫓部》：“𠫓（㐬），不顺忽出也。”《说文·𠫓部》：“疏，通也。从㐬从疋。”朱骏声《说文通训定声》：“㐬者，子生也；疋者，破包足动也。孕则塞，生则通。”生子气通为“疏”之本义。

释义：“疏”在《诗经》中使用2处，无迭用。

1. 借为“胥”，辅。此种用法有1处：“予曰有疏附”（《大雅·绵》）。

2. 借为“蔬”，菜。此种用法有1处：“彼疏斯稗”（《大雅·召旻》）。

输(輸)　音【shū】

古形【金小篆】

《说文·车部》：“输，委输也。”所谓“委输”，即运输。从字形看，“输”由“车”和“俞”组成。“俞”本指挖空树木做船，表示船，同“车”组合表示用车、船等工具运输。

释义：“输”在《诗经》中使用2处，无迭用。

散落、坠落。或由运输过程中的失误引申。此种用法有2（雅2）处，如：“载输尔载”（《小雅·正月》）。

赎(贖)　音【shú】

古形【金小篆】

《说文·贝部》：“赎，贸也。”赎是贸易的一种形式：旧时人钱不凑手时，常常拿一些物品到专门的店铺作抵押去换（借用）钱，并约定好还钱的时间和高额利息，到期如果还不上，抵押的物品即由店家自由处置，到期前如果凑齐了本金和利息，可以换回抵押的物品，这种形式叫赎。从字形看，“赎”由“贝”和“卖”组成。“贝”指钱；“卖”指抵押的物品（换钱的物品，形同卖），同“贝”组合表示用钱换回抵押的物品。后用钱作交换都作“赎”。

释义：“赎”在《诗经》中使用3处，无迭用。

以身交换，由交换引申，此种用法有3（风3）处，如：“如可赎兮”（《秦风·黄鸟》）。

暑　音【shǔ】

古形【金小篆】

《说文·日部》：“暑，热也。”《段注》：“暑与热，浑言则一，故许（慎）以热训暑。析言则二……暑之义主谓湿，热之义主谓燥。”从字形看，“暑”由“日”和“者”组成。“日”指日照；“者”或是“煮”字省写，同“日”组合表示日照如煮，湿热。

释义：“暑”在《诗经》中使用3处，无迭用。

暑天、炎热。此种用法有3（雅3）处，如：“六月徂暑”（《小雅·四月》）；“我心惮暑”（《大雅·云汉》）。

黍 音【shǔ】

古形【甲 金 小篆 】

黍是谷类的一种，今北方称之为黄米。《说文·黍部》："黍，禾属而黏者也。以大暑而孰，故谓之黍（黍、暑上古声韵同）。从禾，雨省声。"从字形看，"黍"，甲骨文写作" "，像一株成熟的黍的形象：下部表示根部；中间为枝干；上面的部分分叉突出了黍成熟散穗的特征。有的甲骨文写作" "，在植株旁加了个"水"字，有说黍可酿酒，此水表示酒水。《段注》："此（酒水）说字形之异说也。"有说字形加水或因表示种需要用水灌溉，其说不一。其实"黍"是一种耐旱植物，或无须常浇灌，只要有雨水即成。故《说文》中的"从禾，雨省声"或可视为"从禾从雨省"。"黍"中的"水"，表示雨水。

释义："黍"在《诗经》中使用23处，无迭用。

黍子。此种用法有23（风8；雅10；颂5）处，如："彼黍离离"（《王风·黍离》）；"黍稷方华"（《小雅·出车》）；"有稷有黍"（《鲁颂·閟宫》）。

属(屬) 音【shǔ、zhǔ】

古形【金 小篆 】

"属"，繁体写作"屬"，由"犀（省写）"和"蜀"组成。"犀"指一种无法归类的动物；"蜀"本义指野蚕，是一种似蚕非蚕的昆虫，同"犀"组合或表示从大类漏网出来而独立自成一类的动物，故《说文·尾部》："属，连也。"所谓"连"，徐锴《说文系传》云："相连续，若尾之在体。"

释义："属"在《诗经》中使用3处，无迭用。

相连、随。此种用法有3（雅3）处，如："小人与属"（《小雅·角弓》）。

鼠 音【shǔ】

古形【甲 金 小篆 】

"鼠"，甲骨文写作" "，像直立的鼠形：头朝上，尖齿，头部周围有一些小点，像被咬啮的碎物，前后腿伸展，还有一条向下垂着的尾巴，活脱一只老鼠的样子。《说文·鼠部》："鼠，穴虫之总名也。"啮齿、穴居，是鼠的基本特征。

释义："鼠"在《诗经》中使用13处，无迭用。

1. 老鼠。此种用法有12（风11；雅1）处，如："相鼠有体"（《鄘风·相鼠》）；"鸟鼠攸去"（《小雅·斯干》）。

2. 通"癙"，忧。此种用法有1处："鼠思泣血"（《小雅·雨无正》）。

癙 音【shǔ】

古形【缺】

《尔雅·释诂》："癙，病也。"从字形看，"癙"由"疒（病）"和"鼠"组成，表示鼠病。《康熙字典》："《诗·小雅》：癙忧以痒。传：癙，病也。《注》吕氏曰：鼠忧，幽也。刘氏曰：鼠病而忧在于穴内，所不知。范氏曰：凡物之

多畏者，惟鼠为甚，故谓癙忧。”鼠病，躲在洞中忧之是“癙”之本义。

释义：“癙”在《诗经》中使用1处，无迭用。

病，忧。此种用法有1处：“癙忧以痒”（《小雅·正月》）。

数(數) 音【shǔ、shù】

古形【金 小篆 】

《说文·攴部》：“数，计也。”从字形看，“数”由“娄”和“攴”组成。“攴”有“小击”义，像人点击计数；“娄”有“空”义，同“攴”组合表示心中空无杂念才能计算准确。

释义：“数”在《诗经》中使用1处，无迭用。

计算。此种用法有1处：“心焉数之”（《小雅·巧言》）。

戍 音【shù】

古形【甲 金 小篆 】

《说文·戈部》：“戍，守边也。”从字形看，“戍”，甲骨文写作“ ”，左下像一个人；右边是一个“戈（武器）”，同“人”组合像人持戈，表示防守边疆。

释义：“戍”在《诗经》中使用4处，无迭用。

守卫、防守边疆。此种用法有4（风3；雅1）处，如：“不与我戍许”（《王风·扬之水》）；“我戍未定”（《小雅·采薇》）。

束 音【shù】

古形【金 小篆 】

“束”，金文写作“ ”，像用绳子捆扎树枝状（有的字形像捆着的布袋）。《说文·束部》：“束，缚也。从囗木。”所谓从囗木，徐锴《说文系传》：“束薪也。囗音围，像缠。”缠束薪柴，是“束”之本义。

释义：“束”在《诗经》中使用13处，无迭用。

1.捆束。此种用法有6（风5；雅1）处，如：“白茅纯束”（《召南·野有死麇》）；“白茅束兮”（《小雅·白华》）。

2.量词，一捆。由词性转换（动—量）引申。此种用法有7（风5；雅1；颂1）处，如：“不流束薪”（《王风·扬之水》）；“生刍一束”（《小雅·白驹》）；“束矢其搜”（《鲁颂·泮水》）。

述 音【shù】

古形【金 小篆 】

《说文·辵部》：“述，循也。”从字形看，“述”由“辵（辶）”和“术”组成。“辵”同行走有关；“术”或是“術”字省写，指道路，同“辵（辶）”组合表示循着道路行走。

释义：“述”在《诗经》中使用1处，无迭用。

循行。此种用法有1处：“报我不述”（《邶风·日月》）。

树(樹) 音【shù】

古形【金 小篆 】

“树”，繁体写作“樹”，由“木”和“尌”组成。“木”，甲骨文写作“ ”，像一棵树形；“尌”《说文 · 寸部》：“尌，立也，从壴从寸（手）持之也。”同“木”组合表示用手持树苗使其立起来，意思是种树。

释义：“树”在《诗经》中使用11处，无迭用。

1. 栽种、种树。此种用法有8（风5；雅3）处，如：“树之榛栗”（《鄘风 · 定之方中》）；“君子树之”（《小雅 · 巧言》）。

2. 立、竖立。由种树要将其立起引申。此种用法有3（风1；雅1；颂1）处：“隰有树檖”（《秦风 · 晨风》）；“四鍭如树”（《大雅 · 行苇》）；“崇牙树羽”（《周颂 · 有瞽》）。

庶 音【shù】

古形【甲 金 小篆 】

“庶”，甲骨文写作“ ”，像“厂（厓）”下支锅煮食之状。于省吾先生《甲骨文字释林》：“‘庶’之本义，乃以火燃石而煮，是根据古人实际生活而像意依声而造字的。”“煮”或是“庶”之本义。《说文 · 广部》：“庶，屋下众也。”“庶”就表示“众多”，许慎加“屋下”二字，是为了切合“庶”字形所从的“广”。其实从“ ”看，“庶”应该从“厂”，从“广”或是隶变的结果。古人多穴居，自然在“厂（厓）”下支锅煮食，后一部分贵族建屋（‘广’，像对刺高屋之形），而大部分穷人、贫民仍居于“厂（厓）”下。这或是“庶”后来引申为“众多”“平民”“旁支”等的原因。

释义：“庶”在《诗经》中使用35处，无迭用。

1. 平民、众多。由贫富分化后穴居之人引申。此种用法有22（风6；雅15；颂1）处，如：“求我庶士”（《召南 · 摽有梅》）；“以莫不庶”（《小雅 · 天保》）；“庶民攻之”（《大雅 · 灵台》）；“宜大夫庶士”（《鲁颂 · 閟宫》）。

2. 借作副词，有“幸”“差不多”“也许可以”等意思。此种用法有13（风3；雅9；颂1）处，如：“庶见素韠兮”（《桧风 · 素冠》）；“乱庶遄已”（《小雅 · 巧言》）；“庶无罪悔”（《大雅 · 生民》）；“庶几夙夜”（《周颂 · 振鹭》）。

率 音【shuài】

古形【甲 金 小篆 】

“率”，甲骨文写作“ ”，刘兴隆《新编甲骨文字典》：“（字形）从 旁有 ，构形不明。”

《说文 · 率部》：“率，捕鸟毕也。”又“毕，田网也。”“率”指一种捕鸟的网。从金文字形看，“率”写作“ ”，到了小篆，写作“ ”，几经辗转，完成了“率”之捕鸟器之形。清于鬯《职墨》：“此字宜横看。盖率之制，当是两头有竿柄（指‘率’之上下形），中间结网。”作为捕鸟器，汉字中的“离”字甲骨文作“”，就是一个长柄捕鸟器的形状。两个捕鸟器或有异曲同工之妙，只不过“（离）”只有一头长柄，繁体作“離”加“隹（鸟）”专指捕鸟，而“率（率）”从“（线绳）”，且两头有竿柄（应是可拖拽之用的绳头），或是含捕鸟在内的猎捕禽兽之网，指我们如今电视中常见的由地而起或从空中落下的捕猎之网。

一说“率”就像绳索，旁边的“”像拉拽时掉下的麻屑。此说同捕鸟（兽）网都有拖拽绳索之义。

释义：“率”在《诗经》中使用22处，无迭用。

1.率领、带领。或由绳头引领收网引申。此种用法有7（雅5；颂2）处，如：“率由群匹”（《大雅·假乐》）；“率时农夫”（《周颂·噫嘻》）。

2.尽、全。或由收尽猎物引申。此种用法有2（雅1；颂1）处：“悉率左右”（《小雅·吉日》）；“帝命率育”（《周颂·思文》）。

3.循（沿着）、行、遵循、相继。由引领有方向可循而行引申。此种用法有13（雅9；颂4）处，如：“率彼中陵”（《小雅·沔水》）；“率西水浒”（《大雅·绵》）；“率时昭考”（《周颂·访落》）。

蟀 音【shuài】

古形【金 小篆 】

“蟀”又作“䘃”。《说文·虫部》：“䘃，悉䘃（蟋蟀）也。”蟋蟀是一种昆虫，又名促织，俗称蛐蛐儿。其后腿粗而有力，善于跳跃，雄性好斗，胜者两翅会摩擦发声。从字形看，“䘃”由“帥”和“虫”组成。“帥”指将帅，同“虫”组合或表示这是一种好斗且胜者昂首擦翅而鸣如同得胜的大将军一样的小虫。“䘃”作“蟀”，其中的“帥”和“率”义通。

释义：“蟀”在《诗经》中使用4处，无迭用。

蟋蟀。此种用法有4（风4）处，如：“蟋蟀在堂”（《唐风·蟋蟀》）。

双(雙) 音【shuāng】

古形【金 小篆 】

“双”，繁体作“雙”，由“雔（两只鸟）”和“又（手）”组成，合在一起表示一只手抓两只鸟。《说文·雔部》：“雙，隹二枚也。”鸟两只，是“雙（双）”字本义。

释义：“双”在《诗经》中使用1处，无迭用。

一对、两个。由特指两只鸟到泛指一对物引申。此种用法有1处：“冠緌双止”（《齐风·南山》）。

霜 音【shuāng】

古形【金 小篆 】

《说文·雨部》：“霜，丧也。成物者。”《段注》：“霜降而收缩（丧）万物。”王筠《说文句读》引《京房气候》：“霜成就万物。”张舜徽《说文解字约注》：“丧与成，似相反而实相成。”霜丧万物也成就万物。从字形看，“霜”由

“雨”和“相”组成。“雨（水汽）”指霜是水汽接近地面遇冷在地面或物体上凝结而成的白色细微颗粒；“相”有“相对”之义，同“雨”组合或表示霜丧物或成物是相对而言的自然现象。

释义：“霜”在《诗经》中使用5处，无迭用。

寒霜。此种用法有5（风3；雅2）处，如：“可以履霜”（《魏风·葛屦》）；“正月繁霜”（《小雅·正月》）。

爽　音【shuǎng】

古形【金 小篆 】

《说文·㸚部》：“爽，明也。从㸚从大。”意思是说：爽是明朗清亮的意思，由“㸚、大”会意。从字形看，“爽”，甲骨文写作“ ”，由“大”和两“ ”组成，“大”像正面人形；两手持“ ”像手持舞具又或两臂加灯笼、火烛之状，以表示明亮（一说㸚像窗牖之交纹，因交纹宽大透光强而亮）。

释义：“爽”在《诗经》中使用2处，无迭用。

差、差错。或由亮极则反引申。此种用法有2（风1；雅1）处：“女也不爽”（《卫风·氓》）；“其德不爽”（《小雅·蓼萧》）（《段注》：“爽本训明，明之至而差生焉，故引伸训差也”）。

水　音【shuǐ】

古形【甲 金 小篆 】

“水”甲骨文写作“ ”，像流水之状：中间的水脉，两旁似流水。从字形看，既可指“水（一种无色、无臭、透明的液体）”，又可指水流。

释义：“水”在《诗经》中使用43处，无迭用。

水、水流。此种用法有43（风28；雅11；颂4）处，如：“毖彼泉水”（《邶风·泉水》）；“沔彼流水”（《小雅·沔水》）；“丰水有芑”（《大雅·文王有声》）；“洪水芒芒”（《商颂·长发》）。

帨　音【shuì】

古形【小篆 】

“帨”指古代女子出嫁时，母亲所授的佩巾，用以擦拭不洁，在家时挂在门右，出门时系在身左腰带上。从字形看，“帨”由“巾”和“兑”组成。“兑”有“尖、上小下大”的意思，同“巾”组合或表示这种似头巾有尖角的佩巾。“帨”《说文》作“帥”，义即佩巾。

释义：“帨”在《诗经》中使用1处，无迭用。

佩巾。此种用法有1处：“无感我帨兮”（《召南·野有死麇》）。

说(說)　音【shuì、shuō】

古形【金 小篆 】

《说文·言部》：“说，说释也……一曰：谈说。”所谓“说释”，通俗地说，就是喜悦的意思。这或是“悦”字本义。“説”，今多指“谈说”。从字形看，“说”由“讠（言）”和“兑”组成。“言”指语言，表示谈说；“兑”，《说文·儿部》：“兑，说（喜悦）也。”同“言”组合或表示谈说要让人心悦诚服，否则就是吵架。

释义：“说”在《诗经》中使用13处，无迭用。

1.谈说、解说。此种用法有3（风3）处，如：“与子成说”（《邶风·击鼓》）。

2.通“悦”，喜悦、舒服。此种用法有4（风2；雅2）处，如：“我心则说”（《召南·草虫》）；“我心不说”（《小雅·都人士》）。

3.通“税”，停马解车而休息、止息。此种用法有5（风5）处，如：“说于株野”（《陈风·株林》）。

4.通“脱”，摆脱、开脱。此种用法有1处：“女覆说之”（《大雅·瞻卬》）。

顺(順) 音【shùn】

古形【金 小篆 】

《说文·页部》：“顺，理也。”从字形看，“顺”金文写作“ ”，由“ （川）”和“ （页）”组成。“ （页）”指头；“ （川）”像毛发。张舜徽《说文约注》：“发必常梳理之而后不乱，故许（慎）君训顺为理耳。”一说“川”像水流；“页”，本义“头”，借指人脑表思维，同“川”组合表示思绪舒畅如流。此或可视为一说。

释义：“顺”在《诗经》中使用10处，无迭用。

1.柔顺、遵循、顺应。由柔发因理而顺引申。此种用法有9（风1；雅7；颂1）处，如：“知子之顺之”（《郑风·女曰鸡鸣》）；“维彼不顺”（《大雅·桑柔》）；“顺彼长道”（《鲁颂·泮水》）。

2.同“巡”，巡视。此种用法有1处：“既顺乃宣”（《大雅·公刘》）。

舜 音【shùn】

古形【金 小篆 】

《说文·舜部》：“舜，草也……象形。”从字形看，“舜”小篆写作“ ”，上面是“ ”，下面是“ （舛）”。《段注》：“ 象葉蔓萼連之形也， 亦状蔓连相鄉背之貌。”故《说文》说“ ”字像一种蔓草之形。

释义：“舜”在《诗经》中使用2处，无迭用。

借作“蕣”，木名。此种用法有2（风2）处，如：“颜如舜华”（《郑风·有女同车》）。

铄(鑠) 音【shuò】

古形【金 小篆 】

《说文·金部》：“铄，销金也。”从字形看，“铄”由“ （金）”和“乐”组成。“金”指金属；“乐”由音符融合而成，同“金”组合表示融合金属。

释义：“铄”在《诗经》中使用1处，无迭用。

通“烁”，光亮、辉煌。此种用法有1处：“于铄王师”（《周颂·酌》）。

朔 音【shuò】

古形【金 小篆 】

阴历每月的初一称为“朔”，最初古

人是以新月初现为一月之始。天文观测进步后，人们通过观测日的运动来计算“朔”。每月农历初一，月球恰好运行到与太阳黄经相等的时刻，此时地面观测者看不到月面任何明亮的部分，这时的月相叫“朔”，又称新月。《说文·月部》“朔，月一日始苏也。”从字形看，“朔”由“屰”和“月”组成。“屰”是“逆”字省写，有“迎”的意思；“月”指月亮，同“屰（逆）”组合表示见不到月光的这一天（农历每月初一）将开始迎来明月（即‘月一日始苏’）。

释义：“朔”在《诗经》中使用2处，无迭用。

1. 农历每月初一。此种用法有1处：“朔月辛卯”（《小雅·十月之交》）。

2. 借作方位词“北”。此种用法有1处：“城彼朔方”（《小雅·出车》）（古称北方为朔）。

愬　音【shuò、sù】

古形【小篆】

“愬”由“朔”和“心”组成。“朔”由“屰”和“月”组成，表达的是月相逆向变化之状：“屰”是“逆”字省写，有逆行之义，同“月”组合表示月光有多到少、由大到小，直到运行到与太阳黄经相等的时刻，地球上看不到一点月光的逆行变化，因此，“朔”又有“幽暗”之义（多本训‘朔’为‘始’，皆因月亮由此又开始一点点变大，新月初现为每月之始）。“朔”同“心”组合或表示因幽暗而心中感到恐惧。

《说文》将“愬”列为“诉”的异体字，故其义又同“诉”。

释义：“愬”在《诗经》中使用1处，无迭用。

同“诉”，告诉。此种用法有1处：“薄言往愬”（《邶风·柏舟》）。

硕(碩)　音【shuò】

古形【金　小篆】

《说文·页部》：“硕，头大也。”从字形看，“硕”由“石”和“页”组成。“石”有“大”义（东汉·班固《汉书·律历志》：‘石者，大也。’）；“页”，甲骨文写作“”，像人跪坐之形，突出表现人的头部，本义为“头”，同“石”组合表示头大。

释义：“硕”在《诗经》中使用28处，无迭用。

1. 大、高大。由特指头大“引申为凡大之称”（《段注》）。此种用法有26（风17；雅7；颂2）处，如：“硕人俣俣”（《邶风·简兮》）；“蛇蛇硕言”（《小雅·巧言》）；“其诗孔硕”（《大雅·崧高》）；“孔曼且硕”（《鲁颂·閟宫》）。

2. 借为“石”，此种用法有2处：“公孙硕肤”2句（《豳风·狼跋》）（‘硕肤’即石甫，指虢君的孙子）。

司　音【sī】

古形【甲　金　小篆】

“司”，甲骨文写作“”，像一个人侧面站着，手向前方高高举起，口大张着像是在发布命令。《说文·司部》：“司，臣司事于外者。”意思是“司”指

的是在外主持办事的官员。

释义：“司”在《诗经》中使用4处，无迭用。

掌管、主持办事的官员。此种用法有4（风1；雅3）处，如：“邦之司直”（《郑风·羔裘》）；“番维司徒”（《小雅·十月之交》）；“乃召司空”（《大雅·绵》）。

丝(絲) 音【sī】

古形【甲 金 小篆 】

《说文·絲部》：“丝，蚕所吐也。”蚕吐出的像线一样的东西称作丝。从字形看，“丝”甲骨文写作“ ”，像两小把蚕丝扭在一起的样子。

释义：“丝”在《诗经》中使用15处，无迭用。

1.蚕丝。此种用法有13（风11；雅2）处，如：“素丝祝之”（《鄘风·干旄》）；“六辔如丝”（《小雅·皇皇者华》）；“言缗之丝”（《大雅·抑》）。

2.丝绸。由丝是丝绸的原料引申。此种用法有2（风1；颂1）处：“绿兮丝兮”（《邶风·绿衣》）；“丝衣其紑”（《周颂·丝衣》）。

私 音【sī】

古形【金 小篆 】

“私”，由“禾”和“厶”组成。《韩非子·五蠹》：“古者仓颉之作书也，自环者谓之厶，背厶谓之公。”所谓“自环”，即一切围绕自我转，同“公”相对。“厶”同“禾”组合或表示某私人所拥有的禾。“私”今多借为公私之私，本字作“厶”。《说文·厶部》：“厶，奸衺（邪）也。”《段注》：“衺字浅人所增，当删。”“厶”指自环者，一个人自我意识太强就容易私欲膨胀，如不加控制则可能不择手段，故曰“奸邪”也。

释义：“私（厶）”在《诗经》中使用8处，无迭用。

自己私人拥有、占有。此种用法有8（风3；雅4；颂1）处，如：“谭公维私”（《卫风·硕人》）；“私人之子”（《小雅·大东》）；“迁其私人”（《大雅·崧高》）；“骏发尔私”（《周颂·噫嘻》）。

思 音【sī】

古形【金 小篆 】

《说文·思部》：“思，容也。”所谓“容”，即可以包容一切信息。从字形看，“思”，小篆作“ ”，由“ （囟，代表人脑）”和“ （心）”组成。徐灏《段注笺》：“人之精髓在脑（ ），脑主记识。”《孟子·告子上》：“心之官则思。”意为心（ ）是思维的器官，同“囟”组合表示记识和思维，即包容和处理信息，即思考。

释义：“思”在《诗经》中使用108处，无迭用。

1.思考、想、想念、想法。此种用法有77（风49；雅17；颂11）处，如：“寤寐思服”（《周南·关雎》）；“今我来思”（《小雅·采薇》）；“永言孝思”（《大雅·下武》）；“绥我思成”（《商颂·那》）。

2.借作句末语气词，相当于“哉”。

此种用法有19（风8；雅8；颂3）处，如："不可休思"（《周南·汉广》）；"尔羊来思"（《小雅·无羊》）；"矧可射思"（《大雅·抑》）；"天维显思"（《周颂·敬之》）。

3.借作助词。此种用法有12（雅5；颂7）处，如："旨酒思柔"（《小雅·桑扈》）；"思皇多士"（《大雅·文王》）；"思文后稷"（《周颂·思文》）。

斯　音[sī]

古形【金 小篆 】

"斯"由"其"和"斤"组成。"其"是"箕"字本字，金文写作" "，像一种用竹条（或柳条）编成的器具；"斤"指斧子。《说文·斤部》："斯，析也。"用斧子劈竹成条（制作簸箕）就是"斯"。

释义："斯"在《诗经》中使用94处，无迭用。

1.劈、砍。此种用法有1处："斧以斯之"（《陈风·墓门》）。

2.白。或由因劈开的竹子色白引申。此种用法有3（雅3）处，如："有兔斯首"（《小雅·瓠叶》）。

3.借作代词、连词和助词。此种用法有89（风16；雅61；颂12）处，如："季女斯饥"（《曹风·候人》）；"彼路斯何"（《小雅·采薇》）；"天难忱斯"（《大雅·大明》）；"无射于人斯"（《周颂·清庙》）。

4.借作人名。此种用法有1处："奚斯所作"（《鲁颂·閟宫》）（奚斯，鲁国大夫）。

死　音[sǐ]

古形【甲 金 小篆 】

《说文·歺部》："死，澌也。人所离也。"意思是说，死指的是人精气穷尽，魂魄和形体相分离。从字形看，"死"，金文写作" "，由" （歺，残骨，表示人之形体）"；和" （人，或指人的魂魄即精气）"组成。二者组合像分离之状，《段注》："形体与魂魄相离，故其字从歺（歺）人。"后称凡失去生命的都曰"死"。

释义："死"在《诗经》中使用19处，无迭用。

死、失去生命。此种用法有19（风14；雅5）处，如："死生契阔"（《邶风·击鼓》）；"行有死人"（《小雅·小弁》）。

四　音[sì]

古形【甲 金 小篆 】

"四"是数名，甲骨文写作" "，像"一、二、三"一样，用四划来表示（或也可视作伸四指比画计数），后来写作"四"。《说文·四部》："四，阴数也，像四分之形。"古人认为单为阳、双为阴，"四"是双数，故为阴数。从"四"之字形看，由"口"和"八"组成，《段注》："口像四方，八像分也。"故《说文》谓之"像四分之形"。"四"字有金文写作" "，像两鼻孔分别出气状，所以后来有人假借为"气息"。

释义："四"在《诗经》中使用93

处，无迭用。

1.数名。此种用法有75（风7；雅60；颂8）处，如：“良马四之”（《鄘风·干旄》）；“四牡騑騑”（《小雅·四牡》）；“纲纪四方”（《大雅·棫朴》）；“四海来假”（《商颂·玄鸟》）。

2.表示序数，第四。由“四”在数中排位引申。此种用法有4（风3；雅1）处，如：“四月秀葽”（《豳风·七月》）；“四月维夏”（《小雅·四月》）。

3.四周围。由周围一般有四方引申。此种用法有14（风5；雅9）处，如：“正是四国”（《曹风·鸤鸠》）；“四国无政”（《小雅·十月之交》）；“以绥四国”（《大雅·民劳》）。

泗　音【sì】

古形【金　小篆　】

“泗”由“氵（水）”和“四”组成。“氵（水）”指液体；“四”，有金文写作“　”，像人鼻孔出气状，同“水”组合表示鼻中流出液体，即鼻涕。《说文·水部》：“泗，受泲水，东入淮。”“泗”作水名，或是借用。

释义：“泗”在《诗经》中使用1处，无迭用。

鼻涕。此种用法有1处：“涕泗滂沱”（《陈风·泽陂》）。

驷（駟）　音【sì】

古形【金　小篆　】

古代同驾一辆车的四匹马或套着四匹马的车称驷。《说文·马部》：“驷，马一乘也。”徐锴注曰：“四马也。”从字形看，“驷”由“马”和“四”组成。“马”指马车；“四”指四匹，同“马”组合表示套有四匹马的马车。

释义：“驷”在《诗经》中使用7处，无迭用。

套有四匹马的马车。此种用法有7（风5；雅2）处，如：“驷介旁旁”（《郑风·清人》）；“载骖载驷”（《小雅·采菽》）；“驷騵彭彭”（《大雅·大明》）。

寺　音【sì】

古形【金　小篆　】

“寺”，金文写作“　”，上面是个“　（止）”，表示止息；下面是个“　（手）”，表示持握，同“止”组合表示主持和维护地方管理的官员止息居住的地方。《说文·寸部》：“寺，廷也。”古时官府衙门所在地即为“寺”。隶变以后“寺”字上部作“土”，安子介先生《解开汉字之谜》解释为“（同‘寸’组合）即用手度地”，亦即表示官员的一种公务活动。

释义：“寺”在《诗经》中使用3处，无迭用。

寺人、官员。此种用法有3（风1；雅2）处：“寺人之令”（《秦风·车邻》）；“寺人孟子”（《小雅·巷伯》）；“时维妇寺”（《大雅·瞻卬》）。

汜　音【sì】

古形【金　小篆　】

《说文·水部》：“汜，水别复入水

也。一曰：汜，穷渎也。”意思是说，汜指的是主流水由分支流出后又流回主流。另一种说法：汜指不通的河川。其实，这是一种现象两种说法，意思大同小异。从字形看，“汜”由“氵（水）”和“巳”组成。“水”指水流；“巳”，金文作“ ”，字形呈弯曲回环之状，同“氵（水）”组合表示水流回环流动。

释义：“汜”在《诗经》中使用1处，无迭用。

主流水由分支流出后又流回主流（不通的河川）。此种用法有1处：“江有汜”（《召南·江有汜》）（一说“汜”为水名，源出河南省荥阳市万山，在汜水镇注入黄河）。

兕 音【sì】

古形【甲 金 小篆 】

兕是古书上说的类似犀牛的一种异兽。据《山海经·海内南经》记载：“（兕）其状如牛，苍黑，一角。”从字形看，“兕”，甲骨文写作“ ”，像一头兕的形状：上面是头，顶着一只粗壮的牛角；中间是身子和四蹄；下面拖着一条尾巴。

释义：“兕”在《诗经》中使用6处，无迭用。

1. 古书上说的类似犀牛的异兽名。此种用法有2（雅2）处，如：“殪此大兕”（《小雅·吉日》）。

2. 借作形似兕的酒器。此种用法有4（风2；雅1；颂1）处，如：“称彼兕觥”（《豳风·七月》）；“兕觥其觩”（《小雅·桑扈》）；“兕觥其觩”（《周颂·丝衣》）。

祀 音【sì】

古形【甲 金 小篆 】

《说文·示部》：“祀，祭无已也。”从字形看，“祀”由“示”和“巳”组成。“示”同神事有关，表示祭祀；“巳”，甲骨文写作“ ”。朱骏声《说文通训定声》：“未生在腹为‘巳’。”字形或像一个在母腹中的胎儿。甲骨文的“祀”就写作“ ”，很可能表达的是一种求子之祭，同“示”组合或表示祭祀要像求子之祭那样不能停息。

释义：“祀”在《诗经》中使用17处，无迭用。

祭祀。此种用法有17（雅13；颂4）处，如：“以享以祀”（《小雅·楚茨》）；“不殄禋祀”（《大雅·云汉》）；“享祀不忒”（《鲁颂·閟宫》）。

姒 音【sì】

古形【甲 金 小篆 】

“姒”是中国古老的姓氏。相传禹的母亲曾梦见流星陨落变成神珠薏苡，她吃了薏苡，醒来便有了身孕，后生下了禹，因此禹得姒姓。从字形看，“姒”由“女”和“以”组成。“女”指禹母；“以”或是“苡”字省写，指薏苡，同“女”组合表示禹母食薏苡后怀孕而生。

释义：“姒”在《诗经》中使用2处，无迭用。

姓氏。此种用法有2（雅2）处：“褒姒灭之”（《小雅·正月》）（褒姒：周幽王的宠妃);"大姒嗣徽音"(《大雅·思齐》)(大姒:即太姒,文王之妻)。

涘 音【sì】

古形【小篆】

《说文·水部》:"涘,水厓也。"所谓水厓,即水边。从字形看,"涘"由"氵(水)"和"矣"组成。"矣"一般无实义的时候多放在句末(后边),同"水"组合则表示水边。

释义:"涘"在《诗经》中使用3处,无迭用。

水边。此种用法有3(风2;雅1)处,如:"在河之涘"(《王风·葛藟》);"在渭之涘"(《大雅·大明》)。

耜 音【sì】

古形【金 小篆】

耜是中国古代的一种农具,古作"枱"。《说文·木部》:"枱,臿也。"徐灏《段注笺》:"耜为伐地起土之器。"即耜是用来翻土的工具。从字形看,"耜"由"耒"和"目"组成。"耒",金文写作"",像手持曲柄的木叉之状,是一种松土工具;"目"即"以"字,有"用"义,同"耒"组合表示"耜"是用来翻土的农具,其形状像现在的锹。从"木"的"枱"字,表示枱是木制的。

释义:"耜"在《诗经》中使用4处,无迭用。

一种农具。此种用法有4(风1;雅1;颂2)处,如:"三之日于耜"(《豳风·七月》);"以我覃耜"(《小雅·大田》);"有略其耜"(《周颂·载芟》)。

肆 音【sì】

古形【金 小篆】

"肆"由"镸"和"聿"组成。"镸"是"长"的古字,有长度之"长"的意思;安子介先生《解开汉字之谜》:"'聿'字的原始形状为'聿',看起来似一只手握着一支毛笔。""聿"同"镸"组合或表示用长毛笔书写。"长毛笔是一种人们可用以更随意地挥毫的一种笔,'不受约束'的意义即从此而来(安子介语)。"《说文·长部》:"肆,极、陈也。"从"肆"中"镸"字看,还有"滋长"之义,"随意、不受约束"滋长过度就会产生极端行为。"肆"有一义指古代人处死刑后暴尸示众,这种行为或就是许慎说的"极(端行为)、陈(尸示众)"之义。

释义:"肆"在《诗经》中使用13处,无迭用。

1.不受约束(由此分化出"于是"、"故"、"遂"等意)。此种用法有5(雅4;颂1)处,如:"肆皇天弗尚"(《大雅·抑》);"肆其靖之"(《周颂·昊天有成命》)。

2.极、陈(由极端行为转为对一般行为的表述,有"陈设"、"施"、"特别"、"攻"等意)。此种用法有8(雅6;颂2)处,如:"或肆或将"(《小雅·楚茨》);"肆伐大商"(《大雅·大明》);"肆于时夏"(《周颂·时迈》)。

嗣 音【sì】

古形【金 小篆 】

“嗣”，甲骨文写作“ ”，由“ （子）”“ （大）”和“ （册）”组成，合起来表示“继承君位”。古代君王一般传位于长子，“子（子）”“大（大）”就表示这个意思；“册”指的是君王下旨的文书，表示册封。《说文·册部》：“嗣，诸侯嗣国也。”诸侯继承国君之位就是“嗣”。“嗣”，后来由“口（口头指令）”“册（册封文书）”和“司（主持）”组成，或可理解为“诸侯根据指令被册封继承君位主持国事”。

释义：“嗣”在《诗经》中使用7处，无迭用。

1. 继承、接续。此种用法有4（雅3；颂1）处，如：“继嗣我日”（《小雅·杕杜》）；“以兴嗣岁”（《大雅·生民》）；“嗣武受之”（《周颂·武》）。

2. 通“司”，主持、管理。此种用法有2（雅1；颂1）处：“昭哉嗣服”（《大雅·下武》）；“载用有嗣”（《周颂·酌》）。

3. 通“贻”，给、寄。此种用法有1处：“子宁不嗣音”（《郑风·子衿》）。

松 音【sōng】

古形【金 小篆 】

松为树木名，属常绿乔木，种类多，树皮多呈鳞状块片开裂，叶针形成束，球果有木质鳞片。是重要的用材及采松脂树种。“松”，由“木”和“公”组成。“木”指木本植物；“公”是古代最高的爵位，同“木”组合，表示松高大挺拔、岁寒不凋，在树中的地位最高。

释义：“松”在《诗经》中使用11处，无迭用。

松树、松木。此种用法有11（风2；雅5；颂4）处，如：“山有乔松”（《郑风·山有扶苏》）；“如松茂矣”（《小雅·斯干》）；“松柏斯兑”（《大雅·皇矣》）；“松桷有舄”（《鲁颂·閟宫》）。

崧 音【sōng】

古形【金 小篆 】

“崧”是“嵩”的异体字。“嵩”由“山”和“高”组成，表示高大的山。一般高大的山峰上多松树，或又写作“崧”，由“山”和“松”组成。

释义：“崧”在《诗经》中使用1处，无迭用。

借作山名。此种用法有1处：“崧高维岳”（《大雅·崧高》）（崧：嵩山，古称“外方”，夏商时称“崇高”“崇山”，西周时称为“岳山”，以嵩山为中央左岱［泰山］右华［华山］，定嵩山为中岳。始称“中岳嵩山”，位于河南省西部）。

娀 音【sōng】

古形【小篆 】

娀即有娀，古氏族名，也是古国名。从字形看，“娀”由“女”和“戎”组成。上古时期，氏族社会的早、中期为母系氏族，即建立在母系血缘关系上的社会组织，姓氏一般从“女”；“戎”小篆写作“”，字形是由用于进攻的“（戈）”和用于防御的“（甲）”（戈、甲均为古代兵器）组成，同“女”组合或表示这是一个具有进攻和防御能力的部族，后来发展成诸侯国。《说文·女部》：“娀，帝高辛之妃，偰母号也。”传说有娀氏之女简狄曾嫁于帝喾高辛为妃，一日行浴，见玄鸟堕其卵，简狄取而吞之，因孕生契，成为殷始祖契之母。或因其为有娀氏部落之女，故借以“娀”号之。

释义：“娀”在《诗经》中使用1处，无迭用。

部族名。此种用法有1处：“有娀方将”（《商颂·长发》）。

竦　音【sǒng】

古形【金　小篆　】

“竦”由“立”和“束”组成。“立”指站立；“束”有“束缚”义，同“立”组合表示像被束缚一样站立着。《说文·立部》：“竦，敬也。”《段注》：“敬者，肃也。”因敬而肃而竦，用行动表示心中的肃敬，应该是“竦”之本义。

释义：“竦”在《诗经》中使用1处，无迭用。

同“悚”，惧。此种用法有1处：“不戁不竦”（《商颂·长发》）。

讼(訟)　音【sòng】

古形【金　小篆　】

《说文·言部》：“讼，争也。”从字形看，“讼”由“讠（言）”和“公”组成。“言”指言词争论；“公”指公众场合，不背人，同“言”组合表示在公众场合争辩是非曲直。一般指诉讼，即打官司对簿公堂。

释义：“讼”在《诗经》中使用2处，无迭用。

诉讼。此种用法有2（风2）处，如：“虽速我讼”（《召南·行露》）。

宋　音【sòng】

古形【甲　金　小篆　】

《说文·宀部》：“宋，居也。”从字形看，“宋”，甲骨文写作“”，上部像是圆锥房子的侧面图形，下面的“木”像是一根顶梁的柱子。考古发现，在六千年前的西安半坡遗址发掘的一座房子与这种形制很相似：房屋中间有一根木柱支撑，顶部密布木椽，以茅草、草泥涂之。“宋”或就表示这种原始的适合人居的房屋。

释义：“宋”在《诗经》中使用4处，无迭用。

借作国名。此种用法有4（风4）处，如：“必宋之子”（《陈风·衡门》）（宋：周代诸侯国，在今河南商丘一带）。

送　音【sòng】

古形【金　小篆　】

“送”，小篆写作“”，由“（辶）”和“（弅）”组成。“辶”同行动有关；“弅”指火种，同“辶”组合表示把火种传递（送）给别人。古人十分珍惜火种，以之送人表达了深厚的情谊。“㚔”写作“关”同“辶”组成“送”，或是隶变的结果。《说文 · 辵部》：“送，遣也。”这是一般意义上的发送，是“送”的引申义。

释义：“送”在《诗经》中使用12处，无迭用。

发送、送别。由特指到泛指引申。此种用法有12（风11；雅1）处，如：“远送于野”（《邶风·燕燕》）；“鼓钟送尸”（《小雅·楚茨》）。

诵(誦) 音【sòng】

古形【金小篆】

《说文 · 言部》：“诵，讽也。”又“讽，诵也。”《康熙字典》引《周礼 · 大司乐》注：“倍（背）文曰讽，以声节之曰诵。”背诵曰讽，感情饱满、抑扬顿挫地朗读曰诵。从字形看，“诵”由“言”和“甬”组成。“言”指（看着书面语言）朗读；“甬”，金文写作“”，像一座敲击起来洪亮而有声韵的大乐钟，下面像金属钟体，上面像钟的挂柄，同“言”组合表示洪亮而有声韵地读。

释义：“诵”在《诗经》中使用4处，无迭用。

1.诗、诗篇。或由诗有韵律，适合诵读引申。此种用法有3（雅3）处，如：“家父作诵”（《小雅·节南山》）；“吉甫作诵”（《大雅·崧高》）。

2.通“讽”，讽谏。此种用法有1处：“诵言如醉”（《大雅·桑柔》）。

搜 音【sōu】

古形【金小篆】

“叟”或是“搜”字本字，古作“叜”，字形由“宀（屋）”“火”和“又（手）”组成，像手持火把在屋内搜寻东西，表示搜寻、搜索。后来因为“叟”多用于指代老人，所以后人在其左边加了个“扌”，写成“搜”，专指寻找、搜查。

释义：“搜”在《诗经》中使用1处，无迭用。

通“嗖”。嗖嗖作响。此种用法有1处：“束矢其搜”（《鲁颂·泮水》）（言矢多，嗖嗖声不断）。

叟 音【sǒu】

古形【金小篆】

“叟”或是“搜”字本字，古作“叜”，字形由“宀（屋）”“火”和“又（手）”组成，像手持火把在屋内搜寻东西，表示搜寻、搜索。《说文 · 又部》：“叟，老也。”或因老人摸索之状如同持火搜索，故假借为“傁”，表示年老之人。

释义：“叟”在《诗经》中使用1处2次，迭用。

借作象声词。此种用法有1处2次，迭用：“释之叟叟”（《大雅·生民》）（叟叟：淘米声）。

瞍 音【sǒu】

古形【金小篆】

《说文·目部》：“瞍，无目也。”《段注》：“‘无目’和‘无牟子’别。‘无牟子’者黑白不分（瞳仁与眼白看不分明），‘无目’者，其中空洞无物。”“无目”即指无眼珠。从字形看，“瞍”由“目”和“叟”组成。“目”表示无目；“叟”指老人，同“目”组合表示无目之人即盲人。

释义：“瞍”在《诗经》中使用1处，无迭用。

盲人。此种用法有1处：“矇瞍奏公”（《大雅·灵台》）。

薮　音【sǒu】

古形【金小篆】

《说文·艸部》：“薮，大泽也。”从字形看，“薮”由“艹（草）”和“数”组成。“数”或有数不清的意思，同“草”组合表示这是一个水草茂盛的大泽。

释义：“薮”在《诗经》中使用3处，无迭用。

水草茂盛的大泽。此种用法有3（风3）处，如：“叔在薮”（《郑风·大叔于田》）。

苏(蘇)　音【sū】

古形【金小篆】

“苏”，繁体作“蘇”，本字为“穌”，由“鱼”和“禾”组成。“禾”指禾秸。古人发现，用树枝或稻草穿鳃提鱼，短时间内虽使鱼离开了水并伤及鱼鳃，但并不会置鱼于死地，只要及时给予必要的水环境，鱼就可以复活。“禾”和“鱼”组合就表示这种意思。后加“艹（草）”成“蘇”，突出强调提鱼一定要草状的树枝或禾秸。“蘇”简化成“苏”或可以理解为用草穿鳃提鱼是使鱼保鲜（活）的好办法。《说文·艸部》：“苏，桂荏也。”“苏”作为植物名，为借用。

释义：“苏”在《诗经》中使用1处，无迭用。

借作木名。此种用法有1处：“山有扶苏”（《郑风·山有扶苏》）。

夙　音【sù】

古形【甲金小篆】

“夙”，古作“𡖍”，《说文·夕部》：“𡖍，早敬也，从丮，持事，虽夕不休，早敬者也。”意思是说，𡖍（夙）指早晨肃敬于事。字形像双手操持事物，表示即使在晨月之下也不休息，这是早晨肃敬于事的意思。从字形看，“𡖍（夙）”由“夕”和“丮”组成。“夕”，甲骨文写作“”，像月初生之形，徐灏《段注笺》：“月初生时昏暮及晨早往往见之。初昏为夕，将晨亦为夕也。”此为将晨之夕，表示早；“丮”，甲骨文写作“”，像人两手前伸，有所握持之形，同“夕”组合表示早起持事，即天上还挂着残月，太阳还未出山，人已经开始一天的劳动了。

释义：“夙”在《诗经》中使用25处，无迭用。

1.早起持事、早、早晨。此种用法有24（风10；雅7；颂7）处，如：“夙夜在公”（《召南·采蘩》）；“莫肯夙夜”（《小雅·雨无正》）；“夙兴夜寐”（《大雅·抑》）；“我其夙夜”（《周颂·我将》）。

2. 通“肃”，生活严肃。此种用法有1处：“载震载夙”（《大雅·生民》）（一说当作“孕”，字形相近而误）。

肃（肅） 音【sù】

古形【金 小篆 】

《说文·聿部》：“肃，持事振敬也。从聿在𣶒上，战战兢兢。”从字形看，“肃”，繁体写作“肅”，由“聿”和“𣶒”组成。“聿”像手持巾擦拭状，表示做事出力；“𣶒”即“渊”字，有蓄水的深潭之义，同“聿”组合表示执事如临渊而战战兢兢，即“执事振敬”，犹如我们今天说的做事有敬畏之心。

释义：“肃”在《诗经》中使用19处32次，13处迭用。

1. 恭敬、严正。此种用法有9（风1；雅5；颂3）处13次，4处迭用，如：“曷不肃雝”（《召南·何彼襛矣》）；“肃肃谢功”（《小雅·黍苗》）；“肃肃在庙”（《大雅·思齐》）；“肃雍显相”（《周颂·清庙》）。

2. 凉。或由战战兢兢感觉寒凉之状引申，此种用法有1处：“九月肃霜”（《豳风·七月》）（一说“肃霜”为双声，乃古之连绵字，不容分别释之。肃霜犹言肃爽。然同‘霜’可构成双声的字有很多，不用其他而只用“肃”，绝非信手拈来）。

3. 借作象声词。此种用法有9（风8；雅1）处18次，9处迭用，如：“肃肃兔罝”（《周南·兔罝》）；“肃肃其羽”（《小雅·鸿雁》）。

素 音【sù】

古形【金 小篆 】

“素”，金文写作“ ”，下面的“糸（糸）”像一束丝的形状；上部的“𠂹”表示下垂的样子。因为生帛较粗，易下垂，“𠂹”同“糸”组合就表示这种本色的未经加工的生丝。《说文·糸部》：“素，白緻缯也。”意思是白而细密的丝帛。

释义：“素”在《诗经》中使用15处，无迭用。

白色。因丝色白引申。此种用法有15（风15）处，如：“素丝五紽”（《召南·羔羊》）。

速 音【sù】

古形【金 小篆 】

“速”由“辶”和“束”组成。“辶”同行走有关；“束”有约束义，同“辶”组合表示受约束而行，这一定是因上级的召唤或者好友的邀请而行。“召、请”应是“速”的本义。《说文·辵部》：“速，疾也。”应是“速”的引申义，皆因受到上级的召唤或好友的邀请，精神上受到某种约束、高度重视，所以疾行。

释义：“速”在《诗经》中使用6处，无迭用。

召、请。此种用法有6（风4；雅2）处，如：“虽速我讼”（《召南·行露》）；“以速诸父”（《小雅·伐木》）。

宿　音【sù、xiǔ】

古形【甲金小篆】

《说文·宀部》：“宿，止也。”“止”即止息之义。从字形看，“宿”，甲骨文写作“”，由“（宀，像屋形）”“（人）”和“（床席）”组成，合在一起表示人在屋中躺在竹席上睡觉，表示住宿休息。“（人）”和“（床席）”分开是为了书写方便。

释义：“宿”在《诗经》中使用9处10次，1处迭用。

住宿。此种用法有9（风5；雅3；颂1）处10次，1处迭用，如：“出宿于干”（《邶风·泉水》）；“言就尔宿”（《小雅·我行其野》）；“出宿于屠”（《大雅·韩奕》）；“有客宿宿”（《周颂·有客》）（宿宿：住两夜）。

粟　音【sù】

古形【金小篆】

粟即谷子，去壳后叫小米，一年生草本植物，耐旱、适应性强，是中国北方主要的粮食作物，后又作为粮食的通称。从字形看，“粟”，金文写作“”，像草木（粟）果实下垂的样子。后来表示果实的部分隶变成“西”字，成了现在的“粟”。

释义：“粟”在《诗经》中使用3处，无迭用。

谷子、粮食。此种用法有3（雅3）处，如：“无啄我粟”（《小雅·黄鸟》）。

溯　音【sù】

古形【金小篆】

“溯”由“氵（水）”和“朔”组成。“水”指水流；“朔”由“屰（逆）”和“月”组成，表现的是月亮逆行之状，同“水”组合表示逆流而行。“溯”又作“泝”，《说文·水部》：“泝，逆流而上曰泝洄。”“溯”有时写作“遡”，根据字形可理解成逆行。

释义：“溯”在《诗经》中使用8处，无迭用。

1. 逆流而行。此种用法有7（风6；雅1）处，如：“溯洄从之”（《秦风·蒹葭》）；“溯其过涧”（《大雅·公刘》）。

2. 通“朔”。溯风，指北风。此种用法有1处：“如彼溯风”（《大雅·桑柔》）。

蔌　音【sù】

古形【金小篆】

“蔌”由“艹（草）”和“欶”组成。“草”指草本植物；“欶”即“嗽”字，咳嗽上半身抖动并呛声，同“草”组合表示“蔌”是一种摇动起来上半身发出沙沙声响的草本植物（野菜），可食用。

释义：“蔌”在《诗经》中使用2处，无迭用。

1. 一种可食用的野菜。此种用法有1处：“其蔌维何”（《大雅·韩奕》）。

2. 形容鄙陋。或因此菜不登大雅之堂

引申。此种用法有1处："蔌蔌方有谷"（《小雅·正月》）。

樕　音【sù】

古形【小篆】

《说文·木部》："樕，朴樕。"朴樕是一种矮小的丛木。从字形看，"樕"由"木"和"欶"组成。"欶"有吮吸的意思，表示幼小，同"木"组合表示小树。

释义："樕"在《诗经》中使用1处，无迭用。

一种丛木。此种用法有1处："林有朴樕"（《召南·野有死麇》）。

虽(雖)　音【suī】

古形【金　小篆】

"虽"，繁体作"雖"。《说文·虫部》："雖，似蜥蜴而大。"意思是说，雖是一种虫，样子像蜥蜴，但体形比蜥蜴要大。从字形看，"雖"由"虫"和"唯"组成。"唯"有唯一的意思，今人多不知"雖"为何物，其字表示的意义早已废弃，同"虫"组合或表示唯一不知道的虫。"雖"简化成"虽"，由"虫"和"口"组合，"口"是"唯"字省略写法。

释义："虽"在《诗经》中使用24处，无迭用。

1.借作连词：虽然、纵然。此种用法有23（风7；雅16）处，如："虽则如毁"（《周南·汝坟》）；"虽有兄弟"（《小雅·常棣》）；"周虽旧邦"（《大雅·文王》）。

2.同"惟"，只是。此种用法有1处："女虽湛乐从"（《大雅·抑》）。

绥　音【suí】

古形【金　小篆】

《说文·糸部》："绥，车中把也。"意思是说"绥"指车中类似于把手用以登车时拉手的绳索。从字形看，"绥"由"糸"和"妥"组成。"糸"指绳索；"妥"有稳妥的意思，同"糸"组合表示上车能确保稳妥（安全）的绳索。

释义："绥"在《诗经》中使用18处22次，4处迭用。

安、安抚、安享，迭用表示稳妥地慢行。由车中设把能确保安全引申。此种用法有18（风5；雅6；颂7）处22次，4处迭用，如："福履绥之"（《周南·樛木》）；"以绥后禄"（《小雅·楚茨》）；"以绥四国"（《大雅·民劳》）；"绥我眉寿"（《周颂·雝》）。

随　音【suí】

古形【金　小篆】

"随"，古作"隨"。《说文·辵部》："随，从也。"从字形看，"隨"由"辶"和"隋"组成。"辶"同行走有关；"隋"同"堕"，有坠落义，即自上而下落，同"辶"组合表示"随"是自后向前跟从。

释义："随"在《诗经》中使用5处，无迭用。

借作"謴"，欺骗。此种用法有5（雅5）处，如："无纵诡随"（《大雅·民劳》）。

遂　音【suí、suì】

古形【金小篆】

《说文·辵部》："遂，亡也。"从字形看，"遂"由"辵（辶，同'行'有关）""八（分）"和"豕（野猪）"组成，合在一起或表示野猪分别夺路而逃之状。"逃亡"是"遂"的初始意义。

释义："遂"在《诗经》中使用12处，无迭用。

1. 顺、生、成。由"亡"之结果引申。此种用法有4（风2；雅1；颂1）处，如："言既遂矣"（《卫风·氓》）；"饥成不遂"（《小雅·雨无正》）；"莫遂莫达"（《商颂·长发》）。

2. 同"燧"，古代取火的工具。此种用法有2（风2）处，如："容兮遂兮"（《卫风·芄兰》）。

3. 借作副词，有"于是"、"就"等义。此种用法有6（风1；雅2；颂3）处，如："遂及伯姊"（《邶风·泉水》）；"遂及我私"（《小雅·大田》）；"维以遂歌"（《大雅·卷阿》）；"遂视既发"（《商颂·长发》）。

隧　音【suì】

古形【金小篆】

"隧"由"阝（阜）"和"遂"组成。"阜"，金文写作""，像连绵起伏的土山，代指古代达官显贵的坟墓如土山状；"遂"有顺义，同"阜"组合表示坟墓中人工挖掘的顺畅的墓道。后人们把地道、隧道也叫隧。

释义："隧"在《诗经》中使用2处，无迭用。

迅疾。或由穿过通道的风更迅疾引申。此种用法有2（雅2）处，如："大风有隧"（《大雅·桑柔》）。

璲　音【suì】

古形【缺】

"璲"由"王（玉）"和"遂"组成。"遂"有"顺"义，同玉组合或表示柔顺的玉。《尔雅·释器》："璲，瑞也。"意即璲指瑞信之玉，是古代一种玉制信物。

释义："璲"在《诗经》中使用1处，无迭用。

瑞玉。此种用法有1处："鞙鞙佩璲"（《小雅·大东》）。

檖　音【suì】

古形【缺】

檖是古书上说的一种树，果实像梨而较小，味酸，可食，又称山梨树。从字形看，"檖"由"木"和"遂"组成。"遂"有"顺"义，同"木"组合或表示此木顺遂人意。

释义："檖"在《诗经》中使用1处，无迭用。

木名。此种用法有1处："隰有树檖"（《秦风·晨风》）。

檖　音【suì】

古形【小篆】

穟指禾穗上的芒须。从字形看，“穟”由“禾”和“遂”组成，“遂”有“顺”义，同“禾”组合或表示禾穗上的芒须顺美之状。

释义：“穟“在《诗经》中使用1处2次，迭用。

禾穗上的芒须，迭用表示谷穗下垂顺美之状。此种用法有1处：“禾役穟穟”（《大雅·生民》）。

穗　音【suì】

古形【金小篆】

“穗”，金文写作“”，上面是个“（爪）”像采摘之手；下面是个“（禾）”像禾谷垂熟之状。《说文·禾部》：“穗，禾成秀也，人所以收。”禾谷成熟抽穗，人们用手收获的那部分谷物叫穗。“”写作“穗”，还可以理解成先民认为粮食（禾）的丰收是上天赐予的恩惠（惠）。

释义：“穗”在《诗经》中使用2处，无迭用。

禾谷成熟抽穗，人们收获的那部分谷物。此种用法有2（风1；雅1）处：“彼稷之穗”（《王风·黍离》）；“此有滞穗”（《小雅·大田》）。

岁(歲)　音【suì】

古形【甲金小篆】

“岁”，繁体写作“歲（有写作‘嵗’）”，甲骨文写作“”，多认为是“刿（劌）”字初形，表示古代的一种刑罚，即“施刑割肉”，目的是为了警戒师徒反抗逃跑的奴隶。从“”之字形看，“（戈）”代表刑具；“”像创口。有的甲骨文写作“”，在创口处加了两点“”表示创割时的血滴。还有的甲骨文写作“”，在右下加个肉状的“（夕）”，以强化施刑割肉的含义。古人有逐除之俗，即每年腊岁的前一日，击鼓驱疫。这一风俗后来逐渐演变成一个非常古老的传说：古时候有一个叫“夕”的妖怪，专门害人。“夕”神出鬼没，只在太阳落山后出来，半夜后又不见其踪影，没有人知道它住在哪儿。老百姓对它恨之入骨，但又无可奈何。一个叫七郎的猎人，力大无比，箭无虚发，猎狗也非常厉害，见乡亲们被“夕”所害，决心除掉“夕”。他带着狗到处找“夕”，找了一年。这天已是腊月三十，他来到一个镇上，见人们都在欢欢喜喜准备过年，心想，这个镇大、人多，说不定“夕”要来。他告诉镇上的人们说“夕”最怕响声，叫大家天黑了不要睡觉，多找些敲得响的东西放在家里，一有动静就使劲敲，好把“夕”吓出来除掉。这天晚上“夕”果然来了，它刚闯进一户人家，这家人就敲起了盆盆罐罐，接着整个镇子都跟着敲起来。“夕”吓得四处乱跑，结果被七郎看见。“夕”跟七郎和狗打了起来。“夕”力不从心，想逃跑，哪知后腿被猎狗死死咬着，七郎趁机一箭把“夕”射死。从那以后，人们把腊月三十称作除夕，这天晚上，家家户户都要守岁、放火炮、表示驱除不祥、迎接幸福祥瑞。“岁”字或是来源于这个传说：取“嵗”中的“山”字表示“割除”，“夕”像肉又可表达“夕怪”的肉身，以此表示除夕。因除夕那一天是农历腊月三十，一年终结的日子，所以“岁”又引申为年等义。用得多了，人们又造处“刿”来表示“施刑割肉”之义。

《说文 · 步部》：“岁，木星也。”或因“岁星之运行约十有二岁而周天（郭沫若《甲骨文字研究》）”，故借“岁”称之。

释义：“岁”在《诗经》中使用22处，无迭用。

1. 年、一年。由农历腊月三十为一年终结的日子引申。此种用法有21（风12；雅7；颂2）处，如：“三岁为妇”（《卫风 • 氓》）；“岁亦莫止”（《小雅 • 采薇》）；“以兴嗣岁”（《大雅 • 生民》）；“岁事来辟”（《商颂 • 殷武》）。

2. 年景。由一年种的情景引申。此种用法有1处：“自今以始岁其有”（《鲁颂 • 有駜》）。

孙(孫) 音【sūn、xùn】

古形【甲金小篆】

“孙”繁体作“孫”，由“子”和“系”组成。“子”指儿子；“系”表示有联属关系，同“子”组合表示同儿子有联属承继关系的即为孙。《说文 · 系部》：“孫，子之子曰孫。”简体“孙”由“子”和“小”组成。“小”或可理解成“小一辈”，同“子”组合表示比儿子小一辈的称孙。

释义：“孙”在《诗经》中使用46处47次，1处迭用。

1. 孙子（也指孙女）、子孙。此种用法有44（风7；雅23；颂14）处45次，1处迭用，如：“宜尔子孙”（《周南 • 螽斯》）；“子子孙孙”（《小雅 • 楚茨》）；“商之孙子”（《大雅 • 文王》）；“子孙保之”（《周颂 • 天作》）。

2. 借为姓氏。此种用法有1处：“从孙子仲”（《邶风 • 击鼓》）。

3. 或同“洵”，远大。此种用法有1处：“诒厥孙谋”（《大雅 • 文王有声》）。

飧(飱) 音【sūn】

古形【金小篆】

《说文 · 食部》：“飧，餔也。”又“餔，日加申时食也。”意思是太阳在申时（15到17时）吃的饭。从字形看，“飧”由“夕”和“食”组成。“夕”指夕阳，代表傍晚；“食”有“饮食”的意思，同“夕”组合表示晚饭。

释义：“飧”在《诗经》中使用2处，无迭用。

熟食。由饭食一般都是熟食引申。此种用法有2（风1；雅1）处：“不素飧兮”（《魏风 • 伐檀》）；“有饛簋飧”（《小雅 • 大东》）。

笋(筍) 音【sǔn】

古形【金小篆】

“笋”又作“筍”。《说文 · 竹部》：“筍，竹胎也。”王筠《说文句读》：“胎孕地中为筍，出地上者为篙。”一般冬笋藏于土中，春笋破土而出。现在把竹子初从土里长出的嫩芽统称为“筍（笋）”，可食。从字形看，“筍”由

“竹”和“旬”组成。“旬”为十天，同“竹”组合或表示荀生长周期迅速，一般十天左右可食，再长就成竹了。“荀”作“笋”，下面的“尹”字甲骨文写作“”，像手持拐杖之状，同“竹”组合表示“笋”可以长成能做拐杖的竹子。

释义：“笋”在《诗经》中使用1处，无迭用。

竹子初从土里长出的嫩芽。此种用法有1处：“维笋及蒲”（《大雅·韩奕》）。

隼 音【sǔn】

古形【金 小篆 】

隼又称鹘，指一种凶猛的鸟，翅膀窄而尖，嘴短而宽，上嘴弯曲并有齿状突起。飞得很快，是猛禽，善于袭击其他鸟类。从字形看，“隼”由“隹”和“十”组成。“隹”，甲骨文写作“”，像鸟形，是短尾鸟的总称；“十”或指此鸟在天空中翱翔时呈的身形，同“鸟”组合表示翱翔时呈十字身形的鸟。

释义：“隼”在《诗经》中使用4处，无迭用。

鸟名。此种用法有4（雅4）处，如：“鴥彼飞隼”（《小雅·采芑》）。

娑 音【suō】

古形【金 小篆 】

《说文·女部》：“娑，舞也。”从字形看，“娑”由“沙”和“女”组成。“沙”指沙子，表示沙子细小能随风起舞，同“女”组合表示女子起舞。“沙”古又通“纱”，“娑”或可指浣纱之女。“浣纱女”历史上多为西施的代称。西施浣纱，有沉鱼之貌，其体态舞姿，更是婀娜迷人。后人一般在“舞”前加“婆娑”二字，王筠《说文句读》：“婆一字即成义，娑必连婆乃成义。”“婆”或表现舞者的成熟；“娑”则表现舞者的婀娜，二者合一才能充分展现舞者的功底。

释义：“娑”在《诗经》中使用2处，无迭用。

舞貌。此种用法有2（风2）处：“婆娑其下”“市也婆娑”（《陈风·东门之枌》）。

傞 音【suō】

古形【小篆 】

《说文·人部》：“傞，醉舞貌。”从字形看，“傞”由“亻（人）”和“差”组成。“人”表示人舞；“差”有差别之义，同“人”组合表示此人跳舞的姿态同正常人不一样，即醉舞。

释义：“傞”在《诗经》中使用1处2次，迭用。

醉舞，迭用表示醉舞不止貌。此种用法有1处：“屡舞傞傞”（《小雅·宾之初筵》）。

蓑 音【suō】

古形【金 小篆 】

“蓑”，又作“衰”。《说文·衣部》：“衰，草雨衣。”义即“衰”指的是草制作的避雨衣。从字形看，“衰”，金文写作“”，上像斗笠；中像人面；下像衣形，组合起来像人着蓑衣防雨之形。因蓑衣是用一种不易腐烂的草（后多用棕）制成，所以后来又在“衰”字上加了一个“艹（草）”，用来表示蓑衣是由草制作而成的。

释义：“蓑”在《诗经》中使用1处，无迭用。

草雨衣。此种用法有1处：“何蓑何笠”（《小雅·无羊》）。

缩（縮） 音【suō】

古形【金 小篆 】

《说文·糸部》：“缩，乱也。”从字形看，“缩”由“糸”和“宿”组成。“宿”有止息义，同“糸”组合或表示一堆细丝未经整理止息在地故曰“乱”。宋·朱熹曰：“许（慎）书之乱字皆治也，理也。此说解及尔雅之乱，正谓治理。”“乱”虽不能用“治”说解，但因乱而治，可引申为“理”，故“缩”可引申为“捆束”。

释义：“缩”在《诗经》中使用1处，无迭用。

捆束。由因乱而治引申。此种用法有1处：“缩版以载”（《大雅·绵》）。

所 音【suǒ】

古形【金 小篆 】

“所”由“户”和“斤”组成。“户”甲骨文写作“ ”，像一扇门的形状，表示小户人家房屋的出入口；“斤”，古代指伐木的斧，代指伐木人，同“户”组合或表示伐木人的住处。

释义：“所”在《诗经》中使用51处，无迭用。

1.住地、处所。此种用法有13（风4；雅8；颂1）处，如：“爰得我所”（《魏风·硕鼠》）；“天子之所”（《小雅·吉日》）；“王师之所”（《大雅·常武》）；“有截其所”（《商颂·殷武》）。

2.借作代词、连词、副词等。此种用法有38（风16；雅18；颂4）处，如：“女所治兮”（《邶风·绿衣》）；“小人所腓”（《小雅·采薇》）；“神所劳矣”（《大雅·旱麓》）；“奚斯所作”（《鲁颂·閟宫》）

索 音【suǒ】

古形【金 小篆 】

“索”，甲骨文写作“ ”，上像一截绳，下像一双手。“草有茎叶，可作绳索”（《说文》），“ ”表现的就是最原始的搓绳之象：蓬松的草之茎叶，用手搓成绳索之状。

释义：“索”在《诗经》中使用1处，无迭用。

用手搓绳。此种用法有1处：“宵尔索綯”（《豳風·七月》）。

琐（瑣） 音【suǒ】

古形【金 小篆 】

《说文·玉部》：“琐，玉声也。”玉相撞击的声音称琐。从字形看，“琐”由“王（玉）”和“貨”组成。“貨”由“小”和“贝”组成，合起来表示贝壳（贝）相碰撞发出的细小之声，同“玉”

组合表示玉撞击的细小之声。

释义："琐"在《诗经》中使用2处3次，1处迭用。

细小，迭用表示卑微渺小貌。此种用法有2（风1；雅1）处3次，1处迭用："琐兮尾兮"（《邶风·旄丘》）；"琐琐姻亚"（《小雅·节南山》）。

T

他 音【tā】

古形【金 小篆 】

“佗”是“他”的本字。《说文·人部》：“佗，负荷也。”朱骏声《说文通训定声》：“本训为人负物，故畜产载负亦曰佗，俗字作驼。”从字形看，“佗”由“亻（人）”和“它”组成。“它”或是“驼”字省写，有驮物负重的意思，同“人”组合表示“人负物”。《段注》：“隶变佗为他，用为彼之称。”意思是说，“佗”写作“他”是隶变之故，“他”也专作“彼”之称。所谓“彼”，就是我们常说的指示代词，有“那”、“另外的、其他的”等意思。现在的“他”，更多的是用作人称代词，泛指你、我之外的第三人。五四运动以后，将男、女分开，另造一个“她”字专指女性。

释义：“他”在《诗经》中使用19处，无迭用。

彼（别的、其他的）。此种用法有19（风15；雅4）处，如：“他人入室”（《唐风·山有枢》）；“莫知其他”（《小雅·小旻》）。

它 音【tā】

古形【甲 金 小篆 】

《说文·它部》：“它，虫也。”从字形看，“它”，甲骨文写作“”，王筠《说文释例》：“大蛇盘曲昂头居中以向物，而尾垂于下，‘它’字像之。”故所谓“虫”，一般认为是“蛇”。“它”，现在多用于表示人以外的动物或事物的物主代词，其意义或来自于“他”字的灵感（参见‘他’条）。“佗”隶变成“他”，专用于“彼”之后，或又取人畜均负重的“佗”字去掉“人”旁的“它”，专用于指动物（或事物），以区别指人之“他”。

释义：“它”在《诗经》中使用3处，无迭用。

彼（别的、其他的）。此种用法有3（风1；雅2）处，如：“之死矢靡它”（《鄘风·柏舟》）；“它山之石”（《小雅·鹤鸣》）。

沓 音【tà】

古形【金 小篆 】

“沓”由“水”和“曰”组成。“水”指水流；“曰”指说话，同“水”组合或表示说话多像水流。

释义：“沓”在《诗经》中使用1处，无迭用。

说话多。此种用法有1处：“噂沓背憎”（《小雅·十月之交》）。

挞(撻) 音【tà】

古形【金 小篆 】

《说文·手部》：“挞，乡饮酒，罚不敬，挞其背。”意思是说，乡人按时聚会饮酒行礼时，惩罚那些不敬的人，用鞭子鞭挞他们的背。从字形看，“挞”由

“扌（手）”和“达”组成。“手”表示手持鞭子；“达”有到达义，同“手”组合表示鞭打要到达被惩罚人的背。“挞”，古又作“遽”，字或从“虍”。《段注》：“从虍者，言有威也。”或言行罚之人威武。

释义：“挞”在《诗经》中使用1处，无迭用。

威武貌。由行罚之人威武引申。此种用法有1处：“挞彼殷武”（《商颂·殷武》）。

闼(闥) 音【tà】

古形【金 小篆 】

“闼”又作“闥”。《说文·门部》：“闥，楼上户也。”所谓楼上户，或言通往楼间的门屏，相当于门帘。从字形看，“闥”由“门”和“䍐”组成。“䍐”有飞动的意思，同“门”组合或表示掀起就飘动的门。“闥”写作“闼”，由“门”和“达”组成。“达”有通达义，同“门”组合表示通达楼间的门帘。

释义：“闼”在《诗经》中使用2处，无迭用。

楼室。由“闼”可进入楼间屋引申。此种用法有2（风2）处，如：“在我闼兮”（《齐风·东方之日》）（一说“闼”为夹室，指寝室左右的小屋即密室）。

台(臺) 音【tāi、tái】

古形【金 小篆 】

“台”繁体写作“臺”。《说文·至部》：“观四方而高者。”安子介《解开汉字之谜》：“‘臺’字是一个象形字，原形由三个部分组成：‘ ’‘ ’‘ ’，分别意思‘景象’‘高（下中部口字略掉）’‘达到’。古时，方形土丘高达10尺即称‘臺’。现在的意思，只要是别人需要抬着头看的，人可站在上面活动（观景）的地方就是‘臺’。”后“臺”“檯”“颱”合并简化为“台”。

释义：“台”在《诗经》中使用7处，无迭用。

1. 四方而高，可供活动（观景）的建筑。此种用法有3（风2；雅1）处，如：“新台有洒”（《邶风·新台》）；“经始灵台”（《大雅·灵台》）。

2. 同“鲐”。此种用法有2（雅1；颂1）处，如：“黄耇台背”（《大雅·行苇》）；“黄发台背”（《鲁颂·閟宫》）（台背：或言似鲐驼背）。

3. 通“苔”，草名。此种用法有2（雅2）处，如：“南山有台”（《小雅·南山有台》）。

邰 音【tái】

古形【金 小篆 】

古有有邰氏，是传说中炎帝和神农氏姜姓的一支部落，起源于陕西梅县邰亭。“邰”由“台”和“阝（邑）”组成。“台”，金文写作“ ”，像胚胎形成出芽状，或是“胎”之本字；“邑”指城邑即部落之驻地，同“台”组合或表示专事种植的部落。传说炎帝之后姜嫄，未出嫁前，生活在有邰氏部落里。一天，她与同伴到野外去玩，看到田野上有一个巨大的脚印，出于好奇心，将自己的脚踩上去比大小，谁知这一踩就心有所动。回去以后就怀孕了，生了一个男孩。这个孩子生下来就没有父亲，她怕人笑话，就把他丢弃在小巷里。令人惊异的是，动物们见了这个小孩，都倍加爱护，绕道而行。姜嫄又把他丢弃到结冰的河上，成群的飞鸟都来围在这小孩的周围，用羽毛为他保暖。姜嫄见这小孩大难不死，意识到他将来一定会有出息，于是就改变主意把他抱回家抚养。因为开始就把他遗弃，所以就给他取个名字叫弃。弃从小就喜欢种植各种植物，长大以后成了种庄稼的能手。后来帝尧任命他为农官后稷。在他的管理下，天下农业连年丰收。帝尧很高兴，就封他为有邰氏的国君，邰就是弃的后人。按照传说惯例，人们把弃视为灶稷神（即庄稼神）。弃的后代，就用国名邰作为自己的姓氏。邰或又可理解为怀胎之地。

释义："邰"在《诗经》中使用1处，无迭用。

借作姓。此种用法有1处："即有邰家室"（《大雅·生民》）（有邰：氏族名）。

泰　音【tài】

古形【金　小篆　】

"泰"由"𡗗"和"水"组成。安子介《解开汉字之谜》："'𡗗'的含义是收受，那么就能猜到'泰'字意'得到水'。人在极度干渴时会变得烦躁不安，得到了水可以使他身心舒适。"《说文·水部》曰："泰，滑也。"这是从"泰"字小篆字形"　"分析，像双手洗涤之像得出结果为"滑"意，其中也有因得到水而洗涤的过程。有说"𡗗"形由"三"和"人"组成（合在一起或代表多人）在上，"水"在下，组合在一起有多人脱离水患而得平安之义。不过"𡗗"头的字种多无"三人"之解，可视为戏说。

释义："泰"在《诗经》中使用2处，无迭用。

1. 同"太"。此种用法有1处："昊天泰幠"（《小雅·巧言》）。

2. 借作山名。此种用法有1处："泰山岩岩"（《鲁颂·閟宫》）。

贪(貪)　音【tān】

古形【金　小篆　】

《说文·贝部》："贪，欲物也。"从字形看，"贪"由"今"和"贝"组成。"今"指今天，有立刻的意思；"贝"指钱财，同"今"组合表示今天、立刻、马上就要得到财物。"贪"表现的就是这样一副贪欲的嘴脸。

释义："贪"在《诗经》中使用2处，无迭用。

欲求、贪婪。此种用法有2（雅2）处，如："贪人败类"（《大雅·桑柔》）。

谈(談)　音【tán】

古形【金　小篆　】

《说文·言部》："谈，语也。"所谓"语"，指与人交谈。从字形看，"谈"由"讠（言）"和"炎"组成。"言"指语

言交谈；“炎”有热的意思，同“言”组合表示有热情才能谈得起来。

释义：“谈”在《诗经》中使用1处，无迭用。

与人交谈。此种用法有1处：“不敢戏谈”（《小雅·节南山》）。

谭(譚)　音【tán】

古形【金　小篆　】

“谭”同“谈”，有与人交谈的意思，字形由“讠（言）”和“覃”组成。“覃”有延长、深入义，同“言”组合表示深入交谈。

释义：“谭”在《诗经》中使用1处，无迭用。

借为国名。此种用法有1处：“谭公维私”（《卫风·硕人》）（谭国是西周至春秋时期的诸侯国。谭公：谭国国君）。

檀　音【tán】

古形【金　小篆　】

檀是一种落叶乔木，木质坚硬，有香气，可制作器物和香料。从字形看，“檀”由“木”和“亶”组成。“木”指树木；“亶”，《说文·㐭部》：“亶，多谷也。”或因谷多而谷香浓烈，同“木”组合或表示“檀”是一种香气四溢的树木。

释义：“檀”在《诗经》中使用6处，无迭用。

檀树（木）。此种用法有6（风2；雅4）处，如：“无折我树檀”（《郑风·将仲子》）；“坎坎伐檀兮”（《魏风·伐檀》）；“檀车幝幝”（《小雅·杕杜》）；“檀车煌煌”（《大雅·大明》）。

襢　音【tǎn】

古形【金　小篆　】

“襢”又或作“旃”。《说文·㫃部》：“旗曲柄也。”从字形看，“旃”由“㫃”和“丹”组成。“㫃”，金文写作“　”，像随风飘扬的旗帜；“丹”指颜色，同“㫃”组合表示曲柄丹色旗。“丹”是中国传统色彩的名称，像日出的颜色，且“丹”通“单”，有“单一”的意思，单一如同日出之色，虽无彩但清新素雅，“旃”作“襢”从“衣”，“亶”有“朴实”之义，同“衣”组合或表示衣色素雅，或丹、或白均可谓“襢”。

释义：“襢”在《诗经》中使用1处，无迭用。

同“袒”，赤膊。此种用法有1处：“襢裼暴虎”（《郑风·大叔于田》）。

菼　音【tǎn】

古形【小篆　】

“菼”古书上指初生的芦荻。《康熙字典》引《字说》曰：“菼，中赤，始生为黑，黑已而赤，故谓之菼。”从字形看，“菼”由“艹（草）”和“炎”组成。“草”指草本植物；“炎”色赤，同“草”组合或表示色赤之草。

释义：“菼”在《诗经》中使用2处，无迭用。

草名。此种用法有2（风2）处，如：“毳衣如菼”（《王风·大车》）。

噡 音【tǎn】

古形【小篆】

“噡”由“口”和“貪”组成。“口”指用口饮食；“貪”有贪婪的意思，同“口”组合或表示贪婪进食之状。《说文·口部》：“噡，声也。”《段注》：“周颂传曰：‘噡，众貌。’”“噡”或指多人贪婪进食之声。

释义：“噡”在《诗经》中使用1处，无迭用。

多人贪婪进食之声。此种用法有1处：“有噡其馌”（《周颂·载芟》）。

醓 音【tǎn】

古形【小篆】

“醓”由“酉”“冘”和“皿（或为血）”三部分组成。“酉”或“酿”字省写，表示酿制；“冘”是“肬”字省写（实际上可视为‘醓’本字），意思是肉汁酱；“皿”指器皿，三部分组合表示装在器皿中经过酿制的肉汁酱。

释义：“醓”在《诗经》中使用1处，无迭用。

肉汁酱。此种用法有1处：“醓醢以荐”（《大雅·行苇》）。

叹(嘆、歎) 音【tàn】

古形【金小篆】

“叹”，繁体写作“嘆”。《说文·口部》：“嘆，吞歎也。”所谓吞歎，徐锴《说文系传》：“欲言不能，吞恨而太息也。”从字形看，“嘆”由“口”和“堇”组成。“堇”是“難”字省写，有“难受、仇怨”等意思，同“口”组合表示因难而口中叹息。“歎”，简体也作“叹”。《说文·欠部》：“歎，吟也。”从字形看，“歎”由“堇”和“欠”组成。“堇”是“鸛（難）”字省写，古为鸟名，后借作“难易”之難；“欠”指口中出气，同“鸛”组合或表示像鸟儿鸣叫一样吟诵。《段注》：“嘆、歎二字，今人通用。毛诗中两体错出，依《说文》则义异。歎近于喜，嘆近于哀。”

释义：“叹”在《诗经》中使用11处，无迭用。

叹息、吟诵。此种用法有11（风7；雅4）处，如：“兹之永叹”（《邶风·泉水》）；“况也永叹”（《小雅·常棣》）；“而无永叹”（《大雅·公刘》）。

汤(湯) 音【tāng、tàng】

古形【金小篆】

“汤”，繁体写作“湯”。《说文·水部》：“湯，热水也。”从字形看，“湯”由“氵（水）”和“昜”组成。“昜”同“阳”指太阳，同“水”组合表示被太阳烤热的水。另“昜”本义有“散开”之义，固体食物可以在热水中化开就是“汤”。

释义：“汤”在《诗经》中使用15处20次，5处迭用。

1.通“荡”，摇摆。迭用表示水大流动貌。此种用法有6（风3；雅3）处11次，5处迭用，如：“淇水汤汤”（《卫风·氓》）；“淮水汤汤”（《小雅·鼓钟》)；“江汉汤汤”（《大雅·江汉》）。

2. 借作人名。此种用法有9（颂9）处，如：“昔有成汤”（《商颂·殷武》）（汤即成汤，商朝开国之王）。

镗(鏜) 音【tāng、táng】

古形【金 小篆 】

《说文·金部》：“镗，钟鼓之声。”从字形看，“镗”由“金”和“堂”组成。“金”指金属器；“堂”或“嘡”字省写，像“嘡”声，同“金”组合表示敲击金属器发出的“嘡嘡”之声，故《段注》云“镗”为“钟之声也”。

释义：“镗”在《诗经》中使用1处，无迭用。

借指击鼓之声。此种用法有1处：“击鼓其镗”（《邶风·击鼓》）。

唐 音【táng】

古形【甲 金 小篆 】

传说尧帝当年受封于唐，故又称唐尧。尧治理地方对民众充满了深厚的仁爱之心，使邦族之间团结犹如一家。在此期间，他带领人民征服大旱、治理洪水，自己带头过着简朴的日子。由于他德高望重，深得人民的爱戴，人民倾心于唐尧。“唐”，甲骨文写作“ ”，由“庚（庚）”和“口（口）”组成。“庚”有繁盛殷实义；“口”指人口，有繁衍生息义，同“庚”组合或是唐尧时代的写照：社会繁盛殷实，人民繁衍生息。《说文·口部》：“唐，大言也。”此解或非唐高祖李渊称帝建立唐朝之本意。

释义：“唐”在《诗经》中使用3处，无迭用。

1. 同“棠”。此种用法有2（风2）处，如：“爰采唐矣”（《鄘风·桑中》）。

2. 借为“塘”，池塘。“中唐有甓”（《陈风·防有鹊巢》）。

螗 音【táng】

古形【金 小篆 】

螗是一种体形较小的蝉，背表绿色，头有花冠，喜鸣，声音清亮。从字形看，“螗”有“虫”和“唐”组成。“虫”指昆虫；“唐”有“大”义，同“虫”组合表示这是一种鸣声清亮（大）的昆虫。

释义：“螗”在《诗经》中使用1处，无迭用。

蝉的一种。此种用法有1处：“如蜩如螗”（《大雅·荡》）。

堂 音【táng】

古形【金 小篆 】

《说文·土部》：“堂，殿也。”《段注》：“殿者，击声也。”所谓“击声”，即打击之声。按《段注》说法，此为“殿”之本义，但史籍未见，多假借为宫殿之“殿”字。“击声”还有声东击西之义，即用今称释古意。古之“堂”字，汉以后称“殿”。“堂”由“尚”和“土”组成。“尚”有“摊开、展平”的意思；“土”指土木建筑物，同“尚”组合表示建筑物内展开的公共空间，供会面议事处所。

释义："堂"在《诗经》中使用10处，无迭用。

1.堂屋、朝堂。此种用法有8（风7；颂1）处，如："蟋蟀在堂"（《唐风·蟋蟀》）；"自堂徂基"（《周颂·丝衣》）。

2.通"棠"，木名。此种用法有1处："有纪有堂"（《秦风·终南》）。

3.借作邑名。此种用法有1处："望楚与堂"（《鄘风·定之方中》）（堂，春秋时卫国邑名）。

棠　音【táng】

古形【金　小篆　】

棠，乔木名。《说文·木部》："棠，牡曰棠，牝曰杜。"棠分两种，雄性叫棠，又名甘棠；雌性称杜，又名赤棠、棠梨。由"尚"和"木"组成。"尚"有"摊开、展平"之义，同"木"组合表示这是一种树冠开展、枝叶开张的树。

释义："棠"在《诗经》中使用3处，无迭用。

树名。此种用法有3（风3）处，如："蔽芾甘棠"（《召南·甘棠》）。

滔　音【tāo】

古形【金　小篆　】

《说文·水部》："滔，水漫漫大貌。"从字形看，"滔"由"氵（水）"和"舀"组成。"水"指大水；"舀"有上出之义，同"水"组合表示大水弥漫上溢，像被舀起来之状。

释义："滔"在《诗经》中使用4处7次，3处迭用。

1.大水弥漫、溢。此种用法有3（风1；雅2）处5次，2处迭用，如："汶水滔滔"（《齐风·载驱》）；"滔滔江汉"（《小雅·四月》）；"天降滔德"（《大雅·荡》）（言德如滔）。

2.同"騊"，马行貌。此种用法有1处2次，迭用："武夫滔滔"（《大雅·江汉》）。

慆　音【tāo】

古形【小篆　】

《说文·心部》："慆，悦也。"从字形看，"慆"由"忄（心）"和"舀"组成。"心"指心中喜悦；"舀"或是"滔"字省写，有大水漫溢的意思，同"心"组合或表示喜悦的心情如大水漫溢。

释义："慆"在《诗经》中使用5处9次，4处迭用。

或同"韬"，收敛。迭用表示长久不见。此种用法有5（风5）处9次，4处迭用，如："慆慆不归"（《豳风·东山》）（一说犹悠悠，时间长久）。

逃　音【táo】

古形【金　小篆　】

《说文·辵部》："逃，亡也。""亡"即"逃亡"。从字形看，"逃"由"辶"和"兆"组成。"辶"同"行走"有关；"兆"有征兆之义，同"辶"组合或表示人发现危险的征兆后才会出逃。

释义："逃"在《诗经》中使用1处，无迭用。

逃亡。此种用法有1处："潜逃于渊"

（《小雅·四月》）。

桃　音【táo】

古形【金〔?〕小篆〔?〕】

“桃”即桃树（有时也指桃果）。古人赋予桃有众多的寓意：桃蕴含着图腾崇拜、生殖崇拜的原始信仰，有着生育、吉祥、长寿的民俗象征意义；桃花象征着春天、爱情与理想世界；桃枝木用于驱邪求吉，在民间巫术信仰中源自万物有灵观念；桃果融入了中国的仙话中，隐含着长寿、健康、生育的寓意；桃的“子繁而易植”因孕育生命而有了多子多福的生育象征；受先民“万物有灵”观念的影响，人们赋予桃镇鬼避邪的作用，从而保护了生命，使桃具有了吉祥的象征意义……从字形看，“桃”由“木”和“兆”组成。“木”指树木；“兆”有征兆的意思，同“木”组合表示有征兆的树。

释义：“桃”在《诗经》中使用8处，无迭用。

1. 桃树（果）。此种用法有7（风6；雅1）处，如：“桃之夭夭”（《周南·桃夭》）；“投我以桃”（《大雅·抑》）。

2. 借作鸟名，此种用法有1处：“肇允彼桃虫”（《周颂·小毖》）（桃虫，鸟名，极小，又名鹪鹩）。

鞉（鼗）　音【táo】

古形【金〔?〕小篆〔?〕】

鞉是一种小型鼓，故字又作“鼗”，是北方少数民族的一个鼓种，通过进贡传入中原，俗称拨浪鼓。“鼗”由“兆”和“鼓”组成。“兆”有“远”（如兆古言太古、远古）的意思，同“鼓”组合表示这是一种来自远方的鼓。“鞉”字从“革”，或指此鼓用革蒙面。

释义：“鞉”在《诗经》中使用3处，无迭用。

摇鼓（拨浪鼓）。此种用法有3（颂3）处，如：“鞉磬柷圉”（《周颂·有瞽》）。

陶　音【táo】

古形【金〔?〕小篆〔?〕】

《说文·阜部》：“陶，再成丘也。”从字形看，“陶”，金文写作“〔?〕”，由“〔?〕（阜）”和“〔?〕”组成。“〔?〕（阜）”指无石的土山；“〔?〕”像两堆重叠之状，同“阜”组合表示两层重叠的土丘（或专指陶丘，其附近的尧城，是尧曾经居住的地方）。有的金文写成“〔?〕”，像一个人躬身伸手，用一把杵制作瓦器的样子，或因土可以用来烧制瓦器，故小篆写作“〔?〕（匋）”，像“勹（人之变体）”制“缶”之状。《段注》：“今字作陶，陶行而匋废矣。”

释义：“陶”在《诗经》中使用5处7次，2处迭用。

1. 乐。或由瓦器出窑时制陶人的心情状态引申。此种用法有2（风2）处4次，均迭用，如：“君子陶陶”（《王风·君子阳阳》）。

2. 同“掏”。此种用法有2（雅2）处，如：“陶复陶穴”（《大雅·绵》）。

3. 借作人名。此种用法有1处：“淑问如皋陶”（《鲁颂·泮水》）（皋陶，相传是尧舜时代掌管刑狱的官）。

绹（綯） 音【táo】

古形【缺】

“绹”由“糸”和“匋”组成。“匋”或是“陶”的省写，有重叠的意思，同“糸”组合或表示把丝重叠交织在一起就是绹，即绳索。传说“绹”是一种据以登天的绳子，藏语中叫作“穆绹”或“据绹”。

释义：“绹”在《诗经》中使用1处，无迭用。

绳索。此种用法有1处：“宵尔索绹”（《豳风·七月》）。

忒 音【tè、tuī】

古形【金 小篆 】

“忒”由“心”和“弋”组成。“弋”或是“贰”字省写，同“心”组合表示“二心”，即侍主之心有二，对主人不忠心。《说文·心部》：“忒，更也。”因有二心而变更行为是“忒”字本义。

释义：“忒”在《诗经》中使用5处，无迭用。

1.差误。由存有二心行为有过（差误）引申。此种用法有4（风2；雅1；颂1）处，如：“其仪不忒”（《曹风·鸤鸠》）；“昊天不忒”（《大雅·抑》）；“享祀不忒”（《鲁颂·閟宫》）。

2.或借为“慝”，邪。此种用法有1处：“鞫人忮忒”（《大雅·瞻卬》）（或可视为由因不忠而导致行为邪恶引申）。

特 音【tè】

古形【金 小篆 】

《说文·牛部》：“特，朴特，牛父也。”所谓“朴特”，指的是没有阉割过的牛，即做了父亲的公牛。从字形看，“特”由“牜（牛）”和“寺”组成。牛是农耕时代最重要的生产工具，所以历朝历代都十分重视对牛的饲养和管理，汉字中的“牧”，甲骨文写作“”，描绘的就是手持器物放牧养牛的场景。到了明代，更设有良牧署，专门执掌监督指挥领地内的养户耕种粮食、饲养牲畜等事宜，同时，由良牧署饲养种牛、羊、猪等，以确保牲畜的繁衍。“寺”指官署，同“牛”组合或指的就是官署饲养的公种牛。

释义：“特”在《诗经》中使用5处，无迭用。

1.公（种）牛。此种用法有1处：“有菀其特”（《小雅·正月》）。

2.配偶。由公牛可作母牛的配偶引申。此种用法有2（风1；雅1）处：“实为我特”（《鄘风·柏舟》）；“求尔新特”（《小雅·我行其野》）。

3.大、杰出。或由种牛体大、强健而不同一般引申，此种用法有2（风2）处，如：“百夫之特”（《秦风·黄鸟》）。

慝 音【tè】

古形【金 小篆 】

“慝”由“匿”和“心”组成。“匿”有隐匿的意思，同“心”组合表示把心

隐藏起来，存有邪念。

释义：“慝”在《诗经》中使用3处，无迭用。

1. 邪念、邪恶。此种用法有2（雅2）处，如：“伊胡为慝”（《大雅·瞻卬》）。

2. 同“忒”，更改。此种用法有1处：“之死矢靡慝”（《鄘风·柏舟》）。

腾(騰) 音【téng】

古形【金小篆】

“腾”由“朕”和“马”组成。安子介《解开汉字之谜》：“‘朕’是一个已被废弃的字，它的图形古意是‘船体两块厚板间的缝隙’，这表明了‘胶合’和‘紧密合作’。”“（腾）字实际上是从‘两马齐跑’的观念起源。两马应相互配合，当一边的马起步了，另一边的就应马上配合或作出反应，如此才有‘腾跃’的可能。”“朕”和“马”组合或表示马因配合而作出跳跃奔跑的动作反应。

释义：“腾”在《诗经》中使用2处，无迭用。

马跳跃奔跑（或形容像群马奔跑状）。此种用法有2（雅1；颂1）处：“百川沸腾”（《小雅·十月之交》）；“不震不腾”（《鲁颂·閟宫》）。

螣 音【téng】

古形【小篆】

《说文·虫部》：“螣，神蛇也。”螣，也作腾蛇，是古书上说的一种能飞的蛇，故又称之为神蛇。从字形看，“螣”由“朕”和“虫”组成。“朕”或是“腾”字省写，有腾跃的意思；“虫”指虫类蛇，同“朕”组合表示能够腾跃飞起的蛇。

释义：“螣”在《诗经》中使用1处，无迭用。

借作虫名。此种用法有1处：“去其螟螣”（《小雅·大田》）（螣指一种吃禾谷的青虫。或是蝗虫，有翅会飞。字亦作螣）。

縢 音【téng】

古形【金小篆】

《说文·糸部》：“縢，缄也。”意思是縢指用以缠束的绳索。从字形看，“縢”由“朕”和“糸”组成。“‘朕’的图形古意是船体两块厚板间的缝隙，这表明了“胶合”和“紧密合作”；“糸”指麻丝，同“朕”组合或表示将麻丝紧密绞合在一起就是“縢”，即绳。“縢”和“绹”均有“绳”义，不同的是“绹”或指制绳之过程，“縢”则形容绳之状态。

释义：“縢”在《诗经》中使用2处，无迭用。

1. 绳。此种用法有1处：“朱英绿縢”（《鲁颂·閟宫》）。

2. 缠束。由绳可以捆扎物体引申。此种用法有1处：“竹闭绲縢”（《秦风·小戎》）。

剔 音【tī】

古形【金小篆】

《说文·刀部》：“剔，解骨也。”从字形看，“剔”由“易”和“刂（刀）”

组成。“昜”有改变义，即把肉从骨头上剔下来以后，改变了肉骨相粘黏的状态；“刀”指剔骨工具，同“昜”组合表示用刀分解骨肉。(一说“昜”有交换义，解骨为了换钱，此应是“剔”之后话)。

释义：“剔”在《诗经》中使用1处，无迭用。

剔除、剪除。由解骨是为了把肉从骨头上除去引申。此种用法有1处：“攘之剔之”（《大雅·皇矣》）。

提　音【tí】

古形【金 小篆 】

《说文·手部》：“提，挈也。”《段注》：“挈者，悬持也。”物似倒悬而手持握之称“提”。从字形看，“提”由“扌（手）”和“是”组成。“是”有“正、不偏斜”的意思，同“扌（手）”组合表示将物体倒悬垂直向上持握。

释义：“提”在《诗经》中使用3处5次，2处迭用。

1.将物体倒悬垂直向上持握。此种用法有2（雅2）处3次，1处迭用：“归飞提提”（《小雅·小弁》）（或言直线群飞貌）；“言提其耳”（《大雅·抑》）。

2.借为“徥”，走路一蹶一踮的样子。此种用法有1处，迭用：“好人提提”（《魏风·葛屦》）。

题(題)　音【tí】

古形【金 小篆 】

《说文·页部》：“题，额也。”从字形看，“题”由“是”和“页”组成。“是”有“正”的意思；“页”指头，同“是”组合表示额在头的正面。“题”引申为题目，或指正统（是）的、考察人头脑（页代表头脑）的东西。

释义：“题”在《诗经》中使用1处，无迭用。

通“睼”，视。此种用法有1处：“题彼脊令”（《小雅·小宛》）。

鹈(鵜)　音【tí】

古形【金 小篆 】

鹈即鹈鹕，又名鸰鹲，是一种水鸟。明李时珍《本草纲目》：“陆玑云：‘遇小泽即以胡盛水，戽涸取鱼食，故曰鸰鹲’。”从字形看，“鹈”由“弟”和“鸟”组成。“弟”有次第义；“鸟”指水鸟，同“弟”组合或表示这是一种整群会一同次第飞行的水鸟。

释义：“鹈”在《诗经》中使用2处，无迭用。

鹈鹕，一种水鸟。此种用法有2（风2）处，如：“维鹈在梁”（《曹风·候人》）。

体(體)　音【tǐ】

古形【金 小篆 】

“体”，繁体作“體”。古“体”和“體”是两个字。“体”作“笨”解。“體”由“骨”和“豊”组成。“骨”指骨架，表示骨骼定体形。除了骨骼，體还包含有诸多的内容：《说文·骨部》：“體，总十二属也。”所谓“总十二属”，《段注》云：“首之属有三：曰顶、曰面、曰颐；身之属三：曰肩、曰脊、曰臀；手之属三：曰厷、曰臂、曰手；足之属三：曰股、曰胫、曰足。”其间还有五脏六腑、血肉皮毛，如此丰富的内容集为一体。“豊”有“丰盛”的意思，同“骨”组合表示总括全身骨肉及十二分属之称。“體”简化成“体”，由“亻（人）”和“本”组成，可以理解为“人（亻）之根本（本）”，多指人体。

释义：“体”在《诗经》中使用4处，无迭用。

1.肢体、身体、形体。此种用法有3（风2；雅1）处，如：“相鼠有体”（《鄘风·相鼠》）；“方苞方体”（《大雅·行苇》）。

2.样式。由体有形态引申。此种用法有1处：“体无咎言”（《卫风·氓》）（此指兆体和卦体）。

涕　音【tì】

古形【金小篆】

《说文·水部》：“涕，泣也。”所谓“泣”，即哭泣，涕指的是哭泣时流的眼泪。从字形看，“涕”由“氵（水）”和“弟”组成。“氵（水）”指泪水；“弟”有次第义，同“水”组合表示眼泪依次不断从眼睛里流出。后人们把液体从鼻子里依次流出称作鼻涕。

释义：“涕”在《诗经》中使用6处，无迭用。

眼泪。此种用法有6（风3；雅3）处，如：“泣涕如雨”（《邶风·燕燕》）；“涕既陨之”（《小雅·小弁》）。

逿　音【tì】

古形【小篆】

“逿”是“逖”的异体字。《说文·辵部》：“逖，远也。”从字形看，“逖”由“辶”和“狄”组成。“辶”同行走路程有关；“狄”指的是古代北方的部族，同“辶”组合或表示距离中原地带路程十分遥远的部族。“逖”作“逿”，其中的“易”或是“剔”字省写，有剔除的意思，表达了一种当时人们的排外思想。

释义：“逿”在《诗经》中使用1处，无迭用。

同“剔”，剪除。此种用法有1处：“用逿蛮方”（《大雅·抑》）。

惕　音【tì】

古形【金小篆】

“惕”和“逿”或同出一源，异体作“愁”，由“狄”和“心”组成。《说文·心部》：“惕，敬也。”而“逿（逖）”义为远，其中之“易”是“剔”之省写，有除去（狄）之义（见‘逿’条），结合“惕（逖）”之“敬（狄）”，当时那种又敬又怕又想除去的心情可见一斑，许慎所说的“敬”，或有敬而远之之义，即又敬、又怕。

释义：“惕”在《诗经》中使用1处2次，迭用。

敬惧。此种用法有1处，迭用：“心焉惕惕”（《陈风·防有鹊巢》）。

裼 音【tì、xī】

古形【金 小篆 】

《说文·衣部》:“裼,袒也。”(“袒”,《段注》作“但”,皆因《说文》以“裼”释“但”之故。)所谓“袒”,指脱去外衣,露出上体,此义同“但”(“旦”有日出地平之义,同“人”组合表示人体外现)。从“裼”之字形看,由“衤(衣)”和“易”组成。“易”有“替换”之义,同“衣”组合或表示人换衣时需先脱掉身上的衣服。“裼”或就表示脱衣后露出上体之状。

释义:“裼”在《诗经》中使用2处,无迭用。

1.脱衣见体。此种用法有1处:“袒裼暴虎”(《郑风·大叔于田》)

2.包婴儿的被子。或因有时也用衣服做婴儿包被引申。此种用法有1处:“载衣之裼”(《小雅·斯干》)。

替 音【tì】

古形【金 小篆 】

“替”由二“夫”和“曰”组成。二夫表示两个人;“曰”是“说话”。安子介先生《解开汉字之谜》:“(两部分组合表示)两人(二夫)争说(曰),须一人走开,一人留而代之。”《说文·竝部》:“替,废,一偏下也。”意思是说,“替”指废弃,看上去并立的两人,其中一人废退而下。这种情况或像哨兵换岗,两人面立(夫夫)互致口令(曰),然后一个接岗,另一个回营房休息。徐灏《段注笺》:“两人并立而替去其一,故曰一偏下也。”就其字形所表达的意思来看,替应指替换,是两个人的行为结果。“废”仅言其一。

释义:“替”在《诗经》中使用2处,无迭用。

替换。此种用法有2(雅2)处:“勿替引之”(《小雅·楚茨》);“胡不自替”(《大雅·召旻》)。

嚏 音【tì】

古形【金 小篆 】

嚏是鼻黏膜受到刺激而引起的一种猛烈带声的喷气现象,俗称打喷嚏。《说文·口部》:“嚏,悟解气也。”所谓“悟解气”,通俗地说就是气受到阻隔而强烈喷出。从字形看,“嚏”由“口”和“疐”组成。“疐”有阻碍义,同“口”组合表示气似受到阻隔而从口(鼻)中强烈喷出。

释义:“嚏”在《诗经》中使用1处,无迭用。

打喷嚏。此种用法有1处:“愿言则嚏。”(《邶风·终风》)(民间有打喷嚏,有人想的说法)。

籊 音【tì】

古形【缺】

“籊”,由“竹”和“翟”组成。“竹”指竹竿;《说文·羽部》:“翟,山雉尾长者。从羽从隹。”意思是翟指长尾巴的雉鸡。《段注》:“隹为短尾鸟总名,又此鸟以尾长为异也。”因此,“翟”又可引申为光滑美丽而又细长的雉尾，同"竹"组合表示竹竿光滑美丽而又细长。

释义："籊"在《诗经》中使用1处2次，迭用。

光滑美丽而又细长的竹竿。此种用法有1处2次，迭用："籊籊竹竿"（《卫风·竹竿》）。

趯 音【tì、yuè】

古形【小篆】

《说文·走部》："趯，踊也。"所谓"踊"，意思是跳跃。从字形看，"趯"由"走"和"翟"组成。"走"指行走；"翟"指雉鸡。雉鸡善于行走，但由于受到翅膀短的自身条件限制，不能飞得很高和很久，呈似飞似跳的跳跃行走之状。"走"同"翟"组合表示跳跃行走。

释义："趯"在《诗经》中使用2处4次，2处迭用。

跳跃（迭用形容跳跃貌）。此种用法有2（风1；雅1）处4次，均迭用，如："趯趯阜螽"（《召南·草虫》）；"趯趯阜螽"（《小雅·出车》）。

天 音【tiān】

古形【甲 金 小篆】

《说文·一部》："天，颠也。至高无上。"从字形看，"天"由"一"和"大"组成。"大"，金文写作"大"，像一个人；"一"就是存在于人头顶上的至高而无以上加的东西即天空（一说金文的'天'写作'天'，像一个夸大了头部的人字，借以表示头顶上部的天空）。天包孕万物、呼风唤雨，在古人眼中，天既神秘又神圣。因此，在某些特定的情况下，天又是赋予生命的神灵。

释义："天"在《诗经》中使用166处，无迭用。

1. 天空、天神。此种用法有165（风17；雅125；颂23）处，如："天实为之"（《邶风·北门》）；"受天百禄"（《小雅·天保》）；"上天之载"（《大雅·文王》）；"维天之命"（《周颂·维天之命》）。

2. 借作星名。此种用法有1处："有捄天毕"（《小雅·大东》）。

田 音【tián】

古形【甲 金 小篆】

《说文·田部》："田，陈也。树谷为田。"从字形看，"田"，甲骨文写作"田"，像在一大片土地上用线标出的一个个陈列得整整齐齐的地块。西周时期，周王把土地分割成一个个方块，形状像"井"字，因此称作"井田"。井田属周王所有，分配给庶民使用。井田制是中国古代社会的土地国有制度，出现于商朝，到了西周时发展得比较成熟，"田"字或是当时社会实行井田制的写照。井田制似乎是当时理想的土地制度，但由于其中有公、私田之分，加之环境、气候等诸多因素的影响，这种制度或未能得到严格的实施。"田"后简化成"田"，古今字形变化不大，线条表示田埂，格中表示耕种用的土地，用于种植稻谷，即所谓的"树谷为田"。

释义："田"在《诗经》中使用34

处，无迭用。

1. 农田。此种用法有21（风3；雅17；颂1）处，如：“说于桑田”（《鄘风·定之方中》）；“瞻彼阪田”（《小雅·正月》）；“人有土田”（《大雅·瞻卬》）；“土田附庸”（《鲁颂·閟宫》）。

2. 耕种、种田。由词性转换（名—动）引申。此种用法有3（风2；雅1）处：“无田甫田”（《齐风·甫田》）（前一‘田’字）；“曾孙田之”（《小雅·信南山》）。

3. 田猎。制度实行不严格，或由荒田成为猎场引申。此种用法有6（风4；雅2）处，如：“叔于田”（《郑风·叔于田》）；“田车既好”（《小雅·吉日》）。

4. 借作官名。此种用法有3（风1；雅2）处，如：“田畯至喜”（《豳风·七月》）；“田畯至喜”（《小雅·大田》）。

5. 借为鼓名。此种用法有1处：“应田县鼓”（《周颂·有瞽》）。

填　音【tián、zhèn】

古形【小篆 】

《说文·土部》：“填，塞也。”从字形看，“填”由“土”和“真”组成。“真”有实而不虚的意思，同“土”组合表示把土塞入凹陷处使之充实。

释义：“填”在《诗经》中使用4处，无迭用。

1. 通“殄”，穷困。此种用法有2（雅2）处：“哀我填寡”（《小雅·小宛》）；“仓兄填兮”（《大雅·桑柔》）。

2. 通“尘”，长久。此种用法有2（雅2）处，如：“孔填不宁”（《大雅·召旻》）。

阗(闐)　音【tián】

古形【金 小篆 】

《说文·门部》：“阗，盛貌。”从字形看，“阗”由“门”和“真”组成。“门”指门前；“真”或是“填”字省写，有塞满的意思，同“门”组合表示门前塞满了人，连一点空处都没有。形容人势众盛。

释义：“阗”在《诗经》中使用1处2次，迭用。

人势众盛。此种用法有1处：“振旅阗阗”（《小雅·采芑》）。

忝　音【tiǎn】

古形【金 小篆 】

《说文·心部》：“忝，辱也。”“辱”即耻辱。从字形看，“忝”由“天”和“心”组成。“天”指天生；“心”指心念，同“天”组合表示天生有一种知耻之心。“忝”常作为谦辞，表示“羞愧，有愧于”等义。

释义：“忝”在《诗经》中使用2处，无迭用。

辱、有愧于。此种用法有2（雅2）处：“毋忝尔所生”（《小雅·小宛》）；“无忝皇祖”（《大雅·瞻卬》）。

殄　音【tiǎn】

古形【金 小篆 】

《说文·歺部》：“殄，尽也。”从字

形看，“殄”由“歹”和“㐱”组成。“歹”是“歺”的变体，小篆写作“歺”，字形像分解骨肉后的残骨；“㐱”同“鬒”，意思是黑而稠密的头发，有“多”的意思，同“歹”组合表示数量如此众多的东西因任意糟蹋殆尽得只留下一堆残骨。

释义：“殄”在《诗经》中使用6处，无迭用。

1. 尽、绝、消除。此种用法有5（雅5）处，如：“肆不殄厥愠”（《大雅·绵》）。

2. 通“腆”，美好。此种用法有1处：“籧篨不殄”（《邶风·新台》）。

覥 音【tiǎn】

古形【小篆】

《说文·面部》：“覥，面见也。”从字形看，“覥”由“面”和“见”组成。“面”指面目；“见”有可以看见的意思，同“面”组合即表示面目可见貌。

释义：“覥”在《诗经》中使用1处，无迭用。

面目可见貌。此种用法有1处：“有覥面目”（《小雅·何人斯》）。

瑱 音【tiàn、zhèn】

古形【小篆】

《说文·玉部》：“瑱，以玉充耳也。”瑱是古代的一种耳饰，其佩戴方式有三种说法：一是冠冕上垂在两侧用以塞耳；二是系于笄簪，悬于耳侧；三是耳垂穿孔佩戴。从字形看，“瑱”由“玉”和“真”组成。“真”或是“填”省写，有充塞义，同“玉”或表示充耳之玉，即以玉充耳应是“瑱”之本义。

释义：“瑱”在《诗经》中使用1处，无迭用。

古代一种玉饰。此种用法有1处：“玉之瑱也”（《鄘风·君子偕老》）。

佻 音【tiāo】

古形【金小篆】

《说文·人部》：“佻，愉也。”《段注》：“《释言》：‘佻，偷也。’偷者，愉之俗字。今人曰‘偷薄（苟且轻佻）’、曰‘偷盗’，均从人作偷。”或“愉”作“偷”解后，字多做“偷”，而“愉”就专作“愉悦”解了。人的行为轻薄谓之“佻”。“佻”由“亻（人）”和“兆”组成。“人”指人的行为；“兆”的意思是预兆，有不可预见性，同“人”组合表示人的轻薄行为可能会产生不可预见的后果。抑或“兆”是“挑”的省写，有挑逗的意思，同“人”组合表示人的行为轻薄，具有挑逗性。

释义：“佻”在《诗经》中使用1处2次，迭用。

轻佻。此种用法有1处：“佻佻公子”（《小雅·大东》）。

挑 音【tiāo tiǎo】

古形【金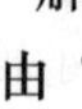小篆】

《说文·手部》：“挑，挠也。”《段注》：“挑者，谓拨动之。”即用杆子把东西举起或支起称之为挑。从字形看，

“挑”由“扌（手）”和“兆”组成。“兆”有预兆的意思。安子介先生《解开汉字之谜》：“由于它（兆）的不可预见性，‘挑’字是用‘扌（手）’引到用行动去产生一个不可预知（兆）的结果。”

释义：“挑”在《诗经》中使用1处，无迭用。

借为“跳”。此种用法有1处：“挑兮达兮”（《郑风·子衿》）。

恌　音【tiāo、yáo】

古形【小篆】

“恌”同“佻”（见‘佻’条），均有偷薄之义。二者的区别在于，“佻”从“人”，指人所为；“恌”从“心”，或指人欲为。

释义：“恌”在《诗经》中使用1处，无迭用。

同“佻”，偷。此种用法有1处：“视民不恌”（《小雅·鹿鸣》）。

条(條)　音【tiáo】

古形【金小篆】

《说文·木部》：“条，小枝也。”从字形看，“条”，繁体作“條”，由“攸”和“木”组成。“攸”有长远的意思；“木”指树木，同“攸”组合表示树的枝条（即离树身较远的部分）。

释义：“条”在《诗经》中使用9处，无迭用。

1.枝条。此种用法有5（风4；雅1）处，如：“伐其条枚”（《周南·汝坟》）；“施于条枚”（《大雅·旱麓》）。

2.长。由枝条离树身长远引申。此种用法有2（风2）处，如：“条其啸矣”（《王风·中谷有蓷》）。

3.修剪枝条。由词性转换（名—动）引申。此种用法有1处：“蚕月条桑”（《豳风·七月》）。

4.借为“樤”，木名。此种用法有1处：“有条有梅”（《秦风·终南》）。

蜩　音【tiáo】

古形【金小篆】

《说文·虫部》：“蜩，蝉也。”从字形看，“蜩”由“虫”和“周”组成。“虫”指虫属；“周”有周边、四周的意思，同“虫”组合表示这是一种鸣叫声清亮且回旋四周的小虫。

释义：“蜩”在《诗经》中使用3处，无迭用。

蝉。此种用法有3（风1；雅2）处：“五月鸣蜩”（《豳风·七月》）；“鸣蜩嘒嘒”（《小雅·小弁》）；“如蜩如螗”（《大雅·荡》）。

鞗(鋚)　音【tiáo】

古形【缺】

鞗指马笼头上的金属（一般为铜质）装饰物。从字形看，“鞗”由“攸”和“革”组成。“攸”有处所的意思；“革”指革制的马笼头。同“攸”组合，或表示“鞗”就镶嵌在马笼头那个地方。

释义：“鞗”在《诗经》中使用4处，无迭用。

马笼头上的金属装饰物。此种用法

有4（雅3；颂1）处，如：“鞗革冲冲”（《小雅·蓼萧》）；“鞗革金厄”（《大雅·韩奕》）；“鞗革有鸧”（《周颂·载见》）。

鲦(鰷)　音【tiáo】

古形【金小篆】

鲦即鲦鱼，又称白鲦，是一种体小、形呈条状的淡水鱼。从字形看。“鲦”由“鱼”和“鲦”组成。“条”指枝条，同“鱼”组合表示这是一种体形如枝条状的鱼。

释义：“鲦”在《诗经》中使用1处，无迭用。

白鲦。此种用法有1处：“鲦鲿鰋鲤”（《周颂·潜》）。

窕　音【tiǎo、yáo】

古形【金小篆】

《说文·穴部》：“窕，深肆极也。”所谓“深肆极”即深邃至极。从字形看，“窕”由“穴”和“兆”组成。“穴”指洞穴；“兆”指征兆，有其间奥秘难以知晓之义，同“穴”组合表示洞穴幽深，深邃之处难以窥其究竟。

释义：“窕”在《诗经》中使用4处，无迭用。

或同“佻”。此种用法有4（风4）处，如：“窈窕淑女”（《周南·关雎》）（窈窕：容貌美好）。

驖　音【tiě】

古形【小篆】

《说文·马部》：“驖，马赤黑色。”从字形看，“驖”由“馬（马）”和“戴”组成。“戴”或是“驖（铁）”字省写，指铁色，同“馬”组合表示铁色（赤黑色）马。

释义：“驖”在《诗经》中使用1处，无迭用。

赤黑色马。此种用法有1处：“駟驖孔阜”（《秦风·驷驖》）。

听(聽)　音【tīng】

古形【甲金小篆】

“听”和“聽”原为两个字。《说文·口部》：“听（yǐn），笑貌。”现多作为“聽”的简化字使用。《说文·耳部》：“聽，聆也。”从字形看，“聽”由“耳”和“悳”组成。“悳”有“外得于人，内得于己”之义，同“耳”组合表示“聽”看似耳得于外，其实自己内心也有所得。故《段注》云：“听，犹顺也。”义即聽言则顺，反之不聽。有的“聽”字写成了“聽”，在“耳”下加了个“壬（小篆写作‘’，像人挑担之形）”字，表示“聽”是人耳之选择行为。“聽”后简化为“听”，“听（yǐn）”之笑貌义已不再使用。

释义：“听（聽）”在《诗经》中使用13处，无迭用。

1. 聆听。此种用法有11（雅10；颂1）处，如：“神之听之”（《小雅·伐木》）；“听我嚣嚣”（《大雅·板》）；“先祖是听”（《周颂·有瞽》）。

2. 顺从。或由言顺引申。此种用法有

2（雅2）处：“听言则答”（《小雅·雨无正》）；“听言则对”（《大雅·桑柔》）。

廷 音【tíng】

古形【金 小篆 】

《说文·廴部》：“廷，朝中也。”古时按照周制，宫中设有三朝，其外朝商议国事、处理狱讼、公布法令、举行大典，一般设在宫城南门外易于国人进出的地方；内朝有二，即治朝（多用于君王日常朝会治事、处理诸臣奏章、接受万民上书）和燕朝（即君王接晤臣下、与群臣议事及举行册命、宴饮活动之处）。《段注》：“（此三朝）皆不屋（不在屋内），在廷。”即宫殿建筑的室外空间之中，即许慎所说的朝中。从字形看，“廷”由“廴”和“壬”组成。“廴”的意思是“长远地行走”，表示易于出入；“壬”像人胫（许慎说），同“廴”组合或表示人易于进出的地方。

释义：“廷”在《诗经》中使用1处，无迭用。

通“庭”，堂前的平地。此种用法有1处：“子有廷内”（《唐风·山有枢》）。

庭 音【tíng】

古形【金 小篆 】

《说文·广部》：“庭，宫中也。”《段注》：“宫者，室也。室之中曰庭。”从字形看，“庭”由“广”和“廷”组成。“广”有“大”义；“廷”指朝廷，即宫中室外人们容易进出的地方，同“广”组合表示室外围绕的人们容易进出的宽敞的地方。后泛指一切堂前的平地。

释义：“庭”在《诗经》中使用17处，无迭用。

1. 朝廷、堂前的平地。此种用法有16（风5；雅8；颂3）处，如：“公庭万舞”（《邶风·简兮》）；“庭燎之光”（《小雅·庭燎》）；“洒扫庭内”（《大雅·抑》）；“在周之庭”（《周颂·有瞽》）。

2. 同“挺”，挺立。此种用法有1处：“既庭且硕”（《小雅·大田》）。

霆 音【tíng】

古形【金 小篆 】

《说文·雨部》：“霆，雷余声也铃铃，所以挺出万物。”“雷”“霆”“電”本属雨中产生的一种自然现象，后细分为隆隆之声为雷；雷之余声铃铃作响为霆；伴随之闪光的曰電。从字形看，“霆”由“雨”和“廷”组成。“雨”指霆多产生的雨天；“廷”或是“挺”字省写，有挺出万物之义，同“雨”组合或表示雨天产生的可以挺出万物的自然现象。“霆”又称霹雷、疾雷。

释义：“霆”在《诗经》中使用3处，无迭用。

霹雷、疾雷。此种用法有3（雅3）处，如：“如霆如雷”（《小雅·采芑》）；“如霆如雷”（《大雅·云汉》）。

同 音【tóng】

古形【金 小篆 】

《说文·冃部》:“同，合会也。”从字形看，“同”由“冃”和“口”组成。“冃”有“重复”之义。徐灏《段注笺》:“口者，器物也，冃覆之则会合为一矣。”会合、聚合、“重体合类”是“同”之本义。

释义:“同”在《诗经》中使用38处，无迭用。

1. 聚合、重体合类（同一、共同）。此种用法有36（风21；雅14；颂1）处，如:“寔命不同”（《召南·小星》）;“万福攸同”（《小雅·蓼萧》）;“同尔弟兄”（《大雅·皇矣》）;“淮夷来同”（《鲁颂·閟宫》）。

2. 整齐、一致。由重合齐整一致引申，此种用法有2（雅2）处:“我马既同”（《小雅·车攻》）;“徐方既同”（《大雅·常武》）。

桐 音【tóng】

古形【金 小篆 】

“桐”由“木”和“同”组成。“同”或是“洞”字省写，有洞穴的意思，同“木”组合或表示这是一种树干中空如洞的树。《说文·木部》:“桐，荣也。”颜师古《急就篇》:“桐即今之白桐木也。一名荣。”此木古为著名的培养树，其木材致密而不弯曲，是造琴瑟等乐器的良材。

释义:“桐”在《诗经》中使用3处，无迭用。

木名。此种用法有3（风1；雅2）处:“椅桐梓漆”（《鄘风·定之方中》）;“其桐其椅”（《小雅·湛露》）;“梧桐生矣”（《大雅·卷阿》）。

彤 音【tóng】

古形【金 小篆 】

《说文·丹部》:“彤，丹饰也。从丹从彡。彡，其画也。”意思是说，“彤”指用朱砂红图饰器物。字形由“丹”“彡”会意。（‘丹’指巴郡、南越出产的红色朱砂）“彡”表示用这种红色涂饰。

释义:“彤”在《诗经》中使用5处，无迭用。

朱红色。由其色红引申。此种用法有5（风2；雅3）处，如:“彤管有炜”（《邶风·静女》）;“彤弓弨兮”（《小雅·彤弓》）。

童 音【tóng】

古形【甲 金 小篆 】

“童”，甲骨文写作“ ”，上面像一把刀，下面是一个突出了眼睛的人形，组合在一起像用刀刺瞎人的眼睛，即刑罪之人。《说文·辛部》:“童，男有罪曰奴，奴曰童，女曰妾。”古代奴仆多用刑罪之人充之，男奴称童，女奴叫妾。

释义:“童”在《诗经》中使用9处，无迭用。

1. 小男孩（或同“僮”）。或由未成年男奴引申。此种用法有7（风7）处，如:“童子佩韘”（《卫风·芄兰》）。

2. 秃。由古代儿童一般头顶上不留发引申。此种用法有2（雅2）处:“俾出童羖”（《小雅·宾之初筵》）;“彼童而角”（《大雅・抑》）。

僮 音【tóng、zhuàng】

古形【金小篆】

《说文·人部》：“僮，未冠也。”所谓“冠”，指加冠礼。古代男子成年（二十岁）时一般要行加冠礼，冠礼仪式一般在宗庙中进行，由父亲主持，并由指定的贵宾给行加冠礼的青年加冠，表示已经成年。“未冠”即指未行加冠礼者称“僮”。朱骏声《说文通训定声》：“（‘僮’指）十九以下、八岁以上也。经传多以童为之。”从字形看，“僮”由“亻（人）”和“童”组成。“童”实际上已经脱离本义有“未成年”的意思，同“人”组合表示未成年人，即未冠之人。

释义：“僮”在《诗经》中使用1处2次，迭用。

或通“幢”，迭用形容高而直竖貌。此种用法有1处，迭用：“被之僮僮”（《召南・采蘩》）。

投 音【tóu】

古形【金小篆】

《说文·手部》：“投，擿也。”所谓“擿”，《段注》：“今字作掷。凡古书用投掷字，皆作擿。”擿即今字掷，有投掷之义。从字形看，“投”由“扌（手）”和“殳”组成。“殳”是古代一种用竹或木制成的兵器，同“手”组合表示用手持殳向外掷去。

释义：“投”在《诗经》中使用8处，无迭用。

投掷（抛、扔）。此种用法有8（风3；雅5）处，如：“投我以木瓜”（《卫风・木瓜》）；“相彼投兔”（《小雅・小弁》）；“投我以桃”（《大雅・抑》）。

突 音【tū】

古形【金小篆】

《说文·穴部》：“突，犬从穴中暂出也。”徐锴《说文系传》：“犬匿于穴中伺人，人不意之，突然而出也。”意思是说，犬藏匿于洞穴之中窥探人，趁人没有注意它的时候，突然从洞穴中窜出就是“突”，故“突”由“穴（洞穴）”和“犬”组成。

释义：“突”在《诗经》中使用1处，无迭用。

突然。此种用法有1处：“突而弁兮”（《齐风・甫田》）。

荼 音【tú】

古形【金小篆】

“荼”是古书上说的一种苦菜，古人常将其捣烂成浆，涂抹在身体发炎部位消毒。从字形看，“荼”由“艹（草）”和“余”组成。“余”或是“涂”字省写，有涂抹的意思，同“艹（草）”组合表示这是一种可以涂抹在伤口发炎部位进行消毒的草本植物。或因某种性状有相同之处，古人有把茅草的白花也称作荼。《说文·艸部》：“荼，苦荼也。”徐铉注曰：“此即今之茶字。”“荼”或又为“茶”之本字。

释义:“荼”在《诗经》中使用9处,无迭用。

一种苦菜、茅草的白花。此种用法有9(风5;雅2;颂2)处,如:“谁谓荼苦”(《邶风·谷风》);“宁为荼毒”(《大雅·桑柔》);“荼蓼朽止”(《周颂·良耜》)(此或泛指杂草)。

塗 音【tú】

古形【甲 金 小篆 】

《说文·土部》:“塗,泥也。”从字形看,“塗”由“涂”和“土”组成。“涂”有涂抹的意思;“土”指泥土,同“涂”组合表示可以用来涂抹的泥土,即稀释的泥土。“塗”和“涂”原为两个字,现多通用作“涂”。

释义:“塗”在《诗经》中使用2处3次,1处迭用。

稀释的泥土。此种用法有2(雅2)处3次,1处迭用,如:“雨雪载塗”(《小雅·出车》)。

稌 音【tú】

古形【小篆 】

最初的五谷指的是麻、黍、稷、麦、菽。《说文·禾部》:“稌,稻也。”稻最初不在五谷之中,且后来多在南方种植。从字形看,“稌”由“禾”和“余”组成。“禾”指禾谷;“余”有多余的意思,同“禾”组合或表示不在日常食谱(五谷)中(多出来)的谷类。朱骏声《说文通训定声》:“今苏俗,凡粘者、不粘者统谓之稻,古则以粘者曰稻,不粘者曰秔。”

释义:“稌”在《诗经》中使用1处,无迭用。

稻、粳稻。此种用法有1处:“丰年多黍多稌”(《周颂·丰年》)。

徒 音【tú】

古形【金 小篆 】

“徒”由“彳”和“走”组成。“彳”表示小步;“走”指行走,同“彳”组合表示小步行走。一般古时军队如不疾行,多为整队小步行走,所以“徒”又引申为“众多、部卒”等意思。“徒”,古又作“辻”,由“辶”和“士”组成。《说文·辵部》:“辻,步行也。”从字形也可以看出,步行(辶)的人指的是士卒(士),当官的多有马或车。

释义:“徒”在《诗经》中使用11处,无迭用。

1. 步行之人、士卒、众多。由整队行军引申。此种用法有9(雅6;颂3)处,如:“徒御不惊”(《小雅·车攻》);“烝徒楫之”(《大雅·棫朴》);“公徒三万”(《鲁颂·閟宫》)。

2. 借作官名。此种用法有2(雅2)处:“番维司徒”(《小雅·十月之交》);“乃召司徒”(《大雅·绵》)。

屠 音【tú】

古形【金 小篆 】

《说文·尸部》“屠,刳也。”又“刳,判也。”现在一般认为“屠”指宰杀(牲畜),其实“屠”是宰杀牲畜过程

中的一道工序，即剖开。杀猪宰牛，一般讲其宰杀之后，剖开肚子，取出内脏，先下水清洗杂质，然后把水烧开，将内脏放入烧开的水中煮上几分钟出水，所以这些内脏又称为下水。剖肚取内脏方为“刳”。从字形看，“屠”由“尸”和“者”组成。“尸”指宰杀过的牲畜；“者”或是“煮”字省写，同“尸”组合或表示剖尸肚取内脏然后煮。

释义：“屠”在《诗经》中使用1处，无迭用。

借作地名。此种用法有1处：“出宿于屠”（《大雅·韩奕》）。

瘏 音【tú】

古形【小篆】

《说文·疒部》：“瘏，病也。”瘏字本义为疲劳而病。从字形看。“瘏”由“疒（病）”和“者”组成。“者”，小篆作“[illegible]”，由“[illegible]”和“[illegible]”组成。《段注》：“[illegible]，古文旅。”“旅”有“行”之义，同“疒（病）”组合或表示因行多疲劳而致病。“瘏”有一个异体字作“瘥”，其中的“徒”字即有步行之义。

释义：“瘏”在《诗经》中使用2处，无迭用。

病。此种用法有2（风2）处，如：“我马瘏矣”（《周南·卷耳》）。

土 音【tǔ】

古形【甲 金 小篆 】

土指陆地上可以种植并能生长植物的部分。故《说文·土部》云：“土，地之吐生物者也。”从字形看，“土”，由两横一竖组成，其中下面的一长横表示大地；上面的一短横表示土地，中间的一竖表示生长的植物。“土”后来一般多用来泛指土地或地方。

释义：“土”在《诗经》中使用31处，无迭用。

1. 土地、地方、疆域、国土。由特指可种植、生长植物的部分到泛指大陆可人居之地引申。此种用法有26（风5；雅16；）处，如：“照临下土”（《邶风·日月》）；“敷于下土”（《小雅·小旻》）；“人有土田”（《大雅·瞻卬》）；“奄有下土”（《鲁颂·閟宫》）。

2. 用土筑城。由词性转换（名—动）引申。此种用法有1处：“土国城漕”（《邶风·击鼓》）。

3. 借为“杜”，根。此种用法有1处：“彻彼桑土”（《豳风·鸱鸮》）。

4. 同“社”，古代祭祀土地神的地方。此种用法有1处：“乃立冢土”（《大雅·绵》）。

5. 借为水名、人名。此种用法有2（雅1；颂1）处：“自土沮漆”（《大雅·绵》）（同“杜”，水名。）；“相土烈烈”（《商颂·长发》）（相土，契的孙子）。

吐 音【tǔ、tù】

古形【金 小篆 】

《说文·口部》：“吐，泻也。”从字形看，“吐”由“口”和“土”组成。“土”有土地的意思，从口中排出，泻落到土地上称为“吐”。

释义：“吐”在《诗经》中使用2处，

无迭用。

从口中吐出。此种用法有2（雅2）处，如："刚则吐之"（《大雅·烝民》）。

兔 音【tù】

古形【甲金小篆】

"兔"，甲骨文写作""，像一只兔的简单图形：长长的耳朵、灵巧的身体、短小的腿和尾巴。兔是一种哺乳动物，善于跳跃、跑得快。兔有家兔和野兔之分，肉可以吃，毛可供纺织，毛皮可以制作衣物，通称兔子。

释义："兔"在《诗经》中使用11处，无迭用。

兔子。此种用法有11（风6；雅5）处，如："有兔爰爰"（《王风·有兔爰爰》）；"相彼投兔"（《小雅·小弁》）。

漙 音【tuán、zhuān】

古形【小篆】

《说文·水部》："漙，露貌。"从字形看，"漙"由"氵（水）"和"専"组成。"水"指露水；"専"指集中一处，同"水"组合表示露水集中在一处，有盛多之义。

释义："漙"在《诗经》中使用1处，无迭用。

露水盛多。此种用法有1处："零露漙兮"（《郑风·野有蔓草》）。

慱 音【tuán】

古形【缺】

《尔雅·释训》："慱，忧也。"《康熙字典》引《集韵》："（慱）忧劳也。"从字形看，"慱"由"忄（心）"和"専"组成。"心"指心忧；"専"甲骨文写作""，像用手转动纺専（锤）之形，有劳作之像，同"心"组合或表示因劳而忧。

释义："慱"在《诗经》中使用1处2次，迭用。

忧劳。此种用法有1处，迭用："劳心慱慱兮"（《桧风·素冠》）。

畽 音【tuǎn】

古形【小篆】

把田地画成区，区间有界，一块一块连着，古名町畽。町畽多为田舍旁的空地，故《说文·田部》："畽，禽兽所践处也。"从字形看，"畽"由"田"和"重（古也作'童'）"组成。"重"有"重复"之义，同"田"组合表示田舍旁一块一块重复连着的空地。此地多为鹿场，但"本不专谓鹿"（《段注》），其它禽兽也常光顾，故谓"禽兽所践处"。

释义："畽"在《诗经》中使用1处，无迭用。

把田地画成区，区间有界，一块一块连着。此种用法有1处："町畽鹿场"（《豳风·东山》）。

推 音【tuī】

古形【金小篆】

《说文·手部》："推，排也。"意思

是“推”指用手排物使之移动。从字形看，“推”由“扌（手）”和“隹”组成。“隹”或是“堆”字省写，有“立体成堆”的意思，同“手”组合表示用手排开立体成堆（非平面）的东西。

释义：“推”在《诗经》中使用1处，无迭用。

推开（用手排物使之移动）。此种用法有1处：“则不可推”（《大雅·云汉》）。

蓷　音【tuī】

古形【小篆】

《说文·艸部》：“蓷，萑也。”萑即萑草，一名茺蔚，又名益母。朱骏声《说文通训定声》：“茺蔚者，蓷之合音。”由此可见“蓷”是一个拟音字，拟“茺蔚”合成之音，“萑”才是本草。因“此草及子皆充盛密蔚，故名茺蔚。其功宜于妇人（治疗妇女胎漏难产，胞衣不下等症）及明目益精，故有益母、益明之称。（《本草纲目》）从字形看，“萑”由“艹（草）”和“隹”组成。“隹”或是“催”字省写，有催促的意思，同“艹（草）”组合或表示催产之草。

释义：“蓷”在《诗经》中使用3处，无迭用。

草名，又名益母。此种用法有3（风3）处，如：“中谷有蓷”（《王风·中谷有蓷》）。

颓（穨）　音【tuí】

古形【金　小篆】

《说文·秃部》：“颓，秃貌。”意思是颓指没有头发的样子。从字形看，“颓”由“秃”和“页”组成。“秃”指没有头发；“页”，金文写作“”，像突出脑袋的人，本义是“头”，同“秃”组合表示头上无发。（‘颓’《说文》作‘穨’，由‘秃’和‘贵’组成。‘贵’有显达之义，同‘秃’组合表示秃头明显。）

释义：“颓”在《诗经》中使用1处，无迭用。

同“隤”，下坠。此种用法有1处：“维风及颓”（《小雅·谷风》）（指从上而下的暴风）。

隤　音【tuí】

古形【小篆】

《说文·阜部》：“隤，下坠也。”从字形看，“隤”由“阝（阜）”和“贵”组成。“阜”指土堆，代表土木建筑；“贵”有重要的意思，代表建筑物中的重要支撑，同“阜”组合表示建筑物失去重要支撑而下坠坍塌。

释义：“隤”在《诗经》中使用1处，无迭用。

足病。由腿足是身体的重要支撑引申。此种用法有1处：“我马虺隤”（《周南·卷耳》）。

退　音【tuì】

古形【金　小篆】

“退”小篆写作“”，由“彳（彳）”、“日（日）”和“夂（夂）”组成。“彳”同行走有关；“日”表示时间；“夂”是“足”字反写，指倒着或朝后，组合在一起表示应该是回头走的时候了。这是我们现在理解的字形意义。《说文·辵部》：“退，卻也。一曰：行迟也。”“卻”有“隔阂”“不舒服”的意思，因此而行迟，或为一义。《段注》：“彳，行也。行而日日迟曳，是退也。”或有点迟曳不进则退的意思。

释义：“退”在《诗经》中使用7处，无迭用。

1. 后退。此种用法有1处：“进退维谷”（《大雅·桑柔》）。

2. 送还、离开、不接受。由“退”为反向行走引申。此种用法有6（风4；雅2）处，如：“自公退食”（《召南·羔羊》）；“谗言则退”（《小雅·雨無正》）。

駾　音【tuì】

古形【小篆】

《说文·马部》：“駾，马行疾来貌。”从字形看，“駾”由“馬（马）”和“兑”组成。“兑”或是“脱”字省写，有脱缰之义，同“马”组合表示马受惊以后脱缰疾跑状。

释义：“駾”在《诗经》中使用1处，无迭用。

突逃。由马惊窜引申。此种用法有1处：“混夷駾矣”（《大雅·绵》）。

焞　音【tūn】

古形【小篆】

“焞”由“火”和“享”组成。“火”指火光；“享”，甲骨文写作“”，像一座祭祀祖先的宗庙。同“火”组合或表示宗庙里祭祀祖先的烛光（或油灯的光）。《说文·火部》：“焞，明也。”或是“祭祀烛光（灯光）”的引申义。有将“焞”释为“暗弱”，或由星点状烛光引申。

释义：“焞”在《诗经》中使用1处2次，迭用。

盛多。由灯、烛盛多引申。此种用法有1处，迭用：“啴啴焞焞”（《小雅·采芑》）。

脱　音【tuō】

古形【金小篆】

《说文·肉部》：“脱，消肉臞也。”所谓“消肉臞”，意思是消尽其肉而变瘦，也就是说肉从皮和骨之间脱落，看上去消瘦少肉。从字形看，“脱”由“月（肉）”和“兑”组成。“兑”有交换的意思，同“月（肉）”组合表示把肉交出去换回一种消瘦的状态。

释义：“脱”在《诗经》中使用1处2次，迭用。

走路轻快的状态。由因瘦而变得轻快引申。此种用法有1处，迭用：“舒而脱脱兮”（《召南·野有死麕》）。

佗　音【tuó】

古形【金小篆】

《说文·人部》：“佗，负荷也。”朱骏声《说文通训定声》：“（佗）本训为

人负物，故畜产载负亦曰佗。”从字形看，“佗”由“亻（人）”和“它”组成，“它”或是“驼”字省写，指骆驼，同“人”组合表示人背负物如骆驼负囊橐之状。

释义：“佗”在《诗经》中使用2处3次，1处迭用。

1.负荷（加）。此种用法有1处：“予之佗矣”（《小雅·小弁》）（犹言“增加”）。

2.同“驼”，或言像骆驼一样举止雍容华贵、落落大方。此种用法有1处，迭用：“委委佗佗”（《鄘风·君子偕老》）。

沱　音【tuó】

古形【金　小篆　】

《说文·水部》：“沱，江别流也。”一般认为指的是长江的支流沱江。沱江源于四川岷山，东流注入长江，或因其注入时由于水流的冲击同干流形成一个如驼峰似的水域带，故名沱江。这或是后来人们把“沱”作为江水支流的通名、把如驼峰状的水湾称作“沱”的原因。从字形看，“沱”由“氵（水）”和“它”组成。“它”或是“驼”字省写，代表驼峰，同“氵（水）”组合，表示驼峰形的水域。

释义：“沱”在《诗经》中使用3处，无迭用。

1.江支流。此种用法有1处：“江有沱”（《召南·江有汜》）。

2.流疾。由支流入干流疾而猛引申。此种用法有2（风1；雅1）处：“涕泗滂沱”（《陈风·泽陂》）；“俾滂沱矣”（《小雅·渐渐之石》）。

紽　音【tuó】

古形【缺】

“紽”由“糸”和“它”组成。“它”甲骨文写作“　”，像扭曲的蛇形，本义是蛇，同“糸”组合表示呈蛇状扭摆的丝线，即刚生产出来的成品白丝卷。

释义：“紽”在《诗经》中使用1处，无迭用。

借作量词。此种用法有1处：“素丝五紽”（《召南·羔羊》）（周代人的衣，一边缝上五个（或三个）丝绳的纽子，古称“紽”）。

橐　音【tuó】

古形【金　小篆　】

《说文·橐部》：“橐，囊也。”所谓“囊”，即指袋子。从字形看，“橐”，甲骨文写作“　”，像一个两头扎紧的口袋。古代口袋没有底，用绳索扎紧上下口。有的甲骨文写作“　”，表示内中有物。

释义：“橐”在《诗经》中使用3处4次，1处迭用。

1.口袋、袋子。此种用法有2（雅1；颂1）处：“于橐于囊”（《大雅·公刘》）；“载橐弓矢”（《周颂·时迈》）。

2.迭用借作象声词。此种用法有1处，迭用：“椓之橐橐”（《小雅·斯干》）（“橐橐”为夯土之声）。

鼍 音【tuó】

古形【甲 金 小篆 】

“鼍”是一种爬行动物，吻短，体长二米多，背部、尾部均有鳞甲，穴居江河岸边，皮可以蒙鼓，学名扬子鳄，又称鼍龙。鼍龙是传说中的一种长形、有鳞、有角的神异动物，能飞、能走、能游泳并能够呼风唤雨。“鼍”，甲骨文写作“ ”，或就是传说中鼍龙的样子。

释义：“鼍”在《诗经》中使用1处，无迭用。

鳄皮。由鳄皮是鳄的一部分引申。此种用法有1处：“鼍鼓逢逢”（《大雅·灵台》）。

驒 音【tuó】

古形【小篆 】

《说文·马部》：“驒，驒騱，野马也。一曰：青骊白鳞，纹如鼍龙。”《段注》：“（青骊白鳞）青黑色之马，起白片如鳞然。”从字形看，“驒”由“馬（马）”和“單（单）”组成，“单”有“（记载事物用的）白纸片”的意思，同“马”组合，或表示身有如白片鳞状的马。

释义：“驒”在《诗经》中使用1处，无迭用。

一种野马。此种用法有1处：“有驒有骆”（《鲁颂·駉》）。

妥 音【tuǒ】

古形【甲 金 小篆 】

“妥”，又作“嫷”。《说文·女部》：“嫷，南楚之外谓好曰嫷。”从字形看，“嫷”由“女”和“隋”组成，“隋”，古同“堕”有垂落的意思。古有“女主内，男主外”之说，家有女人垂落主持，就安定、就好。后人以“妥”代“嫷”，大手（爪）压个“女”在家，实是夫权思想的体现。

释义：“妥”在《诗经》中使用1处，无迭用。

好、安。此种用法有1处：“以妥以侑”（《小雅·楚茨》）。

萚(蘀) 音【tuò】

古形【小篆 】

《说文·艸部》：“萚，草木凡皮叶落，陊地为萚。”意思是说，草木凡是皮、叶脱落，掉在地上就叫萚。从字形看，“萚”由“艹（草）”和“择”组成。“艹（草）”指草木；“择”有分解、脱离之义，同“艹”组合表示叶和皮同草木分离落在地上。

释义：“萚”在《诗经》中使用6处，无迭用。

草木皮和叶脱落。此种用法有6（风5；雅1）处，如：“十月陨萚”（《豳風·七月》）；“其下维萚”（《小雅·鶴鳴》）（一说萚为软枣）。

W

瓦　音【wǎ、wà】

古形【金　小篆　】

《说文·瓦部》:“瓦，土器已烧之总名。”瓦指的是用泥土制作而成，经过烧制的器皿的总称。从字形看，“瓦”金文写作“　”，很像屋顶上重叠的瓦片状，古用作瓦（陶）器的总称。现在的瓦多指一种用泥土烧制而成铺屋顶用的建筑材料。

释义:“瓦”在《诗经》中使用1处，无迭用。

原始的陶制纺锤（瓦器的一种）。此种用法有1处:“载弄之瓦”（《小雅·斯干》）（古有男弄璋、女弄瓦之说，即男孩玩璋［玉］，希望将来有玉一样的品质；女孩玩瓦［纺锤］，寓意长大以后纺纱织布，操持家务，凸显了古代社会的男尊女卑）。

外　音【wài】

古形【金　小篆　】

《说文·夕部》:“外，远也。卜尚平旦，今夕卜，于事外矣。”据说古人占卜多在白天进行（卜尚平旦）。从字形看，“外”由“夕”和“卜”组成。“夕”指晚上；“卜”指占卜，同“夕”组合表示晚上占卜。张舜徽《说文约注》:“卜尚平旦，乃常例也。若遇急难，则不暇择时，即以夕卜之，此乃稀有之事。许（慎）云‘于事外矣’，犹今人言例外也。”“外”训“远”，应是引申之义。

释义:“外”在《诗经》中使用11处，无迭用。

外面、外部、以外。由常例事物以外引申。此种用法有11（风6；雅3；颂2）处，如:“我入自外”（《邶风·北门》）；“外御其务”（《小雅·常棣》）；“赋政于外”（《大雅·烝民》）；“海外有截”（《商颂·长发》）。

丸　音【wán】

古形【金　小篆　】

《说文·丸部》:“丸，圜，倾侧而转者。从反仄。”从字形看，“丸”，小篆写作“　”，像一个反写的“　（仄）”字。《说文·厂部》:“仄，侧倾也。”字形像一个人侧倾于厂（厓）下。一个侧倾的人，如果不停地朝着一个方向转动，在视觉上就是一个“圜（转动的圆）”。“仄（仄）”反写作“丸（丸）”，表达的或就是这个意思。

释义:“丸”在《诗经》中使用1处2次，迭用。

直，迭用表示条直自如貌。或由圆轴直而不倒引申。此种用法有1处，迭用:“松伯丸丸”（《商颂·殷武》）。

芄　音【wán】

古形【金　小篆　】

“芄”即芄兰，草名，其名称很多，属多年蔓生草本植物。从字形看，“芄”

由"艹（草）"和"丸"组成。"丸"指小而呈球状的物体，同"艹"组合或表示这是一种花蕾、花蕊、种子等多呈圆形状的草本植物。

释义："芄"在《诗经》中使用2处，无迭用。

芄兰。此种用法有2（风2）处，如："芄兰之叶"（《卫风·芄兰》）。

完 音【wán】

古形【金 小篆 】

"完"由"宀"和"元"组成。"元"本义为头。头位居人体的最高处，其功能非常重要，是构成人整体的重要元素；"宀"小篆写作"宀"，像高屋见顶之状，同"元"组合或表示高屋最重要的部分屋顶已经搭建成功。《说文·宀部》云："完，全也。"这里的"全"，或指"屋全"，即完成。

释义："完"在《诗经》中使用1处，无迭用。

完成。此种用法有1处："燕师所完"（《大雅·韩奕》）。

宛 音【wǎn、yuān】

古形【金 小篆 】

"宛"由"宀"和"夗"组成。"宀"指建筑物；"夗"有"身子侧卧弯曲"的意思，同"宀"组合表示宫室回环盘曲，本义或是"曲折"。《说文·宀部》："宛，曲草自覆也。"或是引申义。

释义："宛"在《诗经》中使用12处，无迭用。

1.曲折、弯曲。此种用法有8（风8）处，如："宛然左辟"（《魏风·葛屦》）。

2.小貌。或由因弯曲而缩小引申。此种用法有1处："宛彼鸣鸠"（《小雅·小宛》）（此句或可视为小宛，意即小宛上的那只鸣鸠）。

3.借作丘名，在陈国都城（今河南淮阳）南三里。此种用法有3（风3）处，如："宛丘之道"（《陈风·宛丘》）。

菀 音【wǎn】

古形【金 小篆 】

"菀"即紫菀，又称青菀、紫倩、小辫等，多年生草本植物。据《本草纲目》记载，其根色紫而柔宛，故《说文·艸部》云："菀，紫菀。"从字形看"菀"由"艹（草）"和"宛"组成。"宛"有曲折之义，同"艹（草）"组合表示根柔婉的草本植物。

释义："菀"在《诗经》中使用5处，无迭用。

茂盛貌。或由因紫菀长势茂盛引申。此种用法有5（雅5）处，如："有菀其特"（《小雅·正月》）；"菀彼桑柔"（《大雅·桑柔》）。

婉 音【wǎn】

古形【金 小篆 】

《说文·女部》："婉，顺也。"从字形看，"婉"由"女"和"宛"组成。"宛"有曲折义，同"女"组合表示（说话）曲折含蓄、温顺的女子。

释义：“婉”在《诗经》中使用8处，无迭用。

温顺、美好。此种用法有8（风8）处，如：“燕婉之求”（《邶风·新台》）。

万(萬)　音【wàn、mò】

古形【甲金小篆】

“万”，甲骨文写作“”，像一个蝎子的简单图形：上部是钳、中间是身子；下面是尾。后借为数目字，本义就写作“虿”。

释义：“万”在《诗经》中使用47处，无迭用。

借作数词，千的十倍曰万；由此又言数极多。此种用法有47（风4；雅35；颂8）处，如：“公庭万舞”（《邶风·简兮》）（言舞者众多，又作舞名。）；“以畜万邦”（《小雅·节南山》）；“君子万年”（《大雅·既醉》）；“万有千岁”（《鲁颂·閟宫》）。

亡　音【wáng】

古形【甲金小篆】

《说文·亡部》：“亡，逃也。”从字形看，“亡”由“入”和“乚”组成。“入”有进入之义；“乚”，《说文·乚部》：“乚，匿也。”所谓“匿”，有藏匿义，同“入”组合表示出逃入于隐蔽之处。《段注》云：“亡之本义为逃，引申之则谓失为亡，亦谓死为亡。”

释义：“亡”在《诗经》中使用12处，无迭用。

1.逃跑。此种用法有1处：“民卒流亡”（《大雅·召旻》）。

2.失去、死亡、无。由因逃而失引申。此种用法有10（风6雅4）处，如：“逝者其亡”（《秦风·车邻》）；“无沦胥以亡”（《大雅·抑》）。

3.通“忘”，忘记。此种用法有1处：“至于已斯亡”（《小雅·角弓》）。

王　音【wáng、wàng】

古形【甲金小篆】

“王”，甲骨文写作“”，像古代斧钺之形。上古时代，斧钺是用于作战的兵器，后来逐渐成为军权和统治权的象征。《说文·王部》：“王，天下所归往也。”“王”的本义指斧钺，天下所归往者，应该是“王”的引申义。

释义：“王”在《诗经》中使用190处，无迭用。

1.帝王、君王。由斧钺的象征意义引申。此种用法有185（风10；雅145；雅30）处，如：“王室如毁”（《周南·汝坟》）；“王事靡盬”（《小雅·杕杜》）；“穆穆文王”（《大雅·文王》）；“武王载旆”（《商颂·长发》）。

2.为王、统治天下。由词性转换（名—动）引申。此种用法有2（雅2）处：“王此大邦”（《大雅·皇矣》）。

3.通“往”，去、朝见。此种用法有3（风1；雅1；颂1）处，如：“四国有王”（《曹风·下泉》）；“及尔出王”（《大雅·板》）；“莫敢不来王”（《商颂·殷武》）。

网(網)　音【wǎng】

古形【甲　金　小篆　】

“网”，甲骨文写作“　”，像一张用绳线交叉编织而成的用于渔猎的网形工具，后加“糸”写成“網”“䋄”，突出强调了绳线（糸）编织，简写的“网”字实际上是恢复了古形。古捕鸟兽称网；捕鱼称罟，现通称作“网”。

释义：“网”在《诗经》中使用1处，无迭用。

一种渔猎工具。此种用法有1处：“鱼网之设”（《邶风·新台》）。

罔　音【wǎng】

古形【金　小篆　】

“罔”古同“网”，即由线绳编织而成的一种渔猎工具，后在“网”字基础上加“亡”成“罔”。“亡”有“无”义，同“网”组合或表示无形之网。

释义：“罔”在《诗经》中使用14处，无迭用。

1. 无形之网（法网）。此种用法有2（雅2）处，如：“天之降罔”（《大雅·瞻卬》）。

2. 同“亡”，无、没有。此种用法有12（风2；雅10）处，如：“士也罔极”（《卫风·氓》）；“勿罔君子”（《小雅·节南山》）；“神罔时怨”（《大雅·思齐》）。

往　音【wǎng】

古形【甲　金　小篆　】

“往”，甲骨文写作“　”，上面是个“　（脚趾）”表示行走；下面是个“　（王）”，代表天子，同“　（脚趾）”组合表示去天子处朝觐。故《说文·彳部》云：“往，之也。”“之”即“出发、去”。

释义：“往”在《诗经》中使用16处，无迭用。

去、到……去。此种用法有16（风6；雅10）处，如：“莫往莫来”（《邶风·终风》）；“昔我往矣”（《小雅·采薇》）；“云徂何往”（《大雅·桑柔》）。

忘　音【wàng】

古形【金　小篆　】

《说文·心部》：“忘，不识也。”所谓“不识”，就是不记得了。从字形看，“忘”由“亡”和“心”组成。“亡”有“失”义，同“心”组合表示心中丢失。心中记忆丢失就是“忘”。

释义：“忘”在《诗经》中使用14处，无迭用。

1. 忘记。此种用法有10（风5；雅3；颂2）处，如：“俾也可忘”（《邶风·日月》）；“忘我大德”（《小雅·谷风》）；“前王不忘”（《周颂·烈文》）。

2. 通“亡”，失、遗失。此种用法有4（风1；雅3）处，如：“寿考不忘”（《秦风·终南》）；“寿考不忘”（《小雅·蓼萧》）；“不愆不忘”（《大雅·假乐》）。

望 音【wàng】

古形【甲 金 小篆 】

“望”，甲骨文写作“ ”，像一个人站在地上睁大眼睛向远处看，金文写作“ ”，在原来的基础上加了个“月”字，以强调向月亮之处即远处张望。《说文·亡部》：“望，出亡在外，望其还也。”由此可知，“望”非一般的看，它表达的是一种翘首以盼的急迫心境。

释义：“望”在《诗经》中使用13处，无迭用。

1.往远处看、期盼。此种用法有11（风10；雅1）处，如：“瞻望弗及”（《邶风·燕燕》）；“万民所望”（《小雅·都人士》）。

2.名望、声望。或由词性转换（动—形）引申。此种用法有2（风1；雅1）处：“而无望兮”（《陈风·宛丘》）；“令闻令望”（《大雅·卷阿》）。

威 音【wēi】

古形【金 小篆 】

《说文·女部》：“威，姑也。”古代丈夫的母亲称姑，即婆婆。从字形看，“威”由“戌”和“女”组成。“戌”，金文写作“ ”，像斧钺一类的武器。在古代，斧钺是杀戮武器，又是拥有绝对权力的象征，同“女”组合，表示掌握杀伐权力的女人。中国古代，虽然女性地位低下，但婆婆这个女性可以在儿媳面前大耍威风，是家庭生活小圈子里的绝对权威。

释义：“威”在《诗经》中使用27处，无迭用。

1.威力、威望、威仪。由婆婆的绝对权力引申。此种用法有24（风1；雅19；颂4）处，如：“威仪棣棣”（《邶风·柏舟》）；“旻天疾威”（《小雅·雨无正》）；“威仪卒迷”（《大雅·板》）；“敬慎威仪”（《鲁颂·泮水》）。

2.通“畏”，可怕、畏惧。此种用法有2（雅2）处，如：“蛮荊来威”（《小雅·采芑》）。

3.借作虫名。此种用法有1处：“伊威在室”（《豳风·东山》）（伊威，一种小虫，俗称土虱）。

微 音【wēi】

古形【甲 金 小篆 】

关于“微”的字形，有多种解法：一说甲骨文作“ （𢼸）”，从人从攴，字形相合表示修剪整理头发，本义为美妙，言头发细微美妙；一说“微（𢼸）”从长从攴，长为髪（发）之最初文，合之有梳理细发之义，“发既细小矣，攴之则断，而更𢼸也”；一说“微”是由“‘山’下‘一’个‘儿（小孩，有时被写成‘几’）’，‘有思想（攴）’且‘慢步行’”组合而成，“这是一幅一个小孩和一座高山相比的图画，任何有利于解决此问题的行动，都必须慢慢地来，而且应该经过充分的思考。因此它的意思不是简单的‘细小’，这点通过他的古典和现代用词可以看出，如皇帝‘微行’（不使人认出来的旅行，即不带仪仗队）和‘微调’（仔细调音或调整）。”上述诸

说，无疑都是对“𢼸”或“微”之“细小”之义的解说。从字形看，“微”，甲骨文写作“（𢼸）”，金文写作“（𢼸）”，字形变化不大，都是由“”和“”两部分组成，小篆写作“（微）”，是在前形的基础上加了一个“彳（彳）”字。刘兴隆《新编甲骨文字典》：“𢼸，与微同字。金文同𢼸，石鼓文𢼸、微并存。”东汉许慎的《说文解字》始将其分作两字两义，或是今之“微”之义的源头。《说文·人部》：“𢼸，妙也。”依《段注》说，“妙”当作“眇”。《段注》：“眇者，小也。引申为凡细之称。”于是“微（𢼸）”有了细小之义。《说文·彳部》：“微，隐行也。”并引《春秋传》曰：“白公其徒微之。”此例出于《左传》。据载，楚太子建的儿子胜受诏回楚封为白城公，号称白公，不久掀起叛乱，后因败退，“白公奔山而缢，其徒微之。”（《左传·哀公十六年》）其中的“微”字，晋·杜预注：“微，匿也。”意思是白公退败到山上自缢而死后，他的徒众把他的尸体偷偷掩埋在山上。从“微（微）”字形看，或就是徒众埋尸之像：“山”指山上；“一”像覆土；“几（人）”是白公；“攴”指持械掩埋；“彳”义小步，表示小心谨慎，几部分合在一起表示小心谨慎（不让别人知道，偷偷）地将（白公）的尸体掩埋在山上。如果“微”有细小义，或从小心谨慎而来。

释义：“微”在《诗经》中使用14处，无迭用。

1.小、细。或由小心谨慎引申。此种用法有1处：“遵彼微行”（《豳风·七月》）。

2.昏暗、衰弱。或由微之天色昏暗引申。此种用法有7（风5；雅2）处，如：“胡迭而微”（《邶风·柏舟》）；“此日而微”（《小雅·十月之交》）。

3.或通“非”，有“不是”“无”等意思。此种用法有5（风3；雅2）处，如：“微我无酒”（《邶风·柏舟》）；“微我有咎。”（《小雅·伐木》）。

4.借作“癓”，足疮。此种用法有1处：“既微且尰”（《小雅·巧言》）。

薇 音【wēi】

古形【金 小篆 】

“薇”是古书上说的一种野菜，蔓生，茎叶似豆，后世称野豌豆。《说文·艸部》：“薇，菜也，似藿。”所谓“似藿”，意思是其整体像豆。《本草纲目》引王安石《字说》云：“微贱所食，因谓之薇。”从字形看，“薇”由“艹（草）”和“微”组成。“微”有细小义，同“艹（草）”组合或表示这是一种不登大雅之堂的菜。

释义：“薇”在《诗经》中使用11处，无迭用。

野菜名。此种用法有11（风1；雅10）处，如：“言采其薇”（《召南·草虫》）；“山有蕨薇”（《小雅·四月》）。

为(爲、為) 音【wéi、wèi】

古形【甲 金 小篆 】

罗振玉《增订殷墟书契考释》：“（为）卜辞作手牵象形。”“意古者役象以助劳。”从字形看，“为”，繁体作“爲”，甲骨文写作“ ”。右边像一头大象之形，左上角像一只手牵着大象的鼻子，合在一起表示牵着象让其帮助人们干活。在人们开始役使牛马之前，或有一段役象助劳的时间。《说文》释“为”为“母猴”，或是对字形的误读。

释义：“为”在《诗经》中使用118处，无迭用。

1. 做、作、劳作。由特指到泛指引申。此种用法有56（风19；雅32；颂5）处，如：“天实为之”（《邶风·北门》）；“不自为政”（《小雅·节南山》）；“福禄来为”（《大雅·凫鹥》）；“为周室辅”（《鲁颂·閟宫》）。

2. 成、变成。或由因作而使变引申。此种用法有12（风2；雅10）处，如：“白露为霜”（《秦风·蒹葭》）；“大邦为仇”（《小雅·采芑》）；“造舟为梁”（《大雅·大明》）。

3. 借作连词、介词，有“是”“当作”“为了”“为什么”等意思，此种用法有44（风14；雅28；颂2）处，如：“反以我为仇”（《邶风·谷风》）；“胡为我作”（《小雅·十月之交》）；“勿以为笑”（《大雅·板》）；“为下国骏厖”（《商颂·长发》）。

4. 通“伪”，假。此种用法有6（风6）处：“人之为言”（《唐风·采苓》）。

韦(韋)　音【wéi】

古形【甲 金 小篆 】

“韦”，繁体作“韋”，甲骨文写作“ ”，上下各像一只脚，朝着相反的方向去，中间的方框像人们聚居的城邑。《说文·韦部》：“韦，相背也……兽皮之韦，可以束枉戾相韦背，故借以为皮韦。”或因借得多了，人们又在“韦”下加“辶”作“违”，表示相背之义，“韦”则专指皮革。

释义：“韦”在《诗经》中使用1处，无迭用。

借作部落名。此种用法有1处：“韦顾既伐”（《商颂·长发》）（韦即豕韦，夏的同盟部落，在今河南滑县东南，后为商汤所灭）。

违(違)　音【wéi】

古形【金 小篆 】

“韦”是“违”的初文，甲骨文写作“ ”，字形上下各像一只脚，朝着相反的方向去，中间的方框像人们聚居的城邑，字形表示相背之义。金文作“ ”，是在甲骨文的基础上加了个“辵（表示行走）”字。《说文·辵部》：“违，离也。”相背（韦）离去（辶）是“违”之本义。

释义：“违”在《诗经》中使用8处，无迭用。

背弃、离去。此种用法有8（风5；雅2；颂1）处，如：“德音莫违”（《邶风·谷风》）；“恶怒是违”（《小雅·节南山》）；“帝命不违”（《商颂·长发》）

围(圍)　音【wéi】

古形【金 小篆 】

《说文·囗部》："围，守也。"从字形看，"围"由"囗"和"韦"组成。"囗"像四周拦挡之状；"韦"甲骨文写作" "，中间的"口"表示城邑，同"囗"组合表示将城邑四周拦挡起来起到一种防护作用。

释义："围"在《诗经》中使用1处，无迭用。

州。由围地曰州引申。此种用法有1处："帝命式于九围"（《商颂·长发》）。

唯　音【wéi】

古形【甲 金 小篆 】

《说文·口部》："唯，诺也。""唯""诺"都是古代应答之声。清刘淇《助字辨略》："唯者，应之速而无疑也。"从字形看，"唯"由"口"和"隹"组成。"口"表示应答之声由口而出；"隹"指鸟鸣，同"口"组合或表示应答之声如鸟鸣声速而清脆。

释义："唯"在《诗经》中使用2处3次，1处迭用。

1. 快速。或由应答快速引申。此种用法有1处，迭用："其鱼唯唯"（《齐风·敝笱》）。

2. 借作副词，只。此种用法有1处："唯酒食是议"（《小雅·斯干》）。

帷　音【wéi】

古形【金 小篆 】

《说文·巾部》："帷，在旁曰帷。"意思是围在四周的帐幕叫帷。从字形看，"帷"由"巾"和"隹"组成。"巾"指宽大的帘幕；"隹"或是"维"字省写，本指系物的大绳，同"巾"组合表示用大绳将帘幕系起来围在四周。（一说隹指短尾鸟，同'巾'组合表示帷比帐短。）

释义："帷"在《诗经》中使用1处，无迭用。

帷帐。此种用法有1处："渐车帷裳"（《卫风·氓》）。

惟　音【wéi】

古形【金 小篆 】

《说文·心部》："惟，凡思也。"所谓"凡思"，即思维活动的统称。从字形看，"惟"由"忄（心）"和"隹"组成。"忄"指内心活动；"隹"是鸟，同"忄"组合或表示思绪如鸟飞活跃且敏捷。

释义："惟"在《诗经》中使用1处，无迭用。

思考。此种用法有1处："载谋载惟"（《大雅·生民》）。

维(維)　音【wéi】

古形【金 小篆 】

"维"由"糸"和"隹"组成。"糸"指用绳系绑；"隹"是短尾鸟，形象凶猛的鹰隼，同"糸"组合表示在鹰隼的脚上系绳，控制并驯化成助猎的猎鹰。"维"，金文作" "，有的作" "，在右下方加了个" "，表达的或是用手在鹰隼脚上系绳状。

释义："维"在《诗经》中使用252

处，无选用。

1.拴、系、连接。此种用法有3（雅3）处，如：“绋纚维之”（《小雅·采菽》）。

2.维持、维系。由拴牢方可维系引申。此种用法有1处：“四方是维”（《小雅·节南山》）。

3.或同“为”，有表示原因、与、有、作为等义。此种用法有10（风2；雅8）处，如：“维子之故”（《郑风·狡童》）；“闲之维则”（《小雅·六月》）；“贲鼓维镛”（《大雅·灵台》）。

4.借为“惟”，思。此种用法有4（雅3；颂1）处，如：“维彼硕人”（《小雅·白华》）；“君子实维”（《大雅·桑柔》）；“维天之命”（《周颂·维天之命》）。

5.借作语气词，帮助判断或加强或肯定语气。此种用法有234（风34；雅167；颂33）处，如：“维叶萋萋”（《周南·葛覃》）；“维此六月”（《小雅·六月》）；“维周之桢”（《大雅·文王》）；“不显维德”（《周颂·烈文》）。

嵬　音【wéi】

古形【金 小篆 】

“嵬”由“山”和“鬼”组成。“鬼”是古人臆想出来的一种充满神秘色彩的怪物，同“山”组合或想表示山中人不常去到的充满神秘之处的地方。《说文·山部》：“嵬，高不平也。”这或是对“嵬”一般形体的解释。

释义：“嵬”在《诗经》中使用2处，无选用。

山高峻、山顶。此种用法有2（风1；雅1）处：“陟彼崔嵬”（《周南·卷耳》）；“维山崔嵬”（《小雅·谷风》）。

苇(葦)　音【wěi】

古形【金 小篆 】

“苇”即芦苇。《说文·艸部》：“苇，大葭也。”又“葭，苇之未秀者。”初生的芦苇称葭，如隋唐学者孔颖达所云：“初生为葭，长大为芦，成则名为苇。”即成熟的芦苇称苇。从字形看，“苇”由“艹（草）”和“韦”组成。“韦”或是“伟”字省写，有高大的意思，同“艹”组合表示“苇”高大的草本植物，即长成的高大的芦草。

释义：“苇”在《诗经》中使用4处，无选用。

芦苇。此种用法有4（风2；雅2）处，如：“八月萑苇”（《豳风·七月》）；“萑苇淠淠”（《小雅·小弁》）；“敦彼行苇”（《大雅·行苇》）。

炜(煒)　音【wěi】

古形【金 小篆 】

《说文·火部》：“炜，盛赤也。”从字形看，“炜”由“火”和“韦”组成。“韦”或是“伟”字省写，有“盛大”的意思，同“火”组合表示盛大的火光，或因火光是红色的，故《说文》释为“盛赤”。

释义：“炜”在《诗经》中使用1处，无选用。

盛赤（红而发光）。此种用法有1处：

“彤管有炜”（《邶风·静女》）。

尾 音【wěi】

古形【金 小篆 】

《说文·尸部》：“尾，微也。从倒毛在尸后。”从字形看，“尾”由“尸”和“毛”组成。“尸”指动物的身体；“毛”，金文写作“ ”，细细的毛，倒长在动物身后，那细细的毛状的东西就是“尾”，后通指动物的尾巴。（一说‘尾’像人身后尾形装饰物。）

释义：“尾”在《诗经》中使用6处，无迭用。

尾巴。此种用法有6（风5；雅1）处，如：“鲂鱼赪尾”（《周南·汝坟》）；“有莘其尾”（《小雅·鱼藻》）。

委 音【wěi】

古形【甲 金 小篆 】

“委”，甲骨文写作“ ”，由“ （女子曲身跪跽之状）”和“ （禾谷成熟垂穗之形）”组成。《说文·女部》：“委，委随也。”《段注》则改为：“委，随也。”“随”即顺随。“ （女）”同“ （禾）”组合或表示像成熟的禾谷顺随农人一样，女子成人以后要顺随夫君。

释义：“委”在《诗经》中使用7处8次，1处迭用。

曲行而自得。或由受随遇而安心态支配，虽曲行而自得引申。此种用法有7（风7）处8次，1处迭用，如：“委蛇委蛇”（《召南·羔羊》）。

洧 音【wěi】

古形【甲 金 小篆 】

《说文·水部》：“洧，水。出颍川阳城山，东南入颍。”《段注》引《一统志》曰：“洧水本至西华入颍。宋时导之自扶沟入蔡。左传襄十一年济隧，九年阴坂，二十六年涉于乐氏，说者云皆谓洧津也。”看来洧水早有人工导流的痕迹。从字形看，“洧”，甲骨文写作“ ”，由“ （水）”和“ （手）”组成。“手”代表手工，同“水”组合表示人工导流之水。

释义：“洧”在《诗经》中使用5处，无迭用。

借作水名。此种用法有5（风5）处，如：“褰裳涉洧”（《郑风·褰裳》）。

鲔 音【wěi】

古形【金 小篆 】

鲔即鲔鱼，体呈纺锤形，背部蓝黑色，腹部灰白色，多生活在热带海洋。古书上的鲔指的是一种鲟鱼，均属于肉食性鱼类。从字形看，“鲔”由“鱼”和“有”组成。“有”，金文写作“ ”，像手持肉之状，表示肉食，同“鱼”组合指的是一种靠食肉（其它鱼类）为生的鱼。

释义：“鲔”在《诗经》中使用3处，无迭用。

鱼名。此种用法有3（风1；雅1；颂1）处：“鳣鲔发发”（《卫风·硕人》）；“匪鳣匪鲔”（《小雅·四月》）；“有鳣有鲔”（《周颂·潜》）。

萎　音【wěi】

古形【金 小篆 】

《说文·艸部》：“萎，食牛也。”徐灏《段注笺》：“餧牛马以干芻，因之草木枯谓萎。”牛食一般用干枯的草折而喂之，从字形看，“萎”由“艹（草）”和“委”组成。“委”有曲折之义，同“艹（草）”组合表示将枯草折短喂牛。

释义：“萎”在《诗经》中使用1处，无迭用。

枯萎。由牛食多用枯草引申。此种用法有1处：“无木不萎”（《小雅·谷风》）。

韡　音【wěi】

古形【小篆 】

《说文· 部》：“韡，盛也。”从字形看，“韡”由“韋（韦）”和“華”组成。“華”，甲骨文写作“ ”，像繁花满枝的草木之形。《说文·華部》：“華，荣也。”所谓“荣”，即指草木开花（细析之‘華’从‘艸’，言草开花；‘荣’从‘木’，言木开花，以‘荣’释‘華’应是混言）；“韦”或是“炜”字省写，有“光彩鲜明”之义，同“華”组合表示光彩盛大之貌。

释义：“韡”在《诗经》中使用1处2次，迭用。

草木华盛貌。此种用法有1处，迭用：“鄂不韡韡”（《小雅·常棣》）。

卫(衞)　音【wèi】

古形【甲 金 小篆 】

“卫”，繁体作“衞”，由“行”和“韋”组成。“行”，甲骨文作“ ”，像道路之形；“韋”，甲骨文作“ ”，上下像脚趾、中间像城邑，组合在一起会众人环绕城池行走意，表示卫兵围绕城邑保卫巡逻。《说文·行部》：“卫，宿卫也。”所谓“宿卫”，意即在宫中值宿、担任警卫的人。此当“卫”之引申义。

释义：“卫”在《诗经》中使用4处，无迭用。

借作姓、国名。此种用法有4（风4）处：“有怀于卫”（《邶风·泉水》）。

未　音【wèi】

古形【甲 金 小篆 】

“未”，甲骨文写作“ ”，像树木枝叶长成之状，金文作“ ”，像树木枝叶重叠繁茂之形。《说文·木部》：“未，味也。六月，滋味也。五行，木老于未。像木重枝叶也。”“未”之本义为“树木枝叶繁茂”，即字形所谓（金文或更切合）字形意义。许慎用“味”释“未”，皆因十二地支中的“未”代表农历六月，而此时正是万物长成、草木茂盛且果实有滋味的时节。

释义：“未”在《诗经》中使用38处，无迭用。

借作副词，相当于“没有、不曾、不”。此种用法有38（风17；雅18；颂3）处，如：“未见君子”（《周南·汝坟》）；“嘉我未老”（《小雅·北山》）；“犹之未远”（《大雅·板》）；“朕未有艾”（《周颂·访落》）。

位 音【wèi】

古形【金 小篆 】

“位”由“亻（人）”和“立”组成。“立”有站立的意思，同“人”组合表示人站立时的专属空间。《说文·人部》：“位，列种庭之左右谓之位。”排立在朝廷中的左右位置叫作“位”。

释义：“位”在《诗经》中使用9处，无迭用。

1. 位置、地位。由特指到泛指引申。此种用法有2（雅2）处：“孝孙徂位”（《小雅·楚茨》）；“曾是在位”（《大雅·荡》）。

2. 官位、职务。或由站班之人均有官职引申。此种用法有7（雅6；颂1）处，如：“靖共尔位”（《小雅·小明》）；“不解于位”（《大雅·假乐》）；“式序在位”（《周颂·时迈》）。

畏 音【wèi】

古形【甲 金 小篆 】

“畏”，甲骨文写作“ ”，右边是个“ （鬼）”字，左边像一根棍棒之类的器械，鬼就够可怕的了，再持着一根棍棒到处追击人，其可怖更是可想而知。《说文·由部》：“畏，恶也。从由，虎省。鬼头而虎爪，可畏也。”许慎根据篆书“畏”将“畏”分成上下两部分作解，上为鬼头像、下为虎爪形，两者都是够使人生畏的东西。（徐灏《段注笺》：‘（畏）从虎省，未详其形。’罗振玉《增订殷墟书契考释》：‘（甲文）则从鬼，手持卜。’）

释义：“畏”在《诗经》中使用26处，无迭用。

害怕、恐惧。此种用法有26（风8；雅17；颂1）处，如：“畏我父母”（《郑风·将仲子》）；“不畏于天”（《小雅·雨无正》）；“憯不畏明”（《大雅·民劳》）；“畏天之威”（《周颂·我将》）。

谓(謂) 音【wèi】

古形【金 小篆 】

《说文·言部》：“谓，报也。”中国古来就有“民以食为天”之说。就像发明于岛国的英语，由于气候变化无常，当地的人们谈话多以天气开场，然后切入正题一样，谓”字表达的或就是这一现象，即中国人见面也常以一句“吃了吗”开场然后切入谈话正题。从字形看，“谓”由“言”和“胃”组成。“胃”是食物的消化器官，同“言”组合或有谈话之始说“你吃了吗”的意思。《说文》用“报”释“谓”，或因食为民生之大事，故有大臣告诉君主有关粮食问题之义。

释义：“谓”在《诗经》中使用61处，无迭用。

1. 告诉、说、对……说。此种用法有52（风28；雅24）处，如：“谁谓雀无角”（《召南·行露》；“谓我来矣”（《小雅·出车》）；“王谓尹氏”（《大雅·常武》）。

2. 称为、叫作。泛化（动词性弱化）引申。此种用法有8（（风6；雅2）处，如：“谓他人父”（《王风·葛藟》）；“是谓伐德”）《小雅·宾之初筵》）。

3. 通“畏”，害怕。此种用法有1处：“谓行多露”（《召南·行露》）。

渭　音【wèi】

古形【金 小篆 】

“渭”由“氵（水）”和“胃”组成。“水”指水域；“胃”是消化器官，同“水”组合或表示如同胃中食液混浊的水域。《说文·水部》：“渭，水。”“谓”作水名，或借用。渭河源出今甘肃省渭源县鸟鼠山，流经陕西省与泾河、北洛河汇合，至潼关县入黄河。

释义：“渭”在《诗经》中使用6处，无迭用。

借作水名。此种用法有6（风2；雅4）处，如：“曰至渭阳”（《秦风·渭阳》）；“涉渭为乱”（《大雅·公刘》）。

蔚　音【wèi】

古形【金 小篆 】

《说文·艸部》：“蔚，牡蒿也。”牡蒿，多年生草本植物，全草可供药用，民间有用其叶代茶，或燃干草驱蚊。从字形看，“蔚”由“艹（草）”和“尉”组成。“尉”或是“熨”字省写，同“草”组合表示“蔚”是一种像艾蒿一样点燃可以熨烫穴位辅助针灸的草本植物。

释义：“蔚”在《诗经》中使用2处，无迭用。

1. 牡蒿。此种用法有1处：“匪莪伊蔚”（《小雅·蓼莪》）。

2. 云气兴起的状态。或由牡蒿的生长状态引申。此种用法有1处：“荟兮蔚兮”（《曹风·候人》）。

慰　音【wèi】

古形【金 小篆 】

“慰”由“尉”和“心”组成。古代掌管军事或刑狱的官员多称“尉”，有凭借武力或法律使地方安定下来的意思，同“心”组合表示心里安定，故《说文·心部》：“慰，安也。”得到安慰，心里安定是“慰”的本义。

释义：“慰”在《诗经》中使用4处，无迭用。

安慰、安心。此种用法有4（风1；雅3）处，如：“莫慰母心”（《邶风·凯风》）；“以慰我心”（《小雅·车辖》）；“以慰其心”（《大雅·烝民》）。

温　音【wēn】

古形【甲 金 小篆 】

“温”，甲骨文写作“ ”，像人在盆中洗浴之状：下面是一个器皿，像浴盆；盆中有个人，旁边四溅的水滴表示正在洗浴。人能坐在浴盆中沐浴，表示盆中的水不冷不热。有的甲骨文在上面还加了一个“日”字，来突出表达水的温度像日照一样温暖。“温”字由“氵（水）”“日”“皿”三部分组成，表示的就是“器皿中的水像日照般温暖”。

释义：“温”在《诗经》中使用8处

11次，3处迭用。

温和、温柔。由水温暖而柔和引申。此种用法有8（风3；雅4；颂1）处11次，3处迭用，如：“终温且惠”（《邶风·燕燕》）；“温温其恭”（《小雅·宾之初筵》）；“温温恭人”（《大雅·抑》）；“温恭朝夕”（《商颂·那》）。

文　音【wén】

古形【甲 金 小篆 】

《说文·文部》“文，错画也，像交文。”从字形看，“文”，甲骨文写作“ ”，像交错刻画的纹理之象，故可视为是“纹”之初文。

释义：“文”在《诗经》中使用55处，无迭用。

1.交错刻画的纹路、花纹。此种用法有2（风1；雅1）处：“文茵畅毂”（《秦风·小戎》）；“织文鸟章”（《小雅·六月》）。

2.文字、文辞、文采。由最初的文字“盖依类象形”刻画而成引申。此种用法有3（雅1；颂2）处，如：“文定厥祥”（《大雅·大明》）（一说指礼仪）；“烈文辟公”（《周颂·烈文》）。

3.非军事的（同“武”相对）、具有文人气质或品德。由专于习文或专事文职引申。此种用法有11（雅5；颂6）处，如：“文武吉甫”（《小雅·六月》）；“文武是宪”（《大雅·崧高》）；“思文后稷”（《周颂·思文》）。

4.借作称谓。此种用法有39（雅30；颂9）处，如：“穆穆文王”（《大雅·文王》）；“骏惠我文王”（《周颂·维天之命》）。

闻(聞)　音【wén】

古形【甲 金 小篆 】

“闻”，甲骨文写作“ ”，像一个半跪的人侧身以手附耳之形，好像正在倾听的样子。《说文·耳部》：“闻，知闻也。”所谓“知闻”，即知晓其声。听到了声音是“闻”的本义。最初的“闻”字，没有“门”，秦篆加了个“门”字，或可视为形声字，也可理解为在门内听声。

释义：“闻”在《诗经》中使用13处，无迭用。

1.听见、听到。此种用法有3（风1；雅2）处：“我闻有命”（《唐风·扬之水》）；“我闻其声”（《小雅·何人斯》）；“不闻亦式”（《大雅·思齐》）。

2.声音、声誉、传播。由声音可以传播引申。此种用法有8（雅8）处，如：“有闻无声”（《小雅·车攻》）；“令闻不已”（《大雅·文王》）。

3.借为“问”，过问。此种用法有2（风1；雅1）处：“亦莫我闻”（《王风·葛藟》）；“则不我闻”（《大雅·云汉》）。

问(問)　音【wèn】

古形【甲 金 小篆 】

“问”由“门”和“口”组成。“口”在“门”内，表示有人在敲门时，门内人张口询问（来者是谁）。《说文·口部》：“问，讯也。”“讯”即询问。

释义：“问”在《诗经》中使用6处，无迭用。

1. 询问、访问、问候。此种用法有4（风1；雅2；颂1）处，如：“问我诸姑”（《邶风·泉水》）；“弗问弗仕”（《小雅·节南山》）；“亦不陨厥问”（《大雅·绵》）；“淑问如皋陶”（《鲁颂·泮水》）。

2. 答谢、馈赠。或由有问有答引申。此种用法有1处：“杂佩以问之”（《郑风·女曰鸡鸣》）。

3. 通“闻”，声誉。此种用法有1处：“宣昭义问”（《大雅·文王》）。

汶 音【wèn】

古形【金 小篆 】

“汶”由“氵（水）”和“文”组成。“文”指纹路，同“水”组合或表示纹路密集的水域。《说文·水部》：“汶，水。”汶水（河），是我国名川之一，是自动向西流经整个泰山山脉之阳的大河，或因其波纹密集，又或其支流繁多，故称之为汶河。

释义：“汶”在《诗经》中使用2处，无迭用。

借作水名。此种用法有2（风2）处，如：“汶水汤汤”（《齐风·载驱》）。

倭 音【wō】

古形【金 小篆 】

“倭”由“亻（人）”和“委”组成。“委”有“曲折、顺随”之义，同“人”组合表示“曲身顺随之人”。因曲身则显得矮小，故古有倭人之说，即指身材矮小猥琐之人。

释义：“倭”在《诗经》中使用1处，无迭用。

同“逶”，迂回。此种用法有1处：“周道倭迟”（《小雅·四牡》）。

我 音【wǒ】

古形【甲 金 小篆 】

“我”，甲骨文写作“ ”，像带齿的刀具之形，是一种古代用来杀人刑具或肢解牲口的刀具。《说文·我部》：“我，施身自谓也。”到了战国时代，或因有了更优良的器具替代，为了显示自身实力，“我”即借为第一人称代词使用。

释义：“我”在《诗经》中使用583处，无迭用。

借作第一人称代词，有“我（的）、我们（的）”意思。此种用法有583（风273；雅279；颂31）处，如：“薄澣我衣”（《周南·葛覃》）；“我有旨酒”（《小雅·鹿鸣》）；“彻我疆土”（《大雅·江汉》）；“绥我眉寿”（《周颂·雝》）。

沃 音【wò】

古形【金 小篆 】

“沃”，金文作“ （浂）”。《说文·水部》：“沃，灌溉也。”《段注》：“自上浇下曰沃。”从字形看，“沃”由“氵（水）”和“夭”组成。“夭”，金文写作“ ”，像人两臂歪斜弯曲之状，在“浂”中表示植物初长尚曲而未伸直，同

“水”组合表示用水浇灌弯曲的植物。

释义：“沃”在《诗经》中使用8处11次，3处迭用。

1.润泽、肥茂而有光泽。或由灌溉的结果引申。此种用法有7（风4；雅3）处10次，3处迭用，如：“其叶沃若”（《卫风·氓》）；“其叶有沃”（《小雅·隰桑》）。

2.借作邑名。此种用法有1处：“从之于沃”（《唐风·扬之水》）（沃，晋国大邑，曲沃的简称）。

握 音【wò】

古形【金小篆】

《说文·手部》：“握，搤持也。”所谓“搤持”，意即“紧紧抓住”。从字形看，“握”由“扌（手）”和“屋”组成。古时“一只手捏成拳头”的手语表示六。表示房屋的古字形作“冂（宀）”。安子介《解开汉字之谜》：“公元前2000年，人们不区分‘六’和‘屋’的发音，因此汉字‘六’就采用了‘屋（宀）’字（形）。”同“扌（手）”组成“握”突出了手的作用，表示用手捏紧拳头可以紧紧抓住物体。

释义：“握”在《诗经》中使用2处，无迭用。

1.紧紧抓住。此种用法有1处：“握粟出卜”（《小雅·小宛》）。

2.借作量词，一握即一把。此种用法有1处：“贻我握椒”（《陈风·东门之枌》）。

渥 音【wò】

古形【金小篆】

《说文·水部》：“渥，霑也。”所谓“霑”，意思是“雨水浸润”。从字形看，“渥”由“氵（水）”和“屋”组成。“水”指雨水；“屋”或指“屋顶”，同“水”组合表示雨水浸润了屋顶。

释义：“渥”在《诗经》中使用3处，无迭用。

湿润、浸润。此种用法有3（风2；雅1）处，如：“颜如渥丹”（《秦风·终南》）；“既优既渥”（《小雅·信南山》）。

乌 音【wū】

古形【金小篆】

“乌”是鸟名，俗称乌鸦，有的地方叫老鸹、老鸦，全身羽毛黑色，嘴大而直。从字形看，“乌”，金文写作“”，像鸟形，不同的是，“（鸟）”字上面有表示眼睛一点，而乌鸦全身黑色，不容易看见黑色的眼睛，所以少了表示眼睛的一点。

释义：“乌”在《诗经》中使用3处，无迭用。

乌鸦。此种用法有3（风1；雅2）处，如：“莫黑匪乌”（《邶风·北风》）；“瞻乌爰止”（《小雅·正月》）。

污(汙) 音【wū】

古形【金小篆】

安子介先生《解开汉字之谜》：“‘污’字所表示的内容很明确，（其中的‘亏’字）第一横划代表水平面，第二横划代表洼地地面，下面的折钩代表从别处流来的脏水。”同“氵（水）”组合表示积有脏水的洼地。“污”又作“汙”。《说文·水部》：“汙，秽也。一曰小池为汙。”秽者，不清洁。或小池多秽，故曰汙。从这个意义上看，同“积有脏水的洼地”是一样的。

释义：“污”在《诗经》中使用2处，无迭用。

1. 积有脏水的洼地。此种用法有1处：“田卒污莱”（《小雅·十月之交》）。

2. 泡在水里（洗）。由词性转换（名—动）引申。此种用法有1处：“薄污我私”（《周南·葛覃》）（或可理解为泡洗之物弄脏了容器中的水，故可引申）。

屋　音【wū】

古形【甲 金 小篆 】

“屋”是“幄”的本字，本义是帷帐，后被用于专指房屋，又另造了“幄”字。《说文·尸部》：“屋，居也。”意思是人们居住的地方。从字形看，“屋”，甲骨文写作“ ”，由“尸”、“厂（金文以后无‘厂’）”和“至”三部分组成。“尸”为人体，指屋主；“厂”为山崖，古屋搭建之所；“至”为止息，三部分合在一起表示人所止息之所，即人居住之地。

释义：“屋”在《诗经》中使用8处，无迭用。

人居住的地方。此种用法有8（风4；雅4）处，如：“何以穿我屋”（《召南·行露》）；“于谁之屋”（《小雅·正月》）；“尚不愧于屋漏”（《大雅·抑》）。

无（無）　音【wú】

古形【甲 金 小篆 】

“无”，繁体作“無”，甲骨文写作“ ”，像一个人执牛尾翩翩起舞之状，是“舞”字初文，后在下加“舛”表示双脚动作。一般认为“無”即借用为有無之“無”使用。在“無”字异体字里，有一个字小篆写作“ ”，由“無”和“亡”组成。《段注》：“此有無字之正体，而俗作無。”《说文·亡部》：“ （無），亡也……‘无’，奇字无。”“無”或是“ ”字简写。所谓“亡”者，《段注》云：“凡所失者、所未有者，皆如逃亡然也。”“丢失、没有”谓之“亡”。“無”作“无”，或因奇（异体）字而沿用至今。

释义：“无”在《诗经》中使用295处，无迭用。

1. 没有、失去。此种用法有163（风64；雅74；颂25）处，如：“谁谓鼠无牙”（《召南·行露》）；“无酒酤我”（《小雅·伐木》）；“受福无疆”（《大雅·假乐》）；“无灾无害”（《鲁颂·閟宫》）。

2. 通“毋、勿”，有“不、不要”等意思。此种用法有132（风51；雅80；颂1）处，如：“无食桑葚”（《卫风·硕人》)；“无信谗言”(《小雅·青蝇》)；“无贰尔心”(《大雅·大明》)；“无曰高高在上”(《周颂·敬之》)。

毋　音【wú】

古形【金　小篆　】

《说文·毋部》：“毋，止之也。从女，有奸之者。”古“毋”“母”同出一源。“母”中的两点表示的是乳房（女性的性敏感器官）；“毋”字把代表女性乳房的两点连成一笔，表示有奸之者，故云“止之”，即要阻止这种行为的发生，如《段注》所云：“毋，止之词也。”

安子介《解开汉字之谜》：“‘毋’是‘母’字的一种变形，(字形像)保护住胸脯，表明其‘不可侵犯’。通过引申意思就变成了‘禁止’、‘不准’。”此可视为一说。

释义：“毋”在《诗经》中使用5处，无迭用。

不要、别。由阻止之词引申。此种用法有5（风2；雅3）处，如：“毋逝我梁”(《邶风·谷风》)；“毋金玉尔音”(《小雅·白驹》)。

吾　音【wú】

古形【金　小篆　】

《说文·口部》：“吾，我，自称也。”从字形看，“吾”由“五”和“口”组成。“五”，有说发音近似“我”，可视为拟音之词，其实应该没有这么简单。在中国的数字文化里，“五”是一个圣化的数字，它是大宇宙和小宇宙种种关系的代码，如五元、五方、五金、五官、五脏、五行、五道、五戒等等。作为人的“五”，具有耳、眉、眼、鼻、口五官；心、肝、脾、肺、肾五脏；仁、义、礼、智、信五德……“口”是人之代表性器官，代表人，同“五”组合用于自称，表达的是一种骄傲和自信。

释义：“吾”在《诗经》中使用1处，无迭用。

借作部落名。此种用法有1处：“昆吾夏桀”(《商颂·长发》)(昆吾，夏的同盟部落)。

吴　音【wú】

古形【金　小篆　】

《说文·夨部》：“吴，姓也。亦郡也。一曰：吴，大言也。”《段注》：“大言者，吴之本义也。”从字形看，“吴”由“口”和“夭（‘夨’之变体）”组成。“口”指张口说话；“夨”，金文作“　”，像人倾头展肢之状，同“口”组合表示大声说话，生怕别人听不清，还伴以大幅度的肢体动作。大声说话是“吴”之本义。姓、郡名或是借用。

释义：“吴”在《诗经》中使用2处，无迭用。

大声说话。此种用法有2（颂2）处，如：“不吴不扬”(《鲁颂·泮水》)(一说同“误”，错误)。

梧　音【wú】

古形【金　小篆　】

“梧”即梧桐树。《说文·木部》：

“梧，梧桐也。”从字形看，“梧”由“木”和“吾”组成。“吾”为人自身之指，其中的“口”代表人，在中国的数字文化里，“五”是一个圣化的数字（见‘吾’条），同‘口’组成“吾”用于自称，表示自己是个圣灵。古代传说梧是雄树，桐是雌树，梧桐同长同老、同生同死，且树干挺拔、根深叶茂，是爱情忠贞的象征；梧桐是一种智慧之树，能以一叶知秋，是天地知者的象征；古诗中，梧桐是高洁、美好品格的象征；风吹落叶、雨滴梧桐，在文人笔下，梧桐又是孤独忧愁的象征……“吾”同“木”组合，或言梧桐如吾一样，是木中的圣灵。

释义：“梧”在《诗经》中使用1处，无迭用。

梧桐树。此种用法有1处：“梧桐生矣”（《大雅·卷阿》）。

五 音【wǔ】

古形【甲 金 小篆 】

《说文·五部》：“五，五行也。从二，阴阳在天地之间交午也。”意思是说“五”指金、木、水、火、土五种物质，字形从二，像阴阳二气在天地之间交错状。从字形看，“五”，甲骨文写作“ ”，上下两横代表天、地；中间的“ ”像阴阳二气交错之状。林义光《文源》：“五，本义交午。”“五”现在多借作数名，表示的是正常情况下人的一掌之指数。

释义：“五”在《诗经》中使用12处，无迭用。

1. 交午（交错）。此种用法有4（风4）处，如：“素丝五紽”（《召南·羔羊》）。

2. 借作数名、序数名。此种用法有7（风6；雅1）处，如：“良马五之”（《鄘风·干旄》）；“五日为期”（《小雅·采绿》）。

3. 通“伍”，并列。此种用法有1处：“葛屦五两”（《齐风·南山》）。

午 音【wǔ】

古形【甲 金 小篆 】

“午”甲骨文写作“ ”，字形像一根木棍状。朱骏声《说文通训定声》：“（午）像杵形，故亦以为杵字。”“午”或为“杵”之初文，本义指古人用于舂米的木杵。作为干支之“午”，应该是借用。

释义：“午”在《诗经》中使用1处，无迭用。

借作干支名。此种用法有1处：“吉日庚午”（《小雅·吉日》）。

武 音【wǔ】

古形【甲 金 小篆 】

“武”，甲骨文写作“ ”，上面是个“ （戈，古代兵器）”，下面是个“ （止，脚）”。于省吾《释武》：“武从戈、从止，本义为征伐示威。征伐者必有行，‘止’即示行也。征伐者必以武器，‘戈’即武器也。”《说文·戈部》：“楚庄王曰：‘夫武，定功戢兵。故止戈为武。’”许慎借楚庄王的话解释“武”为“（止戈）

止息战争”，或是“武”之政治意义而非字形意义。

释义：“武”在《诗经》中使用41处，无迭用。

1.足迹、事迹。或由征伐示行有迹引申。此种用法有2（雅2）处，如：“履帝武敏”（《大雅·生民》）。

2.有尚武才能或从事刀兵的。由词性转换（动—形）引申。此种用法有22（风6；雅13；颂3）处，如：“赳赳武夫”（《周南·兔罝》）；“共武之服”（《小雅·六月》）；“文武是宪”（《大雅·崧高》）；“允文允武”（《鲁颂·泮水》）。

3.借作称谓。此种用法有17（雅7；颂10）处，如：“笃生武王”（《大雅·大明》）；“执竞武王”（《周颂·执竞》）。

侮　音【wǔ】

古形【金小篆】

《说文·人部》：“侮，傷（伤）也。”《段注》：“侮，傷也。”并引徐锴说：“傷，慢易也。”“伤”是“伤害”；“傷”是“怠慢”。从字形看，“侮”，金文写作“”，像一个人背对“母”状，或表示对母怠慢之义；楚系简帛文字写作“”，像一小儿强骑在“母”字头上，表示对母的伤害。在中国的孝文化里，伤害、怠慢母亲都是一种大不孝，故后来或被有识之人将这两种字形合体写成了“侮”。

释义：“侮”在《诗经》中使用7处，无迭用。

怠慢、欺侮。由特指到泛指。此种用法有7（风2；雅5）处，如：“受侮不少”（《邶风·柏舟》）；“是以有侮”（《小雅·正月》）；“予曰有御侮”（《大雅·绵》）。

舞　音【wǔ】

古形【甲金小篆】

“無”是“舞”字本字，甲骨文写作“”，像一个人双手执牛尾（舞具）翩翩起舞之状。后来或因“無”作它用，负担过重，又或为更明确“舞”之意义，人们又在其下加上“舛（双脚相背）”以强调“舞”中双脚的作用。《说文·舛部》：“舞，乐也。用足相背。”李孝定《甲骨文字集释》：“（舞）像足之蹈也。”“舞蹈”是“舞”之字形意义。

释义：“舞”在《诗经》中使用13处，无迭用。

跳舞、舞蹈。此种用法有13（风4；雅6；颂3）处，如：“两骖如舞”（《郑风·大叔于田》）；“式歌且舞”（《小雅·车辖》）；“醉言舞”（《鲁颂·有駜》）。

膴　音【wǔ】

古形【小篆】

《说文·肉部》：“膴，无骨腊也。”从字形看，“膴”由“月（肉）”和“無”组成。“月（肉）”指腊肉（即经过晾晒的干肉）；“無”指无骨，同“月（肉）”组合表示无骨的干肉。

释义：“膴”在《诗经》中使用3处4次，1处迭用。

肥、肥沃。或因无骨之肉多为肥肉引申。此种用法有3（雅3）处4次，1处迭用，如："民虽靡膴"（《小雅·小旻》）；"周原膴膴"（《大雅·绵》）。

勿 音【wù】

古形【金 𢓊 小篆 𠘧】

"勿"字是个有争议的字，其字源流有多重说法。一曰字形像"州里所建旗，(用以）促民聚众"（《说文》）；一曰字形如弓，且旁边的两小撇表示弓弦振动的样子，本义为引弓拨弦；一说字形像刀溅血，是"刎"之初字。从字形看，"勿"，金文写作"𢓊"，同金文中"𤘘（物）"字中的右半部"勿"如出一辙。"物"像以刀宰牛之形（见'物'条），"勿"则像刀溅血之状：右边的"刀"像刀形；左的几点像刀上的血滴。

释义："勿"在《诗经》中使用19处，无迭用。

不、不要。或因宰杀太残忍而劝谏引申，此种用法有19（风10；雅8；颂1）处，如："勿剪勿伐"（《召南·甘棠》）；"勿罔君子"（《小雅·节南山》）；"经始勿亟"（《大雅·灵台》）；"勿予祸适"（《商颂·殷武》）

戊 音【wù】

古形【甲 𠄌 金 𢦏 小篆 戊】

"戊"，甲骨文写作"𠄌"，像斧钺之形，是古代的一种兵器。其形象凿铲狭而有肩，有斧身、斧柄、顶钩、脚叉，是最早的斧形武器。"戊"完全是实物的图像。

释义："戊"在《诗经》中使用1处，无迭用。

借作天干第五位之名。此种用法有1处："吉日维戊"（《小雅·吉日》）。

务（務） 音【wù】

古形【金 𢦚 小篆 務】

"务"，繁体作"務"。《说文·力部》："務，趣也。"《段注》："趣者，疾（快速）走也。務者，言其促疾于事也。"从字形看，"務"由"敄"和"力"组成。"敄"有强劲的意思，同"力"组合表示尽最大的力量做成某事。"務"后来简化作"务"。

释义："务"在《诗经》中使用1处，无迭用。

同"侮"，欺侮。此种用法有1处："外御其务"（《小雅·常棣》）。

扤 音【wù】

古形【小篆 𢪛】

《说文·手部》："扤，动也。"从字形看，"扤"由"扌（手）"和"兀"组成。"兀"金文写作"𠒂"，像人上有一横，表示人体的最高处即头顶，同"手"组合或表示以手摇头使之晃动。

释义："扤"在《诗经》中使用1处，无迭用。

折磨。或由被人手不停地摇动头部是一种折磨引申。此种用法有1处："天之扤我"（《小雅·正月》）（一说借为"抈"，挫折）。

物　音【wù】

古形【甲　金　小篆　】

“物”，甲骨文写作“　”，上面是个“　（勿）”，像刀上沾满血滴；下面是个“　（牛）”。刘兴隆《新编甲骨文字典》：“（物）像以刀刎牛之形。卜辞‘物’字专用于祭祀之词，为杂色牛之专称，古人占其形色曰‘物’。”这或是因祭祀宰杀之前挑选以形色之故。

释义：“物”在《诗经》中使用7处，无迭用。

1. 颜色、毛色。或由牲牛毛色引申。此种用法有2（雅2）处，如：“比物四骊”（《小雅·六月》）。

2. 事物、东西。或因杂色含有众多的意思，故引申为万事万物。此种用法有5（雅5）处，如：“出此三物”（《小雅·何人斯》）；“有物有则”（《大雅·烝民》）。

晤　音【wù】

古形【金　小篆　】

《说文·日部》：“晤，明也。”《段注》：“晤者，启之明也。”从字形看，“晤”由“日”和“吾”组成。“日”有明亮的意思；“吾”指我，同“日”组合或表示我受到启发豁然如黑暗中见到日光一样明白了事理。

释义：“晤”在《诗经》中使用3处，无迭用。

相对。或由启发别人（受别人启发）面对面更直接引申。此种用法有3（风3）处，如：“可与晤言”（《陈风·东门之池》）。

寤　音【wù】

古形【金　小篆　】

《说文·㝱部》：“寤，寐觉而有信（《段注》作‘言’）曰寤。从㝱省，吾声。”“寤”从“㝱”，《说文》言㝱谓“寐而有觉”，意思是“睡着的人（像醒时）有知觉”，即是做梦时的感觉；“吾”或是“悟”字省写，有“感悟”的意思，同“㝱”组合表示“寐觉而有言”即从睡梦中醒来有所悟而言。

释义：“寤”在《诗经》中使用15处，无迭用。

1. 睡醒。由所言为醒后引申。此种用法有14（风13；雅1）处，如：“寤寐思服”（《周南·关雎》）；“契契寤叹”（《小雅·大东》）。

2. 觉悟、明白。由梦醒有所悟引申。此种用法有1处：“寤辟有摽”（《邶风·柏舟》）。

鋈　音【wù】

古形【金　小篆　】

“鋈”由“沃”和“金”组成。“沃”有光盛、丰美的意思；“金”指金属，同“沃”组合表示光盛丰美的金属。《说文·金部》：“沃，白金也。”所谓白金，即指白色的金属。

释义：“鋈”在《诗经》中使用3处，无迭用。

白色金属。此种用法有3（风3）处，如：“阴靷鋈续”（《秦风·小戎》）。

X

夕　音【xī】

古形【甲　金　小篆　】

“夕”，甲骨文写作“　”，像半个月亮之形。《说文·夕部》：“夕，莫（暮）也。从月半见。”所谓“莫”，即“暮”，指傍晚。故徐锴《说文系传》曰：“（夕）月字之半也。月初生则暮见西方，故半月为夕。”

释义：“夕”在《诗经》中使用16处，无迭用。

1.傍晚、日落之时。此种用法有2（风2）处，如：“日之夕矣”（《王风·君子于役》）。

2.夜、晚上。有月出后即渐入夜引申。此种用法有13（风7；雅5；颂1）处，如：“齐子发夕”（《齐风·载驱》）；“以永今夕”（《小雅·白驹》）；“温恭朝夕”（《商颂·那》）。

3.借作方位词。此种用法有1处：“度其夕阳”（《大雅·公刘》）（《尔雅·释山》：“山西曰夕阳。”）。

兮　音【xī】

古形【甲　金　小篆　】

《说文·兮部》：“兮，语所稽也。从丂，八像气越亏也。”从字形看，“兮”由“八”和“丂”组成。“八”，《段注》：“像气分而扬也”；“丂”或是“亏”字省写，指“越亏”，“越”指“扬”“亏”指“舒”，“丂”同“八”组合表示语气停留（稽），气到此处分散而舒扬。

释义：“兮”在《诗经》中使用320处，无迭用。

语气助词，相当于“啊”。此种用法有320（风279；雅38；颂3）处，如：“葛之覃兮”（《周南·葛覃》）；“我心写兮”（《小雅·蓼萧》）；“于胥乐兮”（《鲁颂·有駜》）。

西　音【xī】

古形【甲　金　小篆　】

“西”，甲骨文写作“　”，像鸟巢之形，小篆写作“　”，在鸟巢的上面加了一笔，似鸟形，故《说文·西部》：“西，鸟在巢上。”“西”的字形表现的是鸟儿在巢上栖息的意思，或是“栖”的本字。

释义：“西”在《诗经》中使用17处，无迭用。

1.西方、西边。或由日落西方而鸟栖引申。此种用法有14（风5；雅8；颂1）处，如：“西方之人兮”（《邶风·简兮》）；“西有长庚”（《小雅·大东》）；“自西徂东”（《大雅·绵》）；“于彼西雍”（《周颂·振鹭》）。

2.向西。由词性转换（方为—动）引申。此种用法有2（雅2）处，如：“西南其户”（《小雅·斯干》）。

3.借作部落名。此种用法有1处：“薄伐西戎”（《小雅·出车》）。

牺（犧）　音【xī】

古形【金　小篆　】

“牺”，繁体作“犧”《说文·牛部》：“犧，宗庙之牲也。”意思是供宗庙祭祀用的纯色牲畜（主要指牛、羊等）。从字形看，“犧”由“牛”和“羲（义）”组成。“牛”指祭品牲畜；“义”是古人对君子之道的评判，同“牛”组合表达的是对为祭祀献身的牲畜的一种颂扬。“犧”写作“牺”，其中的“西”字有“西方”的意思，或想表达人们对献身牲畜可以去往想象中的西方极乐世界的一种美好愿望。

释义：“牺”在《诗经》中使用3处，无迭用。

1. 祭祀用的纯色牲畜。此种用法有2（雅1；颂1）处：“与我牺羊”（《小雅·甫田》）；“享以骍牺”（《鲁颂·閟宫》）。

2. 古代牛形铜质酒器。由词性转换（名—形）引申。此种用法有1处：“牺尊将将”（《鲁颂·閟宫》）。

昔　音【xī】

古形【甲 金 小篆 】

“昔”，甲骨文写作“ ”，上面像波涛滚滚的洪水，下面是个“日”字。上古时代，洪水泛滥，尽管有鲧、禹治水之说，然洪水肆虐，生灵蒙灾的那些日子，是人们心头抹不掉的记忆，人们造“昔”字，就是为了永远记住从前那段洪水无情的日子。

释义：“昔”在《诗经》中使用15处，无迭用。

从前、往日。此种用法有15（风3；雅9；颂3）处，如：“不念昔者”（《邶风·谷风》）；“昔我往矣”（《小雅·采薇》）；“昔先王受命”（《大雅·召旻》）；“自古在昔”（《商颂·那》）。

析　音【xī】

古形【甲 金 小篆 】

《说文·木部》：“析，破木也。”从字形看，“析”由“木”和“斤”组成。“斤”，甲骨文写作“ ”，像一把砍伐用的（石）斧，同“木”组合表示劈开木头。

释义：“析”在《诗经》中使用4处，无迭用。

劈开木头。此种用法有4（风1；雅3）处，如：“析薪如之何”（《齐风·南山》）；“析薪扡矣”（《小雅·小弁》）。

息　音【xī】

古形【金 小篆 】

《说文·心部》：“息，喘也。”《段注》：“人之气急曰喘，舒曰息……此云息者喘也，浑言之。”“喘”和“息”细化是两个不同的概念，浑言则可通用，犹如我们干累了说“休息一下，让我喘口气”，这里的“息”和“喘”就是浑言。从字形看，“息”由“自”和“心”组成。“自”，甲骨文写作“ ”，像鼻子的形状。古人认为气是从心里通过鼻而出，故同“自（鼻）”组合即表示舒展地呼吸。

释义：“息”在《诗经》中使用12处，无迭用。

休息。由休息可以使呼吸舒展引申。此种用法有12（风6；雅6）处，如：“谁与独息”（《唐风 • 葛生》）；“亦可息也”（《小雅 • 大东》）；“汔可小息”（《大雅 • 民劳》）。

奚 音【xī】

古形【甲 金 小篆 】

“奚”，甲骨文写作“ ”，左上方是一只“ （手）”，右边是个“ ”，像一个被套上绳索的人，组合在一起表示手牵着被套上绳索的人，本义指奴隶（往往指女奴）或指被奴役的人。

释义：“奚”在《诗经》中使用1处，无迭用。

借作姓。此种用法有1处：“奚斯所作”（《鲁颂 • 閟宫》）（奚斯，人名，鲁国大夫）。

晞 音【xī】

古形【小篆 】

《说文 · 日部》：“晞，干也。”从字形看，“晞”由“日”和“希”组成。“日”指太阳；“希”或是“稀”的省文，有稀湿之义，且“希”有“少”义，同“日”组合或表示经过日晒水分变少，变干燥了。

释义：“晞”在《诗经》中使用3处，无迭用。

1. 干、干燥。此种用法有2（风1；雅1）处：“白露未晞”（《秦风 • 蒹葭》）；“匪阳不晞”（《小雅 • 湛露》）。

2. 同“曦”，破晓。此种用法有1处：“东方未晞”（《齐风 • 东方未明》）。

悉 音【xī】

古形【金 小篆 】

《说文 · 釆部》：“悉，详尽也。”从字形看，“悉”从“釆（biàn）”有“辨别”的意思，同“心”组合表示在心中辨别，情况了解得很详尽。

释义：“悉”在《诗经》中使用1处，无迭用。

全部。由事情了解详尽引申。此种用法有1处：“悉率左右”（《小雅 • 吉日》）。

蟋 音【xī】

古形【金 小篆 】

“蟋”指蟋蟀，是一种身体黑褐色，触角长，善于跳跃的昆虫。雄性好斗，两翅摩擦能发声，对农作物有害。亦称“促织”“趋织”，俗称“蛐蛐儿”。“蟋”由“虫”和“悉”组成。“悉”或是拟声，同“虫”组合表示这是一种发出“悉”声的小虫。

释义：“蟋”在《诗经》中使用4处，无迭用。

蟋蟀。此种用法有4（风4）处，如：“蟋蟀在堂”（《唐风 • 蟋蟀》）。

翕 音【xī】

古形【金 小篆 】

《说文 · 羽部》：“翕，起也。”意思是（鸟）起飞前的准备动作。如《段注》

所云：“翕从合者，鸟将起必敛翼也。”从字形看，“翕”由“合”和“羽”组成。“合”指收敛；“羽”指双翼，同“合”组合表示收敛双翼。

释义：“翕”在《诗经》中使用3处，无迭用。

合、聚合、缩。由收缩双翼引申。此种用法有3（雅2；颂1）处，如：“兄弟既翕”（《小雅·常棣》）；“允犹翕河”（《周颂·般》）。

犀 音【xī】

古形【金小篆】

《说文·牛部》：“犀，南徼外牛。一角在鼻，一角在顶，似豕。”意思是说，“犀”指的是南方边境外出产的牛，其角一只长在鼻上，一只长在额顶，（头形）像猪。从字形看，“犀”由“尾”和“牛”组成。“尾”有末端的意思，同“牛”组合或表示其形非牛状，要称之为牛，也只能排到牛的最后（末端）。某种犀牛还长有如马一样的高冠齿，洁白齐整且能啃食硬物，所以“犀”又有“锋利、坚固、强大”等引申义。

释义：“犀”在《诗经》中使用1处，无迭用。

借作籽瓣。此种用法有1处：“齿如瓠犀”（《卫风·硕人》）（瓠犀：指瓠的籽如犀齿洁白整齐。此或可视为由词性转换（名—形）引申）。

晰(皙) 音【xī】

古形【金小篆】

“晰”又作“皙”。《说文·白部》：“皙，人色白也。”从字形看，“皙”由“析”和“白”组成。“析”指剖木；“白”有纯净、白色的意思，同“析”组合或表示将木剖开后里面纯净的原色。“人色白”或是“皙”的引申义。

释义：“皙”在《诗经》中使用1处，无迭用。

人的肤色白净。由木原色白引申。此种用法有1处：“扬且之皙也”（《鄘风·君子偕老》）。

嘻 音【xī】

古形【金小篆】

“嘻”又作“譆”，《说文·言部》：“譆，痛也。”所谓“痛”，即表示悲痛之词。从字形看，“嘻”由“口”和“喜”组成。“喜”是拟声词，同“口”组合表示人疼痛时口中发出如“喜”之声。《说文》将“嘻”放在“言”部，或言人疼痛时口中发出如“喜”之词。“喜”还有“喜庆”之义，同“口”组合或还可视为赞叹之声。

释义：“嘻”在《诗经》中使用1处，无迭用。

赞叹词。此种用法有1处：“噫嘻成王”（《周颂·噫嘻》）。

锡(錫) 音【xī】

古形【金小篆】

“锡”由“钅（金）”和“易”组成。“金”指金属；“易”有容易、改变之义，同“金”组合表示这是一种熔点低，比较容易改变形态的金属。

释义：“锡”在《诗经》中使用21处，无迭用。

1.一种金属。此种用法有1处：“如金如锡”（《卫风·淇奥》）。

2.通“赐”，赏赐、赐给。此种用法有20（风1；雅14；颂5）处，如：“公言锡爵”（《邶风·简兮》）；“永锡尔极”（《小雅·楚茨》）；“载锡之光”（《大雅·皇矣》）；“锡兹祉福”（《周颂·烈文》）。

熙　音【xī】

古形【金 小篆 】

“熙”由“巸”和“灬（火）”组成。“巸”近似“颐”。安子介先生在《解开汉字之谜》中说：“‘颐’字在开始时看来像一个人的半边脸……是头（右边的‘页’）部曝于日光下。”“巸”字右边是个“㔾（今作‘巳’）”，似人似蛇之形，可以理解成人（或蛇）曝于日光下。暴晒可以使干，再加上下面的“灬（火）”字，或许干得更快。故《说文·火部》：“熙，燥也。”暴晒并使干燥，或是“熙”之字形意义。

释义：“熙”在《诗经》中使用6处，无迭用。

光明。或由晒有日光而明亮引申。此种用法有6（雅1；颂5）处，如：“于缉熙敬止”（《大雅·文王》）；“维清缉熙”（《周颂·维清》）。

觿　音【xī】

古形【小篆 】

《说文·角部》：“觿，佩角，锐端可以解结。”意思是说，觿指的是一种佩在身上的角（骨或玉）制用具，它的尖锐的末端还可以用来分解绳结。从字形看，“觿”由“角”和“巂”组成。“角”指佩具材料；“巂”由“崔”和“冏”组成，“崔”或是“摧”字省写，有摧毁、破坏的意思；“冏”，甲骨文写作“ ”，像古代窗户之形，或又像一团绳结，角制的可以分解（摧）绳结（冏）的佩具就是“觿”。

释义：“觿”在《诗经》中使用2处，无迭用。

古代一种佩具名。此种用法有2（风2）处，如：“童子佩觿”（《卫风·芄兰》）。

潝　音【xī】

古形【金 小篆 】

《说文·水部》：“潝，水疾声。”此或为闻其声而弱其形之训。“潝”由“氵（水）”和“翕”组成。“翕”指鸟收敛双翅，有“合”之义，同“水”组合表示水流相合。

释义：“潝”在《诗经》中使用1处2次，迭用。

附和，迭用表示相互附和。由水流相合引申。此种用法有1处，迭用：“潝潝訿訿”（《小雅·小旻》）

习(習)　音【xí】

古形【甲 金 小篆 】

“习”，繁体作“習”。《说文·羽部》：“習，数飞也。从羽从白（zì）”从字形看，“習”由“羽”和“白（自）”组成。“羽”指小鸟的双翅；“自”是“鼻”字省写，表示鼻息，同“羽”组合表示小鸟展开双翅反复练习飞行技能，累得直喘气也不停息。郭沫若先生《卜辞通纂考释》引甲骨文“习”字证曰：“此字分明从羽从日，盖谓禽鸟于晴日学飞。”“日”变“白”或小篆讹变之故。

释义：“習”在《诗经》中使用4处8次，4处迭用。

借作风声。（或为由鸟试飞频频引申）。此种用法有4（风1；雅3）处8次，均迭用，如：“习习谷风”（《邶风·谷风》）；“习习谷风”（《小雅·谷风》）。

席　音【xí】

古形【甲 金 小篆 】

“席”，甲骨文写作“”，像一床编有人字形纹路的凉席。《说文·巾部》：“席，籍也……‘’古文席。”所谓“籍”，有铺垫之义。“”是古文“席”字，只是在甲骨文“”的基础上加了个“厂”，表示供人居之用。

释义：“席”在《诗经》中使用3处，无迭用。

1.席子、供坐卧铺垫的用具。此种用法有2（风1；雅1）处：“我心匪席”（《邶风·柏舟》）；“肆筵设席”（《大雅·行苇》）。

2.同“蓆”。大、宽大。此种用法有1处：“缁衣之席兮”（《郑风·缁衣》）。

隰　音【xí】

古形【金 小篆 】

《说文·阜部》：“隰，阪下湿也。”从字形看，“隰”由“阝（阜）”和“㬎”组成。“阝”表示土坡；“㬎”是“溼（湿）”的省体，有潮湿之义，同“阝”组合表示土坡下面的湿地。

释义：“隰”在《诗经》中使用24处，无迭用。

低湿之地。此种用法有24（风14；雅9；颂1）处，如：“隰有苓”（《邶风·简兮》）；“原隰裒矣”（《小雅·常棣》）；“度其隰原”（《大雅·公刘》）；“徂隰徂畛”（《周颂·载芟》）（一说：新开垦的田）。

洗　音【xǐ】

古形【金 小篆 】

《说文·水部》：“洗，洒足也。”所谓“洒”，指洗涤。从字形看，“洗”由“氵（水）”和“先”组成。“先”，本义为“走在前面”，甲骨文写作“”，上面是一只脚的形状；下面是个人形，字形突出了人前面的脚，同“水”组合即表示洗脚。

释义：“洗”在《诗经》中使用1处，无迭用。

洗涤、用水去掉污垢。由特指到泛指引申。此种用法有1处：“洗爵奠斝”（《大雅·行苇》）。

喜　音【xǐ】

古形【甲　金　小篆　】

《说文·喜部》：“喜，乐也。”从字形看，“喜”由“壴”和“口”组成。“壴”是“鼓”字初文，乐器的一种；“口”张开代表开颜谈笑，同“壴”组合表示闻乐（yuè）则乐（lè）。朱骏声《说文通训定声》：“闻乐则乐，故从壴；乐形于谈笑，故从口。”

释义：“喜”在《诗经》中使用12处，无迭用。

1.快乐、高兴。此种用法有9（风2；雅6；颂1）处，如：“且以喜乐”（《唐风·山有枢》）；“中心喜之”（《小雅·彤弓》）；“覆狂以喜”（《大雅·桑柔》）；“鲁侯燕喜”（《鲁颂·閟宫》）。

2.同“饎”，（享用）酒食。此种用法有3（风1；雅2）处，如：“田畯至喜”（《豳风·七月》）；“田畯至喜”（《小雅·大田》）。

戏(戲)　音【xì】

古形【金　小篆　】

“戏”，繁体作“戲”，最初起源于祭祀活动，也是军队作战前的一种仪式，故《说文·戈部》云：“戲，三军之偏也。”所谓“偏”，指偏师，即非主力部队，或指从事戏仪式的兵卒。从字形看，“戲”由“虍（虎头）”“豆（祭祀用礼器）”和“戈”三部分组成，作戏之时，人们头戴虎头面具，或持豆，或持戈，手舞足蹈。或因戏多有玩耍和表演成分，故后来又引申为“戏耍、表演”等意思。

释义：“戏”在《诗经》中使用3处，无迭用。

戏耍、开玩笑。由戏为玩耍和表演引申。此种用法有3（风1；雅2）处：“善戏谑兮”（《卫风·淇奥》）；“不敢戏谈”（《小雅·节南山》）；“无敢戏豫”（《大雅·板》）。

阋　音【xì】

古形【金　小篆　】

《说文·门部》：“阋，恒讼也。从门从兒，兒，善讼者也。”“恒讼”指经常争吵。从字形看，“阋”由“门”和“兒”组成。“门”代表家中；“兒”指小儿，是喜欢争吵的群体，同“门”组合表示家里经常争吵。

释义：“阋”在《诗经》中使用1处，无迭用。

争吵。此种用法有1处：“兄弟阋于墙”（《小雅·常棣》）。

舄　音【xì】

古形【金　小篆　】

《说文·乌部》：“舄，鹊也。象形。”意思是说，舄指喜鹊。其小篆字形“　”像喜鹊之形。《段注》：“舄本鹊字，自经典借为履舄字而本义废矣。”依此说，“舄”作“履”义或为借用，多指古时帝王大臣穿的重木底鞋，泛指鞋。

释义：“舄”在《诗经》中使用4处，无迭用。

1.借指鞋。此种用法有3（风1；雅

2）处："赤舄几几"（《豳风·狼跋》）；"赤芾金舄"（《小雅·车攻》）；"玄衮赤舄"（《大雅·韩奕》）。

2.大貌。由借用之义鞋或大引申。此种用法有1处："松桷有舄"（《鲁颂·閟宫》）。

绤(綌) 音【xì】

古形【小篆綌】

《说文·糸部》："綌，粗葛也。"从字形看，"綌"由"糸"和"谷（què）"组成。"糸"指编织葛纤维；"谷"或是"卻"字省写，有"节制"的意思，同"糸"组合表示粗葛布。古人或把织作技术和材料有节制，即省工省料且织作粗糙的葛布称为粗葛布。

释义："綌"在《诗经》中使用2处，无迭用。

粗葛布。此种用法有2（风2）处，如："为絺为绤"（《周南·葛覃》）。

遐 音【xiá】

古形【金 小篆 】

"遐"的本义为远，字形由"辶"和"叚"组成。"辶"金文写作"⻎"，像行步之状；"叚"是"假"的本字，有假借的意思，表示借居、非原居住地，同"辶"组合表示远行借居地。

释义："遐"在《诗经》中使用11处，无迭用。

1.远、长远。由路途远引申。此种用法有4（风1；雅3）处，如："不我遐弃"（《周南·汝坟》）；"降尔遐福"（《小雅·天保》）。

2.通"胡"，何。此种用法有7（雅7）处，如："遐不谓矣"（《小雅·隰桑》）；"不遐有愆"（《大雅·抑》）。

瑕 音【xiá】

古形【金 小篆 】

《说文·玉部》："瑕，玉小赤也。"从字形看，"瑕"由"王（玉）"和"叚"组成。"叚"是"假"的本字，有"不真实"的意思，同"玉"组合表示玉上的那一小块赤色的斑点不是真实的玉。

释义："瑕"在《诗经》中使用4处，无迭用。

1.缺点、过失。由斑点是玉之缺失引申。此种用法有1处："德音不瑕"（《豳风·狼跋》）。

2.借为"遐"，远。此种用法有1处："烈假不瑕"（《大雅·思齐》）。

3.通"胡"，何。此种用法有2（风2）处，如："不瑕有害"（《邶风·泉水》）。

暇 音【xiá】

古形【金 小篆 】

《说文·日部》："暇，闲也。"从字形看，"暇"由"日"和"叚"组成。"日"即日子，指时间；"叚"是"假"的本字，有"借"义，同"日"组合表示可以借出的时间。人有余财才可以出借，能借出时间，则表示空闲，即时间有富余。

释义："暇"在《诗经》中使用3处，

无迭用。

空闲、闲暇。此种用法有3（雅3）处，如："迨我暇矣"（《小雅·伐木》）。

騢 音【xiá】

古形【小篆】

《说文·马部》："騢，马赤白杂毛。"从字形看，"騢"由"馬（马）"和"叚"组成。"叚"或是"瑕"字省写，有"玉中含有赤色小斑点"的意思，同"马"组合或表示身上含有赤色、白色相间杂毛的马。

释义："騢"在《诗经》中使用1处，无迭用。

一种杂色马。此种用法有1处："有骃有騢"（《鲁颂·駉》）。

辖(舝) 音【xiá】

古形【小篆】

"辖"同"舝"。《说文·舛部》："舝，车轴端键也。两穿相背，从舛。"意思是"舝"指车轴两端的金属插键。因两端的穿孔各相背离，所以字从舛。从字形看，"舝"，小篆写作""，"舛"分列上下，像双脚相背分离表示舝分于车轴两端。王筠《说文释例》："轴之两端，各有一穿，皆以键辖之，使轮不外出。""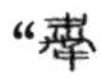"字中间的"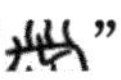"或就表示轴上辖有插键。许慎说"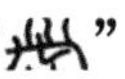"是"离"即"偰"字，"偰"通"楔"，有"填充器物的空隙使其牢固"的意思，同"舛"组合也同样表达"舝"的动作意义。

释义："舝"在《诗经》中使用2处，无迭用。

1. 车轴两端的金属插键。此种用法有1处："间关车之舝兮"（《小雅·车舝》）。

2. 把插键加上。由词性转换（名—动）引申。此种用法有1处："载脂载舝"（《邶风·泉水》）。

下 音【xià】

古形【甲金小篆】

"下"，甲骨文写作""，金文写作""，字形变化不大，都是用一弧线（或长横线）表示地平（或基准）线，用一短横表示下面。后来为了避免和"二"字混淆，写成了"下"。《说文·丄部》："下，底也。"有说"底"为"低"字。其实"底""低"都表示事物在下的态势，故都可用"下"训之。

释义："下"在《诗经》中使用58处，无迭用。

1. 下面、底下。此种用法有52（风19；雅24；颂9）处，如："在南山之下"（《召南·殷其雷》）；"其下维萚"、"下莞上簟"（《小雅·斯干》）；"至于岐下"（《大雅·绵》）；"敷天之下"（《周颂·般》）。

2. 往下、下降。此种用法有6（风2；雅3；颂1）处，如："羊牛下来"（《王风·君子于役》）；"载飞载下"（《小雅·四牡》）；"福禄来下"（《大雅·凫鹥》）；"鹭于下"（《鲁颂·有駜》）。

夏　音【xià】

古形【金 小篆 】

“夏”，金文写作“ ”上面是个很大的“页”字，下面是张开的身体和四肢，组合起来像一个头脑发达，身材魁梧、四肢健硕的人的形象。《说文·夂部》：“夏，中国之人也。”夏，指的就是当时中国人的形象，至今中国人还自称华夏。有说这是古代夏部族图腾的形象。在当时年代，崇尚聪明、健硕之人，且发展为多方崇拜，国人将其作为图腾（画像）顶礼膜拜应该顺理成章。徐灏《段注笺》引戴侗（南宋著名文学家）说：“夏，舞也。臼像舞者手容；夂像舞者足容。”此说还可以补充有“页”像舞者面具。三者（页、臼、夂）组合成“ ”，像人舞之状。“夏”又或是夏部族代表性舞蹈，用于祭祀或重大活动，抑或为聚集之舞。夏人之舞代表夏人，同中国之人义同。

释义：“夏”在《诗经》中使用14处，无迭用。

1.大。或由人形硕大引申。此种用法有1处：“于我乎夏屋渠渠”（《秦风·权舆》）。

2.借作姓、朝代、国名。此种用法有6（风2；雅1；颂3）处，如：“从夏南”（《陈风·株林》）；“在夏后之世”（《大雅·荡》）；“昆吾夏桀”（《商颂·长发》）。

3.借指季节名。此种用法有6（风4；雅1；颂1）处，如：“无冬无夏”（《陈风·宛丘》）；“四月维夏”（《小雅·四月》）；“夏而楅衡”（《鲁颂·閟宫》）。

4.疑作“戛”，戟，古代兵器。此种用法有1处：“不长夏以革”（《大雅·皇矣》）。

仙(僊)　音【xiān】

古形【金 小篆 】

“仙”繁体字作“僊”，《说文·人部》：“僊，长生僊去。从人从䙴。”从字形看，“僊”由“人”和“䙴”组成。“䙴”如“遷（迁）”，有迁升之义，同“人”组合，表示人长生不老，迁升离去（成僊）。还有一个多以为“僊”之简化字的“仙（仚）”字，由“人”和“山”组成。《段注》：“老而不死曰仙。仙，遷（迁）也，遷入山也。故其制字人旁作山也。”其实“仙”和“僊”最初应该是两个字：“仙（仚）”指“人在山上”（《说文》）；“僊”指人已离去。前者有踪可循；后者杳无踪影。或因二者都是人们心目中的仙家，故二字后来合一为“仙”。

释义：“仙”在《诗经》中使用1处2次，迭用。

如……仙。由词性转换（名—形）引申。此种用法有1处，迭用：“屡舞仙仙”（《小雅·宾之初筵》）。

先　音【xiān】

古形【甲 金 小篆 】

“先”，甲骨文写作“ ”，像一侧立之人前面有个脚印之形，表示脚走在人前，有人先行。《说文·先部：“先，前

进也。”走在别人前面曰先。

释义：“先”在《诗经》中使用28处，无迭用。

1. 时间或次序靠前、前代的、已故的。由时间或状态在前（或由词性转换（动—形））引申。此种用法有27处，如：“先君之思”（《邶风·燕燕》）；“以先启行”（《小雅·六月》）；“予曰有先后”（《大雅·绵》）；“先祖是听”（《周颂·有瞽》）。

2. 借为“垔”，埋。此种用法有1处：“尚或先之”（《小雅·小弁》）。

鲜(鮮)　音【xiān、xiǎn】

古形【金小篆】

《说文·鱼部》：“鲜，鱼名，出貉国。”许慎认为“鲜”是一种鱼名，产自貉国（貉国是古代东北地区少数民族建立的国家）。从字形看，“鲜”，金文写作“”，字形或就是一条鱼形：下面的部分像鱼身和尾；上部是鱼头，前面还有两根长长的触须。鲶鱼、黄颡鱼、乌苏里鲶等等一些带有触须的鱼，都是东北地区古老且味道鲜美的鱼种。“”或就指这种味美且有触须的鱼。后有识味者认为羊之肉味也很鲜美，且将“”字上面表示鱼头和触须的部分误读为“羊”字，同鱼身部分合体而成“鲜”，以表示“新鲜、味美”。《段注》：“（鲜）经传乃叚（实为引申）为新鱻（鲜）字，又叚为尟少字，而本（鱼名）义废矣。”

释义：“鲜”在《诗经》中使用12处，无迭用。

1. 新鲜、味美。由鱼新鲜味美引申。此种用法有1处：“炰鳖鲜鱼”（《大雅·韩奕》）。

2. 美、漂亮。由特指味美到泛指美引申。此种用法有1处：“籧篨不鲜”（《邶风·新台》）。

3. 少、寡。由真正的美味少有引申。此种用法有8（风2；雅6）处，如：“终鲜兄弟”（《郑风·扬之水》）；“鲜民之生”（《小雅·蓼莪》）；“鲜克有终”（《大雅·荡》）。

4. 称美、说……好。由词性转换（形—动）引申。此种用法有1处：“鲜我方将”（《小雅·北山》）。

5. 借作地名。此种用法有1处：“度其鲜原”（《大雅·皇矣》）（鲜原：地名，在今陕西咸阳东）。

闲(閑)　音【xián】

古形【金小篆】

《说文·门部》：“闲，阑也。从门中有木。”所谓“阑”即栏杆。从字形看，“闲”由“门”和“木”组成。“门”指门前；“木”指木栏杆，同“门”组合表示房屋门前的木栅栏。

释义：“闲”在《诗经》中使用7处9次，2处迭用。

1. 熟练（迭用表示从容不迫的样子）。或由制作栅栏动作熟练引申。此种用法有6（风2；雅4）处8次，2处迭用，如：“桑者闲闲兮”（《魏风·十亩之间》）；“既佶且闲”（《小雅·六月》）；“既闲且驰”（《大雅·卷阿》）。

2. 大貌。或由栅栏看起来比房屋圈地面积大引申，此种用法有1处：“旅楹有闲”（《商颂·殷武》）。

贤(賢)　音【xián】

古形【金 小篆 】

“贤”，繁体作“賢”，由“臤”和“贝”组成。“臤”是“臣”和“又”之合体。“臣”本义“奴仆”（参见‘臣’条），指属下；“又”指手，表示掌管，合起来为“臤”，表示掌握好属下。可以很好掌管属下的人，一定是有才能的人，所以“臤”古同“贤”。《说文·贝部》：“贤，多才也。”“贤”在“臤”的基础上加“贝（钱财）”说明这是一个不仅能从政管理人，而且可以经商赚很多钱的多才能的人。

释义：“贤”在《诗经》中使用2处，无迭用。

1. 多才的人。此种用法有1处：“序宾以贤”（《大雅·行苇》）。

2. 多。或由才多引申。此种用法有1处：“我从事独贤”（《小雅·北山》）。

咸　音【xián】

古形【甲 金 小篆 】

“咸”，由“戌”和“口”组成。“戌”甲骨文写作“ ”，像一把古代的长柄大斧；“口”指人。同“戌”组合表示用斧砍杀人。《说文·口部》：“皆也，悉也。”或是借用。

释义：“咸”在《诗经》中使用3处，无迭用。

1. 砍杀。此种用法有1处：“克咸厥功”（《鲁颂·閟宫》）。

2. 借作副词，有“皆、都”等意思。此种用法有2（雅1；颂1）处：“周邦咸喜”（《大雅·崧高》）；“殷受命咸宜”（《商颂·玄鸟》）。

衔(銜)　音【xián】

古形【金 小篆 】

《说文·金部》：“銜，马勒口中。”意思是说，衔指马含在口中的马嚼子，是一种控制马行止的器具。从字形看，“銜”由“行”和“金”组成。“行”指马的行止；“金”指马嚼子是一种金属器具，同“行”组合表示这是一种控制马行止的器具。

释义：“衔”在《诗经》中使用1处，无迭用。

含。由马嚼子是含在马口中的器具引申。此种用法有1处：“出则衔恤”（《小雅·蓼莪》）。

显(顯)　音【xiǎn】

古形【金 小篆 】

“显”，繁体作“顯”，由“日”“丝”和“页”三部分组成、“页”指头，代表人，同“日”“丝”组合表示人在阳光的照耀下看丝才能看清楚。故林义光先生在《文源》中说：“（顯）像人面在日下视丝之形，丝本难视，持向日下视之，乃明也。”“明显”或是“顯（显）”之字形意义。

释义：“显”在《诗经》中使用20处21次，1处迭用。

1. 显露、明显。此种用法有5（雅3；

颂2）处，如：“不显其光”（《大雅·大明》）；“天维显思”（《周颂·敬之》）。

2.光明。由太阳有光亮引申。此种用法有14（雅9；颂5）处15次，1处迭用，如：“显允君子”（《小雅·湛露》）；“世之不显”（《大雅·文王》）；“肃雍显相”（《周颂·清庙》）。

3.借作人名。此种用法有1处：“显父饯之”（《大雅·韩奕》）（显父：周公之卿。一说“显”指德高望重的长者）。

险(險)　音【xiǎn】

古形【金 小篆 】

《说文·阜部》：“险，阻，难也。”王筠《说文句读》：“险，阻，一事而两名，难测其义也。险言其体之峻绝，阻言用之隔绝。”从字形看，“险”由“阝（阜）”和“佥”组成。“阝”指山丘；“佥”有“两面、两边”的意思，同“阝”组合表示两面都是绝壁的山丘，既险又阻，难以逾越。

释义：“险”在《诗经》中使用1处，无迭用。

地势险恶。此种用法有1处：“终逾绝险”（《小雅·正月》）。

猃(獫、玁)　音【xiǎn】

古形【小篆 】

猃属犬科动物，猎犬的一种，古书上指长嘴狗，其最主要的特征是长着一张马脸，嘴长，双眼分居脸的两侧。从字形看，“猃”由“犭（犬）”和“佥”组成。“佥”有“两面、双边”的意思，同“犭”组合表示双眼长在脸两侧的长嘴犬。“玁”古同“猃”，字形中的“嚴”是“严”的繁体，有“厉害”的意思，同“犬”组合或表示这是一种非常厉害的猎犬。

释义：“猃”在《诗经》中使用11处，无迭用。

1.长嘴犬。此种用法有1处：“载猃歇骄”（《秦风·驷驖》）。

2.借作族名（玁狁又作猃狁，我国古代北方少数民族）。此种用法有10（雅10）处，如：“征伐玁狁”（《小雅·采芑》）。

县(縣)　音【xiàn、xuán】

古形【金 小篆 】

“县”是“悬”的本字，繁体写作“縣”，金文写作“ ”，像一物（有说人头）被用绳子悬挂在树上的样子。本义就是“悬挂”。

释义：“县”在《诗经》中使用4处，无迭用。

悬挂。此种用法有4（风3；颂1）处，如：“胡瞻尔庭有县貆兮”（《魏风·伐檀》）；“应田县鼓”（《周颂·有瞽》）（或可视为鼓名，一种悬挂起来的鼓）。

宪(憲)　音【xiàn】

古形【金 小篆 】

“宪”，繁体作“憲”。《说文·心部》：“憲，敏也。”从字形看，“憲”由

“⿱宀丰”“罒（横写的‘目’字）”和“心”组成。“⿱宀丰”是“害”字省写，有“害处、有害”义；“目”指眼睛，同“心”一样都有辨识功能，三部分组合或表示能让人辨害、识害且能够避害，即心知目明，使人敏锐的东西，唯法则是也。

释义：“宪”在《诗经》中使用4处，无迭用。

1. 法则。此种用法有2（雅2）处，如：“百辟为宪”（《小雅·桑扈》）。

2. 效法。由法则需遵守引申。此种用法有1处：“文武是宪”（《大雅·崧高》）。

3. 同“欣”，“宪宪”犹“欣欣”，喜悦。此种用法有1处，迭用：“无然宪宪”（《大雅·板》）。

晛 音【xiàn】

古形【小篆】

《说文·日部》：“晛，日见也。”从字形看，“晛”由“日”和“見（见）”组成。“日”指太阳、日光；“见”有看见义，“看见日光”就是“晛”。

释义：“晛”在《诗经》中使用2处，无迭用。

看见日光。此种用法有2（雅2）处，如：“见晛曰消”（《小雅·角弓》）（此或指太阳的热气）。

睍 音【xiàn】

古形【小篆】

《说文·目部》：“睍，出目也。”从字形看，“睍”由“目”和“見”组成。“目”指眼睛；“见”或是“现”字省写，有显现的意思，同“目”组合表示眼睛突出的样子。

释义：“睍”在《诗经》中使用1处，无迭用。

眼睛突出，“睍睆”表示（目）好看。此种用法有1处：“睍睆黄鸟”（《邶风·凯风》）（一说鸟鸣声）。

羡(羨) 音【xiàn】

古形【甲 金 小篆】

《说文·次部》：“羡，贪欲也。”从字形看，“羡”由“羊”和“次”组成。“次”是古“涎”字（也通‘羡’），甲骨文写作“ ”，像一个人馋极流口水状，同“羊”组合表示羊肉鲜美馋极想吃。有“羡”字下面少写一点作“次”，或为传抄之误。

释义：“羡”在《诗经》中使用2处，无迭用。

1. 羡慕、贪婪，想要得到。此种用法有1处：“无然歆羡”（《大雅·皇矣》）。

2. 余。或由贪多而有余引申。此种用法有1处：“四方有羡”（《小雅·十月之交》）。

献(獻) 音【xiàn】

古形【金 小篆】

“献”，繁体作“獻”。《说文·犬部》：“獻，宗庙犬名羹獻。犬肥者以獻之。”意思是说，宗庙祭祀时所用的狗称作羹獻，肥大的狗作为祭祀敬献的礼品。从字形看，“獻”由“鬳”和“犬”组成。“鬳”指古代的一种类似鬲的炊具；“犬”代表肥大的狗，同“鬳”组合表示用炊具烹煮狗作为祭祀时敬献的祭品。

释义：“献”在《诗经》中使用13处，无迭用。

1. 敬献、恭敬地奉上。此种用法有10（风3；雅3；颂4）处，如：“献羔祭韭”（《豳风·七月》）；“献之皇祖”（《小雅·信南山》）（《小雅·宾之初筵》）；“献其貔皮”（《大雅·韩奕》）；“在泮献馘”（《鲁颂·泮水》）。

2. 敬酒。由献有恭敬义引申。此种用法有3处：“献酬交错”（《小雅·楚茨》）；“酌言献之”（《小雅·瓠叶》）；“或献或酢”（《大雅·行苇》）。

僴 音【xiàn】

古形【小篆】

“僴”由“亻（人）”和“閒”组成。“閒”或是“間（间）”字异体，有间隙的意思，同“亻”组合或表示人的胸襟开阔。

释义：“僴”在《诗经》中使用2处，无迭用。

胸襟开阔。此种用法有2（风2）处，如：“瑟兮僴兮”（《卫风·淇奥》）。

霰 音【xiàn】

古形【金 小篆】

《说文·雨部》：“霰，稷雪也。”所谓“稷雪”，指像小米颗粒一般的雪，一般在下大雪之前出现。《段注》：“谓雪之始稷者，俗谓米雪，或谓粒雪，皆是也。”从字形看，“霰”由“雨”和“散”组成。“雨”或是“雪”字省写；“散”有分散的意思，同“雨（雪）”组合或表示大片的雪分散成小的颗粒落下。

释义：“霰”在《诗经》中使用1处，无迭用。

雪子、小冰颗粒。此种用法有1处：“先集维霰”（《小雅·頍弁》）。

乡(鄉) 音【xiāng】

古形【甲 金 小篆】

“乡”，繁体作“鄉”，甲骨文写作“”，像两个人坐在盛满食物的器皿前相向而食，或是“饗”之本字。意思是相聚而食。古人认为族人往往同族而居，聚族而食，故由此引申为“乡邑”。

释义：“乡”在《诗经》中使用4处，无迭用。

1. 乡邑、地方。或由同族而居，聚族而食引申。此种用法有3（风1；雅1；颂1）处：“沫之乡矣”（《鄘风·桑中》）；“于此中乡”（《小雅·采芑》）；“居国南乡”（《商颂·殷武》）。

2. 接近。或由同食之人相近引申。此种用法有1处：“夜乡晨”（《小雅·庭燎》）。

相 音【xiāng、xiàng】

古形【甲 金 小篆】

《说文·目部》：“相，省视也。从目从木。《易》曰：‘地可观者，莫可观于木。’”意思是说，“相”是省视的意思，由“目”“木”会意。《易经》上说：“地面上可观察的东西，没有什么比树木更可察看了。”

释义：“相”在《诗经》中使用30处，无迭用。

1.看、察看。此种用法有11（风3；雅8）处，如：“相鼠有皮”（《鄘风·相鼠》）；“相彼鸟矣”（《小雅·伐木》）；“相其阴阳”（《大雅·公刘》）。

2.互相。或由察看要相互对立引申。此种用法有12（风4；雅8）处，如：“逝不相好”（《邶风·日月》）；“无相犹矣”（《小雅·斯干》）；“胡不相畏”（《大雅·云汉》）。

3.质地、本质。或由察看的目的引申。此种用法有1处：“金玉其相”（《大雅·棫朴》）。

4.助、辅助。或由察看结果引申。此种用法有2（雅1；颂1）处：“有相之道”（《大雅·生民》）；“肃雍显相”（《周颂·清庙》）。

5.辅佐大臣、助祭之人。或由词性转换（动—名）引申。此种用法有3（雅1；颂2）处，如：“考慎其相”（《大雅·桑柔》）；“相予肆祀”（《周颂·雝》）

6.借作人名。此种用法有1处：“相土烈烈”（《商颂·长发》）（相土：人名，商始祖契之孙，商汤的十一世祖，相传为马车的发明者）。

湘 音【xiāng】

古形【金 小篆 】

“湘”，《康熙字典》引《诗·召南》“于以湘之”释曰：“亨也。”“烹煮”或是“湘”比较古老的解释。从字形看，“湘”由“氵（水）”和“相”组成。“水”表示烹煮食物要水；“相”有察看的意思，同“水”组合表示加水烹煮不能不闻不问，需要经常察看的一种烹饪方式。

释义：“湘”在《诗经》中使用1处，无迭用。

烹煮。此种用法有1处：“于以湘之”（《召南·采蘋》）。

箱 音【xiāng】

古形【金 小篆 】

《说文·竹部》：“箱，大车牝服也。”意思是说“箱”指的是覆盖在大车上的竹席铺盖。从字形看，“箱”由“竹”和“相”组成。“竹”指“竹席”；“相”是“厢”字省写，有“房子”的意思，同“竹”组合表示大车上用竹席覆盖的像房子的东西。

释义：“箱”在《诗经》中使用2处，无迭用。

同“厢”，车厢。此种用法有2（雅2）处，如：“乃求万斯箱”（《小雅·甫田》）（或可视为由竹席铺盖之物引申）。

香 音【xiāng】

古形【甲 金 小篆 】

“香”，甲骨文写作“ ”，上部“ ”像禾谷（一说黍，黄米），两旁的小点代表散发的气味；下面的“ ”像盛谷物的器皿（一说甘），同“ ”组合表示盛在器皿中的谷物散发出来的气味就是“香”。

释义：“香”在《诗经》中使用2处，无迭用。

香气、好闻的气味。此种用法有2（雅1；颂1）处：“其香始升”（《大雅·生民》）；“有飶其香”（《周颂·载芟》）。

襄 音【xiāng】

古形【金 小篆 】

“襄”一般认为甲骨文作“”。刘兴隆《新编甲骨文字典》在列举了“襄”字“”“”“”“”“”等甲骨文字形后云：“（其形）从从人（），或从口（）、从一（）、从二（、），构形不明。”也就是说，罗列的几种形体，其每一处笔画都表义，只是不知道表什么义。《说文·衣部》：“解衣耕谓之襄。”此处的“耕”，可以理解成耕作，也可以理解为农人劳作。从“”之字形看，其上部的“”很像一种木叉的农具，同下面的“人”形组合像农人将木叉高高扬起之状（《郑风·大叔于田》中“两服上襄”的“襄”字，就保留了“上扬”的意思），其从口、从一、从二之形都可视为木叉挑物扬起之状。这也是一种农活，是农人收获以后将秸秆捆扎用木叉挑起装车（装多了看哪里有空当再挤压着装一点，这就有了“助”、“成”等义）或晾晒谷物用木叉挑去谷物上杂物等劳作之状（此或是“襄”除去之义的由来）。“襄”还有一形作“”，在“”的两边加了几点，可以理解为农人劳作汗滴状（或也可视为挑扬时的滴漏物），故曰“解衣耕（做农活）”。

释义：“襄”在《诗经》中使用5处，无迭用。

1.（马头）上扬、昂起。由举叉上扬引申。此种用法有1处：“两服上襄”（《郑风·大叔于田》）。

2.除去。由扬叉除去杂物引申。此种用法有2（风1；雅1）处：“不可襄也”（《鄘风·墙有茨》）；“玁狁于襄”（《小雅·出车》）。

3.移动位置。有扬叉使物体位移引申。此种用法有2（雅2）处，如：“终日七襄”（《小雅·大东》）。

详(詳) 音【xiáng】

古形【金 小篆 】

“详”由“讠（言）”和“羊”组成。安子介先生在《解开汉字之谜》中说：“话（言）似‘羊’毛那么细致”就是“详”，本义表示“细说”。

释义：“详”在《诗经》中使用2处，无迭用。

细说。此种用法有2（风2）处，如：“不可详也”（《鄘风·墙有茨》）。

祥 音【xiáng】

古形【金 小篆 】

“羊”是“祥”的初文。羊是一种反刍类哺乳，其肉鲜美，是古代先民生活、祭祀用的珍品，无疑是吉祥的牲畜。《说文·羊部》：“羊，祥也。”羊代表吉祥，或是人们自远古就沿袭下来的观念。或因“羊”专表动物，后人们加“示（神灵）”成“祥”以增加“祥”的神秘之氛围。

释义："祥"在《诗经》中使用5处，无迭用。

1. 吉祥、吉利。此种用法有2（雅2）处，如："文定厥祥"（《大雅·大明》）。

2. 吉兆、好的预兆。由词性转换（形—名）引申。此种用法有3（雅2；颂1）处，如："女子之祥"（《小雅·斯干》）；"长发其祥"（《商颂·长发》）。

翔 音【xiáng】

古形【金 小篆 】

《说文·羽部》："翔，回飞也。"从字形看，"翔"由"羊"和"羽"组成。"羽"指鸟的双翅；"羊"指长有双角的羊，同"羽"组合或表示鸟张开双翅呈羊角状盘旋飞翔。

释义："翔"在《诗经》中使用6处，无迭用。

自由自在（远）行。由鸟儿在天空自由自在飞翔引申。此种用法有6（风6）处，如："河上乎翱翔"（《郑风·清人》）。

享(亯) 音【xiǎng】

古形【甲 金 小篆 】

"享"又作"亯"，甲骨文写作" "，（小篆作" "）像高大台基上筑起的殿堂之形，或表示祭祖的宗庙（一说字形上部的" "像建在台上的大殿；下部的"口（日）"像祭器或祭器内盛着祭品）。《说文·亯部》："亯，献也。"祭祀敬献熟食（之地），是"亯"之字形意义。1955年国家颁布的《第一批异体字整理表》废"亯"作"享"，由"亠口"（省写的'高'，表示祭祀殿堂）"和"子"组成，可理解为后世子孙献祭祖辈。

释义："享"在《诗经》中使用12处，无迭用。

1. 祭祀、献祭。此种用法有11（雅5；颂6）处，如："享于祖考"（《小雅·信南山》）；"以享以祀"（《小雅·大田》）；"以享以祀"（《大雅·旱麓》）；"我将我享"（《周颂·我将》）。

2. 进贡。由特指向神献祭品到泛指敬献物品引申。此种用法有1处："莫敢不来享"（《商颂·殷武》）。

飨(饗) 音【xiǎng】

古形【金 小篆 】

"飨"的初文是"乡"，繁体作"鄉（或'鄉'）"，甲骨文写作" "，像二人面对盛满美食的器皿相向而食之状，其本义就指以酒食款待乡邻。"鄉"作乡邑解以后，人们在其下面加了个"食"写作"饗"，以表用酒食款待人之义，随着"鄉"简化作"乡"，"饗"也写成了"飨"。

释义："飨"在《诗经》中使用6处，无迭用。

1. 以酒食款待人。此种用法有1处："朋酒斯饗"（《豳风·七月》）。

2. 以饮食祭神。由用酒食款待人引申。此种用法有1处："一朝饗之"（《小雅·彤弓》）。

3. 享用（祭品）。由祭品供神灵享用

引申。此种用法有4（雅1；颂3）处，如："神保是飨"（《小雅·楚茨》）；"既右飨之"（《周颂·我将》）。

饟(饷)　音【xiǎng】

古形【小篆】

"饟"一般多认为指现在的"饷"字。《说文·食部》云："周人谓饷曰饟。"《段注》："《周颂》曰：'其饟伊黍'，正周人语也。"且"饟"在《诗经》中仅用此一处，从而证实了"饟"为周人语。"饷"有"给在田间里劳动的人送饭"之义。"饟"有此义，或由《尔雅·释诂》："馌饟，馈也"而来。其实，"馌饟"之"馌"就有"给在田里耕作的人送饭"义。从字形看，"饟"由"食"和"襄"组成。"食"指饭食；"襄"，金文写作""，像田间耕作之人脱衣之状，可指代田间耕作人，同"食"组合表示田人之饭食，名词。如一定说其同"饷"，也应该是名词动用之引申。

释义："饟"在《诗经》中使用1处，无迭用。

耕田人的饭食。此种用法有1处："其饟伊黍"（《周颂·良耜》）。

向　音【xiàng】

古形【甲　金　小篆】

"向"，甲骨文写作""，""像房屋；""像房屋上的窗户。《说文·宀部》："向，北出牖也。""牖"即窗户。朝北开出的窗户就是"向"。古人建房，讲求坐北朝南，徐灏《段注笺》："古者前（南）堂后（北）室。室之前为牖，后为向，故曰北出牖。"

释义："向"在《诗经》中使用3处，无迭用。

1. 朝北的窗户。此种用法有1处："塞向墐户"（《豳风·七月》）。

2. 借作地名。此种用法有2（雅2）处，如："作都于向"（《小雅·十月之交》）（向，古邑名，在今河南省尉氏县）。

项(項)　音【xiàng】

古形【甲　金　小篆】

《说文·页部》："项，头后也。"清桂馥《说文解字义证》："头当为颈。"从字形看，"项"，甲骨文写作""像一个"人（人侧立）"且在人形靠近脖颈后部有一个""形的指事符号，表示"项"指的就是人脖颈后面的那部分。""写作"项"，由"页"和"工"组成。"页"，甲骨文作""，像人突出头部状，本义指头即颈部，表示颈部；"工"是""的变体，同"页"组合即表示脖子后部。

释义："项"在《诗经》中使用1处，无迭用。

肥大。或由脖子后部较前面多肉引申。此种用法有1处："四牡项领"（《小雅·节南山》）。

巷　音【xiàng】

古形【金　小篆】

"巷"，金文写作""，由"

(共)”和“ (邑)”组成。“共”有“公共”的意思，表示共享的通道；“邑”指城邑，同“共”组合表示城邑中共享的通道。“巷”，后来的“邑”字作“巳”，“巳”像胎包中小儿之形，这就更加突出了“巷”的特点：狭小的通道。

释义：“巷”在《诗经》中使用5处，无迭用。

城邑的巷道。此种用法有5（风4；雅1）处，如：“巷无居人”（《郑风·叔于田》）；“诞寘之隘巷”（《大雅·生民》）。

象　音【xiàng】

古形【甲 金 小篆 】

象是陆地上最大的哺乳动物。喜居丛林及草原，是坚定的素食者。象寿命较长，最长可达八十年。世界上现存有非洲象、非洲森林象和亚洲象三个种类。“象”甲骨文写作“ ”，像大象之形。《说文·象部》：“象，长鼻牙，南越大兽，三年一乳，象耳牙四足之形。”意思是说，象长有长鼻长牙，是生长在南越一带的大野兽，每三年产子一次。字形像其耳朵、牙齿和四肢的样子。

释义：“象”在《诗经》中使用5处，无迭用。

1. 大象。此种用法有1处：“元龟象齿”（《鲁颂·泮水》）。

2. 象牙。由整体到局部引申。此种用法有3（风2；雅1）处，如：“象之揥也”（《鄘风·君子偕老》）；“象弭鱼服”（《小雅·采薇》）。

3. 借为“襐”，镶。此种用法有1处：“象服是宜”（《鄘风·君子偕老》）。

枭　音【xiāo】

古形【金 小篆 】

《说文·木部》：“枭，不孝鸟也。日至捕鸟磔之。从鸟头在木上。”《段注》引如淳说：“汉使东郡送枭，五月五日作枭羹，以赐百官，以其恶鸟，故食之也。”王筠《说文释例》：“磔之（枭）而悬头于木上。”枭指一种相传长大后食母的恶鸟，故称之为不孝鸟。每到夏至之日，人们捕捉枭鸟，肢解其肢体作鸟羹以食之，并将其头悬于树上示众。从字形看，“枭”由“鸟”和“木”组成。“鸟”指枭；“木”指树，同鸟组合表示磔（肢解）枭作羹而悬其头于树上。

释义：“枭”在《诗经》中使用1处，无迭用。

一种恶鸟。此种用法有1处：“为枭为鸱”（《大雅·瞻卬》）。

鸮(鴞)　音【xiāo】

古形【小篆 】

“鸮”由“号”和“鸟”组成。“鸟”指鸟名；“号”有“号叫”义，传说此鸟常因巢覆子（卵）亡而痛苦鸣叫，“号”同“鸟”组合或指因子亡而发出痛苦号叫的鸟。

释义：“鸮”在《诗经》中使用4处，无迭用。

鸟名。此种用法有4（风3；颂1）处，如：“有鸮萃止”（《陈风·墓门》）；“翩彼飞鸮”（《鲁颂·泮水》）。

逍　音【xiāo】

古形【金 小篆 】

“逍”由“辶”和“肖”组成。“辶”同行走有关；“肖”有“小”义，同“辶”组合表示渐行渐远，身影渐渐变小。一说“肖”是“霄”字省写，作“云”解，同“辶”组合增加了一点如云自由自在的状态。此说或与“逍（遥）”之义比较接近。

释义：“逍”在《诗经》中使用3处，无迭用。

（自由自在地）渐行渐远。此种用法有3（风3）处，如：“河上乎逍遥”（《郑风·清人》）。

消　音【xiāo】

古形【金 小篆 】

《说文·水部》：“消，尽也。”从字形看，“消”由“氵（水）”和“肖”组成。“肖”有“小”义，同“水”组合或表示细小的物体更容易被水流带走冲尽。一说“消”表示冰雪融化，或因冰雪遇水则变小（肖）而逐渐消亡殆尽。此说存疑。

释义：“消”在《诗经》中使用2处，无迭用。

1.尽、消失。此种用法有1处：“见晛曰消”（《小雅·角弓》）。

2.借作地名。此种用法有1处：“清人在消”（《郑风·清人》）（消，郑国地名，在黄河边上）。

宵　音【xiāo】

古形【金 小篆 】

《说文·宀部》：“宵，夜也。”从字形看，“宵”，金文写作“ ”，由“ ”“ ”和“ ”组成。“ ”像房屋；“ ”或像夜晚才有的萤火虫点点星光；“ ”表示入夜后月光下屋外的景象，三部分组合即用屋外的夜晚景象表示夜晚。

释义：“宵”在《诗经》中使用4处，无迭用。

夜晚。此种用法有4（风4）处，如：“肃肃宵征”（《召南·小星》）。

削　音【xiāo、xuē】

古形【金 小篆 】

“削”指用刀割除物体不需要的部分。从字形看，“削”由“肖”和“刂（刀）”组成。“刀”指刀具；“肖”有“小”的意思，同“刀”组合表示用刀使物体变小的一种割除方式。《说文·刀部》：“削，鞞也。一曰析也。”所谓“鞞”，古指刀剑柄上的装饰或刀剑鞘。据考，古人用刀，可追溯到石器时代，刀的使用远比装饰或鞘要早。随着刀的产生，削这种割除方式也应该同步产生，故“削”作“鞞”解或是借用，而“析”当是“削”之初始意义。

释义：“削”在《诗经》中使用2处，无迭用。

1.一种割除方式。此种用法有1处：“削屡冯冯”（《大雅·绵》）。

2.消除。由特指到泛指引申。此种用

法有1处："乱况斯削"（《大雅·桑柔》）。

萧(蕭)　音【xiāo】

古形【金　小篆　】

《说文·艸部》："萧，艾蒿也。"《段注》引陆玑云："今人所谓荻蒿也。或云牛尾蒿。许慎以为艾蒿，非也。"牛尾蒿属半灌木状草本植物。此蒿丛生，直立或斜向上，高80—120厘米，分支多且开展，枝长15—35厘米或更长，常呈屈曲延伸之状。从字形看，"萧"由"艹（草）"和"肃"组成。"肃"有"恭敬"义，曲身待人可表恭敬，同"艹"组合即表示这种屈曲之草。

释义："萧"在《诗经》中使用9处10次，1处迭用。

1. 一种蒿子。此种用法有8（风2；雅6）处，如："彼采萧兮"（《王风·采葛》）；"采萧获菽"（《小雅·小明》）；"取萧祭脂"（《大雅·生民》）。

2. 借作象声词，马鸣声。此种用法有1处，迭用："萧萧马鸣"（《小雅·车攻》）。

箫(簫)　音【xiāo】

古形【金　小篆　】

"箫"是一种竹制的管乐器，古指排箫，是用长短不等的许多细竹管排列在一起制成，大的有23管，小的有16管。后世用一根竹管，竖着吹，叫洞箫。"箫"字由"竹"和"肃"组成。"竹"表示箫是用竹制成的；"肃"有恭敬之义，表示常用于宫廷雅乐，要恭敬吹奏，同"竹"组合表示常用于宫廷吹奏的竹管乐器。

释义："箫"在《诗经》中使用1处，无迭用。

排箫。此种用法有1处："箫管备举"（《周颂·有瞽》）。

潇(瀟)　音【xiāo】

古形【金　小篆　】

"潇"由"氵（水）"和"萧"组成。《段注》引陆玑说："（萧）今人所谓荻蒿也，或云牛尾蒿。"此蒿丛生，直立或斜向上，高80—120厘米，分支多且开展，枝长15—35厘米或更长，常呈屈曲延伸，就其长势同"水"组合或有水流自然大方、不受拘束之义。《水经注》云"潇者，水清深也"或为"潇"之引申义。

释义："潇"在《诗经》中使用1处2次，迭用。

水流潇洒，迭用表示水流急骤。此种用法有1处，迭用："风雨潇潇"（《郑风·风雨》）。

蟏(蠨)　音【xiāo】

古形【小篆　】

蟏是蜘蛛的一种，身体细长，暗黑色，脚很长，多在室内墙角间结网，通称喜蛛或蟢子，民间认为是喜庆的预兆。从字形看，"蟏"又作"蠨"，由"虫"和"肃"组成。"虫"指蜘蛛是一种昆虫类动物；"肃"有"恭敬"的意思，同

“虫”组合或表示这是一种值得恭敬对待的小虫，因为它可以给人们带来喜庆。

释义：“蟏”在《诗经》中使用1处，无迭用。

虫名。此种用法有1处：“蟏蛸在户”（《豳风·东山》）。

哓(嘵)　音【xiāo】

古形【金 小篆 】

《说文·口部》：“哓，惧也。”从字形看，“哓”由“口”和“尧”组成。“尧”有“高”义，同“口”组合或表示因恐惧而由口中发出的高叫之声。“恐惧”或是“哓”的引申义。

释义：“哓”在《诗经》中使用1处2次，迭用。

因恐惧而发出的叫声。此种用法有1处，迭用：“予维音哓哓”（《豳风·鸱鸮》）。

嚣(囂)　音【xiāo】

古形【金 小篆 】

《山海经·北山经》：“又三百五十里，曰梁渠之山……有鸟焉，其状如夸父（一种长得像猕猴的野兽），四翼、一目、犬尾，名曰嚣。”从这段文字可知，“嚣”是一种鸟兽。从字形看，“嚣”，金文写作“ ”，中间的“ ”像鸟兽身，特别强调的一目和兽尾；旁边的四个“ ”字表示四翼（飞行器官），组合在一起表示一种有翼（会飞）的兽。后或将表示四翼的“ ”误读为说话之“口”，表示身体“ ”的部分视为“页（头）”，用人头四口说话强调声音嘈杂且一直沿用至今。

释义：“嚣”在《诗经》中使用3处6次，3处迭用。

声音嘈杂、喧闹。或由误读字形释义（或借形释义）。此种用法有3（雅3）处6次，均迭用，如：“选徒嚣嚣”（《小雅·车攻》）；“听我嚣嚣”（《大雅·板》）。

虓　音【xiāo】

古形【小篆 】

《说文·虎部》：“虓，虎鸣也。”从字形看，“虓”由“九”和“虎”组成。“九”为单数之最，泛指数量大，在此或表示声量大；“虎”指“虎叫”，同“九”组合表示虎声量大，即猛虎怒吼之状。《康熙字典》引《韵会》云：“（虓）亦作唬。”《说文·口部》：“唬，嗁也。一曰虎声。”“唬”字形本义或指猛虎发怒之声，后或因有“虓”之故，现多指禽兽啼叫声。

释义：“虓”在《诗经》中使用1处，无迭用。

猛虎怒吼。此种用法有1处：“阚如虓虎”（《大雅·常武》）。

翛　音【xiāo】

古形【小篆 】

“翛”由“攸”和“羽”组成。“攸”，从字形看，甲骨文写作“ ”，左边像个人，右边像手持器械之状，合在一起有说像敲击之形，本义为“击打”；

金文写作“𢼄”，中间加了“⺀（像‘氵’）”，“攸”中的一竖或就是“氵”的变体，故《说文》认为本义为流水；“羽”指鸟儿的双翅（羽毛），同“攸”组合表示双翅可任意拍击或如行云流水。所以“翛”字本义就表示自由自在、无拘无束的样子。

释义：“翛”在《诗经》中使用1处2次，迭用。

自由自在、无拘无束的样子。此种用法有1处，迭用：“予尾翛翛”（《豳风·鸱鸮》）（迭用或表示无拘无束过度而使羽毛凋敝的样子）。

烋 音【xiāo】

古形【缺】

“烋”一般视为“炰”字异体字（参见‘炰’条）。从字形看，“烋”由“休”和“灬（火）”组成。“休”有止息义，或表示静态（鱼、肉之类）的食物，同“灬”组合表示将这些食物放在火上烹煮或烧烤。

释义：“烋”在《诗经》中使用1处，无迭用。

同“哮”，“炰烋”即咆哮。此种用法有1处：“女炰烋于中国”（《大雅·荡》）。

小 音【xiǎo】

古形【甲 小 金 小 小篆 小】

“小”，甲骨文写作“小”，像一些细微的小沙粒之形，以此来表示物体的状态小。《说文·小部》：“小，物之微也。从八，丨见而分之。”小物（丨）见而再分解（八）之，谓“微小”。由“丨”“八”会意之说，或因小篆“小（小）”字形之故。甲、金文实可视为象形。

释义：“小”在《诗经》中使用38处，无迭用。

1. 事物状态微小，跟“大”相对。此种用法有12（风3；雅6；颂3）处，如：“小戎俴收”（《秦风·小戎》）；“发彼小豝”（《小雅·吉日》）；“小心翼翼”（《大雅·大明》）；“受小共大共”（《商颂·长发》）。

2. 地位、年纪低；时间短；品质卑微。由状态微小引申。此种用法有25（风1；雅19；颂5）处，如：“愠于群小”（《邶风·柏舟》）；“小人所腓”（《小雅·采薇》）；“小子有造”（《大雅·思齐》）；“无小无大”（《鲁颂·泮水》）。

3. 借作地名。此种用法有1处：“小东大东”（《小雅·大东》）。

孝 音【xiào】

古形【金 孝 小篆 孝】

“孝”由“耂”和“子”组成。“耂”是“老”字省写，指老人；“子”指孩子，同“耂”组合像孩子搀扶老人之状。《说文·老部》：“孝，善事父母者。”善于侍奉父母（也指善事已故先人）或善事父母（及先人）的人就是“孝”。

释义：“孝”在《诗经》中使用18处，无迭用。

孝顺、孝顺的人。此种用法有18（雅13；颂6）处，如：“是用孝享”（《小雅·天保》）；“永言孝思”（《大

雅·下武》）；“绥予孝子”（《周颂·雝》）

笑 音【xiào】

古形【金 小篆 】

《说文·竹部》：“笑，喜也。”五代学者徐铉引唐·李阳冰说：“（笑）从竹从夭，义云竹得风其体夭屈如人之笑。”说的是竹被风吹后夭屈之状就像人笑弯了腰的样子。其实从字形看，“笑”，小篆写作“ ”，上部的“ ”或非“竹”，像人眉开眼笑之形；下部的“夭”则像侧首弯腰之状。

释义：“笑”在《诗经》中使用12处，无迭用。

1. 笑、喜形于色。此种用法有9（风5；雅3；颂1）处，如：“顾我则笑”（《邶风·终风》）；“爰笑爰语”（《小雅·斯干》）；“载色载笑”（《鲁颂·泮水》）。

2. 开玩笑。由玩笑可以使人喜引申。此种用法有2（风1；雅1）处：“谑浪笑敖”（《邶风·终风》）；“勿以为笑”（《大雅·板》）。

3. 讥笑。由讥笑也形于色引申。此种用法有1处：“咥其笑矣”（《卫风·氓》）。

效(傚) 音【xiào】

古形【甲 金 小篆 】

《说文·攴部》：“效，象也。”《段注》：“象当作像，像，似也。”从字形看，“效”，甲骨文写作“ ”，由“ （交）”和“ （攴）”组成。古云“站有站相，坐有坐相”，中国礼仪中站相要求站立时双脚可分开与肩同宽，双手在后腰处交叉搭放；坐相要求双腿交叉，然后双叠而坐。“ （交）”像人站立之状，下面笔画交叉或指站姿双手交叉抑或指坐姿要求的双腿交叉；其右边的“ （攴）”字像人手持教鞭，指指点点告诉大家：站姿、坐姿都要仿照（似）这样。

释义：“效”在《诗经》中使用3处，无迭用。

模仿、仿效。此种用法有3（雅3）处，如：“民胥效矣”（《小雅·角弓》）。

啸(歗) 音【xiào】

古形【金 小篆 】

“歗”是“啸”的异体，由“肅（肃）”和“欠”组成。“肃”有严肃、庄重的意思；“欠”或是“歎（叹）”字省写，有咏叹的意思，同“肃”组合或表示古代宫中以咏叹的声调高声宣召或宣诏。《说文·口部》：“啸，吹声也。”此处的“啸”从口，释为“吹声”，即指撮口出声，俗称吹口哨，或由“歗”义引申而来。因宫中宣召或宣诏，多由太监代为，其嗓音特点尖细，“吹声”表示的也是一种由口发出的尖细的乐音。

释义：“啸”在《诗经》中使用4处，无迭用。

由口发出的尖细的乐音（咏叹之声）。或由声似宣诏之声引申。此种用法有4（风3；雅1）处，如：“其啸也歌”

（《召南·江有汜》）；“啸歌伤怀”（《小雅·白华》）。

歇　音【xiē】

古形【金小篆】

《尔雅·释诂》：“歇，竭也。”从字形看，“歇”由“曷”和“欠”组成。“曷”或是“竭”字省写，有用力到极限（尽）的意思；“欠”，小篆写作“⺈”，像人打哈欠，口出气之状，同“曷（竭）”组合表示气力使尽需要喘息一下，故《说文·欠部》云：“歇，息也。”

释义：“歇”在《诗经》中使用1处，无迭用。

借作动物名。此种用法有1处：“载猃歇骄”（《秦风·驷驖》）（歇骄：一种短嘴的猎狗）。

邪(琊)　音【xié、yá】

古形【金小篆】

“邪”又作“琊”，常和“琅”组成“琅琊”一词，最早或指现青岛琅琊山，此山或像犬齿抑或所处之地因半岛之形似犬齿状而得名。后秦始皇统一六国，在此设郡，名曰琅琊郡。据《史记》记载，秦始皇二十八年东巡至此，中国第一块为其颂德刻石，就立于琅琊郡。（中国还有两处称之为“琅琊”的也很有名：一是江苏的琅琊郡，是东晋晋元帝所设的侨郡，主要是为了安置从北方来的侨民，以解他们的思乡之痛；二是安徽滁州的琅琊山，据《太平寰宇记》载：“因东晋元帝为琅琊王，避地此山”，故名之“琅琊山”。后因宋代欧阳修作名篇《醉翁亭记》，便使此山名声大噪，且一直延续至今。然此琅琊非彼琅琊也。）“琊”后来简作“邪”，由“牙”和“阝（邑）”组成。“牙”指犬齿（牙），同“邑”组合表示如犬齿之地的城邑。或因琅琊东面的海中是木星每天黄昏时升起的地方，因木星代表征伐之星，故“邪”又有“邪恶”之义。

释义：“邪”在《诗经》中使用5处，无迭用。

1. 邪恶。或因木星升起之故表示征伐引申。此种用法有1处：“思无邪”（《鲁颂·駉》）。

2. 或同“斜”。此种用法有1处：“邪幅在下”（《小雅·采菽》）。

3. 通“徐”，缓慢。此种用法有3（风3）处，如：“其虚其邪”（《邶风·北风》）。

胁(脅)　音【xié】

古形【金小篆】

“胁”繁体作“脅”。《说文·肉部》：“脅，膀也。”所谓“膀”，指人的两腋下至腰上的部分，是人体裹胁力量最大的部位。从字形看，“脅”由“劦”和“月（肉）”组成。“劦”由三个“力”组成，表示力量很大；“月（肉）”表示“膀”是肉体的一部分，同“劦”组合表示人裹胁是力量最大的部位。“脅”作“胁”，其中的“办”或可理解为人体裹胁力量最大（力）的两个（两点）部位。

释义：“胁”在《诗经》中使用1处，无迭用。

借作车胁。此种用法有1处：“游环胁驱”（《秦风·小戎》）（胁驱：古代驾车的用具，用一根皮条两端系在车衡和轸上，以防止骖马入内，位当在服马两胁之外）。

挟(挾)　音【xié】

古形【金 小篆 】

《说文·手部》：“挟，俾持也。”“俾”古指门役，即守门人。“俾持”意思是说守门人扶持人。张舜徽《说文解字约注》：“挟训俾持，亦谓有人扶持之意。凡扶持人者，多承伏于其腋下，故凡物之在左右掖者，皆谓之挟。”从字形看，“挟”由“扌（手）”和“夹”组成。“扌（手）”指手臂；凡扶持人，多以手抄之其腋下，用自己的臂膀向胁使力，此谓“夹”，同“扌（手）”组合表示扶持。后多指“凡物之在左右掖者”。

释义：“挟”在《诗经》中使用3处，无迭用。

1. 持、扶持。此种用法有1处：“既挟我矢”（《小雅·吉日》）。

2. 拥有。或由持物于自身引申。此种用法有2（雅2）处，如：“使不挟四方”（《大雅·大明》）。

偕　音【xié】

古形【金 小篆 】

“偕”由“人”和“皆”组成。“皆”，金文作“ ”，字形上像两个人以同一姿势相随在一起，下为“白”，合起来或表示两人共合一口，言语一致，同“人”组合或表示人和人全都做同样的事。“一同、一致、齐”或是“偕”之本义。《说文·人部》：“偕，强也。”应是“偕”之引申义，取共同举力必强之义。

释义：“偕”在《诗经》中使用12处13次，1处迭用。

1. 一同、一致、齐。此种用法有10（风7；雅3）处，如：“与子偕老”（《邶风·击鼓》）；“饮酒孔偕”（《小雅·宾之初筵》）。

2. 强、勤勉努力。或由共同举力引申。此种用法有2（风1；雅1）处3次，1处迭用：“夙夜必偕”（《魏风·陟岵》）；“偕偕士子”（《小雅·北山》）（迭用表示强壮貌）。

携(攜)　音【xié】

古形【金 小篆 】

《说文·手部》：“携，提也。”从字形看，“携”由“扌（手）”和“隽”组成。“隽”字形上为“隹（泛指鸟）”，下为“乃（为弯弓之像）”，合在一起有射中鸟之义，同“扌”组合或表示射中禽鸟以手提之。

释义：“携”在《诗经》中使用6处，无迭用。

1. 提着。此种用法有2（雅2）处，如：“如取如携”（《大雅·板》）。

2. 牵着、挽着。或由向上提物为横向牵引引申。此种用法有4（风3；雅1）处，如：“携手同行”（《邶风·北风》）；“匪手携之”（《大雅·抑》）。

襭 音【xié】

古形【小篆】

《说文·衣部》："襭。以衣衽扱（收取）物谓之襭。"从字形看，"襭"由"衣"和"颉"组成。"衣"指衣襟；"颉"有鸟上飞之义，同"衣"组合表示把衣襟向上插在腰带上兜东西。

释义："襭"在《诗经》中使用1处，无迭用。

把衣襟插在腰带上兜东西。此种用法有1处："薄言襭之"（《周南·芣苡》）。

写(寫) 音【xiě】

古形【金小篆】

"写"，繁体或作"寫"。《说文·宀部》："寫，置物也。"徐灏《段注笺》："古谓置物于屋下曰寫，故从宀，盖从他处传置于此室也。"从字形看，"寫"由"宀"和"舄"组成。"宀"之房屋；"舄"有履即鞋义，同"宀"组合或表示物体像穿上鞋一样由此及彼移动至屋下。

释义："写"在《诗经》中使用6处，无迭用。

1. 同"泻"，宣泄。此种用法有2（风2）处，如："以写我忧"（《邶风·泉水》）。

2. 或同"喜"，喜悦。此种用法有4（雅4）处，如："我心写兮"（《小雅·蓼萧》）。

血 音【xiě、xuè】

古形【甲金小篆】

"血"，甲骨文写作""，小篆作""，字形变化不大，都像器皿中盛有物的样子。《说文·血部》："祭所薦牲血也。从皿，一像血形。"意思是说，血指的是祭祀时献给神灵的牲畜的血，字形""的外围像器皿，中间表示所盛之物的"一"像血形。血后来通指人或动物体内生成的多为红色的液体。

释义："血"在《诗经》中使用2处，无迭用。

血、血液。此种用法有2（雅2）处，如："取其血膋"（《小雅·信南山》）。

泄 音【xiè】

古形【金小篆】

据北魏郦道元《水经注》载："五泄者，五瀑布也，土人谓瀑曰泄。"从字形看，"泄"由"氵（水）"和"世"组成。"氵（水）"指水流；"世"通"太"，有大的意思，同"水"组合或表示大的水流从高处急速而下。

释义："泄"在《诗经》中使用4处7次，3处迭用。

1. 迭用表示众多的样子。或由水流大引申。此种用法有2（风1；雅1）处4次，均迭用："桑者泄泄兮"（《魏风·十亩之间》）（指人多）；"无然泄泄"（《大雅·板》）（指言多）。

2. 迭用表示急速的样子。或由水流急速引申。此种用法有1处，迭用："泄泄其羽”（《邶风·雄雉》）（言鸟鼓羽翼）。

3.同“渫”，除去。此种用法有1处：“俾民忧泄”（《大雅·民劳》）。

绁(紲) 音【xiè】

古形【金 小篆 】

《说文·糸部》：“绁，系也。”所谓“系”，可以理解成绳索，一般指拴牲口的绳索。从字形看，“绁”由“糸”和“世”组成。“糸”指绳；“世”通“太”，有大的意思，同“糸”组合或表示粗大的绳索。

释义：“绁”在《诗经》中使用1处，无迭用。

借为“亵”，贴身内衣。此种用法有1处：“是绁袢也”（《鄘风·君子偕老》）。

屑 音【xiè】

古形【金 小篆 】

“屑”由“尸”和“肖”组成。“尸”，甲骨文写作“ ”，像人体卧之形；“肖”有细小义，同“尸”组合或表示人体排出的如头屑等细小物。《说文》无“屑”有“屑”，解释为“动作切切也”，或言动作烦躁不安，同“屑”应该是两个字。

释义：“屑”在《诗经》中使用2处，无迭用。

顾惜、值得。或由细小之物也值得珍惜引申。此种用法有2（风2）处，如：“不我屑以”（《邶风·谷风》）。

谢 音【xiè】

古形【金 小篆 】

《说文·言部》：“谢，辞、去也。”“谢”古代主要用于“推辞、离开”，现在多用于一种对别人的帮助或赠与表示感激的礼节。从字形看，“谢”由“言”“身”和“寸（手）”组成，合在一起表示拱手（又）、躬身（身）并辅以说话（言）来完成的礼节。

释义：“谢”在《诗经》中使用5处，无迭用。

借作邑名。此种用法有5处，如：“肃肃谢功”（《小雅·黍苗》）；“既入于谢”（《大雅·崧高》）（谢，邑名，在今河南沘源县南）。

暬(亵) 音【xiè】

古形【小篆 】

《说文·日部》：“暬，日狎习相嫚也。”从字形看，“暬”由“埶（执）”和“日”组成。“执”有“捉、拿”等意思，表示动手动脚；“日”指每日，同“执”组合或表示习惯于天天动手动脚做一些轻浮的动作。

释义：“暬”在《诗经》中使用1处，无迭用。

近、贴近。由轻浮动作要靠近人身引申。此种用法有1处：“曾我暬御”（《小雅·雨无正》）。

獬 音【xiè】

古形【金 小篆 】

“邂”由“辶”和“解”组成。“解”有“分开”的意思，同“辶”组合有行走路上相遇很快又要分开的意思。“邂”常同“逅”连用，邂逅的意思就是没有约定，偶然相遇，让人有遇见尊人如君的感觉（逅），但不久又会分离。

释义：“邂”在《诗经》中使用4处，无迭用。

同“逅”连用，邂逅：不期而遇。此种用法有4（风4）处，如：“邂逅相遇”（《郑风·野有蔓草》）。

燮 音【xiè】

古形【甲 金 小篆 】

《说文·又部》：“燮，和也。从言，从又炎。”从字形看，“燮”由“炎”“又”和“言”组成。“炎”指火；“又”指手；“言”指言语。安子介先生《解开汉字之谜》：“（‘燮’表示）热烈的言语（炎、言组合）和温暖的握手（炎、又组合）。”由此可表和谐、调和之义。又徐灏《段注笺》：“（爕同燮），盖燮有烹饪熟物之称。”烹饪熟物，需不时翻动调和。“爕”写作“燮”，其上中作“言”，或指用语言调和，此训或更接近字理。

释义：“燮”在《诗经》中使用1处，无迭用。

协同。或由调和而协同引申。此种用法有1处：“燮伐大商”（《大雅·大明》）（一说同“袭”）。

心 音【xīn】

古形【甲 金 小篆 】

《说文·心部》：“心，人心，土藏，在身之中。象形。”意思是说，心指人的心脏（其实高等动物也有心），在人身体的中部位置，因五行土位于中，故心属土，字像心形。从字形看，“心”，甲骨文写作“ ”，像一颗心脏的简单图形。古人认为人心是思想的器官，常常可以通过语言表达思想和感情，这是一般动物所不具备的，故许慎谓心为人心。

释义：“心”在《诗经》中使用167处，无迭用。

1. 内心、心思、心情。由人心可以通过语言表达思想感情引申。此种用法有165（风74；雅89；颂2）处，如：“忧心忡忡”（《召南·草虫》）；“以燕乐嘉宾之心”（《小雅·鹿鸣》）；“民有肃心”（《大雅·桑柔》）；“克广德心”（《鲁颂·泮水》）

2. 借为“杺”，一种丛木。此种用法有2（风2）处，如：“吹彼棘心”（《邶风·凯风》）。

辛 音【xīn】

古形【甲 金 小篆 】

“辛”，甲骨文写作“ ”，一般认为是古代一种治罪的刑刀之形。郭沫若先生《甲骨文字研究》：“（辛）当系古之剞劂（曲刀）。”高亨先生《文字形义学概论》：“（辛）古代一种刑具，两边有刃可以割，尖端锋锐可以刺，有柄，割人之鼻，刺人之面额皆用之。”

释义：“辛”在《诗经》中使用2处，无迭用。

1.（毒虫）刺人。由刑刀可以刺人面额引申。此种用法有1处：“自求辛螫”（《周颂·小毖》）。

2.借作天干第八位名称。此种用法有1处：“朔月辛卯”（《小雅·十月之交》）。

欣　音【xīn】

古形【金　小篆　】

《说文·欠部》：“欣，笑喜也。”从字形看，“欣”由“斤”和“欠”组成。“斤”本义斧，转指凿破；“欠”或是“歆”字省写，有欣赏音乐之义，同“斤”组合或表示凿破即深度理解音乐之内涵而欣笑喜悦。

释义：“欣”在《诗经》中使用1处2次，迭用。

（酒香气）飘散。或由因欣喜而飘飘然引申。此种用法有1处，迭用：“旨酒欣欣”（《大雅·凫鹥》）。

新　音【xīn】

古形【甲　金　小篆　】

“新”，甲骨文写作“　”，左边的“　”像树形；右边的“　”像刀斧。《说文·斤部》：“新，取木也。”（‘新’小篆从辛（刑刀）从木从斤（斧），组合在一起可会用刀斧取木之义。）砍取树木是“新”之本义。

释义：“新”在《诗经》中使用14处，无迭用。

1.新，同“故”“旧”“陈”相对。或由刚砍取的树木清新引申。此种用法有11（风4；雅5；颂2）处，如：“宴尔新婚”（《邶风·谷风》）；“于彼新田”（《小雅·采芑》）；“其命维新”（《大雅·文王》）；“新庙奕奕”（《鲁颂·閟宫》）

2.借作山名、台名。此种用法有3（风2；颂1）处，如：“新台有洒”（《邶风·新台》）；“新甫之柏”（《鲁颂·閟宫》）（新甫，山名）。

薪　音【xīn】

古形【金　小篆　】

《说文·艸部》：“薪，荛也。”“薪”“荛”互训，是柴草的意思。从字形看，“薪”由“艹（草）”和“新”组成。“新”是“薪”的本字，由“辛”“木”和“斤”组成。“辛”指古代的一种刑刀；“斤”指斧子，同“木”组合成“新”表示用刀、斧砍树。“新”，甲骨文写作“　”，左像木（树）；右像刀斧一类的伐木工具，故《说文·斤部》曰：“新，取木也。”“新”加“艹（草）”，表示草、木均可作烧火之用。

释义：“薪”在《诗经》中使用19处，无迭用。

1.柴草。此种用法有16（风8；雅8）处，如：“不流束薪”（《郑风·扬之水》）；“析薪扡矣”（《小雅·小弁》）；“无浸获薪”（《小雅·大东》）。

2.砍柴、堆柴。由词性转换（名—动）引申。此种用法有3（风1；雅2）处：“采荼薪樗”（《豳风·七月》）；“薪是获薪”（《小雅·大东》）；“薪之槱之”（《大雅·棫朴》）。

歆 音【xīn】

古形【金 小篆 】

“歆”由“音”和“欠”组成。“音”指音乐；“欠”或是“欣”字省写，有高兴、喜悦的意思，同“音”组合表示充满喜悦地欣赏音乐。

释义：“歆”在《诗经》中使用3处，无迭用。

1. 欣喜。此种用法有1处：“履帝武敏歆”（《大雅·生民》）。

2. 贪慕、享受。或由欣赏音乐是一种享受引申。此种用法有2（雅2）处，如：“无然歆羡”（《大雅·皇矣》）。

馨 音【xīn】

古形【金 小篆 】

“馨”指的是散播很远的香气。《说文·香部》“香之远闻者”说的就是“馨”。从字形看，“馨”由“殸”和“香”组成。“殸”或是“磬”字省写。“磬”是古代一种敲击起来清脆、空灵且传声很远的乐器；“香”指香气，同“殸（磬）”组合表示香气像磬声一样散播得很远。

释义：“馨”在《诗经》中使用2处，无迭用。

散播很远的香气。此种用法有2（雅1；颂1）处：“尔肴既馨”（《大雅·凫鹥》）；“有椒其馨”（《周颂·载芟》）。

鬵 音【xín】

古形【小篆 】

《说文·鬲部》：“鬵，大釜也。”所谓“大釜”，即大锅。“鬵”指的是一种大锅状的炊具。从字形看，“鬵”由两个“旡（兓）”和“鬲”组成。“鬲”指鼎状炊具；“旡”本指人打嗝出气，两个“旡（兓）”言气多，放在“鬲”上表示蒸气状，故篆文“鬵”有写作“鬵”，两旁像蒸气上浮之状。

释义：“鬵”在《诗经》中使用1处，无迭用。

一种炊具。此种用法有1处：“溉之釜鬵”（《桧风·匪风》）。

信 音【xìn】

古形【金 小篆 】

《说文·言部》：“信，诚也。从人从言。”“信”古还作“訫”，由“言”和“心”组成。结合前面“从人从言”之“信”，可以理解为人言者，由心而发方为“信”，即诚实可信之言。故王筠《说文句读》云：“言（信）者，心之声也。”

释义：“信”在《诗经》中使用20处21次，1处迭用。

1. 诚实、讲信用。此种用法有5（风5）处，如：“信誓旦旦”（《卫风·氓》）。

2. 相信。由人言可信引申。此种用法有9（风2；雅7）处，如：“人实不信”（《郑风·扬之水》）；“庶民弗信”（《小雅·节南山》）。

3. 确实、实现。由言而有信引申（或可视为借作副词）。此种用法有2（风1；雅1）处：“不我信兮”（《邶风·击鼓》）；“申伯信迈”（《大雅·崧高》）。

4. 同“伸”，长、直。此种用法有1处：“信彼南山”（《小雅·信南山》）。

5. 住两夜，迭用表示住四夜。此种用法有3（风2；雅1）处4次，1处迭用，如：“于女信宿”（《豳风·九罭》）；“有客信信”（《周颂·有客》）（《左传·庄公三年》：‘一宿为舍，再宿为信。’或因主、客皆为诚信之人，故再留一宿，表示互为可信）。

星　音【xīng】

古形【甲 金 小篆 】

“星”，甲骨文写作“ ”，像三个“日”相叠，日是发光体，三表示多数。有的甲骨文写作“ ”，像夜幕下的野外向远处大树方向看去，天空中有许多发光体的样子。“星”表示的就是天空中无数的发光体。三个日组成“晶”，也有晶莹透亮的意思。《说文·晶部》：“万物之精，上为列星。”意思是说，地上万物之精华，在天上就成了众多的星。这或就是我们常说的，地上一个人，天上一颗星。

释义：“星”在《诗经》中使用12处，无迭用。

1. 星。此种用法有11（风9；雅2）处，如：“嘒彼小星”（《召南·小星》）；“三星在罶”（《小雅·苕之华》）。

2. 星星出现。由词性转换（名—动）引申。此种用法有1处：“星言夙驾”（《鄘风·定之方中》）。

骍(騂)　音【xīng】

古形【战国 】

“骍”由“马”和“辛”组成。“马”指马、牛一类的牲畜；“辛”指一种经常沾血的刑刀，或因血是赤红色，所以同“马”组合表示赤红色马、牛一类的牲畜。

释义：“骍”在《诗经》中使用7处8次，1处迭用。

赤色、赤色牲畜。此种用法有7（雅4；颂3）处8次，如：“骍骍角弓”（《小雅·角弓》）；“骍牡既备”（《大雅·旱麓》）；“有骍有骐”（《鲁颂·駉》）。

兴(興)　音【xīng、xìng】

古形【甲 金 小篆 】

《说文·舁部》：“兴，起也。”“兴”，繁体作“興”，甲骨文写作“ ”，商承祚《殷契佚存》：“（ ）像四手各执盘之一角而兴起之。”“兴起”是“兴”的字形意义。

释义：“兴”在《诗经》中使用18处，无迭用。

1. 起、兴起。此种用法有11（风3；雅8）处，如：“夙兴夜寐”（《卫风·氓》）；“谗言其兴”（《小雅·沔水》）；“百堵皆兴”（《大雅·绵》）。

2. 兴隆、兴旺。由事物被抬起引申。此种用法有2（雅2）处：“以莫不兴”（《小雅·天保》）；“以兴嗣岁”（《大雅·生民》）。

3. 助。由物起因助引申。此种用法有

1处：“女兴是力”（《大雅·荡》）。

4.发动。由物起因共同发力引申。此种用法有4（风3；雅1）处，如：“王于兴师”（《秦风·无衣》）；“维予侯兴”（《大雅·大明》）。

刑 音【xíng】

古形【金小篆】

“刑”和“荆”或为古今字。《说文·刀部》：“刑，刭也。”所谓“刭”，即用刀割颈。又《井部》：“荆，罚罪也。”“罚罪”即惩罚罪犯，从这个意义上讲，“刑”和“荆”是一样的。“刑（或‘荆’）”，金文写作“”，右边像个“井”字。《说文》引《易经》说：“井，法也。”意思是井水之平，是法律的象征。或者“井”还可以看作像枷之形，同右边的“刀”组合表示用刀割脖颈惩罚罪犯。

释义：“刑”在《诗经》中使用6处，无迭用。

同“型”，典型、示范、法、效法。（或可视为由因刑而立章明法引申）此种用法有6（雅4；颂2）处，如：“仪刑文王”（《大雅·文王》）；“百辟其刑之”（《周颂·烈文》）。

邢 音【xíng】

古形【金小篆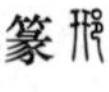】

邢字初文作“井”。《康熙字典》：“穴地出水曰井。”后加“阝（邑）”成“邢”，“邑”指城邑，同“井”组合表示多井的城邑。古之邢地（今邢台一带）百泉竞流，又称井方。传说黄帝教民众开发利用井水，筑邑而居，史有黄帝凿井，聚民为邑之说。

释义：“邢”在《诗经》中使用1处，无迭用。

借作姓。此种用法有1处：“邢侯之姨”（《卫风·硕人》）。

行 音【xíng】

古形【甲金小篆】

“行”，甲骨文写作“”，像一个可以通达四方的十字路口之形，本义就指（大、小）道路。《说文·行部》：“行，人之步趋也。”罗振玉《增订殷墟书契考释》：“行像四达之衢（四通八达的大路），人所行也。”供人行走的道路就是“行”。

释义：“行”在《诗经》中使用89处，无迭用。

1.道路。此种用法有11（风5；雅5；颂1）处，如：“寘彼周行”（《周南·卷耳》）；“行有死人”（《小雅·小弁》）；“敦彼行苇”（《大雅·行苇》）；“岐有夷之行”（《周颂·天作》）。

2.走、前往、出行。由道路供人行走引申。此种用法有60（风27；雅33）处，如：“我独南行”（《邶风·击鼓》）；“以先启行”（《小雅·六月》）；“左右陈行”（《大雅·常武》）。

3.轨迹、行为、礼法。或由道行有迹可循引申。此种用法有7（风2；雅4；颂1）处，如：“不知德行”（《邶风·雄雉》）；“维德之行”（《大雅·大明》）；“示我显德行”（《周颂·敬之》）。

4. 同“行（音háng）”，行列。此种用法有2（风1；雅1）处：“肃肃鸨行”（《唐风·鸨羽》）（指双翅排列貌）；“载施之行”（《小雅·大东》）。

5. 借作人名。此种用法有2（风2）处：“子车仲行”（《秦风·黄鸟》）（仲行：人名，秦国名臣，“子车”为复姓。子车仲行同子车奄息、子车钳虎，被称为“秦三良”）。

6. 借作官名。此种用法有1处：“殊异乎公行”（《魏风·汾沮洳》）（公行：掌管王公兵车的官吏，相当于卫队长）。

7. 借作虫名。此种用法有1处：“熠耀宵行”（《豳风·东山》）（宵行，指萤火虫）。

8. 同“衔”，含。此种用法有1处：“勿士行枚”（《豳风·东山》）。

9. 借为“洐”，水沟。此种用法有4（风1；雅3）处，如：“于彼行潦”（《召南·采平》）；“泂酌彼行潦”（《大雅·泂酌》）。

性　音【xìng】

古形【金　小篆　】

“性”即人性，指人本身具有的某些特质。《说文·心部》：“性，人之阳气性善者也。”意思是说，性指的是一种人与生俱来的透着阳盛和良善的心气。从字形看，“性”由“忄（心）”和“生”组成。“忄（心）”指内心；“生”指生命，同“忄”组合或表示“性”这种特质是发自内心，伴随生命始终的。

释义：“性”在《诗经》中使用3处，无迭用。

通“生”，生命。此种用法有3（雅3）处，如：“俾尔弥尔性”（《大雅·卷阿》）。

姓　音【xìng】

古形【金　小篆　】

《说文·女部》：“人所生也。古之神圣母，感天而生子，故称天子……《春秋传》（《左传·隐公八年》）曰：‘天子因生以赐姓。’”上古无姓，“姓”之本义指“女子生育”（‘生’，甲骨文写作‘　’，像草木初生之像，因此‘姓’又可理解成‘女子育苗、生育’之义）。人类开始繁衍之初，是“只知其母，不知其父”的母系天下。圣母生子，皆因感天，故谓天子。后来的姓，皆由天子因生地而赐。传说神农母居姜水，以姜为姓；黄帝母居姬水，以姬为姓；舜的母亲居姚墟，以姚为姓。又因人为女生，所以最初的大姓多从“女”，如“嬴、姒、妘、妫、姞”等。故徐灏《段注笺》云：“姓之本义为生，故古通作生。其后因以赐姓，遂为姓氏字。”

释义：“姓”在《诗经》中使用4处，无迭用。

姓氏，表明家族系统的称号。由天子赐姓引申。此种用法有4（风2；雅2）处，如：“振振公姓”（《周南·麟之趾》）；“群黎百姓”（《小雅·天保》）；“卒劳百姓”（《小雅·节南山》）。

荇　音【xìng】

古形【金　小篆　】

荇即荇菜，一种多年生水生草本植物，叶对生略呈圆形，浮在水面，茎细长，节上生根，沉没水中。夏秋开黄花，嫩茎可食，全草可入药。从字形看，“荇”由“艹”和“行”组成。“艹”指草本植物；“行”有“行走”义，同“艹”组合或表示因根不入土，叶可在水面漂浮移动，故曰“荇”菜。

释义：“荇”在《诗经》中使用3处，无迭用。

一种可食水菜。此种用法有3（风3）处，如：“参差荇菜”（《周南·关雎》）。

凶(兇)　音【xiōng】

古形【金　小篆　】

“凶”和“兇”原或为两个字。《说文·凶部》：“凶，恶也。像地穿交陷其中也。”意思是“凶指险恶之地，字形像穿地为坑（凵），有物交相（×）陷落其中。”又“兇，扰恐也，从人在凶下。”所谓“扰恐”，清王筠《说文句读》：“扰，其状也；恐，其意也。”从“兇”之字形看，甲骨文写作“”，像一个跪跽之人戴着一个恐惧的面具形，有头颅巨大、凶猛可怕之像。或因险恶之地（凶）和凶恶之像（兇）都能使人生恐惧之心，二者通用，都有灾凶之义，即给人带来灾凶。

释义：“凶”在《诗经》中使用3处，无迭用。

凶兆、凶险、灾祸。此种用法有3（风1；雅2）处，如：“逢此百凶”（《王风·有兔爰爰》）；“居以凶矜”（《小雅·菀柳》）.

兄　音【xiōng】

古形【甲　金　小篆　】

《说文·兄部》：“兄，长也。”所谓“长”，指兄弟中的年长者，即《尔雅·释亲》中说的“男子先生为兄”。从字形看，“兄”由“口”和“儿（rén）”组成。“口”，《康熙字典》引《精蕴》云：“以弟未有知而诲之”；“儿（rén）”，《说文》谓之“仁人也”。同“口”组合或表示用仁爱之心诲（口）之弟（妹）者谓兄。

释义：“兄”在《诗经》中使用46处，无迭用。

1. 兄长。此种用法有43（风19；雅24）处，如：“亦有兄弟”（《邶风·柏舟》）；“复我诸兄”（《小雅·黄鸟》）；“则友其兄”（《大雅·皇矣》）。

2. 同“怳”，失意貌。此种用法有1处：“仓兄填兮”（《大雅·桑柔》）。

3. 同“况”，情况、状况。此种用法有2（雅2）处，如：“职兄斯引”（《大雅·召旻》）。

讻(訩、訥)　音【xiōng】

古形【小篆　】

《尔雅·释言》：“讻，讼也。”所谓“讼”，是争论的意思。从字形看，“讻”由“讠（言）”和“凶”组成。“凶”有“厉害”的意思，同“言”组合表示言辞激烈，争论得很厉害。

释义：“讻”在《诗经》中使用3处，

无迭用。

1.争讼。此种用法有1处："不告于讻"（《鲁颂·泮水》）

2.同"凶"，灾凶。此种用法有2（雅2）处，如："降此鞠讻"（《小雅·节南山》）。

雄　音【xióng】

古形【金 小篆 】

《说文·隹部》："雄，鸟父也。"所谓"鸟父"，指鸟的父亲即公鸟。从字形看，"雄"由"厷"和"隹"组成，"隹"，甲骨文写作" "，像一只短尾鸟形，指鸟；"厷"本指人体胳膊的肌肉，是拉动胳膊运动的重要大维度肌肉，是男性健美的重要位置，同"隹"组合或表示（翅膀）具有雄性强健肌肉的鸟。

释义："雄"在《诗经》中使用5处，无迭用。

公的、雄性（鸟兽）。此种用法有5（风3；雅2）处，如："雄雉于飞"（《邶风·雄雉》）；"以雌以雄"（《小雅·无羊》）。

熊　音【xióng】

古形【甲 金 小篆 】

熊是哺乳动物的一种，躯体粗壮肥大，体毛又长又密，脸型像狗，头大嘴长，尾巴短，四肢短而粗，脚掌大，趾端有带钩的爪，能爬树。从字形看，"熊"甲骨文写作" "，像一头熊的简单图形，后字形演变作"熊"，由"能"和"灬"组成，或想强调其带钩的四肢（灬）能够（能）爬树的特点。

释义："熊"在《诗经》中使用4处，无迭用。

动物名。此种用法有4（雅4）处，如："熊罴是裘"（《小雅·大东》）；"有熊有罴"（《大雅·韩奕》）。

休　音【xiū】

古形【甲 金 小篆 】

《说文·木部》："休，息止也。"从字形看，"休"由"人"和"木"组成，甲骨文写作" "，像人依木旁之状。人行路、劳作累了，依木（树）而止在树荫下歇一下就是"休"。

释义："休"在《诗经》中使用17处18次，1处迭用。

1.歇止（迭用表示安闲自得貌）。此种用法有7（风3；雅4）处8次，1处迭用，如："不可休思"（《周南·汉广》）；"我独不敢休"（《小雅·十月之交》）；"优游尔休矣"（《大雅·卷阿》）。

2.美、喜、安乐。由劳累后休息一下感觉美好、高兴引申。此种用法有9（风1；雅4；颂4）处，如："亦孔之休"（《豳风·破斧》）；"俾躬处休"（《小雅·雨无正》）；"以为王休"（《大雅·民劳》）；"何天之休"（《商颂·长发》）。

3.借作人名。此种用法有1处："命程伯休父"（《大雅·常武》）（休父，人名，宣王时大司马）。

修　音【xiū】

古形【金　小篆　】

《说文·彡部》："修，饰也。"朱骏声《说文通训定声》："修从彡，是文饰为本义。"从字形看，"修"由"攸"和"彡"组成。"攸"，甲骨文写作"　"，"　"像人，"　"像手持物之状；"彡"像画纹之形，同"攸"组合或表示人手持犹画笔等物纹饰自己。

释义："修"在《诗经》中使用10处，无迭用。

1. 修理、整治、修养。由纹饰是为整治原貌引申。此种用法有7（风3；雅4）处，如："修我戈矛"（《秦风·无衣》）；"修尔车马"（《大雅·抑》）。

2. 同"脩"，干、长。此种用法有3（风1；雅2）处："暵其修矣"（《王风·中谷有蓷》）；"四牡修广"（《小雅·六月》）；"孔修且张"（《大雅·韩奕》）。

朽　音【xiǔ】

古形【金　小篆　】

《说文·木部》："朽，腐也。"从字形看，"朽"由"木"和"丂"组成。"木"指树木；"丂"或是"亏"字省写，有受损、亏折的意思，同"木"组合表示树木腐烂受损。

释义："朽"在《诗经》中使用1处，无迭用。

腐烂。此种用法有1处："荼蓼朽止"（《周颂·良耜》）。

秀　音【xiù】

古形【金　小篆　】

《说文·禾部》："秀，上讳。"古时称死去了的帝王或尊长的名为讳，"秀"是汉代已故光武帝刘秀之名，故云"上讳"。此非"秀"之字形意义，而是借用。徐锴《说文系传》："（秀）禾实也。有实之像，下垂也。"从字形看，"秀"由"禾"和"乃"组成。"禾"指禾谷；"乃"或是"奶"字省写，表示如奶水样的浆汁，同"禾"组合表示谷物扬花灌浆，即抽穗时的样子。

释义："秀"在《诗经》中使用2处，无迭用。

禾谷抽穗。此种用法有2（风1；雅1）处："四月秀葽"（《豳风·七月》）；"实发实秀"（《大雅·生民》）。

绣(繡)　音【xiù】

古形【金　小篆　】

"绣"，繁体作"繡"。《说文·糸部》："繡，五彩備也。"用五彩之色绘制纹路叫"繡"。从字形看，"繡"由"糹"和"肅"组成。"糹"即丝字；"肅"有"严肃、庄重"的意思。据《尚书·虞书》记载，古代天子王公的礼服，一般以衣绘和裳绣的手法，"以五彩彰施于五色作服"，即所谓的章服，用于祭祀天地、宗庙、社稷、先农、册拜、圣节和大典时所穿，以示严肃、庄重，且"肅"字形本身像图案对称之形，同"糹"组合表示图案对称、显得严肃庄重的五彩绘、绣花纹。徐灏《段注笺》:“凡设色備（具备）五彩者，皆谓之繡，无论画绘与刺绣也。后人乃专以针缕所紩（缝）者为繡。”“设色備五彩者”是“繡”之本义；“以针缕所紩者”为“繡”之引申义。“繡”简化成“绣”，其中的“秀”字有“禾扬花”之义，同“纟”组合表示绣花。其实，以色绘衣容易脱落掉色，以丝缝之不仅美观且易于保存，这是人类认识进步的表现。

释义：“绣”在《诗经》中使用3处，无迭用。

1.五色具备的花纹。此种用法有2（风2）处，如：“衮衣绣裳”（《豳风·九罭》）。

2.绣花。由词性转换（名—动）引申。此种用法有1处：“素衣朱绣”（《唐风·扬之水》）。

琇　音【xiù】

古形【小篆】

《说文·玉部》:“琇，石之次玉者。”从字形看，“琇”由“王（玉）”和“秀”组成。“秀”有“美好、秀丽”之义，同“玉”组合表示似玉非玉的美石。“琇”,《说文》作“璓”,“莠”有“劣等”之义，同“玉”组合或表示同玉混杂在一起的石头。一褒（琇）一贬（璓），反映了汉字文化的博大精深。

释义：“琇”在《诗经》中使用2处，无迭用。

美石。此种用法有2（风1；雅1）处：“充耳琇莹”（《卫风·淇奥》）；“充耳琇实”（《小雅·都人士》）。

褎　音【xiù】

古形【金　小篆】

《说文·衣部》:“褎，袂也…俗褎从由。”所谓“袂”，即指衣袖。从字形看，“褎”由“衣”和“𥝌（suì）”组成。“衣”指衣服；《说文·禾部》:“𥝌，禾成秀也。”所谓“禾成秀”即指禾成熟抽穗之状，同“衣”组合则表示“褎”中可伸出如禾穗之状的手。故《段注》云：“衣之有褎犹禾之有𥝌。”“俗褎从由”指“褎”一般还可写作“袖”，从“由”。“由”有自由义，同“衣”组合表示衣袖可以让手自由出入。

释义：“褎”在《诗经》中使用3处，无迭用。

1.衣袖。此种用法有1处：“羔裘豹褎”（《唐风·羔裘》）。

2.禾苗长。由像禾抽穗引申。此种用法有1处：“实种实褎”（《大雅·生民》）。

3.服饰盛美（的样子）。或由有袖之衣皆盛装引申。此种用法有1处：“褎如充耳”（《邶风·旄丘》）（一说“笑的样子”）。

吁　音【xū、yū】

古形【金　小篆】

“吁”由“口”和“于”组成。“口”指用口发声；“于”表示拟音，同“口”组合表示口中发出“yu（于）”的声音。故“吁”有表示叹气、吆喝牲口等义。

释义：“吁”在《诗经》中使用1处，

无迭用。

忧。由因忧而叹引申。此种用法有1处："云何吁矣"（《周南·卷耳》）。

盱 音【xū】

古形【金 小篆 】

"盱"由"目"和"于"组成。"目"指眼睛；"于"，甲骨文写作" "，像气受阻而冲出，有气张之像，同"目"组合表示眼睛张开。

释义："盱"在《诗经》中使用2处，无迭用。

借为"吁"，忧。此种用法有2（雅2）处，如："云何其盱"（《小雅·何人斯》）。

訏 音【xū】

古形【小篆 】

"訏"由"言"和"于"组成。"言"指说话；"于"，甲骨文写作" "，像气出受阻仍越过状，同"言"组合表示说话过头了。《尔雅·释诂》："吁（訏），大也。"话说过头、说大了就是"訏"。

释义："訏"在《诗经》中使用5处6次，1处迭用。

大。或由话说大了引申。此种用法有5（风2；雅3）处6次，1处迭用，如："洵訏且乐"（《郑风·溱洧》）；"实覃实訏"（《大雅·生民》）。

须(須) 音【xū】

古形【甲 金 小篆 】

《说文·须部》："须，面毛也。"从字形看，"须"由"彡"和"页"组成。"彡"像毛发之形；"页"，甲骨文写作" "，像头的形状，同"彡"组合表示脸上长有须毛。朱骏声《说文通训定声》："须谓颐（颊、腮）下之毛（或指络腮胡子），象形（会意）。"徐灏《段注笺》："许（慎）云面毛，统言之也。"

释义："须"在《诗经》中使用2处，无迭用。

1.等待。或由络腮胡子非一日长成引申。此种用法有1处："卬须我友"（《邶风·匏有苦叶》）。

2.借作邑名。此种用法有1处："思须与漕"（《邶风·泉水》）（须，春秋时卫地，即沫邑，在今河南滑县东南）。

胥 音【xū】

古形【金 小篆 】

《说文·肉部》："胥，蟹醢也。"所谓"醢"，即肉酱。从字形看，"胥"由"疋"和"月（肉）"组成。"疋"同"足"，蟹的特点就是足多，代表蟹，同"月（肉）"组合表示用蟹肉制成的酱。

释义："胥"在《诗经》中使用18处，无迭用。

1.沉没、淹没。或有蟹骨没于酱中引申。此种用法有3（雅3）处，如："沦胥以铺"（《小雅·雨无正》）；"无沦胥以败"（《小雅·小旻》）。

2.借作副词，有"相、皆"等义。此种用法有10（雅6；颂4）处，如："民胥效矣"（《小雅·角弓》）；"不胥以谷"（《大雅·桑柔》）；"于胥乐兮"（《鲁颂·有駜》)。

3.察看、观察。或由副词“相”分化引申。此种用法有2(雅2)处,如:“于胥斯原”(《大雅·公刘》)。

4.借为助词。此种用法有3(雅3)处,如:“君子乐胥”(《小雅·桑扈》);“侯氏燕胥”(《大雅·韩奕》)。

虚 音【xū】

古形【金小篆】

“虚”,古作“虗”,由“虍”和“丘”组成。“虍”即“虎”,是庞然大物;“丘”指土山,同“虎”组合表示大丘。大则空旷,故“虗”常作“空虚”解。从“业”之“虚”或为小篆“(丘)”字讹变而来。

释义:“虚”在《诗经》中使用4处,无迭用。

1.大丘。此种用法有1处:“升彼虚矣”(《鄘风·定之方中》)。

2.通“舒”,从容缓慢。此种用法有3(风3)处,如:“其虚其邪”(《邶风·北风》)。

徐 音【xú】

古形【金小篆】

“徐”由“彳”和“余”组成。“彳”是“行”字的一半,表示小步行走;《说文·八部》:“余,语之舒也。”即“余”表示语气舒缓,同“彳”组合表示行动舒缓。故《说文·彳部》云:“徐,安行也。”

释义:“徐”在《诗经》中使用10处,无迭用。

借作古国名。此种用法有10(雅9;颂1)处,如:“省此徐土”(《大雅·常武》);“遂荒徐宅”(《鲁颂·閟宫》)。

冔 音【xú】

古形【缺】

“冔”由“冃”和“吁”组成。《说文·冃部》:“冃,小儿蛮夷头衣也。”意思是说,冃,指的是小孩以及少数民族头上相当于帽子样的服饰(便帽);“吁”有长出气的意思,同“冃”组合或表示一种透气的帽子。《康熙字典》引《仪礼·士冠礼》:“周弁,殷冔,夏收。”并《注》曰:“冔名出于幠。幠,覆也,言所以自覆饰也。”所谓“幠”,有“覆盖”之义,“冔”即表示殷代贵族覆盖在头上的冠饰。

释义:“冔”在《诗经》中使用1处,无迭用。

殷时贵族戴的礼帽。此种用法有1处:“常服黼冔”(《大雅·文王》)。

许(許) 音【xǔ】

古形【金小篆】

《说文·言部》:“许,听也。”从字形看,“许”由“讠(言)”和“午”组成。“言”指发声;“午”是“杵”字省写,表示持杵舂物(劳作之像),同“言”组合表示舂者持杵(午)舂物而口发声(言)助力谓之“许”。杨树达《积微居小学述林》:“舂者手持午而口有声,故许字从言从午。口有言而声应之,故

许之引申义为听。”

释义：“许”在《诗经》中使用5处6次，1处迭用。

1.劳作发声助力。此种用法有1处，迭用：“伐木许许”（《小雅·伐木》）（一说锯木声）。

2.借作“御”，侍奉。此种用法有1处：“昭兹来许”（《大雅·下武》）。

3.借作国名。此种用法有2（风2）处，如：“不与我戍许”（《王风·扬之水》）（许：国名，在今河南许昌）。

4.借作地名。此种用法有1处：“居常与许”（《鲁颂·閟宫》）（许指许田，古地名，在今山东临沂一带）。

栩 音【xǔ】

古形【金小篆】

据《韩非子·外储说》记载：“墨翟居鲁山，斫木为鹞，三年而成，飞一日而败。”意思是说，（春秋时期）墨子居住在鲁山（今山东青州一带）花了三年工夫，研究用木头制成一只鹞鹰鸟，放飞天空，但只飞了一天就坏了。这种木制的仿生玩具鹞鹰鸟，或就是风筝的前身，后来传说鲁班用竹子，改进了风筝的材质，直到东汉时期，蔡伦发明了造纸术以后，坊间才开始用纸、竹做风筝，一直流传至今。“栩”或就是指的木制鸟。从字形看，“栩”由“木”和“羽”组成。“羽”指鸟的双翅，同“木”组合表示张开双翅的木制鸟。

释义：“栩”在《诗经》中使用4处，无迭用。

柞木。或由木鸟之材质引申。此种用法有4（风2；雅2）处，如：“集于苞栩”（《唐风·鸨羽》）；“集于苞栩”（《小雅·四牡》）。

旭 音【xù】

古形【金小篆】

《说文·日部》：“旭，日旦出貌。”意思是说，“旭”指的是太阳刚刚从地平线上升起时的样子。从字形看，“旭”由“九”和“日”组成。“九”是个位中的最大数；“日”指太阳，同“九”组合或表示太阳最大时候的样子，即从地平线上升起时候的样子。

释义：“旭”在《诗经》中使用1处，无迭用。

早晨刚升起的太阳。此种用法有1处：“旭日始旦”（《邶风·匏有苦叶》）。

序 音【xù】

古形【金小篆】

古代家居多为庭院式建筑。庭指庭室，即房屋居室，院指院落。“序”即是房屋居室中的一个重要组成部分。《说文·广部》：“序，东西墙也。”朱骏声《说文通训定声》：“（序）谓堂之东西墙。”所谓堂，是房屋的主体部分，一般坐北朝南，无门，无南墙，只有两根柱子，分别称为东楹、西楹。堂是普通家庭待客、议事的地方，北墙正中设有主位，东、西两墙分别设位。或因待客、议事时主事在北墙主位落座后，其他宾客人等按年龄、身份、地位等在东西两

方依次落座，故东西两墙又称为“序”。从字形看，“序”由“广”和“予”组成。“广”小篆像高屋之形，代表厅堂；“予”有给予的意思，同“广”组合或表示给予排序落座的地方，即东、西隔墙。

释义：“序”在《诗经》中使用7处，无迭用。

1. 排序、有序。或由安排座次引申。此种用法有5（雅3；颂2）处，如：“序宾以贤”（《大雅·行苇》）；“式序在位”（《周颂·时迈》）。

2. 通“绪”，事业。此种用法有2（颂2）处，如：“继序其皇之”（《周颂·烈文》）。

侐　音【xù】

古形【小篆】

《说文·人部》：“侐，静也。”《段注》引《传》曰：“侐，清净也。”随后又注曰：“净乃静之字误。”其实或非“静”之误，因为“清净”的意思是指清澈或周边没有事物打扰且能使人心境洁净，其中就有“静”的意思。从字形看，“侐”由“亻（人）”和“血”组成。较其他动物血相比，人血不那么黏稠、混浊，显得清爽、洁净。李时珍在《本草纲目》中，对人血有这样一段描述：“（人血）仙家炼之，化为白汁，阴尽阳纯也。苌弘死忠，血化为碧，人血入土，年久为磷，皆精灵之极也。”追求清扬而又洁净，是人（血）修炼的最高境界，故“静”或为“净”之误，“清净”当是“侐”之字形意义。

释义：“侐”在《诗经》中使用1处，无迭用。

清净。此种用法有1处：“閟宫有侐”（《鲁颂·閟宫》）。

恤　音【xù】

古形【金小篆】

《说文·心部》：“恤，忧也。收也。”从字形看，“恤”由“忄（心）”和“血”组成。“血”指流血，同“忄（心）”组合或表示忧虑之深，仿佛心中在流血。“恤”又训“收”。《广雅》云：“收，振也。”唐·释玄应《一切经音义》：“恤，振恤也，谓以财物与人也。”故“恤”之忧，多指为他人所忧。

释义：“恤”在《诗经》中使用8处，无迭用。

忧虑、忧患。此种用法有8（风1；雅7）处，如：“遑恤我后”（《邶风·谷风》）；“而多为恤”（《小雅·杕杜》）；“告尔忧恤”（《大雅·桑柔》）。

勖　音【xù】

古形【金小篆】

《说文·力部》：“勖，勉也。”徐锴《说文系传》：“（勖）勉其事冒犯而为之也。”承培元《说文引经证例》：“（勖）见其事有利国家者，当冒犯而为之。”从字形看，“勖”由“冒”和“力”组成。“冒”有冒犯义；“力”指尽力，同“冒”组合或表示见其事于国家有利，虽冒犯也要竭尽全力去劝勉之。

释义：“勖”在《诗经》中使用1处，无迭用。

劝勉。此种用法有1处："以勖寡人"（《邶风·燕燕》）。

绪(緒)　音【xù】

古形【金 小篆 】

《说文·糸部》："绪，丝端也。"从字形看，"绪"由"纟（丝）"和"者"组成。"者"或是"煮"字省写，有蒸煮的意思；"纟（丝）"指加工丝品，同"者（煮）"组合或表示蒸煮是加工丝品的第一道工序，故《说文》云："丝端（开头）也。"

释义："绪"在《诗经》中使用4处，无迭用。

事业、工作。或由加工丝品是一项工作引申。此种用法有4（雅1；颂3）处，如："三事就绪"（《大雅·常武》）；"汤孙之绪"（《商颂·殷武》）。

续(續)　音【xù】

古形【金 小篆 】

《说文·糸部》："续，连也。"从字形看，"续"由"纟（丝）"和"卖"组成。"卖（yù）"源于"儥"，原指"儥人"，是西周初期设置的相当于物价和城管一类的官吏，负责掌管和调剂市场。据《周礼·地官·司市》记载："（儥人）掌其卖儥之时。以量度成贾而征儥，量以量谷粱之等，度以度布绢之等。"行商坐贾只有在通过了"量度"之后才能接下来做买卖；"纟（丝）"指丝线，同"卖"组合或表示商贾的买卖行为要像丝线一样连接在儥人量度之后。

释义："续"在《诗经》中使用4处，无迭用。

连接、连续。此种用法有4（风1；雅1；颂2）处，如："阴靷鋈续"（《秦风·小戎》）（一说系在引车皮带上的环）；"似续妣祖"（《小雅·斯干》）；"续古之人"（《周颂·良耜》）。

湑　音【xù】

古形【小篆 】

《说文·水部》："湑，莤酒也。一曰：浚也。一曰：露貌。"许慎在文中将"湑"罗列了三种意思。徐锴《说文系传》："莤音缩。束茅以酹。""莤酒"就是用茅草滤酒去渣；"浚"，《段注》："此亦同漉沥（过滤）义。"张舜徽《说文解字约注》："已漉之酒，其色恒清，故湑字引申有'清'义。其训露貌，亦取其清明如珠也。"由此可见，"莤酒"同"浚"同义，"露貌"则为引申义。从字形看，"湑"由"氵（水）"和"胥"组成。"氵（水）"指清酒；"胥"本义为"蟹酱"，是混浊之物，同"氵"组合表示通过过滤使混浊之酒变清。

释义："湑"在《诗经》中使用7处8次，1处迭用。

1. 虑酒使清、清酒。此种用法有3（雅3）处，如："有酒湑我"（《小雅·伐木》）；"尔酒既湑"（《大雅·凫鹥》）。

2. 清、明。由酒清引申。此种用法有4（风1；雅3）处5次，1处迭用，如："其叶湑湑"（《唐风·杕杜》）；"零露湑兮"（《小雅·蓼萧》）。

蓄　音【xù】

古形【金小篆】

《说文·草部》：“蓄，积也。”徐锴《说文系传》：“蓄谷、米、刍、茭、蔬菜以为备也。”从字形看，“蓄”由“艹（草）”和“畜”组成。“畜”指家畜，是古人田猎的野生禽兽积藏驯服后的家养动物，以备日后食用，“艹（草）”指可食用的草本植物如菜蔬等，同“畜”组合表示积藏菜蔬等物以备日后食用。

释义：“蓄”在《诗经》中使用2处，无迭用。

积藏。此种用法有2（风2）处，如：“我有旨蓄”（《邶风·谷风》）。

蕢　音【xù】

古形【小篆】

“蕢”从字形看应从艸。《康熙字典》：“（蕢）芎蕢，香草。”此说或源于《尔雅·释草》：“藒车芎輿（輿或为與之误）。”“蕢”作为香草，有两名：一为“藒车”；一为“芎與”。“與”作为草名，写作“蕢”表示“芎與”是顺理成章的事。屈原《离骚》中有“畦留夷与揭车兮，杂杜衡与芳芷”一句，其中的“留夷、揭车、杜衡”均为香草名。“揭车”即“藒车”。《太平广记》引《广志》：“藒车，香草，味辛，生彭城，高数尺，黄叶白华。”藒车又名芎蕢，从字形看，“蕢”由“艹（草）”和“與（与）”组合。“与”有“给予”义，同“艹”组合或表示给人以香气的草本植物。

释义：“蕢”在《诗经》中使用1处，无迭用。

香气。或由芎與是香草，可发出香气引申。此种用法有1处：“釃酒有蕢”（《小雅·伐木》）。

淢　音【xù、yù】

古形【小篆】

《说文·水部》：“淢，疾流也。”从字形看，“淢”由“氵（水）”和“或”组成。“或”或是“域”字省写，有地域的意思，同“氵”组合表示流动急速（疾）的水域。

释义：“淢”在《诗经》中使用1处，无迭用。

同“洫”，护城河。此种用法有1处：“筑城伊淢”（《大雅·文王有声》）。

慉　音【xù】

古形【小篆】

《说文·心部》“慉，起也。”所谓“起”，指养育、扶持使之能立。从字形看，“慉”由“忄（心）”和“畜”组成。“畜”，本指被人类驯服而家养的牲畜，有养育之义，同“心”组合或表示有心养育使立。

释义：“慉”在《诗经》中使用1处，无迭用。

有心养育。此种用法有1处：“不我能慉”（《邶风·谷风》）。

藚　音【xù】

古形【小篆】

藚又名水舄、泽泻等，是一种多年生水生或沼生草本植物，全株有毒，地下茎块毒性较大。其花大，花期长，可用于花卉观赏，亦可入药。从字形看，“藚”由“艹（草）”和“賣”组成。“艹”指草本植物；“賣”有“故意表现在外面让人看见”的意思，同“艹”组合或表示“藚”是一种花叶仿佛故意显露在水上让人发现利用的草本植物。

释义：“藚”在《诗经》中使用1处，无迭用。

草名。此种用法有1处：“言采其藚”（《魏风·汾沮洳》）。

鱮　音【xù】

古形【小篆鱮】

“鱮”即鱮鱼，古指鲢鱼。此鱼体形侧扁、稍高，呈纺锤形，背部青灰色，两侧及腹部白色。头较大。眼睛位置很低。鳞片细小。腹部正中角质棱自胸鳍下方直延达肛门。胸鳍不超过腹鳍基部。现在是著名的四大家鱼之一。从字形看，“鱮”由“鱼”和“與（与）”组成。“与”有“同……一起”的意思，同“鱼”组合或表示腹部正中角质棱自胸鳍下方同肛门连在一起的鱼。

释义：“鱮”在《诗经》中使用4处，无迭用。

鱼名。此种用法有4（风1；雅3）处，如：“其鱼鲂鱮”（《齐风·敝笱》）；“维鲂及鱮”（《小雅·采绿》）；“鲂鱮甫甫”（《大雅·韩奕》）。

轩(軒)　音【xuān】

古形【金軒小篆軒】

《说文·车部》：“轩，曲辀藩车。”意思是说：“轩”指的是古代车前面有弯曲向上的用以驾马的独木车辕，后边用篱笆围成车厢的马车。据徐锴《说文系传》说，此为“大夫以上（坐的）车也”。从字形看，“轩”，由“车”和“干”组成。“车”指马车；“干”或是“竿”字省写，有“竹竿”的意思，同“车”组合表示用竹竿（篱笆）围成车厢的马车。

释义：“轩”在《诗经》中使用1处，无迭用。

曲辀藩车。此种用法有1处：“如轾如轩”（《小雅·六月》）（因车辕向上弯曲，故轩又可表示“向上仰”）。

咺　音【xuān】

古形【小篆咺】

《说文·口部》：“咺，朝鲜谓小儿泣不止曰咺。”从字形看，“咺”由“口”和“亘”组成。“口”指小儿张口啼哭；“亘”指时间或空间上连续不断，同“口”组合表示小儿开口不停地大声啼哭。

释义：“咺”在《诗经》中使用2处，无迭用。

借为“烜”，盛大。此种用法有2（风2）处，如：“赫兮咺兮”（《卫风·淇奥》）。

宣 音【xuān】

古形【甲金小篆】

《说文·宀部》:“宣,天子宣室也。”所谓“宣室”,依《段注》言“盖为大室”,即徐锴《说文系传》引《汉书音义》中所指的“未央(殿)前正室也”,是天子(帝王)接见臣民、颁布诏令的大厅。从字形看,“宣”由“宀”和“亘”组成。“宀”,小篆作“宀”,像“交覆深屋”之形;“亘”有空间(或时间)上延续不断的意思,同“宀”组合表示空旷深邃的厅室,亦即天子宣室。

释义:“宣”在《诗经》中使用8处,无迭用。

1.宣布、宣示、宣明。由宣室是公开颁布诏令之地引申。此种用法有5(雅4;颂1)处,如:“宣昭义问”(《大雅·文王》);“宣哲维人”(《周颂·雝》)。

2.疏通。或由颁布诏令之前多言辞沟通引申。此种用法有1处:“乃宣乃亩”(《大雅·绵》)。

3.借为“喧”,多言。此种用法有1处:“谓我宣骄”(《小雅·鸿雁》)。

4.或借为“垣”,垣墙。此种用法有1处:“四方于宣”(《大雅·崧高》)。

谖(諼) 音【xuān】

古形【金小篆】

《说文·言部》:“谖,诈也。”“谖”字或源自一段史实。据《春秋公羊传·文公三年》记载:“公如晋。十有二月,己巳,公及晋侯盟。晋阳处父帅师楚救江。此伐楚,其言救江何也?为其为援奈何?伐楚为救江也。”意思是说:(冬季)鲁文公到晋国去。十二月己巳这天,鲁文公与晋侯结盟。晋国派大夫阳处父率领军队攻打楚国救援江国。这实际上是攻打楚国,为什么要说是救援江国呢?这是欺诈,为什么要说是欺诈呢?因为晋国把攻打楚国说成是救援江国了。从字形看,“谖”由“讠(言)”和“爰”组成。“言”指说话;“爰”或是“援”字省写,有救援的意思,同“言”组合表示把攻打楚国的事实说成是救援江国,因而是一种欺诈。

释义:“谖”在《诗经》中使用4处,无迭用。

1.欺诈。此种用法有3(风3)处,如:“永矢弗谖”(《卫风·考盘》)。

2.同“萱”,萱草。此种用法有1处:“焉得谖草”(《卫风·伯兮》)。

儇 音【xuān】

古形【金小篆】

《说文·人部》:“儇,慧也。”从字形看,“儇”由“亻(人)”和“瞏”组成。“瞏”有“圆周”义(常同“還(还)、環(环)”组合,《说文》中“目惊视也”,当为“瞏”字),同“人”组合表示此人遇事善于周全,故谓“慧也”。

释义:“儇”在《诗经》中使用1处,无迭用。

聪慧、灵巧。此种用法有1处:“揖我谓我儇兮”(《齐风·还》)。

駽 音【xuān】

古形【小篆】

《说文·马部》：“駽，青骊马。”今又称铁青马。《段注》：“谓深黑色而戴青色也。”从字形看，“駽”由“馬（马）”和“肙”组成。“肙”或是“涓”字省写，指小溪，有清纯之义，同“馬”组合谓之铁青马，即表示有铁色又带有清纯之像的马。

释义：“駽”在《诗经》中使用1处，无迭用。

青黑色的马。此种用法有1处：“駜彼乘駽”（《鲁颂·有駜》）。

玄 音【xuán】

古形【金 小篆】

《说文·玄部》：“玄，幽远也。黑而有赤色者为玄，像幽而入覆之也。”意思是说，“玄”看着感觉幽暗而深远，是黑而略显红的颜色，（这种色）就像下到幽暗之处光线被覆盖的感觉。从字形看，“玄”，金文写作“”，下端像单绞的丝，上端像丝绞上的系带，表示作染丝用的丝结。丝绸的染色从周代就已经开始了，俗有“三入为纁（浅红色），五入为緅（黑中带红色）、七入为缁（黑色）”的说法。《段注》：“玄色者，在緅、缁之间，其六入者与。”或因流次入染，看似黑色，细观略呈暗红即为玄色。其“幽远”之义，或为玄色引申。

释义：“玄”在《诗经》中使用7处，无迭用。

1.黑色（赤黑色），由丝结之色引申。此种用法有6（风2；雅3；颂1）处，如：“我马玄黄”（《周南·卷耳》）；“玄衮及黼”（《小雅·采菽》）；“玄衮赤舄”（《大雅·韩奕》）；“天命玄鸟”（《商颂·玄鸟》）。

2.借作人称。此种用法有1处：“玄王桓拨”（《商颂·长发》）（契称玄王，或因肤色黑而称之）。

旋 音【xuán、xuàn】

古形【甲 金 小篆】

《说文·㫃部》：“旋，周旋，旌旗之指麾（挥）也。”“旋”，甲骨文作“”，上部像指挥的旗子，下面像脚（表示走动），组合在一起表示随着指挥的旗子来回走动。

释义：“旋”在《诗经》中使用6处，无迭用。

转动、回还。此种用法有6（风3；雅3）处，如：“左旋右抽”（《郑风·清人》）；“言旋言归”（《小雅·黄鸟》）。

选(選) 音【xuǎn】

古形【金 小篆】

“选”，繁体作“選”。《说文·辵部》：“選，遣也。一说：择也。”从字形看，“選”由“辵（辶）”和“巽”组成。“辶”同“行”有关；“巽”有“离散”之义，同“辶”组合或表示派遣符合条件的人离开。“選”简化成“选”，或有派遣符合条件的人先行离开的意思。因派遣之人是挑选出来的，故“选”又

有“选择”义，且或为初始意义。

释义：“选”在《诗经》中使用3处，无迭用。

1. 选择。此种用法有2（风1；雅1）处：“不可选也”（《邶风·柏舟》）；“选徒嚣嚣”（《小雅·车攻》）。

2. 与众不同。由选择的结果引申。此种用法有1处：“舞则选兮”（《齐风·猗嗟》）。

穴　音【xué】

古形【金 小篆 】

《说文·穴部》：“穴，土室也。”上古人们多穴居。所谓穴居，就是在生产力水平低下的情况下，人们利用天然洞穴或自己掘土打洞作为居住之地，故许慎云“穴”为“土室”。从字形看，“穴”，金文写作“ ”，像洞穴（土室）入口之形。

释义：“穴”在《诗经》中使用5处，无迭用。

1. 土洞。此种用法有1处：“陶复陶穴”（《大雅·绵》）。

2. 墓穴。或由掘土打洞让故去的人居住引申。此种用法有4（风4）处，如：“死则同穴”（《王风·大车》）。

学(學)　音【xué】

古形【甲 金 小篆 】

“学”，繁体作“學”，由“𦥑”“爻”“冖”和“子”组成。“𦥑”像两只手朝下状，有帮助、提携、教导之义；“爻”代表物象变化、知识无穷；“冖”像一间房屋的侧视图，代表教学或学习之地。“學”的甲骨文写作“ ”，没有“子”（故“學”古又读为‘jiào’，或指教学之地），金文写作“ ”，在“冖”字下面加了个“子”，明确表示这是供孩子们学习的地方。《说文·攴部》：“斆（学），觉悟也。”对孩子进行教育使之觉悟，是“學”之字形意义。《说文》中的“學”字，在旁边还加了个“攴（小击）”，或想表达必要时还要敲击一下。

释义：“学”在《诗经》中使用1处，无迭用。

学习。此种用法有1处：“学有缉熙于光明”（《周颂·敬之》）。

雪　音【xuě】

古形【甲 金 小篆 】

“雪”，甲骨文写作“ ”，由“ ”和“羽”组成。“ （雨）”像雨从天空降落状；“羽（羽）”指羽绒，同“ （雨）”组合表示天空降落的像羽绒状的白色晶体就是雪。“雪”，古作“䨮”，《说文·雨部》：“雪，凝雨。悦物者。”意思是说雪是雨凝结而成的晶体，是给万物带来喜悦的东西。因是“凝雨”，故字从雨；“彗”指彗星，形像扫帚，朱骏声《说文通训定声》：“雨而可彗埽者，雪也。”“彗”同“雨”组合，表示雪又是需要用扫帚来打扫清除的东西。

释义：“雪”在《诗经》中使用9处，无迭用。

雪（天空降落的像羽绒状的白色晶体）。此种用法有9（风3；雅6）处，如：“雨雪其雱”（《邶风·北风》）；

“雨雪霏霏”（《小雅·采薇》）。

谑(謔)　音【xuè】

古形【金　小篆　】

《说文·言部》：“谑，戏也。”从字形看，“谑”，繁体作“謔”，由“言”和“虐”组成。“言”指语言；“虐”有“忽视、侵害”的意思，同“言”组合表示用语言开一种忽视对方感受而使人精神上受到侵害的玩笑。

释义：“谑”在《诗经》中使用6处7次，1处迭用。

戏谑、开玩笑，迭用表示喜乐貌。此种用法有6（风4；雅2）处7次，1处迭用，如：“谑浪笑敖”（《邶风·终风》）；“无然谑谑”（《大雅·板》）。

埙(壎)　音【xūn】

古形【金　小篆　】

埙是汉族特有的闭口吹奏乐器。埙在古代是用陶土烧制而成的一种吹奏乐器，圆形或椭圆形，有六孔（现在有八孔，九孔，十孔，双八度等，六孔埙目前市场上不常见），又称陶埙，以陶制最为普通，也有石制或骨制的埙。从字形看，“埙”由“土”和“员”组成。“土”指陶土；“员”或是“圆”字省写，有“圆（或椭圆）”的意思，同“土”组合表示埙是一种用陶土烧制的圆或椭圆形的吹奏乐器。

释义：“埙”在《诗经》中使用2处，无迭用。

乐器名。此种用法有2（雅2）处：“伯氏吹埙”（《小雅·何人斯》）；“如埙如篪”（《大雅·板》）。

熏　音【xūn】

古形【金　小篆　】

《说文·屮部》：“熏，火烟上出也。从屮，从黑。”从字形看，“熏”由“屮”字变体和“黑”组成。“屮”字本义是草木初生，有上出的意思；“黑”指火熏之色，小篆写作“　”，上面是古“囱”字，下面是“炎（火）”，合起来表示烟囱里被熏后之色，“黑”同“屮”组合，名词动化，表示火烟上出，即利用火烟的热浪熏烧。

释义：“熏”在《诗经》中使用3处4次，1处迭用。

1. 火烟熏烧。此种用法有2（风1；雅1）处：“穹窒熏鼠”（《豳風·七月》）；“忧心如熏”（《大雅·云汉》）。

2. 和悦。或由熏较烧烤柔和引申。此种用法有1处，迭用：“公尸来止熏熏”（《大雅·凫鹥》）。

旬　音【xún】

古形【甲　金　小篆　】

《说文·勹部》：“徧也，十日为旬。”从字形看，“旬”，甲骨文写作“　”，上部是“十”，下部像回环之形，后在中间加个“日”字，表示十日为一旬。许慎云“徧”，或指字形周遍回环；十日为旬即指字义。

释义：“旬”在《诗经》中使用2处，无迭用。

1. 树荫均布。或由字形“日（光）”四周被均匀包裹之相引申。此种用法有1处：“其下侯旬”（《大雅·桑柔》）。

2. 通“徇”，巡。此种用法有1处：“来旬来宣”（《大雅·江汉》）。

询(詢)　音【xún】

古形【金小篆】

“询”由“讠（言）”和“旬”组成。一“旬”有十天，表示众多，同“言”组合有“详细具体地请教探问（言多）”的意思。《说文·言部》：“询，谋也。”有长时间探讨的意思。

释义：“询”在《诗经》中使用3处，无迭用。

询问、请教、商讨。此种用法有3（雅3）处，如：“周爰咨询”（《小雅·皇皇者华》）；“询尔仇方”（《大雅·皇矣》）。

洵　音【xún】

古形【金小篆】

《说文·水部》“洵，㵝水出也。”《段注》：“各本误作‘過水中也’，今正。《释水》曰：‘水自㵝出为洵’。”所谓“㵝”，古同“涡”，有水流回旋之义。从字形看，“洵”由“氵（水）”和“旬”组成。“水”指水流；“旬”，甲骨文写作“”，像回环之形，同“水”组合表示回旋流动之水。

释义：“洵”在《诗经》中使用10处，无迭用。

1. 借作副词，有“确实、实在”之义。此种用法有9（风9）处，如：“洵美且异”（《邶风·静女》）。

2. 借为“惸”，孤独。此种用法有1处：“于嗟洵兮”（《邶风·击鼓》）。

郇　音【xún】

古形【金小篆】

“郇”由“旬”和“阝（邑）”组成。“旬”字的本义为“十日之期”。安子介先生《解开汉字之谜》：“‘旬’字被作为部件，它的含义则变成‘十天或类似之意’或为‘限制’。”“郇”多认为是中国周代诸侯国名，一般的诸侯国，多为分封，“郇”即周文王第十七子姬荀的封地。“阝（邑）”表示城邑；同“旬”组合或表示限制之地。当然，分封本来就有限制之嫌，或因姬荀的受封的限制更明显一点，故以“郇”称之。

释义：“郇”在《诗经》中使用1处，无迭用。

借作国名、姓。此种用法有1处：“郇伯劳之”（《曹风·下泉》）（古郇国位于现临猗县和新绛县一带）。

寻(尋)　音【xún】

古形【甲金小篆】

“寻”，甲骨文写作“”，左边的“”像人抻着指爪，张开手臂之状；右边的“”像一张凉席，组合起来表示用手臂测量席子的尺寸。或因人两臂长度约八尺（古一尺约20 cm），故“寻”又借作长度单位，一寻表示八尺。

释义：“寻”在《诗经》中使用1处，

无迭用。

八尺。或由手臂张开的长度引申。此种用法有1处："是寻是尺"（《鲁颂·閟宫》）。

训(訓)　音【xùn】

古形【金　小篆　】

《说文·言部》："训，说教也。"《段注》："说教者说释而教之，必顺其理。"从字形看，"训"由"言"和"川"组成。"言"指用语言说教；"川"是"顺"字省写，指理顺，同"言"组合表示说教合乎道理。

释义："训"在《诗经》中使用3处，无迭用。

1.说教、教导。此种用法有1处："古训是式"（《大雅·烝民》）。

2.顺应、服从。由说教符合道理而使受教者顺应引申。此种用法有2（雅1；颂1）处："四方其训之"（《大雅·抑》）；"四方其训之"（《周颂·烈文》）。

讯(訊)　音【xùn】

古形【甲　金　小篆　】

"讯"，甲骨文写作"　"，左边是一个"口"字，代表审问，后写作"言"，表示语言对话；右边的"　"，像一个双手被绑缚的人，代表俘虏，同"口（言）"组合表示审问俘虏。《说文·言部》："讯，问也。"或是"讯"之引申义，泛言问。

释义："讯"在《诗经》中使用7处，无迭用。

1.问。由特指到泛言引申。此种用法有1处："讯之占梦"（《小雅·正月》）。

2.被讯之人。由词性转换（动—名）引申。此种用法有3（雅3）处，如："执讯获丑"（《小雅·出车》）；"执讯连连"（《大雅·皇矣》）。

3.同"谇"，责骂、劝谏。此种用法有3（风2；雅1）处，如："歌以讯之"（《陈风·墓门》）；"莫肯用讯"（《小雅·雨无正》）。

Y

牙 音【yá】

古形【金 小篆 】

“牙”，俗称牙齿，是人和高等动物口腔中咬切、咀嚼食物的器官，由坚固的骨组织和釉质构成。“牙”和“齿”又是两个不同的概念，“牙”指的是牙床后面的大槽牙；“齿”则指的是中间一排门牙，二者合称牙齿。从字形看，“牙”，金文写作“ ”，像槽牙上下交错的样子。一般在行文或口语中所说的“牙”，多为“牙齿”。

释义：“牙”在《诗经》中使用3处，无迭用。

1. 牙齿。此种用法有1处：“谁谓鼠无牙”（《召南·行露》）。

2. 帮凶。由牙可咬切行凶引申。此种用法有1处：“予王之爪牙”（《小雅·祈父》）。

3. 像牙（锯齿）形。由牙交错状引申。此种用法有1处：“崇牙树羽”（《周颂·有瞽》）。

雅 音【yǎ】

古形【金 小篆 】

“雅”字或源于古代的舞蹈—万舞。万舞，是一种场面非常盛大的乐舞，一般由两个环节组成：先是武舞，舞者手拿兵器起舞；后是文舞，舞者持鸟羽和乐器起舞。或因武舞舞者举兵器如牙；文舞舞者持羽如鸟（隹），由此组成“雅”字。又因据说这种乐舞由武王所创，故有高雅、文雅之义。

释义：“雅”在《诗经》中使用1处，无迭用。

高雅（万舞舞乐）。此种用法有1处：“以雅以南”（《小雅·鼓钟》）。

亚(亞) 音【yà】

古形【甲 金 小篆 】

“亚”，甲骨文写作“ ”，像古代聚族而居的大型建筑平面图形。殷代的城郭、庙堂、世室及帝王坟墓，其布局也多为此形。

释义：“亚”在《诗经》中使用2处，无迭用。

1. 次。或因建筑结构按此图布局略有欠缺引申。此种用法有1处：“侯亚侯旅”（《周颂·载芟》）。

2. 通“娅”，姐妹之夫相互的称谓。此种用法有1处：“琐琐姻亚”（《小雅·节南山》）。

咽 音【yān、yàn、yè】

古形【金 小篆 】

“咽”指的是口腔后部主要由肌肉和黏膜构成的管子，主要由三部分构成：上段跟鼻腔相对叫鼻咽；中段同口腔相对叫口咽；下段在喉的后部叫喉咽。咽是呼吸道和消化道的共同通路，也叫咽头。从字形看，“咽”由“口”和“因”组成。“口”指口腔；“因”有“凭借、

依靠”的意思，同“口”组合表示“咽”是口腔中维系生命的重要通道，依靠它输送氧气和食物。

释义：“咽”在《诗经》中使用2处4次，均选用。

借作象声词。此种用法有2（颂2）处4次，均选用，如：“鼓咽咽”（《鲁颂·有駜》）。

燕　音【yān、yàn】

古形【金 小篆 】

《说文·鸟部》：“燕，玄鸟也。籋（小钳）口、布翅、枝尾。”所谓“玄鸟”，即赤黑色的鸟。从字形看，“燕”，小篆写作“”，像一只燕形：上部的“廿”表示钳口；中间的“”像燕身和展开的双翅；下面的“”像枝条一样剪状的尾巴。燕，俗称燕子，捕食昆虫，是一种益鸟。

释义：“燕”在《诗经》中使用38处42次，4处选用。

1.燕子。此种用法有3（风3）处6次，均选用，如：“燕燕于飞”（《邶风·燕燕》）。

2.俊、乐、安。由词性转换（名—形）引申，有“像……燕（俊、乐、安）”义。此种用法有13（风3；雅8；颂2）处14次，1处选用，如：“燕婉之求”（《邶风·新台》）；“燕笑语兮”（《小雅·蓼萧》）；“以燕翼子”（《大雅·文王有声》）；“鲁侯燕喜”（《鲁颂·閟宫》）。

3.通“宴”，宴饮。此种用法有21（雅20；颂1）处，如：“备言燕私”（《小雅·楚茨》）；“侯氏燕胥”（《大雅·韩奕》）；“在公载燕”（《鲁颂·有駜》）。

4.借为国名。此种用法有1处：“燕师所完”（《大雅·韩奕》）（燕：国名，周代诸侯国，在今河北北部和辽宁西部，姬姓，开国君主是召公奭）。

奄　音【yān、yǎn】

古形【金 小篆 】

《说文·大部》：“奄，覆也。大有余也。又，欠也。从大从申。申，展也。”从这段话可以看出，“奄”有三个意思：“覆盖”“有余”和“欠”。《段注》：“覆乎上者，往往大乎下。”故“奄”用“大”在上表示覆盖；上大下小盖有余，所以覆盖和有余存在因果关系。“奄”字下为“申（伸展）”，因覆盖而阻碍伸展，故桂馥《说文解字义证》云：“（欠）谓欠伸也。”

释义：“奄”在《诗经》中使用10处，无选用。

1.覆盖、包括。此种用法有6（雅1；颂5）处，如：“奄有四方”（《大雅·皇矣》）；“奄有九有”（《商颂·玄鸟》）。

2.尽。或由盖无不尽引申。此种用法有1处：“奄受北国”（《大雅·韩奕》）。

3.同“淹”，久。此种用法有1处：“奄观铚艾”（《周颂·臣工》）。

4.借作人名。此种用法有2（风2）处，如：“子车奄息”（《秦风·黄鸟》）（奄息：人名，姓子车，秦国大夫）。

焉　音【yān】

古形【金　小篆　】

“焉”，金文写作“　”，像一只头部平正的鸟的形状。《说文·乌部》：“焉，焉鸟，黄色，出于江淮。”安子介先生《解开汉字之谜》：“‘焉’字的原意是长尾鸟。”头部异形、黄色、长尾，出于江淮，是焉鸟的一般信息。《康熙字典》引《禽经》云：“黄凤谓之焉。”“黄凤”为何物，已不可考。一说“焉”字上为“正”字，“正”即“征”的古字，“焉”即为远征之鸟，也就是一种候鸟，且为黄色，可能为黄鹂之类，此也只是可能之说。故《段注》云：“今未审何鸟也。”“焉”到底指什么鸟，或有待研究鸟类的专家们考证。

释义：“焉”在《诗经》中使用25处，无迭用。

1. 借作代词、疑问代词，有“此、这里、哪里”等意思。此种用法有3（风1；雅2）处，如：“焉得谖草”（《卫风·伯兮》）；“于焉逍遥”（《小雅·白驹》）。

2. 借作语气词。此种用法有22（风13；雅9）处，如：“亦已焉哉”（《卫风·氓》）；“惄焉如捣”（《小雅·小弁》）。

严(嚴)　音【yán】

古形【金　小篆　】

“严”，繁体作“嚴”，金文写作“　”，“　”像山崖乱石压迫之形；“　”像人持帚击打之状；“　”像开口训斥。《说文·吅部》：“教命急也。”教育孩子又是责骂（　）；又是击打（　），势如乱岩压顶（　），虽然严厉但是未免急躁了一点，故许慎谓之“教命急”。“嚴”字成字，不仅体现了其意义，还带有造字人的评价意见。

释义：“严”在《诗经》中使用3处，无迭用。

1. 严厉、威严。此种用法有2（雅2）处：“有严有翼”（《小雅·六月》）；“有严天子”（《大雅·常武》）。

2. 通“俨”，恭敬、肃敬。此种用法有1处：“下民有严”（《商颂·殷武》）。

言　音【yán】

古形【甲　金　小篆　】

“言”，甲骨文写作“　”，刘兴隆《新编甲骨文字典》：“　（舌）前加一横作言（言），示言从舌出，由于语言有声音，所以卜辞音、言一字，通假得理。”《说文·言部》：“直言曰言，论难曰语。”由此可知，“言”即人“说话”，和“语”不同的是，“言”无需高谈阔论、引经据典，也无应答要求，犹言告知。

释义：“言”在《诗经》中使用177处179次，2处迭用。

1. 说、直言、告知（迭用表示许多人说话）。此种用法有22（风9；雅12；颂1）处23次，1处迭用，如：“言告师氏”（《周南·葛覃》）；“发言盈庭”（《小雅·小旻》）；“于时言言”（《大雅·公刘》）；“永言保之”（《周颂·载见》）。

2. 话、说的话。由词性转换（动—名）引申。此种用法有61（风18；雅

42；颂1）处，如：“中冓之言”（《鄘风·墙有茨》）；“好言自口”（《小雅·正月》）；“先民有言”（《大雅·板》）；“鬷假无言”（《商颂·烈祖》）。

3.借作语助词“焉”，乃（其中或有告知的成分）。此种用法有92（风44；雅38；颂10）处，如：“言刈其楚”（《周南·汉广》）；“薄言还归”（《小雅·出车》）；“永言孝思”（《大雅·下武》）；“言观其旂”（《鲁颂·泮水》）。

4.迭用如“孽孽”，将坏的样子。此种用法有1处，迭用：“崇墉言言”（《大雅·皇矣》）。

5.借作地名。此种用法有1处：“饮饯于言”（《邶风·泉水》）。

岩(巖)　音【yán】

古形【金 小篆 】

“岩”有两个异体字分别是“巖”和“嵒”。《说文·山部》：“巖，岸也。”或可理解为水边之山崖。又“嵒，山嵒也。从山、品。”徐铉注曰：“从品，山像巖厓连属之形。”两字同属一义，只不过从品之“嵒”中的“品”从甲骨文字形“（嵒）”看，像连绵之石山状，视觉上较之崖岸（巖）要长一点。或因崖岸多为石山，故后来简化为“岩”，用“山”和“石”表示，并包含了两个字的意思。

释义：“岩”在《诗经》中使用2处4次，均迭用。

1.石山（迭用表示山石堆积貌）。此种用法有1处，迭用：“维石岩岩”（《小雅·节南山》）。

2.高峻（迭用表示高峻貌）。或由崖岸看上去显得高峻引申。此种用法有1处，迭用：“泰山岩岩”（《鲁颂·閟宫》）。

炎　音【yán】

古形【甲 金 小篆 】

“炎”由两个“火”字叠加而成。“火”甲骨文写作“”，像物体燃烧时产生的光焰之状。两个“火”字光焰更盛，表示熊熊火焰直往上蹿。故《说文·火部》：“炎，火光上也。”

释义：“炎”在《诗经》中使用2处3次，1处迭用。

1.火光向上升腾、大火。此种用法有1处：“秉畀炎火”（《小雅·大田》）。

2.炽热。由大火的热度引申。此种用法有1处，迭用：“赫赫炎炎”（《大雅·云汉》）。

筵　音【yán】

古形【金 小篆 】

《说文·竹部》：“筵，竹席也。”从字形看，“筵”由“竹”和“延”组成。“竹”指竹制；“延”有延伸义，同“竹”组合表示用竹编制，可以展开延伸的席子。筵席是古时铺在地上供人坐的垫底的竹席，古人席地而坐，设席不止一层。紧靠地面的一层称筵，筵上面的称席。

释义：“筵”在《诗经》中使用5处，无迭用。

1.竹制的垫席。此种用法有2（雅2）处，如：“肆筵设席”（《大雅·行苇》）。

2. 设筵、入席（古人一般坐地宴饮）。由词性转换（名—动）引申。此种用法有3（雅3）处，如："宾之初筵"（《小雅·宾之初筵》）；"俾筵俾几"（《大雅·公刘》）。

颜(顏)　音【yán】

古形【金 小篆 】

"颜"由"彦"和"页"组成。"彦"本义指才德出众。《尔雅·释训》："美士为彦。"才德出众之人，言行举止都给人一种美感，故云美士。"页"甲骨文写作"　"，像一个人突出表现了头部之像，本义是"头"，同"彦"组合表示人的容貌美。《说文·页部》："颜，眉目之间也。"一般看人，首先看人的眉眼，扫过双眼，一定包括眉眼之间，眼美则容颜美。我们通常说眼睛是心灵的窗户，人的内在美，也可以通过两只眼睛表现出来。因此，眉眼之间（重在眉眼包括其间）是判断美颜（容貌）和美士（才德）的主要部位，故许慎以此为"颜"。

释义："颜"在《诗经》中使用6处，无迭用。

面容、容貌、才德。此种用法有6（风4；雅2）处，如："颜如舜英"（《郑风·有女同车》）；"颜如渥丹"（《秦风·终南》）；"颜之厚矣"（《小雅·巧言》）；"辑柔尔颜"（《大雅·抑》）

俨(儼)　音【yǎn】

古形【金 小篆 】

《尔雅·释诂》："俨，敬也。"从字形看，"俨"由"亻（人）"和"严"组成。"严"有严肃、庄重的意思，同"亻"组合表示人庄重、恭敬。

释义："俨"在《诗经》中使用1处，无迭用。

庄重、恭敬。此种用法有1处："硕大且俨"（《陈风·泽陂》）。

衍　音【yǎn】

古形【金 小篆 】

《说文·水部》："衍，水朝宗于海也。"意思是说，"衍"指的是水循着河道像诸侯朝见天子一样流向大海。从字形看，"衍"由"氵（水）"和"行"组成。"行"有行走义，指水流动状，同"氵"组合表示水向大海流动。

释义："衍"在《诗经》中使用5处，无迭用。

1. 多、溢出。或由水多引申。此种用法有3（风2；雅1）处，如："蕃衍盈匊"（《唐风·椒聊》）；"酾酒有衍"（《小雅·伐木》）。

2. 过、走远路。或由水行引申。此种用法有2（雅2）处，如："既衍尔止"（《大雅·荡》）。

偃　音【yǎn】

古形【金 小篆 】

《说文·人部》："偃，僵也。"朱骏声《说文通训定声》："却偃（向后仰卧）曰僵，前覆（向前仆地）曰仆。"现在一般认为"向后仰卧"是"僵"之本义。

从字形看，“偃”由“亻（人）”和“匽”组成。“匽”由“匚”和“晏”组成。安子介先生在《解开汉字之谜》中说：“‘晏’（上为日下为女）为非字，和另一个非字‘匚’结合就成为‘匽’……由于这样的组合，字义变成‘躺低’，像太阳（日）或跳舞女子（女）藏在‘匚’内，不易见到。”“匽”同“亻（人）”组合表示人躺低即向后仰卧。

释义：“偃”在《诗经》中使用2（雅2）处，无迭用。

仰卧。此种用法有2处，如：“或栖迟偃仰”（《小雅·北山》）

渰 音【yǎn】

古形【小篆渰】

《说文·水部》：“渰，云雨貌。”从字形看，“渰”由“氵（水）”和“弇”组成。“氵（水）”指云是水的一种形态；“弇”字上为“合（聚合）”、下为“廾（像双手合拢）”，组合起来有遮蔽之义，同“氵”组合表示云气兴起，遮蔽了整个天空，如《段注》所言：“此山雨欲来风满楼之像也。”

释义：“渰”在《诗经》中使用1处，无迭用。

云兴起貌。此种用法有1处：“有渰萋萋”（《小雅·大田》）。

檿 音【yǎn】

古形【小篆檿】

檿木，又称山桑，属一种落叶乔木，叶互生，内皮可做纸，木材坚韧，可做弓、车辕。《尚书·禹贡》里有“莱夷作牧，厥篚檿丝”之说，其中的“檿丝”指蚕食山（檿）桑叶所吐的丝、可供织作，制琴弦最佳。因此常以“檿丝”借指琴弦或奏出美妙乐曲的弦乐。从字形看，“檿”由“厭”和“木”组成。“厭”有美好的意思，同“木”组合或表示木质坚韧，可作弓、辕，其叶供蚕食吐丝不仅可供织作，且可制琴弦奏出美妙音乐的树木。

释义：“檿”在《诗经》中使用1处，无迭用。

木名：山桑。此种用法有1处：“其檿其柘”（《大雅·皇矣》）。

鰋 音【yǎn】

古形【缺】

鰋指鲇鱼，又称鲶鱼，是一种鲇形目的鱼类。此鱼的显著特征是周身无鳞，身体表面多黏液，头扁口阔，上下颌有四根胡须，上背较黑，腹面白色尾圆而短，不分叉，背鳍小，臀鳍与尾鳍相连。生活在河湖池沼等处，白昼潜伏水底泥中，夜晚出来活动，吃小鱼、贝类、蛙等。从字形看，“鰋”有“鱼”和“匽”组成，“匽”有“躺低”的意思，同鱼组合或表示这是一种喜欢白天潜伏水底泥中的鱼。

释义：“鰋”在《诗经》中使用2处，无迭用。

鲇鱼。此种用法有2（雅1；颂1）处：“鰋鲤”（《小雅·鱼丽》）；“鲦鲿鰋鲤”（《周颂·潜》）。

巘 音【yǎn】

古形【小篆】

“巘”的意思为大山上的小山。《康熙字典》引《广韵》：“（巘）山形如甑，一曰山峰。”甑是中国古代的一种蒸食用具，是放在甗（炊具）的上半部分。“巘”就像甑（小山）搁置在甗（大山）之上。或因古“甗”字义为用甗烹狗，同“甗”义通，后在“甗”旁加“山”作“巘”以表示山形。《说文》未收录“巘”字，或如“甗”。《段注》在“甗”字条云：“山名甗者亦尔，俗作巘。”

释义：“巘”在《诗经》中使用1处，无迭用。

大山上的小山。此种用法有1处：“陟则在巘”（《大雅·公刘》）。

厌(厭) 音【yàn】

古形【金小篆】

“厌”繁体作“厭”，由“厂”和“猒（一说‘猒’即‘厭’本字）”组成。“厂”，小篆作“”，像山崖形；“猒”，金文写作“”，左边像一头猛兽正大口（小篆写成了‘甘’）撕咬状；右边像一条被吞食的狗。《说文·甘部》：“猒，饱也。”吞食如此一条大狗，无疑饮食过量，饱了。《说文·厂部》：“厭，笮也。”所谓“笮”，有“挤压、压榨”之义，本来“猒”因饮食过量有一种由内而外的挤压感，同“厂”组合又有了一层外来的压力即表示内外兼压，故云“笮”也。

释义：“厌”在《诗经》中使用7处11次，4处迭用。

1.厌恶。或由内外受压产生反感引申。此种用法有1处：“我龟既厌”（《小雅·小旻》）。

2.满足。或由“猒”指饱食而满足引申。此种用法有2（雅2）处，均迭用：“厌厌夜饮”（《小雅·湛露》）。

3.美好。由满足而感觉美好引申。此种用法有3（风1；颂2）处5次，2处迭用，如：“厌厌良人”（《秦风·小戎》）；“有厌其杰”（《周颂·载芟》）。

4.同“湆”，阴湿。此种用法有1处：“厌浥行露”（《召南·行露》）。

彦 音【yàn】

古形【金小篆】

《说文·彣部》：“彦，美士有文，人所言也。从彣厂（hàn）声。”意思是说贤德有文采的人，是人们赞美的对象。从字形看，“彦”由“彣”和“厂”组成。“彣”有文采义，代表有才有德之人；“厂”繁体作“廠”或同“广”，可理解成广泛之义，同“彣”组合表示被广泛称颂的才德之人。

释义：“彦”在《诗经》中使用1处，无迭用。

才德之人。此种用法有1处：“邦之彦兮”（《郑风·羔裘》）。

艳(豔) 音【yàn】

古形【小篆】

“艳”繁体作“豔”，由“豊”和

“盍”组成。“豊（丰）”有“丰富”义；“盍”有“聚合”义，同“丰”组合表示聚合了丰富的色彩。简化字“艳”就更加明确表达了“色彩丰富”的意思。

释义：“艳”在《诗经》中使用1处，无迭用。

色彩丰富艳丽。此种用法有1处：“艳妻煽方处”（《小雅·十月之交》）。

晏 音【yàn】

古形【金小篆】

《说文·日部》：“晏，天清也。”天空清朗曰晏。从字形看，“晏”由“日”和“安”组成。“日”指太阳；“安”有“清闲、安详”的意思，同“日”组合或表示风和日丽、万里无云，唯有太阳清闲安详地高挂在天空。

释义：“晏”在《诗经》中使用2处3次，1处迭用。

和悦、光洁。由天空清朗引申。此种用法有2（风2）处3次，1处迭用，如：“言笑晏晏”（《卫风·氓》）。

唁 音【yàn】

古形【金小篆】

《说文·口部》：“唁，弔生也。”《段注》：“弔失国曰唁。此言弔生者，以弔生者为唁、别于弔死者为弔也。”所谓“弔生”，或有两层意思：一是弔生，即因失国等灾难之事，前去探望、慰问当事人；二是弔死，即遇有丧事，前去凭吊即慰问其亲人。无论弔生、弔死，都要说些安慰之词，故“唁”由“口”和“言”组成。

释义：“唁”在《诗经》中使用2处，无迭用。

吊问别人的灾难或丧事。此种用法有2（风1；雅1）处：“归唁卫侯”（《鄘风·载驰》）；“不入唁我”（《小雅·何人斯》）。

宴 音【yàn】

古形【金小篆】

《说文·宀部》：“宴，安也。”从字形看，“宴”由“宀”“日”和“女”组成。“宀”，小篆作“冂”，像屋之形；“日”指日落。在那种“男主外、女主内”的年代，男子在外劳作一天，日落（日）之时回到家（宀），同妻子（女）一道宴饮、休息为主，或谓之“安”。

释义：“宴”在《诗经》中使用5处，无迭用。

1. 宴饮、居息。此种用法有1处：“君子维宴”（《小雅·頍弁》）。

2. 乐、快乐。或由劳累过后的宴饮、歇息是一种乐趣引申。此种用法有4（风4）处，如：“总角之宴”（《卫风·氓》）。

雁 音【yàn】

古形【金小篆】

雁是一种候鸟，外形略像鹅，颈和翼较长，足和尾较短，羽毛淡紫褐色。善于游泳和飞行。常见的有鸿雁、白额雁等。从字形看。“雁”，金文写作“”，由“（人）”和“（鸟）”组成。

“人”指人形，同“鸟”组合表示这是一种飞行时通常排成人字形的鸟。后传写中“人”写作“厂”，又另加“亻（人）”以强调候鸟阵形的人形特征。

释义：“雁”在《诗经》中使用6处，无选用。

鸟名。此种用法有6（风3；雅3）处，如：“雝雝鸣雁”（《邶风·匏有苦叶》）；“鸿雁于飞”（《小雅·鸿雁》）。

央　音【yāng】

古形【甲 金 小篆 】

《说文·冂部》：“央，中央也。”从字形看，“央”，甲、金文多写作“ ”由“ （人）”和后来写成“冂”的两端各有一竖笔的横形图样组成。根据这个字样，有说似“枷”，“ （央）”为人戴枷之状，因戴枷时人头在枷正中间，所以“央”有“正中间”之义。刘兴隆《新编甲骨文字典》：“ （央）或曰像一人肩挑扁担，以示头在中央。”此解也不影响“央”字“正中间”之义，但较之“戴枷”说，要和缓许多。

释义：“央”在《诗经》中使用6处10次，4处选用。

1.正中、中央。此种用法有5（风1；雅4）处8次，3处选用，如：“宛在水中央”（《秦风·蒹葭》）；“旗旐央央”（《小雅·出车》）。

2.借作象声词。此种用法有1处，选用：“和铃央央”（《周颂·载见》）。

泱　音【yāng】

古形【金 小篆 】

《说文·水部》：“泱，滃也。”所谓“滃”，形容水盛。从字形看，“泱”由“氵（水）”和“央”组成。“央”指正中间，一般水中央的水较深，且连接大片的水域，所以同“氵（水）”组合即表示水深且盛。

释义：“泱”在《诗经》中使用3处6次，均选用。

水深且盛。此种用法有3（雅3）处，均选用，如：“维水泱泱”（《小雅·瞻彼洛矣》）。

鸯　音【yāng】

古形【金 小篆 】

“鸯”指鸳鸯，一般雄谓鸳、雌谓鸯。这是一种出双入对的鸟类，作为经常出现在古代中国神话传说和文学作品中的爱情鸟，人们常用鸳鸯来比喻男女之间的爱情。从字形看，“鸳鸯”二字均从“鸟”，其中“鸳”上之“夗”，或可看作并立之二鸟之状；“鸯”上之“央”有“中央”之义，正如《本草纲目》所言：“鸳鸯终日并游，有宛在水中央之意也。”

释义：“鸯”在《诗经》中使用3处，无选用。

鸳鸯。此种用法有3（雅3）处，如：“鸳鸯在梁”（《小雅·白华》）。

鞅　音【yāng】

古形【金 小篆 】

《说文·革部》：“鞅（古读yǎng），

颈靼也。”所谓“颈靼”，指的是套在牛马颈上的柔软皮革。从字形看，“鞅”由“革”和“央”组成。“革”指柔软的皮革；“央”有“中央”义，同“革”组合或表示套在牛马颈上中央的柔软皮革。

释义：“鞅”在《诗经》中使用1处，无迭用。

（或如马不离鞅一样）人身不离鞍（犹言忙碌）。由词性转换（名—形）引申。此种用法有1处：“或王事鞅掌”（《小雅·北山》）。

扬(揚) 音【yáng】

古形【金小篆】

“扬”，繁体作“揚”。《说文·手部》：“扬，飞、举也。”朱骏声《说文通训定声》：“举者本义，飞者假借。”从字形看，“揚”由“扌（手）”和“昜”组成，“昜”有“散开”义，同“扌”组合表示用手向上抛举使物体散开。

释义：“扬”在《诗经》中使用25处，无迭用。

1. 举起、扬起。《诗经》中有2（雅2）处，如：“不可以簸扬”（《小雅·大东》）；“干戈戚扬”（《大雅·公刘》）。

2. 宣扬。或由用言词使其播散引申。此种用法有1处：“对扬王休”（《大雅·江汉》）。

3. 旺、高。由词性转换（动—形）引申。此种用法有5（风2；雅3）处，如：“以伐远扬”（《豳风·七月》）；“载飞载扬”（《小雅·沔水》）；“时维鹰扬”（《大雅·大明》）。

4. 借为“荥”，小水沟。此种用法有8（风8）处，如：“扬之水”（《王风·扬之水》）。

5. 借为“玚”，玉名。此种用法有2（风2）处，如：“扬且之皙也”（《鄘风·君子偕老》）。

6. 借为“伤”。言不损兵折将。此种用法有1处：“不吴不扬”（《鲁颂·泮水》）。

7. 借为“阳”，明。此种用法有6（风6）处，如：“清扬婉兮”（《齐风·猗嗟》）。

杨(楊) 音【yáng】

古形【金小篆】

“杨”繁体作“楊”。《尔雅·释木》：“楊，蒲柳。”蒲柳又称水杨，是生长于水边的一种植物。从字形看，“楊”由“木”和“昜”组成。“昜”有散开义，同“木”组合或表示这是一种枝条散开垂于水面的木本植物。“杨”后来多为一切杨柳科杨属植物的泛称。

释义：“杨”在《诗经》中使用8处，无迭用。

1. 杨树、杨柳。此种用法有7（风3；雅4）处，如：“隰有杨”（《秦风·车邻》）；“杨柳依依”（《小雅·采薇》）。

2. 借作园名。此种用法有1处：“杨园之道”（《小雅·巷伯》）。

羊 音【yáng】

古形【甲金小篆】

羊是家畜的一种，反刍类哺乳动物一般头上有一对角，品种很多，如绵羊、

黄羊、羚羊等。从字形看，“羊”，甲骨文写作“羊”，金文写作“羊”，小篆写作“羊”，古今基本无变化，像一只羊的简单图形，上部两个弯曲状的线条表示一对羊角，这是羊这种家畜的典型特征。

释义：“羊”在《诗经》中使用16处，无迭用。

一种家畜。此种用法有16（风6；雅8；颂2）处，如：“羊牛下来”（《王风·君子于役》）；“絜尔牛羊”（《小雅·楚茨》）；“牛羊勿践履”（《大雅·行苇》）；“维羊维牛”（《周颂·我将》）。

洋　音【yáng】

古形【金洋小篆洋】

在中国古人水体等级概念中，“池”指超大的潭；“湖”指超大的池；“海”指超大的湖；“洋”指超大的海。从字形看，“洋”由“氵（水）”和“羊”组成。“氵（水）”指水体；“羊”古同“祥”，有安祥义，同“氵（水）”组合表示广阔深沉而又安祥的水体，即海洋。

释义：“洋”在《诗经》中使用4处8次，均迭用。

1. 水大貌。由海洋水广盛引申。此种用法有2（风2）处4次，均迭用，如：“河水洋洋”（《卫风·硕人》）。

2. 盛大、广大。由水盛转指为事物、场面盛大引申。此种用法有2（雅1；颂1）处4次，均迭用：“牧野洋洋”（《大雅·大明》）；“万舞洋洋”（《鲁颂·閟宫》）。

阳(陽)　音【yáng】

古形【金陽小篆陽】

“阳”，繁体作“陽”，由“阝（阜）”和“昜”组成。“阝（阜）”有土山之义，泛指地方；“昜”有散开义，字上有“日”，表示太阳散照，同“阝”组合表示太阳照射到的地方。一般水之北、山之南太阳都能长时间照射。故山南、水北均可谓之陽。《说文·阜部》：“陽，高、明也。”《段注》：“不言山南曰昜（陽）者，阴之解可错见也。”《说文》“阴”条下云：“阴，闇（幽暗）也，水之南、山之北也。”“陽”条下不言“山之南、水之北”，皆因古人认为世间万物皆阴阳对立而生，为避免重复故不言。太阳从东方升起到西方落下，由于角度的原因，一般山南和水北（山水相依，山南必为水北）日照时间最长，“陽”简化为“阳”，可理解为日照（日）时间最长的地方（阝）。《说文》中的“高”，应为本义；“明”或是引申义。

释义：“阳”在《诗经》中使用20处21次，1处迭用。

1. 高地、日照时间最长的地方（山之南、水之北）。此种用法有8（风3；雅4；颂1）处，如：“在南山之阳”（《召南·殷其雷》）；“至于泾阳”（《小雅·六月》）；“在洽之阳”（《大雅·大明》）；“居岐之阳”（《鲁颂·閟宫》）。

2. 鲜明、温暖。由阳光带来的感觉引申。此种用法有5（风2；雅2；颂1）处6次，1处迭用，如：“春日载阳”（《豳风·七月》）；“岁亦阳止”（《小雅·采薇》）；“龙旂阳阳”（《周颂·载见》）。

3. 同“日”，太阳。此种用法有3（雅3）处，如：“匪阳不晞”（《小雅·湛露》）；“于彼朝阳”（《大雅·卷阿》）。

4. 同“洋”。阳阳即洋洋，喜。此种用法有1处，迭用：“君子阳阳”（《王风·君子阳阳》）。

5. 借作山名，此种用法有3（风3）处：“首阳之巅”（《唐风·采苓》）。

仰 音【yǎng】

古形【金 小篆 】

《说文·人部》：“仰，举也。”所谓“举”，指举首，即抬头。从字形看，“仰”由“亻（人）”和“卬”组成。“卬”即“昂”字，有抬起的意思，同“亻”组合表示人把头抬起来。

释义：“仰”在《诗经》中使用2处，无迭用。

抬头、面朝上。此种用法有2（雅2）处：“高山仰止”（《小雅·车辖》）。

养(養) 音【yǎng】

古形【甲 金 小篆 】

“养”，甲骨文写作“ ”，商承祚《说文中之古文考》：“像以手持鞭而牧羊。”本义或为放羊、养羊。后写作“養”，扩大了“養”字内涵。《说文·食部》：“養，供養也。”在有“饲养动物”的同时，还泛指生养、抚育、培育等。

释义：“养”在《诗经》中使用2处3次，1处迭用。

1. 养育、教养。此种用法有1处：“遵养时晦”（《周颂·酌》）。

2. 借为“恙”，忧。此种用法有1处，迭用：“中心养养”（《邶风·二子乘舟》）。

痒(癢) 音【yǎng】

古形【金 小篆 】

痒，现在一般指的是皮肤不适，因血气不畅或外部刺激而产生的一种想抓挠的感觉。“痒”，繁体作“癢”，由“疒（病）”和“養”组成。“養（养）”有调养的意思，或省写作“羊”，同“疒（病）”组合表示这是一种需要调养血气的病。《说文·疒部》：“癢，疡也。”所谓“疡”指头疮。据隋·巢元方《诸病源候论》（又称《巢氏病源》）记载：“小儿头疮候：腑脏有热，热气上冲于头，而复有风湿乘之，湿热相搏折血气而变生疮也。”可知头疮也是因气血不畅引发的疾病，同痒之病理一样有包且痒，故可视为一字两义。被蚊虫叮咬也痒，但不为病，挠挠即可。大凡痒之成病者，多以调养气血治之。

释义：“痒”在《诗经》中使用2处，无迭用。

（需要调养气血的）病。此种用法有2（雅2）处：“癙忧以痒”（《小雅·正月》）；“稼穑卒痒”（《大雅·桑柔》）。

夭 音【yāo】

古形【金 小篆 】

“夭”，小篆写作“ ”，像人头歪曲

的样子；甲骨文写作“”，李孝定《甲骨文字集释》：“夭像走时两臂摆动之形。”无论是头部歪曲还是双臂弯曲摆动，都有“曲”义。故《说文 · 夭部》云：“夭，屈也。”曲折、弯曲是“夭”之字形意义。

释义：“夭”在《诗经》中使用9处13次，4处迭用。

1. 曲折、弯曲。此种用法有8（风8）处12次，4处迭用，如：“桃之夭夭”（《周南 · 桃夭》）。

2. 借为“妖”，妖魔。此种用法有1处：“夭夭是椓”（《小雅 · 正月》）。

葽 音【yāo】

古形【小篆】

《说文 · 艸部》：“葽，草也。”《康熙字典》引《笺》曰：“物成自秀葽始。”从字形看，“葽”由“艹（草）”和“要”组成。“艹”指草本植物；“要”有“将要”的意思，同“艹”组合表示这是一种最先感知阳气的草，此草开始抽穗，标志着万物都将开始生成。葽到底为何草，争议颇大，有说葽指苦葽；有说狗尾草；有说油菜；有说远志即药草名……不管为何草，每年（农历）四月最先抽穗或是此草重要特征之一。

释义：“葽”在《诗经》中使用1处，无迭用。

草名。此种用法有1处：“四月秀葽”（《豳风 · 七月》）。

喓 音【yāo】

古形【缺】

“喓”多指虫的鸣叫声。从字形看，由“口”和“要”组成。“口”指叫声从口中发出，“要”音“yāo”，或如虫鸣之声近，同“口”组合表或示小虫口中发出的近似“yāo yāo”之声。

释义：“喓”在《诗经》中使用2处4次，均迭用。

虫鸣声。此种用法有2（风1；雅1）处4次，均迭用：“喓喓草虫”（《召南 · 草虫》）；“喓喓草虫”（《小雅 · 出车》）。

肴(殽) 音【yáo】

古形【金小篆】

“肴”和“殽”古或为两个字。《说文 · 肉部》：“肴，啖也。”《段注》：“当云啖肉也。”意思是“可食之熟肉”。又“殽，相杂错也。”从字形看，“肴”，由“爻”和“月（肉）”组成，“爻”有万物变动之义，同“月（肉）”组合，或表示肉由生变熟，为可食之肉。“殽”是在“肴”的基础上加了个“殳”字，以殳搅动熟肉，使之错杂，或在制作一种以肉食为主体的佳肴。故“肴”“殽”二字义通。

释义：“肴”在《诗经》中使用14处，无迭用。

1. 食肉。此种用法有1处：“其实之肴”（《魏风 · 园有桃》）。

2. 肉食、荤菜。由词性转换（动—名）引申。此种用法有13（雅13）处，如：“又有嘉肴”（《小雅 · 正月》）；“嘉肴脾臄”（《大雅 · 行苇》）。

谣(謡)　音【yáo】

古形【金 小篆 】

《尔雅·释乐》:“徒歌谓之谣。”所谓“徒歌”,即无乐之歌,通俗地说,可咏唱但无曲之词叫谣。从字形看,“谣”由“讠(言)”和“䍃”组成。安子介先生《解开汉字之谜》:“‘谣’字的第一个解释是表示一种‘没有音乐伴奏的歌唱’,其节奏完全依靠声音的摇动。”因此,“䍃”或是“摇”省写,同“讠”组合表示无曲之咏言。

释义:“谣”在《诗经》中使用1处,无迭用。

无曲之歌。此种用法有1处:“我歌且谣”(《魏风·园有桃》)。

摇　音【yáo】

古形【金 小篆 】

《说文·手部》:“摇,动也。”从字形看,“摇”由“扌(手)”和“䍃”组成。安子介先生《解开汉字之谜》:“‘䍃’是‘摇’字的组成部分。根据它的现代结构“爪”加“缶”,我们可以想象出它的意思是‘不可触及’,因为缶口小,手(爪)无法达到里面,如果要移动内中的东西,势必要加以摇动。”“䍃”同“扌”组合表示用手使其动。

释义:“摇”在《诗经》中使用2处3次,1处迭用。

1.摆动、晃动。此种用法有1处:“风雨所漂摇”(《豳风·鸱鸮》)。

2.心神不定。由心神如物体摆动引申。此种用法有1处,迭用:“中心摇摇”(《王风·黍离》)。

遥　音【yáo】

古形【金 小篆 】

《说文·辵部》:“遥,远也。”从字形看,“遥”由“辶”和“䍃”组成。“辶”和行走路程有关;“䍃”有“不可触及”义(见‘摇’条),同“辶”组合或表示路途遥远。

释义:“遥”在《诗经》中使用3处,无迭用。

远、同“逍”组合成逍遥有“自由自在远行”之义。此种用法有3(风2;雅1)处,如:“羔裘逍遥”(《桧风·羔裘》);“于焉逍遥”(《小雅·白驹》)。

瑶　音【yáo】

古形【金 小篆 】

“瑶”指一种美玉。从字形看,“瑶”由“王(玉)”和“䍃”组成。“䍃”或是“遥”字省写,有“远”的意思,同“玉”组合表示一种来自远方的美玉。

释义:“瑶”在《诗经》中使用2处,无迭用。

一种美玉。此种用法有2(风1;雅1)处:“报之以琼瑶”(《卫风·木瓜》);“维玉及瑶”(《大雅·公刘》)。

窈　音【yǎo】

古形【金 小篆 】

《说文·穴部》:“窈,深远也。”从

字形看，“窈”由“穴”和“幼”组成。“穴”指洞穴；“幼”或是“黝”字省写，义为青黑色，同“穴”组合或表示洞穴深邃幽暗，神秘莫测。

释义：“窈”在《诗经》中使用5处，无迭用。

1. 幽静、文静。同“窕”组合成窈窕，形容人文静美好。由洞穴幽静引申。此种用法有4（风4）处，如：“窈窕淑女”（《周南·关雎》）。

2. 借为“蚴”，“窈纠”即“蚴蟉”，盘曲。此种用法有1处：“舒窈纠兮”（《陈风·月出》）。

鷕　音【yǎo】

古形【缺】

《说文·鸟部》：“鷕，雌雉鸣也。”意思是鷕指的是雌野鸡的鸣叫声。从字形看，“鷕”由“唯”和“鸟”组成。“唯”音“wéi”，或如雌野鸡的叫声；“鸟”指野鸡，同“唯”组合表示雌性野鸡发出的“唯唯”叫声。

释义：“鷕”在《诗经》中使用1处，无迭用。

雌性野鸡的鸣叫声。此种用法有1处：“有鷕雉鸣”（《邶风·匏有苦叶》）。

药(藥)　音【yào】

古形【金　小篆　】

“药”即中医所指的草药，繁体写作“藥”，由“艹”和“樂”组成。“艹（草）”指草本植物；“樂”有快乐的意思，同“艹”组合表示这是一种解除病痛，使人身心得以舒适快乐的草本植物。（在中医实践中，某些木本植物也可入药，不过更多的药取自于草本植物。）

释义：“药”在《诗经》中使用3处，无迭用。

1. 草药。此种用法有2（风2）处，如：“赠之以勺药”（《郑风·溱洧》）。

2. 用药物治疗。由词性转换（名—动）引申。此种用法有1处：“不可救药”（《大雅·板》）。

要　音【yāo、yào】

古形【甲　金　小篆　】

“要”是“腰”的本字，甲骨文写作“ ”。刘兴隆《新编甲骨文字典》说其“像一女子自臼（叉手束）其腰形，示女子尚细腰、束腰要细之义。（字形上部）所从之‘ ’非‘日’，（而表示女子）头部也。”“自臼其腰”或是“要”之本义。《说文·臼部》：“要，身中也。”泛指身躯中部，是“要（腰）”字引申义。

释义：“要”在《诗经》中使用5处，无迭用。

1. （女子）束腰。此种用法有1处：“要之襋之”（《魏风·葛屦》）。

2. 通“邀”，邀请。此种用法有4（风4）处，如：“予要女”（《郑风·萚兮》）。

跃(躍)　音【yào、yuè】

古形【金　小篆　】

“跃”，繁体作“躍”，由“足”和

"翟"组成。"足"本指下肢，主要用以行走；"翟"，金文写作" "，像一只长有长尾羽的雉鸡，这是一种善于跳动奔走的动物，同"足"组合或表示擅长跳动奔走的雉鸡。《说文·足部》："躍，迅也。"意思是跳跃行进（速度快）。"躍"简化为"跃"，其中的"夭"字小篆写作" "，或像雉鸡跳跃奔跑状。

释义："躍"在《诗经》中使用4处5次，1处迭用。

跳跃（行进）。此种用法有4（风1；雅3）处5次，1处迭用，如："踊跃用兵"（《邶风·击鼓》）；"跃跃毚兔"（《小雅·巧言》）；"鱼跃于渊"（《大雅·旱麓》）。

曜　音【yào】

古形【金 小篆 】

"曜"由"日"和"翟"组成。"日"指太阳；"翟"或是"耀"字省写，有光亮的意思，同"日"组合表示太阳的光线明亮。

释义："曜"在《诗经》中使用1处，无迭用。

光亮。此种用法有1处："日出有曜"（《桧风·羔裘》）。

耀　音【yào】

古形【金 小篆 】

"耀"，又作"燿"。《说文·火部》："燿，照也。"从字形看，"燿"由"火"和"翟"组成。"火"指火光；"翟"本义指长尾巴的山雉，其羽艳丽夺目，同"火"组合表示火光夺目耀眼。"火"作"光"，同样表示光亮鲜明。"照耀"之义，或是词性转换后的引申义。

释义："耀"在《诗经》中使用2处，无迭用。

光亮鲜明。此种用法有2（风2）处，如："熠耀其羽"（《豳风·东山》）。

噎　音【yē】

古形【金 小篆 】

《说文·口部》："噎，饭窒也。"所谓"饭窒"指的是饭食堵塞喉咙。从字形看，"噎"由"口"和"壹"组成。"口"指口中喉咙；"壹"有闭塞义，同"口"组合表示吃饭时喉咙被食物堵塞了。

释义："噎"在《诗经》中使用1处，无迭用。

食物堵在喉间。此种用法有1处："中心如噎"（《王风·黍离》）。

也　音【yě】

古形【金 小篆 】

"也"是个有争议的字：《说文·乁部》："也，女阴也。象形。"古人认为清轻为阳，为天；重浊为阴，为地，故"也"又引申为"地"。徐灏《段注笺》："戴氏侗曰： （也），沃盥器也。有流以注水，象形。亦作 。借为助词，词助之用多，故正义为所夺，而加匚为匜。"此说"也"为一种灌注水的器皿。安子介先生《解开汉字之谜》："事实上，'也'字很像一条抬头盘曲的眼镜蛇。"

无论“也”字为何义，它是一个象形字，这是无可争议的。尽管后来被借用作副词，但它本身所反映出来的多种形体意义，在后来的形声字的组合中，被淋漓尽致地表现出来了。

释义：“也”在《诗经》中使用90处，无迭用。

1. 借作句末语气词，表示判断或肯定、确认的语气。此种用法有67（风59；雅8）处，如：“永以为好也”（《卫风·木瓜》）；“慎尔言也”（《小雅·巷伯》）；“不可为也”（《大雅·抑》）。

2. 借作句中语气词，表示停顿和引起下文，此种用法有23（风18；雅4；颂1）处，如：“士也罔极”（《卫风·氓》）；“况也永叹”（《小雅·常棣》）；“今也日蹙国百里”（《大雅·召旻》）；“允也天子”（《商颂·长发》）。

野　音【yě】

古形【金小篆】

《说文·里部》：“野，郊外也。”从字形看，“野”由“里”和“予”组成。《尔雅·释言》：“里，邑也。”“里”指城邑；“予”古同“余”，《说文》：“余，词之舒也。”即有舒缓、延伸之义。《段注》云：“邑外谓之郊，郊外谓之野。”“予”同“里”组合，或表示“野”是邑的延伸之地，即郊外。

释义：“野”在《诗经》中使用29处，无迭用。

1. 郊外、田野。此种用法有26（风11；雅11；颂4）处，如：“野有死麕”（《召南·野有死麕》）；“我行其野”（《小雅·我行其野》）；“京师之野”（《大雅·公刘》）；“在坰之野”（《鲁颂·駉》）。

2. 借为地名。牧野，古地名，在今河南淇县西南。此种用法有3（雅2；颂1）处，如：“矢于牧野”（《大雅·大明》）；“于牧之野”（《鲁颂·閟宫》）。

业(業)　音【yè】

古形【金小篆】

“业”，繁体作“業”。《说文·丵部》：“業，大版也。所以饰县（悬）钟鼓。捷業如锯齿，以白画之，像其鉏鋙相承也。”从字形看，“業”金文写作“”，像一块乐器架子横木上的大版，主要用来装饰横木、悬挂钟鼓一类的乐器。字形上部参差排列得像锯齿，一般用白色颜料涂之，上下两层相承接。徐锴《说文系传》：“凡一层齿缝挂八钟，两层故云相承。”

释义：“业”在《诗经》中使用8处13次，5处迭用。

1. 用以悬挂钟鼓的大版（木架）。此种用法有2（雅1；颂1）处：“虡业维枞”（《大雅·灵台》）；“设业设虡”（《周颂·有瞽》）。

2. 高大、有威仪。或因木架高大引申。此种用法有3（雅3）处6次，均迭用，如：“四牡业业”（《小雅·采薇》）；“赫赫业业”（《大雅·常武》）。

3. 通“隉”，危、惧。此种用法有3（雅2；颂1）处5次，2处迭用，如：“兢兢业业”（《大雅·云汉》）；“有震且业”（《商颂·长发》）。

叶(葉)　音【yè】

古形【金𦬁小篆葉】

“叶”繁体作“葉”。《说文·艸部》：“葉，草木之叶也。”从字形看，“葉”，甲骨文写作“𣎵”，像一棵带有树叶的树，上部是一些片状的树叶形，下面像树枝和树干；金文写作“𦬁”，上面是枝和叶的合体，后或误写作“世”字，下面是“木”，表示叶生于树。“葉”字从“艹”，或指葉非木且不能成为木材。“叶”字同“葉”本来是两个字。“叶（音xié）”是“协”的本字，有协同之义。“葉”简化为“叶”，或可通过字形理解为树上很多（十）片状（口）的东西就是叶。

释义：“叶”在《诗经》中使用22处，无迭用。

1.草木的叶子。此种用法有21（风10；雅10）处，如：“其叶蓁蓁”（《周南·桃夭》）；“其叶湑兮”（《小雅·裳裳者华》）；“文枝叶未有害”（《大雅·荡》）。

2.世、时代。或由字形误读引申。此种用法有1处：“昔在中叶”（《商颂·长发》）。

曳　音【yè】

古形【金曳小篆曳】

《说文·申部》：“曳，臾曳也。”《段注》：“臾曳，双声，犹牵引也。”“曳”由“申”和“丿”组成。“申”有延长义；“丿”，字形的写法是从左边起笔向右弯曲，形可会“牵引”义，同“申”组合表示拉扯、牵引使之变长。

释义：“曳”在《诗经》中使用1处，无迭用。

拉扯、牵引。此种用法有1处：“弗曳弗娄”（《唐风·山有枢》）。

夜　音【yè】

古形【金夜小篆夜】

《说文·夕部：“夜，舍也，天下休舍也。”《段注》：“休舍犹休息也。”人居住的房子曰舍，入室休息即曰休舍。安子介先生《解开汉字之谜》：“‘夜’字是变形，能被拆分成‘亦’和‘夕’两字。‘亦’字是一个人垂着双臂的形状，‘夕’字是半个月亮的形状，所表达的观念是‘休息的时间’。”月亮出来了（夕），到了全天下人都不用劳作（亦）入室休息的时间，就是“夜”。

释义：“夜”在《诗经》中使用32处，无迭用。

1.夜晚。此种用法有31（风10；雅14；颂7）处，如：“夙夜在公”（《召南·采蘩》）；“厌厌夜饮”（《小雅·湛露》）；“俾昼作夜”（《大雅·荡》）；“我其夙夜”（《周颂·我将》）。

2.夜色、夜空。由夜晚的景色引申。此种用法有1处：“子兴视夜”（《郑风·女曰鸡鸣》）。

烨(燁)　音【yè】

古形【金烨小篆燁】

《说文·火部》：“烨，盛也。”从字形看，“烨”由“火”和“华”组成。

“火”指火光；“华”指有光彩，同“火”组合表示火光盛艳、有华彩。繁体“爗”多了一个“日”字，表示日光也同样光亮炽盛。

释义：“烨”在《诗经》中使用1处2次，迭用。

光亮盛艳。此种用法有1处，迭用：“烨烨震电”（《小雅·十月之交》）。

馌(饁) 音【yè】

古形【小篆】

《说文·食部》：“馌，饷田也。”给在田里耕作的人送饭食叫馌。从字形看，“馌”由“饣（食）、“去”和“皿”组成。“皿”指器皿，三部分组合在一起表示提着装有食物的器皿（皿）到田间（去）给耕作的人送饭（食）。

释义：“馌”在《诗经》中使用4处，无迭用。

1. 给耕作者送饭。此种用法有3（风1；雅2）处，如：“馌彼南亩”（《豳风·七月》）；“馌彼南亩”（《小雅·大田》）。

2. 送到田间的饮食。由词性转换（动—名）引申。此种用法有1处：“有嗿其馌”（《周颂·载芟》）。

一(壹) 音【yī】

古形【甲一金一小篆一】

“一”，甲骨文写作“一”，就是用简单的一横画表示数字一，用我们现在的话说就是数名，指最小的正整数。随着时代的发展，人们认识能力的提高，“一”被不断引申。更有甚者，一些哲人，根据自身需要，给“一”赋予了诸多的哲学内涵，如《说文·一部》：“一，惟初太始，道立于一，造分天地，化成万物。”“一”到周代写成“弌”，由“一”和“弋”组成，“弋”是当时算筹之类的东西，用以表现“一”的意义，防止诈伪。“壹”和“一”本为两个字。小篆的“壹”字写作“”，像“（壶）”的腹中有个“吉”字，本义为“闭塞”。张舜徽《说文约注》：“闭塞则不分散，故引申为专一之称。”后“闭塞”义废，“专一”之义并归“一”，“壹”就专用来作为“一”字大写，专用于票据、银行支票等处，以避免差错和篡改。

释义：“一”在《诗经》中使用38处，无迭用。

1. 数量词，一、一个（次）。此种用法有30（风15；雅15）处，如：“一发五豝”（《召南·驺虞》）；“一月三捷”（《小雅·采薇》）；“媚兹一人”（《大雅·下武》）。

2. 序数词，第一。或由“一”为初始之整数引申。此种用法有2（风2）处，如：“一之日觱发”（《豳风·七月》）（一之日指周历的第一个月即夏历十一月）。

3. 专一。由“壹”之闭塞义引申。此种用法有1处：“一醉日富”（《小雅·小宛》）。

4. 合一、如一。由词性转换引申。此种用法有5（风5）处，如：“政事一埤益我”（《邶风·北门》）。

伊 音【yī】

古形【甲 金 小篆 】

《说文 · 人部》:“伊，殷圣人阿衡，尹治天下者。”意思是说，“伊”指的是殷朝的圣人阿衡，他是一个正确治理天下的人。桂馥《说文义证》引郑玄注云:“伊尹名挚，汤以为阿衡。”又“(阿衡)三公之官，当时为之号也。”说的是阿衡名挚，曾任三公（太师、太傅、太保）一类的官，阿衡是他的号。从字形看，“伊”由“亻（人）”和“尹”组成。“尹”有“正”义，同“亻”组合表示能正确治理天下的人。

释义:“伊”在《诗经》中使用42处，无迭用。

1.借作指示代词、语气助词可理解为“此、彼、是、为”等。此种用法有41（风13；雅23；颂5）处，如:“所谓伊人”(《秦风 • 蒹葭》);“伊谁云从”(《小雅 • 何人斯》);“伊胡为慝”(《大雅 • 瞻卬》);“自求伊祜”(《鲁颂 • 泮水》)。

2.借为虫名。此种用法有1处:“伊威在室”(《豳风 • 东山》)(伊威：又名鼠妇、地虱子)。

衣 音【yī】

古形【甲 金 小篆 】

古人上衣谓衣，下衣谓裳，合称衣裳。《说文 · 衣部》:“衣，依也。”所谓“依”，有依赖义，即《段注》所云“人所倚以蔽体”的东西。从字形看，“衣”金文写作“ ”，徐灏《段注笺》:“上为曲领，左右像袂（衣袖），中像交（覆）衽（衣襟）。”整个一件上衣之形。

释义:“衣”在《诗经》中使用46处，无迭用。

1.上衣、衣服。此种用法有41（风39；雅1；颂1）处，如:“薄浣我衣”(《周南 • 葛覃》);“粲粲衣服”(《小雅 • 大东》);“丝衣其紑”(《周颂 • 丝衣》)。

2.穿衣、给……穿（衣）。由词性转换（名—动）引申。此种用法有5（风3；雅2）处，如:“衣锦褧衣”(《卫风 • 硕人》);“载衣之裼”(《小雅 • 斯干》)。

依 音【yī】

古形【甲 金 小篆 】

“依”由“亻（人）”和“衣”组成，甲骨文写作“ ”，像“人”在“衣”中包裹之状。《说文 · 人部》:“依，倚也。”意思是“依”指的是（人体）依靠（衣服来遮蔽）。

释义:“依”在《诗经》中使用12处13次，1处迭用。

1.依靠、依赖。此种用法有处10（雅8；颂2）处11次，1处迭用，如:“杨柳依依”(《小雅 • 采薇》);“依我磬声”(《商颂 • 那》)(言依伴)。

2.借为“殷”，多、盛。此种用法有2（雅1；颂1）处:“依彼平林”(《小雅 • 车辖》);“有依其士”(《周颂 • 载芟》)。

猗　音【yī、yǐ】

古形【金小篆】

《说文·犬部》：“猗，犗犬也。”犗犬俗称阉狗。从字形看，“猗”由“犭（犬）”和“奇”组成。“犭（犬）”指狗；“奇”是偶的反义词，同“犭”组合表示被阉割后不能相偶的狗。人对动物的阉割主要是为了便于圈养和育肥：一般的动物，在春季处于繁殖发情期会变得具有攻击性，极易伤人，被阉割（一般坊间多是摘取睾丸或卵巢）后，会变得温顺，便于圈养；被阉割后的动物没了性腺，体内的性激素含量大大减少，则糖类和脂肪消耗减少，同时糖类可以更多的转化成脂肪，因而可以大大加快其养肥养壮的速度。

释义：“猗”在《诗经》中使用17处18次，1处迭用。

1. 摘取。或由阉狗要摘取器件引申，此种用法有1处：“猗彼女桑”（《豳风·七月》）。

2. 同“婀”，姿态柔美状。此种用法有5（风4；颂1）处6次，1处迭用，如：“猗傩其实”（《桧风·隰有苌楚》）；“猗与那与”（《商颂·那》）。

3. 同“倚”，倚靠、加。此种用法有3（风1；雅2）处，如：“猗重较兮”（《卫风·淇奥》）；“两骖不猗”（《小雅·车攻》）。

4. 通“漪”，水波动貌。此种用法有4（风3；颂1）处，如：“河水清且涟猗”（《魏风·伐檀》）；“猗与漆沮”（《周颂·潜》）。

5. 通“阿”，山坡。此种用法有1处：“有实其猗”（《小雅·节南山》）。

6. 借为叹词。此种用法有3（风3）处，如：“猗嗟昌兮”（《风·猗嗟》）。

揖　音【yī】

古形【金小篆】

《说文·手部》“揖，攘也。”所谓“攘”有推让义。《段注》：“凡拱手使前曰揖”。作揖是古代汉民族拱手推至胸前的一种见面礼节。从字形看，“揖”由“扌（手）”和“咠”组成。“咠”有连接义，同“扌（手）”组合表示把两手收合连接向外推出。

释义：“揖”在《诗经》中使用4处5次，1处迭用。

1. 作揖。此种用法有3（风3）处，如：“揖我谓我儇兮”（《齐风·还》）。

2. 同“集”，聚集，迭用表示多而群集貌。此种用法有1处，迭用：“螽斯羽揖揖兮”（《周南·螽斯》）。

噫　音【yī】

古形【金小篆】

“噫”由“口”和“意”组成。“意”是拟音，同“口”组合或表示口中发出的如“意（yī）”音的赞叹声。

释义：“噫”在《诗经》中使用1处，无迭用。

赞叹声。此种用法有1处：“噫嘻成王”（《周颂·噫嘻》）。

鷖 音【yī】

古形【小篆】

“鷖”古书上指的是鸥。《康熙字典》引《正字通》说其“苍黑色（《段注》谓青黑色），群飞鸣，随朝往来，曰信凫，知风起，辄飞至岸，渡海者以为候。”从字形看，“鷖”由“殹”和“鸟”组成。“殹”或为“繄”字省写，有“青黑色”的意思，同“鸟”组合表示青黑色的鸟。

释义：“鷖”在《诗经》中使用5处，无迭用。

鸟名。此种用法有5（雅5）处，如：“凫鷖在泾”（《大雅·凫鷖》）。

仪(儀) 音【yí】

古形【金小篆】

“仪”繁体作“儀”，由“亻（人）”和“義”组成。“義”有合宜的道德行为的意思，同“人”组合表示人的外表举止符合行为道德准则。《说文·人部》：“儀，度也。”“法度、礼节”应该是“儀”字引申义。

释义：“仪”在《诗经》中使用38处，无迭用。

1. 人的外表举止（有度）、礼仪、威仪。此种用法有33（风10；雅21；颂2）处，如：“威仪棣棣”（《邶风·柏舟》）；“礼仪既备”（《小雅·楚茨》）；“不愆于仪”（《大雅·抑》）；“敬慎威仪”（《鲁颂·泮水》）。

2. 法度、效法。或由仪礼可作为人的行为准则引申。此种用法有2（雅1；颂1）处：“仪刑文王”（《大雅·文王》）；“仪式刑文王之典”（《周颂·我将》）。

3. 揣度、向往。或由外表举止有度是人之向往引申。此种用法有2（风1；雅）处：“实维我仪”（《鄘风·柏舟》）（言心仪）；“我仪图之”（《大雅·烝民》）。

4. 通“议”，议论。此种用法有1处：“无非无仪”（《小雅·斯干》）。

夷 音【yí】

古形【甲金小篆】

“夷”由“大”和“弓”组成。“大”，甲骨文写作“”，像一个人张臂之状，“弓”是古代的一种兵器，同“大”组合像人持弓。《说文·大部》：“夷，平也。”手持武器，平息乱象就是“夷”。“夷”后来又借指古代善使弓箭的部族。

释义：“夷”在《诗经》中使用24处，无迭用。

1. 平、平定、安定。此种用法有8（雅6；颂2）处，如：“玁狁于夷”（《小雅·出车》）；“乱生不夷”（《大雅·桑柔》）；“降福孔夷”（《周颂·有客》）。

2. 通“怡”，喜悦。此种用法有3（风2；颂1）处，如：“我心则夷”（《召南·草虫》）；“亦不夷怿”（《商颂·那》）。

3. 借为部族名（混夷又作昆夷：北方少数民族；淮夷：淮水南部民族）。此种用法有11（雅4；颂7）处，如：“淮夷来铺”（《大雅·江汉》）；“及彼南夷”（《鲁颂·閟宫》）。

4. 借作语助词。此种用法有2（雅2）处，如：“靡有夷届”（《大雅·瞻卬》）。

姨 音【yí】

古形【金 小篆 】

“姨”由“女”和“夷”组成。“女”指女性；“夷”是古代对东方民族的称呼，有别于中原人，同“女”组合表示母亲的姐妹，区别于父亲的姐妹。

释义：“姨”在《诗经》中使用1处，无迭用。

母亲的姐妹。此种用法有1处：“邢侯之姨”（《卫风·硕人》）。

桋 音【yí】

古形【金 小篆 】

《说文·木部》：“桋，赤楝也。”桋，古书上说的一种树，又叫赤楝，叶细而岐锐，皮理错戾，多丛生于山中，木材可做车辋。从字形看，“桋”由“木”和“夷”组成。“夷”有“平”义，同“木”组合或表示可做车辋（有了车辋则车行如履平地）之树。

释义：“桋”在《诗经》中使用1处，无迭用。

赤楝树。此种用法有1处：“隰有杞桋”（《小雅·四月》）。

荑 音【yí】

古形【金 小篆 】

“荑”由“艹（草）”和“夷”组成。“夷”有“除去”义，同“艹”组合表示除去地里的杂草。《说文·艸部》：“荑，草也。”或为借用。

释义：“荑”在《诗经》中使用2处，无迭用。

1. 柔嫩。由田里的杂草一般都在其嫩芽时除去引申。此种用法有1处：“手如柔荑”（《卫风·硕人》）。

2. 借作草名（《尔雅·释草》称之为莁荑）。或因此草生命力旺盛，经常需要荑之，故名。此种用法有1处：“自牧归荑”（《邶风·静女》）。

诒(詒) 音【yí】

古形【金 小篆 】

《说文·言部》：“诒，相欺诒也。一曰，遗也。”意思是说，诒是相欺骗的意思，还有一个意思是“遗留”。从字形看，“诒”由“讠（言）”和“台”组成。“言”指语言；“台”，安子介《解开汉字之谜》说其含义很多，其中有一义表示“从某件事中解脱或自然而然地解脱”，同“言”组合即表示语言从自己口中解脱而传给了别人，无论是欺骗之语还是善意之言，都有“送言予人（遗）”之义，在“送”这一点上，与“贻（送物予人）”同义（参见‘贻’条），而送欺之言，以行欺诈之实，或是“诒”字引申义。

释义：“诒”在《诗经》中使用7处，无迭用。

给予、留下。此种用法有7（风2；雅4；颂1）处，如：“既诒我肄”（《邶风·谷风》）；“诒尔多福”（《小雅·天保》）；“诒厥孙谋”（《大雅·文王有声》）；“君子有谷诒孙子”（《鲁颂·有駜》）。

饴(飴)　音【yí】

古形【金　小篆　】

《说文·食部》：“饴，米糵煎也。”《段注》：“米部曰：‘糵，芽米也。’火部曰：‘煎，熬也。’以芽米熬之为饴，今俗用大麦。”“饴”指饴糖，一般以含有淀粉的物质（多为大麦）熬制而成，故又称麦芽糖。从字形看，籀文写作“　”，从食从異（异）省。“食”指食物；“異”有“特别”的意思，同“食”组合表示这是一种特别甜的食品。简化的“饴”字由“饣（食）”和“台”组成。“台”或是“怡”字省写，有“愉快”的意思，同“饣”组合或可理解为“饴”是一种食之可以使人身心愉悦的食物。

释义：“饴”在《诗经》中使用1处，无迭用。

麦芽糖。此种用法有1处：“堇荼如饴”（《大雅·绵》）。

贻(貽)　音【yí】

古形【金　小篆　】

“贻”由“贝”和“台”组成。“贝”指财物；“台”有“解脱”的意思（参见‘诒’条），同“贝”组合表示把自己的财物送给别人。

释义：“贻”在《诗经》中使用5处，无迭用。

留、送。此种用法有5（风4；颂1）处，如：“贻我佩玖”（《王风·丘中有麻》）；“贻我来牟”（《周颂·思文》）。

宜　音【yí】

古形【甲　金　小篆　】

《尔雅·释言》：“宜，肴也。”从字形看，“宜”，甲骨文写作“　”，或是“俎”字初文，字形像“且”中放置着肉食之状。“且”像古代祭祖时置放祭品的礼器（一种几案）；中间的“　”指祭祀供品。或因供品为肉食，故谓之肴。或由供品放在几案上最为适当，故《说文·宀部》：“宜，所安也。”“宜”从“宀”，或是误读。

释义：“宜”在《诗经》中使用35处，无迭用。

1. 肴。此种用法有12（雅1；颂1）处，如：“公尸来燕来宜”（《大雅·凫鹥》）；“是飨是宜”（《鲁颂·閟宫》）。

2. 做肴、食肴。由词性转换（名—动）引申。此种用法有2（风2）处，如：“与子宜之”（《郑风·女曰鸡鸣》）。

3. 安、适合、应当。或由供品安放在应该放的位置引申。此种用法有31（风9；雅20；颂2）处，如：“不宜有怒”（《邶风·谷风》）；“宜尔室家”（《小雅·常棣》）；“宜鉴于殷”（《大雅·文王》）；“殷受命咸宜”（《商颂·玄鸟》）。

遗(遺)　音【yí】

古形【金　小篆　】

《说文·辵部》：“遗，亡也。”从字

形看，“遗”由“辶”和“贵”组成，“辶”同行走有关；“贵”有贵重之义，同“辶”组合或表示贵重之物走失。一般使用中，予以重要事物或贵重之物多谓遗。

释义：“遗”在《诗经》中使用6处，无迭用。

1.予以、丢失重要事物或贵重之物。此种用法有5（风1；雅4）处，如：“政事一埤遗我”（《邶风·北门》）；“彼有遗秉”（《小雅·大田》）；“靡有孑遗”（《大雅·云汉》）。

2.通“隤”，柔顺的样子。此种用法有1处：“莫肯下遗”（《小雅·角弓》）。

疑 音【yí】

古形【甲 金 小篆 】

“疑”，甲骨文写作“ ”，像一个人持杖之像，头部的“ ”或像张目之状，金文写作“ ”，增加了“辵（行走）”之形，表达了人持杖出行时四处张望的样子，有犹豫不决、踟蹰不前的意思。《说文·子部》：“疑，惑也。”“迷惑、有疑问”是“疑”之本义。

释义：“疑”在《诗经》中使用1处，无迭用。

止息、定。或由因疑而不盲动引申。此种用法有1处：“靡所止疑”（《大雅·桑柔》）。

嶷 音【yí】

古形【金 小篆 】

《说文·山部》：“嶷，九嶷山，舜所葬，在零陵营道。”意思是说，“嶷”指九嶷山，传说是舜埋葬的地方，在零陵郡营道县（今湖南省宁远县南）。从字形看，“嶷”由“山”和“疑”组成。“疑”有安定的意思，同“山”组合或表示舜安葬之山。《诗经》中的“嶷”字或本作“嶷”。《说文·口部》：“嶷，小儿有知也。”从字形看，“嶷”由“口”和“疑”组成。“口”或指小儿之口；“疑”有疑问义，同“口”组合或表示小儿释疑，表示知识丰富。

释义：“嶷”在《诗经》中使用1处，无迭用。

识。此种用法有1处：“克岐克嶷”（《大雅·生民》）。

彝 音【yí】

古形【甲 金 小篆 】

“彝”，金文写作“ ”，上面像一只被宰割已经褪去羽毛的鸡（或鸟）形；下面像一双手，合起来表示双手捧着宰割的鸡作祭祀。至今我国有些地方仍保留着这种习俗。后或因某种祭器似鸡（鸟）形，故命其器为“彝”。《说文·糸部》：“彝，宗庙常器也。”泛指宗庙祭祀常规祭器，应是“彝”之引申义。

释义：“彝”在《诗经》中使用1处，无迭用。

1.祭器、常规祭器。《诗经》中无此用法。

2.常规、常理。或由因此种祭祀或祭器为常规引申。此种用法有1处：“民之秉彝”（《大雅·烝民》）。

已　音【yǐ】

古形【金  小篆 】

“已”，金文写作“”，像一个母体中的胎儿业已成熟降生之状。“已经”是“已”的字形意义。

释义：“已”在《诗经》中使用22处，无迭用。

1. 已经。此种用法有8（风4；雅4）处，如：“亦已焉哉”（《卫风·氓》）；“亦已大甚”（《小雅·巷伯》）；“朋友已谮”（《大雅·桑柔》）。

2. 止、绝、完。或由妊娠已经完结引申。此种用法有11（风5；雅5；颂1）处，如：“鸡鸣不已”（《郑风·风雨》）；“德音不已”（《小雅·南山有台》）；“令闻不已”（《大雅·文王》）；“于穆不已”（《周颂·维天之命》）。

3. 借为文言副词，太、过于。此种用法有3（风3）处，如：“无已大康”（《唐风·蟋蟀》）。

以　音【yǐ】

古形【甲  金  小篆 】

“以”甲骨文写作“”。刘兴隆《新编甲骨文字典》：“（以）像古农具耒耜形，即今日之犁。”“以”古又作“目”。《说文·巳部》：“目，用也。从反巳。”所谓“从反巳”，王筠《说文句读》：“巳，已也，已，止也。用则不止也。字义与巳反，故字形亦与巳反。”结合前（刘兴隆）说，“以”的本义或指使用耒耜犁地。

释义：“以”在《诗经》中使用307处，无迭用。

1. 用（作介词时弱化）。此种用法有121（风49；雅65；颂7）处，如：“亦以御冬”（《邶风·谷风》）；“以为酒食”、（《小雅·楚茨》）；“可以濯溉”（《大雅·泂酌》）；“以车祛祛”（《鲁颂·駉》）。

2. 借为连词，连接两个名词、动词或词组，相当于“和”“与”“而”“却”“就”“因（为）”“便于”等。此种用法有162（风28；雅115；颂19）处，如：“伫立以泣”（《邶风·燕燕》）；“嘉宾式燕以敖”（《小雅·鹿鸣》）；“四方以无拂”（《大雅·皇矣。》）；“以永终誉”（《周颂·振鹭》）

3. 借作疑问词，相当于“何”。此种用法有23（风19；雅1；颂3）处，如：“于以用之”（《召南·采蘩》）；“天何以刺”（《大雅·瞻卬》）；“于以四方”（《周颂·桓》）。

4. 或同“�”，女奴。此种用法有1处：“侯彊侯以”（《周颂·载芟》）。

苡(苢)　音【yǐ】

古形【金  小篆 】

“苡”又作“苢”，指芣苢，又名车前草，多年生草本植物。“以”或是“苡”字初文。“以”，甲骨文写作“”，像小儿初生之形，徐灏《段注笺》：“以字本义谓薏苡实，因为语词所专，又加艸为薏苡字。”“以”字又或像薏苡的果实，故后人加“艹”成“苡”专用来表示薏苡。薏苡和芣苡或为两种草本植物，

苿苡之苡或为借用。

释义：“苡”在《诗经》中使用6处，无迭用。

借作苿苡。此种用法有6（风6）处，如：“采采苿苡”（《周南·苿苡》）。

矣 音【yǐ】

古形【金 小篆 】

“矣”，小篆作“ ”，上面是“ （目）”，下面是“ （矢）”。《说文·巳部》：“目，用也。”《段注》：“用者，可施行也……谓人意已坚实见诸施行也。”“矢”指箭，同“目”组合或表示箭已射出，正朝着目标运行（有说像箭飞逝的声音）。《说文·矢部》：“语已词也。”“矣”作为表示语意已止的助词，应该是借用。

释义：“矣”在《诗经》中使用205处，无迭用。

借作语气助词。此种用法有205（风73；雅128；颂4）处，如：“陟彼砠矣”（《周南·卷耳》）；“原隰裒矣”（《小雅·常棣》）；“皇矣上帝”（《大雅·皇矣》）；“时纯熙矣”（《周颂·酌》）。

椅 音【yǐ】

古形【金 小篆 】

椅，木名，俗称山桐子，一种落叶乔木。其材质松软，可供建筑、家具、器具等用材；其树形优美、果实朱红，形似珍珠，有极高的观赏价值；其果实和种子含油量高，且营养价值大于大多数高端木本食用油。山桐子食用油不仅可对人体进行全面的良性调节，还有诸多的药用功效，更为神奇的是，此树被人们称为树上油库，所产之油用途广泛，曾又成功使用于飞机燃油。从字形看，“椅”由“木”和“奇”组成。“奇”有“奇怪、神奇”的意思，同“木”组合或表示“椅”是一种神奇的树。

释义：“椅”在《诗经》中使用2处，无迭用。

树名。此种用法有2（风1；雅1）处：“椅桐梓漆”（《鄘风·定之方中》）；“其桐其椅”（《小雅·湛露》）。

弋 音【yì】

古形【甲 金 小篆 】

“弋”，甲骨文写作“ ”。朱芳圃《殷周文字释丛》：“字像橛形，今呼木椿，上像槎枒，丿所以固之。椓于地上，或以系牲，或以悬物，用途甚广。”刘兴隆《新编甲骨文字典》：“像一尖锐之物，本为猎具。后世视作木橛形。或用作弋猎之专字。”后世视作木橛，或源于《说文》将“弋”训“橛”之故。《尔雅·释宫》有“鸡栖于弋为榤”之说，“榤”指横木，同“橛”非一义，且《诗经》中之“弋”未见有“木椿”义，从金文字形“ （弋）”尤其是小篆字形“ （弋）”看，或像一种现在的弹弓之类的射器，即古代的一种猎鸟具。

释义：“弋”在《诗经》中使用4处，无迭用。

1.射、获。由词性转换（名—动）引申。此种用法有3（风2；雅1）处：“弋凫与雁”（《郑风·女曰鸡鸣》）；“时亦弋获”（《大雅·桑柔》）。

2. 借作姓。此种用法有1处：“美孟弋矣”（《鄘风·桑中》）。

亿(億)　音【yì】

古形【金小篆】

“亿”，繁体作“億”。《说文·人部》：“億，安也。”从字形看，“億”由“亻（人）”和“意”组成。“意”有意愿的意思，同“亻”组合表示安定、平安，是人最大的意愿。除了安定，人还有希望财物多多的欲念，或从周代开始，“億”又用来表示极大的数。

释义：“亿”在《诗经》中使用7处，无迭用。

1. 借作数词（周代十万为亿）。此种用法有6（风1；雅3；颂2）处，如：“胡取禾三百亿兮”（《魏风·伐檀》）；“时万时亿”（《小雅·楚茨》）；“子孙千亿”（《大雅·假乐》）；“万亿及秭”（《周颂·丰年》）。

2. 盈、满。或由借义数大引申。此种用法有1处：“我庾维亿”（《小雅·楚茨》）。

义(義)　音【yì】

古形【金小篆】

《礼记·礼运》：“故国有患，君死社稷谓之义。”意思是说，自己的国家有外患，君子为国家慷慨赴死称作义，此或就是“义”之本义。从字形看，“义”，繁体作“義”，由“羊”和“我”组成。“羊”是祭祀之牲，代表牺牲；“我”，甲骨文写作“”，像一种古代作战的兵器，代表出征作战，同“羊”组合表示为祖国而战不惜牺牲自己的生命。《说文·我部》：“义，己之威仪也。”说的是为国出征之人抱着一种崇高的信念慷慨赴死的威仪。

释义：“义”在《诗经》中使用3处，无迭用。

善、美。或由义是一种善举引申。此种用法有3（雅3）处，如：“宣昭义问”（《大雅·文王》）。

刈　音【yì】

古形【金小篆】

“刈”由“乂”和“刂（刀）”组成。《说文·丿部》：“乂，芟草也。从丿从乀相交。”意思是说，“乂”指割草，字形由丿和乀（刀具）相交表示。其实“乂”就是“刈”字初文，后加“刂（刀）”字成“刈”，或是为了明确用刀割草。

释义：“刈”在《诗经》中使用3处，无迭用。

用刀割（草）。此种用法有3（风3）处，如：“是刈是濩”（《周南·葛覃》）。

议(議)　音【yì】

古形【金小篆】

《说文·言部》：“议，语也。”《段注》：“上文云‘论，议也’，又云‘语，论也。’是论、议、语三字为与人言之称。许说未尽。议者谊也，谊者，人所

宜也，言得其宜谓之议。”大意是说，论、议、语三字互训，都有同别人言谈的意思，但许慎意犹未尽，三个字的意思还有细微差别。议指友好协商，有“宜”的意思，大家都说合适的话即为“议”。从字形看，“议”由“讠（言）”和“义”组成。“讠（言）”指与人言商；“义”指合适、合理的行为，同“讠”组合表示用合适的言辞同大家商量、讨论。

释义：“议”在《诗经》中使用2处，无迭用。

商议、议论。此种用法有2（雅2）处，如：“或出入风议”（《小雅·北山》）。

亦 音【yì】

古形【甲 金 小篆 】

“亦”是“腋”的本字，甲骨文写作“ ”，中间是个“大”，像正面站立的人形；人的腋下有两个点，指明两腋所在。《说文·亦部》：“亦，人之臂腋也。”“亦”字本义指人的腋窝。

释义：“亦”在《诗经》中使用93处，无迭用。

借作副词，相当于“也”，或表示假设。此种用法有93（风32；雅52；颂9）处，如：“亦以御冬”（《邶风·谷风》）；“心亦忧止”（《小雅·采薇》）；“人亦有言”（《大雅·荡》）；“亦有斯容”（《周颂·振鹭》）。

异(異) 音【yì】

古形【甲 金 小篆 】

“异”古作“異”，甲骨文写作“ ”，像一个人双手把假面具套在头上，以此表示奇特和不同的样子。

释义：“异”在《诗经》中使用10处，无迭用。

奇特、不同。此种用法有10（风5；雅5）处，如：“洵美且异”（《邶风·静女》）；“岂伊异人”（《小雅·頍弁》）（异人：别人）；“我虽异事”（《大雅·板》）。

抑 音【yì】

古形【金 小篆 】

“抑”又作“归”。《说文·印部》“归，按也。从反印。”印指印章，使用印章需要按压，所以将“印”反写来表示按压印章。“抑”同“归”为一字，从字形看，金文写作“ ”，像一只手正在按压一个人的头部，或使之下跪之形。

释义：“抑”在《诗经》中使用9处12次，3处迭用。

1. 借作发语词。此种用法有5（风4；雅1）处，如：“抑鬯弓忌”（《郑风·大叔于田》）；“抑此皇父”（《小雅·十月之交》）。

2. 通“懿”，美。此种用法有4（风1；雅3）处7次，3处迭用，如：“抑若扬兮”（《齐风·猗嗟》）；“威仪抑抑”（《小雅·宾之初筵》）；“抑抑威仪”（《大雅·抑》）。

邑 音【yì】

古形【甲 金 小篆 】

“邑”，甲骨文写作“ ”，上面的“ ”像四面围着的城域；下面的“ ”像跪着的人形，同“ ”组合表示人所集中居住的城邑。《说文·囗部》：“邑，国也。”邑多为古诸侯国所在之地。据考，商代的古城遗址多为囗形。

释义：“邑”在《诗经》中使用4处，无迭用。

都城、城邑。此种用法有4（风1；雅2；颂1）处，如：“温其在邑”（《秦风·小戎》）；“作邑于丰”（《大雅·文王有声》）；“商邑翼翼”（《商颂·殷武》）。

浥 音【yì】

古形【小篆 】

“浥”由“氵（水）”和“邑”组成。“邑”表示城邑，同“氵（水）”组合或表示城邑中有水的地方。《说文·水部》：“浥，湿也。”浥表示湿润之地。

释义：“浥”在《诗经》中使用1处，无迭用。

湿润。此种用法有1处：“厌浥行露”（《召南·行露》）。

挹 音【yì】

古形【金 小篆 】

《说文·手部》：“挹，抒也。”《段注》：“凡挹彼注兹曰抒。”朱骏声《说文通训定声》：“凡以器斟酌于水谓之挹。”所谓“挹”即“抒”，即用器从一个器中舀出放于另一处。从字形看，“挹”由“扌（手）”和“邑”组成，“邑”本指城邑，或造字之人想用其字形表达另一义：“邑”上面的“口”像容器，“巴”，金文作“ ”，像跪跽之人，人蹲跪（巴）在装水的容器（口）前用手（扌）持器舀即为挹。

释义：“挹”在《诗经》中使用4处，无迭用。

舀。此种用法有4（雅4）处，如：“挹彼注兹”（《大雅·泂酌》）

役 音【yì】

古形【金 小篆 】

《说文·彳部》：“役，戍边也。”从字形看，“役”，古作“伇”，由“亻（人）”和“殳”组成。“殳”指古代一种用竹、木制成的兵器，同“亻（人）”组合表示手持兵器驱使人服役。如字形所示，役是古代统治者强迫平民从事的无偿劳动，包括力役、杂役、兵役等。许慎所说的“戍边”，只是兵役的一种，“役”字后来之所以从“彳（同行走有关）”，或是因为有些役种需要远行的缘故。

释义：“役”在《诗经》中使用9处，无迭用。

1. 古代统治者强迫平民从事的无偿劳动。此种用法有8（风8）处，如：“君子于役”（《王风·君子于役》）。

2. 借为“颖”，禾穗。此种用法有1处：“禾役穟穟”（《大雅·生民》）。

易 音【yì】

古形【甲 金 小篆 】

《说文·易部》："易，蜥易、蝘蜓、守宫也。象形。"意思是说，易指蜥蜴，又叫蝘蜓、守宫。字像蜥蜴之形。"易"甲骨文写作""，安子介先生《解开汉字之谜》说其字形"最初是用来描写蜥蜴的形状，它的头部颜色能随日光变色"，故有"变化"的引申义。一说甲骨文中的""也是"易"，即古"赐"字，字形像液体从容器中倒出之形，表示给予；也有写作""，像两酒器相倾注承受之形，故会赐予之义，引申之而有更易之义。或者，""、"易"初就是表示不同意义的两个字，后人混为一形，因其引申义多了，加"虫"专表蜥蜴、加"贝"表示赐予，而"易"之蜥蜴本义则不复存在，只专表"蜴""赐"的引申义。

释义："易"在《诗经》中使用10处，无迭用。

1.轻易、容易。由蜥蜴颜色能轻易变化引申。此种用法有8（雅7；颂1）处，如："君子无易由言"（《小雅·小弁》）；"骏命不易"（《大雅·文王》）；"命不易哉"（《周颂·敬之》）。

2.和悦。或由得到赏赐而心情和悦引申。此种用法有1处："我心易也"（《小雅·何人斯》）。

3.付出。或由易字双向交换引申。此种用法有1处："禾易长亩"（《小雅·甫田》）。

怿(懌)　音【yì】

古形【金小篆】

"怿"，繁体作"懌"。《说文·心部》："懌，说（悦）也。"从字形看，"懌"由"忄（心）"和"睪"组成。"睪"一般多视作"睾"，或为误读，其形由"罒"和"幸"组成，"罒"是"网"字变体，有"把握"的意思；"幸"有"幸运"之义，牢牢把握住幸运，心中感到喜悦就是"懌"。

释义："怿"在《诗经》中使用5处，无迭用。

1.喜悦。此种用法有4（风1；雅2；颂1）处，如："说怿女美"（《邶风·静女》）；"既夷既怿"（《小雅·节南山》）；"亦不夷怿"（《商颂·那》）。

2.借为"殬"，败。此种用法有1处："辞之怿矣"（《大雅·板》）。

绎(繹)　音【yì】

古形【金小篆】

"绎"，繁体作"繹"。《说文·糸部》："繹，抽丝也。"从字形看，"繹"由"纟（丝）"和"睪"组成。"睪"有"把握"的意思（见'怿'条），同"纟（丝）"组合或表示把握住乱丝，从中按序抽理出来。

释义："绎"在《诗经》中使用6处，无迭用。

1.络绎、有序。或由抽丝有序且不停引申。此种用法有3（雅2；颂1）处4次，1处迭用，如："会同有绎"（《小雅·车攻》）；"徐方绎骚"（《大雅·常武》）"以车绎绎"（《鲁颂·駉》）。

2.借为"怿"，喜。此种用法有2（颂2）处，如："敷时绎思"（《周颂·

赉》）。

3.同“峄”，山名，在今山东邹县东南。此种用法有1处：“保有凫绎”（《鲁颂·閟宫》）。

驿(驛) 音【yì】

古形【金小篆】

“驿”繁体作“驛”。《说文·马部》：“驛，置骑也。”古时马是主要的交通工具，长途骑行，中途多需要换马、休息，因此很多地方都设有驿站，专门供骑行者换马、休息。从字形看，“驛”由“马”和“睪”组成。“睪”有“把握”之义（参见‘怿’条），同“马”组合表示把跑累了的马拴（安置）好让其休息谓之驛，即置骑。

释义：“驿”在《诗经》中使用1处2次，迭用。

同“绎”，迭用表示接连不断。此种用法有1处：“驿驿其达”（《周颂·载芟》）。

弈 音【yì】

古形【金小篆】

《说文·廾部》：“弈，围棋也。”围棋是一种策略型的两人棋类游戏：两人使用长方形（看上去像正方形）格状棋盘及黑白二色圆形棋子进行对弈，棋盘上有纵横各19条线段将棋盘分成361个交叉点，棋子必须走在交叉点上，双方交替行棋，落子后不能移动，任何一方都不能连续走两步或多步，最后以围地多者为胜。围棋被认为是世界上最复杂的棋盘游戏，形式玩法看似平等、简单，但却变化无穷、高深莫测，既可以培养大局观念、施展光明正大的谋略，又可以锻炼精细奥妙的计算推理。围棋源于中国，传说为帝尧所作，充分体现了远古中国先人超凡神奇的智慧。从字形看，“弈”由“亦”和“廾”组成。“亦”有“相同”义；“廾”，金文写作“”，像两只手，同“亦”组合表示两人各用一手持棋子走相同步数的棋类游戏。

释义：“弈”在《诗经》中使用1处2次，迭用。

迭用形容心神不定貌。或由下棋时思考状引申。此种用法有1处，迭用：“忧心弈弈”（《小雅·頍弁》）。

奕 音【yì】

古形【金小篆】

《说文·大部》：“奕，大也。”从字形看，“奕”由“亦”和“大”组成。“亦”，甲骨文写作“”，本义是“腋”，字形像人岔开双腿，大张双臂之形，同“大”组合用两“大”叠加，不仅表示盛大，且或有赞美之义。

释义：“奕”在《诗经》中使用6处11次，5处迭用。

盛大、高大且美。此种用法有6（雅4；颂2）处11次，5处迭用，如：“四牡奕奕”（《小雅·车攻》）；“奕奕梁山”（《大雅·韩奕》）；“新庙奕奕”（《鲁颂·閟宫》）。

益 音【yì】

古形【甲金小篆】

“益”，甲骨文写作“ ”，下像一器皿，皿中有物，上像多物还源源不断往里添加之状。《说文·皿部》：“益，饶也。”《段注》：“食部曰：‘饶，饱也。’凡有余曰饱。”由此多以为“益”是“溢”之本字。然有增才会溢，“增加”或是“益”字本义。

释义：“益”在《诗经》中使用4处，无迭用。

1. 加、增加。此种用法有3（风1；雅2）处，如：“政事一埤益我”（《邶风·北门》）；“俾尔多益”（《小雅·天保》）。

2. 借为“搤（同‘扼’）”，捉。此种用法有1处：“携无曰益”（《大雅·板》）（一说通“隘”，阻碍）。

埸　音【yì】

古形【金 小篆 】

田土之间的界线称疆埸。古有“大界曰疆，小界曰埸”之说，“埸”指的就是小田之间的界线。从字形看，“埸”由“土”和“易”组成。《汉书·食货志》：“疆埸之埸正作易。”商周时期无“埸”字，一般疆埸之埸由“易”称之，“易”有“变换”义，田界多用土埂作为田与田之间的界限，一般到了此处即到了田地之间的变易处，后来加“土”成“埸”，进一步明确了“埸”专指田土之界。

释义：“埸”在《诗经》中使用2处，无迭用。

田界。此种用法有2（雅2）处，如：“疆埸翼翼”（《小雅·信南山》）；“疆埸有瓜”（《小雅·信南山》）。

蜴　音【yì】

古形【金 小篆 】

“蜴”，甲骨文写作“ （同‘易’）”，像小虫之形：上为虫头，下为虫身和脚，本就指蜥蜴。或因“易”字引申义多，为减轻负担，人们又在“易”字的基础上加“虫”成“蜴”，用来专表“蜥蜴”这种小虫。一说“易”有交换之义，同“虫”组合表示“蜴”是一种能够把尾巴自动截断留给敌方作食物，作为交换条件，从而使敌方停止追击，留它一条小命的小虫。

释义：“蜴”在《诗经》中使用1处，无迭用。

蜥蜴，又称四脚蛇。此种用法有1处：“胡为虺蜴！”（《小雅·正月》）。

勚(勩)　音【yì】

古形【小篆 】

《说文·力部》：“勩，劳也。”从字形看，“勩”由“贳”和“力”组成。“贳”有借贷之义，同“力”组合，或表示自己用力过度，需要借助外力。“疲劳”或是“勩”的字形意义。

释义：“勩”在《诗经》中使用1处，无迭用。

疲劳。此种用法有1处：“莫知我勩”（《小雅·雨无正》）。

逸　音【yì】

古形【金 小篆 】

《说文·兔部》:“逸，失也。从辵、兔。兔谩訑善逃也。”意思是说，逸指逃失，字形由“辶、兔”会意，因为兔子善于用欺骗的方法逃跑。兔子逃跑，一般先假装不动，显得很安闲，然后趁人不注意的间隙，突然逃走。即如王筠《说文句读》所云:“兔阳（假装）不动，乘间而逃，善售其欺也。”

释义:“逸”在《诗经》中使用4处5次，1处迭用。

安闲，迭用表示动而有序状。或由兔子逃前安闲状引申。此种用法有4（雅4）处5次，1处迭用，如:“举酬逸逸”（《小雅·宾之初筵》）。

肄 音【yì】

古形【金 小篆 】

“肄”，甲骨文写作“ ”，左边的“ ”像一人张大嘴巴号叫哭泣，其中两点像哭泣之泪水；右边的“ ”像手在对人施刑，如此号叫哭泣，应该是一种酷刑，两点或表示血滴也未可知。就这一字形，至少分解出四个汉字：一是“𦘔”，用持巾（聿）持帚会意表示学习；二是“肆”，《广雅》谓之“杀也”；三是“肆”，《说文》谓之“极、陈也”；四是“肄”，《说文》同“𦘔”，有“习”义。其实，就“ ”之字形而言，“肆”和“肆”更切合字形意义：即一种公开杀人的极刑，有点凌迟处死的意思。如果“ ”字一定是“肄”字初文，那也是隶变以后将其中的“ （手）”作“聿”后又误作“聿（所以书）”而产生的“习”之义。因为“匕”“矢”都可视为行刑之器，“聿”指手之捷巧，合在一起成“肄（其中右边的‘聿’应为‘聿’之误）”表达的应该是行刑的手法敏捷灵巧才对。

释义:“肄”在《诗经》中使用2处，无迭用。

1. 通“蘖”，残枝。此种用法有1处：“伐其条肄”（《周南·汝坟》）。

2. 通“勚”，辛劳。此种用法有1处：“既诒我肄”（《邶风·谷风》）。

意 音【yì】

古形【金 小篆 】

《说文·心部》:“意，志也。从心察言而知意也。”意思是说：意指人的志向，一个人从心底里发出的言语就可以了解他的志向了。从字形看，“意”由“音”和“心”组成。“音”指有声语言，同“心”组合表示从心底表达出来的愿望。

释义:“意”在《诗经》中使用1处，无迭用。

留意、在意。由词性转换（名—动）引申。此种用法有1处：“曾是不意”（《小雅·正月》）。

溢 音【yì】

古形【金 小篆 】

《说文·水部》:“溢，器满也。”从字形看，“溢”由“氵（水）”和“益”组成。“益”，甲骨文写作“ ”像一个器皿中加满了东西，同“氵（水）”组合表示器皿中的水满了。

释义:“溢”在《诗经》中使用1处，无迭用。

借为“恤”，体恤。此种用法有1处：“假以溢我”（《周颂·维天之命》）（一说同“慎”）。

艺(蓺) 音【yì】

古形【金 小篆 】

“蓺”，古同“艺”，或又作“埶”。《说文·丮部》:“埶，种也。”从字形看，“埶”由“坴”和“丮（‘丸’是变体）”组成。“坴”指陆地上的大片土块；“丮”，甲骨文写作“ ”，像人手持苗木之状，同“坴”组合表示人持苗木往土里栽种。后或在“埶”上加“艹”作“蓺”用以表示种植黍稷一类的草本植物。

释义:“艺”在《诗经》中使用6处，无迭用。

种植。此种用法有6（风4；雅2）处，如：“不能蓺稻粱”（《唐风·鸨羽》）；“我蓺黍稷”（《小雅·楚茨》）；“蓺之荏菽”（《大雅·生民》）。

瘗 音【yì】

古形【金 小篆 】

《说文·土部》:“瘗，幽、埋也。”从字形看，“瘗”由“瘱”和“土”组成。《说文·疒部》:“瘱，病息也。”所谓“病息”，按徐锴《说文系传》当作“病小息”，即指病人气息微弱，濒临死亡。中国古代丧葬文化中有一种“倒头”习俗，即当病人尚未咽气之前，要从原来睡的床上换到另外准备的床板上，说是不能叫死人背着家里的床走，否则不吉利，然后画好寿衣，停放在偏房幽静之地（家中若无长辈可停于堂屋正中）准备入土埋葬。“瘱”和“土”组合或就指这种习俗。

释义:“瘗”在《诗经》中使用1处，无迭用。

幽、（等待入土）埋。此种用法有1处：“上下奠瘗”（《大雅·云汉》）。

熠 音【yì】

古形【金 小篆 】

《说文·火部》:“熠，盛光也。”从字形看，“熠”由“火”和“習”组成。“火”指火苗；“習”，甲骨文写作“ ”，像鸟儿煽动双翅在日光下习飞之状，同“火”组合表示火苗像被鸟翅煽动发出盛大的光亮。

释义:“熠”在《诗经》中使用2处，无迭用。

光亮盛大。此种用法有2（风2）处，如：“熠耀宵行”（《豳风·东山》）。

殪 音【yì】

古形【金 小篆 】

《说文·歺部》:“殪，死也。”从字形看。“殪”由“歺”和“壹”组成。“歺”或是“死”字省写，有“死”义；《段注》云：“壹发而死为殪是也，故其字从壹。”“壹”同“歺”组合或表示壹发而死。

释义:“殪”在《诗经》中使用1处，

无迭用。

死。此种用法有1处："殪此大兕"（《小雅·吉日》）。

曀　音【yì】

古形【小篆】

《说文·日部》："曀，阴而风也。"从字形看，"曀"由"日"和"壹"组成。"日"指日光；"壹"或是"噎"字省写，有堵塞之义，同"日"组合，或表示日光被乌云堵塞（遮挡）住了，天色显得阴沉。或因字形未显风之义，故《段注》云："天阴沉。各本作阴而风也，今正。"许慎云"阴而风"或因云阴风而至，然"曀"主要表天象阴沉。

释义："曀"在《诗经》中使用3处4次，1处迭用。

天阴沉、阴暗。此种用法有3（风3）处4次，1处迭用，如："曀曀其阴"（《邶风·终风》）。

翳　音【yì】

古形【金小篆】

《说文·羽部》："翳，华盖也。"所谓"华盖"，指古代帝王所乘车子上伞形的遮蔽物。从字形看，"翳"由"殹"和"羽"组成。"殹"有"覆盖"之义。同"羽"组合表示用羽毛做成的覆盖（遮蔽）物，故谓华盖。

释义："翳"在《诗经》中使用1处，无迭用。

通"殪"，倒在地下的枯木。此种用法有1处："其菑其翳"（《大雅·皇矣》）。

翼　音【yì】

古形【金小篆】

翼指的是鸟类的飞行器官，俗称翅膀，由一对前肢演化而成，上面生有羽毛。有的鸟翼退化，不能飞翔。从字形看，"翼"由"羽"和"異"组成。"羽"像鸟长有羽毛的一对翅膀；"異"是"异"字繁体，有不同、奇特的意思，同"羽"组合表示鸟翅膀上的羽毛和身体其他地方的羽毛不同，有能让鸟自由飞翔的奇特作用。

释义："翼"在《诗经》中使用22处32次，10处迭用。

1.鸟（也指昆虫）的翅膀。此种用法有5（风3；雅2）处，如："不濡其翼"（《曹风·候人》）；"戢其左翼"（《小雅·白华》）。

2.用翅膀覆盖。由词性转换（名—动）引申。此种用法有1处："鸟覆翼之"（《大雅·生民》）。

3.帮助。由用翅膀覆盖相助引申。此种用法有4（雅4）处，如："以引以翼"（《大雅·行苇》）。

4.整齐。或由鸟翅膀整齐地分列两边引申。此种用法有6（雅6）处11次，5处迭用，如："四牡翼翼"（《小雅·采薇》）；"疆埸翼翼"（《小雅·信南山》）。

5.端庄、深远。或由整齐而显得深远、端庄引申。此种用法有4（雅3；颂1）处7次，3处迭用，如："如跂斯翼"（《小雅·斯干》）；"绵绵翼翼"（《大雅·常武》）；“商邑翼翼”（《商颂·殷武》）。

6.谨慎、恭敬。或由帮助时的态度引申。此种用法有2（雅2）处4次，均迭用，如：“小心翼翼”（《大雅·大明》）。

鹝　音【yì】

古形【小篆】

“鹝”同“鶂、鹢”一种鸟名，又称绶鸟、吐绶鸡。其鸟体形高大，雄者高达九十公分，雌者较小；头部无羽毛，青色；上嘴根有肉冠，能伸缩；喉下垂生有红色肉瓣；翅膀强大，羽毛颜色因品种而异。雄者时常将尾羽展开成扇形，并发出叫声，而其肉冠及肉瓣会时时变色，灿烂夺目，故称为吐绶鸡。从字形看，“鹝”由“鬲”和“鸟”组成。“鬲”指的是古代一种鼎状的高大炊具，同“鸟”组合或表示一种梯次那个高大的鸟。

释义：“鹝”在《诗经》中使用1处，无迭用。

借作“虉”，草名。此种用法有1处：“邛有旨鹝”（《陈风·防有鹊巢》）。

懿　音【yì】

古形【金　小篆】

《说文·壹部》：“懿，专久而美也。”从字形看，“懿”由“壹”和“恣”组成。“壹”有“专一”义；“恣”有“放纵”义，二者合一，看似矛盾，但如果把“专一”视作定规，把“放纵”理解为放任天性，于是“懿”表达的就是：在一定的规范之内放任自己的天性，就像法制和自由一样，始终是人类追求的最美好的境界。“懿”字从壹，强调专一、专久，或在告诫人们，应该永久牢记遵守法纪的规定（壹），任何放任天性（恣）的行为都不可越界，这才是最美好的生活态度。

释义：“懿”在《诗经》中使用4处，无迭用。

1.美好。此种用法有2（雅1；颂1）处：“好是懿德”（《大雅·烝民》）；“我求懿德”（《周颂·时迈》）。

2.大、深。由如此美好之境界之大、深不易达到引申。此种用法有1处：“女执懿筐”（《豳风·七月》）。

3.通“噫”，叹息声。此种用法有1处：“懿厥哲妇”（《大雅·瞻卬》）。

因　音【yīn】

古形【甲　金　小篆】

《说文·口部》：“因，就也。”《段注》：“为高必因丘陵，为大必就基阯，故因从口大，就其区域而扩充之也。”按此说法，“因”之所以从口从大，表达的就是依凭自己原有的区域（口）来扩充（大）地盘的意思，所以“因”有“就”即“依凭”之义。一说“因”，甲骨文写作“囙”，像人躺在草席上，“口”像席，中间像躺着的人（有说中间的‘大’是‘仌’字误，像席中的花纹）。人就席而卧，也可理解为“依凭”。

释义：“因”在《诗经》中使用5处，无迭用。

1. 依凭。此种用法有4（风1；雅3）处，如："谁因谁极"（《鄘风·载驰》）；"因心则友"（《大雅·皇矣》）。

2. 借作连词，"因而"。此种用法有1处："因以其伯"（《大雅·韩奕》）。

茵 音【yīn】

古形【金小篆】

《说文·艸部》："茵，车重席。"所谓"车重席"，指的是车中加垫的席子。从字形看，"茵"有"艹（草）"和"因"组成。"因"，甲骨文写作""，像一个人躺在有纹路的席子上，代表席子，同"艹（草）"组合或表示用草编织成的垫席。"茵"还有一个从"革"的异体字"鞇"，或古时的车上也有革制的垫席。

释义："茵"在《诗经》中使用1处，无迭用。

车垫席。此种用法有1处："文茵畅毂"（《秦风·小戎》）。

姻 音【yīn】

古形【金小篆】

《说文·女部》："姻，婿家也。女之所因，故曰姻。"从字形看，"姻"由"女"和"因"组成。"因"有"依靠"之义，同"女"组合表示女子所依靠的对象，即女子的丈夫。《说文》解为"婿家"，即指女婿之家，或是"姻"之引申义。

释义："姻"在《诗经》中使用7处，无迭用。

1. 丈夫。此种用法有1处："不思旧姻"（《小雅·我行其野》）。

2. 婚姻、亲戚、儿女亲家。由男女双方成婚引申。此种用法有6（风1；雅5）处，如："怀昏姻也"（《鄘风·蝃蝀》）；"兄弟婚姻"（《小雅·角弓》）。

骃(駰) 音【yīn】

古形【小篆】

骃在古书上指一种浅黑带白色的马。从字形看，"骃"由"马"和"因"组成。"因"有"依"义，表示浅黑和白两色相依，同"马"组合或指浅黑色与白色相杂的马。

释义："骃"在《诗经》中使用2处，无迭用。

浅黑色与白色相杂的马。此种用法有2（雅1；颂1）处："我马维骃"（《小雅·皇皇者华》）；"有骃有騢"（《鲁颂·駉》）。

阴(陰) 音【yīn】

古形【金小篆】

"阴"，繁体作"陰"，由"阝（阜）"和"侌"组成。"侌"有云覆日之义，同"阝（阜）"组合表示太阳照射不到的地方为陰。一般山坡北部很少照到太阳，所以"山北"是"陰"的本义。古人日为阳、月为阴，故简化之"阴"从月。

释义："阴"在《诗经》中使用10处，无迭用。

1. 山的北面。此种用法有1处："相

其阴阳”（《大雅·公刘》）。

2.没有日光、阴天。或由山北无阳引申。此种用法有6（风4；雅2）处，如：“阴雨膏之”（《曹风·下泉》）；“又窘阴雨”（《小雅·正月》）。

3.借为“黔”，黑。此种用法有1处：“阴靷鋈续”（《秦风·小戎》）（或可视为由因阴而黑引申）。

4.借为“窨”，阴冷。此种用法有1处：“三之日纳于凌阴”（《豳风·七月》）（或可视为由因阴而冷引申）。

5.借为“荫”，庇荫。此种用法有1处：“既之阴女”（《大雅·桑柔》）（或可视为由词性转换引申）。

音　音【yīn】

古形【金 小篆 】

《说文·言部》：“音，声也。”从字形看，“音”，金文写作“ ”，由“音（言）”和下部口中加“一”组成。“言”指语言，口中的“一”是指事符号，表示“音”指的是语言从口中发出的响动之声

释义：“音”在《诗经》中使用24处，无迭用。

1.声音。此种用法有7（风4；雅3）处，如：“载好其音”（《邶风·凯风》）；“笙磬同音”（《小雅·鼓钟》）；“以矢其音”（《大雅·卷阿》）。

2.声誉、音讯。由声音可以传播引申。此种用法有17（风7；雅8；颂2）处，如：“德音无良”（《邶风·日月》）；“德音孔昭”（《小雅·鹿鸣》）；“大姒嗣徽音”（《大雅·思齐》）；“怀我好音”（《鲁颂·泮水》）。

殷　音【yīn】

古形【金 小篆 】

《说文·月部》“殷，作乐之盛称殷。”从字形看，“殷”由“月”和“殳”组成。“月”是“身”字反写，徐灏《段注笺》：“月者，反身也。乐舞回旋其身，故从月。”“殳”是古代的一种兵器，同“月”组合表示高举兵器、回旋身体跳着盛大的乐舞。

释义：“殷”在《诗经》中使用27处30次，3处迭用。

1.众多、声音大。由作乐舞之声势引申。此种用法有4（风4）处，如：“殷其盈矣”（《郑风·溱洧》）。

2.借作朝代名。此种用法有18（雅16；颂2）处，如：“殷商之旅”（《大雅·大明》）；“胜殷遏刘”（《周颂·武》）。

3.借为地名。此种用法有1处：“宅殷土芒芒”（《商颂·玄鸟》）（殷：古地名，在今河南省商丘）。

4.借为姓。此种用法有1处：“挞彼殷武”（《商颂·殷武》）（殷武：殷王武丁，即殷高宗）。

5.同“慇”，痛。此种用法有3（风1；雅2）处8次，均迭用，表示心痛貌，如：“忧心殷殷”（《邶风·北门》）；“忧心殷殷”（《小雅·正月》）；“忧心殷殷”（《大雅·桑柔》）。

禋　音【yīn】

古形【小篆 】

据《周礼·春官·大宗伯》载：“大宗伯之职，掌建邦之天神、人鬼、地示之礼，以佐王建保邦国。以吉礼事邦国之鬼神示，以禋祀祀昊天上帝。”其中的禋祀，指的是古代祭天的一种礼仪：即先将柴燃烧生烟，再将玉帛、牺牲等置于柴上一道焚烧，烟气升腾，让天帝嗅味而享祭。从字形看，“禋”由“示”和“垔”组成。“示”代表祭祀；“垔”或是“煙（繁体‘烟’）”字省写，同“示”组合表示燔柴升烟的祭天礼仪。

释义：“禋”在《诗经》中使用5处，无迭用。

一种祭天礼仪。此种用法有5（雅4；颂1）处，如：“来方禋祀”（《小雅·大田》）；“不殄禋祀”（《大雅·云汉》）；“肇禋，迄用有成”（《周颂·维清》）。

闉 音【yīn】

古形【小篆】

《说文·门部》：“闉，城内重门也。”《段注》将“城内重门”正为“城曲重门”。古时为了加强防御，人们在城门之外又筑起一座半圆形的小城，用以掩护城门。这种城外的小城谓之瓮城，瓮城的门叫闉。从字形看，“闉”由“門（门）”和“垔”组成，“垔”有“高地”之义，同“门”组合表示护城高地（之城）的门。此为城外之重门而非城内之重门。

释义：“闉”在《诗经》中使用1处，无迭用。

瓮城之门。此种用法有1处：“出其闉闍”（《郑风·出其东门》）。

淫 音【yín】

古形【金小篆】

“淫”由“氵（水）”和“坙”组成。“坙”有贪求之义，同“氵（水）”组合表示因贪求而在水中浸泡过度之义。

释义：“淫”在《诗经》中使用1处，无迭用。

过度。此种用法有1处：“既有淫威”（《周颂·有客》）。

尹 音【yǐn】

古形【甲金小篆】

“尹”，甲骨文写作“”，由“丨”和“乀”组成。“丨”像一根象征权力的权杖；“乀”像手，手持权杖表示权力在握。《说文·又部》：“治也。”掌握权力、治理国家，是“尹”字本义。

释义：“尹”在《诗经》中使用5处，无迭用。

借为姓。此种用法有5（雅5）处，如：“尹氏大师”（《小雅·节南山》）；“王谓尹氏”（《大雅·常武》）（一说“尹”为官名）。

引 音【yǐn】

古形【金小篆】

《说文·弓部》：“引，开弓也。”从字形看，“引”由“弓”和“丨”组成。“丨”像一支箭的形状，同“弓”组合表示开弓。

释义：“引”在《诗经》中使用4处，无迭用。

1. 延长。由引箭需要把弓弦拉开引申。此种用法有2（雅2）处：“勿替引之”（《小雅·楚茨》）；“职兄斯引”（《大雅·召旻》）。

2. 通“寅”，敬。此种用法有2（雅2）处，如：“以引以翼”（《大雅·行苇》）。

靷　音【yǐn】

古形【小篆】

靷指古代拴在车轴上拉着车前进的皮带，共两条，前端系在车衡的两旁，另一端套在牲口胸前。从字形看，“靷”由“革”和“引”组成。“革”指革制的皮带；“引”有牵引义，同“革”组合表示牵引车前行的皮带。

释义：“靷”在《诗经》中使用1处，无迭用。

牵引车前行的皮带。此种用法有1处：“阴靷鋈续”（《秦风·小戎》）。

饮(飲)　音【yǐn、yìn】

古形【甲　金　小篆】

“饮”，甲骨文写作“　”，像一个人伸舌张口、手捧着酒坛大口饮酒之状。“饮”，古作“㱃”，由“今”“酉”和“欠”组成。“酉”，甲骨文写作“　”，金文作“　”，像一个装满酒的坛子；“欠”，金文写作“　”，像一个人大张着口的样子；李孝定《甲骨文字集释》：“以（饮）音近于今（音），而到舌形又与今字形似，故篆文遂伪为从今耳。”“㱃”字左上部的“今”，或是甲骨文中吐舌状的舌形之误。《段注》：“水流入口为饮，引申之可饮之物谓之饮。”意思是“饮”的本义为喝，引申为可喝的液体如酒、饮料等。

释义：“饮”在《诗经》中使用37处，无迭用。

1. 喝、喝酒。此种用法有34（风7；雅24；颂3）处，如：“饮饯于言”（《邶风·泉水》；“饮酒之饫”（《小雅·常棣》）；“无饮我泉”（《大雅·皇矣》）；“在公饮酒”（《鲁颂·有駜》）。

2. 喝的东西。由词性转换（动—名）引申。此种用法有3（雅3）处，如：“日用饮食”（《小雅·天保》）。

隐　音【yǐn】

古形【金　小篆　】

《说文·阜部》：“隐，蔽也。”徐灏《段注笺》：“隐之本义盖谓隔阜不相见。引申为凡隐蔽之称。”从字形看，“隐”小篆写作“　”，左边是个“阝（阜）”，有“土山”的意思；右边由“爪（爪，上部的手）”“工（工，工具）”“又（又，下部自由的手）”和“心（心）”组成，组合在一起表示“心中感到可以随心所欲地拿取需要的工具（安子介《解开汉字之谜》）”有“稳妥”的意思（‘急’或又可视为‘稳’字省写），同“阝（阜）”组合或表示蔽于土山之后很稳妥。

释义：“隐”在《诗经》中使用1处，无迭用。

藏。由因阻隔看不见引申。此种用法有1处："如有隐忧"（《邶风·柏舟》）。

胤　音【yìn】

古形【金 小篆 】

《说文·肉部》："胤，子孙相承续也。从肉从八，像其长也；从幺，像重累也。"意思是说，"胤"是子子孙孙递相继承延续的意思。字形由"月（肉）""八"和"幺"组成。"月（肉）"指子孙血肉相连；"八"表示分支派别绵长（子分兄弟；兄弟再各自分子（即孙）），同"幺（金文作' '，形如丝）"组合表示子子孙孙如此相分承就像丝重叠累积一样延续无穷。

释义："胤"在《诗经》中使用2处，无迭用。

后代子孙。此种用法有2（雅2）处，如："其胤维何"（《大雅·既醉》）。

慭　音【yìn】

古形【小篆 】

《说文·心部》："慭，问也。谨敬也。一曰：说（悦）也。一曰：甘（愿）也。"从字形看，"慭"由"猌"和"心"组成。"猌"的本义指犬张嘴露齿发怒，表达的是忠犬护主之像，有"保护"的意思，同"心"组合分化成几个意思也是有可能的：一是心中甘愿、愿意在遇到困境时受到保护；二是保护别人的人一定是有能力之人，是心里觉得可以谨敬问（请教）之人；三是得到保护、还时时可以请教，心中一定是愉悦的。

释义："慭"在《诗经》中使用1处，无迭用。

甘愿、愿意。此种用法有1处："不慭遗一老"（《小雅·十月之交》）。

应（應）　音【yīng、yìng】

古形【金 小篆 】

"应"，繁体作"應"，金文写作" "（雁，战国时期将'广'讹为'疒'，或为形似之故）"，《说文》谓之"鸟也"，后来在此基础上分化为两个字：鹰和應。"鹰"还作"鸟（老鹰）"解；"應"或表示应答之声。从字形看，"應"由"雁"和"心"组成。"雁"或指雁的叫声，同"心"组合或表示从心里发出的如雁叫声的应答之声。

释义："应"在《诗经》中使用5处，无迭用。

1. 借作助动词，有应该、应当的意思。此种用法有3（雅2；颂1）处："乃立应门""应门将将"（《大雅·绵》）（应门：古代王宫的正门，即当朝正门，应有"当"义，故谓之应门。）；"我应受之"（《周颂·赉》）。

2. 借作鼓名。此种用法有1处："应田县鼓"（《周颂·有瞽》）。

3. 借为国名。此种用法有1处："应侯顺德"（《大雅·下武》）（应：国名，故址在今河南宝丰县西南）。

英　音【yīng】

古形【金 小篆 】

《说文·艸部》："英，草荣而不实者。"意思是"英"指的是草只开花却不结果实。一般树木先花后果，大多数草本有花但不会结果，英指的或是不会结果实的花。从字形看，"英"由"艹（草）"和"央"组成。"央"有"中间"意思，同"艹"组合或指开在草中间的花。

释义："英"在《诗经》中使用8处9次，1处迭用。

1.花。此种用法有3（风3）处，如："美如英"（《魏风·汾沮洳》）。

2.花纹、美。由花很漂亮且花形可做装饰引申。此种用法有2（风2）处，如："三英杰兮"（《郑风·羔裘》）。

3.同"泱"，"英英"犹"泱泱"，云起貌。此种用法有1处，迭用："英英白云"（《小雅·白华》）。

4.通"缨"。一种装饰物。此种用法有2（风1；颂1）处："二矛重英"（《郑风·清人》）；"朱英绿縢"（《鲁颂·閟宫》）。

莺(鶯)　音【yīng】

古形【金 小篆 】

"莺"即黄莺，又名黄鸟、仓庚、黄鹂，是一种颜色浅黄带绿的小鸟，嘴短而尖，叫声清脆。莺吃昆虫，是一种益鸟。从字形看，"莺"，繁体作"鶯"，由"𤇾"和"鳥（鸟）"组成。"𤇾"是"榮（荣）"字省写，有"花"义，同"鸟"组合或指色彩像花儿一样的小鸟。

释义："莺"在《诗经》中使用2处，无迭用。

色彩如花、有文彩。或由莺的色彩如花引申。此种用法有2（雅2）处，如："有莺其羽"（《小雅·桑扈》）。

膺　音【yīng】

古形【金 小篆 】

《说文·肉部》："膺，胸也。"从字形看，"膺"由"雁"和"月（肉）"组成，"雁"或为"鹰"字省写，同"月（肉）"组合表示鹰前胸的那部分（肉），即鹰的胸脯。

释义："膺"在《诗经》中使用5处，无迭用。

1.马的前胸。由特指到泛指引申。此种用法有3（雅3）处，如："钩膺鞗革"（《小雅·采芑》）；"钩膺濯濯"（《大雅·崧高》）（钩膺：马前胸的装具）。

2.弓袋的正面。由胸在身前引申。此种用法有1处："虎韔镂膺"（《秦风·小戎》）。

3.同"應"，回应、抵挡、打击。此种用法有1处："戎狄是膺"（《鲁颂·閟宫》）。

鹰(鷹)　音【yīng】

古形【金 小篆 】

"雁"是"鹰"之本字，本义指鸟。后分化加"心"作"應（应）"，加"鸟"作"鹰"。《说文·鸟部》："鹰，鸟也。"鹰俗称老鹰，是小型猛禽，与一般鸟类不同，雌鸟体型往往比雄鸟更大。老鹰性情凶猛，嘴呈黄色，上嘴弯曲，脚强健有力，趾有锐利的爪，翼大善飞。

释义：“鹰”在《诗经》中使用1处，无迭用。

老鹰。此种用法有1处：“时维鹰扬”（《大雅·大明》）。

嘤(嚶) 音【yīng】

古形【金小篆】

《说文·口部》：“嘤，鸟鸣也。”从字形看，“嘤”由“口”和“婴”组成。“口”指鸟口；“婴”音“yīng”，像鸟叫声，同“口”组合表示鸟鸣叫时口中发出的如“婴”音一样的声。

释义：“嘤”在《诗经》中使用2处3次，1处迭用。

鸟鸣声。此种用法有2（雅2）处3次，1处迭用，如：“鸟鸣嘤嘤”（《小雅·伐木》）。

迎 音【yíng】

古形【金小篆】

《说文·辵部》：“迎，逢也。”所谓“逢”，即相见。从字形看，“迎”由“辶”和“卬”组成。“辶”同行走有关；“卬”同“仰”，但义有别。《段注》：“仰训举，卬训望。”意思是说“仰”指抬头向上（举）看；“卬”则指平视向前看，同“辶”组合表示一边行一边向前方张望而相逢谓之“迎”，即有意主动而逢，即迎逢，或谓迎接。

释义：“迎”在《诗经》中使用2处，无迭用。

迎接。此种用法有2（雅2）处，如：“亲迎于渭”（《大雅·大明》）。

盈 音【yíng】

古形【金小篆】

《说文·皿部》：“盈，满器也。”从字形看，“盈”由“夃”和“皿”组成。“皿”指器皿；“夃”古同“贾”，字形由“乃”和“又”组成，“乃”即“仍”字省写，有“屡次、反复”等义，“又”，甲骨文作“㇏”，像一只手，同“皿”组合成“盈”或表示商贾在做买卖之时向量器（皿）中用手（又）反复（乃）加物使器满。（一说‘盈’来自甲骨文中的‘浴’，其字形像人在盆（皿）中洗浴，水满溢出的样子。）

释义：“盈”在《诗经》中使用16处，无迭用。

1. 满、充满。此种用法有15（风8；雅6；颂1）处，如：“不盈顷筐”（《周南·卷耳》）；“大庖不盈”（《小雅·车攻》）；“烂其盈门”（《大雅·韩奕》）；“百室盈止”（《周颂·良耜》）。

2. 满足、自满。或由因满而足引申。此种用法有1处：“民之靡盈”（《大雅·抑》）。

莹(瑩) 音【yíng】

古形【金小篆】

《说文·玉部》：“莹，玉色。”从字形看，“莹”由“⺍”和“玉”组成。“玉”指玉色，“⺍”或是“荧”字省写，有光润、艳丽的意思，同“玉”组合表示玉色光润。

释义：“莹”在《诗经》中使用2处，

无迭用。

玉色光润。此种用法有2（风2）处，如："充耳琇莹"（《卫风·淇奥》）。

营(營) 音【yíng】

古形【金 小篆 】

《说文·宫部》："营，市居也。"所谓"市居"，依徐锴《说文系传》当为"帀居"，"帀"有环绕一周的意思，"帀居"则表示"环绕一周而居"。从字形看，"营"由"𫇦"和"吕"组成，"𫇦"是"荧"字省写，有"光亮"义；"吕"是"宫"字省写，指宫室，代表房屋（或指代表宫室军队驻扎的营地），同"艹（荧）"组合表示环绕而居且有点点光亮的营地。

释义："营"在《诗经》中使用9处12次，3处迭用。

1.安排、治理。或由营地需要安排、治理引申。此种用法有6（雅6）处，如："经营四方"（《小雅·北山》）；"经之营之"（《大雅·灵台》）。

2.借作象声词。此种用法有3（雅3）处，均迭用，如："营营青蝇"（《小雅·青蝇》）（营营，拟苍蝇飞动之声）。

萦(縈) 音【yíng】

古形【金 小篆 】

"萦"由"𫇦"和"糸"组成。"糸"，金文写作" "，像丝线或绳子；"𫇦"是"荧"字省写，有光亮的意思，同"糸"组合或表示丝绳缠绕就像光亮环绕附着物体一样。

释义："萦"在《诗经》中使用1处，无迭用。

缠绕。此种用法有1处："葛藟萦之"（《周南·樛木》）

楹 音【yíng】

古形【金 小篆 】

《说文·木部》："楹，柱也。"堂屋前部的柱子称"楹"。从字形看，"楹"由"木"和"盈"组成。"盈"有"满"义，同"木"组合表示"楹"是用坚实丰满的木材做成的木柱。

释义："楹"在《诗经》中使用2处，无迭用。

木柱。此种用法有2（雅1；颂1）处："有觉其楹"（《小雅·斯干》）；"旅楹有闲"（《商颂·殷武》）。

蝇(蠅) 音【yíng】

古形【金 小篆 】

"蝇"多指苍蝇，是一种蝇属双翅目的小虫。从字形看，"蝇"由"虫"和"黾"组成。"黾"，甲骨文写作" "，像一只大头大腹的蛙形，同"虫"组合或表示"蝇"是一种腹大如黾的小虫。

释义："蝇"在《诗经》中使用4处，无迭用。

苍蝇。此种用法有4（风1；雅3）处，如："苍蝇之声"（《齐风·鸡鸣》）；"营营青蝇"（《小雅·青蝇》）

赢(贏) 音【yíng】

古形【金 小篆 】

《说文·贝部》:“赢，有余、贾利也。”此训看似两义，实为一义：做买卖获利，同本钱相比有盈余即为“赢”。《段注》:“（赢）当是从贝𣎆。𣎆者，多肉之兽也，故以会意。”从字形看，“赢”由“贝”和“𣎆”组成。“贝”是古代的货币；“𣎆”，指多肉之兽，同“贝”组合或会“多贝”之义，即获利也。

释义:“赢”在《诗经》中使用1处，无迭用。

获利。此种用法有1处：“昭假无赢”（《大雅·云汉》）。

颖(穎)　音【yǐng】

古形【金小篆】

《说文·禾部》:“颖，禾末也。”从字形看，“颖”由“匕”“禾”和“页”组成。“页”本义为“头”;“禾”头应指禾穗；“匕”是一种锐利之器，禾穗上长出的如匕一样锐利的芒刺就是“颖”，故徐锴《说文系传》:“（禾末）谓禾穗之端也。”禾穗长芒是禾谷已经成熟的标志。

释义:“颖”在《诗经》中使用1处，无迭用。

长出芒的禾穗。此种用法有1处：“实颖实栗”（《大雅·生民》）。

庸　音【yōng】

古形【甲金小篆】

“庸”，甲骨文写作“”，由“（倒写的‘人’）”“（倒写的‘其’即‘箕’）”和“（多人使用的井形夯地桩）”三部分组成，表示用箕挑土夯墙（有说上像铃鼓之形）。有的甲骨文写作“”，在旁边加了个“（攴，持械击打）”，特别强调了“庸”是在用杵、状夯土筑墙（古墙多用土夯筑而成，屋墙用杵、宽大的城墙用夯击打而成）。《韩非子·五蠹》:“泽居苦水者，买庸而决窦。”其中的“买庸”指雇工，可见“庸”在先秦是对某些地位较低的劳动者的一种称呼。《说文·用部》:“庸，用也。”所谓“用”，或是“庸”的引申义。

释义:“庸”在《诗经》中使用7处，无迭用。

1. 劳役、使用。或由筑墙之人被（强迫）雇用、使用引申。此种用法有3（风3）处，如：“齐子庸止”（《齐风·南山》）。

2. 借作“墉”（或可视为由词性转换“动—名”引申），城。此种用法有2（雅1；颂1）处：“以作尔庸”（《大雅·崧高》）;“土田附庸”（《鲁颂·閟宫》）。

3. 借为“镛”，大钟。此种用法有1处：“庸鼓有斁”（《商颂·那》）。

4. 借为姓。此种用法有1处：“美孟庸矣”（《鄘风·桑中》）。

佣(傭)　音【yōng、yòng】

古形【金小篆】

“佣”，繁体作“傭”，由“亻（人）”和“庸”组成。“庸”有“用”义，同“人”组合表示人被雇用。

释义:“佣”在《诗经》中使用1处，无迭用。

通“融”，明。此种用法有1处：“昊天不傭”（《小雅·节南山》）。

雍(雝)　音【yōng】

古形【甲 金 小篆 】

“雍”，繁体作“雝”，甲骨文写作“”，由“（水）”“口（城邑）”和“（飞鸟）”三部分组成。“（水）”“口（城邑）”合在一起指有水的城邑，就是“邕”字，本义表示四方被水环绕（即有护城河）的城邑。由于护城河的存在，城邑中的人们可以安定生活，所以“邕”由此引申为和谐、和睦。在此基础上加“（飞鸟）”，表示鸟可以在河上自由往来（一说此鸟谓鹡鸰，喜飞鸣作声，其音邕邕而和），从而描绘了一幅鸟语花香，人和自然和睦相处的和谐画面。

释义：“雍”在《诗经》中使用13处18次，5处迭用。

1. 和、和谐、和顺。此种用法有6（风1；雅2；颂3）处9次，3处迭用，如：“曷不肃雍”（《召南·何彼襛矣》）；“和鸾雍雍”（《小雅·蓼萧》）；“雍雍在宫”（《大雅·思齐》）；“肃雍显相”（《周颂·清庙》）。

2. 四面环水的建筑。由雍之地形引申。此种用法有4（雅3；颂1）处，如：“镐京辟雍”（《大雅·文王有声》）；“于彼西雍”（《周颂·振鹭》）

3. 借作鸟鸣声。此种用法有2（风1；雅1）处4次，均迭用：“雍雍鸣雁”（《邶风·匏有苦叶》）；“雍雍喈喈”（《大雅·卷阿》）。

4. 通“壅”，遮蔽。此种用法有1处：“维尘雍兮”（《小雅·无将大车》）。

墉(隲)　音【yōng】

古形【金 小篆 】

《说文·土部》：“墉，城垣也。”从字形看，“墉”由“土”和“庸”组成。“庸”有夯土筑墙义，同“土”组合表示用土筑好的城墙。

释义：“墉”在《诗经》中使用6处，无迭用。

墙、城墙。此种用法有6（风1；雅4；颂1）处，如：“何以穿我墉”（《召南·行露》）；“实墉实壑”（《大雅·韩奕》）；“其崇如墉”（《周颂·良耜》）。

镛(鏞)　音【yōng】

古形【金 小篆 】

镛指古代一种乐器，是奏乐时表示节拍的大钟。从字形看，“镛”由“钅（金）”和“庸”组成。“庸”，甲骨文写作“”，本义指用箕挑土夯墙（见‘庸’条），后或有误读者将其形视作手持的铃鼓（也是一种乐器），后加“钅（金）”成“镛”，表示用以协助奏乐的金属大钟。

释义：“镛”在《诗经》中使用1处，无迭用。

大钟。《诗经》此种用法有1处：“贲鼓维镛”（《大雅·灵台》）。

饔　音【yōng】

古形【金 小篆 】

《说文·食部》:“饔,孰(熟)食也。”《康熙字典》引《周礼·天官》“内饔”注:“饔,割亨(烹)煎和之称。”从字形看,“饔”由“雍”和“食”组成。“雍”有“和”义,同“食”组合表示因调和而成的熟食。古有朝饔夕飧之说,即早饭谓饔,晚饭称飧。

释义:“饔”在《诗经》中使用1处,无迭用。

熟食。此种用法有1处:“有母之尸饔”(《小雅·祈父》)。

颙(顒) 音【yóng】

古形【小篆】

《说文·页部》:“颙,大头也。”从字形看,“颙”由“禺”和“页”组成。“页”指头;“禺”或是“偶”字省写,有游戏面具的意思,同“页”组合或表示像戴着面具一样的头部。

释义:“颙”在《诗经》中使用2处3次,1处迭用。

大貌,迭用表示肃敬的样子。由特指头大到泛指引申。此种用法有2(雅2)处3次,1处迭用:“其大有颙”(《小雅·六月》);“颙颙卬卬”(《大雅·卷阿》)。

永 音【yǒng】

古形【甲 金 小篆】

《说文》“永,长也。像水巠理之长。”所谓“巠理”,《段注》云:“巠者,水脉;理者,水文。”从字形看,“永”,小篆作“”,许慎将其视为波光粼粼、绵延流长的水脉之像,加之典籍中的“永”字多作“长”解,故谓之“长”。从甲骨文字形看,“永”写作“”,高鸿缙先生《中国字例》:“此永字,即潜行水中之‘泳’字初文。原从人在行,由文‘人’、‘彳’生意,故托以寄游泳之意。后人借为长永,久而为借意所专,乃加水旁作‘泳’以还其原(意)。”这是把“永”分解成“(彳)”和“(人)”等部分来理解:“彳”有“行”义,且“永”字中“”在“”中,犹如在水中行(即游泳)之象,故“永”当为“泳”字初文。或因会游泳的人可以长久行在水中,故后来借作“长永”之“永”。

释义:“永”在《诗经》中使用34处,无迭用。

借为长永之永,有长、久之义。此种用法有34(风14;雅14;颂6)处,如:“维以不永怀”(《周南·卷耳》);“我行永久”(《小雅·六月》);“永言孝思”(《大雅·下武》);“永言保之”(《周颂·载见》)。

泳 音【yǒng】

古形【金 小篆】

“永”是“泳”字初文(参见‘永’条),甲骨文写作“”,由“(彳)”和“(人)”组成。“彳”有“行”义,“永”字中“(人)”在“”中,犹如在水中行(即游泳)之像。《说文·水部》:“泳,潜行水中也。”意思是泳指的是潜没在水中前行,泛指游泳。

释义:“泳”在《诗经》中使用4处,

无迭用。

潜水、游泳。此种用法有4（风4）处，如：“泳之游之”（《邶风·谷风》）。

勇　音【yǒng】

古形【金小篆】

《说文·力部》：“勇，气也。”《段注》：“气，云气也。”从字形看，“勇”由“甬”和“力”组成。“甬”或是“涌”字省写，指云气涌动；“力”指人力，同“甬”组合或表示人力如云气涌动一样迸发出来。古文“勇”又作“恿”，字从心，突出了人之勇发于内心，或是由于人的勇气是通过外在使力的行为表现出来的原因，故后作“勇”而废“恿”。

释义：“勇”在《诗经》中使用3处，无迭用。

勇气、勇敢。此种用法有3（雅2；颂1）处，如：“无拳无勇”（《小雅·巧言》）；“敷奏其勇”（《商颂·长发》）。

踊　音【yǒng】

古形【金小篆】

《说文·足部》：“踊，跳也。”从字形看，“踊”由“足”和“甬”组成。“足”指脚；“甬”或是“涌”字省写，有水或云气向上冒出的意思，同“足”组合则表示脚向上跳。

释义：“踊”在《诗经》中使用1处，无迭用。

跳。此种用法有1处：“踊跃用兵”（《邶风·击鼓》）。

用　音【yòng】

古形【甲金小篆】

“用”，甲骨文写作“”。关于此字形，有多种说法：一说形似桶，是“桶”字初文；一说其形像古代的一种乐器即奏乐时表示节拍的大钟；一说形似一块占卜的骨板，上有卜兆。《说文·用部》：“用，可施行也。”从“可施行”意义上看，由前两种说法引申或比较牵强，唯有后一种，依据卜兆之像行事，是古人行事之常用之法。故“用”之本义或就为“可施行”。

释义：“用”在《诗经》中使用42处，无迭用。

1.（可以）施行、使用。此种用法有16（风4；雅11；颂1）处，如：“于以用之”（《召南·采蘩》）；“不臧覆用”（《小雅·小旻》）；“酌之用匏”（《大雅·公刘》）；“载用有嗣”（《周颂·酌》）。

2.借作介词、连词，相当于“以”“就”等意思。此种用法有26（风1；雅22；颂3）处，如：“贾用不售”（《邶风·谷风》）；“是用作歌”（《小雅·四牡》）；“思辑用光”（《大雅·公刘》）；“是用大介”（《周颂·酌》）。

优(優)　音【yōu】

古形【金小篆】

“优”，繁体作“優”。《说文·人部》：“優，饶也。一曰：倡也。”“饶”

指丰足；“倡”是古代俳优之称，即以乐舞谐戏为业的艺人。从字形看，“優”由“亻（人）”和“憂”组成。“憂”义“和之行”，同“人”组合或表示在舞台上行步谐和而舞（或演）的艺人。因表演之人一定才艺出众，所以又引申作“饶”，即（才艺）丰足、富有之义。

释义：“优”在《诗经》中使用6处7次，1处迭用。

1. 充足、厚重。或由艺人才艺丰足引申。此种用法有5（雅5）处，如：“慎尔优游”（《小雅・白驹》）；“维其优矣”（《大雅・瞻卬》）。

2. 和，迭用表示宽和。或由“行之和”引申。此种用法有1处，迭用：“敷政优优”（《商颂・长发》）。

攸　音【yōu】

古形【甲 金 小篆 】

《说文・攴部》：“攸，行水也。”从字形看，“攸”由“亻（人）”“丨”和“攴”组成。《段注》：“攴（有‘小击’之义），取引导之意；人谓引导者。”“攸”中的“丨”是“水（水）”字省写，组合在一起犹治水之像，或表示“人引导水平稳流过”。一说“攸”甲骨文写作“ ”，左边是个“ （人）”字；右边的“ ”像手持器械之状，组合在一起表示手持（棍棒类）器械击打人。然“攵（攴）”字甲骨文作“ ”，字形本身就像手持器械之状，此说忽略了“丨”的意义。

释义：“攸”在《诗经》中使用26处，无迭用。

1. 处所、地方。或因水平稳流过处所引申。此种用法有1处：“为韩姞相攸”（《大雅・韩奕》）。

2. 借作助词，放在动词前组成名词性词组，相当于“所”。此种用法有4（雅4）处，如：“戎丑攸行”（《大雅・绵》）。

3. 借作副词，有“乃、就、于是”等意思。此种用法有21（雅20；颂1）处，如：“万福攸同”（《小雅・蓼萧》）；“福禄攸降”（《大雅・旱麓》）；“淮夷攸服”（《鲁颂・泮水》）。

悠　音【yōu】

古形【金 小篆 】

《说文・心部》：“悠，憂也。”作为一种内心的活动，《说文》中“忦、恙、惔、慑、惕、愁、悴……”等字均以“憂”解，但其中的意思都略有差别，以“忧”训“悠”，有表达思念之义。从字形看，“悠”由“攸”和“心”组成。“攸”有“水平稳流淌”的意思，同“心”组合表示心中的思念如流水一样长远。

释义：“悠”在《诗经》中使用22处39次，17处迭用。

1. 思念、忧思貌。此种用法有10（风8；雅1；颂1）处17次，7处迭用，如：“悠哉悠哉”（《周南・关雎》）；“悠悠我里”（《小雅・十月之交》）；“于乎悠哉”（《周颂・访落》）

2. 远、遥远貌。由思念如流水一样长远引申。此种用法有11（风7；雅4）处20次，9处迭用，如：“驱马悠悠”（《鄘风·载驰》）；“悠悠昊天”（《小雅·巧言》）。

3. 悠闲貌。或由水流之貌引申。此种用法有1处，迭用：“悠悠旆旌”（《小雅·车攻》）（言旌旗悠闲摆动貌）。

忧(憂)　音【yōu、yòu】

古形【金 小篆 】

“忧”和“憂”古为两个字，现在通作“忧”。“憂（金文作‘ ’）”，由“页”“心”和“夊”组成。“页”指头，可理解成面孔；“心”指内心愁苦；“夊”有行动迟缓的意思，三部分组合表示心忧或显于面现于行即面容愁苦、行动迟缓。《说文·夊部》：“憂，和之行也。”或因“憂”字在实际使用中落点在于行，不能充分表达内心活动，故又加“忄（心）”成“懮（古或为‘恳’）”。《说文·心部》：“恳，愁也。”后“懮”“恳”二字均废，表示“愁”之义多由“憂”字替代，今合并为“忧”。“忧”中之“尤”有“过、多”等意思，同“忄（心）”组合表示思虑特别多，放心不下。

释义：“忧”在《诗经》中使用83处，无迭用。

1. 忧愁、忧虑。此种用法有77（风30；雅47）处，如：“忧心忡忡”、（《召南·草虫》）；“心亦忧止”（《小雅·采薇》）；“忧心如熏”（《大雅·云汉》）。

2. 忧患、忧心的事。由词性转换（动—名）引申。此种用法有6（风2；雅4）处，如：“职思其忧”（《唐风·蟋蟀》）；“无思百忧”（《小雅·无将大车》）；“尔用忧谑”（《大雅·板》）（一说通“优”，优谑即戏谑）。

呦　音【yōu】

古形【金 小篆 】

“呦”由“口”和“幼”组成。“幼”是拟音，同“口”组合表示动物口中发出如“幼（yōu）”音的叫声。

释义：“呦”在《诗经》中使用3处6次，均迭用。

鹿鸣声。此种用法有3（雅3）处6次，均迭用，如：“呦呦鹿鸣”（《小雅·鹿鸣》）。

幽　音【yōu】

古形【甲 金 小篆 】

《说文·丝部》：“幽，隐也。从山中丝。”所谓“山中丝”，即如徐锴《说文系传》所云“山中隐处”。从字形看，“幽”由“山”和“丝”组成。“丝”有“细微”义，同“山”组合或指山中光线微暗之处。

释义：“幽”在《诗经》中使用4处5次，1处迭用。

1. 深，迭用表示深远的样子。或由因深而光线不到引申。此种用法有3（雅3）处4次，1处迭用，如：“出自幽谷”（《小雅·伐木》）。

2. 黑。由光线微暗而显黑引申。此种用法有1处：“其叶有幽”（《小雅·隰桑》）。

麀 音【yōu】

古形【小篆】

“麀”由“鹿”和“匕”组成。“匕”或是“牝”字省写，指“雌性的鸟或兽”，同“鹿”组合表示雌性的鹿，即母鹿。

释义：“麀”在《诗经》中使用4处，无迭用。

母鹿。此种用法有4（雅4）处，如：“麀鹿麌麌”（《小雅·吉日》）；“麀鹿噳噳”（《大雅·韩奕》）

尤 音【yóu】

古形【甲 金 小篆】

“尤”，甲骨文写作“”，像“”上多了一笔。“”即“又”字，像手形，上面多出的一笔表示手疾或生有赘疣，因此有说“尤”或是“疣”字初文，指一种因病毒感染导致皮肤表面受到损害而产生的异样病变，故《说文·乙部》：“尤，异也。”

释义：“尤”在《诗经》中使用3处，无迭用。

1. 过失、错误。或由变态引申。此种用法有1处：“莫知其尤”（《小雅·四月》）（或借作“訧”）。

2. 责备、抱怨。或由因过失而遭责备引申。此种用法有2（风2）处，如：“许人尤之”（《鄘风·载驰》）。

犹(猶) 音【yóu】

古形【甲 金 小篆】

“犹”繁体作“猶”，由“犭（犬）”和“酋”组成。“犭（犬）”指狗；“酋”或是“酉”字误笔。因为从甲骨文看，“猶”写作“”，右边的“”像一犬形，左边的“”像一酒坛即“酉”，如果增加两点作“酋”，也应该是表示酒气（酒洒落）之像，同“犭”组合或表示狗像喝醉酒那样动作犹疑。“猶”简化作“犹”，其中的“尤”有“异”的意思，同“犭”组合表示醉酒的犬做出一些反常态的奇异动作。《说文·犬部》：“猶，玃属。”“玃”指猕猴。《尔雅·释兽》：“玃父善顾。”又“猶如麂，善登木。”从以上信息可知，猶，是玃属动物，其形小巧如麂（似鹿但无角），（麂）足如犬，善爬树，善左顾右盼。猶的俗称为何物有待考证（一说为“鼬鼠”），但其形及其行为怪异则多为大家公认，故“猶（犹）”字本义或可理解为怪异的小兽。

释义：“犹”在《诗经》中使用26处，无迭用。

1. 借作副词，有“同、还”等意思。此种用法有6（风5；雅1）处，如：“寔命不犹”（《召南·小星》）；“犹求友声”（《小雅·伐木》）。

2. 通“猷”，谋略（名）、谋划、欺诈。此种用法有18（雅16；颂2）处，如：“无相犹矣”（《小雅·斯干》）；“厥犹翼翼”（《大雅·文王》）；“继犹判涣”（《周颂·访落》）。

3. 或借作“优”，好。此种用法有1处：“之子不犹”（《小雅·白华》）

4. 借作“沈”，水名。此种用法有1处：“允犹翕河”（《周颂·般》）。

訧　音【yóu】

古形【小篆】

“訧”有“言”和“尤”组成。“言”指语言；“尤”有“过失”义，同“言”组合表示语言有过失，故《说文·言部》云：“訧，罪也。”

释义：“訧”在《诗经》中使用1处，无迭用。

过失、罪过。此种用法有1处：“俾无訧兮”（《邶风·绿衣》）。

由　音【yóu】

古形【甲　金　小篆】

“由”，金文写作“由”，由“田”和“丨”组成。“田”指田亩；“丨”像指事符号，或指明田间的行走之道，循此行走就可过田。一说“由”甲骨文作“由”，下像器皿之口形，上面表示液滴，合在一起或也可表示液滴循口可注入皿中。“遙”或是“由”字异体。《说文·辵部》：“遙，行遙径也。”所谓行遙径，即指行路所经过的捷径，这是人人都愿意遵循、依从的路。此意也符合甲、金文“由”字的字理。

释义：“由”在《诗经》中使用11处，无迭用。

1.遵循、依从。由捷径大家都愿意依从引申。此种用法有4（雅4）处，如：“由醉之言”（《小雅·宾之初筵》）；“率由旧章”（《大雅·假乐》）。

2.借作介词，有“由于、从、自”等意思。此种用法有7（风3；雅4）处，如：“齐子由归”（《齐风·南山》）；“职竞由人”（《小雅·十月之交》）；“人尚乎由行”（《大雅·荡》）。

邮(郵)　音【yóu】

古形【金　小篆】

“邮”繁体作“郵”。《说文·邑部》：“郵，境上行书舍。”王筠《说文句读》引《汉书·黄霸传》注曰：“邮亭书舍，谓传送文书所止处，亦如今之驿馆矣。”从字形看，“郵”由“垂”和“阝（邑）”组成。“垂”指边陲，即边境；“邑”指城邑，代表城邑中供传送书信人歇息之地，同“垂”组合表示边境上传递书信之人中途歇息的馆舍。简化字“邮”同“郵”古或为两个字。古“邮”字或专指邮亭，在今陕西省高陵境内，为古代传递信件的人歇息之处。

释义：“邮”在《诗经》中使用1处，无迭用。

1.边境上传递书信之人中途歇息的馆舍。《诗经》中无此用法。

2.通“訧”，过失。此种用法有1处：“不知其邮”（《小雅·宾之初筵》）。

浟(滺)　音【yóu】

古形【缺】

“浟”由“氵（水）”和“攸”组成。“攸”有“使水平稳流行”义，同“氵”组合表示水流缓慢平稳。

释义：“浟”在《诗经》中使用1处2次，迭用。

水流缓慢平稳。此种用法有1处：

“淇水滺滺”（《卫风·竹竿》）

游(遊) 音【yóu】

古形【甲 金 小篆 】

“游”的本字或是“斿”，甲骨文写作“ ”，像一个人（子，有说小孩）举着旌旗（㫃）跑动状。后或作“遊”，加“辶”表达举旗走动义。《说文·㫃部》：“游（斿），旌旗之流也。”义即因举旗走动使旌旗的飘带游动如水。这里的“斿”字加了“氵（水）”，或如《段注》所云：“旗之游如水之流，故得称流也。”由此意引申，“游”字又有了“在水中自由浮行”之意。后同“遊”字合并，通作“游”，就有了“在水中浮行”和“在陆地行走（游玩）”双重意思。

释义：“游”在《诗经》中使用21处，无迭用。

1.游动。由特指旌旗飘带游动如水到泛指物体游动引申。此种用法有2（风2）处，如：“隰有游龙”（《郑风·山有扶苏》）。

2.水流。或由“如水之流”引申。此种用法有3（风3）处，如：“溯游从之”（《秦风·蒹葭》）。

3.游水，浮游。或由物行如水流引申。此种用法有1处：“泳之游之”（《邶风·谷风》）。

4.同“遊”，游玩、游荡。此种用法有15（风7；雅8）处，如：“以敖以遊”（《邶风·柏舟》）；“慎尔优游”（《小雅·白驹》）；“匪绍匪游”（《大雅·常武》）。

蝣 音【yóu】

古形【金 小篆 】

“蝣”即蜉蝣，是一种幼虫生活在水中，成虫多呈褐绿色，有翅和四肢，生存期极短（存活期数小时到几天）的昆虫。从字形看，“蝣”由“虫”和“斿”组成。“斿”有游动义，同“虫”组合或表示这是一种能够在水中游动的小虫。

释义：“蝣”在《诗经》中使用3处，无迭用。

虫名。此种用法有3（风3）处，如：“蜉蝣之羽”（《曹风·蜉蝣》）。

猷 音【yóu】

古形【金 小篆 】

“猷”，多认为同“猶”，但“猶”多借作“谋略”义，或借得多了，人们又造“猷”字取而代之。故《段注》云：“今字分猷谋字犬在右，语助字犬在左。经典绝无此例。”大意是说，现今分用犬在左的猷字表示“谋”义，犬在右的猶表示语助字。但古籍经典没有区分，多用“猶”。“猷”甲骨文写作“ ”，右边的“ ”像一犬形，左边的“ ”像一酒坛即“酉”，如果增加两点作“酋”，也应该是表示酒气（酒洒落）之象。安子介先生《解开汉字之谜》：“（猷字）可能起源于古代祭天的仪式，此时需杀一条狗（犬），以浓酒（酋）作祭品。”按此说法，“猷”作“谋”解，或非借用，而是引申。

释义：“猷”在《诗经》中使用2处，

无迭用。

道、谋略。或由祭天前会商议程引申。此种用法有2（雅2）处："秩秩大猷"（《小雅·巧言》）。

輶 音【yóu】

古形【小篆輶】

《说文·车部》："輶，轻车也。""輶"指古代一种轻便的车，后常作使者的乘车。所谓"使者"，指的是奉命出使的人。从字形看，"輶"由"車（车）"和"酋"组成。"酋"古指部落首领或国王，同"車"组合，或表示代表酋长的使者所乘的车。或因其车轻便，故曰"轻车"。

释义："輶"在《诗经》中使用2处，无迭用。

轻、轻便。此种用法有2（风1；雅1）处："輶车鸾镳"（《秦风·驷驖》）；"德輶如毛"（《大雅·烝民》）。

友 音【yǒu】

古形【甲𠬪金𠬪小篆𠬪】

《说文·又部》："友，同志为友。"从字形看，"友"，甲、金文都写作"𠬪"，像相向两只右手并列在一起。引申为表示两个人志趣相同、共同做事，有志同道合的朋友之意。古代同门曰朋；同志曰友。

释义："友"在《诗经》中使用23处，无迭用。

1. 两个在一起。此种用法有1处："或群或友"（《小雅·吉日》）。

2. 朋友。由两个志趣相投在一起引申。此种用法有17（风1；雅16）处，如："仰须我友"（《邶风·匏有苦叶》）；"不如友生"（《小雅·常棣》）；"朋友攸摄"（《大雅·既醉》）。

3. 友爱、为友。由词性转换（名—动）引申。此种用法有4（风1；雅3）处，如："琴瑟友之"（《周南·关雎》）；"张仲孝友"（《小雅·六月》）；"因心则友"（《大雅·皇矣》）。

4. 借作"有"，有纪即法纪。此种用法有1处："散无友纪"（《大雅·云汉》）。

有 音【yǒu、yòu】

古形【甲㞢金有小篆有】

"有"，甲骨文写作"㞢"，像手张开有所抓持之形，表示持有；金文写作"有"，在"有"字的基础上加"⺼（肉）"，突出"手持肉食"的含义。远古时代，肉食是人们赖以生存的重要食品，持有肉食，即表示持有了重要的生存资料。《说文·有部》："有，不宜有也。"并引《春秋左传》中"日月有食之"之说为例，说明因古人认为日、月食是不祥之兆，故不宜有。此解或因将"有"中之"⺼（肉）"误为"月"之故。

释义："有"在《诗经》中使用532处，无迭用。

1. 有、持有。此种用法有372（风131；雅178；颂63）处，如："南有樛木"（《周南·樛木》）；"我有旨酒"（《小雅·鹿鸣》）；"小子有造"（《大雅·思齐》）；“昔有成汤”（《商颂·殷武》）。

2. 借作助词。此种用法有148（风49；雅69；颂30）处，如：“有蕡其实”（《周南·桃夭》）；“有杕之杜”（《小雅·杕杜》）；“有命自天”（《大雅·大明》）；“潜有多鱼”（《周颂·潜》）。

3. 通“又”，此种用法有5（风1；雅3；颂1）处：“不日有曀”（《邶风·终风》）；“有壬有林”（《小雅·宾之初筵》）；“有虞殷自天”（《大雅·文王》）；“万有千岁”（《鲁颂·閟宫》）。

4. 借为“友”，相亲、友爱。此种用法有2（风1；雅1）处：“亦莫我有”（《王风·葛藟》）；“宁莫我有”（《小雅·四月》）。

5. 借为“域”。此种用法有2（颂2）处，如：“奄有九有”（《商颂·玄鸟》）。

6. 借为族名、官称。此种用法有3（雅1；颂2）处，如：“即有郃家室”（《大雅·生民》）；“有娀方将”（《商颂·长发》）。

卣　音【yǒu】

古形【甲 金 小篆 】

“卣”，甲骨文写作“ ”，金文写作“ ”，像古代的一种盛酒器：椭圆口，腹部深，金文中间有文表示盛有酒浆，圆足，有盖和提梁。此器常盛放祭祀的酒，盛行于商周时期。

释义：“卣”在《诗经》中使用1处，无迭用。

盛酒器。此种用法有1处：“秬鬯一卣”（《大雅·江汉》）。

莠　音【yǒu】

古形【金 小篆 】

《说文·艸部》：“莠，禾粟下生莠。”“莠”是一种生于田间的草，因其穗形像狗尾，故又称狗尾巴草。从字形看，“莠”由“艹（草）”和“秀”组成。“秀”多指禾穗，同“艹”组合或表示这是一种似禾非禾的野草。

释义：“莠”在《诗经》中使用4处，无迭用。

1. 狗尾草。此种用法有3（风2；雅1）处，如：“维莠骄骄”（《齐风·甫田》）；“不稂不莠”（《小雅·大田》）。

2. 坏。或由此草危害农作物引申。此种用法有1处：“莠言自口”（《小雅·正月》）。

槱　音【yǒu】

古形【小篆 】

《说文·木部》：“槱，积火燎之也。”“槱”指槱燎，是古代封禅祭天的一种仪礼，即以牲体置于柴堆之上焚烧，扬其光炎上达于天，以祀天神。从字形看，“槱”由“木”“酉”和“灬（火）”组成。“木”指木柴、柴堆；“灬”是“火”字变体；“酉”指“酒”，三部分组合表示点燃堆积的薪柴、献上酒水以祭天。

释义：“槱”在《诗经》中使用1处，无迭用。

积柴燃烧以祭天。此种用法有1处：“薪之槱之”（《大雅·棫朴》）。

牖 音【yǒu】

古形【金 小篆 】

《说文·片部》：“牖，穿壁以木为交窗也。”《段注》：“交窗者，以木横直为之，即今之窗也。在墙曰牖，在屋曰窗。”从字形看，“牖”由“片”“户”和“甫”组成。“片”指木片（条）；“户”即户室，代表房屋里的窗户；“甫”有大义，三者组合表示在房屋的墙壁上凿一个较大的洞并用木条交叉钉成的窗户。上古的“窗”专指开在屋顶上的天窗，开在墙壁上的窗叫“牖”。后通作“窗”。

释义：“牖”在《诗经》中使用4处，无迭用。

1.窗户。此种用法有2（风2）处，如：“宗室牖下”（《召南·采平》）。

2.通“诱”，诱导。此种用法有2（雅2）处，如：“天之牖民”（《大雅·板》）。

又 音【yòu】

古形【甲 金 小篆 】

“又”，甲骨文写作“ ”，像一只右手的侧面简单图形。字形只有三指，或因古人言“三”即为言其多，故略去二指。“又”之本意指右手，但在以“又”为部首的字里，一般通作“手”解，不分左右。

释义：“又”在《诗经》中使用21处，无迭用。

1.借作副词，表示重复或意思更进一步。此种用法有18（风11；雅6；颂1）处，如：“又缺我銶”（《豳风·破斧》）；“又窘阴雨”（《小雅·正月》）；“予又集于蓼”（《周颂·小毖》）。

2.通“侑”，劝酒。此种用法有2（雅2）处，如：“矧敢多又”（《小雅·宾之初筵》）。

3.或通“有”。此种用法有1处：“亦又何求”（《周颂·臣工》）。

右 音【yòu】

古形【甲 金 小篆 】

“右”，甲骨文写作“ ”，像一只右手的简单图形，应该是“又”字初文，表示手或右手，金文作“ ”，像右手下加了一个“口”字。《说文·又部》：“右，手口相助也。”这是在手可助人（习惯上一般助人多出右手）的基础上加“口”表示“扶助、保护”之义。或因“右”字初文“ （右手）”能够简单明确地表示方位，所以在“右”字多用作方位词以后，人们又造“佑”字用来表示“相助、护佑”之义。

释义：“右”在《诗经》中使用32处，无迭用。

1.手（右手）。此种用法有2（风2）处，如：“右招我由房”（《王风·君子阳阳》）。

2.相助、护佑（义同“佑”）。由手、口可以给人以帮助引申。此种用法有9（雅3；颂6）处，如：“右之右之”（《小雅·裳裳者华》）；“保右命尔”（《大雅·大明》）；“维天其右之”（《周颂·我将》）。

3.右、右边。由右手所在的方位引

申。此种用法有19（风7；雅11；颂1）处，如：“左右流之”（《周南·关雎》）；“悉率左右”（《小雅·吉日》）；“左右陈行”（《大雅·常武》）；“左右绥之”（《周颂·有客》）。

3. 向右，表示迂回弯曲。或由词性转换（方位—动）引申。此种用法有1处：“道阻且右”（《秦风·蒹葭》）。

4. 通“侑”，劝。此种用法有1处：“一朝右之”（《小雅·彤弓》）。

侑　音【yòu】

古形【小篆 】

《尔雅·释诂》：“酬、酢、侑，报也。”所谓“报”，即指酬谢、报答。古有束脩之礼：学生与老师初见面时，必先提着数条猪肉，奉赠老师，谓之“束脩”，一方面是为表达敬意，另一方面也相当于回报老师的学费。此礼早在孔子时代就已实行，后逐渐演变为一种民间相互馈赠的礼物也称之为束脩。从字形看，“侑”由“亻（人）”和“有”组成。“有”，甲骨文写作“ ”，上面是“ （手）”；下面像“ （肉）”合起来像手提肉，同“人”组合表示人手提肉，或表示奉赠束脩。

释义：“侑”在《诗经》中使用1处，无迭用。

劝食、劝酒。或由奉赠礼品有劝慰之词引申。此种用法有1处：“以妥以侑”（《小雅·楚茨》）。

柚　音【yòu】

古形【金 小篆 】

《说文·木部》：“柚，条也。”柚指的是柚树上结的一种果实，又名条。《尔雅·释木》：“柚似橙而大于橘。”李时珍《本草纲目》：“柚，色油然，其状如卣，故名。”从字形看，“柚”由“木”和“由”组成。“木”指柚树；“由”或是“油”字省写，同“木”组合或表示柚树上结出的色泽油然的果实。

释义：“柚”在《诗经》中使用1处，无迭用。

同“轴”，织机上的大轴。此种用法有1处：“杼柚其空”（《小雅·大东》）。

囿　音【yòu】

古形【甲 金 小篆 】

《说文·囗部》：“囿，苑有垣也…一曰：禽兽曰囿。”所谓“苑有垣”即指用矮墙圈围的园苑。从字形看，“囿”由“囗”和“有”组成。“囗”指有墙垣圈围之地；“有”有“存在”的意思，且“有”，金文写作“ ”，像手持肉之状，同“囗”组合或表示墙垣圈围之园苑且其中或存在一些可作肉食的动物，或指古代帝王畜养鸟兽的园林。

释义：“囿”在《诗经》中使用1处，无迭用。

古代帝王畜养鸟兽的园林。此种用法有1处：“王在灵囿”（《大雅·灵台》）。

宥　音【yòu】

古形【金 小篆 】

《说文·宀部》："宥，宽也。"朱骏声《说文通训定声》："广厦容人曰宥"。从字形看，"宥"由"宀"和"有"组成。"宀"，甲骨文写作"宀"，像高大的房屋之形，代表广厦；"有"在"宀"下，表示屋中有人，"有"除了表示存在以外，还有"不宜有"即不应该有的意思，应该和不应该有的都在"宀"之下，故"宥"有宽容的意思。

释义："宥"在《诗经》中使用1处，无迭用。

宽容、宽仁。此种用法有1处："夙夜基命宥密"（《周颂·昊天有成命》）（一说借为语助词）。

诱(誘)　音【yòu】

古形【金 小篆 】

"诱"字的古文本作"羑"。《说文·厶部》："羑，相訹呼也。"所谓"相訹呼"，据《段注》云即"以手相招而口言"，可谓手口并用。"羑"字从厶、羑，"厶"同"私"，有奸邪、自私之义；"羑"为善（言），同"厶"组合或表示看似善意的言行实为谋自己一私之利。故"羑"之一开始或就是贬义。这一点从"訹"字上也可见一斑："訹"可视为"术言"，即"骗术之言"。张舜徽《说文约注》："今湖湘间犹称以言辞骗诱人从而有所取者谓之訹。""羑"写作"诱"由"讠（言）"和"秀"组成。"秀"指禾穗，同"言"组合表示用如黍稷芳华而呈茂实之像的言辞来引导人就是"诱"。

释义："诱"在《诗经》中使用1处，无迭用。

引诱。此种用法有1处："吉士诱之"（《召南·野有死麕》）。

于　音【yú】

古形【甲 金 小篆 】

"于"，小篆作"亐（亏，音xū）"。《说文·亏部》："于，於也。"《段注》："以於释于，亦取其助气。"从字形看，"亐"由"一"和"丂"组成。下面的"丂"像欲舒出之气状，但上面似被"一"阻隔成"丂"状；上面再加"一"或表示继续助气，即可使气舒展平直（发出於（wū）声。"于"，甲骨文写作"于"，有说是"竽（古代一种复杂的竹管吹奏乐器）"的本字（此说或可信），右边的"丂"像乐器之形；左边的"干"即"于"字倒像是在教授演奏之法。"于"和"於"大多数情况下相通。现代白话文"於"并入"于"，但需要注意的是，"于"和"於"不属于简繁字的关系，《简化字总表》《通用规范汉字表》都没有规定"於"简化为"于"。《现代汉语词典（第七版）》中对"於（yú）"的解释是同"于"，但是"于"并不能代替"於"的全部意义，如姓氏中的"于"就不同于"於"。

释义："于"在《诗经》中使用332处，无迭用。

1.往、去。或由吹竽往竽中送气引申。此种用法有35（风24；雅10；颂1）处，如："之子于归"（《周南·桃夭》）；"之子于狩"（《小雅·采绿》）；"于胥斯原"（《大雅·公刘》）；"桓桓于征”（《鲁颂·泮水》）。

2. 借作介词、助词。此种用法有268（风75；雅167；颂26）处，如：“施于中谷”（《周南·葛覃》）；“搏兽于敖”（《小雅·车攻》）；“矢于牧野”（《大雅·大明》）；“命于下国”（《商颂·殷武》）。

3. 借作叹词，或同“吁”。此种用法有14（风11；颂3）处，如：“于嗟洵兮”（《邶风·击鼓》）；“于胥乐兮”（《鲁颂·有駜》）。

4. 同“於”，作代词，表示疑问，有“哪、何”等义。此种用法有14（风10；雅4）处，如：“于以求之”（《邶风·击鼓》）；“于谁之屋”（《小雅·正月》）。

5. 或通“邘”，诸侯国名。此种用法有1处：“既伐于崇”（《大雅·文王有声》）。

余　音【yú】

古形【甲 金 小篆 】

“余”和“餘”古为两个字，后“余”作为“餘”的简化字使用。“余”，甲骨文写作“ ”，像一屋顶靠木柱支撑着的房屋之形，这或是古人由穴（巢）居到筑屋而居的一种跨越写照，其本义应该是房屋。“餘”由“食”和“余”组成。“食”指食物，“余”表示房屋，同“食”组合或表示屋中食物充盈，故《说文·食部》：“餘，饶也。”所谓“饶”，义即富饶、丰足。

释义：“余”在《诗经》中使用4处，无迭用。

1. 多余、剩余。由富足而有多余引申。此种用法有3（风1；雅1；颂1）处：“今也每食无余”（《秦风·权舆》）；“带则有余”（《小雅·都人士》）；“周余黎民”（《大雅·云汉》）。

2. 借作第一人称代词。此种用法有1处：“伊余来塈”（《邶风·谷风》）。

鱼(魚)　音【yú】

古形【甲 金 小篆 】

鱼是世界上最古老的水生脊椎动物，是人类在很早以前就能识别的物种，并给以名称。它相伴人类走过了五千多年的历程，与人类结下了不解之缘，成为人类日常生活中不可或缺的重要食品和观赏宠物。通常所说的“鱼”包括水中的所有动物，《说文·鱼部》：“鱼，水蟲也。”意思是鱼指的是水中的动物。从字形看，“鱼”，甲骨文写作“ ”，上面像鱼头；中间的部分像鱼身和鳍；下面像鱼尾。这是鱼的主体形象，也是我们日常所见到的鱼的形状，其它的水中动物，多用“鱼”称之，一些特殊体形的水中动物，或加“鱼”字、个别的或另取名称之。

释义：“鱼”在《诗经》中使用29处，无迭用。

1. 鱼。此种用法有26（风9；雅16；颂1）处，如：“鲂鱼赪尾”（《周南·汝坟》）；“鱼在于渚”（《小雅·鹤鸣》）；“鱼跃于渊”（《大雅·旱麓》）；“潜有多鱼”（《周颂·潜》）。

2. 鱼皮、鱼纹。由整体到局部引申。此种用法有3（雅2；颂1）处，如：“象弭鱼服”（《小雅·采薇》）；“有驔有鱼”（《鲁颂·駉》）（言似鱼纹之马）。

於　音【yú】

古形【金　小篆　】

“於（音wū）”，金文作“”，像飞鸟之形，多认为是“乌”异体字。《说文》谓之“孝鸟”即乌鸦。因乌鸦长大后反哺其母，故谓之孝鸟。后取“”之左边的鸟形作“乌（看不见黑色眼睛的鸟）”字，用以表示乌鸦，而“於”则多被借用作拟音叹词或文言代词。“於”在古籍多与“于”通用，故又现在多读作“yú”。

释义：“於”在《诗经》中使用46处，无迭用。

1. 借作代词，表示疑问，有“何、哪”的意思。此种用法有5（风5）处，如：“於我归处”。

2. 借作叹词，表示赞美或感叹。此种用法有33（风2；雅15；颂16）处，如：“於我乎夏屋渠渠”（《秦风·权舆》）；“於粲洒扫”（《小雅·伐木》）；“於乎小子”（《大雅·抑》）；“於乎前王不忘”（《周颂·烈文》）。

3. 同“于”，有“在、到”等意思。此种用法有8（风3；雅4；颂1）处，如：“俟我于著乎而”（《齐风·著》）；“行归於周”（《小雅·都人士》）；“无射于人斯”（《周颂·清庙》）。

娱　音【yú】

古形【金　小篆　】

《说文·女部》：“娱，乐也。”从字形看，“娱”由“女”和“吴”组成。“吴”，金文写作“”，像人展肢开口歌舞之状，本义或就是娱乐或使人快乐。后或因“吴”字的“娱乐”本义消失后，人们又加“女”字作“娱”，或因古代歌舞表演多为女子之故。

释义：“娱”在《诗经》中使用1处，无迭用。

娱乐、快乐。此种用法有1处：“聊可与娱”（《郑风·出其东门》）。

隅　音【yú】

古形【金　小篆　】

《说文·阜部》：“隅，陬也。”又“陬，阪隅也。”所谓“阪隅”，指的是山坡的一角。“陬”与“隅”互训。《段注》：“（陬）言阪此（隅）不言阪者，不主谓阪之隅也。”意思是“陬”指阪（山坡）之隅（角落），而“隅”不单单指山坡的一角，也泛指其他物体的角落。从字形看，“隅”由“阝（阜）”和“禺”组成。“阝”泛指地方；“禺”或是“偶”字省写，有“木偶（隶属于主体）”、双数等意思，同“阝”组合，或表示这是一个隶属于主体且同主体成双数的地方，即主体的角落。

释义：“隅”在《诗经》中使用4处，无迭用。

1. 角落。此种用法有3（风2；雅1）处：“三星在隅”（《唐风·绸缪》）；“止于丘隅”（《小雅·绵蛮》）。

2. 同“寓”，寄托。此种用法有1处：“维德之隅”（《大雅·抑》）。

揄 音【yú】

古形【金 小篆 】

《说文·手部》:“揄，引也。”从字形看，“揄”由“扌（手）”和“俞”组成。“俞”指“挖空树木作成的小舟”，同“扌”组合或表示用手牵引或提起（小舟）。

释义：“揄”在《诗经》中使用1处，无迭用。

牵引、提起。此种用法有1处：“或舂或揄”（《大雅·生民》）（此指用瓢把臼中米舀出来）。

楰 音【yú】

古形【小篆 】

“楰”指古书上说的一种楸树，落叶乔木，《本草纲目》说其“叶大而早脱，故谓之楸。”从字形看，“楰”由“木”和“臾”组成。“臾”有片刻、一会儿的意思，表示时间短，同“木”组合或表示树叶早（时间不长）脱落的树。

释义：“楰”在《诗经》中使用1处，无迭用。

木名。此种用法有1处：“北山有楰”（《小雅·南山有台》）。

逾(踰) 音【yú】

古形【金 小篆 】

“逾”又作“踰”。《说文·足部》:“踰，越也。”从字形看，“踰”由“足”和“俞”组成。“足（辶）”同行走有关；“俞”有“挖空树木作舟”的意思，在没有交通工具的年代，木舟无疑会比常人行进更远的距离，所以同“足（辶）”组合有“越过、跨越”的意思。

释义：“逾”在《诗经》中使用4处，无迭用。

越过。此种用法有4（风3；雅1）处，如：“无逾我墙”（《郑风·将仲子》）；“终逾绝险”（《小雅·正月》）。

渝 音【yú】

古形【金 小篆 】

“渝”由“氵（水）”和“俞”组成。“俞”有“挖空树木作舟”的意思，同“氵”组合表示将舟放入水中，或有改变树木用途的意思，本义是“改变”。《说文·水部》:“渝，变污也。”或是“渝”字引申义。

释义：“渝”在《诗经》中使用2处，无迭用。

改变。此种用法有2（风1；雅1）处：“舍命不渝”（《郑风·羔裘》）；“敬天之渝”（《大雅·板》）。

愉 音【yú】

古形【金 小篆 】

“愉”由“忄（心）”和“俞”组成。“忄（心）”表示心情；“俞”指“挖空树木制作的小舟”，同“忄”组合成“愉”，表示在那种缺乏交通工具的年代，坐上属于自己的代步工具且泛舟水上，心情一定是和悦、快乐的。

释义：“愉”在《诗经》中使用1处，

无迭用。

快乐。此种用法有1处："他人是愉"（《唐风·山有枢》）。

榆 音【yú】

古形【金𣛠小篆𣓷】

"榆"即榆树，落叶乔木，叶子卵形，花有短梗。翅果倒卵形，叫榆钱。木材可供建筑或制器具用。从字形看，"榆"由"木"和"俞"组成。"木"指树；"俞"指挖空树木制作的小舟，同"木"组合或表示榆树是制作独木小舟的上好树种。

释义："榆"在《诗经》中使用1处，无迭用。

树名。此种用法有1处："隰有榆"（《唐风·山有枢》）

畬 音【yú】

古形【金畬小篆畬】

刘兴隆《新编甲骨文字典》中收录了一个"畬"字，其字"像田有未穗之形"，又云"疑为'齋'字"。"齋"从示，与祭祀有关；"畬"从以形表意的角度看，应从田，或为"畬"字初文。"畬"有一个形体相近的字，写作"畲"，多指我国一个古老的少数民族—畲族。清代以前，畲族人住房大多是以竹为架搭成"介"字形的"悬草寮"；畲族先民的农业生产主要是"耕火田"，是一个刀耕火种的游耕民族；畲族还是一个信奉神话人物盘瓠图腾的民族。这一切，在"畲"字中都有反映："人"字头像介字形寮屋；同祭祀有关的"示"表示图腾崇拜；下面的"田"字表示田耕。古籍中，"畬"多作"畬"。《说文·田部》："畬，三岁治田也。"意思是说，畬指连续耕治了三年的田地。从字形看，"畬"由"余"和"田"组成。"余"，有多余的意思；"田"指耕治了三年的熟田，熟田肥沃，可以多产粮食，同"余"组合或表示可以多打粮食，多有余粮的耕田。

释义："畬"在《诗经》中使用1处，无迭用。

耕治了三年的田地。此种用法有1处："如何新畬"（《周颂·臣工》）。

虞 音【yú】

古形【金虞小篆虞】

"虞"或是"娱"的本字，上部的"虍"指虎头面具；下面的"吴"是"娱"字本字，同"虍"组合表示戴着虎头面具娱乐。一说兽名。《说文·虍部》："虞，驺虞也。"虞是神话传说中的一种怪兽，即驺虞。据《山海经·海内北经》记载："林氏国有珍兽，大若虎，五彩毕具，尾长于身，名曰驺虞，乘之日行千里。"此兽在后世的传颂中不断被神话为仁兽，说其性情温良，不忍踩踏草地，不吃活的动物，食自死之肉。从字形看，"虞"由"虍"和"吴"组成。"虍"指像驺虞大若虎；"吴"有"晃着脑袋大声说话"的意思，或指驺虞吼叫之状，同"虍"组合或表示吼叫时晃着脑袋，形象似虎的怪兽。

释义："虞"在《诗经》中使用7处，无迭用。

1.猜度、料想。或由猜测面具后面的人物引申。此种用法有4（雅3；颂1）处，如："用戒不虞"（《大雅·抑》）；"无贰无虞"（《鲁颂·閟宫》）。

2.借作兽名。此种用法有2（风2）处，如："于嗟乎驺虞"（《召南·驺虞》）（一说"驺虞"指给贵族管理牲畜的官名）。

3.借作国名。此种用法有1处："虞芮质厥成"（《大雅·绵》）（虞，古国名，在今山西平陆）。

愚 音【yú】

古形【金 小篆 】

《说文·心部》："愚，戇也。从心从禺。禺，猴属，兽之愚者。"意思是说，"愚"是愚笨的意思，由"心"和"禺"会意。"禺"本为猴一类的动物，是兽中的愚笨者。或者"禺"还可以视为"隅"字省写，有"角落"之义，可理解为路不通达处，同"心"组合或表示心智不通达。

释义："愚"在《诗经》中使用6处，无迭用。

愚笨、愚昧。此种用法有6（雅6）处，如："维彼愚人"（《小雅·鸿雁》）；"维彼愚人"（《大雅·桑柔》）。

舆(輿) 音【yú】

古形【金 小篆 】

"舆"，金文写作""，中间的""是"車"字省写，表示车厢，旁边的""像四只手抬着厢体。合起来表示众人合力抬举车厢。《说文·车部》："輿，车舆也，"车舆即指车厢。李孝定《甲骨文字集释》："盖即像车舆之形。舆者，人之所居。契文像众手举舆之形。""舆"字本义或指车厢。

释义："舆"在《诗经》中使用2处，无迭用。

同"权"组合成"权舆"一词，有"始、当初"的意思，或由举舆之始当权衡（权）引申。此种用法有2（风2）处，如："不承权舆"（《秦风·权舆》）。

旟 音【yú】

古形【小篆 】

《说文·㫃部》："旟，错革画鸟其上，所以进士众。"《尔雅·释天》："错革鸟曰旟。"故《段注》云："鸟上各本有画字，妄人所增。"所谓"错革鸟其上"，意思是说把鸟的皮毛放置在旗杆上，目的是用来激励士众奋进。从字形看，"旟"由"㫃"和"與（与）"组成。"㫃"，甲骨文写作""，像一面迎风飘扬的旗帜；"與（与）"有"参与"义，同"㫃"组合或指在旗帜上放置（参与）鸟的皮毛。

释义："旟"在《诗经》中使用7处，无迭用。

1.古代一种旗帜。此种用法有6（风1；雅5）处，如："孑孑干旟"（《鄘风·干旄》）；"彼旟旐斯"（《小雅·出车》）；"旟旐有翩"（《大雅·桑柔》）。

2.扬起貌。或由旗帜迎风飘扬引申。此种用法有1处："发则有旟"（《小雅·都人士》）。

予　音【yú、yǔ】

古形【金小篆】

《说文·予部》：“予，推予也。”从字形看，“予”，金文写作“”，像两个手工织布梭子尖端交错的形状，其中上面的一个梭子还有线引出，像梭子推来推去给线织布之状。

释义：“予”在《诗经》中使用98处，无迭用。

1.给与。此种用法有6（风1；雅4；颂1）处，如：“何以予之”（《鄘风·干旄》）；“天子所予”（《小雅·采菽》）；“勿予祸适”（《商颂·殷武》）。

2.借作第一人称代词，有“我、我的”等意思。此种用法有92（风41；雅37；颂14）处，如：“予又改为兮”（《郑风·缁衣》）；“将伯助予”（《小雅·正月》）；“维予侯兴”（《大雅·大明》）；“维予小子”（《周颂·敬之》）。

与(與)　音【yǔ】

古形【金小篆】

“与”，繁体写作“與”。安子介先生《解开汉字之谜》：“它的小篆形‘与’表示‘两只手对着两只手’，其意即为‘给和收’。但它是如何会有‘给和收’的意思呢？除了上述以外，它的石鼓文形……明显地表现出两手相握。”实际上现在的简化字“与”就是其初形。《说文·舁部》：“與，党與也。”《段注》：“（舁和与）会意，（由‘舁’，四手）共举而（参）与之也。”由此可知，简体之“与”，有“给与”义；繁体之“與”，有“参与”义。后简化成“与”，保留了两个字体的意义。

释义：“与”在《诗经》中使用75处76次，1处迭用。

1.给与、参与。此种用法有3（雅2；颂1）处：“虽无德与女”（《小雅·车辖》）；“此维与宅”（《大雅·皇矣》）；“寿胥与试”（《鲁颂·閟宫》）。

2.亲近，迭用表示多（茂盛）貌。或由因参与而亲近引申。此种用法有2（雅2）处3次，1处迭用，如：“正直是与”（《小雅·小明》）。

3.借作连词、介词，相当于“以、和、同、同……一样”。此种用法有67（风54；雅12；颂1）处，如：“与子偕老”（《邶风·击鼓》）；“谁适与谋”（《小雅·巷伯》）；“与尔临冲”（《大雅·皇矣》）；“居常与许”（《鲁颂·閟宫》）。

4.借作语气词。此种用法有3（颂3）处，如：“猗与漆沮”（《周颂·潜》）。

宇　音【yǔ】

古形【金小篆】

《说文·宀部》：“宇，屋边也。”从字形看，“宇”由“宀”和“于”组成。“宀”，小篆写作“冂”像屋形；“于”有“超过”之意，同“宀”组合或表示房屋超过墙体的部分，即屋檐。

释义：“宇”在《诗经》中使用7处，无迭用。

1.房屋的边檐。此种用法有2（风2）处，如：“八月在宇”（《豳风·七月》）

2. 房屋、居处。由屋檐是房屋的一部分引申。此种用法有2（雅2）处，如："念我土宇"（《大雅·桑柔》）。

3. 国土、疆域。或由房屋座落于国土引申。此种用法有3（雅1；颂2）处，如："尔土宇昄章"（《大雅·卷阿》）；"复周公之宇"（《鲁颂·閟宫》）。

羽　音【yǔ】

古形【金小篆】

《说文·羽部》："羽，鸟长毛也。"从字形看，"羽"，金文写作""，像鸟儿双翅上两片长长的羽毛。本义指翅膀上的长毛，泛指羽毛。

释义："羽"在《诗经》中使用16处，无迭用。

1. 鸟翅膀上的长毛、羽毛。此种用法有2（风1；颂1）处："值其鹭羽"（《陈风·宛丘》）；"崇牙树羽"（《周颂·有瞽》）。

2. 鸟或昆虫的翅膀。由羽指翅膀上的长毛引申。此种用法有14（风10；雅4）处，如："差池其羽"（《邶风·燕燕》）；"有莺其羽"（《小雅·桑扈》）；"翙翙其羽"（《大雅·卷阿》）。

雨　音【yǔ】

古形【甲金小篆】

"雨"，甲骨文写作""，""代表天空和云层；""像雨滴，组合在一起像天在下雨之像。地面上的水蒸气升到空中遇冷凝成云，云层里的小水滴增大到不能悬浮在空中而下降为雨。《说文·雨部》："雨，水从云下也。"水从天空云层中落下是"雨"的本义。

释义："雨"在《诗经》中使用32处，无迭用。

1. 下雨。此种用法有10（风2；雅8）处，如："雨雪其雱"（《邶风·北风》）；"雨雪霏霏"（《小雅·采薇》）。

2. 雨。由词性转换（动—名）引申。此种用法有22（风17；雅5）处，如："泣涕如雨"（《邶风·燕燕》）；"以祈甘雨"（《小雅·甫田》）。

俣　音【yǔ】

古形【金小篆】

"俣"由"亻（人）"和"吴"组成。"吴"有"大"义，同"亻"组合表示人容貌大，即健壮、魁梧。

释义："俣"在《诗经》中使用1处，迭用。

人健壮魁梧的样子。此种用法有1处，迭用："硕人俣俣"（《邶风·简兮》）。

禹　音【yǔ】

古形【金小篆】

《说文·内部》："禹，蟲也。"徐锴《说文系传》："牙齿蟲病谓之龋齿。"看来"禹"是一种能够腐蚀坚硬牙齿的小虫（有说大虫）。从字形看，"禹"，金文写作""，""像虫形；""像虫足爪。或因如此小虫，竟然具有咬噬坚硬牙齿的惊人力量，所以古人把排除坚石、治理洪水的首领叫"禹"。

禹，人名。夏代开国之君。相传因治水有功，得舜让位，立国为夏。也称大禹、夏禹。

释义："禹"在《诗经》中使用6处，无迭用。

借作人名。此种用法有6（雅3；颂3）处，如："维禹甸之"（《小雅·信南山》）；"维禹之绩"（《大雅·文王有声》）；"缵禹之绪"（《鲁颂·閟宫》）。

语(語)　音【yǔ】

古形【金小篆】

"语"，繁体作"語"。《说文·言部》："語，论也。"从字形看，"語"由"言"和"吾"组成。"言"指谈论；"吾"有"自身"的意思，同"言"组合或表示表达自身意思（观点）的谈论。

释义："语"在《诗经》中使用6处7次，1处迭用。

谈论、谈话（迭用表示多人谈论）。此种用法有6（风1；雅5）处7次，1处迭用，如："可与晤语"（《陈风·东门之池》）；"燕笑语兮"（《小雅·蓼萧》）；"于时语语"（《大雅·公刘》）。

圉　音【yǔ】

古形【甲金小篆】

"圉"古今字形变化不大，都是由"囗"和"幸"组成。"幸"，甲骨文写作""，像古代手梏之类的刑具，代表犯人；"囗"像关押犯人的牢狱，同"幸"组合表示关押犯人的牢狱，或谓之囹圄。徐灏《段注笺》："圉有围守义，故引申为边陲之称。"

释义："圉"在《诗经》中使用3处，无迭用。

1.边疆。由围守义引申（或由因罪人流放至边疆引申）。此种用法有2（雅2）处，如："孔棘我圉"（《大雅·桑柔》）。

2.通"敔"，一种形似伏虎的木制古乐器。此种用法有1处："鞉磬柷圉"（《周颂·有瞽》）。

庾　音【yǔ】

古形【金小篆】

"庾"由"广"和"臾"组成。"广"本指高大的房屋；"臾"像一种草器"臾"，同"广"组合或表示像房屋的草器。粮谷堆在场园，以草围起，上面加盖为如屋，这种堆在露天的粮囤古称为"庾"。

释义："庾"在《诗经》中使用2处，无迭用。

堆在露天的粮囤。此种用法有2（雅2）处，如："我庾维亿"（《小雅·楚茨》）。

噳　音【yǔ】

古形【小篆】

"噳"由"口"和"虞"组成。"虞"同"娱"，有娱乐的意思，同"口"组合或表示娱乐时开口笑的样子。

释义："噳"在《诗经》中使用2处4次，2处迭用。

笑（欢乐）的样子，迭用表示多人

笑，有群聚之意。此种用法有2（雅2）处，均迭用：“麀鹿噳噳（或作‘麌麌’）”（《小雅·吉日》）；“麀鹿噳噳”（《大雅·韩奕》）（此指群鹿相聚貌）。

玉　音【yù】

古形【甲 金 小篆 】

“玉”，甲骨文写作“ ”，像一根丝绳串有几片玉石的样子。《说文·玉部》：“玉，石之美。”玉指美好的石头，楷书写作“玉”，一方面是为了区别于“王”字，另一方面或可理解为玉虽为石中王者，但有的也有瑕疵，故在其中加了一“、”。

释义：“玉”在《诗经》中使用17处，无迭用。

1.美石。此种用法有15（风10；雅5）处，如：“佩玉之傩”（《卫风·竹竿》）；“其人如玉”（《小雅·白驹》）；“金玉其相”（《大雅·棫朴》）。

2.珍惜、爱护。或由像珍惜（爱护）玉一样引申。此种用法有2（雅2）处：“毋金玉尔音”（《小雅·白驹》）；“王欲玉女”（《大雅·民劳》）。

芋　音【yù】

古形【金 小篆 】

芋是一种多年生草本植物，块茎椭圆形或卵形，叶子略呈卵形，有长柄，花黄绿色。块茎含淀粉多，供食用，俗称芋头、芋艿。《说文·艸部》：“芋，大叶实根，骇人，故谓之芋也。”从字形看，“芋”由“艹（草）”和“于”组成。“艹（草）”指草本植物；“于”或是“吁”字省写，徐锴《说文系传》：“芋犹言吁也，吁，惊词，故曰骇人谓之芋。”“于（吁）”同“艹”组合表示其根、叶令人惊骇的草本植物。

释义：“芋”在《诗经》中使用1处，无迭用。

借为“宇”，居。此种用法有1处：“君子攸芋”（《小雅·斯干》）。

聿　音【yù】

古形【甲 金 小篆 】

“聿”，甲骨文写作“ ”，像人手持毛笔的样子：上面像一只握笔的手形；中间像一支毛笔。《说文·聿部》：“聿，所以书也。楚谓之聿，吴谓之不律，燕谓之弗。”意思是说，“聿”是用来书写的工具。楚地的人称之为聿；吴地的人称之为不律（“笔”的合音）；燕地的人称之为弗。“聿”或为“笔（筆）”字初文。

释义：“聿”在《诗经》中使用10处，无迭用。

借作助词，一般用在句首或句中，多出现在动词前。此种用法有10（风3；7雅）处，如：“岁聿其逝”（《唐风·蟋蟀》）；“神保聿归”（《小雅·楚茨》）；“亦聿既耄”（《大雅·抑》）。

饫(飫)　音【yù】

古形【金 小篆 】

《说文·食部》云：“饫，燕食也。”

古有饫礼之说。所谓“饫礼”，指天子诸侯为讲军旅、议大事、昭明大节而立着举行的宴礼。从字形看，“饫”由“饣（食）”和“夭”组成。“饣（食）”指宴饮；“夭”有“屈”意，或指天子诸侯礼贤下士之举，同“饣（食）”组合表示的或就是这种饫礼之宴。此宴多认为是私（家）宴。

释义：“饫”在《诗经》中使用1处，无迭用。

饫礼之宴。此种用法有1处：“饮酒之饫”（《小雅·常棣》）。

郁(鬱) 音【yù】

古形【金 小篆 】

“郁”，繁体写作“鬱”，甲骨文写作“”，中间的“”像个人，三面（有的甲骨文作四面）呈树木包围之像，表示树木繁茂。《说文·林部》：“鬱，木丛生者。”意思是“鬱”指的是树木丛生（繁茂）的样子。

释义：“郁”在《诗经》中使用2处，无迭用。

1. 树木繁茂。此种用法有1处：“郁彼北林”（《秦风·晨风》）。

2. 借作果名。此种用法有1处：“六月食郁及薁”（《豳风·七月》）（郁：梨子的一种）。

育 音【yù】

古形【甲 金 小篆 】

“育”，甲骨文写作“”。罗振玉《增订殷墟书契考释》引王国维说：“（甲骨文）从女从（倒‘子’形）或从母从，像产子之形。”有“生养”之义。《段注》云：“（育）不从子而从倒子者，正谓不善者可使作善也。”故《说文·肉部》云：“育，养子使作善也。”意思是“育”指的是生养子女教其从善。

释义：“育”在《诗经》中使用6处，无迭用。

生、生养、养育。此种用法有6（风3雅2；颂1）处，如：“既生既育”（《邶风·谷风》）；“长我育我”（《小雅·蓼莪》）；“载生载育”（《大雅·生民》）；“帝命率育”（《周颂·思文》）。

狱(獄) 音【yù】

古形【金 小篆 】

“狱”，繁体作“獄”。《说文·㹜部》：“獄，确也。”所谓“确”，《段注》解释为“坚刚相持之意。”张舜徽《说文解字约注》：“此（确）谓囹圄周固，罪人不得越出也。”由此可知，“狱”指的是关押罪犯的坚固牢狱。从字形看，“狱”由“㹜”和“言”组成。林义光《文源》：“从二犬（㹜）守言。言实辛之伪变。辛，罪人也。”“言”从“辛”，“辛”有“罪”义，两狗守住罪人就是“狱”。

释义：“狱”在《诗经》中使用3处，无迭用。

诉讼。或由因诉讼而获罪引申。此种用法有3（风2；雅1）处，如：“何以速我狱”（《召南·行露》）；“宜岸宜狱”（《小雅·小宛》）。

彧　音【yù】

古形【小篆】

“彧”，小篆作“”，由“（或）”和“（川）”组成。“或”是“域”字本字，有“疆域”的意思；“川”指河流，同“或（域）”组合或表示护疆域的河流。《说文·有部》：“戫，有文章也。”所谓“有文章”，即“有彣彰”亦即有驳纹且彰显出来。《段注》：“戫古多假彧字为之。”或因借用得多了，“彧”就有了“有文章”之意，且本义不存。

释义：“彧”在《诗经》中使用1处2次，迭用。

借作“戫”，迭用引申为“茂盛”。此种用法有1处，迭用：“黍稷彧彧”（《小雅·信南山》）。

域　音【yù】

古形【金小篆】

“或”是“域”的本字，金文写作“”左边的“”像一片有界的区域；右边是个“戈（兵器）”，组合起来的意思是用兵器守护着这一片区域。《说文·口部》：“或，邦也。”古“或”字有地域、疆域、邦国等意思。徐灏《段注笺》：“邦谓之国，封疆之界谓之域，古但以或字为之。其后（因‘或’被借用多了）加囗（wéi）为國，加土为域，而别为二字二义。”“或”字也专作它用了。

释义：“域”在《诗经》中使用3处，无迭用。

1.区域、疆域。此种用法有1处：“蔹蔓于域”（《唐风·葛生》）（此指墓地、坟地）。

2.同“或”，有。此种用法有2（颂2）处，如：“正域彼四方”（《商颂·玄鸟》）。

欲　音【yù】

古形【金小篆】

《说文·欠部》：“欲，贪欲也。”从字形看，“欲”由“谷”和“欠”组成。《段注》：“从欠者，取其慕液之意；从谷者，取虚受之意。”意思是说，“欠”指哈欠，取羡慕得流口水之意；“谷”指空灵，同“欠”组合表示对他人事、物羡慕得流口水，恨不能掏空自己如谷然后再满满地得到它。“贪欲”是“欲”的本义。

释义：“欲”在《诗经》中使用5处，无迭用。

想、贪欲。此种用法有5（雅5）处，如：“谋欲谮人”（《小雅·巷伯》）；“王欲玉女”（《大雅·民劳》）。

棫　音【yù】

古形【小篆】

“棫”，古书上说的一种植物。《尔雅·释木》：“棫，白桵。”晋·郭璞注：“桵，小木丛生，有刺，实如耳珰（耳坠），紫赤可啖（吃）。”又《康熙字典》引《陆疏》说：“棫即柞也。”唐·孔颖达曰：“（柞、白桵）二说不同，未知孰是。”从字形看，“棫”由“木”和“或”组成。“或”有“也许”之意，同“木”

组合或表示“也许之木”，即或为“棫”，或为“柞”，也许是其他，因不能确定，故用“棫”称之。

释义：“棫”在《诗经》中使用4处，无迭用。

木名。此种用法有4（雅4）处，如：“柞棫斯拔”（《大雅·皇矣》）。

遇　音【yù】

古形【金小篆】

《说文·辵部》：“遇，逢也。”从字形看，“遇”由“辶”和行走有关；“禺”或是“偶”字省写，有“双”的意思，同“辶”组合表示行走时两个人不期而会，碰到了一起。

释义：“遇”在《诗经》中使用5处，无迭用。

相逢、不期而会。此种用法有5（风4；雅1）处，如：“邂逅相遇”（《郑风·野有蔓草》）；“遇犬获之”（《小雅·巧言》）。

御(禦)　音【yù】

古形【甲金小篆】

《说文·彳部》：“御，使马也。”所谓“使马”，指驱使（驾驭）车马。从字形看，“御”，甲骨文写作“”，左边的“”像绳索；右边的“”像个人，合在一起表示人持辔（绳）在道中行，即驾驭车马。小篆的“御”写作“”，由“（彳）”和“（卸）”组成。徐锴《说文系传》：“卸，解车马也；彳，行也。或行或卸，皆御者（驾驭车马人）之职也。”“禦”和“御”本为两个字，或因古通用，故多认为“禦”是“御”的繁体。“禦”由“御”和“示”组成。“示”同祭祀有关，同“御”组合表示御除灾殃的一种祭祀。后通作“御”，其两义也合并使用。

释义：“御”在《诗经》中使用23处，无迭用。

1. 驾驭车马（者）。此种用法有5（风1；雅3；颂1）处，如：“又良御忌”（《郑风·大叔于田》）；“徒御不惊”（《小雅·车攻》）；“徒御啴啴”（《大雅·崧高》）；“徒御无斁”（《鲁颂·泮水》）。

2. 驾驭、治理。“御”字由特指驾驭车马到泛指驾驭事物引申。此种用法有2（风1；雅1）处：“琴瑟在御”（《郑风·女曰鸡鸣》）；“以御于家邦”（《大雅·思齐》）。

3. 侍、侍候。“御”字由御者的身份地位引申。此种用法有3（雅3）处，如：“曾我暬御”（《小雅·雨无正》）；“王命傅御”（《大雅·崧高》）。

4. 祭祀。“禦”字的本义。此种用法有1处：“以御田祖”（《小雅·甫田》）。

5. 迎迓、抵挡。“禦”字或由因祭祀能迎抵灾祸引申。此种用法有12（风5；雅7）处，如：“百夫之御”（《秦风·黄鸟》）；“外御其务”（《小雅·常棣》）；“不畏强御”（《大雅·烝民》）。

裕　音【yù】

古形【金小篆】

《说文·衣部》：“裕，衣物饶也。”

从字形看，“裕”由“衤（衣）”和“谷”组成。“衣”指衣服；“谷”指谷物即粮食，在农耕年代，人们最注重的就是穿衣、吃饭两件事，衣物充足就是“裕”。

释义：“裕”在《诗经》中使用1处，无迭用。

衣物充足、富裕。此种用法有1处：“绰绰有裕”（《小雅·角弓》）。

罭　音【yù】

古形【小篆】

“罭”指一种捕捉小鱼的细网，通称九罭。从字形看，“罭”由“罒”和“或”组成。“罒”，小篆写作“”，像一张网的形状；“或”或是“彧”字省写，指护疆河，同“罒（网）”组合表示用于河中打鱼的渔网。

释义：“罭”在《诗经》中使用1处，无迭用。

渔网。此种用法有1处：“九罭之鱼鳟鲂”（《豳风·九罭》）。

愈　音【yù】

古形【金小篆】

《尔雅·释诂》：“愈，病也。”从字形看，“愈”由“俞”和“心”组成。“俞”或是“瘉”字省写，有“病好了”的意思（参见“瘉”条）。“瘉”和“愈”古籍解释都是“病”义，而字形反映的则是“病程结束”即病好了的意思，然细化之，“愈”加“心”字或有因病好了而心情愉悦的意思。

释义：“愈”在《诗经》中使用2处3次，1处迭用。

1. 或通“郁”，愈愈犹郁郁。此种用法有1处，迭用：“忧心愈愈”（《小雅·正月》）。

2. 借为副词，有更加、越发的意思。此种用法有1处：“政事愈蹙”（《小雅·小明》）。

瘉　音【yù】

古形【金小篆】

《说文·疒部》：“瘉，病瘳也。”所谓“病瘳”即“病愈”，就是“病好了”。从字形看，“瘉”由“疒（病）”和“俞”组成。“俞”或是“愈”字省写，有“痊愈”即病好了的意思，同“疒”组合表示疾病痊愈了。“瘉”“愈”原为两字，今作“愈”。

释义：“瘉”在《诗经》中使用2处，无迭用。

病、痛苦。或由痊愈指病痛引申。此种用法有2（雅2）处，如：“胡俾我瘉”（《小雅·正月》）。

誉(譽)　音【yù】

古形【金小篆】

“誉”，繁体作“譽”。《说文·言部》：“譽，称也。”从字形看，“譽”由“與”和“言”组成。“與”有“给与”的意思；“言”指用语言称赞，同“與”组合表示对（给与）别人称赞。

释义：“誉”在《诗经》中使用6处，无迭用。

1.（受到）称赞、赞扬。此种用法有2（雅1；颂1）处：“誉髦斯士”（《大雅·思齐》）；“以永终誉”（《周颂·振鹭》）。

2. 通“豫”，欢乐。此种用法有4（雅4）处，如：“是以有誉处兮”（《小雅·蓼萧》）；“韩姞燕誉”（《大雅·韩奕》）。

蜮　音【yù】

古形【金小篆】

蜮是古代相传的一种能含沙射影使人得病的动物。《说文·虫部》：“蜮，短狐也。似鼈，三足，以气射害人。从虫或声。（蟈）蜮又从国。”意思是说，蜮，又叫短狐的水虫，形像甲鱼，三只脚，用吐气射击害人。字形从虫或声。（蜮又写作蟈）从虫国声。《段注》：“蟈声抑或声也。”徐铉：“（蟈）今俗作古获切（音guō），以为蝦蟆之别称。”“蜮”或为蛤蟆一类的动物。从字形看，“蜮”由“虫”和“或（或国）”组成。“虫”指虫属；“或（国）”拟音，同“虫”组合或表示虫属且叫声如或（国）的动物。

释义：“蜮”在《诗经》中使用1处，无迭用。

动物名。此种用法有1处：“为鬼为蜮”（《小雅·何人斯》）。

緎　音【yù】

古形【小篆】

“緎”由“纟”和“或”组成。“纟”即丝；“或”是“域”字初文，有“疆域”的意思，代表国家，同“纟”组合或表示中国古代，蚕丝也是分等级的，其质量受水土、蚕种、桑叶、养蚕经验和技巧等诸多因素的影响。例如喂养蚕用桑树叶和柞树叶作饲料生产出来的蚕丝质量等级就不一样，前者叫作桑蚕丝，价格较高；后者叫作柞蚕丝，价格较低。清朝时候我国质量最好的桑蚕丝叫作“辑里丝”。是浙江湖州辑里地区出产的富于拉力、丝身柔润、色泽洁白的桑蚕丝，曾在1905年巴拿马万国博览会上获得金奖。“辑里丝”就是清代的"緎"。“緎”或又作“黬”。《说文·黑部》：“黬，羔裘之缝。”或是“緎”字引申义。

释义：“緎”在《诗经》中使用1处，无迭用。

缝。或由蚕丝的作用引申。此种用法有1处：“素丝五緎”（《召南·羔羊》）。

遹　音【yù】

古形【小篆】

《说文·辵部》：“遹，回避也。”从字形看，“遹”由“辶”和“矞”组成。“辶”同行走有关，代表避开；“矞”或是“谲”字省写，有诡诈之意，同“辶”组合表示碰到诡诈之地赶紧避开，故清桂馥《说文义证》云：“回避也者，衺（邪）避也。”意即避开邪恶。

释义：“遹”在《诗经》中使用8处，无迭用。

1. 避开邪恶。此种用法有4（雅4）处，如：“谋犹回遹”（《小雅·小旻》）；“回遹其德”（《大雅·抑》）。

2. 借作句首助词。此种用法有4（雅4）处，如："遹追来孝"（《大雅·文王有声》）。

豫　音【yù】

古形【金　小篆　】

《说文·象部》："豫，象之大者。贾侍中说：不害于物。""豫"，指的是大象。从字形看，由"予"和"象"组成。"象"，甲骨文写作"　"，像一头大象的简单图形。象是现存陆地上最大的哺乳动物，贾侍中说：豫象虽大，但对其他动物没有伤害。"予"有"赞许、称誉"的意思，同"象"组合表示"豫"是一种值得称誉的大象。

释义："豫"在《诗经》中使用2处，无迭用。

借为"娱"，娱乐、游乐。此种用法有2（雅2）处："逸豫无期"（《小雅·白驹》）；"无敢戏豫"（《大雅·板》）。

鴥(鸡)　音【yù】

古形【小篆　】

《说文·鸟部》："鴥，鸇飞貌。"所谓"鸇"，指的是一种鸟，俗称鷐风，又作晨风，是鹞鹰一类的猛禽。从字形看，"鴥"，小篆写作"　"，左边是个"　（鸟）"，右边是个"　"，有点像反写的"　（非）"字，"非"古通"飞"，或可视为鸟的双翅（楷书误写作'穴'），同"鸟"组合或像鹰一类的鸟展开双翅飞翔貌。

释义："鴥"在《诗经》中使用5处，无迭用。

鹰一类的鸟飞貌。此种用法有5（雅5）处，如："鴥彼晨风"（《秦风·晨风》）。

燠　音【yù】

古形【金　小篆　】

《说文·火部》："燠，热在中也。"从字形看，"燠"由"火"和"奥"组成。"火"代表热度；"奥"有"深"义，同"火"组合表示热在深处，即"热在中（里面）"。

释义："燠"在《诗经》中使用1处，无迭用。

热、暖。此种用法有1处："安且燠兮"（《唐风·无衣》）。

薁　音【yù】

古形【小篆　】

《说文·艸部》："薁，蘡薁也。"关于蘡薁，有两种说法：一称野葡萄；一曰薁（郁）李。《诗经》有"六月食郁及薁"之说，这里的"六月"，应该指农历六月，相当于公历七、八月。野葡萄的花期是公历六、七月，果期是九、十月；郁李的花期是公历五月，果期是公历的七、八月。仅从果子成熟的时间看，六月可食的只能是郁李而不应该是野葡萄。从字义看，《康熙字典》在"蘡"字条下云："蘡薁，蔓生，苗叶（实）与葡萄相似而小。"又"薁，蘡薁也。"并疏："蘡薁者，亦是郁类而小别。晋宫阁铭云：'华林园有车下李三百一十四株，薁李一

株。'车下李即郁，薁李即薁，二者相类而同时熟。"薁李即郁李。鲁迅先生《书信集·致山本初枝》："棠棣花是中国传去的名词，《诗经》中即已出现。至于那是怎样的花，说法颇多。普通所谓棠棣花，即现在叫作'郁李'的；日本名字不详，总之是像李一样的东西。"郁李，一种落叶小灌木，似李而形小，果味酸，肉少核大，仁可入药。从字形看，"薁"由"艹（草）"和"奥"组成。"奥"有"深"义，同"艹"组合或表示"薁"是一种果实生在灌木深处的丛生类植物。

释义："薁"在《诗经》中使用1处，无迭用。

郁李。此种用法有1处："六月食郁及薁"（《豳风·七月》）。

饇　音【yù】

古形【小篆】

"饇"由"食"和"區"组成。"食"指食物；"區"像物品（品）填满盛器（匸）之状，同"食"组合或表示食饱。一说"饇"古同"饫"。

释义："饇"在《诗经》中使用1处，无迭用。

饱。此种用法有1处："如食宜饇"（《小雅·角弓》）。

驈　音【yù】

古形【小篆】

《说文·马部》："驈，骊马白胯也。""驈"指的是全身深黑大腿之间夹杂着白色的马。从字形看，"驈"由"馬（马）"和"矞"组成。"矞"有彩色（非单一色彩）的意思，同"馬（马）"组合或表示非单一色彩的马。

释义："驈"在《诗经》中使用1处，无迭用。

黑马白胯。此种用法有1处："有驈有皇"（《鲁颂·駉》）。

鬻　音【yù】

古形【金小篆】

"鬻"由"粥"和"鬲"组成。"鬲"，指古代的一种炊具；金文写作""，左右两边像腾腾热气，中间是米，同"鬲"组合表示米在鬲中热气腾腾。"鬻"或是"粥"字初文，有"粥"或"煮粥"的意思。

释义："鬻"在《诗经》中使用1处，无迭用。

稚（喂养、养育）。由煮粥喂养稚子引申。此种用法有1处："鬻子之闵斯"（《豳风·鸱鸮》）。

鸒　音【yù】

古形【小篆】

《说文·鸟部》："鸒，卑居也。"鸒是一种鸟，名称很多，一名卑居。晋·郭璞注曰："（鸒，秦地又称之为）雅乌也，小而多群，腹下白，江东亦呼为鹎乌。"从字形看，"鸒"由"與"和"鳥（鸟）"组成。"與"，小篆写作"与"，像多手共聚之象，同"鸟"组合或表示鸒是一种多群聚之鸟。

释义："鸒"在《诗经》中使用1处，

无迭用。

鸟名。此种用法有1处：“弁彼鸒斯”（《小雅·小弁》）。

鸢(鳶) 音【yuān】

古形【金 小篆 】

鸢俗称老鹰，是一种凶猛的鸟。从字形看，“鸢”由“弋”和“鸟”组成。“弋”有猎取义，同“鸟”组合表示这是一种凶猛的、善于捕获猎物的鸟。老鹰一般指鹰属的各种鸟类。全世界有五十九种老鹰，科学家将它归纳为四大族群，分布在地球上除了南极洲以外的每一个大陆，沙漠、丛林、沼泽地、树林、高山、海滨都有老鹰的踪迹。所有的老鹰都是白天猎食，夜晚休息。野生老鹰大约活二十年，豢养的鹰可活四十年。

释义：“阿”在《诗经》中使用2处，无迭用。

鸟名。此种用法有2（雅2）处：“匪鹑匪鸢”（《小雅·四月》）；“鸢飞戾天”（《大雅·旱麓》）。

鸳(鴛) 音【yuān】

古形【金 小篆 】

“鸳”即鸳鸯，参见“鸯”条。

释义：“鸳”在《诗经》中使用3处，无迭用。

鸳鸯。此种用法有3（雅3）处，如：“鸳鸯在梁”（《小雅·白华》）。

渊(淵) 音【yuān】

古形【甲 金 小篆 】

“渊”，甲骨文写作“ ”，外围像岸或旋涡，中间像水流的样子，合在一起表示一个深不见底的水潭。“ ”小篆或作“ ”，左右两笔表示水岸；中间的“ ”像水流的样子，后加“水（水）”成“ （淵）”，以强调“淵”从水。《说文·水部》：“淵，回水也。”深且回旋之水就是“淵”。“淵”写作“渊”或源于宋元时期的俗字，中间用“米”字代替起旋涡的水，现“渊”作为简化字使用至今。

释义：“渊”在《诗经》中使用10处12次，2处迭用。

1.深且回旋之潭水。此种用法有6（雅6）处，如：“如临深渊”（《小雅·小旻》）；“鱼跃于渊”（《大雅·旱麓》）。

2.深、深远。由潭水深引申。此种用法有2（风2）处，如：“其心塞渊”（《邶风·燕燕》）。

3.（或因鼓声深沉）迭用借作鼓声。此种用法有2（雅1；颂1）处4次，均迭用：“伐鼓渊渊”（《小雅·采芑》）；“鞉鼓渊渊”（《商颂·那》）。

蜎 音【yuān】

古形【小篆 】

“蜎”，古书上指的是一种生活中水中的蚊子的幼虫，俗称孑孓。《尔雅·释鱼》：“蜎，蠉。”晋·郭璞注：“井中小蛣蟩，赤虫，一名孑孓。”从字形看，“蜎”由“虫”和“肙”组成，“肙”本就有“小虫”义，同“虫”组合强化说

明“肙”属虫类

释义：“蜎”在《诗经》中使用1处2次，迭用。

小虫（孑孓），迭用表示小虫蠕动貌。此种用法有1处，迭用：“蜎蜎者蠋”（《豳风·东山》）。

元　音【yuán】

古形【甲　金　小篆　】

“元”，甲骨文写作“　”，下面的“　”像一个侧立的无发之人形，上面的“　”特别强调人头的部位。“元”的本义就是“人头”《说文·一部》：“元，始也。”“始”是“元”字引申义。

释义：“元”在《诗经》中使用5处，无迭用。

1.始、首（第一、居首位）。或由头是人从上往下看的开始部位引申。此种用法有2（雅1；颂1）处：“方叔元老”（《小雅·采芑》）；“建尔元子”（《鲁颂·閟宫》）。

2.大。或由首脑为大引申。此种用法有3（雅2；颂1）处：“元戎十乘”（《小雅·六月》）；“王之元舅”（《大雅·崧高》）；“元龟象齿”（《鲁颂·泮水》）。

园(園)　音【yuán】

古形【金　小篆　】

“园”，繁体写作“園”。《说文·口部》：“園，所以树果也。”意思是说，“園”指的是种植蔬果、树木的地方。从字形看，“園”由“囗”和“袁”组成。“囗”像用篱笆等将四周圈围之状；“袁”本指衣长且宽大，代表宽敞之地，同“囗”组合，表示四周圈围起来，用以种植蔬菜、花果、树木的宽敞之地就是“園”，后简化作“园”，“元”有“大、长”意，同“囗”组合或也可表示圈围起来的宽大之地。

释义：“园”在《诗经》中使用7处，无迭用。

1.四周圈围起来，用以种植蔬菜、花果、树木的宽敞之地。此种用法有6（风4；雅2）处，如：“无逾我园”（《郑风·将仲子》）；“乐彼之园”（《小雅·鹤鸣》）。

2.借作园名。此种用法有1处：“杨园之道”（《小雅·巷伯》）。

员(員)　音【yuán】

古形【甲　金　小篆　】

“员”，甲骨文写作“　”，下面的“　”像个鼎，有两耳、鼎腹和鼎足，或隶变误写作“貝（贝）”；上面的“　”表示鼎的圆口，同“贝”组合成“员”或是“圆”的本字，有“圆形”的意思。《说文·员部》：“员，物数也。”表示物的数量，或是借用。

释义：“员”在《诗经》中使用3处，无迭用。

1.圆。此种用法有1处：“景员维河”（《商颂·玄鸟》）。

2.盘旋成圆。由词性转换（形—动）引申。此种用法有1处：“员于尔辐”（《小雅·正月》）。

3.借作“云”，语气词。此种用法有1处：“聊乐我员”（《郑风·出其东门》)。

垣 音【yuán】

古形【金 小篆 】

《说文·土部》:“垣，墙也。”《段注》:“此云垣者，墙也，浑言之；墙下曰垣蔽也，析言之……垣自其大言之，墙自其高言之。”徐锴《说文系传》:“垣犹院，周绕之意。”由此可见，“墙、垣”都为墙，只是通称；细分之，二者还是有区别的：墙突出高，而垣则突出其大，犹如房屋四周筑成的院落矮墙。从字形看，“垣”由“土”和“亘”组成。“亘”有回旋之意，同“土”组合表示回旋在周边用土筑成的矮墙。

释义：“垣”在《诗经》中使用5处，无迭用。

1. 墙。此种用法有4（风1；雅3）处，如：“乘彼垝垣”（《卫风·氓》）；“耳属于垣”（《小雅·小弁》）；“大师维垣”（《大雅·板》）。

2. 筑墙。由词性转换（名—动）引申。此种用法有1处：“之子于垣”（《小雅·鸿雁》）。

爰 音【yuán】

古形【金 小篆 】

《说文·𠬪部》:“爰，引也。”从字形看，“爰”，甲骨文写作“”，由“”、“”和“”三部分组成，合在一起表示一只手（）从上面递一根用于牵引的木棍（）给下面的人（）。“拉、引”是“爰”字本义。

释义：“爰”在《诗经》中使用41处44次，3处迭用。

1. 借作疑问代词，有“何、何处”、“哪里”等意思。此种用法有9（风6；雅3）处，如：“爰丧其马”（《邶风·击鼓》）；“爰居爰处”（《小雅·斯干》）。

2. 借作助词、连词、介词，有“于、于是、而、乃”等义。此种用法有29（风5；雅24）处，如：“爰求柔桑”（《豳风·七月》）；“亦集爰止”（《小雅·采芑》）；“爰契我龟”（《大雅·绵》）。

3. 借作“缓”，“爰爰”犹“缓缓”，慢慢走。此种用法有3（风3）处6次，均迭用，如：“有兔爰爰”（《王风·有兔爰爰》）。

原 音【yuán】

古形【金 小篆 】

“原”是“源”本字，本义就是“水流开始的地方”（参见‘源’条）。后加“氵”专表“水源”，“原”就泛指其他事物“最初的、开始的”。

释义：“原”在《诗经》中使用15处，无迭用。

1. 原野、宽广平坦之地。或由“源”（即水流经平缓之地）引申。此种用法有12（风1；雅11）处，如：“南方之原”（《陈风·东门之枌》）；“瞻彼中原”（《小雅·吉日》）；“瞻彼溥原”（《大雅·公刘》）。

2. 借作地名。此种用法有3（雅3）处，如：“至于大原”（《小雅·六月》）（太原，地名，非今山西太原。）；“周原膴膴”（《大雅·绵》）。

源　音【yuán】

古形【金 小篆 】

“源”由“氵（水）”和“原”组成。“原”有“开始的”意思，同“水”组合表示水流开始的地方。“源”古或作“原”。《说文·水部》：“原，水泉本也。”字形由“厂”和“泉”组成。《段注》：“（‘厂’指）山石之崖岩。”同“泉”组合表示泉源所出之处。徐灏《段注笺》：“泉源所出，往往数处合流，多者至百泉。”所以“原”古又写作“厵”，“厂”下三（多）“泉”，均为水流之源。

释义：“源”在《诗经》中使用2处，无选用。

水流开始的地方。此种用法有2（风2）处，如：“泉源在左”（《卫风·竹竿》）。

嫄　音【yuán】

古形【小篆 】

“嫄”，多指姜嫄（姜是姓，嫄是谥号），传说是周朝始祖后稷的母亲。《说文·女部》：“嫄，邰国之女，周弃（后稷）母字也。”从字形看，“嫄”由“女”和“原”组成。“女”指女性，代表母亲；“原”有“最初的、开始的”意思，同“女”组合表示（周）始祖的母亲。

释义：“嫄”在《诗经》中使用2处，无选用。

人名。此种用法有2（雅1；颂1）处：“时维姜嫄”（《大雅·生民》）；“赫赫姜嫄”（《鲁颂·閟宫》）。

騵　音【yuán】

古形【缺】

古人称赤身白腹的马为騵。从字形看，“騵”由“馬（马）”和“原”组成。“原”有“未经过加工”的意思，一般来说，白色为光原色，是未经过加工的颜色，同“馬”组合即表示腹部颜色是白色的马。

释义：“騵”在《诗经》中使用1处，无选用。

赤身白腹的马。此种用法有1处：“驷騵彭彭”（《大雅·大明》）。

援　音【yuán】

古形【金 小篆 】

“援”由“扌（手）”和“爰”组成。“爰”字甲骨文写作“ ”，由“ ”“ ”和“ ”三部分组成，合在一起表示一只手（ ）从上面递一根用于牵引的木棍（ ）给下面的人（ ）。有牵引之意。金文的“ （爰）”字在下面（也有在旁边）又加了一个“ （手）”，用以表示托举，强调“援助”的含义，于是多认为“爰”是“援”的本字，故《说文》中二字同义，均释为“引”（参见“爰”条）。

释义：“援”在《诗经》中使用2处，无选用。

1. 引、助。此种用法有1处：“以尔钩援”（《大雅·皇矣》）（或可视为兵器名。钩援：古代攻城兵器名，以钩钩如城墙，牵钩绳攀援登城的兵器）。

2. 借作“桓”，“畔桓”犹“盘桓”，徘徊不进的样子。此种用法有1处：“无然畔援”（《大雅·皇矣》）。

媛　音【yuán】

古形【金　小篆　】

《说文·女部》：“媛，美女也。人所援也。”从字形看，“媛”由“女”和“爰”组成。“爰”是“援”字本字，有援助之意，甲骨文写作“　”，像上下有手牵扶一个人的形状（参见‘援’条），可理解为多人相助，同“女”组合或想表达“美女有难大家都愿意相助”的意思。

释义：“媛”在《诗经》中使用1处，无迭用。

美女。此种用法有1处：“邦之媛也”（《鄘风·君子偕老》）。

远(遠)　音【yuǎn】

古形【金　小篆　】

“远”，繁体作“遠”。《说文·辵部》：“遠，辽也。”从字形看，“遠”由“辶”和“袁”组成。“辶”和行走路程有关；“袁”有“长”意，同“辶”组合表示路程距离长，遥远。

释义：“远”在《诗经》中使用37处，无迭用。

1. 远处、距离长。此种用法有20（风13；雅7）处，如：“远送于野”（《邶风·燕燕》）；“征夫不远”（《小雅·杕杜》）；“柔远能迩”（《大雅·民劳》）。

2. 远大、深远。由特指距离长到泛指引申。此种用法有3（雅3）处，如：“远犹辰告”（《大雅·抑》）。

3. 远离、疏远。由词性转换（形—动）引申。此种用法有14（风8；雅6）处，如：“远父母兄弟”（《邶风·泉水》）；“兄弟无远”（《小雅·伐木》）；“莫远具尔”（《大雅·行苇》）。

苑　音【yuàn】

古形【金　小篆　】

《说文·艸部》：“苑，所以养食兽也。”古代帝王多建有围场，里面种有树木、圈养禽兽，以供游乐打猎之用。这种围场，古称之囿，即圈围（囗）起来有树有禽兽（有）的地方。汉代以后称作“苑”。从字形看，“苑”由“艹（草）”和“夗”组成。“草”指草木；“夗”有“曲折”之意（参见‘怨’条），同“艹”组合或表示围猎时因草木阻隔而跑动迂回曲折的场地。“苑”后来又多指园林、花园。

释义：“苑”在《诗经》中使用2处，无迭用。

1. 花纹。或由花园有花引申。此种用法有1处：“蒙伐有苑”（《秦风·小戎》）。

2. 或同“郁”。郁结：愁绪成结。此种用法有1处：“我心苑结”（《小雅·都人士》）。

怨　音【yuàn】

古形【金　小篆　】

《说文·心部》：“怨，恚也。”所谓

“恚”，意即“忿恨”。从字形看，“怨”由“夗”和“心”组成。“夗”，小篆写作“”字左边是个“（夕）”，古通“月”，有“月出”之意；右边是个“”，像人曲膝侧卧之形，合在一起表示月出曲膝侧卧，引申为“曲折、委屈”之意，同“心”组合表示人因受了委屈而心中产生忿恨。

释义：“怨”在《诗经》中使用9处，无迭用。

忿恨、怨恨。此种用法有9（风1；雅8）处，如：“老使我怨”（《卫风·氓》）；“思我小怨”（《小雅·谷风》）；“无怨无恶”（《大雅·假乐》）。

愿(願) 音【yuàn】

古形【金 小篆 】

“愿”原作“願”。《说文·页部》：“願，大头也。”从字形看，“願”由“原”和“頁（页））”组成。“页”，甲骨文写作“”，像一个人，突出了大脑袋的形象，本义是“头”；“原”有“本来”的意思，同“页”组合或表示“願”就指“（页）”的本形，即大头。“愿”在《说文》中同“願”是两个字，本义是“恭谨老实”，由“原”和“心”组成。“原”有“本”意，同“心”组合或表示从内心表现出的人的恭谨老实的本性。汉字简化，以愿代願，但“大头”义鲜见。

释义：“愿”在《诗经》中使用7处，无迭用。

心愿、思念。或由词性转换（形—动）引申。此种用法有7（风7）处，如：“愿言则怀”（《邶风·终风》）。

曰 音【yuē】

古形【金 小篆 】

“曰”，金文写成“”字样，像人张口、动舌、送气的样子，表示人在说话。说话要动舌头，中间一横就表示舌头。（因为人不说话时张口，舌头一般紧贴下腭，只有说话时舌头才在口腔中间动。如果老是放在中间不动，人是吃不消的。）后来人们把笔画拉直，写成了“曰”字样。人的嘴是扁的，所以“曰”字要写得稍扁一点，这样才能同“日”区别开。《说文·曰部》：“曰，词也。”“曰”作为语气助词，或为借用。

释义：“曰”在《诗经》中使用79处，无迭用。

1.说、说道。此种用法有54（风18；雅34；颂2）处，如：“士曰昧旦”（《郑风·女曰鸡鸣》）；“君曰卜尔”（《小雅·天保》）；“文王曰咨”（《大雅·荡》）；“王曰叔父”（《鲁颂·閟宫》）。

2.借作句首、句中助词。此种用法有25（风8；雅15；颂2）处，如：“曰杀羔羊”（《豳风·七月》）；“庶曰式臧”（《小雅·雨无正》）；“昊天曰明”（《大雅·板》）；“曰商是常”（《商颂·殷武》）。

约(約) 音【yuē】

古形【金 小篆 】

《说文·糸部》：“约，缠束也。”从字形看，“约”由“糸”和“勺”组成。

“糸”指线绳；“勺”本指一种有柄且可以舀取东西的器具，借作量词时表示一般物量名，可代表称量，同“糸”组合表示缠束并称量。《说文》谓之“缠束”仅是“糸”之意义，表示“称量”的“约（音 yāo）”或是“勺”所表达的意思。

释义：“约”在《诗经》中使用3处，无迭用。

缠束。此种用法有3（雅2；颂1）处，如：“约之阁阁”（《小雅·斯干》）；“约軧错衡”（《商颂·烈祖》）。

月　音【yuè】

古形【甲 金 小篆 】

月指的是地球的天然卫星，即月球，又称月亮。“月”，甲骨文写作“ ”，像半个月亮之形，以区别于天空中圆形的“ （日，太阳）”，本义就是月亮。后人们根据月亮的盈亏规律又借作计时单位“月（一年的十二分之一）”，一直沿用至今。

释义：“月”在《诗经》中使用72处，无迭用。

1. 月亮。此种用法有14（风10；雅4）处，如：“月出之光”（《齐风·鸡鸣》）；“如月之恒”（《小雅·天保》）。

2. 借作量词“月”，有“一个月、每月”等意思（或可视为由月亮盈亏周期引申），此种用法有58（风40；雅16；颂2）处，如：“七月流火”（《豳风·七月》）；“一月三捷”（《小雅·采薇》）；“诞弥厥月”（《大雅·生民》）；“弥月不迟”（《鲁颂·閟宫》）。

岳（嶽）　音【yuè】

古形【甲 金 小篆 】

“岳”，甲骨文写作“ ”，上面像山丘形；下面像山形，合在一起表示山上还有山丘，本义表示高大的山。金文写作“ ”，上面是个“山”字，下面是个“獄（狱）”字，有牢狱义。或因牢狱的围墙高不可攀，取其“高”义，同“山”组合表示高大的山。后又将“嶽”简化作“岳”沿用至今。一般在我国“岳”特指五座高山，即东岳泰山、西岳华山、南岳衡山、北岳恒山、中岳嵩山。

释义：“岳”在《诗经》中使用4处，无迭用。

高大的山。此种用法有4（雅2；颂2）处，如：“崧高维岳”（《大雅·崧高》）；“嶞山乔岳”（《周颂·般》）。

钺　音【yuè】

古形【甲 金 小篆 】

“戉”是“钺”的本字。《说文·戉部》：“戉，斧也。”从字形看，“戉”，甲骨文写作“ ”，像一把斧状的古代作战兵器，上面像斧头、下面像长长的斧柄，后加“钅（金）”成“钺”，表示这是一种用金属（青铜）制作的兵器。

释义：“钺”在《诗经》中使用1处，无迭用。

大斧。此种用法有1处：“有虔秉钺”（《商颂·长发》）。

越　音【yuè】

古形【金　小篆　】

《说文 · 走部》：“越，度也。”所谓“度”，《段注》云：“与辵部逷字音义同。”有“度过”“跨过”的意思。从字形看，“越”由“走”和“戉”组成。“戉”是“钺”字初文，本义是“战斧”，同“走”组合成“越”，其义如安子介先生《解开汉字之谜》所云：“这个字形是由下述一个观念引申出来：当一个人拿着战斧疾走时，他发觉如果将此重斧高举过头，则跳向或超过敌人的机会比较容易。”

释义：“越”在《诗经》中使用3处，无迭用。

1. 度过、跨过。此种用法有1处：“率履不越”（《商颂·长发》）。

2. 扬。或由扬起战斧引申。此种用法有1处：“对越在天”（《周颂·清庙》）。

3. 借作助词。此种用法有1处：“越以鬷迈”（《陈风·东门之枌》）。

阅(閱)　音【yuè】

古形【金　小篆　】

《说文 · 门部》：“阅，具数于门中也。”《段注》：“具者，供置也。数者，计也。计者，会也，算也。云于门中者，以其字从门也。”从字形看，“阅”由“门”和“兑”组成。“门”指进门查点；“兑”有“兑换”义，同“门”组合表示兑换的货物置于门中清点、计数。

释义：“阅”在《诗经》中使用3处，无迭用。

1. 收容。或由清点无误即收容引申。此种用法有2（风1；雅1）处：“我躬不阅”（《邶风·谷风》）；“我躬不阅”（《小雅·小弁》）。

2. 同“穴”，洞穴。此种用法有1处：“蜉蝣掘阅”（《曹风·蜉蝣》）。

龠(籥)　音【yuè】

古形【甲　金　小篆　】

“龠”指的是古代一种吹管乐器，甲骨文写作“龠”，郭沫若先生《甲骨文字研究》说其“像编管之形”。《说文 · 龠部》：“龠，乐之竹管，三孔，以和众声也，从品侖。”朱骏声关于字形“从品侖”，又进一步分解说：“（侖）从亼册。亼，合也；册，像编竹形。（品）从三口，三孔也。”“龠”指的就是这种三孔的竹管乐器，编管制成，或为排箫的前身。“龠”后来又被借作量词，一龠等于半合，十合为升、十升为斗、十斗为斛，是最小的计量单位。

释义：“龠”在《诗经》中使用3处，无迭用。

古乐器名。此种用法有3（风1；雅2）处，如：“左手执龠”（《邶风·简兮》）；“以龠不僭”（《小雅·鼓钟》）。

禴　音【yuè】

古形【小篆　】

“禴”同“礿”，古代宗庙祭祀的名称。古代祭祀，春祭曰祠，夏祭曰禴（礿），秋祭曰尝，冬祭曰烝。夏、商二

代禴（礿）为春祭，周代则改称为夏祭。《说文·示部》：“礿，夏祭也。”意即“礿”为周代以后的夏祭名。《康熙字典》引《疏》云：“礿，薄也，春物未成，祭品鲜薄。”“礿”还有“薄”义。夏祭所以称礿，是因为春天播种，到夏天还没有收成，所以用以祭祀的供品稀少。从字形看，“礿”由“示”和“勺”组成。“示”，甲骨文写作“”，像古人祭祀用的祭台，代表祭祀；“勺”指一种有柄可以舀取东西的器具，借作量词使用，代表舀取的东西很少，同“示”组合表示供品稀少的祭祀。“禴”字中的“龠”在古代被借作最小的计量单位，同“示”组合成“禴”也表示供品稀少的祭祀，同“礿”同义，故通用。

释义：“禴”在《诗经》中使用1处，无迭用。

古夏祭名。此种用法有1处：“禴祠烝尝”（《小雅·天保》）。

云(雲)　音【yún】

古形【甲金小篆】

“云”繁体作“雲”，甲骨文写作“”，像天上的云彩回旋转动之形。《说文·雲部》：“雲，山川气也。”即山川之气升腾到天空而成云。王筠《说文释例》：“云所谓画成其物，随体诘屈者，其本生于地，其像著于天，故下锐而上广也。此乃足像回转形。渐而作字者讲结构整齐，遂倒转云字，又断其两曲以为二字。借为‘云曰’，乃加‘雨’别之。”意思是说：“云之所以写成随体诘屈其物之像，是因为云本产生于地气而在天空成像，所以字形下锐而上广，由足下起向上呈回转之形。后造字者为了字形结构整齐，倒转云字呈下广上锐状，又将两弯曲处断写作‘二’字成‘云’。后借作‘云曰’之云，所以又加“雨”成“雲”区别之。”

释义：“云”在《诗经》中使用54处，无迭用。

1. 云。此种用法有10（风4；雅6）处，如：“有女如云”（《郑风·出其东门》）；“上天同云”（《小雅·信南山》）；“倬彼云汉”（《大雅·棫朴》）。

2. 庇护。或由云能遮挡太阳引申。此种用法有1处：“婚姻孔云”（《小雅·正月》）。

3. 借作语词（相当于说、谓）、助词。此种用法有42（风14；雅28）处，如：“云如之何”（《鄘风·君子偕老》）；“今云不我可”（《小雅·何人斯》）；“云徂何往”（《大雅·桑柔》）。

4. 借为“耘”。此种用法有1处：“芈云不逮”（《大雅·桑柔》）。

芸(蕓)　音【yún】

古形【金小篆】

《说文·艸部》：“芸，草也，似苜蓿。”“芸”是草名，又名芸香草，形似苜蓿，是一种可以死而复生之草。从字形看，“芸”由“艹（草）”和“云”组成。“艹”指芸香草，同“云”组合表示“芸”是一种像云一样散去还可以聚合即死而复生的草。

芸又指芸苔，是油菜的一种，花黄色，种子可榨油。

释义：“芸”在《诗经》中使用2处，无迭用。

深黄色。或由植物颜色引申。此种用法有2（雅2）处，如：“芸其黄矣”（《小雅·苕之华》）。

耘(䅬) 音【yún】

古形【金 小篆 】

“耘”，又作“䅬”。《说文·耒部》：“䅬，除苗间秽也。”所谓除苗间秽，意思是除掉苗间的杂草。从字形看，“耘”由“耒”和“云”组成。“耒”指古代一种耕地用的农具；“云”或是“芸”字省写，代表杂草，同“耒”组合即表示用农具锄去地里的杂草。

释义：“耘”在《诗经》中使用2处，无迭用。

锄草。此种用法有2（雅1；颂1）处：“或耘或耔”（《小雅·甫田》）；“千耦其耘”（《周颂·载芟》）。

畇 音【yún】

古形【金 小篆 】

“畇”由“田”和“匀”组成。“田”指田地；“匀”有“均匀”义，同“田”组合表示田地平坦均匀整齐。

释义：“畇”在《诗经》中使用1处2次，迭用。

田地平整。此种用法有1处，迭用：“畇畇原隰”（《小雅·信南山》）。

允 音【yǔn】

古形【甲 金 小篆 】

“允”，小篆作“ ”，上面是个“ （目）”，下面是个“ （像人形）”。“目”是古“以”字，《说文·巳部》：“目，用也。从反巳。贾侍中说：巳，意已实也。象形。”意即“ ”像成熟的果实之形，加在“人”形之上组合成“允（允）”或表示人脑（思维）已经成熟，有小儿已经懂事的意思。一般地说，儿童的心灵是纯洁的，他们最诚实、最讲信用，故《说文·儿（rén）部》：“允，信也。”“信、实”是“允”之本义。一说“允”，甲骨文写作“ ”，像一个凸显头面硕大肥实躬身的人形，似作点头之状，有表示言行相允之意。“允”的“应允、允许”之意或源于此。

释义：“允”在《诗经》中使用18处，无迭用。

1. 诚实、可信。此种用法有4（雅4）处，如：“显允君子”（《小雅·湛露》）。

2. 借作副词，确实、实在。此种用法有12（风1；雅3；颂8）处，如：“终然允臧”（《鄘风·定之方中》）；“怀允不忘”（《小雅·鼓钟》）；“豳居允荒”（《大雅·公刘》）；“允王保之”（《周颂·时迈》）。

3. 借作人名。此种用法有1处：“仲允膳夫”（《小雅·十月之交》）。

4. 借为“沇”，水名。此种用法有1处：“允犹翕河”（《周颂·般》）。

狁 音【yǔn】

古形【金 小篆 】

狁即玁狁（参见‘猃’条），玁狁属

犬科动物，猎犬的一种，古书上指长嘴狗。从字形看，“狁”由“犭（犬）”和“允”组成。“犭”指犬科动物；“允”有均衡、适当的意思，同“犭”组合或表示这是一种双眼均衡适当分列脸两侧的犬科动物。

释义：“狁”在《诗经》中使用10处，无迭用。

借作族名（玁狁又作獫狁，我国古代北方少数民族）。此种用法有10（雅10）处，如：“玁狁之故”（《小雅·采薇》）。

陨(隕)　音【yǔn】

古形【金小篆】

《说文·𨸏部》：“陨，从高下也。”从字形看，“陨”由“阝（阜）”和“员”组成。“阝”有高地土坡之意；“员”是“圆”字省写，同“阝”组合表示圆形的物体很容易从高处滚落下来，后人们把从高空坠落的石头称作陨石，就有从高空坠落的意思。

释义：“陨”在《诗经》中使用5处，无迭用。

1. 坠落、落下。此种用法有4（风2；雅2）处，如：“其黄而陨”（《卫风·氓》）；“涕既陨之”（《小雅·小弁》）；“亦不陨厥问”（《大雅·绵》）。

2. 同“员”，幅员即疆域。此种用法有1处：“幅陨既长”（《商颂·长发》）。

愠　音【yùn】

古形【金小篆】

《说文·心部》：“愠，怒也。”从字形看，“愠”由“忄（心）”和“昷”组成。“昷”同“温”，有“热”“暖”的意思，同“忄（心）”组合或表示内心燥热，即不冷静而愤怒。

释义：“愠”在《诗经》中使用2处，无迭用。

怒、愤怒。此种用法有2（风1；雅1）处：“愠于群小”（《邶风·柏舟》）；“肆不殄厥愠”（《大雅·绵》）。

蕴　音【yùn】

古形【金小篆】

“蕴”又作“薀”。《说文·艸部》：“薀，积也。”从字形看，“薀”由“艹（草）”和“温”组成。“温”指温度；“艹（草）”指草堆，同“温”组合表示草堆积起来能够聚积温度。或者后来除了草以外，人们又发现丝或棉堆积起来也能积聚温度，所以写成了“蕴”，由“艹”“纟”和“昷”三部分组成。故安子介先生在《解开汉字之谜》中说：“（蕴）像能发‘热（昷）’的干‘草（艹）’堆或‘丝（纟）’堆。”这或者也是人们用草、丝、棉做床被的原因。

释义：“蕴”在《诗经》中使用2处，无迭用。

1. 积聚。此种用法有1处：“我心蕴结兮”（《桧风·素冠》）。

2. 通“煴”，闷热。此种用法有1处：“蕴隆虫虫”（《大雅·云汉》）（或可视为由积聚热量引申）。

Z

杂(雜)　音【zá】

古形【金　小篆　】

“杂”，繁体写作“雜”。《说文·衣部》：“雜，五彩相会。”“雜”的本义是指用多种颜色搭配来制作衣服。从字形看。“雜”由“衣”和“集”组成。“衣”指制作衣服；“集”有聚集义，同“衣”组合表示多种颜色聚集在一起（五彩相会）来制作衣服就是“雜”。简写的“杂”由“九”和“木”组成。“九”数多，指多种颜色；“木”是“集”字省写，同“九”组合即为“杂”。

释义：“杂”在《诗经》中使用3处，无迭用。

多种多样混合在一起。此种用法有3（风3）处，如：“杂佩以赠之”（《郑风·女曰鸡鸣》）。

灾(災、烖)　音【zāi】

古形【甲　金　小篆　】

《说文·火部》：“灾，天火曰灾。”从字形看，“灾”由“宀”和“火”组成。“宀”，小篆作“冂”，像屋形，同“火”组合表示屋内起火。“灾”又作“烖”，其中的“𢦏”有伤害之意，同“火”组合表示因火给人带来的伤害。后把一切因自然或人为引起的水患、火患等给人带来的伤害都称之“灾。”

释义：“灾”在《诗经》中使用2处，无迭用。

害、灾害。此种用法有2（雅1；颂1）处：“不烖我躬”（《大雅·召旻》）；“无灾无害”（《鲁颂·閟宫》）。

哉　音【zāi】

古形【金　小篆　】

“哉”，小篆作“哉”，由“口（口）”和“𢦏（𢦏）”组成。《说文·口部》：“哉，言之间也。”意思是“哉”是表示词语之间间歇的虚词。《说文·戈部》：“𢦏，伤也。”所谓“伤”，即“伤害”。“口”本来是用于说话的器官，同“𢦏”组合表示如同受到伤害一般不能说出言辞，只能叹息的意思。

释义：“哉”在《诗经》中使用56处，无迭用。

1. 语气词。表示感叹，可译为“啊”；或用在有疑问词的句子里，帮助表示疑问或反诘语气。此种用法有55（风34；雅18；颂3）处，如：“悠哉悠哉”（《周南·关雎》）；“哀哉不能言”（《小雅·雨无正》）；“文王烝哉”（《大雅·文王有声》）；“於乎悠哉”（《周颂·访落》）。

2. 通“载”，开始、开创。此种用法有1处：“陈锡哉周”（《大雅·文王》）。

菑(甾)　音【zāi、zī】

古形【金　小篆　】

《说文·艸部》：“菑，不耕田也。”从字形看，“菑”由“艹”“巛”和“田”

组成。“巛”或是“災（灾）”字省写，有“成灾”的意思，同“艹”“田”组合表示杂草成灾需要除去杂草的田。《尔雅·释地》：“田一岁曰菑，二岁曰新田，三岁曰畬。”“菑”即指刚除去杂草的一岁初耕田。

释义：“菑”在《诗经》中使用3处，无迭用。

1. 初耕的田地。此种用法有1处：“于此菑畝”（《小雅·采芑》）。

2. 直立未倒的枯木。或由“菑”的杂草中夹有枯死的树木引申。此种用法有1处：“其菑其翳”（《大雅·皇矣》）。

3. 同“災（灾）”。此种用法有1处：“无菑无害”（《大雅·生民》）。

仔　音【zǎi、zǐ】

古形【金小篆】

“仔”由“亻（人）”和“子”组成。“子”，甲骨文写作“”像小儿在襁褓中，有头、身、臂膀，两足并起来的样子，本义指小孩；“人”，甲骨文写作“”，像一个成年人的样子，同“子”组合或表示已经成年的孩子。“仔”在方言中同“崽”，在特定的语言环境中又指有某些特征或从事某种职业的年轻人。

释义：“仔”在《诗经》中使用1处，无迭用。

担负。或由成年的孩子应担负一定的社会责任引申。此种用法有1处：“佛时仔肩”（《周颂·敬之》）。

宰　音【zǎi】

古形【甲金小篆】

《说文·宀部》：“宰，辠（罪）人在屋下执事者。”从字形看，“宰”由“宀”和“辛”组成。“宀”，甲骨文写作“”，像高屋之形；“辛”，甲骨文写作“”像刑刀（或刑具）之形，代表犯罪之人，同“宀”组合表示古充当家奴即在屋内劳作的罪人。

释义：“宰”在《诗经》中使用3处，无迭用。

1. 在屋内劳作之人。此种用法有1处：“诸宰君妇”（《小雅·楚茨》）。

2. 借作官名。此种用法有2（雅2）处：“家伯维宰”（《小雅·十月之交》）；“疚哉冢宰”（《大雅·云汉》）。

载(載)　音【zǎi、zài】

古形【金小篆】

“载”由“𢦏”和“车”组成。“车”指车辆，即一种有轮子的运输工具。古代的车辆多为木制的马车或牛车；“𢦏”有“伤害”的意思（参见‘哉’条），同“车”组合或表示对车产生一定的损耗和伤害的行为。《说文·车部》：“载，乘也。”乘坐、承载是“载”的本义。

释义：“载”在《诗经》中使用112处，无迭用。

1. 乘坐、承载。此种用法有5（风1；雅4）处，如：“载猃歇骄”（《秦风·驷驖》）；“匪载匪来”（《小雅·杕杜》）。

2. 装载、装载的物品。由货物需要装

载上车引申。此种用法有10（雅8；颂2）处，如：“谓之载矣”（《小雅·出车》）；“上天之载”（《大雅·文王》）；“载筐及莒”（《周颂·良耜》）。

3.工作（翻草）。由装载即工作引申。此种用法有3（雅1；颂2）处：“俶载南亩”（《小雅大田》）；“俶载南亩”（《周颂·载芟》）。

4.陈、设。或由物载车上引申。此种用法有2（雅1；颂1）处：“清酒既载”（《大雅·旱麓》）；“既载清酤”（《商颂·烈祖》）。

5.同“栽”，筑墙立的木柱。此种用法有1处：“缩版以载”（《大雅·绵》）。

6.借为“在”，此种用法有1处：“雨雪载涂”（《小雅·出车》）。

7.借为“戴”。此种用法有1处：“载弁俅俅”（《周颂·丝衣》）。

8.借为量词，相当于“年”。此种用法有1处：“文王初载”（《大雅·大明》）。

9.借作副词、连词、助词，有“又、则、乃、再”等义。此种用法有88（风17；雅60；颂11）处，如：“载驰载驱”（《鄘风·载驰》）；“载骤骎骎”（《小雅·四牡》）；“厥声载路”（《大雅·生民》）；“秋而载尝”（《鲁颂·閟宫》）。

在　音【zài】

古形【甲 金 小篆 】

“在”，甲骨文写作“ ”，像草木初生之状，表示存在；金文写作“ ”，在旁边加了个“土”字，表示草木初生存在于土地之上。《说文·土部》：“在，存也。”“存在”是“在”的本义。

释义：“在”在《诗经》中使用171处，无迭用。

1.存在、处于。此种用法有156（风78；雅56；颂22）处，如：“夙夜在公”（《召南·采蘩》）；“在彼空谷”（《小雅·白驹》）；“赫赫在上”（《大雅·大明》）；“骏奔走在庙”（《周颂·清庙》）。

2.借作介词。此种用法有15（雅10；颂5）处，如：“鱼在在藻”（《小雅·鱼藻》）；“其在于今”（《大雅·抑》）；“式序在位”（《周颂·时迈》）。

瓒　音【zàn】

古形【金 小篆 】

《说文·玉部》：“瓒，三玉二石也。”其实“瓒”有两个意思：一是指三分玉、二分石的玉石，即质地不纯的玉；二是指古代的一种玉制酒器，初以黄金为勺，后助以圭（玉）为柄，用于祭祀。《说文》解释的是第一种意思。从字形看，“瓒”由“玉”和“赞”组成。“赞”有“助”义，同玉组合或表示襄助以玉柄的酒器。

释义：“瓒”在《诗经》中使用2处，无迭用。

一种古代祭祀时使用的舀酒器，玉柄、金属勺。此种用法有2（雅2）处，如：“瑟彼玉瓒”（《大雅·旱麓》）。

牂　音【zāng】

古形【小篆 】

“牂”由“爿”和“羊”组成。“爿”或是“壯（壮）”字省写，有“壮硕、雄健”的意思，同“羊”组合表示长得壮硕的羊。《广雅·释兽》：“吴羊（江南白羊）牡（雄性）一岁曰牡羜，三岁曰羝；其牝（雌性）一岁曰牸羜，三岁曰牂。”“牂”或指三岁壮硕的雌性羊。

释义：“牂”在《诗经》中使用2处3次，1处迭用。

1.母羊。此种用法有1处：“牂羊坟首”（《小雅·苕之华》）。

2.壮硕，迭用表示茂盛貌。或由羊壮硕引申。此种用法有1处，迭用：“其叶牂牂”（《陈风·东门之杨》）。

臧 音【zāng】

古形【甲 金 小篆 】

“臧”，甲骨文写作“”，左边是个“（臣）”，右边是个“（戈）”，像古代兵器。古有“横者为目，竖者为臣”之说，“臣”有“奴隶”之意，又可视为竖目之形，同“戈”组合表示用戈刺目。上古战争，战俘往往被刺瞎一只眼睛，然后沦为奴隶，所以“臧”之本义应为奴隶。《说文·臣部》：“臧，善也。”或因奴隶被刺瞎一目，迫于奴隶主统治者的淫威，不敢再行反抗，政权巩固，如此甚好；抑或战俘不被杀死，仅刺瞎一目，在当时时代，被认为是良善之举，故“臧”又引申为"善"。此实为美化之词。

释义：“臧”在《诗经》中使用21处，无迭用。

善。或由美化“臧”之行为引申。此种用法有21（风7；雅12；颂2）处，如：“何用不臧”（《邶风·雄雉》）；“庶曰式臧”（《小雅·雨无正》）；“未知臧否”（《大雅·抑》）；“思马斯臧”（《鲁颂·駉》）。

遭 音【zāo】

古形【金 小篆 】

《说文·辵部》：“遭，遇也。”从字形看，“遭”由“辶”和“曹”组成。“辶”和行有关；“曹”指“狱之两曹”，按《段注》说，“两曹，今俗所谓原告被告也”，在此代表两人，同“辶”组合或表示行走时两人不期而遇。

释义：“遭”在《诗经》中使用4处，无迭用。

遇、遇到。此种用法有4（风3；颂1）处，如：“遭我乎猺之间兮”（《齐风·还》）；“遭家不造”（《周颂·闵予小子》）。

凿(鑿) 音【záo】

古形【甲 金 小篆 】

“凿”，甲骨文写作“”，左边的“”像P锥形的金属器；右边的“”像手持锤击打状，合在一起表示持锤敲击锥形金属器，在木或石等材料上挖空钻洞就称“凿”。故《说文》云：“凿，穿木也。”《段注》云：“（凿）所以穿木。”前者可理解为动词“凿”，后者则训为名词“凿子”。从甲骨文字形看，或表示凿之动作。

释义：“凿”在《诗经》中使用2处3

次，1处选用。

1.持锤击锥挖洞（凿）。此种用法有1处："二之日凿冰冲冲"（《豳风·七月》）。

2.鲜明。或由被凿后显得鲜明引申。此种用法有1处，选用："白石凿凿"（《唐风·扬之水》）。

枣(棗) 音【zǎo】

古形【金 小篆 】

"枣"指枣树（或枣树果实），落叶乔木，幼枝上有成对的刺，叶子卵形或椭圆形，花黄绿色。结卵形、椭圆形或球形核果，暗红色，味甜，可以吃，也可入药。从字形看，"枣"，金文写作" "，用两个" （带刺的树木）"重叠，表示树枝有刺而长得较高的植物就是"棗"。"棗"简化成"枣"，下面的两点或表示枣树的果实。

释义："枣"在《诗经》中使用1处，无选用。

枣树、枣树的果实。此种用法有1处："八月剥枣"（《豳风·七月》）。

蚤 音【zǎo】

古形【金 小篆 】

《说文·虫部》："蚤，啮人跳蚤。""蚤"由"叉"和"虫"组成。"叉"有"扎取"即从空中快速落下而取的意思；"虫"即小虫，同"叉"组合或表示这是一种快速跳起又落下叮咬人的小虫。

释义："蚤"在《诗经》中使用1处，无选用。

借为"早"（古代称月初为月朝，即月早）。此种用法有1处："四之日其蚤"（《豳风·七月》）。

藻 音【zǎo】

古形【金 小篆 】

"藻"或又作"薻"。《说文·艸部》："薻，水草也。"从字形看，"薻"由"艹（草）"、"氵（水）"和"巢"组成。"巢"有巢穴的意思，同"氵"、"艹"组合或表示水中如巢穴（纠结）状的草本植物。"薻"作"藻"，其中的"喿"或是"噪"字省写，本指声音嘈杂，可理解成多而杂，同"氵"、"艹"组合表示水中多而杂的草本植物。

释义："藻"在《诗经》中使用5处，无选用。

水藻。此种用法有5（风1；雅3；颂1）处，如："于以采藻"（《召南·采苹》）；"鱼在在藻"（《小雅·鱼藻》）；"薄采其藻"（《鲁颂·泮水》）。

皂(阜) 音【zào】

古形【甲 金 小篆 】

"皂"即皂斗。安子介先生《解开汉字之谜》："'皂'字是'草'的隶变字，指一种植物，它的花是白的，它的荚果带油脂性，可以当肥皂用，它的果实可以把布染成黑色，所以有'不分青红皂白'一词产生。"从字形看，"皂"，甲骨文写作" "，或像其果实之形，隶变后的"皂"由"白"和"七"组成。"白"之花色；"七"或是"柒"字省写，通

"漆"，有"涂染"的意思，同"白"组合或表示"皂"是一种开白花、果实可以把布染成黑色的植物。

释义："皁"在《诗经》中使用1处，无迭用。

或为"阜"（因形似而误），高。此种用法有1处："既方既阜"（《小雅·大田》）

造 音【zào】

古形【金 小篆 】

《说文·辵部》："造，就也。""就"即"到"。从字形看，"造"由"辶"和"告"组成。"辶"同行走有关；"告"有言告的意思，同"辶"组合或表示到（辶）某处拜访（告）。

释义："造"在《诗经》中使用7处，无迭用。

1.到、往。此种用法有2（雅1；颂1）处："乃造其曹"（《大雅·公刘》）；"蹻蹻王之造"（《周颂·酌》）。

2.做、作为。或由"造"是一种作为引申。此种用法有4（风2；雅2）处，如："予又改造兮"（《郑风·缁衣》）；"小子有造"（《大雅·思齐》）。

3.成。或由因作为而成引申。此种用法有1处："遭家不造"（《周颂·闵予小子》）（一说犹"善"）。

则(則) 音【zé】

古形【金文 小篆 】

"则"，金文作" "，由"鼎"和"人（疑隶变作'刂'）"组成。上古时期，法律条文一般都刻在鼎上，以便让人们遵守。所以" "像"人"在"鼎"旁刻字。"则"古时又同"侧"，卜辞"楚伯迄今秋来斯，于王其则"中的"则"字，就相当于"侧"，有"人在鼎旁"（见'侧'条）的意思。"则"字如今更多地用于连接或转折，无实义。

释义："则"在《诗经》中使用78处，无迭用。

1.法规。此种用法有6（雅）处，如："闲之维则"（《小雅·六月》）；"顺帝之则"（《大雅·皇矣》）。

2.榜样、样子。由法规物化引申。此种用法有3（风1；雅1；颂1）处："其则不远"（《豳风·伐柯》）；"维民之则"（《大雅·抑》）；"维民之则"（《鲁颂·泮水》）。

3.效法。由法规动化引申。此种用法有1处："鲜不为则"（《大雅·抑》）。

4.副词，无实义，表示转折或连接等。此种用法有68（风27；雅39；颂2）处，如："我心则忧"（《鄘风·载驰》）；"虽则劬劳"（《小雅·鸿雁》）；"其绳则直"（《大雅·绵》）；"则莫我敢曷"（《商颂·长发》）。

择(擇) 音【zé、zhái】

古形【金 小篆 】

"择"，繁体作"擇"。《说文·手部》："擇，柬选也。"所谓"柬选"即"挑选"。从字形看，"擇"由"扌（手）"和"睪"组成。"睪"字上面是"罒（横目）"，下面是"幸（罪人）"合起来表示以目察看罪人（一说'目察

幽微吉而免凶’即‘暗中察看’），同“扌（手）”组合表示用眼辨察用手拣出。

释义：“择”在《诗经》中使用2处，无迭用。

挑选、选择。此种用法有2（雅2）处：“择三有事”（《小雅·十月之交》）。

泽(澤)　音【zé】

古形【金　小篆　】

“泽”指水或水草积聚的低洼之地。从字形看，“泽”由“氵（水）”和“圣”组成。“圣”或是“择”字省写，有“选择”义，同“氵（水）”组合表示水流选择低洼之地蓄留。《说文·水部》：“泽，光润也。”或是“泽”字引申义，由蓄水之地土壤肥沃而显得光润引申。

释义：“泽”在《诗经》中使用7处，无迭用。

1.水或水草积聚的低洼之地。此种用法有6（风4；雅2）处，如：“与子同泽”（《秦风·无衣》）；“集于中泽”（《小雅·鸿雁》）；“川泽訏訏”（《大雅·韩奕》）。

2.同“释”，土解开貌。此种用法有1处，迭用：“其耕泽泽”（《周颂·载芟》）。

箦(簀)　音【zé】

古形【金　小篆　】

《说文·竹部》：“箦，床栈。”所谓“床栈”，现在一般理解为“竹子编的床席”。从字形看，“箦”由“竹”和“责”组成。“责”古通“积”，有“聚积”义，同“竹”组合或表示将竹篾聚积在一起编织而成的席子。

释义：“箦”在《诗经》中使用1处，无迭用。

或借为“栅”，栅栏。此种用法有1处：“绿竹如簀”（《卫风·淇奥》）。

贼(賊)　音【zéi】

古形【金　小篆　】

“贼”，小篆写作“賊”，由“貝（贝，财物）”、“人（人）”和“戈（戈，武器）”三部分组成，像人持戈毁坏财物之像。《说文·戈部》：“贼，败也。”徐锴《说文系传》：“败犹害也。”“伤害、残害”是“贼”之本义。

释义：“贼”在《诗经》中使用6处，无迭用。

1.伤害、残害。此种用法有3（雅3）处，如：“废为残贼”（《小雅·四月》）；“不僭不贼”（《大雅·抑》）。

2.借作虫名（一种吃禾节的害虫）。此种用法有3（雅3）处，如：“及其蟊贼”（《小雅·大田》）；“降此蟊贼”（《大雅·桑柔》）。

谮(譖)　音【zèn】

古形【金　小篆　】

《说文·言部》：“谮，愬也。”“愬”同“诉”，即告诉。然“愬”非一般的告诉：“愬”由“朔”和“心”组成。“朔”或是“塑”字省写，有“捏造”义。用捏造的事实告诉别人，故《广雅》云："愬，毁也。"又《说文·言部》："谗，谮也。"说别人坏话谓"谗"。"谮""谗"互训，即"谮"也有"谗"义。从字形看，"谮"由"讠（言）"和"朁"组成。"朁"古同"僭"有"虚假"义，同"言"组合表示对别人说假话，用谗言毁誉别人。

释义："谮"在《诗经》中使用9处，无迭用。

1. 对别人说假话，用谗言毁誉别人。此种用法有7（雅7）处，如："谮言则退"（《小雅·雨无正》）。

2. 不信任。或由常说假话不被人信任引申。此种用法有2（雅2）处："谮始竟背"（《大雅·瞻卬》）。

增　音【zēng】

古形【金小篆】

《说文·土部》："增，益也。"所谓"益"，有"添加"之意。从字形看，"增"由"土"和"曾"组成。《段注》云："凡从曾之字，皆取加高之义。""曾"本就有加高义，同"土"组合，表示把土加高。

释义："增"在《诗经》中使用2处3次，1处迭用。

1. 加多、增加。此种用法有1处："以莫不增"（《小雅·天保》）。

2. 借作"层"，增增犹层层。此种用法有1处，迭用："烝徒增增"（《鲁颂·閟宫》）。

憎　音【zēng】

古形【金小篆】

《说文·心部》："憎，恶也。"从字形看，"憎"由"忄（心）"和"曾"组成。"曾"或是"增"字省写，有增加义，同"忄（心）"组合表示心中增加了"厌恶、憎恨"的情绪，说明这种情绪是人心中本不该有的。

释义："憎"在《诗经》中使用4处，无迭用。

厌恶、憎恨。此种用法有4（风1；雅3）处，如："无庶予子憎"（《齐风·鸡鸣》）；"伊谁云憎"（《小雅·正月》）；"憎其式廓"（《大雅·皇矣》）。

赠(贈)　音【zèng】

古形【金小篆】

"赠"指的是把自己的财物无偿地送给他人。《说文·贝部》："赠，玩好相送也。"从字形看，"赠"由"贝"和"曾"组成。"贝"指财物，即许慎说的"玩好（自己赏玩且喜好）"之物；"曾"或是"增"字省写，有"增加"义，同"贝"组合或表示"赠"之结果是为他人增加财富。

释义："赠"在《诗经》中使用7处，无迭用。

送、赠送。此种用法有7（风5；雅2）处，如："何以赠之"（《秦风·渭阳》）；"其赠维何"（《大雅·韩奕》）。

柞 音【zhà、zuò】

古形【金 小篆 】

柞指柞树，栎树的通称，落叶乔木，叶长椭圆形，花黄褐色，坚果球形，可作观赏树，叶可饲柞蚕、可入药；木材可造船、做枕木、制家具，树皮可作燃料。从字形看，“柞”由“木”和“乍”组成。“乍”或是“窄”字省写，同“木”组合或表示“柞”是一种树叶比较窄的树。

释义：“柞”在《诗经》中使用7处，无迭用。

1. 木名。此种用法有6（雅6）处，如：“析其柞薪”（《小雅·车辖》）；“柞棫拔矣”（《大雅·绵》）。

2. 砍树。或由砍伐柞树引申。此种用法有1处：“载芟载柞”（《周颂·载芟》）。

宅 音【zhái】

古形【甲 金 小篆 】

“宅”由“宀”和“乇”组成。“宀”，金文写作“∩”，像房屋之形；“乇”的本指“草托地而生”，有“寄托”之义，同“宀”组合或表示可以造屋寄托人身之地，如《说文·宀部》：“宅，所讬（寄）也。”“宅”，相当于现在说的“宅基地”。

释义：“宅”在《诗经》中使用6处，无迭用。

居所、居住。由在宅基地上建好的房屋引申。此种用法有6（雅4；颂2）处，如：“其究安宅”（《小雅·鸿雁》）；“定申伯之宅”（《大雅·崧高》）；“遂荒徐宅”（《鲁颂·閟宫》）。

瘵 音【zhài】

古形【金 小篆 】

《说文·疒部》：“瘵，病也。”当代学者张纲先生在《中医百病名源考》中云：“盖唐前旧例之凡呼疾病皆曰‘瘵’者，以瘵之为言‘祭’也，本先秦之名；以先秦人敬事鬼神多迷信，凡患疾病者必祭之，故因‘祭’增‘疒’而为‘瘵’，‘瘵’遂为凡疾凡病之统名也。”从字形看，“瘵”由“疒”和“祭”组成。因先秦人凡患疾病必祭鬼神，故称病为“祭”，后或为了同祭祀区别，加“疒”为“瘵”，作为疾病的通称。现在一般认为“瘵”多指痨病。

释义：“瘵”在《诗经》中使用2处，无迭用。

病。此种用法有2（雅2）处，如：“无自瘵焉”（《小雅·菀柳》）。

占 音【zhān、zhàn】

古形【金 小篆 】

“占”指占卜，是古人行事前的一种预测方法，即通过观察龟甲烧灼后的裂纹或蓍草的排列来预测未来的吉凶祸福。《说文·卜部》：“占，视兆问也。”从字形看，“占”由“卜”和“口”组成。“卜”，甲骨文写作“ト”，像卜兆纵横（龟壳在火上烧灼得出的纵横裂纹）之像；“口”有问兆、解释之义，同“卜”

组合表示通过观察兆像来解释、预测吉凶祸福。

释义："占"在《诗经》中使用4处，无迭用。

占卜。此种用法有4（雅4）处，如："讯之占梦"（《小雅·正月》）。

沾(霑) 音【zhān】

古形【金 小篆 】

"沾"由"氵（水）"和"占"组成，"占"有"占有"义，同"水"组合表示物体被水占据（附着在上面）。"沾"，繁体写作"霑"，上面加了个"雨"字，所以"沾"多指被雨水沾湿、浸润。

释义："沾"在《诗经》中使用1处，无迭用。

沾湿、浸润。此种用法有1处："既沾既足"（《小雅·信南山》）。

旃 音【zhān】

古形【金 小篆 】

"旃"指古代一种赤色曲柄旗。从字形看，"旃"由"㫃"和"丹"组成。"丹"有红色的意思；"㫃"，甲骨文写作" "，像迎风飘扬的旗帜状，同"丹"组合表示红色的旗帜。

释义："旃"在《诗经》中使用9处，无迭用。

借作代词。此种用法有9（风9）处，如："上慎旃哉"（《魏风·陟岵》）。

詹 音【zhān】

古形【金 小篆 】

《说文·八部》："詹。多言也。从言、从八、从产。""产"，小篆写作" "，像人在岩崖之上；"八"有"分"义，犹言"多"；"言"指说话，在人在岩崖（高处）说很多话就是"詹"。一说"詹"籀文写作" "，由" （人，警哨）"" （岩穴）"和" （报警）"三部分组成，有"哨兵站在部落岩穴之上放哨报警"的意思。以上两说，"詹"字都有人站在高处说话的意思。古有"詹"通"瞻"或就是"瞻"本字之说，"瞻"有看的意思，除了向远处或高处看以外，还带有一种仰慕之情。因此，"詹"中的站在高处之人，应该是部落首领或人们尊敬的人且正在给大家进行长篇宣讲，故许慎谓之多言。

释义："詹"在《诗经》中使用2处，无迭用。

1. 至。或由宣讲人来到引申。此种用法有1处："六日不詹"（《小雅·采绿》）。

2. 同"瞻"，仰望。此种用法有1处："鲁邦所詹"（《鲁颂·閟宫》）。

瞻 音【zhān】

古形【金 小篆 】

"瞻"由"目"和"詹"组成。"目"指用眼睛看；"詹"有站在高处说话义（参见'詹'条），同"目"组合表示用仰慕的眼光看着高处（或远处）的说话

人。《说文·目部》:“瞻，临视也。”所谓“临视”，即向下看。《段注》:“《释诂》、《毛传》皆曰:‘瞻，视也。’许(慎)别之云‘临视’，今人谓‘仰视’曰‘瞻’。此古今义不同也。”古人谓“瞻”谓“视”，今人曰“瞻”加入了仰慕之情，许慎谓“临视”，或因“视”之角度不同之故。

释义:“瞻”在《诗经》中使用36处，无迭用。

1.看、仰视（瞻仰)。此种用法有35(风15;雅20)处，如:“瞻望弗及”(《邶风·燕燕》);“瞻彼中原(《小雅·吉日》);“瞻卬昊天”(《大雅·瞻卬》)。

2.借为“飐”，拿饭给人吃。此种用法有1处:“或来瞻女”(《周颂·良耜》)。

斩(斬) 音【zhǎn】

古形【金 小篆 】

《尔雅·释诂》:“斩，杀也。”“斩”指古代杀人的刑罚。从字形看，“斩”由“车”和“斤”组成。“车”指车裂之刑(这是一种残忍至极的刑罚，即将受刑之人的头和四肢分别绑在五辆马车上，然后朝着五个不同的方向将人拉裂致死);“斤”，小篆写作“ ”，像一把大斧，同“车”组合表示用车裂或用斧砍把人杀死。《说文·车部》:“斩，截也。从车从斤。斩法车裂也。”意思是说，斩指截断，由车、斤会意。斩杀之刑是效法车裂而用斧斩首或腰斩而使人断裂。

释义:“斩”在《诗经》中使用2处，无迭用。

1.斩杀。此种用法有1处:“斩伐四国”(《小雅·雨无正》)。

2.断、断绝。或因斩杀而断裂引申。此种用法有1处:“国既卒斩”(《小雅·节南山》)。

展(㞡) 音【zhǎn】

古形【金 小篆 】

“展”，繁体作“㞡”。由“尸”和“𧝒”组成。“尸”指人体;“𧝒”由“㠭(像众多精工相连接的玉片状)”和“𧘇(衣)”组成，合在一起代表“玉衣(即殓葬的尸衣)”，同“尸”组合表示用玉衣为遗体殓葬。古人相信瑞玉有净化和护身功能，相信玉衣可使尸身不腐，所以早在新石器时代我国古人就有用玉器祭祀的风俗，但金缕玉衣的葬俗，目前可考的只有汉代，是属于皇帝或功勋重臣才能享受到的最高规格的丧葬殓服:玉片四角穿小孔，用金丝串缀成衣，从头到脚全身完全贴合覆盖，殓装时将玉衣的脸盖、头盖、双袖、裤管完全平铺打开，将遗体置于其上，再逐一系合，通体玉封。“展”的本义应该源于这一习俗，“伸展、张开”是其字形意义。

释义:“展”在《诗经》中使用5处，无迭用。

1.诚实、可信。或由因张开胸怀显得坦诚引申。此种用法有1处:“展矣君子”(《邶风·雄雉》)。

2.借作副词，确实、诚然。此种用法有3(风2;雅1)处，如:“展我甥兮”(《齐风·猗嗟》);“展也大成”(《小雅·车攻》）。

3.通“襢”，一种女衣。此种用法有1处：“其之展也”（《鄘风·君子偕老》）。

辗(輾)　音【zhǎn】

古形【金 小篆 】

“辗”由“车”和“展”组成。“车”指车轮；“展”有“伸展”义，同“车”组合或表示车轮伸展滚动。“辗”古同“碾”，有转动碾物之意。

释义：“辗”在《诗经》中使用2处，无迭用。

转动。此种用法有2（风2）处：“辗转反侧”（《周南·关雎》）。

栈(棧)　音【zhàn】

古形【金 小篆 】

《说文·木部》：“栈，棚也。竹木之车曰栈。”从字形看，“栈”由“木”和“戋”组成。“木”指木头；“戋”或是“笺”字省写，有竹条且小之义，同“木”组合或表示由竹木搭建的小棚。栈最初主要用于饲养牲畜，如马、羊之类，后车厢用竹木编成的棚也称栈。

释义：“栈”在《诗经》中使用1处，无迭用。

棚。此种用法有1处：“有栈之车”（《小雅·何草不黄》）（指车厢用竹木编成的棚）。

战(戰)　音【zhàn】

古形【金 小篆 】

“战”，繁体作“戰”。《说文·戈部》：“戰，鬭（斗）也。”所谓“斗”，甲骨文写作“ ”，像两个兵器相对之状。两兵器相对为“斗”，即战斗。从字形看，“戰”由“單（单）”和“戈”组成，“單”或是“ （斗）”隶化后的变体，有争斗之义；“戈”或是“斗”字变体之后强化兵器意义，同“單”组合表示使用兵器相争斗。

释义：“战”在《诗经》中使用2处4次，均迭用。

恐惧、发抖。或由一部分人尤其是新兵上战场时的状态引申。此种用法有2（雅2）处4次，均迭用，如：“战战兢兢”（《小雅·小旻》）。

湛　音【zhàn】

古形【金 小篆 】

《说文·水部》：“湛，沉也。”《段注》：“古书浮沉字多作湛。”从字形看，“湛”由“氵（水）”和“甚”组成。“甚”指程度深，同“氵（水）”组合表示沉于水（液体或事物）中程度很深。

释义：“湛”在《诗经》中使用10处13次，3处迭用。

沉没、沉湎、沉浸。此种用法有10（雅10）处13次，3处迭用，如：“和乐且湛”（《小雅·鹿鸣》）；“荒湛于酒”（《大雅·抑》）。

张(張)　音【zhāng】

古形【金 小篆 】

《说文·弓部》:“张,施弓弦也。”从字形看,“张”由“弓”和“长”组成。“长”有长义,同“弓”组合表示拉弦使弦和弓的距离变长。

释义:“张”在《诗经》中使用5处,无迭用。

1. 弓拉开。此种用法有3(雅3)处,如:“既张我弓”(《小雅·吉日》);“弓矢斯张”(《大雅·公刘》)。

2. 大。或由拉弦使弓弦距离变大引申。此种用法有1处:“孔修且张”(《大雅·韩奕》)。

3. 借作姓。此种用法有1处:“张仲孝友”(《小雅·六月》)(张仲:人名,周宣王时大臣)。

章 音【zhāng】

古形【金 小篆 】

《说文·音部》:“章,乐竟(尽)为一章。”从字形看,“章”由“音”和“十”组成。“音”指乐曲;“十”表示数之终结,同“音”组合有乐曲的一个段落或章节完毕的意思。一说“章”金文写作“ ”,由“ ”和“ ”组成。“ ”像一把带木柄的刻刀;“ ”像一块刻画有图文的圆形木、石横截面,合起来相当于现在的印章。关于印章的起源,目前虽还没有定论,但从1998年安阳殷墟出土的饕餮纹铜玺(这是目前经考古发现的中国最为古老的印章)看,中国印章的历史应该追溯到商代以前,金文中的“ (章,印章之义)”应该完全是有可能的。由此看来,“章”字本义或可理解成“印章(商代以前)”和“章节(东汉以后)”两个意思。

释义:“章”在《诗经》中使用12处,无迭用。

1. 纹路、花纹。由印章有纹引申。此种用法有5(雅5)处,如:“织文鸟章”(《小雅·六月》);“淑旂绥章”(《大雅·韩奕》)。

2. 法度、法则。由章节有规则引申。此种用法有3(雅2;颂1)处,如:“率由旧章”(《大雅·假乐》);“曰求厥章”(《周颂·载见》)。

3. 文采。由纹路、花纹引申。此种用法有3(雅3)处,如:“出言有章”(《小雅·都人士》)。

4. 借为“张”,扩张。此种用法有1处:“尔土宇昄章”(《大雅·卷阿》)。

璋 音【zhāng】

古形【金 小篆 】

《说文·玉部》:“璋,剡上为圭,半圭为璋。”古时把上端削尖的玉器称作圭,圭折半称为璋。古代天子封诸侯疆土时常赐以玉器:将圭剖为两半,其中的一半给诸侯作为留守信物,另一半天子留藏,这半圭就称璋。从字形看,“璋”由“玉”和“章”组成,“章”是“彰”字省写,有彰显义,同“玉”组合或表示彰显信用之玉。

释义:“璋”在《诗经》中使用5处,无迭用。

玉器名。此种用法有5(雅5)处,如:“载弄之璋”(《小雅·斯干》);“如璋如圭”(《大雅·板》)。

粻 音【zhāng】

古形【小篆 】

《说文·米部》：“粻，食米也。”从字形看，“粻”由“米”和“長（长）”组成。“长”有“优”义，同“米”组合或表示“粻”是一种优质的食用米。

释义：“粻”在《诗经》中使用1处，无迭用。

米粮。此种用法有1处：“以峙其粻”（《大雅·崧高》）。

掌 音【zhǎng】

古形【金 小篆 】

《说文·手部》：“掌，手心也。”从字形看，“掌”由“尚”和“手”组成。“尚”古同“上”，同“手”组合表示手张开朝上一面的中心部位曰“掌”。

释义：“掌”在《诗经》中使用1处，无迭用。

掌管事务。或由手掌是处理事务起主要作用的一面引申。此种用法有1处：“或王事鞅掌”（《小雅·北山》）（鞅掌犹言忙碌）。

召 音【zhāo、zhào】

古形【甲 金 小篆 】

“召”，甲骨文有多种写法，主要构形有“ ”、“ ”两种方式。“ ”由上下部分组成：上面的“ ”像三（多）匕之形（匕是古人一种取食的器具，后代的羹匙由它演变而来）；下面的“ ”或像装有食物的食器，组合在一起像多人一起在食器中取食状（有的甲骨文‘ ’中的‘ ’作‘ （酉）’），表达的是召集、邀请他人吃饭（或饮酒）。“召（召）”应该是“ ”的简化，上面的“刀”同“ ”，“口”同“ ”，本义应该是召集、邀请。《说文·口部》：“召，評（呼）也。”“呼唤”同“邀请”只是词义色彩上的差别，在召集他人的意义上是一样的。

释义：“召”在《诗经》中使用23处，无迭用。

1.邀请、呼唤。此种用法有5（风1；雅4）处，如：“自公召之”（《齐风·东方未明》）；“召彼仆夫”（《小雅·出车》）；“乃召司徒”（《大雅·绵》）。

2.借作人名。此种用法有17（风3；雅14）处，如：“召伯所茇”（《召南·甘棠》）（一说此‘召伯’指召康公，名奭）；“召伯有成”（《小雅·黍苗》）；“召伯是营”（《大雅·崧高》）；（一说此‘召伯’指召穆公，名虎）；“召公维翰”（《大雅·江汉》）（召公：召伯先祖）

3.借为“绍”，继。此种用法有1处：“自召祖命”（《大雅·江汉》）。

招 音【zhāo】

古形【金 小篆 】

《说文·手部》：“招，手呼也。”打手势叫人来就是“招”。从字形看，“招”由“扌（手）”和“召”组成。“手”指挥手、手势；“召”有召唤的意思，同“扌（手）”组合表示挥手召唤别人。

释义：“招”在《诗经》中使用3处4次，1处选用。

打手势召唤。此种用法有3（风3）处4次，1处选用，如：“招招舟子”（《邶风·匏有苦叶》）。

昭　音【zhāo】

古形【金　小篆　】

《说文·日部》：“昭，日明也。”从字形看，“昭”由“日”和“召”组成。“日”指太阳、阳光；“召”有“召唤”义，同“日”组合表示阳光出来召唤，即阳光明亮照人。

释义：“昭”在《诗经》中使用21处22次，1处选用。

1. 明、明亮。此种用法有12（雅7；颂5）处13次，1处选用，如：“德音孔昭”（《小雅·鹿鸣》）；“昊天孔昭”（《大雅·抑》）；“明昭有周”（《周颂·时迈》）。

2. 昭告、祈祷。或由祈祷声音响且亮引申。此种用法有4（雅2；颂2）处，如：“昭假于下”（《大雅·烝民》）；“昭假烈祖”（《鲁颂·泮水》）。

3. 借为“劭”，勤勉。此种用法有3（雅3）处，如：“昭事上帝”（《大雅·大明》）。

4. 借作庙号。此种用法有2（颂2）处，如：“率见昭考”（《周颂·载见》）。

爪　音【zhǎo、zhuǎ】

古形【金　小篆　】

“爪”，金文写作“　”，像向下翻覆的手形或鸟爪形。《说文·爪部》：“爪，丮也。覆手曰爪。”《段注》：“丮，持也。”从许慎的解释看，“爪”有两个意思，一是“丮”即“持”，指抓持，然字形却持无物；二是覆手，即手掌张开向下。徐灏《段注笺》：“爪，鸟爪也，象形。”此说当为“爪”之本义。

释义：“爪”在《诗经》中使用2处，无选用。

抓持。或由“爪”仅承担抓持之事务引申。此种用法有2（雅2）处，如：“王之爪牙”（《小雅·祈父》）。

沼　音【zhǎo】

古形【金　小篆　】

《说文·水部》：“沼，小池也。”从字形看，“沼”由“氵（水）”和“召”组成。“召”或是“昭”字省写，有“明显”的意思，同“氵”组合或表示有着明显积水的洼地。古“池”和“沼”都之水池，但有“圆曰池、曲曰沼”之说，沼即指曲水的洼地。

释义：“沼”在《诗经》中使用3处，无选用。

小池、积水的洼地。此种用法有3（风1；雅2）处：“于沼于沚”（《召南·采蘩》）；“鱼在于沼”（《小雅·正月》）；“王在灵沼”（《大雅·灵台》）。

赵（趙）　音【zhào】

古形【金　小篆　】

“赵”，繁体作“趙”，由“走”和

“肖”组成。“肖”有少、小义，同“走”组合表示走捷径、少走路，以此表达快走之意。

释义：“赵”在《诗经》中使用1处，无迭用。

借作“削”，（因削）锋利。此种用法有1处：“其镈斯赵”（《周颂·良耜》）。

旐 音【zhào】

古形【小篆】

旐指上古郊野官吏用的旗，有四条长飘带，上有龟蛇图案。从字形看，“旐”由“㫃”和“兆”组成。“㫃”即“旗”，甲骨文写作“”，像迎风飘扬的旗帜状；“兆”甲骨文写作“”，像古人占卜时烧灼龟甲所呈现的预示吉凶的裂纹，同“㫃”组合表示画有龟蛇预示吉祥纹饰的旗帜。

释义：“旐”在《诗经》中使用8处，无迭用。

一种画有龟蛇纹饰的旗。此种用法有8（雅8）处，如：“旗旐央央”（《小雅·出车》）；“旗旐有翩”（《大雅·桑柔》）。

照(炤) 音【zhào】

古形【金 小篆】

《说文·火部》：“照，明也。”从字形看，“照”由“昭”和“灬（火）”组成。“昭”有日光照人的意思，同“灬（火）”组合或表示火光同日光一样明亮照人。“炤”是“照”的异体字，或是“照”字省写。“炤”多用于光亮明显；“照”则多用于光亮照射。

释义：“照”在《诗经》中使用3处，无迭用。

1.光亮、照射。（照）此种用法有3（风2；雅1）处，如：“照临下土”（《邶风·日月》）；“照临下土”（《小雅·小明》）。

2.光亮、明显。（炤）此种用法有1处：“亦孔之炤”（《小雅·正月》）。

罩 音【zhào】

古形【金 小篆】

《说文·网部》：“罩，捕鱼器也。”从字形看，“罩”由“罒（网）”和“卓”组成。“罒（网）”，写作“网”，像网形；“卓”有“高而直”义，同“罒（网）”组合表示既高且直的网状捕鱼器。后将这种高直的网状物都称作罩。

释义：“罩”在《诗经》中使用1处2次，迭用。

借为“绰”，绰绰，鱼摆尾姿态柔美状。此种用法有1处，迭用：“烝然罩罩”（《小雅·南有嘉鱼》）。

肇 音【zhào】

古形【金 小篆】

《说文·攴部》：“肇，击也。”从字形看，“肇”由“戽”和“攵”组成。“戽”指“刚开门”；“攵”，金文写作“”，像持械击打之状，同“戽”组合或表示刚开门就受到击打。“肇”又作“肈”，由“戽”和“戈”组成，或有刚开门就受到戈（兵器）击打的意思。

释义：“肇”在《诗经》中使用6处，无迭用。

1. 击打。此种用法有1处：“肇敏戎公”（《大雅·江汉》）（肇敏：击打敏捷。快速击打或有图谋，故“肇敏”又可理解为图谋）。

2. 始、开。或由刚开门就受击打引申。此种用法有5（雅2；颂3）处，如：“以归肇祀”（《大雅·生民》）；“肇域彼四海”（《商颂·玄鸟》）。

哲　音【zhé】

古形【金 小篆 】

“哲”又作“悊”。古人没有大脑的概念，以心为思维器官，并作为思想、意念、感情的统称。口是表达心的重要器官，因此，“哲”下将“心”换成“口”后，其义未变。《说文·心部》：“悊，敬也。”又《说文·口部》：“哲，知也。”所谓“知”，指明智、有智慧。《段注》云：“按心部云：‘悊，敬也。’疑敬是本义，以为哲是假借。”从字形看，“悊”由“折”和“心”组成。“折”有折服的意思，同“心”组合表示从心里对人折服、敬重。“哲”从“口”，表示用口表达对折服之人的敬重，说明“哲”是一个明智、智慧之人。

释义：“哲”在《诗经》中使用12处，无迭用。

明智、智慧之人。由敬重他人引申。此种用法有12（雅10；颂2）处，如：“维此哲人”（《小雅·鸿雁》）；“世有哲王”（《大雅·下武》）；“宣哲维人”（《周颂·雝》）。

哲(晣)　音【zhé】

古形【小篆 】

《说文·日部》：“昭晣，明也。”昭、晣都有“明”义，区别在于“昭”指太阳明亮；“哲（晣）”指天色明亮。《仪礼·士冠礼》：“晣明行事。”意思是“天色大明才行加冠礼之事”，其中的“晣明”多解为天色大亮。《段注》云：“昭晢皆从日，本谓日之光。引申之为人之明哲。”从字形看，“晢”由“日”和“折”组成。“日”有“明”义；“折”或是“哲”字省写，同“日”组合或表示人之明哲，可加冠礼之人应可视为明白事理之人。

释义：“晢”在《诗经》中使用2处4次，均迭用。

明亮。此种用法有2（风1；雅1）处4次，均迭用：“明星哲哲”（《陈风·东门之杨》）；“庭燎哲哲”（《小雅·庭燎》）。

蛰(蟄)　音【zhé】

古形【金 小篆 】

《说文·虫部》：“蛰，藏也。”“蛰”由“执”和“虫”组成。“执”有固守的意思，同“虫”组合表示虫一类的动物冬眠时固守一处不吃不动，即虫类到冬天藏隐不出的状态。

释义：“蛰”在《诗经》中使用1处2次，迭用。

动物冬眠藏隐不出的状态，迭用表

示众多貌。此种用法有1处2次："宜尔子孙蛰蛰兮"（《周南·螽斯》）（以伏地动物多喻满堂子孙）。

谪(讁)　音【zhé】

古形【金　小篆　】

《说文·言部》："谪，罚也。"从字形看，"谪"由"言"和"啇"组成。"啇"或是"啻"字变体，指最高话语权，同"言"组合表示受到不可反驳的责罚。"讁"是"谪"的异体字，在"谪"的基础上加了个同"走"有关的"辶"，表示在受到言语责罚后，有的还受到流放边远地区的惩罚。

释义："谪"在《诗经》中使用1处，无迭用。

责难。此种用法有1处："室人交遍谪我"（《邶风·北门》）。

者　音【zhě】

古形【甲　金　小篆　】

"者"，甲骨文写作"　"，上像燃烧的柴薪，缀加的多处小点表示燃烧时溅出的火星；下像一个器皿，一般的解释是木在其中燃烧，本义指燃烧。《说文·白部》："者，别事词也。"或是后来借用之义。

释义："者"在《诗经》中使用60处，无迭用。

借作代词、介词或语气词。此种用法有60（风28；雅28；颂4）处，如："彼茁者葭"（《召南·驺虞》）；"薄言观者"（《小雅·采绿》）；"有卷者阿"（《大雅·卷阿》）；"薄言駉者"（《鲁颂·駉》）。

赭　音【zhě】

古形【金　小篆　】

《说文·赤部》："赭，赤土也。"从字形看，"赭"由"赤"和"者"组成。"赤"指红色；"者"是代词，表示"……的人（或事物）"，同"赤"组合表示赤（红）色或赤（红）色的土。

释义："赭"在《诗经》中使用1处，无迭用。

赤色或红土。此种用法有1处："赫如渥赭"（《邶风·简兮》）。

柘　音【zhè】

古形【金　小篆　】

柘即柘树，落叶灌木或乔木，树皮灰褐色，有长刺，叶子卵形或椭圆形，花小，排列成头状花序，果实球形。叶可以喂蚕，木材中心为黄色，质坚而致密，是贵重的木料。柘适应性强，再生能力强，根系发达，是治理石漠化、荒漠化恶劣土地条件，防止水土流失，保护生态环境方面的先锋树种。从字形看，"柘"由"木"和"石"组成。"木"指树；"石"性坚硬，同"木"组合表示柘是一种木质坚硬致密如石的树。或因古人早就发现此树可治石漠、沙漠化土地，故称之"柘"。

释义："柘"在《诗经》中使用1处，无迭用。

树名。此种用法有1处："其檿其柘"

（《大雅·皇矣》）。

桢(楨)　音【zhēn】

古形【金　小篆　】

《说文·木部》：“桢，刚木也。”所谓“刚木”，或指坚硬的树木。《山海经·东山经》：“又东北二百里，曰太山，上多金玉桢木。”此处的“桢木”，或就是我们常说的女桢树。女桢，又作女贞。“贞”有“贞操”之义。《本草纲目》云：“此木凌冬青翠，有贞守之操，故以贞女状之。”“贞”同“木”组合或指保持青翠之状如女子贞守节操之树。

释义：“桢”在《诗经》中使用1处，无迭用。

骨干、主干。或由古代此树常用于打墙时所立木柱引申。此种用法有1处：“维周之桢”（《大雅·文王》）。

祯(禎)　音【zhēn】

古形【金　小篆　】

《说文·示部》：“祯，祥也。”从字形看，“祯”由“示”和“贞”组成。“示”同“神事”有关；“贞”指正道，同“示”组合表示神示正道，是吉祥之像。

释义：“祯”在《诗经》中使用1处，无迭用。

吉祥。此种用法有1处：“维周之祯”（《周颂·维清》）。

蓁　音【zhēn】

古形【金　小篆　】

《说文·艸部》：“蓁，草盛貌。”从字形看，“蓁”由“艹（草）”和“秦”组成。“秦”指古秦地，或是一个盛产禾谷之地，甲骨文写作“　”，像双手持杵舂禾谷之像，表示禾谷盛多，同“艹（草）”组合或表示草木茂盛。

释义：“蓁”在《诗经》中使用1处2次，迭用。

（草木）茂盛貌。此种用法有1处2次，迭用：“其叶蓁蓁”（《周南·桃夭》）。

榛　音【zhēn】

古形【金　小篆　】

榛，木名，落叶灌木或小乔木，叶子圆形或倒卵形，雄花黄褐色，雌花鲜红色，坚果球形。果仁可以吃，也可榨油。其果为世界上著名四大干果（核桃、扁桃、榛子、腰果）之一。从字形看，“榛”由“木”和“秦”组成。“木”指树；“秦”指古秦地，是一个盛产禾谷之地，甲骨文写作“　”，像双手持杵舂禾谷之像，表示禾谷盛多，同“木”组合或表示榛是使人有所收获，其果享有盛名之树。

释义：“榛”在《诗经》中使用5处，无迭用。

榛树、榛（果）子。此种用法有5（风3；雅2）处，如：“山有榛”（《邶风·简兮》）；“止于榛”（《小雅·青蝇》）；“榛楛济济”（《大雅·旱麓》）。

臻 音【zhēn】

古形【金小篆】

《说文·至部》:“臻,至也。”从字形看,“臻”由“至”和“秦”组成。“至”有“到达”义;“秦”甲骨文写作“”,像双手持杵舂禾谷之像,表示禾谷盛多,有丰裕富足之像,同“至”组合表示到达富足之地。

释义:“臻”在《诗经》中使用4处,无迭用。

到达、来到。此种用法有4(风1;雅3)处,如:“遄臻于卫”(《邶风·泉水》);“则靡所臻”(《小雅·雨无正》);“饥馑荐臻”(《大雅·云汉》)。

鍼 音【zhēn】

古形【金小篆】

“鍼”多认为是“针”字繁体。从字形看,“鍼”由“金”和“咸”组成。“金”指金属;“咸”,金文作“”,“戌”像一把长柄大斧,“口”指人口或人头,组合起来指砍杀的大斧,同“金”组合表示用于作战的金属砍杀兵器。“鍼”字本音或读作“qián”。《说文·金部》:“鍼,所以缝也。”此是今之“针”字解。

释义:“鍼”在《诗经》中使用2处,无迭用。

借作人名。此种用法有2(风2)处:“维此鍼虎”(《秦风·黄鸟》)(子车鍼虎:人名,春秋时期秦国大夫,相传是一位能征善战的将领,被誉为“百夫之御”,与子车奄息、子车仲行合称为“子车氏三良”)。

枕 音【zhěn】

古形【金小篆】

枕指躺着时垫在头下的东西,俗称枕头,古时多用木制成。从字形看,“枕”由“木”和“冘”组成。“木”指竹木制作;“冘”小篆写作“”,像人在枕中之像,同“木”组合表示木制的人睡觉时垫在头下的东西。

释义:“枕”在《诗经》中使用2处,无迭用。

枕头。此种用法有2(风2)处,如:“辗转伏枕”(《陈风·泽陂》)。

畛 音【zhěn】

古形【金小篆】

《说文·田部》:“畛,井田间陌也。”井田指的是我国古代从奴隶社会开始就有的一定规划的方块田;“陌”指的是井田之间东西方向的小路(南北方向称‘阡’)。从字形看,“畛”由“田”和“㐱”组成。“㐱”是“鬒”之本字,指两耳旁的头发,同“田”组合或表示田间如发细长且直的小道。

释义:“畛”在《诗经》中使用1处,无迭用。

田间小道。此种用法有1处:“徂隰徂畛”(《周颂·载芟》)。

鬒 音【zhěn】

古形【小篆】

“鬒”由“髟”和“真”组成。“髟”，金文写作“ ”，像人长发披垂的样子；“真”有真实、原本的意思，同“髟”组合或表示长发披垂很真实，黑而稠密，就是头发原本应该有的样子。“鬒”或又作“㐱”，由“人”和“彡（像稠发之形）”组成，故《说文》云：“㐱，稠发也。从人从彡。”即“㐱”由“人”和“彡”会意，表示人稠密的头发。

释义：“鬒”在《诗经》中使用1处，无迭用。

头发稠而黑。此种用法有1处：“鬒发如云”（《鄘风·君子偕老》）。

振　音【zhèn】

古形【金 小篆 】

“振”由“扌（手）”和“辰”组成。“辰”或是“蜃”之本字。安子介先生《解开汉字之谜》：“‘辰’是一种有贝壳类动物，它既能移动也能一动不动。‘辰’字因之被用以描述动作：（扌和辰组合）‘振’字是‘用手摇动’。”

释义：“振”在《诗经》中使用13处22次，9处迭用。

（用手）摇动，迭用表示（手）多而成群。此种用法有13（风8；雅1；颂4）处22次，9处迭用，如：“振振君子”（《召南·殷其雷》）；“振旅阗阗”（《小雅·采芑》）；“振鹭于飞”（《周颂·振鹭》）。

朕　音【zhèn】

古形【甲 金 小篆 】

“朕”，甲骨文写作“ ”，其中的“ ”像舟船之形；“ ”像双手持器，合在一起表示“持器治舟”。《段注》：“其解当曰舟缝也。”因有缝而治舟，故本义当为“持器治舟缝”。《尔雅·释诂》：“朕，我也。”或为借用。晋·郭璞注曰：“古者，贵贱皆自称朕。”自秦始皇开始，专用“朕”作为皇帝的自称。

释义：“朕”在《诗经》中使用4处，无迭用。

我。此种用法有4（雅3，颂1）处，如：“莫扪朕舌”（《大雅·抑》）；“朕未有艾”（《周颂·访落》）。

震　音【zhèn】

古形【金 小篆 】

《说文·雨部》：“震，霹雳，振物者。”从字形看，“震”由“雨”和“辰”组成。“雨”或是“雷”字省写，指一种强烈的雷电现象；“辰”，或是“振”字省写，有摇动义，同“雨”组合或表示使物体产生强烈动感的雷电现象。（一说“辰”是日、月星辰的通称，有天上义，同“雨”组合表示打雷是一种天象。此说失去了“震”的动感，存疑）。

释义：“震”在《诗经》中使用10处，无迭用。

1.霹雳。此种用法有1处：“烨烨震电”（《小雅·十月之交》）。

2.震动、惊动。有霹雳使事物产生动

感引申。此种用法有8（雅3；颂5）处，如：“震惊徐方”（《大雅·常武》）；“莫不震叠”（《周颂·时迈》）。

3. 通“娠”，妊娠。此种用法有1处：“载震载夙”（《大雅·生民》）（相传姜嫄脚踩巨人脚印大拇指而怀孕）。

争 音【zhēng】

古形【甲 金 小篆 】

“争”，甲骨文写作“ ”，像上下两手在争夺一个曲形的东西，互不相让。《说文·𠬪部》：“争，引也。”《段注》：“凡言争者皆谓引之使归于己。”“争”字本义就是使之归于己的争夺。后将使言之观点归于己也谓“争”。

释义：“争”在《诗经》中使用3处，无迭用。

争夺、争辩。此种用法有3（雅2；颂1）处：“维迩言是争”（《小雅·小旻》）；“时靡有争”（《大雅·江汉》）；“时靡有争”（《商颂·烈祖》）。

征 音【zhēng】

古形【甲 金 小篆 】

“征”由“彳”和“正”组成。“正”或是“征”之本字，有“向着目标行进”之意（参见“正”条），后或为了减轻“正”之负担，加“彳（行进）”为“征”，以强调进行之中。（一说“征”源于“徵”，有“征召”之意）。

释义：“征”在《诗经》中使用28处，无迭用。

行、征召、征伐。此种用法有28（风6；雅21；颂1）处，如：“周公东征”（《豳风·破斧》）；“之子于征”（《小雅·车攻》）；“征以中垢”（《大雅·桑柔》）；“桓桓于征”（《鲁颂·泮水》）。

钲(鉦) 音【zhēng、zhèng】

古形【金 小篆 】

钲是古代打仗时用于行军的一种敲击乐器，形似倒置的铜钟。从字形看，“钲”由“钅（金）”和“正”组成。“钅”指金属器；“正”同“征”，有出征义，同“钅”组合表示出征行军时使用的金属器。古时行军击钲使士兵肃静，击鼓使士兵前进。

释义：“钲”在《诗经》中使用1处，无迭用。

出征行军时使用的钟形敲击器。此种用法有1处：“钲人伐鼓”（《小雅·采芑》）（钲人：掌管击钲之人）。

烝 音【zhēng】

古形【金 小篆 】

“烝”，金文写作“ ”，中间的“ ”像灶上放有蒸具；下面的“ ”像双手向灶膛添加柴薪之状（隶化后作灬（火））；上面的“ ”或像热腾腾的蒸汽。《说文·火部》：“烝，火气上行也。”意思是烧火后使气向上升腾的样子。其义很像现在的“蒸”字。只是古“蒸”字同“草”有关（参见“蒸”条），同“烝”是两个字。古人称冬祭为烝，或因冬祭中的祭品有烝的环节。

释义：“烝”在《诗经》中使用31处

32次，1处迭用。

1.火气上行（犹“蒸”）。此种用法有2（雅2）处：“是烝是享”（《小雅·信南山》）；“烝之浮浮”（《大雅·生民》）。

2.祭名、祭献。或由冬祭之中有烝、祭环节引申。此种用法有6（雅2；颂4）处，如：“禴祠烝尝”（《小雅·天保》）；“烝畀祖妣”（《周颂·丰年》）。

3.多、众多。或由祭者众多引申。此种用法有12（风2；雅7；颂3）处13次，1处迭用，如：“烝在栗薪”（《豳风·东山》）；“烝涉波矣”（《小雅·渐渐之石》）；“烝徒楫之”（《大雅·棫朴》）；“烝徒增增”（《鲁颂·閟宫》）。

4.进、犒劳。或由冬祭进献引申。此种用法有2（雅2）处，如：“烝我髦士”（《小雅·甫田》）。

5.借作赞美之词。此种用法有8（雅8）处，如：“文王烝哉”（《大雅·文王有声》）。

6.借作发语词。此种用法有1处：“烝也无戎”（《小雅·常棣》）。

蒸　音【zhēng】

古形【金　小篆　】

《说文·艸部》“蒸，折麻中干也。”从字形看，“蒸”由“艹（草）”和“烝”组成。“艹（草）”指麻秆；“烝”有烧火以蒸义（参见‘烝’条），同“艹（草）”组合或指烧火的麻秆。”

释义：“蒸”在《诗经》中使用2处，无迭用。

用以烧火的麻秆、柴草。此种用法有2（雅2）处，如：“以薪以蒸”（《小雅·无羊》）。

正　音【zhēng、zhèng】

古形【甲　金　小篆　】

“正”，甲骨文写作“　”，上面的“口”表示村落或城邑；下面的“　”像脚形，组合起来表示脚步正朝着城邑方向行进，有目标或朝着目标行进之意。《说文·正部》：“正，是也。”所谓“是”，即是非之“是”，义即正直无偏斜。此意或是古人一形多解现象。“是”是把“正”之隶化后的字形看作“一”和“止”组合，“止”有阻止、纠正的意思；“一”是古“上”字，放在“止”上表示上位者止于正。从一形多解的意义上说，上述两义均可视为字形之本义。“正”有认为是“征”之本义，这是由“正”形读意而来，后加“彳”专表“征”，或是为了减轻“正”之负担之故。

释义：“正”在《诗经》中使用19处，无迭用。

1.目标或朝着目标行进、纠正、正直。此种用法有10（风4；雅6）处，如：“不出正兮”（《齐风·猗嗟》）；“覆怨其正”（《小雅·节南山》）；“维龟正之”（《大雅·文王有声》）。

2.位置在中、在上、在前。由此为正位引申。此种用法有7（雅7）处，如：“哙哙其正”（《小雅·斯干》）“以戾庶正”（《大雅·云汉》）。

3.通“政”。此种用法有1处：“今兹之正”（《小雅·正月》）。

4.同“征”。此种用法有1处：“正域

彼四方”（《商颂·玄鸟》）。

整 音【zhěng】

古形【金 小篆 】

《说文·攵部》：“整，齐也。”从字形看，“整”由“攵（打理）”“束（扎束）”和“正（齐正）”三部分组成，合在一起表示通过打理、捆束使之齐整。

释义：“整”在《诗经》中使用3处，无迭用。

整肃、整顿、齐整。此种用法有3（雅3）处，如：“整居焦获”（《小雅·六月》）；“爰整其旅”（《大雅·皇矣》）。

政 音【zhèng】

古形【金 小篆 】

“政”由“正”和“攵”组成。“攵”，金文写作“ ”，像持械击打之状；“正”有“正直”义，同“攵”组合表示敲击和正直并用，即用敲击惩恶，用正直扬善就是“政”，其中的敲击惩恶也是扬善之举，故《说文·攵部》云：“政，正也。”

释义：“政”在《诗经》中使用9处，无迭用。

国政、政事。此种用法有9（风2；雅6；颂1）处，如：“政事一埤遗我”（《邶风·北门》）；“不自为政”（《小雅·节南山》）；“兴迷乱于政”（《大雅·抑》）；“敷政优优”（《商颂·长发》）。

之 音【zhī】

古形【甲 金 小篆 】

“之”，金文写作“ ”，由“ （止，像脚形）”和“一”组成。“一”表示地面，同“ （脚）”组合表示脚落地面，有准备去往或到达之象。《说文·之部》：“之，出也。像草过中（初生）。枝茎益大，有所之（滋长而出）。”此说或是将“ ”视为草形而误。

释义：“之”在《诗经》中使用1010处，无迭用。

1. 往、到。此种用法有6（风6）处，如：“日之方中”（《邶风·简兮》）。

2. 借作代词、助词。此种用法有1004处（风448；雅475；颂81），如：“在水之涘”（《秦风·蒹葭》）；“之子于征”（《小雅·车攻》）；“修之平之”（《大雅·皇矣》）；“设都于禹之绩”（《商颂·殷武》）。

支 音【zhī】

古形【金 小篆 】

《说文·支部》：“支，去竹之枝也。”清王筠《说文句读》：“去者离也。既手持之，是离于竹之枝也。”从字形看，“支”，《说文》引古文写作“ ”，像人手持半竹之像，表示此为脱离竹茎的竹枝。“支”或是“枝”之本字。

释义：“支”在《诗经》中使用2处，无迭用。

植物之枝。由特指到泛指引申。此种用法有2（风1；雅1）处：“芄兰之支”

（《卫风·芄兰》）；“本支百世”（《大雅·文王》）

枝　音【zhī】

古形【金　小篆　】

“枝”由“木”和“支”组成。“木”指树；“支”，《说文》举古文写作“”，像人手持半竹之像，表示脱离竹茎的竹枝，同“木”组合用于树木枝条的通称，即表示树木主干上分出的茎条。（“支”实际上也可视为“枝”字初文。）

释义：“枝”在《诗经》中使用4处，无迭用。

树枝、枝条。此种用法有4（风1；雅3）处，如：“猗傩其枝”（《桧风·隰有苌楚》）；“疾用无枝”（《小雅·小弁》）；“枝叶未有害”（《大雅·荡》）。

知　音【zhī、zhì】

古形【金　小篆　】

《说文·矢部》：“知，词也。”从字形看，“知”由“矢”和“口”组成。“矢”甲骨文写作“”，像箭之形；“口”指口中之词，同“矢”组合有对熟知的事物像射箭似的脱口而出，以此表示熟悉、了解。

释义：“知”在《诗经》中使用47处，无迭用。

1. 熟悉、明白、了解。此种用法有46（风23；雅23）处，如：“不知德行”（《邶风·雄雉》）；“莫知我哀”（《小雅·采薇》）；“不识不知”（《大雅·皇矣》）。

2. 配偶的古称。或由因配偶间相互了解引申。此种用法有1处：“乐子之无知”（《桧风·隰有苌楚》）。

只(隻)　音【zhī、zhǐ】

古形【甲　金　小篆　】

“只”和“隻”本为两个字，后汉字简化，并为一字作“只”，同时也归并了两个字的意义。《说文·只部》：“只，语已词也。从口，像气下引之形。”所谓“语已词”，即表示语气停顿的词，一般无实意，字形上面是“口”，下面的两笔像口中之气下引之状，以表示语气停顿。又《说文·隹部》：“隻，鸟一枚也。”从字形看，“隻”由“隹”和“又（手）”组成，合在一起有手持一只鸟之像，用以表示仅一个、单只等意思。

释义：“只”在《诗经》中使用28处，无迭用。

语气词。此种用法有28（风12；雅16）处，如：“仲氏任只”（《邶风·燕燕》）；“乐只君子”（《小雅·南山有台》）。

织(織)　音【zhī】

古形【金　小篆　】

“织”，繁体作“織”。《说文·糸部》：“織，作布帛之总名也。”《段注》：“布者，麻缕所成；帛者，丝所成。作之皆谓之织。经与纬相成曰织。”“織（织）”是制作布帛的总称，俗称纺织、织布。从字形看，“織”由“糹（丝）”和“戠”组成。“糹”之麻缕或丝线；

“戠”有“聚合”义，同“糸”组合表示将麻缕或丝线编织，使其经纬聚合成布帛。

释义：“织”在《诗经》中使用3处，无迭用。

1.纺织、织布。此种用法有1处：“休其蚕织”（《大雅·瞻卬》）。

2.通“帜”，旗帜。此种用法有1处：“织文鸟章”（《小雅·六月》）。

3.借作星名。此种用法有1处：“跂彼织女”（《小雅·大东》）。

祗　音【zhī、zhǐ】

古形【金 小篆 】

《说文·示部》：“祗，敬也。”从字形看，“祗”由“示”和“氐”组成。“示”同神事有关；“氐”，有“头向下垂”的意思，同“示”组合表示见神示则垂头以示恭敬。一说“祗”金文作“”，像以酒浇地敬献鬼神之像，由此引申为恭敬义。

释义：“祗”在《诗经》中使用7处，无迭用。

1.敬、恭敬。此种用法有1处：“上帝是祗”（《商颂·长发》）。

2.同“只”，仅。此种用法有5（雅5）处，如：“祗搅我心”（《小雅·何人斯》）。

3.借作“疷”，病。此种用法有1处：“俾我祗也”（《小雅·何人斯》）。

脂　音【zhī】

古形【金 小篆 】

《说文·肉部》：“脂，戴角者脂，无角者膏。”有角动物的脂肪叫脂，无角动物的脂肪叫膏，通称脂膏或脂肪。从字形看，“脂”由“月（肉）”和“旨”组成。“月（肉）”指动物肉体的一部分；“旨”有“美”义，同“月”组合表示动物脂肪柔细白嫩，味道鲜美。

释义：“脂”在《诗经》中使用4处，无迭用。

1.动物脂肪。此种用法有2（风1；雅1）处：“肤如凝脂”（《卫风·硕人》）；“取萧祭脂”（《大雅·生民》）。

2.油脂。由动物脂肪含油引申。此种用法有1处：“载脂载舝”（《邶风·泉水》）。

3.加油。由词性转换（名—动）引申。此种用法有1处：“遑脂尔车”（《小雅·何人斯》）。

稙　音【zhī】

古形【小篆 】

“稙”由“禾”和“直”组成。“禾”指谷类植物；“直”有“挺直”的意思，同“禾”组合表示早种的谷类植物已经成活挺直，不像刚种下的禾苗歪歪倒倒状。

释义：“稙”在《诗经》中使用1处，无迭用。

早种的谷类。此种用法有1处：“稙稚菽麦”（《鲁颂·閟宫》）。

执（執）　音【zhí】

古形【甲 金 小篆 】

“执”，繁体作“執”。《说文·幸部》：“執，捕罪人也。”从字形看，“執”，甲骨文写作“”，左边的“”像一副铐人的枷锁；右边的“”像一个伸出双手被铐的人，组合在一起表示拘捕罪犯。

释义：“执”在《诗经》中使用25处，无迭用。

1. 拘捕、捉。此种用法有5（雅5）处，如：“执讯获丑”（《小雅·出车》）；“执豕于牢”（《大雅·公刘》）。

2. 持、操持、执掌、拿着。或由用手捉拿引申。此种用法有19（风12；雅7）处，如：“执子之手”（《邶风·击鼓》）；“执其鸾刀”（《小雅·信南山》）；“周爰执事”（《大雅·绵》）。

3. 疑借为“鸷”，猛。此种用法有1处：“执竞武王”（《周颂·执竞》）。

絷(縶)　音【zhí】

古形【金　小篆　】

“絷”由“执”和“糸”组成。“执”有“拿着”的意思；“糸”指绳索，同“执”组合表示拿着绳索拴捆。“絷”有一个异体字为“馽”。《说文·马部》：“馽，绊马也。”用绳索绊住马脚，或是“絷”之本义。

释义：“絷”在《诗经》中使用4处，无迭用。

1. 用绳索绊住马脚。此种用法有3（雅2；颂1）处，如：“絷之维之”（《小雅·白驹》）；“以絷其马”（《周颂·有客》）。

2. 绊马绳索。由词性转换（动—名）引申。此种用法有1处：“言授之絷”（《周颂·有客》）。

直　音【zhí】

古形【甲　金　小篆　】

“直”，甲骨文写作“”，像是一个眼睛，上方画了一条笔直的线，表示从眼睛里发出的视线是笔直的，本义是平正、不弯曲。《说文·乚部》：“直，正见也。从乚、从十、从目。”意思是说，“直”指正视，由“乚”、“十”和“目”会意。这是根据小篆字形“”分析而来：“”指十目，王筠《说文句读》：“十目所视，无微不见。”“”和“乚”组合，如《段注》所言：“谓以十目视乚。乚者，无所逃也。”此处之“直”，指看见的物体是不弯曲的。

释义：“直”在《诗经》中使用11处，无迭用。

1. 平直、不弯曲。此种用法有6（风1；雅5）处，如：“河水清且直猗”（《魏风·伐檀》）；“其直如矢”（《小雅·大东》）；“其绳则直”（《大雅·绵》）。

2. 正直、正道。由具体事物平直引申为人的品性、行为。此种用法有5（风4；雅1）处，如：“匪直也人”（《鄘风·定之方中》）；“柔惠且直”（《大雅·崧高》）。

值　音【zhí】

古形【金　小篆　】

“值”由“亻（人）”和“直”组

成。“直”有“直接、面对”义，同“亻”组合表示相遇、碰上。

释义：“值”在《诗经》中使用2处，无迭用。

借为“持”。此种用法有2（风2）处，如：“值其鹭羽”（《陈风·宛丘》）.

殖　音【zhí】

古形【金小篆】

《说文·歹部》：“殖，脂膏久殖也。”意思是说，脂膏（动物的脂肪）放久了就会腐坏变质。从字形看，“殖”由“歹”和“直”组成。“歹”，金文写作“”，像骨裂残败之状；“直”有一直的意思，同“歹”组合表示动物的脂膏取出来如果一直长久存放就会腐烂变质。

释义：“殖”在《诗经》中使用1处2次，迭用。

或同“直”，平正貌。此种用法有1处：“殖殖其庭”（《小雅·斯干》）.

职(職)　音【zhí】

古形【金小篆】

“职”，繁体作“職”。《说文·耳部》：“職，记微也。”从字形看，“職”由“耳”和“戠”组成。“耳”有听说功能；“戠”有聚合之义，同“耳”组合表示把听来重要信息细节聚合整理，有识记之义。

释义：“职”在《诗经》中使用13处，无迭用。

1.职务、职责。或由担任识记的工作引申。此种用法有4（风3；雅1）处，如：“职思其忧”（《唐风·蟋蟀》）；“衮职有阙”（《大雅·烝民》）。

2.通“只”。此种用法有4（雅4）处，如：“职为乱阶”（《小雅·巧言》）；“职劳不来”（《小雅·大东》）。

3.通“识”，懂得、明白。此种用法有3（雅3）处，如：“职盗为寇”（《大雅·桑柔》）。

4.犹“此”，这种。此种用法有2（雅2）处，如：“职兄斯弘”（《大雅·召旻》）。

止　音【zhǐ】

古形【甲金小篆】

“止”，甲骨文写作“”，像人的一只脚之形，上面的部分像脚趾，下面的部分像脚掌，字形本义指的是脚。《说文·止部》：“止，下基也。像草木出有止，故以止为足。”许慎或将篆文“（止）”之形上部看作草木，下部看作草木赖以生存的地基，古言“止”为“下基”。“止”训为“足”，或因“足”也占有一地之基，言下之意，“足”是“止”的引申义。徐灏《段注笺》：“凡从止之字，其义皆为足趾，许（慎）以为像草木出有（基）址，殆（大概）非也。考阮氏（清阮元）《钟鼎款识》‘父丁卣有足迹’，（其中的‘足’）文作‘止’，正像足趾之形。”“足”即止之本义。

释义：“止”在《诗经》中使用119处，无迭用。

1.停留、止息。或由足呈静态之像引申。此种用法有36（风8；雅27；颂1）

处，如："湜湜其止"（《邶风·谷风》）；"载飞载止"（《小雅·四牡》）；"靡所止疑"（《大雅·桑柔》）；"维民所止"（《商颂·玄鸟》）。

2. 借作语气助词。此种用法有83（风21；雅47；颂15）处，如："亦既见止"（《召南·草虫》）；"岁亦莫止"（《小雅·采薇》）；"文王嘉止"（《大雅·大明》）；"至止肃肃"（《周颂·雝》）。

旨　音【zhǐ】

古形【甲 金 小篆 】

"旨"，甲骨文写作" "，金文写作" "，都是从匕从口。"匕"，金文写作" "，像进餐用的勺子；"口"是进食器官，组合起来像向口中进食之状。《说文·甘部》："旨，美也。"许慎根据小篆" （旨）"下的" "视为"甘（甜美）"，用以表示进口之食是美味。或者" "是" （曰）"字变体，有张口动舌之状（参见'曰'条），同"匕"组合表示送入口中的是味美而啧舌赞之。

释义："旨"在《诗经》中使用20处，无迭用。

美、味美的。此种用法有20（风3；雅15；颂2）处，如："我有旨蓄"（《邶风·谷风》）；"我有旨酒"（《小雅·鹿鸣》）；"旨酒欣欣"（《大雅·凫鹥》）；"既饮旨酒"（《鲁颂·泮水》）。

沚　音【zhǐ】

古形【小篆 】

《说文·水部》："小渚曰沚。"所谓"渚"，指的是水中的小块陆地。《尔雅·释水》："水中可居者曰洲，小洲曰渚，小渚曰沚。"从字形看，"沚"由"氵（水）"和"止"组成。"止"有止息义，同"氵"组合表示被水静静（止）包围着的比渚还小的陆地。

释义："沚"在《诗经》中使用3处，无迭用。

水中的小陆地。此种用法有3（风2；雅1）处，如："于沼于沚"（《召南·采蘩》）；"在彼中沚"（《小雅·菁菁者莪》）。

祉　音【zhǐ】

古形【金 小篆 】

"祉"由"示"和"止"组成。"示"代表神事；"止"有止息之义（或同'之'，有到达义），同"示"组合表示神降临止息，带来了福音，故《说文·示部》云："祉，福也。"

释义："祉"在《诗经》中使用7处，无迭用。

1. 福、喜。此种用法有6（雅3；颂3）处，如："既多受祉"（《小雅·六月》）；"既受帝祉"（《大雅·皇矣》）；"锡兹祉福"（《周颂·烈文》）。

2. 或同"止"，禁止。此种用法有1处："君子如祉"（《小雅·巧言》）。

趾　音【zhǐ】

古形【金 小篆 】

"止"是"趾"的本字。金文写作

"ㄓ"，像脚形（参见"止"条）。《尔雅·释言》："趾，足也。""趾"加"足"或是为了明确"趾"为足，同时也是为了区别于"止"的其他意义。（一说"止"有"停止"义，同"足"组合表示处于静止状态的脚。）

释义："趾"在《诗经》中使用2处，无迭用。

足。此种用法有2（风2）处，如："麟之趾"（《周南·麟之趾》）。

指　音【zhǐ】

古形【金 小篆 】

《说文·手部》："指，手指也。"从字形看，"指"由"扌（手）"和"旨"组成。"旨"有美味义，或因古人无进餐工具，用手指抓取食物，所以"旨"旁加"扌（手指）"表示进食工具。一手有五指，王筠《说文句读》："大指为拇指，二为食指，三为中指，四为无名指，五为小指。"五指配合，方可抓取食物进食。

释义："指"在《诗经》中使用1处，无迭用。

用手指点。由词性转换（名—动）引申。此种用法有1处："莫之敢指"（《鄘风·蝃蝀》）。

厎　音【zhǐ】

古形【小篆 】

"厎"由"厂"和"氐"组成。"厂"，金文作"厂"，像山石之崖岸之形；"氐"有"到达"之义，同"厂"组合或表示到达崖岸处。"厎"和"砥"古或义相通，故《说文·厂部》："厎，柔石也。""柔石"指的是质地细软的（磨刀）石，或是"砥"字本义。

释义："厎"在《诗经》中使用2处，无迭用。

到、到达。此种用法有2（雅2）处，如："伊于胡厎"（《小雅·小旻》）（有作"底"，即物的下部）。

至　音【zhì】

古形【甲 金 小篆 】

《说文·至部》："至，鸟飞从高下至地也。"从字形看，"至"，甲骨文写作" "" "像下飞的小鸟状；"一"代表地面，两部分组合像鸟从高处下落到地面之状，本义指"到、到达"。

释义："至"在《诗经》中使用34处，无迭用。

到、到达。此种用法有34（风9；雅20；颂5）处，如："言至于漕"（《鄘风·载驰》）；"期逝不至"（《小雅·杕杜》）；"至于岐下"（《大雅·绵》）；"至于汤齐"（《商颂·长发》）。

挃　音【zhì】

古形【小篆 】

《康熙字典》引《广韵》曰："（挃）撞挃也。"所谓"撞挃"，犹俗称"捣"。从字形看，"挃"由"扌（手）"和"至"组成。"至"有到达义，同"扌"组合表示用手持杵、棍等撞击到物体。

释义："挃"在《诗经》中使用1处2

次，迭用。

借作象声词。此种用法有1处："获之挃挃"（《周颂·良耜》）（挃挃：割庄稼的声音）。

致　音【zhì】

古形【金 小篆 】

《说文·夊部》："致，送诣也。"《段注》："言部曰：'诣，（等）候至（到达）也。'送诣者，送而必至其处也。"从字形看，"致"由"至"和"夊"组成。"至"有"到、到达"义；"夊"，小篆写作" "，像行路腿上有所拖曳的样子，同"至"组合表示无论行路如何困难，必送到人等候的地方。

释义："致"在《诗经》中使用5处，无迭用。

1. 送到、到达。此种用法有1处："远莫致之"（《卫风·竹竿》）。

2. 招致。或由因招而至引申。此种用法有1处："是致是附"（《大雅·皇矣》）。

3. 表达、传达。或由致为送言引申。此种用法有3（雅2；颂1）处，如："工祝致告"（《小雅·楚茨》）；"致天之届"（《鲁颂·閟宫》）。

轾(輊)　音【zhì】

古形【金 小篆 】

"轾"由"车"和"至"组成。"至"，甲骨文写作" "，像小鸟下落地面之状，同"车"组合表示车向地面下俯。

释义："轾"在《诗经》中使用1处，无迭用。

车向地面下俯。此种用法有1处："如轾如轩"（《小雅·六月》）。

铚(銍)　音【zhì】

古形【小篆 】

《说文·金部》："铚，获禾短镰也。"从字形看，"铚"由"钅（金）"和"至"组成。"钅"指金属；"至"有"到"义，同"钅"组合表示可以收割（收获到）禾谷的金属农具短镰刀。

释义："铚"在《诗经》中使用1处，无迭用。

短镰刀。此种用法有1处："奄观铚艾"（《周颂·臣工》）。

窒　音【zhì】

古形【金 小篆 】

《说文·穴部》："窒，塞也。"从字形看，"窒"由"穴"和"至"组成。"穴"指洞穴；"至"有"到"义，同"穴"组合表示把东西填塞到洞穴中。

释义："窒"在《诗经》中使用2处，无迭用。

填塞、阻塞（洞穴）。此种用法有2（风2）处，如："穹窒熏鼠"（《豳风·七月》）。

忮　音【zhì】

古形【金 小篆 】

《说文·心部》："忮，很也。"《段

注》：“很者，不听从也。”从字形看，“忮”由“忄（心）”和“支”组成。“支”同“枝（参见‘枝’条）”，树木枝条，非主干，有排开义，同“忄”组合表示心中有了脱离主流意识的想法，从而产生不听从的行为。“不听从”或是“忮”字引申义。作为贬义的“忮”，一般多指嫉妒。

释义：“忮”在《诗经》中使用2处，无迭用。

1. 嫉妒。此种用法有1处：“不忮不求”（《邶风·雄雉》）。

2. 借为“技”，技巧。此种用法有1处：“鞫人忮忒”（《大雅·瞻卬》）。

制　音【zhì】

古形【金 小篆 】

“制”，金文作“ ”，左边是“ （未）”，右边是“ （刀）”。“未”有树木繁茂义，同“刀”组合或表示用刀裁剪树木枝条。“制”繁体作“製”，由“制”和“衣”组成。《说文·衣部》：“製，裁也。”“製”或是后起字，借用了“制”之裁剪之义加“衣”表示裁剪衣服。古“制”“製”或已通用，今统一简化为“制”。

释义：“制”在《诗经》中使用1处，无迭用。

裁剪、制衣。此种用法有1处：“制彼裳衣”（《豳风·东山》）。

质(质、質)　音【zhì】

古形【金 小篆 】

“质”，繁体作“質”，由“所”和“貝（贝）”组成。安子介《解开汉字之谜》：“‘斤’字意为‘斧’。两把斧子（所）表示两个人在树林中伐木时的‘一致行动’。当此伐木与钱（贝）有关时，其意为（斧的）‘斤’原本是生产工具，现在把生产工具去当‘贝’用，那不是‘抵押’吗？‘抵押品’就是从这意思发展出来的，‘质量’的观念也是从这种交换是否恰当而衍生出（来的）。”

释义：“质”在《诗经》中使用3处，无迭用。

1. 质朴、朴实。或由用物抵押换钱行为质朴引申。此种用法有1处：“民之质矣”（《小雅·天保》）。

2. 质询、告诫。或由抵押时询价引申。此种用法有2（雅2）处，如：“虞芮质厥成”（《大雅·绵》）。

炙　音【zhì】

古形【金 小篆 】

“炙”由“月（肉）”和“火”组成，“火”在“肉”下，表示把肉放在火上烤熟。古人食肉，喜欢把猎来的兽肉去毛后串起来放在火上熏烤至熟，谓之“炙”。

释义：“炙”在《诗经》中使用4处，无迭用。

1. 烤。此种用法有1处：“燔之炙之”（《小雅·瓠叶》）。

2. 烤好的肉（烤肉）。由词性转换（动—名）引申。此种用法有3（雅3）处，如：“或燔或炙”（《小雅·楚茨》）；“燔炙芬芬”（《大雅·凫鹥》）。

治 音【zhì】

古形【甲 小篆 】

“治”由“氵（水）”和“台”组成。“氵（水）”或指洪水；“台”指用土垒成平而高的建筑物，同“氵（水）”组合或表示用垒土成高台（坝）的方法堵住洪水。传说往古之时，洪水泛滥，鲧受命治水，采用的是掩堵之法，即修筑堤防，并逐年加高加厚，以此堵住洪水，结果虽治水失败，但所表现出的执着信念和不屈不挠的斗争精神，成为后人永久的财富。后来他的儿子禹采用疏导之法治水，最终获得了胜利。如今的“治”有“治理”之意，或就是源于鲧禹的治水之法。

释义：“治”在《诗经》中使用1处，无迭用。

或同“制”，制作。此种用法有1处：“女所治兮”（《邶风·绿衣》）。

栉(櫛) 音【zhì】

古形【金 小篆 】

《说文·木部》：“栉，梳、篦之总名也。”所谓梳、篦都是整理头发和胡须的用具，一般用竹、木制。从字形看，“栉”由“木”和“节”组成。“节”指竹节，即竹子每一段之间的连接处，同“木”组合表示一小段一小段木连接起来称“栉”，即木制的梳或篦。

释义：“栉”在《诗经》中使用1处，无迭用。

梳、篦。此种用法有1处：“其比如栉”（《周颂·良耜》）。

庤 音【zhì】

古形【小篆 】

《说文·广部》：“庤，储置屋下也。”将待用的物品储藏置放在屋下称“庤”。从字形看，“庤”由“广”和“寺”组成。“广”指宽敞的屋下场地；“寺”或是“待”字省写，有“等待”的意思，同“广”组合表示把待用的东西储藏放置在屋下。

释义：“庤”在《诗经》中使用1处，无迭用。

借为“持”，拿着。此种用法有1处：“庤乃钱镈”（《周颂·臣工》）。

陟 音【zhì】

古形【甲 金 小篆 】

《说文·阜部》：“陟，登也。”从字形看，“陟”，甲骨文写作“ ”，由“阝（阜）”和“ （步）”组成。“阝”指土山，像山道之形；“ ”像双脚在行走之状，合在一起像登山之状，即从山底向山顶行进。古人以上山为“陟”，下山为“降”，所以“陟”又有“升”义。

释义：“陟”在《诗经》中使用21处，无迭用。

登、升。此种用法有21（风9；雅7；颂5）处，如：“陟彼阿丘”（《鄘风·载驰》）；“陟彼北山”（《小雅·杕杜》）；“文王陟降”（《大雅·文王》）；“陟彼景山”（《商颂·殷武》）。

挚(摯)　音【zhì】

古形【金 小篆 】

《说文·手部》："挚，握持也。"从字形看，"挚"由"执"和"手"组成。"执"有拿义，同"手"组合表示用手握持。

释义："挚"在《诗经》中使用1处，无迭用。

借作国名。此种用法有1处："挚仲氏任"（《大雅·大明》）（挚，古国名，在今河南驻马店平舆县一带，据说是周文王姬昌之母太任的故里）。

秩　音【zhì】

古形【金 小篆 】

"秩"由"禾"和"失"组成。"禾"指禾谷；"失"或是"𨝸"字省写，小篆写作" "，右边的"（弟）"误作"（失）"，"（弟）"有次第之义，"豊"指古代祭祀时的礼器，同"弟"组合表示在隆重、正式的祭祀仪式中，不同等级的礼器所排列的次序。"禾"同"失（𨝸）"组合，表示收获的禾谷有次序地堆放着。（一说礼器等级代表官员等级，'禾'代表俸禄，'秩'表示朝廷官员以不同官阶领取不同俸禄的高下等级和先后次序。）

释义："秩"在《诗经》中使用7处12次，5处迭用。

秩序、有秩序。此种用法有7（风1；雅5；颂1）处13次，5处迭用，如："秩秩德音"（《秦风·小戎》）；"秩秩斯干"（《小雅·斯干》）；"德音秩秩"（《大雅·假乐》）；"有秩斯祜"（《商颂·烈祖》）。

滞　音【zhì】

古形【金 小篆 】

"滞"由"氵（水）"和"带"组成。"氵（水）"指水流；"带"是束腰之物，同"氵"组合或表示水流像被腰带束住一样停滞不前。

释义："滞"在《诗经》中使用1处，无迭用。

停留、留下。此种用法有1处："此有滞穗"（《小雅·大田》）。

置　音【zhì】

古形【金 小篆 】

"置"由"罒"和"直"组成。"罒"是"网"之变体，甲骨文写作" "，像一张打开的网的形状；"直"有平直义，同"罒（网）"组合表示平直地搁放一张网（捕捉飞鸟或游鱼），本义就是"搁、放"。《说文·网部》："置，赦也。"应该是"置放"之义的引申，

释义："置"在《诗经》中使用1处，无迭用。

搁、放。此种用法有1处："置我鞉鼓"（《商颂·那》）。

雉　音【zhì】

古形【甲 金 小篆 】

雉，鸟名，外形像鸡，雄的尾巴长，

羽毛美丽，多为赤铜色或深绿色，有光泽，雌的尾巴稍短，灰褐色。善走，不能久飞。羽毛可作装饰品，俗称野鸡。从字形看，“雉”由“矢”和“隹”组成。“隹”甲骨文写作“”，像鸟形，为短尾鸟的通称；“矢”指箭，《本草纲目》云：“雉飞如矢，一往而堕，故字从矢。”“矢”同“隹”组合表示飞如矢（但不能久飞，一往而堕）的鸟。

释义：“雉”在《诗经》中使用8处，无迭用。

野鸡。此种用法有8（风7；雅1）处，如：“雄雉于飞”（《邶风·雄雉》）；“雉之朝雊”（《小雅·小弁》）。

稚(稺) 音【zhì】

古形【金 小篆】

“稚”，又作“稺”“穉”。《说文·禾部》：“稺，幼禾也。”从字形看，“稺”由“禾”和“犀”组成。“禾”指禾谷；“犀”有“迟”义，同“禾”组合表示迟种的禾谷。相比之下迟种的禾谷要显得幼嫩，所以“稺”又指幼禾。

释义：“稚”在《诗经》中使用4处，无迭用。

1. 迟种的禾谷、幼禾。此种用法有3（雅2；颂1）处，如：“彼有不获稚”（《小雅·大田》）；“稙稚菽麦”（《鲁颂·閟宫》）。

2. 幼稚。由以幼禾形容人幼小引申。此种用法有1处：“众稚且狂”（《鄘风·载驰》）。

寘 音【zhì】

古形【小篆】

《说文·宀部》：“寘，置也。”从字形看，“寘”由“宀”和“真”组成。“宀”，小篆作“”，像屋形；“真”或是“置”之省写，有“置放”义，同“宀”组合或表示在屋内置放物品。

释义：“寘”在《诗经》中使用8处，无迭用。

搁、放。此种用法有8（风4；雅4）处，如：“寘彼周行”（《周南·卷耳》）；“寘予于怀”（《小雅·谷风》）；“诞寘之寒冰”（《大雅·生民》）。

疐 音【zhì】

古形【甲 金 小篆】

《说文·叀部》“疐，碍不行也。”从字形看，“疐”，甲骨文写作“”，中间的“”像一块田，上面的“”像长满的禾苗，下面的“”像一只停滞不前的脚，合在一起表示因田苗阻碍不能前行。有说上面的“”中间是苗，两边像两个人在田间，故“疐”有践踏义。

释义：“疐”在《诗经》中使用2处，无迭用。

阻碍、践踏。此种用法有2（风2）处，如：“狼疐其尾”（《豳风·狼跋》）。

中 音【zhōng、zhòng】

古形【甲 金 小篆】

“中”，甲骨文写作“”，上像一面旗，下面的口像一块地域，合起来表示旗子插在正中地方。有的甲骨文写作“”，有上下左右都像旗子位于正中。《说文·丨部》：“中，内也。”许慎此解只言在口内，未说明具体方位，似不完整。

释义：“中”在《诗经》中使用66处，无迭用。

中间、内部。此种用法有66（风40；雅25；颂1）处，如：“宛在水中央”（《秦风·蒹葭》）；“集于中泽”（《小雅·鸿雁》）；“昔在中叶”（《商颂·长发》）。

钟(鐘)　音【zhōng】

古形【金　小篆　】

“钟”，繁体作“鐘”。《说文·金部》：“鐘，乐鐘也。秋分之音，物穜成。”意思是说，鐘（钟）指一种名为钟的乐器，代表秋分时的音律，（此时）至秋而物穜（早种晚熟的谷物）成熟。从字形看，“鐘”由“金”和“童”组成。“金”指金属乐器；“童”或是“穜”字省写，代表禾谷，同“金”组合或表示一种代表秋分禾谷成熟音律的金属乐器。“鐘”和“鍾（《说文》谓之‘酒器’）”后简化为“钟”，多指乐器名。

释义：“钟”在《诗经》中使用17处，无迭用。

一种乐器名。此种用法有17（风2；雅14；颂1）处，如：“子有钟鼓”（《唐风·山有枢》）；“鼓钟将将”（《小雅·鼓钟》）；“于论鼓钟”（《大雅·灵台》）；“钟鼓喤喤”（《周颂·执竞》）。

终(終)　音【zhōng】

古形【金　小篆　】

“终”，甲骨文写作“”，像一条线绳两端打了结，表示纺线结束处，有终结、结束的意思。后来写作“终”，由“糸”和“冬”组成。“糸”指线绳；“冬”是结冰之季，又是四季之末，同“糸”组合表示线绳之端结。

释义：“终”在《诗经》中使用28处，无迭用。

1.终了、尽、结果。此种用法有12（风4；雅7；颂1）处，如：“终然允臧”（《鄘风·定之方中》）；“终逾绝险”（《小雅·正月》）；“鲜克有终”（《大雅·荡》）；“终三十里”（《周颂·噫嘻》）。

2.始终。由有终即有始引申。此种用法有2（风2）句：“终不可谖兮”（《卫风·淇奥》）。

3.借作山名。此种用法有2（风2）处，如：“终南何有”（《秦风·终南》）。

4.借为“众”，众人。此种用法有1处：“以永终誉”（《周颂·振鹭》）。

5.借作连词，既。此种用法有11（风8；雅3）处，如：“终温且惠”（《邶风·燕燕》）；“终和且平”（《小雅·伐木》）。

螽　音【zhōng】

古形【金　小篆　】

螽为虫名。《本草纲目》谓螽虫："江东呼为蚱蜢，谓其瘦长善跳，窄而猛也。""螽"，金文写作" "，或像该虫跳跃之形。"螽"本作"螽"。《说文·䖵部》："螽，蝗也。"蝗即蝗虫，是一种善于跳跃，成群远飞，专食庄稼的害虫。"螽"中的"夂"或有"行"义，表示是一种飞行之虫，写作"冬"或是形似之误。"螽"古也作"蠓"，其中的"眾"表现了蝗虫群集的特点。

释义："螽"在《诗经》中使用6处，无迭用。

虫名。此种用法有6（风5；雅1）处，如："五月斯螽动股"（《豳风·七月》）；"趯趯阜螽"（《小雅·出车》）。

种(種)　音【zhǒng、zhòng】

古形【金　小篆　】

"种"，繁体作"種"，由"禾"和"重"组成。"禾"指禾谷的种子；"重"有重复、再等意思，同"禾"组合表示可以重复再生禾谷，即禾谷的种子。

释义："种"在《诗经》中使用4处，无迭用。

1. 种子。此种用法有1处："诞降嘉种"（《大雅·生民》）。

2. 选种、种植。由词性转换（名—动）引申。此种用法有2（雅2）处："既种既戒"（《小雅·大田》）；"种之黄茂"（《大雅·生民》）。

3. 肥大。或由选种颗粒肥大引申。此种用法有1处："实种实褎"（《大雅·生民》）。

冢　音【zhǒng】

古形【金　小篆　】

"冢"，金文写作" "，外面的" "或是"冂"字变体，像房屋的形状。"冢"和"家"字同源，生时居家、死后居冢。"家"由"宀（房屋）"和"豕（家畜）"组合，反映了上古时人畜同居的原始习俗。"冢"由"冖（像人去世后之居所）"和"豖"组成，或者表达的是一种活体陪葬现象："豖"由"豕（家畜）"加一笔组成，这一笔或表示用绳捆住活体牲畜的脚。《说文·勹部》："冢，高坟也。"将逝者和陪葬的活畜埋入的高大坟墓就称作"冢"。

释义："冢"在《诗经》中使用3处，无迭用。

1. 大、山顶。由冢高大状引申。此种用法有2（雅2）处："山冢崒崩"（《小雅·十月之交》）；"乃立冢土"（《大雅·绵》）。

2. 借作官名。此种用法有1处："疚哉冢宰"（《大雅·云汉》）。

尰(瘇)　音【zhǒng】

古形【小篆　】

"尰"又作"瘇"。《说文·疒部》："瘇，胫气肿也。"因脚气使腿脚浮肿是一种病态，所以"瘇"从"疒（病）"。再从"尰"字形看，小篆写作" "，左边的" "像个踮脚的人；右边是个"重"，有"沉重"的意思，组合在一起表示因浮肿使腿脚变得很沉重（'重'

或也可视为‘腫（肿）’字省写。）

释义：“尰”在《诗经》中使用1处，无迭用。

腿脚浮肿。此种用法有1处：“既微且尰”（《小雅·巧言》）。

仲 音【zhòng】

古形【甲 金 小篆 】

《说文·人部》：“仲，中也。”从字形看，“仲”由“亻（人）”和“中”组成。“中”有“中间”的意思，同“亻”组合表示（年龄）处在中间位置的人。《仪礼·士冠礼》：“伯其甫、仲、叔、季惟其所当。”古人按伯、仲、叔、季排序，兄弟中排行第二的称仲。

释义：“仲”在《诗经》中使用30处，无迭用。

1.兄弟（姊妹）中排行第二（或呼为二哥）的。此种用法有7（风5；雅2）处，如：“仲氏任只”（《邶风·燕燕》）；“仲氏吹篪”（《小雅·何人斯》）；“挚仲氏任”（《大雅·大明》）。

2.借作人称。此种用法有23（风4；雅19）处，如：“从孙子仲”（《邶风·击鼓》）；“张仲孝友”（《小雅·六月》）；“南仲大祖”（《大雅·常武》）。

众(眾) 音【zhòng】

古形【甲 金 小篆 】

“众”，繁体作“眾”，甲骨文写作“ ”，由“ （太阳）”和“ （三个人）”组成。古人“三”数为多，三人即表示多人。同“ ”组合成“众（眾）”，表示多人在烈日下劳作。“眾”简化成“众”，由三“人”组合，表示人多。

释义：“众”在《诗经》中使用5处，无迭用。

1.人多。此种用法有3（风1；雅1；颂1）处：“众稚且狂”（《鄘风·载驰》）；“爰众爰有”（《大雅·公刘》）；“命我众人”（《周颂·臣工》）。

2.借为“螽”，蝗虫。此种用法有2（雅2）处，如：“众维鱼矣”（《小雅·无羊》）。

舟 音【zhōu】

古形【甲 金 小篆 】

“舟”，甲骨文写作“ ”，像古时木制小船之形。《说文·舟部》：“舟，船也。古者共鼓、货狄刳木为舟，剡木为楫，以济不通。”意思是说，舟指船，古时候有共鼓和货狄两个人，把树木挖空作船，把木削成桨，来渡人通过水流。古无船对照，现在看来，“舟”为小木船。

释义：“舟”在《诗经》中使用15处，无迭用。

1.小木船。此种用法有11（风6；雅5）处：“泛彼柏舟”（《邶风·柏舟》）；“譬彼舟流”（《小雅·小弁》）；“造舟为梁”（《大雅·大明》）。

2.掌舟、用船渡。由词性转换（名—动）引申。此种用法有3（风2；雅1）处：“方之舟之”（《邶风·谷风》）；“舟人之子”（《小雅·大东》）。

3.同“周”，环绕。此种用法有1处：

"何以舟之"（《大雅·公刘》）。

侜 音【zhōu】

古形【甲 金 小篆 】

《说文·人部》："侜，有廱蔽也。"《段注》："《尔雅》及《传》曰：'侜张、诳也。''诳'亦廱蔽之意耳。""侜"有一异体字"譸（诪）"，有"诅咒"之义，即企图通过用恶毒的言词（言），来折减人的寿命（寿），这种自欺欺人的做法谓之"诳"。"诪"写作"侜"，或是古人借代之作。（"侜"由"亻"和"舟"组成，字形或可视为"舟人"，即掌舟之人）。

释义："侜"在《诗经》中使用2处，无迭用。

欺骗、蒙蔽。此种用法有2（风2）处，如："谁侜予美"（《陈风·防有鹊巢》）。

辀 音【zhōu】

古形【小篆 】

辀指古代车前面弯曲的独木车辕，形似舟，用以驾马。从字形看，"辀"由"车"和"舟"组成。"车"指车辕；"舟"指中间弯曲两头翘起像小船形，同"车"组合表示车前面用来驾马像舟形的车辕。

释义："辀"在《诗经》中使用1处，无迭用。

车辕。此种用法有1处："五楘梁辀"（《秦风·小戎》）。

周 音【zhōu】

古形【甲 金 小篆 】

"周"甲骨文写作" "，像四周有田间小路的农田之状，其中加点的部分像农作物。有的甲骨文写作" "，口像四周田界，其中阡陌纵横，像田中所植。《说文·口部》："周，密也。"此解或为"周"之引申义。"周"指本义或为密植农作物的农田。

释义："周"在《诗经》中使用56处，无迭用。

1.周围、普遍、全。由周边全是这样的农田引申。此种用法有8（风1；雅7）处，如："生于道周"（《唐风·有杕之杜》）；"周爰咨询"（《小雅·皇皇者华》）；"靡人不周"（《大雅·云汉》）。

2.借为国（朝代）名、人称等。或因国有密植农作物的农田而借。此种用法有47（风8；雅28；11）处，如："顾瞻周道"（《桧风·匪风》）；"赫赫宗周"（《小雅·正月》）；"于周受命"（《大雅·江汉》）；"维周之祯"（《周颂·维清》）。

3.借为地名。此种用法有1处："周原膴膴"（《大雅·绵》）（周原：地名，在岐山下）。

洲 音【zhōu】

古形【金 小篆 】

《尔雅·释水》："水中可居者曰洲。"从字形看，"洲"由"氵（水）"和"州"组成。"州"或本就可以表示

“洲”，“川”表示水流、水域；其中的几个“、”代表水域中小块没有水可以居住人的地方。或后来加“氵（水）”用以专表水中之地。

释义：“洲”在《诗经》中使用2处，无迭用。

水中可居住人的小块之地。此种用法有2（风1；雅1）处：“在河之洲”（《周南·关雎》）；“淮有三洲”（《小雅·鼓钟》）。

绉(縐)　音【zhōu、zhòu】

古形【金 小篆 】

《说文·糸部》：“绉，絺之细也，”从字形看，“绉”，小篆写作“ ”，由“ （糸）”和“ （刍）”组成，“ （糸）”指布帛，同“ ”组合或表示纹路排列如“ ”状的布帛，即“絺之细”，即比细葛布还细的布。

释义：“绉”在《诗经》中使用1处，无迭用。

细葛布。此种用法有1处：“蒙彼绉絺”（《鄘风·君子偕老》）。

妯　音【zhóu】

古形【金 小篆 】

“妯”即妯娌，指兄弟之妻相互间的称呼。从字形看，“妯”由“女”和“由”组成。“女”指兄弟之妻；“由”有缘由义，同“女”组合表示女性因原而成为妯娌。《说文·女部》：“妯，动也。”意思是妯娌之间容易引起躁动，这是一种以偏概全的成见。

释义：“妯”在《诗经》中使用1处，无迭用。

借为“悼”，悲。此种用法有1处：“忧心且妯”（《小雅·鼓钟》）。

轴(軸)　音【zhóu】

古形【金 小篆 】

《说文·车部》：“轴，持轮也。”从字形看，“轴”由“车”和“由”组成。“车”指车的部件；“由”有“经过、穿过”之义，同“车”组合表示从车轮中心穿过的连接两个车轮的圆杆状部件。

释义：“轴”在《诗经》中使用2处，无迭用。

1. 居中。由轴居于车中部位引申。此种用法有1处：“硕人之轴”（《卫风·考盘》）（一说明智）。

2. 借作地名。此种用法有1处：“清人在轴”（《郑风·清人》）（轴：郑国地名）。

昼(晝)　音【zhòu】

古形【金 小篆 】

“昼”，繁体作“晝”。《说文·晝部》：“晝，日之出入，以夜为界。从晝省，从日。”意思是说，晝指的是从日出到日入（白天）的一段时间，以夜晚为界限。由聿（晝字省写，有‘界’的意思）和日（日出到日落的时间）会意。“晝”简写作“昼”，由“尺（‘尽’字省写，表示日落）”和“旦（表示日出）”组合，表示日出到日落这段时间，即白天。

释义：“昼”在《诗经》中使用2处，无迭用。

白天。此种用法有2（风1；雅1）处：“昼尔于茅”（《豳风·七月》）；“俾昼作夜”（《大雅·荡》）

胄 音【zhòu】

古形【金小篆】

“胄”是古代战士保护头部的帽子，相当于现在的头盔，金文写作“”，上部的“”像盔形，后来讹变为“由”；下面的“”像眼睛，同“”组合表示只能露出眼睛的头盔。“胄”与“贵胄”之“胄”不同，字形属传写之误，现在多混用。

释义：“胄”在《诗经》中使用1处，无迭用。

头盔。此种用法有1处：“贝胄朱綅”（《鲁颂·閟宫》）。

骤(驟) 音【zhòu】

古形【金小篆】

《说文·马部》：“骤，马疾步也。”从字形看，“骤”由“马”和“聚”组成。“马”指马儿奔跑；“聚”有“聚集”义，同“马”组合表示众多的马聚集在一起急速奔跑状。

释义：“骤”在《诗经》中使用1处，无迭用。

马急速奔跑。此种用法有1处：“载骤駸駸”（《小雅·四牡》）。

咮 音【zhòu】

古形【小篆】

《说文·口部》：“咮，鸟口也。”《段注》：“今人噣咮啄三字同音通用，许（慎）分别甚明，人口不曰咮。”从字形看，“咮”由“口”和“朱”组成。“朱”或就指“咮”，与“啄”通，像鸟口啄食，加“口”成“朱”或是为了明确鸟口之义。（又“朱”或是“株”字省写，有“成长中植物”的意思，同“口”组合表示成鸟之口）。

释义：“咮”在《诗经》中使用1处，无迭用。

鸟口。此种用法有1处：“不濡其咮”（《曹风·候人》）。

朱 音【zhū】

古形【金小篆】

《说文·木部》：“朱，赤（红）心木，松柏属。”“朱”指的是松柏一类的红心树木。从字形看，“朱”，小篆写作“”，像“（木）”中加一“一”，“一”直指树中心，告诉我们那里是赤色的。

释义：“朱”在《诗经》中使用8处，无迭用。

红色。有树心之色引申。此种用法有8（风5；雅2；颂1）处，如：“朱幩镳镳”（《卫风·硕人》）；“朱芾斯皇”（《小雅·采芑》）；“朱英绿縢”（《鲁颂·閟宫》）。

株 音【zhū】

古形【金小篆】

“株”由“木”和“朱”组成。“木”指树；《说文·木部》：“朱，红心木。”又“株，木根也。”徐锴《说文系传》：“入土为根，在土上者曰株。”“朱”同“木”组合或表示红心树被砍伐之后留在地面上的树根。

释义：“株”在《诗经》中使用4处，无迭用。

借作邑名。此种用法有4（风4）处，如：“朝食于株”（《陈风·株林》）（株，夏氏的封邑）。

诸(諸) 音【zhū】

古形【金小篆】

“诸”由“讠（言）”和“者”组成。“言”张口说话，指用语言辩说；“者”指人，不确定是谁，可能指每一个人，同“言”组合或表示聚在一起辩说的众人。

释义：“诸”在《诗经》中使用19处，无迭用。

1. 众人、各位。此种用法有13（风4；雅9）处，如：“问我诸姑”（《邶风·泉水》）；“以速诸舅”（《小雅·伐木》）；“诸娣从之”（《大雅·韩奕》）.

2. 借作专称，诸侯。此种用法有1处：“邦君诸侯”（《小雅·雨无正》）

3. 借作语气词，相当于“乎”。此种用法有5（风5）处，如：“日居月诸”（《邶风·柏舟》）。

竹 音【zhú】

古形【甲金小篆】

“竹”，甲骨文写作“”，像两个下垂的竹叶之形，表示竹子。竹子属禾本科多年生常绿植物，茎呈圆柱形，有节，中空。

释义：“竹”在《诗经》中使用6处，无迭用。

竹子、竹制。此种用法有6（风5；雅1）处，如：“籊籊竹竿”（《卫风·竹竿》）；“如竹苞矣”（《小雅·斯干》）。

蓫 音【zhú】

古形【小篆】

蓫指蓫薚，多年生草本植物，根可入药，《本草纲目》云“此物能逐荡水气，故曰。”从字形看，“蓫”由“艹（草）”和“逐”组成。“逐”指逐荡水气之药效，同“艹（草）”组合表示有逐荡水气药效的草本植物。《康熙字典》引《广韵》：“（蓫）同堇。”“堇”指羊蹄菜，被称作恶菜，故“蓫”又有羊蹄菜之称。

释义：“蓫”在《诗经》中使用1处，无迭用。

草本植物名。此种用法有1处：“言采其蓫”（《小雅·我行其野》）。

蠋 音【zhú】

古形【金小篆】

“蜀”是“蠋”的本字，金文写作

“”，像一只大眼睛的虫形：上部的“”像虫的大眼睛；下面的“”像虫的脚和身子。《说文·虫部》：“蜀，葵中蚕也。”加“虫”成“蠋”，是为了强调“蠋”属虫类，多指似蚕一类的蝴蝶、蛾等的幼虫。

释义：“蠋”在《诗经》中使用1处，无迭用。

虫名。此种用法有1处：“蜎蜎者蠋”（《豳风·东山》）。

主　音【zhǔ】

古形【金　小篆　】

《说文·丶部》：“主，灯中火主也。”从字形看，“主”，金文写作“”，像油灯（或烛灯）中间有一火芯之像。“主”指的就是处于核心位置的火柱（炷）。

释义：“主”在《诗经》中使用3处，无迭用。

主人（处于核心地位的人）。由火柱处于灯的核心位置引申。此种用法有3（雅2；颂1）处，如：“曾孙维主”（《大雅·行苇》）；“侯主侯伯”（《周颂·载芟》）。

渚　音【zhǔ】

古形【金　小篆　】

“渚”指水中的小块陆地，从字形看，由“氵（水）”和“者”组成。“者”有“具有某种属性的人”的意思，同“氵（水）”组合或表示可容纳一户渔家的水中陆地。在“水中陆地”这个意义上，“渚”和“洲”同，区别在于人居。

释义：“渚”在《诗经》中使用5处，无迭用。

水中陆地。此种用法有5（风2；雅3）处，如：“江有渚”（《召南·江有汜》）；“鱼在于渚”（《小雅·鹤鸣》）；“凫鹥在渚”（《大雅·凫鹥》）。

伫(竚、䇡)　音【zhù】

古形【金　小篆　】

“伫”，小篆写作“”，由“亻（人）”和“（宁，音：zhù）”组成。“宁”或是“贮”字省写，有贮藏货物之义，同“亻”组合表示人像贮藏的货物一样久立不动。

释义：“伫”在《诗经》中使用1处，无迭用。

久立不动。此种用法有1处：“伫立以泣”（《邶风·燕燕》）。

助　音【zhù】

古形【金　小篆　】

“助”由“且”和“力”组成。“力”有出力义；“且”或是“祖”字省写，古人遇到大事、难事必先祭祖先求得保佑、相助，同“力”组合表示求祖先出力相助。《说文·力部》：“助，左也。”“左”即“佐”字，表示辅佐、帮助。

释义：“助”在《诗经》中使用4处，无迭用。

辅佐、帮助。此种用法有4（雅4）处，如：“助我举柴”（《小雅·车攻》）；“爱莫助之”（《大雅·烝民》）。

杼　音【zhù】

古形【金 小篆 】

《说文·木部》：“杼，机之持纬者。”俗称织布的梭子。从字形看，“杼”由“木”和“予”组成，“予”有“推送”之义，同“木”组合表示木制梭子在织布机上推来送去的样子。

释义：“杼”在《诗经》中使用1处，无迭用。

织布的梭子。此种用法有1处：“杼柚其空“（《小雅·大东》）。

注　音【zhù】

古形【金 小篆 】

《说文·水部》：“注，灌也。”从字形看，“注”由“氵（水）”和“主”组成。“主”，小篆写作“ ”，像油灯中心离一火柱之形，同“氵”组合表示使水像火柱一样流入中心。

释义：“注”在《诗经》中使用4处，无迭用。

灌入。此种用法有4（雅4）处，如：“丰水东注”（《大雅·文王有声》）。

柷　音【zhù】

古形【小篆 】

《说文·木部》：“柷，乐，木空也。”柷是古代一种打击乐器，木制而中空。《尔雅·释乐》：“所以鼓柷谓之止。”晋·郭璞注曰：“柷如漆桶，方二尺四寸，深一尺八寸，中有椎，柄连底，挏（来回摇动）之，令（椎）左右击（打发声）。止者，其椎名。”从字形看，“柷”由“木”和“兄”组成，“兄”字上部为“口”，像漆桶之状；下面的两笔或表示椎连底左右敲击之像（又“儿”即“人”，表示人推动使之敲击），写作“兄”或是讹变，同“木”组合即表示这种木制的打击乐器。

释义：“柷”在《诗经》中使用1处，无迭用。

乐器名。此种用法有1处：“鞉磬柷圉”（《周颂·有瞽》）。

祝　音【zhù】

古形【甲 金 小篆 】

《说文·示部》：“祝，祭主赞词者。”从字形看，“祝”，甲骨文写作“ ”，也有写作“ ”，“ ”指张口；“ ”是跪人；“ ”指祭台，合在一起表示一个人跪在祭台前拜神并张口祈祷。

释义：“祝”在《诗经》中使用5处，无迭用。

1.祭主、祈祷。此种用法有4（雅4）处，如：“祝祭于祊”（《小雅·楚茨》）；“侯作侯祝”（《大雅·荡》）。

2.借为“属”，编连缝合。此种用法有1处：“素丝祝之”（《鄘风·干旄》）。

著　音【zhù】

古形【金 小篆 】

“著”由“艹（草）”和“者”组成。“者”作为助词可以表示事物的客观存在，同“艹”组合或表示草正生长在地面上。“著”的本义或为“显露、显明”。

释义：“著”在《诗经》中使用1处，无迭用。

通“宁（音zhù）”，大门和屏风之间。此种用法有1处：“俟我于著乎而”（《齐风·著》）。

羜　音【zhù】

古形【小篆】

“羜”由“羊”和“宁”组成。“宁（音zhù）”有积聚之义，同“羊”组合表示羊是一种高度群聚的动物。《尔雅·释畜》：“未成羊，羜。”《说文·羊部》：“羜，五月生羔也。”或因大家都说“羜”为羔羊且为五月生羔羊，故均以此意训之。

释义：“羜”在《诗经》中使用1处，无迭用。

羔羊、五月龄小羊。此种用法有1处：“既有肥羜”（《小雅·伐木》）。

纻(紵)　音【zhù】

古形【小篆】

“纻”，繁体作“紵”。《说文·糸部》：“紵，檾属。细者为絟，粗者为紵。”所谓“檾属”，清桂馥《说文义证》引程瑶田说：“紵实麻类，今乃以为布名。”“紵”指麻类植物，用其纤维织成的细布叫絟；粗布叫紵。从字形看，“紵”由“糸（糸）”和“宁”组成。“糸”指檾麻；“宁”或是“貯”字省写，有贮藏义，同“糸”组合表示贮藏（古丧服多用粗麻布制作，平时不用，多收藏起来）的粗麻布。

释义：“纻”在《诗经》中使用1处，无迭用。

麻的一种、粗麻布。此种用法有1处：“可以沤紵”（《陈风·东门之池》）。

筑(築)　音【zhù】

古形【金　小篆】

“筑”和“築”或为两个字。“筑”，金文写作“”，由“（竹，空心有节的植物）”和“（像人持械敲击状）”组成，合在一起表示古代一种竹制的打击乐器。“築”，小篆写作“”，由“（竹）”“（木）”和“（持械敲击）”组成。古人筑墙，先立两块竹木制作的夹板，再向中间填土用木杵敲击夯实，这就是“築”，本义指筑墙。后简化两字归并为“筑”，多用于“建筑、修建”

释义：“筑”在《诗经》中使用6处，无迭用。

筑墙、修建。此种用法有6（风1；雅5）处，如：“九月筑场圃”（《豳风·七月》）；“筑室百堵”（《小雅·斯干》）；“筑城伊淢”（《大雅·文王有声》）。

馵　音【zhù】

古形【小篆】

《说文·马部》：“馵，马后左足白也。从马，一其足。”从字形看，“馵”

由“馬（马）”和“廾”组成。小篆“馵”写作“”，像在“马”字表示后左腿处有一标识，这个标识就是“一（变体为“廾”）”，或表示此标识之处是白色。

释义：“馵”在《诗经》中使用1处，无迭用。

马后左足白也。此种用法有1处：“驾我骐馵”（《秦风·小戎》）。

转(轉) 音【zhuǎn、zhuàn】

古形【金小篆】

“转”，繁体作“轉”，由“车”和“专”组成。“专”，甲骨文写作“”，“”是一种古代的纺织用具，像缠绕着丝线的纱锤和转轮，上面的“”表示线结；“”像双手（有的甲骨文写作‘’，像一只手）抓持状，合在一起表示用手抓持纱锤转动转轮；“车”指车轮，同“专”组合表示车轮像纱锤转轮一样转动。《说文·车部》：“转，运也。”古有“车运曰转，水运曰漕”之说。“转”的本义指用车（车轮转动）运输。

释义：“转”在《诗经》中使用7处，无迭用。

转动、转移。由运输移动物资引申。此种用法有7（风3；雅4）处，如：“辗转反侧”（《周南·关雎》）；“女转弃予”（《小雅·谷风》）。

庄(莊) 音【zhuāng】

古形【金小篆】

“庄”，繁体作“莊”，由“艹（草）”加“壯（壮）”组成。“壮”有壮大义，同“艹（草）”组合表示草丛盛大。《段注》：“（莊）其说解当曰：‘草大’也。”“莊”写作“庄”，作“村庄”义，或表示村庄占有大片（广）的（土）地。

释义：“庄”在《诗经》中使用1处，无迭用。

借作人称。此种用法有1处：“庄公之子”（《鲁颂·閟宫》）。

壮 音【zhuàng】

古形【金小篆】

《说文·士部》：“壮，大也。”从字形看，“壮”，金文写作“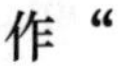”，由“（爿）”和“（士）”组成。“爿”是古“牀（床）”字省写；“（士）”在古代为雄性人或牲畜生殖器的象形符号，（士）同“爿（床）”组合表示强壮。

释义：“壮”在《诗经》中使用1处，无迭用。

强壮、大。此种用法有1处：“克壮其犹”（《小雅·采芑》）。

追 音【zhuī】

古形【甲金小篆】

“追”由“辶”和“𠂤”组成。“辶”和行走有关；“𠂤”是“堆”本字，或指野外的土堆，间隔一段距离，同“辶”组合表示在隔着土堆赶上去。

释义：“追”在《诗经》中使用4处，无迭用。

1. 送。或由追的目的引申。此种用法

有1处："薄言追之"（《周颂·有客》）。

2. 追念。或由隔着时空距离追溯引申。此种用法有1处："遹追来孝"（《大雅·文王有声》）。

3. 通"雕"。此种用法有1处："追琢其章"（《大雅·文王之什·棫朴》）。

4. 借作国名。此种用法有1处："其追其貊"（《大雅·荡之什·韩奕》）。

萑 音【zhuī】

古形【甲 小篆 】

《说文·艸部》："萑，草多貌。"又《萑部》："萑（huán），鸱属。"这是两个形同意不同的字。作为"草多貌"的"萑（音zhuī）"，甲骨文写作" "，像"艸"包鸟之状，或因此草多藏鸟，故由"艹（草）"和"鸟"组成。"萑"古代指芦苇一类的植物，初生名"菼"，幼小时叫"蒹"，长成后称"萑"。

释义："萑"在《诗经》中使用2处，无迭用。

一种芦科植物。此种用法有2（风1；雅1）处："八月萑苇"（《豳风·七月》）；"萑苇淠淠"（《小雅·小弁》）。

骓(騅) 音【zhuī】

古形【金 小篆 】

《说文·马部》："骓，马苍黑杂毛也。"《尔雅·释畜》："苍白杂毛骓。""苍"是一种介乎于黑白之间的深色，马色深即苍显白；马色浅则苍显黑。《说文》《尔雅》中的"苍黑""苍白"之说，或因底色不同而云。从字形看，"骓"由"马"和"隹"组成。"隹"，甲骨文写作" "，像短尾之鸟，多指苍鹰一类的鸟，同"马"组合或指毛色杂有苍鹰鸟色之马。

释义："骓"在《诗经》中使用1处，无迭用。

苍色杂毛马。此种用法有1处："有骓有駓"（《鲁颂·駉》）。

鵻 音【zhuī】

古形【小篆 】

鵻，古书上指一种天将雨或刚晴时常在树上咕咕叫的鸟，又名鹁鸪。从字形看，"鵻"由"鸟"和"隹"组成。"鸟"，甲骨文写作" "，象鸟形，虽是鸟的总称，但多指有尾、身材小的鸟类；"隹"，甲骨文写作" "，是短尾鸟的总名，多指苍鹰一类体型庞大的鸟，同"鸟"组合或表示"鵻"是一种身材小但短尾之鸟。

释义："鵻"在《诗经》中使用3处，无迭用。

鸟名。此种用法有3（雅3）处，如："翩翩者鵻"（《小雅·四牡》）。

缀 音【zhuì】

古形【金 小篆 】

《说文·糸部》："缀，合箸也。"所谓"合箸"，即连合使之附着在一起。从字形看，"缀"由"纟（丝）"和"叕"组成。"纟"指线绳；"叕"像相互连缀之形，同"纟"组合表示用线绳等缝合使两（或多）物连接在一起。

释义:“缀”在《诗经》中使用1处，无迭用。

合箸。此种用法有1处:“为下国缀旒”(《商颂·长发》)(此指悬着，即合箸物体直提之状)。

惴 音【zhuì】

古形【金 小篆 】

《说文·心部》:“惴，忧惧也。”从字形看，“惴”由“心”和“耑”组成。“耑”，小篆写作“ ”，像植物幼芽破土而出之状，同“心”组合或表示初生的植物因幼弱难耐风雨寒暑而令人心中忧惧不安。

释义:“惴”在《诗经》中使用4处8次，均迭用。

忧惧不安。此种用法有4(风3;雅1)处8次，均迭用，如:“惴惴其栗”(《秦风·黄鸟》);“惴惴小心”(《小雅·小宛》)。

赘(贅) 音【zhuì】

古形【金 小篆 】

“赘”由“敖”和“贝”组成。“敖”有“出游”之义，表示暂时出去还要回来;“贝”是古代货币，即钱，同“敖”组合或表示将家里多余的物品拿出去换一点钱。《说文·贝部》:“赘，以物质钱。”《段注》:“若今人之抵押也。”

释义:“赘”在《诗经》中使用1处，无迭用。

通“缀”，连绵。此种用法有1处:“具赘卒荒”(《大雅·桑柔》)。

谆(諄) 音【zhūn】

古形【金 小篆 】

《说文·言部》:“谆，告晓之熟也。”从字形看，“谆”，小篆写作“ ”，由“ (言)”和“ (，后或误作‘享’)”组成。“ (言)”指言词、话语;“ ”有熟义，同“言”组合或表示反复教导使对方熟悉知晓。

释义:“谆”在《诗经》中使用1处2次，迭用。

告晓之熟。此种用法有1处2次，迭用:“诲尔谆谆”(《大雅·抑》)。

倬 音【zhuō】

古形【金 小篆 】

《说文·人部》:“倬，箸大也。”所谓“箸”，通“著”，有“显明”之义，“箸大”即显明且大。从字形看，“倬”由“亻(人)”和“卓”组成。“卓”有“超然、高超”义，同“亻”组合表示人明显地看上去超然、高大。

释义:“倬”在《诗经》中使用5处，无迭用。

大、广大。此种用法有5(雅5)处，如:“倬彼甫田”(《小雅·甫田》);“倬彼云汉”(《大雅·棫朴》)。

灼 音【zhuó】

古形【金 小篆 】

《说文·火部》:“灼，炙(《段注》作‘灸’)也。”“炙”为烤肉。从字形

看，“灼”由“火”和“勺”组成。“勺”本义勺子，借作量名表示很小的一点，同“火”组合表示火头只给物体上的一点加热。从这个意义上说，“灼”意应为“炙也”。

释义：“灼”在《诗经》中使用1处2次，迭用。

红色鲜明的样子。或由火光引申。此种用法有1处2次，迭用：“灼灼其华”（《周南·桃夭》）。

茁 音【zhuó】

古形【金小篆】

“茁”由“艹（草）”和“出”组成，“艹（草）”草木；“出”指出土，同“艹”组合表示草木发芽、出土时壮健的样子。

释义：“茁”在《诗经》中使用2处，无迭用。

草出土的状态。此种用法有2（风2）处，如：“彼茁者蓬”（《召南·驺虞》）。

浊(濁) 音【zhuó】

古形【金小篆】

“浊”，繁体作“濁”，由“氵（水）”和“蜀”组成。“蜀”，《说文》谓之“葵中虫”，即指桑树中掺杂的一种虫（实际上就是蚕），同“氵（水）”组合或表示水中掺有杂质。简化字“浊”中的“虫”，是“蜀”字省写。

释义：“浊”在《诗经》中使用2处，无迭用。

含有杂物的污水。此种用法有2（风1；雅1）处：“泾以渭浊”（《邶风·谷风》）；“载清载浊”（《小雅·四月》）。

酌 音【zhuó】

古形【金小篆】

“酌”由“酉”和“勺”组成。“酉”，甲骨文写作“”，像一个盛酒器，是“酒”的本字；“勺”指勺子，同“酉”组合表示用勺舀酒、斟酒。

释义：“酌”在《诗经》中使用14处，无迭用。

1. 舀酒喝、斟酒。此种用法有11（风2；雅9）处，如：“我姑酌彼兕觥”（《周南·卷耳》）；“且以酌醴”（《小雅·吉日》）；“酌以大斗”（《大雅·行苇》）。

2. 舀（水），由舀酒的动作引申。此种用法有3（雅3）处，如：“泂酌彼行潦”（《大雅·泂酌》）。

啄 音【zhuó】

古形【金小篆】

《说文·口部》：“啄，鸟食也。”从字形看，“啄”由“口”和“豖”组成。“口”代表鸟嘴；“豖”或是“琢”字省写，有“雕琢”义，同“口”组合表示鸟嘴尖锐，吃食如琢。

释义：“啄”在《诗经》中使用4处，无迭用。

鸟用嘴取食。此种用法有（雅4）4处，如：“率场啄粟”（《小雅·小宛》）。

椓 音【zhuó】

古形【小篆】

《说文·木部》："椓，击也。"从字形看，"椓"由"木"和"豖"组成。"豖"，是"豕"字加一笔，小篆写作""，像"豕（猪）"绊住脚之状，有慢行、走走停停的意思，同"木"组合或表示用木棒慢慢一下一下地敲击（或指一下一下敲击木桩）。

释义："椓"在《诗经》中使用4处，无迭用。

1. 敲击。此种用法有3（风1；雅2）处，如："椓之丁丁"（《周南·兔罝》）；"天夭是椓"（《小雅·正月》）。

2. 通"诼"，谗毁。此种用法有1处："昏椓靡共"（《大雅·召旻》）。

斲 音【zhuó】

古形【金小篆】

《说文·斤部》："斲，斫也。"从字形看，"斲"由"𠀠"和"斤"组成。"𠀠"像一种器型；"斤"，小篆写作""，指古代刀、斧一类的伐木工具，同"𠀠"组合表示用工具砍削制作器物。

释义："斫"在《诗经》中使用1处，无迭用。

砍削。此种用法有1处："方斲是虔"（《商颂·殷武》）。

濯 音【zhuó】

古形【金小篆】

"濯"由"氵（水）"和"翟"组成。"翟"，金文写作""，上面是""（羽）"，下面是""（鸟）"形，合起来像鸟舒展羽毛之像，同"氵（水）"组合表示鸟儿在水边清洗羽毛。《说文·水部》："濯，浣也。""浣"即洗涤。

释义："濯"在《诗经》中使用8处11次，3处迭用。

1. 洗涤。此种用法有3（雅3）处，如："逝不以濯"（《大雅·桑柔》）。

2. 光泽、明亮。由洗涤后变得光泽、明亮引申。此种用法有5（雅4；颂1）处8次，3处迭用，如："王公伊濯"（《大雅·文王有声》）；"濯濯厥灵"（《商颂·殷武》）。

咨 音【zī】

古形【金小篆】

《说文·口部》："谋事曰咨。"咨指谋划、商量事情。从字形看，"咨"由"次"和"口"组成。"口"指用口询问、商量；"次"有"次序"义，同"口"组合表示谋事时一句接一句有顺序地说话、答问。

释义："咨"在《诗经》中使用19处，无迭用。

1. 询问、商量。此种用法有5（雅4；颂1）处，如："周爰咨诹"（《小雅·皇皇者华》）；"来咨来茹"（《周颂·臣工》）。

2. 借作叹词。此种用法有14（雅14）处，如："文王曰咨"（《大雅·荡》）。

兹　音【zī】

古形【甲　金　小篆　】

《说文·艸部》:“兹，草木多益也。”徐锴《说文系传》:“（兹）此草木之兹剩也。”从字形看，“兹”由“艹（草）”和“丝”组成。“丝”或是“滋”字省写，有“繁茂”义，同“艹（草）”组合表示草木茂盛。

释义：“兹”在《诗经》中使用15处，无迭用。

1.通“滋”，增加。此种用法有1处：“兹之永叹”（《邶风·泉水》）。

2.借作代词，此。此种用法有13（雅8；颂5）处，如，如：“今兹之正”（《小雅·正月》）；“挹彼注兹”（《大雅·泂酌》）；“念兹戎功”（《周颂·烈文》）。

3.借作语气词，同“哉”。此种用法有1处：“昭兹来许”（《大雅·下武》）。

资(資)　音【zī】

古形【金　小篆　】

《说文·贝部》:“资，货也。”从字形看，“资”由“次”和“贝”组成。“次”指次第；“贝”是古代钱币，同“次”组合表示货物是仅次于钱币的东西。

释义：“资”在《诗经》中使用2处，无迭用。

货物、资产。此种用法有2（雅2）处，如：“丧乱蔑资”（《大雅·板》）。

缁　音【zī】

古形【金　小篆　】

《说文·糸部》:“缁，帛黑色也。”从字形看，“缁”由“糸”和“甾”组成。“糸”指丝织品、布帛。安子介先生在《解开汉字之谜》中说：“当河水泛滥时，洪水淹没了田地，无疑是大自然的灾祸。在水退了以后，土地常变成黑色。古代的武器车（辎）一般用黑布（缁）盖起来，而衡器（锱）是用黑色铁制成。因此‘甾’就有了这些各色各样的解释。”其中或就包括黑色，同“糸”组合表示黑色的布帛。

释义：“缁”在《诗经》中使用4处，无迭用。

黑色、黑色的布帛。此种用法有4（风3；雅1）处，如：“缁衣之宜兮”（《郑风·缁衣》）；“台笠缁撮”（《小雅·都人士》）。

訿(呰)　音【zī】

古形【金　小篆　】

“訿”古作“呰”，小篆写作“　”，上面是“　”，由“　（脚）”和“　（人形）”组成，像脚踩人之像；下面是“　（言）”，有语言、话语的意思，同“此”组合表示用语言踩踏（诋毁、诽谤）人。

释义：“訿”在《诗经》中使用2处4次，均迭用。

诋毁、诽谤。此种用法有2（雅2）处4次，均迭用：“潝潝訿訿”（《小雅·

小旻》）；“皋皋訿訿”（《大雅·召旻》）。

鼒 音【zī】

古形【小篆】

“鼒”由“才”和“鼎”组成。“鼎”，甲骨文写作“”，像古代烹煮用的器物之形；“才”，甲骨文写作“”，像草木初生之状，“才”置于“鼎”上，或表示鼎口很小，刚刚能容一棵小苗植入，故《说文·鼎部》云：“鼒，鼎之圜掩上者。”意思是说，鼒是一种圆口慢慢向上收口的鼎。

释义：“鼒”在《诗经》中使用1处，无迭用。

小口鼎。此种用法有1处：“鼐鼎及鼒”（《周颂·丝衣》）。

子 音【zǐ】

古形【甲 金 小篆 】

《说文·子部》：“子，十一月，阳气动，万物滋，人以为称。”这话的意思是：子表示每年的十一月，阳气发动，万物（植物）滋生子实（结果实）。人（产子）假借作“子”来称呼。许慎言下之意，“子”的本义为子实（即植物的果实，因动物产子并非都是十一月），人子之“子”为借用。从字形看，“子”，甲骨文作“”，有分析像小儿在襁褓中之形：有头、身、臂膀和并起的双腿。有的甲骨文写作“”，上面的“”表现的是“（发）”和“（脑）”，都是人固有的特征，因此，“子”的字形本义应为人子，即婴儿、孩子。植物之子实，或为借用。

释义：“子”在《诗经》中使用455处456次，1处迭用。

1. 孩子（含儿子、女儿）、子孙、人。此种用法有166（风75；雅75；颂16）处167次，1处迭用，如：“宜尔子孙”（《周南·螽斯》）；“教诲尔子”（《小雅·小宛》）；“小子有造”（《大雅·思齐》）；“施于孙子”（《大雅·皇矣》）；“庄公之子”（《鲁颂·閟宫》）。

2. 像……儿子、看作儿子。由词性转换引申，此种用法有2（雅1；颂1）处：“庶民子来”（《大雅·灵台》）；“昊天其子之”（《周颂·时迈》）。

3. 借作动物之子。此种用法有8（风7；雅1）处，如：“其子在榛”（《曹风·鸤鸠》）；“螟蛉有子”（《小雅·小宛》）。

4. 借作敬词，古称有德之人为君子。此种用法有186（风55；雅130；颂1）处，如：“君子好逑”（《周南·关雎》）；“君子有酒”（《小雅·鱼丽》）；“视尔友君子”（《大雅·抑》）；“君子有谷”（《鲁颂·有駜》）。

5. 借作代词，有“你、您”义，此种用法有78（风77；雅1）处，如：“执子之手”（《邶风·击鼓》）；“念子懆懆”（《小雅·白华》）。

6. 借为人称。此种用法有15（风13；雅2）处，如：“从孙子仲”（《邶风·击鼓》）；“寺人孟子”（《小雅·巷伯》）。

姊 音【zǐ】

古形【金 小篆 】

“姊”由“女”和“𠂔”组成。“女”指女子；“𠂔”有止义，古人多有重男轻女的思想，生下女孩都希望不再生女孩，同“女”组合表示希望停止生女孩。《说文·女部》：“姊，女兄也。”所谓“女兄”，即女孩当中的兄长，故“姊”又同“姐”。

释义：“姊”在《诗经》中使用1处，无迭用。

姐姐。此种用法有1处：“遂及伯姊”（《邶风·泉水》）。

秭　音【zǐ】

古形【金　小篆　】

“秭”由“禾”和“𠂔”组成。“禾”指禾谷、粮食；“𠂔”有制止义，同“禾”组合或表示“秭”可以制约禾谷，确定其分量。

释义：“秭”在《诗经》中使用2处，无迭用。

米谷的量名。此种用法有2（颂2）处，如：“万亿及秭”（《周颂·丰年》）。

耔　音【zǐ】

古形【金　小篆　】

“耔”由“耒”和“子”组成。“耒”，金文写作“　”，像古代木叉一类的农具；“子”本义为人之婴幼儿，引申为植物之幼苗，同“耒”组合表示操持农具为植物幼苗的根部培土。

释义：“耔”在《诗经》中使用1处，无迭用。

给苗根培土。此种用法有1处：“或耘或耔”（《小雅·甫田》）。

梓　音【zǐ】

古形【金　小篆　】

“梓”指梓树，落叶乔木，古代多指其制作器具或用作雕版。从字形看，“梓”由“木”和“辛”组成。“木”指树；“辛”，金文写作“　”，像古代的一种刑刀，同“木”组合表示因木质柔韧，适合用刀刻作雕版的树。

释义：“梓”在《诗经》中使用2处，无迭用。

树名。此种用法有2（风1；雅1）处：“椅桐梓漆”（《鄘风·定之方中》）；“维桑与梓”（《小雅·小弁》）。

自　音【zì】

古形【甲　金　小篆　】

“自”，甲骨文写作“　”，像人鼻子的形状：上面短短的一竖是鼻梁，两边弯弯的曲线，勾勒出鼻子的轮廓，中间是鼻纹，两旁是鼻翼，下面是鼻孔，这是个完整的鼻子。《说文·自部》：“自，鼻也。”本义就是鼻子。或因人们说到自己时，往往会用手指指着自己的鼻子来表示，故“自”又引申为“自己”之义。

释义：“自”在《诗经》中使用83处，无迭用。

1. 自己、亲自。由人们说自己常指鼻的习惯引申。此种用法有17（风2；雅13；颂2）处，如：“自诒伊阻”（《邶风·雄雉》);"不自为政"(《小雅·节南山》);"自求多福"(《大雅·文王》);"自求辛螫"(《周颂·小毖》)。

2.用、使用。由词性转换(名—动)引申。此种用法有3(风2;雅1)处,如:"自我人究究"(《唐风·羔裘》);"自召祖命"(《大雅·江汉》)

3.借作介词,相当于"从、在"。此种用法有63(风20;雅36;颂7)处,如:"凯风自南"(《邶风·凯风》);"出自口矣"(《小雅·巧言》);"自西徂东"(《大雅·绵》);"自彼成康"(《周颂·执競》)。

字 音【zì】

古形【金 小篆 】

"字"由"宀"和"子"组成。"宀",甲骨文写作"",像屋形;"子",甲骨文写作"",像婴儿之状,同"宀"组合表示在屋内生养孩子。《说文·宀部》:"字,乳也。"所谓"乳",即指生养。

释义:"字"在《诗经》中使用1处,无迭用。

生养。本义,此种用法有1处:"牛羊腓字之"(《大雅·生民》)

胾 音【zì】

古形【小篆 】

《说文·肉部》:"胾,大脔也。"所谓大脔,即大块的肉。从字形看,"胾"由"肉"和"𢦏"组成。"𢦏"或是"裁"字省写,有裁切的意思,同"肉"组合表示切成的大块肉。

释义:"胾"在《诗经》中使用1处,无迭用。

切成的大块肉。此种用法有1处:"毛炰胾羹"(《鲁颂·閟宫》)。

宗 音【zōng】

古形【甲 金 小篆 】

《说文·宀部》:"宗,尊、祖庙。"从字形看。"宗"由"宀"和"示"组成。"宀",甲骨文写作"",像屋之形;"示",甲骨文写作"",像先人牌位之形,同"宀"组合表示供奉先人牌位的房屋(庙堂)。古人对先人的灵位十分尊敬,故"宗"是人们尊崇的先人灵位供奉的场所,俗称祖庙或宗庙。

释义:"宗"在《诗经》中使用12处,无迭用。

1.尊奉、祖庙。此种用法有6(风1;雅5)处,如:"宗室牖下"(《召南·采蘋》);"在宗载考"(《小雅·湛露》);"靡神不宗"(《大雅·云汉》)。

2.家族上辈、祖先。由受供奉之人引申。此种用法有2(雅2)处,如:"赫赫宗周"(《小雅·正月》)。

3.同奉一个祖先的人(人群),由供奉之人引申。此种用法有3(雅3)处,如:"君之宗之"(《大雅·公刘》)。

4.借为朝觐之词。此种用法有1处:"朝宗于海"(《小雅·沔水》)(古诸侯朝见天子,春曰朝、夏曰宗)。

豵 音【zōng】

古形【小篆 】

《说文·豕部》:“豵,生六月豚。一曰:一岁豵,尚丛聚也。”意思是说:豵指的是出生六个月的小猪。一种说法是一周岁的小猪称豵,喜爱成群地居。清王筠《说文句读》:“小豚(猪)皆从其母,故(曰)丛聚。”从字形看,“豵”由“豕”和“從(从)”组成。“豕”,甲骨文写作“ ”,像猪形,本义是“猪”;“從(从)”有“跟从”义,同“豕”组合表示成群跟从在母猪身旁的小猪。

释义:“豵”在《诗经》中使用2处,无迭用。

小猪。此种用法有2(风2)处,如:“言私其豵”(《豳风·七月》)。

鬷 音【zōng】

古形【小篆 】

《说文·鬲部》“鬷,釜(锅)属。”从字形看,“鬷”由“鬲”和“㚇”组成。“鬲”,金文写作“ ”,其形像口圆、三足中空的炊具;《说文·夊部》:“㚇,敛足也。”同“鬲”组合或表示收敛其足的炊具,指锅的一种。

释义:“鬷”在《诗经》中使用2处,无迭用。

1.同“总”,总合、聚集。此种用法有1处:“越以鬷迈”(《陈风·东门之枌》)。

2.借为“奏”。此种用法有1处:“鬷假无言”(《商颂·烈祖》)。

总(總) 音【zǒng】

古形【金 小篆 】

“总”,繁体作“總”。《说文·糸部》:“總,聚束也。”从字形看,“總”由“纟”和“悤”组成。“纟”指线绳;“悤”有“急速”义,同“纟”组合表示快速将杂乱的线绳聚合扎束起来。

释义:“总”在《诗经》中使用4处,无迭用。

聚合(结)、扎束。此种用法有4(风3;颂1)处,如:“素丝五总”(《召南·羔羊》);“百禄是总”(《商颂·长发》).

纵(縱) 音【zòng】

古形【金 小篆 】

《说文·糸部》:“纵,缓也。”朱骏声《说文通训定声》:“凡丝,持则紧,舍(放开)则缓。”从字形看,“纵”由“纟”和“从”组成。“纟”指纺织机上的丝线;“从”有“听从”之义,同“纟”组合表示织布时放开机杼任凭(听从)丝线退回去。

释义:“纵”在《诗经》中使用8处,无迭用。

1.放、放纵。此种用法有6(风1;雅5)处,如:“抑纵送忌”(《郑风·大叔于田》);“无纵诡随”(《大雅·民劳》)。

2.借作副词,即使、纵然。此种用法有2(风2)处,如:“纵我不往”(《郑风·子衿》)。

驺(騶)　音【zōu】

古形【金 小篆 】

"驺"，繁体作"騶"。《说文·马部》："騶，厩御也。"所谓"厩御"，指的是在马厩中喂马的人。从字形看，"騶"由"馬（马）"和"芻"组成。"芻"，金文作" "，有手持断草之状，本义是"割草"，同"马"组合表示割草喂马（牲畜）。

释义："驺"在《诗经》中使用2处，无迭用。

借作官名。此种用法有2（风2）处，如："于嗟乎驺虞"（《召南·驺虞》）。

棸　音【zōu】

古形【小篆 】

"棸"又或为"棷"。《说文·木部》："棷，木薪也。"从字形看，"棷"由"木"和"取"组成。"取"有"拿"的意思，可以随时拿来用作烧火之用的木柴就是"棷"。《康熙字典》引《字统》："（棸）姓也。""棷"用作姓时或为"棸"。

释义："棸"在《诗经》中使用1处，无迭用。

借作姓。此种用法有1处："棸子内史"（《小雅·十月之交》）。

诹(諏)　音【zōu】

古形【金 小篆 】

"诹"由"讠（言）"和"取"组成。"取"有"获取"义，同"讠（言）"组合表示用语言问事以获得答案。

释义："诹"在《诗经》中使用1处，无迭用。

问事。此种用法有1处："周爰咨诹"（《小雅·皇皇者华》）。

走　音【zǒu】

古形【金 小篆 】

《说文·走部》："走，趋也。"《段注》："《释名》曰：'徐（慢）步曰步，疾（快）行曰趋，疾（快）趋曰走。'此析言之，浑言不别也。""走"的本义为奔跑。从字形看，"走"，金文写作" "，下面是" （脚）"，表示"走"和脚的动作有关；上面的" "像人摆动双臂跑步的样子。

释义："走"在《诗经》中使用2处，无迭用。

疾趋、奔跑。此种用法有2（雅1；颂1）处："来朝走马"（《大雅·绵》）；"骏奔走在庙"（《周颂·清庙》）。

奏　音【zòu】

古形【金 小篆 】

《说文·夲部》："奏，奏进也。"所谓"奏进"，即指封建时代臣子向君主上书进言。从字形看，"奏"，小篆写作" "，由" （屮）"、" （廾）"和" （夲）"三部分组成。" （屮）"像初生之草，有上进之像；" （廾）"像双手恭敬捧物之像；"夲"有疾进之义，三部分组合表示臣子恭恭敬敬向君主呈奉上进之言曰“奏”。

释义：“奏”在《诗经》中使用11处，无迭用。

1. 进献、呈献。此种用法有3（雅1；颂2）处，如：“以奏尔时”（《小雅·宾之初筵》）；“汤孙奏假”（《商颂·那》）。

2. 演奏。由呈献表演技能引申。此种用法有6（雅4；颂2）处，如：“乐具入奏”（《小雅·楚茨》）；“矇瞍奏公”（《大雅·灵台》）；“奏鼓简简”（《商颂·那》）。

3. 建立、成就。由奏之结果引申。此种用法有1处：“以奏肤公”（《小雅·六月》）。

4. 借作“走”，奔走。此种用法有1处：“予曰有奔奏”（《大雅·绵》）。

租 音【zū】

古形【金 小篆 】

《说文·禾部》：“租，田赋也。”从字形看，“租”由“禾”和“且”组成。“禾”指禾谷；“且”或是“祖”字省写，代表祖庙，同“禾”组合表示农户以禾谷的形式上交给祖庙的田赋（相当于租用土地的税收）。

释义：“租”在《诗经》中使用1处，无迭用。

借为“苴”，干草。此种用法有1处：“予所蓄租”（《豳风·鸱鸮》）。

菹 音【zū】

古形【金 小篆 】

《说文·艸部》：“菹，酢菜也。”所谓“酢菜”，即指用盐腌渍酸菜。从字形看，“菹”，由“艹”和“沮”组成。“艹”指菜；“沮”有湿润义，同“艹”组合表示把菜放入器皿，用盐腌至湿润，然后封闭存放的过程即为“菹”。

释义：“菹”在《诗经》中使用1处，无迭用。

腌制酸菜、做菜。此种用法有1处：“是剥是菹”（《小雅·信南山》）。

足 音【zú】

古形【甲 金 小篆 】

《说文·足部》：“足，人之足也。”从字形看，“足”，甲骨文写作“ ”，字形像人的腿和脚。足之本义众说纷纭。或以为指脚，或以为包括脚、胫（小腿）、股（大腿），又或以为指膝盖以下部分。不过足逐渐专指踝骨以下的部分，今称脚。在“脚”这个意义上，同“疋”。

释义：“足”在《诗经》中使用4处，无迭用。

1. 脚。此种用法有1处：“维足伎伎”（《小雅·小弁》）。

2. 足够、充足。或由足能够支撑整个身体引申。此种用法有3（风1；雅2）处，如：“室家不足”（《召南·行露》）；“维日不足”（《小雅·天保》）。

卒 音【zú】

古形【金 小篆 】

《说文·衣部》："隶人给事者衣为卒。"意思是说，从事隶役为别人办差的人穿的衣服称卒，卒相当于这些办差人的工作服。从字形看，"卒"，金文写作" "，小篆写作" "，字形几乎无变化，都是在" （衣）"字上加了一笔，这一笔或是为隶人（古称因罪没入官为奴隶、从事劳役的人）在衣服上做的特别记号，故"卒"古时一般都称差役、服役士兵等地位低下的人。一说这一笔交叉于衣，代表衣服缝制完成了，所以"卒"在古代又有"终、尽"等意思。

释义："卒"在《诗经》中使用19处，无迭用。

1.尽、终。由衣服缝制完成引申。此种用法有15（风2；雅12；颂1）处，如："何以卒岁"（《豳风·七月》）；"国既卒斩"（《小雅·节南山》）；"威仪卒迷"（《大雅·板》；"淮夷卒获"（《鲁颂·泮水》）。

2.通"瘁"，病。此种用法有3（风1；雅2）处："予口卒瘏"（《豳风·鸱鸮》）；"卒劳百姓"（《小雅·节南山》）；"下民卒瘅"（《大雅·板》）。

3.通"崒"，高俊。此种用法有1处："维其卒矣"（《小雅·渐渐之石》）。

族　音【zú】

古形【甲 金 小篆 】

"族"，甲骨文写作" "，由" （㫃）"和" （两个矢）"组成。" （㫃）"像一面旗，是部落的标志；" （矢）"指箭（武器或行猎器具），两个"矢"表示多箭，同"㫃"组合表示聚集在同一旗号下行猎（或作战）的同姓同宗部落（古时同一家庭或宗族一般都聚居在一起）。

释义："族"在《诗经》中使用3处，无迭用。

家族、同姓亲属。此种用法有3（风2；雅1）处，如："振振公族"（《周南·麟之趾》）；"復我邦族"（《小雅·黄鸟》）。

诅　音【zǔ】

古形【金 小篆 】

《说文·言部》："诅，詶也。"所谓"詶"，有"言告"之义。《周书·无逸》中有"否则厥口诅祝"句，疏曰："以言告神谓之祝，请神加殃谓之诅。"从字形看，"诅"由"讠（言）"和"且"组成。"讠（言）"有言告义；"且"或是"祖"字省写，代表祖先、神灵，同"讠（言）"组合表示言请祖先神灵为自己敌对的人降下灾祸。

释义："诅"在《诗经》中使用1处，无迭用。

诅咒（祈求鬼神降灾祸给敌对的人）。此种用法有1处："以诅尔斯"（《小雅·何人斯》）。

阻　音【zǔ】

古形【金 小篆 】

"阻"由"阝（阜）"和"且"组成。"阝（阜）"指隆起的土山，代表高险；"且"或是"趄"字省写。《说文·走部》："趄，趑趄也。"又（'趑'条）

“趑趄，行不进也。”同“阝”组合或表示因前有高险使行走不得前进。

释义：“阻”在《诗经》中使用6处，无迭用。

1.高险、阻止。此种用法有5（风4；颂1）处，如：“道阻且长”（《秦风·蒹葭》）；“深入其阻”（《商颂·殷武》）。

2.借为“戚”，忧患。此种用法有1处：“自诒伊阻”（《邶风·雄雉》）。

组　音【zǔ】

古形【金　小篆　】

《说文·糸部》：“组，绶属。”意思是说“组”指的是绶带一类的物品。朱骏声《说文通训定声》：“织丝有纹，以为绶缨之用者也。阔者曰组，为带绶；狭者曰条，为冠缨；圆者曰紃，施鞸与屦缝之。”从字形看，“组”由“纟（丝）”和“且”组成。“纟（丝）”指丝织品；“且”是“粗”字省写，有“宽阔”义，同“纟”组合表示丝织的宽带。

释义：“组”在《诗经》中使用3处，无迭用。

丝织的宽带。此种用法有3（风3）处，如：“执辔如组”（《邶风·简兮》）。

俎　音【zǔ】

古形【甲　金　小篆　】

“俎”，甲骨文写作“　”，“且”像古代祭祖时置放祭品的礼器（一种几案）；“　”表示祭祀用的肉食供品。《说文·且部》：“俎，礼俎也。”祭祀时置放肉食供品的几案就称俎。

释义：“俎”在《诗经》中使用1处，无迭用。

古代祭祖时置放肉食祭品的礼器。此种用法有1处：“为俎孔硕”（《小雅·楚茨》）。

祖　音【zǔ】

古形【甲　金　小篆　】

《说文·示部》：“祖，始庙也。”从字形看，“祖”，古作“且”，甲骨文写作“　”。徐中舒先生在《甲骨文字典（“祖”条）》中说：“（且）本为断木，用作切肉之垫……其后，由切肉之器逐渐演变为祭神时载肉之礼器（俎）。”又（“且”条）“古置肉于俎上以祭祀先祖，故称先祖为且。”“示”指神事之地，将“且”归于神事之地成“祖”，表达的是后人对先祖与神相伴落安并接受祭拜的良善愿望，“祖”就有了先祖（始）和神庙的意思。（一说其本字为“且”，甲骨文写作“　”，像男性生殖器之形，是繁衍人类之根。如此寻根，也可以追溯到祖先）。

释义：“祖”在《诗经》中使用31处，无迭用。

1.先祖、祖庙。此种用法有29（雅20；颂9）处，如：“似续妣祖”（《小雅·斯干》）；“父母先祖”（《大雅·云汉》）；“周公皇祖”（《鲁颂·閟宫》）。

2.出行时祭祖。由词性转换（名—动）引申。此种用法有2（雅2）处，如：“仲山甫出祖”（《大雅·烝民》）。

缵(纘)　音【zuǎn】

古形【金 小篆 】

《说文·糸部》："缵，继也。"从字形看，"缵"由"纟（丝）"和"赞"组成。"丝"，金文写作" "，像接连不断的束丝之状，代表继承就要像束丝那样接连不断；"赞"有称赞、颂扬的意思，同"纟（丝）"组合表示继承是值得称赞、颂扬的事情。

释义："缵"在《诗经》中使用7处，无迭用。

继续、继承。此种用法有7（风1；雅4；颂2）处，如："载缵武功"（《豳风·七月》）；"缵戎祖考"（《大雅·韩奕》）；"缵禹之绪"（《鲁颂·閟宫》）。

罪　音【zuì】

古形【金 小篆 】

《说文·网部》："罪，捕鱼竹网。从网、非。秦以罪为辠字。"意思是说"罪"指的是用来捕鱼的竹网，字形以"网""非"会意。从秦朝开始借用"罪"代替"辠（犯法）"字。从字形看，"罪"，小篆作" "，由" （网）"和" "组成。" "像两个竹片（爿）并立且中间用绳等物系扎之状，同"网（网）"组合表示用竹片制成的网，古人或以此用来捕鱼。秦用"罪"代替"辠"字，表达的是一种犯法之人必以法网捕之的决心。

释义："罪"在《诗经》中使用14处，无迭用。

1. 法网。由渔网引申。此种用法有3（雅3）处，如："畏此罪罟"（《小雅·小明》）；"天降罪罟"（《大雅·召旻》）。

2. 借作"辠"，罪恶、罪过。此种用法有11（雅11）处，如："无罪无辜"（《小雅·巧言》）；"庶无罪悔"（《大雅·生民》）。

醉　音【zuì】

古形【金 小篆 】

《说文·酉部》："醉，卒也。卒其度量，不至于乱也。一曰溃也。"许慎训"醉"，指饮酒尽其量，酒量满尽，且不达到昏乱的地步曰"醉"。朱骏声《说文通训定声》："满其量谓之醉，溢（过）其量谓之酗，酗者溃。"从字形看，"醉"由"酉"和"卒"组成。"酉"代表喝酒；"卒"有"尽"义，同"酉"组合表示尽其量喝酒。后尽其量或过其量喝酒均曰醉。

释义："醉"在《诗经》中使用25处，无迭用。

醉酒。此种用法有25（风2；雅20；颂3）处，如："中心如醉"（《王风·黍离》）；"不醉无归"（《小雅·湛露》）；"既醉以酒"（《大雅·既醉》）；"既醉既饱"（《周颂·执竞》）。

尊　音【zūn】

古形【甲 金 小篆 】

"尊"，甲骨文写作" "，上面像一个酒器；下面像侧面用双手举着酒杯

（金文作“”，像双手举杯），组合在一起表示向人敬酒。《说文 · 酋部》：“尊，酒器也。”或是“尊”字引申义。

释义：“尊”在《诗经》中使用1处，无迭用。

酒器。或由词性转换（动—名）引申。此种用法有1处：“牺尊将将”（《鲁颂 • 閟宫》）（牺尊：古代一种牛形酒器）。

遵　音【zūn】

古形【金 小篆 】

《说文 · 辵部》：“遵，循也。”从字形看，“遵”由“辶”和“尊”组成。“辶”同“行”有关；“尊”有“崇敬”义，同“辶”组合表示怀着崇敬是心情沿着（某人指引的）路行进。

释义：“遵”在《诗经》中使用8处，无迭用。

循、沿着。此种用法有8（风7；颂1）处，如：“遵大路兮”（《郑风 • 遵大路》）；“遵养时晦”（《周颂 • 酌》）。

鳟　音【zūn】

古形【金 小篆 】

鳟即鳟鱼，亦称赤眼鳟，红眼鱼，由于颜色鲜丽，肉味芳美，是一类很有价值的垂钓鱼和食用鱼，全世界大约也只有10种。从字形看，“鳟”由“鱼”和“尊”组成。“尊”有推崇义，同“鱼”组合或表示这是一种备受推崇的鱼。

释义：“鳟”在《诗经》中使用1处，无迭用。

鱼名。此种用法有1处：“九罭之鱼鳟鲂”（《豳风 • 九罭》）

噂　音【zǔn】

古形【小篆 】

《说文 · 口部》：“噂，聚语也。”从字形看，“噂”由“口”和“尊”组成。“口”指说话、议论；“尊”，金文写作“”，像双手捧酒器之状，可以理解成向人推荐好酒，同“口”组合或表示人们聚集在一起，品评、议论着推荐的酒。

释义：“噂”在《诗经》中使用1处，无迭用。

聚集议论。此种用法有1处：“噂沓背憎”（《小雅 • 十月之交》）。

作　音【zuō、zuò】

古形【金 小篆 】

关于“作”的字形分析，历来有多种说法。一是认为“乍”是“作”的本字，甲骨文写作“”，像一件上衣的襟，有“制作衣服”之意；一说《仪礼》中有“卜人坐作龟”之说，其字形表达的是卜人用刀刮削、钻刻龟甲，然后灼烧，视其裂兆进行占卜之意；一说“作”由“亻（人）”和“乍”组成，“乍”有“突然”的意思，同“人”组合表示人突然起身，故《说文 · 人部》：“作，起也。”……从上三例看，虽然解释不一，但有两点是共通的，一是“作”是人的行为；二是都是劳作，即便是“起身”，或也是为了劳作。劳作的内容虽然千变万化，但只要付出劳力，有所作为，都可以视为劳作。

释义：“作”在《诗经》中使用49处，无迭用。

1. 起、劳作。此种用法有42（风5；雅32；颂5）处，如：“与子偕作”（《秦风·无衣》）；“家父作诵”（《小雅·节南山》）；“天作之合”（《大雅·大明》）；“先民有作”（《商颂·那》）。

2. 始。或由起身开始劳作引申。此种用法有2（雅1；颂1）句：“万邦作孚”（《大雅·文王》）；“彼作矣”（《周颂·天作》）。

3. 作为、当作。或由词性转换引申。此种用法有4（雅3；颂1）处，如：“世德作求”（《大雅·下武》）；“三寿作朋”（《鲁颂·閟宫》）。

4. 借为“柞”，砍伐树木。此种用法有1处：“作之屏之”（《大雅·皇矣》）。

琢 音【zuó】

古形【金 小篆 】

《说文·玉部》：“琢，治玉也。”从字形看，“琢”由“王（玉）”和“豖”组成。“豖”，小篆写作“ ”，像“豕（猪）”绊住脚之状，有慢行、走走停停的意思，同“玉”组合表示治玉是一项艰难的工作，因为玉石坚硬，必须慢慢地雕琢。

释义：“琢”在《诗经》中使用3处，无迭用。

雕琢、治玉。此种用法有3（风1；雅1；颂1）处：“如琢如磨”（《卫风·淇奥》）；“追琢其章”（《大雅·棫朴》）；“敦琢其旅”（《周颂·有客》）。

左 音【zuǒ】

古形【甲 金 小篆 】

“左”，甲骨文写作“ ”，像左手之形；金文写作“ ”，在“工”旁助有左手，有辅助之义。《说文·左部》：“左，手相左助也。”辅佐、用手相助，或是“左”字本义，现多用“佐”字代之，而“左”又代替了“ ”，除“左手”之义外，多表示方位。

释义：“左”在《诗经》中使用28处，无迭用。

1. 左手、左边。此种用法有24（风10；雅12；颂2）处，如：“左手执龠”（《邶风·简兮》）；“戢其左翼”（《小雅·鸳鸯》）；“左右陈行”（《大雅·常武》）；“左右绥之”（《周颂·有客》）。

2. 向左。由词性转换（方位—动）引申。此种用法有2（风2）处，如：“宛然左辟”（《魏风·葛屦》）。

3. 借指文事、吉事。此种用法有2（雅2）处，如：“左之左之”（《小雅·裳裳者华》）。

佐 音【zuǒ】

古形【金 小篆 】

“佐”由“亻（人）”和“左”组成。“左”是“佐”的本字，有帮助义，同“亻”组合表示辅佐、帮助。

释义：“佐”在《诗经》中使用4处，无迭用。

辅佐、帮助。此种用法有4（雅4）处，如：“以佐天子”（《小雅·六月》）；“不遐有佐”（《大雅·下武》）。

坐　音【zuò】

古形【金小篆】

“坐”，金文作“”，由“土”和两个跪踞的“人”组成，且“人”在“土”上，表示人席地而坐。“坐”是人的止息方式之一，即坐下。

释义：“坐”在《诗经》中使用3处，无迭用。

1. 坐下。此种用法有2（风2）处，如：“并坐鼓簧”（《秦风·车邻》）。

2. 坐位。由坐地所占之位（或词性转换）引申。此种用法有1处：“舍其坐迁”（《小雅·宾之初筵》）。

祚　音【zuò】

古形【金小篆】

大徐本《说文·示部》：“祚，福也。臣铉等曰：‘凡祭必受胙，胙即福也。此（祚）字后人所加。’”据徐铉说，“胙”是“祚”的本字，意思是“福”，“祚”为后人所增。从字形看，“胙”由“月（肉）”和“乍”组成。“月（肉）”指拜祭神灵的贡品；“乍”或是“作”字省写，有“产生”义，同“月（肉）”组合表示祭拜神灵会有（产生）福，即徐铉所言“凡祭必受胙”。后人增“祚”字，其中的“示”表示神事，明确了祭拜神灵之义。

释义：“祚”在《诗经》中使用1处，无迭用。

福。此种用法有1处：“永锡祚胤”（《大雅·既醉》）。

酢　音【zuò】

古形【金小篆】

“酢”，又作“醋”。《说文·酉部》：“醋（酢），客酌主人也。”从字形看，“酢”由“酉”和“乍”组成。“酉”金文写作“”，像酒器，代表酒；“乍”同“作”，有“人起身”的意思，同“酉”组合表示客人起身向主人回敬酒。

释义：“酢”在《诗经》中使用3处，无迭用。

1. 回敬酒。此种用法有2（雅2）句：“酌言酢之”（《小雅·瓠叶》）；“或献或酢”（《大雅·行苇》）。

2. 报答、酬谢。由回敬酒答谢主人引申。此种用法有1处：“万寿攸酢”（《小雅·楚茨》）。